Das bietet Ihnen die CD-ROM

 Musterhaushalte und Produktpläne

Nutzen Sie diese beiden Musterhaushalte als Referenz. Sie sind entwickelt auf der Basis der Anforderungen und pragmatischen Überlegungen, die in Kapitel D dieses Buches dargestellt sind.

- Musterhaushalt für eine Kreisstadt mit 50.000 Einwohnern und
- Musterhaushalt für eine Großstadt mit 250.000 Einwohnern.
- Produktplan für eine Kreisstadt mit 50.000 Einwohnern und
- Produktplan für eine Großstadt mit 250.000 Einwohnern.

 Kommentierte Haushalte

Die Autoren zeigen Ihnen anhand von weiteren 18 Doppischen Kommunalhaushalten, welche Stärken und Schwächen die Haushalte haben und wie sie weiterentwickelt werden können.

- Achim
- Bedburg
- Kr Borken
- Bruchsal
- Lk Darmstadt-Dieburg
- Lk Diepholz
- Landsberg am Lech
- Maintal
- Lk Mühldorf am Inn
- Rhein-Kreis Neuss
- Lk Neuwied
- Lk Oberhavel
- Lk Ostprignitz-Ruppin
- Rhein-Hunsrück-Kreis
- Rhein-Lahn-Kreis
- SV Saarbrücken
- Tholey
- Kr Unna

 Strukturtabelle

Übersicht zu allen 117 von den Autoren untersuchten Doppischen Kommunalhaushalten anhand von Kritien, wie

- Teilhaushalte
- Produktanzahl
- Seitenumfang
- Kennzahlen
- u. v. m.

 Synopse: Verordnungen der Länder

Diese Synopse bietet eine Übersicht zu den Themen Deckungsfähigkeit und Übertragbarkeit der Haushaltsverordnungen der einzelnen Bundesländer. Es werden die jeweils relevanten Paragraphen benannt.

Doppische Kommunalhaushalte

richtig gestalten

Christian Marettek
Andreas Hellenbrand
Peter Detemple

Haufe Mediengruppe
Freiburg · Berlin · München

Bibliografische Information Der Deutschen Bibliothek
Die Deutsche Bibliothek verzeichnet diese Publikation in der Deutschen Nationalbibliografie; detaillierte bibliografische Daten sind im Internet über http://dnb.ddb.de abrufbar.

ISBN 978-3-448-09079-6   Best.-Nr. 01252-0001

© 2009 Rudolf Haufe Verlag GmbH & Co. KG
Niederlassung München
Redaktionsanschrift: Postfach, 82142 Planegg/München
Hausanschrift: Fraunhoferstraße 5, 82152 Planegg/München
Telefon: (089) 895 17-0
Telefax: (089) 89517-290
www.haufe.de
online@haufe.de
Produktmanagement: : Steffen Kurth

Die Angaben entsprechen dem Wissensstand bei Redaktionsschluss im Februar 2009. Die Erhebungsphase (Aufnahme von Haushalten in die Analyse) wurde im März 2008 abgeschlossen.
Da Hinweise und Fakten dem Wandel der Rechtsprechung und der Gesetzgebung unterliegen, kann für die vorliegenden Angaben keine Haftung übernommen werden. Die Informationen sind nur für den persönlichen Gebrauch des Lesers bestimmt. Dieses Werk sowie alle darin enthaltenen einzelnen Beiträge und Abbildungen sind urheberrechtlich geschützt. Jede Verwertung, die nicht ausdrücklich vom Urheberrechtsgesetz zugelassen ist, bedarf der vorherigen Zustimmung des Verlages. Das gilt insbesondere für Vervielfältigungen, Bearbeitungen, Übersetzungen, Mikroverfilmungen und die Einspeicherung und Verarbeitung in elektronischen Systemen.

Redaktion: Ulrich Leinz, Berlin
Desktop-Publishing: Agentur Satz & Zeichen, Karin Lochmann, Höslwang
Druck: Bosch Druck GmbH, 84030 Ergolding

Zur Herstellung dieses Buches wurde alterungsbeständiges Papier verwendet.

Geleitwort

Die Einführung geeigneter moderner Steuerungsinstrumente zur effizienten Aufgabenerfüllung der Kommunen ist notwendige Voraussetzung zur Optimierung der Leistungen der Kommunen für ihre Bürger.

In Deutschland gibt es derzeit kaum eine Kommune, die sich nicht intensiv mit den Auswirkungen der IMK-Beschlüsse zur Reform des öffentlichen Haushalts-, Kassen- und Rechnungswesens mit Einführung der Doppik bzw. der erweiterten Kameralistik auseinandersetzt. Eines der wesentlichen Elemente der Reformen stellt dabei die produktorientierte Steuerung dar.

Die Kommunen stehen vor der Herausforderung, ihren Produkthaushalt steuerungsorientiert und gleichzeitig transparent zu gestalten. Dabei sind in den Länderregelungen – anders als bisher – wesentlich größere Freiräume zur Ausgestaltung des Produkthaushalts vorhanden. Diese schränken zwar einerseits die unmittelbare Vergleichbarkeit der Haushaltspläne ein, ermöglichen aber andererseits eine stärkere Ausrichtung an die jeweiligen örtlichen Bedürfnisse. Vorausschauende Kommunen verschaffen sich bei ihrer Entscheidungsfindung zur konkreten Ausgestaltung ihres Produkthaushalts einen Überblick über die vielfältigen Möglichkeiten, bevor die konkrete Umsetzung durch die kommunalen Praktiker erfolgt.

Eine Orientierung an Lösungen der Praxis hilft entscheidend dabei, das richtige Maß an Steuerungsrelevanz und Transparenz zu treffen. Der vorliegende Leitfaden „Doppische Kommunalhaushalte – richtig gestalten" unterstützt kommunale Entscheider dabei, das Ziel zu erreichen, mit dem Instrumentarium des Produkthaushaltes ein stärker ergebnis- und wirkungsorientiertes Denken und Handeln in Verwaltung und Politik zu fördern.

Die durch eine Vielzahl einschlägiger Projekte mit praktikablen Lösungswegen vertrauten Autoren verdeutlichen mit umfangreichen Erhebungen in dem Praxisratgeber erstmals, welche Herausforderungen und Problemfelder zu beachten und wie zielführende Lösungsansätze für die Problemstellungen zu finden und umzusetzen sind. Besonders hilfreich sind dabei die konkreten praktischen Hinweise zur Verbesserung der kommunalen Produkthaushalte.

Dr. Stephan Articus

Geschäftsführendes Präsidialmitglied

des Deutschen Städtetages

Vorwort

Aufbauend auf den Beschlüssen der Innenministerkonferenz vom 21.11.2003 und den mittlerweile vorliegenden Landesregelungen arbeiten die Mehrzahl aller deutschen Kommunen an der Umsetzung des neuen doppischen Haushalts- und Rechnungswesens. Dessen Einführung stellt hohe Anforderungen an die Kommunen im Hinblick auf

- die weitgehende fachliche Neuausrichtung infolge der Ablösung der Kameralistik durch die Doppik
- die steuerungsorientierte Gestaltung des doppischen Haushalts und des zugrunde liegenden Haushalts- und Rechnungswesens.

Das vorstehende Buch konzentriert sich hauptsächlich auf das Teilproblem des neuen doppischen Haushalts, also auf die Frage, wie in der Praxis doppische Haushalte aufgestellt werden sollten, damit ein Mehrwert für Politik und Verwaltung erreicht werden kann. Dabei geht es insbesondere um die Frage, wie eine Kommune ihren neuen doppischen Haushalt in Teilhaushalte, Produkte usw. gliedern sollte, um die Landesvorschriften und die finanzstatistischen Vorgaben zu erfüllen, aber auch sachgerecht ihre Verwaltungsstruktur und deren Leistungen abzubilden, den strategischen Zielen der Verwaltungsspitze zu entsprechen und auch noch die Kommunikation und Abstimmung mit dem Rat zu stärken.

Angesichts dieser komplexen Problemstellung, die meist individuelle und kreative Lösungen erfordert, stellen wir den kommunalen Praktikern, zusätzlich zu den jeweilgen Landesvorschriften aktuelle Praxisberichte in kommentierter Form zur Verfügung. Das vorliegende Buch soll damit Orientierung und Beispiele für eine erfolgreiche Gestaltung doppischer Haushalte bieten.

Nach der vergleichenden Analyse der jeweils geltenden Landesvorschriften werden im umfangreichsten Kapitel B (und auf der CD) umfassende Kommentierungen der bereits vorhandenen doppischen Haushalte vorgestellt. Hierfür wurde erstmals versucht, alle bereits vorliegenden doppischen Produkthaushalte der Städte über 25.000 Einwohner nach einheitlichen Kriterien zu analysieren. Kapitel B kann auch als eine Aneinanderreihung von 13 Landesstudien gelesen werden.

Bis zum Abschluss der Erhebungsphase (März 2008) wurden bundesweit 117 Kommunen identifiziert, die bereits (mindestens) einen doppischen Haushalt erstellt haben. Diese Grundgesamtheit von 117 Haushalten wird anschließend in die jeweiligen kommunalen Größenklassen aufgeteilt. Diese länderübergreifende vergleichende Analyse von Haushalten vergleichbarer Kommunen liefert bereits interessante Hinweise über die bundesweite Entwicklung.

Anschließend geht es dann um die Ansprüche an einen doppischen Haushalt, um den (strategisch ausgerichteten) Informationsbedarf des Rats bzw. der Stadtverordnetenversammlung zu genügen. Ausgehend von konkreten Praxisfällen am Beispiel eines Fraktionsvorsitzenden einer Mehrheitsfraktion werden die verschiedenen Informationsbedarfe systematisiert und konkrete Lösungsvorschläge aus betriebswirtschaftlicher Sicht gegeben. Unter Verwendung moderner Berichtstechniken wird ein idealtypischer Musterhaushalt entwickelt, der auch auf der beiliegenden CD in zwei Versionen dargestellt wird.

Die praxisnahe Systematisierung des Informationsbedarfs, den der Rat zur Beaufsichtigung der Verwaltung hat, ist ein wesentlicher Beitrag zur (unseres Erachtens notwendigen) Betriebswirtschaftslehre der Kommunalverwaltung.

Nun ist der doppische Haushalt ja ohne das zugrunde liegende Haushalts- und Rechnungswesen nicht denkbar. Den Autoren liegt hierzu besonders am Herzen, dass die Kommunen nicht unnötige Bürokratie aufbauen, sondern das Rechnungswesen möglichst effizient gestalten.

Vorwort

Die Autoren sind erfahrene Berater und Projektleiter aus zahlreichen Doppik-Umstellungsprojekten. Sie leiten die PwC-Spezialistenteams zur Modernisierung des öffentlichen Rechnungswesens in Saarbrücken (Wirtschaftsprüfer/Steuerberater Dr. Christian Marettek) und Berlin/Düsseldorf (Dipl.-Betriebswirt Andreas Hellenbrand) bzw. sind bundesweit als PwC-Partner für die Koordinierung dieser Themen verantwortlich (Wirtschaftsprüfer/Steuerberater Peter Detemple).

Wie bei den vorangegangenen Kooperationsprojekten

- Haufe Doppik Office
- Haufe Praxis-Ratgeber Kommunales Vermögen richtig bewerten (Marettek/Dörschell/Hellenbrand)

hat sich erneut die Zusammenarbeit von PwC mit der Haufe Verlagsgruppe bewährt, die ein spezifisches Know-how gerade im Bereich der elektronischen Nutzbarmachung komplexer Problemstellungen und Texte verfügt.

Die Verfasser danken Herrn Diplom-Kaufmann Nima Sheikhian, Doppik-Spezialist und Projektleiter, für die wertvollen Hinweise bei seiner Durchsicht des Buchs. Gleichermaßen gilt Dank Herrn Diplom-Kaufmann Yves Michels, Projektleiter Public Services, für seine wertvollen Hinweise bei der Durchsicht der auf der CD beigefügten Muster-Haushalte.

Erhebung und Auswertung der umfangreichen zugrunde liegenden Studie mit 117 Kommunen wurden von zahlreichen weiteren PwC-Kollegen aus dem Bereich Public Sector Consulting unterstützt. Besonderer Dank gebührt Frau Verena Zabler, Frau Kathrin Maas, Frau Luisa Vitello und Herrn Andreas Weber für ihr überdurchschnittliches Engagement.

Im Februar 2009

PricewaterhouseCoopers AG
Wirtschaftsprüfungsgesellschaft

Wolfgang Wagner   **Frank Weise**

Vorstand   **Partner**

Inhaltsverzeichnis

Geleitwort 5

Vorwort 6

A   Kommunale Ausgangssituation und Zielsetzung des vorliegenden Praxisratgebers 11

B   Theorie und Praxis der kommunalen Doppik in den einzelnen Ländern 15
       1   Kommunale Doppik: ein heterogenes Bild 15
       2   Untersuchungsmethodik 16
       3   Kommunale Doppik in Baden-Württemberg als Neues Kommunales
            Haushaltsrecht (NKHR) 17
            3.1   Die Situation in Baden-Württemberg 17
            3.2   Das Pilotprojekt in der Stadt Wiesloch 18
            3.3   Wichtigste Vorschriften zur Haushaltsgliederung in Baden-Württemberg 34
            3.4   Weitere Praxisbeispiele doppischer Haushalte 37
       4   Kommunale Doppik in Bayern als Neues Kommunales Finanzwesen (NKFW) 63
            4.1   Die Situation in Bayern 63
            4.2   Wichtigste Vorschriften zur Haushaltsgliederung in Bayern 64
            4.3   Praxis der bislang vorliegenden doppischen Haushalte in Bayern 68
       5   Kommunale Doppik in Brandenburg 108
            5.1   Die Situation in Brandenburg 108
            5.2   Wichtigste Vorschriften zur Haushaltsgliederung in Brandenburg 109
            5.3   Praxis der bislang vorliegenden doppischen Haushalte in Brandenburg 113
       6   Kommunale Doppik in Hessen als Neues kommunales Rechnungs- und
            Steuerungssystem (NKRS) 136
            6.1   Die Situation in Hessen 136
            6.2   Wichtigste Vorschriften zur Haushaltsgliederung in Hessen 137
            6.3   Praxis der bislang vorliegenden doppischen Haushalte in Hessen 141
       7   Kommunale Doppik in Mecklenburg-Vorpommern als Neues Kommunales
            Haushalts- und Rechnungswesen (NKHR) 220
            7.1   Die Situation in Mecklenburg-Vorpommern 220
            7.2   Wichtigste Vorschriften zur Haushaltsgliederung in Mecklenburg-
                  Vorpommern 220
            7.3   Praxis der bislang vorliegenden doppischen Haushalte in Mecklenburg-
                  Vorpommern 224
       8   Kommunale Doppik in Niedersachsen als Neues Kommunales Rechnungswesen
            (NKR) 228
            8.1   Die Situation in Niedersachsen 228
            8.2   Wichtigste Vorschriften zur Haushaltsgliederung in Niedersachsen 229
            8.3   Praxis der bislang vorliegenden doppischen Haushalte in Niedersachsen 233
       9   Kommunale Doppik in Nordrhein-Westfalen als neues kommunales
            Finanzmanagement (NKF) 257
            9.1   Die Situation in Nordrhein-Westfalen 257
            9.2   Wichtigste Vorschriften zur Haushaltsgliederung in Nordrhein-Westfalen 258
            9.3   Praxis der doppischen Haushalte in Nordrhein-Westfalen 261

10		Kommunale Doppik in Rheinland-Pfalz	378
	10.1	Die Situation in Rheinland-Pfalz	378
	10.2	Wichtigste Vorschriften zur Haushaltsgliederung in Rheinland-Pfalz	379
	10.3	Praxis der bislang vorliegenden doppischen Haushalte in Rheinland-Pfalz	384
11		Kommunale Doppik im Saarland als Neues kommunales Rechnungswesen (NKR)	396
	11.1	Die Situation im Saarland	396
	11.2	Wichtigste Vorschriften zur Haushaltsgliederung im Saarland	396
	11.3	Praxis der bislang vorliegenden doppischen Haushalte im Saarland	400
12		Kommunale Doppik in Sachsen als Neues kommunales Haushalts- und Rechnungswesen (NKHR)	406
	12.1	Die Situation in Sachsen	406
	12.2	Wichtigste Vorschriften zur Haushaltsgliederung in Sachsen	406
	12.3	Praxis der bislang vorliegenden doppischen Haushalte in Sachsen	409
13		Kommunale Doppik in Sachsen-Anhalt als Neues Kommunales Haushalts- und Rechnungswesen (NKHR)	411
	13.1	Die Situation in Sachsen-Anhalt	411
	13.2	Wichtigste Vorschriften zur Haushaltsgliederung in Sachsen-Anhalt	412
	13.3	Praxis der kommunalen Doppik in Sachsen-Anhalt	415
14		Kommunale Doppik in Schleswig-Holstein als Neues kommunales Rechnungswesen (NKR)	419
	14.1	Die Situation in Schleswig-Holstein	419
	14.2	Wichtigste Vorschriften zur Haushaltsgliederung in Schleswig-Holstein	420
	14.3	Praxis der bislang vorliegenden doppischen Haushalte in Schleswig-Holstein	424
15		Theorie zum Neuen Kommunalen Finanzwesen (NKF) in Thüringen	437
	15.1	Die Situation in Thüringen	437
	15.2	Wichtigste Vorschriften zur Haushaltsgliederung in Thüringen	438
C		Vergleichende Analyse der unterschiedlichen Modelle nach kommunalen Größenklassen	443
1		Überblick über die analysierten Haushalte	443
	1.1	Verhältnis von Haushaltsumfang zur Größe der Kommune	443
	1.2	Verteilung auf die Bundesländer	445
2		Strukturen der doppischen Haushalte	447
	2.1	Unterschiedliche Gliederungsformen	447
	2.2	Ausrichtung der Teilhaushalte	448
	2.3	Aufgliederung der Produktblätter	448
3		Weitere empirische Ergebnisse	449
	3.1	Einzelne Schulen als Produkte	449
	3.2	Ziele, Mengen und weiterführende Kennzahlen	449
4		Vergleich der Städte und Gemeinden bis 10.000 Einwohner	450
5		Vergleich der Städte und Gemeinden bis 25.000 Einwohner	451
6		Vergleich der Städte bis 50.000 Einwohner	453
7		Vergleich der Städte bis 100.000 Einwohner	457
8		Vergleich der Städte bis 200.000 Einwohner	460
9		Vergleich der Städte bis 400.000 Einwohner	461
10		Vergleich der Städte mit über 400.000 Einwohnern	464
11		Vergleich der Kreise bis 150.000 Einwohner	465

| | | 12 | Vergleich der Kreise mit über 150.000 Einwohnern | 466 |

D	Praktische Empfehlungen zum doppischen Haushalt	467
	1 Grundsätze für die Einstufung als „besonders überzeugend" (Best Practise-Lösungen)	467
	1.1 Leitideen für eine Beurteilung konkreter Haushalte	467
	1.2 Konsequente Orientierung am Informationsbedarf	469
	2 Falltyp 1: Verwaltungsbereiche mit überschaubaren Input-Output-Verhältnissen	470
	3 Falltyp 2: Teilbetrieb Schulen	473
	4 Falltyp 3: Teilbetrieb Jugendhilfe	476
	5 Falltyp 4: Sonderveranstaltungen	479
	6 Praktische Empfehlungen zur Ausgestaltung des doppischen Haushalts	479
	6.1 Systematisierung der interessierenden Fragestellungen	479
	6.2 Nach welchen Gesichtspunkten sollten Teilhaushalte gebildet werden?	480
	6.3 Wie sollten Budgets im Rahmen der internen Budgetierung abgebildet werden?	482
	6.4 Gestaltung der Produktinformationen	483
	6.5 Fachspezifische Ausgestaltung der Produktblätter	485

E	Praktische Ausgestaltung des doppischen Haushalts- und Rechnungswesens	487
	1 Effizientes Haushalts- und Rechnungswesen als Ziel	487
	2 Kommunalverwaltung aus betriebswirtschaftlicher Sicht – ein Grundmodell zur Systematisierung	488
	3 Praktische Empfehlungen zum Rechnungswesen für Städte mit etwa 50.000 Einwohnern	493
	3.1 Rechnungswesen bei Verwaltungsstellen des Falltyps 1	493
	3.2 Rechnungswesen bei Teilbetrieben des Falltyps 2	496
	3.3 Rechnungswesen bei Teilbetrieben des Falltyps 3	497
	3.4 Rechnungswesen bei Sonderveranstaltungen des Falltyps 4	506
	3.5 Gestaltung der internen Verrechnungen	507
	3.6 Zwischenergebnisse zur effizienten Gestaltung des Rechnungswesen	510
	3.7 DV-technische Umsetzung des Rechnungswesens	512
	4 Praktische Empfehlungen zum Rechnungswesen einer Großstadt mit etwa 250.000 Einwohnern	516

F	Ergänzende Hinweise zur Binnensteuerung der Kommunalverwaltung in der Praxis	519
	1 Übertragbarkeit und Deckungsfähigkeit	519
	1.1 Übertragbarkeit im doppischen Produkthaushalt	519
	1.2 Deckungsfähigkeit im doppischen Produkthaushalt	523
	2 Grundsätze eines angemessenen Verwaltungscontrollings	526
	2.1 Operatives Controlling durch Führungskräfte	526
	2.2 Förderung der Teambildung	527
	3 Nutzung des doppischen Instrumentariums für Zwecke der Haushaltskonsolidierung	529

Literaturverzeichnis 532

Stichwortverzeichnis 540

A Kommunale Ausgangssituation und Zielsetzung des vorliegenden Praxisratgebers

> **Auf einen Blick**
>
> Mit dem neuen Haushaltsrecht soll – nach dem erklärten Willen der Innenministerkonferenz – ein Anstoß zur Verwaltungsreform (Neues Steuerungsmodell) gegeben werden mit dem Ziel, dass Verwaltung und Politik die tatsächlich steuerungsrelevanten Informationen zur Verfügung stehen: In den Produktbeschreibungen der doppischen Haushalte sollen Ziele, Fallzahlen und andere geeignete Kennziffern enthalten sein. Doch die Vorgaben der Landesprojekte geben den Kommunen leider nur wenig Hinweise, wie eine Kommune einer bestimmten Größenordnung das neue System *konkret* ausgestalten sollte, damit sie tatsächlich einen Nutzen im Sinne einer besseren Verwaltungssteuerung erreichen könnte.
>
> An dieser Stelle setzt das vorliegende Buch an. Auf Basis einer empirischen Analyse der bislang vorliegenden doppischen Haushalte werden konkrete Hinweise zur sachgerechten Gestaltung der doppischen Haushalte erarbeitet.

Kommunale Doppik als Verwaltungsreform

Derzeit laufen in vielen Kommunen die **umfangreichsten Reorganisationsprozesse seit vielen Jahren** unter den Begriffen „NKF", „NKH", „NKR", „NKHR", „NKRS" oder einfach „kommunale Doppik". Unabhängig von den landesspezifischen Bezeichnungen des neuen kommunalen Haushalts- und Rechnungswesens soll mit der kommunalen Doppik eigentlich keine neue Bürokratie geschaffen werden, sondern ein Anstoß zur Professionalisierung der kommunalen Verwaltung gegeben werden. Bereits die Innenministerkonferenz hatte in ihren Beschlüssen vom 21.11.2003 festgelegt, dass die kommunale Doppik als Anstoß zur Verwaltungsreform im Sinne des Neuen Steuerungsmodells wirken sollte. Durch die Reform des Gemeindehaushaltsrechts soll das kommunale Haushalts- und Rechnungswesen von der bisher zahlungsorientierten Darstellungsform der herkömmlichen Kameralistik auf eine ressourcenorientierte Darstellung umgestellt werden. Zugleich sollen die Kommunalverwaltungen nicht nur durch Ausgabeermächtigungen (Inputsteuerung), sondern (auch) durch die Vorgabe von Zielen für die kommunalen Leistungen (Output- bzw. Outcomesteuerung) gesteuert werden. Die Zielerreichung soll in diesem Modell mit Hilfe eines unterjährigen Controllings durch geeignete Kennzahlen unterstützt werden.

Defizite in den fachlichen Vorgaben

Das neue Steuerungsmodell, welches im deutschsprachigen Ausland mit dem Begriff „**Wirkungsorientierte Verwaltungssteuerung**"" bezeichnet wird, beinhaltet ein umfangreiches Instrumentarium, dass in den vergangenen 30 Jahren entwickelt wurde – das aber bislang in Deutschland nur bruchstückhaft bzw. auf freiwilliger Basis und mit insgesamt wenig Überzeugungskraft umgesetzt wurde.[1] Die Ergebnisse dieser freiwilligen Bewegung haben die meisten Kommunen nur relativ selten überzeugt: Unter anderem entstanden teilweise extrem differenzierte, wenig entscheidungsorientierte Kostenrechnungen. Manche Kostenrechnungen wurden nicht fertig entwickelt oder die Ist-Rechnungen konnten erst Jahre später vorgelegt werden. Diese Feststellungen deuten daraufhin, dass häufig kein ausreichend fundiertes betriebswirtschaftliches Gesamtkonzept vorlag oder/und dass seine Umsetzung wegen des fehlenden gesetzlichen Rahmens nicht gelang.

---

[1] Vgl. Bals (2008), Bogumil et al (2007), Finger (2007), Reichard (2007), Schedler/Proeller (2006), Thom/Ritz (2004) S. 23 u. 38.

Im Rahmen der bundesweiten Einführung der kommunalen Doppik existieren demgegenüber mittlerweile zwar in fast jedem Land ein rechtlicher Rahmen und ergänzende Hinweise der jeweiligen Landesprojekte (z. B. Handlungsempfehlungen zu ausgewählten Themenbereichen wie Softwareauswahl, Rechnungswesenorganisation). Im Hinblick auf eine angemessene Steuerungsorientierung werden die Kommunen jedoch unseres Erachtens leider ziemlich allein gelassen. Die Beschlüsse der Innenministerkonferenz sowie die Vorgaben der Landesprojekte geben den Kommunen leider nur wenig konkrete Hinweise, **wie eine Kommune einer bestimmten Größenordnung das neue System konkret ausgestalten sollte**, damit sie tatsächlich einen Nutzen im Sinne einer besseren Verwaltungssteuerung erreichen könnte. Durch das weitgehend isolierte Nebeneinander der 13 Landesprojekte (alle mit begrenzten Budgets und starker Fokussierung auf das ohnehin schon komplexe doppische Rechnungswesen) ist auch noch kaum eine hinreichend fundierte Fachdiskussion entstanden, wie die Kommunen ihre doppischen Haushalte in den einzelnen Größenklassen so gestalten sollten, um tatsächlich **positive Effekte hinsichtlich Transparenz und Steuerungstauglichkeit** zu erreichen.

An dieser Stelle setzt das vorliegende Buch an. Der vorliegende Praxisratgeber will den Kommunen eine fundierte Basis geben, aus den bereits vorhandenen doppischen Haushalten anderer Kommunen zu lernen. Im laufenden Jahr 2008 liegt erstmals eine nennenswerte Anzahl von doppischen Haushalten aus fast allen Bundesländern vor – ohne dass sich aber von selbst ein qualifizierter interkommunaler Erfahrungsaustausch über die Landesgrenzen hinweg ergeben dürfte. Zu heterogen und unübersichtlich sind die doppischen Haushalte als Erkenntnisobjekt, und zu trennend wirken sich auch die unterschiedlichen Landesregelungen aus. Ein wichtiges Ziel dieses Buches ist es, trotzdem möglichst viele wertvolle Denkanstöße für kommunale Praktiker zu gewinnen. Dafür wird ein möglichst vollständiger Überblick über die bislang vorliegenden **doppischen Haushalte in allen Ländern** angestrebt sowie die Herausarbeitung fundierter Vergleichsmaßstäbe. Dabei sollen auch die Stärken und Schwächen der einzelnen Beispielhaushalte herausgearbeitet werden, um den Mitarbeitern der (übrigen) Kommunen bei der Erstellung ihrer doppischen Haushalte zu helfen, überdurchschnittliche, auf ihre Bedürfnisse zugeschnittene Lösungen zu finden.

Genau daran mangelt es in vielen Kommunen noch – dies kann schon vorweggenommen werden: Die Kommunen sind in den meisten Fällen noch nicht in der Lage, die kommunale Doppik so einzuführen, dass sich tatsächlich eine auf ihre Bedürfnisse zugeschnittene Lösung ergibt – eine Lösung, die der Kommune anschließend auch bei der Verwaltungssteuerung helfen kann.

Schwierige Ausgangssituation vieler Kommunen

Die Doppikumstellung stellt für die meisten Kommunen einen erheblichen **Kraftakt** dar, weil etwas fachlich weitgehend Neues auf sie zukommt, das unbekannte Möglichkeiten beinhaltet. In dieser Situation hat die Kommune nach unserer Einschätzung meist genug damit zu tun, die jeweiligen komplexen Landesvorgaben zu verstehen, umzusetzen und sich an die doppische Software und Buchhaltung zu gewöhnen. Die eigentlich gewollte Verbesserung der Steuerung durch Politik und Verwaltungsspitze kommt sehr oft noch zu kurz.[2]

Dies ist im Ergebnis u. E. jedoch unbefriedigend: Die Anstrengungen der Kommunen im Rechnungswesen sind trotz weitverbreiteter Haushaltsnotlage groß – doch entsteht nicht in jedem Fall auch ein realer Nutzen. Es reicht beim doppischen Instrumentarium nämlich nicht aus, die jeweiligen Anforderungen des Landes lediglich **formal** zu erfüllen. Wenn das entstehende doppische Haushalts- und Rechnungswesen nicht ausreichend betriebswirtschaftlich durchdacht ist, entstehen oft unausgewogene, zu stark detaillierte doppische Haushaltspläne, die trotz ihrer Zahlenflut häufig wesentliche Probleme gar nicht oder nur versteckt abbilden. Weder die kommunalen Führungskräfte noch die Ratsmitglieder haben in diesen Fällen einen nennenswerten Nutzen vom neuen System.

---

[2] Zur notwendigen Einbindung der Politik in die Diskussion vgl. ergänzend z. B. Hellenbrand (2007).

Dabei besitzt das doppische Instrumentarium unstrittig große Möglichkeiten, die Verwaltungssteuerung weitaus besser zu unterstützen, als es die herkömmliche Kameralistik konnte.

Wie die Auswertung der bundesweit bislang vorliegenden etwa 117 doppischen Haushalte zeigen wird, darf bei der Doppikeinführung der Blick für das Ganze – das richtige Maß und die sachgerechte Akzentuierung des für die jeweilige Kommune Wesentlichen – nicht verloren gehen. Nur dann können sowohl aus Sicht des kommunalen Managements als auch aus Sicht der Ratsmitglieder ausreichend entscheidungs- bzw. steuerungsrelevante Informationen geliefert werden.

Vorgehensweise im Buch

Bedingt durch den deutschen Föderalismus werden im folgenden Kapitel B nacheinander alle 13 Flächenstaaten betrachtet. Die in den Ländern jeweils geltenden Vorschriften müssen zwangsläufig am Anfang jeder Analyse betrachtet werden. Neben den landesspezifischen Besonderheiten wird aus jedem Land (mit Ausnahme von Thüringen, dort liegen uns noch keine doppischen Haushalte vor) mindestens ein Haushalt als charakteristisches Praxisbeispiel kommentiert. Die Anzahl der aus jedem Land kommentierten Haushalte entspricht etwa der Verteilung der Länder unter den ermittelten 117 Haushalten.

Teil B enthält insgesamt Kommentierungen zu doppischen Haushalten aus 37 Kommunen. Da sich der doppische Haushalt als ein – in jeder Hinsicht – „sehr voluminöses" Erkenntnisobjekt erwiesen hat, können nicht alle 55 im Projekt erstellten Kommentierungen im Buch veröffentlicht werden. Daher sind Kommentierungen zu 18 weiteren doppischen Haushalten auf die CD ausgelagert worden.

Im **Teil C** werden die vorliegenden 117 Haushalte nach den kommunalen Größenklassen vergleichend analysiert. Kapitel C wertet also die empirische Studie aus und identifiziert besonders interessante Lösungsansätze der Kommunen.

Im darauf folgenden **Teil D** werden weitere praktische Empfehlungen zur steuerungsorientierten Ausgestaltung des doppischen Haushalts entwickelt und ein Musterhaushalt erarbeitet. In **Teil E** folgen die ergänzenden Empfehlungen zur effizienten Gestaltung des zugrunde liegenden Rechnungswesens. Schließlich werden in **Teil F** vertiefende Hinweise zu Fragen der internen Steuerung der Kommunalverwaltung gegeben.

B Theorie und Praxis der kommunalen Doppik in den einzelnen Ländern

> **Auf einen Blick**
>
> Den von der Innenministerkonferenz Ende 2003 beschlossenen rechtlichen Rahmen haben die Bundesländer unterschiedlich ausgefüllt. Dabei geht es insbesondere um die Vorschriften, wie die für die Haushaltssteuerung relevanten Produkte und Konten einerseits sowie die Anforderungen der Finanzstatistik andererseits erfüllt werden sollen. Aber auch innerhalb einzelner Länder differiert die Praxis der kommunalen Doppik zwischen den Kommunen erheblich.

1 Kommunale Doppik: ein heterogenes Bild

Mittlerweile liegen aus allen Bundesländern die anzuwendenden Vorschriften sowie – für die meisten Verwaltungsgrößen – auch schon erste Praxisbeispiele von doppischen Haushalten vor. Wie erwartet, ergibt sich auf den ersten Blick ein sehr heterogenes Bild.

Zeitliche Umstellungspflichten

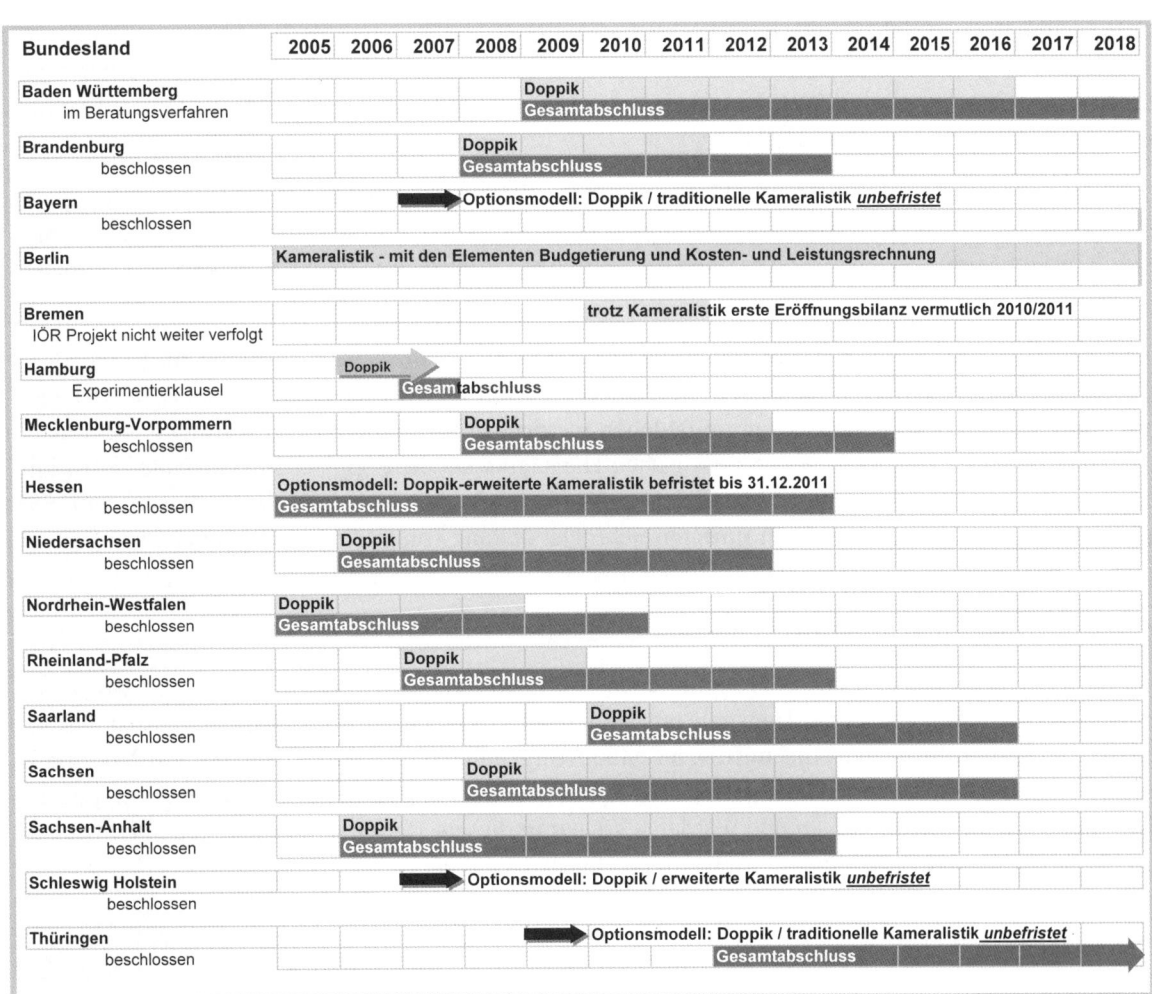

In der Grafik werden die Umstellungspflichten der einzelnen Bundesländer dargestellt.[3] Die zeitliche Parallelität der unterschiedlichen Systeme über mindestens das in der Abbildung dargestellte Jahrzehnt stellt auch die Finanzstatistik vor große Herausforderungen. Aus deren Sicht wird die Vergleichbarkeit der finanzstatistischen Daten wegen der Unterschiede der Systematik, aber auch wegen der grundsätzlichen inhaltlichen Unterschiede von altem und neuem Rechnungswesen erheblich eingeschränkt sein.[4]

Die Kommunen stehen jetzt vor der Aufgabe, diese größte Verwaltungsreform seit Bestehen unseres Landes möglichst so umzusetzen, dass für das kommunale Alltagsgeschäft etwas herauskommt. Dies wäre beispielsweise der Fall, wenn künftig die für die Steuerung durch Rat und Verwaltung erforderlichen Informationen transparenter zur Verfügung gestellt werden als bislang. Ob die Kommunen einen nennenswerten Nutzen aus der Kraftanstrengung ziehen können, hängt nach unseren Erfahrungen von der fachlichen Durchdringung möglichst aller Verwaltungsbereiche im Rahmen des Umstellungsprojekts ab.

2 Untersuchungsmethodik

Aufbauend auf den vorhandenen Praxiserfahrungen des PwC-Autorenteams haben wir im Laufe des ersten Halbjahres 2007 eine systematische Erhebung der bundesweit vorliegenden doppischen Haushalte begonnen. Neben der Auswertung der einschlägigen Veröffentlichungen wurde eine systematische Internetrecherche sowie eine ergänzende Telefonumfrage – diese beschränkt auf die Kommunen über 20.000 Einwohner sowie die Landkreise – durchgeführt. Bei der Telefonumfrage wurde regelmäßig nur danach gefragt, wann der erste doppische Haushalt vorliegt. Sofern ein doppischer Haushalt bereits veröffentlicht wurde, wurde dieser – meist gegen Entgelt – als Papierform oder PDF-Dokument geliefert. Wir bedanken uns an dieser Stelle für die freundliche Unterstützung durch fast alle angefragten Kommunen.

Bis Anfang 2008 lagen uns von rund **117 Kommunen** (Städte, Gemeinden oder Kreisverwaltungen) bereits einer oder mehrere (vollständige) doppische Haushalte vor. Diese empirische Grundgesamtheit ging in die vergleichende Analyse nach einheitlichen Kriterien ein, über die in Kapitel C berichtet wird.

Zuvor haben wir für Kapitel B aus allen Bundesländern Haushalte ausgewählt, die im Folgenden vergleichsweise ausführlich beschrieben werden. Damit soll dem Leser eine möglichst praxisnahe Einführung in die hochkomplexe Materie gegeben werden. Im Mittelpunkt von Kapitel B steht also eine Darstellung der ausgewählten 55 doppischen Haushalte. Da die doppischen Haushalte selbst im Regelfall ein erhebliches Volumen besitzen, entsteht durch das **auszugsweise Zitieren von 55 Haushalten** zwangsläufig eine recht umfangreiche Darstellung (ohne die jedoch keine praxisnahen Hinweise möglich wären).

Kommentierung anhand von zwei Leitfragen

Wichtigste Leitidee der von uns vorgenommenen Kommentierung ist dabei die Frage, in welchem Umfang der jeweilige doppische Haushalt tatsächlich für ein Mitglied des politischen Aufsichtsorgans hilfreich sein dürfte und die **politische Steuerung** unterstützt. Wir versuchen die Vor- und Nachteile jedes kommentierten Haushalts im Hinblick auf die erreichte Unterstützung der politischen Steuerung herauszuarbeiten und werden – soweit in diesem Rahmen möglich – auch Hinweise zur möglichen Weiterentwicklung des jeweiligen Haushalts geben.

---

[3] Vgl. Statistisches Bundesamt (2007) S. 10. Vgl. ergänzend die vergleichenden Analysen bei Fischer (2008), Krengel (2008), Vogelpoth/Poulie (2007). Zum Redaktionsschluss (Ende Oktober 2008) hatten KGSt und Bertelsmann Stiftung die Veröffentlichung einer webbasierten Datenbank angekündigt, die die unterschiedlichen doppischen Rechtsgrundlagen der Bundesländer themenbezogen gegenüberstellen soll (sie konnte im Rahmen des vorstehenden Buchprojekts noch nicht genutzt werden).
[4] Vgl. Statistisches Bundesamt (2007) S. 10.

Die zweite Stoßrichtung unserer Analyse folgt der Frage, wie das **Rechnungswesen** in den einzelnen Kommunen strukturiert ist (mit dem Nebeneinander von Produkten, Konten, Kostenstellen, Kostenträgern usw.). Hierzu interessiert vor allem, welche Vereinfachungsmöglichkeiten jeweils möglich erscheinen, ohne dass der Verwaltungssteuerung wesentliche Erkenntnisse verloren gingen. Dieser Problemkreis berührt die Frage, wie die Kommunen das mächtige doppische Instrumentarium möglichst praktikabel einsetzen können, um zusätzliche Bürokratiefolgekosten möglichst zu vermeiden.

Kriterien zur Auswahl der in Kapitel B dargestellten doppischen Haushalte

Bei der Auswahl der zu beschreibenden Haushalte werden folgende Kriterien angewendet:

- es wird ein repräsentatives Bild der Städte ab 20.000 Einwohner sowie der Kreise angestrebt
- für alle kommunalen Größenkategorien ab 20.000 Einwohner sollen vergleichbare Haushaltsteile in Auszügen dargestellt werden; für kleinere Gemeinden werden ergänzend einzelne Beispiel gezeigt
- besonders ausführlich werden die Großstädte dargestellt
- die wichtigsten landesbezogenen Besonderheiten sollen berücksichtigt werden sowie
- bei der Darstellung sollen die wesentlichen Strukturelemente der vorliegenden doppischen Haushalte gezeigt werden (z. B. wie werden Teilhaushalte gebildet), damit sich der Leser den beschriebenen Haushalt wirklich praxisnah vorstellen kann.

Bei der zwangsläufig stark beschränkten Auswahl der abgebildeten Haushaltsauszüge wurden meist die Bereiche der **weiterführenden Schulen und Jugendhilfe** ausgewählt; regelmäßig wird gezeigt, wie die Gymnasien und die Hilfen zur Erziehung (Jugendhilfe) im doppischen Produkthaushalt abgebildet werden. Die Auswahl der weiterführenden Schulen und der Hilfen zur Erziehung bietet sich als Basis der vergleichenden Analyse an, weil es sich bei diesen Bereichen um besonders wichtige kommunale Aufgaben handelt, in denen die Kommunen in die Gesellschaft hineinwirken und daher eine grundsätzliche Eignung für Instrumente der wirkungsorientierten Verwaltungssteuerung (neues Steuerungsmodell) angenommen werden kann. Außerdem sind diese Bereiche zentrale Aufgaben sowohl der Kreise als auch der Großstädte.

Diese Bereiche eignen sich daher in besonderem Maße für die angestrebte vergleichende Analyse zur Frage, wie sinnvolle (wirkungsorientierte) Steuerungsinstrumente in der Praxis umgesetzt werden könnten.

3 Kommunale Doppik in Baden-Württemberg als Neues Kommunales Haushaltsrecht (NKHR)

3.1 Die Situation in Baden-Württemberg

Doppik spätestens ab 2016

Baden-Württemberg ist einerseits das Land des ersten bundesweit beachteten Pilotprojektes in der Stadt Wiesloch. Andererseits haben die baden-württembergischen Städte und Gemeinden sowie Kreise die haushaltsrechtliche Experimentierphase seit 1993 – abgesehen von Wiesloch (ab 1994) – kaum genutzt. Auch der langwierige Gesetzgebungsprozess seit den ersten Entwürfen einer doppischen Gemeindehaushaltsverordnung von 2003 war zum Redaktionsschluss Ende Oktober 2008 noch nicht abgeschlossen. Dennoch dürften der mittlerweile im Landtag behandelte Entwurf eines Gesetzes zur Reform des Gemeindehaushaltsrechts vom 15.11.2007 sowie die zugehörige Gemeindehaushaltsverordnung (Entwurf vom 21.12.2007) den künftigen rechtlichen Rahmen weitgehend verlässlich abbilden. Nach langer landesinterner Diskussion hat sich auch Baden-Württemberg für die verpflichtende Umstellung auf die kommunale Doppik entschieden, die alternative Kameralistik wird nicht mehr zugelassen. Der Regelungsentwurf enthält immer noch ein Wahlrecht zur Vermögenstrennung in Realisierbares Vermögen und Verwaltungsvermögen.

Umsetzungsstand in Baden-Württemberg

Nach den verfügbaren Informationen hatten bis 2007 bislang nur acht Städte und eine Gemeinde auf Doppik umgestellt. Bis zum Abschluss der empirischen Projektphase (Ende März 2008) lagen uns vier doppische Haushalte aus Baden-Württemberg vor und wurden in die fachliche Analyse einbezogen. Davon werden im Folgenden drei Haushalte exemplarisch dargestellt. Ein weiterer Haushalt wird auf der beiliegenden CD kommentiert.

Allgemeine Charakteristika der doppischen Haushalte

Trotz des langen Diskussionsprozesses hat sich das geplante Regelungswerk zur kommunalen Doppik während der letzten vier Jahre kaum verändert (abgesehen von der Streichung der erweiterten Kameralistik und der wesentlich verlängerten Übergangszeiträume). Das Pilotprojekt in der Stadt Wiesloch hat die Fachdiskussion in Baden-Württemberg (und in Deutschland) so stark beeinflusst, dass wir das Wieslocher Beispiel im Folgenden besonders ausführlich darstellen.

3.2 Das Pilotprojekt in der Stadt Wiesloch

In Wiesloch existiert das älteste Pilotprojekt zur kommunalen Doppik. Die alleinige Doppik gilt in Wiesloch bereits ab 01.01.1999. Seitdem wird auch die Haushaltsplanung auf doppischer Grundlage durchgeführt. Dementsprechend viel Erfahrung besitzt die Stadt Wiesloch bereits mit doppischen Haushaltsplänen. Wir zeigen im Folgenden exemplarisch den doppischen Haushalt für 2004. Im Hinblick auf die große Erfahrung, die Wiesloch 2004 bereit hatte, überrascht es nicht, dass der Haushalt 2004 redaktionell überzeugt und überdurchschnittlich übersichtlich ist. Der Haushalt der Stadt Wiesloch (26.000 Einwohner) ist folgendermaßen gegliedert:

- Allgemeines mit statistischen Daten, Gemeindeorgane, Organisationsplan, Vorbericht, Haushaltsatzung, Gesamthaushalt, Verpflichtungsermächtigung, Vorabdotierungen im Zentralbereich
- Fachbereichsbudgets mit etwa 200 Seiten
- Anlagen mit Stellenplan, Stand der Schulden, mittelfristige Finanzplanung, Wirtschaftsplan der Stadtwerke, Glossar, Steuern- und Gebührensätze

Stadt Wiesloch

Als erstes zeigen wir den Ergebnishaushalt und den Finanzhaushalt (Gesamthaushalt):[5]

Ergebnishaushalt		Ansatz 2004	Ansatz 2003	Ergebnis 2002
1	**Ordentliches Jahresergebnis**			
1.1	*Ordentliche Erträge*			
1.1.1	Steuern und andere Abgaben	23.962.800 €	19.687.100 €	35.894.151 €
1.1.2	Zuweisungen	6.423.750 €	8.648.800 €	4.104.380 €
1.1.3	Sonstige Transfererträge	494.000 €	486.200 €	410.640 €
1.1.4	Gebühren, Beiträge	5.728.200 €	5.648.650 €	6.067.848 €
1.1.5	Privatrechtliche Leistungsentgelte	519.100 €	454.100 €	601.557 €
1.1.6	Erträge aus Kostenerstattungen, Kostenumlagen	1.160.450 €	1.259.900 €	1.271.886 €
1.1.7	Finanzerträge	1.024.000 €	1.157.100 €	989.806 €
1.1.8	Aktivierte Eigenleistungen	23.500 €	28.000 €	45.265 €
1.1.9	Sonstige ordentliche Erträge	2.020.250 €	1.654.450 €	597.397 €
	Ordentliche Erträge - Summe	41.356.050 €	39.024.300 €	49.982.930 €
1.2	Ordentliche Aufwendungen			
1.2.1	Personalaufwendungen	-8.406.000 €	-8.366.750 €	-7.895.120 €
1.2.2	Versorgungsaufwendungen	-1.140.000 €	-1.104.550 €	-1.221.104 €
1.2.3	Sachaufwendungen	-7.903.750 €	-7.942.800 €	-7.935.918 €
1.2.4	Planmäßige Abschreibungen	-4.487.400 €	-4.450.300 €	-4.198.105 €
1.2.5	Zinsen	-1.345.900 €	-1.245.600 €	-976.144 €
1.2.6	Transferaufwendungen	-21.442.550 €	-20.028.200 €	-28.887.195 €
1.2.7	Sonstige Ordentliche Aufwendungen	-48.900 €	-45.000 €	-311.648 €
	Ordentliche Aufwendungen - Summe	-44.774.500 €	-43.183.200 €	-51.425.233 €
	Ordentliches Jahresergebnis - Zwischenergebnis	-3.418.450 €	-4.158.900 €	-1.442.303 €
2	**+/- Ergebnisvortrag aus Vorjahren**	0 €	0 €	0 €
3	**Veranschlagtes ordentliches Ergebnis**	-3.418.450 €	-4.158.900 €	-1.442.303 €
4	**Veranschlagtes außerordentliches Ergebnis**			
4.1	Realisierbare außerordentliche Erträge	0 €	0 €	168.679 €
4.2	Realisierbare außerordentliche Aufwendungen	0 €	0 €	-1.959.104 €
	Veranschlagtes außerordentliches Ergebnis	0 €	0 €	-1.790.425 €
5	**Veranschlagtes Gesamtergebnis**	-3.418.450 €	-4.158.900 €	-3.232.728 €
6	**Deckung von Fehlbeträgen**			
6.1	Entnahme aus Rücklagen aus Überschüssen des ordentlichen Ergebnisses	-3.418.450 €	-4.158.900 €	-1.442.303 €
6.2	Ergebnisvortrag auf das ordentliche Ergebnis des Folgejahres	0 €	0 €	0 €
6.3	Entnahme aus Rücklagen aus Überschüssen des außerordentlichen Ergebnisses	0 €	0 €	-1.654.090 €
6.4	Minderung des Basis-Reinvermögens	0 €	0 €	-136.334 €

---

[5] Stadt Wiesloch (2004) S. 34.

Finanzhaushalt		Ansatz 2004	Ansatz 2003	Ergebnis 2002
1	**Zuführung aus dem Ergebnishaushalt**			
1.1	Saldo Ergebnishaushalt (ohne Ergebnisvortrag)	-3.418.450 €	-4.158.900 €	-3.232.728 €
1.2	+ Nicht zahlungswirksame Aufwandsoptionen	15.954.600 €	14.683.800 €	18.090.015 €
1.3	- Nicht zahlungswirksame Ertragspositionen	-3.516.850 €	-5.506.150 €	-1.311.535 €
1.4	+ Saldo der haushaltsfremden Zahlungen	0 €	0 €	-139.464 €
	= Zuführungen aus dem Ergebnishaushalt	9.019.300 €	5.018.750 €	13.406.287 €
2	**Cash Flow**			
2.1	+ Bestandsveränderung Verbindlichkeiten	0 €	-138.050 €	1.807.997 €
2.2	+ Bestandsänd. passive Rechnungsabgrenzung	0 €	0 €	0 €
2.3	- Auszahlungen aus Rückstellungen	-13.880.100 €	-12.640.750 €	-12.970.905 €
2.4	- Bestandsveränderung Vorräte	0 €	0 €	6.968 €
2.5	- Bestandsveränderung Forderungen	0 €	0 €	888.136 €
2.6	- Bestandsveränderung aktive Rechnungsabgrenzung	0 €	0 €	0 €
	= Cash Flow	-4.860.800 €	-7.760.050 €	3.138.483 €
3	**Veranschlagter Finanzmittelbedarf/-überschuss**			
3.1	+ Empfangene Investitionszuweisungen u. -beiträge	793.700 €	2.720.800 €	636.669 €
3.2	+ Einzahlungen aus Desinvestitionen			
3.2.1	■ Sachanlagevermögen	5.600.000 €	5.750.500 €	381.429 €
	■ realisierbares Vermögen			
	■ Verwaltungsvermögen			
3.2.2	■ Finanzanlagevermögen	9.600 €	9.600 €	40.900 €
	■ realisierbares Vermögen			
	■ Verwaltungsvermögen			
3.2.3	■ Immaterielles Vermögen			
3.2.4	■ Sonstige Einzahlungen aus Desinvestitionen			
3.3	- Investitionsauszahlungen			
3.3.1	■ Sachanlagevermögen	-3.006.000 €	-6.320.300 €	-8.949.000 €
	■ realisierbares Vermögen			
	■ Verwaltungsvermögen			
3.3.2	■ Finanzanlagevermögen	-384.900 €	-2.329.500 €	-318.608 €
	■ realisierbares Vermögen			
	■ Verwaltungsvermögen			
3.3.3	■ Immaterielles Vermögen			
3.3.4	■ Sonstige Investitionsauszahlungen			
3.3.5	■ Geleistete Investitionszuschüsse			
3.3.6	■ Haushaltsreste für Investitionen			
	= Veranschlagter Finanzmittelbedarf /-überschuss	-1.848.400 €	-7.928.950 €	-5.070.128 €
4	**Änderung des Bestandes an liquiden Mitteln**			
4.1	+ Aufnahme von Deckungskrediten	2.558.400 €	8.960.950 €	2.541.121 €
4.2	- Tilgung von Deckungskrediten	-710.000 €	-1.032.000 €	-2.993.974 €
	= Änderung des Bestandes an liquiden Mitteln	0 €	0 €	-5.522.981 €
5	**Änderung des Zahlungsmittelbestands**			
5.1	- Zuführung zur Liquiditätsreserve	0 €	0 €	0 €
5.2	+ Entnahme aus Liquiditätsreserven	0 €	0 €	5.084.132 €
	= Änderung des Zahlungsmittelbestands	0 €	0 €	-438.849 €
	Verpflichtungsermächtigungen für 2005 ff.	0 €		

Der Finanzhaushalt ist noch im Sinne einer indirekt ermittelten, aus dem Ergebnishaushalt abgeleiteten Kapitalflussrechnung gegliedert.

Zum Gesamthaushalt wird in Wiesloch auch ein Haushaltsquerschnitt nach Teilhaushalten abgebildet:[6]

---

[6] Stadt Wiesloch (2004) S. 36 ff.

Haushaltsquerschnitt – Ergebnishaushalt

Teilhaushalt	Ordentliche Erträge	Realisierbare außerordentliche Erträge	Verwaltungs- aufwendungen	Transfer- aufwendungen	Realisierbare außerordentliche Aufwendungen	Ergebnisvortrag aus Vorjahr	Veranschlagter Aufwands-/Ertrags- überschluss (anteiliges veranschlagtes Gesamtergebnis)
1.1 Zentrale Verwaltung	26.000 €	-	-1.263.050 €	0 €	-	0 €	-1.237.050 €
2.1 Finanzen	65.100 €	-	-609.600 €	0 €	-	0 €	-544.500 €
3.1 Bürgerdienste	836.950 €	-	-1.533.050 €	-25.800 €	-	0 €	-721.900 €
4.1 Schulen und schulische Leistungen	1.740.500 €	-	-2.638.550 €	-410.000 €	-	0 €	-1.308.050 €
4.2 Tageseinrichtungen und Jungendhilfe	127.500 €	-	-375.550 €	-1.786.250 €	-	0 €	-2.034.300 €
4.3 Familien, Sen./Sen., Ausl./Ausl., Soziales, Gleichstellungsbeauftragte	14.150 €	-	-108.400 €	-78.550 €	-	0 €	-172.800 €
5.1 Stadtbibliothek	32.800 €	-	-346.450 €	0 €	-	0 €	-313.650 €
5.2 Kultur, Fremdenverkehr, Sport	87.800 €	-	-910.000 €	-282.250 €	-	0 €	-1.104.450 €
5.3 Archiv, Museum, Städtepartnerschaften	3.000 €	-	-124.700 €	-14.600 €	-	0 €	-136.300 €
6.1 Bauordnung, Grundbuch, Planung	1.154.950 €	-	-791.150 €	-1.183.050 €	-	0 €	-819.250 €
6.2 Umweltschutz	356.000 €	-	-469.050 €	-250 €	-	0 €	-113.300 €
7.1 Tiefbau	621.100 €	-	-2.421.550 €	0 €	-	0 €	-1.800.450 €
7.2 Grünflächen	423.500 €	-	-618.250 €	0 €	-	0 €	-194.750 €
7.3 Technische Dienste	82.000 €	-	-2.061.350 €	-1.000 €	-	0 €	-1.979.350 €
7.4 Bevölkerungsschutz	67.450 €	-	-407.400 €	-1.000 €	-	0 €	-340.950 €
7.5 Stadtentwässerung	4.491.500 €	-	-1.135.500 €	-3.356.000 €	-	0 €	0
8.1 Kommunale Gebäude, Hochbauverwaltung	222.100 €	-	-3.342.900 €	-53.200 €	-	0 €	-3.174.000 €
8.2 Bäder	200.450 €	-	-844.950 €	-200 €	-	0 €	-644.700 €
8.3 Liegenschaften, Märkte, Grundstückswertermittlung	471.400 €	-	-714.350 €	-24.500 €	-	0 €	-267.450 €
8.4 Parkierungseinrichtungen	651.500 €	-	-975.450 €	0 €	-	0 €	-323.950 €
9.1 Zentralbereich	29.680.300 €	-	-1.640.700 €	-14.226.900 €	-	0 €	13.812.700 €
Gesamtergebnis	**41.356.050 €**	**-**	**-23.331.950 €**	**-21.442.550 €**	**-**	**0 €**	**-3.418.450 €**

Haushaltsquerschnitt – Finanzhaushalt

Teilhaushalt	Planungsteil	Veranschlagungsteil					
	Zuführung aus dem Ergebnishaushalt	Bestandsänderung Aktiva/Passiva	Cash Flow	Investitionszuweisungen	Einzahlungen aus Desinvestitionen	Investitionsauszahlungen	Veranschlagter Finanzmittelbedarf/-überschuss
1.1 Zentrale Verwaltung	-1.143.500 €	0 €	-1.143.500 €	0 €	0 €	-15.000 €	-1.158.500 €
2.1 Finanzen	-480.200 €	0 €	-480.200 €	0 €	0 €		-480.200 €
3.1 Bürgerdienste	-614.050 €	0 €	-614.050 €	0 €	0 €		-614.050 €
4.1 Schulen und schulische Leistungen	-1.178.550 €	0 €	-1.178.550 €	0 €	0 €		-1.178.550 €
4.2 Tageseinrichtungen und Jugendhilfe	-2.019.050 €	0 €	-2.019.050 €	0 €	0 €		-2.019.050 €
4.3 Familien, Seniorinnen/Senioren, Ausländerinnen/Ausländer, Soziales, Gleichstellungsbeauftragte	-167.000 €	0 €	-167.000 €	0 €	0 €		-167.000 €
5.1 Stadtbibliothek	-304.700 €	0 €	-304.700 €	0 €	0 €		-304.700 €
5.2 Kultur, Fremdenverkehr, Sport	-998.750 €	0 €	-998.750 €	0 €	0 €		-998.750 €
5.3 Archiv, Museum, Städtepartnerschaften	-133.400 €	0 €	-133.400 €	0 €	0 €		-133.400 €
6.1 Bauordnung, Grundbuch, Planung	-756.850 €	0 €	-756.850 €	0 €	0 €	-299.000 €	-1.055.850 €
6.2 Umweltschutz	-112.000 €	0 €	-112.000 €	0 €	0 €	0 €	-112.000 €
7.1 Tiefbau	-685.450 €	0 €	-685.450 €	348.000 €	0 €	-730.500 €	-1.067.950 €
7.2 Grünflächen	-20.250 €	0 €	-20.250 €	85.000 €	0 €	-130.000 €	-65.250 €
7.3 Technische Dienste	-1.914.350 €	0 €	-1.914.350 €	0 €	0 €	-24.000 €	-1.938.350 €
7.4 Bevölkerungsschutz	-280.200 €	0 €	-280.200 €	0 €	0 €	-40.000 €	-320.200 €
7.5 Stadtentwässerung	-242.800 €	0 €	-242.800 €	50.000 €	0 €	-303.900 €	-496.700 €
8.1 Kommunale Gebäude, Hochbauverwaltung	-1.922.750 €	0 €	-1.922.750 €	310.700 €	0 €	-1.402.100 €	-3.014.150 €
8.2 Bäder	-527.950 €	0 €	-527.950 €	0 €	0 €	0 €	-527.950 €
8.3 Liegenschaften, Märkte, Grundstückswertermittlung	-179.800 €	0 €	-179.800 €	0 €	5.600.000 €	-430.400 €	4.989.800 €
8.4 Parkierungseinrichtungen	-321.300 €	0 €	-321.300 €	0 €	0 €	-16.000 €	-337.300 €
9.1 Zentralbereich	23.022.200 €	-13.880.100 €	9.142.100 €	0 €	9.600 €	0 €	9.151.700 €
Gesamtergebnis	**9.019.300 €**	**-13.880.100 €**	**-4.860.800 €**	**793.700 €**	**5.609.600 €**	**-3.390.900 €**	**-1.848.400 €**

Stadt Wiesloch 23

Voraussichtlicher Stand der Schulden (ohne Kassenkredite) und der Rückstellungen
in 1.000 Euro

Art	Stand zu Beginn des Vorjahres 01.01.2003	Vorauss. Stand zu Beginn des Haushaltsjahres 01.01.04
1 Schulden aus Krediten von/vom		
1.1 Bund		
1.2 Land		
1.3 Gemeinden und Gemeindeverbänden		
1.4 Zweckverbänden und dergleichen		
1.5 sonstigen öffentlichen Bereich	57	50
1.6 Kreditmarkt	18.020	25.977
Summe 1	18.077	26.027
2 Innere Darlehen		
2.1 aus Sonderrücklagen		
2.2 von Sondervermögen ohne Sonderrechnung		
Summe 2		
3 Schulden aus Vorgängen, die Kreditaufnahmen wirtschaftlich gleichkommen		
4 Rückstellungen		
4.1 Pensionsrückstellungen	9.712	9.748
4.2 Rückstellungen für unterlassene Instandhaltung und Instandsetzung		
4.3 Rückstellungen für Deponien		
4.4 Finanzausgleichsrückstellungen	23.713	19.859
4.5 Andere sonstige Rückstellungen	1.070	950
Summe 4	34.495	30.557

Art	Stand zu Beginn des Vorjahres 01.01.2003	Vorauss. Stand zu Beginn des Haushaltsjahres 01.01.2004
Nachrichtlich		
5 Schulden der Sondervermögen mit Sonderrechnung		
5.1 aus Krediten	6.932	7.622
5.2 aus Vorgängen, die Kreditaufnahmen wirtschaftlich gleichkommen		

	Nachrichtlich zu 3 und 5.2 6 Verpflichtung aus Leasing-Verträgen und ähnlichen Verträgen im Zusammenhang mit unbeweglichen Gütern	Jahresbetrag	Gesamtverpflichtung bis zum frühestmöglichen Optionszeitpunkt	Optionspreis

Voraussichtlicher Stand der Liquiditätsreserve und der Rücklagen
in 1.000 €

Art	Stand zu Beginn des Vorjahres 01.01.2003	Vorauss. Stand zu Beginn des Haushaltsjahres 01.01.2004
1 Liquiditätsreserve	0	0
Nachrichtlich: Mindestbeitrag der Liquiditätsreserve nach §20 Abs. 1 S.2 GmHVO	306	306
2 Rücklagen		
2.1 Rücklagen aus Überschüssen des ordentlichen Ergebnisses	10.429	6.270
2.2 Rücklagen aus Überschüssen des realisierten außerordentlichen Ergebnisses	0	330
2.3 Bewertungsrücklage	1.415	1.508
2.4 Zweckgebundene Rücklage	492	448
2.5 Sonstige Rücklage		
Summe	12.336	8.596

Kassenbestand	
Kassenbestand zum 01.01.2003	-439
geplante Zu-/Abnahme Zahlungsmittelbestand 2003	0
nicht verbrauchte Ansätze 2003	500
Haushaltsausgabereste 31.12.2002	-5.117
voraussichtliche Haushaltsausgabereste 31.12.2003	1.800
Überschüsse Ergebnishaushalt 2002	-739
Überschüsse Ergebnishaushalt 2003	450
Veränderungen Forderungen/Verbindlichkeiten	
Stand zum 01.01.2004	**-3.995**
geplante Entnahmen 2004	0
Stand zum 31.12.2004	-3.995

Die **Fachbereichsbudgets** sind jeweils wie folgt gegliedert:
- Organisationsplan (Kostenstellenplan) mit Personalübersicht
- Teilbudget (Ergebnishaushalt und Finanzhaushalt)
- Haushaltsquerschnitt (Ergebnishaushalt und Finanzhaushalt)
- Produkte (laufende Aufgaben)
- Projekte
- investive Maßnahmen

Als Beispiel für die bereichsorientierte Darstellungen drucken wir zunächst den Bereich „Bürgerdienste" in Auszügen ab:[7]

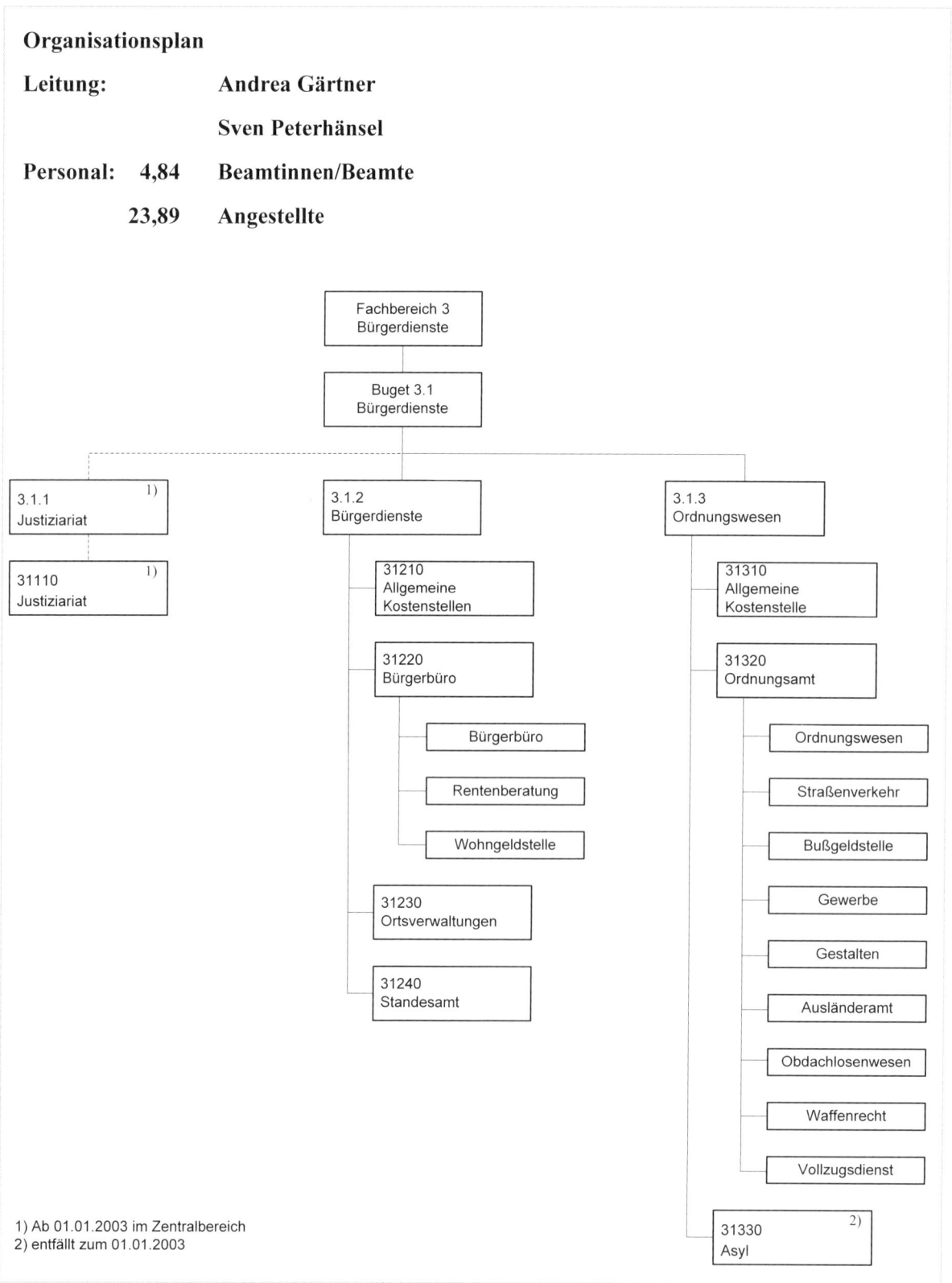

[7] Stadt Wiesloch (2004) S. 82 ff.

Stadt Wiesloch

Ergebnishaushalt

Budget 3.1	Ansatz 2004	Ansatz 2003	Ergebnis 2002
Ordentliche Erträge	836.950 €	795.250 €	745.202 €
Personalaufwendungen	-1.203.950 €	-1.112.500 €	-1.058.863 €
Versorgungsaufwendungen	-115.150 €	-104.450 €	-124.928 €
Sachaufwendungen	-156.050 €	-192.350 €	-169.749 €
Planmäßige Abschreibungen	-55.450 €	-58.650 €	-57.018 €
Anteilige Zinsen	-2.450 €	-2.900 €	-2.756 €
Transferaufwendungen	-25.800 €	-25.800 €	-28.632 €
Sonstige ordentliche Aufwendungen	0 €	0 €	0 €
Ordentliche Aufwendungen	-1.558.850 €	-1.496.650 €	-1.441.946 €
Ergebnisvortrag aus Vorjahr	0 €	0 €	0 €
Veranschlagter Aufwands-/Ertragsüberschuss (anteiliges veranschl. Ordentliches Ergebnis)	-721.900 €	-701.400 €	-696.745 €
Vorabdotierung	25.800 €	25.800 €	28.632 €
Nettobudget	-696.100 €	-675.600 €	-668.112 €
Erträge aus internen Leistungen	22.950 €	22.950 €	35.893 €
Aufwendungen für interne Leistungen	-277.400 €	-238.050 €	-254.668 €
• Nutzung von Liegenschaften	-175.700 €	-144.350 €	-139.050 €
• Kostenstelle Bauhof	-29.800 €	-30.850 €	-23.488 €
• Kostellenstelle Fuhrpark	-4.700 €	-5.650 €	-3.058 €
• Sonstige interne Verrechnungen	-67.200 €	-57.200 €	-59.073 €
Kalkulatorische Kosten	0 €	0 €	0 €
Vortrag aus Vorjahr	0 €	0 €	0 €
Veranschlagtes kalkulatorisches Ergebnis	-254.450 €	-215.100 €	-218.775 €
Veranschlagter Nettoressourcenbedarf/ überschuss (-/+)	-976.350 €	-916.500 €	-915.519 €

Finanzhaushalt

Budget 3.1	Ansatz 2004	Ansatz 2003	Ergebnis 2002
Veranschl. Aufwands-/Ertragüberschuss	-721.900 €	-701.400 €	
Nicht zahlungswirksamer Aufwand	107.850 €	108.750 €	
Nicht zahlungswirksamer Ertrag	0 €	0 €	
Zuführung vom Ergebnishaushalt	-614.050 €	-592.650 €	
Bestandsveränderung Verbindlichkeiten	0 €	0 €	
Auszahlungen aus Rückstellungen	0 €	0 €	
Bestandsveränderung Vorräte	0 €	0 €	
Bestandsveränderung Forderungen	0 €	0 €	
Cash Flow	-614.050 €	-592.650 €	
Empfangene Inverstitionszuweisungen	0 €	0 €	
Einzahlungen aus Desinvestitionen			
• Sachanlagevermögen	0 €	0 €	
• Finanzanlagevermögen	0 €	0 €	
• Immaterielles Vermögen	0 €	0 €	
• Sonstige Einzahlungen aus Desinvestionen	0 €	0 €	
Investitionsauszahlungen			
• Sachanlagevermögen	0 €	0 €	
• Finanzanlagevermögen	0 €	0 €	
• Immaterielles Vermögen	0 €	0 €	
• Sonstige Investitionsauszahlungen	0 €	0 €	
• Geleistete Investitionszuschüsse	0 €	0 €	
Haushaltsreste für Investitionen	0 €	0 €	
Veranschlagter Finanzmittelbedarf/-überschuss	-614.050 €	-592.650 €	

Verpflichtungsermächtigungen für 2005 ff.	0 €

Haushaltsquerschnitt – Ergebnishaushalt

Budget/Fachgruppe/Kostenstelle	Ordentliche Erträge	Verwaltungs-aufwendungen	Transfer-aufwendungen	Ergebnis-vortrag aus Vorjahr	Veranschlagter Aufwands-/Ertragsüber-schuss	Interne Erträge	Interne Aufwendungen	Kalk. Kosten	Vortrag aus Vorjahr	Veranschlagter Nettoressour-cenbedarf
	1	2	3	4	5=1+2+3+4	6	7	8	9	10=5+6+7+8+9
3.1.2 Bürgerdienste										
31210 Allgemeine Kostenstelle	0 €	0 €	0 €	0 €	0 €	0 €	0 €	0 €	0 €	0 €
31220 Bürgerbüro	119.300 €	-547.800 €	0 €	0 €	-428.500 €	0 €	-63.150 €	0 €	0 €	-491.650 €
31230 Ortsverwaltungen	5.100 €	-86.700 €	0 €	0 €	-81.600 €	0 €	-27.500 €	0 €	0 €	-109.100 €
31240 Standesamt	16.200 €	-96.450 €	0 €	0 €	-80.250 €	0 €	-24.450 €	0 €	0 €	-104.700 €
3.1.2 Summe	140.600 €	-730.950 €	0 €	0 €	-590.350 €	0 €	-115.100 €	0 €	0 €	-705.450 €
3.1.3 Ordnungswesen										
31310 Allgemeine Kostenstelle	0 €	0 €	0 €	0 €	0 €	0 €	0 €	0 €	0 €	0 €
31320 Ordnungsamt	696.350 €	-802.100 €	-25.800 €	0 €	-131.550 €	22.950 €	-162.300 €	0 €	0 €	-270.900 €
31330 Asyl	0 €	0 €	0 €	0 €	0 €	0 €	0 €	0 €	0 €	0 €
3.1.3 Summe	696.350 €	-802.100 €	-25.800 €	0 €	-131.550 €	22.950 €	-162.300 €	0 €	0 €	-270.900 €
3.1 Summe	836.950 €	-1.533.050 €	-25.800 €	0 €	-721.900 €	22.950 €	-277.400 €	0 €	0 €	-976.350 €

Stellenplan Fachbereich 3

Fachgruppe/Kostenstelle	Vollzeitstellen			gesamt	Bemerkungen Veränderungen 2003
	Arbeiterinnen/ Arbeiter (38,5 h)	Angestellte (38,5 h)	Beamtinnen/ Beamte (41 h)		
3.1.2 Bürgerdienste 31220 Bürgerbüro		8,50	1,79	10,29	▪ 0,50 Stellen (Angestellte) aus finanziellen Gründen unbesetzt ▪ Stundenreduzierung um 10,5 Std./Woche (./. 0,28 Stellen) ▪ Abordnung einer Beamtin (1,0) in den FB 3, gleichzeitig Abordnung einer teilzeitbeurlaubten Beamtin (0,5) vom FB 3 in den Zentralbereich
31230 Ortsverwaltung		1,72		1,72	▪ Unverändert
31240 Standesamt			1,73	1,73	▪ Unverändert
3.1.3 Ordnungswesen 31320 Ordnungsamt	0,50	13,67	1,32	15,49	▪ 1,00 Stellen (Angestellte) aus finanziellen Gründen unbesetzt ▪ Zuordnung 0,5 Arbeiter-Stellen (bisher FB 8), Hausmeister Obdachlosenunterkünfte
Gesamt 2004	0,50	23,89	4,84	29,23	3,16 Leerstellen im Bereich "Beamte" + 0,50 Stellen im Bereich "Arbeiter" + 0,50 besetzte Stellen im Bereich "Beamte" (Abordnung) ./. 0,28 Stellen im Bürgerbüro
Vergleich 2003		24,17	4,38	28,55	

Gesamtübersicht Beurlaubung/EZU:

Bürgerbüro/Wohngeldstelle	Ordnungsamt	Standesamt
Eine Beamtin teilzeitbeurlaubt bis 31.12.2006 (0,5) Eine Angestellte beurlaubt bis 30.11.2007 (0,5) Eine Angestellte EZU bis 31.08.2006 (19,25 Std./Woche) Eine Angestellte EZU bis 30.11.2004 (38,5 Std./Woche)	Eine Beamtin beurlaubt bis 28.02.2004 (1,0) Eine Beamtin teilzeitbeurlaubt bis 30.09.2004 (0,5) Eine Beamtin teilzeitbeurlaubt bis 19.09.2004 (0,5)	Eine Beamtin teilzeitbeurlaubt bis 31.12.2006 (0,39) Eine Beamtin teilzeitbeurlaubt bis 30.09.2004 (0,27)

Der Personaleinsatz wird übersichtlich und differenziert nach Kostenstellen (nicht aber nach Produkten) ausgewiesen.

Im Anschluss an diese Darstellung erfolgt eine Übersicht über die Produkte der jeweiligen Kostenstelle, die wir hier nur in Auszügen ausdrücken:[8]

---

[8] Stadt Wiesloch (2004) S. 82 ff.

KoSt	Produktgruppe/Produkt (gem. Produktplan Baden-Württemberg)	Schlüsselaufgaben	Leistungsindikatoren	Leistungsziele
31220/ 31230	**Bürgerdienste/ Ortsverwaltungen**			
31220 - 01	32.1.1.01 Verwaltung von Fundsachen/ Fundieren	▪ Entgegennahme, Aufbewahrung, Aushändigung und Verwertung von Fundsachen und Fundieren		▪ Sicherung und Rückgewinnung von verlorenem Eigentum ▪ möglichst kurze Aufbewahrungsfristen, rasche Rückgabe an den Verlierer oder Finder
	33.1.1 Melde/Ausweis/Staatsangehörigkeitsangelegenheiten	▪ Verarbeitung jedes melderechtlich maßgebenden Vorganges, insbes. An-, Um- und Abmeldungen, Beratungen von Meldepflichtigen, Mitteilungen an andere Behörden, Auskünfte an Berechtigte, Pflege des Melderegisters ▪ Erteilung von Ausweisdokumenten ▪ Ausstellung/Ändern von Lohnsteuerkarten ▪ Führen des Wählerverzeichnisses, Ausstellen von Wahlscheinen	▪ Einwohnerzahl ▪ Anzahl der ausgestellten Dokumente	▪ Registrierung der Einwohnerinnen und Einwohner zwecks Feststellung und Nachweis ihrer Identität und ihrer Wohnungen ▪ zügige Bearbeitung der Anträge, freundliche und fachkompetente Beratung der Bürgerinner und Bürger ▪ Sicherstellung der ordnungsgemäßen Lohn- und Kirchensteuerabzüge
	33.1.1.04 Bürgerservice	▪ Umfassender Service für Kundinnen und Kunden ▪ Bereitstellung von Auskunfts-, Beratungs- und weiteren Serviceleistungen, zentrale Anlaufstelle in der Stadt für die Bürgerschaft ▪ Angebot von Dienstleistungen der KabelBW, der Stadtwerke HD, der EnBW und der Stadtwerke Wiesloch		▪ Freundliche und fachkompetente Beratung der Kundschaft ▪ Unterstützung der Bürgerschaft in allen Belangen
	Telefonzentrale	▪ Entgegennahme eingehender Telefongespräche ▪ Vermittlung von Telefongesprächen für alle Fachbereiche ▪ zentrale erste Anlaufstelle für die Bürgerschaft		▪ Freundliche, zuvorkommende und kompetente Auskunftserteilung an die Bürgerschaft

Zusätzlich werden noch projektbezogene Informationen gegeben, das heißt für das jeweilige Budget werden die wichtigsten Projekte der nahen Zukunft abgebildet (in dieser Form sonst kaum praktiziert).[9]

Als nächstes Beispiel zeigen wir aus dem Fachbereich 4 die Schulen in Auszügen. Nach Abbildung der Zuweisung des Landes Baden-Württemberg zum Schuletat und des Schullastenausgleichs (hier nicht abgedruckt) folgt die übliche Darstellung der Fachbereichsbudgets.[10]

---

[9] Stadt Wiesloch (2004) S. 93 f.
[10] Stadt Wiesloch (2004) S. 100 ff.

Stadt Wiesloch 29

Ergebnishaushalt

Budget 4.1	Ansatz 2004	Ansatz 2003	Ergebnis 2002
Ordentliche Erträge	1.740.500 €	1.732.550 €	-1.724.588 €
Personalaufwendungen	-879.900 €	-865.250 €	-649.124 €
Versorgungsaufwendungen	-57.550 €	-61.700 €	-67.286 €
Sachaufwendungen	-1.583.900 €	-1.674.350 €	-1.562.314 €
Planmäßige Abschreibungen	-109.600 €	-109.450 €	-93.830 €
Anteilige Zinsen	-7.600 €	-7.250 €	-7.355 €
Transferaufwendungen	-410.000 €	-388.900 €	-440.712 €
Sonstige ordentliche Aufwendungen	0 €	0 €	0 €
Ordentliche Aufwendungen	-3.048.550 €	-3.106.900 €	-2.820.621 €
Ergebnisvortrag aus Vorjahr	0 €	0 €	0 €
Veranschlagter Aufwands-/Ertragsüberschuss (anteiliges veranschl. Ordentliches Ergebnis)	-1.308.050 €	-1.374.350 €	-1.096.033 €
Vorabdotierung	488.200 €	465.100 €	475.785 €
Nettobudget	-819.850 €	-909.250 €	-620.248 €
Erträge aus internen Leistungen	43.750 €	46.350 €	46.353 €
Aufwendungen für interne Leistungen	-2.052.900 €	-2.196.900 €	-1.725.087 €
• Nutzung von Liegenschaften	-1.996.850 €	-2.138.000 €	-1.675.811 €
• Kostenstelle Bauhof	-46.550 €	-46.950 €	-37.592 €
• Kostenstelle Fuhrpark	-6.750 €	-8.550 €	-8.570 €
• Sonstige interne Verrechnungen	-2.750 €	-3.400 €	-3.113 €
Kalkulatorische Kosten	0 €	0 €	0 €
Vortrag aus Vorjahr	0 €	0 €	0 €
Veranschlagtes kalkulatorisches Ergebnis	-2.009.150 €	-2.150.550 €	-1.678.734 €
Veranschlagter Nettoressourcenbedarf/-überschuss (-/+)	-3.317.200 €	-3.524.900 €	-2.774.767 €

Finanzhaushalt

Budget 4.1	Ansatz 2004	Ansatz 2003	Ergebnis 2002
Veranschl. Aufwands-/Ertragüberschuss	-1.308.050 €	-1.374.350 €	
Nicht zahlungswirksamer Aufwand	129.500 €	-132.850 €	
Nicht zahlungswirksamer Ertrag	0 €	0	
Zuführung von Ergebnishaushalt	-1.178.550 €	-1.241.500 €	
Bestandsveränderung Verbindlichkeiten	0 €	0 €	
Auszahlungen aus Rückstellungen	0 €	0 €	
Bestandsveränderung Vorräte	0 €	0 €	
Bestandsveränderung Forderungen	0 €	0 €	
Cash Flow	-1.178.550 €	-1.241.500 €	
Empfangene Investitionszuweisungen	0 €	0 €	
Einzahlungen aus Desinvestitionen			
• Sachanlagevermögen	0 €	0 €	
• Finanzanlagewermögen	0 €	0 €	
• Immaterielles Vermögen	0 €	0 €	
• Sonstige Einzahlungen aus Desinvestitionen	0 €	0 €	
Investitionsauszahlungen			
• Sachanlagevermögen	0 €	-50.000 €	
• Finanzanlagevermögen	0 €	0 €	
• Immaterielles Vermögen	0 €	0 €	
• Sonstige Investitionsauszahlungen	0 €	0 €	
• Geleistete Investitionszuschüsse	0 €	0 €	
Haushaltsreste für Investitionen	0 €	0 €	
Veranschlagter Finanzmittelbedarf/- überschuss	-1.178.550 €	-1.291.500 €	
Verpflichtungsermächtigungen für 2005 ff.	0 €		

Haushaltsquerschnitt – Ergebnishaushalt

Budget/Fachgruppe/Kostenstelle		Ordentliche Erträge	Verwaltungs- aufwendungen	Transfer- aufwendungen	Ergebnis- vortrag aus Vorjahr	Veranschlagter Aufwands-/ Ertragsüber- schuss	Interne Erträge	Interne Aufwendungen	Kalk. Kosten	Vortrag aus Vorjahr	Veranschlagter Nettoressour- cenbedarf
		1	2	3	4	5=1+2+3+4	6	7	8	9	10=5+6+7+8+9
4.1.1	Städtische Schulen										
41110	Allgemeine Kostenstelle	0 €	-193.000 €	0 €	0 €	-193.000 €	0 €	-8.350 €	0 €	0 €	-201.350 €
41120	GS Schillerschule	0 €	-221.450 €	0 €	0 €	-221.450 €	100 €	-370.400 €	0 €	0 €	-591.750 €
41130	GS am Dämmelwald	0 €	0 €	0 €	0 €	0 €	0 €	0 €	0 €	0 €	0 €
41140	Maria-Sibylla-Merian-Grundschule	0 €	-196.400 €	0 €	0 €	-196.400 €	250 €	-342.800 €	0 €	0 €	-538.950 €
41150	GS Frauenweiler	0 €	-82.050 €	0 €	0 €	-82.050 €	300 €	-81.950 €	0 €	0 €	-163.700 €
41160	GS Schatthausen	0 €	-49.750 €	0 €	0 €	-49.750 €	1.550 €	-63.550 €	0 €	0 €	-111.750 €
41170	GHS Baiertal Pestalozzischule	108.500 €	-229.600 €	0 €	0 €	-121.100 €	0 €	-258.450 €	0 €	0 €	-379.550 €
41180	HS Gerbersruhschule	293.400 €	-327.800 €	0 €	0 €	-34.400 €	13.200 €	-185.900 €	0 €	0 €	-207.100 €
41190	Realschule	535.050 €	-512.200 €	0 €	0 €	22.850 €	28.200 €	-288.050 €	0 €	0 €	-237.000 €
41191	Ottheinrich-Gymnasium	690.550 €	-557.100 €	0 €	0 €	133.450 €	150 €	-400.300 €	0 €	0 €	-266.700 €
4.1.1	Summe	1.627.500 €	-2.369.350 €	0 €	0 €	-741.850 €	43.750 €	-1.999.750 €	0 €	0 €	-2.697.850 €
4.1.2	Schulische Leistungen										
41210	Allgemeine Kostenstelle	0 €	-25.600 €	0 €	0 €	-25.600 €	0 €	-350 €	0 €	0 €	-25.950 €
41220	Förderschule Albert-Schweitzer Schule	0 €	0 €	-70.000 €	0 €	-70.000 €	0 €	0 €	0 €	0 €	-70.000 €
41230	GS-Förderklassen	0 €	0 €	0 €	0 €	0 €	0 €	0 €	0 €	0 €	0 €
41240	Betreuungszeiten Grundschulen	109.800 €	-228.000 €	0 €	0 €	-118.200 €	0 €	-4.750 €	0 €	0 €	-122.950 €
41250	Hort an der Schule Maria-Sibylla-Merian	0 €	0 €	0 €	0 €	0 €	0 €	0 €	0 €	0 €	0 €
41260	Schülerhort Kinderschutzbund e.V.	0 €	0 €	-150.000 €	0 €	-150.000 €	0 €	0 €	0 €	0 €	-150.000 €
41270	Musikschule	3.200 €	-15.600 €	-190.000 €	0 €	-202.400 €	0 €	-48.050 €	0 €	0 €	-250.450 €
4.1.2	Summe	113.000 €	-269.200 €	-410.000 €	0 €	-566.200 €	0 €	-53.150 €	0 €	0 €	-619.350 €
4.1	Summe	1.740.500 €	-2.638.550 €	-410.000 €	0 €	-1.308.050 €	43.750 €	-2.052.900 €	0 €	0 €	-3.317.200 €

Haushaltsquerschnitt – Finanzhaushalt

Budget/Fachgruppe/Kostenstelle		Planungsteil	Veranschlagungsteil			
		Zuführung aus dem Ergebnishaushalt	Bestandsänderung Aktiva/Passiva	Cash Flow	Investitions- zuweisungen und Einzahlungen aus Desinvestitionen	Investitions- auszahlungen	Veranschlagter Finanzmittelbedarf/ -überschuss
4.1.1	Städtische Schulen						
41110	Allgemeine Kostenstelle	-175.050 €	0 €	-175.050 €	0 €	0 €	-175.050 €
41120	GS Schillerschule	-212.950 €	0 €	-212.950 €	0 €	0 €	-212.950 €
41130	GS am Dämmelwald	0 €	0 €	0 €	0 €	0 €	0 €
41140	Maria-Sibylla-Merian-Grundschule	-191.300 €	0 €	-191.300 €	0 €	0 €	-191.300 €
41150	GS Frauenweiler	-77.950 €	0 €	-77.950 €	0 €	0 €	-77.950 €
41160	GS Schatthausen	-47.400 €	0 €	-47.400 €	0 €	0 €	-47.400 €
41170	GHS Baiertal Pestalozzischule	-106.400 €	0 €	-106.400 €	0 €	0 €	-106.400 €
41180	HS Gerbersruhschule	-12.800 €	0 €	-12.800 €	0 €	0 €	-12.800 €
41190	Realschule	54.350 €	0 €	54.350 €	0 €	0 €	54.350 €
41191	Ottheinrich-Gymnasium	153.850 €	0 €	153.850 €	0 €	0 €	153.850 €
4.1.1	Summe	-615.650 €	0 €	-615.650 €	0 €	0 €	-615.650 €
4.1.2	Schulische Leistungen						
41210	Allgemeine Kostenstelle	-22.300 €	0 €	-22.300 €	0 €	0 €	-22.300 €
41220	Förderschule Albert-Schweitzer Schule	-70.000 €	0 €	-70.000 €	0 €	0 €	-70.000 €
41230	GS-Förderklassen	0 €	0 €	0 €	0 €	0 €	0 €
41240	Betreuungszeiten Grundschulen	-118.200 €	0 €	-118.200 €	0 €	0 €	-118.200 €
41250	Hort an der Schule Maria-Sibylla-Merian	0 €	0 €	0 €	0 €	0 €	0 €
41260	Schülerhort Kinderschutzbund e.V.	-150.000 €	0 €	-150.000 €	0 €	0 €	-150.000 €
41270	Musikschule	-202.400 €	0 €	-202.400 €	0 €	0 €	-202.400 €
4.1.2	Summe	-562.900 €	0 €	-562.900 €	0 €	0 €	-562.900 €
4.1	Summe	-1.178.550 €	0 €	-1.178.550 €	0 €	0 €	-1.178.550 €

Wie die Darstellung der Stadt Wiesloch zeigt, wird durch den **budgetbezogenen Haushaltquerschnitt** eine differenzierte Darstellung der Ertrags- und Aufwandsgruppen **je Schule** erreicht. Abgesehen von den Schüler- und Klassenzahlen im Schuletat, sowie den fachbereichsbezogenen Informationen über den Personaleinsatz, werden in Wiesloch keine weitergehenden Kennzahlen über die Zielereichung bzw. die Entwicklung von Produkten und Leistungen gegeben.

Stadt Wiesloch

Als nächstes Beispiel zeigen wir das Budget „**Kommunale Gebäude**":[11]

Organisationsplan

Leitung: Karl Schweinfurth

Sven Peterhänsel

Personal: 1,00 Beamtinnen/Beamte

5,09 Angestellte

2,99 Arbeiterinnen/Arbeiter

Ergebnishaushalt

Budget 8.1	Ansatz 2004	Ansatz 2003	Ergebnis 2002
Ordentliche Erträge	222.100 €	170.400 €	246.279 €
Personalaufwendungen	-377.900 €	-378.750 €	-390.589 €
Versorgungsaufwendungen	-38.100 €	-31.350 €	-20.556 €
Scahaufwendungen	-826.450 €	-629.750 €	-742.227 €
Planmäßige Abschreibungen	-1.432.600 €	-1.410.250 €	-1.212.092 €
Anteilige Zinsen	-667.850 €	-586.200 €	-400.963 €
Transferaufwendungen	-53.200 €	-50.000 €	-50.586 €
Sonstige ordentliche Aufwendungen	0 €	0 €	0 €
Ordentliche Aufwendungen	-3.396.100 €	-3.086.300 €	-2.817.013 €
Ergebnisvortrag aus Vorjahr	0 €	0 €	0 €
Veranschlagter Aufwands-/Ertragsüberschuss (anteiliges veranschl. Ordentliches Ergebnis)	-3.174.000 €	-2.915.900 €	-2.570.734 €
Vorabdotierung	0 €	0 €	0 €
Nettobudget	-3.174.000 €	-2.915.900 €	-2.570.734 €
Erträge aus interne Leistungen	2.976.500 €	2.930.200 €	2.063.384 €
Aufwendungen für interne Leistungen	-97.850 €	-98.550 €	-84.375 €
▪ Nutzung von Liegenschaften	-23.600 €	-20.650 €	-17.100 €
▪ Kostenstelle Bauhof	-60.250 €	-59.500 €	-54.212 €
▪ Kostenstelle Fuhrpark	-8.900 €	-11.300 €	-2.800 €
▪ Sonstige interne Verrechnungen	-5.100 €	-7.100 €	-10.264 €
Kalkulatorische Kosten	0 €	0 €	0 €
Vortrag aus Vorjahr	0 €	0 €	0 €
Veranschlagtes kalkulatorisches Ergebnis	-2.878.650 €	2.831.650 €	1.979.009 €
Veranschlagter Nettoressourcenbedarf/-überschuss(-/+)	-295.350 €	-84.250 €	-591.725 €

---

[11] Stadt Wiesloch (2004) S. 230 ff.

Haushaltsquerschnitt – Ergebnishaushalt

Budge/Fachgruppe/Kostenstelle		Ordentliche Erträge	Verwaltungs- aufwendungen	Transfer- aufwendungen	Ergebnis- vortrag aus Vorjahr	Veranschlagter Aufwands-/ Ertragsüber- schuss	Interne Erträge	Interne Aufwendungen	Kalk. Kosten	Vortrag aus Vorjahr	Veranschlagter Nettoressour- cenbedarf
		1	2	3	4	5=1+2+3+4	6	7	8	9	10=5+6+7+8+9
8.1.1	Kommunale Gebäude										
81110	Allgemeine Kostenstelle	0 €	-153.900 €	0 €	0 €	-153.900 €	0 €	-3.000 €	0 €	0 €	-156.900 €
81120	Verwaltungsgebäude	1.100 €	-543.050 €	0 €	0 €	-541.950 €	598.500 €	-33.150 €	0 €	0 €	23.400 €
81130	Feuerwehrgebäude	16.750 €	-88.600 €	0 €	0 €	-71.850 €	86.550 €	-4.250 €	0 €	0 €	10.450 €
81140	Kulturelle Gebäude	700 €	-71.250 €	-3.200 €	0 €	-73.750 €	52.750 €	-3.800 €	0 €	0 €	-24.800 €
81150	Sporthallen	25.500 €	-602.900 €	0 €	0 €	-577.400 €	600.100 €	-12.050 €	0 €	0 €	10.650 €
81160	Bauhof, Stadtgärtnerei	0 €	-41.500 €	0 €	0 €	-41.500 €	43.150 €	-3.450 €	0 €	0 €	-1.800 €
81170	Friedhofsgebäude	0 €	-41.650 €	0 €	0 €	-41.650 €	41.000 €	-6.950 €	0 €	0 €	-7.600 €
81180	Uhren, Bedürfnisanstalten	0 €	-21.250 €	0 €	0 €	-21.250 €	0 €	-950 €	0 €	0 €	-22.200 €
8.1.1	Summe	44.050 €	-1.564.100 €	-3.200 €	0 €	-1.523.250 €	1.422.050 €	-67.600 €	0 €	0 €	-168.800 €
8.1.2	Schulen, Kindergärten										
81210	Allgemeine Kostenstelle	0 €	-16.700 €	0 €	0 €	-16.700 €	0 €	-1.350 €	0 €	0 €	-18.050 €
81220	Grunschulen	13.150 €	-581.300 €	0 €	0 €	-568.150 €	686.350 €	-8.950 €	0 €	0 €	109.250 €
81230	Pestalozzi GHS Baiertal	8.450 €	-154.900 €	0 €	0 €	-146.450 €	168.750 €	-3.000 €	0 €	0 €	19.300 €
81240	Gerbersruhschule	14.600 €	-135.750 €	0 €	0 €	-121.150 €	139.350 €	-2.950 €	0 €	0 €	15.250 €
81250	Realschule	49.550 €	-217.150 €	0 €	0 €	-167.600 €	176.600 €	-2.950 €	0 €	0 €	6.050 €
81260	Gymnasium	55.400 €	-318.350 €	0 €	0 €	-262.950 €	252.150 €	-4.000 €	0 €	0 €	-14.800 €
81270	Förderschule Albert-Schweitzer-Schule	0 €	-1.700 €	0 €	0 €	-1.700 €	0 €	0 €	0 €	0 €	-1.700 €
81280	Städtische Kindergärten	1.500 €	-18.100 €	0 €	0 €	-16.600 €	19.450 €	-450 €	0 €	0 €	2.400 €
81290	Kirchliche Kindergärten	2.200 €	-133.300 €	-50.000 €	0 €	-181.100 €	101.700 €	-2.950 €	0 €	0 €	-82.350 €
81291	Jugendhaus	0 €	-8.950 €	0 €	0 €	-8.950 €	10.100 €	-450 €	0 €	0 €	700 €
8.1.2	Summe	144.850 €	-1.586.200 €	-50.000 €	0 €	-1.491.350 €	1.554.450 €	-27.050 €	0 €	0 €	36.050 €
8.1.3	Servie-Leistungen										
81310	Allgemeine Kostenstelle	0 €	-21.150 €	0 €	0 €	-21.150 €	0 €	-3.100 €	0 €	0 €	-24.250 €
81320	Energiewirtschaft	33.200 €	-147.950 €	0 €	0 €	-114.750 €	0 €	-50 €	0 €	0 €	-114.800 €
81330	Gebäudereinigung	0 €	-21.350 €	0 €	0 €	-21.350 €	0 €	-50 €	0 €	0 €	-21.400 €
81340	Hausmeisterdienste	0 €	-2.150 €	0 €	0 €	-2.150 €	0 €	0 €	0 €	0 €	-2.150 €
81350	Gebäudeversicherung	0 €	0 €	0 €	0 €	0 €	0 €	0 €	0 €	0 €	0 €
8.1.3	Summe	33.200 €	-192.600 €	0 €	0 €	-159.400 €	0 €	-3.200 €	0 €	0 €	-162.600 €
8.1	Summe	222.100 €	-3.342.900 €	-53.200 €	0 €	-3.174.000 €	2.976.500 €	-97.850 €	0 €	0 €	-295.350 €

Haushaltsquerschnitt – Finanzhaushalt

Budge/Fachgruppe/Kostenstelle		Planungsteil	Veranschlagungsteil				
		Zuführung aus dem Ergebnishaushalt	Bestandsänderung Aktiva/Passiva	Cash Flow	Investitions- zuweisungen und Einzahlungen aus Desinvestitionen	Investitions- auszahlungen	Veranschlagter Finanzmittelbedarf/ -überschuss
8.1.1	Kommunale Gebäude						
81110	Allgemeine Kostenstelle	-150.300 €	0 €	-150.300 €	0 €	0 €	-150.300 €
81120	Verwaltungsgebäude	-360.050 €	0 €	-360.050 €	0 €	-163.000 €	-523.050 €
81130	Feuerwehrgebäude	-38.350 €	0 €	-38.350 €	0 €	0 €	-38.350 €
81140	Kulturelle Gebäude	-49.450 €	0 €	-49.450 €	0 €	-185.000 €	-234.450 €
81150	Sporthallen	-275.900 €	0 €	-275.900 €	0 €	-670.600 €	-946.500 €
81160	Bauhof, Stadtgärtnerei	-12.900 €	0 €	-12.900 €	0 €	-17.500 €	-30.400 €
81170	Friedhofsgebäude	-27.600 €	0 €	-27.600 €	0 €	0 €	-27.600 €
81180	Uhren, Bedürfnisanstalten	-18.950 €	0 €	-18.950 €	0 €	0 €	-18.950 €
8.1.1	Summe	-933.500 €	0 €	-933.500 €	0 €	-1.036.100 €	-1.969.600 €
8.1.2	Schulen, Kindergärten						
81210	Allgemeine Kostenstelle	-14.050 €	0 €	-14.050 €	0 €	0 €	-14.050 €
81220	Grunschulen	-282.150 €	0 €	-282.150 €	310.700 €	-110.000 €	-81.450 €
81230	Pestalozzi GHS Baiertal	-76.400 €	0 €	-76.400 €	0 €	0 €	-76.400 €
81240	Gerbersruhschule	-60.600 €	0 €	-60.600 €	0 €	-90.000 €	-150.600 €
81250	Realschule	-95.500 €	0 €	-95.500 €	0 €	-65.000 €	-160.500 €
81260	Gymnasium	-156.750 €	0 €	-156.750 €	0 €	-96.000 €	-252.750 €
81270	Förderschule Albert-Schweitzer-Schule	-1.700 €	0 €	-1.700 €	0 €	0 €	-1.700 €
81280	Städtische Kindergärten	-8.200 €	0 €	-8.200 €	0 €	0 €	-8.200 €
81290	Kirchliche Kindergärten	-134.300 €	0 €	-134.300 €	0 €	-5.000 €	-139.300 €
81291	Jugendhaus	-4.600 €	0 €	-4.600 €	0 €	0 €	-4.600 €
8.1.2	Summe	-834.250 €	0 €	-834.250 €	310.700 €	-366.000 €	-889.550 €
8.1.3	Servie-Leistungen						
81310	Allgemeine Kostenstelle	-17.000 €	0 €	-17.000 €	0 €	0 €	-17.000 €
81320	Energiewirtschaft	-114.750 €	0 €	-114.750 €	0 €	0 €	-114.750 €
81330	Gebäudereinigung	-21.150 €	0 €	-21.150 €	0 €	0 €	-21.150 €
81340	Hausmeisterdienste	-2.100 €	0 €	-2.100 €	0 €	0 €	-2.100 €
81350	Gebäudeversicherung	0 €	0 €	0 €	0 €	0 €	0 €
8.1.3	Summe	-155.000 €	0 €	-155.000 €	0 €	0 €	-155.000 €
8.1	Summe	-1.922.750 €	0 €	-1.922.750 €	310.700 €	-1.402.100 €	-3.014.150 €

Stadt Wiesloch 33

Investive Maßnahmen

Kostenstelle	Maßnahme	Gesamt-investition	Planjahr 2004		
			Einzahlungen	Auszahlungen	Saldo
81120 Verwaltungsgebäude	Verwaltungszentrum ■ EDV-Netzwerktechnik mit Elektrotechnik Deckenbauarbeiten und Honnorar, Erweiterung Brandmeldeanlage um Bürobereich	792.500 €		100.000 €	100.000 €
	■ Erneuerung der Türanlagen Haupteingang EG elektr. Schiebetüren	8.000 €		8.000 €	8.000 €
	Altes Rathaus ■ Sanierung Außenfassade und Erneuerung der Verblechungen	55.000 €		55.000 €	55.000 €
81140 Kulturelle Gebäude	Stadtmauer ■ Sanierung der Stadtmauer	125.000 €		125.000 €	125.000 €
	Musikschule ■ Sanierung Verblechungen und Holzaußenteile, Ziegel- und Wärmedämmung	60.000 €		60.000 €	60.000 €
81150 Sporthallen	Sporthalle am Stadion ■ Generalsanierung Umbau-Erweiterung im Dez. 1999 beschlossen/Verpflichtungsermächtigung	4.746.000 €		655.600 €	655.600 €
	Sporthalle Baiertal ■ Sanierung/Erneuerung Mess- und Regeltechnik Heizung	15.000 €		15.000 €	15.000 €
81160 Bauhof, Stadtgärtnerei	Bauhof ■ 3 Sektonaltore erneuern	7.500 €		7.500 €	7.500 €
	Gärtnerei ■ Erneuerung der Elektroanlage	25.000 €		10.000 €	10.000 €

Investive Maßnahmen

Kostenstelle	Maßnahme	Gesamt-investition	Planjahr 2004		
			Einzahlungen	Auszahlungen	Saldo
81220 Grundschulen	Grundshule Schatthausen ■ Einbau Sonnenschutz für Dachflächenfenster 16 St. elektr.	10.000 €		10.000 €	10.000 €
	■ Zuschuss		110.700 €		-110.700 €
	Grundschule Schillerschule ■ Brandschutz	50.000 €		50.000 €	50.000 €
	■ Zuschuss		200.000 €		-200.000 €
	Grundschule Frauenweiler ■ Bauliche Verbesserung Gebäude- Außenhülle Fenster und WD. 1. Rate für 2004, Fensteraustausch nicht weiter aufschiebbar	500.000 €		20.000 €	20.000 €
	■ Auflagen Brandschutz	30.000 €		30.000 €	30.000 €
81240 Gerbersruhhauptschule	■ Auflagen Branschutz, Altbau Treppe DG+IOG, DG-Ausstieg, Rauchabschlüsse	30.000 €		30.000 €	30.000 €
	■ Auflagen Brandschutz Anbau Blumenstraße	60.000 €		60.000 €	60.000 €
81250 Realschule	■ Flurbereich Treppenhaus, Brandabschnitt 1. Rate Brandmeldeanlage	250.000 €		50.000 €	50.000 €
	■ Elektr. Lautsprecher-Anlage erneuern	15.000 €		15.000 €	15.000 €
81260 Gymnasium	■ Planungsrate Erweiterung Schulzentrum -ca. 390.000 € Architekten und Faching.-Leistungen bis einschl. Ausführungsplanung	390.000 €		35.000 €	35.000 €
	■ Sonnenschutz D-Bau ergänzen Süd und Ost	6.000 €		6.000 €	6.000 €
	■ Heizung Peripherie Rohrleitung Verteilung, Heizkörper	256.000 €		50.000 €	50.000 €
	■ Sanierung Deckenleuchten Flure, Foyer, Auswärtigenräume	10.000 €		5.000 €	5.000 €
81290 Kindergärten	KiGa Kegelbahnweg ■ Dämmarbeiten in der Decke	5.000 €		5.000 €	5.000 €
Summe		7.446.000 €	310.700 €	1.402.100 €	1091400

Dieses Beispiel einer Abbildung der vorhandenen kommunalen Gebäude zeigt, wie durch das Instrument des kostenstellenbezogenen Haushaltsquerschnitts eine überdurchschnittlich hohe Transparenz und Übersichtlichkeit erreicht wird (sowohl für Ergebnis- als auch für Finanzhaushalt). Für alle **einzelnen Gebäude (Kostenstellen)** werden die Ertrags- und Aufwandsgruppen abgebildet (anschließend werden dann die zugehörigen Investitionen einzeln dargestellt). Nach unserer Einschätzung ist es bedauerlich, dass der kostenstellenbezogene Haushaltsquerschnitt, wie in Wiesloch umgesetzt, bislang in kaum einem anderen doppischen Haushalt übernommen wurde.

3.3 Wichtigste Vorschriften zur Haushaltsgliederung in Baden-Württemberg

Anlagen zum Haushaltsplan

Der Haushaltsplan besteht gemäß § 1 GemHVO-BW (Entwurf) aus dem Gesamthaushalt, den Teilhaushalten und dem Stellenplan. Der Gesamthaushalt gliedert sich in den Ergebnishaushalt, den Finanzhaushalt und in je einen Haushaltsquerschnitt über die Erträge und Aufwendungen, sowie über die Ein- und Auszahlungen und Verpflichtungsermächtigungen. Dem Haushaltsplan sind hinzuzufügen:

- Vorbericht
- Finanzplan mit Investitionsprogramm
- Haushaltsstrukturkonzept (wenn es erstellt werden muss)
- Übersicht über die Verpflichtungsermächtigungen
- Übersicht über voraussichtlichen Stand der Verbindlichkeiten zu Beginn des Haushaltsjahres
- Letzter Gesamtabschluss
- Wirtschaftspläne und neueste Jahresabschlüsse der Sondervermögen, für die Sonderrechnungen bestehen
- Wirtschaftpläne und neueste Jahresabschlüsse von Unternehmen an denen die Gemeinde mit mehr als 50 Prozent beteiligt ist oder wahlweise Übersicht über Wirtschaftlage und voraussichtliche Entwicklung dieser Unternehmen
- Übersicht über Budgets nach § 4 Abs. 5

Stadt Bruchsal

Da sich die Stadt Bruchsal bereits ausdrücklich auf die im Entwurf vorliegenden baden-württembergischen GemHVO-BW bezieht, zeigen wir als nächstes auch den Gesamtergebnishaushalt und den Gesamtfinanzhaushalt als Beispiel für die Gliederungsvorschriften der im Entwurf vorliegenden §§ 2 und 3 GemHVO-BW:[12]

Gesamtergebnishaushalt

Gesamtergebnishaushalt Ertrags- und Aufwandsarten	Ansatz 2007 EUR	Ansatz 2008 EUR	Finanz-plan 2009 EUR	Finanz-plan 2010 EUR	Finanz-plan 2011 EUR
Steuern und ähnliche Abgaben	49.715.710	52.444.850	55.453.000	54.914.000	56.203.500
laufende Zuwendungen (Zuweisungen und Zuschüsse)	11.730.134	14.342.864	13.596.733	15.869.105	16.916.225
Sonstige Transfererträge	0	0	0	0	0
Gebühren und ähnliche Abgaben	7.076.670	7.390.010	7.463.909	7.537.807	7.611.706
Privatrechtliche Leistungsentgelte	1.604.370	1.704.310	1.666.852	1.679.397	1.691.939
Kostenerstattungen und Kostenumlagen	943.220	1.064.450	1.075.095	1.085.739	1.096.384
Finanzerträge	2.828.000	2.813.700	2.821.635	829.770	837.905
Aktivierte Eigenleistungen und Bestandsveränderungen	0	0	0	0	0
Sonstige ordentliche Erträge	6.341.445	4.690.120	4.756.021	4.771.922	4.837.823
Ordentliche Erträge	**80.239.549**	**84.450.304**	**86.833.245**	**86.687.740**	**89.195.483**
Personalaufwendungen	19.993.731-	19.358.110-	19.551.699-	19.745.273-	19.938.862-
Versorgungsaufwendungen	1.394.505-	1.529.870-	1.545.169-	1.560.467-	1.575.766-
Aufwendungen für Sach- und Dienstleistungen	16.169.870-	19.480.275-	18.784.862-	17.971.724-	16.824.412-
Planmäßige Abschreibungen	7.362.102-	7.307.958-	7.234.880-	7.161.800-	7.088.721-
Zinsen und ähnliche Aufwendungen	1.120.000-	950.000-	1.220.000-	1.420.000-	1.595.000-
Transferaufwendungen	36.163.670-	34.182.570-	36.723.879-	36.649.187-	37.098.496-
Sonstige ordentliche Aufwendungen	3.238.540-	3.352.305-	3.384.713-	3.417.118-	3.449.527-
Ordentliche Aufwendungen	**85.442.418-**	**86.161.088-**	**88.445.202-**	**87.925.568-**	**87.570.783-**
Ordentliches Ergebnis	**5.202.869-**	**1.710.784-**	**1.611.956-**	**1.237.829-**	**1.624.700**
Ergebnisabdeckungen aus Vorjahren	0	0	0	0	0
Veranschlagtes ordentliches Ergebnis	**5.202.869-**	**1.710.784-**	**1.611.956-**	**1.237.829-**	**1.624.700**
Voraussichtliche außerordentliche Erträge	1.300.000	0	0	0	0
Voraussichtliche außerordentliche Aufwendungen	822.600-	0	0	0	0
Veranschlagtes Sonderergebnis	**477.400**	**0**	**0**	**0**	**0**
Veranschlagtes Gesamtergebnis	**4.725.469-**	**1.710.784-**	**1.611.956-**	**1.237.829-**	**1.624.700**
Nachrichtlich: Nicht zahlungswirksame ordentliche Erträge	2.847.999	3.047.604	3.078.081	3.108.556	3.139.033
Nachrichtlich: Nicht zahlungswirksame ordentliche Aufwendungen	8.323.862-	8.350.688-	8.288.038-	8.225.384-	8.162.733-

---

[12] Stadt Bruchsal (2008) S. 46 f.

Gesamtfinanzhaushalt

Gesamtfinanzhaushalt Einzahlungs- und Auszahlungsarten	Ansatz 2007 EUR	Ansatz 2008 EUR	Finanzplan 2009 EUR	Finanzplan 2010 EUR	Finanzplan 2011 EUR
Ergebniswirksame Einzahlungen des Ergebnishaushalts	77.391.550	81.402.700	83.755.164	83.579.184	86.056.450
Ergebniswirksame Auszahlungen des Ergebnishaushalts	77.118.556-	77.777.400-	80.122.164-	79.670.184-	79.378.050-
Zahlungsmittelüberschuss/-bedarf aus lfd. Verwaltungstätigkeit	**272.994**	**3.625.300**	**3.633.000**	**3.909.000**	**6.678.400**
Einzahlungen aus Investitionszuwendungen	1.439.500	3.194.200	1.483.000	1.835.000	1.349.600
Einzahlungen aus Investitionsbeiträgen und ähnl. Entgelten für Investitionstätigkeit	904.550	1.355.000	815.000	700.000	1.000.000
Einzahlungen aus der Veräußerung von Sachvermögen	2.255.006	4.364.000	1.900.000	2.100.000	2.000.000
Einzahlungen aus der Veräußerung von Finanzvermögen	0	0	0	0	0
Einzahlungen für sonstige Investitionstätigkeit	0	0	0	0	0
Einzahlungen aus Investitionstätigkeit	**4.599.056**	**8.913.200**	**4.198.000**	**4.635.000**	**4.349.600**
Auszahlungen für den Erwerb von Grundstücken und Gebäuden	4.745.000-	3.111.000-	1.005.000-	1.005.000-	1.005.000-
Auszahlungen für Baumaßnahmen	5.001.000-	8.972.000-	10.195.000-	3.796.000-	1.577.000-
Auszahlungen für den Erwerb von beweglichem Sachvermögen	934.450-	1.381.000-	793.000-	643.000-	643.000-
Auszahlungen für den Erwerb von Finanzvermögen	0	0	0	0	0
Auszahlungen für Investitionsförderungsmaßnahmen	1.841.600-	2.174.500-	788.000-	800.000-	778.000-
Auszahlungen für sonstige Investitionen	0	0	0	0	0
Auszahlungen aus Investitionstätigkeit	**12.522.050-**	**15.638.500-**	**12.781.000-**	**6.244.000-**	**4.003.000-**
Saldo aus Investitionstätigkeit	**7.922.994-**	**6.725.300-**	**8.583.000-**	**1.609.000-**	**346.600**
Veranschlagter Finanzierungsmittelüberschuss/-fehlbetrag	**7.650.000-**	**3.100.000-**	**4.950.000-**	**2.300.000**	**7.025.000**
Einzahlungen aus der Aufnahme von Krediten, wirtschaftlich vergleichbaren Vorgängen und inneren Darlehen für Investitionen	9.000.000	4.000.000	6.000.000	0	0
Auszahlungen für die Tilgung von Krediten, wirtschaftlich vergleichbaren Vorgängen und inneren Darlehen für Investitionen	1.350.000-	900.000-	1.050.000-	1.200.000-	1.250.000-
Saldo aus Finanzierungstätigkeit	**7.650.000**	**3.100.000**	**4.950.000**	**1.200.000-**	**1.250.000-**
Finanzierungsmittelbestand	**0**	**0**	**0**	**1.100.000**	**5.775.000**

Teilhaushalte

Gemäß § 4 GemHVO-BW (Entwurf) ist der Gesamthaushalt in Teilhaushalte zu gliedern. Dies kann entweder nach Produktbereichen oder produktorientiert nach der örtlichen Organisation geschehen.

Bei Haushaltsplänen, deren Teilhaushalte produktorientiert nach der örtlichen Organisation gegliedert sind, sind gemäß § 4 Abs. 5 GemHVO-BW (Entwurf)

- eine Übersicht über die Zuordnung der Produktbereiche und Produktgruppen zu den Teilhaushalten und
- eine Übersicht über die Zuordnung der Erträge und Aufwendungen des Ergebnishaushaltes zu dem verbindlich vorgegebenen Produktrahmen

als Anlage beizufügen.

Die Teilhaushalte sind in einen Ergebnis- und einen Finanzhaushalt zu gliedern. Jeder Teilhaushalt bildet gemäß § 4 Abs. 2 Satz 1 GemHVO-BW (Entwurf) mindestens eine Bewirtschaftungseinheit (Budget), die einem Verantwortungsbereich zuzuordnen ist.

Der letzte Satz von § 4 Abs. 2 GemHVO-BW (Entwurf) lautet: *„In den Teilhaushalten sind die Produktgruppen darzustellen; zusätzlich sollen die Schlüsselprodukte, die Leistungsziele sowie die Kennzahlen zur Messung der Zielerreichung dargestellt werden."* In den Teilhaushalten sind also vorrangig die Produktgruppen darzustellen; ergänzend treten ausgewählte Schlüsselprodukte hinzu.

Wie die ersten vorliegenden baden-württembergischen Haushalte zeigen, wird die genannte Formulierung des § 4 Abs. 2 Satz 2 GemHVO-BW (Entwurf) in Baden-Württemberg eher wörtlich genommen, als ähnliche Formulierungen in anderen Ländern: so stellt beispielsweise Karlsruhe tatsächlich die Produktgruppen vorrangig dar – ergänzt durch ausgewählte Schlüsselprodukte – verzichtet aber auf einen vollständigen Abdruck aller Produkte.

Ergänzende landesspezifische Besonderheiten

In diesem Zusammenhang sollte ergänzend noch erläutert werden, dass Baden-Württemberg einen ganz **besonders detaillierten kommunalen Produktplan** besitzt. Dieser Produktplan besitzt eine grundsätzliche **Kontinuität seit seiner Veröffentlichung im Jahr 1995**. Dieser Produktplan stammt also aus der Zeit der freiwilligen Einführung von Instrumenten des neuen Steuerungsmodells.

Die von 17 Städten, Gemeinden und Landkreisen gebildete Arbeitsgruppe (unter Leitung der Stadt Heidelberg) hatte dann den Landesproduktplan im Jahr 2001 um ein Kennzahlensystem ergänzt und 2006 eine grundlegende Anpassung an die Doppik (insbesondere an den Nummernkreis der bundeseinheitlichen Produktbereiche) vorgenommen.[13] Interessanterweise handelt es sich um das einzige Bundesland, in dem eine derartige Kontinuität feststellbar ist.

In diesem Zusammenhang ist noch von Interesse, dass überdurchschnittlich viele baden-württembergische Kommunen (im Vergleich zu anderen Ländern) bereits in der Kameralistik eine differenzierte Kostenrechnung entwickelt und über mehrere Jahre ausgewertet haben.

3.4 Weitere Praxisbeispiele doppischer Haushalte

3.4.1 Stadt Heidelberg (2007/2008)

Die Stadt Heidelberg (145.000 Einwohner) hat ihren Haushalt zum Doppelhaushaltsjahr 2007/2008 zum ersten Mal doppisch vorgelegt. Nach einem Teil „Grundsätzliches", welcher neben der Haushaltssatzung und einem Vorbericht Ausführungsbestimmungen zum Haushaltsplan 2007/2008 enthält, folgt der eigentliche „Haushaltsplan", in Gesamthaushalt und Teilhaushalte untergliedert, sowie ein Teil „Anlagen".

Dabei sind die 34 Teilhaushalte (Budgets) nach den Verantwortungsbereichen (in der Regel Ämter, in Einzelfällen Referate) gebildet.[14] Die Stadt Heidelberg bemüht sich offenbar in besonderem Maße, die Teilhaushalte als produktorientierte Zielvereinbarungen mit den jeweiligen Amtsleitern zu verstehen. Für jeden Teilhaushalt werden die zugehörigen Produktgruppen ausführlich mit Zielen, Mengen, Kennzahlen beschrieben. Insgesamt werden knapp 90 Produktgruppen beschrieben.

Dementsprechend lässt sich im Heidelberger Haushalt eine überdurchschnittlich präzise Formulierung von Zielen feststellen. So werden in den einzelnen Teilhaushalten die folgenden Komponenten dargestellt:[15]

- Finanzziele
- Teilbudgets
- Leistungsziele auf Produktbereichs-, Produktgruppen-, Produkt- oder Leistungsebene
- Maßnahmen zur Erreichung der Leistungsziele und
- Kennzahlen zur Messung der Zielerreichung.

---

[13] Vgl. Innenministerium Baden-Württemberg (2006) S. 3.
[14] Vgl.Stadt Heidelberg (2007/ 2008) Ausführungsbestimmungen zum Haushaltsplan S. 1 (PDF).
[15] Stadt Heidelberg (2007/2008) Ausführungsbestimmungen zum Haushalt S. 1 (PDF).

Exemplarisch stellen wir zunächst den Teilhaushalt „Schulverwaltungsamt" in Auszügen dar. Dabei wird insbesondere die Produktgruppe „Allgemeinbildende Schulen" abgedruckt:[16]

I. AUFGABEN

Produktbereich	Produktgruppe	Produkt
21 Schulträgeraufgaben	21.10 Bereitstellung und Betrieb von allgemeinbildenden Schulen	21.10.01 Bereitstellung und Betrieb von Grundschulen
		21.10.03 Bereitstellung und Betrieb von Grund- und Hauptschulen
		21.10.04 Bereitstellung und Betrieb von Realschulen
		21.10.06 Bereitstellung und Betrieb von Gymnasien
		21.10.07 Bereitstellung und Betrieb von Gesamtschulen
	21.20 Bereitstellung und Betrieb von Sonderschulen	21.20.01 Bereitstellung und Betrieb von Schulkindergärten
		21.20.02 Bereitstellung und Betrieb von Förderschulen
		21.20.03 Bereitstellung und Betrieb von sonstigen Sonderschulen
	21.30 Bereitstellung und Betrieb von berufsbildenden Schulen	21.30.01 Bereitstellung und Betrieb von gewerblicher Schulen
		21.30.02 Bereitstellung und Betrieb kaufmännischer Schulen
		21.30.03 Bereitstellung und Betrieb hauswirtschaftlicher Schulen
		21.30.04 Bereitstellung und Betrieb landwirtschaftlicher Schulen
	21.40 Schülerbezogene Leistungen	21.40.01 Schülerbeförderung
		21.40.02 Fördermaßnahmen für Schüler
	21.50 Sonstige schulische Aufgaben und Einrichtungen	21.50.01 Auskunft, Beratung, Öffentlichkeitsarbeit, Aktionen und Veranstaltungen
		21.50.02 Vergabe schulischer Einrichtungen an Dritte
		21.50.03 Förderung von Schulen in anderer Trägerschaft
		21.50.04 Bereitstellung und Vermietung von AV- Medien und Geräten
		inkl. Service

---

[16] Stadt Heidelberg (2007/2008) Teilhaushalt Schulverwaltungsamt (Amt 40) S. 1 ff. + S. 11 ff. (PDF).

Produktbereich	Produktgruppe	Produkt
22 Schulpersonal und Schulentwicklung	22.10 Schulpersonal	22.10.01 Personalangelegenheiten der Schule
		22.20.02 Bedarfsplanung
		22.20.03 Regionale Lehrerfortbildung
	22.20 Schulentwicklung	22.20.01 Qualitätsmanagement für Schulen
		22.20.02 Außerunterrichtliche Angelegenheiten
		22.20.03 Bildungsberatung
27 Volkshochschulen, Bibliotheken, kulturpädagogische Einrichtungen	27.10 Volkshochschulen	27.10.01 Volkshochschule - Zuschuss VHS/Akademie für Ältere

Personal:

	2006	2007	2008
	Soll	Soll	Soll
Gesamt	76,25	76,25	76,25

Detailliertere Informationen sind dem Stellenplan zu entnehmen.

Leitung:

Uwe Lingnau

Produktgruppe 21.10   Allgemeinbildende Schulen

Ziele	Maßnahmen / Indikatoren der Zielerreichung
Grundschulen und Grund- und Hauptschulen:	
2007 Verbesserung der Unterrichts- und Betreuungssituation im Emmertsgrund	2007 Weitere Optimierung des Ganztagesbetriebs in Zusammenarbeit mit der Schule und dem Kinder- und Jugendamt
2007 / 2008 Konzentration und Stärkung der Heidelberger Hauptschulen und deren Ausbau als Ganztagesangebot	2007 • Umsetzung des vom Gemeinderat beschlossenen Konzeptes zur Hauptschulentwicklung mit Reduzierung der Zahl der Heidelberger Hauptschulen von acht auf vier • Erarbeitung von Konzepten für die Nutzung der frei werdenden Räume für ein verbessertes Betreuungsangebot in Zusammenarbeit mit dem Kinder- und Jugendamt 2007 / 2008 Schrittweise Umsetzung der Nutzungskonzepte
2007 Konzeptentwicklung für die Umnutzung der Räumlichkeiten an den alten Hauptschulstandorten	2007 Steinbachschule Ziegelhausen: • Verbesserung der räumlichen Situation der verlässlichen Grundschule zum Schuljahr 2007/2008 • Verbesserung der Schulhofsituation durch Öffnen des Hauptschulschulhofs für Grundschüler/-innen
2008 Umsetzung der Neuentwicklungen an den alten Hauptschulstandorten	2008 Modellprojekt Schule und Kindergarten für Wieblingen und Ziegelhausen prüfen
2007 / 2008 Förderung von Hochbegabten im Grundschulbereich	2007 / 2008 Einrichtung einer Kinderakademie
2007 / 2008 Optimierung der Betreuung von Schulkindern	2007 / 2008 • Unterstützung des bedarfsgerechten Aufbaus eines Betreuungsangebots für Grundschüler/-innen in den „kleinen" Ferien • Bedarfsermittlung und Vorlage eines Konzepts zur Betreuung in den „großen" Ferien
2007 / 2008 Erhalt und Verbesserung von Schulhöfen	2007 • Erweiterung des Spielangebotes an der Grundschule Emmertsgrund • Schulhofumgestaltung an der Mönchhofschule 2007 / 2008 Schulhofaufwertung an der Fröbelschule
2007 / 2008 Verbesserung der baulichen Substanz und der Raumsituation der Eichendorffschule	2007 Planung der Sanierungsmaßnahmen und Einholen der Ausführungsgenehmigung 2008 Beginn der Sanierungsmaßnahmen
2007 / 2008 Verbesserung der baulichen Substanz und der Raumsituation der Geschwister-Scholl-Schule	2007 • Abschluss der Erweiterungsmaßnahme • Planung der Außensanierung des S-Baus und Einholen der Ausführungsgenehmigung 2008 Beginn der Außensanierung des S-Baus

Ziele	Maßnahmen / Indikatoren der Zielerreichung
2007 / 2008 Verbesserung der baulichen Substanz von Schulen	2007 • Fertigstellung der Generalsanierung der Turnhalle Emmertsgrund • Abschluss der Sanierung der Dächer und Fassaden der Heiligenbergschule • Sanierung der Fassade der Turnhalle der Grundschule Schlierbach 2007 / 2008 • Fortsetzung der Dach- und Fassadensanierung der Albert-Schweitzer-Schule • Planung und Beginn der Sanierung der Eichendorffschule • Umbau des ehemaligen Restaurants im Forum 1 zur Nutzung als Essensraum für die Grundschule Emmertsgrund • Planung und Beginn der Sanierung der Steinbachhalle 2008 • Planung der Sanierung der unteren Halle im Forum 1 • Planung des Neubaus einer Schulturnhalle an der Albert-Schweitzer-Schule
Realschulen:	
2007 Verbesserung der räumlichen Situation der Gregor-Mendel-Realschule	2007 • Fertigstellung des Neubaus • Umzug der Gregor-Mendel-Realschule aus Rohrbach in den neuen Standort in Kirchheim im 1. Quartal
2008 Ausbau der Gregor-Mendel-Realschule als Ganztagesschule	2008 • Entwicklung eines Konzepts für einen Ganztagsbetrieb • Antragstellung für die Umwandlung in eine Ganztagsschule beim Land
Gymnasien:	
2007 / 2008 Verbesserung der Infrastruktur im Rahmen des achtjährigen Gymnasiums	2007 / 2008 Bau eines Bistros am Helmholtz-Gymnasium
2007 / 2008 Verbesserung der baulichen Substanz von Schulen	2007 Planung der Dachsanierung im Kurfürst-Friedrich-Gymnasium und Einholen der Ausführungsgenehmigung 2007 / 2008 Fortsetzung der Generalsanierung der Elektroarbeiten am Bunsen-Gymnasium 2008 • Beginn der Dachsanierung im Kurfürst-Friedrich-Gymnasium • Sanierung von 2 naturwissenschaftlichen Räumen im Kurfürst-Friedrich-Gymnasium • Sanierung von 2 naturwissenschaftlichen Räumen im Hölderlin-Gymnasium • Planung der Generalsanierung des Hölderlin-Gymnasiums

Ziele	Maßnahmen / Indikatoren der Zielerreichung
2008 Erhalt und Verbesserung von Schulhöfen	2008 • Sanierung des Eingangsbereiches West am Helmholtz-Gymnasium • Erneuerung der Zaunanlage am Bunsen-Gymnasium
Internationale Gesamtschule:	
2007 / 2008 Verbesserung der baulichen Substanz der Internationalen Gesamtschule	2007 Erstellung eines Generalsanierungsplans für die Modernisierung und Sanierung und Einholen der Ausführungsgenehmigung 2008 • Beginn der Außen- und Innensanierung • Sanierung von 4 naturwissenschaftlichen Räumen

Teilbudget Produktgruppe 21.10	Plan 2008 €	Plan 2007 €
Zuwendungen und allgemeine Umlagen	4.963.570	5.070.480
Öffentlich rechtliche Leistungsentgelte	890.560	856.560
Privatrechtliche Leistungsentgelte	756.980	792.380
Kostenerstattungen und Kostenumlagen	9.500	16.300
Ordentliche Erträge	**6.620.610**	**6.735.720**
Personalaufwendungen	1.945.840	1.882.340
Versorgungsaufwendungen	285.080	278.940
Aufwendungen für Sach- und Dienstleistungen	10.353.160	10.758.150
Bilanzielle Abschreibungen	2.147.210	2.025.190
Sonstige ordentliche Aufwendungen	632.360	632.360
Ordentliche Aufwendungen	**15.363.650**	**15.576.980**
Ordentliches Ergebnis	**-8.743.040**	**-8.841.260**
Erträge aus internen Leistungen	164.800	164.800
Aufwendungen für interne Leistungen	2.244.540	2.216.740
Kalkulatorische Kosten	3.868.470	3.624.050
Veranschlagtes Kalkulatorisches Ergebnis	**-5.948.210**	**-5.675.990**
Veranschlagtes Nettoressourcenergebnis (-/+)	**-14.691.250**	**-14.517.250**

Leistungen / Kennzahlen	Plan 2008 [1]	Plan 2007 [1]	Plan 2006	Ergebnis 2005
Anzahl der Schüler/-innen:	11.062	11.062	11.219	11.219
• Grundschulen	1.943	1.943	1.984	1.984
• Grund- und Hauptschulen	2.542	2.542	2.829	2.829
• Realschulen	1.206	1.206	1.236	1.236
• Gymnasien	3.481	3.481	3.322	3.322
• Internationale Gesamtschule	1.890	1.890	1.848	1.848
Anzahl der Schüler/-innen, die an einer Betreuung in der Schule teilnehmen (ohne Ganztagsschule Emmertsgrund) insgesamt, davon	1.581	1.581	1.795	1.612
• im Hort	141	141	125	125
• in der Verlässlichen Grundschule [2]	1.440	1.440	1.670	1.487

Stadt Heidelberg

Leistungen / Kennzahlen	Plan 2008 [1)]	Plan 2007 [1)]	Plan 2006	Ergebnis 2005
Betreuungsstunden pro Woche insgesamt	1.643	1.578	1.675	1.585
davon				
• im Hort	370	370	335	335
• in der Verlässlichen Grundschule [2)]	1.273	1.208	1.340	1.250
Ausgaben insgesamt	3.144.300	3.024.300	3.447.800	2.872.228
davon				
• für den Hort	813.100	813.100		
• für die Verlässliche Grundschule [2)]	2.331.200	2.211.200		
Ausgaben je belegtem Platz				
• im Hort	5.767	5.767		
• in der Verlässlichen Grundschule [2)]	1.619	1.536		
Beitrag zur Kostendeckung durch				
• Landeszuschüsse	19 %	20 %	17 %	20 %
• Elternentgelte	28 %	28 %	23 %	25 %
direkte Kosten für die Betreuung in Ganztagsschulen in € [3)]	374.100	372.800	65.400	85.674

1) Grundlage: Schülerzahl des Schuljahres 2006/07
2) jeweils mit Nachmittagsbetreuung
3) ab Plan 2007 mit Grundschule Emmertsgrund

Wie die Abbildungen zeigen, werden keine schulbezogenen oder schulartbezogenen Informationen über budgetierte Erträge und Aufwendungen gegeben. Lediglich die baulichen Maßnahmen werden schulbezogen dargestellt. Die Darstellung der baulichen Maßnahmen erfolgt im Übrigen an zwei verschiedenen Stellen im Teilhaushalt: zunächst unter „Maßnahmen der Zielerreichung" und dann (mit Betragsangaben) als beigefügte SAP-Ausdrucke, dazu ein Beispiel:[17]

---

[17] Stadt Heidelberg (2007/2008) Teilhaushalt Schulverwaltungsamt (Amt 40) S. 39 (PDF).

DEZ_III Familie, Soziales und Kultur
TH_40 Schulverwaltungsamt
211006 Bereitst.u.Betr.v.Gymnasien

Investitionsmaßnahmen	Ansatz 2008 EUR	Ansatz 2007 EUR	VE 2007/2008 EUR	Ansatz 2006 EUR
8.40410760: Helmholtz-Gym: Zuschuss Bistro				
Einzahlungen aus Investitionszuwendungen	136.000	0	0	0
Summe Einzahlungen	136.000	0	0	0
Saldo aus Investitionstätigkeit	136.000	0	0	0
8.40410804: Helmholtz-Gym.: Schulausstattung				
Auszahlungen für den Erwerb von beweglichem Sachvermögen	5.000-	0	0	0
Summe Auszahlungen	5.000-	0	0	0
Saldo aus Investitionstätigkeit	5.000-	0	0	0
Gesamt	5.000-	0	0	0
8.40410805: Helmholtz-Gym.: Computerausstattung				
Auszahlungen für den Erwerb von beweglichem Sachvermögen	39.600-	0	0	0
Summe Auszahlungen	39.600-	0	0	0
Saldo aus Investitionstätigkeit	39.600-	0	0	0
Gesamt	39.600-	0	0	0
8.40410850: Helmholtz-Gym: Sanierung Eingangsbereich				
Auszahlungen für Baumaßnahmen	32.000-	0	0	0
Summe Auszahlungen	32.000-	0	0	0
Saldo aus Investitionstätigkeit	32.000-	0	0	0
aktivierte Eigenleistungen	4.000-	0	0	0
Gesamt	36.000-	0	0	0
8.40420510: Bunsen-Gym., San. Elektroinstallation				
Auszahlungen für Baumaßnahmen	388.000-	679.000-	285.000-	500.000-
Summe Auszahlungen	388.000-	679.000-	285.000-	500.000-
Saldo aus Investitionstätigkeit	388.000-	679.000-	285.000-	500.000-
aktivierte Eigenleistungen	12.000-	21.000-	0	0
Gesamt	400.000-	700.000-	285.000-	500.000-

Wir empfehlen, die Investitionsbeträge in die „Maßnahmen der Zielerreichung" zu integrieren (und einen zusammengefassten Teilfinanzhaushalt beizufügen). Wenn man berücksichtigt, dass die SAP-Ausdrucke über Investitionsmaßnahmen im Teilhaushalt des Schulverwaltungsamtes immerhin 43 Seiten und insgesamt 64 Seiten umfassen, dann könnte hierdurch eine deutliche Straffung des Gesamtwerks erreicht werden. Dann wäre nach unserer Einschätzung auch ausreichend Raum gewonnen, um die wichtigsten schulbezogenen Informationen (Budgets, mengenmäßige Angaben) bereitzustellen. Außerdem sollten unseres Erachtens auch differenziertere Informationen über den Personaleinsatz angegeben werden. Bislang wird der Personaleinsatz nur in einer Zahl (das Schulverwaltungsamt besitzt 76,25 Vollzeitstellen; vgl. obige Abbildung) angegeben.[18]

Als zweites Beispiel zeigen wir im Folgenden noch den Teilhaushalt des Kinder- und Jugendamts in Auszügen:[19]

---

[18] Der Stellenplan differenziert diese Zahl lediglich in Vergütungs- bzw. Entgeltgruppen, nicht aber nach Produkten oder Schulen.
[19] Stadt Heidelberg (2007/2008) Teilhaushalt Kinder- und Jugendamt (Amt 51) S. 1 ff. (PDF).

I. AUFGABEN

Produktbereich	Produktgruppe	Produkt
36 Kinder-, Jugend- und Familienhilfe	36.20 Allgemeine Förderung junger Menschen	36.20.01 Kinder- und Jugendarbeit
		36.20.02 Jugendsozialarbeit
		36.20.03 Beteiligung und Interessenvertretung von Kindern und Jugendlichen
		36.20.04 Einrichtungen der Jugendarbeit
	36.30 Hilfen für junge Menschen und ihre Familien	36.30.01 Sozial- und Lebensberatung und Beratung vor Inanspruchnahme von Hilfen zur Erziehung
		36.30.02 Förderung der Erziehung in der Familie
		36.30.03 Individuelle Hilfen für junge Menschen und ihre Familien einschl. Krisenintervention
		36.30.04 Mitwirkung in gerichtlichen Verfahren
		36.30.05 Beistandschaft / Amtsvormundschaft
	36.50 Förderung von Kindern in Tageseinrichtungen und in der Tagespflege	36.50.01 Förderung von Kindern in Gruppen für 0-3 Jährige in Tageseinrichtungen
		36.50.02 Förderung von Kindern in Gruppen für 3-6 Jährige in Tageseinrichtungen
		36.50.03 Förderung von Kindern in Gruppen für 6-10 Jährige in Tageseinrichtungen
		36.50.06 Förderung und Vermittlung von Kindern bis 14 Jahre in Tagespflege
		36.50.07 Finanzielle Förderung, Übernahme von Teilnahmebeiträgen
	36.80 Kooperation und Vernetzung	36.80.01 Kooperation und Vernetzung
	36.90 Unterhaltsvorschussleistungen	36.90.01 Leistungen nach dem Unterhaltsvorschussgesetz

Stadt Heidelberg

Produktbereich	Produktgruppe	Produkt
11 Innere Verwaltung	11.11 Organisation und Dokumentation kommunaler Willensbildung	11.11.01 Geschäftsführung für den Gemeinderat und seine Ausschüsse, Geschäftsführung Jugendhilfeausschuss

Personal:

	2006 Soll	2007 Soll	2008 Soll
- normale Stellen	238,5	248,5 [1]	248,5
- Praktikanten/-innen	34	28 [1]	28
Gesamt	272,5	276,5	276,5

1) Kostenneutrale Umwandlung von 6 nachrichtlichen Praktikantenstellen in 6 Planstellen für Erzieher/-innen sowie Schaffung von 4 Planstellen für Erzieher/-innen für Mehrangebot an Krippenplätzen.

Leitung:

Myriam Feldhaus

I. FINANZZIELE UND GESAMTBUDGET

Es gelten grundsätzlich die in den „Ausführungsbestimmungen zum Haushaltsplan 2007 / 2008 der Stadt Heidelberg" unter Ziffer 2 beschriebenen allgemeinen Finanzziele. Von folgenden allgemeinen Finanzzielen wird abgewichen.

Allgemeine Finanzziele 2007	Abweichende Ziele 2007
• Reduzierung der **Aufwendungen für Sach- und Dienstleistungen sowie sonstige ordentliche Aufwendungen** auf der Basis des Ansatzes 2006 um 1%. Leistungen, die städtische Einrichtungen hierfür selbst erbringen, werden bei den Aufwendungen aus internen Leistungs-beziehungen dargestellt.	• Anpassung einzelner Ansätze bei den Kindertagesstätten an den Mittelbedarf
• Deckelung der **Zuweisungen und Zuschüsse** für laufende Zwecke, die vertraglich nicht gebunden sind, auf den Ansatz 2006.	• Erhöhung des Zuschusses für Tagespflege, des Zuschusses an den Kinderschutzbund und des Zuschusses an die Lebenshilfe für die Integration behinderter Kinder in Kindertagesstätten

Allgemeine Finanzziele 2008	Abweichende Ziele 2008
• Deckelung der **Aufwendungen für Sach- und Dienstleistungen sowie sonstige ordentliche Aufwendungen** auf den Ansatz 2007. Leistungen, die städtische Einrichtungen hierfür selbst erbringen, werden bei den Aufwendungen aus internen Leistungs-beziehungen dargestellt.	• Anpassung einzelner Ansätze bei den Kindertagesstätten an den Mittelbedarf

Budgetspezifische Finanzziele 2007 und 2008

Ergebnishaushalt:

- Abweichend von den Regelungen in den Ausführungsbestimmungen werden folgende Konten **zusätzlich** in die **gegenseitige Deckungsfähigkeit** einbezogen:
  Leistungen der Jugendhilfe einschließlich Erstattungen

- Es werden folgende **weitere Budgetvorgaben** gemacht:
  Deckelung der Aufwendungen für Jugendhilfeleistungen (einschließlich Erstattungen) auf den Ansatz 2006 (9.818.000 €).

Gesamtbudget Kinder- und Jugendamt (Amt 51)	Plan 2008 €	Plan 2007 €
Zuwendungen und allgemeine Umlagen	5.377.470	5.481.970
Sonstige Transfererträge	573.000	573.000
Öffentlich rechtliche Leistungsentgelte	2.385.100	2.360.100
Privatrechtliche Leistungsentgelte	9.290	9.290
Kostenerstattungen und Kostenumlagen	901.000	881.000
Ordentliche Erträge	**9.245.860**	**9.305.360**
Personalaufwendungen	11.340.020	11.003.200
Versorgungsaufwendungen	1.694.480	1.644.100
Aufwendungen für Sach- und Dienstleistungen	2.649.960	2.460.500
Bilanzielle Abschreibungen	1.440.870	913.340
Transferaufwendungen	25.448.020	23.574.170
Sonstige ordentliche Aufwendungen	1.217.840	1.219.470
Ordentliche Aufwendungen	**43.791.190**	**40.814.780**
Ordentliches Ergebnis (= ordentl. Erträge – ordentl. Aufwendungen)	**-34.545.330**	**-31.509.420**

(+) Erträge aus internen Leistungen	62.280	60.850
(-) Aufwendungen für interne Leistungen	3.304.390	3.228.880
(-) Kalkulatorische Kosten	1.147.830	1.025.380
Veranschlagtes Kalkulatorisches Ergebnis	**-4.389.940**	**-4.193.410**

Veranschlagtes Nettoressourcenergebnis (= ordentl. Ergebnis + veran. kalk. Ergebnis)	**-38.935.270**	**-35.702.830**

Erläuterungen:

Zuwendungen und allgemeine Umlagen
darunter: 2008   2007
Zuschüsse vom Land für Kitas   5.197.500 €   5.297.500 €

Sonstige Transfererträge
insbesondere Kostenbeiträge bei Jugendhilfeleistungen und bei Leistungen nach dem Unterhaltsvorschussgesetz

Öffentlich-rechtliche Leistungsentgelte

Stadt Heidelberg

darunter:	2008	2007
Elternbeiträge und Essensentgelte in Kitas	2.349.000 €	2.324.000 €

Kostenerstattungen und Kostenumlagen
insbesondere für Jugendhilfeleistungen und für Leistungen nach dem Unterhaltsvorschussgesetz

Aufwendungen für Sach- und Dienstleistungen

darunter:	2008	2007
Grundstücksbewirtschaftung	857.250 €	846.250 €
Essensversorgung in Kitas	711.800 €	711.800 €
Gebäudeunterhaltung	545.500 €	350.130 €

Transferaufwendungen

darunter:	2008	2007
Zuschüsse im Bereich Kitas	12.088.650 €	10.259.000 €
Jugendhilfeleistungen	9.288.000 €	9.288.000 €
Zuschüsse für Jugendzentren	1.499.900 €	1.470.900 €
Leistungen nach dem Unterhaltsvorschussgesetz	1.000.000 €	1.000.000 €
Zuschüsse für Erziehungsberatungsstellen	520.800 €	510.600 €
Zuschüsse für Schulsozialarbeit	419.300 €	419.300 €

Sonstige ordentliche Aufwendungen
insbesondere im Bereich der Jugendhilfeleistungen

Summe Teilbudgets 2007	Ordentliches Ergebnis €	Veranschlagtes Kalkulatorisches Ergebnis €	Veranschlagtes Netto-ressourcenergebnis €
36.20 Allgemeine Förderung junger Menschen	-3.745.360	-620.830	-4.366.190
36.30 Hilfen für junge Menschen und ihre Familien	-11.477.820	-702.560	-12.180.380
36.50 Förderung von Kindern in Tageseinrichtungen und in der Tagespflege	-15.659.130	-2.618.890	-18.278.020
36.80 Kooperation und Vernetzung	-80.680	-91.750	-172.430
36.90 Unterhaltsvorschussleistungen	-526.080	-179.730	-705.810
Sonstiges *	-20.350	20.350	0
Summe 2007	**-31.509.420**	**-4.193.410**	**-35.702.830**

* Geschäftsführung Jugendhilfeausschuss und Mitwirkung im Gesamtpersonalrat

Summe Teilbudgets 2008	Ordentliches Ergebnis €	Veranschlagtes Kalkulatorisches Ergebnis €	Veranschlagtes Nettoressourcenergebnis €
36.20 Allgemeine Förderung junger Menschen	-3.820.520	-651.850	-4.472.370
36.30 Hilfen für junge Menschen und ihre Familien	-11.547.750	-714.610	-12.262.360
36.50 Förderung von Kindern in Tageseinrichtungen und in der Tagespflege	-18.528.710	-2.751.920	-21.280.630
36.80 Kooperation und Vernetzung	-95.400	-107.310	-202.710
36.90 Unterhaltsvorschussleistungen	-532.270	-184.930	-717.200
Sonstiges *	-20.680	20.680	0
Summe 2008	**-34.545.330**	**-4.389.940**	**-38.935.270**

* Geschäftsführung Jugendhilfeausschuss und Mitwirkung im Gesamtpersonalrat

III. OPERATIONALE ZIELE

Produktbereichsübergreifende Ziele	Maßnahmen / Indikatoren der Zielerreichung
2007/2008 Kinder fördern - Jugendliche stärken - Chancen eröffnen Das Wohl von Kindern und Jugendlichen sowie deren Familien in Heidelberg ist zentrale Aufgabe und Leitlinie des Kinder- und Jugendamtes. In Zusammenarbeit mit zahlreichen Kooperationspartnern sollen vorhandene Stärken bei jungen Menschen, Familien und im Lebensumfeld aktiviert werden. Dabei steht die Weiterentwicklung der Qualität der Leistungen unter Gesichtspunkten von Integration und Prävention im Rahmen einer gezielten Steuerung im Mittelpunkt.	2007/2008 siehe Maßnahmen bei den einzelnen Produktbereichen

Stadt Heidelberg

Produktgruppe 36.20 Allgemeine Förderung junger Menschen

Ziele	Maßnahmen / Indikatoren der Zielerreichung
2007/2008 Fortschreibung der Schulsozialarbeit im Rahmen der Entwicklung der Heidelberger Grund- und Hauptschulen	2007/2008 • Festlegung des neuen Bedarfs • Gespräche mit den Trägern und Schulleitungen • Ausweitung der Schulsozialarbeit auf den Grundschulbereich • Entwicklung neuer Vereinbarungen ab dem Schuljahr 2007/2008 und Einbringung in die gemeinderätlichen Gremien
2007 Fortschreibung der offenen Jugendarbeit im Rahmen der Entwicklung der Heidelberger Grund- und Hauptschulen	2007 • Klärung, welche Einrichtungen unmittelbar betroffen sind • Absprache mit den Trägern über die Neuausrichtung der Angebote im Treff und hinsichtlich der möglichen Zusammenarbeit mit der Schule im jeweiligen Stadtteil

Teilbudget Produktgruppe 36.20	Plan 2008 €	Plan 2007 €
Zuwendungen und allgemeine Umlagen	146.970	151.470
Öffentlich rechtliche Leistungsentgelte	30.100	30.100
Privatrechtliche Leistungsentgelte	4.810	4.810
Ordentliche Erträge	**181.880**	**186.380**
Personalaufwendungen	896.250	875.970
Versorgungsaufwendungen	133.920	130.890
Aufwendungen für Sach- und Dienstleistungen	181.520	183.580
Bilanzielle Abschreibungen	83.320	66.310
Transferaufwendungen	2.582.570	2.548.570
Sonstige ordentliche Aufwendungen	124.820	126.420
Ordentliche Aufwendungen	**4.002.400**	**3.931.740**
Ordentliches Ergebnis	**-3.820.520**	**-3.745.360**
Erträge aus internen Leistungen	41.600	40.500
Aufwendungen für interne Leistungen	651.310	632.540
Kalkulatorische Kosten	42.140	28.790
Veranschlagtes Kalkulatorisches Ergebnis	**-651.850**	**-620.830**
Veranschlagtes Nettoressourcenergebnis (-/+)	**-4.472.370**	**-4.366.190**

Zuschüsse	Plan 2008 €	Plan 2007 €	Plan 2006 €	Ergebnis 2005 €
Jugendzentren [1]	1.499.900	1.470.900	1.371.060	1.320.327
Stadtjugendring	280.050	275.050	246.100	241.940
Jugend- und Sportgruppen	134.470	134.470	134.470	134.470
Förderung Jugendarbeit mit ausländischen Kindern u. Jugendlichen	39.150 [2]	39.150 [2]	29.150	29.150
Zuschuss an das Schüler-Friedens-Büro	10.000	10.000	0	0
Mobile Jugendarbeit Kirchheim	9.700	9.700	9.700	9.700
Ring Politischer Jugend	0	0	2.850	0
Zwischensumme Jugendarbeit	**1.973.270**	**1.939.270**	**1.793.330**	**1.735.587**

Zuschüsse	Plan 2008 €	Plan 2007 €	Plan 2006 €	Ergebnis 2005 €
Jugendsozialarbeit / Schulsozialarbeit an allen Heidelberger Haupt- und Förderschulen	419.300	419.300	419.200	396.712
Jugendberufshilfe im Berufsvorbereitungsjahr	60.000	60.000	61.300	48.000
Schulsozialarbeit an der Grundschule Emmertsgrund (päd-aktiv) 3)	0	0	119.000	60.913
Zwischensumme Jugendsozialarbeit	**479.300**	**479.300**	**599.500**	**505.625**
Kinder- und Jugenderholung	**37.000**	**37.000**	**27.480**	**27.527**
Zuschüsse insgesamt	**2.489.570**	**2.455.570**	**2.420.310**	**2.268.739**

1) Anstieg wegen Einführung von Mietverrechnungen.
2) Freigabe der zusätzlichen Mittel erst nach Entwicklung allgemeiner Förderrichtlinien durch den Ausländer- und Migrationsrat und Entscheidung durch den Gemeinderat.
3) Mit Einführung der Ganztagesschule zum Schuljahr 2005/06 wird dieser Ansatz bei Amt 40 veranschlagt und gebucht.

Leistungen / Kennzahlen	Plan 2008	Plan 2007
Heidelberger Feriensommer		
Ferienangebote:		
• Ferienpass:		
Angebotsstunden	900	900
verkaufte Ferienpässe	1.100	1.100
• Offene Stadtteilaktionen:		
Angebotsstunden	600	600
Jugendberufshilfe und Suchtprävention		
• Suchtprävention mit Schulklassen:	1.120 TN	1.120 TN
• Jugendberufshilfe Haupt- und Förderschulen:		
Einzelberatungen 8. / 9. Klassen	480 TN	480 TN
Unterrichtsmodule 7.- 9. Klassen	390 TN	390 TN
• Jugendberufshilfe im BVJ:		
Einzelberatungen	120 TN	120 TN
Unterrichtsmodule	120 TN	120 TN
Qualifizierungsmaßnahmen	30 TN	30 TN
Jugendarbeit in Einrichtungen (Haus der Jugend und Jugendzentrum Emmertsgrund (ohne Angebote im Rahmen der Ganztagesgrundschule Emmertsgrund)		
Angebotsstunden in den Bereichen:		
• Grundangebot (offener Treff und Kurse)	6.700	6.700
• Offene Ferienangebote	900	900
• Ferienangebote mit Anmeldung	500	500
• Wochenendangebote	700	700
• Zielgruppenarbeit	1.500	1.500

TN : Teilnehmer/-innen

Stadt Heidelberg

Produktgruppe 36.30 Hilfen für junge Menschen und ihre Familien

Ziele	Maßnahmen / Indikatoren der Zielerreichung
2007/2008 Gewährung von notwendigen und geeigneten Eingliederungshilfen für seelisch behinderte Kinder und Jugendliche im Bereich der Legastheniertherapie im Rahmen des Budgets unter Beachtung des Grundsatzes Integration statt Ausgrenzung.	2007/2008 • Fortführung des Pilotprojekts an der Stauffenberg- Sprachheilschule für Legastheniker • Regelmäßige Prüfung, ob weitere präventive Angebote in Grundschulen eingeführt werden können
2007/2008 Gewährung von notwendigen und geeigneten Hilfen zur Erziehung, Hilfen für junge Volljährige und Eingliederungshilfen für seelisch behinderte junge Menschen im Rahmen des Budgets	2007/2008 • Beteiligung des Allgemeinen Sozialen Dienstes bei der Bestimmung potentieller Nutzer für die Zielgruppenangebote der Jugendarbeit in den Stadtteilen, um Individualhilfen entgegenzuwirken • Vorrangige Gewährung ambulanter Hilfen im Lebensraum junger Menschen

Teilbudget Produktgruppe 36.30	Plan 2008 €	Plan 2007 €
Sonstige Transfererträge	283.000	283.000
Öffentlich rechtliche Leistungsentgelte	6.000	6.000
Privatrechtliche Leistungsentgelte	70	70
Kostenerstattungen und Kostenumlagen	401.000	401.000
Ordentliche Erträge	**690.070**	**690.070**
Personalaufwendungen	2.272.400	2.220.970
Versorgungsaufwendungen	339.550	331.870
Aufwendungen für Sach- und Dienstleistungen	78.000	87.810
Bilanzielle Abschreibungen	66.470	56.020
Transferaufwendungen	8.741.800	8.731.600
Sonstige ordentliche Aufwendungen	739.600	739.620
Ordentliche Aufwendungen	**12.237.820**	**12.167.890**
Ordentliches Ergebnis	**-11.547.750**	**-11.477.820**
Aufwendungen für interne Leistungen	676.100	676.890
Kalkulatorische Kosten	38.510	25.670
Veranschlagtes Kalkulatorisches Ergebnis	**-714.610**	**-702.560**
Veranschlagtes Nettoressourcenergebnis (-/+)	**-12.262.360**	**-12.180.380**

Zuschüsse	Plan 2008 €	Plan 2007 €	Plan 2006 €	Ergebnis 2005 €
Erziehungsberatungsstellen der Caritas, AWO sowie des Instituts für analytische Kinder- und Jugendlichen-Psychotherapie	520.800	510.600	517.650	505.500
Kinderschutzbund (Betreuter Umgang)	15.000	15.000	12.140	12.140
Zuschüsse insgesamt	**535.800**	**525.600**	**529.790**	**517.640**

Leistungen / Kennzahlen	Plan 2008	Plan 2007	Plan 2006	Ergebnis 2005
Hilfen zur Erziehung				
Kosten für Hilfen zur Erziehung[1] in €	7.955.350	7.955.350	8.198.350	7.137.238
Anteil der Hilfen[1] für junge Menschen[2]				
• Ambulante Hilfen	2 %	2 %	2 %	2,09 %
• Stationäre Hilfen[3]	1 %	1 %	1 %	1,05 %
Anteil der Kosten an der Gesamtsumme der zur Verfügung stehenden Erziehungshilfen[1] für				
• Ambulante Hilfen	48 %	48 %	43 %	42,11 %
• Stationäre Hilfen[3]	52 %	52 %	57 %	57,89 %
Durchschnittliche Transferausgaben für junge Menschen[2] im Bereich				
• Ambulante Hilfen	159 €	159 €	145 €	124,76 €
• Stationäre Hilfen[3]	171 €	171 €	195 €	171,51 €

1) ohne Tagesbetreuung nach §§ 22, 23 SGB VIII, Kostenerstattung nach §§ 89 ff SGB VIII und Inobhutnahmen
2) zum 31.12.2005 lebten 24.088 junge Menschen im Alter bis 21 Jahre in Heidelberg
3) ohne Inobhutnahmen

Auch hier fällt auf, dass in Heidelberg

- zwar überdurchschnittlich konsequent Ziele, Kennzahlen und die dazu gehörigen Budgets definiert werden,

- dies jedoch auf Ebene der Produktgruppe – nicht auf Ebene der Produkte oder Leistungen – geschieht.

Zusammenfassend ist unseres Erachtens zu fragen, ob die in Heidelberg gewählte Darstellung auf Ebene der Produktgruppen noch ausreichend steuerungsrelevante Informationen bereitstellt. Nach unserer Einschätzung dürfte jedenfalls der Jugendhilfeausschuss der meisten Kommunen nicht mit einer so pauschalen Abhandlung des Budgets „Hilfen für junge Menschen und ihre Familien" über immerhin 12 Millionen Euro zufrieden sein. Vermutlich standen dem zuständigen Ausschuss auch in Heidelberg differenziertere Informationen zur Verfügung. Wenn der Haushalt als Steuerungsinstrument des Rates nicht entwertet werden sollte, sollten unseres Erachtens die wichtigsten Informationen auch im Haushalt abgedruckt werden.

3.4.2 Stadt Karlsruhe (2007/2008)

Ihren ersten doppischen Haushalt mit einem Umfang von 913 Seiten hat die Stadt Karlsruhe (286.000 Einwohner) zum Haushaltsjahr 2007/2008 vorgelegt. Dieser gliedert sich in „Haushaltsplan", „Teilhaushalte" und „Verpflichtungsermächtigungen und Stellenplan". Zusätzlich werden unter „Anlagen zum Haushaltsplan" beispielsweise Wirtschaftspläne und Finanzplanungen der Gesellschaften aufgezeigt.[20]

Wie in Heidelberg werden auch in Karlsruhe die 30 Teilhaushalte nach der örtlichen Organisation produktorientiert gegliedert. Sie bilden je eine Bewirtschaftungseinheit und sind bestimmten Verantwortungsbereichen (Ämtern) zugeordnet.

Allgemein wird zunächst jeder Teilhaushalt für das ganze Amt durch Ziele und Kennzahlen beschrieben, sowie ein Teilergebnishaushalt aufgezeigt, bevor danach die einzelnen Produkte betrachtet werden.

---
[20] Stadt Karlsruhe (2007/2008) Inhaltsübersicht.

Wir zeigen die Einzelbetrachtung exemplarisch am Produkt „Bereitstellung und Betrieb von Gymnasien":[21]

THH4000	Schulen und Sport
21	Schulträgeraufgaben
2110	Bereitstellung und Betrieb von allgemeinbildenden Schulen
211006-400	Bereitstellung und Betrieb von Gymnasien (GYM)

		Teilergebnishaushalt Ertrags- und Aufwandsarten	Ansatz 2008 EUR	Ansatz 2007 EUR	Ansatz 2006 EUR	Ergebnis 2005 EUR
			1	2	3	4
1	+	Steuern und ähnliche Abgaben	0	0	0	0
2	+	laufende Zuwendungen (Zuweisungen und Zuschüsse)	5.165.508	5.121.665	0	0
3	+	Sonstige Transfererträge	0	0	0	0
4	+	Gebühren und ähnliche Abgaben	2.000	2.000	0	0
5	+	Privatrechtliche Leistungsentgelte	10.300	10.300	0	0
6	+	Kostenerstattungen und Kostenumlagen	15.512	9.625	0	0
7	+	Finanzerträge	0	0	0	0
8	+	Aktivierte Eigenleistungen und Bestandsveränderungen	0	0	0	0
9	+	Sonstige ordentliche Erträge	74.169	54.957	0	0
10	=	**Ordentliche Erträge**	**5.267.489**	**5.198.547**	**0**	**0**
11	-	Personalaufwendungen	2.233.229-	2.226.877-	0	0
12	-	Versorgungsaufwendungen	45.134-	44.067-	0	0
13	-	Aufwendungen für Sach- und Dienstleistungen	1.564.240-	1.553.300-	0	0
14	-	Planmäßige Abschreibungen	278.685-	286.179-	0	0
15	-	Zinsen und ähnliche Aufwendungen	0	0	0	0
16	-	Transferaufwendungen	0	0	0	0
17	-	Sonstige ordentliche Aufwendungen	328.553-	322.717-	0	0
18	=	**Ordentliche Aufwendungen**	**4.449.840-**	**4.433.141-**	**0**	**0**
19	=	**Ordentliches Ergebnis**	**817.648**	**765.406**	**0**	**0**
20	+/-	Anteilige Ergebnisabdeckungen aus Vorjahren	0	0	0	0
21	=	**Anteiliges veranschlagtes ordentliches Ergebnis**	**817.648**	**765.406**	**0**	**0**
22	+	Erträge aus internen Leistungen (Entlastungen)	0	0	0	0
23	+	THH-interne Gemeinkosten-Entlastungen	0	0	0	0
24	-	Aufwendungen für interne Leistungen (Belastungen)	7.787.093-	7.786.282-	0	0
25	-	THH-interne Gemeinkosten-Belastungen	500.153-	502.587-	0	0
26	+	Kalkulatorische Kosten	0	0	0	0
27	+/-	Kalkulatorischer Ergebnisvortrag aus Vorjahr	0	0	0	0
28	=	**Veranschlagtes kalkulatorisches Ergebnis**	**8.287.246-**	**8.288.869-**	**0**	**0**
29	=	**Veranschlagter Nettoressourcenbedarf oder -überschuss**	**7.469.598-**	**7.523.463-**	**0**	**0**
30		Nachrichtlich: Nicht zahlungswirksame ordentliche Erträge	80.477	61.262	0	0
31		Nachrichtlich: Nicht zahlungswirksame ordentliche Aufwendungen	8.110.004-	8.114.620-	0	0

zu Zeile 2: Sachkostenbeiträge, Zuschüsse des Landes für Jugendbegleiter

---

[21] Stadt Karlsruhe (2007/2008) Teilhaushalt 4000 S. 12 (PDF).

Anschließend folgt eine Beschreibung von Zielen und Kennzahlen für die Produktgruppe „Allgemeinbildende Schulen":[22]

Beschreibung von Zielen und Kennzahlen
- Produktgruppe 2110-400 Allgemeinbildende Schulen -

Beschreibung der Produktgruppe:

Bereitstellung und Betrieb der allgemeinbildenden Schulen in Karlsruhe. Dazu gehören:

- 21 Grundschulen, einschließlich Grundschulförderklassen
- 1 Hauptschule
- 25 Grund- und Hauptschulen, einschließlich Grundschulförderklassen
- 9 Realschulen
- 11 Gymnasien

Darüber hinaus wird in dieser Produktgruppe auch das Produkt „Verlässliche Grundschule" (VGS) abgebildet, welches als Schlüsselprodukt noch einmal im Einzelnen dargestellt wird.

Ziele der Produktgruppe 2110-400/ Maßnahmen zur Zielerreichung:

- Sicherstellung und Weiterentwicklung eines bedarfsgerechten Schulangebots
    - Bereitstellung der notwendigen freien Lernmittel und des Lehr- und Unterrichtsmaterials
    - Bereitstellung und Fortbildung des nichtlehrenden Personals
    - Schulentwicklungsplanung und Schulraumbedarfsplanung
    - Ersatz- und Neubeschaffung von Brennöfen
    - Neuausstattung von Werkräumen
- Ausbau der Ganztagesbereiche an Grundschulen und weiterführenden Schulen (Sekundarstufe 1)
    - Schaffung von Verpflegungseinrichtungen und Aufenthaltsbereichen
    - Erweiterung des Lessing-Gymnasiums
- Sicherstellung des fächerintegrativen Medieneinsatzes
    - Weiterführung der Schulgebäudevernetzung an folgenden Schulen: Rennbuckel-Grundschule, Rennbuckel-Realschule
    - Beschaffung von mobilen Mediengeräten
    - Einrichtung von Medienecken an Gymnasien und Realschulen
    - Ersatz- und Neubeschaffung von Hard- und Software
    - Planung der Gebäudeverkabelung für weitere Schulen in 2008
    - Abschluss des Projektes „Anbindung aller Schulen an DSL"

---

[22] Stadt Karlsruhe (2007/2008) Teilhaushalt 4000 S. 13 f. (PDF).

Kennzahlen (Qualität, Leistung, Wirtschaftlichkeit) der Produktgruppe 2110-400:

Kennzahlen	Maß-einh.	2008 - geplant -	2007 - geplant -	2006 (SJ 05/06)	2005 (SJ 04/05)
Schüler/innen an allgemeinbildenden Schulen (inkl. GS-Förderklassen)	Pers.	26.795	26.732	25.455	25.440
Anteil ausländische Schüler/ -innen	%	14	14	14	14
Zuschussbedarf pro Grundschüler/in (ohne VGS)	€	1.623	1.622	liegt noch nicht vor	1.590
Zuschussbedarf pro Hauptschüler/in	€	1.796	1.793	liegt noch nicht vor	1.887
Zuschussbedarf pro Grund- und Hauptschüler/in (ohne VGS)	€	1.526	1.533	liegt noch nicht vor!	1.403
Zuschussbedarf pro Realschüler/in	€	925	935	liegt noch nicht vor	824
Zuschussbedarf pro Gymnasiast/in	€	798	809	liegt noch nicht vor	781
Schüler/innen pro PC-Platz	Pers.	10,40	10,63	11,92	12,70
Durchschnittliche Klassenstärke an Grundschulen	Pers.	22	22	22	22
Durchschnittliche Klassenstärke an Hauptschulen	Pers.	18	18	18	20
Durchschnittliche Klassenstärke an Grund- und Hauptschulen	Pers.	21	21	21	22
Durchschnittliche Klassenstärke an Realschulen	Pers.	28	28	28	28
Durchschnittliche Klassenstärke an Gymnasien	Pers.	26	26	26	25
Übergangsquote von den Grundschulen an die Hauptschulen	%	25	25	25	26
Übergangsquote von den Grundschulen an die Realschulen	%	25	25	25	26
Übergangsquote von den Grundschulen an die Gymnasien	%	50	50	50	48
Abiturientenquote an allgemeinbildenden Schulen	%	33	33	33	31
Anteil Schulabgänger ohne Abschluss	%	5	5	5	5

Anders als in Heidelberg wird für jede Schulart ein Teilergebnishaushalt geliefert. Als positiv fällt auch die bereits erreichte, relativ hohe Qualität der Kennzahlen auf, die nachrichtlich mitgegeben werden. Demgegenüber sind die Zielformulierungen deutlich allgemeiner gehalten als in Heidelberg. Als besonders positiv ist unseres Erachtens zu werten, dass Karlsruhe tatsächlich „Schlüsselprodukte" auswählt und ausführlich darstellt. Hierzu zeigen wir noch das Schlüsselprodukt aus dem Teilhaushalt Schulen und Sport „Verlässliche Grundschule":[23]

---

[23] Stadt Karlsruhe (2007/2008) Teilhaushalt 4000 S. 36 + S. 38 (PDF).

THH4000	Schulen und Sport
21	Schulträgeraufgaben
2110	Bereitstellung und Betrieb von allgemeinbildenden Schulen
211001-400	Bereitstellung und Betrieb von Grundschulen (GS)
1.400.21.10.01.03	Budget Verlässliche Grundschule

		Ergebnishaushalt PSP Ertrags- und Aufwandsarten	Ansatz 2008 EUR	Ansatz 2007 EUR	Ansatz 2006 EUR	Ergebnis 2005 EUR
			1	2	3	4
1	+	Steuern und ähnliche Abgaben	0	0	0	0
2	+	laufende Zuwendungen (Zuweisungen und Zuschüsse)	195.810	195.300	0	0
3	+	Sonstige Transfererträge	0	0	0	0
4	+	Gebühren und ähnliche Abgaben	0	0	0	0
5	+	Privatrechtliche Leistungsentgelte	320.500	320.500	0	0
6	+	Kostenerstattungen und Kostenumlagen	0	0	0	0
7	+	Finanzerträge	0	0	0	0
8	+	Aktivierte Eigenleistungen und Bestandsveränderungen	0	0	0	0
9	+	Sonstige ordentliche Erträge	0	0	0	0
10	=	Ordentliche Erträge	516.310	515.800	0	0
11	-	Personalaufwendungen	0	0	0	0
12	-	Versorgungsaufwendungen	0	0	0	0
13	-	Aufwendungen für Sach- und Dienstleistungen	17.500-	17.500-	0	0
14	-	Planmäßige Abschreibungen	0	0	0	0
15	-	Zinsen und ähnliche Aufwendungen	0	0	0	0
16	-	Transferaufwendungen	0	0	0	0
17	-	Sonstige ordentliche Aufwendungen	0	0	0	0
18	=	Ordentliche Aufwendungen	17.500-	17.500-	0	0
19	=	Ordentliches Ergebnis	498.810	498.300	0	0
20	+/-	Anteilige Ergebnisabdeckungen aus Vorjahren	0	0	0	0
21	=	Anteiliges veranschlagtes ordentliches Ergebnis	498.810	498.300	0	0
22	+	Erträge aus internen Leistungen (Entlastungen)	0	0	0	0
23	+	THH-interne Gemeinkosten-Entlastungen	0	0	0	0
24	-	Aufwendungen für interne Leistungen (Belastungen)	33.096-	32.800-	0	0
25	-	THH-interne Gemeinkosten-Belastungen	877.871-	868.697-	0	0
26	+	Kalkulatorische Kosten	0	0	0	0
27	+/-	Kalkulatorischer Ergebnisvortrag aus Vorjahr	0	0	0	0
28	=	Veranschlagtes kalkulatorisches Ergebnis	910.967-	901.497-	0	0
29	=	Veranschlagter Nettoressourcenbedarf oder -überschuss	412.157-	403.197-	0	0
30		Nachrichtlich: Nicht zahlungswirksame ordentliche Erträge	0	0	0	0
31		Nachrichtlich: Nicht zahlungswirksame ordentliche Aufwendungen	33.096-	32.800-	0	0

Stadt Karlsruhe

Beschreibung von Zielen und Kennzahlen
- Schlüsselprodukte 1.400.21.10.01.03 und 1.400.21.10.03.03
Verläßliche Grundschule -

Beschreibung der Schlüsselprodukte:

Im Rahmen der „Verlässlichen Grundschule" bietet die Stadt Karlsruhe die Ergänzende Betreuung an 40 Karlsruher Grundschulen an. Dort können Eltern ihre Kinder während der Schulzeit von Montag bis Freitag zwischen 7:30 und 13.00 Uhr oder bis 14:00 Uhr von einer pädagogischen Fachkraft gegen Entgelt betreuen lassen.

Ziele der Schlüsselprodukte 1.400.21.10.01.03 und 1.400.21.10.03.03 /Maßnahmen zur Zielerreichung:

- Sicherstellung eines qualifizierten pädagogischen Betreuungsangebots an den Grundschulen vor und nach dem garantierten Unterrichtsblock (2. bis 5. Stunde)
    - Schaffung der sächlichen und personellen Voraussetzungen für ein bedarfsgerechtes, qualifiziertes Betreuungsangebot
    - Fortbildung des städtischen Personals

Kennzahlen (Qualität, Leistung, Wirtschaftlichkeit) der Schlüsselprodukte 1.400.21.10.01.03 und 1.400.21.10.03.03:

Kennzahlen	Maß-einh.	2008 - geplant -	2007 - geplant -	2006	2005
Anzahl der Gruppen Verläßliche Grundschule	Anzahl	85	85	81	88
Anzahl der Schüler/innen Verläßliche Grundschule	Pers.	1.785	1.785	1.824	1.848
Kostendeckungsgrad	%	60	60	liegt noch nicht vor	54
Zuschussbedarf pro teilnehmendem/r Schüler/in	Euro	479	468	liegt noch nicht vor	558

Im Bereich Jugendhilfe hat Karlsruhe unter Anderem das Schlüsselprodukt „individuelle Hilfen für junge Menschen und ihre Familien" ausgewählt und folgendermaßen beschrieben:[24]

THH5000   Soziales und Jugend
36   Kinder-, Jugend- und Familienhilfe
3630   Hilfen für junge Menschen und ihre Familien

1.500.36.30.03   Individuelle Hilfen für junge Menschen und ihre Familien

		Ergebnishaushalt PSP Ertrags- und Aufwandsarten	Ansatz 2008 EUR	Ansatz 2007 EUR	Ansatz 2006 EUR	Ergebnis 2005 EUR
			1	2	3	4
1	+	Steuern und ähnliche Abgaben	0	0	0	0
2	+	laufende Zuwendungen (Zuweisungen und Zuschüsse)	0	0	0	0
3	+	Sonstige Transfererträge	1.553.000	1.585.000	0	0
4	+	Gebühren und ähnliche Abgaben	0	0	0	0
5	+	Privatrechtliche Leistungsentgelte	0	0	0	0
6	+	Kostenerstattungen und Kostenumlagen	1.204.124	1.201.255	0	0
7	+	Finanzerträge	0	0	0	0
8	+	Aktivierte Eigenleistungen und Bestandsveränderungen	0	0	0	0
9	+	Sonstige ordentliche Erträge	177.998	183.183	0	0
10	=	**Ordentliche Erträge**	**2.935.122**	**2.969.438**	**0**	**0**
11	-	Personalaufwendungen	288.035-	283.346-	0	0
12	-	Versorgungsaufwendungen	0	0	0	0
13	-	Aufwendungen für Sach- und Dienstleistungen	211.460-	211.460-	0	0
14	-	Planmäßige Abschreibungen	0	0	0	0
15	-	Zinsen und ähnliche Aufwendungen	0	0	0	0
16	-	Transferaufwendungen	29.882.400-	29.118.900-	0	0
17	-	Sonstige ordentliche Aufwendungen	1.325.000-	1.325.000-	0	0
18	=	**Ordentliche Aufwendungen**	**31.706.895-**	**30.938.706-**	**0**	**0**
19	=	**Ordentliches Ergebnis**	**28.771.773-**	**27.969.269-**	**0**	**0**
20	+/-	Anteilige Ergebnisabdeckungen aus Vorjahren	0	0	0	0
21	=	**Anteiliges veranschlagtes ordentliches Ergebnis**	**28.771.773-**	**27.969.269-**	**0**	**0**
22	+	Erträge aus internen Leistungen (Entlastungen)	0	0	0	0
23	+	THH-interne Gemeinkosten-Entlastungen	0	0	0	0
24	-	Aufwendungen für interne Leistungen (Belastungen)	1.121.336-	1.129.031-	0	0
25	-	THH-interne Gemeinkosten-Belastungen	3.863.893-	3.779.613-	0	0
26	+	Kalkulatorische Kosten	0	0	0	0
27	+/-	Kalkulatorischer Ergebnisvortrag aus Vorjahr	0	0	0	0
28	=	**Veranschlagtes kalkulatorisches Ergebnis**	**4.985.230-**	**4.908.644-**	**0**	**0**
29	=	**Veranschlagter Nettoressourcenbedarf oder -überschuss**	**33.757.003-**	**32.877.912-**	**0**	**0**
30		Nachrichtlich: Nicht zahlungswirksame ordentliche Erträge	177.998	183.183	0	0
31		Nachrichtlich: Nicht zahlungswirksame ordentliche Aufwendungen	1.409.372-	1.412.377-	0	0

---

[24] Stadt Karlsruhe (2007/2008) Teilhaushalt 5000 S. 73–75 (PDF).

Stadt Karlsruhe 61

Beschreibung von Zielen und Kennzahlen Schlüsselprodukt(e) –

Beschreibung des Schlüsselprodukts 1.500.36.30.03

Individuelle Hilfen für junge Menschen und ihre Familien einschließlich Krisenintervention

Hilfe zur Erziehung, Eingliederungshilfe für seelisch behinderte Kinder und Jugendliche sowie Hilfe für junge Volljährige sind Leistungsangebote für junge Menschen und Personensorgeberechtigte zur Überwindung von individuellen Problemlagen. Es besteht ein Rechtsanspruch auf die notwendigen und geeigneten Leistungen. Art und Umfang der Hilfe richten sich nach dem Bedarf im Einzelfall. Problem- und Ressourcenanalyse, Beratung und Motivation zur Inanspruchnahme der Hilfen sowie die Erarbeitung von Hilfemöglichkeiten, deren Planung und Durchführung sind gekennzeichnet durch Ganzheitlichkeit, Systemorientierung sowie Lebenswelt- und Alltagsorientierung. Im Hilfeprozess sind die sozialen, kulturellen und geschlechtsspezifischen Besonderheiten zu berücksichtigen und eine partnerschaftliche Zusammenarbeit aller Beteiligten zu gewährleisten. Hilfe zur Erziehung, Eingliederungshilfe für seelisch behinderte Kinder und Jugendliche sowie Hilfe für junge Volljährige sind selbsthilfeorientiert und zielen auf soziale Integration.

Die Hilfe umfasst unter Beteiligung der Betroffenen, insbesondere der Kinder und Jugendlichen, die Bedarfsfeststellung und die Begründung der Notwendigkeit der Hilfe; die Klärung einer geeigneten Hilfeart; die Bewilligung der Hilfe einschließlich der Finanzierung, der verwaltungs- und kostenrechtlichen Bearbeitung sowie die Heranziehung Kosten- bzw. Unterhaltspflichtiger und Geltendmachung von Ersatzleistungen; die Bereitstellung der Hilfe; die Erstellung, Dokumentation und Fortschreibung des Hilfeplans; die Formulierung von Zielen und deren Kontrolle; die Beteiligung anderer sozialpädagogischer Fachkräfte und Institutionen.

Leistungen:

Hilfe zur Erziehung nach § 27 SGB VIII; Eingliederungshilfe für seelisch behinderte Kinder und Jugendliche nach §35a Abs. 3 i. V. m. Abs. 1 SGB VIII; Hilfe für junge Volljährige nach § 41 SGB VIII; Inobhutnahme nach § 42 SGB VIII

Die Ausgestaltung der Leistungen kann erfolgen durch: Erziehungsberatung, Soziale Gruppenarbeit, Erziehungsbeistand/Betreuungshelfer, Sozialpädagogische Familienhilfe, Erziehung in einer Tagesgruppe/Familienpflege, Vollzeitpflege, Heimerziehung, sonstige betreute Wohnformen, Intensive sozialpädagogische Einzelbetreuung, weitere Formen der Hilfe.

Das Produkt umfasst neben der unmittelbaren Erbringung der o. g. Leistungen auch deren konzeptionelle Weiterentwicklung.

Ziele des Schlüsselprodukts 1.500.36.30.03/Maßnahmen zur Zielerreichung:

- Erziehung zu einer eigenverantwortlichen und gemeinschaftsfähigen Persönlichkeit
- Förderung der Erziehungskompetenz der Personensorgeberechtigten
- Rechtzeitige Gewährung der geeigneten und notwendigen Leistungen unter
- Einbeziehung des sozialen Umfeldes
- Anteil ambulanter Hilfen erhöhen
- keine Zunahme bei teilstationären und vollstationären Hilfen
- Reduzierung der Laufzeiten auf durchschnittlich 2 Jahre

Kennzahlen (Qualität, Leistung, Wirtschaftlichkeit) des Schlüsselprodukts 1.500.36.30.03 :

Kennzahlen	Maß-einh.	2008 - geplant -	2007 - geplant -	2006	2005
ambulanten Hilfen	Jahre[1]	2	2	-	-
teilstationären Hilfen	Jahre[1]	2	2	-	-
stationäre Hilfen	Jahre[1]	2	2	-	-
Durchschnittliche mtl. Fallkosten für				-	-
ambulanten Hilfen	Euro	860	820	-	-
teilstationären Hilfen	Euro	1.680	1.650	-	-
stationäre Hilfen	Euro	3.920	3.900	-	-
Anzahl der jährlichen Kindeswohlgefährdungsmeldungen	Meldungen	345	355	-	-

[1]) Durchschnittliche Laufzeit der beendeten Jahre

4 Kommunale Doppik in Bayern als Neues Kommunales Finanzwesen (NKFW)

4.1 Die Situation in Bayern

Doppik als Option

In Bayern besteht – anders als von der Innenministerkonferenz in ihren Beschlüssen vom 21.11.2003 eigentlich vereinbart – keine Verpflichtung zur Einführung des Ressourcenverbrauchskonzepts, welches bekanntlich in den Varianten Doppik oder erweiterte Kameralistikvereinbart worden war. Demgegenüber lässt Bayern als Ausfluss einer längeren Diskussion zum Konnexitätsprinzip **auch die Beibehaltung der herkömmlichen Kameralistik** zu. In den entsprechenden Vorschriften der bayrischen Gemeindeordnung in der Fassung des Gesetzes zur Änderung des kommunalen Haushaltsrechts vom 08.12.2006 heißt es lapidar (Art. 61 Abs. 4 GO-BY): „Die Haushaltswirtschaft ist nach den Grundsätzen der doppelten kommunalen Buchführung oder nach den Grundsätzen der Kameralistik zu führen." Entsprechende Wahlrechte erhalten auch die Landkreisordnung (Art. 55 Abs. 4 LKO) sowie die Bezirksordnung (Art. 53 Abs. 4 Bezirksordnung).

Mittlerweile liegt in Bayern auch eine fertige **(doppische) Kommunalhaushaltsverordnung** vom 5.10.2007 (KommHV-Doppik-BY) vor. Bereits vor Inkrafttreten dieser Verordnung kann in Bayern eine überdurchschnittliche Umstellungswelle größerer Kommunen zur Doppik auf freiwilliger Basis verzeichnet werden.

Umsetzungsstand in Bayern

Im Jahr 2007 (oder früher) haben bereits 15 Gemeinden, Städte und Landkreise auf die Doppik umgestellt, etwa 50 Kommunen wollen in 2008 folgen, weitere rund 350 Kommunen zu einem späteren Zeitpunkt.[25]

Neben den Pilotkommunen[26]

- Gemeinde Hallbergmoos
- Stadt Königsbrunn
- Landkreis Ebersberg

lagen uns zum Abschluss des empirischen Teilprojekts (März 2008) noch sechs weitere doppische Haushalte vor, die in die fachliche Analyse mit einbezogen wurden. Davon werden im Folgenden fünf Haushalte exemplarisch dargestellt. Ergänzend dazu werden zwei weitere Haushalte auf der beiliegenden CD kommentiert.

Allgemeine Charakterisierung der doppischen Haushalte

Vor dem Hintergrund, dass die bayrische Doppikwelle weitgehend auf Basis von Experimentierklauseln entstand – und die KommHV-Doppik-BY erst seit Oktober 2007 vorliegt – ergibt sich bei Durchsicht der bislang vorliegenden doppischen Haushalte zwangsläufig ein recht heterogenes Bild.

---

[25] Vgl. AK III (2007) Teil 5 S. 2.
[26] Vgl. ausführlich KGSt (2007).

4.2 Wichtigste Vorschriften zur Haushaltsgliederung in Bayern

Anlagen zum Haushaltsplan

Der Haushaltsplan besteht gemäß § 1 KommHV-Doppik-BY aus dem Gesamthaushalt, den Teilhaushalten und dem Stellenplan. Der Gesamthaushalt setzt sich aus dem Ergebnishaushalt, dem Finanzhaushalt, je einer Übersicht über Erträge und Aufwendungen des Ergebnishaushalts und Ein- und Auszahlungen sowie Verpflichtungsermächtigungen des Finanzhaushalts und einer Übersicht zur Beurteilung der Leistungsfähigkeit zusammen. Dem Haushaltsplan sind hinzuzufügen:

- Vorbericht
- mittelfristiger Finanzplan
- Übersicht über die Verpflichtungsermächtigungen
- voraussichtlicher Stand der Verbindlichkeiten zu Beginn des Haushaltsjahres
- letzter konsolidierter Jahresabschluss
- Übersicht über die aus Vorjahren übertragenen Haushaltsermächtigungen
- Wirtschaftspläne sowie Jahresabschlüsse der Sondervermögen und der Unternehmen an denen die Kommune mit mehr als 50 Prozent beteiligt ist (anstelle der Wirtschaftpläne und Jahresabschlüsse kann auch eine Übersicht über die Wirtschaftslage und Entwicklung der Unternehmen treten)
- Übersicht über die Budgets nach § 4 Abs.6

Exemplarisch für die Darstellung eines Finanzhaushaltes und Ergebnishaushaltes werden der – Ergebnis- und Finanzhaushalt der Gemeinde Hallbergmoos abgebildet, deren Haushalt 2008 bereits an die Vorschriften der KommHV-Doppik-BY angepasst ist:[27]

Ergebnishaushalt 2008
Gemeinde Hallbergmoos

Nr.	Bezeichnung	Ergebnis 2006	Ansatz 2007	Ansatz 2008	Plan 2009	Plan 2010	Plan 2011
10	Steuern und ähnliche Abgaben	-18.388.296	-15.338.500	-15.477.500	-15.537.500	-15.657.500	-15.717.500
20	Zuwendungen und allgemeine Umlagen	-1.214.627	-1.642.035	-1.404.100	-1.419.100	-1.434.100	-1.449.100
30	Sonstige Transfererträge	-87.244	-57.500				
40	Öffentlich-rechtliche Leistungsentgelte	-920.292	-1.594.682	-1.523.968	-1.474.381	-1.441.724	-1.421.769
45	Auflösung von Sonderposten			-222.398	-222.103	-210.546	-198.164
50	Privatrechtliche Leistungsentgelte	-307.033	-249.400	-300.110	-336.860	-338.310	-338.960
60	Kostenerstattungen und Kostenumlagen	-136.099	-98.400	-143.900	-143.400	-138.400	-80.400
70	Sonstige ordentliche Erträge	-225		-370.000	-383.000	-396.000	-408.000
80	Aktivierte Eigenleistungen						
90	Bestandsveränderungen						
100	**Ordentliche Erträge**	**-21.053.816**	**-18.980.516**	**-19.441.976**	**-19.516.344**	**-19.616.580**	**-19.613.893**
110	Personalaufwendungen	2.824.556	3.024.430	3.234.325	3.360.805	3.426.995	3.494.205
120	Versorgungsaufwendungen	514.136					
130	Aufwendungen für Sach- und Dienstaufwendungen	2.356.297	2.668.150	2.500.265	1.907.665	1.963.415	1.983.710
140	Planmäßige Abschreibungen	11.032	3.616.135	3.447.996	3.462.035	3.349.051	3.211.549
150	Transferaufwendungen	8.613.683	11.566.181	17.959.080	10.940.730	11.023.255	11.044.025
160	Sonstige ordentliche Aufwendungen			1.210.510	1.103.460	1.073.460	999.860
170	**Ordentliche Aufwendungen**	**14.319.704**	**20.874.896**	**28.352.176**	**20.774.695**	**20.836.176**	**20.733.349**
180	**Ergebnis der gewöhnlichen Verwaltungstätigkeit**	**-6.734.112**	**1.894.380**	**8.910.201**	**1.258.351**	**1.219.596**	**1.119.456**
190	Finanzerträge	-325.695	-300.000	-1.075.300	-325.300	-325.300	-325.300
200	Zinsen und sonstige Finanzaufwendungen	516.711	400.400	367.150	331.070	292.670	281.590
210	**Finanzergebnis**	**191.017**	**100.400**	**-708.150**	**5.770**	**-32.630**	**-43.710**
220	**Ordentliches Jahresergebnis**	**-6.543.096**	**1.994.780**	**8.202.051**	**1.264.121**	**1.186.966**	**1.075.746**
230	Außerordentliche Erträge	-970.932	-467.400				
240	Außerordentliche Aufwendungen	2.874	1.500				
250	**Außerordentliches Ergebnis**	**-968.059**	**-465.900**				
260	**Jahresergebnis**	**-7.511.154**	**1.528.880**	**8.202.051**	**1.264.121**	**1.186.966**	**1.075.746**

---

[27] Gemeinde Halbergmoos (2008) S. 28 ff. (PDF)

Finanzhaushalt 2008
Gemeinde Hallbergmoos

Nr.	Bezeichnung	Ergebnis 2006	Ansatz 2007	Ansatz 2008	Plan 2009	Plan 2010	Plan 2011
10	Steuern und ähnliche Abgaben	19.226.665	15.086.000	15.477.500	15.537.500	15.657.500	15.717.500
20	Zuwendungen und allgemeine Umlagen	1.320.222	1.402.673	1.404.100	1.419.100	1.434.100	1.449.100
30	Sonstige Transfereinzahlungen	80.739	57.500				
40	Öffentlich-rechtliche Leistungsentgelte	927.917	860.420	863.220	864.720	865.220	865.220
50	Privatrechtliche Leistungsentgelte	265.134	249.400	300.110	336.860	338.310	338.960
60	Kostenerstattungen und Kostenumlagen	131.427	98.400	143.900	143.400	138.400	80.400
70	Sonstige Einzahlungen	322.707	300.000	370.000	383.000	396.000	408.000
80	Zinsen und sonstige Finanzeinzahlungen	902.364	467.400	1.075.300	325.300	325.300	325.300
90	**Einzahlungen aus laufenden Verwaltungstätigkeit**	23.177.175	18.521.793	19.634.130	19.009.880	19.154.830	19.184.480
100	Personalauszahlungen	-2.830.472	-3.024.430	-3.184.325	-3.309.805	-3.374.995	-3.441.205
110	Versorgungsauszahlungen						
120	Auszahlungen für Sach- und Dienstleistungen	-2.431.146	-2.681.800	-2.585.260	-1.958.165	-1.988.865	-2.000.710
130	Zinsen und sonstige Auszahlungen	-503.305	-400.400	-367.150	-331.070	-292.670	-281.590
140	Transferauszahlungen	-9.112.262	-11.593.529	-11.997.385	-19.261.605	-10.932.225	-11.012.250
150	Sonstige Auszahlungen	-1.469	-1.500	-1.221.330	-1.103.460	-1.073.460	-999.860
160	**Auszahlungen aus laufender Verwaltungstätigkeit**	-14.878.655	-17.701.659	-19.355.450	-25.964.105	-17.662.215	-17.735.615
170	**Cashflow aus laufender Verwaltungstätigkeit**	8.298.520	820.134	278.680	-6.954.225	1.492.615	1.448.865
180	Einzahlungen aus Investitionszuschüssen	547.529	206.000	4.500			
183	Einzahlungen aus Beiträgen u.ä. Entgelten	659.509	100.000	550.000	100.000	100.000	60.000
184	Einzahlungen Grundst.u.Gebäude	3.644.714	826.000	470.700	1.600.000		
190	Einzahlungen bewegliches Sachanlagevermögen						
195	Einzahlungen immaterielle Vermögensgegenstände	225					
196	Einzahlungen aus sonstiger Investitionstätigkeit						
198	**Summe Einzahlungen Investitionstätigkeit**	4.851.977	1.132.000	1.025.200	1.700.000	100.000	60.000

Gemeinde Hallbergmoos 67

200	Auszahlungen f. d. Erwerb v. Grundst. u. Gebäuden	-228.759	-1.436.500	-4.507.075	-1.450.000		
201	Auszahlungen für Baumaßnahmen	-1.869.361	-8.225.100	-9.632.000	-3.159.000	-1.311.000	-225.000
202	Auszahlungen f. d. Erwerb von bewegl. Anlageverm.	-467.437	-452.900	-1.311.660	-142.900	-98.400	-273.200
203	Auszahlungen von aktivierbaren Zuwendungen	-1.395		-35.000			
204	Auszahlungen immaterielle Vermögensgegenstände	-39.348	-44.350	-80.800	-56.200	-8.500	-28.500
207	**Summe Auszahlungen Investitionstätigkeit**	-2.606.300	-10.158.850	-15.566.535	-4.808.100	-1.417.900	-526.700
210	Einzahlungen aus der Veräußerung von Finanzanlagen						
220	Auszahlungen für den Erwerb von Finanzanlagen						
227	**Summe Finanzanlagen**						
230	**Cashflow aus Investitionstätigkeit**	2.245.677	-9.026.850	-14.541.335	-3.108.100	-1.317.900	-466.700
240	Finanzmittelüberschuß / -fehlbetrag	10.544.197	-8.206.716	-14.262.655	-10.062.325	174.715	982.165
250	Aufnahme von Krediten für Investitionen						
260	Tilgung von Krediten aus Investitionen	-365.206	-2.200.850	-2.562.215	-376.080	-376.160	-373.160
270	Aufnahme von Kassenkrediten		2.200.000	2.400.000	2.400.000	2.400.000	2.400.000
280	Tilgung von Kassenkrediten		-2.200.000	-2.400.000	-2.400.000	-2.400.000	-2.400.000
290	**Cashflow aus Finanzierungstätigkeit**	-365.206	-2.200.850	-2.562.215	-376.080	-376.160	-373.160
330	Änderung des Bestandes an Finanzmitteln nach Inanspruchnahme von Liquiditätsreserven	10.178.992	-10.407.566	-16.824.870	-10.438.405	-201.445	609.005
340	Anfangsbestand an Finanzmitteln		18.641.087	35.123.376	18.298.506	7.860.101	7.658.656
341	+/- Durchlaufende Posten	56.320					
350	**Endbestand an Finanzmitteln**	10.235.311	8.233.521	18.298.506	7.860.101	7.658.656	8.267.661

Teilhaushalte

Gemäß § 4 KommHV-Doppik-BY ist der Gesamthaushalt in einzelne Teilhaushalte zu gliedern. Dies kann **entweder nach Produktbereichen oder produktorientiert nach der örtlichen Organisation** geschehen. Mehrere Produktbereiche können zu Teilhaushalten zusammengefasst und Produktbereiche können nach vorgegebenen Produktgruppen auf verschiedene Teilhaushalte verteilt werden (auf die Ansätze ist gegenseitig zu verweisen).

§ 4 Abs. 2 Satz 1 KommHV-Doppik-BY lautet: „Jeder Teilhaushalt soll eine Bewirtschaftungseinheit (Budget) bilden." Die Budgets sind bestimmten Verantwortungsbereichen zuzuordnen. § 4 Abs. 3 Satz 1 KommHV-Doppik-BY ist ähnlich wie die Parallelvorschrift in Baden-Württemberg gefasst: „In den Teilhaushalten sind die Produktgruppen, die wesentlichen Produkte, die Leistungsziele, sowie die Kennzahlen zu deren Erreichen" darzustellen.[28]

Werden **Teilhaushalte nach der örtlichen Organisation produktorientiert** gegliedert, ist gemäß § 4 Abs. 6 Satz 1 KommHV-Doppik-BY dem Haushaltsplan eine „Übersicht über die Budgets und die den einzelnen Budgets zugeordneten Produktgruppen" als Anlage beizufügen.

---

[28] Vgl. hierzu unsere Kommentierung oben S.

4.3 Praxis der bislang vorliegenden doppischen Haushalte in Bayern

4.3.1 Stadt Nürnberg (2007)

Die kreisfreie Stadt Nürnberg (503.000 Einwohner) hat bereits ihren dritten doppischen Haushalt vorgelegt. Er besteht aus drei Bänden mit insgesamt 2095 Seiten. Die Inhaltsübersicht zur CD „Haushaltsplan 2007" enthält immerhin 41 Dateien. Band eins (1072 Seiten) umfasst:

- den Gesamtplan
- eine Übersicht über die 305 gebildeten Profitcenter
- eine Sachkontengliederung
- die Teilergebnispläne gegliedert nach Profitcentern (dieser Hauptbereich gliedert für jedes Profitcenter die Teilergebnispläne nach Konten und umfasst alleine 574 Seiten)
- eine Übersicht über die Budgets
- Budgetübersichten für Fachämter, Querschnittsämter, interne und externe Kostendecker, nicht rechtfähige Stiftungen und plafonierte (d. h. gedeckelte) Dienststellen und Einrichtungen (insgesamt weitere 344 Seiten)
- Liste der Einzelmaßnahmen aus Investitions- und Finanzierungstätigkeit
- Liste aller Verpflichtungserklärungen.

Der zweite Band des Haushalts (780 Seiten) enthält die Haushaltsrede des Kämmerers, die Eckdaten, den Vorbericht sowie verschiedene Anlagen einschließlich Stellenplan, mittelfristigen Ergebnis- und Finanzplan und mittelfristigen Investitionsplan. Ferner Teilfinanzpläne und rechtsfähige Stiftungen.

Der dritte Band (243 Seiten) enthält die Wirtschaftspläne der Eigenbetriebe und Sondervermögen sowie ausführliche Informationen zu den mittelbaren und unmittelbaren Beteiligungen.

Stadt Nürnberg

Von den 305 **Profitcentern** aus Band eins bilden wir zunächst den Teilergebnisplan des Bürgermeisteramts ab:[29]

```
Haushaltsplan                    2007
PC/-Gruppe: E00101      Bürgermeisteramt
Stand:                           08.12.2006 07:55:41
```

Teilergebnisplan		Planansatz 2007	Planansatz 2006	RE 2005
	51460000 Zuschüsse/Spenden sons.öff.Sonderrech.			15.000-
*	+ Erträge aus Zuweisungen und Zuschüsse			15.000-
	53110000 Verwaltungsgebühren			557-
	53110100 Auslagenersätze			1.000-
*	+ Öffentlich-rechtliche Leistungsentgelt			1.557-
	54140200 Sonst. privatrechtliche Ersatzleistungen	1.000-	1.000-	38.356-
	54190000 Sonstige privatrechtl. Leistungsentgelte	300-	300-	
	54190100 Vermischte Erträge	100-	100-	
*	+ Privatrechtliche Leistungsentgelte	1.400-	1.400-	38.356-
	54259000 VKE Eigenbetriebe (200)	335.500-	282.300-	231.700-
	54280000 Erstattungen von übrigen Bereichen			15.135-
*	+ Erträge Kostenerstattungen, -umlagen	335.500-	282.300-	246.835-
**	= Ordentliche Erträge	336.900-	283.700-	301.748-
	60111000 Regelzahlung (Beamte)	349.056	285.297	345.908
	60111100 Aufstockungsbetrag Altersteilzeit-Beamte	9.914		10.419
	60111400 Weihnachtsgeld (Beamte)	18.026		18.330
	60111600 Vermögenswirksame Leistungen-Beamte	285		286
	60113000 Regelzahlung (Beamte/Lehrkräfte)		64.093	
	60121000 Regelzahlung (Arbeitnehmer)	655.606	685.043	575.232
	60121100 Aufstockbetr.Altersteilzeit-Arbeitnehmer	8.479		8.249
	60121300 Leistungsentgelte (Arbeitnehmer)	7.611		
	60121400 Weihnachtsgeld (Arbeitnehmer)	45.762		41.296
	60121500 Urlaubsgeld (Arbeitnehmer)			3.734
	60121600 Vermögenswirksame Leistung(Arbeitnehmer)	1.112		1.011
	60123000 Regelzahlung (Aushilfskräfte)	100.810		96.933
	60123400 Weihnachtsgeld (Aushilfskräfte)	5.012		5.271
	60131000 Regelzahlung (Arbeiter)		93.107	81.072
	60131400 Weihnachtsgeld (Arbeiter)			5.415
	60131500 Urlaubsgeld (Arbeiter)			665
	60131600 Vermögenswirksame Leistungen-Arbeiter			160
	64140210 Dienstjubiläen - Beamte			400
	60621000 Zuführ.Rückstellung AltersteilzeitBeamte			96.959
*	- Personalaufwendungen Aktiv	1.201.673	1.127.539	1.291.340
	55831000 Ert Auflös/Herab PensRückst Beamte			539-
	55831200 Ert Auflös/Herab VersRückst Arbeitnehmer	8.691-		7.658-
	55831210 Ertr.Aufl/Herabs.Versorg.Rückst.Arbeiter			11.786-
	55870100 Neutralisation Versorgungszahl.(Beamte)	194.133-	149.396-	196.436-
	55870110 Neutralisation Versorgungszahl.(Lehrkr.)		27.331-	
	55870120 Neutral. Rückstell.zahl. (Arbeitnehmer)	34.649-	12.674-	10.268-
	55870130 Neutralisation Versorgungszahl(Arbeiter)		20.961-	26.230-
	60221000 Beiträge Versorgungskassen-Arbeitnehmer	57.985	54.496	47.735
	60231000 Beiträge Versorgungskassen - Arbeiter		3.245	2.961
	60311000 Gesetzl.Sozialvers.Beamte-Nachversicheru	1.456	1.341	1.438
	60321000 Arbeitgeberanteil Soz.Vers. Arbeitnehmer	138.672	133.415	127.903
	60321200 AG-Beitr. z. gesetzl. Sozialv.f. Besch.-	9.509		9.246
	60331000 Arbeitgeberanteil Sozialversich.Arbeiter		17.492	17.466
	60341000 Erstattung für geschiedene Ehegatten	2.749	1.242	3.073
	60391006 Umlage an Krankenkassen (U2-Verfahren)	1.712		
	60411000 Beihilfen/Unterstützungsleistung-Beamte	21.678	15.672	23.668
	60411100 Beihilfen/Unterstützungsleistung-Lehrkrä		3.517	
	60421000 Beihilfe/Unterstützleist. - Arbeitnehmer	760	1.012	607
	60431000 Beihilfen/Unterstützungsleistung-Arbeite		30	33
	60511000 Zuführ. Pensionsrückstellungen Beamte	29.706	146.786	53
	60511100 Zuführ.Pensionsrückst. Beamte-Lehrkräfte		26.962	
	60512000 Zuführ.Versorgungsrückstell.Arbeitnehmer		502	
	60512100 Zuführ. Versorgungsrückstellung Arbeiter		1.945	
	60922000 Pauschal. Lohnsteuer Arbeitnehmer (ZVK)	3.868	4.311	3.754
	60932000 Pauschalierte Lohnsteuer Arbeiter-ZVK		244	227
	61111100 Regelzahlung Beamte (Versorgung)	185.462	149.396	186.880
	61111200 Weihnachtsgeld Beamte (Versorgung)	8.671		9.553
	61112100 Regelzahlung Lehrkräfte (Versorgung)		27.331	
	61121100 Regelzahlung Arbeitnehmer (Versorgung)	30.573	12.674	10.268
	61121200 Versorgung. Arbeitnehmer: Weihnachtsgeld	4.076		
	61131100 Regelzahlung Arbeiter (Versorgung)		20.961	26.225
	61131200 Weihnachtsgeld Arbeiter (Versorgung)			5
	61411000 Beihilfe/Unterstützung.Beamte (Versorgg)	35.227	24.688	44.901
	61411100 Beihilfe/Unterstützung.Lehrkr (Versorgy)		3.578	
	61421000 Beihilf/Unterstütz Arbeitnehmer(Versorg)	1.108	1.260	1.395
	61431000 Beihilfe/Unterstützung.Arbeiter (Versorg)		3	45
	61511000 Zuführ. Pensionsrückst. Beamte (Versorg)	143.732		132.507
	61512000 Zuführ.Pensionsrückstellung Arbeitnehmer	43.068		612
	64120100 Aufwendung Aus-/Fortbildung, Umschulung	800	800	1.963
	64130000 Dienstreisen und Dienstfahrten	4.000	3.000	5.911
*	- Personalaufwendungen Passiv	487.338	445.541	405.512
	62110000 Aufwendungen für Roh- und Hilfsstoffe			2.229
	62141000 Verbrauchsmittel und Betriebsstoffe	500		686
	62142000 Gebrauchsgegenstände (bis 60 EUR)			58
	62320410 Grabpflege			2.979

---

[29] Stadt Nürnberg (2007) S. 36 ff.

```
Haushaltsplan                           2007
PC/-Gruppe: E00101      Bürgermeisteramt
Stand:                                  08.12.2006 07:55:41
```

Teilergebnisplan			Planansatz 2007	Planansatz 2006	RE 2005
	62360000	Unterhalt Büroeinrichtung/Gebrauchsgegen	500	3.000	712
	62400100	Lehr/Unterrichtsmittel/schul. Sachbedarf			2
	62470000	Betriebsbedarf Projekte	20.000	20.000	
	67630000	Aufwendungen f.GWGs	2.500		11.344
*		- Aufwendungen Sach- u. Dienstleistungen	23.500	23.000	18.010
	94102000	AfA Gebäude und Gebäudeeinrichtungen		13.860	
	94104000	AfA Maschinen und technische Anlagen	168		168
	94107000	AfA Betriebs- u.Geschäftsausstattung	10.217	3.891	9.681
*		- Abschreibungen	10.385	17.751	9.849
	63115000	Zuschuss an soz/ähnl.Einrichtungen-Art 5	6.400	4.000	2.600
*		- Transferaufwendungen	6.400	4.000	2.600
	64210000	Miet- und Pachtaufwendungen für Immo	600		580
	64210100	Miet- und Pachtaufwendungen bew. Sachen	4.500	3.500	4.993
	64210300	Mietnebenkosten	2.000		1.896
	64250000	Bankspesen/Geldverkehr	100		92
	64270300	Kosten Dolmetscher-/Übersetzungsarbeiten	200		239
	64310100	Bürobedarf	9.800	7.800	9.805
	64320000	Drucksachen und Vordrucke	1.900		4.716
	64330000	Zeitungen und Fachliteratur	3.800	4.100	3.826
	64340000	Porto			14.145
	64350000	Fernmeldegebühren	1.700	17.500	1.671
	64350100	Rundfunkgebühren	600	600	469
	64360000	Öffentlichkeitsarbeit und Repräsentation			94.036
	64370000	Gästebewirtung			88.021
	64390000	Nutzungsentg./Pflege f.Software/Lizenzen	1.700	2.100	1.724
	64390100	Vergütungen für Leistungen Dritter	5.100		5.158
	64390600	Veranstaltungen und Tagungen	172.100	172.100	53.074
	64390900	Andere sonstige Geschäftsaufwendungen	8.000	8.000	
	64410000	Vers.-Beitr.(o.Kfz-Versicher.beitr./300)	50	50	30
	64457000	Verluste Abgang Maschinen/techn.Anlagen			178
	64910000	Verfügungsmittel	10.300		7.264
	64910100	Besondere Geschäftsbedürfnisse	3.100		6.088
	64960000	Realisierung von Währungskursverlusten			5-
	64970000	Kranzspenden	3.100		3.907
	64990000	Vermischte Aufwendungen	100	100	2.762
*		- Sonstige ordentliche Aufwendungen	228.750	215.850	304.669
**		= Ordentliche Aufwendungen	1.958.046	1.833.681	2.031.981
***		= Ergebnis d. lfd. Verwaltungstätigkeit	1.621.146	1.549.981	1.730.232
	65100000	Zinsaufwendungen an den Bund	214	386	223
	65110000	Zinsaufwendungen an das Land	3	6	1
	65140000	Zinsaufw. an den sons. öffentl. Bereich	5	13	5
	65150000	Zinsaufwendungen an komm.Sonderrechnungen	173	276	181
	65160000	Zinsaufw. sons. öffentl. Sonderrechnung	387	835	470
	65170000	Zinsaufwendungen an private Unternehmen	393	1.254	515
	65180000	Zinsaufwendungen an übrige Bereiche	3	6	
*		- Zinsen und ähnliche Aufwendungen	1.178	2.777	1.394
**		= Finanzergebnis	1.178	2.777	1.394
****		= Ordentliches Jahresergebnis	1.622.324	1.552.758	1.731.627
	59111010	Schadenersatzleistungen (120)	100-	100-	
	59111020	Schadenersatzleistungen (Bauverw./bw)	500-	500-	
	59120000	Außero.Erträge Abgang immat. Vermögensg.			480-
*		+ Außerordentliche Erträge	600-	600-	480-
**		= Außerordentliches Jahresergebnis	600-	600-	480-
*****		= Jahresergebnis vor ILV	1.621.724	1.552.158	1.731.147
	ZDL01002	Nachberechnung Arb.med. Untersuchungen			233-
	ZDL01004	Spezifische betriebsärztliche Einsätze			7.722
	ZDL10001	Lagerkostenzuschlag ZD			245
	ZDL10004	Sitzungsservice			11.127
	ZDL11008	Aufwand Online-Dienste			22.296
	ZDL11011	Fahrtkostenpauschale An- u. Abfahrt			645
	ZDL11014	Sonst. Leistungen PC-Service/Viertelstd.			5.046
	ZDL110E1	APC-Installation pro PC (bis 9 Stück)			2.453
	ZDL110G1	Datensicherung 1 Monat			6.631
	ZDL12001	Qualifizierungsmaßnahmen PA			105
	ZDL13002	Veröffentlichungen			642
	ZDL15001	Leistung Stadtgrafik			3.930
	ZDL15002	Jahresabo Amtsblatt brutto			32
	ZDL41006	Eintrittsgelder gem. Sehenswürdigkeitens			52
	ZDL41201	ILV gem. Gebührensatzung Av			26
	ZDL65003	Ausnahmegenehmigungen			410
	ZIL10001	Telefonanschlüsse Anteil ZD			1.812

Stadt Nürnberg

```
Haushaltsplan                           2007
PC/-Gruppe: E00101      Bürgermeisteramt
Stand:                          08.12.2006 07:55:41
```

Teilergebnisplan		Planansatz 2007	Planansatz 2006	RE 2005
ZIL11001	Monatspauschale Basisservice/Helpdesk			1.190
ZIL11003	Verrechnung Internetanschluss			2.151
ZIL11004	Verrechnung E-Mail-Anschluss			2.430
ZIL11005	Verrechnung Hosting pro Server			1.056
ZIL110A3	Backbone-Anschluss 100 Mbit monatlich			1.793
ZIL13001	Raumbezugssystem			2.500
ZIL37001	Telefonanschlüsse Anteil Fw			1.208
LKA_EURO	Leistgsverr. 1 Euro	136.130	120.070	
* +/-	Leistungsverrechnung	136.130	120.070	75.269
ZV000SBW	VKE (für Sender bw)	230.350-	216.950-	218.700-
ZV000SNB	VKE (für Sender nbw)	1.527.504-	1.455.278-	1.328.061-
* +/-	Verwaltungskostenerstattung	1.757.854-	1.672.228-	1.546.761-
ZIG00001	Verrechnete Grundmiete			52.164
ZIG00002	Verrechnete Nebenkosten			11.592
* +/-	Gebäude			63.756
******	= Ergebnis nach ILV	0	0-	323.410
*******	= Jahresergebnis nach Ergebnisvortrag	0	0-	323.410
********	= Jahresergebnis nach Veränderungen	0	0-	323.410

Wie die Abbildung zeigt, sind diese **amtsbezogenen Teilergebnispläne auf Kontenebene** geplant (z. B. Konto 60111000 „Regelzahlung Beamte"). Demgegenüber werden in vielen anderen Kommunen die Teilergebnispläne auf Ebene der Ertrags- und Aufwandsarten geplant (wie z. B. „Personalaufwand"). Die Kontenstruktur ist zudem sehr differenziert.

Die auf SAP-Basis erstellten Planungen für die Profitcenter enthalten, wie gezeigt, einmal die Konten und zum anderen, neben dem Planansatz 2007 auch den des Vorjahres und das Rechnungsergebnis 2005, aber ansonsten **keine weiteren produktbezogenen Informationen** (z. B. Mengeninformationen, Zielformulierungen oder andere Kennzahlen).

Als Profitcenter werden neben den Ämtern spezielle Geschäftstellen, Stiftungen und große Sonderprojekte und auch große Hallen, wie die Meistersängerhalle und das Kunstpädagogische Zentrum sowie der historische Rathaussaal abgebildet. Im Grunde handelt es sich um Organisationseinheiten und Projekte, die auch in herkömmlichen kameralen Haushalten häufig als Unterabschnitt gewählt wurden. Aus betriebswirtschaftlicher Sicht dominiert der Kostenstellengedanke. Weitere Beispiele hierfür sind die jeweils separat dargestellten Fachschulen, Fachoberschulen, Berufoberschulen und Wirtschaftsschulen, die jeweils ein Profitcenter bilden. Allerdings wird für die städtischen Gymnasien insgesamt nur ein Profitcenter abgebildet.

Je ein weiteres Profitcenter ist für die staatlichen Gymnasien und die Realschulen gebildet.

Um sich einen Eindruck über die ergänzenden **Budgetberichte** zu verschaffen, folgt anschließend der Budgetbericht für das Jugendamt:[30]

---
[30] Stadt Nürnberg (2007) S. 752 ff.

```
Haushaltsplan                    2007
Profit Center/Gruppe     :       PE520F1     Jugendamt
Kontengruppe             :       FABUDGET.07 Budgetbericht Fachamt
Stand:                           08.12.2006 15:35:43
```

Budgetbericht Plan		Planansatz 2007	Planansatz 2006	RE 2005
	53220000 Teilnehmerbeiträge öffentlich-rechtlich		100-	
	53290300 Sonstige Entgelte öffentlich-rechtlich		542.100-	1.315
**	Öffentlich-rechtliche Leistungsentgelte		542.200-	1.315
	54110000 Erträge aus Verkauf privatrechtlich	2.200-	2.200-	5.771-
	54120000 Miet- und Pachterträge aus Immo.(230)	236.500-	214.900-	242.558-
	54120020 Miet-und Pachterträge a.Immo.(dezent.)	26.000-	7.300-	43.777-
	54120200 Miet- und Pachterträge aus bew. Sachen			70-
	54130000 Werbeerträge privatrechtlich	5.800-	6.500-	5.520-
	54140000 Ersatz Instandhaltungs-/Unterhaltskosten			7.461-
	54140200 Sonst. privatrechtliche Ersatzleistungen	5.300-	18.600-	5.883-
	54150000 Privatrechtliche Eintrittsgelder	14.500-	14.500-	5.205-
	54150100 Privatrechtliche Erträge Veranstaltung	6.700-	6.700-	4.392-
	54150200 Privatrechtliche Teilnehmerbeiträge	65.600-	60.100-	97.011-
	54150500 Schutzgebühren f. Leistungsverzeichnisse	100-		15-
	54190000 Sonstige privatrechtl. Leistungsentgelte	10.600-	5.300-	11.019-
	54190100 Vermischte Erträge	1.500-	1.000-	8.926-
**	Privatrechtliche Leistungsentgelte	374.800-	337.100-	437.608-
	54280000 Erstattungen von übrigen Bereichen	150.300-		156.075-
**	Kostenerstattungen und Kostenumlagen	150.300-		156.075-
	51470090 Zuschüsse/Spenden priv.Untern.Sachleist.			1.040-
	51480200 Spenden/Zuschüsse von üb.Bereichen (202)			216.300-
**	Zuweisungen und Zuschüsse			217.340-
	59111000 Schadenersatzleistungen (bw)	1.000-	1.000-	21.304-
	59210000 Periodenfremde Erträge (bw)			20.572-
	59211000 Periodenfremde Erträge (300)	100-	100-	117-
**	Außerordentliche Erträge	1.100-	1.100-	41.993-
****	Primäre budgetwirksame Erlöse	526.200-	880.400-	851.701-
	62140000 Verpackungsmaterial	500		465
	62141000 Verbrauchsmittel und Betriebsstoffe	135.800	143.100	130.079
	62142000 Gebrauchsgegenstände (bis 60 EUR)	104.100	45.900	110.286
	62280000 Abwasser - Niederschlagswasser (220)	29.300	31.300	29.294
	62280100 Abwasser - Schmutzwasser (220)	44.200	54.300	43.824
	62310000 Fahrzeugunterhaltung-o.Steuer/Versicheru	500	500	773
	62340000 Wartungsmaßnahmen Maschinen/tech.Anlagen	5.900	9.500	11.571
	62340100 Reparaturmaßnahmen Maschinen/tech.Anlage	1.200		4.013
	62360000 Unterhalt Büroeinrichtung/Gebrauchsgegen	40.800	182.800	48.022
	62360200 Unterhalt von Sportgeräten	2.500	4.100	2.955
	62370000 Gebäudereinigung (100)	1.049.400	1.112.300	990.175
	62370010 Gebäudereinigung (dezentral)	13.400	8.400	17.989
	62370020 Reinigungsentschädigung (Hausmeister;SK)	1.200	29.300	23.848
	62370100 Abfallbeseitigungsgebühren (220)	171.800	174.700	170.184
	62370110 Abfallbeseitigungsgebühren (dezentral)			552
	62370200 Straßenreinigungsgebühren (220)	28.900	34.400	28.380
	62370210 Straßenreinigungsgebühren (dezentral)	200	200	
	62370300 Kaminkehrergebühren (230)	2.800	2.800	2.938
	62370310 Kaminkehrergebühren (dezentral)			73
	62370400 Verbrauchsmittel Bewirtschaft.Grst./Geb	400		355
	62370500 Sonst.Aufw.Bewirtschaft.Grundst/Geb/usw	3.300	8.300	1.306
	62400100 Lehr/Unterrichtsmittel/schul. Sachbedarf	11.900	12.100	12.090
	62420000 Studienfahrten, Ausflüge, Ferienfahrten	94.100	69.700	87.862
	62420100 Bes. Unterricht/Beschäftigung/Belehrung	346.900	416.900	310.377
	62440000 Vermessungskosten			147
	62461000 Aufwendungen für Taschengelder	44.000	54.700	34.612
	62550100 Erstattungen an NürnbergStift		2.500	
	62550200 Erstattungen an ASN	18.900	19.300	22.579
	62550600 Erstattungen an das NürnbergBad	1.300	3.500	1.598
	67630000 Aufwendungen f.GWGs	152.700	77.800	271.683
	67639000 Aufwendungen für GWG´s (Sachspende)			1.040
**	Aufwend.für Sach- u. Dienstleistungen	2.306.000	2.498.400	2.359.070
	62320200 Unterhalt Grün-/Außenanlagen an Gebäuden	388.700	387.300	152.987
	62320410 Grabpflege			68
	62320500 Kleiner Bauunterhalt (dezentral)	214.500	231.600	172.264
	62320600 Unterhalt sonstiger baulicher Anlagen			483
**	Bauunterhalt	603.200	618.900	325.802

Stadt Nürnberg   73

```
Haushaltsplan              2007
Profit Center/Gruppe    :  PE520F1    Jugendamt
Kontengruppe            :  FABUDGET.07    Budgetbericht Fachamt
Stand:                     08.12.2006 15:35:43
```

Budgetbericht Plan			Planansatz 2007	Planansatz 2006	RE 2005
	64210000	Miet- und Pachtaufwendungen für Immo	455.300	434.500	503.535
	64210100	Miet- und Pachtaufwendungen bew. Sachen	14.200	21.700	10.455
	64210200	Aufwendungen für Erbbauzinsen	170.500	171.600	177.777
	64210300	Mietnebenkosten	66.600	28.800	65.461
	64220000	Leasing		83.500	68.926
	64250000	Bankspesen/Geldverkehr	100		44
	64270000	Gerichts-/Anwalts-/Gerichtsvollzieherkos	3.400	1.400	5.442
	64270100	Kosten für Sachverständige und Gutachten			673
	64270300	Kosten Dolmetscher-/Übersetzungsarbeiten	1.100	1.000	1.397
	64310000	Lichtpausen, Mikroverfilmung	7.800	14.400	7.332
	64310050	Fotoarbeiten und Filmmaterial	600		761
	64310100	Bürobedarf	36.600	54.400	35.596
	64320000	Drucksachen und Vordrucke	77.100	13.700	80.376
	64330000	Zeitungen und Fachliteratur	38.400	29.100	39.474
	64340000	Porto	73.300	76.000	77.257
	64350000	Fernmeldegebühren	163.300	108.900	115.706
	64350100	Rundfunkgebühren	7.600	17.200	7.178
	64360000	Öffentlichkeitsarbeit und Repräsentation	31.100	9.900	31.045
	64370000	Gästebewirtung	2.000	1.200	2.943
	64390000	Nutzungsentg./Pflege f.Software/Lizenzen	34.800	43.200	36.406
	64390100	Vergütungen für Leistungen Dritter	80.500	102.000	122.957
	64390101	Künstlerhonorare	7.400		8.175
	64390200	Aufwendungen für Abfallbeseitigung			2.562
	64390300	Ehrungen für städtische Mitarbeiter			920
	64390500	Aufwendungen für Informationsschriften	6.100	42.900	13.900
	64390600	Veranstaltungen und Tagungen	48.900	39.900	44.269
	64390700	Transportkosten, Umzugskosten	4.300	2.800	6.597
	64390900	Andere sonstige Geschäftsaufwendungen	75.300	143.000	38.295
	64410000	Vers.-Beitr.(o.Kfz-Versicher.beitr./300)	5.820	5.520	4.974
	64410100	Beiträge zur Gebäudeversicherung (230)	16.200	15.100	14.765
	64430000	Aufwendungen für Mitgliedschaften	6.300	6.300	6.305
	64490000	Einstellung Einzelwertberichtigung (bw)			937
	64710100	Grundsteuer B (220)	3.100	4.800	2.944
	64710200	Grundsteuer (dezentral)			269
	64970000	Kranzspenden			331
	64990000	Vermischte Aufwendungen	1.400	1.600	495
**		Sonstige ordentl. Aufwendungen	1.439.120	1.474.420	1.536.479
	69111000	Schadenersatzleistungen	400	400	1.003
	69210000	Periodenfremde Aufwendungen (bw)			2.621
**		Außerordentliche Aufwendungen	400	400	3.624
****		Primäre budgetwirksame Kosten	4.348.720	4.592.120	4.224.974
*****		Budgetwirksames Ergebnis	3.822.520	3.711.720	3.373.273
	BWF0000	Budgetwirksamer Fehlbetr. Fachamt			4.007.300-
*****		Budgetwirksamer zulässiger Fehlbetrag			4.007.300-
******		Bw. Ergebnis nach zulässigem Fehlbetrag	3.822.520	3.711.720	634.027-
	BWVF000	Budgetw. Veränderung Fachamt Plan+Ist	634.240-	616.500-	587.141
	BWVPK00	Budgetwirksame Personalveränderungen			204.929-
******		Budgetwirksame Veränderung Fachamt	634.240-	616.500-	382.212
	BV520F1	Budgetvortrag Jugendamt			811.600
******		Budgetwirksamer Vortrag Fachamt Ist			811.600
*******		Budgetwirks. Erg. n. Veränderung/Vortrag	3.188.280	3.095.220	559.785
	53110000	Verwaltungsgebühren	200-	200-	1.200-
	53210000	Gebühren für öffentlich-rechtl.Nutzungen	5.876.000-	5.801.400-	5.571.855-
	53210200	Wohn-/Verpflegungsgebühren öff.-rechtl.	3.077.100-	3.077.100-	914.924-
	53210300	Gebühren Beratung/Betreuung öff.-rechtl.	542.100-		1.937.839-
**		Öffentlich-rechtliche Leistungsentgelte	9.495.400-	8.878.700-	8.425.817-
	54200000	Erstattungen vom Bund	100.700-	100.700-	363.167-
	54210000	Erstattungen vom Land	3.940.700-	5.743.400-	3.964.264-
	54220000	Erstattungen von Gemeinden/Gdeverbänden	1.000-		2.035-
	54220100	Erstattungen Gde.(Sozialleistungen i.E.)	393.900-	1.009.000-	409.054-
	54220200	Erstattungen Gde.(Sozialleistungen a.E.)	223.800-	330.100-	224.161-
	54220500	Erstattungen Bezirk (Sozialleist./i.E.)	2.262.500-	2.289.100-	2.262.487-
	54220600	Erstattungen Bezirk (Sozialleist./a.E.)	5.900-	22.800-	5.858-

```
Haushaltsplan              2007
Profit Center/Gruppe    :  PE520F1      Jugendamt
Kontengruppe            :  FABUDGET.07  Budgetbericht Fachamt
Stand:                     08.12.2006 15:35:43
```

Budgetbericht Plan		Planansatz 2007	Planansatz 2006	RE 2005
54240000	Erstattungen vom sons.öffentl. Bereich	100-	100-	96-
54250010	Erstattungen v. komm. Sonderrech. (120)			4.420-
54250400	Erstattungen vom Klinikum			35-
54260000	Erstatt.sonst.öffentl.Sonderrechnungen			1.765-
54260010	Erstatt. v. sonst. öff. Sonderre. (120)	4.500-	4.500-	
54270000	Erstattungen von privaten Unternehmen			67-
54270010	Erstatt. v. privaten Unternehmen (120)	200-	200-	
**	Kostenerstattungen und Kostenumlagen	6.933.300-	9.499.900-	7.237.408-
51600000	Auflös. v. Sonderposten aus Zuw. Bund	183-		183-
51610000	Auflös. v. Sonderposten aus Zuw. Land	281.882-		281.882-
51620000	Auflös. v. SoPo aus Zuw. Gem./Gemv.	197-		197-
51670000	Auflös. v. SoPo Zusch. priv. Untern.	1.035-		1.035-
51680000	Auflös. v. SoPo Zusch. Übrige Bereiche	330-		330-
51680010	Auflös .v. SoPo aus Zuschüssen v.der EU	1.088-		1.088-
54370000	Auflös.v.SoPo Kostenerst.priv.Untern.	368-		368-
55310000	Auflösung von sonstigen Sonderposten	5.989-	74.233-	5.989-
**	Auflösung Sonderposten Investitionen	291.071-	74.233-	291.071-
55130000	Veräußerung von beweglichen Vermögen			3.889-
55130001	Veräußerung von beweglichen Vermögen			3.889
55210000	Ordnungsrechtliche Erträge (Bußgelder)	100-	100-	
55406000	Erträge aus Abgang von Fahrzeugen			3.888-
55870000	Neutral. Zahlungen Aufwandsrückstellung			36.271-
**	Sonstige ordentliche Erträge	100-	100-	40.159-
51400000	Zuweisungen vom Bund			2.450-
51410000	Zuweisungen vom Land	29.675.050-	15.313.603-	11.098.284-
51410060	Zuweisungen vom Land (120)	32.700-	32.700-	
51420000	Zuweisungen von Gemeinden/Gdeverbänden	51.500-		
51440100	Zuw. v.d. Bundesagentur f. Arbeit (120)	7.400-	7.400-	4.318-
51470000	Zuschüsse/Spenden priv.Untern. Zahlung	1.000-	1.000-	25.329-
51480000	Spenden/Zuschüsse übrig.Bereich(dezent.)	208.900-	196.500-	
51480010	Spenden/Zuschüsse übrig.Bereich(dezent.)			7.700-
**	Zuweisungen und Zuschüsse	29.976.550-	15.551.203-	11.138.082-
52110401	Kostenbeitr./Aufwen.ersatz/Kosteners.avE	2.226.400-	113.800-	96.976-
52120401	Übergel.Anspr.gg.bürg-rechtl.Unt.ver.avE	61.400-	42.600-	61.455-
52130401	Leistungen v. Sozialleistungsträgern avE	136.200-	129.300-	136.256-
52210401	Kostenbeitr./Aufwen.ersatz/Kosteners. iE	263.500-	286.900-	263.615-
52220401	Übergel.Anspr.gg.bürg-recht.Unt.verpf-iE	292.400-	182.600-	292.352-
52230401	Leistungen von Sozialleistungsträgern iE	1.269.700-	1.525.600-	1.269.625-
**	Sonstige Transfererträge	4.249.500-	2.280.800-	2.120.278-
57140000	Zinserträge vom sons. öffentl. Bereich			48-
**	Finanzerträge			48-
59119000	Andere außerordentliche Erträge			1.941-
59111010	Schadenersatzleistungen (120)	400-	400-	31.386-
59210100	Periodenfremde Erträge (nbw)			59.273-
59212000	Periodenfremde Erträge (Bauverw./nbw)			4.200-
**	Außerordentliche Erträge	400-	400-	96.800-
***	Primäre nicht budgetwirksame Erlöse	50.946.321-	36.285.336-	29.349.663-
55870200	Neutral.Rückstellungszahl.(ATZ Beamte)			64.371-
55870220	Neutral.Rückstell.zahl.(ATZArbeitnehmer)			382.678-
60111000	Regelzahlung (Beamte)	1.687.876	1.810.039	1.672.655
60111100	Aufstockungsbetrag Altersteilzeit-Beamte	46.052		48.400
60111400	Weihnachtsgeld (Beamte)	94.268		95.859
60111600	Vermögenswirksame Leistungen-Beamte	2.893		2.907
60121000	Regelzahlung (Arbeitnehmer)	27.619.712	27.220.430	24.996.867
60121100	Aufstockbetr.Altersteilzeit-Arbeitnehmer	221.790		215.233
60121200	Aufstock.betr.58er Regelung-Arbeitnehmer	7.647		10.040
60121300	Leistungsentgelte (Arbeitnehmer)	252.373		
60121400	Weihnachtsgeld (Arbeitnehmer)	1.884.012		1.707.767
60121500	Urlaubsgeld (Arbeitnehmer)			221.355
60121600	Vermögenswirksame Leistung(Arbeitnehmer)	48.826		45.447
60123000	Regelzahlung (Aushilfskräfte)	661.366	730.462	635.929
60123400	Weihnachtsgeld (Aushilfskräfte)	43.886		46.157
60123500	Urlaubsgeld (Aushilfskräfte)			6.882
60123600	Vermögenswirksame Leistungen-Aushilfskr.	1.303		1.315

Stadt Nürnberg   75

```
Haushaltsplan              2007
Profit Center/Gruppe  :    PE520F1    Jugendamt
Kontengruppe          :    FABUDGET.07    Budgetbericht Fachamt
Stand:                     08.12.2006 15:35:43
```

Budgetbericht Plan		Planansatz 2007	Planansatz 2006	RE 2005
60131000	Regelzahlung (Arbeiter)		260.219	223.791
60131100	Aufstock.betr.Altersteilzeit-Arbeiter			537
60131400	Weihnachtsgeld (Arbeiter)			15.445
60131500	Urlaubsgeld (Arbeiter)			3.213
60131600	Vermögenswirksame Leistungen-Arbeiter			606
60191000	Zivildienstleistende	72.000	72.000	63.183
60192000	Vergütungen für Praktikanten	1.462.726	1.819.117	1.478.995
60192002	Reinigungsentschädigung (Hausmeister;PK)	10.121	21.686	10.221
60192007	Verg.Helfer freiwilligen soz./ökolo.Jahr	48.000	56.000	84.836
60192009	Vergütungen für Honorarkräfte	116.300	15.000	162.780
60192010	Vergütungen für Aufsicht und Betreuung	6.900	14.900	10.029
60192012	Vergütungen für nebenamtl. Mitarbeiter	5.000	6.200	1.782
64140210	Dienstjubiläen - Beamte			1.660
64140220	Dienstjubiläen - Arbeitnehmer			7.121
60621000	Zuführ.Rückstellung AltersteilzeitBeamte			89.957
60641000	Zuführ.Rückstell.AltersTz. Arbeitnehmer			472.065
60651000	Zuführ.Rückstell.Altersteilzeit Arbeiter			4.430
**	Aktivpersonalkosten	34.293.051	32.026.053	31.890.412
55831000	Ert Auflös/Herab PensRückst Beamte			2.616-
55831200	Ert Auflös/Herab VersRückst Arbeitnehmer	363.263-		330.923-
55831210	Ert Auflös/Herab VersRückst Arbeiter			32.881-
55870100	Neutralisation Versorgungszahl.(Beamte)	941.485-	947.829-	953.046-
55870120	Neutral. Rückstell.zahl. (Arbeitnehmer)	1.448.240-	503.587-	446.087-
55870130	Neutralisation Versorgungszahl(Arbeiter)		58.583-	73.344-
60221000	Beiträge Versorgungskassen-Arbeitnehmer	2.650.935	2.179.249	2.082.028
60231000	Beiträge Versorgungskassen - Arbeiter		20.064	18.648
60291000	Beitr. Versorgungskassen-Aushilfskräfte	61.413	97.923	52.307
60311000	Gesetzl.Sozialvers.Beamte-Nachversicheru	7.063	8.506	7.012
60321000	Arbeitgeberanteil Soz.Vers. Arbeitnehmer	6.049.925	5.561.787	5.739.494
60321200	AG-Beitr. z. gesetzl. Sozialv.f. Besch.-	149.453	242.330	145.326
60331000	Arbeitgeberanteil Sozialversich.Arbeiter		52.051	51.702
60341000	Erstattung für geschiedene Ehegatten	13.332	7.878	15.153
60391000	Arbeitgeberanteil Soz.Vers.Praktikanten	282.132	294.696	302.133
60391003	AG für Helfer freiwilligen soz./öko.Jahr	16.900	16.900	23.486
60391006	Umlage an Krankenkassen (U2-Verfahren)	71.563		
60392000	Künstlersozialversicherungsabgabe (330)	2.100	2.100	2.433
60411000	Beihilfen/Unterstützungsleistung-Beamte	105.132	99.427	114.801
60421000	Beihilf/Unterstützleist. - Arbeitnehmer	31.785	40.224	26.431
60431000	Beihilfen/Unterstützungsleistung-Arbeite		84	93
60511000	Zuführ. Pensionsrückstellungen Beamte	144.062	931.269	258
60512000	Zuführ.Versorgungsrückstell.Arbeitnehmer		19.955	
60512100	Zuführ. Versorgungsrückstellung Arbeiter		5.437	
60922000	Pauschal. Lohnsteuer Arbeitnehmer (ZVK)	204.007	219.075	202.785
60932000	Pauschalierte Lohnsteuer Arbeiter-ZVK		2.552	2.392
61111100	Regelzahlung Beamte (Versorgung)	899.433	947.829	906.032
61111200	Weihnachtsgeld Beamte (Versorgung)	42.053		47.006
61121100	Regelzahlung Arbeitnehmer (Versorgung)	1.277.869	503.587	446.087
61121200	Versorgung. Arbeitnehmer: Weihnachtsgeld	170.370		
61131100	Regelzahlung Arbeiter (Versorgung)		58.583	73.331
61131200	Weihnachtsgeld Arbeiter (Versorgung)			12
61411000	Beihilfe/Unterstützung.Beamte (Versorgg)	170.839	156.632	218.489
61421000	Beihilf/Unterstütz Arbeitnehmer(Versorg)	46.316	50.053	59.864
61431000	Beihilfe/Unterstützung.Arbeiter(Versorg)		9	129
61511000	Zuführ. Pensionsrückst. Beamte (Versorg)	697.049		643.032
61512000	Zuführ.Pensionsrückstellung Arbeitnehmer	1.800.124		26.447
64111000	Aufwendungen für Personaleinstellungen	1.600	1.600	936
64120100	Aufwendung Aus-/Fortbildung, Umschulung	29.500	62.800	31.936
64120300	Aufwendung für Aus-und Fortbildung (120)			8
64130000	Dienstreisen und Dienstfahrten	44.600	46.500	40.509
64160000	Dienst- u.Schutzkleidung/pers.Ausrüstung	4.200	4.200	3.714
64171000	Untersuchungskosten (5301)			20
64171500	Untersuchungskosten (0102)	800	800	425
64172500	Aufwandsentschädigung Kontrolltätigkeit			104
64182000	Entschädigungen f. ehrenamtl.Tätigkeiten	3.000	3.000	1.697
**	Passivpersonalkosten	12.224.565	10.127.100	9.447.363
62210000	Aufwendungen für Betriebsstrom	276.100	278.000	250.119
62210100	Aufwendungen für Heizstrom (640)	3.540		3.540
62220000	Aufwendungen für Betriebsgas	27.200	25.300	26.800
62220100	Aufwendungen für Heizgas (640)	181.232	434.900	169.939
62230000	Aufwendungen für Fernwärme (640)	197.132		184.373
62240000	Aufwendungen für Heizöl (640)	2.668		2.522
62270000	Aufwendungen für Wasser	40.700	31.200	39.835
62290000	Aufwendungen für sonstige Energie	600	100	567
62370250	Kanalbenutzungsgebühren	1.500	600	1.008
62410900	Sonstige Beförderungskosten	5.700		5.668

```
Haushaltsplan              2007
Profit Center/Gruppe  :    PE520F1      Jugendamt
Kontengruppe          :    FABUDGET.07  Budgetbericht Fachamt
Stand:                     08.12.2006 15:35:43
```

Budgetbericht Plan		Planansatz 2007	Planansatz 2006	RE 2005
62380000	Zuführung zur Instandhaltungsrückst. nbw			117.797
62460000	Entschädigung und Arbeitsprämien	1.300	1.300	427
62470000	Betriebsbedarf Projekte	84.000	84.000	314.255
62476000	Betriebsmittel (konsumtive MIP-Maßnahme)	28.600		
62500010	Erstattungen Bund (Arbeitslosengeld/120)			6.859
62520000	Erstattungen Gemeinden/Gemeindeverbände	431.800		459.683
62520020	Erstatt.Gde/Gdeverbände(Heimunterbring.)	487.000	907.600	487.001
62520021	Erstatt.Gde/Gdeverbände(betreutes Wohnen	7.100	151.300	7.103
62520022	Erst.Gde/Gdeverbände(Eingl.h.:vollstat.)	229.800	17.600	229.830
62520023	Erst.Gde/Gdeverbände(Eingl.h.:teilstat.)	31.600	100	31.553
62520024	Erst.Gde/Gdeverbände(Eingl.hi.:ambulant)		100	
62550000	Erstattungen an komm. Sonderrechnungen	65.200		
62570000	Erstattung Hausverwaltungsk.priv.Untern.		17.500	
62570200	Erstattung private Unternehmen			404
62580000	Erstatt.Hausverwaltungsk.übrige Bereiche	9.600	34.800	
62580200	Erstattungen an übrige Bereiche	352.500	317.500	324.987
**	Aufwend. für Sach- und Dienstleistungen	2.464.872	2.301.900	2.664.269
62320000	Gebäudeunterhalt (640)	660.516	999.811	651.461
62320002	Gebäudeunterhalt (640/Einzelmaßnahmen)	87.740	67.797	290.131
62320006	Gebäudeunterhalt (konsum. MIP-Maßnahme)	998.000		
62320010	Honorar Bauunterhalt	93.990	176.786	95.211
62320012	Honorar Bauunterhalt - Einzelmaßnahme	19.260		
62320100	Unterhalt Gebäudetechnik (640)	519.645	563.062	468.707
62320102	Unterhalt Geb.-technik (640/Einzelmaßn.)		50.000	9.326
62320110	Honorar Gebäudetechnik	110.252	129.503	83.839
**	Bauunterhalt	2.489.403	1.986.958	1.598.675
63111000	Zuschuss an soz/ähnl.Einrichtungen-Art 1	43.536.100	27.424.248	17.974.430
63113000	Zuschuss an soz/ähnl.Einrichtungen-Art 3	200	200	
63114000	Zuschuss an soz/ähnl.Einrichtungen-Art 4	912.800	862.800	740.936
63115000	Zuschuss an soz/ähnl.Einrichtungen-Art 5	4.183.700	3.420.700	2.983.797
63125800	Zuschuss an den übrigen Bereich Art 5	7.100		
63340100	Sozialpädagogische Familienhilfe a.v.E.	2.020.800	2.134.800	2.022.469
63340101	Erziehungsbeist./Betreuungshelf. a.v.E.	792.700	1.272.100	792.672
63340104	Tagespflege a.v.E.	2.765.500	445.600	371.509
63340105	Soziale Gruppenarbeit a.v.E.	301.200	806.000	276.274
63340106	Vollzeitpflege a.v.E.	2.713.500	4.180.400	2.715.008
63340107	Wochenpflege a.v.E.	4.900	37.200	4.865
63340200	Individuelle Ferienerholung a.v.E.	53.700	62.300	53.704
63340300	Jugendpflegerische Maßnahmen a.v.E.	13.000	13.000	17.228
63340400	Interkulturelle Jugendarbeit a.v.E.	4.000	5.100	1.530
63350100	Jugendsozialarbeit i.E.	490.000	479.200	490.008
63350101	Förd.v. Kind. i.Krippen/Krabbelstuben iE	340.800	239.100	240.800
63350102	Förd.von Kind. in Schul-/Kindergärten iE	5.391.500	4.308.000	4.917.089
63350103	Förd.von Kindern in Kinderhorten i.E.	1.505.500	2.189.700	1.339.796
63350105	Eingliederungshilfe (sonst. Maßn.) i.E.	442.800		442.832
63350202	Hilfe zur Erziehung (sonstige Maßn.) iE		100	
63350300	Vater-, Mutter-, Kindheime i.E.	848.000	889.700	848.031
63350400	Betr./Versorg.v.Kind.i.Notsituationen iE	400	4.200	440
63350401	Erziehung in Tagesgruppen i.E.	3.242.200	2.905.900	3.244.938
63350402	Inobhutnahme i.E.	1.348.800	2.321.100	1.348.799
63350500	Unterbringung z.Erfüll.d.Schulpflicht iE	100	100	
63350600	Heimunterbringung i.E.	23.229.500	22.630.700	23.242.403
63350601	Intensive sozialpäd. Einzelbetr. i.E.	402.700	561.300	403.689
63350602	Betreutes Wohnen i.E.	1.760.800	3.855.200	1.760.967
63350603	Ambulante Intensive Begleitung i.E.	120.800	115.800	127.653
**	Transferaufwendungen	96.433.100	81.164.548	66.361.869
64270200	Kosten für ärztliche Untersuchungen			72
64410010	Vers.beitr.Bay.Gde.unfallvers.verb.(330)	167.700	168.500	157.942
64457000	Verluste Abgang Maschinen/techn.Anlagen			5.524
64480000	Zuführung Rückstellungen Prozessrisiken			66.400
64491000	Einstellung Einzelwertberichtigung (nbw)			197.320
**	Sonstige ordentliche Aufwendungen	167.700	168.500	427.259
65100000	Zinsaufwendungen an den Bund	254.496	186.816	249.776
65110000	Zinsaufwendungen an das Land	3.066	3.114	700
65140000	Zinsaufw. an den sons. öffentl. Bereich	6.132	6.227	5.801
65150000	Zinsaufwendungen an komm.Sonderrechungen	205.436	133.885	203.286
65160000	Zinsaufw. sons. öffentl. Sonderrechnung	459.932	404.768	526.147
65170000	Zinsaufwendungen an private Unternehmen	467.484	607.634	576.456
65180000	Zinsaufwendungen an übrige Bereiche	3.066	3.114	9-

Stadt Nürnberg

```
Haushaltsplan                 2007
Profit Center/Gruppe    :     PE520F1      Jugendamt
Kontengruppe            :     FABUDGET.07  Budgetbericht Fachamt
Stand:                        08.12.2006 15:35:43
```

Budgetbericht Plan		Planansatz 2007	Planansatz 2006	RE 2005
**	Zinsen und ähnliche Aufwendungen	1.399.613	1.345.557	1.562.157
94101000	AfA immat.Vermögensgegenst.d.Anlageverm.	109.616	367.252	109.616
94102000	AfA Gebäude und Gebäudeeinrichtungen	1.282.286	1.625.396	1.270.954
94103000	AfA Infrastrukturverm./Sachanl.i.Gemgebr	109.862		109.862
94104000	AfA Maschinen und technische Anlagen	24.215	605	24.215
94106000	AfA Fahrzeuge	13.784	9.631	13.784
94107000	AfA Betriebs- u.Geschäftsausstattung	221.063	15.450	221.063
**	Abschreibungen	1.760.825	2.018.334	1.749.493
69110000	Außerordentliche Aufwendungen			3.815
69110010	Schadenersatzleist. (Dienstunfälle;120)			47
69210100	Periodenfremde Aufwendungen (nbw)			119.513
**	Außerordentliche Aufwendungen			123.375
***	Primäre nicht budgetwirksame Kosten	151.233.129	131.138.950	115.824.872
****	Nicht budgetwirksames Ergebnis vor ILV	100.286.808	94.853.615	86.475.209
ZDL01001	Arbeitsmedizinische Untersuchungen			7.869
ZDL01002	Nachberechnung Arb.med. Untersuchungen			4.613
ZDL01003	Verrechnung Impfstoffe			331
ZDL10001	Lagerkostenzuschlag ZD			8.925
ZDL10004	Sitzungsservice			85
ZDL10011	Parkplatzentgelte			232
ZDL10501	Raumnutzungsentgelt SchÜB			385
ZDL11001	Leistungen nach Sondervereinbarung			8.901
ZDL11004	Verrechnung nach Aufwand (Stunden)			305
ZDL11005	BS-2000 Gesamtabrechnung			85.904
ZDL11011	Fahrtkostenpauschale An- u. Abfahrt			1.105
ZDL11012	Sonst. Personalk. 1 Programmierstunde			12.485
ZDL11014	Sonst. Leistungen PC-Service/Viertelstd.			12.941
ZDL110A1	HL-Druckkosten < 500 Seiten			697
ZDL110A4	HL-Druckkosten >= 5000 Seiten			259
ZDL110B1	Aufwand Papier STD315			7
ZDL110B2	Aufwand Papier STD371			66
ZDL110B3	Aufwand Papier STD251			1
ZDL110B4	Aufwand Papier STD0AN			47
ZDL110C1	Drucknachbereitung < 500 Seiten			487
ZDL110C2	Drucknachbereitung 500 bis 999 Seiten			85
ZDL110C3	Drucknachbereitung 1000 bis 4999 Seiten			687
ZDL110D3	Kuvertierung 1000 bis 4999 Seiten			115
ZDL110F1	Projektarbeit /Verrechnung je 30 Minuten			2.871
ZDL110G1	Datensicherung 1 Monat			5.876
ZDL110G3	Datensicherung 1 Jahr			1.169
ZDL12001	Qualifizierungsmaßnahmen PA			7.980
ZDL13002	Veröffentlichungen			323
ZDL13004	Sonderauswertungen			98
ZDL15001	Leistung Stadtgrafik			640
ZDL15002	Jahresabo Amtsblatt brutto			53
ZDL15004	Anzeigen/Veröffentlichungen			606
ZDL37001	Feuerwehrgebühren			10.696
ZDL40303	Kostenanteile Gebäudenutzung			17.100
ZDL40401	Benutzungsentgelt SchÜB			903
ZDL40403	Kostenanteile Gebäudenutzung			406.500
ZDL41605	Ergebnisausgleich Kooperationsveranstalt			2.881
ZDL50001	Anteil Immobilienbewirtschaftung			21.000
ZDL50002	Personalkostenersatz Hausmeistertätigk.			10.100
ZDL52001	Spielgeräteverleih			637-
ZDL52002	Kostenanteile			70-
ZDL52004	Verrechnung Bewirtung			151-
ZDL52005	Broschüre Sprachförderung in KiGa's			228-
ZDL53001	Gebühren für Gutachten			46.140
ZDL53003	Sachverständigenentschädigung			150
ZDL53005	Honorare für Impfungen			4.542
ZDL53101	Verr. gem. Gebührensatzung UA			13.443
ZDL61003	Pläne farbig DIN A1			20
ZDL62001	Verrechnung gem. Geo Gebührensatzung			1.471
ZDL63001	Genehmigungen und Beratungen			77
ZDL64001	Stundensatz H Egr. 3-8			180.551
ZDL64005	Heizungsgrundkosten			41.057
ZDL65003	Ausnahmegenehmigungen			669
ZDL65005	Genehm.Veranstalt.Erlaubnisgebühr			583
ZDL66001	An- und Abfahrtspauschale GBA			8.625
ZDL66002	Fuhrleistungen LKW GBA			4.544
ZIL10001	Telefonanschlüsse Anteil ZD			20.454
ZIL11001	Monatspauschale Basisservice/Helpdesk			7.860

```
Haushaltsplan                         2007
Profit Center/Gruppe     :    PE520F1      Jugendamt
Kontengruppe             :    FABUDGET.07     Budgetbericht Fachamt
Stand:                        08.12.2006 15:35:43
```

Budgetbericht Plan		Planansatz 2007	Planansatz 2006	RE 2005
ZIL11002	Bereitstellung Datenbank			11.550
ZIL11003	Verrechnung Internetanschluss			12.504
ZIL11004	Verrechnung E-Mail-Anschluss			15.345
ZIL110A1	Backbone-Anschluss 2 MBit monatlich			598
ZIL110A3	Backbone-Anschluss 100 Mbit monatlich			3.586
ZIL110A4	Backbone-Anschluss 1.000 Mbit monatlich			2.988
ZIL13001	Raumbezugssystem			5.000
ZIL37001	Telefonanschlüsse Anteil Fw			13.636
LKA_EURO	Leistgsverr. 1 Euro	1.081.380	951.520	
ZDMIETE	Individuelle Raumvermietung			166.265-
ZDMIENK	Individuelle Mietnebenkosten			190.956-
ZDPMFAR	DPK Fach.Arbeiter mit Gem.KostAufschl			117.795
****	Leistungsverrechnungen	1.081.380	951.520	790.204
ZV000SNB	VKE (für Sender nbw)	9.551.912	4.935.299	5.037.614
ZV000SBW	VKE (für Sender bw)	1.018.476	525.779	496.350
****	Verwaltungskostenerstattung	10.570.388	5.461.078	5.533.964
ZIG00001	Verrechnete Grundmiete			87.386
ZIG00002	Verrechnete Nebenkosten			19.419
****	Indirekte Leistungverechnung Gebäude			106.805
*****	Nicht budgetwirksames Ergebnis nach ILV	111.938.576	101.266.212	92.906.182
BNF0000	Nicht budgetwir. Fehlbetr Fachamt			96.490.390-
*****	Nicht budgetwirksamer Fehlbetrag Fachamt			96.490.390-
******	Nbw Ergebnis nach zulässigem Fehlbetrag	111.938.576	101.266.212	3.584.208-
BNV0000	Nicht budgetwirksame Veränderung			829.302-
******	Nicht budgetwirksame Veränderung			829.302-
*******	Nicht budgetw. Ergebnis nach Veränderung	111.938.576	101.266.212	4.413.510-

Bedingt durch die lange Zeit fehlenden rechtlichen Rahmenbedingungen in Bayern lassen sich die Bayrischen Beispiele nur bedingt mit denen anderer Bundesländer vergleichen. Wie das Nürnberger Beispiel zeigt, ermöglicht die kontenbezogene Darstellung insbesondere eine gewisse Kontinuität im Vergleich zur kameralen Vergangenheit. Teilergebnishaushalte in Form der Abschlusspositionen nach dem neuen § 2 KommHV-Doppik-BY finden sich in diesem Nürnberger Haushalt noch nicht, so dass eine gewisse Anpassungsarbeit auf die Stadt Nürnberg zukommen dürfte. Am Nürnberger Haushalt überzeugt die redaktionelle Perfektion (z. B. Durchnummerierung der drei Bände). Demgegenüber ist festzuhalten, dass produktbezogene Beschreibungen, Ziele und Kennzahlen noch nicht vorhanden sind. Außerdem ist die parallele Abbildung aller Profitcenter und aller Budgets verantwortlich für den extremen Umfang des Haushalts. Hierzu empfehlen wir Anstrengungen zur Reduktion der Haushaltsinformationen auf die unbedingt notwendigen Steuerungsinformationen aus Sicht des Rates.

Stadt Königsbrunn

4.3.2 Stadt Königsbrunn (2007)

In der Pilotstadt Königsbrunn (29.000 Einwohner) wird mit Unterstützung des Anbieters AKDB (OK-FIS) seit 2005 ein doppischer Haushalt geführt.[31]

Die Stadt im Landkreis Augsburg hat zum Haushalt 2007 (insgesamt 754 Seiten) folgende Auswertungen vorgelegt:

- Vorbericht (mit ausführlichen Erläuterungen)
- Haushaltssatzung
- Ergebnisplan
- Finanzplan
- Produktplan
- Produktkontenübersichten (produktbezogene Auswertungen, einmal im Sinne von Ergebnisplänen (150 Seiten), einmal im Sinne von Finanzplänen (119 Seiten))
- Teilergebnispläne für jedes Produkt (452 Seiten)

Die hohe Detailliertheit verdeutlichen wir am Beispiel einer städtischen Hauptschule:[32]

Gesamthaushalt 2007
Stadt Königsbrunn

Produktbereich	2.1	Schulträgeraufgaben (Schultypen)
Produktgruppe	2.1.2	Hauptschule
Produkt	**2.1.2.1**	**HS Nord**

KÖNIGSBRUNN
Meine Stadt

Allgemeine Angaben

zuständiger Fachbereich	B104 Soziales - Sport - Schulen
verantwortlich	Klaus Förster
Beschreibung	1, Instandhaltung des Schulgebäudes mit der dazugehörigen Sporthalle, sowie die Pflege des Sportplatzes und der Außenanlagen 2, Beibehaltung des Reinigungsstandards im Schulgebäude 3, Sicherstellung der Schülerbeförderung zum Sportunterricht 4, Sicherstellung eines angemessenen Standards bei der Schulausstattung 5, Sicherstellung eines angemessenen Standards bei der Ausstattung der Schule mit Lehrmittel
Auftragsgrundlage	Schulgesetz
Zielgruppe	529 Schüler und Schülerinnen in 26 Klassen
Ziele	Gewährleistung/Sicherstellung eines reibungslosen Schulbetriebes an der HS-Nord aus Sicht des Schulaufwandträgers

---

[31] Vgl. Stadt Königsbrunn http://www.koenigsbrunn.de/index.php?id=0,100
[32] Stadt Königsbrunn (2007) Gesamthaushalt S. 113 ff.

Gesamthaushalt 2007
Stadt Königsbrunn

Produktbereich	2.1	Schulträgeraufgaben (Schultypen)
Produktgruppe	2.1.2	Hauptschule
Produkt	**2.1.2.1**	**HS Nord**

Teilergebnisplan

Ertrags- und Aufwandsarten	Ergebnis 2005 (1)	Ansatz 2006 (2)	**Ansatz 2007** (3)	Planung 2008 (4)	Planung 2009 (5)	Planung 2010 (6)
1 Steuern und ähnliche Abgaben	0	0	**0**	0	0	0
2 + Zuwendungen und allgemeine Umlagen	4.741	7.670	**2.100**	2.100	2.100	2.100
3 + Sonstige Transfererträge	0	0	**0**	0	0	0
4 + Öffentlich-rechtliche Leistungsentgelte	28.389	27.000	**24.560**	24.560	24.560	24.560
5 + Privatrechtliche Leistungsentgelte	0	0	**0**	0	0	0
6 + Kostenerstattungen und Kostenumlagen	0	1.200	**0**	0	0	0
7 + Sonstige ordentliche Erträge	0	0	**0**	0	0	0
8 + Aktivierte Eigenleistungen	0	0	**0**	0	0	0
9 +/- Bestandsveränderungen	0	0	**0**	0	0	0
10 = Ordentliche Erträge	33.130	35.870	**26.660**	26.660	26.660	26.660
11 - Personalaufwendungen	139.334	206.274	**207.895**	207.895	207.895	207.895
12 - Versorgungsaufwendungen	0	0	**0**	0	0	0
13 - Aufwendungen für Sach- und Dienstleistungen	199.230	217.231	**239.600**	237.600	237.600	237.600
14 - Bilanzielle Abschreibungen	0	0	**0**	0	0	0
15 - Transferaufwendungen	0	0	**0**	0	0	0
16 - Sonstige ordentliche Aufwendungen	15.294	17.522	**17.800**	17.800	17.800	17.800
17 = Ordentliche Aufwendungen	353.858	441.027	**465.295**	463.295	463.295	463.295
18 = Ergebnis der lfd. Verwaltungstätigkeit (= Zeilen 10 und 17)	320.728-	405.157-	**438.635-**	436.635-	436.635-	436.635-
19 + Finanzerträge	0	0	**0**	0	0	0
20 - Zinsen und sonstige Finanzaufwendungen	0	0	**0**	0	0	0
21 = Finanzergebnis (= Zeilen 19 und 20)	0	0	**0**	0	0	0
22 = Ordentliches Ergebnis (= Zeilen 18 und 21)	320.728-	405.157-	**438.635-**	436.635-	436.635-	436.635-
23 + Außerordentliche Erträge	0	0	**0**	0	0	0
24 - Außerordentliche Aufwendungen	0	0	**0**	0	0	0
25 = Außerordentliches Ergebnis (= Zeilen 23 und 24)	0	0	**0**	0	0	0
26 = Ergebnis vor Berücksichtigung der internen Leistungsbeziehungen (= Zeilen 22 und 25)	320.728-	405.157-	**438.635-**	436.635-	436.635-	436.635-
27 + Erträge aus internen Leistungsbeziehungen	0	0	**0**	0	0	0
28 - Aufwendungen aus internen Leistungsbeziehungen	13.796	19.000	**19.000**	19.000	19.000	19.000
29 = Ergebnis (= Zeilen 26, 27, 28)	334.524-	424.157-	**457.635-**	455.635-	455.635-	455.635-

Gesamthaushalt 2007
Stadt Königsbrunn

Produktbereich	2.1	Schulträgeraufgaben (Schultypen)
Produktgruppe	2.1.2	Hauptschule
Produkt	**2.1.2.1**	**HS Nord**

Teilfinanzplan - A. Zahlungsübersicht

Ein- und Auszahlungsarten	Ergebnis 2005	Ansatz 2006	**Ansatz 2007**	Verpfl. Erm.	Planung 2008	Planung 2009	Planung 2010
	1	2	3	4	5	6	7
Einzahlungen aus laufender Verwaltungstätigkeit							
1 Steuern und ähnliche Abgaben	0	0	**0**	0	0	0	0
2 + Zuwendungen und allg. Umlagen	4.741	7.670	**2.100**	0	2.100	2.100	2.100
3 + Sonstige Transfereinzahlungen	0	0	**0**	0	0	0	0
4 + Öffentlich-rechtliche Leistungsentgelte	10.752	7.800	**24.560**	0	24.560	24.560	24.560
5 + Privatrechtliche Leistungsentgelte	0	0	**0**	0	0	0	0
6 + Kostenerstattungen, Kostenumlagen	2.137	20.400	**0**	0	0	0	0
7 + Sonstige Einzahlungen	0	0	**0**	0	0	0	0
8 + Zinsen und sonstige Finanzeinzahlungen	0	0	**0**	0	0	0	0
9 = Einzahlungen aus laufender Verwaltungstätigkeit	17.630	35.870	**26.660**	0	26.660	26.660	26.660
Auszahlungen aus laufender Verwaltungstätigkeit							
10 - Personalauszahlungen	139.334	206.274	**207.895**	0	207.895	207.895	207.895
11 - Versorgungsauszahlungen	0	0	**0**	0	0	0	0
12 - Auszahlungen für Sach- und Dienstleistungen	183.078	217.231	**239.600**	0	237.600	237.600	237.600
13 - Zinsen und sonstige Finanzauszahlungen	0	0	**0**	0	0	0	0
14 - Transferauszahlungen	0	0	**0**	0	0	0	0
15 - Sonstige Auszahlungen	15.065	17.522	**17.800**	0	17.800	17.800	17.800
16 = Auszahlungen aus laufender Verwaltungstätigkeit	337.477	441.027	**465.295**	0	463.295	463.295	463.295
17 = Saldo aus laufender Verwaltungstätigkeit (=Zeilen 9 und 16)	319.847-	405.157-	**438.635-**	0	436.635-	436.635-	436.635-

Gesamthaushalt 2007
Stadt Königsbrunn

Produktbereich	2.1	Schulträgeraufgaben (Schultypen)
Produktgruppe	2.1.2	Hauptschule
Produkt	**2.1.2.1**	**HS Nord**

KÖNIGSBRUNN
Meine Stadt

Teilfinanzplan - B. Planung einzelner Investitionsmaßnahmen

Investitionsmaßnahmen	Ergebnis 2005	Ansatz 2006	Ansatz 2007 Verpfl.Er gesamt	Planung 2008 Verpfl.Erm. 2008	Planung 2009 Verpfl.Erm. 2009	Planung 2010 Verpfl.Erm. 2010	bisher bereitgestellt Gesamt Einz./Ausz.
	1	2	3	4	5	6	7
Investitionsmaßnahmen unterhalb der festgesetzten Wertgrenzen							
Summe der investiven Einzahlungen	0	0	0 -	0 -	0 -	0 -	0 0
Summe der investiven Auszahlungen	0	71.800	135.000 0	0 0	0 0	0 0	71.800 206.800
Saldo (Einzahlungen ./. Auszahlungen)	0	71.800-	135.000- -	0 -	0 -	0 -	71.800- 206.800-

Zusätzlich zu den Teilergebnishaushalten bzw. Teilfinanzhaushalten existiert eine Produktkontenübersicht, die jedes einzelne Konto ausweist. Wir zeigen nur die Ertrags- und Aufwandskonten:[33]

---

[33] Stadt Königsbrunn (2007) Produktkontenübersicht nach Produkten S. 58 ff.

Produktkontenübersicht nach Produkten - 2007
Stadt Königsbrunn

Produktbereich 2.1 Schulträgeraufgaben (Schultypen)
Produktgruppe 2.1.2 Hauptschule
Produkt 2.1.2.1 HS Nord

KÖNIGSBRUNN
Meine Stadt

Konto	Ergebnis 2005	Ansatz 2006	Ansatz 2007	Planung 2008	Planung 2009	Planung 2010
1	2	3	4	5	6	7
Erträge und Aufwendungen						
Erträge						
4141 Zuweisungen vom Land Fb : B104 Soziales - Sport - Schulen Zweckb.Ring : 2121 HS Nord	0	0	**2.100**	2.100	2.100	2.100
4142 Zuweisungen von Gemeinden und Gemeindeverbänden Fb : B104 Soziales - Sport - Schulen Zweckb.Ring : 2121 HS Nord	4.741	7.670				
4162 Erträge aus der Auflösung von Sonderposten aus Zuweisungen vom Land Fb : B104 Soziales - Sport - Schulen Zweckb.Ring : 2121 HS Nord	0	0				
4311 Verwaltungsgebühren Fb : B104 Soziales - Sport - Schulen Zweckb.Ring : 2121 HS Nord Erläuterung : Kopiergeld	10.252	7.800	**10.000**	10.000	10.000	10.000
4321 Benutzungsgebühren Fb : B104 Soziales - Sport - Schulen Zweckb.Ring : 2121 HS Nord	0	0				
4336 Büchergeld Fb : B104 Soziales - Sport - Schulen Zweckb.Ring : 2121 HS Nord	17.637	19.200	**14.560**	14.560	14.560	14.560
4427 Erstattungen von privaten Unternehmen Fb : B104 Soziales - Sport - Schulen Zweckb.Ring : 2121 HS Nord	0	0				
4428 Erstattungen von übrigen Bereichen Fb : B104 Soziales - Sport - Schulen Zweckb.Ring : 2121 HS Nord Erläuterung : Siehe neues Produktkonto 4336	0	0	**0**	0	0	0
4429 Erstattungen von übrigen Bereichen Fb : B104 Soziales - Sport - Schulen Zweckb.Ring : 2121 HS Nord	0	1.200				
Aufwendungen						
5012 Vergütungen der Angestellten Fb : B104 Soziales - Sport - Schulen Erläuterung : 2 Mitarbeiter	30.528	75.428	**75.436**	75.436	75.436	75.436
5013 Löhne der Arbeiter Fb : B104 Soziales - Sport - Schulen Erläuterung : 4 Reinigungskräfte Mehraufwand durch Einnahme Bundesagentur kompensiert	76.321	81.140	**80.389**	80.389	80.389	80.389

Produktkontenübersicht nach Produkten - 2007
Stadt Königsbrunn

Produktbereich 2.1 Schulträgeraufgaben (Schultypen)
Produktgruppe 2.1.2 Hauptschule
Produkt 2.1.2.1 HS Nord

Konto	Ergebnis 2005	Ansatz 2006	Ansatz 2007	Planung 2008	Planung 2009	Planung 2010
1	2	3	4	5	6	7
Erträge und Aufwendungen						
Aufwendungen						
5022 Beiträge zu Versorgungskassen für Angestellte Fb : B104 Soziales - Sport - Schulen	2.575	6.869	**6.601**	6.601	6.601	6.601
5023 Beiträge zu Versorgungskassen für Arbeiter Fb : B104 Soziales - Sport - Schulen	6.819	7.526	**6.693**	6.693	6.693	6.693
5032 Beiträge zur gesetzlichen Sozialversicherung für Angestellte Fb : B104 Soziales - Sport - Schulen	6.432	16.504	**17.350**	17.350	17.350	17.350
5033 Beiträge zur gesetzlichen Sozialversicherung für Arbeiter Fb : B104 Soziales - Sport - Schulen	16.229	18.253	**20.840**	20.840	20.840	20.840
5041 Beihilfen und Unterstützungsleistungen und dgl. für Beschäftigte Fb : B104 Soziales - Sport - Schulen	430	554	**586**	586	586	586
5221 Aufwendungen für Strom Fb : B104 Soziales - Sport - Schulen Zweckb.Ring : 8000 Strom und Gas Erläuterung : vertragl. Bindung Stromkasten HS Nord (alt), bei LEW aber verbrauchsabhängig, Ermittlung anhand Vorjahresverbrauch, Preissteigerung 18.500,-- €	18.286	19.536	**21.000**	21.000	21.000	21.000
5222 Aufwendungen für Gas Fb : B104 Soziales - Sport - Schulen Zweckb.Ring : 8000 Strom und Gas Erläuterung : vertragl. Bindung Heizkosten HS Nord (alt), bei Erdgas Schwaben aber verbrauchsabhängig, Ermittlung anhand Vorjahresverbrauch, Preissteigerung, 55.000,-- €	69.622	75.106	**92.000**	92.000	92.000	92.000
5231 Aufwendungen für Unterhaltung der Grundstücke, Gebäude usw. Fb : B104 Soziales - Sport - Schulen Zweckb.Ring : 9000 Gebäudeunterhaltskosten	24.397	19.968	**22.000**	20.000	20.000	20.000
5233 Aufwendungen für Unterhaltung der Maschinen und technischen Anlagen Fb : B104 Soziales - Sport - Schulen Zweckb.Ring : 9000 Gebäudeunterhaltskosten Erläuterung : Wartungsverträge, Reparaturen u. Ersatzteile, vertragl. Bindung HS Nord 13.000,-- €	5.449	7.680	**10.600**	10.600	10.600	10.600
5236 Aufwendungen für Unterhaltung der Betriebs- und Geschäftsausstattung Fb : B104 Soziales - Sport - Schulen Zweckb.Ring : 2121 HS Nord Erläuterung : vertragl. Bindung Wallenreiter - Turnhallenüberprüfung 1.200,-- €	750	1.843	**1.800**	1.800	1.800	1.800
5237 Aufwendungen für Bewirtschaftung der	6.751	6.444	**6.500**	6.500	6.500	6.500

Produktkontenübersicht nach Produkten - 2007
Stadt Königsbrunn

Produktbereich 2.1 Schulträgeraufgaben (Schultypen)
Produktgruppe 2.1.2 Hauptschule
Produkt 2.1.2.1 HS Nord

KÖNIGSBRUNN
Meine Stadt

Konto	Ergebnis 2005	Ansatz 2006	Ansatz 2007	Planung 2008	Planung 2009	Planung 2010
1	2	3	4	5	6	7
Erträge und Aufwendungen						
Aufwendungen						
Grundstücke, Gebäude usw.						
Fb : B104 Soziales - Sport - Schulen						
Zweckb.Ring : 2121 HS Nord						
5241 Schülerbeförderungskosten	7.062	7.752	**8.000**	8.000	8.000	8.000
Fb : B104 Soziales - Sport - Schulen						
Zweckb.Ring : 2121 HS Nord						
Erläuterung :						
vertragl. Bindung Ziegelmeier - Busfahrten z. Sportstätten 8.075,-- €						
5242 Lernmittel nach dem Lernmittelfreiheitsgesetz	20.199	19.392	**18.200**	18.200	18.200	18.200
Fb : B104 Soziales - Sport - Schulen						
Zweckb.Ring : 2121 HS Nord						
5243 Lernmittel nicht gefördert	6.613	10.428	**10.400**	10.400	10.400	10.400
Fb : B104 Soziales - Sport - Schulen						
Zweckb.Ring : 2121 HS Nord						
5249 Sonstige Aufwendungen für Sachleistungen	36.383	42.823	**42.800**	42.800	42.800	42.800
Fb : B104 Soziales - Sport - Schulen						
Zweckb.Ring : 2121 HS Nord						
Erläuterung :						
vertragl. Bindung Leasing - Vertrag f. Kopierer 12.900,-- €						
5252 Erstattungen an Gemeinden (GV)	3.718	6.259	**6.300**	6.300	6.300	6.300
Fb : B104 Soziales - Sport - Schulen						
Zweckb.Ring : 2121 HS Nord						
5416 Aufwendungen für Dienst- und Schutzkleidung, persönliche Ausrüstungsgegenstände	263	250	**250**	250	250	250
Fb : B104 Soziales - Sport - Schulen						
Zweckb.Ring : 2121 HS Nord						
5421 Mieten, Pachten, Erbbauzinsen	0	750	**750**	750	750	750
Fb : B104 Soziales - Sport - Schulen						
Zweckb.Ring : 2121 HS Nord						
Erläuterung :						
Telefonanlage, Wartung u. Reparatur, keine Miete mehr						
5431 Büromaterial	5.180	5.398	**5.400**	5.400	5.400	5.400
Fb : B104 Soziales - Sport - Schulen						
Zweckb.Ring : 2121 HS Nord						
5433 Zeitungen und Fachliteratur	2.260	1.961	**2.000**	2.000	2.000	2.000
Fb : B104 Soziales - Sport - Schulen						
Zweckb.Ring : 2121 HS Nord						
5434 Porto, Post- und Fernmeldegebühren	1.584	2.763	**2.800**	2.800	2.800	2.800
Fb : B104 Soziales - Sport - Schulen						
Zweckb.Ring : 2121 HS Nord						
5435 Telefon	3.019	3.300	**3.300**	3.300	3.300	3.300
Fb : B104 Soziales - Sport - Schulen						

Produktkontenübersicht nach Produkten - 2007
Stadt Königsbrunn

Produktbereich 2.1 Schulträgeraufgaben (Schultypen)
Produktgruppe 2.1.2 Hauptschule
Produkt 2.1.2.1 HS Nord

Konto	Ergebnis 2005	Ansatz 2006	Ansatz 2007	Planung 2008	Planung 2009	Planung 2010
1	2	3	4	5	6	7
Erträge und Aufwendungen						
Aufwendungen						
Zweckb.Ring : 2121 HS Nord						
5441 Versicherungsbeiträge u.ä.	2.954	3.100	**3.300**	3.300	3.300	3.300
Fb : B104 Soziales - Sport - Schulen						
Zweckb.Ring : 2121 HS Nord						
Erläuterung :						
Brandvers. Hauptschule Nord u. Lechfeldmuseum						
5731 Abschreibung auf unbebaute Grundstücke und grundstücksgleiche Rechte	0	0				
Fb : B104 Soziales - Sport - Schulen						
Zweckb.Ring : 2121 HS Nord						
5732 AfA auf Gebäude	0	0				
Fb : B104 Soziales - Sport - Schulen						
Zweckb.Ring : 2121 HS Nord						
5744 Abschreibungen auf Straßen, Wege, Plätze, Verkehrslenkungsanlagen	0	0				
Fb : B104 Soziales - Sport - Schulen						
Zweckb.Ring : 2121 HS Nord						
5745 Abschreibungen auf sonstige Bauten des Infrastrukturvermögens	0	0				
Fb : B104 Soziales - Sport - Schulen						
Zweckb.Ring : 2121 HS Nord						
5753 Abschreibungen auf Fahrzeuge	0	0				
Fb : B104 Soziales - Sport - Schulen						
Zweckb.Ring : 2121 HS Nord						
5763 Abschreibungen auf Betriebs- und Geschäftsausstattung	0	0				
Fb : B104 Soziales - Sport - Schulen						
Zweckb.Ring : 2121 HS Nord						
5764 Abschreibungen auf geringwertige Wirtschaftsgüter	0	0				
Fb : B104 Soziales - Sport - Schulen						
Zweckb.Ring : 2121 HS Nord						
5791 Sonstige Abschreibungen	0	0				
Fb : B104 Soziales - Sport - Schulen						
Zweckb.Ring : 2121 HS Nord						
5811 Aufwendungen aus internen Leistungsbeziehungen	13.796	19.000	**19.000**	19.000	19.000	19.000
Fb : B104 Soziales - Sport - Schulen						
Zweckb.Ring : 2121 HS Nord						
Summe Erträge	32.630	35.870	**26.660**	26.660	26.660	26.660
Summe Aufwendungen	367.620	460.027	**484.295**	482.295	482.295	482.295
Abgleich Produkt 2.1.2.1	334.990-	424.157-	**457.635-**	455.635-	455.635-	455.635-

Durch die Erläuterungen zu jedem einzelnen Konto (z. B. Fachbereich, Zweckbindungsring, „2 Mitarbeiter", usw.) entsteht zwangsläufig eine hohe Seitenzahl. Außerdem zeigen die Erläuterungen eine noch an Haushaltsstellen orientierte Denkweise. Auch der hohe Anteil von Zeilen mit Nullsalden trägt zum extremen Volumen dieses Haushalts mit 754 Seiten für 29.000 Einwohner bei. Produktbezogene Formulierungen zu Zielen und Kennzahlen fehlen noch. Positiv erscheint die analytische Darstellung im Vorbericht. Insgesamt empfehlen wir eine wesentlich stärker gestraffte Darstellung der Produktinformationen sowie der Teilhaushalte.

4.3.3 Gemeinde Hallbergmoos (2008)

Die bayerische Pilotgemeinde Hallbergmoos (9.000 Einwohner) legt mit dem Haushalt 2008 bereits den siebten doppischen Haushalt vor. Der Haushalt 2008 ist bereits an die Vorschriften der KommHV-Doppik-BY angepasst und umfasst insgesamt 211 Seiten, die in vergleichsweise hoher redaktioneller Qualität vorliegen. Nach einem ausführlichen Vorbericht mit zahlreichen analytischen hochwertigen Darstellungen werden der Ergebnishaushalt sowie der Finanzhaushalt abgebildet:[34]

Anschließend werden die Produktinformationen einschließlich der Teilhaushalte für die in Hallbergmoos gebildeten **Kostenstellen** (-bereiche) abgedruckt. Die Produktbeschreibungen enthalten bereits ausführliche Kennzahlen sowie Zielformulierungen.

---

[34] Gemeinde Hallbergmoos (2008) S. 28 ff. (PDF).

Als eine recht gelungene Darstellung zeigen wir die Abbildung der **„Kombinierten Grund- und Hauptschulen"**.[35]

Produktbeschreibung zum Teilhaushalt		**Gemeinde Hallbergmoos**
Ergebnisbereich	213	Kombinierte Grund- u. Hauptschulen
Kostenstellenbereich	**2131**	**Kombinierte Grund- und Hauptschulen**

Produktinformationen

Verantwortliche Organisationseinheit	Verantwortliche Person(en):
Amt 1:Geschäftsleitung, Personalamt, Hauptamt, EDV	Hanrieder Hans (Rektor)

Pflichtaufgaben:	X			Freiwillige Aufgaben:	
Rechtsbindungsgrad:	muss ☐	soll ☐	kann ☐	Freiwillig ☐	

Kurzbeschreibung

Grund- und Teilhauptschule:
Die Gemeinde ist Sachaufwandsträger der Grund- und Teilhauptschule Hallbergmoos und auch für die Bewirtschaftung
des Schulgebäudes verantwortlich.
Die Bewirtschaftung der Haushaltsmittel für den Schulbetrieb erfolgt selbstständig durch den Schulrektor.
Dem Bauhof obliegt die Gebäudebewirtschaftung.

Gastschulbeiträge:
Hauptschüler/innen besuchen ab der 7. Jahrgangsstufe die Hauptschule der Nachbargemeinde Eching. Dafür hat die
Gde. Hallbergmoos Gastschulbeiträge zu leisten. Mit Fertigstellung der neuen Hauptschule entfallen die Gastschulbeiträge

Neue Hauptschule:
Die Gemeinde Hallbergmoos plant den Bau einer neuen Hauptschule. Die Fertigstellung erfolgt im Jahr 2008.
Die Folgekosten (Abschreibung, Unterhalt etc.) sind in der mittelfristigen Finanzplanung enthalten.

Schlüsselleistungen/Kennzahlen	2005	2006	2007
Schülerzahlen (Stichtag 01.10.)	451	494	500

Auftragsgrundlage	Schulgesetze Lehrpläne
Allgemeine Ziele	Erziehen und Unterrichten nach den gültigen Lehrplänen Vermittlung von Werten
Zielgruppe	Alle schulpflichtigen Kinder im Gemeindegebiet Hallbergmoos
Erläuterungen	Finanzierungsquellen: Zuweisungen vom Land Defizitausgleich über allg. Haushaltsmittel Personalressourcen: Fr. Seidl (Bearbeitung innerhalb der Gemeindeverwaltung) Personalaufwand für Lehrer trägt der Freistaat Bayern

---

[35] Gemeinde Hallbergmoos (2008) S. 79 ff.

Produktbeschreibung zum Teilhaushalt   Gemeinde Hallbergmoos

Zugeordnete Kostenstelle	213101	Schule (Grund und Teilhauptschule)
	213102	Schule Gebäude
	213103	Schule Aussenanlage
	213104	Schule Heizungsanlage
	213105	Sportplatz Schule Hallberghalle
	213151	Neue Hauptschule
	213190	*Schule Allgemein (gesperrt)

Teilhaushalt 2008

Gemeinde Hallbergmoos

Ergebnisbereich 213 Kombinierte Grund- u. Hauptschulen
Kostenstellenbereich **2131** **Kombinierte Grund- und Hauptschulen**

Nr.	Bezeichnung	Ergebnis 2006	Ansatz 2007	Ansatz 2008	Plan 2009	Plan 2010	Plan 2011
20	Zuwendungen und allgemeine Umlagen	-2.276	-71.454	-5.000	-5.000	-5.000	-5.000
40	Öffentlich-rechtliche Leistungsentgelte	-10.598	-9.200	-300	-249		
45	Auflösung von Sonderposten			-36.044	-36.042	-29.471	-18.347
60	Kostenerstattungen und Kostenumlagen	-410					
100	**Ordentliche Erträge**	-13.284	-80.654	-41.344	-41.291	-34.471	-23.347
110	Personalaufwendungen	80.517	83.540	160.390	214.700	218.930	223.420
130	Aufwendungen für Sach- und Dienstaufwendungen	271.383	396.600	438.650	377.800	369.800	402.400
140	Planmäßige Abschreibungen	753	241.550	228.995	347.674	314.513	274.414
150	Transferaufwendungen			10.000	20.000	20.000	20.000
160	Sonstige ordentliche Aufwendungen			110.030	89.830	75.930	76.930
170	**Ordentliche Aufwendungen**	352.653	721.690	948.065	1.050.004	999.173	997.164
180	**Ergebnis der gewöhnlichen Verwaltungstätigkeit**	339.369	641.035	906.721	1.008.714	964.703	973.817
200	Zinsen und sonstige Finanzaufwendungen	229					
210	**Finanzergebnis**	229					
220	**Ordentliches Jahresergebnis**	339.598	641.035	906.721	1.008.714	964.703	973.817
240	Außerordentliche Aufwendungen	244					
250	**Außerordentliches Ergebnis**	244					
260	**Jahresergebnis**	339.843	641.035	906.721	1.008.714	964.703	973.817
280	Aufwendungen aus internen Leistungsbeziehungen	67.355					
290	**Ergebnis**	67.355					

Erläuterungen

Der **Anstieg bei den Sach-und Geschäftsaufwendungen** gegenüber dem Ansatz des Vorjahres liegt an der Inbetriebnahme der neuen Hauptschule ab Sept. 2008. Es müssen Neubeschaffungen vor allem bei Lehrmitteln (28.000 €) und Unterrichtsmaterial (40.000 €) getätigt werden.

Erhaltungsaufwand Gebäude: Ertüchtigung Brandschutz Grund- und Teilhauptschule (50.000 €)

Erhaltungsaufwand Gebäude: Streichen Innen (32.000 €), , Erneuerung Bodenbeläge (3.000 €)

Erhaltungsaufwand Gebäude (Haushalt 2009): Stoff Außenbeschattung (10.000 €)

Erhaltungsaufwand Gebäude (Haushalt 2011): Streichen der Fassade Grund- und Teilhauptschule (25.000 €)

Reinigung: Mehrkosten durch Unterhaltsreinigung

2009: Heizkosten laut Ermittlung Ingenieurbüro 65.000 €

Für **die Förderung des "Förderverein Ganztagesbetreuung Hallbergmoos e.V."** wird für 2008 ein Zuschuss i.H.v. 10.000 € eingeplant.
In den folgenden Haushaltsjahren ist ein Ansatz von 20.000 € p.a. eingeplant. Endgültiger Beschluss des Gemeinderats steht noch aus.

Für die **Reparatur der Heizungssteuerung** an der Grund-/Teilhauptschule sind 10.000 € eingeplant

Gemeinde Hallbergmoos

Übersicht über Investitionsmassnahmen in den Teilaushalten

Nr. Bezeichnung	Ansatz 2007	Ansatz 2008	Finanzplan 2009	Finanzplan 2010	Finanzplan 2011		
EDV007 Softwarelizenzen f.Schule	-500,00	0,00	0,00	0,00	0,00		
EDV126 PC für Lehrerzimmer (Schule)	-950,00	0,00	0,00	0,00	0,00		
EDV151 Duplex-Laserdrucker für Schule	0,00	0,00	0,00	-1.200,00	0,00		
EDV179 Laptop Schule	-1.500,00	0,00	0,00	0,00	0,00		
EDV180 PC für Konrektor (Schule)	-950,00	0,00	0,00	0,00	0,00		
EDV182 Internetanschluss Unterrichtsräume (Schule)	-2.100,00	-3.500,00	0,00	0,00	0,00		
EDV191 PC`s für die 3./4. Jahrgangsstufe der Schule	0,00	-4.200,00	0,00	0,00	0,00		
EDV192 PC für Sekreteriat Schule	0,00	-1.150,00	0,00	0,00	0,00		
EDV195 EDV Ausstattung Neue Hauptschule	0,00	-160.000,00	0,00	0,00	0,00		
GWG006 Geringwertige Wirtschaftsgüter Schule	0,00	-8.350,00	-2.000,00	-2.000,00	-2.000,00		
GWG009 Geringwertige Wirtschaftsgüter Schule Gebäude	0,00	-1.150,00	0,00	0,00	0,00		
HOCH069 Neubau Hauptschule	-3.400.000,00	-5.447.000,00	-500.000,00	0,00	0,00		
HOCH103 Trennwand Heizraum Schule	-5.000,00	0,00	0,00	0,00	0,00		
HOCH114 Erneuerung Bodenbeläge Schule (Gang)	-3.000,00	0,00	0,00	0,00	0,00		
SACH058 Videoüberwachung Eingangsbereich	-1.300,00	0,00	0,00	0,00	0,00		
SACH138 Möblierung Klassenzimmer (Schule)	0,00	-3.000,00	0,00	0,00	0,00		
SACH259 Beschattung Atrium Erweiterungsbau Schule	-16.000,00	0,00	0,00	0,00	0,00		
SACH260 Hochsprunganlagen (Ersatzbeschaffung)	-15.000,00	0,00	0,00	0,00	0,00		
SACH265 DVD-Recorder (Schule)	-500,00	0,00	0,00	0,00	0,00		
SACH267 TV-Gerät + Schrank (Schule)	-1.350,00	0,00	0,00	0,00	0,00		
SACH270 Erstausstattung Hauptschule	0,00	-190.000,00	0,00	0,00	0,00		
SACH309 Erweiterung Musik-u. Tonanlage Schule	0,00	-3.000,00	0,00	0,00	0,00		
SACH314 Schaukasten Schule	0,00	-1.400,00	0,00	0,00	0,00		

Zusammenfassend stellt das Beispiel aus Hallbergmoos (9.000 Einwohner) gewiss einen besonders detaillierten Haushalt dar. Auch seine analytische und redaktionelle Qualität überzeugen. Allerdings ist grundsätzlich zu fragen, ob eine problemorientierte Straffung angestrebt werden sollte. Wenn dieser **außerordentliche Detaillierungsgrad** auf größere Kommunen übertragen werden würden, entstünden zwangsläufig extreme Haushaltsvolumina von über 1000 Seiten.

4.3.4 Landkreis Ebersberg (2008)

Der Landkreis Ebersberg (125.000 Einwohner) kann als Pilotanwender der Doppik im Jahr 2008 bereits seinen vierten doppischen Haushalt vorlegen.[36] Der Landkreis gliedert seinen Haushalt mit insgesamt 196 Seiten folgendermaßen:

- Vorbericht (hohe analytische Qualität, Einbeziehung auch des Jahresabschlusses 2005)
- Übersicht über den Stand der Schulden
- Übersicht über den Stand der Rücklagen und Verpflichtungsermächtigungen
- Haushaltssatzung
- Budgetübersicht (zusammengefasste Darstellung der gebildeten wirtschaftlichen Einheiten bzw. Teilhaushalte)
- Gesamtergebnis und Gesamtfinanzplan
- Investitionsplan
- Kostenstellenübersicht und Kostenträgerübersicht
- allgemeine Finanzwirtschaft
- gemeinnützige Wohnungsgenossenschaft
- Gemeinkosten mit den Kostenstellen
- Darstellung der gebildeten zehn wirtschaftlichen Einheiten, die nach organisatorischen Gesichtpunkten gegliedert sind
- Stellenplan

Die Kreisverwaltung kommt mit lediglich 200 Seiten aus, vor allem deshalb, weil nur ein kleiner Teil der insgesamt 360 gebildeten Produkte im Haushalt ausführlich dargestellt werden.

---

[36] Vgl. ergänzend den Erfahrungsbericht bei Keller (2005).

Detaillierter sind im Haushalt nur die folgenden **17 Schlüsselprodukte** dargestellt:[37]

Produktbereich	Nettobedarf 2007	Nettobedarf 2008	Personalaufwand (Stellen)	Seite
1145: Gastschüler	3.078.230	3.188.300	0,49	62
2345: Heimunterbringung	1.431.000	1.222.000	3,22	96
2134: Wohngeld wird ab 2008 nicht mehr über Kreishaushalt abgebildet	1.210.000	entfällt	3,3	77
1132: Schülerbeförderung	1.057.870	1.134.690	1,43	61
1123: MVV Busverkehr	914.498	1.001.635	0,73	60
2349: Eingliederungshilfe – stationär	800.000	975.000	1,61	99
2348: Eingliederungshilfe – teilstationär	823.500	891.500	1,14	98
2264: Grundsicherung bis 65	605.500	704.500	1,13	84
2265: Grundsicherung über 65	533.500	642.000	1,58	85
3323: Brand- und Katastrophenschutz	368.292	603.435	1,03	116
2343: Heilpädagogische Tagesstätten (HPT)	575.000	596.000	1,15	93
2342: Sozialpädagogische Familienhilfe (SPFH), Erziehungsbeistandschaft	640.000	563.800	0,79	91, 92
2344: Vollzeitpflege	503.600	464.300	3,01	94
2240: Ambulante Früherkennung (überörtlicher Träger ab 1.1.2008, Aufwendungen werden vom Bezirk erstattet) Anstieg wegen noch zu leistender rückwirkender Abrechnung	350.000	400.000	0,37	Nicht mehr enthalten
2321: Förderangebote (Kindergrippen, Kindergärten, Kinderhorte)	190.000	270.000	1,55	90
2241: Ambulante Eingliederungshilfe für Kinder und Jugendliche (überörtlicher Träger ab 2008, Aufwendungen werden vom Bezirk erstattet)	251.700	253.000	0,16	Nicht mehr enthalten
4212: Baugenehmigung	- 670.000	-607.200	6,90	122

---

[37] Landkreis Ebersberg (2008) S. 7 f. (PDF).

Landkreis Ebersberg

Als Beispiel zeigen wir im Folgenden aus der Wirtschaftlichen Einheit Zentralabteilung 1 „Service" die Produktbeschreibung für den Kostenträger **„Schülerbeförderung, Förderschulen und weiterführende Schulen"**:[38]

Produktbeschreibung Kostenträger 1131/1132 Schülerbeförderung, Förderschulen und weiterführende Schulen

Kostenträger	1131/1132	Schülerbeförderung, Förderschulen und weiterführende Schulen

Produktinformation

Kurzbeschreibung	Organisation der Beförderung der Schüler durch Verkehrsunternehmen, Kostenabwicklung der Beförderungs- und Erstattungsansprüche, Finanzierungsregelung, Erlass von Bescheiden, Widerspruchsverfahren, Haushaltsplanung, Vorlagen für die Kreisgremien, vertragliche Abschlüsse, Zusammenarbeit mit ÖPNV-Sachbearbeiter wegen Nahverkehrsplan.
Zielgruppe	Schüler an weiterführenden Schulen, Berufsschulen, Hauptschule Markt Schwaben, M-Klassen an Hauptschulen (vor allem HS Ebersberg und Markt Schwaben) sowie Schüler an Sonderpädagogischen Förderzentren.
Ziele	Sicherstellung der notwendigen Schülerbeförderung; Beibehaltung der fristgerechten Bereitstellung der Fahrkarten zu 100 %; Anträge auf Erstattung (31.10.) bis 30.11. bearbeiten.
Künftige Entwicklung	Die Schülerbeförderung soll möglichst kostengünstig und effektiv durchgeführt werden.
Erläuterungen	Die Mehrwertsteuererhöhung machte sich bei den Beförderungsrechnungen nur indirekt bemerkbar: Der MWSt-Satz (7 %) für die Beförderungsrechnungen blieb konstant. Die Mehrwertsteuer für Benzin und Diesel wurde angehoben, ebenso wie die Preise für Kraftstoff selbst. Diese Kosten werden natürlich von den Unternehmen auf die Kunden umgelegt.
Auftragsgrundlage	BaySchFG, SchBefV, SchKFrG, Beschlüsse: Kreisausschuss vom 18.4.1994 (FOS), 29.5.1995 (Gars). 7.6.1999

Qualität	Ist 2006	Plan 2007	Plan 2008	Ist2007
Fristgerechte Bereitstellung von Fahrausweisen und MVV-WM	100%	100%	100%	100%
Optimale Fahrplangestaltung u. gutes Preis-/Leistungsverh.				
Fahrkostenerstattung bis 30.11. einhalten				

Quantität	Ist 2006	Plan 2007	Plan 2008	Ist2007
Schüler mit Beförderungsanspruch	4.711	5.160	5.200	Liegt noch nicht vor!

Produktbereich	21	Schulträgeraufwand
Produktgruppe	241	Schülerbeförderung
Produkt	1128	Schülerbeförderung
Kostenträger	1132	Schülerbeförderung, weiterführende Schulen

Nr.	Bezeichnung	Ergebnis 2006	Ansatz 2007	Ansatz 2008	Plan 2009	Plan 2010	Plan 2011
414110	Zuweisungen vom Land	-1.428.508,35	-1.359.300,00	-1.400.000,00	-1.460.000,00	-1.460.000,00	-1.460.000,00
449810	Erstattungen vom übrigen Bereich (u.a.Büchergeld)	-11.792,54	-16.860,00	-14.000,00	-14.000,00	-14.000,00	-14.000,00
	Summe Erträge	**-1.440.300,89**	**-1.376.160,00**	**-1.414.000,00**	**-1.474.000,00**	**-1.474.000,00**	**-1.474.000,00**
524110	Freiwillige Schülerbeförderung d.and.Verkehrsträge	53.805,87	59.150,00	55.000,00	55.000,00	55.000,00	55.000,00
524120	Schülerbef. durch andere Verkehrsträger	2.023.630,27	2.256.150,00	2.368.960,00	2.487.410,00	2.611.790,00	2.742.380,00
524130	Schülerbeförderung DB	52.387,00	46.300,00	48.620,00	51.060,00	53.620,00	56.300,00
524150	Erstat.a.priv.Unternehmer für Schülerbeförderung	48.418,16	69.570,00	73.600,00	77.870,00	77.870,00	77.870,00
524913	Gastschulbeitrag, Berufsschulen	1.103,94	0,00	0,00	0,00	0,00	0,00
541820	Dienstaufwandsentschädigungen	1.911,33	2.380,00	1.990,00	2.030,00	2.080,00	2.130,00
543820	Sozialversicherung Dienstaufw.entschädigung Pimas	515,41	480,00	520,00	540,00	560,00	580,00
	Summe Aufwendungen	**2.181.771,98**	**2.434.030,00**	**2.548.690,00**	**2.673.910,00**	**2.800.920,00**	**2.934.260,00**
	Ergebnis	**741.471,09**	**1.057.870,00**	**1.134.690,00**	**1.199.910,00**	**1.326.920,00**	**1.460.260,00**

An **Personalkosten** fallen darüber hinaus 1,3 Stellen bzw. 2.080 Jahresarbeitsstunden an.

---

[38] Landkreis Ebersberg (2008) S. 62 (PDF).

Als zweites Beispiel ist der Teilhaushalt „Jugend" dargestellt:[39]

Teilhaushalt Jugend

Entwicklung des Bedarfs in der Jugendhilfe:
(Kostenstellen 230 und 240)

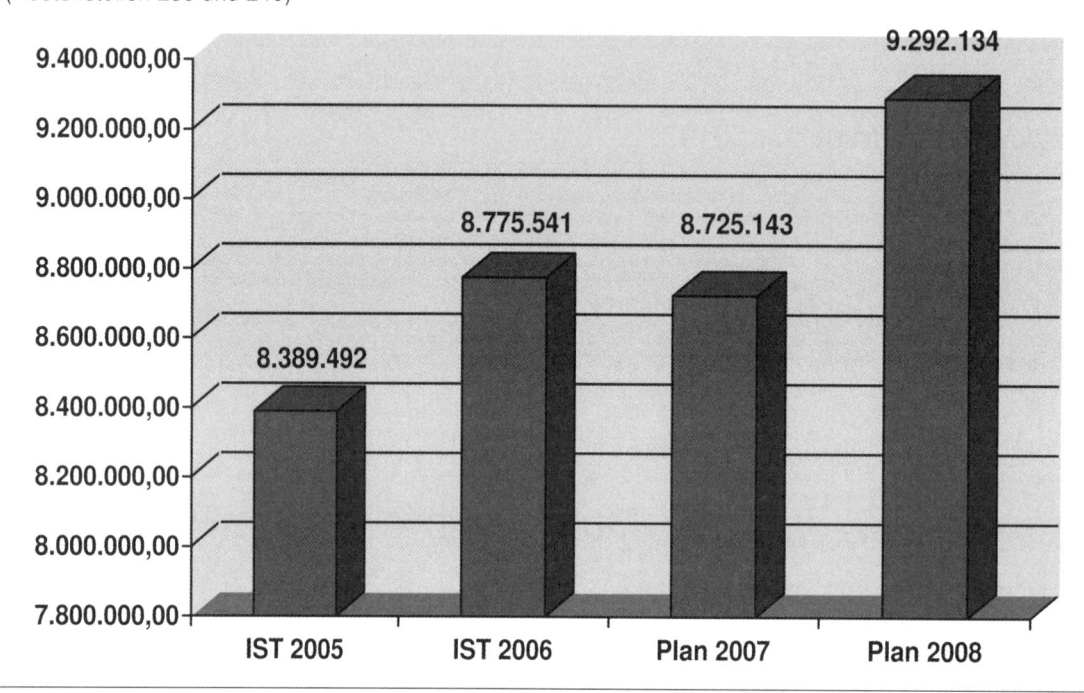

Jahr	Betrag
IST 2005	8.389.492
IST 2006	8.775.541
Plan 2007	8.725.143
Plan 2008	9.292.134

Produktbeschreibung Kostenstelle/n 230 und 240: Wirtschaftliche und pädagogische Jugendhilfe/ Gerichtshilfen, Jugendarbeit, Amtsvormundschaften

Wirtschaftl. Einheit	Fachabteilung 2 - Soziales
Bereich	Jugend
Kostenstelle/n	Wirtschaftl.u.päd.Jugendh./J-arb.,Gerichtshilfen

Produktinformationen

Kurzbeschreibung

Der Haushalt der Jugendhilfe wurde in der Jugendhilfeausschusssitzung am 27.09.2007 beschlossen. Durch Teilnahme am Jugendhilfeberichtswesen in Bayern (JUBB) des Landesjugendamtes werden künftig realistische Vergleiche mit anderen Jugendämtern möglich.

Aus den statistischen Berichten des Statistischen Landesamtes ergeben sich folgende Vergleichszahlen unter den Landkreisen zu den Ausgaben der Kinder- und Jugendhilfe in Oberbayern:

Jahr	2005	2006
	Euro/EW	Euro/EW
höchster Wert:	85	83
niedrigster Wert:	48	35

Vergleichszahlen folgender Landkreise:

Jahr	2005	2006
Landkreis	Euro/EW	Euro/EW
Ebersberg:	62	69 (höchster Wert im Vergleich)
Erding:	70	67
Freising:	52	55
Starnberg:	59	61

Kostenstelle 230 – Wirtschaftliche Jugendhilfe:
In der Kostenstelle wirtschaftliche und pädagogische Jugendhilfe sind folgende Produkte enthalten: Tagespflege, Mitwirkung in Verfahren Vormundschaftsgericht, sonstige Aufgaben Heimaufsicht,

---

[39] Landkreis Ebersberg (2008) S. 87 ff. (PDF).

Produktbeschreibung Kostenstelle/n 230 und 240: Wirtschaftliche und pädagogische Jugendhilfe/ Gerichtshilfen, Jugendarbeit, Amtsvormundschaften

Niederschwellige Hilfen (Brücke), Modellprojekt Familienpatenschaften, Erziehungsberatungsstelle, sonst. Zuschüsse, Gruppenarbeit, Förderangebote (Kinderkrippen u. Tagespflege), sonstige Beratung und Hilfen, Erziehungsbeistandschaft, SPFH, Heilpädagogische Tagesstätte (HPT), Vollzeitpflege, Adoption, Heimunterbringung (§ 34 SGB),Intensive sozialpädagogische Einzelbetreuung, Eingliederungshilfe - ambulant, Eingliederungshilfe - teilstationär, Eingliederungshilfe - stationär, Inobhutnahme und junge Volljährige (§ 40 u. 41 SGB)

Zahl der Heimunterbringungen:
alle Unterbringungen in stationären Einrichtungen - § 34, § 35, § 35a, § 41 SGB VIII,
alle Heimunterbringungen der Kostenträger

Stand:31.07.07   Kosten/Fall 2007

2341 Mutter- Kindheim (sonstige Hilfen):	2005: 1 Fall, 2006: 3 Fälle, 2007: 4 Fälle	8.750 €
2345 Heimunterbringung	2005: 4 Fälle 2006: 34 Fälle 2007: 28 Fälle	37.620 €
2346 Intensive sozialpäd.Einzelbetreuung:	2005: 1 Fall 2006: 1 Fall 2007: 4 Fälle	25.659 €
2349 Eingliederungshilfe-Stationär:	2005: 24 Fälle 2006: 24 Fälle 2007: 37 Fälle	30.000 € (Plan)
2351,2352 Hilfe für junge Volljährige:	2005: 18 Fälle 2006: 18 Fälle 2007: 15 Fälle	25.437 €

Zahl der Heimunterbringungen:
alle Unterbringungen in stationären Einrichtungen - § 34, § 35, § 35a, § 41 SGB VIII
2002: 91   2003: 101   2004: 96   2005: 56   2006: 91   2007: 95(Prognose)   2008: 100(Plan)

Kostenstelle 240 – Gerichtshilfen, Jugendarbeit, Amtsvormundschaft:
Schwerpunkte für 2008:
Produkt 2416 Jugendschutz:
Alkoholprävention in der Jugendarbeit neben Jugendschutzkontrollen und Beratungsarbeit
Dazu Aufstockung beim Personal um eine 1/2 Stelle.
Produkt 2417 Schulsozialarbeit: Neue Projekte in Grafing und Vaterstetten
Produkt 2718 Jugendsozialarbeit:
Sofortmaßnahmentopf „Brennpunkte" lt. Beschluss des Jugenhilfeausschusses vom 05.07.2007 um 30.000,-- € auf 60.000,-- € erhöht. Mit den zusätzlichen Mitteln sollen Gemeinden auf Antrag auch anteilige, befristete Personalkostenförderung für Projekte im Bereich auffällige Jugendszenen in den Gemeinden erhalten.

Kennzahlen Jugendgerichtshilfe:
	2006	2007 (Prognose)	2008 (Plan)
Eingänge:	1.077	1.200	1.150

Es wurden einige Zielvereinbarungen abgeschlossen:
- Die Anzahl der Heimunterbringungen soll sinken, dafür werden die präventiven Hilfen ausgebaut
- Die Jugendämter sollen mit einer einheitlichen Software arbeiten
- Durch eine Stellenanhebung (Vollzeitstelle) in der Bezirkssozialarbeit sollen mindestens Personalkosten in Höhe von 60.000 Euro bei den flexiblen Hilfen (SPFH, EB) eingespart werden
- Das Projekt Familienpatenschaften soll jährlich 5 SPFH-Fälle vermeiden

Teilergebnisplan

Wirtschaftl. Einheit	200	Abteilung 2 - Soziale Angelegenheiten
Bereich	235	Jugend
Kostenstelle/n	230	Wirtschaftl.u.päd.Jugendh./J-arb.,Gerichtshilfen

Nr	Bezeichnung	Ergebnis 2006	Ansatz 2007	Ansatz 2008	Plan 2009	Plan 2010	Plan 2011
20	+ Zweckgebundenen Zuweisungen und Zuschüsse, allg.Umlagen	-8.820,00	-12.150,00	-12.150,00	-12.150,00	-12.150,00	-150,00
30	+ Sonst. Transfererträge	-753.589,63	-1.047.000,00	-1.075.900,00	-1.013.400,00	-1.019.400,00	-1.020.400,00
50	+ Privatrechtliche Leistungsentgelte	-640,65	-300,00	-300,00	-300,00	-300,00	-300,00
60	+ Erträge aus Kostenerstattungen, Kostenumlagen	-275.354,04	-384.000,00	-399.000,00	-390.000,00	-392.000,00	-392.000,00
70	+ Sonstige ordentliche Erträge	-4.780,37	0,00	-800,00	-900,00	-900,00	-900,00
75	+ Erträge aus der Auflösung von Sonderposten	-3.547,82	-2.598,00	-2.596,00	-2.647,92	-2.699,84	-2.751,76
100	= Ordentliche Erträge	-1.046.732,51	-1.446.048,00	-1.490.746,00	-1.419.397,92	-1.427.449,84	-1.416.501,76

Produktbeschreibung Kostenstelle/n 230 und 240: Wirtschaftliche und pädagogische Jugendhilfe/ Gerichtshilfen, Jugendarbeit, Amtsvormundschaften

Nr.	Bezeichnung	Ergebnis 2006	Ansatz 2007	Ansatz 2008	Plan 2009	Plan 2010	Plan 2011
110	- Personalaufwendungen	1.819.449,37	1.902.240,00	2.059.340,00	2.100.610,00	2.142.710,00	2.185.640,00
130	- Aufwendungen für Sach- und Dienstleistungen	18.205,52	33.100,00	43.000,00	44.000,00	45.000,00	44.600,00
140	- Bilanzielle Abschreibung	11.476,64	6.570,88	20.390,46	20.798,27	21.206,08	21.613,89
150	- Transferaufwendungen	7.931.730,40	8.149.050,00	8.571.500,00	8.797.300,00	8.587.300,00	8.617.500,00
160	- Sonstige ordentliche Aufwendungen	58.535,97	80.230,00	78.650,00	78.650,00	87.950,00	87.850,00
170	= Ordentliche Aufwendungen	9.839.397,90	10.171.190,88	10.772.880,46	11.041.358,27	10.884.166,08	10.957.203,89
180	= Ergebnis der lfd. Verwaltungstätigkeit (=Zeilen 100 und 170)	8.792.665,39	8.725.142,88	9.282.134,46	9.621.960,35	9.456.716,24	9.540.702,13
220	= Ordentliches Jahresergebnis (= Zeilen 180 und 210)	8.792.665,39	8.725.142,88	9.282.134,46	9.621.960,35	9.456.716,24	9.540.702,13
230	+ außerordentliche Erträge	-6.964,56	0,00	0,00	0,00	0,00	0,00
250	= außerordentliches Ergebnis (=Zeilen 230 und 240)	-6.964,56	0,00	0,00	0,00	0,00	0,00
260	= Jahresergebnis vor interner Leistungsverrechnung	8.785.700,83	8.725.142,88	9.282.134,46	9.621.960,35	9.456.716,24	9.540.702,13
300	= Ergebnis (= Zeilen 260, 270, 280)	8.785.700,83	8.725.142,88	9.282.134,46	9.621.960,35	9.456.716,24	9.540.702,13

Erläuterungen

Personalausstattung:

Personen/Jahresarbeitsstunden:	2005	2006	2007	2008
Kostenstelle 230:	26/29.529	28/31.705	28/31.177	28/32.217
Kostenstelle 240:	25/29.750	22/26.580	22/26.725	24/27.620

Teilfinanzplan

Wirtschaftl. Einheit	200	Fachabteilung 2 - Soziales
Bereich	235	Jugend
Kostenstelle/n	230	Wirtschaftl.u.päd.Jugendh./J-arb.,Gerichtshilfen

Nr.	Bezeichnung	Ergebnis 2006	Ansatz 2007	Ansatz 2008	Plan 2009	Plan 2010	Plan 2011
101	Einzahlg a. Zuw.f.Invest.maßnahmen	0,00	0,00	0,00	0,00	0,00	0,00
102	Einzahlg a.d. Veräußerg v. Sachanlagen	0,00	0,00	0,00	0,00	0,00	0,00
103	Einzahlg a.d. Veräußerg v. Finanzanl.	0,00	0,00	0,00	0,00	0,00	0,00
104	Einzahlg a. Beiträgen u.ä. Entgelten	0,00	0,00	0,00	0,00	0,00	0,00
105	Sonstige Investitionseinzahlungen	0,00	0,00	0,00	0,00	0,00	0,00
106	=Einzahlung aus Investitionstätigkeit	0,00	0,00	0,00	0,00	0,00	0,00
107	Auszahlg f. Erwerb v.Grundstücke u. Gebäuden	0,00	0,00	0,00	0,00	0,00	0,00
108	Auszahlg f. Baumaßnahmen	0,00	0,00	0,00	0,00	0,00	0,00
109	Auszahlg f.d. Erwerb v.bewgl. Anlagevermögen	-5.771,82	-35.100,00	-6.000,00	-3.500,00	-3.500,00	-3.500,00
110	Auszahlungen f.d.Erwerb von Finanzanlagen	0,00	0,00	0,00	0,00	0,00	0,00
111	Auszahlg v. aktivierbaren Zuwendungen	-32.548,02	-99.570,00	0,00	0,00	0,00	0,00
112	Sonstige Investitionsauszahlungen inkl. UV	-965,50	0,00	0,00	0,00	0,00	0,00
113	=Auszahlung aus Investitionstätigkeit	-39.285,34	-134.670,00	-6.000,00	-3.500,00	-3.500,00	-3.500,00

Landkreis Ebersberg

Teilfinanzplan

Nr.	Bezeichnung	Ergebnis 2006	Ansatz 2007	Ansatz 2008	Plan 2009	Plan 2010	Plan 2011
120	= Saldo aus Investitionstätigkeit (Zeilen 106+113)	-39.285,34	-134.670,00	-6.000,00	-3.500,00	-3.500,00	-3.500,00

Investitionen

Investitionen	Jahresergebnis 2006	Ansatz 2007 2008	Verpflichtungsermächtigungen	Finanzplan 2009	Finanzplan 2010 2011	bisher bereitgestellt	Gesamt Ein- und Auszahl.
ISOPO-06 Inv.zuschuss an Gemeinden u.Gdeverb: Jugendarbeit	0,00	-27.200,00 0,00	0,00	0,00	0,00 0,00	-73.550,00	0,00
ISOPO-09 Inv.zuschuss an private Unternehmen: Jugendarbeit	0,00	-72.370,00 0,00	0,00	0,00	0,00 0,00	-209.000,00	0,00
I-SW-0009 Software Jugendamt SG 24	0,00	-9.600,00 0,00	0,00	0,00	0,00 0,00	-9.600,00	0,00
I-SW-0010 Software Jugendamt SG 23	-2.458,50	-23.500,00 0,00	0,00	0,00	0,00 0,00	-23.500,00	-44.386,74
I-ZI-0005 Neubeschaffung EDV-Geräte	0,00	-1.000,00 -1.000,00	0,00	0,00	0,00 0,00	-12.000,00	-2.488,20
I-ZI-0010 Pauschalansatz für Ersatz-Bürodrehstühle	-322,48	0,00 0,00	0,00	0,00	0,00 0,00	0,00	-322,48
I-ZI-0013 Ersatzbeschaffung PDA/ MDA	-1.090,40	0,00 0,00	0,00	0,00	0,00 0,00	0,00	-1.090,40
I-ZI-0034 2008= Sideboard und Stühle	-300,28	0,00 -1.000,00	0,00	0,00	0,00 0,00	-6.500,00	-1.895,24
I-ZI-0035 2008=2 Besprech.tische + 3 Stühle/2009ff=Aktenschr	-982,74	0,00 -2.000,00	0,00	-2.500,00	-2.500,00 -2.500,00	-10.000,00	-6.147,13
I-ZI-0052 Umgestaltung Wartebereich Sitzgelegenheit,Spielzeu	0,00	0,00 -1.000,00	0,00	0,00	0,00 0,00	-1.000,00	0,00
I-0016 Ersatzbeschaffung für veraltete EDV-Geräte	0,00	0,00 0,00	0,00	0,00	0,00 0,00	-3.000,00	-2.295,64
I-0017 Umgestaltung Wartebereich Sitzgelegenheit,Spielzeu	-392,78	-1.000,00 -1.000,00	0,00	-1.000,00	-1.000,00 -1.000,00	-6.000,00	-845,18

Als positiv zu werten ist die überdurchschnittlich problemorientierte Darstellung im gesamten Haushalt. Neben der Beschränkung auf Schlüsselprodukte ist die analytische Qualität in den Produktbeschreibungen mit Kennzahlen zu nennen. Besonders positiv dürfte auch sein, dass als eine der ganz wenigen Kommunalverwaltungen bereits **Vergleichswerte** in die Produktinformationen integriert sind, wie in der abgedruckten Produktinformation zur wirtschaftlichen Jugendhilfe beispielhaft deutlich wurde. Auch die flächendeckende Integration aussagefähiger **Kennzahlen zum Personaleinsatz** kann als vorbildlich bezeichnet werden. Durch die insgesamt beachtliche Informationsverdichtung kann allerdings zwangsläufig auch die Übersichtlichkeit des Gesamtwerks leiden. Vielleicht sollte in Folgehaushalten durch redaktionelle Maßnahmen (z. B. einheitliche Formatierungen bzw. Schriftgrößen) die Übersichtlichkeit optimiert werden. Bei einzelnen Produkten könnte auch noch überlegt werden, die wichtigsten steuerungsrelevanten Kennzahlen auszuwählen, wodurch das Gesamtwerk leserfreundlicher werden könnte.

4.3.5 Landkreis Bamberg (2007)

Der erste doppische Haushaltsplan wurde im Landkreis Bamberg (145.000 Einwohner) im Haushaltsjahr 2007 vorgelegt und hat einen Umfang von 202 Seiten. Die Kreisverwaltung **gliedert** den Haushalt recht übersichtlich in fünf Hauptteile.

- Vorwort, Allgemeines zur Doppik, Vorbericht zum Haushalt
- Haushaltssatzung, Gesamthaushalt
- Teilhaushalte nach Organisation Landratsamt
- weitergehende Infos zu einzelnen Produkten
- Anlagen

Landkreis Bamberg 101

Exemplarisch zeigen wir zunächst den **Teilhaushalt des Fachbereichs „Schulen"**.[40]

Gesamthaushalt 2007
Landkreis Bamberg

Geschäftsbereich 1   1 Kommunales, Kreiseinrichtungen
Fachbereich 121   **12.1 Schulen**

Allgemeine Angaben

zuständiger Fachbereich	1210 12.1 Schulen
verantwortlich	Schön Wolfgang
Beschreibung	Der Landkreis Bamberg ist Schulaufwandsträger für die Realschulen in Ebrach, Hirschaid und Scheßlitz und die Landwirtschaftsschule in Bamberg (Art. 8 Abs. 1 Nr. 3 Bayer. Schulfinanzierungsgesetz - BaySchFG -). Der Schulaufwand umfasst den Sachaufwand, der für den Schulbetrieb und Unterricht erforderlich ist, den Aufwand für das Hauspersonal (Hausmeister und Reinigungskräfte) sowie die Aufgabe, die Schulanlagen bereitzustellen, einzurichten, auszustatten, zu bewirtschaften und zu unterhalten. Den Schulaufwand für die Berufsschulen I bis III sowie für die Gymnasien in der Stadt Bamberg bestreitet der Landkreis Bamberg zusammen mit der Stadt Bamberg jeweils in einem Zweckverband (Art. 8 Abs. 2 BaySchFG). Die Geschäftsführung des Zweckverbandes Berufsschulen erfolgt im Landratsamt Bamberg, die Geschäftsführung des Zweckverbandes Gymnasien in der Stadt Bamberg. Derzeit besuchen derzeit 2.620 Schüler aus dem Landkreis die Berufsschulen in Bamberg (Gesamtschülerzahl 5551). Der Landkreis Bamberg finanziert auch anteilmäßig den Schulaufwand für die in der Schulträgerschaft des Vereins "Hilfe für Förderschüler im Landkreis Bamberg e.V." stehenden sonderpädagogischen Förderzentren in Scheßlitz und Stappenbach. Die Geschäftsführung für diesen Verein erfolgt im Landratsamt Bamberg.
Auftragsgrundlage	Bayer. Schulfinanzierungsgesetz (BaySchFG)
Ziele	Sicherstellen eines den Anforderungen an einen ordnungsgemäßen, zukunftssicheren und zukunftsweisenden entsprechenden Unterrichtsbetriebs an den Schulen, für die der Landkreis Bamberg den Schulaufwand entweder alleine oder zusammen mit anderen Trägern bestreitet.

Untergeordnete Bereiche

1210   12.1 Schulen allgemein
1211   12.1 Realsch. 1 Ebrach
1212   12.1 Realsch. 2 Hirschaid
1213   12.1 Realsch. 3 Scheßlitz
1217   12.1 Fachschulen (Landwirtsch.)
1218   12.1 Kreisbildstelle

Kennzahlen und Leistungsmengen

	2001	2002	2003	2004	2005	2006
	1	2	3	4	5	6
Schülerzahlen Realschulen						
Realschule Ebrach	679	705	706	665	662	660
Realschule Hirschaid	820	842	864	759	746	731
Realschule Scheßlitz	877	920	945	941	927	919
Realschulen gesamt	2376	2467	2515	2365	2335	2310
Schülerzahlen an Gymnasien in Bamberg						
Schüler insgesamt	5631	5738	5830	5962	6155	6256
Schüler aus Landkreis Bamberg	3335	3367	3355	3440	3483	3632
%-Anteil aus Landkreis Bamberg	62,66	62,21	60,84	60,89	60,93	61,23

---

[40] Landkreis Bamberg (2007) S. 72 ff. (PDF).

Gesamthaushalt 2007
Landkreis Bamberg

Geschäftsbereich 1   1 Kommunales, Kreiseinrichtungen
Fachbereich 121   **12.1 Schulen**

Teilergebnisplan

Ertrags- und Aufwandsarten	Ergebnis 2005	Ansatz 2006	**Ansatz 2007**	Planung 2008	Planung 2009	Planung 2010
	1	2	3	4	5	6
1 Steuern und ähnliche Abgaben	0	0	**0**	0	0	0
2 + Zuwendungen und allgemeine Umlagen	44.597	20.300	**98.745**	98.745	98.745	98.745
3 + Sonstige Transfererträge	0	0	**0**	0	0	0
4 + Öffentlich-rechtliche Leistungsentgelte	1.571	900	**89.900**	69.900	69.900	69.900
5 + Privatrechtliche Leistungsentgelte	89.688	102.570	**106.370**	106.370	106.420	106.420
6 + Kostenerstattungen und Kostenumlagen	397.680	435.950	**395.150**	396.250	396.250	396.250
7 + Sonstige ordentliche Erträge	0	0	**0**	0	0	0
8 + Aktivierte Eigenleistungen	0	0	**0**	0	0	0
9 +/- Bestandsveränderungen	0	0	**0**	0	0	0
10 = Ordentliche Erträge	533.536	559.720	**690.165**	671.265	671.315	671.315
11 - Personalaufwendungen	770.039	769.730	**743.750**	748.950	754.050	756.050
12 - Versorgungsaufwendungen	1.363	1.250	**3.250**	3.250	3.250	3.250
13 - Aufwendungen für Sach- und Dienstleistungen	590.276	737.080	**1.022.025**	700.290	699.790	699.790
14 - Bilanzielle Abschreibungen	0	0	**932.850**	935.000	939.000	943.000
15 - Transferaufwendungen	4.511.481	4.824.790	**5.330.880**	5.455.160	5.609.540	5.709.980
16 - Sonstige ordentliche Aufwendungen	1.670.096	1.767.170	**1.746.520**	1.771.520	1.771.520	1.771.520
17 = Ordentliche Aufwendungen	7.543.255	8.100.020	**9.779.275**	9.614.170	9.777.150	9.883.590
18 = Ergebnis der lfd. Verwaltungstätigkeit (= Zeilen 10 und 17)	7.009.719-	7.540.300-	**9.089.110-**	8.942.905-	9.105.835-	9.212.275-
19 + Finanzerträge	0	0	**0**	0	0	0
20 - Zinsen und sonstige Finanzaufwendungen	0	0	**0**	0	0	0
21 = Finanzergebnis (= Zeilen 19 und 20)	0	0	**0**	0	0	0
22 = Ordentliches Ergebnis (= Zeilen 18 und 21)	7.009.719-	7.540.300-	**9.089.110-**	8.942.905-	9.105.835-	9.212.275-
23 + Außerordentliche Erträge	0	0	**0**	0	0	0
24 - Außerordentliche Aufwendungen	0	0	**0**	0	0	0
25 = Außerordentliches Ergebnis (= Zeilen 23 und 24)	0	0	**0**	0	0	0
26 = Ergebnis vor Berücksichtigung der internen Leistungsbeziehungen (= Zeilen 22 und 25)	7.009.719-	7.540.300-	**9.089.110-**	8.942.905-	9.105.835-	9.212.275-
27 + Erträge aus internen Leistungsbeziehungen	37.000	0	**0**	0	0	0
28 - Aufwendungen aus internen Leistungsbeziehungen	34.500	0	**0**	0	0	0
29 = Ergebnis (= Zeilen 26, 27, 28)	7.007.219-	7.540.300-	**9.089.110-**	8.942.905-	9.105.835-	9.212.275-

Landkreis Bamberg 103

Gesamthaushalt 2007
Landkreis Bamberg

Geschäftsbereich 1   1 Kommunales, Kreiseinrichtungen
Fachbereich 121   **12.1 Schulen**

Teilfinanzplan - A. Zahlungsübersicht

Ein- und Auszahlungsarten	Ergebnis 2005	Ansatz 2006	**Ansatz 2007**	Verpfl. Erm.	Planung 2008	Planung 2009	Planung 2010
	1	2	3	4	5	6	7
Einzahlungen aus laufender Verwaltungstätigkeit							
1 Steuern und ähnliche Abgaben	0	0	**0**	0	0	0	0
2 + Zuwendungen und allg. Umlagen	44.597	20.300	**200**	0	200	200	200
3 + Sonstige Transfereinzahlungen	0	0	**0**	0	0	0	0
4 + Öffentlich-rechtliche Leistungsentgelte	1.571	900	**69.900**	0	69.900	69.900	69.900
5 + Privatrechtliche Leistungsentgelte	89.688	102.570	**106.370**	0	106.370	106.420	106.420
6 + Kostenerstattungen, Kostenumlagen	397.680	435.950	**395.150**	0	396.250	396.250	396.250
7 + Sonstige Einzahlungen	0	0	**0**	0	0	0	0
8 + Zinsen und sonstige Finanzeinzahlungen	0	0	**0**	0	0	0	0
9 = Einzahlungen aus laufender Verwaltungstätigkeit	533.536	559.720	**571.620**	0	572.720	572.770	572.770
Auszahlungen aus laufender Verwaltungstätigkeit							
10 - Personalauszahlungen	770.039	769.730	**743.750**	0	748.950	754.050	756.050
11 - Versorgungsauszahlungen	1.363	1.250	**3.250**	0	3.250	3.250	3.250
12 - Auszahlungen für Sach- und Dienstleistungen	590.276	737.080	**1.022.025**	0	700.290	699.790	699.790
13 - Zinsen und sonstige Finanzauszahlungen	0	0	**0**	0	0	0	0
14 - Transferauszahlungen	4.511.481	4.824.790	**5.330.880**	0	5.455.160	5.609.540	5.709.980
15 - Sonstige Auszahlungen	1.670.096	1.767.170	**1.746.520**	0	1.771.520	1.771.520	1.771.520
16 = Auszahlungen aus laufender Verwaltungstätigkeit	7.543.255	8.100.020	**8.846.425**	0	8.679.170	8.838.150	8.940.590
17 = Saldo aus laufender Verwaltungstätigkeit (=Zeilen 9 und 16)	7.009.719-	7.540.300-	**8.274.805-**	0	8.106.450-	8.265.380-	8.367.820-

Gesamthaushalt 2007
Landkreis Bamberg

Geschäftsbereich 1   1 Kommunales, Kreiseinrichtungen
Fachbereich   **121**   **12.1 Schulen**

Teilfinanzplan - A. Zahlungsübersicht

Ein- und Auszahlungsarten	Ergebnis 2005	Ansatz 2006	**Ansatz 2007**	Verpfl. Erm.	Planung 2008	Planung 2009	Planung 2010
	1	2	3	4	5	6	7
Einzahlungen aus Investitionstätigkeit							
18 aus Zuwendungen für Investitionsmaßnahmen	100.000	123.000	**412.000**	0	500.000	800.000	800.000
19 aus der Veräußerung von Sachanlagen	0	0	**0**	0	0	0	0
20 aus der Veräußerung von Finanzanlagen	45.125	44.870	**0**	0	0	0	0
21 aus Beiträgen u.ä. Entgelten	0	0	**0**	0	0	0	0
22 Sonstige Investitionseinzahlungen	0	0	**0**	0	0	0	0
23 = Einzahlungen aus Investitionstätigkeit	145.125	167.870	**412.000**	0	500.000	800.000	800.000
Auszahlungen aus Investitionstätigkeit							
24 für den Erwerb von Grundstücken und Gebäuden	0	22.300	**0**	0	0	0	0
25 für Baumaßnahmen	58.784-	0	**80.000**	0	0	0	0
26 für den Erwerb von beweglichem Anlagevermögen	110.492	191.050	**380.215**	0	1.732.215	1.970.775	1.654.716
27 für den Erwerb von Finanzanlagen	0	0	**0**	0	0	0	0
28 von aktivierbaren Zuwendungen	646.819	407.020	**305.750**	0	292.750	273.920	270.800
29 Sonstige Investitionsauszahlungen	900.000	250.000	**3.850.000**	0	3.145.000	0	0
30 = Auszahlungen aus Investitionstätigkeit	1.598.527	870.370	**4.615.965**	0	5.169.965	2.244.695	1.925.516
31 = Saldo der Investitionstätigkeit (= Zeilen 23 und 30)	1.453.402-	702.500-	**4.203.965-**	0	4.669.965-	1.444.695-	1.125.516-

Diese fachbereichsbereichbezogene Darstellung wird im Landkreis Bamberg durch eine begrenzte Anzahl ausgewählter **Schlüsselprodukte** ergänzt. Als Beispiel für ein Schlüsselprodukt zeigen wir die „Realschule Ebrach" (Anschließend werden die anderen Realschulen entsprechend dargestellt.):[41]

---

[41] Landkreis Bamberg (2007) S. 156 ff. (PDF).

Landkreis Bamberg 105

Produktübersicht 2007
Landkreis Bamberg

Produktgruppe	2.1.5	Realschulen (Art. 8, 10 Abs.1 BayEUG)
Produkt	2.1.5.1	Schulträgeraufgaben für die Realschulen
Leistung	**2.1.5.1.1**	**Bereitstellung und Betrieb der Realschule Ebrach**

Konto	Ergebnis 2005	Ansatz 2006	Ansatz 2007	Planung 2008	Planung 2009	Planung 2010
1	2	3	4	5	6	7
Erträge und Aufwendungen						
Erträge						
414104 Zuweisungen und Zuschüsse für lfd. Zwecke vom Land	12.581	5.800	0	0	0	0
416111 Erträge aus der Auflösung von Sonderposten aus Zuweisungen vom Land	0	0	38.800	38.800	38.800	38.800
416411 Erträge aus der Auflösung von Sonderposten aus Zuweisungen vom sonstigen öffentlichen Bereich	0	0	0	0	0	0
43110 Verwaltungsgebühren	0	0	0	0	0	0
43112 Verwaltungsgebühren	0	0	0	0	0	0
432132 Schulgebühren und Entgelte	0	0	20.000	20.000	20.000	20.000
438101 Erträge aus der Auflösung von Sonderposten Gebührenausgleich	0	0	5.000	0	0	0
441111 Mieten aus Gebäuden und Grundstücken	2.990	3.000	3.000	3.000	3.000	3.000
441115 Sonstige Mieten aus Gebäuden und Grundflächen	215	300	300	300	300	300
442131 Verkauf von Drucksachen aller Art	0	50	0	0	0	0
442141 Verkauf anderer bewegl. Sachen	0	50	50	50	50	50
446102 Ersätze für Post- und Fernmeldegebühren	142	150	150	150	150	150
446104 Ersätze für sonstige Geschäftsausgaben	4.748	4.500	4.500	4.500	4.500	4.500
446105 Ersätze für Bewirtschaftungskosten	0	22.500	22.500	22.500	22.500	22.500
448201 Kostenerstattungen vom überörtlichen Träger	25.459	0	0	0	0	0
448202 Erstattungen durch Gemeinden und Gemeindeverbände	0	22.500	0	0	0	0
448203 Erstattungen durch Gemeinden und Gemeindeverbände:Gastschulbeiträge	90.450	91.800	80.000	80.000	80.000	80.000
481103 Übertrag Budget	10.000	0	0	0	0	0
Aufwendungen						
501201 Entgelte für tariflich Beschäftigte	110.456	112.900	110.000	111.000	112.000	113.000
501202 Leistungsentgelte	0	0	0	0	0	0
502201 Beiträge zu Versorgungskassen für tariflich Beschäftigte	9.528	11.500	11.600	11.700	11.800	11.800
503201 Beiträge zur gesetzlichen Sozialversicherung für tariflich Beschäftigte	23.527	24.200	23.500	23.700	23.900	24.100
504101 Beihilfen, Unterstützungen u.ä.	522	300	300	300	300	300
521111 Unterhalt eigener Gebäude	3.491-	42.000	109.000	12.000	12.000	12.000
521113 Sonstiger Unterhalt von Gebäuden und Grundstücken	13.949	13.000	12.000	10.000	10.000	10.000
521115 Arbeitsgeräte und -maschinen (Instandhaltung)	2.496	3.000	3.000	3.000	3.000	3.000
521116 Verwaltungs- und Zweckausstattung (Instandhaltung)	937	1.000	1.000	1.000	1.000	1.000
521117 Technische Geräte und Apparate (Instandhaltung)	8.130	10.000	10.000	10.000	10.000	10.000
521118 Schulausstattung: Instandhaltung	5.607	6.000	6.000	6.000	6.000	6.000
522121 Unterhalt: Sportanlagen u.ä.	1.705	2.000	4.000	4.000	4.000	4.000
523111 Mieten für Gebäude	0	0	0	0	0	0
524111 Reinigungskosten	4.264	5.000	5.000	5.000	5.000	5.000
524311 Heizungskosten	29.870	25.000	35.000	35.000	35.000	35.000
524321 Strombezugskosten	10.845	11.000	11.000	11.000	11.000	11.000
524331 Wasserversorgung, Entwässerung	2.851	4.000	4.000	4.000	4.000	4.000
524901 Haus-, Grundstückslasten	3.418	4.000	4.000	4.000	4.000	4.000
527111 Staatl. geförderte Lernmittel	22.041	1.320	26.280	21.000	21.000	21.000

Produktübersicht 2007
Landkreis Bamberg

Produktgruppe	2.1.5	Realschulen (Art. 8, 10 Abs.1 BayEUG)
Produkt	2.1.5.1	Schulträgeraufgaben für die Realschulen
Leistung	**2.1.5.1.1**	**Bereitstellung und Betrieb der Realschule Ebrach**

Konto	Ergebnis 2005	Ansatz 2006	Ansatz 2007	Planung 2008	Planung 2009	Planung 2010
1	2	3	4	5	6	7
Erträge und Aufwendungen						
Aufwendungen						
527122 Lehr- und Unterrichtsmittel	3.414	4.000	**4.000**	4.000	4.000	4.000
527123 Lehrerbücherei, Fachliteratur	3.656	3.000	**4.000**	4.000	4.000	4.000
527127 Klassenbedarf	2.294	2.300	**1.300**	1.300	1.300	1.300
527128 Spiel- und Sportgeräte	1.281	1.500	**1.200**	1.200	1.200	1.200
527161 Lernmittel (nicht zuschussfähig)	516	500	**500**	500	500	500
527163 Schülerbücherei (nicht zuschussfähig)	0	1.000	**1.000**	1.000	1.000	1.000
527164 Badbenutzung, Schwimmunterricht	3.461	3.700	**3.700**	3.700	3.700	3.700
527168 Sonstiger schulischer Betriebsaufwand	8.479	8.000	**8.000**	8.000	8.000	8.000
527169 Sonstige Lehrveranstaltungen	2.732	3.000	**3.000**	3.000	3.000	3.000
541201 Aufwendungen für übernommene Reisekosten	292	200	**200**	200	200	200
543111 Aufwendungen für Büromaterial	2.163	3.500	**3.000**	3.000	3.000	3.000
543121 Aufwendungen für Bücher, Zeitschriften	1.519	1.500	**2.000**	2.000	2.000	2.000
543131 Aufwendungen für Porto und Versand	1.353	1.600	**1.600**	1.600	1.600	1.600
543141 Fernsprech- und Fernschreibgebühren	4.413	4.500	**2.000**	2.000	2.000	2.000
543231 Gerichts-, Anwalts-, Notar-, Gerichtsvollzieherkosten usw.	0	250	**250**	250	250	250
543901 Sonstige Geschäftsaufwendungen	854	1.000	**1.000**	1.000	1.000	1.000
543902 Verwaltungs- und Zweckausstattung	4.264	4.000	**4.000**	4.000	4.000	4.000
543916 Sonstige Geschäftsausgaben	2.758	2.500	**2.300**	2.300	2.300	2.300
544221 Aufwendungen für Gebäudeversicherungen	2.068	2.100	**2.200**	2.200	2.200	2.200
544251 Feuer- und Hausratversicherung	481	500	**550**	550	550	550
571121 Abschreibungen auf DV-Software	0	0	**0**	0	0	0
571214 Abschreibungen auf sonstige unbebaute Grundstücke	0	0	**0**	0	0	0
571221 Abschreibungen auf Grundstücke mit Schulen	0	0	**0**	0	0	0
571222 Abschreibungen auf Grundstücke mit Wohnbauten	0	0	**0**	0	0	0
571421 Abschreibungen auf technische Anlagen	0	0	**0**	0	0	0
571441 Abschreibungen auf Betriebsvorrichtungen	0	0	**175.980**	177.000	178.000	179.000
571531 Abschreibungen auf Betriebsausstattung	0	0	**0**	0	0	0
571533 Abschreibungen auf Musikinstrumente	0	0	**0**	0	0	0
571541 Abschreibungen auf geringwertige Wirtschaftsgüter	0	0	**0**	0	0	0
573211 Einzelwertberichtigung von Ford. wegen Erlass und Niederschlagung oder sonstiger Uneinbringlichkeit	0	0	**0**	0	0	0
579191 übrige sonstige Abschreibungen	0	0	**0**	0	0	0
581105 Übertrag Budget	5.000	0	**0**	0	0	0
Summe Erträge	146.585	150.650	**174.300**	169.300	169.300	169.300
Summe Aufwendungen	297.653	324.870	**597.460**	495.500	497.800	500.000
Abgleich Leistung 2.1.5.1.1	151.068-	174.220-	**423.160-**	326.200-	328.500-	330.700-
Ein-/Auszahlungen Inv. und Finanztätigkeit						
Einzahlungen für Investitionen und						
681101 Investitionszuwendungen vom Land	0	0	**0**	0	0	0
681201 Investitionszuwendungen von Gemeinden (GV)	0	0	**0**	0	0	0
6831 Einz.a.d. Veräußerung von beweg.u.immat. Vermögensgegenst. oberh. der Wertgrenze v. 410 EUR	0	0	**0**	0	0	0

Produktübersicht 2007
Landkreis Bamberg

Produktgruppe	2.1.5	Realschulen (Art. 8, 10 Abs.1 BayEUG)
Produkt	2.1.5.1	Schulträgeraufgaben für die Realschulen
Leistung	**2.1.5.1.1**	**Bereitstellung und Betrieb der Realschule Ebrach**

Konto	Ergebnis 2005	Ansatz 2006	Ansatz 2007	Planung 2008	Planung 2009	Planung 2010
1	2	3	4	5	6	7
Ein-/Auszahlungen Inv. und Finanztätigkeit						
Einzahlungen für Investitionen und						
6881 Beiträge und ähnliche Entgelte	0	0	0	0	0	0
Auszahlungen für Investitionen und						
782201 Erwerb von bebauten Grundstücken	0	0	0	0	0	0
782203 Erschließungsbeiträge	0	22.300	0	0	0	0
783101 Ausz. für den Erwerb von beweglichen Vermögensgegenständen und immateriellen Vermögensgegenständen	20.000	60.000	81.000	40.000	40.000	40.000
783106 Ausz. aus dem Erwerb von beweglichen Sachen des Anlageverm. oberhalb der Wertgrenze i.H.v. 410 Euro	0	0	1.050	1.050	1.050	1.050
783201 Ausz. aus dem Erwerb von beweglichen Sachen des Anlageverm. unterhalb der Wertgrenze i.H.v. 410 Euro	0	0	0	0	0	0
783203 Ausz. aus dem Erwerb von beweglichen Sachen des Anlageverm. unterhalb der Wertgrenze i.H.v. 410 Euro	0	0	0	0	0	0
783204 Ausz. aus dem Erwerb von beweglichen Sachen des Anlageverm. unterhalb der Wertgrenze i.H.v. 410 Euro	2.716	4.000	4.000	4.000	4.000	4.000
785301 Auszahlungen für sonstige Baumaßnahmen	0	0	0	0	0	0
Summe Einzahlungen aus Inv. und Finanztätigkeit	0	0	0	0	0	0
Summe Auszahlungen aus Inv. und Finanztätigkeit	22.716	86.300	86.050	45.050	45.050	45.050
Abgleich Leistung 2.1.5.1.1	22.716-	86.300-	86.050-	45.050-	45.050-	45.050-

Im Gegensatz zum Landkreis Ebersberg sind bislang noch kaum quantitative oder wirkungsorientierte Kennzahlen bzw. entsprechende Ziele formuliert. Auch der Personaleinsatz ist bislang in den Teilhaushalten nicht dargestellt.

5 Kommunale Doppik in Brandenburg

5.1 Die Situation in Brandenburg

Doppik spätestens ab 2011

Mit dem Kommunalrechtsreformgesetz (KommRRefG) wurde für Brandenburg zum 18.12.2007 die neue Kommunalverfassung (BbgKVerf) beschlossen, die für alle Kommunen nach dem 31.12.2010 eine ausschließlich doppische Haushaltswirtschaft vorschreibt. Die Haushalts- und Kassenverordnung (KomHKV) für ein kommunales Haushalts-, Kassen- und Rechnungswesen auf doppischer Basis wurde am 14.02.2008 veröffentlicht.

Zuvor wurden die Grundlagen für die kommunale Doppik seit 2005 in einem breit angelegten Landesprojekt des Innenministeriums mit acht Modellkommunen und weiteren Projektbeteiligten (u. a. den kommunalen Spitzenverbänden und PwC als externem Berater) pilotiert. Die Projektergebnisse sind unter www.doppik-kom.brandenburg.de dokumentiert und in einem Abschlussbericht im September 2007 zusammengefasst worden, der insbesondere die Erfahrungen der Projektbeteiligten aus dem Umstellungsprozess auf die Doppik wiedergibt. Auf der genannten Internetseite sollen auch künftige Verlautbarungen und fachliche Hinweise zur kommunalen Doppik veröffentlicht werden.

Umsetzungsstand in Brandenburg

Nach den verfügbaren Informationen hatten etwa 12 Kommunalverwaltungen die Doppikumstellung bereits für 2007 geplant; eine größere Anzahl wollte in 2008 folgen.

Zum Abschluss der Erhebungsphase (März 2008) lagen uns 10 doppische Haushalte vor, die in die Analyse mit einbezogen wurden. Hiervon werden im Folgenden die Landeshauptstadt Potsdam, die Stadt Königs Wusterhausen und die Stadt Nauen ausführlicher dargestellt. Auf der beiliegenden CD befinden sich zusätzlich noch Kommentierungen zu den Haushalten der Landkreise Oberhavel und Ostprignitz-Ruppin.

Allgemeine Charakterisierung der doppischen Haushalte

Die Teilhaushalte sind gemäß § 5 KomHKV-BB **ausschließlich nach dem finanzstatistisch geprägten Produktrahmen** zu gliedern. Für jeden vorgegebenen Produktbereich sind ein Teilergebnishaushalt und ein Teilfinanzhaushalt aufzustellen. Die Brücke zur Verwaltungsorganisation ist über die Regelung vorgesehen, dass ein oder mehrere Teilhaushalte ein Budget bilden und jeweils einem bestimmten Verantwortungsbereich zuzuordnen sind.

Unterhalb der Produktbereichsebene können Teilhaushalte nach den vorgegebenen Produktgruppen oder nach Produkten gebildet werden. In diesem Fall sind jedoch die Teilfinanzhaushalte und Teilergebnishaushalte auf Ebene der Produktbereiche aufzusummieren. In den Teilhaushalten sind die Produktgruppen, die wesentlichen Produkte und deren Auftragsgrundlage zu beschreiben, die zu erreichenden Produktziele vorzugeben und Kennzahlen zur Messung der Zielerreichung anzugeben.

5.2 Wichtigste Vorschriften zur Haushaltsgliederung in Brandenburg

Anlagen zum Haushaltsplan

Dem Haushaltsplan sind gemäß § 2 Abs. 1 KomHKV-BB als Anlagen beizufügen:

- der Vorbericht,
- eine Übersicht über die aus Verpflichtungsermächtigungen in den einzelnen Jahren voraussichtlich fällig werdenden Auszahlungen; werden Auszahlungen in Jahren fällig, auf die sich der mittelfristige Ergebnis- und Finanzplan noch nicht erstreckt, so ist die voraussichtliche Deckung des Ausgabenbedarfs dieser Jahre gesondert darzustellen,
- eine Übersicht über den voraussichtlichen Stand der Verbindlichkeiten, der Rücklagen und der Rückstellungen zu Beginn und zum Ende des Jahres, für das der Haushaltsplan aufgestellt wird (Planjahr),
- eine Übersicht über die Sonderposten und über die veranschlagten Erträge aus der Auflösung der Sonderposten im mittelfristigen Ergebnis- und Finanzplanungszeitraum,
- eine Übersicht über die veranschlagten Erträge und Aufwendungen aus allgemeinen Umlagen, Ersatz von sozialen Leistungen und Sozialtransferleistungen im mittelfristigen Ergebnis- und Finanzplanungszeitraum,
- der Stellenplan,
- die Wirtschaftspläne der Sondervermögen für die Sonderrechnungen geführt werden,
- die Wirtschaftspläne der Unternehmen und Einrichtungen mit eigener Rechtspersönlichkeit, an denen die Gemeinde mit mehr als 50 vom Hundert beteiligt ist,
- eine Übersicht über die gebildeten Budgets.

Im Ergebnis- und Finanzhaushalt sowie in den Teilhaushalten sind gemäß § 12 Abs. 1 KomHKV-BB die zu veranschlagenden Erträge und Aufwendungen und die Einzahlungen und Auszahlungen um die Ansätze des laufenden Haushaltsjahres und um die Planungsansätze der dem Haushaltsjahr folgenden drei Jahre zu ergänzen sowie die Ergebnisse der Rechnung des Vorjahres voranzustellen (integrierte mittelfristige Ergebnis- und Finanzplanung).

Gliederung des Ergebnisplans

Um eine Vereinheitlichung der Haushalte zu erreichen, hat auch Brandenburg einige Formblätter veröffentlicht. Die Gliederung des Ergebnisplans wird im Folgenden anhand des Ergebnisplans des **Landkreises Ostprignitz-Ruppin** verdeutlicht:[42]

Landkreis Ostprignitz-Ruppin NKF
Haushaltsjahr: 2008
Ergebnisplan
Seite: 36

	Ergebnisplan (alle Werte in EUR)	Ergebnis 2006	Ansatz 2007	Ansatz 2008	Planung 2009	Planung 2010	Planung 2011
		1	2	3	4	5	6
1	Steuern und ähnliche Abgaben	0,00	8.517.200	8.500.000	8.500.000	8.500.000	8.500.000
2	+ Zuwendungen und allgemeine Umlagen	0,00	198.505.700	200.835.900	200.894.300	201.004.100	201.482.900
3	+ Sonstige Transfererträge	0,00	3.824.400	3.933.500	3.542.600	3.537.500	3.532.500
4	+ Öffentlich-rechtliche Leistungsentgelte	0,00	12.864.700	12.953.500	12.927.000	12.955.600	12.944.600
5	+ Privatrechtliche Leistungsentgelte	0,00	856.300	736.300	734.400	710.800	558.400
6	+ Kostenerstattungen und Kostenumlagen	0,00	6.345.400	6.610.600	6.756.800	6.333.100	6.330.800
7	+ Sonstige ordentliche Erträge	0,00	2.830.800	882.800	881.900	882.200	882.200
8	+ Aktivierte Eigenleistungen	0,00	0	0	0	0	0
9	+/- Bestandsveränderungen	0,00	0	0	0	0	0
10	= Ordentliche Erträge	0,00	233.744.500	234.452.600	234.237.000	233.923.300	234.231.400
11	- Personalaufwendungen	0,00	35.499.200	34.680.400	34.750.400	34.682.400	34.658.300
12	- Versorgungsaufwendungen	0,00	25.200	0	0	0	0
13	- Aufwendungen für Sach- und Dienstleistungen	0,00	8.246.700	8.688.600	8.275.000	8.024.100	8.165.100
14	- Abschreibungen	0,00	4.325.700	4.476.600	4.635.900	4.585.500	4.704.000
15	- Transferaufwendungen	0,00	182.999.600	177.611.500	176.719.100	175.421.600	175.243.800
16	- Sonstige ordentliche Aufwendungen	0,00	16.991.500	15.450.300	15.374.100	15.179.100	15.092.700
17	= Ordentliche Aufwendungen	0,00	248.087.900	240.907.400	239.754.500	237.892.700	237.863.900
18	= Ergebnis der lfd. Verwaltungstätigkeit	0,00	-14.343.400	-6.454.800	-5.517.500	-3.969.400	-3.632.500
19	+ Zinsen und sonstige Finanzerträge	0,00	75.000	160.100	160.100	160.000	160.000
20	- Zinsen und sonstige Finanzaufwendungen	0,00	1.957.900	2.212.800	2.265.000	2.315.400	2.363.400
21	= Finanzergebnis	0,00	-1.882.900	-2.052.700	-2.104.900	-2.155.400	-2.203.400
22	= Ordentliches Jahresergebnis	0,00	-16.226.300	-8.507.500	-7.622.400	-6.124.800	-5.835.900
23	- außerordentliche Erträge	0,00	12.000	275.000	168.000	100.000	50.000
24	- außerordentliche Aufwendungen	0,00	12.000	267.200	59.500	93.600	76.200
25	= außerordentliches Jahresergebnis	0,00	0	7.800	108.500	6.400	-26.200
26	= Gesamtüberschuss/Gesamtfehlbetrag	0,00	-16.226.300	-8.499.700	-7.513.900	-6.118.400	-5.862.100

---

[42] Landkreis Ostprignitz-Ruppin (2008) S. 36.

Gliederung des Finanzplans

Die Gliederungsvorschriften zum Finanzplan werden ebenfalls am Finanzplan des Landkreises Ostprignitz-Ruppin verdeutlicht:[43]

Landkreis Ostprignitz-Ruppin NKF — Finanzplan — Seite: 37

Haushaltsjahr: 2008

	Finanzplan (alle Werte in EUR)	Ergebnis 2006	Ansatz 2007	Ansatz 2008	Planung 2009	Planung 2010	Planung 2011
		1	2	3	4	5	6
1	Steuern und ähnliche Abgaben	0,00	8.517.200	8.500.000	8.500.000	8.500.000	8.500.000
2	+ Zuwendungen und allgemeine Umlagen	0,00	193.841.600	195.470.700	195.061.600	194.722.800	194.766.600
3	+ Sonstige Transfereinzahlungen	0,00	3.824.400	3.933.500	3.542.600	3.537.500	3.532.500
4	+ Öffentlich-rechtliche Leistungsentgelte	0,00	12.864.700	12.953.500	12.927.000	12.955.600	12.944.600
5	+ Privatrechtliche Leistungsentgelte	0,00	856.300	736.300	734.400	710.800	558.400
6	+ Kostenerstattungen und Kostenumlagen	0,00	6.345.400	6.610.600	6.756.800	6.333.100	6.330.800
7	+ Sonstige Einzahlungen aus lfd. Verwaltungstätigkeit	0,00	860.100	882.700	881.800	882.100	882.100
8	+ Zinsen und sonstige Finanzeinzahlungen	0,00	75.000	160.100	160.100	160.000	160.000
9	+ periodenfremde Einzahlungen	0,00	0	0	0	0	0
10	= Einzahlungen aus lfd. Verwaltungstätigkeit	0,00	227.184.700	229.247.400	228.564.300	227.801.900	227.675.000
11	- Personalauszahlungen	0,00	34.908.400	36.210.200	35.867.600	35.492.900	35.049.600
12	- Versorgungsauszahlungen	0,00	25.200	0	0	0	0
13	- Auszahlungen für Sach- und Dienstleistungen	0,00	7.996.700	8.070.100	7.656.500	7.405.600	7.546.600
14	- Transferauszahlungen	0,00	182.999.400	177.440.900	176.438.500	175.038.900	174.765.800
15	- Zinsen und sonstige Finanzauszahlungen	0,00	18.949.400	18.116.000	17.507.000	17.362.400	17.324.000
16	- periodenfremde Auszahlungen	0,00	0	0	0	0	0
17	= Summe der Auszahlungen aus lfd. Verwaltungstätigkeit	0,00	244.879.300	239.837.200	237.469.600	235.299.800	234.686.000
18	= Saldo aus lfd. Verwaltungstätigkeit	0,00	-17.694.600	-10.589.800	-8.905.300	-7.497.900	-7.011.000
19	+ Einzahlungen aus Investitionszuwendungen	0,00	11.216.800	7.902.300	8.715.700	8.146.500	8.488.700
20	+ Einzahlungen aus Beiträgen und ähnl. Entgelten	0,00	0	0	0	0	0
21	+ Einzahlungen aus der Veräußerung von immateriellen Vermögensgegenständen	0,00	0	0	0	0	0
22	+ Einzahlungen aus der Veräußerung von Grundstücken, grundstücksgleichen Rechten und Gebäuden	0,00	822.600	275.000	168.000	100.000	50.000
23	+ Einzahlungen aus der Veräußerung von übrigem Sachanlagevermögen	0,00	2.000	0	0	0	0
24	+ Einzahlungen aus der Veräußerung von Finanzanlagevermögen	0,00	0	0	0	0	0
25	+ Sonstige Einzahlungen aus Investitionstätigkeit	0,00	100	0	0	0	0
26	= Summe der Einzahlungen aus Investitionstätigkeit	0,00	12.041.500	8.177.300	8.883.700	8.246.500	8.538.700

---

[43] Landkreis Ostprignitz-Ruppin (2008) S. 37 f.

Landkreis Ostprignitz-Ruppin NKF
Haushaltsjahr: 2008

Finanzplan — Seite: 38

	Finanzplan (alle Werte in EUR)	Ergebnis 2006	Ansatz 2007	Ansatz 2008	Planung 2009	Planung 2010	Planung 2011
		1	2	3	4	5	6
27	- Auszahlungen für Baumaßnahmen	0,00	11.063.500	3.784.000	4.785.000	4.984.100	5.883.000
28	- Auszahlungen von aktivierbaren Zuw. für Investitionen Dritter	0,00	1.292.100	1.467.600	1.219.600	620.000	594.000
29	- Auszahlungen für den Erwerb von immateriellen Vermögensgegenständen	0,00	0	0	0	0	0
30	- Auszahlungen für den Erwerb von Grundstücken, grundstücksgleichen Rechten und Gebäuden	0,00	303.400	192.000	150.000	99.500	99.500
31	- Auszahlungen für den Erwerb von übrigem Sachanlagevermögen	0,00	2.040.800	1.398.700	1.346.900	1.111.700	614.600
32	- Auszahlungen für den Erwerb von Finanzanlagevermögen	0,00	121.100	96.100	96.100	96.100	0
33	- Sonstige Auszahlungen aus Investitionstätigkeit	0,00	100	0	0	0	0
34	= Summe der Auszahlungen aus Investitionstätigkeit	0,00	14.821.000	6.938.400	7.597.600	6.911.400	7.191.100
35	= Saldo aus Investitionstätigkeit	0,00	-2.779.500	1.238.900	1.286.100	1.335.100	1.347.600
36	= Finanzmittelüberschuss/-fehlbetrag	0,00	-20.474.100	-9.350.900	-7.619.200	-6.162.800	-5.663.400
37	+ Aufnahme von Krediten für Investitionen	0,00	0	0	0	0	0
38	+ Sonstige Einzahlungen aus Finanzierungstätigkeit (ohne Liquiditätskredite)	0,00	0	0	0	0	0
39	= Einzahlungen aus der Finanzierungstätigkeit	0,00	0	0	0	0	0
40	- Auszahlungen für die Tilgung von Krediten für Investitionen	0,00	1.212.500	1.238.900	1.286.100	1.335.100	1.347.600
41	- Sonstige Auszahlungen aus der Finanzierungstätigkeit (ohne Tilgung von Liquiditätskrediten)	0,00	0	0	0	0	0
42	= Auszahlungen aus der Finanzierungstätigkeit	0,00	1.212.500	1.238.900	1.286.100	1.335.100	1.347.600
43	= Saldo aus Finanzierungstätigkeit	0,00	-1.212.500	-1.238.900	-1.286.100	-1.335.100	-1.347.600
44	+ Einzahlungen aus der Auflösung von Liquiditätsreserven	0,00	0	0	0	0	0
45	- Auszahlungen an Liquiditätsreserven	0,00	0	0	0	0	0
46	= Saldo aus der Inanspruchnahme von Liquiditätsreserven	0,00	0	0	0	0	0
47	= Veränderung des Bestandes an Finanzmitteln	0,00	-21.686.600	-10.589.800	-8.905.300	-7.497.900	-7.011.000
48	+ voraussichtlicher Bestand von Finanzmitteln zu Beginn des Haushaltsjahres	0,00	0	0	0	0	0
49	= voraussichtlicher Bestand an Finanzmitteln am Ende des Haushaltsjahres	0,00	-21.686.600	-10.589.800	-8.905.300	-7.497.900	-7.011.000

Teilhaushalte

In jedem **Teilergebnishaushalt** sind mindestens die Ergebnishaushaltsposten nach § 3 Abs. 1 KomHKV-BB auszuweisen, soweit ihnen die Erträge und Aufwendungen zuzuordnen sind. Zusätzlich sind die Erträge und Aufwendungen aus internen Leistungsbeziehungen auszuweisen. Für jeden Teilergebnishaushalt ist ein Teilabschluss aus den Erträgen und Aufwendungen vor und nach interner Leistungsverrechnung zu bilden. Nicht zahlungswirksame Erträge und Aufwendungen sind gesondert darzustellen.

In jedem **Teilfinanzhaushalt** sind mindestens die Einzahlungen und Auszahlungen im Zusammenhang mit Investitionen und Investitionsfördermaßnahmen sowie deren Finanzierung gemäß § 4 Nr. 17 bis 33 KomHKV-BB auszuweisen.

5.3 Praxis der bislang vorliegenden doppischen Haushalte in Brandenburg

5.3.1 Landeshauptstadt Potsdam 2007

Der erste doppische Haushalt der Landeshauptstadt (rund 150.000 Einwohner) umfasst knapp 970 Seiten (ohne Wirtschaftspläne). Teilhaushalte wurden auf Produktbereichsebene für 24 Produktbereiche (finanzstatistische Zweisteller) und für alle 139 städtischen Produkte gebildet. Die im Haushalt umgesetzte Gleichsetzung von Teilhaushalten und Produkten ist nach brandenburgischem Gemeindehaushaltsrecht zulässig (vgl. § 6 Abs. 2 Satz 1 KomHKV-BB).

Für die Haushaltsberatungen wurde für die Stadtverordneten und die Verwaltungsleitung eine CD-Fassung zum Haushaltsentwurf bereitgestellt, auf der zusätzlich folgende Informationen als erweiterte Daten zum Haushaltsplan verfügbar sind:

- Produktkatalog der Landeshauptstadt, der neben den im Haushalt dargestellten Produkten auch die sog. Unterprodukte (Untergliederung der Produkte in insgesamt 202 Kostenträger einschließlich z. B. den einzelnen Schulen) zeigt.
- Teilhaushalte auf Ebene der Unterprodukte unter Einbeziehung der Sachkonten.
- Überleitungstabelle von kameralen Unterabschnitten auf die doppischen Produkte und Unterprodukte.
- Erläuterungen zu Inhalt und Postenzusammensetzung im Gesamtergebnis- und -finanzplan.

Zur Deckungsfähigkeit wird in § 8 der Haushaltssatzung „Erweiterte Bewirtschaftungsregeln für den doppischen Haushalt" ausgeführt, dass alle Ansätze eines Teilergebnishaushaltes innerhalb der jeweiligen Kontengruppe (zusammengehörige Sachkonten mit gleich lautenden ersten 2 Stellen im Kontenplan) grundsätzlich nach Maßgabe der folgenden Bestimmungen deckungsfähig sind. Für einzelne Pilotbereiche (Fachbereiche) kann der Oberbürgermeister bestimmen, dass zur Erprobung einer dezentralen flexiblen Haushaltswirtschaft hiervon abweichende Budgetregeln gelten. Insbesondere kann darin bestimmt werden, dass Ansätze im jeweiligen Budget deckungsfähig sind.

Operationalisierte Ziele und Kennzahlen sind bei den Produkten noch nicht hinterlegt, da sich bei der Landeshauptstadt auskunftsgemäß Politik und Verwaltungsleitung darauf verständigt haben, einer strukturierten Diskussion der Haushaltskennzahlen und sukzessiven Weiterentwicklung des Haushaltes den Vorrang zu geben. Für den Haushalt 2008 werden derzeit für 24 sog. Pilotprodukte geeignete haushaltsbezogene Kennzahlen abgeleitet. Auf Grundlage der dabei gewonnenen Erkenntnisse sollen nachfolgend Kennzahlen und operationalisierte Ziele für alle als wesentlich definierten Produkte der Landeshauptstadt ermittelt werden.

Nachstehend ist der Teilhaushalt für das Produkt **Gymnasien, Kollegs** wiedergegeben, in dem leider die Nullsalden nicht unterdrückt werden:

Landeshauptstadt Potsdam — 2007

Produktbereich	21 Schulträgeraufgaben
Produktgruppe	217 Gymnasien, Kollegs
Produkt	21700 Gymnasien, Kollegs

Verantwortliche/r Leiter/in: 21 - Josefine Ewers

Produktbeschreibung

Im Rahmen des Produktes findet die Errichtung, Änderung und Auflösung, Unterhaltung und Verwaltung von Gymnasien, Kollegs, insbesondere Bereitstellung der Schulanlagen, Gebäude, Einrichtungen, Lehrmittel und des sonstigen Personals statt.

Aufgabenklassifizierung
pflichtige Selbstverwaltungsaufgabe

Auftragsgrundlage
Brandenburgisches Schulgesetz, Beschlüsse der SVV

Ziele
Erfüllung der kommunalen Selbstverwaltungsaufgaben, die im Zusammenhang mit Bildung stehen.

Zielgruppen
Schülerinnen/Schüler

Landeshauptstadt Potsdam — 2007

Produktbereich	21 Schulträgeraufgaben
Produktgruppe	217 Gymnasien, Kollegs
Produkt	21700 Gymnasien, Kollegs

Verantwortliche/r Leiter/in: 21 - Josefine Ewers

Teilergebnishaushalt

	Ertrags- und Aufwandsarten	Ergebnis 2005 €	Ansatz 2006 €	Ansatz 2007 €	Planung 2008 €	Planung 2009 €	Planung 2010 €
		1	2	3	4	5	6
1	Steuern und ähnliche Abgaben *	0,00	0	0	0	0	0
2	+ Zuwendungen und allgemeine Umlagen *	0,00	0	40.300	40.200	40.200	40.200
3	+ Sonstige Transfererträge	0,00	0	0	0	0	0
4	+ Öffentlich-rechtliche Leistungsentgelte *	0,00	0	0	0	0	0
5	+ Privatrechtliche Leistungsentgelte *	0,00	0	5.000	5.100	5.100	5.000
6	+ Kostenerstattungen und Kostenumlagen *	0,00	0	298.200	298.200	298.200	298.200
7	+ Sonstige ordentliche Erträge	0,00	0	2.100	2.100	2.100	800
8	+ Aktivierte Eigenleistungen	0,00	0	0	0	0	0
9	+/- Bestandsveränderungen	0,00	0	0	0	0	0
10	= Ordentliche Erträge	0,00	0	345.600	345.600	345.600	344.200
11	- Personalaufwendungen	0,00	0	264.800	261.800	260.700	261.800
12	- Versorgungsaufwendungen	0,00	0	0	0	0	0
13	- Aufwendungen für Sach- und Dienstleistungen	0,00	0	230.500	255.400	255.400	230.400
14	- Abschreibungen	0,00	0	114.900	122.500	118.600	113.500
15	- Transferaufwendungen	0,00	0	0	0	0	0
16	- Sonstige ordentliche Aufwendungen	0,00	0	35.800	35.800	35.800	35.800
17	= Ordentliche Aufwendungen	0,00	0	646.000	675.500	670.500	641.500
18	= Ergebnis der laufenden Verwaltungstätigkeit (= 10. - 17.)	0,00	0	-300.400	-329.900	-324.900	-297.300
19	+ Zinsen und sonstige Finanzerträge	0,00	0	0	0	0	0
20	- Zinsen und sonstige Finanzaufwendungen	0,00	0	0	0	0	0
21	= Finanzergebnis (= Zeilen 19 und 20)	0,00	0	0	0	0	0
22	= Ordentliches Ergebnis (= 18. + 21.)	0,00	0	-300.400	-329.900	-324.900	-297.300
23	+ Außerordentliche Erträge	0,00	0	0	0	0	0
24	- Außerordentliche Aufwendungen	0,00	0	0	0	0	0
25	= Außerordentliches Ergebnis (= Zeilen 23 und 24)	0,00	0	0	0	0	0
26	= Ergebnis vor Berücksichtigung der internen Leistungsbeziehungen (= 22. + 25.)	0,00	0	-300.400	-329.900	-324.900	-297.300
27	+ Erträge aus internen Leistungsbeziehungen	0,00	0	0	0	0	0
28	- Aufwendungen aus internen Leistungsbeziehungen	0,00	0	1.827.200	1.827.200	1.827.200	1.827.200
29	= Gesamtergebnis des Teilhaushalts	0,00	0	-2.127.600	-2.157.100	-2.152.100	-2.124.500
	Nachrichtlich:	0,00	0	0	0	0	0
30	nicht zahlungswirksame Erträge	0,00	0	2.500	2.300	2.300	1.000
31	nicht zahlungswirksame Aufwendungen	0,00	0	114.900	122.500	118.600	113.500

Landeshauptstadt Potsdam   2007

Produktbereich	21 Schulträgeraufgaben	
Produktgruppe	217 Gymnasien, Kollegs	Verantwortliche/r Leiter/in:
Produkt	21700 Gymnasien, Kollegs	21 - Josefine Ewers

	Teilfinanzhaushalt (Investitionsmaßnahmen)	Ergebnis 2005 €	Ansatz 2006 €	Ansatz 2007 €	VE 2007 €	Planung 2008 €	Planung 2009 €	Planung 2010 €
	Einzahlungs- und Auszahlungsarten	1	2	3	4	5	6	7
1	Einzahlungen aus Investitionszuwendungen *	0,00	0	0	0	0	0	0
2	+ Einzahlungen aus Beiträgen und Entgelten	0,00	0	0	0	0	0	0
3	+ Einzahlungen aus der Veräußerung von immateriellen Vermögensgegenständen	0,00	0	0	0	0	0	0
4	+ Einzahlungen aus Veräußerung von Grundstücken, grundstücksgleichen Rechten und Gebäuden	0,00	0	0	0	0	0	0
5	+ Einzahlungen aus Veräußerung von übrigem Sachanlagevermögen	0,00	0	0	0	0	0	0
6	+ Einzahlungen aus Veräußerung von Finanzanlagevermögen	0,00	0	0	0	0	0	0
7	+ Sonstige Einzahlungen aus Investitionstätigkeit	0,00	0	0	0	0	0	0
8	= Einzahlungen aus Investitionstätigkeit	0,00	0	0	0	0	0	0
9	- Auszahlungen für Baumaßnahmen	0,00	0	0	0	0	0	0
10	- Auszahlungen für den Erwerb von immateriellen Vermögensgegenständen	0,00	0	0	0	0	0	0
11	- Auszahlungen für den Erwerb von Grundstücken, grundstücksgleichen Rechten und Gebäuden	0,00	0	0	0	0	0	0
12	- Auszahlungen für den Erwerb von übrigem Sachanlagevermögen	0,00	0	242.500	0	62.100	62.100	99.700
13	- Auszahlungen für den Erwerb von Finanzanlagevermögen	0,00	0	0	0	0	0	0
14	- Auszahlungen von aktivierbaren Zuwendungen für Investitionen Dritter	0,00	0	0	0	0	0	0
15	- Sonstige Auszahlungen aus Investitionstätigkeit	0,00	0	0	0	0	0	0
16	= Auszahlungen aus Investitionstätigkeit	0,00	0	242.500	0	62.100	62.100	99.700
17	= Saldo aus Investitionstätigkeit	0,00	0	-242.500	0	-62.100	-62.100	-99.700

Landeshauptstadt Potsdam   2007

Produktbereich	21 Schulträgeraufgaben	
Produktgruppe	217 Gymnasien, Kollegs	Verantwortliche/r Leiter/in:
Produkt	21700 Gymnasien, Kollegs	21 - Josefine Ewers

Investitionsmaßnahmen oberhalb der festgesetzten Wertgrenze	Ergebnis 2005 €	Ansatz 2006 €	Ansatz 2007 €	VE 2007 €	Planung 2008 €	Planung 2009 €	Planung 2010 €	Bisher bereit gestellt €	Gesamt Inv. €
	1	2	3	4	5	6	7	8	9
0721040180002 Ausstattung Gymnasium 4									
- Auszahlungen für den Erwerb von übrigem Sachanlagevermögen	0,00	0	55.600	0	5.600	5.600	5.600	0	72.400
= Saldo (Ausstattung Gymnasium 4)	0,00	0	-55.600	0	-5.600	-5.600	-5.600	0	-72.400
0721540180001 Lehr- und Lernmittel Gymnasium 54									
- Auszahlungen für den Erwerb von übrigem Sachanlagevermögen	0,00	0	61.500	0	7.000	7.000	7.000	0	82.500
= Saldo (Lehr- und Lernmittel Gymnasium 54)	0,00	0	-61.500	0	-7.000	-7.000	-7.000	0	-82.500

Investitionsmaßnahmen unterhalb der festgesetzten Wertgrenze	Ergebnis 2005 €	Ansatz 2006 €	Ansatz 2007 €	VE 2007 €	Planung 2008 €	Planung 2009 €	Planung 2010 €	Bisher bereit gestellt €	Gesamt Inv. €
	1	2	3	4	5	6	7	8	9
- Summe der investiven Auszahlungen	0,00	0	125.400	0	49.500	49.500	87.100	0	311.500
= Saldo	0,00	0	-125.400	0	-49.500	-49.500	-87.100	0	-311.500

Den Detaillierungsgrad der ergänzenden CD-Fassung des Haushalts soll der folgende Teilergebnishaushalt mit Sachkonten für das Unterprodukt Gymnasium 1 verdeutlichen. Als Unterprodukte sind bei der Landeshauptstadt gemäß dem Produktkatalog 17 Grundschulen, 9 Oberschulen, fünf Gymnasien, fünf Gesamtschulen, sechs Förderschulen und drei Oberstufenzentren berücksichtigt.

Landeshauptstadt Potsdam — 2007

Produktbereich	21 Schulträgeraufgaben
Produktgruppe	217 Gymnasien, Kollegs
Produkt	2170002 Gymnasium 1

Verantwortliche/r Leiter/in:

Teilergebnishaushalt

	Ertrags- und Aufwandsarten	Ergebnis 2005 €	Ansatz 2006 €	Ansatz 2007 €	Planung 2008 €	Planung 2009 €	Planung 2010 €
		1	2	3	4	5	6
1	Steuern und ähnliche Abgaben	0,00	0	0	0	0	0
2	+ Zuwendungen und allgemeine Umlagen	0,00	0	0	0	0	0
3	+ Sonstige Transfererträge	0,00	0	0	0	0	0
4	+ Öffentlich-rechtliche Leistungsentgelte	0,00	0	0	0	0	0
5	+ Privatrechtliche Leistungsentgelte	0,00	0	400	400	400	400
	4411100 Vermietung und Verpachtung von Grundstücken	0,00	0	100	100	100	100
	4411200 Vermietung und Verpachtung Wohn- und Geschäftsräumen	0,00	0	300	300	300	300
6	+ Kostenerstattungen und Kostenumlagen	0,00	0	0	0	0	0
7	+ Sonstige ordentliche Erträge	0,00	0	1.700	1.700	1.700	400
	4571000 Erträge aus der Auflösung von sonstigen Sonderposten	0,00	0	1.700	1.700	1.700	400
8	+ Aktivierte Eigenleistungen	0,00	0	0	0	0	0
9	+/- Bestandsveränderungen	0,00	0	0	0	0	0
10	= Ordentliche Erträge	0,00	0	2.100	2.100	2.100	800
11	- Personalaufwendungen	0,00	0	34.600	34.200	34.100	34.200
	5012400 Dienstbezüge tariflich Beschäftigte	0,00	0	27.700	27.400	27.300	27.400
	5022000 Beiträge zu Versorgungskassen tariflich Beschäftigte	0,00	0	1.200	1.200	1.200	1.200
	5032000 Beiträge zur gesetzlichen Sozialversicherung tariflich Beschäftigte	0,00	0	5.700	5.600	5.600	5.600
12	- Versorgungsaufwendungen	0,00	0	0	0	0	0
13	- Aufwendungen für Sach- und Dienstleistungen	0,00	0	40.300	41.000	41.000	40.300
	5222500 Unterhaltung der Schulausstattungen	0,00	0	2.500	2.500	2.500	2.500
	5231700 Mieten für technische Geräte	0,00	0	4.400	4.400	4.400	4.400
	5241900 Bewirtschaftung der Grundstücke und baulichen Anlagen Sonstige Bewirtschaftungskosten	0,00	0	0	700	700	0
	5271300 Aufwendungen für Lehr- und Unterrichtsmittel	0,00	0	30.000	30.000	30.000	30.000
	5271680 Sonstiges Material	0,00	0	300	300	300	300
	5271700 Aufw. für Schülerwettbew., Sport, Spiele, Schülerveranst., -preise, AG's, Kurse Abschlussgaben	0,00	0	2.900	2.900	2.900	2.900
	5271820 Aufwendungen für Verbandsstoffe	0,00	0	100	100	100	100
	5271930 weitere Sachaufwendungen	0,00	0	100	100	100	100
14	- Abschreibungen	0,00	0	20.500	21.100	20.200	21.100
	5711640 Abschreibungen auf Betriebs- und Geschäftsausstattung	0,00	0	18.000	18.600	17.700	18.600
	5711710 Abschreibungen auf geringwertige Wirtschaftsgüter	0,00	0	2.500	2.500	2.500	2.500
15	- Transferaufwendungen	0,00	0	0	0	0	0
16	- Sonstige ordentliche Aufwendungen	0,00	0	4.200	4.200	4.200	4.200
	5431190 Sonstiger Bürobedarf	0,00	0	3.000	3.000	3.000	3.000
	5431351 Festnetzgebühren	0,00	0	1.200	1.200	1.200	1.200
17	= Ordentliche Aufwendungen	0,00	0	99.600	100.500	99.500	99.800
18	= Ergebnis der laufenden Verwaltungstätigkeit (= 10. - 17.)	0,00	0	-97.500	-98.400	-97.400	-99.000
19	+ Zinsen und sonstige Finanzerträge	0,00	0	0	0	0	0
20	- Zinsen und sonstige Finanzaufwendungen	0,00	0	0	0	0	0
21	= Finanzergebnis (= Zeilen 19 und 20)	0,00	0	0	0	0	0
22	= Ordentliches Ergebnis (= 18. + 21.)	0,00	0	-97.500	-98.400	-97.400	-99.000
23	+ Außerordentliche Erträge	0,00	0	0	0	0	0
24	- Außerordentliche Aufwendungen	0,00	0	0	0	0	0
25	= Außerordentliches Ergebnis (= Zeilen 23 und 24)	0,00	0	0	0	0	0
26	= Ergebnis vor Berücksichtigung der internen Leistungsbeziehungen (= 22. + 25.)	0,00	0	-97.500	-98.400	-97.400	-99.000
27	+ Erträge aus internen Leistungsbeziehungen	0,00	0	0	0	0	0
28	- Aufwendungen aus internen Leistungsbeziehungen	0,00	0	385.300	385.300	385.300	385.300
	5811200 Aufwendungen aus internen Leistungsbeziehungen für Gebäudewirtschaftung	0,00	0	165.400	165.400	165.400	165.400
	5811300 Aufwendungen aus internen Leistungsbeziehungen für Geschäftsausgaben	0,00	0	4.200	4.200	4.200	4.200
	5811400 Aufwendungen aus internen Leistungsbeziehungen für Mieten	0,00	0	215.700	215.700	215.700	215.700
29	= Gesamtergebnis des Teilhaushalts	0,00	0	-482.800	-483.700	-482.700	-484.300
	Nachrichtlich:	0,00	0	0	0	0	0
30	nicht zahlungswirksame Erträge	0,00	0	1.700	1.700	1.700	400
	4571000 Erträge aus der Auflösung von sonstigen Sonderposten	0,00	0	1.700	1.700	1.700	400
31	nicht zahlungswirksame Aufwendungen	0,00	0	20.500	21.100	20.200	21.100
	5711640 Abschreibungen auf Betriebs- und Geschäftsausstattung	0,00	0	18.000	18.600	17.700	18.600
	5711710 Abschreibungen auf geringwertige Wirtschaftsgüter	0,00	0	2.500	2.500	2.500	2.500

Landeshauptstadt Potsdam 117

Aus dem Bereich der Jugendhilfe zeigen wir als Beispiel das Produkt **Hilfe zur Erziehung**, das nicht in mehrere Unterprodukte unterteilt ist. Hierzu wird der Teilergebnisplan mit Produktbeschreibung wiedergegeben (im Teilfinanzplan ausschließlich Nullansätze):

Landeshauptstadt Potsdam — 2007

Produktbereich	36 Kinder-, Jugend- und Familienhilfe
Produktgruppe	363 Sonstige Leistungen der Kinder-, Jugend- und Familienhilfe
Produkt	36330 Hilfe zur Erziehung

Verantwortliche/r Leiter/in: 35 - Norbert Schweers

Produktbeschreibung

Diese Produktbeschreibung gilt für die Produkte 36310 bis 36340. Beschreibungen für jedes einzelne Produkt werden nachgereicht.
Merkmale dieses Produktes sind die Vertretung junger Menschen in gerichtlichen Verfahren, die Vertretung Minderjähriger gegenüber ihren Eltern, Schutz Minderjähriger und ihre gesetzliche Vertretung im Rahmen von Vormundschaften, Pflegschaften und Beistandschaften. Beratung und Unterstützung hinsichtlich der Klärung der Abstammung sowie der Feststellung von Unterhaltsansprüchen bis zur Vollendung des 21. Lebensjahres. Mitwirkung in familiengerichtlichen Verfahren hinsichtlich Umgangsregelungen und Sorgerechtsfragen, die primär am Kindeswohl orientiert sind. Kinderschutz, d. h. die Vermeidung und Beseitigung von Kindeswohlgefährdung ggf. auch ohne Einverständnis der Betroffenen. Sicherstellung der Betreuung, Versorgung und Erziehung der Kinder und Jugendlichen sowie Entwicklung ihrer Zukunftsperspektive. Mitwirkung in Jugendstrafsachen und frühzeitige Prüfung pädagogisch geeigneter Maßnahmen. Adoptionsvermittlung im Rahmen der bestehenden öffentlich-rechtlichen Vereinbarung mit weiteren drei Landkreisen. Ambulante Hilfen mit dem Ziel, den familiären Lebensbereich des Kindes zu erhalten, in Krisen pädagogisch zu betreuen und Problemlagen in ihren sozialen Beziehungen zu bearbeiten. Fremdunterbringungen, d. h. notwendige Hilfen über Tag und Nacht in Einrichtungen, Pflegestellen oder sonstigen Formen für Minderjährige, junge Volljährige und Mütter/Väter mit Kind gewährleisten.

Aufgabenklassifizierung
pflichtige Selbstverwaltungsaufgabe

Auftragsgrundlage
Sozialgesetzbuch VIII, Adoptionsvermittlungsgesetz, Jugendgerichtsgesetz, Beurkundungsgesetz, Bürgerliches Gesetzbuch

Ziele
Förderung der Entwicklung junger Menschen und Stärkung der Erziehungskompetenz der Eltern durch Aktivierung von Selbsthilfekräften. Beratung und individuelle Unterstützung und Auswahl der notwendigen und geeigneten Hilfe für die Familie. Befähigung der Eltern im Erziehungsbereich, Rückkehr der Minderjährigen in die Herkunftsfamilie und Vorbereitung auf ein selbstständiges Leben oder Schaffung einer dauerhaften Perspektive. Ausübung des verfassungsrechtlich verankerten "Wächteramtes" des Staates zum Wohl des Kindes. Klärung der Abstammung von Kindern einschließlich der Vertretung in gerichtlichen Verfahren zur Feststellung oder Anfechtung der Vaterschaft. Finanzielle Absicherung von Minderjährigen und jungen Volljährigen durch Feststellung, Festsetzung und Durchsetzung von Unterhaltsansprüchen.

Zielgruppen
Einwohnerinnen/Einwohner
Kinder
Jugendliche

Landeshauptstadt Potsdam — 2007

Produktbereich	36 Kinder-, Jugend- und Familienhilfe
Produktgruppe	363 Sonstige Leistungen der Kinder-, Jugend- und Familienhilfe
Produkt	36330 Hilfe zur Erziehung

Verantwortliche/r Leiter/in: 35 - Norbert Schweers

	Teilergebnishaushalt	Ergebnis 2005 €	Ansatz 2006 €	Ansatz 2007 €	Planung 2008 €	Planung 2009 €	Planung 2010 €
	Ertrags- und Aufwandsarten	1	2	3	4	5	6
1	Steuern und ähnliche Abgaben *	0,00	0	0	0	0	0
2	+ Zuwendungen und allgemeine Umlagen *	0,00	0	102.600	102.600	102.600	102.600
3	+ Sonstige Transfererträge *	0,00	0	607.900	637.100	657.100	727.100
4	+ Öffentlich-rechtliche Leistungsentgelte *	0,00	0	0	0	0	0
5	+ Privatrechtliche Leistungsentgelte *	0,00	0	0	0	0	0
6	+ Kostenerstattungen und Kostenumlagen *	0,00	0	300.600	300.600	300.600	300.600
7	+ Sonstige ordentliche Erträge *	0,00	0	200	200	200	200
8	+ Aktivierte Eigenleistungen *	0,00	0	0	0	0	0
9	+/- Bestandsveränderungen	0,00	0	0	0	0	0
10	= Ordentliche Erträge	0,00	0	1.011.300	1.040.500	1.060.500	1.130.500
11	- Personalaufwendungen *	0,00	0	0	0	0	0
12	- Versorgungsaufwendungen *	0,00	0	0	0	0	0
13	- Aufwendungen für Sach- und Dienstleistungen	0,00	0	4.000	4.000	4.000	4.000
14	- Abschreibungen	0,00	0	0	0	0	0
15	- Transferaufwendungen	0,00	0	10.437.500	10.482.100	10.482.100	10.482.100
16	- Sonstige ordentliche Aufwendungen	0,00	0	345.300	345.300	345.300	345.300
17	= Ordentliche Aufwendungen	0,00	0	10.786.800	10.831.400	10.831.400	10.831.400
18	= Ergebnis der laufenden Verwaltungstätigkeit (= 10. - 17.)	0,00	0	-9.775.500	-9.790.900	-9.770.900	-9.700.900
19	+ Zinsen und sonstige Finanzerträge *	0,00	0	0	0	0	0
20	- Zinsen und sonstige Finanzaufwendungen	0,00	0	0	0	0	0
21	= Finanzergebnis (= Zeilen 19 und 20)	0,00	0	0	0	0	0
22	= Ordentliches Ergebnis (= 18. + 21.)	0,00	0	-9.775.500	-9.790.900	-9.770.900	-9.700.900
23	+ Außerordentliche Erträge	0,00	0	0	0	0	0
24	- Außerordentliche Aufwendungen	0,00	0	0	0	0	0
25	= Außerordentliches Ergebnis (= Zeilen 23 und 24)	0,00	0	0	0	0	0
26	= Ergebnis vor Berücksichtigung der internen Leistungsbeziehungen (= 22. + 25.)	0,00	0	-9.775.500	-9.790.900	-9.770.900	-9.700.900
27	+ Erträge aus internen Leistungsbeziehungen	0,00	0	0	0	0	0
28	- Aufwendungen aus internen Leistungsbeziehungen	0,00	0	0	0	0	0
29	= Gesamtergebnis des Teilhaushalts	0,00	0	-9.775.500	-9.790.900	-9.770.900	-9.700.900
	Nachrichtlich:	0,00	0	0	0	0	0
30	nicht zahlungswirksame Erträge	0,00	0	0	0	0	0
31	nicht zahlungswirksame Aufwendungen	0,00	0	0	0	0	0

Die Beschränkung der Haushaltsangaben auf die Produktebene ohne Nachweis der Sachkonten ist im Haushaltsplan der Landeshauptstadt ebenso als interessante Innovation zu vermerken wie die

Bereitstellung zusätzlich aus dem System verfügbarer Informationen (Unterprodukte mit Sachkonten) auf einer **CD für die Haushaltsplanberatungen**.

Leider kann die nach brandenburgischem Gemeindehaushaltsrecht zulässige Beschränkung der Darstellung auf wesentliche Produkte mit Auftragsgrundlage, Zielen und Kennzahlen aufgrund der Gleichsetzung von Produkten und Teilhaushalten nicht genutzt werden. Da bei der Ableitung der Ziele und Kennzahlen nur wesentliche Produkte berücksichtigt werden, wird wohl in den Folgehaushalten eine Ungleichbehandlung in der Darstellung der Produkte notwendig.

Eine **Fokussierung auf die wesentlichen Produkte** bei gleichzeitiger Zusammenfassung von Produkten zu Teilhaushalten würde insgesamt zu einer Verschlankung des Haushaltes führen. Denselben Effekt hätte auch die systemseitige Unterdrückung von Nullsalden im Haushaltsplanausdruck in der Standardsoftware, die jedoch von der Landeshauptstadt aus Gründen der optischen Einheitlichkeit der Teilhaushaltsdarstellung ausdrücklich präferiert wird.

Im Zusammenhang mit dem städtischen Haushaltssicherungskonzept wird auf den verwaltungsweiten Einsatz der Kosten- und Leistungsrechnung hingewiesen. Neben den kostenrechnenden Einrichtungen werden dadurch **interne Leistungsverrechnungen** für den Bereich der Servicebereiche sowie für die Verrechnung von kalkulatorischen Mieten durch den städtischen Eigenbetrieb Kommunaler Immobilienservice ermöglicht. Deshalb weisen die Produkte der Landeshauptstadt eine differenzierte Abbildung von Gemeinkostenumlagen auf.

5.3.2 Stadt Königs Wusterhausen 2008

Die Stadt (rund 33.000 Einwohner), die als Finanzwesensoftware H+H verwendet,[44] hat sich bei der Produktbildung eng an den Musterproduktplan aus dem Landesprojekt angelehnt und insgesamt 72 städtische Produkte gebildet. Hiervon entfallen neun Produkte auf die Grund- und Oberschulen, neun Produkte auf Kindertagesstätten und Schulhorte sowie sieben Produkte auf Friedhöfe im Stadtgebiet. Diese einrichtungsbezogenen Produkte machen damit mehr als ein Drittel des Produktplans aus. Wegen dieser Tatsache zeigen wir als Produktbeispiele zur Stadt Königs Wusterhausen je ein Schulprodukt und ein Kindertagesstättenprodukt.

Auch in Königs Wusterhausen wurde § 6 Abs. 2 Satz 1 KomHKV dergestalt angewendet, dass jedes Produkt einen Teilhaushalt bildet. Ein Teilergebnis- und -finanzplan wird im Haushalt sowohl für die Teilhaushalte bzw. Produkte als auch auf Ebene der Produktbereiche gezeigt. Als Besonderheit des städtischen Haushalts ist auf die hohe Anzahl von **51 Budgets** hinzuweisen. Eine Zusammenfassung von Teilhaushalten zu einem Budget erfolgte lediglich bei den vorgenannten einrichtungsbezogenen Produkten (d. h. Schulen, Kinderbetreuungsstätten und Friedhöfen). Dadurch wird die gegenseitige Deckungsfähigkeit innerhalb des Budgets gemäß § 22 Abs. 1 KomHKV faktisch auf das einzelne Produkt begrenzt. Von der produktbezogenen Deckungsfähigkeit sind lediglich die Personalkosten, Abschreibungen und die steuerbaren Aufwendungen der Betriebe gewerblicher Art der Stadt ausgenommen.

---

[44] Vgl. ergänzend Perlick (2007).

Stadt Königs Wusterhausen

Aus dem Produktbereich Schulträgeraufgaben werden die Teilpläne und Erläuterungen zum Produkt **Grundschule** Erich Kästner wiedergegeben:

Stadt Königs Wusterhausen — Haushaltsplan — 2008

Produktinformationen
Produktbereich: 21 Schulträgeraufgaben
Produktgruppe: 211 Grundschulen
Produkt: 21101 Grundschule E.-Kästner Königs Wusterh.

Teilergebnisplan

	Ertrags- und Aufwandsarten	Ergebnis 2006 €	Ansatz 2007 €	Ansatz 2008 €	Planung 2009 €	Planung 2010 €	Planung 2011 €
		1	2	3	4	5	6
1.	Steuern und ähnliche Abgaben	0,00	0	0	0	0	0
2.	Zuwendungen und allgemeine Umlagen	0,00	0	0	0	0	0
3.	Sonstige Transfererträge	0,00	0	0	0	0	0
4.	Öffentl.-rechtl. Leistungsentgelte	0,00	0	0	0	0	0
5.	Privatrechtl. Leistungsentgelte	0,00	0	0	0	0	0
6.	Kostenerstattungen/- umlagen	0,00	4.000	4.000	4.000	4.000	4.000
	21101.448200 Kost.erstatt.v.Gemeinden/GV	0,00	4.000	4.000	4.000	4.000	4.000
7.	Sonst. ordentliche Erträge	5.734,88	0	0	0	0	0
	21101.459200 Periodenfremde ordentl.Erträge	5.734,88	0	0	0	0	0
8.	Aktivierte Eigenleistungen	0,00	0	0	0	0	0
9.	Bestandsveränderungen	0,00	0	0	0	0	0
10.	= Ordentliche Erträge	5.734,88	4.000	4.000	4.000	4.000	4.000
11.	Personalaufwendungen	110.305,44	107.600	98.300	100.100	102.200	104.200
	21101.501210 Dienstaufwendungen tariflich Beschäftigte	87.283,11	85.200	79.100	80.600	82.200	83.900
	21101.502210 Beitr.Versorgungskassen tarifl Beschäftigte	3.495,93	3.300	2.900	2.900	3.000	3.000
	21101.503210 Beitr.gesetzl.SV tarifl. Besch äftigte	19.444,38	19.100	16.300	16.600	17.000	17.300
	21101.507100 Zuf.z.Rückst.f.Altersteilzeit-verpflichtungen	82,02	0	0	0	0	0
12.	Versorgungsaufwendungen	0,00	0	0	0	0	0
13.	Aufwendungen f. Sach-/Dienstleist. *	14.166,21	13.700	26.700	26.700	26.700	26.700
	21101.522200 Unterh.Geräte, Ausrüstungen und Ausstattungsgegenstände	3.820,04	2.500	3.500	3.500	3.500	3.500
	21101.527140 Lehr- und Lernmittel	10.346,17	11.200	11.400	11.400	11.400	11.400
	21101.527150 kulturelle Betreuung	0,00	0	800	800	800	800
	21101.527160 Eintritt Schwimmen	0,00	0	11.000	11.000	11.000	11.000
14.	Abschreibungen	0,00	6.900	6.200	6.000	5.000	4.200
	21101.571100 Abschreib.immat.VM u.Sachanl.	0,00	6.900	6.200	6.000	5.000	4.200
15.	Transferaufwendungen	0,00	0	0	0	0	0
16.	Sonst. ordentl. Aufwendungen	-3,98	3.100	3.300	3.300	3.300	3.300
	21101.543110 Büromaterial	1.060,96	1.500	1.700	1.700	1.700	1.700
	21101.543120 Telefonkosten/Porto	1.069,40	1.100	1.100	1.100	1.100	1.100
	21101.543140 Zeitungen und Fachliteratur	576,49	500	500	500	500	500
	21101.549424 g e s p e r r t Zuföh.zu Rück für nicht genommenf. Urlaub und geleistete Überstunden, Gleitzeitüberhänge	136,27	0	0	0	0	0
	21101.549425 g e s p e r r t Inanspr.v.Rück en f.nicht genommenf. Urlaub und geleistete Überstunden, Gleitzeitüberhänge	-2.847,10	0	0	0	0	0
17.	= Ordentliche Aufwendungen	124.467,67	131.300	134.500	136.100	137.200	138.400
18.	Ergebnis der lfd.Verwaltungstätigkeit (10.-17.)	-118.732,79	-127.300	-130.500	-132.100	-133.200	-134.400
19.	Zinsen und sonst. Finanzerträge	0,00	0	0	0	0	0
20.	Zinsen und sonst. Finanzaufwendungen	0,00	0	0	0	0	0

21.	= Finanzergebnis	0,00	0	0	0	0	0
22.	= Ordentliches Ergebnis (18.+21.)	-118.732,79	-127.300	-130.500	-132.100	-133.200	-134.400
23.	Außerordentliche Erträge	0,00	0	0	0	0	0
24.	Außerordentliche Aufwendungen	0,00	0	0	0	0	0
25.	= Außerodentliches Ergebnis	0,00	0	0	0	0	0
26.	= Ergebnis vor Berücksichtigung der ILV (22.+25.)	-118.732,79	-127.300	-130.500	-132.100	-133.200	-134.400
27.	Erträge aus ILV	0,00	0	0	0	0	0
28.	Aufwendungen aus ILV	22.346,25	31.000	31.000	31.000	31.000	31.000
	21101.581100 Aufwand aus internen Leistungs beziehungen	22.346,25	31.000	31.000	31.000	31.000	31.000
29.	= Gesamtergebnis des Teilhaushalts	-141.079,04	-158.300	-161.500	-163.100	-164.200	-165.400
	Nachrichtlich:						
30.	nicht zahlungswirksame Erträge	0,00	0	0	0	0	0
31.	nicht zahlungswirksame Aufwendungen	0,00	0	0	0	0	0

Stadt Königs Wusterhausen	Haushaltsplan	2008

Produktinformationen	
Produktbereich	21 Schulträgeraufgaben
Produktgruppe	211 Grundschulen
Produkt	**21101 Grundschule E.-Kästner Königs Wusterh.**

Teilfinanzplan

	Einzahlungs- und Auszahlungsarten	Ergebnis 2006 €	Ansatz 2007 €	Ansatz 2008 €	VE 2008 €	Planung 2009 €	Planung 2010 €	Planung 2011 €
		1	2	3	4	5	6	7
1.	Einzahlungen aus Investitionszuwendungen	0,00	0	0	0	0	0	0
2.	Einzahlungen aus Beiträgen und Entgelten	0,00	0	0	0	0	0	0
3.	Einzahlungen aus der Veränderung von immateriellen Vermögensgegenständen	0,00	0	0	0	0	0	0
4.	Einzahlungen aus der Veräußerung von Grundstücken, grundstücksgleichen Rechten und Gebäuden	0,00	0	0	0	0	0	0
5.	Einzahlungen aus der Veräußerung von übrigem Sachanlagevermögen	0,00	0	0	0	0	0	0
6.	Einzahlungen aus der Veräußerung von Finanzanlagevermögen	0,00	0	0	0	0	0	0
7.	Sonst. Einzahlungen aus Investitionstätigkeit	0,00	0	0	0	0	0	0
8.	Einzahlungen aus der Investitionstätigkeit	0,00	0	0	0	0	0	0
9.	Auszahlungen für Baumaßnahmen	0,00	0	0	0	0	0	0
10.	Auszahlungen für den Erwerb von immateriellen Vermögensgengenständen	0,00	0	0	0	0	0	0
11.	Auszahlungen für den Erwerb von Grundstücken, grundstücksgleichen Rechten und Gebäuden	0,00	0	0	0	0	0	0
12.	Auszahlungen für den Erwerb von übrigem Sachanlagevermögen	1.154,87	4.000	6.000	0	3.000	3.000	3.000
	21101.783100 Ausz.f. Erwerb BGA,bewegl. AnlageVM über 1.000 €	819,63	3.000	4.000	0	1.000	1.000	1.000
	21101.783200 Ausz.f.Erwerb GWG bewegl. AnlageVM üb150€-1.000€	335,24	1.000	2.000	0	2.000	2.000	2.000
13.	Auszahlungen für den Erwerb von Finanzanlagevermögen	0,00	0	0	0	0	0	0
14.	Auszahlungen von aktivierbaren Zuwendungen für Investitionen Dritter	0,00	0	0	0	0	0	0
15.	Sonstige Auszahlungen aus Investitionstätigkeit	0,00	0	0	0	0	0	0
16.	Auszahlungen aus Investitionstätigkeit	1.154,87	4.000	6.000	0	3.000	3.000	3.000
17.	Saldo aus Investitionstätigkeit	-1.154,87	-4.000	-6.000	0	-3.000	-3.000	-3.000

Stadt Königs Wusterhausen   **Haushaltsplan**   **2008**

Produktinformationen	
Produktbereich	21 Schulträgeraufgaben
Produktgruppe	211 Grundschulen
Produkt	**21101 Grundschule E.-Kästner Königs Wusterh.**

Übersicht Investitionsmaßnahmen	Ergebnis 2006 €	Ansatz 2007 €	Ansatz 2008 €	VE 2008 €	Planung 2009 €	Planung 2010 €	Planung 2011 €	Bisher bereit gestellt 2008 €	Gesamt Inv. 2008 €
	1	2	3	4	5	6	7	8	9
Investitionen oberhalb der festgesetzten Wertgrenze									
9021101001 (21101.783100) Erwerb Betriebs- und Geschäftsausstattung									
- Investitionsauszahlungen	0,00	0	4.000	0	1.000	1.000	1.000	0	7.000
= Saldo ((21101.783100) Erwerb Betriebs- und Geschäftsausstattung)	0,00	0	-4.000	0	-1.000	-1.000	-1.000	0	-7.000
9021101002 (21101783200) Erwerb geringwertige Wirtschaftsgüter									
- Investitionsauszahlungen	0,00	0	2.000	0	2.000	2.000	2.000	0	8.000
= Saldo ((21101783200) Erwerb geringwertige Wirtschaftsgüter)	0,00	0	-2.000	0	-2.000	-2.000	-2.000	0	-8.000

Stadt Königs Wusterhausen	Haushaltsplan	2008

Produktinformationen
Produktbereich		21 Schulträgeraufgaben
Produktgruppe		211 Grundschulen
Produkt		**21101 Grundschule E.-Kästner Königs Wusterh.**

Haushaltsplan: 2008		Verantwortliche Beigeordnete:
Produktgruppe:	21101 Grundschule E.-Kästner Königs Wusterh.	

Produktbeschreibungen

Produkt	2110100000	Grundschule Erich Kästner KW

Produktbeschreibung
Schulangelegenheiten des Schulträgers

Auftragsgrundlage
Gemeindeordnung des Landes Brandenburg v.15.10.1993
Brandenburgisches Schulgesetz

Satzung zur Bestimmung der Schulbezirke für die Grundschulen der Stadt Königs Wusterhausen vom 09.02.2004
Satzung für die Schulspeisung an den in Trägerschaft der Stadt Königs Wusterhausen befindlichen Schulen

Ziel
Erfüllung der Aufgaben des Schulträgers als kommunale Selbstverwaltungsaufgabe
(außer Grundstücks- und Gebäudemanagement)

Zielgruppen
Schüler der Klassenstufen 1 bis 6

Verantwortlichen

Aufgabenart

Erläuterungen

Ergebnisrechnung

	Ist 2007 (per 25.01.2008)	
Kennzahlen		
Quadratmeter	2.736,33	m²
Anzahl der Schüler	367,00	Anz
Kosten je Schüler	884,18	EUR
Kosten je m²	118,59	EUR

In den Teilplänen werden innerhalb der vorgegebenen Mustergliederung auch die jeweiligen **Sachkonten** mit angedruckt. Trotzdem wirkt die Haushaltsdarstellung insgesamt transparent und übersichtlich, da die Teilfinanzpläne im Regelfall nicht mehr als zwei Haushaltsseiten umfassen. Der Übersichtlichkeit wäre aber zuträglich, wenn die noch ausgewiesenen Nullsalden systemseitig unterdrückt werden könnten.

Aus dem Produktbereich Kinder-, Jugend- und Familienhilfe wird im Folgenden die Kindertagesstätte „Pumuckel" im Ortsteil Senzig dargestellt:

Stadt Königs Wusterhausen	Haushaltsplan	2008

Produktinformationen	
Produktbereich	36 Kinder-, Jugend- und Familienhilfe
Produktgruppe	365 Tageseinrichtungen für Kinder
Produkt	**36501 Kita "Pumuckel", OT Senzig**

Teilergebnisplan

	Ertrags- und Aufwandsarten	Ergebnis 2006 €	Ansatz 2007 €	Ansatz 2008 €	Planung 2009 €	Planung 2010 €	Planung 2011 €
		1	2	3	4	5	6
1.	Steuern und ähnliche Abgaben	0,00	0	0	0	0	0
2.	Zuwendungen und allgemeine Umlagen	347.621,68	340.000	378.000	370.000	370.000	370.000
	36501.414200 Zuw.lfd.Zwecke v. Gemeinden/ GV - pädag. Personalkosten	347.621,68	340.000	378.000	370.000	370.000	370.000
3.	Sonstige Transfererträge	0,00	0	0	0	0	0
4.	Öffentl.-rechtl. Leistungsentgelte	183.687,48	170.000	170.000	150.000	140.000	140.000
	36501.432100 Benutzungsgeb. u. ähnl. Entg. Platzgeld	183.687,48	170.000	170.000	150.000	140.000	140.000
5.	Privatrechtl. Leistungsentgelte	0,00	0	0	0	0	0
6.	Kostenerstattungen/- umlagen	0,00	6.300	9.200	4.600	0	0
	36501.448400 Kost.erstatt.v.sonst.öffentl. Bereich	0,00	6.300	9.200	4.600	0	0
7.	Sonst. ordentliche Erträge	0,00	0	0	0	0	0
8.	Aktivierte Eigenleistungen	0,00	0	0	0	0	0
9.	Bestandsveränderungen	0,00	0	0	0	0	0
10.	= Ordentliche Erträge	531.309,16	516.300	557.200	524.600	510.000	510.000
11.	Personalaufwendungen	509.211,59	502.600	513.900	524.300	536.800	547.700
	36501.501210 Dienstaufwendungen tariflich Beschäftigte	369.144,77	403.300	414.000	422.300	430.700	439.400
	36501.502210 Beitr.Versorgungskassen tarifl Beschäftigte	15.149,63	15.000	13.000	13.300	15.700	16.000
	36501.503210 Beitr.gesetzl.SV tarifl. Beschäftigte	77.312,56	84.300	86.900	88.700	90.400	92.300
	36501.507100 Zuf.z.Rückst.f.Altersteilzeitverpflichtungen	47.604,63	0	0	0	0	0
12.	Versorgungsaufwendungen	0,00	0	0	0	0	0
13.	Aufwendungen f. Sach-/Dienstleist. *	3.090,19	3.200	5.800	3.800	3.800	3.800
	36501.522200 Unterh.Geräte, Ausrüstungen und Ausstattungsgegenstände	1.049,47	300	900	900	900	900
	36501.527140 Lehr- und Lernmittel	1.292,50	1.700	1.700	1.700	1.700	1.700
	36501.527150 kulturelle Betreuung	748,22	1.200	3.200	1.200	1.200	1.200
14.	Abschreibungen	2.199,11	3.800	2.400	1.900	600	500
	36501.571100 Abschreib.immat.VM u.Sachanl.	0,00	3.800	2.400	1.900	600	500
	36501.573100 Abschreib.auf Umlaufvermögen Pauschalwertber. v.Forderungen	2.199,11	0	0	0	0	0
15.	Transferaufwendungen	0,00	0	0	0	0	0
16.	Sonst. ordentl. Aufwendungen	-761,75	1.000	1.100	1.100	1.100	1.100
	36501.543110 Büromaterial	289,71	300	300	300	300	300
	36501.543120 Telefonkosten/Porto	650,97	600	700	700	700	700
	36501.543140 Zeitungen und Fachliteratur	6,80	100	100	100	100	100
	36501.549424 g e s p e r r t Zufüh.zu Rück für nicht genommenf. Urlaub und geleistete Überstunden, Gleitzeitüberhänge	2.700,98	0	0	0	0	0
	36501.549425 g e s p e r r t Inanspr.v.Rück en f.nicht genommenef. Urlaub und geleistete Überstunden, Gleitzeitüberhänge	-4.410,21	0	0	0	0	0
17.	= Ordentliche Aufwendungen	513.739,14	510.600	523.200	531.100	542.300	553.100
18.	Ergebnis der lfd.Verwaltungstätigkeit (10.-17.)	17.570,02	5.700	34.000	-6.500	-32.300	-43.100

Stadt Königs Wusterhausen

19.	Zinsen und sonst. Finanzerträge	0,00	0	0	0	0	0
20.	Zinsen und sonst. Finanzaufwendungen	0,00	0	0	0	0	0
21.	= Finanzergebnis	0,00	0	0	0	0	0
22.	= Ordentliches Ergebnis (18.+21.)	17.570,02	5.700	34.000	-6.500	-32.300	-43.100
23.	Außerordentliche Erträge	0,00	0	0	0	0	0
24.	Außerordentliche Aufwendungen	0,00	0	0	0	0	0
25.	= Außerodentliches Ergebnis	0,00	0	0	0	0	0
26.	= Ergebnis vor Berücksichtigung der ILV (22.+25.)	17.570,02	5.700	34.000	-6.500	-32.300	-43.100
27.	Erträge aus ILV	0,00	0	0	0	0	0
28.	Aufwendungen aus ILV	24,00	200	200	200	200	200
	36501.581100 Aufwand aus internen Leistungs beziehungen	24,00	200	200	200	200	200
29.	= Gesamtergebnis des Teilhaushalts	17.546,02	5.500	33.800	-6.700	-32.500	-43.300
	Nachrichtlich:						
30.	nicht zahlungswirksame Erträge	0,00	0	0	0	0	0
31.	nicht zahlungswirksame Aufwendungen	0,00	0	0	0	0	0

Stadt Königs Wusterhausen   Haushaltsplan   2008

Produktinformationen
Produktbereich   36 Kinder-, Jugend- und Familienhilfe
Produktgruppe   365 Tageseinrichtungen für Kinder
Produkt   **36501 Kita "Pumuckel", OT Senzig**

Teilfinanzplan

Einzahlungs- und Auszahlungsarten	Ergebnis 2006 €	Ansatz 2007 €	Ansatz 2008 €	VE 2008 €	Planung 2009 €	Planung 2010 €	Planung 2011 €
	1	2	3	4	5	6	7
1. Einzahlungen aus Investitionszuwendungen	0,00	0	0	0	0	0	0
2. Einzahlungen aus Beiträgen und Entgelten	0,00	0	0	0	0	0	0
3. Einzahlungen aus der Veränderung von immateriellen Vermögensgegenständen	0,00	0	0	0	0	0	0
4. Einzahlungen aus der Veräußerung von Grundstücken, grundstücksgleichen Rechten und Gebäuden	0,00	0	0	0	0	0	0
5. Einzahlungen aus der Veräußerung von übrigem Sachanlagevermögen	0,00	0	0	0	0	0	0
6. Einzahlungen aus der Veräußerung von Finanzanlagevermögen	0,00	0	0	0	0	0	0
7. Sonst. Einzahlungen aus Investitionstätigkeit	0,00	0	0	0	0	0	0
8. Einzahlungen aus der Investitionstätigkeit	0,00	0	0	0	0	0	0
9. Auszahlungen für Baumaßnahmen	0,00	0	0	0	0	0	0
10. Auszahlungen für den Erwerb von immateriellen Vermögensgengenständen	0,00	0	0	0	0	0	0
11. Auszahlungen für den Erwerb von Grundstücken, grundstücksgleichen Rechten und Gebäuden	0,00	0	0	0	0	0	0
12. Auszahlungen für den Erwerb von übrigem Sachanlagevermögen *	1.249,92	2.600	500	0	1.300	1.100	900
36501.783100 Ausz.f.Erwerb BGA bewegl. AnlageVM über 1.000 €	946,00	0	0	0	0	0	0
36501.783200 Ausz.f.Erwerb GWG, bewegl. AnlageVM üb150€-1.000€	303,92	2.600	500	0	1.300	1.100	900
13. Auszahlungen für den Erwerb von Finanzanlagevermögen	0,00	0	0	0	0	0	0
14. Auszahlungen von aktivierbaren Zuwendungen für Investitionen Dritter	0,00	0	0	0	0	0	0
15. Sonstige Auszahlungen aus Investitionstätigkeit	0,00	0	0	0	0	0	0
16. Auszahlungen aus Investitionstätigkeit	1.249,92	2.600	500	0	1.300	1.100	900
17. Saldo aus Investitionstätigkeit	-1.249,92	-2.600	-500	0	-1.300	-1.100	-900

Stadt Königs Wusterhausen	Haushaltsplan	2008

Produktinformationen
Produktbereich   36 Kinder-, Jugend- und Familienhilfe
Produktgruppe   365 Tageseinrichtungen für Kinder
Produkt   **36501 Kita "Pumuckel", OT Senzig**

Übersicht Investitionsmaßnahmen	Ergebnis 2006 €	Ansatz 2007 €	Ansatz 2008 €	VE 2008 €	Planung 2009 €	Planung 2010 €	Planung 2011 €	Bisher bereit gestellt 2008 €	Gesamt Inv. 2008 €
	1	2	3	4	5	6	7	8	9
Investitionen oberhalb der festgesetzten Wertgrenze									
9036501001 (36501.783200) Erwerb geringwertige Wirtschaftsgüter									
- Investitionsauszahlungen	0,00	0	500	0	1.300	1.100	900	0	3.800
= **Saldo ((36501.783200) Erwerb geringwertige Wirtschaftsgüter**	0,00	0	-500	0	-1.300	-1.100	-900	0	-3.800

| Stadt Königs Wusterhausen | Haushaltsplan | 2008 |

Produktinformationen	
Produktbereich	36 Kinder-, Jugend- und Familienhilfe
Produktgruppe	365 Tageseinrichtungen für Kinder
Produkt	**36501 Kita "Pumuckel", OT Senzig**

Haushaltsplan: 2008		Verantwortliche Beigeordnete:
Produktgruppe:	36501 Kita "Pumuckel", OT Senzig	

Produktbeschreibungen

Produkt 3650100000 Kita "Pumuckel", OT Senzig

Produktbeschreibung
Betreuung der Kinder in einer Kindertagesstätte und somit die Gewährleistung des Rechtsanspruches

Auftragsgrundlage
Kindertagesstättengesetz für das Land Brandenburg in der Neufassung des Zweiten Gesetzes zur Ausführung des Achten Buches des Sozialgesetzbuches - Kinder- und Jugendhilfe - Kindertagesstättengesetz vom 27.06.2004

Kita - Satzung Königs Wusterhausen vom 17.01.2005

Ziel
Erfüllung des Rechtsanspruches auf Tagesbetreuung

Zielgruppen
Kinder im Alter von 0 - 12 Jahren

Verantwortlichen

Aufgabenart

Erläuterungen

Ergebnisrechnung

Kennzahlen	Ist 2007 (per 25.01.2008)	
Quadratmeter	1.099,10	m²
Belegte Kita/Hort-Plätze	152,00	Anz
Kapazität Kita/Hort-Plätze	170,00	Anz
Kosten je m²	477,27	EUR
Kosten je möglichem Platz	3.085,70	EUR
Kosten je belegtem Platz	3.451,11	EUR
Zuschuss/Platz	-307,27	EUR

Der Haushalt umfasst rund 460 Seiten (ohne Wirtschaftspläne) und stellt zu den einzelnen Produkten aussagekräftige **Fall- und Kennzahlen** zur Verfügung. Leider wird jedoch nicht für jedes Produkt der Anteil an Vollzeitäquivalenten, die für die Leistungserbringung in Anspruch genommen werden, angegeben. Eine interne Leistungsverrechnung erfolgt bereits für das Gebäudemanagement an Schulen, Kindertagesstätten und Schulhorten.

5.3.3 Stadt Nauen 2008

Der Produkthaushalt der Stadt Nauen (rund 17.000 Einwohner), die als Modellkommune im Landesprojekt mitgewirkt hat, spiegelt wieder, dass sich die Stadt seit etlichen Jahren intensiv mit der **Budgetierung** befasst hat. Im Haushalt werden 13 Budgets aufgeführt, die der dezentralen Verantwortung von sog. Arbeitsteams auf Fachdienstebene (d. h. unterhalb der städtischen Fachbereichsleitungen) unterliegen. Diesen Budgetverantwortlichen sind direkt die 58 Verwaltungsprodukte zugeordnet, die in Anlehnung an den Musterproduktplan für den kreisangehörigen Raum aus dem Landesprojekt abgeleitet wurden. Im städtischen Haushalt werden die Teilfinanzpläne und Teilfinanzergebnispläne für die einzelnen Produkte (sowie für die Produktbereiche) abgedruckt; demnach sind auch in Nauen die **Teilhaushalte** gemäß § 6 Abs. 2 Satz 1 KomHKV-BB nach Produkten gebildet worden. Die Budget- und Produktstruktur wird in der folgenden Haushaltsübersicht dargestellt:

Stadt Nauen
Haushaltsplanung 2008

Budgetübersicht

Zum Budget gehören alle Erträge/Einzahlungen und Aufwendungen/Auszahlungen des Produkts außer Personal- und Versorgungsaufwendungen.
Dabei sind nur die Buchungsstellen untereinander deckungsfähig, die in einem Deckungskreis zusammengefasst sind.
Sind mehrere Deckungskreise in einem Budget zusammengefasst, gilt die Deckungsfähigkeit im gesamten Budget.

Verantwortlich	Nr.	Bezeichnung	Produkt				
Frau Dr. Grigoleit	110	Service und Dienstleistung	11.1.01	11.1.02	11.1.03	12.1.01	28.1.01
	120	Allgemeine Finanzwirtschaft	61.1.01	61.2.01			
Frau Schulz	112	Bürgerbüro/Stadtinformation	12.2.02	52.2.01			
Faru Moritz	130	Sicherheit und Ordnung	12.2.01	12.6.01	31.1.01	54.5.01	57.3.01
	131	Wald	55.5.01				
Herr Fischer	140	Schulträgeraufgaben	21.1.01 21.7.01	21.1.02 21.7.02	21.1.03 24.2.01	21.6.01	21.6.02
	146	Kultur und Sport	42.1.01	42.4.01	42.4.02		
	151	Kinderbetreuung und Jugend	36.1.01 36.5.20 36.5.45	36.2.01 36.5.25 36.5.50	36.5.01 36.5.30 36.5.55	36.5.10 36.5.35 36.5.60	36.5.15 36.5.40 36.6.01
Herr Heinrich	160	Stadtplanung u. Stadtentwicklung	51.1.01	57.1.01			
	165	Hochbau und Sanierung	11.1.04	52.1.01	53.1.01	53.2.01	
	166	Tiefbau u. Straßenbeleuchtung	53.3.01	53.8.01	54.1.01	54.6.01	
	167	Friedhof, Grün, Gewässer	55.1.01	55.2.01	55.3.01	55.3.02	56.1.01
	168	Liegenschaften	11.1.05	11.1.06			

Diese Übersicht dokumentiert bereits eine Ballung von Produkten im Fachbereich Bildung (in den Budgets 140 und 151), die darauf zurückzuführen ist, dass im Produktplan sieben Schul- bzw. Schulkostenprodukte und zehn Kindertagesstätten- bzw. Hort-Produkte enthalten sind. Dadurch machen die einrichtungsbezogenen Produkte fast 30 % des Produktplans aus. Wegen dieser Tatsache zeigen wir als Produktbeispiele zur Stadt Nauen je ein Schulprodukt und ein Kindertagesstättenprodukt.

Aus dem Produktbereich Schulträgeraufgaben werden die Teilpläne und Erläuterungen zum Produkt Goethe-**Gymnasium** wiedergegeben:

Stadtverwaltung Nauen		Produktplan 2008	
Produktbereich 21	Schulträgeraufgaben	Produktverantwortliche/r	Frau Goerke
Produktgruppe 21.7	Gymnasien	Budgetverantwortliche/r	Herr Fischer
Produkt 21.7.01	Goethe-Gymnasium	Fachbereich	Bildung und Soziales

Produktbeschreibung

Erbringung folgender Leistungen:

217.01.01 Schule
217.01.02 Sporthalle

Klassifizierung der Aufgabe		Personalstellen (in Vollzeitstellen)	
Pflichtige Selbstverwaltungsaufgabe	x		
Freiwillige Selbstverwaltungsaufgabe			
Pflichtaufgabe zur Erfüllung nach Weisung		Beamte	0
Sonstige Leistung		tariflich Beschäftigte	1,63
Unbekannt		Summe	1,63

Ziele

bestmögliche Qualifizierung von Gymnasiasten durch Sicherstellung und Weiterentwicklung eines nachfrageorientierten, bedarfsgerechten und zukunftsweisenden Schulangebots und dem optimalen Einsatz der Ressourcen

Fallzahlen	2004	2005	2006	Kennzahlen	2004	2005	2006
Anzahl Schüler	632	601	621	Schüler pro Klasse	28	27	27
Anzahl Klassen	14	14	14	Kosten/Schüler	435	468	

Stadt Nauen

Stadtverwaltung Nauen

Produktplan 2008

Produktbereich	21	Schulträgeraufgaben	verantwortlich:	Frau Goerke
Produktgruppe	21.7	Gymnasien	zuständig:	Herr Fischer
Produkt	21.7.01	Goethe-Gymn.+Halle		extern

Teilergebnishaushalt
Ertrags- und Aufwandsarten

		Ansatz 2006	Ansatz 2007	Ansatz 2008	Planung 2009	Planung 2010	Planung 2011
1	Steuern und ähnliche Abgaben	0	0	0	0	0	0
2	Zuwendungen und allgemeine Umlagen	0	0	0	0	0	0
3	Sonstige Transfererträge	0	0	0	0	0	0
4	Öffentlich-rechtliche Leistungsentgelte	54.600	54.600	58.000	58.000	58.000	58.000
5	Privatrechtliche Leistungsentgelte	1.500	1.800	100	100	100	100
6	Kostenerstattungen und Kostenumlagen	30.200	0	0	0	0	0
7	Sonstige ordentliche Erträge	0	0	0	0	0	0
8	Aktivierte Eigenleistungen	0	0	0	0	0	0
9	Bestandsveränderungen	0	0	0	0	0	0
10	= Ordentliche Erträge	86.300	56.400	58.100	58.100	58.100	58.100
11	Personalaufwendungen	86.972	43.100	60.300	62.100	63.900	65.700
12	Versorgungsaufwendungen	0	0	0	0	0	0
13	Aufwendungen für Sach- und Dienstleistungen	264.668	290.700	314.500	320.700	327.500	337.400
14	Abschreibungen	108.500	108.500	108.500	108.500	108.500	108.500
15	Transferaufwendungen	0	0	0	0	0	0
16	Sonstige ordentliche Aufwendungen	11.196	10.500	10.700	10.800	11.100	11.600
17	= Ordentliche Aufwendungen	471.337	452.800	494.000	502.100	511.000	523.200
18	= Ergebnis der laufenden Verwaltungstätigkeit (10.-17.)	-385.037	-396.400	-435.900	-444.000	-452.900	-465.100
19	Zinsen und sonstige Finanzerträge	0	0	0	0	0	0
20	- Zinsen und sonstige Finanzaufwendungen	0	0	0	0	0	0
21	= Finanzergebnis						
22	= Ordentliches Ergebnis (18.+21.)	-385.037	-396.400	-435.900	-444.000	-452.900	-465.100
23	Außerordentliche Erträge	0	0	0	0	0	0
24	- Außerordentliche Aufwendungen	0	0	0	0	0	0
25	= Außerordentliches Ergebnis	0	0	0	0	0	0
26	= Ergebnis vor Berücksichtigung der internen Leistungesbeziehungen (22.+25.)	-385.037	-396.400	-435.900	-444.000	-452.900	-465.100

Stadtverwaltung Nauen

Produktplan 2008

Produktbereich	21	Schulträgeraufgaben	verantwortlich:	Frau Goerke
Produktgruppe	21.7	Gymnasien	zuständig:	Herr Fischer
Produkt	21.7.01	Goethe-Gymn.+Halle		extern

Teilergebnishaushalt
Ertrags- und Aufwandsarten

		Ansatz 2006	Ansatz 2007	Ansatz 2008	Planung 2009	Planung 2010	Planung 2011
27	Erträge aus internen Leistungsbeziehungen	0	0	0	0	0	0
28	- Aufwendungen aus internen Leistungsbeziehungen	0	0	0	0	0	0
29	= Gesamtergebnis des Teilhaushalts	-385.037	-396.400	-435.900	-444.000	-452.900	-465.100

Nachrichtlich:

30	Nicht zahlungswirksame Erträge	0	0	0	0	0	0
31	Nicht zahlungswirksame Aufwendungen	108.500	108.500	108.500	108.500	108.500	108.500

Stadtverwaltung Nauen

Produktplan 2008

Produktbereich	21	Schulträgeraufgaben	verantwortlich:	Frau Goerke
Produktgruppe	21.7	Gymnasien	zuständig:	Herr Fischer
Produkt	21.7.01	Goethe-Gymn.+Halle		extern

Teilfinanzhaushalt	Ansatz 2006	Ansatz 2007	Ansatz 2008	Verpf.erm. 2008	Planung 2009	Planung 2010	Planung 2011
1 Einzahlungen aus Investitionszuwendungen	0	0	0	0	0	0	0
2 Einzahlungen aus Beiträgen und Entgelten	0	0	0	0	0	0	0
3 Einzahlungen aus der Veräußerung von immateriellen Vermögensgegenständen	0	0	0	0	0	0	0
4 Einzahlungen aus der Veräußerung von Grundstücken,gr.st.gl.Rechten und Gebäuden	0	0	0	0	0	0	0
5 Einzahlungen aus der Veräußerung von übrigem Sachanlagevermögen	0	0	0	0	0	0	0
6 Einzahlung aus der Veräußerung von Finanzanlagevermögen	0	0	0	0	0	0	0
7 sonstige Einzahlungen aus Investitionstätigkeit	0	0	0	0	0	0	0
8 = Einzahlungen aus der Investitionstätigkeit	0	0	0	0	0	0	0
9 Auszahlungen für Baumaßnahmen	180.000	235.000	300.000	0	200.000	200.000	200.000
10 Auszahlungen für den Erwerb von immateriellen Vermögensgegenständen	0	0	0	0	0	0	0
11 Auszahlungen für den Erwerb von Grundstücken,gr.st.gl.Rechten und Gebäuden	0	0	0	0	0	0	0
12 Auszahlungen für den Erwerb von übrigen Sachanlagevermögen	30.000	18.000	11.400	0	20.000	21.000	20.000
13 Auszahlungen für den Erwerb von Finanzanlagevermögen	0	0	0	0	0	0	0
14 Auszahlungen von aktivierbaren Zuwendungen für Investitionen Dritter	0	0	0	0	0	0	0
15 sonstige Auszahlungen aus Investitionstätigkeit	0	0	0	0	0	0	0
16 = Auszahlungen aus der Investitionstätigkeit	210.000	253.000	311.400	0	220.000	221.000	220.000
17 = Saldo aus der Investitionstätigkeit	-210.000	-253.000	-311.400	0	-220.000	-221.000	-220.000

Stadtverwaltung Nauen

Produktplan 2008

Produktbereich	21	Schulträgeraufgaben	verantwortlich:	Frau Goerke
Produktgruppe	21.7	Gymnasien	zuständig:	Herr Fischer
Produkt	21.7.01	Goethe-Gymn.+Halle		extern

Teilfinanzhaushalt Investitionsmaßnahmen ober-/unterhalb der Wertgrenze	Ansatz 2006	Ansatz 2007	Ansatz 2008	Verpflichtungs erm. 2008	Planung 2009	Planung 2010	Planung 2011	Bisher bereitgestellt	Gesamt Ein-/ Auszahlungen
409 Beschaffung Sportgeräte u.a. Unterrichtsmittel Gymnasium									
8 = Einzahlungen aus der Investitionstätigkeit	0,00	0,00	0	0	0	0	0	0	0
12 Auszahlungen für den Erwerb von übrigem Sachanlagevermögen	30.000,00	18.000,00	11.400	0	20.000	21.000	20.000	0	100.400
16 = Auszahlungen aus der Investitionstätigkeit	30.000,00	18.000,00	11.400	0	20.000	21.000	20.000	0	100.400
17 = Saldo aus der Investitionstätigkeit	-30.000,00	-18.000,00	-11.400	0	-20.000	-21.000	-20.000	0	-100.400
411 Rekonstruktion Gymnasium									
8 = Einzahlungen aus der Investitionstätigkeit	0,00	0,00	0	0	0	0	0	0	0
9 Auszahlungen für Baumaßnahmen	180.000,00	235.000,00	300.000	0	200.000	200.000	200.000	0	1.115.000
16 = Auszahlungen aus der Investitionstätigkeit	180.000,00	235.000,00	300.000	0	200.000	200.000	200.000	0	1.115.000
17 = Saldo aus der Investitionstätigkeit	-180.000,00	-235.000,00	-300.000	0	-200.000	-200.000	-200.000	0	-1.115.000

Stadt Nauen 133

Des Weiteren wird die **Kindertagesstätte** „Biene Maya" in Nauen aus dem Produktbereich Kinder-, Jugend- und Familienhilfe dargestellt:

Stadtverwaltung Nauen			Produktplan 2008	
Produktbereich	36	Kinder-, Jugend- und Familienhilfe	Produktverantwortliche/r	Frau Schlenz
Produktgruppe	36.5	Tageseinrichtungen	Budgetverantwortliche/r	Herr Fischer
Produkt	36.5.15	KITA Biene Maja Nauen	Fachbereich	Bildung und Soziales

Produktbeschreibung
Die Kindertagesstätte in Nauen ist eine sozialpädagogische familienergänzende Einrichtung der Jugendhilfe in freier Trägerschaft, in der insgesamt 110 Kinder [Kapazität] im Alter ab dem 2. Lebensjahr bis einschließlich dem Grundschulalter tagsüber gefördert, erzogen, gebildet, betreut und versorgt werden können.

Leistungen
Krippe	– Mindestbetreuungszeit	Kindergarten	– Mindestbetreuungszeit	Hort	– Mindestbetreuungszeit
Krippe	– Längere Betreuungszeit	Kindergarten	– Längere Betreuungszeit	Hort	– Längere Betreuungszeit

Klassifizierung der Aufgabe
Pflichtige Selbstverwaltungsaufgabe	x	§§ 12, 14
Freiwillige Selbstverwaltungsaufgabe		KitaG Bbg.
Pflichtaufgabe zur Erfüllung nach Weisung		
Sonstige Leistung		
Unbekannt		

Personalstellen (in Vollzeitstellen)
päd. Personal	0,00
tariflich Beschäftigte	0,07
Summe	0,07

Ziele
1. Gute Qualität der Bildung, Erziehung, Betreuung und Versorgung der Kinder auf der Grundlage des KitaG Bbg. unter Beachtung der effektiven Auslastung der Ressourcen (Betriebskosten).
2. Aktive Ergänzung und Unterstützung der Erziehung in der Familie.
3. Vernetzung mit Aktivitäten und Angeboten anderer Vereine und Partner in der Stadt als Teil des aktiven Gemeinwesens.
4. Enge Zusammenarbeit der Kindertagesstätte mit den städtischen Grundschulen.

Fallzahlen
	2005	2006	2007
Anzahl der betreuten Kinder (per 01.09. des Jahres)	110	110	110

Kennzahlen
	2005	2006
(Grundlage: jeweilige Jahresrechnung an 2006; 2005 IKO Kita Brandenburg)		
pädagogische Personalkosten pro Kind "IST"	2.887 €	
pädagogische Personalausstattung IST/SOLL	100 %	
Bewirtschaftungskosten pro Kind "IST"	545 €	
Kostendeckungsgrad durch Elternbeiträge	20%	
Kostendeckungsgrad gesamt	92%	

Stadtverwaltung Nauen

Produktplan 2008

Produktbereich	36	Kinder-, Jugend- und Familienhilfe	verantwortlich:	Frau Schlenz
Produktgruppe	36.5	Tageseinrichtungen	zuständig:	Herr Fischer
Produkt	36.5.15	Biene Maja, Nauen		extern

Teilergebnishaushalt
Ertrags- und Aufwandsarten

		Ansatz 2006	Ansatz 2007	Ansatz 2008	Planung 2009	Planung 2010	Planung 2011
1	Steuern und ähnliche Abgaben	0	0	0	0	0	0
2	Zuwendungen und allgemeine Umlagen	195.639	236.700	251.200	251.200	251.200	251.200
3	Sonstige Transfererträge	0	0	0	0	0	0
4	Öffentlich-rechtliche Leistungsentgelte	5.100	5.100	5.100	5.100	5.100	5.100
5	Privatrechtliche Leistungsentgelte	1.500	1.500	1.500	1.500	1.500	1.500
6	Kostenerstattungen und Kostenumlagen	6.300	1.900	800	800	800	800
7	Sonstige ordentliche Erträge	0	0	0	0	0	0
8	Aktivierte Eigenleistungen	0	0	0	0	0	0
9	Bestandsveränderungen	0	0	0	0	0	0
10	= Ordentliche Erträge	208.539	245.200	258.600	258.600	258.600	258.600
11	Personalaufwendungen	2.658	2.800	2.800	2.900	3.000	3.100
12	Versorgungsaufwendungen	0	0	0	0	0	0
13	Aufwendungen für Sach- und Dienstleistungen	4.327	4.800	5.000	5.100	5.200	5.300
14	Abschreibungen	13.200	13.200	13.200	13.200	13.200	13.200
15	Transferaufwendungen	242.900	281.200	289.000	294.800	300.700	306.700
16	Sonstige ordentliche Aufwendungen	623	1.200	1.200	1.200	1.200	1.200
17	= Ordentliche Aufwendungen	263.708	303.200	311.200	317.200	323.300	329.500
18	= Ergebnis der laufenden Verwaltungstätigkeit (10.-17.)	-55.169	-58.000	-52.600	-58.600	-64.700	-70.900
19	Zinsen und sonstige Finanzerträge	0	0	0	0	0	0
20	- Zinsen und sonstige Finanzaufwendungen	0	0	0	0	0	0
21	= Finanzergebnis	0	0	0	0	0	0
22	= Ordentliches Ergebnis (18.+21.)	-55.169	-58.000	-52.600	-58.600	-64.700	-70.900
23	Außerordentliche Erträge	0	0	0	0	0	0
24	- Außerordentliche Aufwendungen	0	0	0	0	0	0
25	= Außerordentliches Ergebnis	0	0	0	0	0	0
26	= Ergebnis vor Berücksichtigung der internen Leistungesbeziehungen (22.+25.)	-55.169	-58.000	-52.600	-58.600	-64.700	-70.900

Stadtverwaltung Nauen

Produktplan 2008

Produktbereich	36	Kinder-, Jugend- und Familienhilfe	verantwortlich:	Frau Schlenz
Produktgruppe	36.5	Tageseinrichtungen	zuständig:	Herr Fischer
Produkt	36.5.15	Biene Maja, Nauen		extern

Teilergebnishaushalt
Ertrags- und Aufwandsarten

		Ansatz 2006	Ansatz 2007	Ansatz 2008	Planung 2009	Planung 2010	Planung 2011
27	Erträge aus internen Leistungsbeziehungen	0	0	0	0	0	0
28	- Aufwendungen aus internen Leistungsbeziehungen	0	0	0	0	0	0
29	= Gesamtergebnis des Teilhaushalts	-55.169	-58.000	-52.600	-58.600	-64.700	-70.900
	Nachrichtlich:						
30	Nicht zahlungswirksame Erträge	0	0	0	0	0	0
31	Nicht zahlungswirksame Aufwendungen	13.200	13.200	13.200	13.200	13.200	13.200

Stadt Nauen

Stadtverwaltung Nauen

Produktplan 2008

Produktbereich	36	Kinder-, Jugend- und Familienhilfe	verantwortlich:	Frau Schlenz
Produktgruppe	36.5	Tageseinrichtungen	zuständig:	Herr Fischer
Produkt	36.5.15	Biene Maja, Nauen		extern

Teilfinanzhaushalt	Ansatz 2006	Ansatz 2007	Ansatz 2008	Verpf.erm. 2008	Planung 2009	Planung 2010	Planung 2011
1 Einzahlungen aus Investitionszuwendungen	0	0	0	0	0	0	0
2 Einzahlungen aus Beiträgen und Entgelten	0	0	0	0	0	0	0
3 Einzahlungen aus der Veräußerung von immateriellen Vermögensgegenständen	0	0	0	0	0	0	0
4 Einzahlungen aus der Veräußerung von Grundstücken,gr.st.gl.Rechten und Gebäuden	0	0	0	0	0	0	0
5 Einzahlungen aus der Veräußerung von übrigem Sachanlagevermögen	0	0	0	0	0	0	0
6 Einzahlung aus der Veräußerung von Finanzanlagevermögen	0	0	0	0	0	0	0
7 sonstige Einzahlungen aus Investitionstätigkeit	0	0	0	0	0	0	0
8 = Einzahlungen aus der Investitionstätigkeit	0	0	0	0	0	0	0
9 Auszahlungen für Baumaßnahmen	30.000	0	50.000	0	0	25.000	0
10 Auszahlungen für den Erwerb von immateriellen Vermögensgegenständen	0	0	0	0	0	0	0
11 Auszahlungen für den Erwerb von Grundstücken,gr.st.gl.Rechten und Gebäuden	0	0	0	0	0	0	0
12 Auszahlungen für den Erwerb von übrigen Sachanlagevermögen	0	0	5.000	0	8.000	15.000	15.000
13 Auszahlungen für den Erwerb von Finanzanlagevermögen	0	0	0	0	0	0	0
14 Auszahlungen von aktivierbaren Zuwendungen für Investitionen Dritter	0	0	0	0	0	0	0
15 sonstige Auszahlungen aus Investitionstätigkeit	0	0	0	0	0	0	0
16 = Auszahlungen aus der Investitionstätigkeit	30.000	0	55.000	0	8.000	40.000	15.000
17 = Saldo aus der Investitionstätigkeit	-30.000	0	-55.000	0	-8.000	-40.000	-15.000

Stadtverwaltung Nauen

Produktplan 2008

Produktbereich	36	Kinder-, Jugend- und Familienhilfe	verantwortlich:	Frau Schlenz
Produktgruppe	36.5	Tageseinrichtungen	zuständig:	Herr Fischer
Produkt	36.5.15	Biene Maja, Nauen		extern

Teilfinanzhaushalt Investitionsmaßnahmen ober-/unterhalb der Wertgrenze	Ansatz 2006	Ansatz 2007	Ansatz 2008	Verpflichtungs erm. 2008	Planung 2009	Planung 2010	Planung 2011	Bisher bereitgestellt	Gesamt Ein-/ Auszahlungen
422 KITA Biene Maja, Nauen; Sanitärumbauten									
8 = Einzahlungen aus der Investitionstätigkeit	0,00	0,00	0	0	0	0	0	0	0
9 Auszahlungen für Baumaßnahmen	30.000,00	0,00	50.000	0	0	25.000	0	0	105.000
16 = Auszahlungen aus der Investitionstätigkeit	30.000,00	0,00	50.000	0	0	25.000	0	0	105.000
17 = Saldo aus der Investitionstätigkeit	-30.000,00	0,00	-50.000	0	0	-25.000	0	0	-105.000
433 KITA Biene Maja Nauen; Ausstattungen									
8 = Einzahlungen aus der Investitionstätigkeit	0,00	0,00	0	0	0	0	0	0	0
12 Auszahlungen für den Erwerb von übrigem Sachanlagevermögen	0,00	0,00	5.000	0	8.000	15.000	15.000	0	35.000
16 = Auszahlungen aus der Investitionstätigkeit	0,00	0,00	5.000	0	8.000	15.000	15.000	0	35.000
17 = Saldo aus der Investitionstätigkeit	0,00	0,00	-5.000	0	-8.000	-15.000	-15.000	0	-35.000

Der Haushalt ist mit rund 390 Seiten (auch durch die Abbildung von Nullsalden) vergleichsweise umfangreich. Er enthält in den Produktbeschreibungen bereits durchgängig aussagekräftige **Fall- und Kennzahlen**. Dazu gehört auch die Angabe zu den Anteilen an Vollzeitäquivalenten pro Produkt, die für die Leistungserbringung in Anspruch genommen werden. Hierzu wird im Vorbericht erfreulicherweise eine Gesamtübersicht zu den produktbezogenen Stellenzuordnungen, getrennt nach Beamten und tariflich Beschäftigten, vorangestellt.

Die insgesamt überdurchschnittliche Lösung der brandenburgischen Pilotkommune könnte u. E. dadurch optimiert werden, dass die Nullsalden in der MPS-Software unterdrückt werden. Außerdem könnten die (aussagekräftigen) Ziele, Mengen und Kennzahlen in die Softwaredarstellung interpretiert werden (im Sinne einer redaktionellen Optimierung).

6 Kommunale Doppik in Hessen als Neues kommunales Rechnungs- und Steuerungssystem (NKRS)

6.1 Die Situation in Hessen

Doppik oder erweiterte Kameralistik spätestens ab 2009

In Hessen existiert seit 7.3.2005 die neue Gemeindeordnung und seit 2.4.2006 auch eine doppische Gemeindehaushaltsverordnung (GemHVO-HE). In Hessen sind ab 2009 nur noch doppische oder erweitert kameralistische Haushalte zugelassen. Das Landesprojekt „Neues kommunales Steuerungs- und Rechnungswesen" wurde zwischen 2003 und 2006 durchgeführt unter Mitarbeit der Beratungsgesellschaft ARF und veröffentlichte die Ergebnisse in Buchform[45] bzw. unter www.doppik-hessen.de.

Umsetzungsstand in Hessen

Im Jahr 2007 (oder früher) hatten bereits 50 von 426 Gemeinden und Städten und 7 von 21 Landkreisen auf die Doppik umgestellt. Nur vier Gemeinden wollen auf die erweiterte Kameralistik umstellen, sechs haben sich noch nicht entschieden.[46]

Zum Abschluss der Erhebungsphase (März 2008) lagen uns doppische Haushalte aus 22 hessischen Kommunen vor, die in die fachliche Analyse einbezogen wurden. Davon werden sechs Haushalte im Folgenden exemplarisch dargestellt. Weitere zwei Haushalte werden auf der beiliegenden CD kommentiert.

Allgemeine Charakterisierung der doppischen Haushalte

Das hessische Konzept zum neuen kommunalen Steuerungs- und Rechnungswesen beinhaltet – wie auch im IMK-Leittext vorgesehen – ein grundsätzliches Wahlrecht zur erweiterten Kameralistik. Außerdem folgt das hessische Regelungswerk besonders konsequent den Grundideen der neuen Verwaltungssteuerung (z. B. dem Grundsatz der dezentralen Ressourcenverantwortung) und hat daher auch nur vergleichsweise grobe Landesvorgaben zur Struktur des doppischen Haushalts gemacht. So werden insbesondere – anders als in Rheinland-Pfalz, Bayern und Baden-Württemberg – auch die Produktgruppen nicht landeseinheitlich fest vorgeschrieben. Die Kommunen sind damit implizit aufgefordert, das für ihre örtlichen Verhältnisse angemessene Haushalts- und Rechnungswesen zu erarbeiten.

Durch das frühzeitige Engagement hat Hessen einerseits stark den IMK-Leittext mitgeprägt, andererseits aber keinesfalls alle Bausteine der IMK-Beschlüsse übernommen. Dies gilt unter anderem für[47]

- den Produktbereichsplan der IMK, der nur zur Anwendung empfohlen ist
- den Kontenplan der IMK, der nicht übernommen wurde; vielmehr wurde der Kontenplan aus dem Kontenplan des Landes entwickelt (Kommunaler Verwaltungskontenrahmen KVKR[48], in dem keine Kontenklassen für die Finanzrechnung vorgesehen sind)
- die erheblich geringere Bedeutung der Finanzrechnung, die auch als indirekt ermittelte Kapitalflussrechnung zulässig ist (vom DV-Verfahren statistisch mitzuführen).

---

[45] Neues Kommunales Rechnungs- und Steuerungssystem (2005)
[46] Vgl. AK III (2007) Teil 5 S. 2.
[47] Vgl. AK III (2007) Teil 5 S. 2.
[48] Neues Kommunales Rechnungs- und Steuerungssystem (2005) S. 76 ff.

6.2 Wichtigste Vorschriften zur Haushaltsgliederung in Hessen

Anlagen zum Haushaltsplan

Der Haushaltsplan besteht gemäß § 1 GemHVO-Doppik-HE dem Gesamthaushalt, den Teilhaushalten und dem Stellenplan. Der Gesamtergebnishaushalt und der Gesamtfinanzhaushalt sind jeweils in Teilhaushalte zu gliedern. Dem Haushaltsplan sind beizufügen:

- der Vorbericht,
- die mittelfristige Ergebnis- und Finanzplanung mit dem ihr zugrunde liegenden Investitionsprogramm,
- das Haushaltssicherungskonzept, wenn ein solches erstellt werden muss,
- eine Übersicht über die aus Verpflichtungsermächtigungen in den einzelnen Jahren voraussichtlich fällig werdenden Auszahlungen; werden Auszahlungen in den Jahren fällig, auf die sich die mittelfristige Ergebnis- und Finanzplanung noch nicht erstreckt, so ist die voraussichtliche Deckung der Auszahlungen dieser Jahre besonders darzustellen,
- Übersichten über den voraussichtlichen Stand der Verbindlichkeiten aus Anleihen, Kreditaufnahmen und Rechtsgeschäften, die Kreditaufnahmen wirtschaftlich gleichkommen, der Rücklagen und der Rückstellungen zu Beginn und Ende des Haushaltsjahres sowie über den Stand zu Beginn des Vorjahres,
- eine Übersicht über die Budgets nach § 4 Abs. 5 GemHVO-Doppik-HE,
- eine Übersicht über die Mittel, die den Fraktionen der Gemeindevertretung nach § 36a Abs. 4 GO-HE zur Verfügung gestellt werden,
- der letzte Jahresabschluss und der letzte zusammengefasste Jahresabschluss,
- die Wirtschaftspläne und neuesten Jahresabschlüsse der Sondervermögen, für die Sonderrechnungen geführt werden,
- die Wirtschaftspläne und neuesten Jahresabschlüsse der Unternehmen und Einrichtungen mit eigener Rechtspersönlichkeit, an denen die Gemeinde mit mehr als 50 vom Hundert beteiligt ist; in diesen Fällen genügt auch eine kurzgefasste Übersicht über die Wirtschaftslage und die voraussichtliche Entwicklung der Unternehmen und Einrichtungen.

Gliederung des Ergebnishaushalts

Auch das Land Hessen hat zahlreiche Muster zur GO-HE veröffentlicht. Zur Gliederung des Ergebnishaushalts existiert das Muster 7 zu §2 GemHVO-Doppik-HE:

Muster 7
zu § 2

Gesamtergebnishaushalt
- Euro -

Position	Konten	Bezeichnung	Haushaltsansatz 20..[1]	Haushaltsansatz 20..[2]	Ergebnis des Jahresabschlusses 20..
1	2	3	4	5	6
1	50	Privatrechtliche Leistungsentgelte			
2	51	Öffentlich-rechtliche Leistungsentgelte			
3	548-549	Kostenersatzleistungen und -erstattungen			
4	52	Bestandsveränderungen und aktivierte Eigenleistungen			
5	55	Steuern und steuerähnliche Erträge einschließlich Erträge aus gesetzlichen Umlagen			
6	547	Erträge aus Transferleistungen			
7	540-543	Erträge aus Zuweisungen und Zuschüssen für laufende Zwecke und allgemeine Umlagen			
8	546	Erträge aus der Auflösung von Sonderposten aus Investitionszuweisungen, -zuschüssen und Investitionsbeiträgen			
9	53	Sonstige ordentliche Erträge			
10		**Summe der ordentlichen Erträge (Positionen 1 bis 9)**			
11	62, 63, 640-643, 647-649, 65	Personalaufwendungen			
12	644-646	Versorgungsaufwendungen			
13	60, 61, 67-69	Aufwendungen für Sach- und Dienstleistungen			
14	66	Abschreibungen			
15	71	Aufwendungen für Zuweisungen und Zuschüsse sowie besondere Finanzaufwendungen			
16	73	Steueraufwendungen einschließlich Aufwendungen aus gesetzlichen Umlageverpflichtungen			
17	72	Transferaufwendungen			
18	70, 74, 76	Sonstige ordentliche Aufwendungen			
19		**Summe der ordentlichen Aufwendungen (Positionen 11 bis 18)**			
20		**Verwaltungsergebnis (Position 10 ./. Position 19)**			
21	56, 57	Finanzerträge			
22	77	Zinsen und ähnliche Aufwendungen			
23		**Finanzergebnis (Position 21 ./. Position 22)**			
24		**Ordentliches Ergebnis (Position 20 und Position 23)**			
25	59	Außerordentliche Erträge			
26	79	Außerordentliche Aufwendungen			
27		**Außerordentliches Ergebnis (Position 25 ./. Position 26)**			
28		**Jahresergebnis (Position 24 und Position 27)**			

[1] Haushaltsjahr
[2] Vorjahr

Wie die Abbildung zeigt, weicht das hessische Muster auf den ersten Blick stark von den Vorgaben anderer Länder ab. Bei näherer Analyse sind die Abweichungen jedoch eher formaler Art und hauptsächlich durch den für Hessen geltenden Kontenrahmen bedingt.

Im Gesamtergebnishaushalt sind also für jedes Haushaltsjahr das Verwaltungsergebnis, das Finanzergebnis, das ordentliche Ergebnis, das außerordentliches Ergebnis sowie das geplante Jahresergebnis (Jahresüberschuss/Jahresfehlbedarf) auszuweisen. Unter den Posten „außerordentliche Erträge" und „außerordentliche Aufwendungen" sind – abweichend von den Grundsätzen des HGB – insbesondere Gewinne und Verluste aus der Veräußerung von Vermögensgegenständen des Anlagevermögens auszuweisen.

Gliederung des Finanzhaushalts

Anders als andere Bundesländer verlangt Hessen nur einen Gesamtfinanzhaushalt in Form einer **indirekt ermittelten Kapitalflussrechnung** (also abgeleitet aus dem Jahresergebnis), während die anderen Länder nach dem Schema der direkten Kapitalflussrechnung (Einzahlungen minus Auszahlungen) vorgehen.

Folgendes Muster 8 ist zu § 3 GemHVO-Doppik-HE vorgeschrieben:

Muster 8
zu § 3

Gesamtfinanzhaushalt

- Euro -

Position	Bezeichnung	Haushaltsansatz 20..[1]	Haushaltsansatz 20..[2]	Ergebnis des Jahresabschlusses 20..
1	2	3	4	5
1	Geplantes Jahresergebnis des Gesamtergebnishaushalts			
2	+/- Abschreibungen/Zuschreibungen auf Vermögensgegenstände des Anlagevermögens			
3	- Erträge aus der Auflösung von Sonderposten für erhaltene Investitionszuweisungen und -zuschüsse			
4	+/- Zunahme/Abnahme von Rückstellungen			
5	-/+ Erträge/Aufwendungen aus dem Abgang von Vermögensgegenständen des Anlagevermögens			
6	+/- Sonstige nicht zahlungswirksame Aufwendungen und Erträge (einschließlich sonstige außerordentliche Erträge und Aufwendungen)			
7	-/+ Zunahme/Abnahme der Vorräte, der Forderungen aus Lieferungen und Leistungen sowie anderer Aktiva, die nicht der Investitions- oder Finanzierungstätigkeit zuzuordnen sind			
8	+/- Zunahme/Abnahme der Verbindlichkeiten aus Lieferungen und Leistungen sowie anderer Passiva, die nicht der Investitions- oder Finanzierungstätigkeit zuzuordnen sind			
9	**Finanzmittelfluss aus laufender Verwaltungstätigkeit (Positionen 1 bis 8)**			
10	Einzahlungen aus Investitionszuweisungen und -zuschüssen sowie aus Investitionsbeiträgen			
11	+ Einzahlungen aus Abgängen von Vermögensgegenständen des Sachanlagevermögens und des immateriellen Anlagevermögens			
12	- Auszahlungen für Investitionen in das Sachanlagevermögen und immaterielle Anlagevermögen (davon: Auszahlungen für aktivierte Investitionszuweisungen und -zuschüsse)			
13	+ Einzahlungen aus Abgängen von Vermögensgegenständen des Finanzanlagevermögens (davon: Einzahlungen aus der Tilgung von gewährten Krediten)			
14	- Auszahlungen für Investitionen in das Finanzanlagevermögen (davon: Auszahlungen aus der Gewährung von Krediten)			
15	**Finanzmittelfluss aus Investitionstätigkeit (Positionen 10 bis 14)**			
16	Einzahlungen aus der Aufnahme von Krediten und der Begebung von Anleihen			
17	- Auszahlungen aus der Tilgung von Krediten und Anleihen			
18	**Finanzmittelfluss aus Finanzierungstätigkeit (Position 16 und Position 17)**			
19	**Finanzmittelüberschuss/Finanzmittelfehlbedarf des Haushaltsjahres (Summe aus Positionen 9, 15 und 18)**			
20	**Voraussichtlicher Finanzmittelbestand am Anfang des Haushaltsjahres**			
21	**Voraussichtlicher Finanzmittelbestand am Ende des Haushaltsjahres (Position 19 und Position 20)**			

[1] Haushaltsjahr
[2] Vorjahr

Teilhaushalte

Die Teilhaushalte sind gemäß § 4 GemHVO-Doppik-HE nach vorgegebenen Produktbereichen oder nach der örtlichen Organisation produktorientiert zu gliedern. Jeder Teilhaushalt bildet eine **Bewirtschaftungseinheit** (Budget). Die Budgets sind bestimmten Verantwortungsbereichen zuzuordnen.

Werden die Teilhaushalte **nach der örtlichen Organisation gegliedert**, ist dem Haushaltsplan gemäß § 4 Abs. 5 GemHVO-Doppik-HE eine Übersicht über die Budgets und die den einzelnen Budgets zugeordneten Produktgruppen als Anlage beizufügen.

Jeder **Teilergebnishaushalt** enthält die auf ihn entfallenden Aufwendungen und Erträge nach der Gliederung des Gesamtergebnishaushalts sowie Kosten und Erlöse aus internen Leistungsverrechnungen.

Jeder **Teilfinanzhaushalt** enthält die auf ihn entfallenden Einzahlungen und Auszahlungen aus Investitionstätigkeit (§ 3 Abs. 1 Nr. 9 bis 13 GemHVO-Doppik-HE) sowie die Angabe des Gesamtauszahlungsbedarfs für Investitionen und Investitionsförderungsmaßnahmen, der bisher bereit gestellten Haushaltsmittel und der benötigten Verpflichtungsermächtigungen, den Haushaltsansatz des Haushaltsjahres und des Vorjahres sowie das Ergebnis des letzten Jahresabschlusses.

6.3 Praxis der bislang vorliegenden doppischen Haushalte in Hessen

6.3.1 Stadt Frankfurt (2007)

Die kreisfreie Stadt Frankfurt am Main (648.000 Einwohner) hat einen besonders voluminösen doppischen Haushalt vorgelegt, der in ausgedruckter Form vier Ordner füllt.

Der **erste Band** enthält im Wesentlichen die Einbringungsrede des Stadtkämmerers, die Satzung und die Bewirtschaftungsvorschriften, das Konsolidierungsprogramm, den Gesamtergebnishaushalt, den Ergebnishaushalt nach Produktbereichen, die Teilergebnishaushalte für die Produktbereiche, den Gesamtfinanzhaushalt sowie weitere Aufstellungen und Übersichten.

Aus Band eins des Frankfurter Haushalts zeigen wir exemplarisch zunächst den **Teilergebnishaushalt** für den (in Frankfurt gebildeten) Produktbereich 10 „Wahlen und übergeordnete Angelegenheiten":[49]

---

[49] Stadt Frankfurt (2007) Band 1. Leider existieren in der vorliegenden Fassung (www.stadt-frankfurt.de/stadtkaemmerei/haushalt2007entwurf/) keine Seitenzahlen, sodass die Zitation nur eingeschränkt möglich ist.

Teilergebnishaushalt für den Produktbereich 10

	Kontengruppe:		Ist 2005 €	Soll 2006 T€	**Soll 2007** T€	Plan 2008 T€	Plan 2009 T€	Plan 2010 T€
1	50	Privatrechtliche Leistungsentgelte	0,00	429	24	24	24	24
2	51	Öffentlich-rechtliche Leistungsentgelte	0,00	0	0	0	0	0
3	548-549	Kostenersatzleistungen und -erstattungen	0,00	3	0	291	294	360
4	52	Bestandsveränderungen und andere aktivierte Eigenleistungen	0,00	0	0	0	0	0
5	55	Steuern und steuerähnliche Erträge einschließlich Erträge aus gesetzlichen Umlagen	0,00	0	0	0	0	0
6	547	Erträge aus Transferleistungen	0,00	0	0	0	0	0
7	540-545	Erträge aus Zuweisungen und Zuschüssen für laufende Zwecke und allgemeine Umlagen	0,00	1	1	1	1	1
8	546	Erträge aus der Auflösung von Sonderposten aus Investitionszuweisungen, -zuschüssen und Investitionsbeiträge						
9	53	Sonstige ordentliche Erträge	0,00	2	2	3	3	3
10		Summe der ordentlichen Erträge	0,00	435	27	319	322	388
11	62, 63, 640-643, 647-649, 65	Personalaufwendungen	0,00	3.730	3.025	2.955	2.955	2.955
12	644-646	Versorgungsaufwendungen	0,00	128	314	314	314	314
13	60,61, 67-69	Aufwendungen für Sach- und Dienstleistungen	0,00	3.625	2.597	1.836	2.374	1.846
14	66	Abschreibungen	0,00	0	0	0	0	0
15	71	Aufwendungen für Zuweisungen und Zuschüsse sowie besondere Finanzausgaben	0,00	2.391	2.381	2.381	2.381	2.381
16	73	Steueraufwendungen und Aufwendungen aus gesetzlichen Umlageverpflichtungen	0,00	0	0	0	0	0
17	72	Transferaufwendungen	0,00	0	0	0	0	0
18	70,74,76	Sonstige ordentliche Aufwendungen	0,00	0	0	0	0	0
19		Summe der ordentlichen Aufwendungen	0,00	9.874	8.317	7.486	8.024	7.496
20		Verwaltungsergebnis	0,00	-9.439	-8.290	-7.167	-7.702	-7.108
21	56,57	Finanzerträge	0,00	0	0	0	0	0
22	77	Zinsen und sonstige Finanzaufwendungen	0,00	0	0	0	0	0
23		Finanzergebnis	0,00	0	0	0	0	0
24		Ordentliches Ergebnis	0,00	-9.439	-8.290	-7.167	-7.702	-7.108
25	59	Außerordentliche Erträge	0,00	0	0	0	0	0
26	79	Außerordentliche Aufwendungen	0,00	0	0	0	0	0
27		Außerordentliches Ergebnis	0,00	0	0	0	0	0
28		Jahresergebnis vor internen Leistungsbeziehungen	0,00	-9.439	-8.290	-7.167	-7.702	-7.108
29		Ergebnis der internen Leistungsbeziehungen	0,00	0	-1.388	-1.388	-1.388	-1.388
30		Jahresergebnis nach internen Leistungsbeziehungen	0,00	-9.439	-9.678	-8.555	-9.090	-8.496
31	97	kalkulatorische Erlöse	0,00	0	0	0	0	0
32	98	kalkulatorische Kosten	0,00	0	0	0	0	0
33		Geplantes Jahresergebnis nach internen Leistungsbeziehungen und nach kalkulatorischen Erlösen und Kosten	0,00	-9.439	-9.678	-8.555	-9.090	-8.496

Stadt Frankfurt 143

Damit hat die Stadt Frankfurt eigene Produktbereiche und -gruppen für sich definiert. Eine Zusammenfassung der in Frankfurt gebildeten Produktbereiche verdeutlicht folgende Abbildung:[50]

Zusammenfassung der Erlöse und Kosten

Nr.	Produktbereiche Bezeichnung		Ist 2005 €	Soll 2006 T€	Soll 2007 T€	Plan 2008 T€	Plan 2009 T€	Plan 2010 T€
10	Wahlen und übergeordnete Angelegenheiten	Erlöse	0,00	435	11.530	11.822	11.825	11.891
		Kosten	0,00	9.874	21.208	20.377	20.915	20.387
11	Ordnung und Sicherheit	Erlöse	0,00	29.653	119.418	119.419	119.419	119.419
		Kosten	0,00	59.417	168.260	168.459	168.908	168.808
12	Brandschutz und Rettungsdienst	Erlöse	0,00	17.028	103.027	103.027	103.027	103.027
		Kosten	0,00	48.665	155.626	155.628	155.903	155.878
13	Stadtplanung	Erlöse	0,00	13.826	35.024	34.440	34.941	34.607
		Kosten	0,00	20.169	42.306	41.722	42.224	41.890
14	Vermessung und Grundstücksordnung	Erlöse	0,00	7.380	27.241	27.241	27.241	27.241
		Kosten	0,00	12.872	34.359	34.359	34.359	34.359
15	Bauaufsicht und Denkmalschutz	Erlöse	0,00	11.308	33.173	32.893	32.877	32.877
		Kosten	0,00	14.985	41.242	41.157	41.157	41.157
16	Nahverkehr und ÖPNV	Erlöse	0,00	12.890	43.326	43.326	43.326	43.326
		Kosten	0,00	104.969	137.059	139.385	139.884	138.642
17	Wohnen	Erlöse	0,00	832	20.169	20.099	20.159	20.119
		Kosten	0,00	11.339	31.561	31.256	31.308	31.158
18	Soziales	Erlöse	0,00	154.641	308.498	308.498	308.498	308.498
		Kosten	0,00	703.212	880.217	884.709	889.509	894.309
19	Gesundheit	Erlöse	0,00	2.188	25.349	25.394	25.394	25.394
		Kosten	0,00	26.109	47.118	59.194	48.745	49.954
20	Bildung	Erlöse	0,00	40.447	246.882	247.084	247.298	247.517
		Kosten	0,00	272.714	547.135	557.951	575.653	585.639
21	Kultur, Freizeit und Sport	Erlöse	0,00	14.143	224.813	224.990	224.990	224.990
		Kosten	0,00	178.949	395.636	398.508	396.423	395.208
22	Umwelt	Erlöse	0,00	186.292	280.536	281.225	281.956	281.900
		Kosten	0,00	208.234	321.440	322.361	322.250	322.218
30	Büro OB / Betreuung der Gremien	Erlöse	0,00	3.184	34.881	34.880	34.880	34.880
		Kosten	0,00	14.789	39.825	39.825	39.825	39.825
31	Finanzen	Erlöse	0,00	18.640	71.310	71.310	71.310	71.310
		Kosten	0,00	19.002	64.742	64.603	64.592	64.592
32	Personal und Organisation	Erlöse	0,00	5.717	68.162	68.163	68.163	68.163
		Kosten	0,00	22.988	66.968	66.967	66.967	66.967
33	Revision und Recht	Erlöse	0,00	2.532	26.345	26.345	26.345	26.345
		Kosten	0,00	8.562	27.785	27.785	27.785	27.785
34	Grundstücks- und Gebäudemanagement	Erlöse	0,00	30.321	92.387	92.387	92.387	92.387
		Kosten	0,00	38.376	102.271	101.988	101.988	101.988
35	Zentrale Dienste	Erlöse	0,00	4.690	47.012	47.012	47.012	47.012
		Kosten	0,00	18.104	54.822	54.408	51.893	51.958
36	Wirtschaftsförderung	Erlöse	0,00	11	0	0	0	0
		Kosten	0,00	6.929	6.863	7.153	7.817	7.282
98	Zentrale Finanzwirtschaft	Erlöse	0,00	1.699.949	1.940.690	1.951.678	1.979.268	1.980.971
		Kosten	0,00	456.314	619.316	627.891	647.405	662.884
	Gesamtsumme Erlöse		0,00	2.256.107	3.759.772	3.771.233	3.800.316	3.801.874
	Gesamtsumme Kosten		0,00	2.256.572	3.805.756	3.845.686	3.875.510	3.902.888

---

[50] Stadt Frankfurt (2007) Band 1.

Auch im Bereich des Finanzhaushalts differenziert die Stadt Frankfurt nach Produktbereichen:[51]

Zusammenfassung der investiven Einzahlungen und Auszahlungen nach Produktbereichen

Nr.	Produktbereiche Bezeichnung		Ist 2005 €	Soll 2006 T€	Soll 2007 T€	Plan 2008 T€	Plan 2009 T€	Plan 2010 T€
10	Wahlen und übergeordnete Angelegenheiten	Investive Einzahlungen	0,00	0	0	0	0	0
		Investive Auszahlungen	52.599,03	41	52	52	52	52
11	Ordnung und Sicherheit	Investive Einzahlungen	0,00	0	0	0	0	0
		Investive Auszahlungen	1.163.306,30	1.653	1.225	1.225	1.225	1.225
12	Brandschutz und Rettungsdienst	Investive Einzahlungen	1.671.351,89	0	0	221	1.150	0
		Investive Auszahlungen	10.150.761,70	4.419	6.393	6.893	3.742	3.242
13	Stadtplanung	Investive Einzahlungen	16.698.755,47	11.868	19.499	17.435	17.434	15.854
		Investive Auszahlungen	15.301.369,07	39.628	64.398	60.423	63.877	45.066
14	Vermessung und Grundstücksordnung	Investive Einzahlungen	0,00	0	0	0	0	0
		Investive Auszahlungen	453.260,99	1.468	825	245	245	245
15	Bauaufsicht und Denkmalschutz	Investive Einzahlungen	0,00	0	0	0	0	0
		Investive Auszahlungen	39.676,28	216	926	226	226	226
16	Nahverkehr und ÖPNV	Investive Einzahlungen	43.483.653,40	85.248	35.442	41.735	33.502	15.953
		Investive Auszahlungen	64.816.740,83	159.617	95.204	114.045	77.453	68.970
17	Wohnen	Investive Einzahlungen	0,00	0	0	0	0	0
		Investive Auszahlungen	237.814,03	106	36	36	36	36
18	Soziales	Investive Einzahlungen	452.159,00	0	0	0	0	0
		Investive Auszahlungen	2.261.573,06	6.126	4.169	2.314	2.954	1.109
19	Gesundheit	Investive Einzahlungen	0,00	0	0	0	0	0
		Investive Auszahlungen	197.934,98	784	272	272	272	272
20	Bildung	Investive Einzahlungen	9.331.981,60	9.352	10.127	3.623	2.000	2.000
		Investive Auszahlungen	41.155.749,41	63.248	68.813	65.777	37.891	23.114
21	Kultur, Freizeit und Sport	Investive Einzahlungen	658.450,92	113	1.462	380	0	0
		Investive Auszahlungen	29.327.613,91	30.752	31.412	31.771	26.928	14.171
22	Umwelt	Investive Einzahlungen	1.692.904,89	414	12	8	8	7
		Investive Auszahlungen	11.857.398,08	22.135	10.172	15.884	11.504	6.235
30	Büro OB / Betreuung der Gremien	Investive Einzahlungen	135.350,00	0	0	0	0	0
		Investive Auszahlungen	326.498,95	821	1.295	2.126	2.371	1.683
31	Finanzen	Investive Einzahlungen	19.916.378,62	22.060	20.051	20.051	20.051	20.051
		Investive Auszahlungen	26.827.355,38	20.380	88.876	24.956	18.467	18.467
32	Personal und Organisation	Investive Einzahlungen	0,00	0	0	0	0	0
		Investive Auszahlungen	744.406,23	894	2.906	906	906	906
33	Revision und Recht	Investive Einzahlungen	0,00	0	0	0	0	0
		Investive Auszahlungen	52.062,96	108	113	113	113	113
34	Grundstücks- und Gebäudemanagement	Investive Einzahlungen	0,00	0	0	0	0	0
		Investive Auszahlungen	2.354.615,73	6.991	3.595	4.988	1.369	1.369
35	Zentrale Dienste	Investive Einzahlungen	0,00	583	423	423	423	423
		Investive Auszahlungen	10.855.698,86	2.324	4.937	4.057	1.403	1.889
36	Wirtschaftsförderung	Investive Einzahlungen	34.795.500,00	0	0	0	0	0
		Investive Auszahlungen	691.250,00	0	0	0	0	0
98	Zentrale Finanzwirtschaft	Investive Einzahlungen	2.601.502,32	2.572	2.874	2.711	2.805	2.893
		Investive Auszahlungen	2.361.951,21	4.201	5.293	3.088	3.030	2.443
	Gesamtsumme Einzahlungen		131.437.988,11	132.210	89.890	86.587	77.373	57.181
	Gesamtsumme Auszahlungen		221.229.636,99	365.912	390.912	339.397	254.064	190.833

---

[51] Stadt Frankfurt (2007) Band 1.

Die Zuordnung der Produktbereiche und Ämter wird in folgender Abbildung sichtbar:[52]

Dezernate / Ämter nach Produktbereichen und -gruppen

Produktbereich	gruppe	Bezeichnung	Dez.	Amt
10		Wahlen und übergeordnete Angelegenheiten		
10	01	Wahlen	9	12
10	03	Integration und Antidiskriminierung	11	10A
10	04	Gleichberechtigung für Bürgerinnen	2	11C
10	05	Statistik und Stadtbeobachtung	9	12
10	08	Geschäftsstelle der KAV	11	10B
11		Ordnung und Sicherheit		
11	01	Einwohnerangelegenheiten	9	12
11	02	Staatsangehörigkeit und Personenstand	9	34
11	04	Ordnung und Sicherheit	9	32
11	05	Verkehrssteuerung und -überwachung	6	36
12		Brandschutz und Rettungsdienst		
12	01	Brandschutz	9	37
12	02	Leitstelle	9	37
12	03	Rettungsdienst	9	37
13		Stadtplanung		
13	01	Stadtplanung	4	61
14		Vermessung und Grundstücksordnung		
14	01	Vermessungen	4	62
14	02	Geoinformationssysteme	4	62
14	03	Bodenordnung	4	62
14	04	Grundstücksbewertung	4	62
15		Bauaufsicht und Denkmalschutz		
15	01	Bauaufsicht	4	63
15	02	Denkmalschutz und -pflege	4	60B
16		Nahverkahr und ÖPNV		
16	01	Erschließung	6	66
16	02	Verwendung Stellplatzablöse	6	66A
16	03	Verkehrsanlagen	6	66
16	06	Verkehrseinrichtungen	6	36
16	08	Parkierungseinrichtungen	6	66
16	09	traffiQ (Operativer Bereich)	6	66
16	10	traffiQ (Treuhandbereich)	6	66
16	11	Förderung Öffentl. Personennahverkehr	6	66
16	12	Verkehrsplanung	6	66A
17		Wohnen		
17	01	Wohnen	5	64
18		Soziales		
18	01	Leistungen des Jugend- und Sozialamtes	8	51

---

[52] Stadt Frankfurt (2007) Band 1.

Produkt-bereich gruppe		Bezeichnung	Dez.	Amt
19		Gesundheit		
19	01	Infektionsschutz	10	53
19	02	Medizinische Dienste und Hygiene	10	53
19	03	Kinder- und Jugendgesundheit	10	53
19	04	Psychiatrie	10	53
19	05	Drogen-, Sucht- und Präventionsthemen	10	53A
19	06	Städt. Kliniken Frankfurt a.M.-Höchst	10	54
19	07	Veterinärwesen	10	53
20		Bildung		
20	01	Schulbetriebsmanagement/pädag. Aufgaben	2	40
20	02	Betrieb städtischer Kitas	2	40
20	03	Trägerübergreifende Kita-Aufgaben	2	40
20	04	Förderung Jugend- u. Erwachsenenbildung	2	40
20	07	Angebote der Stadtbücherei	2	44
21		Kultur, Freizeit und Sport		
21	01	Kulturelle Dienstleistungen und Projekte	7	41
21	05	Zoologischer Garten	7	77
21	12	Städtische Bühnen	7	46
21	14	Sporthallen	8	52
21	15	Sportstätten und Sportstättenvergabe	8	52
21	16	Sportförderung	8	52
21	18	Archäologisches Museum	7	45B
21	21	Historisches Museum	7	45E
21	22	Museum für Angewandte Kunst	7	45F
21	23	Museum der Weltkulturen	7	45G
21	24	Deutsches Architekturmuseum	7	45H
21	25	Museum für Moderne Kunst	7	45I
21	26	Jüdisches Museum	7	45J
21	27	Institut für Stadtgeschichte	7	47
22		Umwelt		
22	01	Umweltplanung und Umweltservice	10	79
22	02	Umweltcontrolling	10	79
22	03	Anlagen der Abfallwirtschaft	10	79
22	04	Energie und Klimaschutz	10	79
22	06	Oberirdische Gewässer	5	68
22	07	StadtForst	10	67
22	09	Grün- und Freiflächen	10	67
22	10	Friedhöfe, Bestattungen und Städt. Pietät	10	67
22	11	Palmengarten	10	78
22	12	Kommunale Abfallwirtschaft	10	79
22	13	Straßenreinigung	10	79
30		Büro OB / Betreuung der Gremien		
30	01	Leitung der Stadtverwaltung	1	02
30	02	Stadtverordnetenversammlung/Ortsbeiräte	15	01
30	03	Betreuung des Magistrats	1	10

Produkt-bereich	gruppe	Bezeichnung	Dez.	Amt
31		Finanzen		
31	01	Steuerungsunterstützung und Controlling	3	20
31	02	Finanzdienstleistungen	3	20
31	03	Finanzverwaltung	3	21
31	04	Dienstleistungen des Amtes 21	3	21
31	05	Steuern und sonstige Abgaben	3	21
31	06	Beteiligungsmanagement	3	29
31	08	Abwicklung von Grundstücksgeschäften	3	23
32		Personal und Organisation		
32	01	Personalservice und -controlling	9	11
32	02	Personalentwicklung	9	11
32	05	Arbeitsmedizin und Sicherheitstechnik	0	11A
32	06	Zentrale Personalangelegenheiten	0	11
32	07	Umsetzung des Gleichberechtigungsgebots	0	11D
32	08	Personalvertretungen	0	GPR
33		Revision und Recht		
33	01	Prüfung und Beratung	1	14
33	02	Datenschutz	9	11B
33	03	Interne Rechtliche Serviceleistungen	9	30
34		Grundstücks- und Gebäudemanagement		
34	01	Grundstücks- und Gebäudebewirtschaftung	5	65
34	03	Telekommunikationsdienste	3	16
34	04	Grundstücks- und Gebäudemanagement	3	23
35		Zentrale Dienste		
35	01	Zentrale Serviceleistungen	1	10
35	02	Informations- und Kommunikationsdienste	3	16
35	03	Städtische Kommunikation	1	13
35	04	Personalgestellung Küche	9	76
36		Wirtschaftsförderung		
36	01	Wirtschaftsförderung	4	87
98		Zentrale Finanzwirtschaft		
98	03	Nicht fachspezifische Gesellschaften	0	94
98	04	Kirchliche Angelegenheiten	0	20K
98	05	Zentrale Finanzleistungen	0	94
98	06	Steuern und steuerähnliche Einnahmen	0	94
98	07	Sonstige allgemeine Deckungsmittel	0	94
98	08	Umlagen	0	94
98	09	Unselbständige Stiftungen	0	94
98	10	Kredite und Schuldendienst	0	94
98	12	Kalkulatorische Erlöse und Kosten	0	94
99		Sonderhaushalte		
99	01	ZVK Pflichtversicherung	9	11E
99	02	ZVK Freiwillige Versicherung	9	11E
99	03	Bestattungshilfe Bergen-Enkheim	0	20

Der **Band zwei** des städtischen Haushalts enthält den Stellenplan nach Kostenstellen, die städtischen Gesellschaften in großer Ausführlichkeit mit Wirtschaftsplan und Jahresabschlüssen.

Der **Band drei** enthält die Produktblätter für die einzelnen Produktgruppen mit ausführlichen Hinweisen und Kennzahlen. Dieser überdurchschnittlich ausführliche Teilbereich des neuen doppischen Haushalts ist folgendermaßen gegliedert: Zunächst wird deutlich gemacht, welche Produkte und Produktgruppen in einen Produktbereich gehören:[53]

2007.10	Wahlen und übergeordnete Angelegenheiten
1.10.01	**Wahlen**
1.10.01.01	Wahlen und Abstimmungen
1.10.03	**Integration und Antidiskriminierung**
1.10.03.01	Integration und Antidiskriminierung
1.10.04	**Gleichberechtigung für Bürgerinnen**
1.10.04.01	Politik/Verwaltung/Externe unterstützen
1.10.04.02	Frauenspezifische Infrastruktur fördern
1.10.04.03	Exemplarische Projekte;Veranstaltungen
1.10.04.04	Öffentlichkeitsarbeit
1.10.05	**Statistik und Stadtbeobachtung**
1.10.05.01	Statistische Informationslösungen
1.10.05.02	Statistischer Informationsservice
1.10.08	**Geschäftsstelle der KAV**
1.10.08.01	Geschäftsführung der KAV
1.10.08.02	Öffentlichkeitsarbeit der KAV

Anschließend wird für jede der Produktgruppen ein ausführliches Produktblatt mit Kennzahlen entwickelt. Wir verdeutlichen die Vorgehensweise exemplarisch für Produktgruppe „Wahlen":[54]

---

[53] Stadt Frankfurt (2007) Band 2.
[54] Stadt Frankfurt (2007) Band 2.

Stadt Frankfurt 149

Produktgruppe: 10.01 Wahlen
Produktbereich: 10 Wahlen und übergeordnete Angelegenheiten

Erläuternde Hinweise

Wahlen: Wahlbehörde für allgemeine Wahlen, Volksabstimmungen, Volks- und Bürgerentscheide; Geschäftsstelle des Wahlleiters/der Wahlleiterin; Wahl der Ortslandwirte und des Gebietsagrarausschusses; Aufstellungsbehörde der Vorschlagslisten für die Wahl der Schöffen und ehrenamtlichen Verwaltungsrichter; Wahl zum Landeswohlfahrtsverband.

Die Vorbereitung und Durchführung von Wahlen erfolgt aufgrund gesetzlicher Vorschriften. Es wird hier ein Produkt bereitgestellt, dessen Erfolg nicht durch seine Inanspruchnahme gemessen werden kann.

Ziele:
- Aktives und passives Wahl- und Stimmrecht ermöglichen
- Ordnungsgemäße Durchführung der Wahlen sicherstellen
- Begründete Einsprüche vermeiden

	2004	2005	2006	2007	2008	2009	2010
Europawahl	X					X	
Bundestagswahl		X				X	
Landtagswahl					X		
KAV-Wahl			X				X
Wahl der Schöffen und ehrenamtlichen Richter	X					X	
LWV-Wahl				X			
Kommunalwahlen				X			
Oberbürgermeister-Direktwahl					X		
Stichwahl zur Oberbürgermeisterwahl					X		
Agrarwahl						X	

Die Anzahl der Wahlen kann sich verändern, z. B. durch Bürgerbegehren oder Volksentscheide.

	2004	2005	2006	2007	2008	2009	2010
Wahlkostenerstattung Bund	294.000 €		360.000			294.000 €	360.000 €
Wahlkostenerstattung Land					291.000 €		
Einzelwahlbezogene Sachkosten:							
Europawahl	580.000 €					580.000 €	
Bundestagswahl 2009		572000 €				572.000 €	
Landtagswahl 2008				200.000 €	534.000 €		
KAV-Wahl		304.000 €					304.000 €
Schöffenwahl	5.000 €				10.000 €		
LWV-Wahl			5.000 €				
Kommunalwahl		150.000 €	1.650.000 €				150.000 €
Direktwahl, Stichwahl zur Oberbürgermeisterwahl				1.097.000 €			

Zahlungsanweisung und Rechnungsführung erfolgt durch das Bürgeramt, Statistik und Wahlen.

Erlöse und Kosten der kameralen Vergangenheit:

	RE 2005	Plan 2006
	T€	T€
Erlöse	163	3
Kosten	1.281	3.618
Saldo	-1.118	-3.615

Produktgruppe:	10.01 Wahlen
Produktbereich:	10 Wahlen und übergeordnete Angelegenheiten

Beteiligte Dezernate:	IX
Maßgebliches Produkt:	
Auftragsgrundlage:	- Grundgesetz, Hessische Verfassung, Hessische Gemeindeordnung - Wahlgesetze, Wahlordnungen - Gesetz über Volksbegehren und Volksentscheid, Gesetz über Volksabstimmung, Stimmordnun - verschiedene wahlrechtlich relevante Gesetze (StGB, Betreuungsgesetz etc.) - Gesetz über die Mittelstufe der Verwaltung und den Landeswohlfahrtsverband Hessen - Wahlordnung für die Delegiertenversammlung der Ärzte-, Zahnärzte-, Tierärzte- und Apothekerkammern - Berufsstandsmitwirkungsgesetz - Wahlordnung fü die Wahl der Ortslandwirtinnen und Ortslandwirte - Gerichtsverfassungsgesetz (GVG) - Verwaltungsgerichtsordnung (VwGO) - Erlasse
Zielgruppe:	- Wahlberechtigte und Abstimmungsberechtigte - Wahlvorschlagsträger, Initiatoren - Mandatsträger - Stadtverordnetenversammlung, Ortsbeiräte - Magistrat - Gerichte und Kammern - Öffentlichkeit (Bürger, Medien) - Wissenschaft

Leistungsmengen der Produktgruppe:	Jahresrechnung 2005	Soll 2006	Soll 2007	Plan 2008	Plan 2009	Plan 2010
Anzahl der Wahlen	2	2	2	2	3	1
Anzahl der Wahlberechtigten	526.000	850.000	850.000	415.000	815.000	140.000
Anzahl der Briefwahlanträge	0	50.000	100.000	60.000	110.000	5.000
Anzahl der Wahlanfechtungen	3	20	10	5	10	3

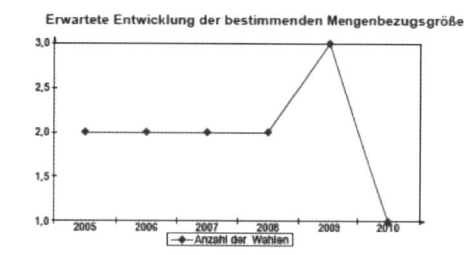

Begründung der Prognose:
Die Wahlzyklen liegen fest. Dennoch kann sich die Zahl der Wahlen und Abstimmungen verändern, z.B. durch Bürgerbegehren oder Volksentscheide

Strategische Ausrichtung nach Wirkungsdimensionen

Kunde/Bürger	Wahlvorschläge bearbeiten					
	Jahresrechnung 2005	Soll 2006	Soll 2007	Plan 2008	Plan 2009	Plan 2010
Menge						
Anzahl der Wahlen	2	2	2	2	3	1
Indikator						
Zahl der geprüften Wählbarkeitsvoraussetzungen	2.000,00	4.000,00	2.000,00	2.000,00	200,00	2.000,00

Stadt Frankfurt

Produktgruppe: 10.01 Wahlen
Produktbereich: 10 Wahlen und übergeordnete Angelegenheiten

Kunde/Bürger

	Aktives Wahlrecht gewährleisten					
	Jahresrechnung 2005	Soll 2006	**Soll 2007**	Plan 2008	Plan 2009	Plan 2010
Menge Anzahl der Wahlen	2	2	**2**	2	3	1
Indikator Geprüfte Wahlrechtsvoraussetzungen	526.000,00	850.000,00	**850.000,00**	415.000,00	815.000,00	140.000,00

Prozesse

	Integrierte Datenverarbeitung					
	Jahresrechnung 2005	Soll 2006	**Soll 2007**	Plan 2008	Plan 2009	Plan 2010
Menge						
Indikator Anteil integrierter DV-Module in %	70,00	70,00	**70,00**	70,00	75,00	80,00

Entwicklung

	Nutzung des Internets					
	Jahresrechnung 2005	Soll 2006	**Soll 2007**	Plan 2008	Plan 2009	Plan 2010
Menge Anzahl der Wahlberechtigten Anzahl der Wahlen	526.000 2	850.000 2	**850.000** **2**	415.000 2	815.000 3	140.000 1
Indikator Anzahl der Zugriffe	80.000,00	100.000,00	**40.000,00**	60.000,00	120.000,00	15.000,00

Finanzen

	Budget einhalten					
	Jahresrechnung 2005	Soll 2006	**Soll 2007**	Plan 2008	Plan 2009	Plan 2010
Menge						
Indikator Zahl der wahlspezifischen Controlling-Berichte	4,00	4,00	**4,00**	4,00	4,00	4,00

Produktgruppe:	10.01 Wahlen						
Produktbereich:	10 Wahlen und übergeordnete Angelegenheiten						

Personal	Kostenstellen	Ist 2005	Ist 2006	Plan 2007	Plan 2008	Plan 2009	Plan 2010
Wahlen	120021	8	8	2	2	2	2
Gesamt		8	8	2	2	2	2

Betriebsausstattung	Ist 2005	Soll 2006	Soll 2007	Plan 2008	Plan 2009	Plan 2010
Büroarbeitsplätze	8	2	2	2	2	2
Netzwerkserver	2	0	0	0	0	0
Sonstige Arbeitsplätze zu Wahlzeiten	40	26	26	26	26	26

Gebäude und Einrichtungen:	Lage (Kategorie FM)	Typ	Status	Miete (€/qm)	Fläche (qm)	Anmerkung
Wächtersbacherstr. 83	Fechenheim	gut	angemietet	8,00	1.023	
Zeil 3; 3. OG	Innenstadt	gut	angemietet	16,08	638	

Stadt Frankfurt 153

Produktgruppe: 10.01 Wahlen
Produktbereich: 10 Wahlen und übergeordnete Angelegenheiten

Teilergebnishaushalt

Pos.	Kontengruppe/ Hauptkonto		Ist 2005 €	Soll 2006 T€	Soll 2007 T€	Plan 2008 T€	Plan 2009 T€	Plan 2010 T€
1	50	Privatrechtliche Leistungsentgelte	0,00	0	0	0	0	0
2	51	Öffentlich-rechtliche Leistungsentgelte	0,00	0	0	0	0	0
3	548-549	Kostenersatzleistungen und -erstattungen	0,00	0	0	291	294	360
4	52	Bestandsveränderungen und andere aktivierte Eigenleistungen	0,00	0	0	0	0	0
5	55	Steuern und steuerähnliche Erträge einschließlich Erträge aus gesetzlichen Umlagen	0,00	0	0	0	0	0
6	547	Erträge aus Transferleistungen	0,00	0	0	0	0	0
7	540-545	Erträge aus Zuweisungen und Zuschüssen für laufende Zwecke und allgemeine Umlagen	0,00	0	0	0	0	0
8	546	Erträge aus der Auflösung von Sonderposten aus Investitionszuweisungen, -zuschüssen und Investitionsbeiträge	0,00	0	0	0	0	0
9	53	Sonstige ordentliche Erträge	0,00	1	0	1	1	1
10		Summe der ordentlichen Erträge	0,00	1	0	292	295	361
11	62, 63, 640-643, 647-649, 65	Personalaufwendungen	0,00	1.074	447	377	377	377
12	644-646	Versorgungsaufwendungen	0,00	26	28	28	28	28
13	60,61,67-69	Aufwendungen für Sach- und Dienstleistungen	0,00	2.364	1.430	674	1.282	584
14	66	Abschreibungen	0,00	0	0	0	0	0
15	71	Aufwendungen für Zuweisungen und Zuschüsse sowie besondere Finanzausgaben	0,00	0	0	0	0	0
16	73	Steueraufwendungen und Aufwendungen aus gesetzlichen Umlageverpflichtungen	0,00	0	0	0	0	0
17	72	Transferaufwendungen	0,00	0	0	0	0	0
18	70,74,76	Sonstige ordentliche Aufwendungen	0,00	0	0	0	0	0
19		Summe der ordentlichen Aufwendungen	0,00	3.464	1.905	1.079	1.687	989
20		Verwaltungsergebnis	0,00	-3.463	-1.905	-787	-1.392	-628
21	56,57	Finanzerträge	0,00	0	0	0	0	0
22	77	Zinsen und sonstige Finanzaufwendungen	0,00	0	0	0	0	0
23		Finanzergebnis	0,00	0	0	0	0	0
24		Ordentliches Ergebnis	0,00	-3.463	-1.905	-787	-1.392	-628
25	59	Außerordentliche Erträge	0,00	0	0	0	0	0
26	79	Außerordentliche Aufwendungen	0,00	0	0	0	0	0
27		Außerordentliches Ergebnis	0,00	0	0	0	0	0
28		Jahresergebnis vor internen Leistungsbeziehungen	0,00	-3.463	-1.905	-787	-1.392	-628
29		Ergebnis der internen Leistungsbeziehungen	0,00	0	-444	-444	-444	-444
30		Jahresergebnis nach internen Leistungsbeziehungen	0,00	-3.463	-2.349	-1.231	-1.836	-1.072
31	97	kalkulatorische Erlöse	0,00	0	0	0	0	0
32	98	kalkulatorische Kosten	0,00	0	0	0	0	0
33		Geplantes Jahresergebnis nach internen Leistungsbeziehungen und nach kalkulatorischen Erlösen/Kosten	0,00	-3.463	-2.349	-1.231	-1.836	-1.072

Produktgruppe:	10.01 Wahlen				
Produktbereich:	10 Wahlen und übergeordnete Angelegenheiten				
Gesondert ausgewiesene Erträge und Aufwendungen		2007 T€	2008 T€	2009 T€	2010 T€

Erträge

50	Privatrechtliche Leistungsentgelte	0	0	0	0
	dav. Mieterträge	0	0	0	0
548-549	Kostenersatzleistungen und -erstattungen	0	291	294	360
	dav. Wahlkostenerstattung Bund	0	0	294	360
	dav. Wahlkostenerstattung Land	0	291	0	0
53	Sonstige ordentliche Erträge	0	1	1	1
	dav. Mieterträge	0	0	0	0

Aufwände

60,61,67-69	Aufwendungen für Sach- und Dienstleistungen	1.430	674	1.282	584
	dav. Bauunterhaltung	0	0	0	0
	dav. Energie	0	0	0	0
	dav. Mieten	0	0	0	0
	dav. Aufwendungen für Wahlen	1.300	544	1.152	454
	dav. Mieten f. Lagerhallen f. d. Kommunalwahlen	98	98	98	98
71	Aufwendungen für Zuweisungen und Zuschüsse sowie besondere Finanzausgaben	0	0	0	0
	dav. Zuschüsse an Gesellschaften und Eigenbetriebe	0	0	0	0
	dav. Sonstige Zuschüsse und Zuwendungen	0	0	0	0

Budgetierungsregeln: Notwendige Ausgaben aufgrund der wahlgesetzlichen Grundlage zur Durchführung der Wahl können geleistet werden, auch wenn der Planansatz überschritten wird. Wahlkostenerstattungen des Bundes und des Landes sind von der Deckungsfähigkeit ausgeschlossen. Wahlbezogene Einnahme- und Ausgabeansätze siehe Tabelle erläuternde Hinweise.

Stadt Frankfurt

Produktgruppe: 10.01 Wahlen
Produktbereich: 10 Wahlen und übergeordnete Angelegenheiten

Teilfinanzhaushalt

Pos.	Bezeichnung	Ist 2005 €	Soll 2006 T€	Soll 2007 T€	Plan 2008 T€	Plan 2009 T€	Plan 2010 T€
1	Einzahlungen aus Investitionszuweisungen und -zuschüssen sowie aus Investitionsbeiträgen	0,00	0	0	0	0	0
2	Einzahlungen aus Abgängen von Vermögensgegenständen des Sachanlagevermögens und des immateriellen Vermögens	0,00	0	0	0	0	0
3	Einzahlungen aus Abgängen von Vermögensgegenständen des Finanzanlagevermögens	0,00	0	0	0	0	0
4	Einzahlungen aus der Tilgung von gewährten Krediten	0,00	0	0	0	0	0
5	**Summe investive Einzahlungen (Zeile 1-4)**	**0,00**	**0**	**0**	**0**	**0**	**0**
6	Auszahlungen für Investitionen in das Sachanlagevermögen und immaterielle Vermögen	13.462,06	7	9	9	9	9
	VE 2007				0	0	0
7	Auszahlungen für aktivierte Investitionszuweisungen und -zuschüsse	0,00	0	0	0	0	0
	VE 200				0	0	0
8	Auszahlungen für Investitionen in das Finanzanlagevermögen	0,00	0	0	0	0	0
	VE 200				0	0	0
9	Auszahlungen aus der Gewährung von Krediten	0,00	0	0	0	0	0
	VE 200				0	0	0
10	**Summe investive Auszahlungen (Zeile 6-9)**	**13.462,06**	**7**	**9**	**9**	**9**	**9**
11	**Saldo aus Investitionstätigkeit (Einzahlungen ./. Auszahlungen) (Zeile 5 ./. Zeile 10)**	**-13.462,06**	**-7**	**-9**	**-9**	**-9**	**-9**

Produktbereich: 10 Wahlen und übergeordnete Angelegenheiten
Produktgruppe: 10.01 Wahlen

Investitionsprogramm 2007 bis 2010 Nach Produktgruppen/Maßnahmen	Gesamtbedarf T€	bis 2004 T€	2005 T€	2006 (Budgetübertrag) T€	2006 T€	2007 T€	2008 T€	2009 T€	2010 T€	ab 2011 T€
5.002230 Erwerb geringwertiger Wirtschaftsgüter -Amt 12-										
Kategorie/Priorität 2/91 P										
Ortsbezirk 20 Str. Schl./HausNr.										
Ausgaben	8	0	0	0	0	2	2	2	2	0
Verpflichtungsermächtigungen	0						0	0	0	0
5.002233 Erwerb bewegliches Vermögen -Amt 12-										
Kategorie/Priorität 2/90 P										
Ortsbezirk 20 Str. Schl./HausNr.										
Ausgaben	71	0	13	22	7	7	7	7	7	0
Verpflichtungsermächtigungen	0						0	0	0	0
Gesamtausgaben der Produktgruppe	79	0	13	22	7	9	9	9	9	0
Summe Drittmittel der Produktgruppe	0	0	0	0	0	0	0	0	0	0
Saldo (Finanzierung aus allg. Deck.mitteln)	79	0	13	22	7	9	9	9	9	0
VE 2007 der Produktgruppe/Geldabfluss	0						0	0	0	0

Da in Frankfurt **für jede Produktgruppe ein Teilergebnishaushalt** erstellt wird und diese Teilergebnishaushalte mit ausführlichen, auch graphischen Darstellungen zu Kennzahlen angereichert wurden, ergibt sich allein für den Produktbereich „Wahlen und übergeordnete Angelegenheiten" ein Volumen von 43 Seiten. Dementsprechend füllt die gesamte produktgruppenbezogene Darstellung volle zwei Ordner (Ordner 3 und 4) für alle 106 Produktgruppen.

Positiv sind zusammenfassend die differenzierte Verwendung von Kennziffern in verschiedenen Bereichen zu werten. Andererseits dürfte die Formulierung angemessener produktbezogener Kennzahlen auch in Frankfurt noch nicht angeschlossen sein. So sind zum Beispiel im Produktbereich „Soziales" sämtliche Leistungen des Jugend- und Sozialamtes unter einer Produktgruppe und einem Teilergebnishaushalt zusammengefasst. Die im Frankfurter Haushalt gewählte Gesamtdarstellung der Produktgruppe „Leistungen des Jugend- und Sozialamtes" macht den Eindruck, als ob ein bereits bestehender Controllingbericht in den Haushalt übernommen wurde. Aus der insgesamt umfangreichen und unübersichtlichen (keine Seitenzahlen, keine einheitliche Gliederung nach Produkten) Darstellung zeigen wir nur einen Auszug:[55]

Produktgruppe: 18.01 Leistungen des Jugend- und Sozialamtes
Produktbereich: 18 Soziales

Beteiligte Dezernate:	VIII
Maßgebliches Produkt:	1) Hilfe zur Pflege Leistung "Hilfe zur Pflege - vollstationär" 2) Hilfe zur Erziehung Leistung "Heimerziehung / Erz.betr.Wohnform" 3) Hilfen bes. soz. Schwierigkeiten Leistung "Grundsicherung im Alter u. bei Erwerbsm." 4) Hilfe zum Lebensunterhalt Leistung "HLU - laufende Leistungen"
Auftragsgrundlage:	Sozialgesetzbücher
Zielgruppe:	Alle Einwohner der Stadt Frankfurt am Main.

Leistungsmengen der Produktgruppe:	Jahresrechnung 2005	Soll 2006	Soll 2007	Plan 2008	Plan 2009	Plan 2010
1) Fallzahl (Hilfe zur Pflege - vollstationär)	1.922	2.017	2.032	2.047	2.062	2.077
2) Fallzahl (Heimerziehung / Erz. betr.Wohnform)	720	708	712	715	719	722
3) Anzahl der BG (GSIGim Alter u. bei Erwerbsm.)	7.385	7.912	7.991	8.071	8.152	8.233
4) Anzahl der Bedarfsgemeinschaften (HLU)	1.780	1.468	1.439	1.410	1.382	1.354
Gesamtzahl der Einwohner	630.423	630.612	630.801	630.990	631.180	631.369
1+3) Zahl der Älteren (ab 65 Jahren)	106.520	106.583	106.648	106.712	106.776	106.840
2) Zahl der Kinder und Jugendliche (0-18 Jahre)	98.838	98.858	98.878	98.897	98.917	98.937

Strategische Ausrichtung nach Wirkungsdimensionen

Kunde/Bürger	1) Hilfe zur Pflege - vollstationär (Entwicklung der Quote der stationären Unterbringung)					
	Jahresrechnung 2005	Soll 2006	Soll 2007	Plan 2008	Plan 2009	Plan 2010
Menge						
1+3) Zahl der Älteren (ab 65 Jahren)	106.520	106.583	106.648	106.712	106.776	106.840
1) Fallzahl (Hilfe zur Pflege - vollstationär)	1.922	2.017	2.032	2.047	2.062	2.077
Indikator						
1) Fallzahl in %	1,80	1,89	1,91	1,92	1,93	1,94

---
[55] Frankfurt (2007) Band 2.

Produktgruppe: 18.01 Leistungen des Jugend- und Sozialamtes
Produktbereich: 18 Soziales

Kunde/Bürger

	2) Heimerziehung/Erz. betr. Wohnform (Entwicklung der Quote der Heimerziehung / Erz.betr.Wohnform)					
	Jahresrechnung 2005	Soll 2006	Soll 2007	Plan 2008	Plan 2009	Plan 2010
Menge						
2) Zahl der Kinder und Jugendliche (0-18 Jahre)	98.838	98.858	98.878	98.897	98.917	98.937
2) Fallzahl (Heimerziehung / Erz. betr.Wohnform)	720	708	712	715	719	722
Indikator						
2) Fallzahl (Heimerziehung / Erz. betr.Wohnform (in %)	0,73	0,72	0,72	0,72	0,73	0,73

Kunde/Bürger

	3) Grundsicherung im Alter und bei Erwerbsminderung (Entwicklung der Quote)					
	Jahresrechnung 2005	Soll 2006	Soll 2007	Plan 2008	Plan 2009	Plan 2010
Menge						
1+3) Zahl der Älteren (ab 65 Jahren)	106.520	106.583	106.648	106.712	106.776	106.840
3) Anzahl der Personen (GSIG)	8.197	8.782	8.870	8.959	9.048	9.139
Indikator						
3) Anzahl der Personen (in %)	7,70	8,24	8,32	8,40	8,47	8,55

Kunde/Bürger

	4) Hilfe zum Lebensunterhalt - laufende Leistungen - (Entwicklung der Quote)					
	Jahresrechnung 2005	Soll 2006	Soll 2007	Plan 2008	Plan 2009	Plan 2010
Menge						
Gesamtzahl der Einwohner	630.423	630.612	630.801	630.990	631.180	631.369
4) Anzahl der Personen (HLU)	2.261	1.864	1.827	1.791	1.755	1.720
Indikator						
4) Anzahl der Personen (in %)	0,36	0,30	0,29	0,28	0,28	0,27

Prozesse

	1) Hilfe zur Pflege - vollstationär (Realisierung der Rückeinnahmen)					
	Jahresrechnung 2005	Soll 2006	Soll 2007	Plan 2008	Plan 2009	Plan 2010
Menge						
1) Rückeinnahmen	22.525.296	24.327.000	22.568.000	22.568.000	22.568.000	22.568.000
1) Gesamtausgaben der Hilfe zur Pflege - vollstationär	53.981.965	59.118.000	56.395.000	57.395.000	58.395.000	59.395.000
Indikator						
1) Rückeinnahmen (in %)	41,73	41,15	40,02	39,32	38,65	38,00

Prozesse

	2) Heimerziehung/Erz. betr.Wohnform (Entwicklung der Kosten für Heimerziehung zu den Kosten für Hilfe zur Erziehung)					
	Jahresrechnung 2005	Soll 2006	Soll 2007	Plan 2008	Plan 2009	Plan 2010
Menge						
2) Gesamtausgaben der Hilfe zur Erziehung	72.117.791	75.765.000	81.957.000	84.957.000	87.957.000	90.957.000
2) Kosten der Heimerziehung / Erz.betr.Wohnform	36.456.617	37.278.000	42.800.000	42.800.000	42.800.000	42.800.000
Indikator						
2) Anteil der Heimkosten im Verhältnis zu den Kosten für Hilfe zur Erziehung (in %)	50,55	49,21	52,22	50,38	48,66	47,06

Produktgruppe: 18.01 Leistungen des Jugend- und Sozialamtes
Produktbereich: 18 Soziales

Prozesse

3) Grundsicherung im Alter und bei Erwerbsminderung (Realisierung der Rückeinnahmen)

	Jahresrechnung 2005	Soll 2006	Soll 2007	Plan 2008	Plan 2009	Plan 2010
Menge						
3) Rückeinnahmen	6.920.805	7.945.000	7.945.000	7.945.000	7.945.000	7.945.000
3) Gesamtausgaben GSIG	59.869.246	47.400.000	67.400.000	67.400.000	67.400.000	67.400.000
Indikator						
3) Rückeinnahmen (in %)	11,56	16,76	11,79	11,79	11,79	11,79

Prozesse

4) Hilfe zum Lebensunterhalt - laufende Leistungen - (Realisierung von Erlösen)

	Jahresrechnung 2005	Soll 2006	Soll 2007	Plan 2008	Plan 2009	Plan 2010
Menge						
4) Erlöse	4.125.213	2.794.555	4.190.368	4.190.368	4.190.368	4.190.368
4) Ausgaben der Hilfe zum Lebensunterhalt	18.327.915	13.125.000	17.145.000	17.145.000	17.145.000	17.145.000
Indikator						
4) Erlöse (in %)	22,51	21,29	24,44	24,44	24,44	24,44

Entwicklung

1) Hilfe zur Pflege - vollstationär (Entwicklung der Altersstruktur)

	Jahresrechnung 2005	Soll 2006	Soll 2007	Plan 2008	Plan 2009	Plan 2010
Menge						
1+3) Zahl der Älteren (ab 65 Jahren)	106.520	106.583	106.648	106.712	106.776	106.840
Gesamtzahl der Einwohner	630.423	630.612	630.801	630.990	631.180	631.369
Indikator						
1) Anteil der Älteren (ab 65 Jahren) an der Gesamtzahl der Einwohner (in %)	16,90	16,90	16,91	16,91	16,92	16,92

Entwicklung

2) Heimerziehung/Erz. betr. Wohnform (Entwicklung der Zahl von Kinder und Jugendlichen)

	Jahresrechnung 2005	Soll 2006	Soll 2007	Plan 2008	Plan 2009	Plan 2010
Menge						
2) Zahl der Kinder und Jugendliche (0-18 Jahre)	98.838	98.858	98.878	98.897	98.917	98.937
Gesamtzahl der Einwohner	630.423	630.612	630.801	630.990	631.180	631.369
Indikator						
2) Anteil der Kinder und Jugendlichen (0-18 Jahren) an der Gesamtzahl der Einwohner	15,68	15,68	15,67	15,67	15,67	15,67

Stadt Frankfurt

Produktgruppe: 18.01 Leistungen des Jugend- und Sozialamtes
Produktbereich: 18 Soziales

Entwicklung

3) Grundsicherung im Alter und bei Erwerbsminderung (Entwicklung der Altersstruktur)

	Jahresrechnung 2005	Soll 2006	Soll 2007	Plan 2008	Plan 2009	Plan 2010
Menge						
1+3) Zahl der Älteren (ab 65 Jahren)	106.520	106.583	106.648	106.712	106.776	106.840
Gesamtzahl der Einwohner	630.423	630.612	630.801	630.990	631.180	631.369
Indikator						
3) Anteil der Älteren (ab 65 Jahren) an der Gesamtzahl der Einwohner (in %)	16,90	16,90	16,91	16,92	16,93	16,94

Finanzen

1) Hilfe zur Pflege - vollstationär (Entwicklung der Kosten)

	Jahresrechnung 2005	Soll 2006	Soll 2007	Plan 2008	Plan 2009	Plan 2010
Menge						
1) Gesamtausgaben der Hilfe zur Pflege - vollstationär	53.981.965	59.118.000	56.395.000	57.395.000	58.395.000	59.395.000
1) Fallzahl (Hilfe zur Pflege - vollstationär)	1.922	2.017	2.032	2.047	2.062	2.077
Indikator						
1) Leistung pro Fall	28.086,35	29.309,87	27.753,44	28.038,59	28.319,59	28.596,53

Finanzen

2) Heimerziehung/Erz. betr. Wohnform (Entwicklung der Kosten)

	Jahresrechnung 2005	Soll 2006	Soll 2007	Plan 2008	Plan 2009	Plan 2010
Menge						
2) Kosten der Heimerziehung / Erz.betr.Wohnform	36.456.617	37.278.000	42.800.000	42.800.000	42.800.000	42.800.000
2) Fallzahl (Heimerziehung / Erz. betr.Wohnform)	720	708	712	715	719	722
Indikator						
2) Leistung pro Fall	50.634,19	52.652,54	60.151,22	59.851,96	59.554,19	59.257,90

Finanzen

3) Grundsicherung im Alter und bei Erwerbsminderung (Entwicklung der Kosten)

	Jahresrechnung 2005	Soll 2006	Soll 2007	Plan 2008	Plan 2009	Plan 2010
Menge						
3) Gesamtausgaben GSIG	59.869.246	47.400.000	67.400.000	67.400.000	67.400.000	67.400.000
3) Anzahl der BG (GSIG im Alter u. bei Erwerbsm.)	7.385	7.912	7.991	8.071	8.152	8.233
Indikator						
3) Leistung pro Bedarfsgemeinschaft (BG) in %	8.106,87	5.990,90	8.434,36	8.350,85	8.268,17	8.186,31

Produktgruppe: 18.01 Leistungen des Jugend- und Sozialamtes
Produktbereich: 18 Soziales

Finanzen

4) Hilfe zum Lebensunterhalt - laufende Leistungen - (Entwicklung der Kosten)

	Jahresrechnung 2005	Soll 2006	Soll 2007	Plan 2008	Plan 2009	Plan 2010
Menge						
4) Ausgaben der Hilfe zum Lebensunterhalt	18.327.915	13.125.000	17.145.000	17.145.000	17.145.000	17.145.000
4) Anzahl der Bedarfsgemeinschaften (HLU)	1.780	1.468	1.439	1.410	1.382	1.354
Indikator						
4) Leistung pro Bedarfsgemeinschaft (BG) in %	10.296,58	8.940,74	11.917,51	12.160,72	12.408,90	12.662,14

Finanzen

5) Leistungen nach dem Unterhaltsvorschussgesetz (Einnahmemanagement - zeitnahe Beitreibung der Forderungen)

	Jahresrechnung 2005	Soll 2006	Soll 2007	Plan 2008	Plan 2009	Plan 2010
Menge						
5 EM) Ansprüche gegen Unterhaltspflichtige (Unterhaltsvorschussgesetz)	6.306.304	5.700.000	5.700.000	5.700.000	5.700.000	5.700.000
5 EM) Realisierte Forderungen im Laufe des Haushaltsjahres (Unterhaltsvorschussgesetz)	643.439	1.026.000	627.000	655.500	684.000	684.000
5 EM) Einnahmen vom Land Hessen (Unterhaltsvorschussgesetz)	4.102.900	3.740.000	3.740.000	3.740.000	3.740.000	3.740.000
Indikator						
5 EM) Realisierte Forderungen im Laufe des Haushaltsjahres im Verhältnis zu den Ansprüchen (in %)	10,20	18,00	11,00	11,50	12,00	12,00

Produktgruppe: 18.01 Leistungen des Jugend- und Sozialamtes
Produktbereich: 18 Soziales

Personal	Kostenstellen	Ist 2005	Ist 2006	**Plan 2007**	Plan 2008	Plan 2009	Plan 2010
Jugend- und Sozialamt	510001	967	967	**967**	967	967	967
Rhein-Main Jobcenter GmbH	510002	203	203	**221**	221	221	221
Gesamt		**1.170**	**1.170**	**1.188**	**1.188**	**1.188**	**1.188**

Begründung der Planwerte:
Die Steigerung des Personalwertes in 2007 ist begründet durch die Erhöhung des Besetzungsgrades von nicht besetzten Stellen für den Einsatz bei der Rhein-Main Jobcenter GmbH.

Betriebsausstattung	Ist 2005	Soll 2006	**Soll 2007**	Plan 2008	Plan 2009	Plan 2010
Büroarbeitsplätze	1.199	1.199	**1.199**	1.199	1.199	1.199
Fahrzeuge	10	10	**10**	10	10	10
Server	12	12	**13**	13	13	13

Gebäude und Einrichtungen:	Lage (Kategorie FM)	Typ	Status	Miete (€ /qm)	Fläche (qm)	Anmerkung
Adickesallee 67-69	Nordend-West		angemietet	14,65	74	
Ahornstr. 104	Griesheim		angemietet	4,22	123	
Alt Fechenheim 62 a	Fechenheim		angemietet	7,74	133	
Am Grünhof 10 , Neubau OG	Westend-Süd		angemietet	16,80	1.611	
Am Grünhof 10 , Neubau UG	Westend-Süd		angemietet	4,20	307	
Am Grünhof 10 , Altbau OG	Westend-Süd		angemietet	11,25	417	
Auf der Insel 14	Rödelheim		Eigentum (vermietet)	15,00	640	
Ben-Gurion-Ring 110 a	Bonames		angemietet	27,32	1.804	
Berliner Str. 25	Altstadt		angemietet	13,87	600	
BerlinerStr. 25, Tiefgarage	Altstadt		angemietet	6,14	198	
Berliner Str. 33-35	Altstadt		angemietet	10,50	3.899	
Dillenburger Str. 1 und 1 a	Heddernheim		angemietet	4,60	1.344	
Eschersheimer Landstr. 241-249, 1. Bauabschnitt EG-4. OG	Westend-Süd		angemietet	13,95	7.873	
Eschersheimer Landstr. 241-249, 1. Bauabschnitt Lager/Archiv	Westend-Süd		angemietet	13,95	1.502	
Eschersheimer Landstr. 241-249, Stellplätze	Westend-Süd		angemietet	30,00	11	
Eschersheimer Landstr. 241-249, 2. Bauabschnitt EG-4. OG	Westend-Süd		angemietet	13,95	2.876	
Eschersheimer Landstr. 241-249, 2. Bauabschnitt Lager/Archiv	Westend-Süd		angemietet	13,95	721	
Eschersheimer Landstr. 241-249, Stellplätze	Westend-Süd		angemietet	30,00	9	
Eulengasse 64	Bornheim		Eigentum	10,00	2.628	
Giessener Str. 44-46	Bornheim		angemietet	10,69	1.627	
Ginnheimer Landstr. 37 (Abenteuerspielplatz Bockenheim)	Bockenheim		Eigentum (vermietet)	0,00	4.189	
Große Rittergasse 103	Sachsenhausen-Nord		Eigentum	12,50	1.456	
Große Rittergasse 103, Kellerräume	Sachsenhausen-Nord		Eigentum	5,00	80	
Hamburger Allee 88	Bockenheim		angemietet	4,42	75	
Hansaallee 150, 51.D2	Eschersheim		angemietet	11,25	2.017	
Hansaallee 150, 51.D2	Eschersheim		angemietet	5,62	165	

Produktgruppe: 16.01 Leistungen des Jugend- und Sozialamtes
Produktbereich: 16 Soziales

Teilergebnishaushalt

Pos.	Kontengruppe/ Hauptkonto		Ist 2005 €	Soll 2006 T€	Soll 2007 T€	Plan 2008 T€	Plan 2009 T€	Plan 2010 T€
1	50	Privatrechtliche Leistungsentgelte	0,00	1.167	157	157	157	157
2	51	Öffentlich-rechtliche Leistungsentgelte	0,00	0	0	0	0	0
3	548-549	Kostenersatzleistungen und -erstattungen	0,00	1.133	17.338	17.338	17.338	17.338
4	52	Bestandsveränderungen und andere aktivierte Eigenleistungen	0,00	0	0	0	0	0
5	55	Steuern und steuerähnliche Erträge einschließlich Erträge aus gesetzlichen Umlagen	0,00	0	0	0	0	0
6	547	Erträge aus Transferleistungen	0,00	97.058	111.082	111.082	111.082	111.082
7	540-545	Erträge aus Zuweisungen und Zuschüssen für laufende Zwecke und allgemeine Umlagen	0,00	55.256	48.193	48.193	48.193	48.193
8	546	Erträge aus der Auflösung von Sonderposten aus Investitionszuweisungen, -zuschüssen und Investitionsbeiträge	0,00	0	0	0	0	0
9	53	Sonstige ordentliche Erträge	0,00	27	27	27	27	27
10		**Summe der ordentlichen Erträge**	**0,00**	**154.641**	**176.797**	**176.797**	**176.797**	**176.797**
11	62, 63, 640-643, 647-649, 65	Personalaufwendungen	0,00	57.280	62.811	62.811	62.811	62.811
12	644-646	Versorgungsaufwendungen	0,00	1.692	10.255	10.255	10.255	10.255
13	60,61,67-69	Aufwendungen für Sach- und Dienstleistungen	0,00	15.420	14.976	14.976	14.976	14.976
14	66	Abschreibungen	0,00	0	0	0	0	0
15	71	Aufwendungen für Zuweisungen und Zuschüsse sowie besondere Finanzausgaben	0,00	77.983	82.647	84.149	85.959	87.779
16	73	Steueraufwendungen und Aufwendungen aus gesetzlichen Umlageverpflichtungen	0,00	0	0	0	0	0
17	72	Transferaufwendungen	0,00	550.837	579.622	584.622	589.622	594.622
18	70,74,76	Sonstige ordentliche Aufwendungen	0,00	0	0	0	0	0
19		**Summe der ordentlichen Aufwendungen**	**0,00**	**703.212**	**750.311**	**756.813**	**763.623**	**770.443**
20		**Verwaltungsergebnis**	**0,00**	**-548.571**	**-573.514**	**-580.016**	**-586.826**	**-593.646**
21	56,57	Finanzerträge	0,00	0	0	0	0	0
22	77	Zinsen und sonstige Finanzaufwendungen	0,00	0	0	0	0	0
23		**Finanzergebnis**	**0,00**	**0**	**0**	**0**	**0**	**0**
24		**Ordentliches Ergebnis**	**0,00**	**-548.571**	**-573.514**	**-580.016**	**-586.826**	**-593.646**
25	59	Außerordentliche Erträge	0,00	0	0	0	0	0
26	79	Außerordentliche Aufwendungen	0,00	0	0	0	0	0
27		**Außerordentliches Ergebnis**	**0,00**	**0**	**0**	**0**	**0**	**0**
28		**Jahresergebnis vor internen Leistungsbeziehungen**	**0,00**	**-548.571**	**-573.514**	**-580.016**	**-586.826**	**-593.646**
29	94	Erlöse aus internen Leistungsbeziehungen	0,00	0	0	0	0	0
30	94	Kosten aus internen Leistungsbeziehungen	0,00	0	0	0	0	0
31		**Ergebnis der internen Leistungsbeziehungen**	**0,00**	**0**	**0**	**0**	**0**	**0**
32		**Jahresergebnis nach internen Leistungsbeziehungen**	**0,00**	**-548.571**	**-573.514**	**-580.016**	**-586.826**	**-593.646**
33	97	kalkulatorische Erlöse	0,00	0	0	0	0	0
34	98	kalkulatorische Kosten	0,00	0	0	0	0	0
35		**Geplantes Jahresergebnis nach internen Leistungsbeziehungen und nach kalkulatorischen Erlösen/Kosten**	**0,00**	**-548.571**	**-573.514**	**-580.016**	**-586.826**	**-593.646**

Hier wären sicherlich differenziertere produktbezogene Beschreibungen mit aussagefähigen (nichtökonomischen und ökonomischen) Kennzahlen wünschenswert.

Weniger überzeugend sind nach unserer Auffassung die extreme Detailliertheit der Kennzahlen (keine ausreichende Auswahl der Kennzahlen, die für die Steuerung wesentlich sind) und die fehlende Nutzung möglicher Vereinfachungsmöglichkeiten.

6.3.2 Stadt Wiesbaden (2007)

Die hessische Landeshauptstadt (275.000 Einwohner) gliedert ihren Haushalt (abgesehen von den Anlagenbänden) grundsätzlich folgendermaßen:[56]

- Haushaltssatzung für das Haushaltsjahr 2007 (ca. 10 Seiten)
- Gesamtergebnishaushalt (2 Seiten)
- Gesamtfinanzhaushalt (2 Seiten)
- Produktplan (ca. 10 Seiten, etwa 400 Produkte bzw. Teil-Produkte werden nachgewiesen)
- Gesamtergebnishaushalt (2 Seiten)
- Teilergebnishaushalte der Dezernate I bis VIII (ca. 132 Seiten; pro Dezernat zwischen 10 und 30 Seiten)
- Gesamtfinanzhaushalt und Teilfinanzhaushalte (ca. 10 Seiten)
- Investitions- und Instandhaltungsprogramm, differenziert nach Dezernaten (ca. 165 Seiten)

Abgesehen von der lokalhistorischen Besonderheit der separaten Betrachtung von Wiesbaden und der ehemaligen Mainzer Teilstadt AKK kann die Gliederung auf Anhieb wegen ihrer Übersichtlichkeit überzeugen. Trotz der separaten Darstellung der Teilstadt AKK umfasst das Gesamtwerk lediglich 475 Seiten. Auch die Beschränkung auf lediglich sieben Teilhaushalte – immerhin für eine Stadt mit fast 300.000 Einwohnern – trägt zur Übersichtlichkeit bei. So wird schon im Inhaltsverzeichnis klar, dass es sieben Teilhaushalte gibt, die nach Dezernaten (also organisatorisch) gegliedert sind. Hier der Teilergebnishaushalt des Dezernats I:[57]

---

[56] Vgl. Landeshaupstadt Wiesbaden (2007) S. 2. Dieselbe Gliederung wird separat auch für die ehemaligen rechtsrheinischen Mainzer Stadtteile unter der Abkürzung AKK gewählt, die wie eine selbstständige Teilstadt behandelt werden (hier nicht abgedruckt).
[57] Landeshauptstadt Wiesbaden (2007) S. 35.

Organisationseinheit: Dezernat I Wiesbaden

Teilergebnishaushalt

- Euro -

Position / Bezeichnung	HH Ansatz 2008	HH Ansatz 2007	HH Ansatz 2006	Ergebnis 2005
1 privatrechtliche Leistungsentgelte		923.410-		
2 öffentl.-rechtliche Leistungsentgelte		2.983.940-		
3 Kostenerstattungen und Kostenumlagen		2.860.185-		
4 Bestandsveränder./andere aktEigenleist				
5 Steuern und ähnliche Abgaben				
6 Erträge aus Transferleistungen				
7 Zuwendungen und allgemeine Umlagen		4.812.001-		
8 Erträge Auflösg.vSopos Inv.zuweisungen				
9 sonstige ordentliche Erträge		553.710-		
10 ordentliche Erträge		12.133.246-		
11 Personalaufwendungen		31.656.790		
12 Versorgungsaufwendungen		11.762.817		
13 Aufwendungen f Sach- und Dienstleistg		24.693.030		
14 Abschreibungen		575.383		
15 Aufwend.f. Zuweisg./Zusch. Finanzausg				
16 Steueraufw.Aufw. aus gesetzl.Umlverpfl				
17 Transferaufwendungen		1.635.604		
18 sonstige ordentliche Aufwendungen		6.893.498		
19 ordentlicher Aufwand		77.217.122		
20 Verwaltungsergebnis		65.083.876		
21 Finanzerträge				
22 Zinsen und sonstige Finanzaufwendunge				
23 Finanzergebnis				
24 ordentliches Ergebnis		65.083.876		
25 außerordentliche Erträge				
26 außerordentliche Aufwendungen				
27 außerordentliches Ergebnis				
28 Jahresergebnis		65.083.876		
29 Belastung durch dLV		23.515.764		
30 Entlastung durch dLV		25.720.613-		
31 Ergebnis aus dLV		2.204.849-		
32 Belastung durch Umlagen		53.317.802		
33 Entlastung durch Umlagen		56.313.206-		
34 Ergebnis aus Umlagen		2.995.404-		
35 Ergebnis nach ILV		59.883.623		

Zusätzlich zu den dezernatsbezogenen Teilergebnishaushalten werden **Teilergebnishaushalte nach Produktgruppen** (ebenfalls auf Basis der Gliederung des § 2 GemHVO-Doppik-HE; allerdings ohne Verteilung von Personalkosten) geliefert, wie das folgende Beispiel zeigt:[58]

---

[58] Landeshauptstadt Wiesbaden (2007) S. 36.

Stadt Wiesbaden

Organisationseinheit: Dezernat I
Produktbereich/Produktgruppe: 1.01.01 Verwaltungssteuerung und Service

Teilergebnishaushalt

- EURO -

Position	Bezeichnung	HH Ansatz 2008	HH Ansatz 2007	HH Ansatz 2006	Ergebnis 2005
1	privatrechtliche Leistungsentgelte		33.700-		
2	öffentlich-rechtliche Leistungsentgelte				
3	Kostenerstattungen und Kostenumlagen		86.210-		
4	Bestandsveränder./andere akt.Eigenleist.				
5	Steuern und ähnliche Abgaben				
6	Erträge aus Transferleistungen				
7	Zuwendungen und allgemeine Umlagen				
8	Erträge Auflösg.v.Sopos Inv.zuweisungen				
9	sonstige ordentliche Erträge		53.060-		
10	ordentliche Erträge		172.970-		
11	Personalaufwendungen				
12	Versorgungsaufwendungen				
13	Aufwendungen f. Sach- und Dienstleistg.				
14	Abschreibungen				
15	Aufwend.für Zuweisg./Zusch.+ Finanzausg.				
16	Steueraufw.u.Aufw.aus gesetzl.Uml.verpfl				
17	Transferaufwendungen		243.080-		
18	sonstige ordentliche Aufwendungen		443.010		
19	ordentlicher Aufwand		199.930		
20	Verwaltungsergebnis		26.960		
21	Finanzerträge				
22	Zinsen und sonstige Finanzaufwendung.				
23	Finanzergebnis				
24	ordentliches Ergebnis		26.960		
25	außerordentliche Erträge				
26	außerordentliche Aufwendungen				
27	außerordentliches Ergebnis				
28	Jahresergebnis		26.960		
29	Belastung durch dLV		300		
30	Entlastung durch dLV				
31	Ergebnis aus dLV		300		
32	Belastung durch Umlagen		12.026.172		
33	Entlastung durch Umlagen		12.053.432-		
34	Ergebnis aus Umlagen		27.260-		
35	Ergebnis nach ILV				

Der Wiesbadener Haushalt dürfte einer der knappsten doppischen Haushalte überhaupt sein. Charakteristisch hierfür ist die flächendeckende **Beschränkung auf die Darstellung von Produktgruppen**. Insbesondere fehlen völlig produktbezogene Kennzahlen und Ziele.

Nach Angaben der Stadt Wiesbaden handelt es sich um den Übersetzungshaushalt (Kameralistik-Doppik), der auf einer bestehenden kameralen Haushaltsplanung aufsetzt und bei dem auf Kennzahlen verzichtet wurde. Im Folgehaushalt soll für etwa 20–30 Produkte eine differenziertere Betrachtung erfolgen.

Nach unserer Einschätzung kann durchaus überlegt werden, ausgewählte strategische Zielsetzungen sowie quantitative und qualitative Produktinformationen auf der Ebene der produktgruppenbezogenen Teilhaushalte bereit zu stellen. Die bisherige Praxis, die ausschließlich Ertrags- und Aufwandsarten der Produktgruppen beinhaltet, ist sicherlich nicht aussagefähig genug, um die für die politische und betriebswirtschaftliche Steuerung (durch Rat und Verwaltung) erforderlichen Informationen zu geben. Ein Leser dieses doppischen Haushalts kann sich weder vorstellen

- welche Produkte in welcher Menge mit welchen Plankosten und -erlösen sowie Zielen erbracht werden sollen bzw. welche Wirkung damit angestrebt wird
- noch welcher Personal- und Sacheinsatz für die jeweiligen Produkte erforderlich ist und ob dieser angemessen ist.

Für eine ausreichende Transparenz wären einerseits Ziele- und Mengeninformationen pro Produktgruppe bzw. den einzelnen Produkten und andererseits insbesondere Mengeninformationen zum Personaleinsatz und über besondere Sachkosten erforderlich. Die SAP-Lösung der Stadt Wiesbaden dürfte derartige Informationen sicherlich grundsätzlich liefern können.

Stadt Wiesbaden 167

Als zweites Beispiel zeigen wir auch in Wiesbaden den Teilergebnishaushalt für die **Gymnasien**:[59]

```
Organisationseinheit:           Dezernat I
Produktbereich/Produktgruppe:   1.03.06        Gymnasien

                              Teilergebnishaushalt

                                    - EURO -
```

Position	Bezeichnung	HH Ansatz 2008	HH Ansatz 2007	HH Ansatz 2006	Ergebnis 2005
1	privatrechtliche Leistungsentgelte				
2	öffentlich-rechtliche Leistungsentgelte		100-		
3	Kostenerstattungen und Kostenumlagen		816.360-		
4	Bestandsveränder./andere akt.Eigenleist.				
5	Steuern und ähnliche Abgaben				
6	Erträge aus Transferleistungen				
7	Zuwendungen und allgemeine Umlagen		1.231.684-		
8	Erträge Auflösg.v.Sopos Inv.zuweisungen				
9	sonstige ordentliche Erträge		1.250-		
10	ordentliche Erträge		2.049.394-		
11	Personalaufwendungen				
12	Versorgungsaufwendungen		252.370		
13	Aufwendungen f. Sach- und Dienstleistg.		80.310		
14	Abschreibungen				
15	Aufwend. für Zuweisg./Zusch.+ Finanzausg.				
16	Steueraufw.u.Aufw.aus gesetzl.Uml.verpfl				
17	Transferaufwendungen		14.250		
18	sonstige ordentliche Aufwendungen		68.040		
19	ordentlicher Aufwand		414.970		
20	Verwaltungsergebnis		1.634.424-		
21	Finanzerträge				
22	Zinsen und sonstige Finanzaufwendung.				
23	Finanzergebnis				
24	ordentliches Ergebnis		1.634.424-		
25	außerordentliche Erträge				
26	außerordentliche Aufwendungen				
27	außerordentliches Ergebnis				
28	Jahresergebnis		1.634.424-		
29	Belastung durch dLV		12.210		
30	Entlastung durch dLV				
31	Ergebnis aus dLV		12.210		
32	Belastung durch Umlagen		4.657.496		
33	Entlastung durch Umlagen				
34	Ergebnis aus Umlagen		4.657.496		
35	Ergebnis nach ILV		3.035.282		

---

[59] Landeshauptstadt Wiesbaden (2007) S. 49.

In Wiesbaden sind die einzelnen Schulen also nicht als einzelne Produkte im Haushalt abgebildet. Allerdings werden die Investitionsmaßnahmen sowie die größeren Instandhaltungsmaßnahmen spezifisch für die jeweiligen Schulen dargestellt, wie der folgende Auszug zeigt:[60]

Von Profit Center K100/1000 bis Profit Center K100/1999						
Objekt Darstellung in	Plan D00 2007 1 EUR	Plan D00 2008 1 EUR	Plan D00 2009 1 EUR	Plan D00 2010 ff 1 EUR	Gesamt 1 EUR	VE DV0 2007 1 EUR
* Z-S1-IS-A-INS-M Instandhalt. Maßnahmen Dez. I Schul	550.000	100.000	100.000	11.167.000	15.333.000	100.000
PSP I.00027.222 40 Sanierung Kerschensteinerschule	0	0	0	2.750.000	3.095.000	0
PSP I.00054.222 40 Sanier. naturw.Räume Fr.List-Sch	0	0	0	0	403.000	0
PSP I.00241.222 40 Elly-Heuss-Sch. Ausbau ob.Turnha	200.000	0	0	0	914.000	0
PSP I.00261.222 40 Schulen WI Bes.sicherh.techn.Män	350.000	100.000	100.000	8.037.000	10.000.000	100.000
PSP I.00626.222 40 Fassadensanierung der Blüchersch	0	0	0	380.000	921.000	0

Anmerkung:
Die unterste Ebene der PSP-Elemente entspricht denen, die auch den Investitionsprogrammpositionen zugeordnet werden. Auf übergeordneten Ebenen werden immer die Summe der untergeordneten Ebenen gezeigt. Dadurch erscheint auf der obersten Ebene der Saldo aus Einnahmen und Ausgaben.

---

[60] Landeshauptstadt Wiesbaden (2007) S. 205.

Stadt Wiesbaden

Als letztes Beispiel zeigen wir noch aus dem Bereich der Jugendhilfe die Produktgruppe „Förderung von Kindern in Tageseinrichtungen und Tagespflege":

```
Organisationseinheit:            Dezernat VI
Produktbereich/Produktgruppe:    1.06.01      Förd.v.Kindern in Tageseinr.u.Tagespfl.

                                 Teilergebnishaushalt

                                     - EURO -
```

Position	Bezeichnung	HH Ansatz 2008	HH Ansatz 2007	HH Ansatz 2006	Ergebnis 2005
1	privatrechtliche Leistungsentgelte		40-		
2	öffentlich-rechtliche Leistungsentgelte		226.943-		
3	Kostenerstattungen und Kostenumlagen		273.735-		
4	Bestandsveränder./andere akt.Eigenleist.				
5	Steuern und ähnliche Abgaben				
6	Erträge aus Transferleistungen				
7	Zuwendungen und allgemeine Umlagen		635.900-		
8	Erträge Auflösg.v.Sopos Inv.zuweisungen				
9	sonstige ordentliche Erträge		43.470-		
10	ordentliche Erträge		1.180.088-		
11	Personalaufwendungen				
12	Versorgungsaufwendungen				
13	Aufwendungen f. Sach- und Dienstleistg.		46.950		
14	Abschreibungen				
15	Aufwend.für Zuweisg./Zusch.+ Finanzausg.				
16	Steueraufw.u.Aufw.aus gesetzl.Uml.verpfl				
17	Transferaufwendungen		26.449.246		
18	sonstige ordentliche Aufwendungen		249.930		
19	ordentlicher Aufwand		26.746.126		
20	Verwaltungsergebnis		25.566.038		
21	Finanzerträge				
22	Zinsen und sonstige Finanzaufwendung.				
23	Finanzergebnis				
24	ordentliches Ergebnis		25.566.038		
25	außerordentliche Erträge				
26	außerordentliche Aufwendungen				
27	außerordentliches Ergebnis				
28	Jahresergebnis		25.566.038		
29	Belastung durch dLV		894.907		
30	Entlastung durch dLV				
31	Ergebnis aus dLV		894.907		
32	Belastung durch Umlagen		2.332.517		
33	Entlastung durch Umlagen				
34	Ergebnis aus Umlagen		2.332.517		
35	Ergebnis nach ILV		28.793.462		

6.3.3 Stadt Kassel (2007)

Die Stadtverwaltung (194.000 Einwohner) hat ihren ersten doppischen Haushalt 2007 folgendermaßen gegliedert:

- Haushaltssatzung
- Handhabung des Haushaltsplanes (ausführliche Erläuterungen zu Bestandteilen, Kostenstellen, Konten, Budgets und Teilhaushalte)
- Vorbericht mit differenzierten analytischen Kennziffern und Schaubildern
- Gesamtergebnisplan
- Gesamtfinanzplan
- Teilergebnispläne für die einzelnen Dezernate, die zugehörigen Ämter und Teilhaushalte
- Anlagen zum Haushaltsentwurf
- Investitionen 2007-2010.

Der Hauptteil des Haushaltes (Gesamtergebnis-, Gesamtfinanz- und Teilergebnis- und Teilfinanzhaushalte) umfasst insgesamt 560 Seiten, wodurch insgesamt etwa zwei volle Ordner entstehen.

Wir verdeutlichen die Vorgehensweise zunächst am Beispiel des Teilhaushaltes „Service Gesamtverwaltung":[61]

---

[61] Stadt Kassel (2007) S. 34-38 (S. 11-15 (PDF)).

Haushaltsplan Stadt Kassel

Teilergebnisplan TeilHH 10001 Service Gesamtverwaltung

Magistrat der Stadt Kassel

Nr.	Bezeichnung	Ansatz 2006 in €	Ansatz 2007 in €	Plan 2008 in €	Plan 2009 in €	Plan 2010 in €
1	**Verwaltungserträge**					
2	50/51 Privatrechtl.,öff.-rechtl. Leistungsentgelte	-890.920	-781.010	-901.010	-871.010	-871.010
3	52 Bestandsveränderungen/aktivierte Eigenleistung.					
4	53 Sonstige betriebliche Erträge	-37.790	-44.450	-39.500	-39.500	-39.500
5	**Steuer- und Transfererträge**					
6	57 Steuern und steuerähnliche Erträge					
7	58 Erträge aus Transferleistungen					
8	**59 Ertr. aus Zuw., Zuschüsse f. Inv.,bes. Fin.ein.**					
9	davon: Schlüsselzuweisungen des Landes					
10	davon: allg. Finanzzuw. der Gemeinden/-verbände					
11	davon: weitere Ertr. aus Zuw.,Zuschüsse f. Inv.,be					
12	**Bezogene Waren und Dienstleistungen**					
13	60 Aufw. f. Roh-, Hilfs-, Betriebsstoffe,bez. War.	302.040	7.060	5.460	62.060	92.060
14	61 Aufwendungen für bezogene Leistungen	321.990	218.650	267.250	254.350	266.950
15	**Personalaufwand**					
16	62 davon: Arbeiter					
17	63 davon: Angestellte					
18	63 davon: Beamte					
19	64 davon Soz. Abg, Aufw. f. Altersvers.u. Unterst.					
20	**Abschreibungen**					
21	65 Abschreibungen	98.800				
22	**Sonstige betriebliche Aufwendungen**					
23	66 Sonstige Personalaufwendungen	2.600	1.800	1.800	1.800	1.800
24	67 Aufw. f. die Inanspruchnahme v. Rechten,Dienst.	129.875	100.175	101.675	103.175	104.675
25	68 Aufw. f. Kommunikation,Dokumentation,Infor.,...	411.010	451.260	456.540	433.420	438.300
26	69 Aufw. f. Beiträge, Sonstiges sowie Wertkorrekt.	10.460	5.980	5.980	5.980	5.980
27	**Steuer- und Transferaufwendungen**					
28	70 Betriebliche Steuern	3.800	3.900	4.000	4.100	4.200
29	**75 Sonstige St., st.ähnl. Aufw. aus st.ähnl. Uml.**					
30	davon: Aufw. aus st.ähnl. Uml. an Gem./-verbände					
31	davon: weitere sonstige St.,st.ähnl. Aufw. aus st.					

Haushaltsplan Stadt Kassel

Teilergebnisplan TeilHH 10001 Service Gesamtverwaltung

Magistrat der Stadt Kassel

Nr.	Bezeichnung	Ansatz 2006 in €	Ansatz 2007 in €	Plan 2008 in €	Plan 2009 in €	Plan 2010 in €
32	78 Aufwand aus Transferleistungen					
33	79 Aufw. f. Zuw., Zusch. f. Inv. u. bes. Fin.ausg.					
34	**Verwaltungsergebnis**	351.865	-36.635	-97.805	-45.625	3.455
35	**Finanzerträge**					
36	54 Erträge aus Beteil., and. Wertpapieren u. Ausl.					
37	55 Sonstige Zinsen und ähnliche Erträge					
38	**Finanzaufwendungen**					
39	71 Abschr. auf Finanzanl.,Wertpapiere des Umlaufv.					
40	72 Zinsen und ähnliche Aufwendungen					
41	**Finanzergebnis**					
42	**Außerordentliche Erträge**					
43	56 Außerordentliche Erträge	-100	-100	-100	-100	-100
44	**Außerordentliche Aufwendungen**					
45	73 Außerordentliche Aufwendungen					
46	**Außerordentliches Ergebnis**	-100	-100	-100	-100	-100
47	74 Steuern vom Einkommen und Ertrag					
48	**Jahresergebnis**	351.765	-36.735	-97.905	-45.725	3.355

Stadt Kassel

Haushaltsplan Stadt Kassel

Teilergebnisplan TeilHH 10001 Service Gesamtverwaltung

Magistrat der Stadt Kassel

Nr.	Bezeichnung	Ansatz 2006 in €	Ansatz 2007 in €	Plan 2008 in €	Plan 2009 in €	Plan 2010 in €
	Erträge					
5003000	Umsatzerlöse aus der Überl. von Gebäuden u. Räumen	-35.000	-35.000	-35.000	-35.000	-35.000
5003010	Mieten -steuerfrei-	-530.000	-530.000	-530.000	-530.000	-530.000
5003030	Pachten -steuerfrei-	-5.390	-5.390	-5.390	-5.390	-5.390
5003040	Pachtnebenkosten -steuerfrei-	-20.520	-20.520	-20.520	-20.520	-20.520
5009001	Benutzungsentgelte	-190.000	-190.000	-190.000	-190.000	-190.000
5079001	Erstattungen vom Bund	-110.000			-90.000	-90.000
5079005	Erstatt. vom Land			-120.000		
5150000	Erträge aus Bußgeldern und Verwarnungen	-10	-100	-100	-100	-100
5300205	sonst. betr. Ertr.(int. Leistung)-Verw.-kostenant.	-28.800	-34.100	-29.150	-29.150	-29.150
5304000	Nebenerlöse aus Veranstaltungen	-100	-1.500	-1.500	-1.500	-1.500
5309001	sonstige Nebenerlöse	-6.280	-6.300	-6.300	-6.300	-6.300
5309020	sonstige Verkaufserlöse	-2.500	-2.500	-2.500	-2.500	-2.500
5330000	Erträge aus Schadensersatzleistungen	-100	-50	-50	-50	-50
5390000	andere sonstige betriebliche Erträge	-10				
5610130	Erträge aus VermVeräuß. von beweglichen Vermögen	-100	-100	-100	-100	-100
	SUMME ERTRÄGE	**-928.810**	**-825.560**	**-940.610**	**-910.610**	**-910.610**
	AUFWAND					
6030200	Praxis- und Laborbedarf, Arzneimittel	30	50	50	50	50
6070000	Aufw. für Berufskleidung, Arbeitsschutzmittel u.ä.	2.010	2.010	2.010	2.010	2.010
6080100	sonstiger Materialaufwand gesamt	300.000	5.000	3.400	60.000	90.000
6130100	Aufwandsentsch. und sonstige Fremdleist. gesamt	95.000	5.000	6.800	20.000	30.000
6140000	Frachten, Fremdlager (inkl. Vers. u.a.Nebenleist.)	35.500	26.000	40.000	36.000	36.000
6163000	Instandhaltung von Einrichtungen und Ausstattungen	30.600	30.600	30.600	30.600	30.600
6169200	Unterhaltung/ Instandhaltung Kleingeräte	11.960	11.450	11.550	11.650	11.750
6171000	Aufwendungen für Fremdentsorgung	73.000	74.500	76.000	77.600	79.000
6173100	Winterdienst	4.000	4.000	4.000	4.000	4.000
6179000	andere sonstige Aufwendungen für bezogene Leist.	1.000				
6179200	Bewachungskosten	55.930	57.100	58.300	59.500	60.600
6179250	EDV-Kosten / Dienstleistungen	15.000	10.000	40.000	15.000	15.000
6549100	Abschr. auf geringwertige Wirtschaftsgüter (GWG)	98.800				
6640100	Aufwendungen für Fort-, und Weiterbildung	2.600	1.800	1.800	1.800	1.800
6700100	Mieten für Gebäude	13.500	13.500	13.500	13.500	13.500
6710000	Leasing	9.250	4.550	4.550	4.550	4.550
6720000	Lizenzen und Konzessionen	8.125	8.125	8.125	8.125	8.125
6730100	Grundbesitzabgaben	87.000	74.000	75.500	77.000	78.500
6779000	Aufwendungen für andere Beratungsleistungen	12.000				
6800200	Aufw. für Büromaterial, Drucksachen der Verwaltung	188.060	211.900	215.700	220.600	224.500
6810000	Aufw. für Zeitungen, Fachliteratur der Verwaltung	6.020	5.650	5.650	5.650	5.650

Haushaltsplan Stadt Kassel

Teilergebnisplan TeilHH 10001 Service Gesamtverwaltung

Magistrat der Stadt Kassel

Nr.	Bezeichnung	Ansatz 2006 in €	Ansatz 2007 in €	Plan 2008 in €	Plan 2009 in €	Plan 2010 in €
6832000	Telefonkosten	5.630	6.120	6.200	6.330	6.410
6840100	amtliche Bekanntmachungen	17.800	18.200	18.600	19.000	19.400
6850100	Reisekosten	3.430	2.760	2.760	2.760	2.760
6861000	Aufwendungen für ˝ffentlichkeitsarbeit	91.550	90.630	92.630	71.080	71.080
6869000	sonstige Aufwendungen für Repräsentation	55.520	64.500	64.500	57.000	57.000
6870100	Werbung gesamt	23.000	28.500	26.500	26.500	26.500
6890000	sonstige Aufwendungen für Kommunikation	20.000	23.000	24.000	24.500	25.000
6940100	andere sonstige betriebliche Aufwendungen	2.460	3.000	3.000	3.000	3.000
6943015	interne Leistungen-Verwaltungskostenanteile	8.000	2.980	2.980	2.980	2.980
7020000	Grundsteuer	3.800	3.900	4.000	4.100	4.200
	SUMME AUFWAND	1.280.575	788.825	842.705	864.885	913.965
	SALDO ERTRAG/AUFWAND	351.765	-36.735	-97.905	-45.725	3.355

Erläuterungen

zu Sachkonto 500301000
Miete von der Arbeitsförderung Kassel-Stadt GmbH

zu Sachkonto 500900100
Miete von kassel tourist, Jugendhilfe, Friedhofsverwaltung sowie Miete für Bürgersaal, PKW-Stellplätze, Mobilfunkantenne, Passbildautomat und Videokamera

zu Sachkonto 613010000
Vorbereitungsarbeiten für Landtagswahl 2008

zu Sachkonto 617925000

zu Sachkonto 686100000, KST 100 00 201 (39.550 €)
documenta 12, 150 Jahre Kasseler Bahnhof, ePressespiegel

zu Sachkonto 686100000, KST 100 00 801 (51.080 €)
Landeswettbewerb "Ab in die Mitte" und Veranstaltungen des Präventionsrates

zu Sachkonto 687010000
Projekt Ehrenamt, Broschüre Rathausführer, Marketing documenta 12

Haushaltsplan Stadt Kassel

Teilfinanzplan TeilHH 10001 Service Gesamtverwaltung

Magistrat der Stadt Kassel

Nr.	Bezeichnung	Ansatz 2006 in €	Ansatz 2007 in €	Plan 2008 in €	Plan 2009 in €	Plan 2010 in €
4	+öffentlich-rechtliche Leistungsentgelte	10	100	100	100	100
5	+Privatrechtliche Leistungsentgelte	780.910	780.910	780.910	780.910	780.910
6	+Einzahlungen aus Kostenerstattungen, Kostenumlag.	110.000		120.000	90.000	90.000
7	+Sonstige Einzahlungen	37.790	44.450	39.500	39.500	39.500
9	=Einzahlungen aus laufender Verwaltungstätigkeit	928.710	825.460	940.510	910.510	910.510
12	-Auszahlungen für Sach- und Dienstleistungen	-1.177.975	-784.925	-838.705	-860.785	-909.765
15	-Sonstige Auszahlungen	-3.800	-3.900	-4.000	-4.100	-4.200
16	=Auszahlungen aus laufender Verwaltungstätigkeit	-1.181.775	-788.825	-842.705	-864.885	-913.965
17	=Cash Flow aus laufender Verwaltungstätigkeit	-253.065	36.635	97.805	45.625	-3.455
19	+Einzahl. aus der Veräußerung v. Vermögensgegenst.	100	100	100	100	100
20	-Investitionsauszahlungen	-216.300	-303.300	-183.400	-185.800	-188.800
23	=Cash Flow aus Investitionstätigkeit	-216.200	-303.200	-183.300	-185.700	-188.700
24	=Finanzmittelüberschuss/-fehlbetrag	-469.265	-266.565	-85.495	-140.075	-192.155
27	=Cash Flow aus Finanzierungstätigkeit					
28	=Änderung des Bestandes an Finanzmitteln	-469.265	-266.565	-85.495	-140.075	-192.155
31	=Endbestand an Finanzmitteln	-469.265	-266.565	-85.495	-140.075	-192.155

Insgesamt weist die Stadt Kassel 71 Teilhaushalte und rund 400 Kostenstellen aus; diese Kostenstellen übernehmen in Kassel die Funktion der Produkte bzw. Produktgruppen. Der Stadt Kassel ist zuzustimmen, dass der Begriff der Kostenstelle im Grunde in vielen Fällen wesentlich eher zutreffend ist, als der Begriff des Produkts. Als positiv werten wir zusammenfassend auch die Übersichtlichkeit des Gesamtwerks, den bereits erreichten Feinschliff und die Kommentierung. Weniger überzeugen die fehlenden produkt- bzw. kostenstellenbezogenen Kennzahlen (z. B. Personaleinsatz in Vollzeitäquivalenten) sowie die fehlenden Produktbeschreibungen und -ziele. Der Ausweis von Personalaufwendungen wird bislang nur bis zur Ebene der Ämter durchgeführt (vergleiche dazu Abbildung Teilhaushalt 20001).

In Kassel werden die Gymnasien zwar als einzelne Kostenstellen geführt, im Haushalt wird jedoch nur ein zusammengefasster Teilergebnishaushalt für alle Schulen einer Schulform abgebildet (Auszug):[62]

---

[62] Stadt Kassel (2007) S. 325-326 (PDF).

Haushaltsplan Stadt Kassel

Teilergebnisplan TeilHH 40003 Gymnasien

Magistrat der Stadt Kassel

Nr.	Bezeichnung	Ansatz 2006 in €	Ansatz 2007 in €	Plan 2008 in €	Plan 2009 in €	Plan 2010 in €
	Erträge					
5079001	Erstattungen vom Bund	-190	-190	-190	-190	-190
5079005	Erstatt. vom Land	-1.130	-1.180	-1.180	-1.180	-1.180
5079101	Beschulungskosten	-37.700	-38.830	-38.830	-38.830	-38.830
5079101	Gastschulbeiträge nach dem Hessischen Schulgesetz	-1.167.260	-1.622.140	-1.622.140	-1.622.140	-1.622.140
5079200	Erstattungen von den Gemeinden und Gemeindeverbänd	-2.160	-2.160	-2.160	-2.160	-2.160
5079900	Sonstige Kostenersätze und Erst. von übrigen Ber.	-17.960	-19.450	-19.450	-19.450	-19.450
5100100	öffentlich.rechtliche Verwaltungsgebühren	-140	-200	-200	-200	-200
5300200	sonstige betriebliche Erträge	-240	-240	-240	-240	-240
5301010	Mieten -nicht steuerbar-	-7.920	-10.920	-10.920	-10.920	-10.920
5301011	Mietennebenkosten -nicht steuerbar-	-1.740	-1.740	-1.740	-1.740	-1.740
5309001	sonstige Nebenerlöse	-1.940	-1.950	-1.950	-1.950	-1.950
5309010	Verkaufserlöse Verpflegung steuerfrei	-55.600	-55.600	-55.600	-55.600	-55.600
5330000	Erträge aus Schadensersatzleistungen	-780	-1.250	-1.250	-1.250	-1.250
5601000	Erträge aus Spenden, Nachlässen und Schenkungen	-10				
5911000	allgemeine Finanzzuweisungen nach FAG	-557.230	-558.580	-558.580	-558.580	-558.580
5930301	sonstige Zuweisungen des Landes	-13.900	-15.500	-21.900	-21.900	-21.900
	SUMME ERTRÄGE	**-1.865.900**	**-2.329.930**	**-2.336.330**	**-2.336.330**	**-2.336.330**
	AUFWAND					
6030110	Lehr- u. Unterrichtsmittel, Beschäftigungsmaterial	50.000	68.500	68.500	68.500	68.500
6030200	Praxis- und Laborbedarf, Arzneimittel	600	600	600	600	600
6070000	Aufw. für Berufskleidung, Arbeitsschutzmittel u.ä.	840	220	220	220	-400
6081000	Reinigungsmaterial	420	420	420	420	420
6140000	Frachten, Fremdlager (inkl. Vers. u.a.Nebenleist.)	500	500	500	500	500
6161300	Unterhaltung der sonstigen Außenanlagen	46.900	1.000	1.000	1.000	1.000
6161310	Unterh. der sonstigen Außenanlagen -65-		46.900	46.900	46.900	46.900
6169200	Unterhaltung/ Instandhaltung Kleingeräte	8.200	8.200	8.200	8.200	8.200
6173100	Winterdienst	9.000				
6173110	Winterdienst ausschl. -65-		9.000	9.000	9.000	9.000
6179200	Bewachungskosten	1.800				
6179201	Bewachungskosten ausschl. -65-		1.800	1.800	1.800	1.800
6179210	Beköstigung	88.000	94.300	94.300	94.300	94.300
6179260	Kfz-Kosten / Haltung von Fahrzeugen	360	430	430	430	430
6549100	Abschr. auf geringwertige Wirtschaftsgüter (GWG)	18.550	21.840	21.840	21.840	21.840
6700100	Mieten für Gebäude	1.430	1.430	1.430	1.430	1.430
6700200	Pachten	2.600	2.600	2.600	2.600	2.600
6710200	Mobilienleasing	13.900	15.500	21.900	21.900	21.900
6730000	Gebühren	1.260	1.260	1.260	1.260	1.260
6730100	Grundbesitzabgaben	112.000				
6730101	Grundbesitzabgaben -vorabdotiert-		112.600	112.600	112.600	112.600
6730110	sonstige Gebühren für Grundstücke und Gebäude	3.500	3.000	3.000	3.000	3.000

Stadt Kassel

Haushaltsplan Stadt Kassel

Teilergebnisplan TeilHH 40003 Gymnasien

Magistrat der Stadt Kassel

Nr.	Bezeichnung	Ansatz 2006 in €	Ansatz 2007 in €	Plan 2008 in €	Plan 2009 in €	Plan 2010 in €
6730111	s. Gebühren Grundst. u. Gebäude -65-		2.150	2.150	2.150	2.150
6771000	Aufw. für Sachverst.,Rechtsanwälte,Gerichtskosten	2.740	2.740	2.740	2.740	2.740
6780010	Aufwendungen für Aufsichtsrat bzw. Beirat o. dgl.	130	130	130	130	130
6800200	Aufw. für Büromaterial, Drucksachen der Verwaltung	5.410	5.630	5.630	5.630	5.630
6810000	Aufw. für Zeitungen, Fachliteratur der Verwaltung	2.320	2.000	2.000	2.000	2.000
6832000	Telefonkosten	13.270	14.980	14.980	14.980	14.980
6850100	Reisekosten	730	350	350	350	350
6861000	Aufwendungen für Öffentlichkeitsarbeit	1.620	1.620	1.620	1.620	1.620
6920000	Beiträge zu Verbänden, Berufsvertr., so. Vereinig.	150	150	150	150	150
7020000	Grundsteuer	600				
7030000	Kfz-Steuer	80	60	60	60	60
	SUMME AUFWAND	386.910	419.910	426.310	426.310	425.690
	SALDO ERTRAG/AUFWAND	-1.478.990	-1.910.020	-1.910.020	-1.910.020	-1.910.640

Als letztes Beispiel aus Kassel bilden wir den Teilergebnishaushalt des Kasseler **Jugendamtes** ab:[63]

Haushaltsplan Stadt Kassel

Teilergebnisplan Amt 510 Jugendamt

Magistrat der Stadt Kassel

Nr.	Bezeichnung	Ansatz 2006 in €	Ansatz 2007 in €	Plan 2008 in €	Plan 2009 in €	Plan 2010 in €
	Erträge					
5001202	Teilnahmeentgelte -steuerfrei-	-15.180	-14.470	-14.470	-14.470	-16.300
5001202	Teilnahmeentgelte für Kurse -steuerfrei-	-2.790	-2.040	-2.040	-2.040	-2.040
5001207	Verpflegungs- und Erziehungsentgelte	-6.825.270	-6.503.580	-6.503.580	-6.503.580	-6.503.580
5003010	Mieten -steuerfrei-	-3.080	-10.760	-10.760	-10.760	-9.630
5003020	Mietnebenkosten -steuerfrei-	-320	-320	-320	-320	-320
5072200	Übergel. Unterhaltsanspr.bürg-rechtl.UnterhVerpfl.	-629.500	-441.000	-441.000	-441.000	-441.000
5072300	Leist. von Sozialleistungsträgern (Leistungen 3.)	-50.000	-30.000	-30.000	-30.000	-30.000
5072600	Rückzahlung gewährter Hilfe außerhalb v. Einricht.	-84.500	-51.500	-51.500	-51.500	-51.500
5073100	Kostenbeiträge und Aufwendungsersatz; Kostenersatz	-10.000	-10.000	-10.000	-10.000	-10.000
5073200	Übergel. Unterhaltsanspr.bürg-rechtl.UnterhVerpfl.	-129.500	-133.000	-133.000	-133.000	-133.000
5073300	Leist. v. Sozialleistungsträgern (Leistungen 3.)	-630.000	-602.000	-602.000	-602.000	-602.000
5073600	Rückzahlung gewährter Hilfe innerhalb von Einr.	-264.020	-7.000	-7.000	-7.000	-7.000
5079200	Erstattungen von den Gemeinden und Gemeindeverbänd	-1.785.720	-1.535.000	-1.535.000	-1.535.000	-1.560.000
5089200	Sonstige Kostensätze und Erstattungen vom Land	-92.000	-92.000	-92.000	-92.000	-92.000
5300201	sonst. betr. Ertr.(interne Leistung)	-7.002.550	-3.200	-3.200	-3.200	-3.200
5300205	sonst. betr. Ertr.(int. Leistung)-Verw.-kostenant.	-4.000	-7.360	-7.360	-7.360	-7.360
5301010	Mieten -nicht steuerbar-	-34.370	-26.710	-26.710	-26.710	-910
5301011	Mietennebenkosten -nicht steuerbar-	-38.440	-38.440	-38.440	-38.440	-9.500
5305100	Erträge aus Spenden (direkter Betriebszweck)		-320	-320	-320	-30
5309001	sonstige Nebenerlöse	-1.900	-1.900	-1.900	-1.900	-1.900
5309010	Verkaufserlöse Verpflegung steuerfrei	-5.930	-5.930	-5.930	-5.930	-5.130
5390000	andere sonstige betriebliche Erträge	-14.000				
5590000	übrige sonstige Zinsen und ähnliche Erträge	-700	-950	-950	-950	-950
5601000	Erträge aus Spenden, Nachlässen und Schenkungen	-430	-110	-110	-110	-110
5670000	periodenfremde Erträge		-15.000	-15.000	-15.000	-15.000
5700100	Gemeinschaftssteuern (LST,ESt u.ä.)		1.290			
5930200	sonst. Zuweisungen des Bundes, LAF, ERP-Sonderverm	-204.500	-254.500	-254.500	-254.500	-254.500
5930301	sonstige Zuweisungen des Landes	-4.193.950	-6.207.370	-6.207.370	-6.207.370	-6.207.370
5930310	Bedarfszuw. des Landes nach FAG, Landesausgl.stock	-3.290.000	-3.010.000	-3.010.000	-3.010.000	-3.010.000
5960000	Entnahmen aus Rücklagen, Fonds und Stöcken	-1.550	-1.550	-1.550	-1.550	-1.550
	SUMME ERTRÄGE	**-25.314.200**	**-19.004.720**	**-19.006.010**	**-19.006.010**	**-18.975.880**
	AUFWAND					
6030100	Betriebsstoffe/Verbrauchswerkzeuge gesamt		6.150	6.150	6.150	56.750
6030110	Lehr- u. Unterrichtsmittel, Beschäftigungsmaterial	157.000	143.530	143.530	143.630	120.710
6030200	Praxis- und Laborbedarf, Arzneimittel	400	400	400	400	400

---

[63] Stadt Kassel (2007) S. 345-349 (PDF)

Haushaltsplan Stadt Kassel

Teilergebnisplan Amt 510 Jugendamt

Magistrat der Stadt Kassel

Nr.	Bezeichnung	Ansatz 2006 in €	Ansatz 2007 in €	Plan 2008 in €	Plan 2009 in €	Plan 2010 in €
6050100	Energie gesamt	348.200	352.940	325.210	309.230	303.680
6051000	Strom	7.000	7.000	7.000	7.500	7.500
6052000	Gas	13.000	13.830	13.830	14.500	14.500
6069000	sonst. Materialaufw. für Reparatur, Instandhaltung		2.000	2.000	2.040	2.040
6070000	Aufw. für Berufskleidung, Arbeitsschutzmittel u.ä.	2.080	2.080	2.080	2.080	2.160
6080100	sonstiger Materialaufwand gesamt	850	10.620	10.620	10.830	10.830
6081000	Reinigungsmaterial	1.300	1.300	1.300	1.330	1.330
6089000	übriger sonstiger Materialaufwand	12.410	12.360	12.360	12.380	15.260
6131000	Aufw.entsch. ehrenamtl. Tätige (sow. n.Hkto. 6781)	5.000	5.000	5.000	5.000	5.050
6140000	Frachten, Fremdlager (inkl. Vers. u.a.Nebenleist.)	1.000	1.000	1.000	1.010	2.010
6161130	Gebäudeunterhaltung Auguste-Förster	15.000	15.000	15.000	15.000	15.000
6161200	Unterhaltung der Grünanlagen	133.020	141.010	141.010	141.010	141.000
6161300	Unterhaltung der sonstigen Außenanlagen	33.090				
6161310	Unterh. der sonstigen Außenanlagen -65-		33.090	33.090	33.090	33.090
6163000	Instandhaltung von Einrichtungen und Ausstattungen	2.000				
6166000	Wartungskosten		1.400	1.400	1.400	
6169000	sonstige Fremdinstandhaltung	2.770	2.000	2.000	2.040	2.040
6169200	Unterhaltung/ Instandhaltung Kleingeräte	21.360	18.850	18.850	18.850	16.000
6170100	sonst. Aufwendungen f. bezogene Leist. gesamt		107.720	107.720	107.720	97.200
6173000	Fremdreinigung Kindertagesstätten	35.190	35.190	35.190	35.190	32.350
6173020	Fremdreinigung Auguste-Förster	5.700	8.980	8.980	9.160	9.160
6173030	Fremdreinigung SN 6	598.310	631.530	647.140	663.140	679.540
6173100	Winterdienst	21.970				
6173110	Winterdienst ausschl. -65-		21.970	21.970	21.970	21.970
6179000	andere sonstige Aufwendungen für bezogene Leist.	10.020	11.000	11.000	11.500	11.500
6179110	Erstattungen an das Land	406.670	266.670	266.670	266.670	266.670
6179120	Erstattungen an Gemeinden und Gemeindeverbände	1.479.000	2.219.000	2.219.000	2.219.000	2.219.000
6179200	Bewachungskosten	16.790				
6179201	Bewachungskosten ausschl. -65-		17.690	17.690	17.690	17.690
6179210	Beköstigung	943.170	944.170	944.170	955.170	944.180
6179260	Kfz-Kosten / Haltung von Fahrzeugen	4.050	4.050	4.050	4.050	4.000
6200100	Löhne f. geleistete Arbeitszeit (einschl. Zulagen)	765.510	765.510	782.580	790.410	798.320
6300200	Gehälter einschließlich Zulagen	15.863.440	15.406.910	15.750.480	15.907.990	16.067.070
6360000	Dienstbezüge einschl. Zulagen Beamte	1.117.280	1.117.280	1.142.190	1.153.620	1.165.160
6393000	Vergütungen für sonstige Beschäftigte	291.600	291.600	291.600	291.600	294.520
6400100	Arbeitgeberanteil zur Sozialvers. Lohnbereich	172.320	172.320	174.030	175.780	177.540
6410000	Arbeitgeberanteil zur Sozialvers. Gehaltsbereich	3.498.020	3.498.020	3.532.980	3.568.310	3.604.000
6419000	Arbeitgeberanteil zur Sozialvers. f. sonst. Besch.	500	500	500	500	510
6471000	Zusatzversorgung Lohnbereich	62.230	62.230	62.860	63.490	64.130
6472000	Zusatzversorgung Gehaltsbereich	1.269.100	1.269.100	1.281.780	1.294.580	1.307.520
6481000	Zukunftssicherung Lohnbereich	3.830	3.830	3.870	3.910	3.940

Haushaltsplan Stadt Kassel

Teilergebnisplan Amt 510 Jugendamt

Magistrat der Stadt Kassel

Nr.	Bezeichnung	Ansatz 2006 in €	Ansatz 2007 in €	Plan 2008 in €	Plan 2009 in €	Plan 2010 in €
6482000	Zukunftssicherung Gehaltsbereich	14.430	14.430	14.560	14.710	14.860
6484000	Versorgungsbezüge	616.740	616.740	630.500	636.800	643.170
6490100	Beihilfen und Unterstützungsleistungen	119.340	121.710	124.130	124.130	125.370
6511000	Abschreibungen auf Konzessionen u.a. Schutzrechte	2.140	971	60	60	
6515000	Abschreibungen auf aktivierte Inv.zuschüsse	11.534	23.068	34.602	46.136	57.670
6540100	Abschr.and.Anl.Betr.-Geschäftsausst. gesamt	81.867	82.859	90.458	98.241	76.410
6549100	Abschr. auf geringwertige Wirtschaftsgüter (GWG)	93.520	76.020	76.020	76.020	61.950
6601000	Aufwendungen für Personaleinstellungen	2.000	2.000	2.000	2.000	2.000
6640100	Aufwendungen für Fort-, und Weiterbildung	50.730	51.170	51.170	51.170	52.480
6690000	übrige sonstige Personalaufwendungen	1.900	1.900	1.900	1.900	1.920
6700100	Mieten für Gebäude	414.710	453.420	454.710	454.710	453.420
6700101	Mieten für Gebäude -vorabdotiert-	195.100	211.700	213.200	217.300	217.300
6700110	Mieten für bewegliche Vermögensgegenstände	3.360				
6700300	Erbbauzinsen	3.460	3.460	3.460	3.460	3.460
6710200	Mobilienleasing	7.500	11.700	11.700	12.000	12.000
6720000	Lizenzen und Konzessionen	3.850	3.850	3.850	3.850	4.000
6730100	Grundbesitzabgaben	144.620	143.520	143.520	143.520	1.250
6730101	Grundbesitzabgaben -vorabdotiert-					143.140
6730110	sonstige Gebühren für Grundstücke und Gebäude		3.250	3.250	3.250	4.000
6771000	Aufw. für Sachverst.,Rechtsanwälte,Gerichtskosten	6.840	6.840	6.840	6.840	2.300
6790000	sonstige Aufw. für die Inspruchnahme v. Diensten	31.500	1.500	1.500	1.500	1.500
6800200	Aufw. für Büromaterial, Drucksachen der Verwaltung	28.630	30.130	30.130	30.130	31.500
6810000	Aufw. für Zeitungen, Fachliteratur der Verwaltung	7.950	7.850	7.850	7.850	8.850
6820000	Porto und Versandkosten	41.900	42.710	43.520	44.380	45.240
6832000	Telefonkosten	77.420	78.520	78.520	79.520	71.020
6850100	Reisekosten	56.430	55.580	55.580	55.580	53.150
6861000	Aufwendungen für Öffentlichkeitsarbeit	11.390	13.730	13.730	13.730	13.520
6900200	Versicherungsbeiträge/Umlagen -30-	63.000	64.890	64.890	64.890	64.890
6901000	Beiträge für gebäudebezogene Versicherungen	250	250	260	260	260
6909000	Beiträge für sonstige Versicherungen	2.050	2.050	2.050	2.200	2.200
6909110	Umlagen an Schadensausgleiche / Kfz.-Schaden	1.640	1.640	1.640	1.640	1.640
6920000	Beiträge zu Verbänden, Berufsvertr., so. Vereinig.	2.510	2.510	2.510	2.510	2.510
6943010	sonst. betr.Aufwendungen(interne Leistungen)	4.250	4.250	4.250	4.250	4.250
6943011	nicht aktivierungsf.Erschließungs-/Anliegerbeitr.	15.000				
6943015	interne Leistungen-Verwaltungskostenanteile		42.200	42.200	42.200	42.200
7843142	Krankenhilfe		20.000	20.000	20.000	20.000
7843290	Leist. an Jgdl. n.d.AsylbLG in Einrichtungen	78.000	78.000	78.000	78.000	78.000
7843420	Unterhaltsvorschussleistungen	3.330.000	3.350.000	3.350.000	3.350.000	3.350.000
7843553	Sonstige soziale Angelegenheiten - andere Kosten -	2.000	2.000	2.000	2.000	2.000
7843611	Leistungen für junge Arbeitslose	225.000	25.000	25.000	25.000	25.000
7843611	Projektmittel LOS		250.000	250.000	250.000	250.000
7843612	Jugendberufshilfen § 13 SGB VIII	205.000	246.000	246.000	246.000	246.000
7843613	Entgeltübernahmen für Kitas § 22 SGB VIII	3.350.000	3.140.920	3.140.920	3.140.920	3.140.920

Stadt Kassel

Haushaltsplan Stadt Kassel

Teilergebnisplan Amt 510 Jugendamt

Magistrat der Stadt Kassel

Nr.	Bezeichnung	Ansatz 2006 in €	Ansatz 2007 in €	Plan 2008 in €	Plan 2009 in €	Plan 2010 in €
7843614	Tagespflege in Einrichtungen	15.000	15.000	15.000	15.000	15.000
7843615	Tagespflege in Familien § 23 SGB VIII	260.000	186.000	186.000	186.000	186.000
7843615	Fortbildung Pflegeeltern	12.140	23.140	23.140	23.140	23.140
7843616	Flexible Hilfen § 27, 2 SGB VIII	100.050	100.050	100.050	100.050	100.050
7843617	Soziale Gruppenarbeit § 29 SGB VIII	310.000	313.500	313.500	313.500	313.500
7843618	Erziehungsbeistände, Betreungshelfer § 30 SGB VIII	1.150.000	1.224.000	1.224.000	1.224.000	1.224.000
7843619	Sozialpäd. Familienhilfe § 31 SGB VIII	745.000	736.000	736.000	736.000	736.000
7843621	Vorbeugende Maßnahm. in Notsituationen § 20 SGB V	340.000	358.000	358.000	358.000	358.000
7843622	Pflege in Pflegestellen, Krippen pp.	40.000	35.800	35.800	35.800	35.800
7843623	Leistungen in Tagesgruppen § 32 SGB VIII	1.310.000	1.314.000	1.314.000	1.314.000	1.314.000
7843624	Leistungen zum Unterhalt des Kindes § 39 SGB VIII	477.000	523.000	523.000	523.000	523.000
7843625	Leist. z. Unterhalt/Ferienbeihilfen § 39 SGB VIII	27.000	22.200	22.200	22.200	22.200
7843626	Sozialpäd. Einzelbetreung § 35 SGB VIII	385.000	413.000	413.000	413.000	413.000
7843629	§ 13 SGB VIII Leist. Jugendsozialarbeit Ausbildung		200.000	200.000	200.000	200.000
7843631	Leist. z. Unterhalt d. Kindes §§ 35 a, 39 SGB VIII	14.000	61.500	61.500	61.500	61.500
7843632	Jugendhelfer, Erziehungsbeistände §§ 35a,30,34 SGB	62.000	69.000	69.000	69.000	69.000
7843633	Besondere Erziehungsbeihilfen § 35 a SGB VIII	340.000	372.000	372.000	372.000	372.000
7843633	Erziehungsbeistand, Betreuungshelfer	346.210	352.940	352.940	352.940	352.940
7843641	Leist. z. Unterhalt des Kindes §§ 41, 39 SGB VIII	151.000	121.000	121.000	121.000	121.000
7843642	Jugendhelfer, Erziehungsbeist. §§ 41,30,34 SGB	175.000	211.000	211.000	211.000	211.000
7843643	Jugendberufshilfen §§ 41, 13 SGB VIII	375.000	329.000	329.000	329.000	329.000
7844142	Krankenhilfe		5.000	5.000	5.000	5.000
7844290	Leist. an Jgdl. n.d. AsylbLG außerh. v. Einricht.	14.000	14.000	14.000	14.000	14.000
7844611	Gem. Unterbr. v. Vä/Mü mit Kd. § 19 SGB VIII	143.000	166.000	166.000	166.000	166.000
7844612	Vollzeit / Dauerpflege § 33 SGB VIII	1.468.000	1.501.000	1.501.000	1.501.000	1.501.000
7844613	Heimerziehung, betreutes Wohnen pp. § 34 SGB VIII	6.668.000	6.717.000	6.717.000	6.717.000	6.717.000
7844614	Vorüberg. Unterbr. z. Schutz von Ki/Jgdl. § 42 SGB	1.025.000	1.134.000	1.134.000	1.134.000	1.134.000
7844631	Pflege in Pflegestellen pp. § 35a, 33 SGB VIII	42.000	46.500	46.500	46.500	46.500
7844632	Heimerziehung, betreutes Wohnen pp. § 35a, 34 SBG	2.550.000	2.251.000	2.251.000	2.251.000	2.251.000
7844641	Pflege in Pflegestellen pp. §§ 41, 33 SGB VIII	50.000	69.000	69.000	69.000	69.000
7844642	Heimerziehung, betreutes Wohnen pp. §§ 41+34 SGB	1.017.000	642.000	642.000	642.000	642.000
7850001	Veranstaltungen Kinder-/Jugendbereich	115.220	15.960	15.960	15.960	15.960
7911000	allgemeine Finanzzuweisungen	3.400	3.200	3.200	3.200	3.200
7911100	Zuschüsse für lauf.Zwecke a. soz. o.ähnl.Einrichtu	10.150.960	11.076.700	13.015.800	13.015.800	10.484.500
7911200	Weiterleitung von Zuschüssen	516.500	1.392.280	1.392.280	1.392.280	1.392.280
7911580	Zuweisungen an sonstige	2.500	2.500	2.500	2.500	2.500

Haushaltsplan Stadt Kassel

Teilergebnisplan Amt 510 Jugendamt

Magistrat der Stadt Kassel

Nr.	Bezeichnung	Ansatz 2006 in €	Ansatz 2007 in €	Plan 2008 in €	Plan 2009 in €	Plan 2010 in €
7991000	Freiwillige Zuschüsse (ehem. Globalbetrag)	136.550	99.010	99.010	99.010	100.000
	SUMME AUFWAND	67.194.271	69.028.448	71.429.140	71.701.957	69.390.740
	SALDO ERTRAG/AUFWAND	41.880.071	50.023.728	52.423.130	52.695.947	50.414.860

Erläuterungen
zu Sachkonto 593030100
Landeszuwendung Auflösung Landesjugendamt (anteilig für 1 MA)

Wie die Abbildung zeigt, wird ein differenzierter **Aufriss nach Konten** geliefert. Dabei werden unter anderem für die meisten Hilfearten einzelne Konten gebildet. Zusätzliche Mengeninformationen oder andere produktbezogene Kennzahlen fehlen genauso wie verbale Produktinformationen und Ziele.

Stadt Dreieich 183

6.3.4 Stadt Dreieich (2007)

Die hessische Pilotstadt (41.000 Einwohner) hat einen Haushalt mit insgesamt rund 360 Seiten vorgelegt. Der doppische Haushalt (unter dem Begriff „Wirtschaftsplan") bildet zwei Ebenen ab:[64]

- die Ebene des kommunalen Gesamthaushaltes zur Planung und Steuerung der wirtschaftlichen Situation der Stadtverwaltung insgesamt
- die Ebene der einzelnen Produkte der Kommune zur „Fein-" Planung und Steuerung der städtischen Leistungen und Leistungsbereiche

Folgende Übersicht verdeutlicht die im Pilotprojekt erarbeitete Terminologie, die teilweise (z. B. „Vermögensplan") von der IMK-Terminologie abweicht:[65]

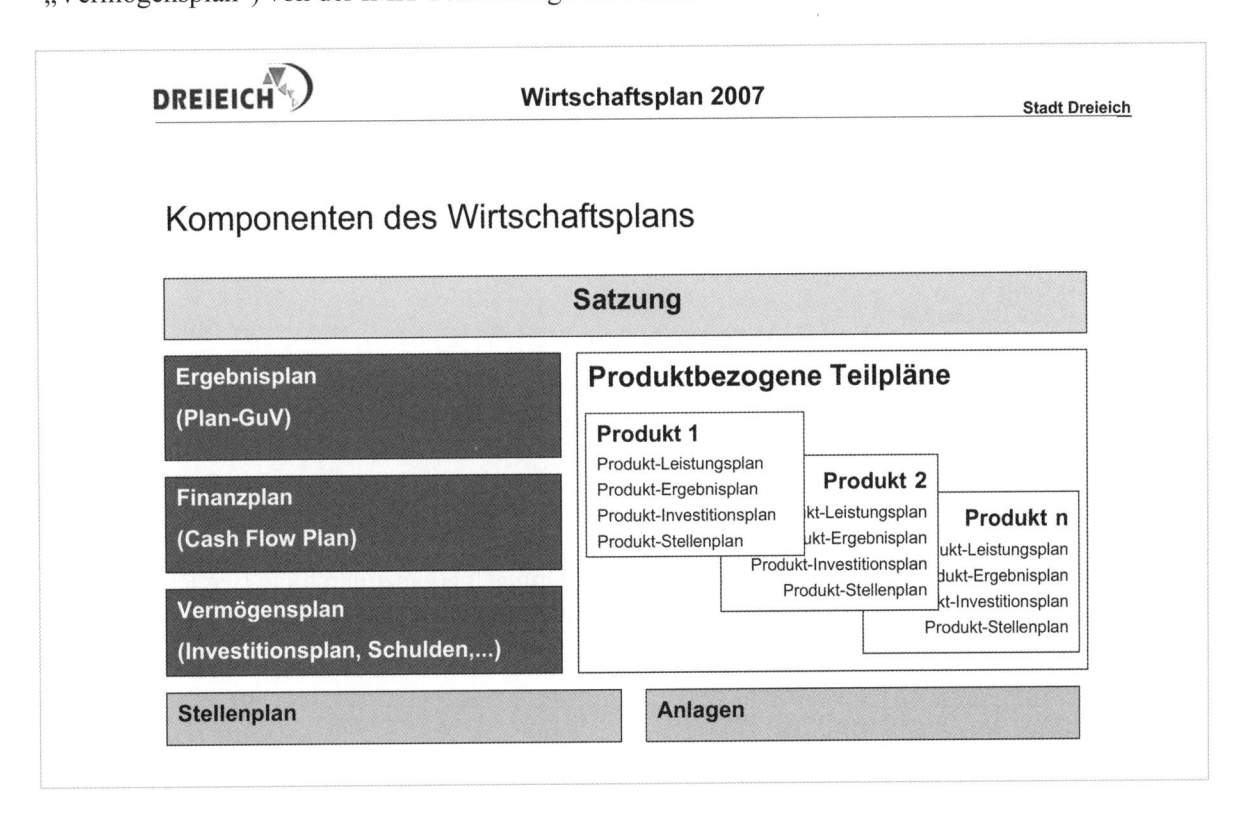

DREIEICH — Wirtschaftsplan 2007 — Stadt Dreieich

Komponenten des Wirtschaftsplans

- Satzung
- Ergebnisplan (Plan-GuV)
- Finanzplan (Cash Flow Plan)
- Vermögensplan (Investitionsplan, Schulden,...)
- Stellenplan
- Produktbezogene Teilpläne
  - Produkt 1
    - Produkt-Leistungsplan
    - Produkt-Ergebnisplan
    - Produkt-Investitionsplan
    - Produkt-Stellenplan
  - Produkt 2
    - Produkt-Leistungsplan
    - Produkt-Ergebnisplan
    - Produkt-Investitionsplan
    - Produkt-Stellenplan
  - Produkt n
    - Produkt-Leistungsplan
    - Produkt-Ergebnisplan
    - Produkt-Investitionsplan
    - Produkt-Stellenplan
- Anlagen

Neben den Komponenten Ergebnisplan, Finanzplan und Vermögensplan, die sich auf den Gesamthaushalt beziehen, wird der Haushalt der Stadt Dreieich vor allem durch die produktbezogenen Teilpläne der insgesamt 62 Produkte geprägt.

---

[64] Stadt Dreieich (2007) Wirtschaftsplan 2007 Vorbericht S. 3 (PDF).
[65] Stadt Dreieich (2007) Wirtschaftsplan 2007 Vorbericht S. 4 (PDF).

Folgende Übersicht verdeutlicht die Konzeption der Stadt Dreieich:[66]

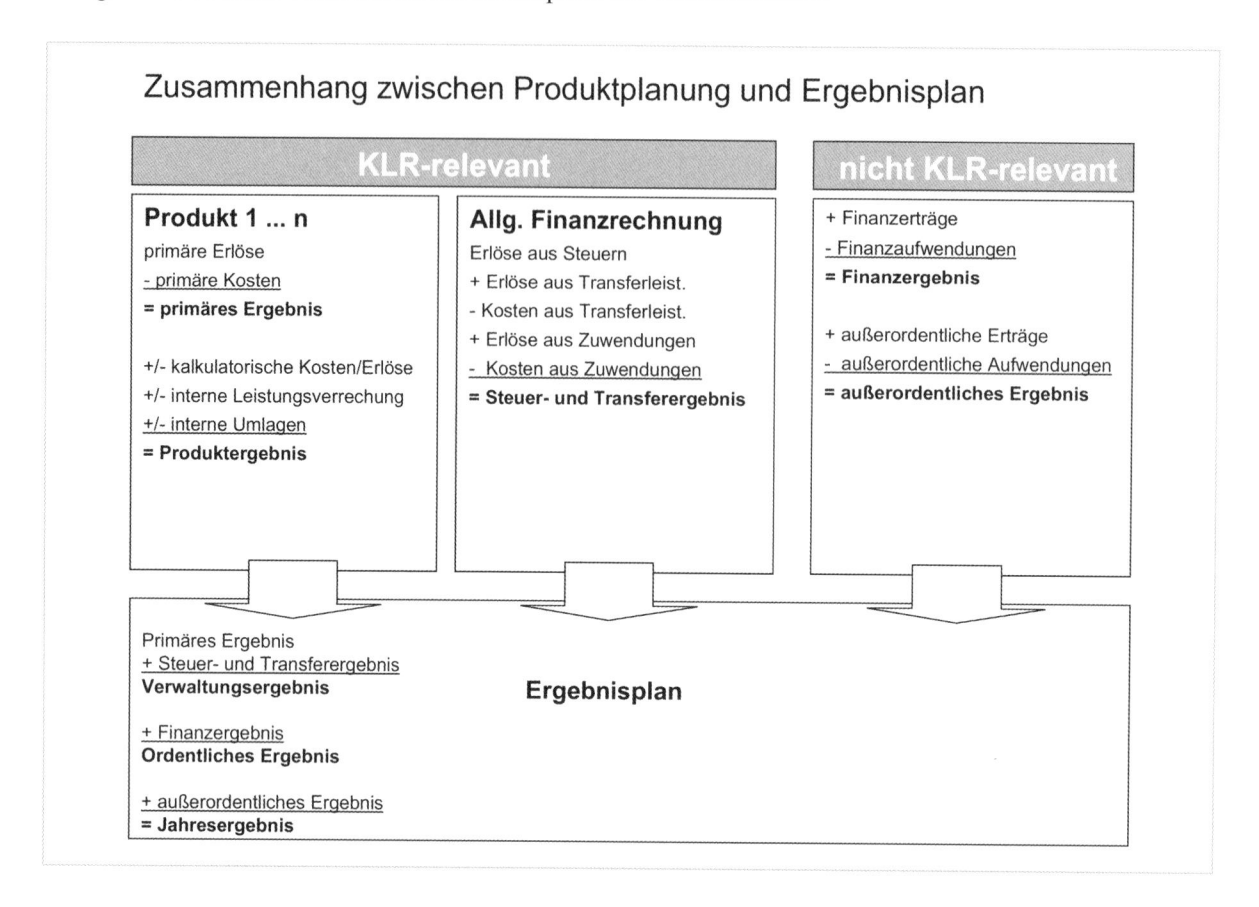

Zusammenhang zwischen Produktplanung und Ergebnisplan

KLR-relevant		nicht KLR-relevant
Produkt 1 ... n primäre Erlöse - primäre Kosten **= primäres Ergebnis** +/- kalkulatorische Kosten/Erlöse +/- interne Leistungsverrechung +/- interne Umlagen **= Produktergebnis**	**Allg. Finanzrechnung** Erlöse aus Steuern + Erlöse aus Transferleist. - Kosten aus Transferleist. + Erlöse aus Zuwendungen - Kosten aus Zuwendungen **= Steuer- und Transferergebnis**	+ Finanzerträge - Finanzaufwendungen **= Finanzergebnis** + außerordentliche Erträge - außerordentliche Aufwendungen **= außerordentliches Ergebnis**

Primäres Ergebnis
+ Steuer- und Transferergebnis
Verwaltungsergebnis

+ Finanzergebnis
Ordentliches Ergebnis

+ außerordentliches Ergebnis
= Jahresergebnis

Ergebnisplan

Die produktbezogene Erlös- und Kostenplanung wird in Dreieich ergänzt durch die Bereiche, die in anderen Kommunen meist im Hauptproduktbereich 6 ausgewiesen werden: Steuern und Transfers sowie Finanzerträge und -aufwendungen.

---

[66] Stadt Dreieich (2007) Wirtschaftsplan 2007 Vorbericht S. 6 (PDF).

Dieser sehr spezielle Ansatz der Stadt Dreieich kommt zu folgendem **Gesamtbudget der Produktplanung** (umgesetzt auf SAP-Basis):[67]

DREIEICH — Wirtschaftsplan 2007 — Teilpläne

Gesamtbudget der Produktplanung

Kosten-/Erlösarten		Plan 2007	Plan 2006	Ist 2005
Primäre Erlöse		66.934.312	65.066.783	66.205.459
51	Öffentlich-rechtliche Leistungsentgelte	11.624.158	11.721.114	12.698.977
500-506	Privatrechtliche Leistungsentgelte	530.138	524.508	520.506
507-509	Kostenerstattungen	817.139	810.060	1.012.399
53	Sonstige betriebliche Erlöse	2.868.769	2.899.101	2.739.072
57-59	Steuer- und Transfererlöse	51.094.108	49.112.000	49.234.505
Primäre Kosten		-76.462.876	-74.430.471	-68.737.733
62-64	Personalkosten	-20.740.554	-21.973.985	-20.402.829
60-61	Kosten für Sach- und Dienstleistungen	-12.918.062	-11.653.502	-10.426.888
65	Abschreibungen	-6.596.418	-6.256.819	-6.504.784
66-70	Sonstige ordentliche Aufwendungen	-4.834.426	-5.027.399	-4.048.005
78-79	Steuer- und Transferkosten	-31.373.416	-29.518.767	-27.355.226
Primäres Ergebnis		-9.528.564	-9.363.689	-2.532.273
Summe	Kalkulatorische Erlöse	500.000	571.880	
924001	Verr. Kalk. Afa nach Wiederbeschaffu	500.000	571.880	
Summe	Kalkulatorische Kosten	-2.284.000	-2.325.010	
729100	Kalkulatorische Zinsen	-1.784.000	-1.753.130	
924000	Kalk. Afa nach Wiederbeschaffungsze	-500.000	-571.880	
Ergebnis Gesamtbudget		**-11.312.564**	**-11.116.819**	**-2.532.273**
Deckungsgrad in %		85,6	85,5	96,3

Auftrag	Investitionen	Plan 2007
Summe		-4.142.682

Auftrag	Zuwendungen und Beiträge zu Investitionen	Plan 2007
Summe		832.000

Stellenplan	Plan 2007	Plan 2006	Ist 06.2006
Summe	451,5	463,0	409,5
Beschäftigte	400		359
Beamtinnen/Beamte	51,5	55,5	50,5
Arbeiterinnen/Arbeiter		108,5	
Angestellte	0	299	

---

[67] Stadt Dreieich (2007): Wirtschaftsplan 2007 Gesamtbudget der Produktplanung S. 1 (PDF).

Einen guten Überblick über die definierten Produkte gibt dabei der **Produktplan**:[68]

Produktplan

Hauptziele	Produktbereich	Produktgruppe	Produkt	
Schutz von Menschen, Tieren, Sachwerten, Gewährleistung der Einwohner- und Personenrechte Bereitstellung und Förderung angemessener Freizeit- und Sportangebote	01 Bürger und Ordnung	01.01 Bürgerangelegenheiten und Wahlen	01.01.01	Melde- und Ausweiswesen
			01.01.02	Standesamtliche Beurkundungen
			01.01.03	Wahlen
			01.01.04	Gewerbe und Gaststätten
		01.02 Straßenverkehr und Allgemeine Gefahrenabwehr	01.02.01	Straßenverkehr und Verkehrssicherheit
			01.02.02	Prävention und Allgemeine Gefahrenabwehr
			z.Z. nicht belegt	
			01.02.04	Brand- und Katastrophenschutz
		01.03 Freizeit und Sport	01.03.01	Büchereien
Sicherung der sozialen Lebensgrundlagen sowie Förderung von Zielgruppen und Bildungseinrichtungen	02 Soziales und Schule	02.01 Sicherung der sozialen Lebensgrundlagen	02.01.01	Hilfen in persönlichen Notlagen
			02.01.02	Hilfen in wirtschaftlichen Notlagen
			02.01.03	Wohnraumversorgung
		02.02 Kinder- und Jugendförderung und -betreuung	02.02.01	Kinderbetreuung
			02.02.02	Kinder- und Jugendförderung
			02.02.03	Förderung von Schulen
		02.03 Förderung anderer Zielgruppen	02.03.01	Behindertenbetreuung
			02.03.02	Seniorenberatung
			z.Z. nicht belegt	
			02.03.04	Allgemeine soziale Leistungen
		02.04 Förderung von Vereinen, Ehrenamt und Integration	02.04.01	Förderung von Vereinen und Ehrenamt *
			02.04.02	Integration *
			02.04.03	Sport- und Freizeitanlagen *

* Die Produkte werden nicht in dem Fachbereich sondern in einem Referat wahrgenommen; hieraus ergibt sich, dass die Fach- und Ressourcenverantwortung bei der Referatsleitung liegt

Hauptziele	Produktbereich	Produktgruppe	Produkt	
Entwicklung, Gestaltung und Sicherstellung des Lebens-, Wohn- und Arbeitsumfelds Sicherstellung der Entsorgung	03 Planung und Bau	03.01 Planung	03.01.01	Stadt- und Verkehrsplanung
			03.01.02	Sicherung der Bauleitplanung
		03.02 Bau- und Umwelt	03.02.01	Planung und Bau städtischer Gebäude
			z.Zt. nicht belegt	
			03.02.03	Öffentliche Verkehrsflächen
			03.02.04	Umwelt- und Naturschutz
			03.02.05	Öffentliche Grünflächen und Gewässer
		03.03 Entsorgung	03.03.01	Abwasserentsorgung
			03.03.02	Abfallwirtschaft
			03.03.03	Straßenreinigung/Winterdienst
		03.04 Bauverwaltung und Liegenschaftsmanagement	03.04.01	Bauverwaltung und Steuerung *
			03.04.02	Liegenschaftsmanagement *
	04 Gebäudemanagement	04.01 Gebäudemanagement	04.01.01	Gebäudemanagement
			04.01.02	Bauliche Unterhaltung städtischer Gebäude
Übergreifende Steuerung und Verbesserung der Funktionsfähigkeit der Verwaltung	05 Zentrale Dienste	05.01 Allgemeine operative Dienste	05.01.01	Zentrale Hausdienste
			05.01.02	Einkauf
			05.01.03	Technikunterstützte Informationssysteme
			05.01.04	Versicherungen
			05.01.05	Baubetrieb und Fuhrpark
		05.02 Personaldienste	05.02.01	Personalgewinnung und -betreuung
			05.02.02	Aus- und Fortbildung
	06 Finanzen	06.01 Veranlagung und Buchhaltung	06.01.01	Veranlagung und Finanzmanagement
			06.01.02	Kasse und Buchhaltung

* Die Produkte werden nicht in dem Fachbereich sondern in einem Referat wahrgenommen; hieraus ergibt sich, dass die Fach- und Ressourcenverantwortung bei der Referatsleitung liegt

Hauptziele	Produktbereich	Produktgruppe	Produkt	
Übergreifende Steuerung und Verbesserung der Funktionsfähigkeit der Verwaltung	07 Allgemeine strategische Dienste	07.01 Steuerungsunterstützung	07.01.01	Geschäftsführung städtische Gremien
			07.01.02	Organisationsberatung
			07.01.03	Presse- und Öffentlichkeitsarbeit (inkl. Archiv)
			07.01.04	Personalentwicklung
		07.02 Recht	07.02.01	Rechtliche Beratung und Vertretung
		07.03 Rechnungsprüfung	07.03.01	Revision und Datenschutz
			z.Zt. nicht belegt	
		07.04 Wirtschaftsförderung und Stadtmarketing	07.04.01	Wirtschaftsförderung
			07.04.02	Stadtmarketing
		07.05 Personalförderung	07.05.01	Frauenförderung
			07.05.02	Personalvertretung
		07.06 Kommunale Beteiligungen	07.06.01	Friedhofswesen/FZV
			07.06.02	Veranstaltungsbetrieb/Eigenbetrieb Bürgerhäuser
			07.06.03	ÖPNV/VBD
			07.06.04	Energieversorgung/Stadtwerke GmbH
			07.06.05	Stadt-Holding Dreieich GmbH
		07.07 Controlling	07.07.01	Produktcontrolling
			07.07.02	Investitionsmanagement, Bau- und Beteiligungscontrolling

---

[68] Stadt Dreieich (2007) Wirtschaftsplan 2007 Gesamtübersicht Produkte S. 1-3 (PDF).

Als Beispiel für ein Produktbudget zeigen wir in Dreieich das **Produktbudget „Wahlen"**:[69]

DREIEICH — Wirtschaftsplan 2007 — Teilpläne

Produktbudget
Produkt: 010103 Wahlen

Kosten-/Erlösarten		Plan 2007	Plan 2006	Ist 2005
Primäre Erlöse				7.979
507-509	Kostenerstattungen			7.979
508905	Erstattung für die Durchführung von Wahl			7.979
Primäre Kosten		-5.672	-126.868	-25.733
60-61	**Kosten für Sach- und Dienstleistungen**	-1.500	-33.500	-9.342
608302	Getränke			-2
608900	sonstige Materialien			-101
613190	Aufwendungen für sonstige Ehrenamtliche		-32.000	-9.239
616300	Instandhaltung Betriebs- und Geschäftsausstattung	-500	-1.500	
616601	Wartung EDV-Software	-1.000		
65	**Abschreibungen**	-672	-1.268	-672
654001	AfA Sachanlagen	-672	-768	-672
654900	Zugang geringwertige Wirtschaftsgüter		-500	
66-70	**Sonstige ordentliche Aufwendungen**	-3.500	-92.100	-15.719
664000	Aufwendungen für Fort- und Weiterbildung	-500	-750	
670201	Mieten von Räumen des Bürgerhauses		-1.300	-234
670399	Miete von sonstigem beweglichem Vermögen			
670710	RZ-Nutzungsentgelt KIV		-28.000	-11.333
680100	Büro-Material	-1.000	-4.000	-651
680299	Sonstige Druckerzeugnisse	-200	-14.000	-180
681000	Aufwendungen für Zeitungen und Fachliteratur	-300		-278
682001	Porto und Versandkosten		-40.000	-1.299
684000	amtliche Bekanntmachungen	-1.500	-3.000	-1.337
685000	Reisekosten		-400	-56
686200	Aufwendungen für Gästebewirtung (Repräsentation)		-650	-352
Primäres Ergebnis		-5.672	-126.868	-17.754
Produktergebnis		-5.672	-126.868	-17.754
	Deckungsgrad des Produktes in %	0,0	0,0	31,0

Auftrag	Detailinformationen, nachrichtlich	Plan 2007
Summe		**-5.000**
A121.004	Landtagswahl	-5.000

---

[69] Stadt Dreieich (2007) Wirtschaftsplan 2007 Produktbudget Wahlen S. 2 (PDF)

Das dazu gehörige **Bereichsbudget „Bürger und Ordnung"** ist folgendermaßen gegliedert:[70]

DREIEICH — Wirtschaftsplan 2007 — Teilpläne

Bereichsbudget
Bereich: 01 Bürger und Ordnung

Kosten-/Erlösarten		Plan 2007	Plan 2006	Ist 2005
Primäre Erlöse		821.479	744.416	902.555
51	Öffentlich-rechtliche Leistungsentgelte	760.580	668.010	757.979
500-506	Privatrechtliche Leistungsentgelte	7.000	6.400	31.395
507-509	Kostenerstattungen	3.700	16.000	61.207
53	Sonstige betriebliche Erlöse	33.500	32.950	32.595
57-59	Steuer- und Transfererlöse	16.699	21.056	19.378
Primäre Kosten		-3.229.069	-3.412.990	-3.859.383
62-64	Personalkosten	-2.033.691	-2.146.753	-2.536.460
60-61	Kosten für Sach- und Dienstleistungen	-419.350	-461.190	-591.630
65	Abschreibungen	-236.395	-222.677	-263.367
66-70	Sonstige ordentliche Aufwendungen	-475.763	-518.720	-401.314
78-79	Steuer- und Transferkosten	-63.870	-63.650	-66.612
Primäres Ergebnis		-2.407.590	-2.668.573	-2.956.828
	Interne Leistungsverrechnung	-350.222	-349.529	-377.208
Produktbereichsergebnis		**-2.757.812**	**-3.018.102**	**-3.334.037**
	Deckungsgrad des Produktebereiches in %	23,0	19,8	21,3

Auftrag	Investitionen	Plan 2007
Summe		-361.210

Auftrag	Investive Einnahmen	Plan 2007
Summe		3.600

Positiv fällt dabei die flächendeckende Darstellung des zugehörigen Auszugs aus dem Stellenplan auf:[71]

Stellenplan	Plan 2007	Plan 2006	Ist 06.2006
Summe	43,0	44,0	42,5
Beschäftigte	28,5		27,0
Beamtinnen/Beamte	14,5	15,5	15,5
Arbeiterinnen/Arbeiter			
Angestellte		28,5	

Das Beispiel der Stadt Dreieich überzeugt durch die geringe Anzahl der definierten Produkte, die sachgerechten Verwendung betriebswirtschaftlicher Begriffe und die übersichtliche Gesamtdarstellung. Allerdings dürfte Dreieich in Folgejahren einige Anpassungsmaßnahmen an die mittlerweile festgelegte GemHVO-Doppik-HE vornehmen müssen.

---

[70] Stadt Dreieich (2007) Wirtschaftsplan 2007 Produktbereich 01: Bürger und Ordnung S. 1 (PDF).
[71] Stadt Dreieich (2007) Wirtschaftsplan 2007 Produktbereich 01: Bürger und Ordnung S. 1 (PDF).

6.3.5 Main-Kinzig-Kreis (2005/2006)

Der Hessische Kreis (410.000 Einwohner) legt einen doppischen Haushalt in drei Bänden vor. Das Gesamtwerk ist folgendermaßen gegliedert

- Haushaltsteil mit
  - Haushaltssatzung
  - Vorbericht
  - Haushaltssicherungskonzept
  - Finanzhaushalt
  - Produktplan
  - Kontenplan
  - Ergebnishaushalt
  - Zusammenfassung der Kosten und Erlöse (differenziert für die Dezernate)
  - Fachbereichsbudgets nach Dezernaten
  - Erträge und Aufwendungen ohne direkte Budgetzuordnung
- Teilergebnishaushalt der Fachbereiche
  - Dezernat 1 umfasst 400 Seiten
  - Dezernat 2 umfasst 120 Seiten
  - Dezernat 3 umfasst 150 Seiten
- Investitionsplan nach Dezernaten
  - Dezernat 1 (52 Seiten)
  - Dezernat 2 (100 Seiten)
  - Dezernat 3 (22 Seiten)
- Stellenplan
- Anlagen zum Haushaltsplan.

Der Hauptteil (Teilergebnishaushalt der Fachbereiche) mit insgesamt 670 Seiten enthält einen der differenziertesten produktbezogenen Haushalte überhaupt. Unterhalb der Dezernatsebenen werden regelmäßig zunächst das Fachbereichsbudget und anschließend die zum Fachbereich gehörenden Produkte gezeigt.

Als Beispiel zeigen wir das **Fachbereichsbudget für das Jugendamt** sowie ein Schlüsselprodukt.[72]

Organisationseinheit:	Jugendamt

Organisationseinheit:	Jugendamt
Verantwortliche(r):	Herr Betz

Diese Organisationseinheit umfasst folgende Produkte:

P513000	Amtsvormundschafts- / Beistandschaftsleistungen
P514000	Unterhaltsvorschussleistungen
51_50	Jugendgerichtshilfeleistungen
P516100	Jugendbildungsleistungen
P516200	Jugendförderungsleistungen
P516300	Jugendsozialarbeit
51_713	Erziehungshilfeleistungen in der Familie
51_714	Erziehungshilfeleistungen außerhalb der Familie
51_715	Eingliederungshilfen
P517200	Inobhutnahmen
P511000	Beratungsstellenleistungen
P517600	Sonstige Hilfen in Familien
P518100	Förderungsleistungen Kinder in Tageseinrichtungen
P518200	Förderungsleistungen Kinder in Tagespflege
P518300	Kindertagesstättenfachaufsichtsleistungen
P518400	Heimaufsichtsleistungen
P518500	Leistungen für unbegleitete minderjährige Flüchtlinge
P519200	Adoptionsvermittlungsleistungen

---

[72] Main-Kinzig-Kreis 2006 S. D1-284-293.

Main-Kinzig-Kreis

Bereichsbudget

Bereich:	MKK_51	Jugendamt		

Erlöse und Kosten	Ist 2003	Plan 2004	Plan 2005	Plan 2006
**** Verwaltungserlöse	0	4.569.200,00-	4.487.750,00-	4.478.450,00-
*** 50-51 Privatr./öffentl.r.Leist	0	4.557.750,00-	4.482.750,00-	4.473.450,00-
*** 53 Sonstige betriebliche Erträ	0	11.450,00-	5.000,00-	5.000,00-
**** Steuer- und Transfererlöse	0	74.400,00-	2.000,00-	2.000,00-
*** 57 Steuern und steuerähnliche	0	0	0	0
*** 58 Erträge aus Transferleistun	0	0	0	0
*** 59 Erträge aus Zuwendungen	0	74.400,00-	2.000,00-	2.000,00-
***** Betriebserlöse gesamt	4.326.949,89-	4.643.600,00-	4.489.750,00-	4.480.450,00-
**** Kosten Material u.bezogene Leist.	0	225.370,00	115.300,00	114.400,00
*** 60 Aufwend.für Roh-,Hilfs-,Bet	0	3.480,00	21.000,00	21.000,00
*** 61 Aufwend.für bezogene Leistu	0	221.890,00	94.300,00	93.400,00
**** Personalkosten	0	4.117.280,00	4.172.320,00	4.353.740,00
*** 62 Löhne	0	0	0	0
*** 63 Gehälter, Bezüge und Vergüt	0	3.097.860,00	3.095.250,00	3.234.720,00
*** 64 Soz.Abgaben,Altersvors.,Unt	0	1.019.420,00	1.077.070,00	1.119.020,00
** Abschreibungen	0	3.480,00	1.000,00	1.000,00
**** Sonstige betriebliche Kosten	0	157.310,00	173.050,00	173.050,00
*** 66 Sonstige Personalaufwendung	0	74.500,00	54.600,00	54.600,00
*** 67 Aufwendung Inanspruch. Rech	0	9.010,00	21.400,00	21.400,00
*** 68 Aufwend.f.Kommunik.,Dokum.,	0	73.700,00	85.900,00	85.900,00
*** 69 Aufwend.f.Beiträge u.Sonsti	0	100,00	10.450,00	10.450,00
*** 70 Betriebliche Steuern	0	0	700,00	700,00
****** Steuer- und Transferkosten	0	18.838.314,00	20.382.350,00	20.383.250,00
***** 75 stg. Steuern u. steuerähnli	0	0	0	0
***** 78 Aufwendungen aus Transferle	0	18.838.314,00	20.382.350,00	20.383.250,00
***** 79 Aufw.f.Zuwendungen u.Zuschü	0	0	0	0
******* Betriebskosten gesamt	23.512.124,45	23.341.754,00	24.844.020,00	25.025.440,00
******** **Betriebsergebnis**	**19.185.174,56**	**18.698.154,00**	**20.354.270,00**	**20.544.990,00**
* 96 Belastung aus interner Leistungsverr.	134.825,92	106.900,00	100.100,00	100.100,00
* 97 Belastung aus internen Umlagen	0	10.316.369,50	9.794.417,38	9.907.451,59
** Belastung aus interner Verrechnung	134.825,92	10.423.269,50	9.894.517,38	10.007.551,59
* 96 Entlastung aus interner Leistungsverr	0	0	0	0
* 97 Entlastung aus internen Umlagen	0	8.302.378,82-	8.209.880,79-	8.342.693,41-
** Entlastung aus interner Verrechnung	0,00	8.302.378,82-	8.209.880,79-	8.342.693,41-
******** **Ergebnis nach interner Verrechnung**	**19.320.000,48**	**20.819.044,68**	**22.038.906,59**	**22.209.848,18**

Stellenplan 2004, geplante Besetzung 2005/2006	Plan 2004	Plan 2005*	Plan 2006*
Summe:	81	77,20	77,70
Beamtinnen/Beamte:	17	7,35	7,35
Angestellte:	64	69,85	70,35
Arbeiter:	0	0	0

* Angaben zur geplanten Stellenbesetzung auf Basis der dem Jugendamt zu Redaktionsschluss vorliegenden Daten.

Ausführliche Erläuterungen/Anmerkungen:

Im Fachbereichsbudget sind Kosten und Erlöse für folgende Leistungskategorien enthalten:

- Jugendhilfeleistungen der Kategorie 1 (wie nachfolgend beschrieben)
- Jugendhilfeleistungen der Kategorie 2 (wie nachfolgend beschrieben)
- Kosten und Erlöse des Bereichs Unterhaltsvorschuss
- Kosten und Erlöse des Bereichs Amtsvormundschaft / Beistandschaft
- sog. Overheadkosten und -erlöse (z.B. der Amtsleitung, Jugendhilfeplanung, Controlling etc.)
- Umlagen von Verwaltungszweigen

Jugendhilfeleistungen der Kategorie 1:	Jugendhilfeleistungen der Kategorie 2:
Steuerung erfolgt einzelfallübergreifend, sozialraumbezogen.	Steuerung erfolgt einzelfallbezogen.
makropolitische Ausrichtung	mikropolitische Ausrichtung
Ausgestaltung der Leistung im Rahmen des festgestellten Bedarfs (§ 80 KJHG).	Es besteht ein unabweisbarer Rechtsanspruch auf eine angemessene Leistung.
Zieldefinition erfolgt über sozialräumliche Planungsprozesse.	Zieldefinition erfolgt über einzelfallbezogene Hilfeplanprozesse.
Steuerung über „Strategisches Konzept" der Arbeitsgemeinschaft nach § 78 KJHG	Steuerung über Qualitätsentwicklungsstrategie und Evaluation im Hilfeplanprozess
Jugendhilfeleistungen der Kategorie 1 sind: • Kindergartenfachaufsichtsleistungen, • Heimaufsichtsleistungen, • Jugendbildungsleistungen, • Jugendförderungsleistungen, • Jugendsozialarbeitsleistungen, • Beratungsstellenleistungen	**Jugendhilfeleistungen der Kategorie 2 sind:** • Förderungsleistungen Kinder in Tagespflege, • Förderungsleistungen Kinder in Tageseinrichtungen, • Jugendgerichtshilfeleistungen, • Erziehungshilfeleistungen in der Familie, • Erziehungshilfeleistungen außerhalb der Familie, • Eingliederungshilfen, • Inobhutnahmen, • Sonstige Hilfen in der Familie, • Adoptionsvermittlungsleistungen, • Leistungen für unbegleitete minderjährige Flüchtlinge, • Beratungsstellenleistungen

Allgemeine Informationen zur Bedarfsentwicklung

In der Vergangenheit ist **hessenweit eine Zunahme an Jugendhilfebedarf** festzustellen. Im Main-Kinzig-Kreis spiegelt sich dieser Trend auf niedrigerem Niveau im Vergleich zu Hessen wieder. Es bleibt abzuwarten, wie sich die gesamtgesellschaftliche Lage und damit der Bedarf an Jugendhilfe in den kommenden Jahren entwickeln wird.

Main-Kinzig-Kreis

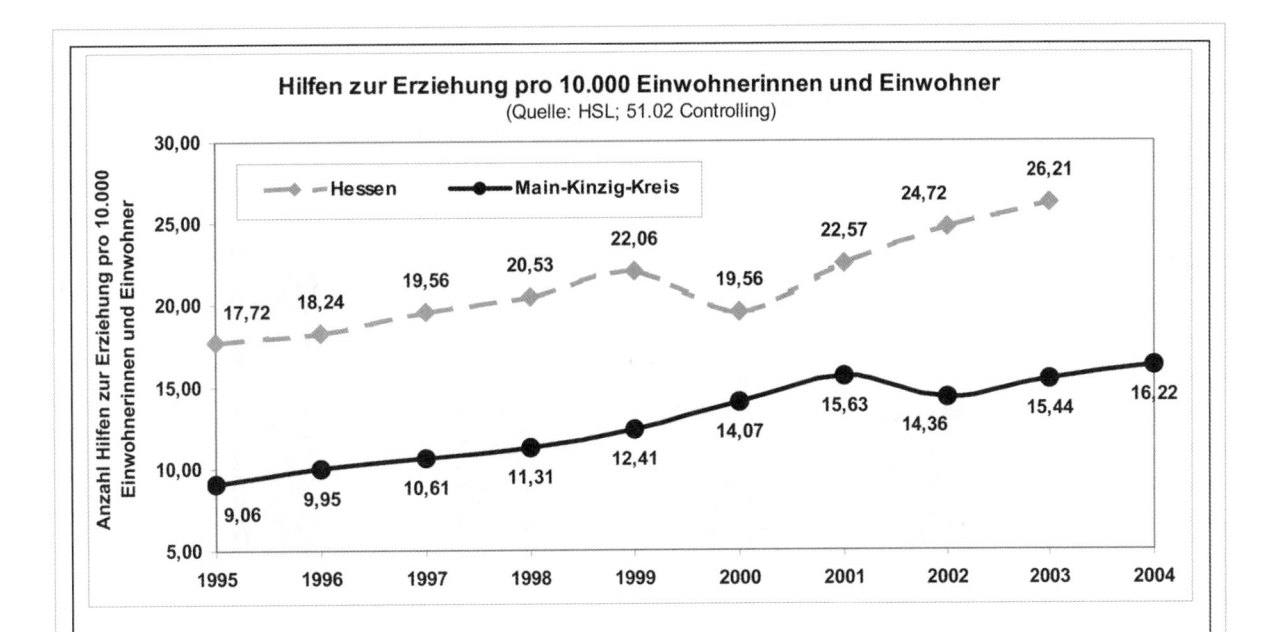

Hilfen zur Erziehung pro 10.000 Einwohnerinnen und Einwohner
(Quelle: HSL; 51.02 Controlling)

Hessen: 17,72 (1995); 18,24 (1996); 19,56 (1997); 20,53 (1998); 22,06 (1999); 19,56 (2000); 22,57 (2001); 24,72 (2002); 26,21 (2003)

Main-Kinzig-Kreis: 9,06 (1995); 9,95 (1996); 10,61 (1997); 11,31 (1998); 12,41 (1999); 14,07 (2000); 15,63 (2001); 14,36 (2002); 15,44 (2003); 16,22 (2004)

Die Scheidungsrate erreicht neues Rekordniveau. Immer mehr Kinder sind von Trennung und Scheidung betroffen.

Die Scheidungsrate nimmt kontinuierlich zu, und somit auch die **Anzahl der von Scheidung betroffenen Kinder und Jugendlichen**. 43% der Kinder und Jugendlichen bei den Hilfen des Jugendamtes leben in einer Trennungs- bzw. Scheidungssituation (Quelle: Bestandsberichtswesen 2004; Jugendhilfeplanung).

Die Wirkungen von Trennung und Scheidung auf Kinder und Jugendliche führen auch nach Jahren noch zu Krisen im Familiensystem. Das Zusammentreffen von familiären Konflikten und mehrjährigen wirtschaftlichen Krisensituationen wirkt sich zunehmend negativ auf das Selbsthilfepotential der Betroffenen aus. Die Folge daraus ist, dass **immer mehr Familien Jugendhilfeleistungen in Anspruch nehmen müssen**.

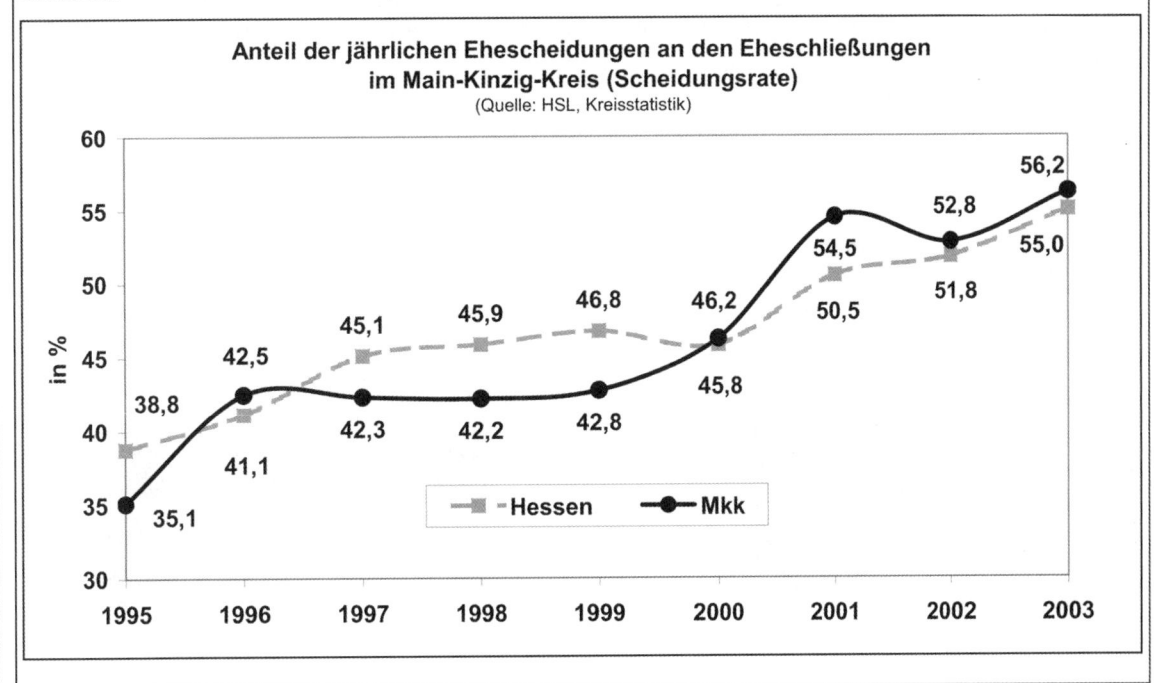

Anteil der jährlichen Ehescheidungen an den Eheschließungen im Main-Kinzig-Kreis (Scheidungsrate)
(Quelle: HSL, Kreisstatistik)

Hessen: 38,8 (1995); 41,1 (1996); 45,1 (1997); 45,9 (1998); 46,8 (1999); 46,2 (2000); 50,5 (2001); 51,8 (2002); 55,0 (2003)

Mkk: 35,1 (1995); 42,5 (1996); 42,3 (1997); 42,2 (1998); 42,8 (1999); 45,8 (2000); 54,5 (2001); 52,8 (2002); 56,2 (2003)

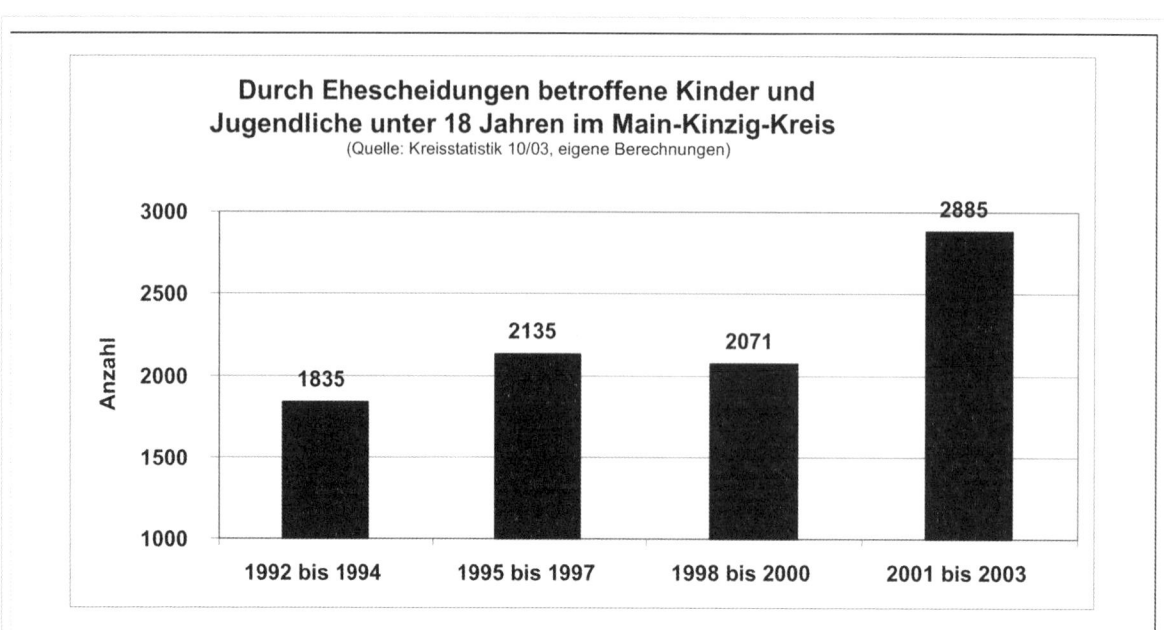

Durch Ehescheidungen betroffene Kinder und Jugendliche unter 18 Jahren im Main-Kinzig-Kreis
(Quelle: Kreisstatistik 10/03, eigene Berechnungen)

Zeitraum	Anzahl
1992 bis 1994	1835
1995 bis 1997	2135
1998 bis 2000	2071
2001 bis 2003	2885

Der Main-Kinzig-Kreis ist eine Zuzugsregion.

Die Bevölkerung im Main-Kinzig-Kreis wächst weiter aufgrund eines **positiven Wanderungssaldos (mehr Zuzüge als Wegzüge)**.

Der wachsende **Zuzug von Erziehungsberechtigten, deren Kinder bereits durch andere Jugendämter in Heimen oder Pflegefamilien untergebracht** oder in anderen Jugendhilfemaßnahmen betreut werden, wirkt sich in besonderem Maß auf die Jugendhilfe aus. Im Rahmen der gesetzlichen Regelungen ist der Main-Kinzig-Kreis verpflichtet, in solchen Fällen die Kosten an den anderen Jugendhilfeträger zu erstatten. Im Zeitraum vom 01.11.2003 bis 30.06.2004 wurden dem Main-Kinzig-Kreis von anderen Jugendämtern insgesamt 47 stationäre sowie 2 ambulante Erziehungshilfen zur Kostenübernahme gemeldet. Im gleichen Zeitraum konnten nur 13 stationäre und 2 ambulante Hilfen vom Jugendamt Main-Kinzig-Kreis an andere Jugendhilfeträger abgegeben werden. **Diese äußeren Faktoren sind vom Jugendamt nicht zu beeinflussen.**

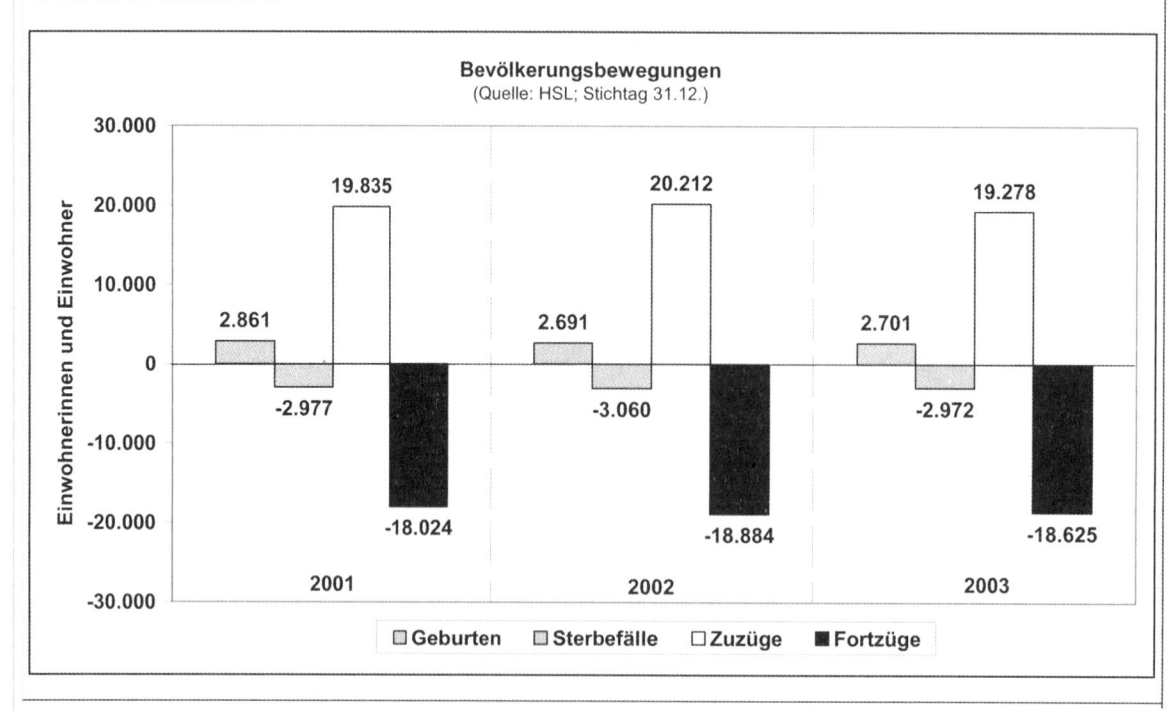

Bevölkerungsbewegungen
(Quelle: HSL; Stichtag 31.12.)

Jahr	Geburten	Sterbefälle	Zuzüge	Fortzüge
2001	2.861	-2.977	19.835	-18.024
2002	2.691	-3.060	20.212	-18.884
2003	2.701	-2.972	19.278	-18.625

Main-Kinzig-Kreis

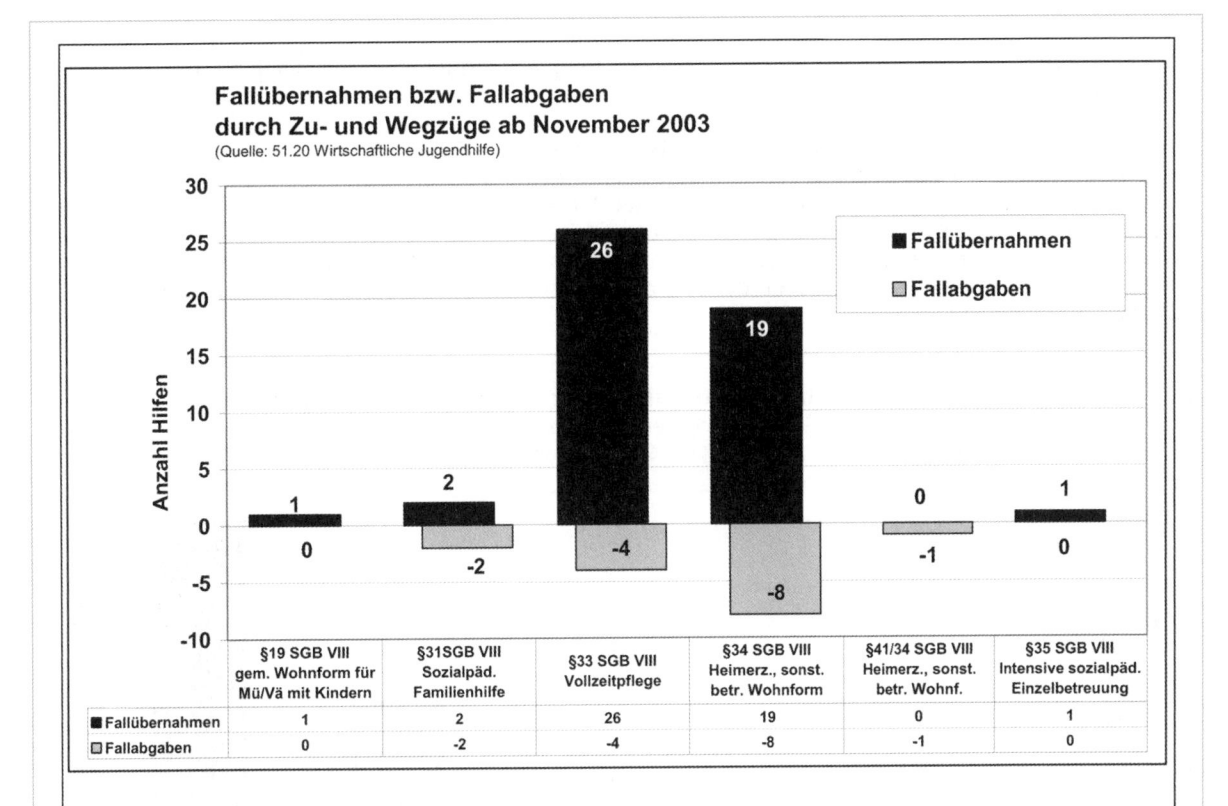

Fallübernahmen bzw. Fallabgaben durch Zu- und Wegzüge ab November 2003
(Quelle: 51.20 Wirtschaftliche Jugendhilfe)

	§19 SGB VIII gem. Wohnform für Mü/Vä mit Kindern	§31 SGB VIII Sozialpäd. Familienhilfe	§33 SGB VIII Vollzeitpflege	§34 SGB VIII Heimerz., sonst. betr. Wohnform	§41/34 SGB VIII Heimerz., sonst. betr. Wohnf.	§35 SGB VIII Intensive sozialpäd. Einzelbetreuung
Fallübernahmen	1	2	26	19	0	1
Fallabgaben	0	-2	-4	-8	-1	0

Der Alleinerziehendenanteil steigt weiter an.

Alleinerziehende Eltern sind aufgrund ihrer Lebenssituation häufiger auf Erziehungshilfe angewiesen. Der Anteil dieser sog. Ein-Eltern-Familien an den Familien mit minderjährigen Kindern steigt im Main-Kinzig-Kreis seit Jahren kontinuierlich an und lag im Juni 2003 bei 21,3 %.

40% der Jugendhilfefälle im Main-Kinzig-Kreis tragen das Merkmal „Alleinerziehend" (Quelle: Bestandsberichtswesen 2004).

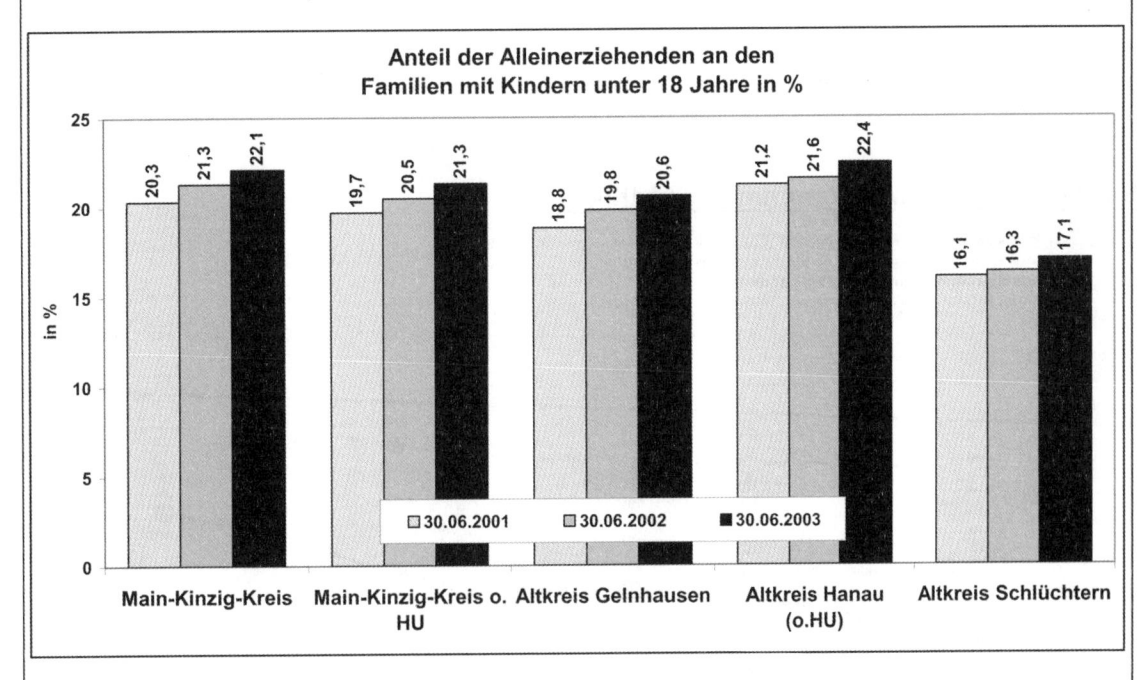

Anteil der Alleinerziehenden an den Familien mit Kindern unter 18 Jahre in %

	30.06.2001	30.06.2002	30.06.2003
Main-Kinzig-Kreis	20,3	21,3	22,1
Main-Kinzig-Kreis o. HU	19,7	20,5	21,3
Altkreis Gelnhausen	18,8	19,8	20,6
Altkreis Hanau (o.HU)	21,2	21,6	22,4
Altkreis Schlüchtern	16,1	16,3	17,1

Auswirkungen der gesetzlichen Regelungen bei Eingliederungshilfen für seelisch Behinderte (§ 35a SGB VIII)

Im Bereich der Eingliederungshilfen für seelisch Behinderte wird aufgrund der derzeitigen Gesetzeslage eine **Abgrenzung der Jugendhilfe von anderen Leistungen erschwert**. Der Soziale Dienst ist mit immer mehr **hochschwierigen Multiproblemfällen aus der Kinder- und Jugendpsychiatrie** konfrontiert, die kostenintensiver Hilfe bedürfen. Hinzu kommt eine steigende Anzahl von **Jugendlichen mit schwerwiegendem Drogenmissbrauch**, die aufgrund ihrer psychischen Störungen stationär untergebracht werden müssen. Für Fälle dieser Art stehen der Jugendhilfe bisher nur wenige geeignete Einrichtungen und Dienste zur Verfügung.

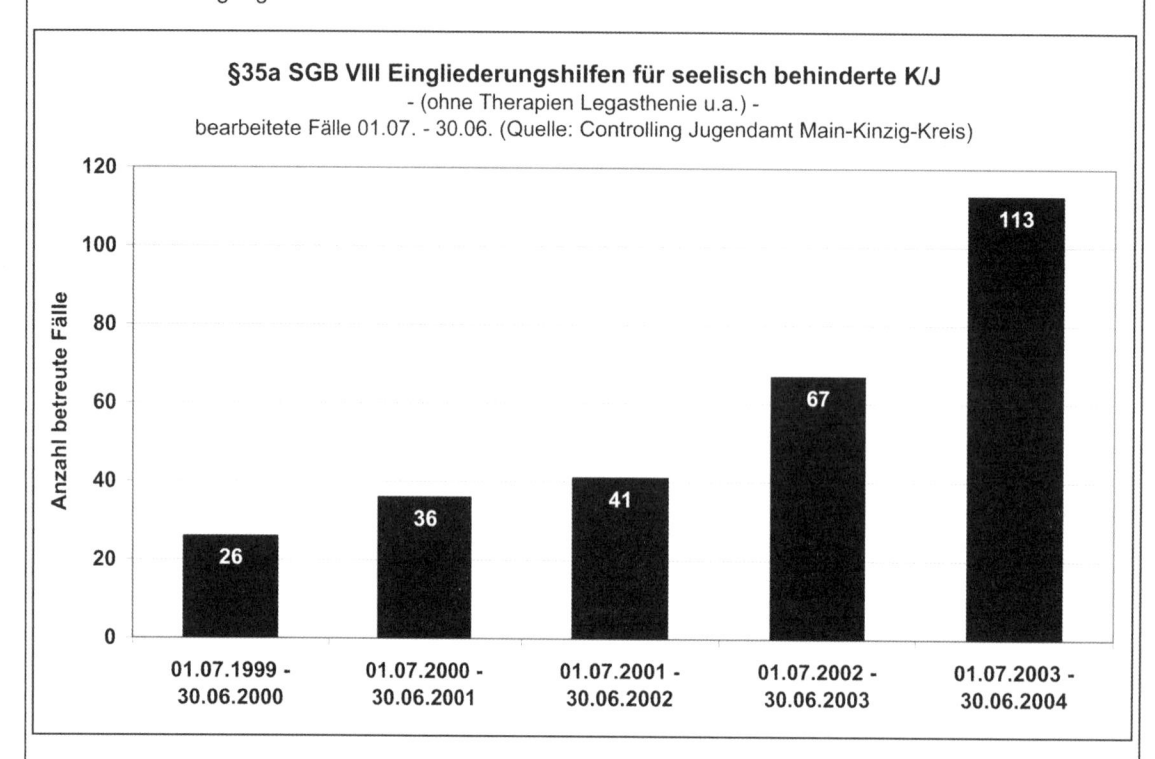

§35a SGB VIII Eingliederungshilfen für seelisch behinderte K/J
- (ohne Therapien Legasthenie u.a.) -
bearbeitete Fälle 01.07. - 30.06. (Quelle: Controlling Jugendamt Main-Kinzig-Kreis)

Zeitraum	Anzahl betreute Fälle
01.07.1999 - 30.06.2000	26
01.07.2000 - 30.06.2001	36
01.07.2001 - 30.06.2002	41
01.07.2002 - 30.06.2003	67
01.07.2003 - 30.06.2004	113

Der Regelungsbedarf wurde auf Bundesebene bereits erkannt. Derzeit liegen zum § 35a SGB VIII **Gesetzesinitiativen der Opposition sowie der Bundesregierung** vor. Ob und in welcher Form es hier zu Veränderungen kommt, ist fraglich und bleibt abzuwarten.

Sachstand „Aktionsprogramm Jugendhilfe"

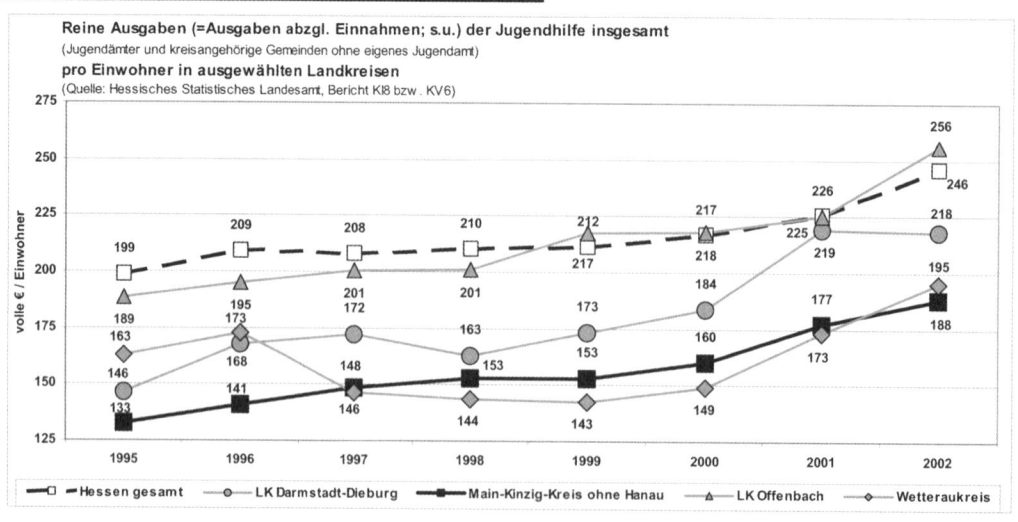

Reine Ausgaben (=Ausgaben abzgl. Einnahmen; s.u.) der Jugendhilfe insgesamt
(Jugendämter und kreisangehörige Gemeinden ohne eigenes Jugendamt)
pro Einwohner in ausgewählten Landkreisen
(Quelle: Hessisches Statistisches Landesamt, Bericht KI8 bzw. KV6)

Jahr	Hessen gesamt	LK Darmstadt-Dieburg	Main-Kinzig-Kreis ohne Hanau	LK Offenbach	Wetteraukreis
1995	199	146	133	189	163
1996	209	168	141	195	173
1997	208	172	146	201	163
1998	210	163	144	201	148
1999	212	153	143	217	173
2000	217	160	149	218	184
2001	225	177	173	226	219
2002	246	195	188	256	218

Main-Kinzig-Kreis 197

Vergleicht man den Main-Kinzig-Kreis mit dem Land Hessen oder anderen bevölkerungsreichen Landkreisen der Region, wird deutlich, dass es im Rahmen des mit dem Jugendhilfedezernenten vereinbarten „Jugendpolitischen Programms" und des „Aktionsprogramms Jugendhilfe" gelungen ist, den **kontinuierlichen Kostenanstieg der letzten fünf Jahre zu dämpfen**.

Beispiele für die erfolgreiche Steuerung im Jugendamt sind:

- Kostenreduzierung bei den **Schulen für Erziehungshilfe** nach § 32 SGB VIII,
- Verringerung der Dauer von **Inobhutnahmen** nach § 42 SGB VIII,
- Kostenreduzierung bei den **Tagesgruppen** nach § 32 SGB VIII,
- Senkung der Bemessungsgrenze auf die gesetzlichen Vorgaben im Bereich der **Förderung für Kinder in Tagespflege** nach § 23 SGB VIII,
- Senkung der durchschnittlichen Fallkosten bei **ambulanten Hilfen nach § 30 SGB VIII (Erziehungsbeistand, Betreuungshelfer) und § 31 SGB VIII (Sozialpädagogische Familienhilfe)**.

Diese Einsparungen konnten **trotz eines erheblich ansteigenden Jugendhilfebedarfs** verwirklicht werden.

Ein wichtiger Indikator für die konzeptionelle Ausrichtung eines Jugendhilfeträgers ist das Verhältnis von stationären zu ambulanten bzw. teilstationären Hilfen zur Erziehung.
Je mehr stationäre Hilfen, um so intensiver und teurer sind die Eingriffe in die Familien.

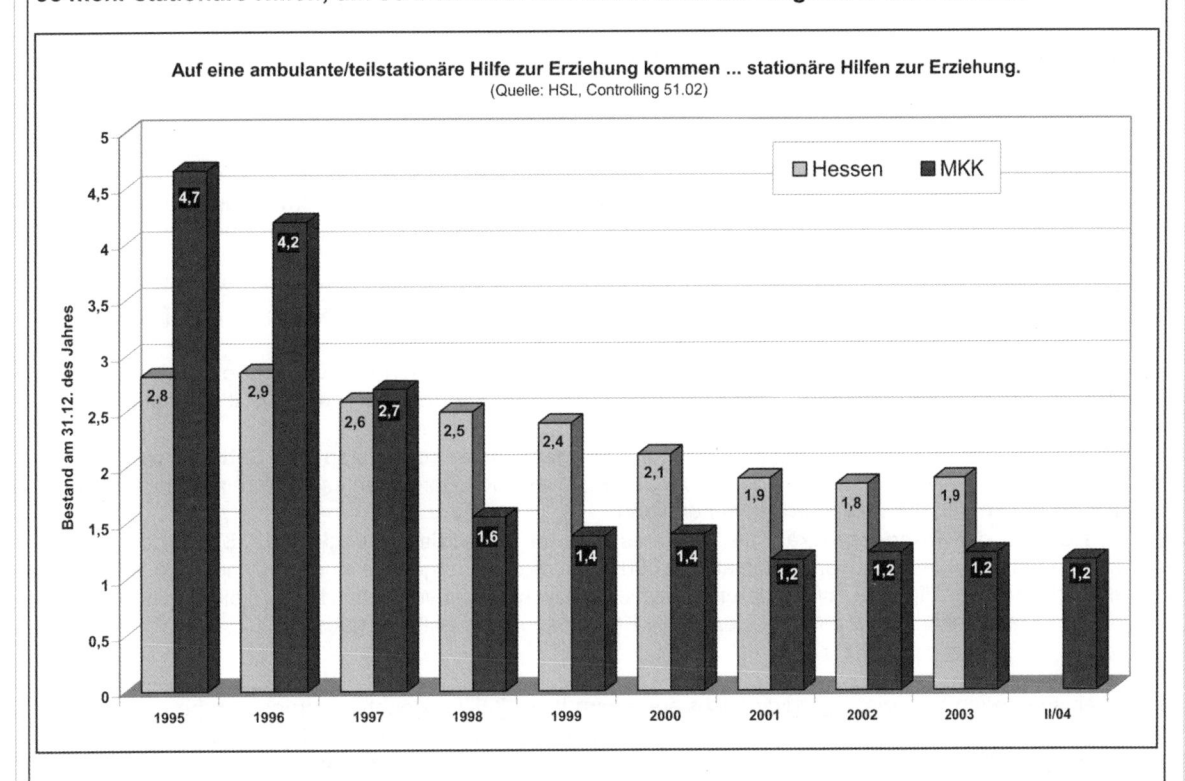

Auf eine ambulante/teilstationäre Hilfe zur Erziehung kommen ... stationäre Hilfen zur Erziehung.
(Quelle: HSL, Controlling 51.02)

Jahr	Hessen	MKK
1995	2,8	4,7
1996	2,9	4,2
1997	2,6	2,7
1998	2,5	1,6
1999	2,4	1,4
2000	2,1	1,4
2001	1,9	1,2
2002	1,8	1,2
2003	1,9	1,2
II/04		1,2

Aus der Grafik wird deutlich, dass in den vergangenen Jahren durch Veränderungen in der Struktur-, Prozess- und Ergebnisqualität des Jugendamtes dieses Verhältnis **erheblich zu Gunsten des Main-Kinzig-Kreises verbessert** werden konnte. Im Jahr 2003 liegt die Zahl der stationären Hilfen pro ambulante / teilstationäre Hilfe um **ca. 37 % unter dem Hessendurchschnitt**.
Dieses positive Ergebnis konnte im ersten Halbjahr 2004 für den Main-Kinzig-Kreis bestätigt werden. Auch in diesem Zeitraum kamen auf eine ambulante oder teilstationäre Erziehungshilfe weiterhin nur 1,2 stationäre Erziehungshilfen! Die Vergleichsdaten 2004 für Hessen liegen erst im Laufe des Jahres 2005 vor.

Weiterführung „Aktionsprogramm Jugendhilfe"

Das Jugendamt wird auch in den Folgejahren das „Aktionsprogramm Jugendhilfe" weiter vorantreiben. Die wichtigsten Grundelemente des Aktionsprogramms sind:

- weitere **grundsätzliche Pauschalierungen von ambulanten Leistungen** (z.B. Pauschalfinanzierung Jugend- und Drogenberatung sowie Erziehungsberatung),
- **Intensivierung des fachlichen Fallcontrollings** durch zielorientierte Fallbearbeitung und Mittelbereitstellungsverfahren,
- **Verkürzung von kostenintensiven Inobhutnahmezeiten** und Sicherstellung der Garantenpflicht durch Weiterentwicklung des Kinderschutzdienstes,
- **fachliche Weiterentwicklung der Sozialraumarbeit** und
- **Stärkung der Elternverantwortung** in der Fallarbeit und im präventiven Bereich, z.B. Fortsetzung des Projektes Elternschule.
- Schon derzeit werden im Mittelbereitstellungsverfahren des Jugendamtes stationäre Hilfen in besonderer Weise überprüft. In einem Projekt der Jugendhilfeplanung wird derzeit analysiert, ob das **Leistungsspektrum der freien Träger im Bereich der stationären Hilfen weiter differenziert** werden kann, um noch passgenauer und kostengünstiger im Einzelfall den Bedarf decken zu können.

Grundsätzlich soll der **nachrangige Charakter der Leistungen des Jugendamtes gegenüber den vorrangigen Verpflichtungen der Eltern und anderer Institutionen in stärkerem Maße betont** werden.
In diesem Zusammenhang ist zunächst dem Anspruchsdenken von Familien auch bei grundsätzlichem Rechtsanspruch auf Leistung entgegenzutreten.
Aber **auch Institutionen** müssen umdenken. Eltern, KiTas, Kommunen, Schulen und Staatliches Schulamt, Polizei, Familiengerichte und Staatsanwaltschaft, Agentur für Arbeit u.a. müssen ihre Verantwortung stärker wahrnehmen.
⇒ Bei der **Umsetzung des SGB II** wird das Ziel verfolgt, **klare Kooperationsstrukturen bei Querschnittsaufgaben** herzustellen.

Zur Umsetzung dieser Ziele sind folgende Schritte eingeleitet:
- In gemeinsamer Trägerschaft arbeiten das Jugendamt und die Stadt Schlüchtern mit vielen der oben genannten Einrichtungen und Institutionen in verschiedenen Projekten zusammen, um die **örtliche Kooperation im Raum Schlüchtern** auszubauen. Unter anderem wird ein gemeinsames Projekt zum Thema „Elternverantwortung" durchgeführt.
- Die positiven Erfahrungen in der Zusammenarbeit mit der Stadt Schlüchtern haben zu einem ähnlichen **Projekt mit der Stadt Gelnhausen** geführt. Auch hier ist z.B. ein Projekt zum Thema Elternverantwortung geplant.
- Es wurde auf Kreisebene ein **Lenkungsausschuss für die Zusammenarbeit zwischen Jugendamt, Polizei, Staatlichem Schulamt, Staatsanwaltschaft und Fachbereich Jugend & Soziales der Stadt Hanau** ins Leben gerufen.
- Mit dem Staatlichen Schulamt wurde vereinbart, ein **gemeinsames Konzept für Schulverweigerer** zu erarbeiten. Weiterhin wurde festgelegt, zu prüfen, in welchen Bereichen es zu Vereinbarungen von gemeinsamen Verfahrenstandards kommen kann.
- Im Rahmen des **Bundesprogramms „Lokales Kapital für soziale Zwecke" (LOS)** wurden dem Jugendamt Mittel in Höhe von maximal 300.000 € für drei Fördergebiete in den Kommunen Maintal und Erlensee bewilligt, die zur Förderung sozialer Netzwerke und von Selbsthilfeprojekten eingesetzt werden. Das Jugendamt übernimmt hierbei die Koordination und Mittelvergabe.

Kosteneinsparungen bei Leistungen, die nicht auf einem individuellen Rechtsanspruch beruhen, und die Verringerung der zur Verfügung stehenden Personalressourcen **reduzieren die Möglichkeiten des Jugendamts zur Prävention, und damit zur Reduzierung des Bedarfs an Erziehungshilfe.**

Bei den niederschwelligen Hilfen wirken sich zudem die **Kürzungen des Landes Hessen im Rahmen der „Operation Sichere Zukunft"** unter anderem im Bereich der Jugend- und Drogenberatungen, Erziehungsberatungen sowie der Jugendberufshilfe aus. Auch Bereiche außerhalb der Jugendhilfe, die bisher unterstützend tätig waren, sind betroffen.

In wie weit sich diese Einsparungen auf die Anzahl der Fälle und die damit entstehenden Kosten im Bereich der Hilfen zur Erziehung auswirken, ist derzeit nicht zu beziffern.

Außerdem zeigen wir noch eines der wichtigsten Produkte der Jugendhilfe als Beispiel:[73]

Produktbereich:	MKK_51	Jugendamt
Produktgruppe:	MKK_51_70	Soziale Dienste / Wirtschaftliche Jugendhilfe
Produkt:	MKK_51_714	Erziehungshilfeleistungen außerhalb der Familie
Produktverantwortliche(r):	Herr Betz	

Produktbeschreibung:

Beratung zur Selbsthilfe, ggf. individuelle Feststellung des Bedarfs und Auswahl der Hilfeform. Erziehungshilfeleistungen, bei welchen die Kinder, Jugendlichen und jungen Volljährigen nicht in der Familie verbleiben können, in Form von: P517460 § 33 SGB VIII Vollzeitpflege, P517470 § 34 SGB VIII Heimerziehung, sonstige betreute Wohnform, P517483 § 35 SGB VIII stationäre intensive sozialpädagogische Einzelbetreuung, P517491 § 41 i.V.m. § 33 SGB VIII Vollzeitpflege, P517492 § 41 i.V.m. § 34 SGB VIII Heimerziehung, sonstige betreute Wohnform, P517493 § 41 i.V.m. § 35 SGB VIII stationäre intensive sozialpäd. Einzelbetreuung

Eckdaten zur Leistungsbeschreibung:

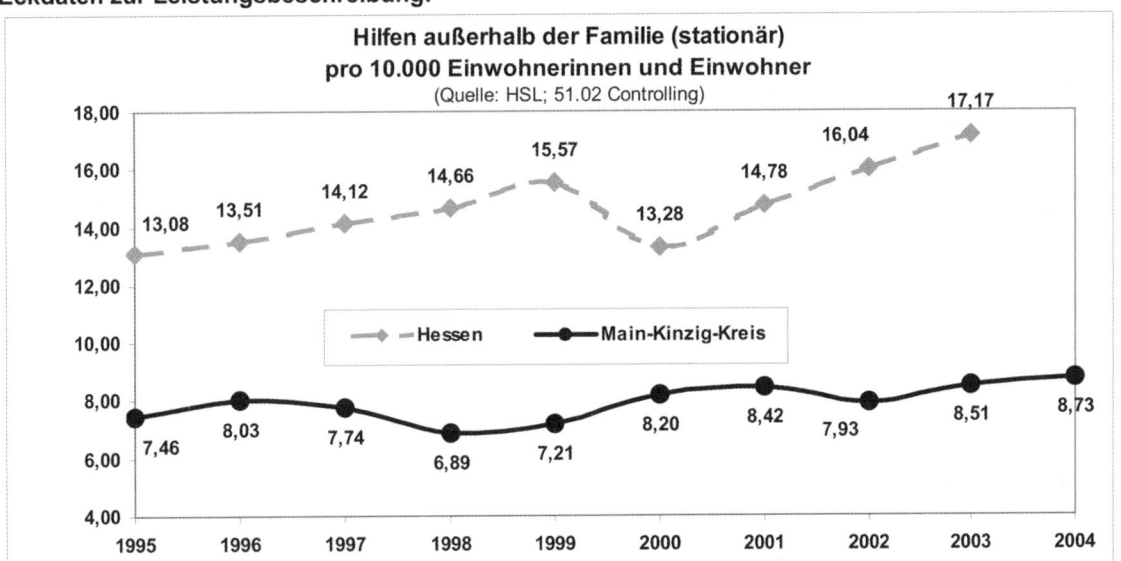

Hilfen außerhalb der Familie (stationär) pro 10.000 Einwohnerinnen und Einwohner
(Quelle: HSL; 51.02 Controlling)

Jahr	Hessen	Main-Kinzig-Kreis
1995	13,08	7,46
1996	13,51	8,03
1997	14,12	7,74
1998	14,66	6,89
1999	15,57	7,21
2000	13,28	8,20
2001	14,78	8,42
2002	16,04	7,93
2003	17,17	8,51
2004	17,17	8,73

Es werden nur eingeleitete Hilfen dargestellt. Die Anzahl der geleisteten Beratungseinheiten im Sozialen Dienst wird nicht statistisch erfaßt.

Produktart (intern/extern):	extern	Beteiligte bei der Produkterstellung:
Auftrags- bzw. Arbeitsgrundlage:	SGB VIII §§ 27 ff, § 42, u.a.	• Keine (intern)
Produktmerkmal (Pflicht/freiwillig):	Pflicht	
Weitere Produktanbieter:	keine	

---

[73] Main-Kinzig-Kreis (2006) S. D1-321 ff.

Produktziel (allgemein):	Zielgruppe(n):
In jedem Hilfefall erfolgt Beratung mit dem Ziel der Selbsthilfe. Ist die Entwicklung des jungen Menschen zu einer eigenverantwortlichen und gemeinschaftsfähigen Persönlichkeit gefährdet, wird Schutz und Hilfe im gesetzlich vorgeschriebenen Rahmen gewährt. Ziel ist, soweit möglich und vertretbar, die Rückkehr in die Familie. Bei Jugendlichen ohne Möglichkeit zur Rückkehr wird das Ziel der Verselbstständigung mit Eintritt der Volljährigkeit verfolgt.	<ul><li>Sorge- bzw. Erziehungsberechtigte</li><li>Kinder und Jugendliche</li><li>junge Volljährige</li></ul>
Vereinbartes Produktziel:	
Keine vereinbarten Produktziele, aber vorgegebene Finanzziele für das Fachbereichsbudget.	

Verpflichtungsgrad (kann/muss):	Leistung:
muss	P517460 § 33 Vollzeitpflege
muss	P517470 § 34 Heimerziehung, sonstige betreute Wohnform
muss	P517483 § 35 stationäre intens. soz.päd. Einzelbetreuung
muss	P517491 § 41 i.V.m. § 33 Vollzeitpflege
muss	P517492 § 41 i.V.m. § 34 Heimerziehung, sonst. betr. Wohnf.
muss	P517493 § 41 i.V.m. § 35 stationäre intens. soz.päd. Einzelb.

Main-Kinzig-Kreis

Produktbudget		
Produkt:	MKK_51_714	Erziehungshilfeleistungen außerhalb der Familie

Erlöse und Kosten		Plan 2004	Plan 2005	Plan 2006
****	Verwaltungserlöse	1.358.875,00-	1.342.350,00-	1.342.350,00-
***	50-51 Privatr./öffentl.r.Leistungsentg.	1.358.875,00-	1.342.350,00-	1.342.350,00-
**	507 Kostenersätze eigener Wirkungskreis	808.825,00-	753.300,00-	753.300,00-
*	5072 Ersatz von sozialen Leistungen avE	93.775,00-	60.000,00-	60.000,00-
*	5073 Ersatz v.soz.Leistg.i.Einrichtungen	455.050,00-	433.000,00-	433.000,00-
*	5079 Sonst.Kosteners.u.Erstattg.Kommunen	260.000,00-	260.300,00-	260.300,00-
**	508 Andere Kostenersätze u.Erstattungen	550.050,00-	589.050,00-	589.050,00-
*	5089 Sonst.Kostenersätze u.Erstattungen	550.050,00-	589.050,00-	589.050,00-
*****	Betriebserlöse gesamt	1.358.875,00-	1.342.350,00-	1.342.350,00-
***	Kosten Material u.bezogene Leist.	173.400,00	0	0
**	61 Aufwend.für bezogene Leistungen	173.400,00	0	0
*	610 Fremdlst.f.Erzeugnisse/and.Umsatzlst	173.400,00	0	0
*****	Steuer- und Transferkosten	7.155.910,00	8.180.650,00	8.180.650,00
****	78 Aufwendungen aus Transferleistungen	7.155.910,00	8.180.650,00	8.180.650,00
***	784 Aufwend.a.Transferlst.personenbez.	7.155.910,00	8.180.650,00	8.180.650,00
**	7843 Sozial- und Jugendwesen	7.155.910,00	8.180.650,00	8.180.650,00
*	78434 Leistungen der Jugendhilfe avE	1.267.090,00	1.431.550,00	1.431.550,00
*	78435 Leistungen der Jugendhilfe ivE	5.888.820,00	6.749.100,00	6.749.100,00
******	Betriebskosten gesamt	7.329.310,00	8.180.650,00	8.180.650,00
*******	**Betriebsergebnis**	**5.970.435,00**	**6.838.300,00**	**6.838.300,00**
*	97 Belastung aus internen Umlagen	1.323.243,85	1.793.508,82	1.847.813,63
**	Belastung aus interner Verrechnung	1.323.243,85	1.793.508,82	1.847.813,63
*	Entlastung aus interner Verrechnung	0,00	0,00	0,00
********	**Ergebnis nach interner Verrechnung**	**7.293.678,85**	**8.631.808,82**	**8.686.113,63**

Kennzahlen/Indikatoren/Leistungsmengen:	Plan 2004	Plan 2005	Plan 2006

Stellenplan:	Plan 2004	Plan 2005	Plan 2006
Summe:			
Beamtinnen/Beamte:			
Angestellte:			
Arbeiter:			

Ausführliche Erläuterungen/Anmerkungen:

Die Höhe der in diesem Bereich anfallenden Ausgaben wird maßgeblich durch den Hilfebedarf im Einzelfall bestimmt. Darum ist im Bereich der Hilfen zur Erziehung ein Sparerfolg im wesentlichen nur bei einem entsprechenden Rückgang von Einzelfallhilfen möglich. Aufgrund der schwiegen Lage der öffentlichen Haushalte hat die Jugendhilfekommission Hessen die in § 15 der Hessischen Rahmenvereinbarung vorgesehene Tarifanpassung der Leistungsentgelte für die Jahre 2005 und 2006 auf 0% festgelegt. Das hat für das Jugendamt des Main-Kinzig-Kreises die Konsequenz, dass die Leistungsentgelte im Geltungsbereich der genannten Rahmenvereinbarung sich voraussichtlich nicht erhöhen.

Der Haushalt dieses Kreises, der jedes Kreistagsmitglied mit seiner Fülle erschlagen dürfte, verdeutlicht nach unserer Einschätzung in besonderem Maße die (nicht einfach zu entscheidende) Frage, wie viele Informationen ein Adressat tatsächlich braucht und welche Informationen wirklich dringend und wesentlich sind. Im Grunde geht es um das richtige Maß der steuerungsorientierten Berichterstattung im Interesse der Adressaten.

Bei diesem Haushalt ist die **inhaltliche Durchdringung der Produktbeschreibungen** als eine besondere Fleißarbeit zu würdigen. Allerdings wäre es unseres Erachtens wünschenswert, wenn die für die politische Steuerung tatsächlich wesentlichen Informationen stärker herausgearbeitet werden würden. Die Fülle der Informationen sollte nach unserer Auffassung auf die tatsächlich wesentlichen Informationen reduziert werden. Hierzu ein Beispiel: Die Anzahl der bislang rund 170 Produkte könnte in den verwaltend tätigen Bereichen reduziert werden und auf die tatsächlich erforderlichen Informationen begrenzt werden, während andererseits in den politisch sensiblen Bereichen, mit denen der Kreis in die Gesellschaft hineinwirkt – insbesondere in den Bereichen Schulen, Jugend und Soziales – durchaus eine detaillierte Produktinformation geliefert werden sollte. Zum Beispiel sind die Produktbeschreibungen des Jugendamts inhaltlich teilweise sogar vorbildlich (allerdings im Interesse der Übersichtlichkeit redaktionell noch zu optimieren).

Andererseits dürfte die Detailtiefe im Schulbereich nicht ausreichen: Es werden nur die Schularten z. B. Gesamtschulen, nicht aber jede einzelne Gesamtschule dargestellt. Nach unserer Einschätzung dürfte diese Praxis nicht ausreichend an den Steuerungsbedürfnissen der Politiker orientiert sein. Insbesondere die weitverbreiteten Schulbudgets über bestimmte Kostenarten dürften auch im Main-Kinzig-Kreis in irgendeiner Weise dem Kreistag zur Verfügung gestellt werden müssen. Nach unserer Auffassung sollte dies durchaus im regulären doppischen Haushalt erfolgen.

6.3.6 Lahn-Dill-Kreis (2007)

Der Lahn-Dill-Kreis war zusammen mit dem Landkreis Darmstadt-Dieburg[74] und der Stadt Dreieich **hessische Pilotkommune**. Daher liegt für den Lahn-Dill-Kreis nach den Haushalten 2005 und 2006 bereits der dritte doppische Haushalt vor. Die Kreisverwaltung des Lahn-Dill-Kreises (261.000 Einwohner) hat ihren Haushalt mit insgesamt 797 Seiten folgendermaßen gegliedert:

- Der Lahn-Dill-Kreis
- Haushaltssatzung
- Vorbericht
- Gesamthaushalt mit Gesamtergebnishaushalt, Gesamtfinanzhaushalt und Stellenplan
- Teilhaushalte (umfasst insgesamt 358 Seiten)
- Anlagen mit Verpflichtungsermächtigungen, voraussichtlicher Stand der Verbindlichkeiten, Rücklagen und Rückstellungen, mittelfristige Planung bis 2010, Beteiligungsübersicht, Bürgschaftsübersicht und Haushaltssicherungskonzept
- Anlagenband mit Wirtschaftsplänen und Jahresabschlüssen der Eigenbetriebe und Eigengesellschaften.

Der **Hauptteil Teilhaushalte** ist seinerseits folgendermaßen gegliedert:

- Gliederungsübersicht
- Zuordnung der Teilhaushalte zu den statistischen Produktbereichen (§ 4 Abs. 2 und Abs. 5 GemHVO-Doppik-HE)
- Teilhaushalte mit Teilergebnis und Produktplänen (insgesamt 314 Seiten)
- Fraktionsbudgets
- Haushaltsvermerke

Im Hauptabschnitt Teilhaushalte wird zunächst immer der Teilergebnishaushalt für den Fachbereich für die Abteilung dargestellt. Beispielhaft drucken wir hier den Teilhaushalt für den **Fachbereich 3 „Bildung, Jugend und Familie"** in Auszügen ab:[75]

---

[74] Vgl. CD.
[75] Lahn-Dill-Kreis (2007) S. 5-207 (S. 319 (PDF)).

Fachbereich:	3	Bildung, Jugend und Familie
Budget-/Produktverantwortliche(r):		Hauptamtl. Kreisbeigeordneter Roland Wegricht

Ergebniskonten	Plan 2007	Plan 2006	vorl. Ist 2005
**** Privatrechtliche Leistungsentgelte	28.000-	30.000-	25.415,76-
**** Öffentlich-rechtliche Leistungsentgelte	1.229.800-	1.293.451-	1.293.460,94-
**** Kostenersatzleistungen und -erstattungen	3.344.109-	3.262.441-	3.729.210,93-
**** Erträge aus Zuw. u. Zusch, allg. Umlagen	3.292.551-	2.580.631-	2.885.296,18-
**** Erträge aus Aufl. v. SoPo aus Invest.zuw	1.631.599-	1.669.683-	1.966.091,10-
**** Sonstige ordentliche Erträge	340.510-	335.644-	518.195,48-
***** Summe der ordentlichen Erträge	9.866.569-	9.171.850-	10.417.670,39-
**** Personalaufwendungen	10.976.492	11.110.148	10.895.926,61
**** Versorgungsaufwendungen	3.093.696	3.222.342	3.291.771,84
**** Aufwend. f. Sach- u. Dienstleistungen	24.494.045	21.951.404	24.382.945,80
**** Abschreibungen	5.181.870	5.089.081	6.518.949,45
**** Aufwend. f. Zuweisungen u. Zuschüsse	445.385	406.361	331.393,08
**** Transferleistungen	22.721.922	20.384.118	24.328.132,00
**** Sonstige ordentliche Aufwendungen	7.430	7.220	9.758,98
***** Summe der ordentlichen Aufwendungen	66.920.840	62.170.674	69.758.877,76
****** Verwaltungsergebnis	57.054.271	52.998.824	59.341.207,37
***** Finanzerträge	508.446-	559.558-	552.932,88-
***** Zinsen und sonstige Finanzaufwendungen			13.476,99
****** Finanzergebnis	508.446-	559.558-	539.455,89-
******* ordentliches Ergebnis	56.545.825	52.439.266	58.801.751,48
****** außerordentliche Erträge			10.493,32-
****** außerordentliche Aufwendungen			2.720,93
******* außerordentliches Ergebnis			7.772,39-
******** Jahresergebnis vor int. Leistungsbez.	56.545.825	52.439.266	58.793.979,09
9610020 Verrechnung Porto	38.260	36.500	49.001,60
9610030 Küchenbenutzung	220	110	219,64
9610090 Verrechnung KFZ-Kosten	31.216	24.000	34.569,96
9620030 Turnhallenbenutzung	2.863.235-	2.863.235-	2.863.235,00-
9620100 Ver.Aufl. Ansparrate	345.000		
9620110 Verrechnung Schulumlage	33.970.580-		
******* innerbetriebliche Leistungsverrechnung	36.419.119-	2.802.625-	2.779.443,80-
9710113 Umlage Fachbereichskoordination		58.222-	
9710114 Umlage KSt LVS			
9710117 Umlage kalkulatorische Zinsen	3.277.246		
9710118 Umlage Overhead Abt. 31			
9710900 Zuweisungen gem. FAG (Umlage)	8.354.800-	8.373.000-	8.346.400,00-
******* Umlagekosten	5.077.554-	8.431.222-	8.346.400,00-
******** Ergebnis der int. Leistungsbeziehungen	41.496.673-	11.233.847-	11.125.843,80-
********* **Jahresergebnis**	**15.049.151**	**41.205.419**	**47.668.135,29**

Lahn-Dill-Kreis 205

Innerhalb des Fachbereichs 3 folgt anschließend der Teilergebnishaushalt für die **Abteilung „Bildung und Liegenschaften"**:[76]

Fachbereich:	3	Bildung, Jugend und Familie
Abteilung:	31	Bildung und Liegenschaften
Produkt	31	Planung und Betrieb von öffentlichen Schulen
Budget-/Produktverantwortliche(r):		Ulrich Jochem

1. Teilergebnishaushalt

Ergebniskonten	Plan 2007	Plan 2006	vorl. Ist 2005
**** Öffentlich-rechtliche Leistungsentgelte	360.000-	360.000-	386.763,42-
**** Kostenersatzleistungen und -erstattungen	393.740-	414.331-	626.377,12-
**** Erträge aus Zuw. u. Zusch, allg. Umlagen	3.164.600-	2.450.000-	2.726.444,94-
**** Erträge aus Aufl. v. SoPo aus Invest.zuw	1.631.291-	1.669.383-	1.965.507,63-
**** Sonstige ordentliche Erträge	285.040-	281.224-	464.301,81-
***** Summe der ordentlichen Erträge	5.834.671-	5.174.938-	6.169.394,92-
**** Personalaufwendungen	7.467.432	7.624.598	7.419.711,25
**** Versorgungsaufwendungen	2.154.856	2.244.002	2.261.678,36
**** Aufwend. f. Sach- u. Dienstleistungen	23.588.822	21.057.671	23.665.398,52
**** Abschreibungen	4.976.716	4.898.517	6.303.969,92
**** Aufwend. f. Zuweisungen u. Zuschüsse	353.361	353.361	278.393,09
**** Transferleistungen	7.882.060	7.563.770	7.493.535,89
**** Sonstige ordentliche Aufwendungen	5.310	5.290	7.669,03
***** Summe der ordentlichen Aufwendungen	46.428.557	43.747.209	47.430.356,06
****** Verwaltungsergebnis	40.593.886	38.572.271	41.260.961,14
***** Zinsen und sonstige Finanzaufwendungen			341,50
****** Finanzergebnis			341,50
******* ordentliches Ergebnis	40.593.886	38.572.271	41.261.302,64
****** außerordentliche Erträge			10.493,32-
******* außerordentliches Ergebnis			10.493,32-
******** Jahresergebnis vor int. Leistungsgsbez.	40.593.886	38.572.271	41.250.809,32
9610020 Verrechnung Porto	12.700	11.750	25.477,75
9610030 Küchenbenutzung	30	20	77,52
9610090 Verrechnung KFZ-Kosten	5.500	4.000	4.747,96
9620030 Turnhallenbenutzung	2.863.235-	2.863.235-	2.863.235,00-
9620100 Ver.Aufl. Ansparrate	345.000		
9620110 Verrechnung Schulumlage	33.970.580-		
******* innerbetriebliche Leistungsverrechnung	36.470.585-	2.847.465-	2.832.931,77-
9710113 Umlage Fachbereichskoordination	55.989	58.222	
9710114 Umlage KSt LVS			
9710117 Umlage kalkulatorische Zinsen	3.131.142		
9710118 Umlage Overhead Abt. 31			
9710900 Zuweisungen gem. FAG (Umlage)	6.713.000-	6.739.600-	6.713.000,00-
******* Umlagekosten	3.525.870-	6.681.378-	6.713.000,00-
******** Ergebnis der int. Leistungsbeziehungen	39.996.455-	9.528.843-	9.545.931,77-
******** Jahresergebnis	**597.431**	**29.043.427**	**31.704.877,55**

---

[76] Lahn-Dill-Kreis (2007) S. 5-209 (S. 321 (PDF)) und S. 5-211 bis 5-214 (S. 323-326 (PDF)).

Erläuterungen zum Teil-Haushalt	
Produkt	31 Planung und Betrieb von öffentlichen Schulen

3. Produkt /Leistungen

31 Planung und Betrieb von öffentlichen Schulen	
Kurzbeschreibung	Wahrnehmung von Aufgaben der äußeren Schulorganisation, Bereitstellung und Betrieb von Schulen verschiedener Schulformen unter besonderer Berücksichtigung der finanziellen und pädagogischen Eigenverantwortung
Zielsetzungen:	Bereitstellung und Betrieb eines wohnortnahen Schulangebotes als Standortfaktor. Erhaltung der Vermögenssubstanz (Bauunterhaltung) Bereitstellung der erforderlichen Sachausstattung. Einstellung und Einsatz von Schulhausmeistern, Sekretärinnen und Reinigungskräften (dezentrale Ressourcenwirtschaft "Schulbedienstete")
Zielgruppen	Schülerinnen und Schüler Eltern Schulleitung Kollegien Ausbildungsbetriebe
Rechts-/Auftragsgrundlage	Hessisches Schulgesetz (HSchG) Schulentwicklungsplan Schulbausanierungsplanung / Bauzustandsdokumentation Vergaberecht (VOB / VOL / VOF / Vergaberichtlinien des Kreises) Baurecht, Arbeitsrecht
Produktart	☒ extern ☐ intern (Interne Leistung, Serviceprodukt)

Dem Produkt zugeordnete Leistungen:
A (Auftragsangelegenheiten), W (Weisungsaufgabe), P (Pflichtaufgabe), F (freiwillige Aufgabe), S (Serviceaufgabe)

CO-Auftrag	Leistung	Leistungscharakter					Plan 2007	Plan 2006	Ergebnis 2005
		A	W	P	F	S			
9403100100	Bauliche Unterhaltung der Grundstücke und baulichen Anlagen	☐	☐	☒	☐	☐			
Kennzahlen									
Gesamtausgaben							8.388.093	8.142.000	
Kosten pro Schüler/in							207,47	199,83	
% Anteil am WBZW (Wiederbeschaffungszeitwert)							1,30	1,24	

Lahn-Dill-Kreis

Erläuterungen zum Teil-Haushalt

Produkt: 31 Planung und Betrieb von öffentlichen Schulen

CO-Auftrag	Leistung	Leistungscharakter					Plan 2007	Plan 2006	Ergebnis 2005
		A	W	P	F	S			
9403100200	Bewirtschaftung der Grundstücke und baulichen Anlagen	☐	☐	☒	☐	☐			
Kennzahlen									
Gesamtausgaben							9.516.943	8.099.215	
Kosten pro Schüler/in							235,39	198,78	
Kosten pro qm BGF (Bruttogeschossfläche)							22,55	19,19	
9403100300	Anschaffung und laufende Unterhaltung von Sachausstattung	☐	☐	☒	☐	☐			
Kennzahlen									
Gesamtausgaben							1.579.778	1.560.375	
Kosten pro Schüler/in							39,07	38,29	
9403100400	Einstellung und Einsatz von Schulbediensteten sowie Personalkosten der Abteilung	☐	☐	☒	☐	☐			
Kennzahlen									
Gesamtausgaben							9.622.288	9.868.600	
Kosten pro Schüler/in							238,00	242,21	
Durchschnittliche Anzahl der Schulbediensteten pro Schule							2,03	2,03	
9403100500	Abrechnung von Gastschulbeiträgen und Beschulungskosten	☐	☐	☒	☐	☐			
Kennzahlen									
Gesamtausgaben							1.050.000	1.006.000	
Anzahl Schüler/innen, die Schulen außerhalb des LDK besuchen							2.832	2.883	
Anteil Gesamtschülerzahl in %							6,56	6,61	
9403100600	Schülerbeförderung und Schulwegsicherung	☐	☐	☒	☐	☐			
Kennzahlen									
Gesamtausgaben							7.470.200	7.155.810	
Kosten pro Schüler/in							184,77	175,63	
%-Anteil der „Fahr"-Schüler/innen an der Gesamtschülerzahl							57,94	60,00	
X % der Fahrschüler erreichen per ÖPNV die Schule							96,50	96,50	
9403100700	Medienpädagogik- und EDV-Service	☐	☐	☒	☐	☐			
Kennzahlen									
Fallzahlen Hardware							3.800	3.400	
Versorgungsquote EDV (Schüler-Rechner-Relation)							1:12	1:14	

		Erläuterungen zum Teil-Haushalt				
		Produkt		31 Planung und Betrieb von öffentlichen Schulen		

CO-Auftrag	Leistung	Leistungs-charakter		Plan 2007	Plan 2006	Ergebnis 2005
9403100800	Gremienarbeit	A W P F S	☐ ☐ ☒ ☐ ☐			
Kennzahlen						
Gesamtausgaben				-	-	-
Fallzahl Schulkonferenz/Schulelternbeirat				40	50	
An X % der Schulen wurde mind. einmal jährlich an den Beratungen teilgenommen				40	50	
9403100900	Mitwirkung bei Schul-leitungsbestellung und Namensgebung von Schulen	A W P F S	☐ ☐ ☒ ☐ ☐			
Kennzahlen						
Gesamtausgaben				--	-	
Anzahl der Verfahren (Stellungnahmen, Anhörungen, Benehmen)				20	15	
9403101000	Bereitstellung und Betrieb von Jugendverkehrsschulen, incl. Beförderungskosten	A W P F S	☐ ☐ ☒ ☐ ☐			
Kennzahlen						
Gesamtausgaben				22.643	19.243	
Kosten pro Schüler/in				0,57	0,47	
Fallzahl Schüler/innen (Beförderungen)				530	550	
9403101100	SEP/Kapazitätssteuerung	A W P F S	☐ ☐ ☒ ☐ ☐			
Kennzahlen						
Kosteneinsparung in € durch Kapazitätssteuerung				309.800	309.800	
Fallzahl nach § 70 (Festlegung der Aufnahmekapazität)				6	8	
9403101200	Ganztägig arbeitende Schulen	A W P F S	☐ ☐ ☒ ☐ ☐			
Kennzahlen						
Fallzahl § 15 HSchG				69	63	
Versorgungsquote Grundschulstandorte				69 %	68 %	
Versorgungsquote SEK I (ohne GrS mit Förderstufe)				57 %	36 %	
Versorgungsquote Förderschulen				71 %	71 %	
9403101300	Ausführung und Weiter-entwicklung des Budgetie-rungskonzepts	A W P F S	☐ ☐ ☒ ☐ ☐			
Kennzahlen						
Versorgungsquote Grundmodell in %				88	80	
Versorgungsquote erweiterte Budgetierung in %				12	20	

Lahn-Dill-Kreis

Erläuterungen zum Teil-Haushalt	
Produkt	31 Planung und Betrieb von öffentlichen Schulen

Freiwillige Leistungen/Zuschüsse an Vereine und Verbände

Kostenstelle/ Leistung	Sachkonto	Bezeichnung der Maßnahme/Empfänger	Plan 2007 in €	Plan 2006 in €	Plan 2005 in €
4200000	7842900	Zentrum für Literatur	10.000	10.000	10.000
4100021	7911600	Zentrum für Mathematik	14.061	14.061	14.061

Erläuterungen zu den Leistungen / Kennzahlen:

Leistung	Bauliche Unterhaltung der Grundstücke und baulichen Anlagen
Kennzahl	Gesamtausgaben

Die Mittel, die vom Lahn-Dill-Kreis im Rahmen der baulichen Unterhaltung eingesetzt werden, lassen sich in verschiedene Kategorien unterteilen:

Allgemeine Mittel der baulichen Unterhaltung
Die allgemeinen Mittel der baulichen Unterhaltung betragen insgesamt 5,67 Mio. €. Eine Reduzierung gegenüber 2006 ergibt sich dadurch, dass für die Freiherr-vom-Stein-Schule ab 1. Februar 2007 keine Bauunterhaltungsmittel mehr aufgeplant wurden (Beginn des PPP Projektvertrages). Die Mittel werden nach Brandversicherungswert auf die Einzelschule verteilt und in Budgets für die einzelnen Sachbearbeiter zusammengefasst. Schwerpunktsetzungen sind weiterhin durch eine umfassende gegenseitige Deckungsfähigkeit gegeben.

Einzelmaßnahmen
Neben den o.g. allgemeinen Mitteln der baulichen Unterhaltung werden für größere Sanierungsmaßnahmen so genannte Einzelmaßnahmen veranschlagt. Vorbehaltlich geänderter Prioritätensetzung aufgrund aktueller Entwicklungen im Geschäftsjahr sind in 2007 die nachfolgend kurz dargestellten größeren Sanierungsmaßnahmen vorgesehen:

	Mittelansatz 2006	Mittelansatz 2007	Differenz
Allgemeine Mittel bauliche Unterhaltung	5.750.000,00	5.663.093,00	- 86.907,00
Einzelmaßnahmen – allgemein	1.510.000,00	1.980.000,00	+ 470.000,00
Einzelmaßnahmen - Energie	110.000,00	250.000,00	+ 140.000,00
Einzelmaßnahmen – PCB-Sanierung	510.000,00	395.000,00	- 115.000,00
Einzelmaßnahmen – Legionellenbekämpfung	262.000,00	100.000,00	- 162.000,00
Summe	8.142.000,00	8.388.093,00	+ 246.093,00

Wie die Produktbeschreibungen zeigen, hat die Kreisverwaltung bereits ein **überdurchschnittlich hohes Niveau im Bereich der Kennzahlen** erreicht. Insbesondere die verschiedenen Kennzahlen „Kosten pro Schüler" dürften unter bestimmten Vorraussetzungen (insbesondere wenn man die Bemessungsgrundlagen kennt) eine interessante Basiskennzahl darstellen.

Anschließend werden im Teilhaushalt die Investitionsmaßnahmen für jede einzelne Schule erläutert sowie Kennzahlen für die bauliche Unterhaltung und die Bewirtschaftungskosten (u. E. auf fachlich hohem Niveau) beschrieben.

Zum Budgetierungskonzept der Schulen werden folgende Ausführungen gemacht:[77]

| Kennzahl | Versorgungsquote erweiterte Budgetierung in % |

An der erweiterten Budgetierung nehmen derzeit folgende Schulen teil:

Budgetschulen bisher:

1. Pestalozzischule, Herborn-Schönbach
2. Dünsbergschule, Hohenahr-Erda
3. Wilhelm-von-Oranien-Schule, Dillenburg
4. Johanneum-Gymnasium, Herborn
5. Kestnerschule, Wetzlar

Budgetschulen neu (ab 2006):

6. Schule am Brunnen, Dillenburg-Frohnhausen
7. Grundschule Eiershausen, Eschenburg-Eiershausen
8. Nassau-Oranien-Schule, Greifenstein-Beilstein
9. Grundschule Hochelheim, Hüttenberg-Hochelheim
10. Goldbachschule, Dillenburg-Frohnhausen
11. Kaufmännische Schulen, Dillenburg
12. Carl-Kellner-Schule, Braunfels

Auch in 2007 ist vorgesehen, den Schulen eine Aufnahme in die erweiterte Budgetierung zum Geschäftsjahr 2008 anzubieten.

---

[77] Lahn-Dill-Kreis (2007) S. 5–231 f. (S. 343 f. (PDF)). Der Kreis macht im Übrigen die genauen Budgetierungsregeln für die Schulen ab S. 5–353 ff. transparent (u. E. vorbildliche Darstellung).

Teilergebnishaushalte werden jedoch nur nach Schulformen – **nicht aber für die einzelnen Schulen** – differenziert, hier das Beispiel für die Gesamtschulen:[78]

Fachbereich:	3	Bildung, Jugend und Soziales
Abteilung:	31	Bildung und Liegenschaften
NACHRICHTLICH	428	Gesamtschulen

Ergebniskonten		Plan 2007	Plan 2006	vorl. Ist 2005
****	Öffentlich-rechtliche Leistungsentgelte	70.000-	61.000-	56.821,00-
****	Kostenersatzleistungen und -erstattungen	3.070-	4.706-	166.069,56-
****	Erträge aus Zuw. u. Zusch, allg. Umlagen			24.458,92-
****	Erträge aus Aufl. v. SoPo aus Invest.zuw	548.775-	569.994-	601.189,36-
****	Sonstige ordentliche Erträge	43.293-	48.083-	84.950,44-
*****	Summe der ordentlichen Erträge	665.138-	683.783-	933.489,28-
****	Personalaufwendungen	1.377.707	1.419.344	1.399.303,79
****	Versorgungsaufwendungen	394.644	415.438	411.849,65
****	Aufwend. f. Sach- u. Dienstleistungen	5.606.318	4.840.338	5.540.095,68
****	Abschreibungen	2.043.677	1.966.388	2.253.705,73
****	Aufwend. f. Zuweisungen u. Zuschüsse			2.338,00
****	Transferleistungen			357.622,36
****	Sonstige ordentliche Aufwendungen	770	770	2.009,75
*****	Summe der ordentlichen Aufwendungen	9.423.116	8.642.278	9.966.924,96
******	Verwaltungsergebnis	8.757.977	7.958.495	9.033.435,68
*******	ordentliches Ergebnis	8.757.977	7.958.495	9.033.435,68
********	Jahresergebnis vor int. Leistungsbez.	8.757.977	7.958.495	9.033.435,68
9610020	Verrechnung Porto			849,37
*******	innerbetriebliche Leistungsverrechnung			849,37
9710117	Umlage kalkulatorische Zinsen	867.283		
9710118	Umlage Overhead Abt. 31	9.174.470-		
*******	Umlagekosten	8.307.188-		
********	Ergebnis der int. Leistungsbeziehungen	8.307.188-		849,37
********	**Jahresergebnis**	**450.790**	**7.958.495**	**9.034.285,05**

---

[78] Lahn-Dill-Kreis (2007) S. 5-239 (S. 351 (PDF)).

Als nächstes stellen wir die **Abteilung Kinder- und Jugendhilfe** in Auszügen dar:[79]

Fachbereich:	3	Bildung, Jugend und Familie
Abteilung:	32	Kinder- und Jugendhilfe
Budget-/Produktverantwortliche(r):		Andreas Kreuter

Ergebniskonten		Plan 2007	Plan 2006	vorl. Ist 2005
****	Privatrechtliche Leistungsentgelte	28.000-	30.000-	25.415,76-
****	Öffentlich-rechtliche Leistungsentgelte	869.800-	933.451-	906.697,52-
****	Kostenersatzleistungen und -erstattungen	2.943.134-	2.848.110-	3.102.833,81-
****	Erträge aus Zuw. u. Zusch, allg. Umlagen	127.951-	130.631-	158.851,24-
****	Erträge aus Aufl. v. SoPo aus Invest.zuw	309-	300-	583,47-
****	Sonstige ordentliche Erträge	55.470-	54.420-	53.893,67-
*****	Summe der ordentlichen Erträge	4.024.664-	3.996.912-	4.248.275,47-
****	Personalaufwendungen	3.413.810	3.357.474	3.346.238,16
****	Versorgungsaufwendungen	929.091	939.134	987.300,88
****	Aufwend. f. Sach- u. Dienstleistungen	899.261	887.158	713.269,18
****	Abschreibungen	204.655	189.757	214.136,48
****	Aufwend. f. Zuweisungen u. Zuschüsse	84.789	53.000	52.999,99
****	Transferleistungen	14.839.862	12.820.348	16.834.596,11
****	Sonstige ordentliche Aufwendungen	2.120	1.930	2.089,95
*****	Summe der ordentlichen Aufwendungen	20.373.588	18.248.800	22.150.630,75
******	Verwaltungsergebnis	16.348.924	14.251.888	17.902.355,28
******	Finanzergebnis	508.446-	559.558-	539.797,39-
*******	ordentliches Ergebnis	15.840.478	13.692.330	17.362.557,89
******	außerordentliche Aufwendungen			2.720,93
*******	außerordentliches Ergebnis			2.720,93
********	Jahresergebnis vor int. Leistungsbez.	15.840.478	13.692.330	17.365.278,82
9610020	Verrechnung Porto	25.160	24.750	23.304,00
9610030	Küchenbenutzung	90	90	142,12
9610090	Verrechnung KFZ-Kosten	25.716	20.000	29.520,90
*******	innerbetriebliche Leistungsverrechnung	50.966	44.840	52.967,02
9710113	Umlage Fachbereichskoordination	55.988	58.222	
9710114	Umlage KSt LVS			
9710117	Umlage kalkulatorische Zinsen	146.088		
9710900	Zuweisungen gem. FAG (Umlage)	1.641.800-	1.633.400-	1.633.400,00-
*******	Umlagekosten	1.439.724-	1.575.178-	1.633.400,00-
********	Ergebnis der int. Leistungsbeziehungen	1.388.758-	1.530.338-	1.580.432,98-
*********	**Jahresergebnis**	**14.451.720**	**12.161.992**	**15.784.845,84**

---

[79] Lahn-Dill-Kreis (2007) S. 5-241 (S. 353 (PDF)).

Lahn-Dill-Kreis 213

Der kostenträchtigste Bereich der Kinder- und Jugendhilfe stellt auch beim Lahn-Dill-Kreis der **„Fachdienst Soziale Dienste"** dar:[80]

Fachbereich:	3	Bildung, Jugend und Familie
Abteilung:	32	Kinder- und Jugendhilfe
Fach-/Servicedienst (Ergebnis-Center)	32.1	FD Soziale Dienste
Budget-/Produktverantwortliche(r):		Herr Loersch

Ergebniskonten		Plan 2007	Plan 2006	vorl. Ist 2005
****	Öffentlich-rechtliche Leistungsentgelte		5.000-	
****	Kostenersatzleistungen und -erstattungen	2.787.342-	2.701.070-	2.951.800,79-
****	Erträge aus Zuw. u. Zusch, allg. Umlagen	5.000-		12.245,87-
****	Sonstige ordentliche Erträge			
*****	Summe der ordentlichen Erträge	2.792.342-	2.706.070-	2.964.046,66-
****	Personalaufwendungen	1.519.893	1.590.645	1.613.160,48
****	Versorgungsaufwendungen	422.212	452.817	475.062,89
****	Aufwend. f. Sach- u. Dienstleistungen	10.405	9.705	47.538,31
****	Abschreibungen	21.271	3.245	7.462,42
****	Aufwend. f. Zuweisungen u. Zuschüsse	16.987		
****	Transferleistungen	12.487.296	11.086.893	12.894.353,46
*****	Summe der ordentlichen Aufwendungen	14.478.063	13.143.305	15.037.577,56
******	Verwaltungsergebnis	11.685.722	10.437.235	12.073.530,90
*******	ordentliches Ergebnis	11.685.722	10.437.235	12.073.530,90
********	Jahresergebnis vor int. Leistungsbez.	11.685.722	10.437.235	12.073.530,90
9610030	Küchenbenutzung	50	50	39,44
9610090	Verrechnung KFZ-Kosten			9.431,40
******	innerbetriebliche Leistungsverrechnung	50	50	9.470,84
9710114	Umlage KSt LVS	132.195	129.565	
9710117	Umlage kalkulatorische Zinsen	1.091		
9710900	Zuweisungen gem. FAG (Umlage)	1.552.682-	1.544.282-	1.544.282,00-
*******	Umlagekosten	1.419.396-	1.414.717-	1.544.282,00-
********	Ergebnis der int. Leistungsbeziehungen	1.419.346-	1.414.667-	1.534.811,16-
********	**Jahresergebnis**	**10.266.376**	**9.022.568**	**10.538.719,74**

---

[80] Lahn-Dill-Kreis (2007) S. 5-245 bis S. 5-251 (S. 357-363 (PDF)).

Fachbereich:	3	Bildung, Jugend und Familie
Abteilung:	32	Kinder- und Jugendhilfe
Fach-/Servicedienst (Ergebnis-Center)	32.1	FD Soziale Dienste
Produkt	32.1.1	Hilfen in Erziehungsangelegenheiten
Budget-/Produktverantwortliche(r):		Herr Loersch

1. Teilergebnishaushalt

Ergebniskonten	Plan 2007	Plan 2006	vorl. Ist 2005
**** Öffentlich-rechtliche Leistungsentgelte			
**** Kostenersatzleistungen und -erstattungen	2.782.702-	2.696.020-	2.946.758,39-
**** Erträge aus Zuw. u. Zusch, allg. Umlagen			6.222,97-
**** Sonstige ordentliche Erträge			
***** Summe der ordentlichen Erträge	2.782.702-	2.696.020-	2.952.981,36-
**** Personalaufwendungen	1.281.766	1.354.701	1.376.980,72
**** Versorgungsaufwendungen	356.365	385.938	408.743,80
**** Aufwend. f. Sach- u. Dienstleistungen	10.105	9.705	42.663,82
**** Abschreibungen	20.844	3.102	7.062,78
**** Aufwend. f. Zuweisungen u. Zuschüsse	16.987		
**** Transferleistungen	12.462.296	11.081.893	12.894.353,46
***** Summe der ordentlichen Aufwendungen	14.148.362	12.835.340	14.729.804,58
****** Verwaltungsergebnis	11.365.660	10.139.320	11.776.823,22
******* ordentliches Ergebnis	11.365.660	10.139.320	11.776.823,22
******** Jahresergebnis vor int. Leistungsbez.	11.365.660	10.139.320	11.776.823,22
9610030 Küchenbenutzung	50	50	39,44
9610090 Verrechnung KFZ-Kosten			9.431,40
******* innerbetriebliche Leistungsverrechnung	50	50	9.470,84
9710114 Umlage KSt LVS	111.356	106.397	
9710117 Umlage kalkulatorische Zinsen	1.055		
9710900 Zuweisungen gem. FAG (Umlage)	1.552.682-	1.544.282-	1.544.282,00-
******* Umlagekosten	1.440.271-	1.437.885-	1.544.282,00-
******** Ergebnis der int. Leistungsbeziehungen	1.440.221-	1.437.835-	1.534.811,16-
********* **Jahresergebnis**	**9.925.439**	**8.701.485**	**10.242.012,06**

Lahn-Dill-Kreis 215

Erläuterungen zum Teil-Haushalt	
Produkt	32.1.1 Hilfen in Erziehungsangelegenheiten

3. Produkt /Leistungen

32.1.1 Hilfe in Erziehungsangelegenheiten

Kurzbeschreibung	Jugendhilfeangebote und –maßnahmen zur Förderung der Entwicklung und Erziehung von jungen Menschen sowie zur Unterstützung von Eltern und an der Erziehung beteiligter Personen.
Zielsetzungen:	• Klärung der Anliegen, des Hilfebedarfs und der Ressourcen, unter Einbeziehung der Beteiligten an der Entwicklung eines Problemlösungsprozesses • Sicherung und Ausbau der Schutzmöglichkeiten für von physischer und psychischer Gewalt bedrohten und betroffenen jungen Menschen • Qualitätssicherung und Weiterentwicklung der sozialräumlich orientierten Kooperation (Vernetzung)
Zielgruppen	Kinder, Jugendliche und junge Volljährige Eltern, Erziehungsberechtigte (auch Alleinerziehende) soziales Umfeld und Bezugspersonen an der Erziehung beteiligte Personen und Institutionen andere Träger, Behörden und Initiativen
Rechts-/Auftragsgrundlage	KJHG, JGG, , BGB, FGG, AdvermiG
Produktart	☒ extern ☐ intern (Interne Leistung, Serviceprodukt)

Dem Produkt zugeordnete Leistungen:
A (Auftragsangelegenheiten), W (Weisungsaufgabe), P (Pflichtaufgabe), F (freiwillige Aufgabe), S (Serviceaufgabe)

CO-Auftrag	Leistung	Leistungscharakter	Plan 2007	Plan 2006	Ergebnis 2005
9403211100	Beratung	A ☐ W ☐ P ☒ F ☐ S ☐			
Kennzahlen Anzahl der begonnenen Fälle			370	370	372
9403211200	Trennungs- und Scheidungsberatung	A ☐ W ☐ P ☒ F ☐ S ☐			
Kennzahlen Anzahl der begonnenen Fälle			98	95	94

Erläuterungen zum Teil-Haushalt	
Produkt	32.1.1 Hilfen in Erziehungsangelegenheiten

CO-Auftrag	Leistung	Leistungscharakter					Plan 2007	Plan 2006	Ergebnis 2005
		A	W	P	F	S			
9403211300	Ambulante, teil- und vollstationäre Hilfen	☐	☐	☒	☐	☐			
Kennzahlen									
• Anzahl der bearbeiteten Fälle der ambulanten Hilfen							400	400	309
• Anzahl der bearbeiteten Fälle der stationären/teilstationären Hilfen							414	375	414
• davon Anzahl der bearbeiteten Fälle Vollzeitpflege							240	240	230
9403211400	Schutz von Kindern- und Jugendlichen	☐	☐	☒	☐	☐			
Kennzahlen									
Anzahl der begonnen Fälle Inobhutnahme							54	30	54
9403211500	Vermittlung von Adoptions- und Pflegekindern	☐	☐	☒	☐	☐			
Kennzahlen									
• Anzahl der betreuten Pflegefamilien des LDK							170	170	134
• davon Anzahl der Sonderpflegestellen							20	16	22
• Anzahl der Adoptionsbewerber/innen							45	45	45
• Anzahl der bearbeiteten Adoptionsverfahren							30	15	36
9403211600	Öffentlichkeitsarbeit, Prävention, Vernetzung	☐	☐	☒	☐	☐			
Kennzahlen									
9403211700	Leistungs-, Entgelt- und Qualitätsvereinbarungen	☐	☐	☒	☐	☐			
Kennzahlen									

Lahn-Dill-Kreis 217

Erläuterungen zum Teil-Haushalt	
Produkt	32.1.1 Hilfen in Erziehungsangelegenheiten

Allgemeine Erläuterungen

Das Gesetz zur Weiterentwicklung der Kinder- und Jugendhilfe vom 1. Oktober 2005 erfordert verschiedene Anpassungen der Leistungen, die auch Auswirkungen auf der Kostenebene haben (siehe auch Erläuterungen unten).

Besonders prägnant sind die Kostensteigerungen im Bereich der Transferleistungen (siehe auch Erläuterungen Wirtschaftsplan 2006).

So muss die Planzahl bei der Vollzeitpflege auf 1,6 Mio Euro erhöht werden, um die Pflegegeldanpassung und die im Gesetz aufgenommenen neuen Leistungen für Unfallversicherung und Altersvorsorge (zzgl. ca. 85.000 Euro) abdecken zu können.

Auch im Bereich der "sonstigen Leistungen der Jugendhilfe (ambulant)" muss eine Erhöhung des Ansatzes 2006 um 70.000,- Euro erfolgen, da es sich hierbei um flexible, niederschwellige Angebote handelt, die häufig eine präventive Ausrichtung haben und dazu beitragen, intensivere Hilfen zur Erziehung zu vermeiden oder zu ergänzen.

Im Bereich "Heimerziehung / Betreutes Wohnen" führen die Kostensteigerungen bei zu zahlenden Entgeltsätzen und die Zunahme von hochkomplexen Fällen zu einer Steigerung des Ansatzes um 500.000,- Euro gegenüber dem Planansatz 2006, wobei das vorläufige IST 2005 bereits auf einem ähnlichen Niveau liegt. Die in den letzten Jahren bundesweit gestiegenen Fallzahlen haben den Kostendruck immer weiter ansteigen lassen, wobei für einen Heimplatz monatlich zwischen 3.500,00 € und 6.000,00 € (in Einzelällen sogar über 7.000,00 € mtl.) aufzuwenden sind.

Die Kostenart "Erstattung an Jugendhilfeträger" muss auf Grund der derzeitigen Hochrechnung insbes. wg. einer erhöhten Anzahl an Pflegekindern bei Pflegeeltern außerhalb des LDK um 50.000 Euro angehoben werden.

Ferner muss der Mittelansatz bei der Kostenart "Erziehungshilfeleistungen durch Dritte" gegenüber 2006 um 250.000,- Euro erhöht werden und bleibt damit aber noch unter dem vorl. IST 2005. Nach dem Grundsatz "ambulant vor statioär" sind hier die ambulanten Angebote der Hilfen zur Erziehung weiter ausgebaut worden und verhindern damit noch höhere Kostensteigerungen im teil-/stationären Bereich; insbesondere ist es gelungen, mit den freien Trägern Vereinbarungen zur Erbringung eines Großteiles dieser Hilfen im Rahmen eines bestimmten Budgets zu treffen.

Erläuterungen zu den Leistungen / Kennzahlen:

Leistung	Beratung
Kennzahl	Anzahl der begonnenen Fälle

Wir gehen derzeit davon aus, dass die Anzahl der Fälle mit Beratung auf hohem Niveau bleiben; zudem werden die Fälle zunehmend komplexer und erfordern eine längere Dauer der Beratung.

Leistung	Trennungs- und Scheidungsberatung
Kennzahl	Anzahl der begonnenen Fälle

Die Anzahl an strittigen Trennungs- und Scheidungsverfahren ist unverändert hoch.

Erläuterungen zum Teil-Haushalt	
Produkt	32.1.1 Hilfen in Erziehungsangelegenheiten

Leistung	Ambulante, teil- und vollstationäre Hilfen
Kennzahl	Anzahl der bearbeiteten Fälle der ambulanten Hilfen
\multicolumn{2}{l}{Wir gehen davon aus, dass die Anzahl zumindest auf der Höhe der Planungszahl 2006 bleiben wird, da wir in diesem Bereich durch die Neuordnung der ambulanten Hilfen zur Erziehung ein umfangreicheres Hilfenetz anbieten, um mittelfristig die Anzahl der stationären Unterbringungen zu verringern. Zudem müssen wir in allen Leistungen einen zusätzlichen Aufwand zur Gewährleistung der neuen gesetzlichen Anforderungen im Kindesschutz (insbesondere §§ 8a,72a SGB VIII) bewältigen.}	
Kennzahl	Anzahl der bearbeiteten Fälle der stationären/teilstationären Hilfen
Die Anzahl der Fälle im teilstationären/stationären Bereich soll zumindest mittelfristig verringert werden; allerdings zeigen die Kosten der einzelnen Hilfen, dass die Fälle einen größeren Aufwand auch bei den Einrichtungen erfordern und somit höhere Kosten verursachen; hier wird u.a. die zunehmende Anzahl psychisch und seelisch kranker junger Menschen deutlich.	
Kennzahl	davon Anzahl der bearbeiteten Fälle Vollzeitpflege
Für das Jahr 2007 ist geplant, die Werbung für Pflegefamilien nochmals zu verstärken, damit es keine Fälle mehr geben muss, die stationär in anderer Form untergebracht werden müssen, weil keine geeigneten Pflege-/Adoptivfamilien zur Verfügung stehen.	
Leistung	Schutz von Kindern- und Jugendlichen
Kennzahl	Anzahl der begonnen Fälle Inobhutnahme
Die gesetzlich vorgeschriebenen Vereinbarungen mit Diensten und Einrichtungen in Bezug auf die Verbesserung des Kindesschutzes werden dazu führen, dass in Zukunft noch schneller deutlich wird, in welchen Fällen auch kurzfristig gehandelt werden muss, so dass wir davon ausgehen, dass die Anzahl der Inobhutnahmen hoch bleiben wird.	
Leistung	Vermittlung von Adoptions- und Pflegekindern
Kennzahl	Anzahl der betreuten Pflegefamilien des LDK
Die Betreuung der Pflegefamilien wird u.a. ebenfalls auf der Grundlage der gesetzlichen Änderungen zumindest gleich hoch bleiben (z.B. Regelungen zur Verwandtenpflege), wobei die Intensität der Betreuung zunehmen wird, um auch dort den Kindesschutz so umfassend wie möglich zu gewährleisten.	
Kennzahl	davon Anzahl der Sonderpflegestellen
Das Projekt Sonderpflege soll weiter intensiviert werden, um auch hier Alternativen zur Heimunterbringung bieten zu können.	
Kennzahl	Anzahl der bearbeiteten Adoptionsverfahren
Die Kennzahl orientiert sich an dem vorläufigen Ergebnis 2005 und an der Hochrechnung 2006 (vgl. Quartalsberichte).	
Leistung	Leistungs-, Entgelt- und Qualitätsvereinbarungen
Neben der regelmäßigen Arbeitsgruppe "Qualitätsentwicklungsvereinbarung" im teilstationären/stationären Bereich existiert nun auch eine AG im ambulanten Bereich der Hilfen zur Erziehung.	

Wenn man die Produktbeschreibung des Lahn-Dill-Kreis zum **Thema Jugendhilfe** mit der des Main-Kinzig-Kreises vergleicht, dann sieht man eine sehr unterschiedliche Herangehensweise, sowohl was die Produktbildung, als auch die Kennzahlenbildung angeht. Während der Main-Kinzig-Kreis, wie viele andere Kreise auch, deutlich mehr Produkte in diesem Bereich definiert (orientiert an den Abrechnungsformen des SGB VIII), stellt der Lahn-Dill-Kreis die einzelnen Hilfearten als Leistungen lediglich mit Kennzahlen dar. Außerdem erreicht der Main-Kinzig-Kreis – anders als der

Lahn-Dill-Kreis – bereits eine stärker wirkungsorientierte Berichterstattung, die dem Grunde nach vorbildlich erscheint, während die redaktionelle Bearbeitung eher beim Lahn-Dill-Kreis überzeugt. Insgesamt überzeugt der Haushalt des Lahn-Dill-Kreises mit seiner redaktionellen Perfektion und seinen zahlreichen sinnvollen Kennzahlen in verschiedenen Bereichen, weniger aber in den Bereichen Jugend und Schulen.

Nach unserer Einschätzung sollte überlegt werden, wie ein noch stärker steuerungsorientierter Haushalt gestaltet werden kann. Dies könnte unseres Erachtens bedeuten, dass man in den verwaltend tätigen Bereichen die Detailfülle des Lahn-Dill-Kreises reduziert, während in den Bereichen Jugend und Schulen eine etwas differenziertere Darstellung durchaus empfehlenswert erscheint.

7 Kommunale Doppik in Mecklenburg-Vorpommern als Neues Kommunales Haushalts- und Rechnungswesen (NKHR)

7.1 Die Situation in Mecklenburg-Vorpommern

Doppik spätestens ab 2012

Mit Wirkung zum 1.1.2008 trat in Mecklenburg-Vorpommern das Gesetz zur Reform des Gemeindehaushaltsrechts als Artikelgesetz in Kraft. Darin enthalten ist als Artikel 1 das Gesetz zur Einführung der Doppik im kommunalen Haushalts- und Rechnungswesen (Kommunal-Doppik-Einführungsgesetz), das nach einem Übergangszeitraum von 2008 bis 2011 die Einführung der Doppik ab dem Haushaltsjahr 2012 verbindlich macht und spezifische Regelungen für die Eröffnungsbilanz und den Übergang von der Kameralistik auf die Doppik beinhaltet. Ergänzend werden in Artikel 2 die notwendigen Anpassungen haushaltswirtschaftlicher Vorschriften in der Kommunalverfassung für ein doppisches Finanzwesen bereitgestellt. Eine doppische Gemeindehaushaltsverordnung (GemHVO-Doppik-MV[81]) und Gemeindekassenverordnung (GemKVO-Doppik-MV) wurden am 25.02.2008 veröffentlicht.

In einem Gemeinschaftsprojekt des Innenministeriums, der kommunalen Spitzenverbände und sog. Frühstarterkommunen wurde in Zusammenarbeit mit der Mittelrheinischen Treuhand als externem Berater die konzeptionellen Grundlagen erarbeitet und dokumentiert (vgl. Portalseiten des Landesprojektes: cms.mvnet.de/land-mv/NKHR_Prod/NKHR/Startseite/index.jsp).

Umsetzungsstand in Mecklenburg-Vorpommern

Aus dem Kreis der Frühstarterkommunen lag uns zum Abschluss der Erhebungsphase (März 2008) der Haushalt der Stadt Neubrandenburg vor, auf den wir im nachfolgenden Unterkapitel zur praktischen Umsetzung eingehen.

7.2 Wichtigste Vorschriften zur Haushaltsgliederung in Mecklenburg-Vorpommern

Anlagen zum Haushaltsplan

Dem Haushaltsplan sind gemäß § 1 Abs. 1 GemHVO-Doppik-MV als Anlagen beizufügen:
- der Vorbericht,
- die Bilanz des letzten Haushaltsjahres, für das ein Jahresabschluss vorliegt,
- der Gesamtabschluss des letzten Haushaltsjahres, für das ein Gesamtabschluss vorliegt, ohne Gesamtanhang und Anlagen,
- eine Übersicht über die aus Verpflichtungsermächtigungen in den einzelnen Haushaltsjahren voraussichtlich fällig werdenden Auszahlungen,
- eine Übersicht über den voraussichtlichen Stand der Verbindlichkeiten aus Krediten für Investitionen und Investitionsförderungsmaßnahmen, der Kredite zur Sicherung der Zahlungsfähigkeit sowie der kreditähnlichen Rechtsgeschäfte zum Beginn und zum Ende des Haushaltsjahres,
- das Investitionsprogramm, das der Ergebnis- und Finanzplanung zu Grunde liegt,
- der Nachweis der dauernden Leistungsfähigkeit,
- eine Übersicht über die Zuwendungen an die Fraktionen,

---

[81] Offizielle Abkürzung: GemHVO-Doppik-M-V.

- die neuesten geprüften Jahresabschlüsse sowie die Wirtschaftspläne der Eigenbetriebe und sonstiger Sondervermögen, für die Sonderrechnungen geführt werden,
- die neuesten geprüften Jahresabschlüsse sowie die Wirtschaftspläne der Unternehmen und Einrichtungen mit eigener Rechtspersönlichkeit, an denen die Gemeinde mit beherrschendem Einfluss beteiligt ist,
- eine Übersicht über die Wirtschaftslage und die voraussichtliche Entwicklung der Einrichtungen, an denen die Gemeinde nicht mit beherrschendem Einfluss beteiligt ist,
- die Wirtschaftspläne der rechtsfähigen Anstalten des öffentlichen Rechts – mit Ausnahme der Sparkassen –, für die die Gemeinde Gewährträger ist,
- die Wirtschaftspläne/Haushaltspläne der Zweckverbände – mit Ausnahme der Zweckverbände, die ausschließlich Beteiligungen an Sparkassen halten –, bei denen die Gemeinde Mitglied mit beherrschendem oder maßgeblichem Einfluss ist,
- eine Übersicht über die Finanzdaten der Teilhaushalte sowie der wesentlichen und der sonstigen Produkte gemäß § 4 Abs. 5 GemHVO-Doppik-MV[82],
- eine Übersicht über die produktbezogenen Finanzdaten gemäß § 4 Abs. 6 GemHVO-Doppik-MV[1].

Der Stellenplan ist neben dem Ergebnis- und Finanzhaushalt und den Teilhaushalten Bestandteil des Haushaltsplans. Im Ergebnis- und Finanzhaushalt sowie in den Teilhaushalten sind gemäß § 1 Abs. 3 GemHVO-Doppik-MV den Ergebnissen des Vorvorjahres und Ansätzen des Haushaltsvorjahres und Haushaltsjahres die Planungsdaten für die folgenden drei Haushaltsjahre gegenüberzustellen (integrierte mittelfristige Ergebnis- und Finanzplanung).

---

[82] Die genannten Übersichten sind nachfolgend in der Kommentierung zum Haushalt der Stadt Neubrandenburg abgebildet.

Gliederung des Ergebnishaushalts

Auch Mecklenburg-Vorpommern veröffentlichte zur Erreichung größtmöglicher Einheitlichkeit einige Formblätter. Der Aufbau des Ergebnishaushalts wird im Folgenden anhand des Ergebnishaushalts der Stadt Neubrandenburg veranschaulicht:[83]

Ergebnishaushalt Ertrags- und Aufwandsarten	Ansatz 2008	Planung 2009	Planung 2010	Planung 2011
1 Steuern und ähnliche Abgaben	59.391.800	70.913.800	72.768.900	74.595.800
2 + Zuwendungen, allgemeine Umlagen und sonstige Transfererträge	46.340.200	34.368.800	33.924.100	33.426.400
3 + Erträge der sozialen Sicherung	9.494.900	9.574.000	9.574.000	9.574.000
4 + Öffentlich-rechtliche Leistungsentgelte	18.774.000	18.774.000	18.774.000	18.774.000
5 + Privatrechtliche Leistungsentgelte	2.809.500	2.809.500	2.809.500	2.809.500
6 + Kostenerstattungen und Kostenumlagen	7.053.200	7.080.300	7.107.800	7.135.700
7 + Erhöhg./Vermindg. des Bestandes an fert. u. unfert. Erzeugn.	0	0	0	0
8 + Andere aktivierte Eigenleistungen	0	0	0	0
9 + Sonst. laufende Erträge	1.066.200	1.066.200	1.066.200	1.066.200
10 Summe der laufenden Erträge aus Verwaltungstätigkeit	144.929.800	144.586.600	146.024.500	147.381.600
11 Personalaufwendungen	30.152.600	30.625.000	31.502.100	31.994.300
12 - Versorgungsaufwendungen	64.600	65.700	67.600	68.700
13 - Aufwendungen für Sach- und Dienstleistungen	22.772.366	22.762.066	22.762.066	22.762.066
14 - Abschreibungen gem. § 2 Abs. 1 Nr.14 GemHVO	1.285.900	1.285.900	1.285.900	1.285.900
15 - Abschreibungen gem. § 2 Abs. 1 Nr.15 GemHVO	0	0	0	0
16 - Zuwendungen, Umlagen und sonst. Transferaufwendungen	35.561.000	35.466.500	35.571.200	35.828.200
17 - Aufwendungen der sozialen Sicherung	48.972.600	48.972.600	48.972.600	48.972.600
18 - Sonstige laufende Aufwendungen	17.357.434	17.404.834	17.465.834	17.527.634
19 Summe der laufenden Aufwendungen aus Verwaltungstätigkeit	156.166.500	156.582.600	157.627.300	158.439.400
20 Laufendes Ergebnis aus Verwaltungstätigkeit	-11.236.700	-11.996.000	-11.602.800	-11.057.800
21 + Zinserträge und sonstige Finanzerträge	865.700	865.700	865.700	865.700
22 - Zinsaufwendungen und sonstige Finanzaufwendungen	4.892.100	5.879.000	6.541.900	7.160.600
23 Finanzergebnis	-4.026.400	-5.013.300	-5.676.200	-6.294.900
24 Ordentliches Ergebnis	-15.263.100	-17.009.300	-17.279.000	-17.352.700
25 + Außerordentliche Erträge	0	0	0	0
26 - Außerordentliche Aufwendungen	200	200	200	200
27 Außerordentliches Ergebnis	-200	-200	-200	-200
28 Jahresergebnis vor Veränderung der Rücklagen	-15.263.300	-17.009.500	-17.279.200	-17.352.900
29 - Einstellg. in die Rücklage für Belastg. aus komm. Finanzausgleich	0	0	0	0
30 + Entnahme aus der Rücklage für Belastg. aus komm. Finanzausgleich	0	0	0	0
31 Jahreserg. vor Verändg. d. sonst. zweckgeb. Erg.-Rückl. u. Kapitalrückl.	-15.263.300	-17.009.500	-17.279.200	-17.352.900
32 - Einstellung in sonstige zweckgebundene Ergebnisrücklagen	0	0	0	0
33 + Entnahme aus sonstigen zweckgebundenen Ergebnisrücklagen	0	0	0	0

Ergebnishaushalt Ertrags- und Aufwandsarten	Ansatz 2008	Planung 2009	Planung 2010	Planung 2011
34 Jahresergebnis vor Veränderung der Kapitalrücklage	-15.263.300	-17.009.500	-17.279.200	-17.352.900
35 - Einstellung in die Kapitalrücklage	0	0	0	0
36 + Entnahme aus der Kapitalrücklage	0	0	0	0
37 Jahresergebnis (Jahresüberschuss/Jahresfehlbetrag)	-15.263.300	-17.009.500	-17.279.200	-17.352.900

---

[83] Stadt Neubrandenburg (2008) Band 2 S. 2 f. (S. 3 f. (PDF)).

Gliederung des Finanzhaushalts

Die Gliederung des Finanzhaushalts wird ebenfalls anhand des Finanzhaushalts der Stadt Neubrandenburg aufgezeigt:[84]

Finanzhaushalt	Ansatz 2008	Planung 2009	Planung 2010	Planung 2011
1 Steuern und ähnliche Abgaben	59.391.800	70.913.800	72.768.900	74.595.800
2 + Zuwendungen, allgemeine Umlagen und sonstige Transfereinz.	46.322.400	34.351.000	33.906.300	33.408.600
3 + Einzahlungen der sozialen Sicherung	9.494.900	9.574.000	9.574.000	9.574.000
4 + Öffentlich-rechtliche Leistungsentgelte	17.868.300	17.868.300	17.868.300	17.868.300
5 + Privatrechtliche Leistungsentgelte	2.827.300	2.827.300	2.827.300	2.827.300
6 + Kostenerstattungen und Kostenumlagen	7.053.200	7.080.300	7.107.800	7.135.700
7 + Erhöhg./Verminderg. des Bestandes an fert. u. unfert. Erzeugn.	0	0	0	0
8 + Andere aktivierte Eigenleistungen	0	0	0	0
9 + Sonst. laufende Einzahlungen	1.100.400	1.100.400	1.100.400	1.100.400
10 Summe der laufenden Einzahlungen aus Verwaltungstätigkeit	144.058.300	143.715.100	145.153.000	146.510.100
11 Personalauszahlungen	30.152.600	30.625.000	31.502.100	31.994.300
12 - Versorgungsauszahlungen	64.600	65.700	67.600	68.700
13 - Auszahlungen für Sach- und Dienstleistungen	22.772.366	22.762.066	22.762.066	22.762.066
14 - Zuwendungen, Umlagen und sonst. Transferauszahlungen	35.561.000	35.466.500	35.571.200	35.828.200
15 - Auszahlungen der sozialen Sicherung	48.972.600	48.972.600	48.972.600	48.972.600
16 - Sonstige laufende Auszahlungen	17.391.734	17.439.134	17.500.134	17.561.934
17 Summe der laufenden Auszahlungen aus Verwaltungstätigkeit	154.914.900	155.331.000	156.375.700	157.187.800
18 Saldo aus Ein- und Auszahlungen aus Verwaltungstätigkeit	-10.856.600	-11.615.900	-11.222.700	-10.677.700
19 + Zinseinzahlungen und sonstige Finanzeinzahlungen	865.700	865.700	865.700	865.700
20 - Zinsauszahlungen und sonstige Finanzauszahlungen	4.892.100	5.879.000	6.541.900	7.160.600
21 Saldo der Zins- und sonstigen Finanzein- und -auszahlungen	-4.026.400	-5.013.300	-5.676.200	-6.294.900
22 Saldo der ordentlichen Ein- und Auszahlungen	-14.883.000	-16.629.200	-16.898.900	-16.972.600
23 + Außerordentliche Einzahlungen	0	0	0	0
24 - Außerordentliche Auszahlungen	200	200	200	200
25 Saldo der außerordentlichen Ein- und Auszahlungen	-200	-200	-200	-200
26 Saldo der ordentlichen und außerordentlichen Ein- und Auszahlungen	-14.883.200	-16.629.400	-16.899.100	-16.972.800
27 + Einzahlungen aus Investitionszuwendungen	15.390.800	14.731.300	12.296.200	15.071.700
28 + Einzahlungen aus Beiträgen und ähnlichen Entgelten	0	0	0	0
29 + Einzahlungen für immaterielle Vermögensgegenstände	0	0	0	0
30 + Einzahlungen für Sachanlagen	1.000	2.953.200	2.594.300	1.782.900
31 + Einzahlungen für Finanzanlagen	0	0	0	0
32 + Einzahlungen aus sonstigen Ausleihungen und Kreditgewährungen	17.700	14.900	14.900	14.900
33 + Einzahlungen aus der Veräußerung von Vorräten	0	0	0	0
34 + Sonstige Investitionseinzahlungen	0	0	0	0
35 Summe der Einzahlungen aus Investitionstätigkeit	15.409.500	17.699.400	14.905.400	16.869.500

Finanzhaushalt	Ansatz 2008	Planung 2009	Planung 2010	Planung 2011
36 - Auszahlungen für immateriellen Vermögensgegenstände	3.215.500	1.237.700	1.879.200	2.888.400
37 - Auszahlungen für Sachanlagen	12.731.000	12.069.500	9.417.100	10.460.800
38 - Auszahlungen für Finanzanlagen	0	0	0	0
39 - Auszahlungen für sonstige Ausleihungen und Kreditgewährungen	0	0	0	0
40 - Auszahlungen für den Erwerb von Vorräten	0	0	0	0
41 - Sonstige Investitionsauszahlungen	0	0	0	0
42 Summe der Auszahlungen aus Investitionstätigkeit	15.946.500	13.307.200	11.296.300	13.349.200
43 Saldo der Ein- und Auszahlungen aus Investitionstätigkeit	-537.000	4.392.200	3.609.100	3.520.300
44 Finanzmittelüberschuss/Finanzmittelfehlbetrag	-15.420.200	-12.237.200	-13.290.000	-13.452.500
45 + Einzahlungen aus der Aufnahme von Krediten für Investitionen	2.192.200	8.169.200	0	0
46 - Auszahlungen zur Tilgung von Krediten für Investitionen	1.985.900	8.988.700	1.239.600	1.599.300
47 Saldo der Ein- und Auszahlungen aus Krediten für Investitionen	206.300	-819.500	-1.239.600	-1.599.300
48 + Einz. aus der Aufnahme von Krediten zur Sicherg. der Zahlungsfähigk.	14.645.400	0	0	0
49 - Ausz. zur Tilgung von Krediten zur Sicherg. der Zahlungsfähigkeit	0	0	0	0
50 Saldo der Ein- und Ausz. aus Krediten zur Sicherg. der Zahlungsfähigk.	14.645.400	0	0	0
51 + Abnahme der liquiden Mittel	0	0	0	0
52 - Zunahme der liquiden Mittel	0	0	0	0
53 Veränderung der liquiden Mittel	0	0	0	0
54 Saldo der Ein- und Auszahlungen aus Finanzierungstätigkeit	14.851.700	-819.500	-1.239.600	-1.599.300
55 Einzahlungen aus durchlaufenden Geldern	0	0	0	0
56 Auszahlungen aus durchlaufenden Geldern	0	0	0	0

Teilhaushalte

In Mecklenburg-Vorpommern besteht gemäß § 4 GemHVO-Doppik-MV ein **Wahlrecht** für die Gliederung der Teilhaushalte. Diese hat produktorientiert nach dem vorgegebenen Produktrahmenplan (funktional) oder nach der örtlichen Organisation (institutionell) zu erfolgen. Die Bildung der Teilhaushalte kann nach den sog. Hauptproduktbereichen, Produktbereichen, Produktgruppen oder **bis auf Ebene der Produkte** erfolgen. In diesem Fall sind in einer Anlage zum Haushaltsplan die

---

[84] Stadt Neubrandenburg (2008) Band 2 S. 4 f. (S. 5 f. (PDF)).

Finanzdaten in der Zuordnung der einzelnen Produkte zu den Produktgruppen, der Produktgruppen zu den Produktbereichen und der Produktbereiche zu den Hauptproduktbereichen entsprechend dem vorgegebenen Produktrahmenplan darzustellen. Die Teilhaushalte bestehen jeweils aus einem Teilergebnishaushalt und einem Teilfinanzhaushalt.

In jedem Teilhaushalt sind die wesentlichen Produkte und deren Auftragsgrundlage, **Ziele** und Leistungen zu beschreiben, sowie **Leistungsmengen und Kennzahlen** zu Zielvorgaben anzugeben. Außerdem wird ausdrücklich darauf hingewiesen, dass die Ziele und Kennzahlen zur Grundlage der Gestaltung, der Planung, der Steuerung und der Erfolgskontrolle des jährlichen Haushalts gemacht werden sollen.

7.3 Praxis der bislang vorliegenden doppischen Haushalte in Mecklenburg-Vorpommern

7.3.1 Stadt Neubrandenburg 2008

Für das Haushaltsjahr 2008 hat die Stadt Neubrandenburg (rund 67.000 Einwohner) als eine der ersten Kommunen in Mecklenburg-Vorpommern einen doppischen Produkthaushalt aufgestellt. Dieser gliedert sich in vier Bände (Band 1 Haushaltssatzung und Anlagen, Band 2 Ergebnishaushalt und Finanzhaushalt, Band 3 Stellenplan, Band 4 Wirtschaftliche Unternehmen) mit einem Gesamtumfang von knapp 1.380 Seiten. Im Haushaltsband zum Ergebnishaushalt und Finanzhaushalt wird eine Unterteilung in sieben **Teilhaushalte** vorgenommen:

- Teilhaushalt 1 Büro Oberbürgermeister
- Teilhaushalt 2 Innere Verwaltung
- Teilhaushalt 3 Stadtplanung, Umwelt, Wirtschaft und Soziales
- Teilhaushalt 4 Sicherheit und Ordnung
- Teilhaushalt 5 Schule, Kultur, Jugend und Sport
- Teilhaushalt 6 Wirtschaftliche Unternehmen
- Teilhaushalt 7 Allgemeine Finanzwirtschaft

Stadt Neubrandenburg

Den Teilhaushaltsdarstellungen sind der Gesamtergebnis- und Gesamtfinanzhaushalt vorangestellt. Zusätzlich werden in einer Summenübersicht die Teilhaushalte im Überblick gezeigt:

Übersicht der Teilhaushalte

lfd. Nr.	Teilergebnishaushalte Ertrags- und Aufwandsarten (gem. § 2 Abs. 1 GemHVO-Doppik)	Summe aller Teilhaushalte	Teilhaushalt 1 Büro Oberbürgermeister	Teilhaushalt 2 Innere Verwaltung	Teilhaushalt 3 Stadtplang., Umwelt, Wirtschaft und Soziales	Teilhaushalt 4 Sicherheit und Ordnung	Teilhaushalt 5 Schule, Kultur, Jugend und Sport
1	Steuern und ähnliche Abgaben	59.391.800	0	0	6.325.900	0	0
2	+ Zuwendungen, allgemeine Umlagen und sonstige Transfererträge	46.340.200	0	38.600	11.331.600	18.400	4.352.900
3	+ Erträge der sozialen Sicherung	9.494.900	0	0	9.117.400	0	377.500
4	+ Öffentlich-rechtliche Leistungsentgelte	18.774.000	0	5.800	17.478.800	1.206.300	83.100
5	+ Privatrechtliche Leistungsentgelte	2.809.500	8.000	103.200	148.700	2.270.600	279.000
6	+ Kostenerstattungen und Kostenumlagen	7.053.200	0	154.000	1.731.700	154.400	2.921.000
7	+ Erhöh./Verminderg. des Bestands an fert. u. unfert. Erzeugn.	0	0	0	0	0	0
8	+ Andere aktivierte Eigenleistungen	0	0	0	0	0	0
9	+ Sonstige laufende Erträge	1.066.200	0	109.500	6.100	922.400	28.200
10	Summe der laufenden Erträge aus Verwaltungstätigkeit	144.929.800	8.000	411.100	46.140.200	4.572.100	8.041.700
11	- Personalaufwendungen	30.152.600	1.222.300	5.368.200	7.506.500	9.755.700	6.299.900
12	- Versorgungsaufwendungen	64.600	0	64.600	0	0	0
13	- Aufwendungen für Sach- und Dienstleistungen	22.772.366	32.366	85.200	18.681.168	1.383.510	2.590.122
14	- Abschreibungen gem. § 2 Abs. 1 Nr. 14 GemHVO	1.285.900	0	192.000	4.500	337.300	752.100
15	- Abschreibungen gem. § 2 Abs. 1 Nr. 15 GemHVO	0	0	0	0	0	0
16	- Zuwendungen, Umlagen und sonstige Transferaufwendungen	35.561.000	341.000	7.800	1.337.100	52.300	15.442.700
17	- Aufwendungen der sozialen Sicherung	48.972.600	0	0	42.364.000	0	6.608.600
18	- Sonstige laufende Aufwendungen	17.357.434	484.834	1.373.300	1.373.432	1.272.790	8.227.178
19	Summe der laufenden Aufwendungen aus Verwaltungstätigkeit	156.166.500	2.080.500	7.091.100	71.266.700	12.801.600	39.920.600
20	Laufendes Ergebnis aus Verwaltungstätigkeit	-11.236.700	-2.072.500	-6.680.000	-25.126.500	-8.229.500	-31.878.900
21	+ Zinserträge und sonstige Finanzerträge	865.700	0	0	16.100	0	0
22	- Zinsaufwendungen und sonstige Finanzaufwendungen	4.892.100	0	0	0	0	0
23	Finanzergebnis	-4.026.400	0	0	16.100	0	0
24	Ordentliches Ergebnis	-15.263.100	-2.072.500	-6.680.000	-25.110.400	-8.229.500	-31.878.900
25	+ Außerordentliche Erträge	0	0	0	0	0	0
26	- Außerordentliche Aufwendungen	200	0	200	0	0	0
27	Außerordentliches Ergebnis	-200	0	-200	0	0	0
28	Jahreserg. des Teilhaush. vor Verrechng. interner Leistungsbeziehg.	-15.263.300	-2.072.500	-6.680.200	-25.110.400	-8.229.500	-31.878.900
29	+ Erträge aus internen Leistungsbeziehungen	1.485.300	8.500	112.000	500.000	849.500	15.300
30	- Aufwendungen aus internen Leistungsbeziehungen	1.485.300	0	0	163.600	979.600	342.100
31	Saldo der Erträge und Aufwendungen aus internen Leistungsbeziehg.	0	8.500	112.000	336.400	-130.100	-326.800
32	Jahreserg. des Teilhaush. nach Verrechng. interner Leistungsbeziehg.	-15.263.300	-2.064.000	-6.568.200	-24.774.000	-8.359.600	-32.205.700

Innerhalb der Teilhaushalte werden gemäß den vorgegebenen Haushaltsmustern diejenigen Produkte angegeben, die diesem Teilhaushalt zugeordnet sind. Darauf folgt die Darstellung des jeweiligen Teilergebnis- und Teilfinanzhaushalts, die in einer Summenübersicht auf die wesentlichen und sonstigen Produkte der Stadt aufgegliedert wird. Abschließend werden für die 43 **wesentlichen Produkte** (von insgesamt 100 Verwaltungsprodukten) Produktblätter mit Zielen und Kennzahlen wiedergegeben.

Zur Verdeutlichung dieser Systematik wird ein Auszug aus der Summenübersicht zum Teilhaushalt „Schule, Kultur, Jugend und Sport" abgebildet. Es folgt die Produktinformation zum wesentlichen Produkt **„Gymnasien, Abendgymnasien"**.

Zugeordnete Produkte im Teilhaushalt Schule, Kultur, Jugend und Sport

	Teilfinanzhaushalt Ein- und Auszahlungsarten (gem. § 3 Abs. 1 GemHVO-Doppik)	Summe aller Produkte	wesentliche Produkte				
			2.1.1.01 Grundschulen	2.1.5.01 Regionale Schulen	2.1.7.01 Gymnasien Abendgymn.	2.1.8.01 Gesamtschulen	2.2.1.01 Förderschulen
1	Saldo aus Ein- und Auszahlungen aus Verwaltungstätigkeit	-31.126.800	-1.662.212	-667.143	-2.005.900	-377.850	-1.565.060
2	Saldo der Zins- und sonstigen Finanzein- und -auszahlungen	0	0	0	0	0	0
3	Saldo der ordentlichen Ein- und Auszahlungen	-31.126.800	-1.662.212	-667.143	-2.005.900	-377.850	-1.565.060
4	Saldo der außerordentlichen Ein- und Auszahlungen	0	0	0	0	0	0
5	Saldo der ord. u. außerord. Ein- u. Auszahlg. vor Verr. int. Leistungsbeziehungen	-31.126.800	-1.662.212	-667.143	-2.005.900	-377.850	-1.565.060
6	Saldo der Ein- und Auszahlungen aus internen Leistungsbeziehungen	-326.800	0	0	0	0	0
7	Saldo der ord. u. außerord. Ein- u. Auszahlg. nach Verr. int. Leistungsbeziehungen	-31.453.600	-1.662.212	-667.143	-2.005.900	-377.850	-1.565.060
8	+ Einzahlungen aus Investitionszuwendungen	0	0	0	0	0	0
9	+ Einzahlungen aus Beiträgen und ähnlichen Entgelten	0	0	0	0	0	0
10	+ Einzahlungen für immaterielle Vermögensgegenstände	0	0	0	0	0	0
11	+ Einzahlungen für Sachanlagen	0	0	0	0	0	0
12	+ Einzahlungen für Finanzanlagen	0	0	0	0	0	0
13	+ Einzahlungen aus sonst. Ausleihungen und Kreditgewährungen	0	0	0	0	0	0
14	+ Einzahlungen aus Veräußerung von Vorräten	0	0	0	0	0	0
15	+ Sonstige Investitionseinzahlungen	0	0	0	0	0	0
16	Summe der Einzahlungen aus Investitionstätigkeit	0	0	0	0	0	0
17	- Auszahlungen für immaterielle Vermögensgegenstände	0	0	0	0	0	0
18	- Auszahlungen für Sachanlagen	403.600	40.100	27.100	67.700	16.000	22.300
19	- Auszahlungen für Finanzanlagen	0	0	0	0	0	0
20	- Auszahlungen für sonst. Ausleihungen und Kreditgewährungen	0	0	0	0	0	0
21	- Auszahlungen für den Erwerb von Vorräten	0	0	0	0	0	0
22	- Sonstige Investitionsauszahlungen	0	0	0	0	0	0
23	Summe der Auszahlungen aus Investitionstätigkeit	403.600	40.100	27.100	67.700	16.000	22.300
24	Saldo der Ein- und Auszahlungen aus Investitionstätigkeit	-403.600	-40.100	-27.100	-67.700	-16.000	-22.300
25	Finanzmittelüberschuss/-fehlbedarf des Teilhaushaltes	-31.857.200	-1.702.312	-694.243	-2.073.600	-393.850	-1.587.360

Gesamthaushalt	1	Gesamtbudget		
Teilhaushalt	1.05	Schule, Kultur, Jugend und Sport		
Hauptproduktbereich	2	Schule und Kultur	Verantwortlich:	Wolfgang Rötschke
Produktbereich	2.1	Schulträgeraufgaben - allgemeinbildende Schulen	Produktart:	extern
Produktgruppe	2.1.7	Gymnasien, Abendgymnasien (§ 11 Abs. 2 Nr. 1 c, 3 SchulG M-V)	Art der Aufgabe:	pflichtig
Produkt	2.1.7.01	Gymnasien, Abendgymnasien		

Beschreibung
- Schulentwicklungsplanung und Schulorganisation, Fortschreibung des Schulentwicklungsplanes
- Schulstandorte und -strukturen, Raumprogramme, schulorganisatorische Maßnahmen

Auftragsgrundlage
Schulgesetz, VO über die Schulentwicklungsplanung

Zielgruppe
Schüler, Eltern der Stadt Neubrandenburg

Ziele
- zeitnahe Entscheidung bei Bedarfsveränderungen
- Förderung von Bildungsprojekten
- Vorbereitung des Umzugs des A.-Einstein-Gymnasiums in die Demminer Straße
- Optimierung des Verhältnisses zwischen Bildungs- und Mietaufwand
- Verbesserung des Ausstattungsgrades für Schulen durch Erhöhung der Aufwendungen für Bildung

Leistung
- Gymnasium
  Lessing-Gymnasium "Gotthold Ephraim Lessing"
  Albert-Einstein-Gymnasium
  Sportgymnasium, Eliteschule des Sports
  Abendgymnasium
- Schulkostenbeiträge an kommunale Träger
- Schulkostenbeiträge an freie Träger

Kennzahlen

	Einheit	Plan 2008
Bildungsaufwendungen pro Schüler	EUR/Sch	1.287,45
Aufwendungen Miete an SIM pro Schüler	EUR/Sch	819,62

Messzahlen

	Einheit	Plan 2008
Anzahl Schüler	Schüler	1.952
Aufwendungen Produkt ohne Schulkostenbeiträge	EUR	2.513.100,00
Aufwendungen Miete an SIM	EUR	1.599.900,00

Finanzen in EUR

		Ansatz
1	Einzahlungen	550.900
2	Auszahlungen	2.583.200
3	Liquiditätssaldo	-2.032.300
4	Erträge	550.900
5	Aufwendungen	2.670.300
6	Ergebnis	-2.119.400

Für den Bereich der Kinder-, Jugend- und Familienhilfe geben wir aus demselben Teilhaushalt das wesentliche Produkt **„Hilfe zur Erziehung"** wieder:

Gesamthaushalt	1	Gesamtbudget
Teilhaushalt	1.05	Schule, Kultur, Jugend und Sport

Hauptproduktbereich	3	Soziales und Jugend	Verantwortlich:	Dirk Schürgut
Produktbereich	3.6	Kinder-, Jugend- und Familienhilfe	Produktart:	extern
Produktgruppe	3.6.3	Sonstige Leistungen der Kinder-, Jugend- und Familienhilfe	Art der Aufgabe:	pflichtig
Produkt	3.6.3.03	Hilfe zur Erziehung		

Beschreibung
familienunterstützende, -ergänzende, -ersetzende Leistungen zur Absicherung des Kindeswohls

Auftragsgrundlage
§§ 8 a, 27 - 35 SGB VIII

Zielgruppe
Kinder und Jugendliche, minderjährige Eltern, Personensorgeberechtigte, Bewerber für Pflegestellen, freie Träger der Jugendhilfe

Ziele
- Vermeidung von Kindeswohlgefährdungen
- Befähigung von Familien und Alleinerziehenden in ihrer Elternkompetenz

Leistung
- institutionelle Beratung, Erziehungsberatung
- soziale Gruppenarbeit
- Erziehungsbeistand, Betreuungshelfer
- sozialpädagogische Familienhilfe
- Erziehung in einer Tagesgruppe
- Vollzeitpflege
- Heimerziehung, sonstige betreute Wohnformen
- intensive sozialpädagogische Einzelbetreuung

Messzahlen	Einheit	Plan 2008
Betreuungsvolumen (Fachleistungsstunden)	Stunden	31.312,00
Fallzahl stationär	Person	130

Finanzen in EUR	Ansatz
1 Einzahlungen	211.500
2 Auszahlungen	4.369.900
3 Liquiditätssaldo	-4.158.400
4 Erträge	211.500
5 Aufwendungen	4.369.900
6 Ergebnis	-4.158.400

Die Übersichtlichkeit der Haushaltsdarstellung, insbesondere durch die **Begrenzung der Darstellung auf wesentliche Produkte** der Stadt Neubrandenburg, ist positiv zu vermerken. In den Produktblättern sind durchgängig Ziele, Grund- und Kennzahlen vermerkt. Allerdings sind die Kennzahlendichte und die Operationalisierung der Produktziele noch entwicklungsfähig.

Sehr zu begrüßen sind die Summenübersichten zu den wesentlichen und sonstigen Produkten, die den einzelnen Teilhaushalten gemäß der Landeskonzeption vorangestellt sind. Dadurch wird platzsparend die Wiedergabe von Teilergebnis- und Teilfinanzhaushalten bei den einzelnen Produkten vermieden.

Es wäre eine Überlegung wert, ob die Teilhaushalte 3 und 5 der Stadt Neubrandenburg mit jeweils mehr als 30 Produkten nicht in Zukunft auf mindestens zwei Teilhaushalte aufgeteilt werden sollen, um die Transparenz der sich aktuell über sechs bzw. sieben Haushaltsseiten erstreckenden Summenübersichten zu erhöhen. Die Stadt wird jedoch auskunftsgemäß auf eine weitere Unterteilung verzichten, da die Teilhaushalte der Organisationsstruktur der Stadtverwaltung entsprechen und durch die Deckungsfähigkeit in den Fachbereichsbudgets dem Prinzip der dezentralen Ressourcenverantwortung entsprochen werden soll.

8 Kommunale Doppik in Niedersachsen als Neues Kommunales Rechnungswesen (NKR)

8.1 Die Situation in Niedersachsen

Doppik spätestens ab 2012

Zum 15.11.2005 wurden die Grundlagen für ein ausschließlich doppisches Haushalts- und Rechnungswesen in der Niedersächsischen Gemeindeordnung verankert. Durch das Gesetz zur Neuordnung des Gemeindehaushaltsrechts und zur Änderung gemeindewirtschaftlicher Vorschriften traten die Regelungen des niedersächsischen NKR am 1.1.2006 mit einem grundsätzlichen Übergangszeitraum bis zum 31.12.2011 in Kraft. Allerdings kann das Innenministerium zulassen, dass die Neuordnung des Haushalts- und Rechnungswesens nach den Vorschriften dieses Gesetzes in begründeten Einzelfällen erst zu einem späteren Zeitpunkt als dem Haushaltsjahr 2012 erfolgen darf. Die Gemeindehaushalts- und -kassenverordnung (GemHKVO-NI) wurde mit Datum 22.12.2005 herausgegeben.

Die Weiterentwicklung des ursprünglich in der Stadt Wiesloch umgesetzten NKR-Konzeptes („Speyerer Verfahren") erfolgte durch die Stadt Uelzen und die Samtgemeinde Dannenberg als Pilotkommunen für Niedersachsen. Bei der Stadt Uelzen wurde der Doppikumstieg bereits zum 1.1.2003 vollzogen. Auf den Ergebnissen der Pilotierung aufbauend erprobte die Stadt Salzgitter die Festlegungen zum NKR aus Sicht der niedersächsischen Großstädte und legte zum 1.1.2005 ihre Eröffnungsbilanz vor. Seit Bekanntmachung des neuen Gemeindehaushaltsrechts beschäftigt sich eine Arbeitsgemeinschaft von kommunalen Praktikern mit ausgewählten Detailfragen zur Umsetzung der Doppik. Unter www.mi.niedersachsen.de sind in der Rubrik Themen/Kommunen/Kommunales Haushaltsrecht die rechtlichen Regelungen und fachlichen Verlautbarungen zum niedersächsischen NKR verfügbar.

Umsetzungsstand in Niedersachsen

Nach den verfügbaren Informationen hatten etwa 20 Kommunalverwaltungen die Doppikumstellung bereits für 2007 geplant; eine größere Anzahl wollte für 2008 folgen. Zum Abschluss der Erhebungsphase (März 2008) lagen uns 6 doppische Haushalte vor, die in die fachliche Analyse einbezogen wurden. Davon werden drei Haushalte exemplarisch im Folgenden dargestellt. Die Kommentierungen zweier zusätzlicher Haushalte sind auf der beiliegenden CD enthalten.

Allgemeine Charakterisierung der doppischen Haushalte

Nach § 4 Abs. 1 GemHKVO-NI ist die Gliederung der Haushalte **ausschließlich an der örtlichen Verwaltungsgliederung** auszurichten. Die solcherart organisatorisch geprägten Teilhaushalte beinhalten die ihnen zugeordneten Produkte, für die im Produktrahmen eine verbindliche Mindestgliederung auf der Produktgruppenebene (bzw. Kontenebene bei der Grundsicherung für Arbeitssuchende nach SGB II) definiert ist.

Eine weitere niedersächsische Besonderheit stellt die **explizite Unterscheidung zwischen „Teilhaushalten" und „Budgets"** dar[85]. Sofern Budgets gebildet werden – dies ist keine Pflicht – muss die Budget-Verantwortung einer bestimmten Organisationseinheit zugeordnet werden. Demgegenüber sind Teilhaushalte Bestandteile des Haushaltsplans, die zur Gliederung des Haushalts eingerichtet werden müssen[86].

---

[85] Vgl. Rose (2008) S. 146 und (2008) S. 175.
[86] Vgl. Rose (2008) S. 146.

8.2 Wichtigste Vorschriften zur Haushaltsgliederung in Niedersachsen

Anlagen zum Haushaltsplan

Dem Haushaltsplan sind gemäß § 1 Abs. 2 GemHKVO-NI als Anlagen beizufügen:

- eine Übersicht über die ordentlichen und außerordentlichen Erträge und Aufwendungen mit den jeweiligen Gesamtsummen der Teilhaushalte des Ergebnishaushalts (Übersicht Ergebnishaushalt),
- eine Übersicht über die Einzahlungen, Auszahlungen und Verpflichtungsermächtigungen mit den jeweiligen Gesamtsummen der Teilhaushalte des Finanzhaushalts (Übersicht Finanzhaushalt),
- der Vorbericht,
- das Haushaltssicherungskonzept, wenn ein solches erstellt werden muss,
- eine Übersicht über die aus Verpflichtungsermächtigungen in den einzelnen Jahren voraussichtlich fällig werdenden Auszahlungen, wobei für Auszahlungen, die in den Jahren fällig werden, auf die sich die mittelfristige Ergebnis- und Finanzplanung noch nicht erstreckt, die voraussichtliche Deckung des Zahlungsmittelbedarfs dieser Jahre besonders dargestellt wird,
- eine Übersicht über den voraussichtlichen Stand der Schulden zu Beginn des Haushaltsjahres,
- die letzte Vermögensrechnung und Bilanz sowie der letzte konsolidierte Gesamtabschluss,
- die zuletzt aufgestellten Wirtschaftspläne und die neuesten Jahresabschlüsse der Sondervermögen, für die Sonderrechnungen geführt werden,
- die zuletzt aufgestellten Wirtschaftspläne und die neuesten Jahresabschlüsse der kommunalen Anstalten sowie der Unternehmen und Einrichtungen mit eigener Rechtspersönlichkeit, an denen die Gemeinde mit mehr als 50 vom Hundert beteiligt ist,[87]
- der Bericht der Gemeinde über ihre Unternehmen und Einrichtungen in der Rechtsform des privaten Rechts und ihre Beteiligung daran sowie über ihre kommunalen Anstalten (§ 116 a NGO), sofern der Bericht nicht bereits anderweitig veröffentlicht ist,
- eine Übersicht über die Produktgruppen und
- eine Übersicht über die gebildeten Budgets.

Von den niedersächsischen Kommunen wird verlangt, dass spezielle Summenübersichten über die ordentlichen und außerordentlichen Erträge und Aufwendungen des Ergebnishaushalts sowie die Einzahlungen, Auszahlungen und Verpflichtungsermächtigungen des Finanzhaushalts nach den gebildeten Teilhaushalten erstellt werden. Eine Zusammenfassung der Teilhaushalte auf die finanzstatistischen Produktbereiche wird dagegen in Niedersachsen nicht gefordert. Die Übersicht zum Finanzhaushalt ist zur Verdeutlichung der an die Kommunen gestellten Anforderungen nachstehend wiedergegeben:

---

[87] Die Anlage kann entfallen, wenn der Beteiligungsbericht (vgl. nachfolgender Aufzählungspunkt) dem Haushaltsplan beigefügt wird und die wesentlichen Aussagen der Wirtschaftspläne und Jahresabschlüsse zur Wirtschaftslage und zur voraussichtlichen Entwicklung der kommunalen Anstalten, Unternehmen und Einrichtungen enthält.

Anlage 5

Übersicht Finanzhaushalt
(Muster 5)

Übersicht über die Einzahlungen, Auszahlungen und Verpflichtungsermächtigungen mit den jeweiligen Gesamtsummen der Teilhaushalte des Finanzhaushalts gem. § 1 Abs. 2 Nr. 2 GemHKVO

A:

Finanz-haushalt	Einzahlungen aus laufender Verwaltungs-tätigkeit -Euro-	Auszahlungen aus laufender Verwaltungs-tätigkeit -Euro-	Saldo aus laufender Verwaltungs-tätigkeit -Euro-	Einzahlungen für Investitions-tätigkeit -Euro-	Auszahlungen für Investitions-tätigkeit -Euro-	Saldo aus Investitions-tätigkeit -Euro-	Einzahlungen aus Finanzierungs-tätigkeit -Euro-	Auszahlungen aus Finanzierungs-tätigkeit -Euro-	Saldo aus Finanzierungs-tätigkeit -Euro-	Veränderung Bestand an Zahlungs-mitteln -Euro-	Verpflichtungs-ermächti-gungen -Euro-
1	2	3	4	5	6	7	8	9	10	11	12
Teilhaushalt (1)											
Teilhaushalt (2)											
Teilhaushalt (..)											
Summe											

B:

Zusammenfassung	Einzahlungen	Auszahlungen
Laufende Verwaltungstätigkeit		
Investitionstätigkeit		
Finanzierungstätigkeit		
Summe		

RdErl. d. MI v. 04.12.2006 (Nds. MBl. Nr. 2/2007, S. 42) Stand: Januar 2007

Eine weitere Besonderheit stellen die Festlegungen in § 15 Abs. 5, 6 GemHKVO-NI dar, wonach im Ergebnishaushalt eine **Rücklagenzuführung** von Überschüssen des ordentlichen bzw. des außerordentlichen Ergebnisses zu veranschlagen ist. Sind **Jahresfehlbeträge** aus Vorjahren aufgelaufen, so werden diese in Summe unterhalb des geplanten Jahresergebnisses (nachrichtlich) dargestellt.

Auch in Niedersachsen wird gemäß § 9 Abs. 1 GemHKVO-NI die integrierte mittelfristige Ergebnis- und Finanzplanung in die Gesamt- und Teilhaushalte einbezogen.

Stadt Göttingen

Gliederung des Ergebnisplans

Auch Niedersachsen hat zahlreiche Formblätter herausgegeben. Die Gliederung des Ergebnisplans wird am Beispiel des Landkreises Diepholz veranschaulicht:[88]

Ergebnisplan

Erträge und Aufwendungen	Ergebnis 2005 - Euro -	Ansatz 2006 - Euro -	Ansatz 2007 - Euro -	Ansatz 2008 - Euro -	Ansatz 2009 - Euro -	Ansatz 2010 - Euro -
01. Steuern und ähnliche Abgaben	-2.308.854,97	-2.256.000	-1.198.000	-1.198.000	-1.198.000	-1.198.000
02. Zuwendungen u. allgem. Umlagen	-107.809.201,58	-111.008.800	-125.489.025	-125.314.039	-125.805.039	-126.276.039
03. Auflösungserträge aus Sonderposten			-1.835.200	-2.060.200	-1.835.200	-1.835.200
04. Sonstige Transfererträge	-7.502.491,75	-6.602.800	-6.318.712	-6.263.112	-6.263.112	-6.263.112
05. öffentlich-rechtliche Entgelte	-8.248.301,99	-7.204.100	-7.438.410	-7.583.910	-7.421.410	-7.421.410
06. privatrechtliche Entgelte	-442.516,09	-342.000	-315.318	-315.318	-315.318	-315.318
07. Kostenerstattungen und Kostenumlagen	-55.344.207,07	-52.935.300	-55.698.770	-55.698.770	-55.698.770	-55.698.770
08. Zinsen und ähnliche Finanzerträge	-2.589.598,87	-1.471.800	-1.440.100	-1.404.100	-1.404.000	-1.404.000
09. aktivierte Eigenleistung						
10. Bestandsveränderungen				0	0	0
11. sonstige ordentliche Erträge	-595.699,55	-190.600	-138.600	-138.600	-138.600	-138.600
12. Summe ordentliche Erträge	**-184.840.871,87**	**-182.011.400**	**-199.872.135**	**-199.976.049**	**-200.079.449**	**-200.550.449**
13. Personalaufwendungen	33.862.768,64	32.305.300	32.108.822	32.106.902	32.106.902	32.106.902
14. Versorgungsaufwendungen	66.449,92	8.800	8.000	8.000	8.000	8.000
15. Aufwendungen für Sach- und Dienstleistungen	16.465.712,57	11.156.600	12.693.751	12.424.859	12.455.226	12.472.726
16. Abschreibungen	8.727,01	9.000	3.374.800	3.366.200	3.366.200	3.366.200
17. Zinsen und ähnliche Aufwendungen	5.698.658,79	5.699.000	6.041.000	5.860.000	5.753.000	5.656.000
18. Transferaufwendungen	95.376.042,23	97.440.500	98.727.690	98.600.990	98.574.090	98.627.190
19. sonstige ordentliche Aufwendungen	53.326.497,50	61.859.200	44.479.299	44.613.469	44.485.469	44.526.769
20. Überschuss gem. § 15 Abs. 5 GemHKVO			2.438.773	2.995.629	3.330.562	3.786.662
21. Summe ordentliche Aufwendungen	**204.804.856,66**	**208.478.400**	**199.872.135**	**199.976.049**	**200.079.449**	**200.550.449**
22. Ordentliches Ergebnis	**19.963.984,79**	**26.467.000**	**0**	**0**	**0**	**0**
23. außerordentliche Erträge						
24. außerordentliche Aufwendungen						
25. Überschuss gem. § 15 Abs. 6 GemHKVO						
26. Summe aus Zeile 23 und 24						
27. außerordentliches Ergebnis						
28. Jahresergebnis	**19.963.984,79**	**26.467.000**	**0**	**0**	**0**	**0**

---

[88] Landkreis Diepholz (2007) S. 48 (PDF).

Gliederung des Finanzplans

Ebenso, wie der Ergebnisplan, wird auch die Gliederung des Finanzplans anhand des Landkreises Diepholz verdeutlicht:[89]

Finanzplan

Einzahlungen und Auszahlungen	Ergebnis 2005 - Euro -	Ansatz 2006 - Euro -	Ansatz 2007 - Euro -	Ansatz 2008 - Euro -	Ansatz 2009 - Euro -	Ansatz 2010 - Euro -
01. Steuern und ähnliche Abgaben			-1.198.000	-1.198.000	-1.198.000	-1.198.000
02. Zuwendungen und allgemeine Umlagen			-125.489.025	-125.314.039	-125.805.039	-126.276.039
03. Sonstige Transfereinzahlungen			-6.318.712	-6.263.112	-6.263.112	-6.263.112
04. Öffentlich-rechtliche Entgelte			-7.438.410	-7.583.910	-7.421.410	-7.421.410
05. Privatrechtliche Entgelte			-315.318	-315.318	-315.318	-315.318
06. Kostenerstattungen und Kostenumlagen			-55.698.770	-55.698.770	-55.698.770	-55.698.770
07. Zinsen und ähnliche Einzahlungen			-1.440.100	-1.404.100	-1.404.000	-1.404.000
08. Einzahl. aus d. Veräußerung geringwert. VGG						
09. Sonstige haushaltswirksame Einzahlungen			-27.000	-27.000	-27.000	-27.000
10. Einzahlungen aus lfd. Verwaltungstätigkeit			-197.925.335	-197.804.249	-198.132.649	-198.603.649
11. Personalauszahlungen			32.108.822	32.106.902	32.106.902	32.106.902
12. Versorgungsauszahlungen			8.000	8.000	8.000	8.000
13. Auszahl. f. Sach- u. Dienstl. u. geringw....			12.693.751	12.424.859	12.455.226	12.472.726
14. Zinsen und ähnliche Auszahlungen			6.041.000	5.860.000	5.753.000	5.656.000
15. Transferauszahlungen			98.674.590	98.494.790	98.414.790	98.414.790
16. Sonstige haushaltswirksame Auszahlungen			44.367.699	44.501.869	44.373.869	44.415.169
17. Sum. Auszahlungen a. lauf. Verwaltungstätigk.			193.893.862	193.396.420	193.111.787	193.073.587
18. Saldo aus laufender Verwaltungstätigkeit			-4.031.473	-4.407.829	-5.020.862	-5.530.062
19. Einzahl. aus Zuwendg. für Invest.tätigkeit			-7.745.000	-7.664.000	-7.478.000	-7.445.000
20. Einzahl. aus Beiträgen u.ä. Entgelten						
21. Einzahl. a.d. Veräußerung v. Sachvermögen			-2.500	-2.500	-2.500	-2.500
22. Einzahl. aus Finanzvermögensanlagen			-800	-800	-800	-800
23. Einzahl. für sonst. Invest.-tätigkeit						
24. Summe Einzahlungen Invest.-tätigkeit			-7.748.300	-7.667.300	-7.481.300	-7.448.300
25. Auszahl. f.d. Erw. v.Grdstcken. u.Gebäuden			3.000	3.000	3.000	3.000
26. Auszahlungen für Baumaßnahmen			1.580.000	970.500	107.500	1.117.500
27. Auszahl. f.d. Erw.v. bewegl. Sachvermögen			839.300	612.600	319.600	288.600
28. Auszahlungen für Finanzvermögensanlagen						
29. Auszahlungen f. aktivierbare Zuwendungen			8.188.000	7.143.000	7.143.000	7.643.000
30. Sonstige Investitionstätigkeit						
31. Summe Auszahlungen aus Investitionstätigkeit			10.610.300	8.729.100	7.573.100	9.052.100
32. Saldo aus Investitionstätigkeit			2.862.000	1.061.800	91.800	1.603.800
33. Finanzierungsmittel-Überschuss/-Fehlbetrag			-1.169.473	-3.346.029	-4.929.062	-3.926.262
34. Einzahlungen aus Finanzierungstätigkeit			-10.009.600	-12.254.600	-15.714.900	-5.558.000
35. Auszahlungen aus Finanzierungstätigkeit			10.805.200	14.584.800	19.192.500	7.920.300
36. Saldo aus Finanzierungstätigkeit			795.600	2.330.200	3.477.600	2.362.300
37. Finanzierungsmittelbestand			-373.873	-1.015.829	-1.451.462	-1.563.962
38. voraussichtlicher Bestand an Zahlungsmitteln am Anfang des Haushaltsjahres			41.128.491	40.754.618	40.238.789	39.287.327
39. voraussichtlicher Bestand an Zahlungsmitteln am Ende des Haushaltsjahres			40.754.618	40.238.789	39.287.327	37.723.365

---

[89] Lankreis Diepholz (2007) S. 50 (PDF).

Teilhaushalte

Für jeden **Teilergebnishaushalt** wird ein Jahresergebnis dargestellt. Soweit Erträge und Aufwendungen aus internen Leistungsbeziehungen erfasst werden, werden entsprechende Ansätze in den jeweiligen Teilhaushalt aufgenommen.

In den **Teilfinanzhaushalten** werden Investitionen und Investitionsförderungsmaßnahmen, die sich über mehrere Jahre erstrecken, und Investitionen und Investitionsförderungsmaßnahmen oberhalb einer von der Gemeinde festgelegten Wertgrenze einzeln dargestellt. Unbedeutende Investitionen und Investitionsförderungsmaßnahmen können in einem Ansatz zusammengefasst werden. In jedem Teilhaushalt werden die wesentlichen Produkte mit den dazugehörenden Leistungen und die zu erreichenden **Ziele** mit den dazu geplanten **Maßnahmen** beschrieben sowie **Kennzahlen** zur Zielerreichung bestimmt.

8.3 Praxis der bislang vorliegenden doppischen Haushalte in Niedersachsen

8.3.1 Stadt Göttingen 2008

Der erste doppische Haushalt der Stadt (rund 121.500 Einwohner) hat einen Umfang von rund 480 Seiten und ist grundsätzlich in fünf referatsbezogene und 15 fachbereichsbezogene **Teilhaushalte** untergliedert. Diesen Teilhaushalten sind insgesamt 193 städtische Produkte in 84 Produktgruppen zugeordnet. Je ein Teilergebnis- und Teilfinanzhaushalt sowie die Investitionen und eine Übersicht nach Sachkonten (im sog. Finanzbudget) werden neben diesen Teilhaushalten zusätzlich für zehn Sonderteilhaushalte wiedergegeben. Daraus resultiert folgende Teilhaushaltsstruktur:

- Teilhaushalt 01 – Referat des Oberbürgermeisters
- Teilhaushalt 02 – Referat Gleichstellungsbeauftragte
- Teilhaushalt 03 – Referat Rechnungsprüfungsamt
- Teilhaushalt 04 – Referat Recht
- Teilhaushalt 05 – Referat Büro für Integration
- Teilhaushalt 11 – Fachbereich Personal und Organisation
  - mit dem Sonderteilhaushalt: Teilhaushalt 11O – Ortsräte
- Teilhaushalt 20 – Fachbereich Finanzen
  - mit dem Sonderteilhaushalt: Teilhaushalt 20F – Finanzbudget/Stiftungen
- Teilhaushalt 32 – Fachbereich Ordnung
- Teilhaushalt 37 – Fachbereich Feuerwehr
  - mit dem Sonderteilhaushalt: Teilhaushalt 37R – Rettungsdienst
- Teilhaushalt 40 – Fachbereich Schule
- Teilhaushalt 41 – Fachbereich Kultur
- Teilhaushalt 50 – Fachbereich Soziales
  - mit den Sonderteilhaushalten: Teilhaushalt 50P – Sozialhilfe – Pflicht –
    Teilhaushalt 50N – Sozialhilfe – Neutral –
- Teilhaushalt 51 – Fachbereich Jugend
  - mit den Sonderteilhaushalten: Teilhaushalt 51W – Wirtschaftliche Jugendhilfe
    Teilhaushalt 51U – Unterhaltsvorschussgesetz
    Teilhaushalt 51F – Freie Träger

- Teilhaushalt 53 – Fachbereich Gesundheitsamt
- Teilhaushalt 55 – Städtische Kindertagesstätten
- Teilhaushalt 60 – Fachbereich Bauverwaltung und -ordnung
- Teilhaushalt 61 – Fachbereich Planung und Vermessung
- Teilhaushalt 66 – Fachbereich Tiefbau
- Teilhaushalt 67 – Fachbereich Stadtgrün und Umwelt
    - mit dem Sonderteilhaushalt: Teilhaushalt 67F – Friedhöfe
- Teilhaushalt 80 – Fachbereich Gebäude und Immobilien

Aus dem Teilhaushalt des Fachbereichs Schule zeigen wir nachfolgend die Produktübersicht und die Beschreibung zum Produkt **Gymnasien**:

Produktgruppe	Produkte
40 01 Schulen	40 01 01 Grundschulen
	40 01 02 Hauptschulen
	40 01 03 Realschulen
	40 01 04 Gymnasien
	40 01 05 Gesamtschulen
	40 01 06 Förderschulen
	40 01 07 Förderung von Schulen in freier Trägerschaft

Nr.	Bezeichnung
40 01 04	**Gymnasien**
	Kurzbeschreibung
	Das Gymnasium ist eine weiterführende Schule, in der Bildungsabschlüsse bis zur Hochschulreife erworben werden können. Die Stadt Göttingen schafft die Voraussetzungen für den Schul- und Unterrichtsbetrieb. Dazu gehört die Bereitstellung und Unterhaltung der Schulgebäude und der Grundstücksflächen, die Ausstattung der Räume sowie die Bereitstellung des Personals für Sekretariats-, Hausmeister- und Reinigungstätigkeiten.
	Ziele
	Budgetverbesserungen im Sachkostenbudget (Minderausgaben) im Bereich der den Schulen zugewiesenen Mittel (Schulbudget) werden auch weiterhin den Schulen im Ergebnishaushalt zu 100 % belassen. Das vom Rat der Stadt Göttingen am 06.06.97 beschlossene Konzept „Energiemanagement an Göttinger Schulen" hat grundsätzlich weiterhin Gültigkeit. Den Schulen werden weiterhin 30 % der eingesparten Mittel zur Verfügung gestellt. An der Wahlfreiheit im Bereich der Sekundarstufe I wird unter Beibehaltung der Verteilungsverfahren festgehalten, sofern es die gesetzlichen Regelungen erlauben. Die Fortführung der an den Grundschulen der Stadt Göttingen bestehenden Integrationsklassen wird - bei Bedarf - sichergestellt, sofern die räumlichen und personellen Ressourcen bereitgestellt werden können. Am Hainberg-Gymnasium (Haupthaus) wird mit dem Bau der Mensa begonnen.

Stadt Göttingen 235

Leider werden die Produktbeschreibungen noch nicht mit **Grund- und Kennzahlen** unterlegt. In den Zielbeschreibungen werden zudem nur in einzelnen Produkten operationalisierbare und konkret auf die Leistung bezogene Angaben gemacht.

Ein Auszug aus dem (Finanz-) **Budget nach Sachkonten** für den Fachbereich Schule verdeutlicht, dass eine differenzierte interne Budgetierung bereits umgesetzt ist und dabei auch eine interne Leistungsverrechnung auf Grundlage der städtischen Kosten- und Leistungsrechnung existiert:

Finanzbudget nach Sachkonten
Stadt Göttingen

14. November 2007

Haushaltsjahr 2008
Filter Nr.: 3000050..5999900, Budgetfilter: STANDARD, KST-2.GruppeFilter: 40

Nr.	Bezeichnung	Ansatz Vorjahr 2007	Ansatz Haushaltsjahr 2008	Finanzplan 1 2009	Finanzplan 2 2010	Finanzplan 3 2011
4291100	Dienstleistungen der KDS	0,00	5.700,00	5.700,00	5.700,00	5.700,00
4291200	Beratung von Fachpersonal	0,00	15.000,00	15.000,00	15.000,00	15.000,00
4291900	Sonstige Dienstleistungen Dritter	0,00	470.600,00	470.600,00	470.600,00	470.600,00
4299700	Aufwendungen sonstige Sach- und Dienstleistungen	0,00	491.300,00	491.300,00	491.300,00	491.300,00
4299800	Aufwendungen für Sach- und Dienstleistungen	0,00	6.509.400,00	6.551.900,00	6.388.900,00	6.667.900,00
4318000	Zuweisungen und Zuschüsse für laufende Zweckean de	0,00	288.300,00	288.300,00	288.300,00	288.300,00
4319700	Zuweisungen und Zuschüsse für laufende Zwecke	0,00	288.300,00	288.300,00	288.300,00	288.300,00
4399800	Transferaufwendungen	0,00	288.300,00	288.300,00	288.300,00	288.300,00
4429100	Mitgliedsbeiträge	0,00	2.700,00	2.700,00	2.700,00	2.700,00
4429200	Schülerbeförderungskosten	0,00	182.000,00	182.000,00	182.000,00	182.000,00
4429600	Übrige Aufwendungen für die Inanspruchnahme von Re	0,00	5.000,00	5.000,00	5.000,00	5.000,00
4429700	Sonstige Aufwendungen für die Inanspruchnahme von	0,00	189.700,00	189.700,00	189.700,00	189.700,00
4429800	Aufwendungen für die Inanspruchnahme von Rechten u	0,00	189.700,00	189.700,00	189.700,00	189.700,00
4431100	Bürobedarf	0,00	47.000,00	47.000,00	47.000,00	47.000,00
4431110	Druckkosten (extern)	0,00	6.200,00	6.200,00	6.200,00	6.200,00
4431120	Bücher und Zeitschriften	0,00	25.600,00	25.600,00	25.600,00	25.600,00
4431130	Porto / Versand (extern)	0,00	1.100,00	1.100,00	1.100,00	1.100,00
4431140	Telefon- / Internetgebühren	0,00	29.600,00	29.600,00	29.600,00	29.600,00
4431150	Öffentliche Bekanntmachungen	0,00	5.700,00	5.700,00	5.700,00	5.700,00
4431160	Dienstfahrten und -reisen	0,00	1.100,00	1.100,00	1.100,00	1.100,00
4431180	Gebühren und Entgelte	0,00	28.100,00	28.100,00	28.100,00	28.100,00
4431190	Sonstige Geschäftsausgaben	0,00	8.600,00	8.600,00	8.600,00	8.600,00
4439700	Geschäftsaufwendungen	0,00	153.000,00	153.000,00	153.000,00	153.000,00
4441100	Sonstige Versicherungen	0,00	541.100,00	541.100,00	541.100,00	541.100,00
4449700	Steuern, Versicherungen, Schadensfälle	0,00	541.100,00	541.100,00	541.100,00	541.100,00
4458000	Erstatt. für Aufw. v. Dritten aus lfd. Verwaltungs	0,00	33.300,00	33.300,00	33.300,00	33.300,00
4459700	Erstattungen für Aufwendungen von Dritten aus lauf	0,00	33.300,00	33.300,00	33.300,00	33.300,00
4499800	Sonstige ordentliche Aufwendungen	0,00	917.100,00	917.100,00	917.100,00	917.100,00
4811100	ILV Raumkosten / Miete	0,00	78.500,00	78.500,00	78.500,00	78.500,00
4811110	ILV Beschaffungswesen	0,00	1.100,00	1.100,00	1.100,00	1.100,00
4811120	ILV Druckerei	0,00	2.900,00	2.900,00	2.900,00	2.900,00
4811130	ILV Poststelle	0,00	32.200,00	32.200,00	32.200,00	32.200,00
4811140	ILV Fahrbereitschaft	0,00	5.200,00	5.200,00	5.200,00	5.200,00
4811150	ILV Telefon- / Internetgebühren	0,00	4.900,00	4.900,00	4.900,00	4.900,00
4811200	ILV Vermessung / Geodaten	0,00	2.100,00	2.100,00	2.100,00	2.100,00
4811210	ILV Ingenieurleistungen	0,00	1.800,00	1.800,00	1.800,00	1.800,00
4811215	ILV Ingenieurleistungen (BauU)	0,00	674.400,00	674.400,00	674.400,00	674.400,00
4811220	ILV Bauhof	0,00	45.600,00	45.600,00	45.600,00	45.600,00
4811225	ILV Bauhof (BauU)	0,00	534.400,00	534.400,00	534.400,00	534.400,00
4819700	Aufwendungen aus internen Leistungsbeziehungen	0,00	1.383.100,00	1.383.100,00	1.383.100,00	1.383.100,00
4899800	Aufwendungen aus internen Leistungsbeziehungen	0,00	1.383.100,00	1.383.100,00	1.383.100,00	1.383.100,00
4999900	Aufwendungen	0,00	12.106.600,00	12.149.100,00	11.986.100,00	12.265.100,00

Stadt Göttingen

Aus dem Teilhaushalt des Fachbereichs Jugend wird im Folgenden der Sonderhaushalt **Freie Träger** (Förderung von Kindertageseinrichtungen freier Träger) dargestellt:

Nr.	Bezeichnung
51 01 01	**Förderung v. Kindertageseinrichtungen freier Träger**
	Kurzbeschreibung
	- Berechnung und Bewilligung der Budgets für und Zuwendungen an freie und kirchliche Träger - Allgemeine Beratung der freien und kirchlichen Träger - Fachberatung für Kindertagesstätten
	Ziele
	Weiterer Ausbau des Krippenangebots und bedarfsgerechte Schaffung von Dreiviertel- und Ganztagsplätzen in Kindergärten

Teilergebnisplan Teilhaushalt 51F Freie Träger

Stadt Göttingen

Nr.	Bezeichnung	Ergebnis 2006	Ansatz 2007	Ansatz 2008	Plan 2009	Plan 2010	Plan 2011
1	+ Steuern und ähnliche Abgaben	0,00	0,00	0,00	0,00	0,00	0,00
2	+ Zuwendungen und allgemeine Umlagen	0,00	0,00	70.900,00	70.900,00	70.900,00	70.900,00
3	+ Auflösungserträge aus Sonderposten	0,00	0,00	0,00	0,00	0,00	0,00
4	+ sonstige Transfererträge	0,00	0,00	0,00	0,00	0,00	0,00
5	+ öffentlich-rechtliche Entgelte	0,00	0,00	0,00	0,00	0,00	0,00
6	+ privatrechtliche Entgelte	0,00	0,00	0,00	0,00	0,00	0,00
7	+ Kostenerstattungen und Kostenumlagen	0,00	0,00	0,00	0,00	0,00	0,00
8	+ Zinsen und ähnliche Entgelte	0,00	0,00	0,00	0,00	0,00	0,00
9	+ aktivierte Eigenleistungen	0,00	0,00	0,00	0,00	0,00	0,00
10	+/- Bestandsveränderungen	0,00	0,00	0,00	0,00	0,00	0,00
11	+ sonstige ordentliche Erträge	0,00	0,00	0,00	0,00	0,00	0,00
12	= Summe ordentliche Erträge	0,00	0,00	70.900,00	70.900,00	70.900,00	70.900,00
13	- Aufwendungen für aktives Personal	0,00	0,00	0,00	0,00	0,00	0,00
14	- Aufwendungen für Versorgung	0,00	0,00	0,00	0,00	0,00	0,00
15	- Aufwendung. für Sach- und Dienstleistungen	0,00	0,00	0,00	0,00	0,00	0,00
16	- Abschreibungen	0,00	0,00	0,00	0,00	0,00	0,00
17	- Zinsen und ähnliche Aufwendungen	0,00	0,00	0,00	0,00	0,00	0,00
18	- Transferaufwendungen	0,00	0,00	11.447.500,00	11.447.500,00	11.447.500,00	11.447.500,00
19	- sonstige ordentliche Aufwendungen	0,00	0,00	15.400,00	15.400,00	15.400,00	15.400,00
20	= Summe ordentliche Aufwendungen	0,00	0,00	11.462.900,00	11.462.900,00	11.462.900,00	11.462.900,00
21	= ordentliches Ergebnis (ordentliche Erträge abzüglich ordentliche Aufwendungen)	0,00	0,00	-11.392.000,00	-11.392.000,00	-11.392.000,00	-11.392.000,00
22	+ außerordentliche Erträge	0,00	0,00	0,00	0,00	0,00	0,00
23	- außerordentliche Aufwendungen	0,00	0,00	0,00	0,00	0,00	0,00
24	= außerordentliches Ergebnis (a.o. Erträge abzüglich a.o. Aufwendungen)	0,00	0,00	0,00	0,00	0,00	0,00
25	= Jahresergebnis (Saldo ordentliches Ergebnis und außerordentliches Ergebnis)	0,00	0,00	-11.392.000,00	-11.392.000,00	-11.392.000,00	-11.392.000,00
26	+ Erträge aus internen Leistungsbeziehungen	0,00	0,00	0,00	0,00	0,00	0,00
27	- Aufwendungen aus int. Leistungsbeziehungen	0,00	0,00	227.400,00	227.400,00	227.400,00	227.400,00
28	= Saldo aus internen Leistungsbeziehungen	0,00	0,00	-227.400,00	-227.400,00	-227.400,00	-227.400,00
29	= Ergebnis unter Berücksichtigung der internen Leistungsbeziehungen	0,00	0,00	-11.619.400,00	-11.619.400,00	-11.619.400,00	-11.619.400,00

Teilfinanzplan Teilhaushalt 51F Freie Träger

Stadt Göttingen

Nr.	Bezeichnung	Ergebnis 2006	Ansatz 2007	Ansatz 2008	Plan 2009	Plan 2010	Plan 2011
20	+ Zuwendungen und allgemeine Umlagen	0,00	0,00	70.900,00	70.900,00	70.900,00	70.900,00
100	= Summe der Einzahlungen aus laufender Verwaltungstätigkeit	0,00	0,00	70.900,00	70.900,00	70.900,00	70.900,00
150	- Transferauszahlungen	0,00	0,00	11.447.500,00	11.447.500,00	11.447.500,00	11.447.500,00
160	- sonstige haushaltswirksame Auszahlungen	0,00	0,00	15.400,00	15.400,00	15.400,00	15.400,00
170	= Summe der Auszahlungen aus laufender Verwaltungstätigkeit	0,00	0,00	11.462.900,00	11.462.900,00	11.462.900,00	11.462.900,00
180	= Saldo aus laufender Verwaltungstätigkeit (Zeile 100 abzüglich Zeile 170)	0,00	0,00	-11.392.000,00	-11.392.000,00	-11.392.000,00	-11.392.000,00
240	= Summe der Einzahlungen aus Investitionstätigkeit	0,00	0,00	0,00	0,00	0,00	0,00
310	= Summe der Auszahlungen aus Investitionstätigkeit	0,00	0,00	0,00	0,00	0,00	0,00
320	= Saldo aus Investitionstätigkeit (Zeile 240 abzüglich Zeile 310)	0,00	0,00	0,00	0,00	0,00	0,00
330	= Finanzmittel-Überschuss/-Fehlbetrag (Summe Zeile 180 und 320)	0,00	0,00	-11.392.000,00	-11.392.000,00	-11.392.000,00	-11.392.000,00
360	= Saldo aus Finanzierungstätigkeit (Saldo aus Zeile 340 und 350)	0,00	0,00	0,00	0,00	0,00	0,00

Der städtische Haushalt ist redaktionell ansprechend gestaltet. Eine weitere Erhöhung der Transparenz wäre allerdings dadurch erreichbar, dass zum einen die Beschreibungen zu den Produkten um Grund- und Kennzahlen (auch zum Personaleinsatz) erweitert werden und zum anderen der Andruck von Nullansätzen in den Teilplänen unterbleibt.

8.3.2 Stadt Salzgitter 2008

Die Stadt Salzgitter (rund 107.000 Einwohner) hat neben der Stadt Uelzen das Landeskonzept in Niedersachsen seit 2002 mitgeprägt. Der erste doppische Haushalt wurde erst für das Jahr 2007 vorgelegt. Im Haushaltsjahr 2008 hat der Haushaltsplan einen Umfang von rund 1.000 Seiten (einschließlich eines Beteiligungsberichtes von rund 160 Seiten) und ist mit insgesamt 29 Teilhaushalten relativ feingliedrig unterteilt, wobei für jeden Fachdienst bzw. jedes Referat ein Teilhaushalt gebildet wurde. Abgesehen von vier Sonderbudgets spiegelt die Struktur der Teilhaushalte damit die Organisationsstruktur der Stadt wieder:

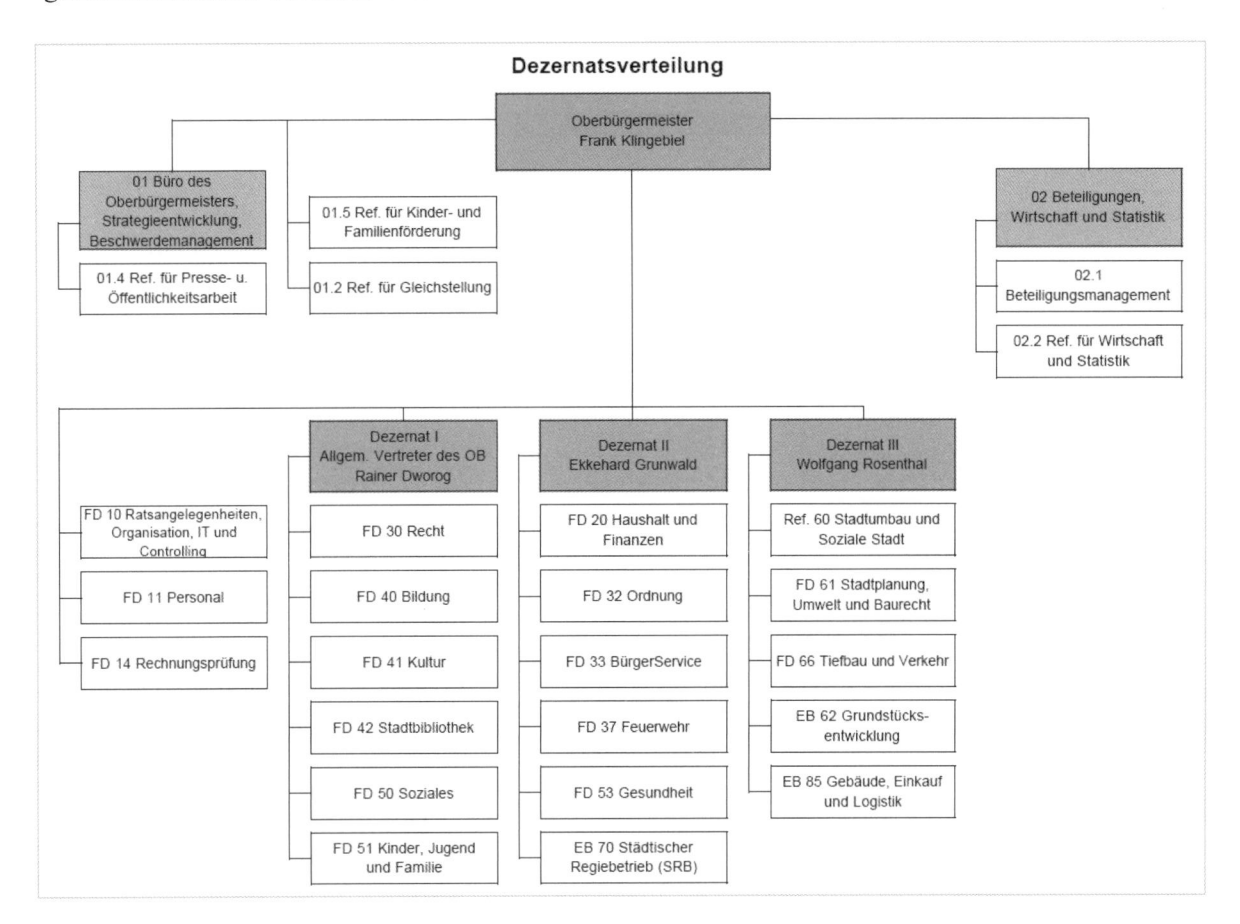

Dezernatsverteilung

Oberbürgermeister Frank Klingebiel

- 01 Büro des Oberbürgermeisters, Strategieentwicklung, Beschwerdemanagement
  - 01.4 Ref. für Presse- u. Öffentlichkeitsarbeit
  - 01.5 Ref. für Kinder- und Familienförderung
  - 01.2 Ref. für Gleichstellung
- 02 Beteiligungen, Wirtschaft und Statistik
  - 02.1 Beteiligungsmanagement
  - 02.2 Ref. für Wirtschaft und Statistik

Dezernat I – Allgem. Vertreter des OB Rainer Dworog
- FD 10 Ratsangelegenheiten, Organisation, IT und Controlling
- FD 11 Personal
- FD 14 Rechnungsprüfung
- FD 30 Recht
- FD 40 Bildung
- FD 41 Kultur
- FD 42 Stadtbibliothek
- FD 50 Soziales
- FD 51 Kinder, Jugend und Familie

Dezernat II – Ekkehard Grunwald
- FD 20 Haushalt und Finanzen
- FD 32 Ordnung
- FD 33 BürgerService
- FD 37 Feuerwehr
- FD 53 Gesundheit
- EB 70 Städtischer Regiebetrieb (SRB)

Dezernat III – Wolfgang Rosenthal
- Ref. 60 Stadtumbau und Soziale Stadt
- FD 61 Stadtplanung, Umwelt und Baurecht
- FD 66 Tiefbau und Verkehr
- EB 62 Grundstücksentwicklung
- EB 85 Gebäude, Einkauf und Logistik

Als Besonderheit im Salzgitteraner Produkthaushalt ist zu nennen, dass ausgewählte (Bilanz-)Kennzahlen dargestellt werden. Die Überlegungen zu einem kommunalen Kennzahlenset sind bereits im Jahr 2005 im Zusammenhang mit der Pilot-Eröffnungsbilanz der Stadt formuliert und in der Haushaltswirtschaft konsequent fortentwickelt worden (vgl. hierzu die ausführlich Darstellung auf der CD).

Innerhalb der Teilhaushalte werden insgesamt 124 städtische **Produkte** dargestellt. Aus dem Teilhaushalt des Fachdiensts Bildung wird zunächst das Produkt **Gymnasium** dargestellt:

Dez. I			Teilhaushalt - Produkte	
40	Fachdienst Bildung		Produktbuch	
136	Gymnasium			

Verantwortliche Person
Cramme, Michael

Produktbeschreibung
Erbringung von Leistungen für alle Gymnasien der Stadt Salzgitter sowie deren Schülerinnen und Schüler. Die Bildungsziele des Landes werden durch sächliche (Schulgebäude und deren Ausstattung) und personelle (Haus- und Verwaltungspersonal) Ressourcen der Stadt Salzgitter im Rahmen ihrer Finanzkraft unterstützt. Grundlage bilden das Niedersächsische Schulgesetz sowie Verordnungen und Erlasse einschließlich Beschlüsse des Rates der Stadt Salzgitter.

Zielgruppe
Gymnasialschülerinnen und -schüler sowie deren Erziehungsberechtigte; bedingt Vereine und Institutionen

Produktbezogene Ziele	
Zeitl. Ausrichtung	Ziel
keine Angabe	Angemessene Ausstattung der Schulen. Dabei ist der wirtschaftliche Betrieb der Schulen durch Übertragung weiterer Eigen- und Budgetverantwortung zu fördern.

Leistungen
keine Angaben

Kennzahl	Rechnung 2006	Plan 2007	Prognose 2007	Prognose 2008
Überschuss (+) /Zuschuss (-) pro Schüler Gymnasium	-152,50 €	-162,86 €	-162,86 €	-165,23 €

Dez. I
40 - Fachdienst Bildung
136 - Gymnasium

Teilhaushalt - Produkte
Teilergebnishaushalt

Erträge und Aufwendungen		Rechnungs-ergebnis 2006 -Euro-	Ansatz 2007 -Euro-	Ansatz 2008 -Euro-	Ergebnis-planung 2009 -Euro-	Ergebnis-planung 2010 -Euro-	Ergebnis-planung 2011 -Euro-
1	2	3	4	5	6	7	8
Ordentliche Erträge	KG						
1. Steuern und ähnliche Abgaben	30	0	0	0	0	0	0
2. Zuwendungen und allgemeine Umlagen	31	0	0	0	0	0	0
3. Auflösungserträge aus Sonderposten	316+337 +357	0	0	0	0	0	0
4. sonstige Transfererträge	32	0	0	0	0	0	0
5. öffentlich-rechtliche Entgelte	33	0	0	0	0	0	0
6. privatrechtliche Entgelte	34	19.147	14.900	14.900	15.049	15.198	15.347
7. Kostenerstattungen und Kostenumlagen	348	336.700	325.000	325.000	328.250	331.500	334.750
8. Zinsen und ähnliche Finanzerträge	36	0	0	0	0	0	0
9. aktivierte Eigenleistungen	371	0	0	0	0	0	0
10. Bestandsveränderungen	372	0	0	0	0	0	0
11. sonstige ordentliche Erträge	35	0	0	0	0	0	0
12. = Summe ordentliche Erträge		355.847	339.900	339.900	343.299	346.698	350.097
Ordentliche Aufwendungen							
13. Aufwendungen für aktives Personal	40	229.980	248.902	257.058	260.914	264.770	268.882
14. Aufwendungen für Versorgung	41	1.163	963	995	1.010	1.025	1.041
15. Aufwendungen für Sach- und Dienstleistungen	42	8.722	3.200	3.200	3.232	3.264	3.296
16. Abschreibungen	47	224.963	239.363	239.363	239.363	239.363	239.363
17. Zinsen und ähnliche Aufwendungen	45	0	0	0	0	0	0
18. Transferaufwendungen	43	76.220	79.400	105.000	105.880	106.760	107.640
19. sonstige ordentliche Aufwendungen	44	322.766	339.700	339.517	342.912	346.307	349.702
20. = Summe ordentliche Aufwendungen		863.814	911.528	945.133	953.310	961.488	969.924
21. ordentliches Ergebnis (Summe ordentliche Erträge abzüglich Summe ordentliche Aufwendungen ohne Zeile 20)		-507.967	-571.628	-605.233	-610.011	-614.790	-619.827
22. außerordentliche Erträge	50+531	0	0	0	0	0	0
23. außerordentliche Aufwendungen	51+532	0	0	0	0	0	0
24. außerordentliches Ergebnis (außerordentliche Erträge abzüglich außerordentliche Aufwendungen)		0	0	0	0	0	0
25. Jahresergebnis (Saldo aus dem ordentlichen und dem außerordentlichen Ergebnis) Überschuss (+)/Fehlbetrag (-)		-507.967	-571.628	-605.233	-610.011	-614.790	-619.827
nachrichtlich							
26. Erträge aus internen Leistungsbeziehungen	38	0	0	0	0	0	0
27. Aufwendungen aus internen Leistungsbeziehungen	48	0	0	0	0	0	0
28. Saldo aus internen Leistungsbeziehungen		0	0	0	0	0	0
29. Ergebnis unter Berücksichtigung der internen Leistungsbeziehungen		-507.967	-571.628	-605.233	-610.011	-614.790	-619.827

nachrichtlich
Gesamterträge			339.900	343.299	346.698	350.097
Gesamtaufwendungen			945.133	953.310	961.488	969.924
Abschluss			**-605.233**	**-610.011**	**-614.790**	**-619.827**

Dez. I
40 Fachdienst Bildung
136 Gymnasium

Teilhaushalt - Produkte
Kontenübersicht

	Rechnung 2006	Ansatz 2007	Ansatz 2008	Ansatz 2009	Ansatz 2010	Ansatz 2011
Erträge	355.847	339.900	339.900	343.299	346.698	350.097
Aufwendungen	-863.814	-911.528	-945.133	-953.310	-961.488	-969.924
Saldo	-507.967	-571.628	-605.233	-610.011	-614.790	-619.827

Z	SK	Erträge Name des Sachkontos	Rechnung 2006	Ansatz 2007	Ansatz 2008	Ansatz 2009	Ansatz 2010	Ansatz 2011
6	3411000	Mieten u. Pachten	1.170	1.300	1.300	1.313	1.326	1.339
6	3411100	Miete aus Schulraumnutzung	9.380	12.000	12.000	12.120	12.240	12.360
6	3461000	So. privatrechtliche Leistungsentgelte	8.597	1.600	1.600	1.616	1.632	1.648
7	3482000	Erstattung von Gemeinden u. -verbänden	336.700	325.000	325.000	328.250	331.500	334.750
		Summe der Erträge	355.847	339.900	339.900	1.313	1.326	1.339

Z	SK	Aufwendung Name des Sachkontos	Rechnung 2006	Ansatz 2007	Ansatz 2008	Ansatz 2009	Ansatz 2010	Ansatz 2011
13	4011000	Bezüge der Beamten	28.016	20.922	21.215	21.533	21.851	22.191
13	4012000	Dienstaufwendungen Arbeitnehmer	144.476	169.866	175.749	178.385	181.021	183.833
13	4018000	Dienstaufwendungen ABM-Kräfte	0	20	20	20	20	21
13	4021000	Beiträge zu Versorgungskassen für Beamte	11.655	8.808	9.099	9.235	9.372	9.518
13	4022000	Beiträge zu Versorgungskassen für Arbeitnehmer	13.195	14.486	14.977	15.202	15.426	15.666
13	4032000	Beiträge gesetzl. Sozialvers. für Arbeitnehmer	31.030	33.579	34.740	35.261	35.782	36.338
13	4041000	Beihilfen,Unterstützungsleist. für Beamte	1.147	753	778	790	801	814
13	4042000	Beihilfen,Unterstützungsleist. für Arbeitnehmer	147	217	221	224	228	231
13	4052000	Zuführung an die Versorgungsrücklage für Beamte	314	251	259	263	267	271
14	4141000	Beihilfe,Unterstützleist. für Versorgungsempfänger	1.163	963	995	1.010	1.025	1.041
15	4211000	Aufw. Unterhaltung Grundst. und bauliche Anlagen	6.500	0	0	0	0	0
15	4241300	Entgelte für Abfallentsorgung	2.222	3.200	3.200	3.232	3.264	3.296
18	4311100	Schulbudgets	76.220	79.400	105.000	105.880	106.760	107.640
19	4429300	Allgemeine Verwaltungsausgaben	0	0	17	17	17	17
19	4431750	Aufw. für Gutachten u.so.Beratungsleistungen	5.527	7.600	7.600	7.676	7.752	7.828
19	4431800	Reisekosten (Fahrtkosten, Tagegelder)	0	100	100	101	102	103
19	4441100	Versicherungsbeiträge u.ä.(für Geb.u.Einricht)	6.376	6.800	6.800	6.868	6.936	7.004
19	4452000	Erstattungen an Gemeinden u.Gemeindeverbände	310.800	325.000	325.000	328.250	331.500	334.750
19	4455100	Erstattungen an den SRB	63	200	0	0	0	0
16	4711001	Abs. auf immaterielle Vermögensgegenstände	525	0	0	0	0	0
16	4711700	Abs. auf Betriebs- und Geschäftsausstattung	224.438	239.363	239.363	239.363	239.363	239.363
		Summe der Aufwendungen	863.814	911.528	945.133	21.533	21.851	22.191

Legende: Z = Zeile in der Darstellung des Ergebnishaushaltes; SK = Sachkonto

Zusätzlich zu den Ertrags- und Aufwandsarten werden auch die jeweiligen **Sachkonten** mit angedruckt. Der Übersichtlichkeit wäre es zuträglich, wenn die ausgewiesenen Nullsalden systemseitig unterdrückt werden könnten.

Aus dem Teilhaushalt Kinder, Jugend und Familie wird als weiteres Beispiel das Produkt **Förderung von Kindern in Tageseinrichtungen und in Tagespflege** in verkürzter Form (Produktbeschreibung ohne Teilhaushalte und Sachkontenübersicht) vorgestellt:

Dez. I		Teilhaushalt - Produkte
51	Fachdienst Kinder, Jugend und Familie	Produktbuch
361	Förderung von Kindern in Tageseinrichtungen und in Tagespflege	

Verantwortliche Person
Göbhardt, Günther

Produktbeschreibung
Die Förderung von Kindern in Tageseinrichtungen und in Tagespflege umfasst familienergänzende bzw. –unterstützende Betreuung, Pflege, Erziehung und Bildung in Kindertagesstätten und in Tagespflege mit oder ohne Verpflegung. Die Pflichtigen entrichten Kostenbeiträge, soweit es sich um zumutbare Belastungen handelt, es sei denn, gesetzlich ist eine Freistellung von Elternbeiträgen festgelegt.
Rechtsgrundlage sind §§ 22ff SGB VIII sowie das nieders. KiTaG.

Zielgruppe
Familien mit Kindern
- bis vollendetem 3. Lebensjahr (Krippe, Tagespflege)
- ab 3 Jahre bis Einschulung (Kindergarten, Tagespflege)
- Schulkinder bis vollendetem 14. Lebensjahr (Hort, Tagespflege);
Personal in Kindertagesstätten sowie Kindertagespflegepersonen

Produktbezogene Ziele

Zeitl. Ausrichtung	Ziel
kurzfristig	Zuschussgewährung nach betriebswirtschaftlichen Grundsätzen
kurzfristig	Bedarfsgerechte Betreuung von Kindern
kurzfristig	Familienfreundliche Stadt Salzgitter - Entlastung und Unterstützung von Familien, Zusammenarbeit mit den Eltern zum Wohle des Kindes - Förderung der Vereinbarkeit von Familie und Beruf
kurzfristig	Qualitätsentwicklung in den Kindertagesstätten und in der Kindertagespflege durch Beratung, Fortbildung und Fortschreibung der Konzeptionen
kurzfristig	Weitere Ausbildung von Tagesbetreuungspersonen
kurzfristig	Erweiterung des Angebotes an Krippenplätzen

Leistungen
Jugendhilfe in Kindertagesstätten

Dez. I		Teilhaushalt - Produkte
51	Fachdienst Kinder, Jugend und Familie	Produktbuch
361	Förderung von Kindern in Tageseinrichtungen und in Tagespflege	

Tagespflege für Kinder

Kennzahl	Rechnung 2006	Plan 2007	Prognose 2007	Prognose 2008
Kosten eines KiTa-Platzes (alle Angebote)	5.009,00 €	4.990,00 €	4.990,00 €	4.907,15 €
Städtische Finanzierung der Kindertagesstätten (Anteil an Gesamtfinanzieru	56,20 %	56,00 %	56,00 %	59,01 %
Kostendeckungsgrad durch Eltern je Kita (einschl. Verpflegungskosten)	22,80 %	22,00 %	22,00 %	11,29 %
Platzangebotsquote Kindergarten	80,75 %	82,00 %	82,00 %	84,68 %

Hier zeigt sich bereits eine differenzierte Angabe von produktbezogenen **Grund- und Kennzahlen**, die allerdings noch ausbaufähig ist. Leider wird auch hier der Personaleinsatz (z. B. Anteil an Vollzeitäquivalenten, die für die Leistungserbringung in Anspruch genommen werden) nicht angegeben.

8.3.3 Landkreis Harburg 2008

Der Landkreis (rund 243.000 Einwohner) legt für 2008 den zweiten doppischen Haushalt nach der NKR-Umstellung im Jahr 2007 vor. Dieser untergliedert sich in neun organisationsbezogene **Teilhaushalte**, die jeweils mit einem Teilergebnis- und Teilfinanzhaushalt versehen sind:

- Teilhaushalt 0 Verwaltungsleitung, Stäbe etc.
- Teilhaushalt 1 Service
- Teilhaushalt 2 Ordnung
- Teilhaushalt 3 Soziales
- Teilhaushalt 4 Bauen
- Teilhaushalt 5 Kreiskrankenhaus, Heime
- Teilhaushalt 6 Strategische Steuerung
- Teilhaushalt 7 Selbstverwaltung, Kulturelle Angelegenheiten
- Teilhaushalt 8 Finanzbudget

Innerhalb dieser Teilhaushalte bildet der Landkreis zunächst als **Produktgruppen** insgesamt 35 Abteilungen, Einrichtungen und sonstige Organisationsbereiche und darunter 63 **Produkte** des Landkreises ab. Außerdem werden Produktleistungen in der Kosten- und Leistungsrechnung abgebildet. In den Stabstellen, den Bereichsleitungen und im Finanzbudget wurden auskunftsgemäß keine Produkte gebildet; hier werden die Aufwendungen und Erträge direkt gebucht und ggf. innerhalb der Kosten- und Leistungsrechnung verteilt. Für die Beratung in den Kreistagsgremien werden zu Konten und Einzelansätzen erweiterte Produktblätter erzeugt und in Dateiform zur Verfügung gestellt.

Bei der Budgetbildung hat der Landkreis die Regelung des § 4 Abs. 3 Satz 1 GemHKVO-NI zur höchstmöglichen Aggregation der Bewirtschaftungseinheiten genutzt und ein **Gesamtbudget** über sämtliche Teilhaushalte hinweg gebildet. Die Aufwendungen und Erträge bzw. Auszahlungen und Einzahlungen der Teilhaushalte summieren sich im Gesamtbudget zum Gesamtergebnis- und Gesamtfinanzhaushalt.

Landkreis Harburg 245

Als erstes Produktbeispiel wird nachstehend das durch die Abteilung Schule/ÖPNV/Sport bewirtschaftete Produkt **Allgemeine Schulverwaltung und Sport** vorgestellt:

Produkthaushalt **Landkreis Harburg**
2008

Teil A: Beschreibung des Produktes

Produktbereich:	Teilhaushalt 2 - Ordnung	Nr.:	2000000000
Produktgruppe:	Abteilung Schule / ÖPNV / Sport	Nr.:	3300000000
Produkt:	Allgemeine Schulverwaltung und Sport	Nr.:	3310000000
Verantwortlich:	Herr Heddendorp		

Kurzbeschreibung

Sicherstellung eines ordnungsgemäßen Schulbetriebes einschließlich des Medienzentrums und des Kreiseltern- und Schülerrates sowie der Schulsachkostenabrechnungen mit den Gemeinden. Bewirtschaftung und Abrechnung der Kreisschulbaukasse. Beteiligung bei Schulbauvorhaben (Neubau, Anbau, Sanierung etc.).
Abwicklung von Förderprogrammen;
Schulentwicklungsplanung;
Abwicklung und Durchführung der Sitzungen des Kreisschulausschusses;
Förderung des Sports (Übungsleiterbeihilfen und Talentförderung)

Auftragsgrundlage

1. Gesetzliche Pflichtaufgabe; NSchG, Förderrichtlinien
2. Freiwillige Leistung; Förderung des Sports

Zielgruppen (externe/interne Kunden)

Gemeinden
kreiseigene Schulen
Sportvereine
Landessportbund
Kreiseltern- / Kreisschülerrat
Landkreise des ehemaligen Reg.-Bezirks
Landesschulbehörde

Ziele des Produktes

- Reibungsloser Ablauf des Schulbetriebes
- Ausreichende Ausstattung der Schulen
- Bewirtschaftung und Veranlagung der Beiträge zur Kreisschulbaukasse
- Förderung von Schulbaumaßnahmen aus der Kreisschulbaukasse
- Umsetzung der Förderprogramme
- Sportförderung (Übungsleiterbeihilfen und Talentförderung)

Leistungen		Beteiligte Organisationseinheiten
3310010000	Allgemeine Schulverwaltung	Abt. 14, Betr. 83
3310011000	Unterstützung des Schulbetriebes	
3310012000	Schulsachkostenausgleichszahlungen	
3310013000	Kreisschulbaukasse	
3310014000	Schulentwicklung und Planung	
3310020000	Medienstelle - Landkreis Harburg	
3310030000	Sportförder. u. Sportstättennutzung	

Produkthaushalt 2008

Landkreis Harburg

Teil B: Ziele und Leistungen des Produktes

Zielvereinbarungszeitraum: 01.01.2008 - 31.12.2008

Operationale Ziele
- Termingerechte Vorbereitung, Nachbereitung sowie Beschlussdurchführung der Schulausschusssitzungen

Zielpriorität	Maßnahmen, Planungsgrundlagen und ggf. Erläuterungen zur Umsetzung der geplanten Ziele

L-Nr.	Daten zum Leistungsumfang	Plan 2008	Plan 2007	Ist 2006
3310010000	Schülerzahlen (einschl. Teilzeitschüler BBS)	68.600,00	34.200,00	68.160,00
3310020000	Zahl der Ausleihen im Medienzentrum - Medien	14.000,00	9.500,00	12.534,00
3310020000	Anzahl der Ausleihen im Medienzentrum - Geräte	4.800,00	2.200,00	4.508,00

Leistungsnr.:	Erläuterung zu Veränderungen des Leistungsumfangs

Teil C: Personalkapazitäten des Produktes

Personalkapazität	2008	2007	2006
Stellenanteile	34,41	33,22	31,74

Erläuterung zur Personalkapazität:
Die Abteilungsleitung ist 2006 nicht in den Stellenanteilen des Produktes enthalten.

Landkreis Harburg 247

Produkthaushalt 2008

Landkreis Harburg

Teil D: Ergebnis- und Kapazitätsplanung des Produktes

Teilergebnisplan

Produkt: Allgemeine Schulverwaltung und Sport   Nr.: 3310000000

	Ertrags- und Aufwandsarten	Ergebnis 2006 EUR 1	Ansatz 2007 EUR 2	Ansatz 2008 EUR 3	Planung 2009 EUR 4	Planung 2010 EUR 5	Planung 2011 EUR 6
	Ordentliche Erträge						
1.	Steuern und Abgaben	0,00	0	0	0	0	0
2.	Zuwendungen und allgemeine Umlagen	255.694,00	148.200	172.600	172.600	172.600	172.600
3.	Auflösungserträge aus Sonderposten	0,00	2.420.200	2.474.600	2.518.500	2.553.500	2.619.200
4.	sonstige Transfererträge	0,00	0	0	0	0	0
5.	öffentlich-rechtliche Entgelte	40.410,64	43.000	43.000	43.000	43.000	43.000
6.	privatrechtliche Entgelte	286,65	0	0	0	0	0
7.	Kostenerstattungen und Kostenumlagen	47.910,10	18.700	17.100	17.100	17.100	17.100
8.	Zinsen und ähnliche Finanzerträge	0,00	0	0	0	0	0
9.	aktivierte Eigenleistungen	0,00	0	0	0	0	0
10.	Bestandsveränderungen	0,00	0	0	0	0	0
11.	sonstige ordentliche Erträge	0,00	0	0	0	0	0
12.	= Summe ordentliche Erträge	344.301,39	2.630.100	2.707.300	2.751.200	2.786.200	2.851.900
	Ordentliche Aufwendungen						
13.	Personalaufwendungen	1.736.400,26	1.494.500	1.663.300	1.662.900	1.662.900	1.662.900
14.	Versorgungsaufwendungen	0,00	0	0	0	0	0
15.	Aufwendungen für Sach- und Dienstleistungen	1.821.279,79	1.944.100	2.049.600	2.049.600	2.049.600	2.049.600
16.	Abschreibungen	0,00	3.190.100	3.318.700	3.652.500	4.064.000	4.315.500
17.	Zinsen und ähnliche Aufwendungen	0,00	0	0	0	0	0
18.	Transferaufwendungen	1.232.182,90	1.239.100	1.258.500	1.258.500	1.258.500	1.258.500
19.	sonstige ordentliche Aufwendungen	24.974.002,89	26.329.300	24.689.100	24.639.100	24.589.100	24.589.100
20.	= Summe ordentliche Aufwendungen	29.763.865,84	34.197.100	32.979.200	33.262.600	33.624.100	33.875.600
21.	ordentliches Ergebnis Jahresüberschuss(+)/Jahresfehlbetrag (-) (= Zeilen 12 ./. 20)	-29.419.564,45	-31.567.000	-30.271.900	-30.511.400	-30.837.900	-31.023.700
22.	außerordentliche Erträge	0,00	0	0	0	0	0
23.	außerordentliche Aufwendungen	0,00	0	0	0	0	0
24.	Außerordentliches Ergebnis (= Zeilen 22 ./. 23)	0,00	0	0	0	0	0
25.	Jahresergebnis Überschuss (+) / Fehlbetrag (-) (= Zeilen 21 und 24)	-29.419.564,45	-31.567.000	-30.271.900	-30.511.400	-30.837.900	-31.023.700
26.	Erträge aus internen Leistungsbeziehungen	0,00	1.997.200	1.989.800	1.989.800	1.989.800	1.989.800
27.	Aufwendungen aus internen Leistungsbeziehungen	0,00	1.997.100	1.989.700	1.989.700	1.989.700	1.989.700
28.	Saldo aus internen Leistungsbeziehungen (= Zeilen 26 ./. 27)	0,00	100	100	100	100	100
29.	Ergebnis unter Berücksichtigung der internen Leistungsbeziehungen (= Zeilen 25 und 28)	-29.419.564,45	-31.566.900	-30.271.800	-30.511.300	-30.837.800	-31.023.600

Produkthaushalt 2008

Landkreis Harburg

Teilfinanzplan
Produkt: Allgemeine Schulverwaltung und Sport **Nr.:** 3310000000

	Einzahlungs- und Auszahlungsarten	Ergebnis 2006 EUR 1	Ansatz 2007 EUR 2	Ansatz 2008 EUR 3	VE 2008 EUR 4	Planung 2009 EUR 5	Planung 2010 EUR 6	Planung 2011 EUR 7
	Einzahlungen aus laufender Verwaltungstätigkeit							
1.	Steuern und ähnliche Abgaben	0,00	0	0	0	0	0	0
2.	Zuwendungen und allgemeine Umlagen	255.694,00	148.200	172.600	0	172.600	172.600	172.600
3.	sonstige Transfereinzahlungen	0,00	0	0	0	0	0	0
4.	öffentlich-rechtliche Entgelte	40.488,31	43.000	43.000	0	43.000	43.000	43.000
5.	privatrechtliche Entgelte	286,65	0	0	0	0	0	0
6.	Kostenerstattungen, Kostenumlagen	47.910,10	18.700	17.100	0	17.100	17.100	17.100
7.	Zinsen und ähnliche Einzahlungen	0,00	0	0	0	0	0	0
8.	Einzahlungen aus der Veräußerung geringwertiger Vermögensgegenstände	0,00	0	0	0	0	0	0
9.	sonstige haushaltswirksame Einzahlungen	0,00	0	0	0	0	0	0
10.	= Summe der Einzahlungen aus laufender Verwaltungstätigkeit	344.379,06	209.900	232.700	0	232.700	232.700	232.700
	Auszahlungen aus laufender Verwaltungstätigkeit							
11.	Personalauszahlungen	1.736.400,26	1.494.500	1.663.300	0	1.662.900	1.662.900	1.662.900
12.	Versorgungsauszahlungen	0,00	0	0	0	0	0	0
13.	Auszahlungen für Sach- und Dienstleistungen und für geringwertige Vermögensgegenstände	1.857.241,87	1.944.100	2.191.600	0	2.191.600	2.191.600	2.191.600
14.	Zinsen und ähnliche Auszahlungen	0,00	0	0	0	0	0	0
15.	Transferauszahlungen	1.232.182,90	1.239.100	1.258.500	0	1.258.500	1.258.500	1.258.500
16.	sonstige haushaltswirksame Auszahlungen	24.974.002,89	26.329.300	24.689.100	0	24.639.100	24.589.100	24.589.100
17.	= Summe der Auszahlungen aus laufender Verwaltungstätigkeit	29.799.827,92	31.007.000	29.802.500	0	29.752.100	29.702.100	29.702.100
18.	Saldo aus laufender Verwaltungstätigkeit (= Zeilen 10 und 17)	-29.455.448,86	-30.797.100	-29.569.800	0	-29.519.400	-29.469.400	-29.469.400
	Einzahlungen aus Investitionstätigkeit							
19.	Zuwendungen für Investitionstätigkeit	3.393.714,00	2.448.000	3.345.000	0	3.275.000	3.275.000	3.275.000
20.	Beiträge u.ä. Entgelte für Investitionstätigkeit	0,00	0	0	0	0	0	0
21.	Veräußerung von Sachvermögen	0,00	0	0	0	0	0	0
22.	Veräußerung von Finanzvermögensanlagen	0,00	0	0	0	0	0	0
23.	sonstige Investitionstätigkeit	2.594.021,33	2.487.000	2.466.000	0	2.466.000	2.466.000	2.466.000
24.	= Summe der Einzahlungen aus Investitionstätigkeit	5.987.735,33	4.935.000	5.811.000	0	5.741.000	5.741.000	5.741.000
	Auszahlungen aus Investitionstätigkeit							
25.	Erwerb von Grundstücken und Gebäuden	0,00	0	0	0	0	0	0
26.	Baumaßnahmen	0,00	0	0	0	0	0	0
27.	Erwerb von beweglichem Sachvermögen	1.721.754,98	1.585.000	1.327.000	100.000	1.152.000	1.152.000	1.152.000
28.	Erwerb von Finanzvermögensanlagen	0,00	0	0	0	0	0	0

Produkthaushalt 2008

Landkreis Harburg

Teilfinanzplan
Produkt: Allgemeine Schulverwaltung und Sport Nr.: 3310000000

	Einzahlungs- und Auszahlungsarten	Ergebnis 2006 EUR 1	Ansatz 2007 EUR 2	Ansatz 2008 EUR 3	VE 2008 EUR 4	Planung 2009 EUR 5	Planung 2010 EUR 6	Planung 2011 EUR 7
29.	Aktivierbare Zuwendungen	7.085.099,04	5.376.000	6.452.000	1.250.000	6.452.000	6.452.000	6.452.000
30.	Sonstige Investitionstätigkeit	1.119.155,49	794.000	1.305.000	700.000	1.305.000	1.305.000	1.305.000
31.	= Summe der Auszahlungen aus Investitionstätigkeit	9.926.009,51	7.755.000	9.084.000	2.050.000	8.909.000	8.909.000	8.909.000
32.	Saldo aus Investitionstätigkeit	-3.938.274,18	-2.820.000	-3.273.000	-2.050.000	-3.168.000	-3.168.000	-3.168.000
33.	= Finanzierungsmittelüberschuss / -fehlbetrag (= Zeile 18 und 32)	-33.393.723,04	-33.617.100	-32.842.800	-2.050.000	-32.687.400	-32.637.400	-32.637.400
34.	Einzahlungen aus Finanzierungstätigkeit; Aufnahme von Krediten u. inneren Darlehen für Invest.	0,00	0	0	0	0	0	0
35.	Auszahlungen aus Finanzierungstätigkeit; Tilgung von Krediten und Rückzahlung von inneren Darlehen	0,00	0	0	0	0	0	0
36.	Saldo aus Finanzierungstätigkeit	0,00	0	0	0	0	0	0
37.	Saldo aus Zeile 33 und 36	-33.393.723,04	-33.617.100	-32.842.800	-2.050.000	-32.687.400	-32.637.400	-32.637.400

Im Vergleich zu anderen Produkten des Landkreises bzw. zu anderen doppischen Produkthaushalten sind die Informationen zum Schulbereich recht knapp gehalten. Selbst auf der Leistungsebene wird kein direkter Bezug zu den Schulformen oder den einzelnen Schulen hergestellt. Es sind jedoch detaillierte Informationen aus dem Schulbereich systemseitig verfügbar.

Aus dem Bereich der **Kinder-, Jugend- und Familienhilfe** werden als weiteres Produktbeispiel die **Finanziellen Leistungen** im Verantwortungsbereich der Abteilung Jugend und Familie angeführt:

Produkthaushalt 2008

Landkreis Harburg

Teil A: Beschreibung des Produktes

Produktbereich:	Teilhaushalt 3 - Soziales	Nr.:	3000000000
Produktgruppe:	Abteilung Jugend und Familie	Nr.:	5100000000
Produkt:	Finanzielle Leistungen	Nr.:	5120000000
Verantwortlich:	Frau Rittmeyer		

Kurzbeschreibung

1. Elterngeld als finanzielle Unterstützung für Eltern in den ersten 12 bis 14 Lebensmonaten ihres Kindes. Bundeserziehungsgeld als finanzielle Unterstützung für Eltern in der 1. Lebensphase ihres Kindes (läuft Mitte 2009 aus).
2. Unterhaltsvorschuss als finanzielle Unterstützung für allein erziehende Elternteile, wenn der andere Elternteil sich der Pflicht zur Zahlung entzieht, das heißt Bewilligung und Rückgriff beim Verpflichteten
3. Bundesausbildungsförderung zur Erreichung eines optimalen Ausbildungszieles

Auftragsgrundlage

1. zu 51.2.1: Bundeselterngeldgesetz, Richtlinien zur Durchführung des BEEG, MuSchG, EstG, Elternzeit-VO, SGB I, III u. X, BGB, BHO, Aufenthaltsgesetz (AufenthaltG)
2. zu 51.2.2: UVG, Richtl. zur Durchf. d. UVG, BGB (Unterhaltsrecht), SGB I u. X, LHO
3. zu 51.2.3: BAföG, KJHG, BGB (Unterhalt u. Fristen), SGB I u. X, BHO

Zielgruppen (externe/interne Kunden)

Alleinerziehende Elternteile mit Kindern bis zum maximal 12. Lj. und Eltern von Leistungsempfängern
Schüler ab frühestens 10. Schulklasse
Eltern, bzw andere Personen, die Kinder in den ersten 12 bis 14 Monaten erziehen und betreuen

Ziele des Produktes

51.2.1:
Ziel ist es, die Vereinbarkeit von Familie und Beruf zu gewährleisten, sowie die partnerschaftliche Aufgabenverteilung in der Familie zu ermöglichen. Die Eltern sollen motiviert werden, den Wunsch nach Kindern zu realisieren.

51.2.2:
Den Schwierigkeiten begegnen, die allein erziehenden Elternteilen entstehen, wenn der andere Elternteil sich der Pflicht zur Zahlung entzieht und so viel wie möglich vom Verpflichteten zurückholen.

51.2.3:
Ziel des BAföG ist es, jedem jungen Menschen die Möglichkeiten zu geben, unabhängig von seiner sozialen und wirtschaftlichen Situation eine Ausbildung zu absolvieren, die seinen Fähigkeiten und Interessen entspricht.

Leistungen		Beteiligte Organisationseinheiten
5120010000	laufende Geldleistungen im 1. und/oder 2. Lebensjahr des Kindes	83, 50, 51.6 ,12, 21
5120011000	Elterngeld	83, 50, 51.6, 12, 21
5120020000	laufende Unterhaltsleistungen für max. 72 Lebensmonate Heranziehung	50, 51.1, 21, 12, 83
5120030000	laufende Geldleistungen während der Ausbildungszeit	51.3, 33, 50, 83, 12

Produkthaushalt **Landkreis Harburg**
2008

Teil B: Ziele und Leistungen des Produktes

Zielvereinbarungszeitraum: 01.01.2008 - 31.12.2008

Operationale Ziele

51.2.1:
(A) zeitnahe Antragsbearbeitung im Elterngeld, da es sich hier um eine Lohnersatzleistung handelt.
(B) Abwicklung der auslaufenden Erziehungsgeldleistungen.

51.2.2:
(A) Rückholquote steigern.
(B) Umsetzung der neuen Unterhaltsrechtsreform.

51.2.3:
(A) Beibehaltung der Bearbeitungszeiten von längstens 10 Wochen.

Zielpriorität	Maßnahmen, Planungsgrundlagen und ggf. Erläuterungen zur Umsetzung der geplanten Ziele
51.2.1 (A)	Schulungen zu den Veränderungen.
	Überprüfung des benötigten Personalbestandes aufgrund der .entstehenden Fallzahlen
(B)	Verlagerung der Zuständigkeiten auf einen Sachbearbeiter.
51.2.2 (A)	Intensivierung der Heranziehung nach dem UVG
	Unterhaltsforderungen werden zeitnah verfolgt.
	Die Schuldner werden angehalten, Unterhaltsrückstände auch in geringen Raten zurückzuzahlen.
(B)	Rundschreiben an die Leistungsempfänger und Unterhaltspflichtigen.
	Erstellung angepasster Bescheide.
	ECV-Programm anpassen.
51.2.3 (A)	Planungsgrundlage: Fallzahlen im Verhältnis zur Bearbeitungszeit
	Zielgerichtete Steuerung.

L-Nr.	Daten zum Leistungsumfang	Plan 2008	Plan 2007	Ist 2006
5120010000	Bewilligungsbescheide Erz.geld	800,00	1.080,00	2.175,00
5120010000	Ablehnungsbescheide Erz.geld	50,00	130,00	268,00
5120010000	Fallzahlen gesamt	850,00	1.210,00	2.443,00
5120010000	Beratungen	100,00	500,00	952,00
5120010000	Klagen Erz.geld	2,00	5,00	5,00
5120010000	Härtefälle	10,00	40,00	55,00
5120010000	Rückforderungsfälle	5,00	10,00	17,00
5120011000	Anträge Elterngeld	1.980,00	2.600,00	0,00
5120011000	Bewilligungen Elterngeld	1.600,00	2.400,00	0,00
5120011000	Beratungen Elterngeld	1.800,00	2.500,00	0,00
5120011000	Härtefälle Elterngeld	10,00	10,00	0,00
5120011000	Rückforderungen Elterngeld	10,00	10,00	0,00
5120011000	Klagen Elterngeld	10,00	6,00	0,00
5120011000	Stundungen Elterngeld	2,00	1,00	0,00
5120011000	Niederschlagungen Elterngeld	1,00	1,00	0,00

L-Nr.	Daten zum Leistungsumfang	Plan 2008	Plan 2007	Ist 2006
5120011000	Ablehnungen Elterngeld	100,00	200,00	0,00
5120011000	Widersprüche Elterngeld	50,00	0,00	0,00
5120011000	Überprüfung	450,00	0,00	0,00
5120020000	Eingegangene Neuanträge	550,00	570,00	528,00
5120020000	Bewilligungen	470,00	500,00	467,00
5120020000	Ablehnungen	110,00	120,00	132,00
5120020000	Zurücknahmen	20,00	25,00	13,00
5120020000	Änderungsbescheide individuell	120,00	180,00	107,00
5120020000	laufende Zahlfälle	1.100,00	1.050,00	1.077,00
5120020000	Rückforderungen	100,00	180,00	72,00
5120020000	Widersprüche insgesamt	25,00	20,00	24,00
5120020000	Klagen	2,00	2,00	1,00
5120020000	Einstellungen	400,00	450,00	381,00
5120020000	Heranziehungsfälle	1.200,00	1.700,00	1.142,00
5120030000	Erstanträge	370,00	400,00	359,00
5120030000	Wiederholungsanträge	140,00	130,00	134,00
5120030000	Aktualisierungsanträge	30,00	40,00	29,00
5120030000	Vorbehaltsauflösungen	30,00	40,00	33,00
5120030000	Manuelle Ablehnungen	70,00	80,00	72,00
5120030000	Gesamtfallzahl	640,00	660,00	627,00
5120030000	Beratungen	120,00	150,00	110,00
5120030000	Bußgelder	10,00	10,00	0,00
5120030000	Klagen	5,00	5,00	4,00
5120030000	Rückforderungsfälle	60,00	60,00	53,00
5120030000	Stundungen	15,00	15,00	15,00
5120030000	Durchlaufzeiten pro Fall	70,00	80,00	99,00
5120030000	Niederschlagungen	1,00	1,00	0,00
5120030000	Vorausleistungsanträge	10,00	15,00	9,00
5120030000	Anhörung für andere Ämter	10,00	20,00	3,00
5120030000	Zinsberechnungen	5,00	5,00	2,00

Landkreis Harburg

Kennzahlen zur Zielerreichung			
Finanzkennzahlen	2008	2007	2006
Rückholquote in %	18,00	14,00	17,00

Qualitätskennzahlen	2008	2007	2006
Bearbeitungszeiten in Tagen (Erziehungsgeld)	10,00	10,00	10,00
Beratungen	100,00	500,00	952,00
Bearbeitungszeiten in Wochen (Elterngeld)	6,00	8,00	0,00
Beratungen	1.800,00	2.500,00	0,00
Bearbeitungszeiten Bewilligungen in Tagen (Unterhaltsvorschuß)	30,00	40,00	30,00
Beratungen Bewilligungen (Unterhaltsvorschuß)	500,00	500,00	535,00
Bearbeitungszeiten in Tagen (BAföG)	70,00	80,00	99,00
Beratungen (BAföG)	120,00	150,00	110,00

Kennzahlenvergleiche	2008	2007	2006
Erziehungsgeld	1,00	1,00	1,00
Unterhaltsvorschuss	1,00	1,00	1,00
Ausbildungsförderung	1,00	1,00	1,00

Teil C: Personalkapazitäten des Produktes

Personalkapazität	2008	2007	2006
Stellenanteile	11,58	9,91	9,07

Erläuterung zur Personalkapazität:
Die Abteilungsleitung ist 2006 nicht in den Stellenanteilen des Produktes enthalten.

Produkthaushalt
2008

Landkreis Harburg

Teil D: Ergebnis- und Kapazitätsplanung des Produktes

Teilergebnisplan

Produkt: Finanzielle Leistungen Nr.: 5120000000

	Ertrags- und Aufwandsarten	Ergebnis 2006 EUR 1	Ansatz 2007 EUR 2	Ansatz 2008 EUR 3	Planung 2009 EUR 4	Planung 2010 EUR 5	Planung 2011 EUR 6
	Ordentliche Erträge						
1.	Steuern und Abgaben	0,00	0	0	0	0	0
2.	Zuwendungen und allgemeine Umlagen	0,00	0	0	0	0	0
3.	Auflösungserträge aus Sonderposten	0,00	0	0	0	0	0
4.	sonstige Transfererträge	346.827,02	350.000	350.000	350.000	350.000	350.000
5.	öffentlich-rechtliche Entgelte	0,00	0	0	0	0	0
6.	privatrechtliche Entgelte	0,00	0	0	0	0	0
7.	Kostenerstattungen und Kostenumlagen	1.576.869,97	1.885.600	1.885.600	1.885.600	1.885.600	1.885.600
8.	Zinsen und ähnliche Finanzerträge	50,00	300	300	300	300	300
9.	aktivierte Eigenleistungen	0,00	0	0	0	0	0
10.	Bestandsveränderungen	0,00	0	0	0	0	0
11.	sonstige ordentliche Erträge	0,00	0	0	0	0	0
12.	= Summe ordentliche Erträge	1.923.746,99	2.235.900	2.235.900	2.235.900	2.235.900	2.235.900
	Ordentliche Aufwendungen						
13.	Personalaufwendungen	0,00	482.400	537.400	537.100	537.100	537.100
14.	Versorgungsaufwendungen	0,00	0	0	0	0	0
15.	Aufwendungen für Sach- und Dienstleistungen	2.036,37	3.000	3.000	3.000	3.000	3.000
16.	Abschreibungen	0,00	100	0	0	0	0
17.	Zinsen und ähnliche Aufwendungen	0,00	0	0	0	0	0
18.	Transferaufwendungen	1.964.511,98	2.000.000	2.000.000	2.000.000	2.000.000	2.000.000
19.	sonstige ordentliche Aufwendungen	130.046,51	135.400	133.900	133.900	133.900	133.900
20.	= Summe ordentliche Aufwendungen	2.096.594,86	2.620.900	2.674.300	2.674.000	2.674.000	2.674.000
21.	ordentliches Ergebnis Jahresüberschuss(+)/Jahresfehlbetrag (-) (= Zeilen 12 ./. 20)	-172.847,87	-385.000	-438.400	-438.100	-438.100	-438.100
22.	außerordentliche Erträge	0,00	0	0	0	0	0
23.	außerordentliche Aufwendungen	0,00	0	0	0	0	0
24.	Außerordentliches Ergebnis (= Zeilen 22 ./. 23)	0,00	0	0	0	0	0
25.	Jahresergebnis Überschuss (+) / Fehlbetrag (-) (= Zeilen 21 und 24)	-172.847,87	-385.000	-438.400	-438.100	-438.100	-438.100
26.	Erträge aus internen Leistungsbeziehungen	0,00	0	0	0	0	0
27.	Aufwendungen aus internen Leistungsbeziehungen	0,00	0	0	0	0	0
28.	Saldo aus internen Leistungsbeziehungen (= Zeilen 26 ./. 27)	0,00	0	0	0	0	0
29.	Ergebnis unter Berücksichtigung der internen Leistungsbeziehungen (= Zeilen 25 und 28)	-172.847,87	-385.000	-438.400	-438.100	-438.100	-438.100

Produkthaushalt 2008

Landkreis Harburg

Teilfinanzplan

Produkt: Finanzielle Leistungen   Nr.: 5120000000

	Einzahlungs- und Auszahlungsarten	Ergebnis 2006 EUR 1	Ansatz 2007 EUR 2	Ansatz 2008 EUR 3	VE 2008 EUR 4	Planung 2009 EUR 5	Planung 2010 EUR 6	Planung 2011 EUR 7
	Einzahlungen aus laufender Verwaltungstätigkeit							
1.	Steuern und ähnliche Abgaben	0,00	0	0	0	0	0	0
2.	Zuwendungen und allgemeine Umlagen	0,00	0	0	0	0	0	0
3.	sonstige Transfereinzahlungen	342.236,98	350.000	350.000	0	350.000	350.000	350.000
4.	öffentlich-rechtliche Entgelte	0,00	0	0	0	0	0	0
5.	privatrechtliche Entgelte	0,00	0	0	0	0	0	0
6.	Kostenerstattungen, Kostenumlagen	1.576.869,97	1.885.600	1.885.600	0	1.885.600	1.885.600	1.885.600
7.	Zinsen und ähnliche Einzahlungen	200,20	300	300	0	300	300	300
8.	Einzahlungen aus der Veräußerung geringwertiger Vermögensgegenstände	0,00	0	0	0	0	0	0
9.	sonstige haushaltswirksame Einzahlungen	0,00	0	0	0	0	0	0
10.	**= Summe der Einzahlungen aus laufender Verwaltungstätigkeit**	1.919.307,15	2.235.900	2.235.900	0	2.235.900	2.235.900	2.235.900
	Auszahlungen aus laufender Verwaltungstätigkeit							
11.	Personalauszahlungen	0,00	482.400	537.400	0	537.100	537.100	537.100
12.	Versorgungsauszahlungen	0,00	0	0	0	0	0	0
13.	Auszahlungen für Sach- und Dienstleistungen und für geringwertige Vermögensgegenstände	2.036,37	3.000	3.000	0	3.000	3.000	3.000
14.	Zinsen und ähnliche Auszahlungen	0,00	0	0	0	0	0	0
15.	Transferauszahlungen	1.951.543,99	2.000.000	2.000.000	0	2.000.000	2.000.000	2.000.000
16.	sonstige haushaltswirksame Auszahlungen	129.369,80	135.400	133.900	0	133.900	133.900	133.900
17.	**= Summe der Auszahlungen aus laufender Verwaltungstätigkeit**	2.082.950,16	2.620.800	2.674.300	0	2.674.000	2.674.000	2.674.000
18.	Saldo aus laufender Verwaltungstätigkeit (= Zeilen 10 und 17)	-163.643,01	-384.900	-438.400	0	-438.100	-438.100	-438.100
	Einzahlungen aus Investitionstätigkeit							
19.	Zuwendungen für Investitionstätigkeit	0,00	0	0	0	0	0	0
20.	Beiträge u.ä. Entgelte für Investitionstätigkeit	0,00	0	0	0	0	0	0
21.	Veräußerung von Sachvermögen	0,00	0	0	0	0	0	0
22.	Veräußerung von Finanzvermögensanlagen	0,00	0	0	0	0	0	0
23.	sonstige Investitionstätigkeit	0,00	0	0	0	0	0	0
24.	**= Summe der Einzahlungen aus Investitionstätigkeit**	0,00	0	0	0	0	0	0
	Auszahlungen aus Investitionstätigkeit							
25.	Erwerb von Grundstücken und Gebäuden	0,00	0	0	0	0	0	0
26.	Baumaßnahmen	0,00	0	0	0	0	0	0
27.	Erwerb von beweglichem Sachvermögen	0,00	0	0	0	0	0	0
28.	Erwerb von Finanzvermögensanlagen	0,00	0	0	0	0	0	0

Teilfinanzplan							
Produkt: Finanzielle Leistungen						Nr.: 5120000000	
Einzahlungs- und Auszahlungsarten	Ergebnis 2006 EUR 1	Ansatz 2007 EUR 2	Ansatz 2008 EUR 3	VE 2008 EUR 4	Planung 2009 EUR 5	Planung 2010 EUR 6	Planung 2011 EUR 7
29. Aktivierbare Zuwendungen	0,00	0	0	0	0	0	0
30. Sonstige Investitionstätigkeit	0,00	0	0	0	0	0	0
31. = Summe der Auszahlungen aus Investitionstätigkeit	0,00	0	0	0	0	0	0
32. Saldo aus Investitionstätigkeit	0,00	0	0	0	0	0	0
33. = Finanzierungsmittelüberschuss / -fehlbetrag (= Zeile 18 und 32)	-163.643,01	-384.900	-438.400	0	-438.100	-438.100	-438.100
34. Einzahlungen aus Finanzierungstätigkeit; Aufnahme von Krediten u. inneren Darlehen für Invest.	0,00	0	0	0	0	0	0
35. Auszahlungen aus Finanzierungstätigkeit; Tilgung von Krediten und Rückzahlung von inneren Darlehen	0,00	0	0	0	0	0	0
36. Saldo aus Finanzierungstätigkeit	0,00	0	0	0	0	0	0
37. Saldo aus Zeile 33 und 36	-163.643,01	-384.900	-438.400	0	-438.100	-438.100	-438.100

Die abgebildeten Produktbeispiele verdeutlichen, dass umfangreiche **Produktinformationen** einschließlich Zielen, Grund- und Kennzahlen im Haushalt bereitgestellt werden. Bei den Grund- und Kennzahlen wäre unseres Erachtens eine Schwerpunktsetzung ebenso wünschenswert, wie eine stärkere Operationalisierung bei den Produktzielen.

Durch die beachtliche Differenzierung der Produktinformationen erklärt sich auch der Gesamtumfang von rund 810 Seiten (trotz der Bildung von Schlüsselprodukten). Als ein Mittel zur (weiteren) Straffung des Haushalts sollte die hohe Anzahl von Zielen mit Nullsalden in einem Folgehaushalt datenverarbeitungstechnisch unterdrückt werden.

Durch den Umstand, dass die Begriffe der Teilergebnis- und Teilfinanzhaushalte sowohl bei den Teilhaushalten selbst, als auch bei den (wesentlichen) Produktgruppen und Produkten verwendet werden, wird beim Betrachten die jeweilige Gliederungsebene, in der sich der Leser befindet, gerade bei den umfangreichen Teilhaushalten leicht intransparent. Der Eindruck wird auch dadurch verstärkt, dass die Produktbeschreibungen im Seitenumfang variieren. Abhilfe könnte dadurch geschaffen werden, dass einerseits die Produktbeschreibungen optisch stärker von den Teilhaushalts- und Produktgruppenbeschreibungen abgesetzt werden und andererseits durch Straffung der Inhalte ein möglichst einheitlicher Seitenumfang der einzelnen Produkte eingehalten wird.

9 Kommunale Doppik in Nordrhein-Westfalen als neues kommunales Finanzmanagement (NKF)

9.1 Die Situation in Nordrhein-Westfalen

Doppik spätestens ab 2009

Nordrhein-Westfalen ist das erste Bundesland gewesen, das bereits seit 16.11.2004 das neue doppische Haushalts- und Rechnungswesen verpflichtend vorgeschrieben hat. Unter dem Begriff des „Neuen Kommunalen Finanzmanagements" wurden für ganz Deutschland wichtige Impulse gesetzt. Die Ergebnisse des zwischen 1999 und 2003 durchgeführten Modellprojekts wurden in einem Gemeinschaftsprojekt von sieben Kommunen mit dem Innenministerium erarbeitet.[90]

Umsetzungsstand in Nordrhein-Westfalen

Seit 2007 wenden 88 Kommunen die kommunale Doppik an, weitere rund 200 planen den Umstieg 2008.[91] Zum Abschluss der Erhebungsphase (März 2008) lagen uns (vollständige) doppische Haushalte aus **48 nordrhein-westfälischen Kommunen** (mit mehr als 20000 Einwohnern) vor und werden in die fachliche Analyse einbezogen. Davon werden 10 Haushalte exemplarisch im Folgenden dargestellt. Auf der beiliegenden CD sind zusätzlich noch Kommentierungen von vier weiteren Haushalten enthalten.

Allgemeine Charakteristika der doppischen Haushalte

Das nordrhein-westfälische Konzept schreibt anders als zum Beispiel in Rheinland-Pfalz die Produktgruppen landeseinheitlich nicht fest. Dadurch haben die Kommunen vergleichsweise große Freiräume, Produkte nach örtlichen Gegebenheiten zu definieren. Verpflichtend vorgeschrieben ist in jedem Fall ein separater Ausweis von Teilhaushalten für 17 landeseinheitliche Produktbereiche. In diesem Zusammenhang ist von Interesse, dass in Nordrhein-Westfalen ein starker Trend zu besonders zahlreichen Teilhaushalten zu beobachten ist. Die KGST spricht in diesem Zusammenhang von einem Trend zur Deckungsgleichheit von Teilhaushalten mit Produkten (oder Produktgruppen),[92] der in Nordrhein-Westfalen besonders stark ausgeprägt ist. Dies bedeutet in der Praxis der doppischen Haushalte, dass in vielen Kommunen für jedes einzelne Produkt (oder für jede gebildete Produktgruppe) Teilhaushalte nach den landeseinheitlichen Formblättern gebildet werden. Die KGST weist zutreffend darauf hin, dass nach den Erläuterungen im IMK-Leittext von November 2003 die Teilhaushalte die bisherigen Einzelpläne (nicht die Unterabschnitte) ablösen sollten.[93] „Möglicherweise veranlasst die Rechtslage in NRW, die auf der obersten Ebene eine produktorientierte Gliederung vorschreibt und erst darunter die Bildung organisationsbezogener Einteilungen erlaubt, die Kommunen des Landes zu einer detaillierten, tief gehenden Gliederung, um die Produktgruppen und Produkte anschließend den Organisationseinheiten sauber zuordnen zu können."[94]

---

[90] Vgl. Innenministerium NRW (2003), „Modellprojekt doppischer Kommunalhashalt in NRW" (2003), Innenministerim NRW (2006).
[91] Vgl. AK III (2007) Teil 5 Tab. 1 S. 4
[92] Vgl. KGSt (2008) S. 71.
[93] Vgl. KGSt (2008) S. 73.
[94] KGSt (2008) S. 76.

9.2 Wichtigste Vorschriften zur Haushaltsgliederung in Nordrhein-Westfalen

Anlagen zum Haushaltsplan

Der Haushaltsplan besteht gemäß § 1 GemHVO-NW aus dem Ergebnisplan, dem Finanzplan, den Teilplänen und dem Haushaltssicherungskonzept (wenn ein solches erstellt werden muss). Dem Haushaltsplan sind beizufügen:

- Vorbericht
- Stellenplan
- Bilanz des Vorvorjahres
- Übersicht über die Verpflichtungsermächtigungen
- Übersicht über die Zuwendungen an die Fraktionen
- Voraussichtlicher Stand der Verbindlichkeiten zu Beginn des Haushaltsjahres
- Entwicklung des Eigenkapitals bei Inanspruchnahme der Ausgleichsrücklage und bei Verringerung der allgemeinen Rücklage
- Übersicht über die Wirtschaftslage und voraussichtliche Entwicklung der Unternehmen an denen die Kommune mit mehr als 50 Prozent beteiligt sind
- Bezirksbezogene Haushaltsangaben in den kreisfreien Städten

Nordrhein-Westfalen hat verschiedene Formblätter herausgegeben um eine angemessene Vereinheitlichung der Haushalte zu erreichen.

Stadt Dortmund   259

Die Gliederung des **Ergebnisplans** verdeutlichen wir anhand des Gesamtergebnisplans der **Stadt Dortmund**:[95]

	Gesamtergebnisplan	Jahresergebnis (€) 2005	Haushaltsansatz (€) 2006	Haushaltsansatz (€) 2007	Planung (€) 2008	Planung (€) 2009	Planung (€) 2010
01	Steuern und ähnliche Abgaben	0,00	507.016.440	610.590.100	618.120.100	638.167.100	658.972.100
02	+ Zuwendungen und allgemeine Umlagen	140.677.554,58	395.559.187	443.602.015	454.222.943	463.805.918	468.796.511
	davon Sonderposten aus Zuwendungen	181.614,63	26.719.207	36.935.634	38.867.658	40.204.783	40.824.276
03	+ Sonstige Transfererträge	0,00	73.319.300	77.416.685	73.148.885	70.140.985	67.234.085
04	+ Öffentlich-rechtliche Leistungsentgelte	35.179.887,79	259.008.018	246.974.146	247.107.025	247.121.643	247.188.454
05	+ Privatrechtliche Leistungsentgelte	3.057.603,30	20.690.482	20.756.868	20.614.868	20.562.068	20.525.467
06	+ Kostenerstattungen und Kostenumlagen	10.022.438,55	49.156.756	54.079.571	51.386.518	51.610.818	50.658.118
07	+ Sonstige ordentliche Erträge	13.900.207,63	57.601.613	59.994.204	59.807.356	66.670.103	59.528.703
	davon Verkauf von Vermögensgegenständen des Anlagevermögens	26.188,90	0	619.201	319.953	7.205.400	0
	davon nicht zahlungswirksame ordentliche Erträge	164.308,39	261.553	390.631	391.131	391.631	392.131
08	+ Aktivierte Eigenleistungen	0,00	11.549.266	12.159.445	11.953.141	12.529.098	12.332.702
09	+/- Bestandsveränderungen	0,00	0	0	0	0	0
10	= Ordentliche Erträge	202.837.691,85	1.373.901.062	1.525.573.035	1.536.360.837	1.570.607.733	1.585.236.140
11	- Personalaufwendungen	127.990.152,29	277.829.348	284.706.106	282.857.262	276.783.002	270.333.287
	davon Beihilfen	7.279.468,30	4.542.500	5.431.426	5.421.562	5.367.069	5.339.197
	davon Pensionsrückstellungen	14.517.021,00	22.162.422	23.435.076	23.186.268	22.856.431	22.856.431
12	- Versorgungsaufwendungen (Pensionsrückstellungen)	21.751.565,22	25.079.650	24.763.500	24.565.303	24.406.680	24.406.680
13	- Aufwendungen für Sach- und Dienstleistungen	22.414.233,62	247.825.659	298.296.076	312.793.069	318.059.342	316.283.190
	davon Unterhaltung und Bewirtschaftung	1.857.852,69	64.141.425	67.821.050	76.940.010	76.582.519	75.666.973
14	- Bilanzielle Abschreibungen	5.380.038,12	83.022.490	99.771.710	103.445.285	106.398.407	108.192.806
15	- Transferaufwendungen	7.235.108,31	611.405.021	635.863.165	628.099.897	621.528.787	617.109.070
16	- Sonstige ordentliche Aufwendungen	45.569.124,33	233.644.194	185.669.566	183.031.276	184.273.058	183.481.356
17	= Ordentliche Aufwendungen	230.340.221,89	1.478.806.362	1.529.070.717	1.534.792.093	1.531.449.277	1.519.806.389
18	= Ergebnis der laufenden Verwaltungstätigkeit (10+17)	27.502.530,04-	104.905.301-	3.497.682-	1.568.744	39.158.456	65.429.751
19	+ Finanzerträge	361.229,89	10.855.700	10.798.365	10.670.265	10.543.965	9.958.165
20	- Zinsen und sonstige Finanzaufwendungen	129.258,11	72.339.325	85.892.355	99.595.155	109.163.455	118.326.655
21	= Finanzergebnis (19+20)	231.971,78	61.483.625-	75.093.990-	88.924.890-	98.619.490-	108.368.490-
22	= Ordentliches Ergebnis (18+21)	27.270.558,26-	166.388.926-	78.591.672-	87.356.146-	59.461.034-	42.938.739-
23	+ Außerordentliche Erträge	0,00	0	0	0	0	0
24	- Außerordentliche Aufwendungen	0,00	0	0	0	0	0
25	= Außerordentliches Ergebnis (23+24)	0,00	0	0	0	0	0
26	= Jahresergebnis (22+25)	27.270.558,26-	166.388.926-	78.591.672-	87.356.146-	59.461.034-	42.938.739-

---

[95] Dortmund (2007) S. 12.

Die Gliederung des **Finanzplans** machen wir anhand des Gesamtfinanzplans der **Stadt Dortmund** deutlich:[96]

Haushaltsplan 2007
Gesamtfinanzplan

	Gesamtfinanzplan	Jahresergebnis (€) 2005	Haushaltsansatz (€) 2006	2007	Planung (€) 2008	2009	2010
01	Steuern und ähnliche Abgaben	0,00	507.016.440	610.590.100	618.120.100	638.167.100	658.972.100
02	+ Zuwendungen und allgemeine Umlagen	141.719.673,64	369.945.680	407.011.381	415.555.285	423.601.135	427.972.235
03	+ Sonstige Transfereinzahlungen	2.415.922,20	73.319.300	77.416.685	73.148.885	70.140.985	67.234.085
04	+ Öffentlich-rechtliche Leistungsentgelte	33.965.837,89	255.837.183	242.186.224	246.407.234	246.267.244	246.173.704
05	+ Privatrechtliche Leistungsentgelte	2.550.384,18	20.690.482	20.756.868	20.614.868	20.562.068	20.525.467
06	+ Kostenerstattungen, Kostenumlagen	11.028.972,07	49.593.256	54.516.071	51.823.018	52.047.318	51.094.618
07	+ Sonstige Einzahlungen	17.264.323,94	71.460.860	67.772.873	67.164.773	65.286.873	65.178.373
08	+ Zinsen und sonstige Finanzeinzahlungen	361.229,89	4.973.700	10.798.365	10.670.265	10.543.965	9.958.165
09	= Einzahlungen aus lfd. Verwaltungstätigkeit	209.306.343,81	1.352.836.900	1.491.048.567	1.503.504.428	1.526.616.688	1.547.108.747
10	- Personalauszahlungen	114.010.454,71	251.255.029	256.542.379	255.022.159	249.281.188	242.831.473
11	- Versorgungsauszahlungen	21.753.143,32	42.227.546	42.255.908	41.877.985	41.784.558	41.784.000
12	- Auszahlungen für Sach- und Dienstleistungen	22.756.146,53	263.802.455	321.317.670	324.180.669	329.824.342	328.378.190
13	- Zinsen und sonstige Finanzauszahlungen	129.258,11	72.339.325	85.892.355	99.595.155	109.163.455	118.326.655
14	- Transferauszahlungen	15.930.173,79	612.200.163	635.175.484	627.199.271	620.384.238	616.267.621
15	- Sonstige Auszahlungen	44.093.203,59	241.399.433	192.807.628	189.598.101	188.985.183	187.685.256
16	= Auszahlungen aus lfd. Verwaltungstätigkeit	218.672.380,05	1.483.223.956	1.533.991.424	1.537.473.340	1.539.422.964	1.535.273.195
17	= Saldo aus laufender Verwaltungstätigkeit (9+16)	9.366.036,24-	130.387.055-	42.942.857-	33.968.912-	12.806.277-	11.835.552-
18	+ Zuwendungen für Investitionsmaßnahmen	8.237.230,40	75.836.400	66.892.509	66.376.088	71.760.986	73.689.686
19	+ Einzahlungen aus der Veräußerung von Sachanlagen	65.001,55	11.564.700	14.471.900	13.789.900	13.471.900	13.471.900
20	+ Einzahlung aus der Veräußerung von Finanzanlagen	0,00	4.180.400	4.540.413	4.491.613	12.054.013	4.554.913
21	+ Einzahlungen aus Beiträgen u. ä. Entgelten	0,00	5.017.000	4.350.000	4.130.000	4.050.000	4.550.000
22	+ Sonstige Investitionseinzahlungen	761.514,37	125.000	295.000	295.000	295.000	295.000
23	= Einzahlungen aus Investitionstätigkeit	9.063.746,32	96.723.500	90.549.822	89.082.601	101.631.899	96.561.499
24	- Auszahlungen für den Erwerb von Grundstücken und Gebäuden	1.649.138,50	16.474.594	9.758.400	11.608.200	14.193.700	16.284.700
25	- Auszahlungen für Baumaßnahmen	0,00	108.126.806	114.938.068	112.365.592	118.026.990	108.355.100
26	- Auszahlungen für den Erwerb von beweglichem Anlagevermögen	5.446.656,45	13.780.444	10.277.963	8.864.433	8.806.233	11.141.633
27	- Auszahlungen für den Erwerb von Finanzanlagen	0,00	14.007.500	11.993.500	11.356.700	11.478.800	9.404.600
28	- Auszahlungen von aktivierbaren Zuwendungen	0,00	0	0	0	0	0
29	- Sonstige Investitionsauszahlungen	40.856,98	1.000	1.000	2.000	2.000	2.000
30	= Auszahlungen aus Investitionstätigkeit	7.136.651,93	152.390.344	146.968.931	144.196.925	152.507.723	145.188.033
31	= Saldo aus Investitionstätigkeit (23+30)	1.927.094,39	55.666.844-	56.419.109-	55.114.324-	50.875.824-	48.626.534-
32	= Finanzmittelüberschuß/-fehlbetrag (17+31)	7.438.941,85-	186.053.899-	99.361.966-	89.083.236-	63.682.101-	36.790.982-
33	+ Aufnahme und Rückflüsse von Darlehen	0,00	55.999.000	56.420.309	55.115.524	50.876.924	48.627.634
34	+ Aufnahme von Krediten zur Liquiditätssicherung	0,00	0	0	0	0	0
35	- Tilgung und Gewährung von Darlehen	0,00	70.177.100	74.958.100	75.387.000	86.984.400	74.467.900

Haushaltsplan 2007
Gesamtfinanzplan

	Gesamtfinanzplan	Jahresergebnis (€) 2005	Haushaltsansatz (€) 2006	2007	Planung (€) 2008	2009	2010
36	- Tilgung von Krediten zur Liquiditätssicherung	0,00	0	0	0	0	0
37	= Saldo aus Finanzierungstätigkeit	0,00	14.178.100-	18.537.791-	20.271.476-	36.107.476-	25.840.266-
38	= Änderung des Bestandes an eigenen Finanzmitteln (32+37)	7.438.941,85-	200.231.999-	117.899.757-	109.354.712-	99.789.577-	62.631.248-
39	+ Anfangsbestand an Finanzmitteln	4.119.803,53	9.527.867-	0	0	0	0
40	+ Änderung des Bestandes an fremden Finanzmitteln	28.004.042,34-	0	0	0	0	0
41	= Liquide Mittel (38+39+40)	31.323.180,66-	209.759.866-	117.899.757-	109.354.712-	99.789.577-	62.631.248-

Teilhaushalte

Die Teilhaushalte sind gemäß § 4 GemHVO-NW entweder nach Produktbereichen oder nach Verantwortungsbereichen produktorientiert aufgestellt. Werden Teilpläne nach Produktbereichen aufgestellt, sollen dazu die Produktgruppen und die wesentlichen Produkte beschrieben, sowie die Ziele und soweit möglich die Kennzahlen zur Messung der Zielerreichung formuliert werden. Werden Teilpläne nach Produktgruppen oder nach Produkten aufgestellt, sollen ebenfalls die Ziele und die Kennzahlen beschrieben werden. Auch wenn Teilpläne nach örtlichen Verantwortungsbereichen aufgestellt werden, sollen dazu die Aufgaben und die dafür gebildeten Produkte sowie die Ziele und Kennzahlen beschrieben werden. Diesen Teilplänen sind die Produktbereiche voranzustellen, deren Teilergebnispläne die Summen der Erträge und Aufwendungen ausweisen müssen. Entsprechendes gilt auch für die Teilfinanzpläne, die ebenfalls in jedem Fall nach Produktbereichen die Summen der Einzahlungen und Auszahlungen für Investitionen ausweisen müssen. Die Teilergebnispläne sind entsprechend § 2 GemHVO-NW aufzustellen. Soweit Erträge und Aufwendungen aus internen Leistungsbeziehungen erfasst werden, sind diese zusätzlich abzubilden (§ 4 Abs. 3 GemHVO-NW). An-

---
[96] Dortmund (2007) S. 13 f.

ders als beispielsweise in Rheinland-Pfalz sind im Teilfinanzplan nur die Einzahlungen und Auszahlungen für Investitionen entsprechend § 3 Abs.1 Nr.15-25 GemHVO-NW, sowie die Summen und der Saldo daraus auszuweisen (§4 Abs. 4 GemHVO-NW). Die zur Ausführung des Haushaltsplans betroffenen Bewirtschaftungsregelungen sind gemäß § 4 Abs. 5 GemHVO-NW in den Teilplänen oder in der Haushaltssatzung auszuweisen.

9.3 Praxis der doppischen Haushalte in Nordrhein-Westfalen

9.3.1 Stadt Dortmund (2007)

Die Stadtverwaltung der kreisfreien Stadt Dortmund (588.000 Einwohner) hatte 2006 als bundesweit erste Stadt dieser Größenordnung einen vollständigen doppischen Haushalt vorgelegt. Wegen der bundesweiten Bedeutung diskutieren wir den Dortmunder Haushalt besonders ausführlich. Die NKF-Pilotstadt hat ihren zweiten doppischen Haushalt 2007 in zwei Bänden mit insgesamt 1.368 Seiten gegliedert. Der erste Band des Haushalts 2007 ist folgendermaßen gegliedert:

- Entwurf Eröffnungsbilanz zum 1.1.2006
- Gesamtpläne (Gesamtergebnisplan, Gesamtfinanzplan)
- Haushaltssatzung
- Vorbericht
- Übersicht über die Produktbereiche im Haushaltsplan (differenziert nach ordentlichen Erträgen, ordentlichen Aufwendungen, Überschussfehlbedarf, investive Einzahlungen, investive Auszahlungen und Saldo Investitionstätigkeit)
- Teilpläne für jeden Produktbereich (Teilergebnisplan, Teilfinanzplan, zuständiges Amt für den jeweiligen Produktbereich)
- Organisatorische Gliederung (Teilergebnisplan, Teilfinanzplan und Investitionsmaßnahmen nach Ämtern sowie Beschreibung der Produkte).

Der Band zwei enthält die Fortsetzung der organisatorisch gegliederten Teilergebnis- und Teilfinanzpläne für jedes Amt sowie die Haushaltsdaten der unselbstständigen Stiftungen und Interessentengesamtheiten und schließlich die übrigen gesetzlich vorgeschriebenen Anlagen (Stellenplan, Verpflichtungsermächtigung, voraussichtlicher Stand der Verbindlichkeiten, Zuwendungen an die Fraktionen, Eröffnungsbilanz und Entwicklung des Eigenkapitals).

Als Beispiel für die organisatorische Gliederung nach Ämtern zeigen wir im Folgenden die Darstellung für das Amt für Statistik und Wahlen. Die Darstellung beginnt stets mit einem amtsbezogenen Überblick über die bearbeiteten Produkte:[97]

---

[97] Stadt Dortmund (2007) S. 479.

Haushaltsplan 2007	Amt für Statistik und Wahlen Amt 12	zuständig: Herr Stadtrat Steitz

```
                        Statistik und Wahlen
                                040
                   ┌─────────────┴─────────────┐
                Wahlen                      Statistik
                04001                         04002
         ┌─────────┤                    ├──────────────┐
         │  Bundestagswahl              │  Aufbau und Pflege von statistischen Dateien
         │  12_0400101                  │  12_0400201
         │  Europawahl                  │  Informationsbereitstellung
         │  12_0400102                  │  12_0400202
         │  Kommunalwahlen              │  Beratungen
         │  12_0400103                  │  12_0400203
         │  Landtagswahl                │  Umfragen
         │  12_0400104                  │  12_0400204
         │  Ausländerbeiratswahl        │  Auftragsstatistik
         │  12_0400105                  │  12_0400205
         │  Seniorenbeiratswahl
         │  12_0400106
         │  Unterstützung demokratischer Willensbildung
            12_0400107
```

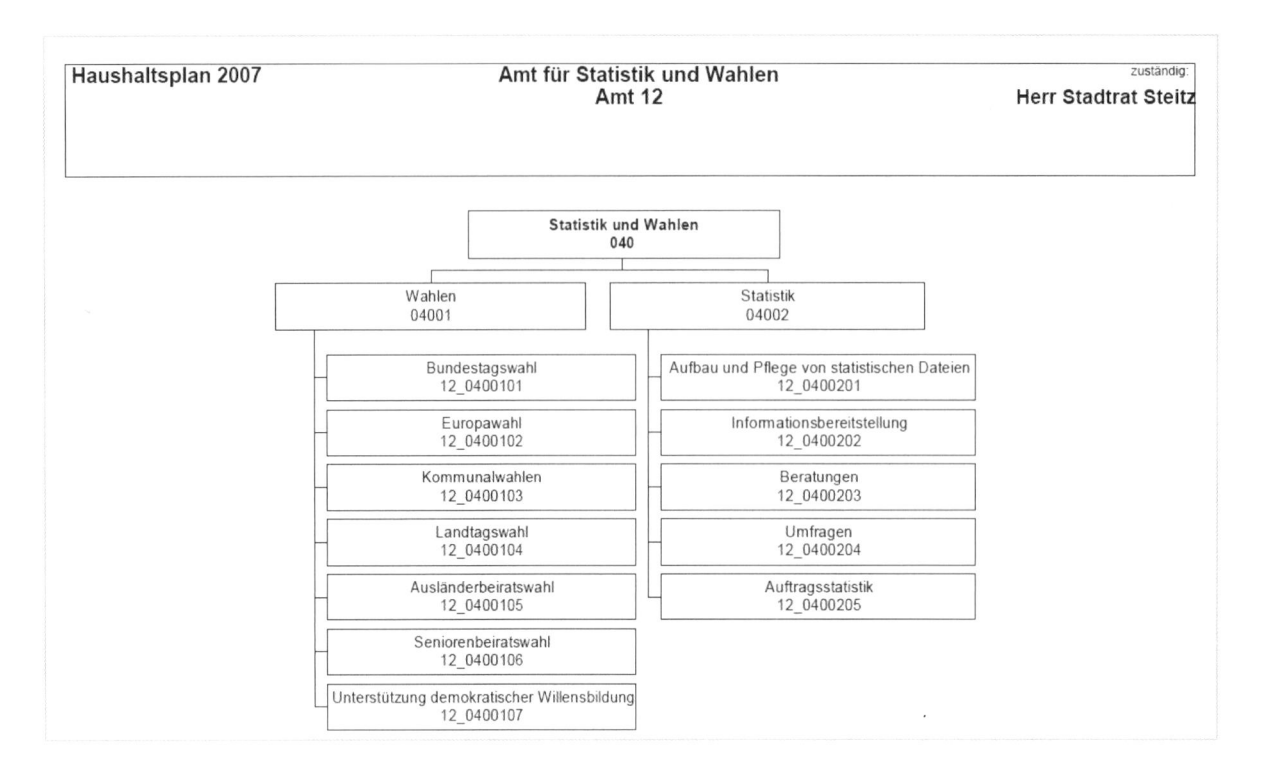

Anschließend wird der **amtsbezogene Teilergebnisplan** abgedruckt:[98]

Haushaltsplan 2007	Amt für Statistik und Wahlen Amt 12	zuständig: Herr Stadtrat Steitz

	Teilergebnisplan	Ver-merk	Jahresergebnis (€) 2005	Haushaltsansatz (€)		Planung (€)		
				2006	2007	2008	2009	2010
01	+ Steuern und ähnliche Abgaben		0,00	0	0	0	0	0
02	+ Zuwendungen und allgemeine Umlagen		0,00	0	0	0	0	0
	davon Sonderposten aus Zuwendungen		0,00	0	0	0	0	0
03	+ Sonstige Transfererträge		0,00	0	0	0	0	0
04	+ Öffentlich-rechtliche Leistungsentgelte		0,00	0	0	0	0	0
05	+ Privatrechtliche Leistungsentgelte		56.325,12	42.300	42.300	42.300	42.300	42.300
06	+ Kostenerstattungen und Kostenumlagen		826.822,26	95.000	0	0	805.200	420.000
07	+ Sonstige ordentliche Erträge		22.869,98	0	0	0	0	0
	davon Verkauf von Vermögensgegenständen des Anlagevermögens		0,00	0	0	0	0	0
	davon nicht zahlungswirksame ordentliche Erträge		22.869,98	0	0	0	0	0
08	+ Aktivierte Eigenleistungen		0,00	0	0	0	0	0
09	+/- Bestandsveränderungen		0,00	0	0	0	0	0
10	= Ordentliche Erträge		906.017,36	137.300	42.300	42.300	847.500	462.300
11	- Personalaufwendungen		1.051.325,91	900.924	898.027	897.600	1.352.473	996.431
	davon Beihilfen		18.047,97	0	0	0	0	0
	davon Pensionsrückstellungen		36.485,00	56.624	57.827	57.400	55.773	55.931
12	- Versorgungsaufwendungen (Pensionsrückstellungen)		53.924,21	0	0	0	0	0
13	- Aufwendungen für Sach- und Dienstleistungen		205.733,94	62.838	64.238	68.238	232.271	118.171
	davon Unterhaltung und Bewirtschaftung		9.210,78	19.932	19.102	19.102	35.908	19.108
14	- Bilanzielle Abschreibungen		77.365,48	72.118	70.835	70.918	71.751	71.700
15	- Transferaufwendungen		0,00	0	0	0	0	0
16	- Sonstige ordentliche Aufwendungen		1.219.006,06	314.800	332.800	332.900	1.938.600	808.500
17	= Ordentliche Aufwendungen		2.607.355,60	1.350.680	1.365.900	1.369.657	3.595.094	1.994.802
18	= Ergebnis der laufenden Verwaltungstätigkeit (10+17)		1.701.338,24-	1.213.380-	1.323.600-	1.327.357-	2.747.594-	1.532.502-
19	+ Finanzerträge		0,00	0	0	0	0	0
20	- Zinsen und sonstige Finanzaufwendungen		0,00	0	0	0	0	0
21	= Finanzergebnis (19+20)		0,00	0	0	0	0	0
22	= Ordentliches Ergebnis (18+21)		1.701.338,24-	1.213.380-	1.323.600-	1.327.357-	2.747.594-	1.532.502-
23	+ Außerordentliche Erträge		0,00	0	0	0	0	0
24	- Außerordentliche Aufwendungen		0,00	0	0	0	0	0
25	= Außerordentliches Ergebnis		0,00	0	0	0	0	0
26	= Jahresergebnis vor interner Leistungsbeziehung (22+25)		1.701.338,24-	1.213.380-	1.323.600-	1.327.357-	2.747.594-	1.532.502-

---

[98] Stadt Dortmund (2007) S. 480 f.

Teilergebnisplan	Vermerk	Jahresergebnis (€)	Haushaltsansatz (€)		Planung (€)		
		2005	2006	2007	2008	2009	2010
27	+ Erträge aus internen Leistungsbeziehungen		118.842,21	65.700	30.700	21.000	21.700	35.000
28	- Aufwendungen aus internen Leistungsbeziehungen		304.734,59	282.349	256.458	255.409	792.165	459.338
	davon Aufwendungen aus internen Immobilienmieten		0,00	207.749	175.558	174.509	176.065	175.628
29	= Jahresergebnis des Teilergebnisplans (26+27+28)		1.887.230,62-	1.430.030-	1.549.358-	1.561.766-	3.518.059-	1.956.840-

Stellenübersicht	Ergebnis	Ansatz	
	2005	2006	2007
Höherer Dienst	0,00	3,00	3,00
Gehobener Dienst	0,00	7,83	7,83
Mittlerer Dienst	0,00	4,00	4,00
Einfacher Dienst	0,00	0,00	0,00

Im Anschluss werden dann der Teilfinanzplan sowie die zugehörigen Investitionsmaßnahmen abgebildet (hier nicht abgedruckt). Danach werden die **Produktgruppendaten** im Sinne einer Erlös-Kosten-Kalkulation folgendermaßen bereitgestellt:[99]

Haushaltsplan 2007	Amt für Statistik und Wahlen Amt 12 Wahlen Produktgruppe 04001				zuständig: Herr Stadtrat Steitz	

	Produktgruppendaten	Ergebnis	Ansatz		Planung		
		2005	2006	2007	2008	2009	2010
01	Erlöse (EUR)						
02	Erlöse aus verwaltungsinternen Leistungsverrechnungen	0,00	0	0	0	0	0
03	Sonstige Erlöse	826.740,00	95.000	0	0	805.200	420.000
04	Gesamterlöse (Zeilen 02 + 03)	826.740,00	95.000	0	0	805.200	420.000
05	Kosten (EUR)						
06	Einzelkosten aus verwaltungsinternen Leistungsverrechnungen	263.381,51	0	0	0	535.200	202.810
07	Einzelkosten (externer Bezug)	951.524,58	0	0	4.200	1.496.800	485.900
08	Gemeinkosten	951.198,56	364.187	521.832	318.412	1.479.599	696.900
09	Verwaltungsgemeinkosten	227.343,45	40.979	111.808	36.366	373.834	166.883
10	Selbstkosten (Zeilen 06 bis 09)	2.393.448,10	405.166	633.639	358.978	3.885.432	1.552.492
11	Produktergebnis (Zeile 04 ./. 10)	1.566.708,10-	310.166-	633.639-	358.978-	3.080.232-	1.132.492-
12	Overheadzuschlag	149.634,22	8.207	29.806	9.890	295.847	110.532
13	Ergebnis (Zeilen 11 + 12)	1.716.342,32-	318.372-	663.445-	368.868-	3.376.079-	1.243.024-
14	Transferleistungen						
15	Einnahmen	0,00	0	0	0	0	0
16	Ausgaben	0,00	0	0	0	0	0

---

[99] Stadt Dortmund (2007) S. 485.

Schließlich folgen noch die einzelnen **Produktdaten** für die in diesem Amt insgesamt 11 Produkte. Hier wird nur das Produkt Bundestagswahl exemplarisch dargestellt:[100]

Haushaltsplan 2007	Amt für Statistik und Wahlen Amt 12 Wahlen Produktgruppe 04001				zuständig: Herr Stadtrat Steitz	

Produkt 12_0400101 Bundestagswahl

Beschreibung und Ziel

Organisatorische Vorbereitung und Abwicklung der Bundestagswahl

	Produktdaten	Ergebnis	Ansatz		Planung		
		2005	2006	2007	2008	2009	2010
	Kennzahlen						
	Kosten pro Briefwähler	4,36	0	0	0	4,40	0
	Kosten pro Wahlberechtigter	2,73	0	0	0	2,80	0
	Anzahl Mitarbeiterstunden	5.717,5	0	0	0	1.500,0	0
	Anzahl Mitarbeiterstunden extern	4.247	0	0	0	1.500	0
	Anzahl Briefwähler	93.592	0	0	0	95.000	0
	Anzahl Wahlberechtigte	426.790	0	0	0	430.000	0
	Kostenindex	110,000	0	0	0	110,000	0
01	**Erlöse (EUR)**						
02	Erlöse aus verwaltungsinternen Leistungsverrechnungen	0,00	0	0	0	0	0
03	Sonstige Erlöse	485.850,00	95.000	0	0	365.200	0
04	Gesamterlöse (Zeilen 02 + 03)	485.850,00	95.000	0	0	365.200	0
05	**Kosten (EUR)**						
06	Einzelkosten aus verwaltungsinternen Leistungsverrechnungen	132.283,24	0	0	0	196.920	0
07	Einzelkosten (externer Bezug)	484.695,69	0	0	0	403.000	0
08	Gemeinkosten	417.361,37	71.604	116.378	54.194	439.262	63.593
09	Verwaltungsgemeinkosten	116.794,93	7.727	26.926	3.668	129.237	4.578
10	Selbstkosten (Zeilen 06 bis 09)	1.151.135,23	79.332	143.304	57.861	1.168.419	68.171
11	Produktergebnis (Zeile 04 ./. 10)	665.285,23-	15.668-	143.304-	57.861-	803.219-	68.171-
12	Overheadzuschlag	71.327,73	1.548	7.178	955	92.216	1.181
13	Ergebnis (Zeilen 11 + 12)	736.612,96-	14.121-	150.482-	58.817-	895.435-	69.351-
14	**Transferleistungen**						
15	Einnahmen	0,00	0	0	0	0	0
16	Ausgaben	0,00	0	0	0	0	0

Angesichts dieser sehr hohen Differenzierung der Haushaltsdarstellung in einigen Verwaltungsbereichen sollte u. E. kritisch gefragt werden, ob ein Ratsmitglied als Leser durch diese Fülle von Einzelinformationen tatsächlich hinreichend unterstützt wird, um die für die Steuerung wesentlichen Informationen zu erhalten.

Ein anderes Beispiel für eine extreme Differenzierung stellt das **Amt „Dortmund Agentur"** dar:[101]

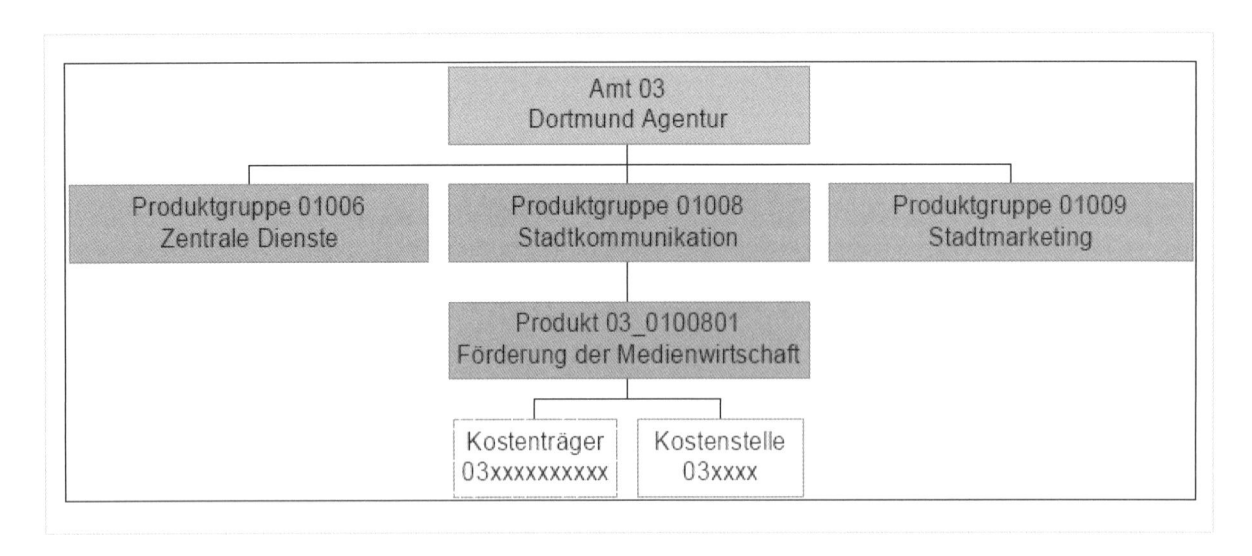

```
                    Amt 03
                 Dortmund Agentur
        ┌───────────────┼───────────────┐
  Produktgruppe 01006  Produktgruppe 01008  Produktgruppe 01009
   Zentrale Dienste    Stadtkommunikation    Stadtmarketing
                            │
                    Produkt 03_0100801
                  Förderung der Medienwirtschaft
                     ┌──────┴──────┐
                 Kostenträger   Kostenstelle
                 03xxxxxxxxx      03xxxx
```

---

[100] Stadt Dortmund (2007) S. 486.
[101] Stadt Dortmund (2007) S. 40.

Die Produktbeschreibungen des Amtes „Dortmund Agentur" umfassen insgesamt rund 30 Seiten, sodass wir hier nur einen Auszug zeigen:[102]

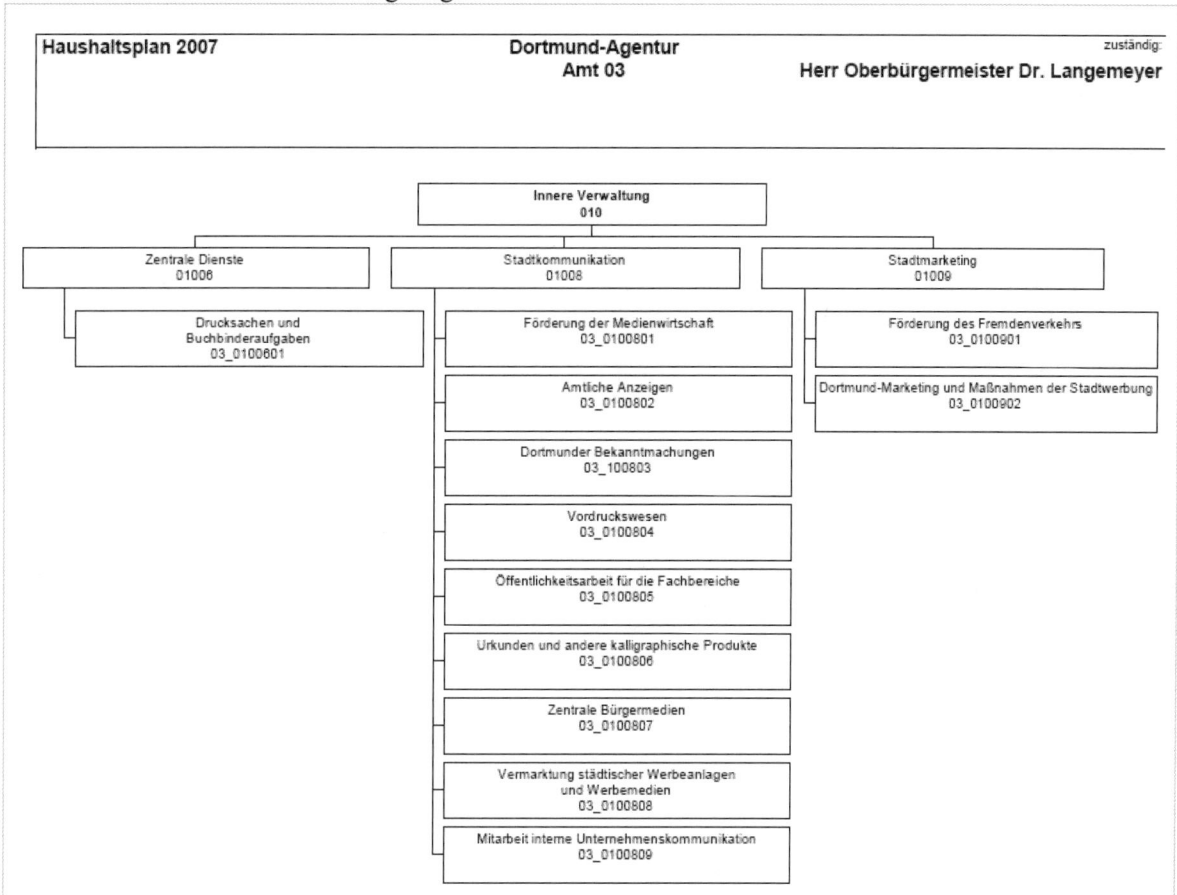

Haushaltsplan 2007	Dortmund-Agentur Amt 03	zuständig: Herr Oberbürgermeister Dr. Langemeyer

- Innere Verwaltung 010
  - Zentrale Dienste 01006
    - Drucksachen und Buchbinderaufgaben 03_0100601
  - Stadtkommunikation 01008
    - Förderung der Medienwirtschaft 03_0100801
    - Amtliche Anzeigen 03_0100802
    - Dortmunder Bekanntmachungen 03_100803
    - Vordruckswesen 03_0100804
    - Öffentlichkeitsarbeit für die Fachbereiche 03_0100805
    - Urkunden und andere kalligraphische Produkte 03_0100806
    - Zentrale Bürgermedien 03_0100807
    - Vermarktung städtischer Werbeanlagen und Werbemedien 03_0100808
    - Mitarbeit interne Unternehmenskommunikation 03_0100809
  - Stadtmarketing 01009
    - Förderung des Fremdenverkehrs 03_0100901
    - Dortmund-Marketing und Maßnahmen der Stadtwerbung 03_0100902

---

[102] Stadt Dortmund (2007) S. 251 ff.

Haushaltsplan 2007		Dortmund-Agentur Amt 03				zuständig: Herr Oberbürgermeister Dr. Langemeyer	

	Teilergebnisplan	Ver-merk	Jahresergebnis (€) 2005	Haushaltsansatz (€)		Planung (€)		
				2006	2007	2008	2009	2010
01	+ Steuern und ähnliche Abgaben		0,00	0	0	0	0	0
02	+ Zuwendungen und allgemeine Umlagen		86.481,11	20.000	20.000	20.000	20.000	20.000
	davon Sonderposten aus Zuwendungen		0,00	0	0	0	0	0
03	+ Sonstige Transfererträge		0,00	0	0	0	0	0
04	+ Öffentlich-rechtliche Leistungsentgelte		0,00	0	0	0	0	0
05	+ Privatrechtliche Leistungsentgelte		1.733.782,43	1.445.800	1.540.500	1.544.500	1.529.500	1.534.000
06	+ Kostenerstattungen und Kostenumlagen		986.331,84	308.400	260.000	260.000	260.000	260.000
07	+ Sonstige ordentliche Erträge		137,89	0	0	0	0	0
	davon Verkauf von Vermögensgegenständen des Anlagevermögens		0,00	0	0	0	0	0
	davon nicht zahlungswirksame ordentliche Erträge		119,79	0	0	0	0	0
08	+ Aktivierte Eigenleistungen		0,00	0	5.200	4.700	3.700	4.000
09	+/- Bestandsveränderungen		0,00	0	0	0	0	0
10	= Ordentliche Erträge		2.806.733,27	1.774.200	1.825.700	1.829.200	1.813.200	1.818.000
11	- Personalaufwendungen		2.587.308,79	2.308.706	2.299.998	2.298.204	2.240.779	2.184.322
	davon Beihilfen		38.329,87	0	0	0	0	0
	davon Pensionsrückstellungen		75.591,00	65.806	66.898	66.404	64.879	62.922
12	- Versorgungsaufwendungen (Pensionsrückstellungen)		114.523,05	0	0	0	0	0
13	- Aufwendungen für Sach- und Dienstleistungen		476.774,81	772.122	588.293	551.293	551.409	551.409
	davon Unterhaltung und Bewirtschaftung		42.519,73	53.829	53.153	53.153	53.159	53.159
14	- Bilanzielle Abschreibungen		34.608,19	31.251	27.977	40.177	39.027	37.677
15	- Transferaufwendungen		565.394,96	560.200	576.600	576.600	576.600	576.600
16	- Sonstige ordentliche Aufwendungen		1.465.989,57	793.500	667.400	614.200	614.200	614.200
17	= Ordentliche Aufwendungen		5.244.599,37	4.465.779	4.160.268	4.080.474	4.022.015	3.964.209
18	= Ergebnis der laufenden Verwaltungstätigkeit (10+17)		2.437.866,10-	2.691.579-	2.334.568-	2.251.274-	2.208.815-	2.146.209-
19	+ Finanzerträge		0,00	0	0	0	0	0
20	- Zinsen und sonstige Finanzaufwendungen		0,00	0	0	0	0	0
21	= Finanzergebnis (19+20)							
22	= Ordentliches Ergebnis (18+21)		2.437.866,10-	2.691.579-	2.334.568-	2.251.274-	2.208.815-	2.146.209-
23	+ Außerordentliche Erträge		0,00	0	0	0	0	0
24	- Außerordentliche Aufwendungen		0,00	0	0	0	0	0
25	= Außerordentliches Ergebnis		0,00	0	0	0	0	0
26	= Jahresergebnis vor interner Leistungsbeziehung (22+25)		2.437.866,10-	2.691.579-	2.334.568-	2.251.274-	2.208.815-	2.146.209-

Haushaltsplan 2007		Dortmund-Agentur Amt 03				zuständig: Herr Oberbürgermeister Dr. Langemeyer	

	Teilergebnisplan	Ver-merk	Jahresergebnis (€) 2005	Haushaltsansatz (€)		Planung (€)		
				2006	2007	2008	2009	2010
27	+ Erträge aus internen Leistungsbeziehungen		461.198,67	1.029.600	1.101.000	1.097.000	1.099.803	1.096.180
28	- Aufwendungen aus internen Leistungsbeziehungen		47.572,92	329.049	316.689	315.546	317.242	316.766
	davon Aufwendungen aus internen Immobilienmieten		0,00	224.549	191.289	190.146	191.842	191.366
29	= Jahresergebnis des Teilergebnisplans (26+27+28)		2.024.240,35-	1.991.028-	1.550.257-	1.469.821-	1.426.254-	1.366.794-

Stellenübersicht	Ergebnis 2005	Ansatz	
		2006	2007
Höherer Dienst	0,00	6,50	6,50
Gehobener Dienst	0,00	20,15	20,15
Mittlerer Dienst	0,00	22,28	22,28
Einfacher Dienst	0,00	1,00	1,00

Als nächstes Beispiel aus dem Dortmunder Haushalt zeigen wir den **Bereich der Schulen**:[103]

---

[103] Stadt Dortmund (2007) S. 93 ff.

Stadt Dortmund

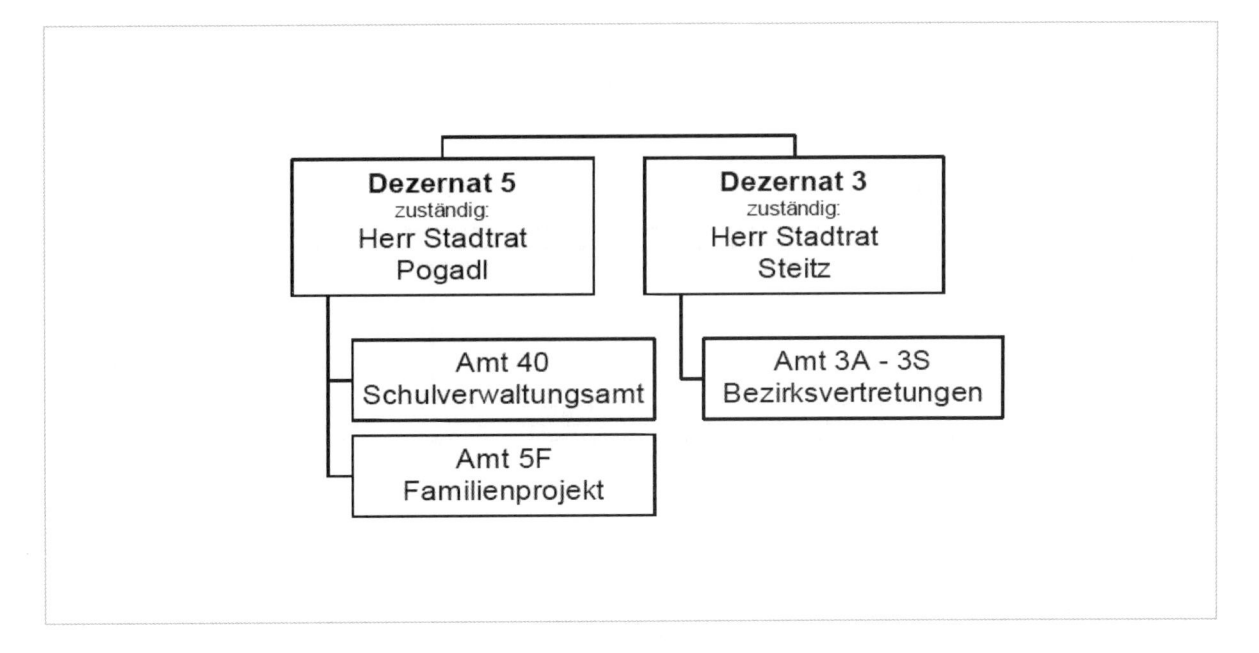

```
                    ┌─────────────────┬─────────────────┐
            ┌───────────────┐                 ┌───────────────┐
            │  Dezernat 5   │                 │  Dezernat 3   │
            │  zuständig:   │                 │  zuständig:   │
            │ Herr Stadtrat │                 │ Herr Stadtrat │
            │    Pogadl     │                 │    Steitz     │
            └───────┬───────┘                 └───────┬───────┘
                    │                                 │
            ┌───────┴───────────────┐         ┌───────┴──────────────┐
            │        Amt 40         │         │     Amt 3A - 3S      │
            │  Schulverwaltungsamt  │         │  Bezirksvertretungen │
            └───────────────────────┘         └──────────────────────┘
                    │
            ┌───────┴───────────────┐
            │        Amt 5F         │
            │    Familienprojekt    │
            └───────────────────────┘
```

Haushaltsplan 2007 — **Schulen Produktbereich 070** — zuständig: **Herr Stadtrat Pogadl**

		Teilergebnisplan	Ver-merk	Jahresergebnis (€) 2005	Haushaltsansatz (€) 2006	Haushaltsansatz (€) 2007	Planung (€) 2008	Planung (€) 2009	Planung (€) 2010
01	+	Steuern und ähnliche Abgaben		0,00	0	0	0	0	0
02	+	Zuwendungen und allgemeine Umlagen		0,00	19.336.941	20.948.811	21.354.541	21.346.475	21.550.284
		davon Sonderposten aus Zuwendungen		0,00	479.441	464.246	489.776	481.710	685.519
03	+	Sonstige Transfererträge		0,00	0	0	0	0	0
04	+	Öffentlich-rechtliche Leistungsentgelte		0,00	1.220.900	1.730.900	1.865.900	1.865.900	1.865.900
05	+	Privatrechtliche Leistungsentgelte		0,00	1.176.700	1.177.856	1.177.856	1.177.856	1.177.856
06	+	Kostenerstattungen und Kostenumlagen		0,00	149.600	149.600	149.600	149.600	149.600
07	+	Sonstige ordentliche Erträge		0,00	0	0	0	0	0
		davon Verkauf von Vermögensgegenständen des Anlagevermögens		0,00	0	0	0	0	0
		davon nicht zahlungswirksame ordentliche Erträge		0,00	0	0	0	0	0
08	+	Aktivierte Eigenleistungen		0,00	0	0	0	0	0
09	+/-	Bestandsveränderungen		0,00	0	0	0	0	0
10	=	Ordentliche Erträge		0,00	21.884.141	24.007.167	24.547.896	24.539.831	24.743.640
11	-	Personalaufwendungen		0,00	20.306.083	19.954.406	19.942.506	19.435.884	18.958.907
		davon Beihilfen		0,00	0	0	0	0	0
		davon Pensionsrückstellungen		0,00	520.883	298.206	296.006	291.384	291.307
12	-	Versorgungsaufwendungen (Pensionsrückstellungen)		0,00	0	0	0	0	0
13	-	Aufwendungen für Sach- und Dienstleistungen		0,00	57.856.939	64.541.190	75.541.627	75.986.303	75.986.303
		davon Unterhaltung und Bewirtschaftung		0,00	17.562.995	17.510.752	27.544.631	27.987.080	27.987.080
14	-	Bilanzielle Abschreibungen		0,00	3.086.481	3.524.477	3.392.896	3.169.298	2.922.498
15	-	Transferaufwendungen		0,00	34.400	44.400	34.400	34.400	34.400
16	-	Sonstige ordentliche Aufwendungen		0,00	3.061.916	2.793.316	2.776.416	2.776.416	2.776.716
17	=	Ordentliche Aufwendungen		0,00	84.345.819	90.857.789	101.687.845	101.402.301	100.678.824
18	=	Ergebnis der laufenden Verwaltungstätigkeit (10+17)		0,00	-62.461.678	-66.850.623	-77.139.948	-76.862.470	-75.935.184
19	+	Finanzerträge		0,00	0	0	0	0	0
20	-	Zinsen und sonstige Finanzaufwendungen		0,00	745.900	1.021.200	1.009.900	992.400	992.400
21	=	Finanzergebnis (19+20)		0,00	-745.900	-1.021.200	-1.009.900	-992.400	-992.400
22	=	Ordentliches Ergebnis (18+21)		0,00	-63.207.578	-67.871.823	-78.149.848	-77.854.870	-76.927.584
23	+	Außerordentliche Erträge		0,00	0	0	0	0	0
24	-	Außerordentliche Aufwendungen		0,00	0	0	0	0	0
25	=	Außerordentliches Ergebnis		0,00	0	0	0	0	0
26	=	Jahresergebnis vor interner Leistungsbeziehung (22+25)		0,00	-63.207.578	-67.871.823	-78.149.848	-77.854.870	-76.927.584

Haushaltsplan 2007 — **Schulen Produktbereich 070** — zuständig: **Herr Stadtrat Pogadl**

		Teilergebnisplan	Ver-merk	Jahresergebnis (€) 2005	Haushaltsansatz (€) 2006	Haushaltsansatz (€) 2007	Planung (€) 2008	Planung (€) 2009	Planung (€) 2010
27	+	Erträge aus internen Leistungsbeziehungen		23,80	151.500	69.900	69.900	93.260	76.300
28	-	Aufwendungen aus internen Leistungsbeziehungen		0,00	72.676.008	50.081.172	49.790.477	50.088.396	49.967.593
		davon Aufwendungen aus internen Immobilienmieten		0,00	71.348.083	48.662.900	48.372.209	48.670.128	48.549.325
29	=	Jahresergebnis des Teilergebnisplans (26+27+28)		23,80	-135.732.086	-117.883.095	-127.870.425	-127.850.006	-126.818.877

Haushaltsplan 2007			Schulen Produktbereich 070				zuständig: Herr Stadtrat Pogadl	
Teilfinanzplan		Ver- merk	Jahresergebnis (€)	Haushaltsansatz (€)		Verpfl.-Erm. (€)	Planung (€)		
			2005	2006	2007		2008	2009	2010
	Investitionstätigkeit								
	Einzahlungen								
01	aus Zuwendungen für Investitionsmaßnahmen		0,00	7.731.000	7.575.648	0	5.647.402	0	0
02	aus der Veräußerung von Sachanlagen		0,00	0	0	0	0	0	0
03	aus der Veräußerung von Finanzanlagen		0,00	0	0	0	0	0	0
04	aus Beiträgen und ähnlichen Entgelten		0,00	0	0	0	0	0	0
05	Sonstige investive Einzahlungen		0,00	0	0	0	0	0	0
06	Summe der investiven Einzahlungen		0,00	7.731.000	7.575.648	0	5.647.402	0	0
	Auszahlungen								
07	für den Erwerb von Grundstücken und Gebäuden		0,00	23.200	0	0	0	0	0
08	für Baumaßnahmen	1	0,00	14.609.160	21.723.868	11.015.000	17.682.092	11.743.390	8.340.000
09	für den Erwerb von beweglichem Anlagevermögen		0,00	7.532.700	4.208.500	0	2.928.500	2.928.500	2.356.400
10	für den Erwerb von Finanzanlagen		0,00	0	0	0	0	0	0
11	von aktivierbaren Zuwendungen		0,00	0	0	0	0	0	0
12	sonstige Investitionsauszahlungen		0,00	0	0	0	0	0	0
13	Summe der investiven Auszahlungen		0,00	22.165.060	25.932.368	11.015.000	20.610.592	14.671.890	10.696.400
14	Saldo Investitionstätigkeit		0,00	14.434.060	18.356.720	11.015.000	14.963.190	14.671.890	10.696.400
15	Nicht ergebniswirksame Einzahlungen		0,00	0	0	0	0	0	0
16	Nicht ergebniswirksame Auszahlungen	2	0,00	14.182.100	18.125.000	0	7.842.600	10.290.000	12.020.000

Zusätzlich zu dieser Darstellung des gesetzlich vorgeschriebenen Produktbereichs Schulen, enthält Band zwei verschiedene Informationen zum Schulverwaltungsamt und den einzelnen Schularten. Am Anfang der **amtsbezogenen Darstellung** werden die einzelnen Produktgruppen und die zugehörigen Produkte des jeweiligen Amtes graphisch dargestellt. Anschließend werden der Teilergebnisplan, die Stellenübersicht und der Teilfinanzplan für das gesamte Schulverwaltungsamt abgedruckt.[104]

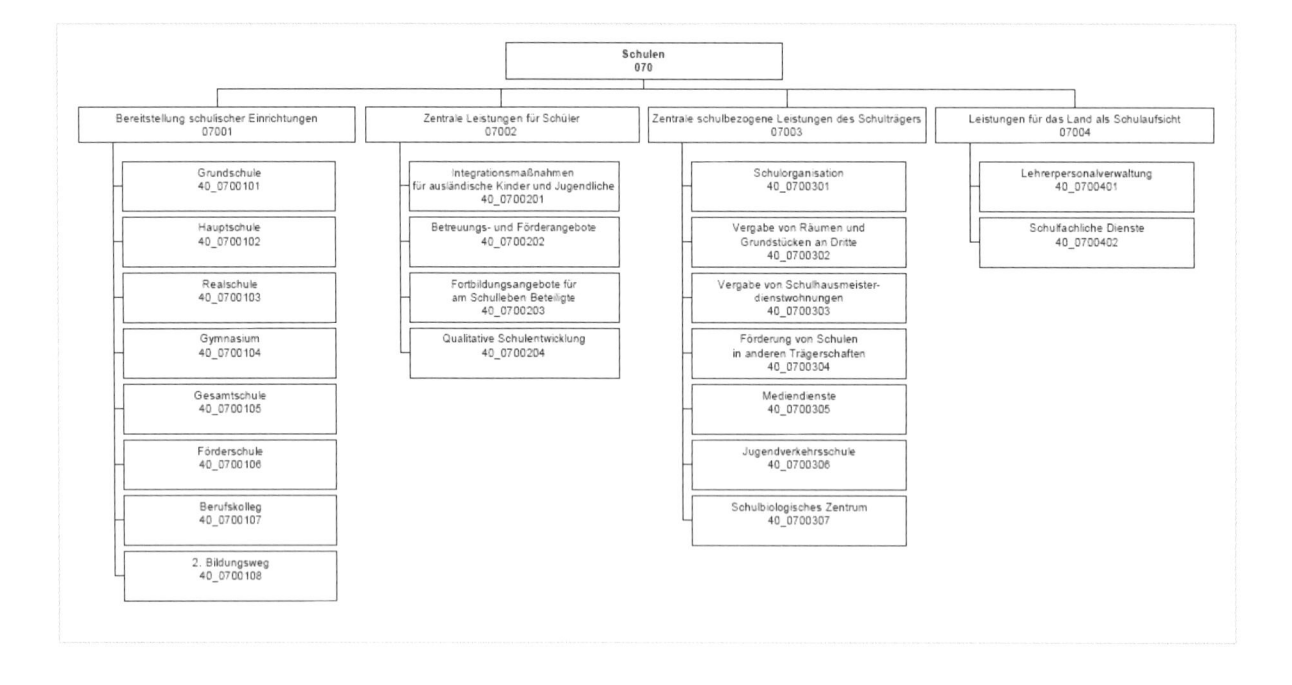

```
                                          Schulen
                                            070
         ┌────────────────────┬──────────────────────┬──────────────────────┬──────────────────────┐
 Bereitstellung schulischer   Zentrale Leistungen    Zentrale schulbezogene  Leistungen für das Land
       Einrichtungen               für Schüler        Leistungen des          als Schulaufsicht
          07001                      07002            Schulträgers              07004
                                                        07003

    Grundschule            Integrationsmaßnahmen    Schulorganisation      Lehrerpersonalverwaltung
    40_0700101             für ausländische Kinder  40_0700301             40_0700401
                           und Jugendliche
                           40_0700201

    Hauptschule            Betreuungs- und          Vergabe von Räumen     Schulfachliche Dienste
    40_0700102             Förderangebote           und Grundstücken       40_0700402
                           40_0700202               an Dritte
                                                    40_0700302

    Realschule             Fortbildungsangebote     Vergabe von Schulhaus-
    40_0700103             für am Schulleben        meisterdienstwohnungen
                           Beteiligte               40_0700303
                           40_0700203

    Gymnasium              Qualitative              Förderung von Schulen
    40_0700104             Schulentwicklung         in anderen Trägerschaften
                           40_0700204               40_0700304

    Gesamtschule                                    Mediendienste
    40_0700105                                      40_0700305

    Förderschule                                    Jugendverkehrsschule
    40_0700106                                      40_0700306

    Berufskolleg                                    Schulbiologisches Zentrum
    40_0700107                                      40_0700307

    2. Bildungsweg
    40_0700108
```

---

[104] Stadt Dortmund (2007) S. 817 ff.

Stadt Dortmund

Haushaltsplan 2007 — **Schulverwaltungsamt Amt 40** — zuständig: **Herr Stadtrat Pogadl**

Teilergebnisplan

		Ver-merk	Jahresergebnis (€) 2005	Haushaltsansatz (€) 2006	Haushaltsansatz (€) 2007	Planung (€) 2008	Planung (€) 2009	Planung (€) 2010
01	+ Steuern und ähnliche Abgaben		0,00	0	0	0	0	0
02	+ Zuwendungen und allgemeine Umlagen		0,00	14.870.641	15.206.011	15.231.541	15.223.475	15.427.284
	davon Sonderposten aus Zuwendungen		0,00	479.441	464.246	489.776	481.710	685.519
03	+ Sonstige Transfererträge		0,00	0	0	0	0	0
04	+ Öffentlich-rechtliche Leistungsentgelte		0,00	5.900	5.900	5.900	5.900	5.900
05	+ Privatrechtliche Leistungsentgelte		0,00	1.176.700	1.177.856	1.177.856	1.177.856	1.177.856
06	+ Kostenerstattungen und Kostenumlagen		0,00	149.600	149.600	149.600	149.600	149.600
07	+ Sonstige ordentliche Erträge		0,00	0	0	0	0	0
	davon Verkauf von Vermögensgegenständen des Anlagevermögens		0,00	0	0	0	0	0
	davon nicht zahlungswirksame ordentliche Erträge		0,00	0	0	0	0	0
08	+ Aktivierte Eigenleistungen		0,00	0	0	0	0	0
09	+/- Bestandsveränderungen		0,00	0	0	0	0	0
10	= Ordentliche Erträge		0,00	16.202.841	16.539.367	16.564.896	16.556.831	16.760.640
11	- Personalaufwendungen		0,00	20.306.083	19.954.406	19.942.506	19.435.884	18.958.907
	davon Beihilfen		0,00	0	0	0	0	0
	davon Pensionsrückstellungen		0,00	520.883	298.206	296.006	291.384	291.307
12	- Versorgungsaufwendungen (Pensionsrückstellungen)		0,00	0	0	0	0	0
13	- Aufwendungen für Sach- und Dienstleistungen		0,00	46.237.496	50.778.180	63.281.510	63.726.086	63.726.086
	davon Unterhaltung und Bewirtschaftung		0,00	15.456.959	15.388.701	27.544.631	27.987.080	27.987.080
14	- Bilanzielle Abschreibungen		0,00	3.086.481	3.524.390	3.392.809	3.169.211	2.922.411
15	- Transferaufwendungen		0,00	0	0	0	0	0
16	- Sonstige ordentliche Aufwendungen		0,00	3.061.916	2.753.316	2.736.416	2.736.416	2.736.716
17	= Ordentliche Aufwendungen		0,00	72.691.976	77.010.292	89.353.241	89.067.597	88.344.119
18	= Ergebnis der laufenden Verwaltungstätigkeit (10+17)		0,00	56.489.135-	60.470.925-	72.788.344-	72.510.766-	71.583.480-
19	+ Finanzerträge		0,00	0	0	0	0	0
20	- Zinsen und sonstige Finanzaufwendungen		0,00	745.900	1.021.200	1.009.900	992.400	992.400
21	= Finanzergebnis (19+20)		0,00	745.900-	1.021.200-	1.009.900-	992.400-	992.400-
22	= Ordentliches Ergebnis (18+21)		0,00	57.235.035-	61.492.125-	73.798.244-	73.503.166-	72.575.880-
23	+ Außerordentliche Erträge		0,00	0	0	0	0	0
24	- Außerordentliche Aufwendungen		0,00	0	0	0	0	0
25	= Außerordentliches Ergebnis		0,00	0	0	0	0	0
26	= Jahresergebnis vor interner Leistungsbeziehung (22+25)		0,00	57.235.035-	61.492.125-	73.798.244-	73.503.166-	72.575.880-

Haushaltsplan 2007 — **Schulverwaltungsamt Amt 40** — zuständig: **Herr Stadtrat Pogadl**

Teilergebnisplan

		Ver-merk	Jahresergebnis (€) 2005	Haushaltsansatz (€) 2006	Haushaltsansatz (€) 2007	Planung (€) 2008	Planung (€) 2009	Planung (€) 2010
27	+ Erträge aus internen Leistungsbeziehungen		0,00	151.500	69.900	69.900	93.260	76.300
28	- Aufwendungen aus internen Leistungsbeziehungen		0,00	72.402.183	49.738.500	49.447.809	49.745.728	49.624.925
	davon Aufwendungen aus internen Immobilienmieten		0,00	71.348.083	48.662.900	48.372.209	48.670.128	48.549.325
29	= Jahresergebnis des Teilergebnisplans (26+27+28)		0,00	129.485.718-	111.160.725-	123.176.153-	123.155.634-	122.124.505-

Stellenübersicht

	Ergebnis 2005	Ansatz 2006	Ansatz 2007
Höherer Dienst	0,00	8,50	8,50
Gehobener Dienst	0,00	42,79	43,54
Mittlerer Dienst	0,00	322,05	321,86
Einfacher Dienst	0,00	41,61	41,62

Haushaltsplan 2007				Schulverwaltungsamt Amt 40					zuständig: Herr Stadtrat Pogadl	

	Teilfinanzplan	Ver-merk	Jahresergebnis (€)	Haushaltsansatz (€)		Verpfl.-Erm. (€)	Planung (€)		
			2005	2006	2007		2008	2009	2010
	Investitionstätigkeit								
	Einzahlungen								
01	aus Zuwendungen für Investitionsmaßnahmen		0,00	7.731.000	7.575.648	0	5.647.402	0	0
02	aus der Veräußerung von Sachanlagen		0,00	0	0	0	0	0	0
03	aus der Veräußerung von Finanzanlagen		0,00	0	0	0	0	0	0
04	aus Beiträgen und ähnlichen Entgelten		0,00	0	0	0	0	0	0
05	Sonstige investive Einzahlungen		0,00	0	0	0	0	0	0
06	**Summe der investiven Einzahlungen**		0,00	7.731.000	7.575.648	0	5.647.402	0	0
	Auszahlungen								
07	für den Erwerb von Grundstücken und Gebäuden		0,00	0	0	0	0	0	0
08	für Baumaßnahmen	1	0,00	14.172.160	21.466.868	11.015.000	17.682.092	11.743.390	8.340.000
09	für den Erwerb von beweglichem Anlagevermögen		0,00	7.532.700	4.208.500	0	2.928.500	2.928.500	2.356.400
10	für den Erwerb von Finanzanlagen		0,00	0	0	0	0	0	0
11	von aktivierbaren Zuwendungen		0,00	0	0	0	0	0	0
12	sonstige Investitionsauszahlungen		0,00	0	0	0	0	0	0
13	**Summe der investiven Auszahlungen**		0,00	21.704.860	25.675.368	11.015.000	20.610.592	14.671.890	10.696.400
14	**Saldo Investitionstätigkeit**		0,00	13.973.860-	18.099.720-	11.015.000-	14.963.190-	14.671.890-	10.696.400-
15	Nicht ergebniswirksame Einzahlungen		0,00	0	0	0	0	0	0
16	Nicht ergebniswirksame Auszahlungen	2	0,00	14.182.100	18.125.000	0	7.842.600	10.290.000	12.020.000

Vermerke:
1 Für die Maßnahme Aplerbecker-Mark-GS sind darüber hinaus 425.000 Euro
  als "Auszahlung für Maßnahmen Instandhaltungsrückstau" geplant. Diese erscheinen in Zeile 16 des Teilfinanzplans.
1 Für die Maßnahme Robert-Schuman-Berufskolleg sind darüber hinaus
  3.900.000 Euro als "Auszahlung für Maßnahmen Instandhaltungsrückstau" und 250.000 Euro als "Auszahlung für Brandschutzmaßnahmen" geplant.
  Diese erscheinen in Zeile 16 des Teilfinanzplans.
1 Für die Maßnahme Berufskolleg Brügmannblock sind darüber hinaus
  15.500.000 Euro als "Auszahlung für Maßnahmen Instandhaltungsrückstau" und 1.900.000 Euro als "Auszahlung für Brandschutzmaßnahmen" geplant.
  Diese erscheinen in Zeile 16 des Teilfinanzplans.
2 Für die Maßnahme Albrecht-Brinkmann GS sind 1.440.000 Euro als
  "Auszahlung für Maßnahmen Instandhaltungsrückstau" geplant. Diese erscheinen in Zeile 16 des Teilfinanzplans.
2 Für die Maßnahme Ricarda-Huch Realschule sind 800.000 Euro als
  "Auszahlung für Maßnahmen Instandhaltungsrückstau" geplant. Diese erscheinen in Zeile 16 des Teilfinanzplans.
2 Für die Maßnahme Berufskollegs Hacheney sind 10.900.000 Euro als
  "Auszahlung für Maßnahmen Instandhaltungsrückstau" geplant. Diese erscheinen in Zeile 16 des Teilfinanzplans.

Im Dortmunder Haushalt folgen anschließend die **Investitionsmaßnahmen in den einzelnen Schulen.** Wir zeigen nur einen Ausschnitt aus den Investitionsmaßnahmen:[105]

Haushaltsplan 2007		Schulverwaltungsamt Amt 40						zuständig: Herr Stadtrat Pogadl	
Investitionsmaßnahmen	Ver-merk	Jahres-ergebnis (€)	Haushaltsansatz (€)		Planung (€)			bisher bereitgestellt	Gesamtein- u. -auszahlungen
		2005	2006	2007	2008	2009	2010		
40A07001010284 Aplerbecker-Mark-GS Bewegliches Vermögen Auszahlung für den Erwerb von beweglichem Anlagevermögen		0,00	0	30.000	0	0	0	0,00	30.000
Verpflichtungsermächtigung zu Lasten		0,00	0	0	0	0	0	0,00	0
Saldo Maßnahme (Einzahlungen - Auszahlungen)		0,00	0	30.000-	0	0	0	0,00	30.000-
40A07001010285 Aplerbecker-GS Bewegl. Verm. Erweiterung Auszahlung für den Erwerb von beweglichem Anlagevermögen		0,00	0	30.000	0	0	0	0,00	30.000
Verpflichtungsermächtigung zu Lasten		0,00	0	0	0	0	0	0,00	0
Saldo Maßnahme (Einzahlungen - Auszahlungen)		0,00	0	30.000-	0	0	0	0,00	30.000-
40A07001014284 Aplerbecker-Mark-GS Erweiterung Auszahlung für Baumaßnahmen	1	0,00	40.000	1.840.000	1.635.000	0	0	0,00	3.515.000
Verpflichtungsermächtigung zu Lasten		0,00	0	0	0	0	0	0,00	0
Saldo Maßnahme (Einzahlungen - Auszahlungen)		0,00	40.000-	1.840.000-	1.635.000-	0	0	0,00	3.515.000-
40A07001014285 Aplerbecker-GS Erweiterung Auszahlung für Baumaßnahmen		0,00	0	900.000	0	0	0	0,00	900.000
Verpflichtungsermächtigung zu Lasten		0,00	0	0	0	0	0	0,00	0
Saldo Maßnahme (Einzahlungen - Auszahlungen)		0,00	0	900.000-	0	0	0	0,00	900.000-
40A07001014294 Friedrich-Ebert-GS Neubau Einzahlung aus Zuwendungen für Investitionsmaßnahmen		0,00	315.000	0	0	0	0	0,00	315.000
Auszahlung für Baumaßnahmen		0,00	350.000	1.800.000	2.600.000	0	0	0,00	4.750.000
Verpflichtungsermächtigung zu Lasten		0,00	0	0	0	0	0	0,00	0
Saldo Maßnahme (Einzahlungen - Auszahlungen)		0,00	35.000-	1.800.000-	2.600.000-	0	0	0,00	4.435.000-
40B07001020167 TH HS-Wickede Bew. Vermögen Auszahlung für den Erwerb von beweglichem Anlagevermögen		0,00	45.000	0	0	0	0	0,00	45.000

---

[105] Stadt Dortmund (2007) S. 822

Im Rahmen der Produktgruppe „Bereitstellung von Einrichtungen" bilden wir beispielhaft das **Produkt Gymnasien** ab.[106]

Haushaltsplan 2007	Schulverwaltungsamt Amt 40 Bereitstellung von Einrichtungen Produktgruppe 07001		zuständig: Herr Stadtrat Pogadl			

Produkt 40_0700104 Gymnasien

Beschreibung und Ziel
Sicherung der quantitativen und Verbesserung der qualitativen Rahmenbedingungen zur Durchführung des lehrplanmäßigen Unterrichtes. Unterstützung weiterer Schulaktivitäten.

Produktdaten	Ergebnis	Ansatz		Planung		
	2005	2006	2007	2008	2009	2010
Kennzahlen						
Beschulte Schülerinnen und Schüler	0	13.381	13.473	13.502	13.547	13.828
01 Erlöse (EUR)						
02 Erlöse aus verwaltungsinternen Leistungsverrechnungen	0,00	0	0	0	0	0
03 Sonstige Erlöse	0,00	10.307	10.307	10.307	10.307	10.307
04 Gesamterlöse (Zeilen 02 + 03)	0,00	10.307	10.307	10.307	10.307	10.307
05 Kosten (EUR)						
06 Einzelkosten aus verwaltungsinternen Leistungsverrechnungen	0,00	10.222.477	6.972.232	6.930.583	6.973.267	6.955.959
07 Einzelkosten (externer Bezug)	0,00	7.536.253	8.301.827	10.535.242	10.531.513	10.521.596
08 Gemeinkosten	0,00	2.131.331	2.232.092	2.224.755	2.175.809	2.128.494
09 Verwaltungsgemeinkosten	0,00	114.900	122.542	125.053	123.542	122.112
10 Selbstkosten (Zeilen 06 bis 09)	0,00	20.004.962	17.628.693	19.815.633	19.804.132	19.728.161
11 Produktergebnis (Zeile 04 ./. 10)	0,00	19.994.655-	17.618.386-	19.805.326-	19.793.826-	19.717.855-
12 Overheadzuschlag		714.064	1.025.717	1.218.910	1.203.124	1.197.261
13 Ergebnis (Zeilen 11 + 12)	0,00	20.708.719-	18.644.103-	21.024.236-	20.996.950-	20.915.116-
14 Transferleistungen						
15 Einnahmen	0,00	14.122	47.927	65.273	63.513	61.840
16 Ausgaben	0,00	0	0	0	0	0

Wie die Abbildung zeigt, existiert **nur ein Produkt Gymnasien**. Dies bedeutet, dass anders als bei anderen Kommunen nicht jedes einzelne Gymnasium separat dargestellt wird. Außerdem wird auch **nur eine Kennzahl** (beschulte Schülerinnen und Schülern) ausgewiesen. Positiv an der Darstellung ist die **gestraffte kostenrechnerische Abbildung nach Kostengruppen**.

---

[106] Stadt Dortmund (2007) S. 840

Stadt Dortmund 273

Die Dortmunder Vorgehensweise verdeutlichen wir außerdem am Beispiel des **Jugendamtes**, für das folgende Produkte bewirtschaftet werden.[107]

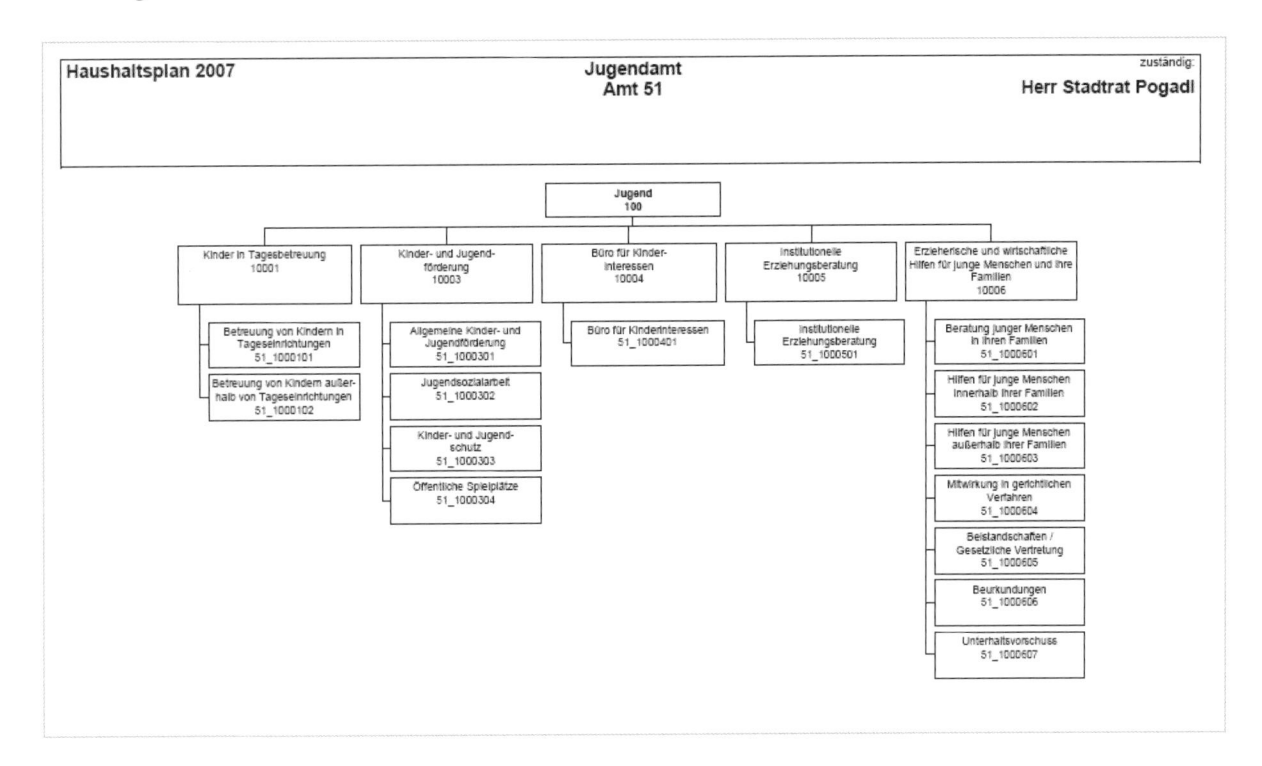

| Haushaltsplan 2007 | | Jugendamt Amt 51 | | | | zuständig: Herr Stadtrat Pogadl | |

Organigramm Jugend 100:
- Kinder in Tagesbetreuung 10001
  - Betreuung von Kindern in Tageseinrichtungen 51_1000101
  - Betreuung von Kindern außerhalb von Tageseinrichtungen 51_1000102
- Kinder- und Jugendförderung 10003
  - Allgemeine Kinder- und Jugendförderung 51_1000301
  - Jugendsozialarbeit 51_1000302
  - Kinder- und Jugendschutz 51_1000303
  - Öffentliche Spielplätze 51_1000304
- Büro für Kinderinteressen 10004
  - Büro für Kinderinteressen 51_1000401
- Institutionelle Erziehungsberatung 10005
  - Institutionelle Erziehungsberatung 51_1000501
- Erzieherische und wirtschaftliche Hilfen für junge Menschen und ihre Familien 10006
  - Beratung junger Menschen in ihren Familien 51_1000601
  - Hilfen für junge Menschen innerhalb ihrer Familien 51_1000602
  - Hilfen für junge Menschen außerhalb ihrer Familien 51_1000603
  - Mitwirkung in gerichtlichen Verfahren 51_1000604
  - Beistandschaften / Gesetzliche Vertretung 51_1000605
  - Beurkundungen 51_1000606
  - Unterhaltsvorschuss 51_1000607

Haushaltsplan 2007 – Jugendamt Amt 51 – zuständig: Herr Stadtrat Pogadl

	Teilergebnisplan	Vermerk	Jahresergebnis (€) 2005	Haushaltsansatz (€) 2006	Haushaltsansatz (€) 2007	Planung (€) 2008	Planung (€) 2009	Planung (€) 2010
01	+ Steuern und ähnliche Abgaben		0,00	0	0	0	0	0
02	+ Zuwendungen und allgemeine Umlagen		0,00	27.751.286	28.385.901	28.978.501	29.416.018	29.417.634
	davon Sonderposten aus Zuwendungen		0,00	35.086	6.481	8.481	10.098	11.714
03	+ Sonstige Transfererträge		0,00	10.558.200	10.755.900	10.805.600	10.840.700	10.840.700
04	+ Öffentlich-rechtliche Leistungsentgelte		0,00	10.643.600	10.712.407	11.033.207	11.291.807	11.291.807
05	+ Privatrechtliche Leistungsentgelte		0,00	1.528.800	1.528.800	1.528.800	1.528.800	1.528.800
06	+ Kostenerstattungen und Kostenumlagen		0,00	5.050.600	4.717.200	4.717.200	4.717.200	4.717.200
07	+ Sonstige ordentliche Erträge		0,00	29.100	29.100	29.100	29.100	29.100
	davon Verkauf von Vermögensgegenständen des Anlagevermögens		0,00	0	0	0	0	0
	davon nicht zahlungswirksame ordentliche Erträge		0,00	0	0	0	0	0
08	+ Aktivierte Eigenleistungen		0,00	0	0	0	0	0
09	+/- Bestandsveränderungen		0,00	0	0	0	0	0
10	= Ordentliche Erträge		0,00	55.561.586	56.129.308	57.092.408	57.823.625	57.825.241
11	- Personalaufwendungen		0,00	23.295.996	23.137.613	23.127.404	22.578.206	21.989.286
	davon Beihilfen		0,00	0	0	0	0	0
	davon Pensionsrückstellungen		0,00	1.031.474	1.095.314	1.086.105	1.072.204	1.069.678
12	- Versorgungsaufwendungen (Pensionsrückstellungen)		0,00	0	0	0	0	0
13	- Aufwendungen für Sach- und Dienstleistungen		0,00	93.690.343	96.324.817	100.485.922	105.087.134	105.067.134
	davon Unterhaltung und Bewirtschaftung		0,00	2.764.929	2.857.150	2.250.655	2.045.112	2.045.112
14	- Bilanzielle Abschreibungen		0,00	136.588	578.357	628.751	675.462	715.046
15	- Transferaufwendungen		0,00	61.884.700	58.666.100	58.687.100	58.719.900	58.752.600
16	- Sonstige ordentliche Aufwendungen		0,00	2.198.343	3.794.302	3.769.102	3.739.799	3.709.911
17	= Ordentliche Aufwendungen		0,00	181.205.970	182.501.189	186.698.279	190.800.500	190.233.979
18	= Ergebnis der laufenden Verwaltungstätigkeit (10+17)		0,00	125.644.383-	126.371.880-	129.605.871-	132.976.875-	132.408.738-
19	+ Finanzerträge		0,00	0	0	0	0	0
20	- Zinsen und sonstige Finanzaufwendungen		0,00	0	0	0	0	0
21	= Finanzergebnis (19+20)		0,00	0	0	0	0	0
22	= Ordentliches Ergebnis (18+21)		0,00	125.644.383-	126.371.880-	129.605.871-	132.976.875-	132.408.738-
23	+ Außerordentliche Erträge		0,00	0	0	0	0	0
24	- Außerordentliche Aufwendungen		0,00	0	0	0	0	0
25	= Außerordentliches Ergebnis		0,00	0	0	0	0	0
26	= Jahresergebnis vor interner Leistungsbeziehung (22+25)		0,00	125.644.383-	126.371.880-	129.605.871-	132.976.875-	132.408.738-

---

[107] Stadt Dortmund (2007) S. 899 ff.

Haushaltsplan 2007		Jugendamt Amt 51					zuständig: Herr Stadtrat Pogadl	
Teilergebnisplan		Ver-merk	Jahresergebnis (€)	Haushaltsansatz (€)		Planung (€)		
			2005	2006	2007	2008	2009	2010
27	+ Erträge aus internen Leistungsbeziehungen		0,00	200.000	359.600	359.600	424.880	380.160
28	- Aufwendungen aus internen Leistungsbeziehungen		0,00	11.664.848	20.171.045	20.074.719	20.174.854	20.134.820
	davon Aufwendungen aus internen Immobilienmieten		0,00	9.839.305	16.125.345	16.029.019	16.129.154	16.089.120
29	= Jahresergebnis des Teilergebnisplans (26+27+28)		0,00	137.109.231-	146.183.325-	149.320.990-	152.726.849-	152.163.399-

Stellenübersicht	Ergebnis	Ansatz	
	2005	2006	2007
Höherer Dienst	0,00	15,00	15,00
Gehobener Dienst	0,00	350,00	349,05
Mittlerer Dienst	0,00	82,25	83,25
Einfacher Dienst	0,00	9,00	9,00

Haushaltsplan 2007		Jugendamt Amt 51					zuständig: Herr Stadtrat Pogadl	
Teilfinanzplan		Ver-merk	Jahresergebnis (€)	Haushaltsansatz (€)		Verpfl.-Erm. (€)	Planung (€)		
			2005	2006	2007		2008	2009	2010
	Investitionstätigkeit								
	Einzahlungen								
01	aus Zuwendungen für Investitionsmaßnahmen		0,00	0	0	0	0	0	0
02	aus der Veräußerung von Sachanlagen		0,00	0	0	0	0	0	0
03	aus der Veräußerung von Finanzanlagen		0,00	0	0	0	0	0	0
04	aus Beiträgen und ähnlichen Entgelten		0,00	0	0	0	0	0	0
05	Sonstige investive Einzahlungen		0,00	0	0	0	0	0	0
06	Summe der investiven Einzahlungen		0,00	0	0	0	0	0	0
	Auszahlungen								
07	für den Erwerb von Grundstücken und Gebäuden		0,00	3.726.700	97.000	0	97.000	97.000	97.000
08	für Baumaßnahmen		0,00	0	2.261.000	0	3.246.000	3.246.000	3.340.000
09	für den Erwerb von beweglichem Anlagevermögen		0,00	317.800	209.800	0	209.800	303.800	209.800
10	für den Erwerb von Finanzanlagen		0,00	302.100	311.000	0	311.000	311.000	311.000
11	von aktivierbaren Zuwendungen		0,00	0	0	0	0	0	0
12	sonstige Investitionsauszahlungen		0,00	0	0	0	0	0	0
13	Summe der investiven Auszahlungen		0,00	4.346.600	2.878.800	0	3.863.800	3.957.800	3.957.800
14	Saldo Investitionstätigkeit		0,00	4.346.600-	2.878.800-	0	3.863.800-	3.957.800-	3.957.800-
15	Nicht ergebniswirksame Einzahlungen		0,00	5.600	5.600	0	5.600	5.600	5.600
16	Nicht ergebniswirksame Auszahlungen		0,00	5.600	5.600	0	5.600	5.600	5.600

Als wichtigstes Einzelprodukt wird auch in Dortmund **das Produkt „Hilfen für junge Menschen außerhalb Ihrer Familien"** abgebildet.[108]

Haushaltsplan 2007		Jugendamt Amt 51			zuständig: Herr Stadtrat Pogadl	
		Erzieherische und wirtschaftliche Hilfen für junge Menschen und ihre Familien Produktgruppe 10006				

Produkt 51_1000603 Hilfen für junge Menschen außerhalb ihrer Familien

Beschreibung und Ziel

Unterbringung von jungen Menschen in Pflegefamilien, Heimen und sonstigen Wohnformen

Förderung und Erziehung junger Menschen außerhalb ihres Elternhauses zur eigenständigen und selbstverantwortlichen Lebensführung; Schutz von jungen Menschen in Krisensitutationen

Zielgruppe: Kinder, Jugendliche sowie ihre Eltern

	Produktdaten	Ergebnis	Ansatz		Planung		
		2005	2006	2007	2008	2009	2010
	Kennzahlen						
	Anzahl der Hilfefälle	0	1.580	1.580	1.580	1.580	1.580
01	**Erlöse (EUR)**						
02	Erlöse aus verwaltungsinternen Leistungsverrechnungen	0,00	100.000	64.800	64.800	130.080	85.360
03	Sonstige Erlöse	0,00	5.060.300	4.726.900	4.726.900	4.726.900	4.726.900
04	Gesamterlöse (Zeilen 02 + 03)	0,00	5.160.300	4.791.700	4.791.700	4.856.980	4.812.260
05	**Kosten (EUR)**						
06	Einzelkosten aus verwaltungsinternen Leistungsverrechnungen	0,00	0	1.650.000	1.650.000	1.650.000	1.650.000
07	Einzelkosten (externer Bezug)	0,00	140.000	141.100	141.900	142.700	142.700
08	Gemeinkosten	0,00	5.192.015	6.064.568	6.053.742	5.954.337	5.849.449
09	Verwaltungsgemeinkosten	0,00	597.353	704.376	708.263	700.017	663.681
10	Selbstkosten (Zeilen 06 bis 09)	0,00	5.929.368	8.560.044	8.553.904	8.447.054	8.305.831
11	Produktergebnis (Zeile 04 ./. 10)	0,00	769.068-	3.768.344-	3.762.204-	3.590.074-	3.493.571-
12	Overheadzuschlag	0,00	391.062	772.738	754.156	738.236	727.463
13	Ergebnis (Zeilen 11 + 12)	0,00	1.160.130-	4.541.083-	4.516.360-	4.328.311-	4.221.033-
14	Transferleistungen						
15	Einnahmen	0,00	4.384.100	4.382.000	4.383.000	4.382.800	4.382.800
16	Ausgaben	0,00	44.886.900	40.868.400	40.893.000	40.925.800	40.958.500

Auch im Jugendhilfebereich wird nur **eine sehr pauschale, mengenmäßige Kennzahl** (Anzahl der Hilfefälle) pro Produkt abgebildet.

Wie dargestellt werden im Dortmunder Haushalt nur teilweise sehr differenzierte Kennzahlen dargestellt. Demgegenüber werden in den wichtigen Politikfeldern „Schulen" und „Jugendhilfe" nur grobe Fallzahlen gegeben. Vermutlich wird der jeweils zuständige Ausschuss erheblich differenziertere Informationen bekommen, als sie im doppischen Haushalt enthalten sind.

Nach unserer Auffassung positiv zu werten, ist die flächendeckende **Darstellung amtsbezogener Stellenübersichten** in übersichtlicher Form. Schließlich ist der Feinschliff des Gesamthaushalts zu würdigen. So gehört der Dortmunder Haushalt zu den doppischen Haushalten, die bereits durchlaufende Seitenzahlen für das Gesamtwerk besitzen (sowie ein entsprechendes Inhaltsverzeichnis), wodurch die Übersichtlichkeit erhöht wird.

Nach unserer Einschätzung sollte allerdings kritisch überlegt werden, wie eine **stärkere Hervorhebung des für die Steuerung tatsächlich Wesentlichen** erreicht werden kann. Hierzu könnte an eine verstärkte Integration von nicht-ökonomischen und ökonomischen Kennzahlen, z. B. der Jugendhilfe, gedacht werden – während andererseits in verwaltend tätigen Bereichen (z. B. Wahlen) eine Straffung möglich wäre. Das Dortmunder Beispiel bietet durch seine insgesamt recht hohe Qualität eine solide Basis, um derartige Fragen mit bundesweiter Relevanz zu diskutieren. Auch eine Reduktion der Anzahl an Produkten und Kostenträgern (z. B. Dortmund Agentur) sollte nach unserer Einschätzung geprüft werden, um im Haushalt noch stärker die für die Steuerung der Stadt wesentlichen Informationen bereitstellen zu können. Trotz des **Gesamtvolumens von 1368 Seiten** sind u. E. wichtige steuerungsrelevante Informationen wie die Entwicklung der einzelnen Jugendhilfeleistungen und die Schulbudgets der weiterführenden Schulen im Haushalt nicht enthalten.

---

[108] Stadt Dortmund (2007) S. 926.

9.3.2 Stadt Essen (2007)

Der Haushaltplan der kreisfreien Stadt Essen (585.000 Einwohner) besteht aus drei Bänden (einschließlich des Haushaltssicherungskonzepts) mit insgesamt 1.827 Seiten. Der Band eins (allgemeiner Teil) enthält:

- die Haushaltssatzung
- den Entwurf der Eröffnungsbilanz
- den Gesamtergebnis- und Gesamtfinanzplan
- den Vorbericht
- die produktbereichsorientierte Gliederung der Teilergebnishaushalte
- die Prioritätenliste des Investitionsprogramms
- den Stellenplan
- bezirksbezogene Angaben
- Jahresabschlüsse und Wirtschaftspläne der Beteiligungen
- Glossar.

Stadt Essen

Der erste doppische Haushalt der Stadt Essen 2007 wird übersichtlich (im Vorbericht) in den **siebzehn Produktbereichen** zusammengefasst.[109]

Der NKF Haushalt 2007 stellt sich in den 17 Produktbereichen wie folgt dar:

Nr.	Produktbereich	Ertrag	Aufwand	Saldo	Einzahlung	Auszahlung	Saldo
					\multicolumn{3}{c}{aus Investitionstätigkeit}		
1.01	Innere Verwaltung (ohne ILV*)	72.042.430 (38.755.530)	274.733.505 (265.363.305)	-202.691.075 -(226.607.775)	7.714.141	22.693.871	-14.979.730
1.02	Sicherheit und Ordnung (ohne ILV*)	47.294.138 (46.996.788)	117.460.162 (111.669.834)	-70.166.024 -(64.673.046)	2.850	11.544.500	-11.541.650
1.03	Schulträgeraufgaben (ohne ILV*)	7.351.635 (7.351.635)	52.876.561 (52.063.861)	-45.524.926 -(44.712.226)	270.000	2.455.600	-2.185.600
1.04	Kultur und Wissenschaft (ohne ILV*)	6.473.844 (6.473.844)	83.136.101 (77.434.051)	-76.662.257 -(70.960.207)	19.210.100	21.218.350	-2.008.250
1.05	Soziale Leistungen (ohne ILV*)	101.284.377 (101.284.377)	378.018.317 (376.792.617)	-276.733.940 -(275.508.240)	1.988.600	2.111.440	-122.840
1.06	Kinder-, Jugend- und Familienhilfe (ohne ILV*)	58.985.462 (58.985.462)	208.985.802 (207.275.052)	-150.000.340 -(148.289.590)	0	2.379.850	-2.379.850
1.07	Gesundheitsdienste (ohne ILV*)	749.969 (749.969)	10.567.437 (9.468.737)	-9.817.468 -(8.718.768)	0	9.500	-9.500
1.08	Sportförderung (ohne ILV*)	1.580.000 (1.580.000)	25.266.400 (25.266.400)	-23.686.400 -(23.686.400)	0	4.565.260	-4.565.260
1.09	Räumliche Planungs-/ Entwicklungsm., Geoinfo (ohne ILV*)	37.882.708 (37.832.708)	61.183.464 (60.055.514)	-23.300.756 -(22.222.806)	26.630.210	16.373.750	10.256.460
1.10	Bauen und Wohnen (ohne ILV*)	5.633.703 (5.438.953)	13.695.246 (12.826.324)	-8.061.543 -(7.387.371)	100.900	16.300	84.600
1.11	Ver- und Entsorgung (ohne ILV*)	186.272.630 (173.424.680)	185.640.917 (181.460.217)	631.713 -(8.035.537)	0	0	0
1.12	Verkehrsflächen und -anlagen, ÖPNV (ohne ILV*)	50.009.215 (45.428.365)	124.365.832 (105.463.182)	-74.356.617 -(60.034.817)	22.527.850	34.630.651	-12.102.801
1.13	Natur- und Landschaftspflege (ohne ILV*)	0 (0)	22.906.500 (22.906.500)	-22.906.500 -(22.906.500)	0	2.670.500	-2.670.500
1.14	Umweltschutz (ohne ILV*	639.466 (639.466)	5.818.951 (5.351.801)	-5.179.485 -(4.712.335)	25	566.560	-566.535
1.15	Wirtschaft und Tourismus (ohne ILV*)	461.000 (461.000)	8.083.400 (8.083.400)	-7.622.400 -(7.622.400)	24.714.550	24.864.550	-150.000
1.16	Allgemeine Finanzwirtschaft (ohne ILV*)	1.111.346.850 (1.111.346.850)	343.498.750 (343.498.750)	767.848.100 (767.848.100)	13.244.000	0	13.244.000
1.17	Stiftungen (ohne ILV*)	2.550.000 (2.550.000)	2.554.546 (2.554.546)	-4.546 -(4.546)	0	0	0
99	Summe (ohne ILV*)	1.690.557.427 1.639.299.627	1.918.791.891 1.867.534.091	-228.234.464 -228.234.464	116.403.226	146.100.682	-29.697.456

* ILV = interne Leistungsverrechnung

---

[109] Stadt Essen (2007) S. 48 (PDF).

In **Band zwei** wird der Haushalt nach **organisatorisch zugeordneten Produktgruppen** dargestellt. Die Produktgruppen sind entsprechend der organisatorischen Zuordnung nach Geschäftsbereichen und Fachbereichen sortiert. Eine übersichtliche Gesamtdarstellung wird hierzu auch im Vorbericht gegeben:[110]

Geschäftsbereichsbudgets 2007

Ergebnisplan
- Erträge: 1.690.557.427 €
- Aufwendungen: 1.918.791.891 €
- Fehlbedarf 2007: -228.234.464 €

Deckungsbudget
- Erträge: 1.111.346.850 €
- Aufwendungen: 343.498.750 €
- 767.848.100 €
- Budgets der: -996.082.564 €
- Fehlbedarf 2007: -228.234.464 €

Budgets der Geschäftsbereiche: -996.082.564 €

Geschäftsbereich 1A	Geschäftsbereich 1B	Geschäftsbereich 2	Geschäftsbereich 4	Geschäftsbereich 5	Geschäftsbereich 6A	Geschäftsbereich 6B
-43.910.577 €	-147.542.329 €	-14.995.427 €	-77.786.150 €	-488.578.188 €	-195.076.025 €	-28.193.868 €

(Band drei enthält das Haushaltssicherungskonzept)

Beispielhaft zeigen wir die Darstellung des Teilergebnisplans für den **Produktbereich 1.03 „Schulträgeraufgaben"**:[111]

Darstellung der Teilpläne des Produktbereiches 1.03 (Schulträgeraufgaben) mit den Plandaten 2007

Zust. GB	Produkt-gruppen-Nr.	Produktgruppenbezeichnung	Ertrag	Aufwand	Saldo	Einzahlung	Auszahlung	Saldo
						aus Investitionstätigkeit		
5	1.03.09.01	BaFöG	2.000	432.536	-430.536	0	1.800	-1.800
5	1.03.10.01	Zentrale Leistungen	169.300	3.103.550	-2.934.250	0	5.000	-5.000
5	1.03.10.02	Leistungen für das Land, Schulaufsicht	235.635	1.078.535	-842.900	0	0	0
5	1.03.10.03	Regionale Schulberatung	0	272.000	-272.000	0	0	0
5	1.03.99.01	Bereitstellung schulischer Einrichtungen	6.944.700	47.989.940	-41.045.240	270.000	2.448.800	-2.178.800
			7.351.635	52.876.561	-45.524.926	270.000	2.455.600	-2.185.600

---

[110] Stadt Essen (2007) S. 49 (PDF).
[111] Stadt Essen (2007) S. 112, 114 f. und S. 119 f. (PDF).

Stadt Essen

Teilergebnisplan - Produktbereich 1.03 (Schulträgeraufgaben)			Ansatz 2007	Planung 2008	Planung 2009	Planung 2010
1		Steuern und ähnliche Abgaben				
2	+	Zuwendungen und allgemeine Umlagen	4.637.385	5.093.450	5.053.450	5.053.450
3	+	Sonstige Transfererträge				
4	+	Öffentlich-rechtliche Leistungsentgelte	2.100.050	2.250.050	2.200.050	2.200.050
5	+	Privatrechtliche Leistungsentgelte	327.350	341.250	356.150	364.150
6	+	Kostenerstattungen und Kostenumlagen	259.150	259.150	259.150	259.150
7	+	Sonstige ordentliche Erträge	27.700	27.700	27.700	27.700
8	+	Aktivierte Eigenleistungen				
9	+/-	Bestandsveränderungen				
10	=	Ordentliche Erträge	7.351.635	7.971.600	7.896.500	7.904.500
11	-	Personalaufwendungen	26.259.400	27.209.650	27.439.650	27.676.200
12	-	Versorgungsaufwendungen	737.150	764.650	771.300	779.000
13	-	Aufwendungen für Sach- und Dienstleistungen	13.509.600	13.729.950	13.157.750	13.158.850
14	-	Bilanzielle Abschreibungen	111.076	451.404	649.804	650.419
15	-	Transferaufwendungen	731.200	700.200	680.200	680.200
16	-	Sonstige ordentliche Aufwendungen	10.715.435	10.686.200	10.756.250	10.756.800
17	=	Ordentliche Aufwendungen	52.063.861	53.542.054	53.454.954	53.701.469
18	=	Ergebnis der laufenden Verwaltungstätigkeit (= Zeilen 10 ./. 17)	-44.712.226	-45.570.454	-45.558.454	-45.796.969
19	+	Finanzerträge				
20	-	Zinsen und sonstige Finanzaufwendungen				
21	=	Finanzergebnis (= Zeilen 19 ./. 20)	0	0	0	0
22	=	Ordentliches Ergebnis (Zeilen 18 und 21)	-44.712.226	-45.570.454	-45.558.454	-45.796.969
23	+	Außerordentliche Erträge				
24	-	Außerordentliche Aufwendungen				
25	=	Außerordentliches Ergebnis (= Zeilen 23 und 24)	0	0	0	0
26	=	Ergebnis - vor Berücksichtigung der internen Leistungsbeziehungen - (= Zeilen 22 und 25)	-44.712.226	-45.570.454	-45.558.454	-45.796.969
27	+	Erträge aus internen Leistungsbeziehungen				
28	-	Aufwendungen aus internen Leistungsbeziehungen	812.700	828.550	844.900	862.100
29	=	Jahresergebnis (= Zeilen 26 + 27 - 28)	-45.524.926	-46.399.004	-46.403.354	-46.659.069

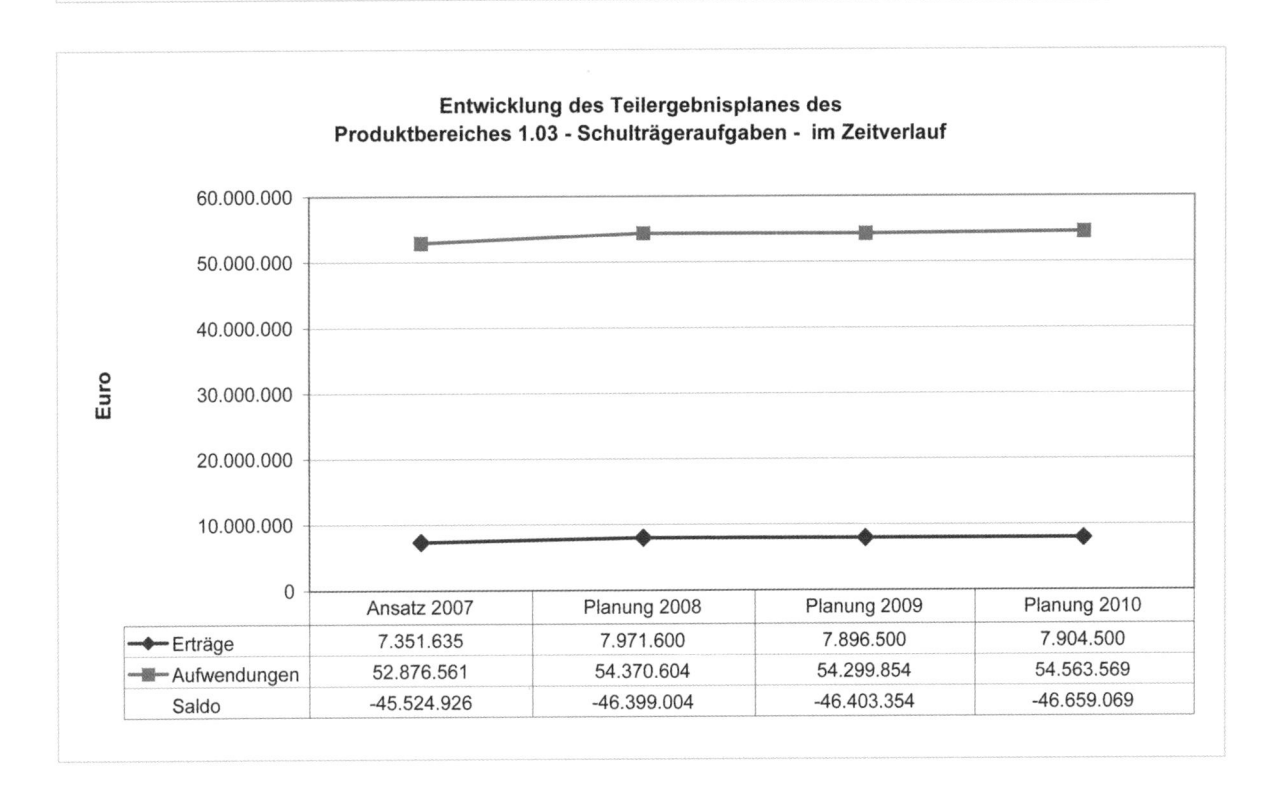

Entwicklung des Teilergebnisplanes des Produktbereiches 1.03 - Schulträgeraufgaben - im Zeitverlauf

	Ansatz 2007	Planung 2008	Planung 2009	Planung 2010
Erträge	7.351.635	7.971.600	7.896.500	7.904.500
Aufwendungen	52.876.561	54.370.604	54.299.854	54.563.569
Saldo	-45.524.926	-46.399.004	-46.403.354	-46.659.069

Teilfinanzplan - Produktbereich 1.03 (Schulträgeraufgaben)		Ansatz 2007	Verpflichtungs- ermächtigung	Planung 2008	Planung 2009	Planung 2010
1	Steuern und ähnliche Abgaben					
2	+ Zuwendungen und allgemeine Umlagen	4.637.385		5.093.450	5.053.450	5.053.450
3	+ Sonstige Transfereinzahlungen					
4	+ Öffentlich-rechtliche Leistungsentgelte	2.100.050		2.250.050	2.200.050	2.200.050
5	+ Privatrechtliche Leistungentgelte	327.350		341.250	356.150	364.150
6	+ Kostenerstattungen, Kostenumlagen	259.150		259.150	259.150	259.150
7	+ Sonstige Einzahlungen	27.700		27.700	27.700	27.700
8	+ Zinsen und sonstige Finanzeinzahlungen					
9	= Einzahlungen aus laufender Verwaltungstätigkeit	7.351.635	0	7.971.600	7.896.500	7.904.500
10	- Personalauszahlungen	25.788.550		26.730.700	26.960.850	27.197.400
11	- Versorgungsauszahlungen	924.000		951.500	958.150	965.850
12	- Auszahlungen für Sach- und Dienstleistungen	13.509.600		13.729.950	13.157.750	13.158.850
13	- Zinsen und sonstige Finanzauszahlungen					
14	- Transferauszahlungen	731.200		700.200	680.200	680.200
15	- sonstige Auszahlungen	10.715.435		10.686.200	10.756.250	10.756.800
16	= Auszahlungen aus laufender Verwaltungstätigkeit	51.668.785	0	52.798.550	52.513.200	52.759.100
17	= Saldo aus laufender Verwaltungstätigkeit (Zeile 9 ./. 16)	-44.317.150	0	-44.826.950	-44.616.700	-44.854.600
18	+ Zuwendungen für Investitionsmaßnahmen	270.000				
19	+ Einzahlungen aus der Veräußerung von Sachanlagen					
20	+ Einzahlungen aus der Veräußerung von Finanzanlagen					
21	+ Einzahlungen aus Beiträgen und ähnlichen Entgelten					
22	+ sonstige Investitionseinzahlungen					
23	= Einzahlungen aus Investitionstätigkeit	270.000	0	0	0	0

Teilfinanzplan - Produktbereich 1.03 (Schulträgeraufgaben)		Ansatz 2007	Verpflichtungs- ermächtigung	Planung 2008	Planung 2009	Planung 2010
24	- Auszahlungen für den Erwerb von Grundstücken/Gebäuden					
25	- Auszahlungen für Baumaßnahmen					
26	- Auszahlungen für Erwerb von beweglichem Anlagevermögen	2.455.600	5.400	2.197.600	1.688.200	6.800
27	- Auszahlungen für den Erwerb von Finanzanlagen					
28	- Auszahlungen für Erwerb von aktivierbaren Zuwendungen				1.500.000	
29	- Sonstige Investitionsauszahlungen					
30	= Auszahlungen aus Investitionstätigkeiten	2.455.600	5.400	2.197.600	3.188.200	6.800
31	= Saldo aus Investitionstätigkeit (Zeilen 23 und 30)	-2.185.600	-5.400	-2.197.600	-3.188.200	-6.800

Wie die Übersicht verdeutlicht, sind Baumaßnahmen (in Folge des zentralen Gebäudemanagements) nicht im Produktbereich 1.03 abgebildet. Die an Schulen geplanten Investitionsmaßnahmen sind enthalten in der Gesamtzahl „Auszahlungen für Baumaßnahmen" im Teilfinanzplan des Produktbereichs 1.01 „Innere Verwaltung"; als Auszahlungen für Baumaßnahmen werden insgesamt 15,1 Mio. Euro für 2007 geplant:[112]

Teilfinanzplan - Produktbereich 1.01 (Innere Verwaltung)		Ansatz 2007	Verpflichtungs- ermächtigung	Planung 2008	Planung 2009	Planung 2010
24	- Auszahlungen für den Erwerb von Grundstücken/Gebäuden	424.621				
25	- Auszahlungen für Baumaßnahmen	15.057.700	7.689.200	17.680.880	1.420.000	
26	- Auszahlungen für Erwerb von beweglichem Anlagevermögen	1.211.550		1.143.300	1.153.750	1.164.350
27	- Auszahlungen für den Erwerb von Finanzanlagen					
28	- Auszahlungen für Erwerb von aktivierbaren Zuwendungen	6.000.000	11.000.000	10.600.000	400.000	
29	- Sonstige Investitionsauszahlungen					
30	= Auszahlungen aus Investitionstätigkeiten	22.693.871	18.689.200	29.424.180	2.973.750	1.164.350
31	= Saldo aus Investitionstätigkeit (Zeilen 23 und 30)	-14.979.730	-18.689.200	-22.751.100	-2.973.750	-1.164.350

---

[112] Stadt Essen (2007) S. 100 (PDF).

Die **Priorisierung der Investitionsmaßnahmen** gibt dann nähere Informationen über verschiedene Baumaßnahmen an Schulen; hier eine exemplarische Abbildung:[113]

Priorität 2006 2007	GB/Zus.Amt	Verf. Amt	Produktgruppe	Investitionsmaßnahme (Auszahlung) Einzahlungen	Gesamt-auszahlung	Ansatz 2007	Finanzpl. 2008	Finanzpl. 2009	Finanzpl. 2010
\multicolumn{10}{l}{Kategorie: 04 Schulbauprogramm}									
21 / 39	6A / 60	60-32	1.01.13.01 Grundstücks- und Gebäudemanagement	5.600025 BK Holsterhausen: Umbau und Turnhalle	17.000.000	6.000.000	10.600.000	400.000	0
				Nettobelastung:		6.000.000	10.600.000	400.000	0
21 / 39	4 / 40	40	1.03.99.01 Bereitstellung schulischer Einrichtungen	5.402419 BK Holsterhausen: Ausstattung	1.500.000	0	0	1.500.000	0
				Nettobelastung:		0	0	1.500.000	0
40 neue Maßnahme	6A / 60	60-32	1.01.13.01 Grundstücks- und Gebäudemanagement	5.609911 Leither Schule: Generalinstandsetzung	1.570.000	650.000	500.000	420.000	0
				Nettobelastung:		650.000	500.000	420.000	0
25 / 41	6A / 60	60-32	1.01.13.01 Grundstücks- und Gebäudemanagement	5.600011 Turnhalle Dürerschule: Neubau	1.630.000	1.630.000	0	0	0
				Nettobelastung:		1.630.000	0	0	0
42 neue Maßnahme	6A / 60	60-32	1.01.13.01 Grundstücks- und Gebäudemanagement	5.600042 Gertrud-Bäumer-Realschule: Erweiterung	1.000.000	1.000.000	0	0	0
				Nettobelastung:		1.000.000	0	0	0
43 neue Maßnahme	6A / 60	60-32	1.01.13.01 Grundstücks- und Gebäudemanagement	5.600041 Grundschule Haarzopf: Erweiterung	3.000.000	0	2.000.000	1.000.000	0
				Nettobelastung:		0	2.000.000	1.000.000	0

Priorisierung von Investitionsmaßnahmen 2007 -Liste B-
Anlage 2 Finanzierungsübersicht — Stadtkämmerei ESSEN

Der **Band zwei** umfasst dann eine **geschäftsbereichsbezogene Darstellung** in Teilergebnisplänen und Teilfinanzplänen. Für diese Teilergebnis- und Teilfinanzpläne, die in Essen die Basis der Budgetierung sind, wurden **organisatorisch ausgerichtete Produktgruppen** definiert, die dann im Mittelpunkt der produktorientierten Erläuterungen stehen.

---

[113] Stadt Essen (2007) S. 278 (PDF).

Die Darstellung des Geschäftsbereichs 5 enthält auch das **Schulverwaltungsamt**, das wir im Folgenden in Auszügen abbilden:[114]

Geschäftsbereich: 5   Jugend, Bildung und Soziales
Beigeordneter Renzel

4000   Schulverwaltungsamt
Leitung: Herr Gebhard

Teilplan / organisatorische Produktgruppe
1.03.10.01   Zentrale Leistungen
Verantwortlich: Amtsleitung 40 Herr Gebhard
Produkt (-e)
1.03.10.01.01   Schulentwicklungsplanung
1.03.10.01.02   Schulrechtsangelegenheiten
1.03.10.03.03   Pädagogischer/inhaltlicher Betrieb der Schulen

Teilplan / organisatorische Produktgruppe
1.03.10.02   Leistungen für das Land, Schulaufsicht
Verantwortlich: Herr Gossmann
Produkt (-e)
1.03.10.02.01   Schulaufsicht
1.03.10.02.02   Personalangelegenheiten Schulamt für die Stadt Essen

Teilplan / organisatorische Produktgruppe
1.03.99.01   Bereitstellung schulischer Einrichtungen
Verantwortlich: Amtsleitung 40 Herr Gebhard
Produkt (-e)
1.03.99.01.01   Grundschulen (incl. offene Ganztagsschulen)
1.03.99.01.02   Hauptschulen
1.03.99.01.03   Realschulen (incl. Abendrealschulen)
1.03.99.01.04   Gymnasien
1.03.99.01.05   Sport- und Tanzinternat
1.03.99.01.06   Gesamtschulen
1.03.99.01.07   Förderschulen
1.03.99.01.08   Ruhrkolleg
1.03.99.01.09   Berufskolleg
1.03.99.01.10   Schülerbeförderung
1.03.99.01.11   Alfried Krupp Schulmedienzentrum

Haushaltsplan 2007   Produktbereich   1.03   Schulträgeraufgaben
Stadt Essen   Produktgruppe   1.03.10.01 Zentrale Leistungen
Verantwortlich: 4000
STADT ESSEN

Kurzbeschreibung:	Die Produktgruppe umfaßt die zentralen Leistung zur Steuerung der Schulträgeraufgaben, die Schulentwicklungsplanung, die Schulrechtsangelegenheiten und den pädagogischen inhaltlichen Betrieb der Schulen von Seiten des Schulträgers.
Beschreibung:	Zu den zentralen Leistungen zur Steuerung der Schulträgeraufgaben zählt die **strategische Steuerung und Planung aller Schulträgeraufgaben**, die Finanzplanung und Finanzbewirtschaftung, die Öffentlichkeitsarbeit, Internetauftritt, die Vertretung des Schulträgerinteressen innerhalb und außerhalb des Schulsystems. Die **Schulentwicklungsplanung** erfasst statistisch die Entwicklung des Schulwesens in Essen und die Planung aus der Entwicklung, sowie die Planung der sich aus den rechtlichen Entwicklungen ergebenden Konsequenzen einschließlich der räumlichen Versorgung und die Koordination des Raumbedarfes von Schulen gemeinsam mit der Immobilienwirtschaft. Die **Schulrechtsangelegenheiten** umfassen die Auskunft und Beratung in allen schulrechtlichen Fragen der Schulleiter und Lehrkräfte, sowie der SchülerInnen und der Erziehungsberechtigten, sowie die Schulpflichtangelegenheiten. Die **Steuerung der pädagogischen inhaltlichen Arbeit der Schulen** von Seiten des Schulträgers beinhaltet die Themenfelder -Schule und Sport,-Schule und Beruf,-Schule und Kultur,- Schule und Elementarerziehung und die Sprachförderung.
Zielgruppe:	
Auftrag:	Verfassung NW, Schulgesetz und Verordnungen des Landes, Ratsbeschlüsse

Ziele und Kennzahlen zur Messung der Zielerreichung (§12 GemHVO)

Zieldimensionen:		2005	2006	2007	2008	2009	2010
1. Kunde/Bürger	Erhalt richtwertkonformer Klassenbildung an Grundschulen bei Auflösung der Schulbezirke						
Kennzahl 1.1:	Zügigkeiten für alle Grundschulen festgelegt			ja			
Kennzahl 1.2:							
2. Finanzen	Kulturelle Bildungsangebote für Kinder aus bildungsfernen Schichten schaffen und entwickeln						
Kennzahl 2.1:	Fördermöglichkeiten des Landes optimal nutzen			30.000	30.000	30.000	30.000
Kennzahl 2.2:	Einwerbung von Drittmitteln			30.000	30.000	30.000	30.000
3. Personal- und Geschäftsbetrieb	Verbesserung des Service und der Öffentlichkeitsarbeit						
Kennzahl 3.1:	Einrichtung eines Servicepoint			ja	ja	ja	ja
Kennzahl 3.2:	Einrichtung einer Hotline			ja	ja	ja	ja
4. Innovation und Entwicklung	Entwicklung und Begleitung eines Konzeptes zur Bewegungsförderung im Rahmen der Offenen Ganztagsschule						
Kennzahl 4.1:	Konzeptentwicklung			ja	ja	ja	ja
Kennzahl 4.2:							
Bemerkungen:	Zu 1.: Gewährleistung eines wohnortnahen Schulangebotes unter Berücksichtigung einer gleichmäßigen Lehrerversorgung und optimaler Auslastung der Raumressourcen. Zu 2.: Verbesserung der pädagogischen Angebotsvielfalt unter Nutzung von Förderprogrammen des Landes Zu 3.: Entwicklung eines der Nachfrage und des öffentlichen Interesses angemessenes Informations- und Beratungsangebot						

---

[114] Stadt Essen (2007) S. 1423 f. und S. 1426 ff. (PDF).

Stadt Essen

Haushaltsplan 2007
Stadt Essen
verantwortlich: St.A.40

1.03 Schulträgeraufgaben
1.03.10.01 Zentrale Leistungen

STADT ESSEN

		Teilergebnisplan	Ergebnis 2005	Ansatz 2006	Ansatz 2007	Planung 2008	Planung 2009	Planung 2010
1		Steuern und ähnliche Abgaben						
2	+	Zuwendungen und allgemeine Umlagen			164.300	74.000	74.000	74.000
3	+	Sonstige Transfererträge						
4	+	Öffentlich-rechtliche Leistungsentgelte						
5	+	Privatrechtliche Leistungsentgelte						
6	+	Kostenerstattungen und Kostenumlagen						
7	+	Sonstige ordentliche Erträge			5.000	5.000	5.000	5.000
8	+	Aktivierte Eigenleistungen						
9	+/-	Bestandsveränderungen						
10	=	**Ordentliche Erträge**			169.300	79.000	79.000	79.000
11	-	Personalaufwendungen			872.800	850.900	858.650	866.450
12	-	Versorgungsaufwendungen			133.550	138.550	139.750	141.200
13	-	Aufwendungen für Sach- und Dienstleistungen			919.700	872.750	872.750	872.750
14	-	Bilanzielle Abschreibungen			250	1.026	1.615	2.281
15	-	Transferaufwendungen			267.300	267.300	267.300	267.300
16	-	Sonstige ordentliche Aufwendungen			328.900	327.750	327.750	327.750
17	=	**Ordentliche Aufwendungen**			2.522.500	2.458.276	2.467.815	2.477.731
18	=	**Ergebnis der laufenden Verwaltungstätigkeit** (= Zeilen 10 und 17)			-2.353.200	-2.379.276	-2.388.815	-2.398.731

Haushaltsplan 2007
Stadt Essen
verantwortlich: St.A.40

1.03 Schulträgeraufgaben
1.03.10.01 Zentrale Leistungen

STADT ESSEN

		Teilergebnisplan	Ergebnis 2005	Ansatz 2006	Ansatz 2007	Planung 2008	Planung 2009	Planung 2010
19	+	Finanzerträge						
20	-	Zinsen und sonstige Finanzaufwendungen						
21	=	Finanzergebnis (= Zeilen 19 u. 20)						
22	=	Ordentliches Ergebnis (= Zeilen 18 und 21)			-2.353.200	-2.379.276	-2.388.815	-2.398.731
23	+	Außerordentliche Erträge						
24	-	Außerordentliche Aufwendungen						
25	=	Außerordentliches Ergebnis (= Zeilen 23 und 24)						
26	=	Ergebnis - vor Berücksichtigung der internen Leistungsbeziehungen - (= Zeilen 22 und 25)			-2.353.200	-2.379.276	-2.388.815	-2.398.731
27	+	Erträge aus internen Leistungsbeziehungen						
28	-	Aufwendungen aus internen Leistungsbeziehungen			581.050	592.500	604.300	616.400
29	=	**Ergebnis** (Zeilen 26, 27 und 28)			-2.934.250	-2.971.776	-2.993.115	-3.015.131

Haushaltsplan 2007
Stadt Essen
verantwortlich: St.A.40

1.03 Schulträgeraufgaben
1.03.10.01 Zentrale Leistungen

STADT ESSEN

		Teilfinanzplan	Ergebnis 2005	Ansatz 2006	Ansatz 2007	Verpflicht-ungsermäch-tigungen	Planung 2008	Planung 2009	Planung 2010
18	+	Einzahlungen aus Zuwendungen für Investitionsmaßnahmen							
19	+	Einzahlungen aus der Veräußerung von Sachanlagen							
20	+	Einzahlungen aus der Veräußerung von Finanzanlagen							
21	+	Einzahlungen aus Beiträgen und ähnlichen Entgelten							
22	+	sonstige Investitionseinzahlungen							
23	=	**investive Einzahlungen**							
24	-	Auszahlungen für den Erwerb von Grundstücken und Gebäuden							
25	-	Auszahlungen für Baumaßnahmen							
26	-	Auszahlungen für Erwerb von beweglichem Anlagevermögen			5.000		5.000	5.000	5.000
27	-	Auszahlungen für den Erwerb von Finanzanlagen							
28	-	Auszahlungen von aktivierbaren Zuwendungen							
29	-	sonstige Investitionsauszahlungen							
30	=	**investive Auszahlungen**			5.000		5.000	5.000	5.000
31	=	Saldo der Investitionstätigkeit (Ein- ./. Auszahlung)			-5.000		-5.000	-5.000	-5.000

Haushaltsplan 2007
Stadt Essen
verantwortlich: St.A.40

1.03 Schulträgeraufgaben
1.03.10.01 Zentrale Leistungen

STADT ESSEN

		Investitionsmaßnahmen unterhalb der festgesetzten Wertgrenze	Ergebnis 2005	Ansatz 2006	Ansatz 2007	Verpflich-tungs-ermäch-tigungen	Planung 2008	Planung 2009	Planung 2010	bisher bereit-gestellt (einschl. Sp.2)	Gesamt-einzahl-ungen/ -auszahl-ungen
2	-	Summe der investiven Auszahlungen			5.000		5.000	5.000	5.000		20.000
3	=	Saldo: (Einzahlungen ./. Auszahlungen)			-5.000		-5.000	-5.000	-5.000		-20.000

Stadt Essen

Haushaltsplan 2007
Stadt Essen
Verantwortlich: 4000

Produktbereich 1.03 Schulträgeraufgaben
Produktgruppe 1.03.99.01 Bereitstellung schulischer Einrichtungen

STADT ESSEN

Kurzbeschreibung: Die Produktgruppe beinhaltet folgende Produkte: Grundschulen, Hauptschulen, Realschulen, Gymnasien, Gesamtschulen, Förderschulen, Ruhrkolleg, Berufskolleg, Schülerbeförderung, das Sport-und Tanzinternat und das Alfried Krupp Schulmedienzentrum

Beschreibung: Die Steuerung der Bereitstellung und die Bereitstellung des personellen (ohne Lehrkräfte), organisatorischen und räumlich- technischen Voraussetzungen, des Schulinventars, der erforderlichen Lehr- und Lernmittel und eine sachgerechte finanzielle Ausstattung der Schulen entsprechend der rechtlichen Rahmenbedingungen als Grundlage für einen ordnungsgemäßen Unterrichtsbetrieb. Die Unterstützung der Schulen in der Medienarbeit durch Anschaffung und Unterhaltung von technischen Geräten und Medien, durch Schulung für den Einsatz von Hard- und Software, Ausleihe, Medienberatung und Bereitstellung spezieller Fachräume, sowie Beratung bei der Ausgestaltung entsprechender Fachräume durch das Schulmedienzentrum.

Zielgruppe:

Auftrag: Verfassung NW,Schulgesetz und entsprechende VO des Landes, Ratsbeschlüsse

Ziele und Kennzahlen zur Messung der Zielerreichung (§12 GemHVO)

Zieldimensionen:		2005	2006	2007	2008	2009	2010
1. Kunde/Bürger	Ausstattung der SchülerInnen mit den erforderlichen Schulbüchern im Rahmen des Eigenanteils der Lernmittelfreiheit						
Kennzahl 1.1:	Anzahl unversorgter SchülerInnen			0	0	0	0
Kennzahl 1.2:							
2. Finanzen	Kostendeckendes Platzangebot im Sport- und Tanzinternat						
Kennzahl 2.1:	Auslastung			größer 80%	größer 80%	größer 80%	größer 80%
Kennzahl 2.2:	Kostendeckungsgrad			100%	100%	100%	100%
3. Personal- und Geschäftsbetrieb	Weiterer Ausbau Offener Ganztagsschulen						
Kennzahl 3.1:	Anzahl Schulen			68	68	68	68
Kennzahl 3.2:	Anzahl Plätze			4550	5525	5525	5525
4. Innovation und Entwicklung	Internetanbindung der Medienecken in Grund- und Förderschulen, sowie Anbindung der IT- Fachunterrichtsräume an das ISNE und Einführung der pädagogischen Oberfläche IPS in den IT- Fachunterrichtsräumen						
Kennzahl 4.1:	Internetanbindung der Medienecken und Anbindung der IT- Fachunterrichtsräume ans ISNE			100%	100%	100%	100%
Kennzahl 4.2:	Einführung der pädagogischen Oberfläche IPS in den IT-Fachunterrichtsräumen			80%	100%	100%	100%

Bemerkungen:
Zu 1.: Sicherung der Ausstattung mit Lehr- und Lernmitteln vor dem Hintergrund bereits entfallender Transferleistungen
Zu 2.: Die Belegung des Sport- und Tanzinternat ist mit Schuljahresbeginn 2007/2008 geplant
Zu 3.: Kennzahlen auf Basis des Ratsbeschlusses vom 27.04.2005

Haushaltsplan 2007
Stadt Essen
verantwortlich: St.A.40

1.03 Schulträgeraufgaben
1.03.99.01 Bereitstellung schulischer Einrichtungen

STADT ESSEN

		Teilergebnisplan	Ergebnis 2005	Ansatz 2006	Ansatz 2007	Planung 2008	Planung 2009	Planung 2010
1		Steuern und ähnliche Abgaben						
2	+	Zuwendungen und allgemeine Umlagen			4.237.450	5.019.450	4.979.450	4.979.450
3	+	Sonstige Transfererträge						
4	+	Öffentlich-rechtliche Leistungsentgelte			2.100.050	2.250.050	2.200.050	2.200.050
5	+	Privatrechtliche Leistungsentgelte			327.350	341.250	356.150	364.150
6	+	Kostenerstattungen und Kostenumlagen			259.150	259.150	259.150	259.150
7	+	Sonstige ordentliche Erträge			20.700	20.700	20.700	20.700
8	+	Aktivierte Eigenleistungen						
9	+/-	Bestandsveränderungen						
10	=	Ordentliche Erträge			6.944.700	7.890.600	7.815.500	7.823.500
11	-	Personalaufwendungen			24.260.550	25.209.500	25.421.650	25.638.500
12	-	Versorgungsaufwendungen			439.600	456.050	460.000	464.550
13	-	Aufwendungen für Sach- und Dienstleistungen			15.429.528	12.846.800	12.274.600	12.275.700
14	-	Bilanzielle Abschreibungen			108.940	448.491	646.302	646.303
15	-	Transferaufwendungen			463.900	432.900	412.900	412.900
16	-	Sonstige ordentliche Aufwendungen			10.137.450	10.345.100	10.415.150	10.415.700
17	=	Ordentliche Aufwendungen			50.839.968	49.738.841	49.630.602	49.853.653
18	=	Ergebnis der laufenden Verwaltungstätigkeit (= Zeilen 10 und 17)			-43.895.268	-41.848.241	-41.815.102	-42.030.153

	Teilergebnisplan	Ergebnis 2005	Ansatz 2006	Ansatz 2007	Planung 2008	Planung 2009	Planung 2010
19	+ Finanzerträge						
20	- Zinsen und sonstige Finanzaufwendungen						
21	= Finanzergebnis (= Zeilen 19 u. 20)						
22	= Ordentliches Ergebnis (= Zeilen 18 und 21)			-75.170.540	-75.083.023	-75.124.489	-74.959.566
23	+ Außerordentliche Erträge						
24	- Außerordentliche Aufwendungen						
25	= Außerordentliches Ergebnis (= Zeilen 23 und 24)						
26	= Ergebnis - vor Berücksichtigung der internen Leistungsbeziehungen - (= Zeilen 22 und 25)			-75.170.540	-75.083.023	-75.124.489	-74.959.566
27	+ Erträge aus internen Leistungsbeziehungen						
28	- Aufwendungen aus internen Leistungsbeziehungen			1.011.500	1.031.850	1.052.550	1.074.550
29	= Ergebnis (Zeilen 26, 27 und 28)			-76.182.040	-76.114.873	-76.177.039	-76.034.116

Haushaltsplan 2007 — Stadt Essen — verantwortlich: St.A.51 — 1.06 Kinder-, Jugend- und Familienhilfe — 1.06.03.01 Sonst.Leist.z.Förd.jung.Mensch./Familien

Wie das Beispiel der Schulträgeraufgaben verdeutlicht, werden in diesem doppischen Haushalt **keine Ertrags- und Aufwandsinformationen pro Schule oder Schulart** geliefert. Hierzu kann gefragt werden, ob der Rat zur Steuerung der einzelnen Schulen nicht wenigstens die vereinbarten **Schulbudgets** benötigt. Auch die in Essen bereits formulierten Zieldimensionen (die mit beachtlichem fachlichen Niveau überzeugen) sind nur auf Ebene der Produktgruppe „Bereitstellung schulischer Einrichtungen" – nicht aber auf die Schulart oder die Schule – bezogen.

Stadt Essen

Anschließend zeigen wir als weitere Stichprobe aus dem Jugendamt die Produktgruppe „Soziale Leistungen zur Förderung junger Menschen/Familien":[115]

Haushaltsplan 2007	Produktbereich	1.06	Kinder-, Jugend- und Familienhilfe
Stadt Essen	Produktgruppe	1.06.03.01 Soziale Leistungen zur Förderung junger Menschen/ Familien	
Verantwortlich: 5100			

Kurzbeschreibung:	Sonstige Leistungen zur Förderung junger Menschen und deren Familien
Beschreibung:	Allgemeine Förderung von Familien durch Unterstützung, Beratung und Orientierung in Erziehungsfragen und familiären Krisen; Hilfen zur Erziehung nach den §§ 27 ff SGB VII; stationäre Hilfen zur Erziehung nach den §§ 19 und 27 ff SGB VIII,Schutz von Kindern gem 42 SGB VIII; Hilfen für junge Straftäter; Elternbildung; Stadtteilarbeit Mitwirkung in gerichtlichen Verfahren; Federführung der Umsetzung des Konzernziels "Essen.Großstadt für Kinder"; Allgemeine Förderung von Familien, insbesondere gem. §§ 16-18 SGB VIII; Zuschuss für die Durchführung von Massnahmen zur Sicherung der Lebensqualität von Kindern, Jugendlichen und ihren Familien sowie zur Unterstützung von Familien und jungen Menschen durch ambulante Hilfen zur Erziehung nach den §§ 27 ff SGB VIII; Zuschüsse zur Mitwirkung in Jugendgerichtlichen Verfahren; Zuschuss für die Durchführung von Massnahmen der Erziehungsberatung zur Sicherung der Lebensqualität von Kindern, Jugendlichen und ihren Familien.
Zielgruppe:	Kinder, Jugendliche, Eltern und andere Personensorgeberechtigte, junge Volljährige
Auftrag:	SGB VIII, insbesondere §§ 16-18, 27 ff, 35a, 41, 42, 50

Ziele und Kennzahlen zur Messung der Zielerreichung (§12 GemHVO)

	2005	2006	2007	2008	2009	2010
Zieldimensionen:						
1. Kunde/Bürger	Die Zahl der Kinder, Jugendlichen und junge Erwachsene, die außerhalb der eigene Familien aufwachsen müssen, wird reduziert					
Kennzahl 1.1:	Unterbringungen außerhalb der Familien (§§ 33, 34, 35a incl. § 41) (Stichtag 31.12. des Jahres)					
	1436	1388	1348	1308	1268	1228
Kennzahl 1.2:						
2. Finanzen	Durch die Steigerung der ambulante Hilfen werden die Aufwendungen für die stationären Hilfen reduziert. Das jährliche Einsparpotenzial soll jährlich 800.000 € betragen					
Kennzahl 2.1:	Erreichter Einsparungswert in € jährlich					
			800.000 €	1.600.000 €	2.400.000 €	3.200.000 €
Kennzahl 2.2:						
3. Personal- und Geschäftsbetrieb	Durch gezieltes Beschwerdemanagement wird die Anzahl der Beschwerden (Doppelkreuzsachen) reduziert.					
Kennzahl 3.1:	Anzahl der eingereichten Beschwerden					
		27	25	23	21	19
Kennzahl 3.2:						
4. Innovation und Entwicklung						
Kennzahl 4.1:						
Kennzahl 4.2:						
Bemerkungen:						

Haushaltsplan 2007	1.06 Kinder-, Jugend- und Familienhilfe
Stadt Essen	1.06.03.01 Sonst.Leist.z.Förd.jung.Mensch./Familien
verantwortlich: St.A.51	

		Teilergebnisplan	Ergebnis 2005	Ansatz 2006	Ansatz 2007	Planung 2008	Planung 2009	Planung 2010
1		Steuern und ähnliche Abgaben						
2	+	Zuwendungen und allgemeine Umlagen			16.124	15.997	15.225	15.209
3	+	Sonstige Transfererträge			2.784.100	2.884.100	2.884.100	2.884.100
4	+	Öffentlich-rechtliche Leistungsentgelte			8.100	8.100	8.100	8.100
5	+	Privatrechtliche Leistungsentgelte			500	500	500	500
6	+	Kostenerstattungen und Kostenumlagen			1.759.500	1.759.500	1.759.500	1.759.500
7	+	Sonstige ordentliche Erträge			100	100	100	100
8	+	Aktivierte Eigenleistungen						
9	+/-	Bestandsveränderungen						
10	=	Ordentliche Erträge			4.568.424	4.668.297	4.667.525	4.667.509
11	-	Personalaufwendungen			13.571.950	13.816.250	13.933.200	14.118.250
12	-	Versorgungsaufwendungen			841.350	872.700	880.250	889.200
13	-	Aufwendungen für Sach- und Dienstleistungen			625.957	540.250	538.500	538.500
14	-	Bilanzielle Abschreibungen			20.882	19.870	17.864	17.575
15	-	Transferaufwendungen			64.040.825	63.946.100	63.862.700	63.504.000
16	-	Sonstige ordentliche Aufwendungen			638.000	556.150	559.500	559.550
17	=	Ordentliche Aufwendungen			79.738.964	79.751.320	79.792.014	79.627.075
18	=	Ergebnis der laufenden Verwaltungstätigkeit (= Zeilen 10 und 17)			-75.170.540	-75.083.023	-75.124.489	-74.959.566

---

[115] Stadt Essen (2007) S. 1491 ff. (PDF).

Die abgebildete Darstellung enthält bereits einige wesentliche Ziele bzw. Kennzahlen. Angesichts des hohen Zuschussvolumens könnte jedoch eine **noch differenziertere Darstellung** der einzelnen Produkte der Produktgruppe durchaus gerechtfertigt werden. Nach unserer Einschätzung sollten wenigstens die Fallzahlen der einzelnen Leistungsarten (z. B. ambulante, teilstationäre, stationäre Hilfen zur Erziehung) sowie der jeweilige Aufwand im Haushalt abgebildet werden. Wie die beiden Beispiele der Schulen und der Jugendhilfe zeigen, könnte es in diesen Bereichen durchaus sinnvoll sein, differenzierter vorzugehen als bislang.

Demgegenüber sollte die Darstellung der meisten Verwaltungsprodukte der **Querschnittsbereiche** ruhig weiterhin auf Produktgruppenebene erfolgen. Nach unserer Einschätzung bestehen im Essener Haushalt in den Produktgruppen der Querschnittsbereiche durchaus noch nennenswerte **Vereinfachungsmöglichkeiten**, um das Volumen des Haushalts zu reduzieren (und zugleich Aussagekraft und Übersichtlichkeit zu erhöhen). Grundsätzlich sollte überlegt werden, die in Essen gebildeten Produktgruppen soweit wie möglich zu einzelnen Produkten zusammenzufassen. Beispielhaft sei hier der **Bereich Organisation und Personalwirtschaft** ausgewählt, für den bislang vier einzelne Produkte hinterlegt sind:[116]

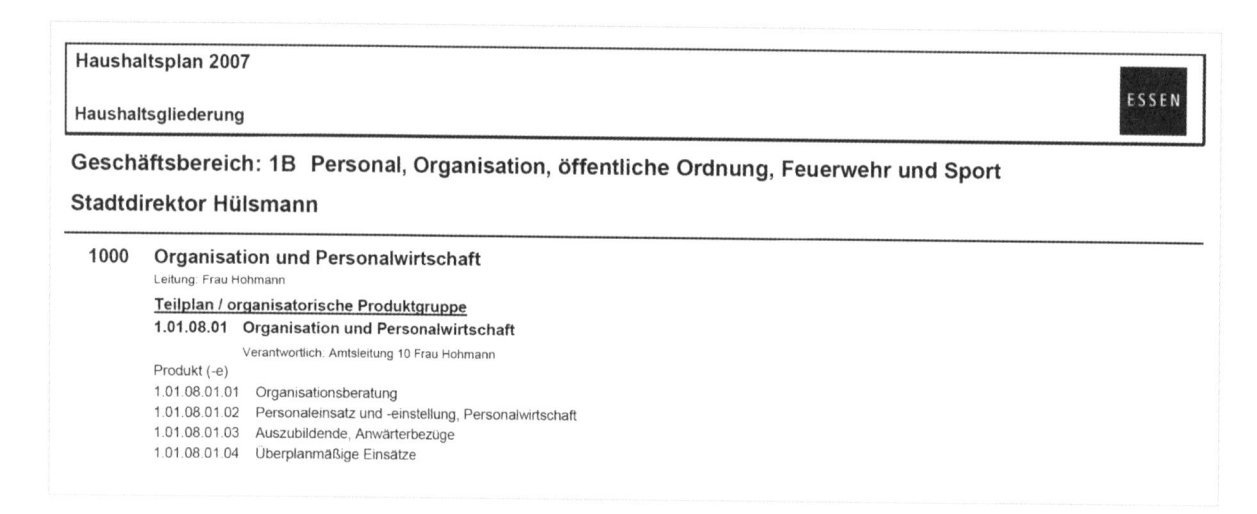

```
Haushaltsplan 2007
Haushaltsgliederung                                                    ESSEN

Geschäftsbereich: 1B  Personal, Organisation, öffentliche Ordnung, Feuerwehr und Sport
Stadtdirektor Hülsmann

   1000   Organisation und Personalwirtschaft
          Leitung: Frau Hohmann
          Teilplan / organisatorische Produktgruppe
          1.01.08.01   Organisation und Personalwirtschaft
                       Verantwortlich: Amtsleitung 10 Frau Hohmann
          Produkt (-e)
          1.01.08.01.01   Organisationsberatung
          1.01.08.01.02   Personaleinsatz und -einstellung, Personalwirtschaft
          1.01.08.01.03   Auszubildende, Anwärterbezüge
          1.01.08.01.04   Überplanmäßige Einsätze
```

---

[116] Stadt Essen (2007) S. 1163 ff. (PDF).

Haushaltsplan 2007
Stadt Essen
Verantwortlich: 1000

Produktbereich 1.01 Innere Verwaltung
Produktgruppe 1.01.08.01 Organisation und Personalwirtschaft

Kurzbeschreibung:	Organisationsberatung, betriebl. Planung, Personaleinsatz, Einstellungen, Stellenplanangelegenheiten
Beschreibung:	Erstellung und Aktualisierung gesamtstädtischer Vorgaben; Konzipierung, Erstellung und Weiterentwicklung von Arbeitsgrundlagen und Verfahren für die Gesamtverwaltung zur Erreichung der gesamtstädt. Sach- und Finanzziele; Erstellung des Stellenplanes/Arbeitsverteilungsplanes; Organisationsbetreuung als Serviceleistung (z.B. praxisbezogene Begleitung von Projekten); betriebliche Planung als systematische, prozessorientierte Beobachtung und Prognose verwaltungsrelevanter Rahmenbedingungen, Entwicklung u. Bereitstellung personalwirtschaftlicher Entscheidungshilfen zentrale Personalbewirtschaftung zur Ermittlung des künftig vorhandenen Personals (Ist) und des künftig benötigten Personals (Soll); Personaleinsatz und Einstellungen zur zeitgerechten Besetzung der notwendigen Planstellen bzw. der anerkannten üpl.-Einsätze mit geeignetem Personal (z.B. Stellenausschreibungen, Auswahlverfahren); Personalentwicklung als strategische Aufgabe im Rahmen eines modernen Personalmanagements zur Unterstützung kontinuierlicher Entwicklungsprozesse und konkreter Einzelmaßnahmen
Zielgruppe:	Gesamtverwaltung, Verwaltungsspitze, politische Gremien, Führungskräfte, Mitarbeiterinnen und Mitarbeiter
Auftrag:	Gesetze, Verordnungen, Dienstrecht, Tarifrecht, Tarifverträge, Dienstvereinbarungen, Aufträge durch die Verwaltungsspitze

Ziele und Kennzahlen zur Messung der Zielerreichung (§12 GemHVO)

		2005	2006	2007	2008	2009	2010
Zieldimensionen:							
1. Kunde/Bürger	Fortentwicklung der Personalplanung						
Kennzahl 1.1:	Gesamtbeschäftigtenzahl (Stichtag 31.12.)	9.560	9.464	9.389	9.314	9.239	9.164
Kennzahl 1.2:	Zahl der Auszubildenden und Praktikanten (Stichtag 31.12.)	426	417	404	408	397	412
2. Finanzen	Einhalten der Budgetlinie						
Kennzahl 2.1:	Gesamtstädtische Einsparung im ehemaligen SN 51 gem. HSK in €	1.100.000€	838.000€	1.001.000€	5.437.000€		
Kennzahl 2.2:	SGB II: Personalkostenerstattung durch den Bund	15.860.000 €	16.200.000 €	20.300.000 €	20.300.000 €	20.300.000 €	20.3000.000 € *
3. Personal- und Geschäftsbetrieb							
Kennzahl 3.1:							
Kennzahl 3.2:							
4. Innovation und Entwicklung	Beobachtung und Fortentwicklung der gesamtstädtischen Budgetlinie im Rahmen der Personalkostenbudgetierung						
Kennzahl 4.1:	gesamtstädtische Personalausgabeansätze (Deckungsringe 1 & 2)	355.976.000€	358.701.250€	350.719.000€	353.492.000€	357.107.000€	360.760.000€
Kennzahl 4.2:							
Bemerkungen:	* Anmerkung: Der Wert für das Jahr 2010 steht unter dem Vorbehalt einer ggf. neu zu verhandelnden Vertragsgrundlage.						

Haushaltsplan 2007
Stadt Essen
verantwortlich: St.A.10

1.01 Innere Verwaltung
1.01.08.01 Organisation und Personalwirtschaft

		Teilergebnisplan	Ergebnis 2005	Ansatz 2006	Ansatz 2007	Planung 2008	Planung 2009	Planung 2010
1		Steuern und ähnliche Abgaben						
2	+	Zuwendungen und allgemeine Umlagen						
3	+	Sonstige Transfererträge						
4	+	Öffentlich-rechtliche Leistungsentgelte						
5	+	Privatrechtliche Leistungsentgelte						
6	+	Kostenerstattungen und Kostenumlagen			512.500	520.150	527.950	535.850
7	+	Sonstige ordentliche Erträge						
8	+	Aktivierte Eigenleistungen						
9	+/-	Bestandsveränderungen						
10	=	**Ordentliche Erträge**			**512.500**	**520.150**	**527.950**	**535.850**
11	-	Personalaufwendungen			20.771.950	21.199.800	21.392.550	21.587.450
12	-	Versorgungsaufwendungen			3.586.400	3.718.600	3.750.850	3.790.300
13	-	Aufwendungen für Sach- und Dienstleistungen			139.650	139.600	139.600	139.600
14	-	Bilanzielle Abschreibungen						
15	-	Transferaufwendungen						
16	-	Sonstige ordentliche Aufwendungen			214.798	211.950	211.850	213.750
17	=	**Ordentliche Aufwendungen**			**24.712.798**	**25.269.950**	**25.494.850**	**25.731.100**
18	=	**Ergebnis der laufenden Verwaltungstätigkeit** (= Zeilen 10 und 17)			**-24.200.298**	**-24.749.800**	**-24.966.900**	**-25.195.250**

Haushaltsplan 2007		1.01 Innere Verwaltung					
Stadt Essen		1.01.08.01 Organisation und Personalwirtschaft					
verantwortlich: St.A.10							

		Teilergebnisplan	Ergebnis 2005	Ansatz 2006	Ansatz 2007	Planung 2008	Planung 2009	Planung 2010
19	+	Finanzerträge						
20	-	Zinsen und sonstige Finanzaufwendungen						
21	=	Finanzergebnis (= Zeilen 19 u. 20)						
22	=	Ordentliches Ergebnis (= Zeilen 18 und 21)			-24.200.298	-24.749.800	-24.966.900	-25.195.250
23	+	Außerordentliche Erträge						
24	-	Außerordentliche Aufwendungen						
25	=	Außerordentliches Ergebnis (= Zeilen 23 und 24)						
26	=	Ergebnis - vor Berücksichtigung der internen Leistungsbeziehungen - (= Zeilen 22 und 25)			-24.200.298	-24.749.800	-24.966.900	-25.195.250
27	+	Erträge aus internen Leistungsbeziehungen			122.050	123.900	125.750	127.650
28	-	Aufwendungen aus internen Leistungsbeziehungen			354.650	361.750	369.000	376.350
29	=	Ergebnis (Zeilen 26, 27 und 28)			-24.432.898	-24.987.650	-25.210.150	-25.443.950

Wenn in ausgewählten Bereichen die gebildeten Produkte zusammengefasst werden würden, könnte außerdem der **buchhalterische Aufwand** im SAP-System deutlich reduziert werden.

Auch die **große Anzahl der Nullsalden** der Teilergebnis- und Teilfinanzhaushalte (in Folge der DV technisch erstellten Listen) sollte in einem Folgehaushalt vermieden werden, um die Übersichtlichkeit und Handlichkeit des Gesamtwerks zu erhöhen.

Positiv ist in Essen sicherlich die **überdurchschnittliche redaktionelle Qualität**, die bereits formulierten Ziele und Kennzahlen sowie die analytischen Hinweise an verschiedenen Stellen des Gesamtwerks zu würdigen. Der Vorbericht zum Haushaltsplan interpretiert beispielsweise die **wirtschaftliche Lage der Stadt** auf überdurchschnittlich hohem Niveau.

Stadt Gelsenkirchen

9.3.3 Stadt Gelsenkirchen (2006)

Die Stadtverwaltung Gelsenkirchen (267.000 Einwohner) hat für 2006 ihren ersten vollständigen doppischen Haushalt vorgelegt. Der erste Band mit 755 Seiten enthält:

- Haushaltssatzung
- Ergebnisplan
- Finanzplan
- Finanzierungen
- Teilpläne Produktbereiche
- Produktgruppen (die Stadt hat 73 Produktgruppen gebildet)
- Stadtbezirke (eins bis fünf)

Der zweite Band mit 162 Seiten enthält die vorgeschriebenen Anlagen gemäß GemHVO-NW:

- Vorbericht
- Verpflichtungsermächtigung
- Zuwendung an Fraktionen
- Haushaltssicherungskonzept
- Stellenplan
- Stellenübersicht
- Wirtschaftspläne und Jahresabschlüsse der Eigenbetriebe und Beteiligungen

Der Hauptteil des Band eins „Produktgruppen" wird im Folgenden näher erläutert und exemplarisch dargestellt. Zunächst wird ein Teilergebnisplan abgebildet, wie es im Folgenden beispielhaft für die **Produktgruppe „politische Gremien"** erfolgt:[117]

Haushaltsplan 2006	Politische Gremien Produktgruppe 1101			Vorstandsbereich OB		
Teilergebnisplan	Ergebnis (€)	Haushaltsansatz (€)		Planung (€)		
	2004	2005	2006	2007	2008	2009
01 Steuern und ähnliche Abgaben	0,00	0	0	0	0	0
02 + Zuwendungen und allgemeine Umlagen	0,00	0	0	0	0	0
03 + Sonstige Transfererträge	0,00	0	0	0	0	0
04 + Öffentlich-rechtliche Leistungsentgelte	0,00	0	0	0	0	0
05 + Privatrechtliche Leistungsentgelte	0,00	0	0	0	0	0
06 + Kostenerstattungen und Kostenumlagen	0,00	0	115.000	116.150	117.312	118.485
07 + Sonstige ordentliche Erträge	0,00	0	0	0	0	0
08 + Aktivierte Eigenleistungen	0,00	0	0	0	0	0
09 +/- Bestandsveränderungen	0,00	0	0	0	0	0
10 = **Ordentliche Erträge**	0,00	0	115.000	116.150	117.312	118.485
11 - Personalaufwendungen	0,00	0	639.296	645.689	655.374	665.205
12 - Versorgungsaufwendungen	0,00	0	0	0	0	0
13 - Aufwendungen für Sach- und Dienstleistungen	0,00	0	10.000	10.100	10.201	10.303
14 - Bilanzielle Abschreibungen	0,00	0	1.120	1.120	1.120	1.120
15 - Transferaufwendungen	0,00	0	10.500	10.605	10.711	10.818
16 - Sonstige ordentliche Aufwendungen	0,00	0	1.869.580	1.895.173	1.921.225	1.947.747
17 = **Ordentliche Aufwendungen**	0,00	0	2.530.496	2.562.687	2.598.631	2.635.193
18 = **Ergebnis der laufenden Verwaltungstätigkeit (= Zeilen 10 u. 17)**	0,00	0	2.415.496-	2.446.537-	2.481.319-	2.516.708-
19 + Finanzerträge	0,00	0	0	0	0	0
20 - Zinsen und sonstige Finanzaufwendungen	0,00	0	0	0	0	0
21 = **Finanzergebnis (= Zeilen 19 und 20)**	0,00	0	0	0	0	0
22 = **Ordentliches Ergebnis (Zeilen 18 und 21)**	0,00	0	2.415.496-	2.446.537-	2.481.319-	2.516.708-
23 + Außerordentliche Erträge	0,00	0	0	0	0	0
24 - Außerordentliche Aufwendungen	0,00	0	0	0	0	0
25 = **Außerordentliches Ergebnis (=Zeilen 23 und 24)**	0,00	0	0	0	0	0
26 = **Ergebnis vor Berücksichtigung der internen Leistungsbeziehung (=Zeilen 22 und 25)**	0,00	0	2.415.496-	2.446.537-	2.481.319-	2.516.708-
27 + Erträge aus internen Leistungsbeziehungen	0,00	0	2.505.748	2.537.892	2.573.796	2.610.323
28 - Aufwendungen aus internen Leistungsbeziehungen	0,00	0	90.252	91.355	92.477	93.615
29 = **Ergebnis (= Zeilen 26, 27, 28)**	0,00	0	0	0	0	0

---

[117] Stadt Gelsenkirchen (2006) S. 50.

Anschließend – unterhalb des Teilergebnisplans – erfolgt eine **Beschreibung der Produktgruppe:**[118]

Haushaltsplan 2006	Innere Verwaltung Produktbereich 11 Politische Gremien Produktgruppe 11 01	Produktgruppenbeschreibung
Beschreibung und Zielsetzung Betreuung und allgemeine Angelegenheiten des Rates, Organisation von Gremiensitzungen, Kommunalverfassung und Ortsrecht, Nachprüfbarkeit von Entscheidungen/ Unterstützung der Funktionstüchtigkeit kommunaler Gremien/ Unterstützung der ehrenamtlichen Gerichtsbarkeit, Ordnungsgemäße und termingerechte Aufgabenerle		
Zielgruppe(n) Mandatsträger, Fraktionen, Schöffen, Schiedspersonen, Wahlberechtigte, Gerichtsbarkeit, Ehrenamtlich Tätige, Verwaltung, andere öffentlich-rechtliche Körperschaften, sowie politische, wirtschaftliche, soziale und kulturelle Institutionen		
Besonderheiten im Planjahr		

Danach erscheinen folgende **produktbezogenen Übersichten:**[119]

Haushaltsplan 2006	Politische Gremien Produktgruppe 1101					Vorstandsbereich OB
Politische Gremien PÜ						
	Ergebnis	Ansatz		Planung		
	2004	2005	2006	2007	2008	2009
Ergebnis						
Erträge	0	0	0	0	0	0
- Aufwendungen	0	0	11.531	11.531	11.531	11.531
= Ergebnis der lfd. Verwaltungstätigkeit	0	0	11.531-	11.531-	11.531-	11.531-

Produkt 110101 Betreuung u. allgemeine Angelegenheiten des Rates
Kurzbeschreibung
Unterstützung der Funktionsfähigkeit kommunaler Gremien:
Bearbeitung von Anträgen der Ratsfraktionen bzw. Anfragen der Mandatsträger/Regelung der Entschädigung für Mandatsträger/Fraktionszuschüsse und Abrechnung der Sach- und Personalkosten, sowie sonstige Dienstleistungen für Mandatsträger
Rechtliche Prüfung, organisatorische Abwicklung und Entscheidungsvorbereitung diverser Verfahren:
Benennung von Ehrenamtlichen Richtern und Beisitzern/Wahl von Schiedspersonen/Wahl von städtischen Vertretern für Vertreterversammlungen
Bearbeitung von Anregungen und Beschwerden nach § 24 Gemeindeordnung (GO) und Mitgliedschaften der Stadt Gelsenkirchen
Geschäftsführung einschl. Schriftführung und Protokollierung der Sitzungen des Rates und des HFBP, Zentraler Sitzungsdienst.

	Ergebnis	Ansatz		Planung		
	2004	2005	2006	2007	2008	2009
Wirtschaftlichkeit						
- Aufwand pro Einwohner in Euro			8,83	8,83	8,83	8,83
Ergebnis						
Erträge	0	0	114.000	115.150	116.312	117.485
- Aufwendungen	0	0	2.145.859	2.178.050	2.213.994	2.250.556
= Ergebnis der lfd. Verwaltungstätigkeit	0	0	2.031.859-	2.062.900-	2.097.682-	2.133.071-

Produkt 110102 Kommunalverfassung u. Ortsrecht
Kurzbeschreibung
Bearbeitung grundsätzlicher Angelegenheiten der Kommunalverfassung, Redaktion für Hauptsatzung, Geschäftsordnung und Dienstanweisung für den Sitzungsdienst, Redaktion für das Amtsblatt

Haushaltsplan 2006	Politische Gremien Produkte der Produktgruppe 1101					Vorstandsbereich OB
	Ergebnis	Ansatz		Planung		
	2004	2005	2006	2007	2008	2009
Wirtschaftlichkeit						
- Aufwand pro Einwohner in Euro			0,33	0,33	0,33	0,33

---

[118] Stadt Gelsenkirchen (2006) S. 51.
[119] StadtGelsenkirchen (2006) S. 52 ff.

Stadt Gelsenkirchen

Haushaltsplan 2006	Politische Gremien Produkte der Produktgruppe 1101				Vorstandsbereich OB	

Produkt 110102 Kommunalverfassung u. Ortsrecht

	Ergebnis	Ansatz		Planung		
	2004	2005	2006	2007	2008	2009
Ergebnis						
Erträge	0	0	1.000	1.000	1.000	1.000
- Aufwendungen	0	0	44.364	44.364	44.364	44.364
= Ergebnis der lfd. Verwaltungstätigkeit	0	0	43.364-	43.364-	43.364-	43.364-

Produkt 110103 Betreuung u. allgemeine Angelegenheiten der Bezirksvertretungen

Kurzbeschreibung
Geschäftsführung für die fünf Bezirksvertretungen einschl. Schriftführung und Protokollierung sowie Unterstützung der Bezirksvorsteherin/Bezirksvorsteher

	Ergebnis	Ansatz		Planung		
	2004	2005	2006	2007	2008	2009
Ergebnis						
Erträge	0	0	0	0	0	0
- Aufwendungen	0	0	328.742	328.742	328.742	328.742
= Ergebnis der lfd. Verwaltungstätigkeit	0	0	328.742-	328.742-	328.742-	328.742-

Summe 1101 - Politische Gremien

	Ergebnis	Ansatz		Planung		
	2004	2005	2006	2007	2008	2009
Ergebnis						
Erträge	0	0	115.000	116.150	117.312	118.485
- Aufwendungen	0	0	2.530.496	2.562.687	2.598.631	2.635.193
= Ergebnis der lfd. Verwaltungstätigkeit	0	0	2.415.496-	2.446.537-	2.481.319-	2.516.708-

Personalplan im NKF-Haushalt

	Ergebnis	Ansatz		Planung		
	2004	2005	2006	2007	2008	2009
Beamte gem. Stellenplan			6,50	6,50	6,50	6,50
Beschäftigte gem. Stellenplan			8,00	8,00	8,00	8,00

Anschließend erfolgt die **Darstellung der Investitionsmaßnahmen** produktgruppenbezogen:[120]

Haushaltsplan 2006	Politische Gremien Produktgruppe 1101					Vorstandsbereich OB	

	Teilfinanzplan	Ergebnis (€)	Haushaltsansatz (€)	Verpfl.-Erm. (€)	Planung (€)		
		2004	2005	2006	2006	2007	2008	2009
	Investitionstätigkeit							
	Einzahlungen	0,00	0	0	0	0	0	0
01	aus Zuwendungen für Investitionsmaßnahmen	0,00	0	0	0	0	0	0
02	+ aus der Veräußerung von Sachanlagen	0,00	0	0	0	0	0	0
03	+ aus der Veräußerung von Finanzanlagen	0,00	0	0	0	0	0	0
04	+ aus Beiträgen und ähnlichen Entgelten	0,00	0	0	0	0	0	0
05	+ Sonstige Investitionseinzahlungen	0,00	0	0	0	0	0	0
06	= Summe der investiven Einzahlungen	0,00	0	0	0	0	0	0
	Auszahlungen	0,00	0	0	0	0	0	0
07	für den Erwerb von Grundstücken und Gebäuden	0,00	0	0	0	0	0	0
08	+ für Baumaßnahmen	0,00	0	0	0	0	0	0
09	+ für den Erwerb von beweglichem Anlagevermögen	0,00	0	913	0	913	913	913
10	+ für den Erwerb von Finanzanlagen	0,00	0	0	0	0	0	0
11	+ von aktivierbaren Zuwendungen	0,00	0	0	0	0	0	0
12	+ Sonstige Investitionsauszahlungen	0,00	0	0	0	0	0	0
13	= Summe der investiven Auszahlungen	0,00	0	913	0	913	913	913
14	= Saldo Investitionstätigkeit (Einzahlungen ./. Auszahlungen)	0,00	0	913-	0	913-	913-	913-

Haushaltsplan 2006	Politische Gremien Produktgruppe 1101							Vorstandsbereich OB	

Investitionsmaßnahmen	Ergebnis (€)	Haushaltsansatz (€)		Verpflicht.-ermächt. (€)	Planung (€)			bereitge-stellt bis inkl.	Gesamt-ein- u. -aus-zahlungen
	2004	2005	2006	2006	2007	2008	2009	spätere Jahre	2005	
Investitionsmaßnahmen unterhalb der festgelegten Wertgrenze										
Einzahlung	0,00	0	0		0	0	0	0		
Auszahlung	0,00	0	913	0	913	913	913	0		
Saldo (Einzahlungen ./. Auszahlungen)	0,00	0	913-		913-	913-	913-	0		
Gesamtsaldo	0,00	0	913-		913-	913-	913-	0		

---

[120] Stadt Gelsenkirchen (2006) S. 55 ff.

Haushaltsplan 2006	Innere Verwaltung
	Produktbereich 11
		Erläuterungen investiver Maßnahmen
	Politische Gremien
	Produktgruppe 11 01

Investitionsmaßnahmen unterhalb der festgelegten Wertgrenze
Beschaffung von Büroausstattung (Einrichtung und Maschinen)

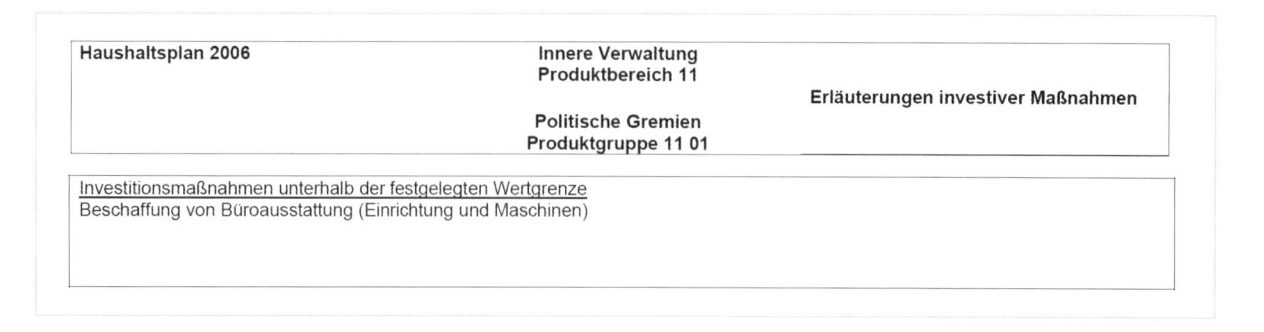

Im Gelsenkirchener Haushalt ist auch die **Abbildung des zentralen Gebäudemanagements** interessant; hier wird offenbar ein Mieter-Vermieter-Modell haushaltsintern dargestellt. Der Teilergebnisplan weist bereits ein hohes Maß an internen Umlagen aus:[121]

Haushaltsplan 2006		Zentrales Gebäudemanagement Produktgruppe 1110				Vorstandsbereich 2	
	Teilergebnisplan	Ergebnis (€)	Haushaltsansatz (€)		Planung (€)		
		2004	2005	2006	2007	2008	2009
01	Steuern und ähnliche Abgaben	0,00	0	0	0	0	0
02	+ Zuwendungen und allgemeine Umlagen	0,00	0	11.443.776	11.449.076	11.454.429	11.459.836
03	+ Sonstige Transfererträge	0,00	0	0	0	0	0
04	+ Öffentlich-rechtliche Leistungsentgelte	0,00	0	0	0	0	0
05	+ Privatrechtliche Leistungsentgelte	0,00	0	1.698.758	1.715.746	1.732.903	1.750.232
06	+ Kostenerstattungen und Kostenumlagen	0,00	0	831.784	840.102	848.503	856.988
07	+ Sonstige ordentliche Erträge	0,00	0	4.000	4.000	4.000	4.000
08	+ Aktivierte Eigenleistungen	0,00	0	0	0	0	0
09	+/- Bestandsveränderungen	0,00	0	0	0	0	0
10	= Ordentliche Erträge	0,00	0	13.978.318	14.008.924	14.039.835	14.071.056
11	- Personalaufwendungen	0,00	0	1.676.696	1.693.463	1.710.398	1.727.502
12	- Versorgungsaufwendungen	0,00	0	0	0	0	0
13	- Aufwendungen für Sach- und Dienstleistungen	0,00	0	27.708.275	28.124.888	28.547.740	28.976.930
14	- Bilanzielle Abschreibungen	0,00	0	18.889.548	18.886.972	18.886.972	18.886.972
15	- Transferaufwendungen	0,00	0	33.300	33.633	33.969	34.309
16	- Sonstige ordentliche Aufwendungen	0,00	0	6.719.356	6.787.971	6.857.312	6.927.389
17	= Ordentliche Aufwendungen	0,00	0	55.027.175	55.526.927	56.036.391	56.553.102
18	= Ergebnis der laufenden Verwaltungstätigkeit (= Zeilen 10 u. 17)	0,00	0	41.048.857-	41.518.003-	41.996.556-	42.482.046-
19	+ Finanzerträge	0,00	0	0	0	0	0
20	- Zinsen und sonstige Finanzaufwendungen	0,00	0	0	0	0	0
21	= Finanzergebnis (= Zeilen 19 und 20)	0,00	0	0	0	0	0
22	= Ordentliches Ergebnis (Zeilen 18 und 21)	0,00	0	41.048.857-	41.518.003-	41.996.556-	42.482.046-
23	+ Außerordentliche Erträge	0,00	0	0	0	0	0
24	- Außerordentliche Aufwendungen	0,00	0	0	0	0	0
25	= Außerordentliches Ergebnis (=Zeilen 23 und 24)	0,00	0	0	0	0	0
26	= Ergebnis vor Berücksichtigung der internen Leistungsbeziehung (=Zeilen 22 und 25)	0,00	0	41.048.857-	41.518.003-	41.996.556-	42.482.046-
27	+ Erträge aus internen Leistungsbeziehungen	0,00	0	46.064.006	46.582.368	47.110.652	47.646.396
28	- Aufwendungen aus internen Leistungsbeziehungen	0,00	0	5.015.149	5.064.365	5.114.096	5.164.350
29	= Ergebnis (= Zeilen 26, 27, 28)	0,00	0	0	0	0	0

Haushaltsplan 2006	Innere Verwaltung
	Produktbereich 11
		Produktgruppenbeschreibung
	Zentrales Gebäudemanagement
	Produktgruppe 11 10

Beschreibung und Zielsetzung
Verwaltung von Mietwohnungen, Überlassung von Dienstwohnungen, Vermietung und Verpachtung von Gewerbeflächen, Bereitstellung von Büroflächen in Verwaltungsgebäuden, von Schulraum, Kindertagesstätten, Jugend-, Bildungs- und Kultureinrichtungen, Verwaltung und Betrieb von Sport- und Freizeiteinrichtungen sowie die Bereitstellung von Feuerwehrgebäuden. Bereitstellung und Bewirtschaftung von Gebäudeflächen.

Zielgruppe(n)
Bevölkerung, Gewerbetreibende, Fachbereiche, Mitarbeiter/innen.

Besonderheiten im Planjahr

---

[121] Stadt Gelsenkirchen (2006) S. 120 f.

Stadt Gelsenkirchen

Die verschiedenen produktbezogenen Darstellungen stellen regelmäßig die **Anzahl der Bestandsobjekte** einerseits und die **Summe der Erträge und Aufwendungen** andererseits gegenüber:[122]

Haushaltsplan 2006	Zentrales Gebäudemanagement Produkte der Produktgruppe 1110				Vorstandsbereich 2	

Produkt 111003 Gewerbeobjekte
Kurzbeschreibung
Abschluss von Miet-/Pachtverträgen, Durchführung von Instandsetzungs- und Sanierungsmaßnahmen, Erstellung der Nebenkostenabrechnung, Freiziehung und Abbruch.

	Ergebnis		Ansatz	Planung		
	2004	2005	2006	2007	2008	2009
Menge und Bestand						
- Anzahl der Objekte			53	53	53	53
Ergebnis						
Erträge	0	0	1.164.008	1.164.008	1.164.008	1.164.008
- Aufwendungen	0	0	2.039.015	2.039.390	2.039.771	2.040.157
= Ergebnis der lfd. Verwaltungstätigkeit	0	0	875.007-	875.382-	875.763-	876.149-

Produkt 111004 Verwaltungsgebäude
Kurzbeschreibung
Bereitstellung/Anmietung und Überlassung von Büroflächen, Durchführung von Instandsetzungs- und Sanierungsmaßnahmen, Erstellung der Nebenkostenabrechnung.

	Ergebnis		Ansatz	Planung		
	2004	2005	2006	2007	2008	2009
Menge und Bestand						
- Anzahl der Objekte			37	37	37	37
Ergebnis						
Erträge	0	0	531.326	531.326	531.326	531.326
- Aufwendungen	0	0	11.100.173	11.100.506	11.100.839	11.101.178
= Ergebnis der lfd. Verwaltungstätigkeit	0	0	10.568.847-	10.569.180-	10.569.513-	10.569.852-

Produkt 111005 Schulen
Kurzbeschreibung
Bereitstellung und Überlassung von Schulraum, Durchführung von Instandsetzungs- und Sanierungsmaßnahmen, Erstellung der Nebenkostenabrechnung (Grundbesitzabgaben).

Haushaltsplan 2006	Zentrales Gebäudemanagement Produkte der Produktgruppe 1110				Vorstandsbereich 2	

Produkt 111005 Schulen

	Ergebnis		Ansatz	Planung		
	2004	2005	2006	2007	2008	2009
Menge und Bestand						
- Anzahl der Objekte -Bezirk Mitte-			38	38	38	38
- Anzahl der Objekte -Bezirk Nord-			25	25	25	25
- Anzahl der Objekte -Bezirk West-			14	14	14	14
- Anzahl der Objekte -Bezirk Ost-			17	17	17	17
- Anzahl der Objekte -Bezirk Süd-			11	11	11	11
Ergebnis						
Erträge	0	0	9.129.635	9.129.635	9.129.635	9.129.635
- Aufwendungen	0	0	26.926.726	26.935.475	26.946.970	26.958.636
= Ergebnis der lfd. Verwaltungstätigkeit	0	0	17.797.091-	17.805.840-	17.817.335-	17.829.001-

Produkt 111006 Jugendeinrichtungen
Kurzbeschreibung
Bereitstellung/Anmietung und Überlassung von Tagesstätten für Kinder und Jugendeinrichtungen, Durchführung von Instandsetzungs- und Sanierungsmaßnahmen, Erstellung der Nebenkostenabrechnung.

	Ergebnis		Ansatz	Planung		
	2004	2005	2006	2007	2008	2009
Menge und Bestand						
- Anzahl der Objekte			10	10	10	10
- Anzahl der Objekte -Bezirk Mitte-			18	18	18	18
- Anzahl der Objekte -Bezirk Nord-			16	16	16	16
- Anzahl der Objekte -Bezirk West-			12	12	12	12
- Anzahl der Objekte -Bezirk Ost-			5	5	5	5
- Anzahl der Objekte -Bezirk Süd-			8	8	8	8
Ergebnis						
Erträge	0	0	988.386	988.386	988.386	988.386
- Aufwendungen	0	0	4.928.551	4.929.114	4.929.682	4.930.256
= Ergebnis der lfd. Verwaltungstätigkeit	0	0	3.940.165-	3.940.728-	3.941.296-	3.941.870-

---

[122] Stadt Gelsenkirchen (2006) S. 123 ff.

| Haushaltsplan 2006 | Zentrales Gebäudemanagement
Produkte der Produktgruppe 1110 | Vorstandsbereich 2 |

Produkt 111007 Bildung und Kultur

Kurzbeschreibung
Bereitstellung/Anmietung und Überlassung von Bildungs- und Kultureinrichtungen, Durchführung von Instandsetzungs- und Sanierungsmaßnahmen, Erstellung der Nebenkostenabrechnung.

	Ergebnis	Ansatz		Planung		
	2004	2005	2006	2007	2008	2009
Menge und Bestand						
- Anzahl der Objekte Bildung Gesamtstadt			6	6	6	6
- Anzahl der Objekte Kultur Gesamtstadt			3	3	3	3
- Objekte Bildung u. Kultur West			1	1	1	1
- Objekte Bildung und Kultur Ost			1	1	1	1
Ergebnis						
Erträge	0	0	551.443	551.453	551.463	551.473
- Aufwendungen	0	0	4.668.682	4.668.682	4.668.682	4.668.682
= Ergebnis der lfd. Verwaltungstätigkeit	0	0	4.117.239-	4.117.229-	4.117.219-	4.117.209-

Produkt 111008 Sport

Kurzbeschreibung
Bereitstellung und Überlassung von Sportstätten in Zusammenarbeit mit Gelsensport.

	Ergebnis	Ansatz		Planung		
	2004	2005	2006	2007	2008	2009
Menge und Bestand						
- Anzahl der Objekte			2	2	2	2
- Anzahl der Objekte -Bezirk Mitte-			6	6	6	6
- Anzahl der Objekte -Bezirk Nord-			6	6	6	6
- Anzahl der Objekte -Bezirk West-			5	5	5	5
- Anzahl der Objekte -Bezirk Ost-			3	3	3	3
- Anzahl der Objekte -Bezirk Süd-			5	5	5	5
Ergebnis						
Erträge	0	0	544.397	544.397	544.397	544.397
- Aufwendungen	0	0	2.857.142	2.857.142	2.857.142	2.857.142
= Ergebnis der lfd. Verwaltungstätigkeit	0	0	2.312.745-	2.312.745-	2.312.745-	2.312.745-

| Haushaltsplan 2006 | Zentrales Gebäudemanagement
Produkte der Produktgruppe 1110 | Vorstandsbereich 2 |

Produkt 111009 Feuerwehr

Kurzbeschreibung
Bereitstellung und Überlassung von Büro- und Hallenfläche, Durchführung von Instandsetzungs- und Sanierungsmaßnahmen, Erstellung der Nebenkostenabrechnung.

	Ergebnis	Ansatz		Planung		
	2004	2005	2006	2007	2008	2009
Menge und Bestand						
- Anzahl der Objekte			9	9	9	9
Ergebnis						
Erträge	0	0	248.827	248.827	248.827	248.827
- Aufwendungen	0	0	1.207.959	1.207.959	1.207.959	1.207.959
= Ergebnis der lfd. Verwaltungstätigkeit	0	0	959.132-	959.132-	959.132-	959.132-

Produkt 111011 Eigenbetriebe

Kurzbeschreibung
Bauunterhaltung bei Gebäuden der Eigenbetriebe.

	Ergebnis	Ansatz		Planung		
	2004	2005	2006	2007	2008	2009
Menge und Bestand						
- Anzahl der Objekte Gelsendienste			2	2	2	2
- Anzahl der Objekte Gelsenkanal			18	18	18	18
Ergebnis						
Erträge	0	0	0	0	0	0
- Aufwendungen	0	0	185.151	185.151	185.151	185.151
= Ergebnis der lfd. Verwaltungstätigkeit	0	0	185.151-	185.151-	185.151-	185.151-

Haushaltsplan 2006	Zentrales Gebäudemanagement Produkte der Produktgruppe 1110					Vorstandsbereich 2	

Produkt 111020

	Ergebnis	Ansatz		Planung		
	2004	2005	2006	2007	2008	2009
Ergebnis						
Erträge	0	0	0	0	0	0
- Aufwendungen	0	0	5.000	5.075	5.151	5.228
= Ergebnis der lfd. Verwaltungstätigkeit	0	0	5.000-	5.075-	5.151-	5.228-

Summe 1110 - Zentrales Gebäudemanagement

	Ergebnis	Ansatz		Planung		
	2004	2005	2006	2007	2008	2009
Ergebnis						
Erträge	0	0	13.978.318	14.008.924	14.039.835	14.071.056
- Aufwendungen	0	0	55.027.175	55.526.927	56.036.391	56.553.102
= Ergebnis der lfd. Verwaltungstätigkeit	0	0	41.048.857-	41.518.003-	41.996.556-	42.482.046-

Personalplan im NKF-Haushalt	Ergebnis	Ansatz		Planung		
	2004	2005	2006	2007	2008	2009
Beamte gem. Stellenplan			11,85	11,85	11,85	11,85
Beschäftigte gem. Stellenplan			18,00	18,00	18,00	18,00

Zur **Investitionstätigkeit** wird nach dem Teilfinanzplan **maßnahmenbezogen** berichtet:[123]

Haushaltsplan 2006	Zentrales Gebäudemanagement Produktgruppe 1110					Vorstandsbereich 2	

	Teilfinanzplan	Ergebnis (€)	Haushaltsansatz (€)		Verpfl.-Erm. (€)	Planung (€)		
		2004	2005	2006	2006	2007	2008	2009
	Investitionstätigkeit							
	Einzahlungen	0,00	0	0	0	0	0	0
01	aus Zuwendungen für Investitionsmaßnahmen	0,00	0	3.000	0	0	0	0
02	+ aus der Veräußerung von Sachanlagen	0,00	0	0	0	0	0	0
03	+ aus der Veräußerung von Finanzanlagen	0,00	0	0	0	0	0	0
04	+ aus Beiträgen und ähnlichen Entgelten	0,00	0	0	0	0	0	0
05	+ Sonstige Investitionseinzahlungen	0,00	0	0	0	0	0	0
06	= Summe der investiven Einzahlungen	0,00	0	3.000	0	0	0	0
	Auszahlungen	0,00	0	0	0	0	0	0
07	für den Erwerb von Grundstücken und Gebäuden	0,00	0	0	0	0	0	0
08	+ für Baumaßnahmen	0,00	0	5.622.000	187.000	2.249.000	1.956.000	1.638.000
09	+ für den Erwerb von beweglichem Anlagevermögen	0,00	0	606.300	0	2.300	2.300	2.300
10	+ für den Erwerb von Finanzanlagen	0,00	0	0	0	0	0	0
11	+ von aktivierbaren Zuwendungen	0,00	0	0	0	0	0	0
12	+ Sonstige Investitionsauszahlungen	0,00	0	0	0	0	0	0
13	= Summe der investiven Auszahlungen	0,00	0	6.228.300	187.000	2.251.300	1.958.300	1.640.300
14	= Saldo Investitionstätigkeit (Einzahlungen ./. Auszahlungen)	0,00	0	6.225.300-	187.000-	2.251.300-	1.958.300-	1.640.300-

---

[123] Stadt Gelsenkirchen (2006) S. 128 ff.

Haushaltsplan 2006				Zentrales Gebäudemanagement Produktgruppe 1110					Vorstandsbereich 2
Investitionsmaßnahmen	Ergebnis (€)	Haushaltsansatz (€)		Verpflicht.-ermächt. (€)	Planung (€)			bereitge-stellt bis inkl.	Gesamt-ein- u. -aus-zahlungen
	2004	2005	2006	2006	2007	2008	2009	spätere Jahre	2005	
Investitionsmaßnahmen oberhalb der festgelegten Wertgrenze									
23001110045001 Folgemaßnahmen Hans-Sachs-Haus									
Auszahlung für Baumaßnahmen	0,00	0	3.100.000	0	0	0	0	0		
Auszahlung für den Erwerb von beweglichem Anlagevermögen	0,00	0	212.000	0	0	0	0	0		
Saldo Maßnahme (Einzahlungen ./. Auszahlungen)	0,00	0	3.312.000-		0	0	0	0		
23001110045002 Leitwarte Heizungsanlage										
Auszahlung für den Erwerb von beweglichem Anlagevermögen	0,00	0	200.000	0	0	0	0	0		
Saldo Maßnahme (Einzahlungen ./. Auszahlungen)	0,00	0	200.000-		0	0	0	0		
23001110075001 MIR Grundern. der Bewirtschaftungstheke										
Auszahlung für Baumaßnahmen	0,00	0	60.000	0	0	0	0	0		
Saldo Maßnahme (Einzahlungen ./. Auszahlungen)	0,00	0	60.000-		0	0	0	0		
23001110075002 MIR Portal mit Beleuchterbrücke										
Auszahlung für Baumaßnahmen	0,00	0	0	0	512.000	0	0	0		
Saldo Maßnahme (Einzahlungen ./. Auszahlungen)	0,00	0	0		512.000-	0	0	0		

Haushaltsplan 2006				Zentrales Gebäudemanagement Produktgruppe 1110					Vorstandsbereich 2
Investitionsmaßnahmen	Ergebnis (€)	Haushaltsansatz (€)		Verpflicht.-ermächt. (€)	Planung (€)			bereitge-stellt bis inkl.	Gesamt-ein- u. -aus-zahlungen
	2004	2005	2006	2006	2007	2008	2009	spätere Jahre	2005	
23001110075003 MIR Ern. d. Spanabsaug. Schreinerei										
Auszahlung für den Erwerb von beweglichem Anlagevermögen	0,00	0	60.000	0	0	0	0	0		
Saldo Maßnahme (Einzahlungen ./. Auszahlungen)	0,00	0	60.000-		0	0	0	0		
23001110075004 MIR Scherkantensich. der Bühne										
Auszahlung für Baumaßnahmen	0,00	0	90.000	0	0	0	0	0		
Saldo Maßnahme (Einzahlungen ./. Auszahlungen)	0,00	0	90.000-		0	0	0	0		
23001110075005 MIR Lüftungsanl. Garderoben/Halle										
Auszahlung für Baumaßnahmen	0,00	0	0	187.000	187.000	0	0	0		
Saldo Maßnahme (Einzahlungen ./. Auszahlungen)	0,00	0	0		187.000-	0	0	0		
23001110075006 MIR Lüftungsanl. WC, Garderobe										
Auszahlung für Baumaßnahmen	0,00	0	167.000	0	0	0	0	0		
Saldo Maßnahme (Einzahlungen ./. Auszahlungen)	0,00	0	167.000-		0	0	0	0		
23001110075007 MIR Lüftungsanlage Kantine, Küche										

Stadt Gelsenkirchen 299

Haushaltsplan 2006 — Zentrales Gebäudemanagement — Produktgruppe 1110 — Vorstandsbereich 2

Investitionsmaßnahmen	Ergebnis (€)	Haushaltsansatz (€)		Verpflicht.-ermächt. (€)	Planung (€)				bereitgestellt bis inkl.	Gesamtein- u. -auszahlungen
	2004	2005	2006	2006	2007	2008	2009	spätere Jahre	2005	
Auszahlung für Baumaßnahmen	0,00	0	110.000	0	0	0	0	0		
Saldo Maßnahme (Einzahlungen ./. Auszahlungen)	0,00	0	110.000-		0	0	0	0		
23001110075008 MIR Balettsaal/Malersaal										
Auszahlung für Baumaßnahmen	0,00	0	79.000	0	0	0	0	0		
Saldo Maßnahme (Einzahlungen ./. Auszahlungen)	0,00	0	79.000-		0	0	0	0		
23001110075009 MIR Erneuerung der Bühnenböden										
Auszahlung für Baumaßnahmen	0,00	0	77.000	0	50.000	159.000	138.000	0	51.000	475.000
Saldo Maßnahme (Einzahlungen ./. Auszahlungen)	0,00	0	77.000-		50.000-	159.000-	138.000-	0	51.000-	475.000-
23001110075010 MIR Schleppbödeneinbau in Bühnenpodien										
Auszahlung für Baumaßnahmen	0,00	0	0	0	0	297.000	0	0		
Saldo Maßnahme (Einzahlungen ./. Auszahlungen)	0,00	0	0		0	297.000-	0	0		
23001110075012 MIR Kleines Haus Lichtstellanlage										
Auszahlung für den Erwerb von beweglichem Anlagevermögen	0,00	0	29.000	0	0	0	0	0		
Saldo Maßnahme (Einzahlungen ./. Auszahlungen)	0,00	0	29.000-		0	0	0	0		

Haushaltsplan 2006 — Zentrales Gebäudemanagement — Produktgruppe 1110 — Vorstandsbereich 2

Investitionsmaßnahmen	Ergebnis (€)	Haushaltsansatz (€)		Verpflicht.-ermächt. (€)	Planung (€)				bereitgestellt bis inkl.	Gesamtein- u. -auszahlungen
	2004	2005	2006	2006	2007	2008	2009	spätere Jahre	2005	
23001110075013 MIR Ern. der Stromversorgung										
Auszahlung für Baumaßnahmen	0,00	0	154.000	0	0	0	0	0		
Saldo Maßnahme (Einzahlungen ./. Auszahlungen)	0,00	0	154.000-		0	0	0	0		
23011110055002 Ric.-Huch-Gymn. - Gesamtsanierung										
Auszahlung für Baumaßnahmen	0,00	0	1.500.000	0	1.500.000	1.500.000	1.500.000	0	0	6.000.000
Saldo Maßnahme (Einzahlungen ./. Auszahlungen)	0,00	0	1.500.000-		1.500.000-	1.500.000-	1.500.000-	0	0	6.000.000-
23021110055001 GS Buer-Mitte-Trennung Rohrleitungssyst.										
Auszahlung für Baumaßnahmen	0,00	0	150.000	0	0	0	0	0		
Saldo Maßnahme (Einzahlungen ./. Auszahlungen)	0,00	0	150.000-		0	0	0	0		
23021110055002 Fotovoltaikanlage HS Mehringstraße										
Auszahlung für den Erwerb von beweglichem Anlagevermögen	0,00	0	51.500	0	0	0	0	0		
Saldo Maßnahme (Einzahlungen ./. Auszahlungen)	0,00	0	51.500-		0	0	0	0		
23021110055003 Fotovoltaikanlage HS Eppmannsweg										

Haushaltsplan 2006			Zentrales Gebäudemanagement Produktgruppe 1110						Vorstandsbereich 2	
Investitionsmaßnahmen	Ergebnis (€)	Haushaltsansatz (€)		Verpflicht.-ermächt. (€)	Planung (€)				bereitge-stellt bis inkl.	Gesamt-ein- u. -aus-
	2004	2005	2006	2006	2007	2008	2009	spätere Jahre	2005	zahlungen
Auszahlung für den Erwerb von beweglichem Anlagevermögen	0,00	0	51.500	0	0	0	0	0		
Saldo Maßnahme (Einzahlungen ./. Auszahlungen)	0,00	0	51.500-		0	0	0	0		
Investitionsmaßnahmen unterhalb der festgelegten Wertgrenze										
Einzahlung	0,00	0	3.000		0	0	0	0		
Auszahlung	0,00	0	137.300	0	2.300	2.300	2.300	0		
Saldo (Einzahlungen ./. Auszahlungen)	0,00	0	134.300-		2.300-	2.300-	2.300-	0		
Gesamtsaldo	0,00	0	6.225.300-		2.251.300-	1.958.300-	1.640.300-	0	51.000-	6.475.000-

---

Haushaltsplan 2006	Innere Verwaltung Produktbereich 11 Zentrales Gebäudemanagement Produktgruppe 11 10	Erläuterungen investiver Maßnahmen

23001110045001
An dieser Stelle sind Mittel für die weitere Entwicklung der Maßnahme Hans-Sachs-Haus etatisiert.

Kosten zur Restaurierung der Walcker-Orgel. Die Rechnungsbegleichung erfolgt nach Bauabschnitten. In 2006 wird ein Betrag in Höhe von 115.702,63 € plus einer voraussichtlichen vorläufigen Endzahlung in Höhe von 95.586,00 € fällig.

23001110045003
Zur Reduzierung des Verwaltungsaufwandes bei auftretenden Störungsmeldungen soll zur Reglungs- und Nutzungsoptimierung sowie Energieeinsparung eine Leitwarte für die Heizungsanlage im Stadtgebiet installiert werden.

23001110075012
Neuveranschlagung einer nicht durchgeführten Maßnahme aus 2005.

23001110075013
Neuveranschlagung einer nicht durchgeführten Maßnahme aus 2005.

23021110055002
Die Stadt Gelsenkirchen hat das Ziel, Solarstadt zu werden. In diesem Zuge soll auf dem Schulgelände der HS Mehringstraße 16 eine Fotovoltaikanlage installiert werden.

23021110055003
Die Stadt Gelsenkirchen hat das Ziel, Solarstadt zu werden. In diesem Zuge soll auf dem Schulgelände der HS Eppmannsweg 34 eine Fotovoltaikanlage installiert werden.

Investitionsmaßnahmen unterhalb der festgelegten Wertgrenze	
Einzahlungen aus Zuschüssen für Alarmanlagen	3.000 Euro
Auszahlungen	
Beschaffung von Büroausstattung (Einrichtung und Maschinen)	2.300 Euro
Einbau von Alarmanlagen (Zeppelinallee 4, Tagesstätten Julius-Frisch-Str. 12, Brößweg 16, Mehringstr. 20, Oberfeldingerstr. 50, Lothringerstr. 21)	54.000 Euro
Sanitärbereiche Urnenfeldstr. 2	45.000 Euro
Diesterwegstr. 5	36.000 Euro

Insgesamt ergibt sich unseres Erachtens eine sehr knappe und übersichtliche Darstellung der baulichen Investitionsmaßnahmen einer Großstadt.

Stadt Gelsenkirchen 301

Auch bei den **Hochbaudienstleistungen** wird innerhalb des Gelsenkirchener Haushalts eine vollständige Umlage der technischen Gebäudedienstleistungen durchgeführt. Wir drucken im Folgenden die Produktgruppe „Technische Gebäudedienstleistungen" ab:[124]

Haushaltsplan 2006	Innere Verwaltung Produktbereich 11	
		Produktgruppenbeschreibung
	Technische Gebäudedienstleistung Produktgruppe 11 13	

Beschreibung und Zielsetzung
Das Referat Hochbau versteht sich als Teil der Auftraggeberseite - also der Stadt Gelsenkirchen -, der als Partner der Bauherrenfachbereiche oder -betriebe für die Erstellung und Unterhaltung von Ingenieurbauwerken, Architekten-, Ingenieur- und sonstige Dienstleistungen entweder selbst erbringt oder Dritte damit beauftragt. Zu der Bewirtschaftung der baulichen Anlagen gehören die Bereiche:
Instandhaltung: Entwurf, Planung und Ausführung städt. Hochbauvorhaben; Begutachtung und bauliche Inspektion; Wartung und Instandsetzung sowie akute Reparaturen von Gebäuden incl. der mit den Gebäuden verbundenen betriebstechnischen Anlagen und Einrichtungen sowie physikalischen Netzen.
Baumaßnahmen: Baumaßnahmen im Bereich Hochbau, einschließlich der haus- und betriebstechnischen Anlagen gemäß dem Leistungsbild der HOAI; Betreuung externer Architekten und Ingenieure hinsichtlich verwaltungsmäßiger Abwicklung in technischer und wirtschaftlicher Art und Einhaltung der Vorschriften; Projektleitung und Projektarbeit.
Bauberatung: Technische und wirtschaftliche Beratung als zusätzliche Serviceleistung für den Auftraggeber über sämtliche Belange der Planung und Bautechnik von städtischen Hochbaumaßnahmen.
Planarchiv und Gebäudeinformationssystem: Betreuung der Bauaktenkammer; Erstellung von Bestandszeichnungen sowie technische Berechnungen; Pflege einer Informations-Datenbank für die technische Objektbewirtschaftung.
Energiemanagement: Erarbeitung und Umsetzung von gebäude-/objektbezogenen Energiekonzepten unter wirtschaftlichen Gesichtspunkten; Überwachung der Betriebsabläufe von energietechnischen Anlagen und der Einhaltung von Firmenwartungsverträgen; Energiewirtschaftliche Maßnahmen zur Energieeinsparung wie Einsatz neuer Technologien von regenerativen Energieträgern; Energieaufschlüsselung, Verbrauchskontrolle und Tarif-/Vertragsangelegenheiten - Contracting - für städt. Gebäude; Energiedienst (Berichte, Rechnungsprüfung und Beschaffung); Unterweisung des Bedienungspersonals für die betriebstechnischen Anlagen und der städt. Energiebeauftragten; Betreuung der extern vergebenen Aufträge zur Energiebewirtschaftung.

Werkstatt- und Handwerksleistungen:
Sofortige Behebung von Störungen kleineren Ausmaßes zur Wiederherstellung der betriebsbedingten Nutzung und zur Vermeidung von Folgeschäden; Instandhaltung und Wartung der haustechnischen Anlagen, Pflege und Reparatur städt. Maschinen und Gebrauchsgegenstände; Bereitschaft und Einsatz bei Veranstaltungen hinsichtlich eines störungsfreien Betriebes von technischen Anlagen.
Unterhaltung und Errichtung von Hochbauten; Instandhaltung von Gebäuden mit der Feststellung des Ist-Zustandes sowie sicherheitsrelevanter Mängel; Sicherstellung der Auftragsabwicklung, Hilfestellung zur Entscheidung für den Auftraggeber; vollständige planerische Erfassung des städt. Gebäudebestandes; Bereitstellung und sofortige Verfügbarkeit von Informationen über Gebäude und technische Einrichtungen; nutzungsgerechte Energiekostenverteilung, kundengerechte Erstellung von Energiekonzepten sowie deren Einhaltung; Reduzierung der Energie- und Wasserkosten; Erhaltung und Sicherstellung der Gebrauchsfähigkeit von technischen Einrichtungen.

Zielgruppe(n)
Bauherrenreferate, Bedarfsträger, Gebäudemanagement, andere Referate, zentrale Dienste, Bedienungs- u. Hausmeisterpersonal und Gebäudenutzer.

Besonderheiten im Planjahr

Regelmäßig wird der **Personalplan** am Ende der Produktgruppenbeschreibung dargestellt.

---

[124] Stadt Gelsenkirchen (2006) S. 158 ff.

Der **Schulbereich** wird in Gelsenkirchen folgendermaßen abgebildet. Zunächst wird die Produktgruppe „Bereitstellung schulischer Einrichtungen" mit Teilergebnisplan und Produktgruppenbeschreibung gezeigt:[125]

Haushaltsplan 2006		Bereitstellung schulischer Einrichtungen Produktgruppe 2101			Vorstandsbereich 4		
	Teilergebnisplan	Ergebnis (€)	Haushaltsansatz (€)		Planung (€)		
		2004	2005	2006	2007	2008	2009
01	Steuern und ähnliche Abgaben	0,00	0	0	0	0	0
02	+ Zuwendungen und allgemeine Umlagen	0,00	0	4.910.243	4.959.083	5.008.411	5.058.233
03	+ Sonstige Transfererträge	0,00	0	0	0	0	0
04	+ Öffentlich-rechtliche Leistungsentgelte	0,00	0	1.100	1.100	1.100	1.100
05	+ Privatrechtliche Leistungsentgelte	0,00	0	430	2.634	4.861	7.109
06	+ Kostenerstattungen und Kostenumlagen	0,00	0	220.000	220.000	220.000	220.000
07	+ Sonstige ordentliche Erträge	0,00	0	35.800	35.800	35.800	35.800
08	+ Aktivierte Eigenleistungen	0,00	0	0	0	0	0
09	+/- Bestandsveränderungen	0,00	0	0	0	0	0
10	= **Ordentliche Erträge**	0,00	0	5.167.573	5.218.617	5.270.172	5.322.242
11	- Personalaufwendungen	0,00	0	8.004.418	8.081.327	8.162.540	8.244.566
12	- Versorgungsaufwendungen	0,00	0	0	0	0	0
13	- Aufwendungen für Sach- und Dienstleistungen	0,00	0	5.458.370	5.538.041	5.618.884	5.700.918
14	- Bilanzielle Abschreibungen	0,00	0	40.637	40.637	40.637	40.637
15	- Transferaufwendungen	0,00	0	0	0	0	0
16	- Sonstige ordentliche Aufwendungen	0,00	0	4.295.779	4.345.389	4.396.414	4.448.899
17	= **Ordentliche Aufwendungen**	0,00	0	17.799.204	18.005.394	18.218.475	18.435.020
18	= **Ergebnis der laufenden Verwaltungstätigkeit (= Zeilen 10 u. 17)**	0,00	0	12.631.631-	12.786.777-	12.948.303-	13.112.778-
19	+ Finanzerträge	0,00	0	0	0	0	0
20	- Zinsen und sonstige Finanzaufwendungen	0,00	0	0	0	0	0
21	= **Finanzergebnis (= Zeilen 19 und 20)**	0,00	0	0	0	0	0
22	= **Ordentliches Ergebnis (Zeilen 18 und 21)**	0,00	0	12.631.631-	12.786.777-	12.948.303-	13.112.778-
23	+ Außerordentliche Erträge	0,00	0	0	0	0	0
24	- Außerordentliche Aufwendungen	0,00	0	0	0	0	0
25	= **Außerordentliches Ergebnis (=Zeilen 23 und 24)**	0,00	0	0	0	0	0
26	= **Ergebnis vor Berücksichtigung der internen Leistungsbeziehung (=Zeilen 22 und 25)**	0,00	0	12.631.631-	12.786.777-	12.948.303-	13.112.778-
27	+ Erträge aus internen Leistungsbeziehungen	0,00	0	266.000	266.000	266.000	266.000
28	- Aufwendungen aus internen Leistungsbeziehungen	0,00	0	45.141.423	45.413.079	45.961.278	46.519.520
29	= **Ergebnis (= Zeilen 26, 27, 28)**	0,00	0	57.507.054-	57.933.856-	58.643.581-	59.366.298-

Haushaltsplan 2006	Schulträgeraufgaben Produktbereich 21
	Produktgruppenbeschreibung
	Bereitstellung schul. Einrichtungen Produktgruppe 21 01

Beschreibung und Zielsetzung
Organisation, Planung und Verwaltung für alle Schulen in städtischer Trägerschaft, Bildungsmittel und Unterrichtsbetrieb, Unterhaltung und Einrichtung aller städtischen Schulen in den jeweiligen Stadtbezirken, außerschulische Nutzungen.

Zielgruppe(n)
SchülerInnen und deren Sorgeberechtigten an den öffentlichen Schulen in städtischer Trägerschaft, verschiedene Institutionen sowie weitere am Schulleben Beteiligte

Besonderheiten im Planjahr
Schulentwicklungsplanung

---

[125] Stadt Gelsenkirchen (2006) S. 277 f.

Stadt Gelsenkirchen 303

Anschließend werden folgende produktbezogene Informationen geliefert:[126]

Haushaltsplan 2006	Bereitstellung schulischer Einrichtungen Produktgruppe 2101				Vorstandsbereich 4	
Bereitstellung schulischer Einricht. PÜ	Ergebnis		Ansatz	Planung		
	2004	2005	2006	2007	2008	2009
Ergebnis						
Erträge	0	0	4.884.000	4.884.000	4.884.000	4.884.000
- Aufwendungen	0	0	180.000	180.000	180.000	180.000
= Ergebnis der lfd. Verwaltungstätigkeit	0	0	4.704.000	4.704.000	4.704.000	4.704.000

Produkt 210101 Organisation, Planung und Verwaltung

Kurzbeschreibung
Planung, Einrichtung, Änderung, Auflösung und Verwaltung öffentlicher allgemeinbildender Schulen und Berufskollegs in städtischer Trägerschaft, Schulentwicklungsplanung (zusammen mit Jugendhilfeplanung), Einschulungs- und Übergangsverfahren.
Wenngleich der Unterricht zum Kernbereich einer Schule und damit zu den originären inneren Schulangelegenheiten zählt, haben die (schulentwicklungsplanerischen) Entscheidungen des Schulträgers, Übertragung von Entscheidungsbefugnissen auf die Schulleitungen, die Finanz-, Raum- und Sachausstattung, Vernetzung zum Stadtteil oder die Organisation von Förder- und Betreuungsangeboten -um nur einige Beispiele zu nennen- mitentscheidenden Einfluss.

	Ergebnis		Ansatz	Planung		
	2004	2005	2006	2007	2008	2009
Menge und Bestand						
- Schüler an Grundschulen -Gesamtstadt-			10.746	10.746	10.746	10.746
- Schüler an Hauptschulen -Gesamtstadt-			3.002	3.002	3.002	3.002
- Schüler an Gesamtschulen -Gesamtstadt-			5.437	5.437	5.437	5.437
- Schüler an Realschulen -Gesamtstadt-			4.138	4.138	4.138	4.138
- Schüler an Gymnasien -Gesamtstadt-			6.071	6.071	6.071	6.071
- Schüler an Sonderschulen -Gesamtstadt-			1.649	1.649	1.649	1.649
- Schüler an Berufkollegs -Gesamtstadt-			10.358	10.358	10.358	10.358
Ergebnis						
Erträge	0	0	197.330	248.374	299.929	351.999
- Aufwendungen	0	0	7.954.823	8.161.013	8.374.094	8.590.639
= Ergebnis der lfd. Verwaltungstätigkeit	0	0	7.757.493-	7.912.639-	8.074.165-	8.238.640-

Haushaltsplan 2006	Bereitstellung schulischer Einrichtungen Produkte der Produktgruppe 2101	Vorstandsbereich 4

Produkt 210102 Bildungsmittel und Unterrichtsbetrieb

Kurzbeschreibung
Ausstattung aller Schulen in städtischer Trägerschaft mit Bildungsmitteln aller Art.Hierzu zählen im wesentlichen Lehr- und Unterrichtsmittel, Lernmittel und Aufwendungen für Neue Medien (Informationstechnik in Schulen), sofern keine Zuständigkeiten der Bezirksvertretungen im Bereich der e-nitiative.nrw gegeben sind.

Haushaltsplan 2006	Bereitstellung schulischer Einrichtungen Produkte der Produktgruppe 2101				Vorstandsbereich 4	
Produkt 210102 Bildungsmittel und Unterrichtsbetrieb						
	Ergebnis		Ansatz	Planung		
	2004	2005	2006	2007	2008	2009
Menge und Bestand						
- Schüler an Grundschulen -Gesamtstadt-			10.746	10.746	10.746	10.746
- Schüler an Hauptschulen -Gesamtstadt-			3.002	3.002	3.002	3.002
- Schüler an Gesamtschulen -Gesamtstadt-			5.437	5.437	5.437	5.437
- Schüler an Realschulen -Gesamtstadt-			4.138	4.138	4.138	4.138
- Schüler an Gymnasien -Gesamtstadt-			6.071	6.071	6.071	6.071
- Schüler an Sonderschulen -Gesamtstadt-			1.649	1.649	1.649	1.649
- Schüler an Berufkollegs -Gesamtstadt-			10.358	10.358	10.358	10.358
Ergebnis						
Erträge			0	0	0	0
- Aufwendungen	0	0	3.033.386	3.033.386	3.033.386	3.033.386
= Ergebnis der lfd. Verwaltungstätigkeit	0	0	3.033.386-	3.033.386-	3.033.386-	3.033.386-

Produkt 210103 Unterhaltung und Einrichtung

Kurzbeschreibung
Unterhaltung und Einrichtung der bezirklichen Schulen (alle Schulformen in städtischer Trägerschaft).Hierzu zählen:
- Instandhaltung der Einrichtung
- Aufwendung aus dem Projekt e-nitiative.nrw
- die bauliche Unterhaltung
- die Pflege des Grüns
- die Reinigung des Schulgebäudes
- Aufwendungen aus dem Bereich des zentralen Gebäudemanagements (kalkulatorische Miete und Energiekosten)

---

[126] Stadt Gelsenkirchen (2006) S. 279 ff.

Haushaltsplan 2006	Bereitstellung schulischer Einrichtungen Produkte der Produktgruppe 2101				Vorstandsbereich 4	

Produkt 210103 Unterhaltung und Einrichtung

	Ergebnis	Ansatz		Planung		
	2004	2005	2006	2007	2008	2009
Menge und Bestand						
- Schüler an Grundschulen -Bezirk Mitte-			3.723	3.723	3.723	3.723
- Schüler an Hauptschulen -Bezirk Mitte-			822	822	822	822
- Schüler an Realschulen -Bezirk Mitte-			2.127	2.127	2.127	2.127
- Schüler an Gymnasien -Bezirk Mitte-			3.109	3.109	3.109	3.109
- Schüler an Sonderschulen -Bezirk Mitte-			355	355	355	355
- Schüler an Berufskollegs -Bezirk Mitte-			6.512	6.512	6.512	6.512
- Schüler an Grundschulen -Bezirk Nord-			1.930	1.930	1.930	1.930
- Schüler an Hauptschulen -Bezirk Nord-			717	717	717	717
- Schüler an Gesamtschulen -Bezirk Nord-			1.327	1.327	1.327	1.327
- Schüler an Realschulen -Bezirk Nord-			1.186	1.186	1.186	1.186
- Schüler an Gymnasien -Bezirk Nord-			2.962	2.962	2.962	2.962
- Schüler an Sonderschulen -Bezirk Nord-			271	271	271	271
- Schüler an Berufskollegs -Bezirk Nord-			3.846	3.846	3.846	3.846
- Schüler an Grundschulen -Bezirk West-			1.626	1.626	1.626	1.626
- Schüler an Hauptschulen -Bezirk West-			326	326	326	326
- Schüler an Gesamtschulen -Bezirk West-			1.221	1.221	1.221	1.221
- Schüler an Sonderschulen -Bezirk West-			643	643	643	643
- Schüler an Grundschulen -Bezirk Ost-			1.586	1.586	1.586	1.586
- Schüler an Hauptschulen -Bezirk Ost-			684	684	684	684
- Schüler an Gesamtschulen -Bezirk Ost-			1.494	1.494	1.494	1.494
- Schüler an Realschulen -Bezirk Ost-			825	825	825	825
- Schüler an Sonderschulen -Bezirk Ost-			140	140	140	140
- Schüler an Grundschulen -Bezirk Süd-			1.619	1.619	1.619	1.619
- Schüler an Hauptschulen -Bezirk Süd-			453	453	453	453
- Schüler an Gesamtschulen -Bezirk Süd-			1.395	1.395	1.395	1.395
- Schüler an Sonderschulen -Bezirk Süd-			240	240	240	240

Haushaltsplan 2006	Bereitstellung schulischer Einrichtungen Produkte der Produktgruppe 2101				Vorstandsbereich 4	

Produkt 210103 Unterhaltung und Einrichtung

	Ergebnis	Ansatz		Planung		
	2004	2005	2006	2007	2008	2009
Ergebnis						
Erträge	0	0	26.243	26.243	26.243	26.243
- Aufwendungen	0	0	5.409.423	5.409.423	5.409.423	5.409.423
= Ergebnis der lfd. Verwaltungstätigkeit	0	0	5.383.180-	5.383.180-	5.383.180-	5.383.180-

Produkt 210104 Außerschulische Nutzung

Kurzbeschreibung
Überlassung von Unterrichts- und Schulsportstätten an Dritte als Beitrag zum kommunalen Raumangebot.

	Ergebnis	Ansatz		Planung		
	2004	2005	2006	2007	2008	2009
Ergebnis						
Erträge	0	0	60.000	60.000	60.000	60.000
- Aufwendungen	0	0	1.221.572	1.221.572	1.221.572	1.221.572
= Ergebnis der lfd. Verwaltungstätigkeit	0	0	1.161.572-	1.161.572-	1.161.572-	1.161.572-

Summe 2101 - Bereitstellung schulischer Einrichtungen

	Ergebnis	Ansatz		Planung		
	2004	2005	2006	2007	2008	2009
Ergebnis						
Erträge	0	0	5.167.573	5.218.617	5.270.172	5.322.242
- Aufwendungen	0	0	17.799.204	18.005.394	18.218.475	18.435.020
= Ergebnis der lfd. Verwaltungstätigkeit	0	0	12.631.631-	12.786.777-	12.948.303-	13.112.778-

Personalplan im NKF-Haushalt	Ergebnis	Ansatz		Planung		
	2004	2005	2006	2007	2008	2009
Beamte gem. Stellenplan			13,68	13,68	13,68	13,68
Beschäftigte gem. Stellenplan			188,33	188,33	188,33	188,33

Wie an den Abbildungen deutlich wird, wird in diesem Haushalt die einzelne Schule nicht als Produkt definiert.

(Auf den Abdruck der Investitionstätigkeit wird hier verzichtet.)

Stadt Gelsenkirchen 305

Anschließend wird die Produktgruppe „Zentrale Leistungen für Schüler und am Schulleben Beteiligte" folgendermaßen geplant:[127]

Haushaltsplan 2006	Zentrale Leistungen für Schüler und am Schulleben Beteiligte Produktgruppe 2102					Vorstandsbereich 4	
	Teilergebnisplan	Ergebnis (€)	Haushaltsansatz (€)		Planung (€)		
		2004	2005	2006	2007	2008	2009
01	Steuern und ähnliche Abgaben	0,00	0	0	0	0	0
02	+ Zuwendungen und allgemeine Umlagen	0,00	0	5.377.762	5.431.540	5.485.855	5.540.714
03	+ Sonstige Transfererträge	0,00	0	0	0	0	0
04	+ Öffentlich-rechtliche Leistungsentgelte	0,00	0	0	0	0	0
05	+ Privatrechtliche Leistungsentgelte	0,00	0	385.780	389.638	393.534	397.470
06	+ Kostenerstattungen und Kostenumlagen	0,00	0	14.000	14.140	14.281	14.424
07	+ Sonstige ordentliche Erträge	0,00	0	0	0	0	0
08	+ Aktivierte Eigenleistungen	0,00	0	0	0	0	0
09	+/- Bestandsveränderungen	0,00	0	0	0	0	0
10	= Ordentliche Erträge	0,00	0	5.777.542	5.835.318	5.893.670	5.952.608
11	- Personalaufwendungen	0,00	0	533.853	539.192	544.583	550.029
12	- Versorgungsaufwendungen	0,00	0	0	0	0	0
13	- Aufwendungen für Sach- und Dienstleistungen	0,00	0	6.659.900	6.757.178	6.855.890	6.956.056
14	- Bilanzielle Abschreibungen	0,00	0	0	0	0	0
15	- Transferaufwendungen	0,00	0	1.659.732	1.676.329	1.693.093	1.710.024
16	- Sonstige ordentliche Aufwendungen	0,00	0	1.571.950	1.578.909	1.585.937	1.593.035
17	= Ordentliche Aufwendungen	0,00	0	10.425.435	10.551.608	10.679.503	10.809.144
18	= Ergebnis der laufenden Verwaltungstätigkeit (= Zeilen 10 u. 17)	0,00	0	4.647.893-	4.716.290-	4.785.833-	4.856.536-
19	+ Finanzerträge	0,00	0	0	0	0	0
20	- Zinsen und sonstige Finanzaufwendungen	0,00	0	0	0	0	0
21	= Finanzergebnis (= Zeilen 19 und 20)	0,00	0	0	0	0	0
22	= Ordentliches Ergebnis (= Zeilen 18 und 21)	0,00	0	4.647.893-	4.716.290-	4.785.833-	4.856.536-
23	+ Außerordentliche Erträge	0,00	0	0	0	0	0
24	- Außerordentliche Aufwendungen	0,00	0	0	0	0	0
25	= Außerordentliches Ergebnis (=Zeilen 23 und 24)	0,00	0	0	0	0	0
26	= Ergebnis vor Berücksichtigung der internen Leistungsbeziehung (=Zeilen 22 und 25)	0,00	0	4.647.893-	4.716.290-	4.785.833-	4.856.536-
27	+ Erträge aus internen Leistungsbeziehungen	0,00	0	366.500	366.500	366.500	366.500
28	- Aufwendungen aus internen Leistungsbeziehungen	0,00	0	251.730	210.980	213.177	215.824
29	= Ergebnis (= Zeilen 26, 27, 28)	0,00	0	4.533.123-	4.560.770-	4.632.510-	4.705.860-

Haushaltsplan 2006	Schulträgeraufgaben Produktbereich 21 Zentrale Leistungen für Schüler und am Schulleben Beteiligte Produktgruppe 21 02	Produktgruppenbeschreibung

Beschreibung und Zielsetzung
Schülerbeförderung, Schülerverpflegung, schulische Fördermaßnahmen und Betreuung sowie verschiedene bildungspolitische Maßnahmen im Zusammenwirken mit verschiedenen Institutionen und am Schulleben Beteiligter

Zielgruppe(n)
SchülerInnen und deren Sorgeberechtigten an den öffentlichen Schulen in städtischer Trägerschaft, verschiedene Institutionen sowie weitere am Schulleben Beteiligte

Besonderheiten im Planjahr
verstärkter Ausbau der Offenen Ganztagsschule (Zielvorgabe: 25 % Versorgungsquote (rd. 2.600 Plätze) bis zum Schuljahr 2007/2008)

Zur Vervollständigung des Schulbereichs sei noch auf die Produktgruppe „Zentrale schulbezogene Leistungen des Schulträgers" hingewiesen (hier nicht abgedruckt). Hierbei handelt es sich unter anderem um die örtliche Aufsicht des Schulamts über die Grund-, Haupt- und Sonderschulen.

---

[127] Stadt Gelsenkirchen (2006) S. 295 f.

Auch am Beispiel der Stadt Gelsenkirchen zeigen wir die **Jugendhilfe** in Auszügen. In Gelsenkirchen wurde die **Produktgruppe „Hilfe für junge Menschen und ihre Familien"** gebildet, für die folgender Teilergebnisplan vorliegt:[128]

Haushaltsplan 2006		Hilfe für junge Menschen und ihre Familien Produktgruppe 3603				Vorstandsbereich 4	
	Teilergebnisplan	Ergebnis (€)	Haushaltsansatz (€)		Planung (€)		
		2004	2005	2006	2007	2008	2009
01	Steuern und ähnliche Abgaben	0,00	0	0	0	0	0
02	+ Zuwendungen und allgemeine Umlagen	0,00	0	176.974	178.744	180.531	182.336
03	+ Sonstige Transfererträge	0,00	0	1.127.100	1.149.642	1.172.635	1.196.088
04	+ Öffentlich-rechtliche Leistungsentgelte	0,00	0	0	0	0	0
05	+ Privatrechtliche Leistungsentgelte	0,00	0	8.100	8.100	8.100	8.100
06	+ Kostenerstattungen und Kostenumlagen	0,00	0	2.006.639	2.026.705	2.046.972	2.067.442
07	+ Sonstige ordentliche Erträge	0,00	0	15.000	15.000	15.000	15.000
08	+ Aktivierte Eigenleistungen	0,00	0	0	0	0	0
09	+/- Bestandsveränderungen	0,00	0	0	0	0	0
10	= Ordentliche Erträge	0,00	0	3.333.813	3.378.191	3.423.238	3.468.966
11	- Personalaufwendungen	0,00	0	7.026.229	7.098.337	7.171.166	7.244.724
12	- Versorgungsaufwendungen	0,00	0	0	0	0	0
13	- Aufwendungen für Sach- und Dienstleistungen	0,00	0	3.172.950	3.206.680	3.240.746	3.275.154
14	- Bilanzielle Abschreibungen	0,00	0	20.528	20.528	20.528	20.528
15	- Transferaufwendungen	0,00	0	13.630.300	13.909.681	14.194.623	14.485.237
16	- Sonstige ordentliche Aufwendungen	0,00	0	557.072	563.335	569.674	576.089
17	= Ordentliche Aufwendungen	0,00	0	24.407.079	24.798.561	25.196.737	25.601.732
18	= Ergebnis der laufenden Verwaltungstätigkeit (= Zeilen 10 u. 17)	0,00	0	21.073.266-	21.420.370-	21.773.499-	22.132.766-
19	+ Finanzerträge	0,00	0	0	0	0	0
20	- Zinsen und sonstige Finanzaufwendungen	0,00	0	0	0	0	0
21	= Finanzergebnis (= Zeilen 19 und 20)	0,00	0	0	0	0	0
22	= Ordentliches Ergebnis (Zeilen 18 und 21)	0,00	0	21.073.266-	21.420.370-	21.773.499-	22.132.766-
23	+ Außerordentliche Erträge	0,00	0	0	0	0	0
24	- Außerordentliche Aufwendungen	0,00	0	0	0	0	0
25	= Außerordentliches Ergebnis (=Zeilen 23 und 24)	0,00	0	0	0	0	0
26	= Ergebnis vor Berücksichtigung der internen Leistungsbeziehung (=Zeilen 22 und 25)	0,00	0	21.073.266-	21.420.370-	21.773.499-	22.132.766-
27	+ Erträge aus internen Leistungsbeziehungen	0,00	0	0	0	0	0
28	- Aufwendungen aus internen Leistungsbeziehungen	0,00	0	4.540.200	4.347.573	4.397.033	4.449.545
29	= Ergebnis (= Zeilen 26, 27, 28)	0,00	0	25.613.466-	25.767.943-	26.170.532-	26.582.311-

Haushaltsplan 2006	Kinder, Jugend u. Familienhilfe Produktbereich 36	
		Produktgruppenbeschreibung
	Hilfe für junge Menschen und ihre Familien Produktgruppe 36 03	

Beschreibung und Zielsetzung
Die gesetzliche Vertretung von Kindern und Jugendlichen, die Familienförderung/-bildung, stationäre Hilfen, die Betreuungsstelle, Vollzeitpflege und Adoption, die Bezirkssozialarbeit, psychologische und pädagogisch-therapeutische Hilfen, der Unterhaltsvorschuss sowie ambulante Hilfen zur Erziehung, Jugendgerichtshilfe. Hier handelt es sich um Pflichtaufgaben im Sinne des Sozialgesetzbuches - SGB VIII, XII, Betreuungsgesetz, Betreuungsbehördengesetz, Landesbetreuungsgesetz, Gesetz über Hilfen und Schutzmaßnahmen bei psychischen Krankheiten, Bürgerliches Gesetzbuch, Zivilprozessordnung, Beurkundungsgesetz, Gesetz über die Angelegenheiten der freiwilligen Gerichtsbarkeit sowie Regelbetragverordnung, das Unterhaltsvorschussgesetz, Jugendgerichtsgesetz, Adoptionsgesetz, Adoptionsvermittlungsgesetz.
Sicherstellung der Betreuung und Erziehung eines Kindes oder Jugendlichen über Tag und Nacht außerhalb des Elternhauses in einer anderen Familie
Sicherstellung der Zusammenführung von Kindern unter 18 Jahren mit Personen, die ein Kind annehmen wollen, mit dem Ziel der Annahme als Kind nach den Bestimmungen des BGB
Frühzeitige Förderung von Eltern
Sicherstellung der familienergänzenden und familienersetzenden Hilfen in Heimen und sonstigen Wohnformen
Aufbau und Erhalt eines funktionsfähigen Betreuungswesens in Gelsenkirchen
Sicherstellung der notwendigen individuellen Hilfen bei Problemen in der Familie
Sicherstellung der notwendigen psychologischen und pädagogisch-therapeutischen Hilfen
Sicherstellung der gesetzlichen Vertretung von Kindern und Jugendlichen
Leistungsbewilligung, Verfolgung und Durchsetzung der Unterhaltsansprüche
Sicherstellung von sozialer Gruppenarbeit, Erziehungsbeistandschaft, sozialpädagogische Familienhilfe, intensiver sozialpädaogische Einzelbetreuung und Jugendgerichtshilfe

---

[128] Stadt Gelsenkirchen (2006) S. 412 ff.

Stadt Gelsenkirchen

Zielgruppe(n)
Kinder, unterhaltsberechtigte Kinder bis zum 12. Lebensjahr, Jugendliche, junge Volljährige, junge Erwachsene, Pflegeeltern, Personensorgeberechtigte, Eltern, die eine Freigabe ihres Kindes zur Adoption, oder Personen, die die Annahme eines Kindes erwägen, Unterhaltspflichtige, alte, behinderte und psychisch auffällige Menschen, psychisch Kranke-, Suchtkranke und altersdemente Büger/innen, die eine gesetzliche Betreuung erhalten sollen oder unter Betreuung stehen, Familien in der ersten Phase des Familienzyklus (Kinder 0 bis 4 Jahre), Familien in besonderen Lebenslagen (Stiefelternfamilien, Ein-Elternfamilie, Migrationsfamilien), besonders gefährdete Familien (erziehungsschwache Eltern, Minderjährige, Frühehen

Besonderheiten im Planjahr
Eventuell Umsetzung neues Betreuungsrecht;
Umsteuerung Familienförderung und Familienbildung

Die produktbezogenen Darstellungen enthalten bereits verschiedene **Fallzahlen bzw. Kennzahlen**:[129]

Haushaltsplan 2006	Hilfe für junge Menschen und ihre Familien Produktgruppe 3603				Vorstandsbereich 4	
Hilfe f. junge Menschen u. ihre Fam. PÜ	Ergebnis	Ansatz		Planung		
	2004	2005	2006	2007	2008	2009
Ergebnis						
Erträge	0	0	0	0	0	0
- Aufwendungen	0	0	70.221	70.221	70.221	70.221
= Ergebnis der lfd. Verwaltungstätigkeit	0	0	70.221-	70.221-	70.221-	70.221-
Produkt 360301 Bezirkssozialarbeit						
Kurzbeschreibung Individuelle Hilfen bei Problemen in der Familie.						
	Ergebnis	Ansatz		Planung		
	2004	2005	2006	2007	2008	2009
Menge und Bestand						
- Fallzahlen der Jugendhilfe			2.516	2.516	2.516	2.516
- Fallzahlen der Gesundheitshilfe			133	133	133	133
Ergebnis						
Erträge	0	0	74.071	118.449	163.496	209.224
- Aufwendungen	0	0	2.148.584	2.540.066	2.938.242	3.343.237
= Ergebnis der lfd. Verwaltungstätigkeit	0	0	2.074.513-	2.421.617-	2.774.746-	3.134.013-
Produkt 360302 Unterhaltsvorschuss						
Kurzbeschreibung Unterhaltsvorschuss erhalten alleinerziehende Elternteile für Kinder bis zu 12 Jahren dann, wenn der andere Elternteil, bei dem das Kind nicht lebt, seiner Unterhaltspflicht nicht oder nicht in erforderlichem Umfang nachkommt.						
	Ergebnis	Ansatz		Planung		
	2004	2005	2006	2007	2008	2009
Menge und Bestand						
- Laufende Zahlfälle (inkl. beantr. Fälle)			2.300	2.300	2.300	2.300

---

[129] Stadt Gelsenkirchen (2006) S. 415 ff.

Haushaltsplan 2006	Hilfe für junge Menschen und ihre Familien Produkte der Produktgruppe 3603	Vorstandsbereich 4

Produkt 360303 Gesetzliche Vertretung von Kindern u. Jugendlichen

Kurzbeschreibung

Gesetzliche Vertretung von Kindern und Jugendlichen bei Ausfall der Sorgeberechtigten, bei minderjährigen Kindesmüttern, auf Antrag der/des alleinsorgeberechtigten Elternteils und durch Bestellung des Vormundschaftsgerichtes bei Ehelichkeits- und Vaterschaftsanfechtungsklagen.

	Ergebnis	Ansatz	Planung		
	2004	2005	2006	2007	2008	2009
Menge und Bestand						
- Beistandschaften/Amtsvormundschaften			3.700	3.700	3.700	3.700
Ergebnis						
Erträge	0	0	4.071	4.071	4.071	4.071
- Aufwendungen	0	0	834.671	834.671	834.671	834.671
= Ergebnis der lfd. Verwaltungstätigkeit	0	0	830.600-	830.600-	830.600-	830.600-

Produkt 360304 Betreuungsstelle

Kurzbeschreibung
- Erstellen von Sozialberichten über Bürgerinnen und Bürger, für die eine gesetzliche Betreuung eingerichtet werden soll
- Organisation und Koordination des örtlichen Betreuungswesens

	Ergebnis	Ansatz	Planung		
	2004	2005	2006	2007	2008	2009
Menge und Bestand						
- Anzahl d. neu eingerichteten Betreuungen			900	900	900	900
Ergebnis						
Erträge	0	0	4.071	4.071	4.071	4.071
- Aufwendungen	0	0	263.168	263.168	263.168	263.168
= Ergebnis der lfd. Verwaltungstätigkeit	0	0	259.097-	259.097-	259.097-	259.097-

Produkt 360305 Familienförderung/-bildung

Kurzbeschreibung

Stärkung der Familienkompetenzen durch Familienbildung und Früherkennung familiärer Problemlagen.

Haushaltsplan 2006	Hilfe für junge Menschen und ihre Familien Produkte der Produktgruppe 3603	Vorstandsbereich 4

Produkt 360305 Familienförderung/-bildung

	Ergebnis	Ansatz	Planung		
	2004	2005	2006	2007	2008	2009
Menge und Bestand						
- Hausbesuche bei Eltern v. Erstgeborenen			400	400	400	400
- Teilnehmer/innen an d. Elternschule			150	150	150	150
Ergebnis						
Erträge	0	0	4.071	4.071	4.071	4.071
- Aufwendungen	0	0	522.749	522.749	522.749	522.749
= Ergebnis der lfd. Verwaltungstätigkeit	0	0	518.678-	518.678-	518.678-	518.678-

Produkt 360306 Psych./päd.-therap. Maßnahmen

Kurzbeschreibung
- Psychologische und pädagogisch-therapeutische Beratungsangebote für Kinder, Jugendliche und ihre Familien, junge Volljährige
- Eingliederungshilfen für seelisch behinderte Kinder und Jugendliche
- Kooperationsmodell Jugendhilfe - Schule

	Ergebnis	Ansatz	Planung		
	2004	2005	2006	2007	2008	2009
Menge und Bestand						
- Plätze Außerschul. Tagesbetreuung etc.			48	48	48	48
- Hilfen § 35a SGB VIII/Erziehungsberatung			1.100	1.100	1.100	1.100
Ergebnis						
Erträge	0	0	189.145	189.145	189.145	189.145
- Aufwendungen	0	0	2.759.770	2.759.770	2.759.770	2.759.770
= Ergebnis der lfd. Verwaltungstätigkeit	0	0	2.570.625-	2.570.625-	2.570.625-	2.570.625-

Stadt Gelsenkirchen   309

Haushaltsplan 2006	Hilfe für junge Menschen und ihre Familien	Vorstandsbereich 4
	Produkte der Produktgruppe 3603	

Produkt 360307 Ambulante Hilfe zur Erziehung, Jugendgerichtshilfe

Kurzbeschreibung
- Soziale Gruppenarbeit
- Erziehungsbeistandschaft, Betreuungshelfer
- Sozialpädagogische Familienhilfe
- Intensive sozialpädagogische Einzelbetreuung
- Jugendgerichtshilfe

	Ergebnis	Ansatz		Planung	
	2004	2005	2006	2007	2008	2009
Menge und Bestand						
- Anzahl der Einwohner im Alter v. 0-20 J.			57.129	57.129	57.129	57.129
- Lfd. betr. Fälle plus Anklagen, TOA etc.			2.680	2.680	2.680	2.680
Ergebnis						
Erträge	0	0	19.071	19.071	19.071	19.071
- Aufwendungen	0	0	1.542.657	1.542.657	1.542.657	1.542.657
= Ergebnis der lfd. Verwaltungstätigkeit	0	0	1.523.586-	1.523.586-	1.523.586-	1.523.586-

Produkt 360308 Vollzeitpflege u. Adoptionsvermittlung

Kurzbeschreibung
Vollzeitpflege ist die Betreuung und Erziehung eines Kindes oder Jugendlichen über Tag und Nacht außerhalb des Elternhauses in einer anderen Familie.
Adoption ist das Zusammenführen von Kindern unter 18 Jahren und Personen, die ein Kind mit dem Ziel der Annahme als Kind nach den Bestimmungen des BGB annehmen wollen.

	Ergebnis	Ansatz		Planung	
	2004	2005	2006	2007	2008	2009
Menge und Bestand						
- Anzahl der Einwohner im Alter v. 0-20 J.			57.129	57.129	57.129	57.129
- Pflegeverhältnisse u. Adoptionspflegen			150	150	150	150
Ergebnis						
Erträge	0	0	433.671	433.671	433.671	433.671
- Aufwendungen	0	0	3.340.266	3.340.266	3.340.266	3.340.266
= Ergebnis der lfd. Verwaltungstätigkeit	0	0	2.906.595-	2.906.595-	2.906.595-	2.906.595-

Haushaltsplan 2006	Hilfe für junge Menschen und ihre Familien	Vorstandsbereich 4
	Produkte der Produktgruppe 3603	

Produkt 360309 Stationäre Hilfen

Kurzbeschreibung
Familienergänzende und familienersetzende Hilfe in Heimen und sonstigen Wohnformen.

	Ergebnis	Ansatz		Planung	
	2004	2005	2006	2007	2008	2009
Menge und Bestand						
- Anzahl der Einwohner im Alter v. 0-20 J.			57.129	57.129	57.129	57.129
- Anzahl der laufend betreuten Fälle			167	167	167	167
Ergebnis						
Erträge	0	0	601.571	601.571	601.571	601.571
- Aufwendungen	0	0	8.215.465	8.215.465	8.215.465	8.215.465
= Ergebnis der lfd. Verwaltungstätigkeit	0	0	7.613.894-	7.613.894-	7.613.894-	7.613.894-

Summe 3603 - Hilfe für junge Menschen und ihre Famili

	Ergebnis	Ansatz		Planung	
	2004	2005	2006	2007	2008	2009
Ergebnis						
Erträge	0	0	3.333.813	3.378.191	3.423.238	3.468.966
- Aufwendungen	0	0	24.407.079	24.798.561	25.196.737	25.601.732
= Ergebnis der lfd. Verwaltungstätigkeit	0	0	21.073.266-	21.420.370-	21.773.499-	22.132.766-

Personalplan im NKF-Haushalt

	Ergebnis	Ansatz		Planung	
	2004	2005	2006	2007	2008	2009
Beamte gem. Stellenplan			39,32	39,32	39,32	39,32
Beschäftigte gem. Stellenplan			88,87	88,87	88,87	88,87

Positiv werten wir die **redaktionelle Qualität** des Gesamtwerks (einheitliche Aufbereitung der Produktinformationen, durchnummerierte Seiten, usw.) sowie die **flächendeckende Bereitstellung wichtiger Mengeninformationen**. Auch die übersichtliche Integration des produktgruppenbezogenen Personaleinsatzes (Stellenplan) am Ende einer Produktgruppe überzeugt (allerdings manchmal auf zu hoher Aggregationsstufe). Schließlich ist positiv zu werten, dass für Produkte nicht noch einmal – wie in anderen Haushalten – das ganze Formblatt (Gliederung nach § 2 GemHVO-NW) abgebildet wird, sondern erheblich gestraffter die wesentlichen Informationen geliefert werden. Demgegenüber könnte nach unserer Einschätzung eine noch stärkere **Akzentuierung des Wesentlichen** durch eine geringere Anzahl von Produkten und Produktgruppen erreicht werden.[130] Beispielsweise

---

[130] Vgl. unser Modellbeispiel Seite....., in dem wir bezogen auf eine Großstadt mit etwa 300.000 Einwohnern einen idealtypischen Haushalt zeigen (hohe Transparenz bei zugleich knapper und ausgewählter Darstellung).

ist zu fragen, ob nicht ein Teil der (73) Produktgruppen künftig als Produkt behandelt und entsprechende Vereinfachungen auch auf Kostenträger- und Kostenstellenebene umgesetzt werden sollten, um im Planungs- und Buchungsgeschäft zu nennenswerten Vereinfachungen zu kommen. Außerdem fehlen noch weitgehend qualitative und wirkungsorientierte Kennziffern.

9.3.4 Stadt Lippstadt (2007)

Der erste doppische Haushalt der Stadt Lippstadt (67.000 Einwohner) enthält insgesamt 490 Seiten. Nach der Haushaltssatzung, den einleitenden Erläuterungen und den vorgeschriebenen Formblättern wird die vorläufige Eröffnungsbilanz sowie der Gesamtergebnis- und Gesamtfinanzplan dargestellt:[131]

Lippstadt Gesamtergebnisplan — STADT LIPPSTADT

Ertrags- und Aufwandsarten in €	Ergebnis 2005	Ansatz 2006	Plan 2007	Planung 2008	Planung 2009	Planung 2010
Steuern und ähnliche Abgaben	0,00	0	56.099.300	57.045.300	58.094.300	59.201.300
Zuwendungen und allgemeine Umlagen	0,00	0	30.180.282	31.116.463	30.945.715	31.862.117
Sonstige Transfererträge	0,00	0	1.677.071	1.727.071	1.727.071	1.727.071
Öffentlich-rechtliche Leistungsentgelte	0,00	0	11.988.416	11.855.647	11.814.799	11.801.240
Privatrechtliche Leistungsentgelte	0,00	0	2.321.390	2.294.068	2.313.975	2.293.545
Kostenerstattungen und Kostenumlagen	0,00	0	2.306.329	2.145.040	2.065.940	1.970.932
Sonstige ordentliche Erträge	0,00	0	1.871.900	1.748.157	1.790.775	2.013.490
Aktivierte Eigenleistungen	0,00	0	812.686	774.013	688.314	567.748
= Ordentliche Erträge	0,00	0	107.257.374	108.705.759	109.440.889	111.437.443
Personalaufwendungen	0,00	0	29.812.054	29.832.523	29.696.754	29.593.164
Versorgungsaufwendungen	0,00	0	1.815.098	1.886.368	1.961.868	2.040.868
Aufwendungen für Sach- und Dienstleistungen	0,00	0	9.759.468	9.889.197	10.094.989	10.188.995
Bilanzielle Abschreibungen	0,00	0	13.028.869	13.037.092	13.368.651	13.467.346
Transferaufwendungen	0,00	0	57.063.386	56.887.459	56.878.026	57.950.326
Sonstige ordentliche Aufwendungen	0,00	0	10.879.836	10.901.712	11.019.858	10.915.197
= Ordentliche Aufwendungen	0,00	0	122.358.711	122.434.351	123.020.146	124.155.896
= Ergebnis der laufenden Verwaltungstätigkeit	0,00	0	-15.101.337	-13.728.592	-13.579.257	-12.718.453
Finanzerträge	0,00	0	8.678.524	8.506.616	8.425.197	8.339.896
Zinsen und sonstige Finanzaufwendungen	0,00	0	2.943.831	2.950.200	2.925.140	2.894.440
= Finanzergebnis	0,00	0	5.734.693	5.556.416	5.500.057	5.445.456
= Ordentliches Jahresergebnis	0,00	0	-9.366.644	-8.172.176	-8.079.200	-7.272.997
Außerordentliche Aufwendungen	0,00	0	0	0	0	0
= Außerordentliches Jahresergebnis	0,00	0	0	0	0	0
= Jahresergebnis	0,00	0	-9.366.644	-8.172.176	-8.079.200	-7.272.997

---

[131] Vgl. Stadt Lippstadt (2007) S. 69 f.

Stadt Lippstadt

Lippstadt Gesamtfinanzplan

Ein- und Auszahlungsarten in €	Ergebnis 2005	Ansatz 2006	Plan 2007	Planung 2008	Planung 2009	Planung 2010
Steuern und ähnliche Abgaben	0,00	0	56.099.300	57.045.300	58.094.300	59.201.300
Zuwendungen und allgemeine Umlagen	0,00	0	22.917.210	23.547.360	23.340.010	24.264.010
Sonstige Transfereinzahlungen	0,00	0	1.677.071	1.727.071	1.727.071	1.727.071
Öffentlich-rechtliche Leistungsentgelte	0,00	0	12.665.586	12.787.822	12.741.464	12.706.709
Privatrechtliche Leistungsentgelte	0,00	0	2.393.730	2.366.408	2.386.315	2.365.885
Kostenerstattungen, Kostenumlagen	0,00	0	2.326.040	2.189.240	2.002.340	2.011.332
Sonstige Einzahlungen	0,00	0	1.038.537	1.035.550	1.035.550	1.035.550
Zinsen und sonstige Finanzeinzahlungen	0,00	0	8.678.524	8.506.616	8.425.197	8.339.896
= Einzahlungen aus laufender Verwaltungstätigkeit	0,00	0	107.795.998	109.205.367	109.752.247	111.651.753
Personalauszahlungen	0,00	0	27.701.600	27.701.600	27.701.600	27.701.600
Versorgungsauszahlungen	0,00	0	2.300.000	2.391.800	2.488.800	2.590.300
Auszahlungen für Sach- und Dienstleistungen	0,00	0	10.779.468	10.760.497	10.865.489	10.950.995
Zinsen und sonstige Finanzauszahlungen	0,00	0	3.072.371	3.041.040	3.015.980	2.985.280
Transferauszahlungen	0,00	0	57.130.356	56.899.459	56.878.026	57.950.326
Sonstige Auszahlungen	0,00	0	10.858.905	10.887.189	10.935.335	10.830.674
= Auszahlungen aus laufender Verwaltungstätigkei	0,00	0	111.842.700	111.681.585	111.885.230	113.009.175
= Saldo aus laufender Verwaltungstätigkeit	0,00	0	-4.046.702	-2.476.218	-2.132.983	-1.357.422
Zuwendungen für Investitionsmaßnahmen	0,00	0	10.738.600	16.829.952	11.110.483	6.368.772
Einzahlungen aus der Veräußerung von Sachanlagen	0,00	0	2.930.000	1.970.000	1.620.000	1.170.000
Einzahlungen aus Beiträgen u.ä. Entgelten	0,00	0	1.970.250	1.496.000	1.416.100	3.046.900
Sonstige Investitionseinzahlungen	0,00	0	1.451.215	1.516.420	1.584.555	1.655.760
= Einzahlungen aus Investitionstätigkeit	0,00	0	17.090.065	21.812.372	15.731.138	12.241.432
Auszahlungen für den Erwerb von Grundstücken und Gebäuden	0,00	0	1.017.000	1.359.000	1.100.000	1.100.000
Auszahlungen für Baumaßnahmen	0,00	0	11.410.842	17.018.842	14.038.982	8.733.440
Auszahlungen für den Erwerb von beweglichem Anlagevermögen	0,00	0	1.791.470	1.818.870	1.639.940	1.413.640
Auszahlungen von aktivierbaren Zuwendungen	0,00	0	1.885.070	605.900	721.217	721.217
Sonstige Investitionsauszahlungen	0,00	0	0	439.800	428.750	147.000
= Auszahlungen aus Investitionstätigkeit	0,00	0	16.104.382	21.242.412	17.928.889	12.115.297
= Saldo aus Investitionstätigkeit	0,00	0	985.683	569.960	-2.197.751	126.135
= Finanzüberschuß / -fehlbetrag	0,00	0	-3.061.019	-1.906.258	-4.330.734	-1.231.287
Aufnahme und Rückflüsse von Darlehen	0,00	0	12.206.561	2.918.148	1.638.198	1.623.888
Tilgung und Gewährung von Darlehen	0,00	0	10.903.258	2.918.148	1.638.198	1.623.888
= Saldo aus Finanzierungstätigkeit	0,00	0	1.303.303	0	0	0
= Änderung des Bestandes an eigenen Finanzmitteln	0,00	0	-1.757.716	-1.906.258	-4.330.734	-1.231.287
Anfangsbestand an Finanzmitteln	0,00	0	3.303.340	1.545.624	-360.634	-4.691.368
= Liquide Mittel	0,00	0	1.545.624	-360.634	-4.691.368	-5.922.655

Danach werden die Teilergebnis- und Teilfinanzpläne der 17 vorgeschriebenen Produktbereiche abgedruckt. Der Hauptteil des Haushaltes stellt auch in Lippstadt die fachbereichsbezogene Abbildung der Budgets und Produkte dar, die auf insgesamt 250 Seiten erfolgt. Lippstadt verwendet KIRP (jetzt AGRESSO) als Finanzwesensoftware sowie das Datenbankauswertungstool PROFIS zur Aufbereitung des Haushaltsplans.

Als Beispiel drucken wir zunächst die Darstellung für das **Fachbereichsbudget „Schule, Kultur und Sport"** in Auszügen ab:[132]

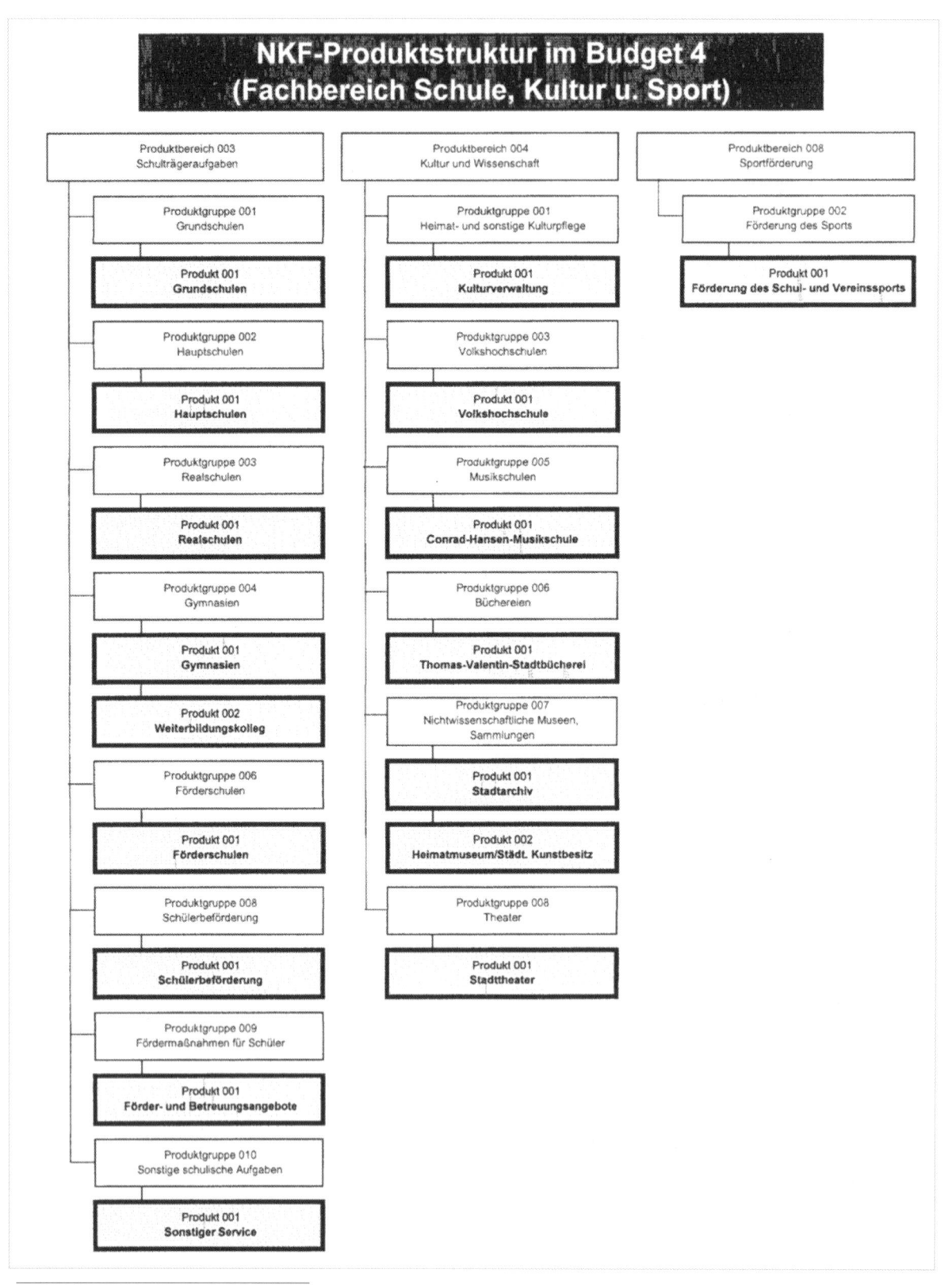

NKF-Produktstruktur im Budget 4 (Fachbereich Schule, Kultur u. Sport)

Produktbereich 003 – Schulträgeraufgaben
- Produktgruppe 001 Grundschulen
  - Produkt 001 **Grundschulen**
- Produktgruppe 002 Hauptschulen
  - Produkt 001 **Hauptschulen**
- Produktgruppe 003 Realschulen
  - Produkt 001 **Realschulen**
- Produktgruppe 004 Gymnasien
  - Produkt 001 **Gymnasien**
  - Produkt 002 **Weiterbildungskolleg**
- Produktgruppe 006 Förderschulen
  - Produkt 001 **Förderschulen**
- Produktgruppe 008 Schülerbeförderung
  - Produkt 001 **Schülerbeförderung**
- Produktgruppe 009 Fördermaßnahmen für Schüler
  - Produkt 001 **Förder- und Betreuungsangebote**
- Produktgruppe 010 Sonstige schulische Aufgaben
  - Produkt 001 **Sonstiger Service**

Produktbereich 004 – Kultur und Wissenschaft
- Produktgruppe 001 Heimat- und sonstige Kulturpflege
  - Produkt 001 **Kulturverwaltung**
- Produktgruppe 003 Volkshochschulen
  - Produkt 001 **Volkshochschule**
- Produktgruppe 005 Musikschulen
  - Produkt 001 **Conrad-Hansen-Musikschule**
- Produktgruppe 006 Büchereien
  - Produkt 001 **Thomas-Valentin-Stadtbücherei**
- Produktgruppe 007 Nichtwissenschaftliche Museen, Sammlungen
  - Produkt 001 **Stadtarchiv**
  - Produkt 002 **Heimatmuseum/Städt. Kunstbesitz**
- Produktgruppe 008 Theater
  - Produkt 001 **Stadttheater**

Produktbereich 008 – Sportförderung
- Produktgruppe 002 Förderung des Sports
  - Produkt 001 **Förderung des Schul- und Vereinssports**

---

[132] Vgl. Stadt Lippstadt (2007) S. 192 ff. und S. 205 f.

Stadt Lippstadt 313

Budgetplan

Mandant: 21D 21D NKF Stadt Lippstadt Datum: 16.04.2007
Haushalt: 100 Stadt Lippstadt

Budgetkreis E   Ergebnisrechnung
Budget 004   FB Schule, Kultur und Sport

Nr.		Bezeichnung	Jahresergebnis 2005	Haushaltsansatz 2006	Haushaltsansatz 2007	Finanzplanungszeitraum 2008	Finanzplanungszeitraum 2009	Finanzplanungszeitraum 2010
1		Steuern und ähnliche Abgaben						
2	+	Zuwendungen und allgemeine Umlagen			1.929.373	1.872.479	1.869.930	1.855.880
3	+	Sonstige Transfererträge						
4	+	Öffentlich-rechtliche Leistungsentgelte			362.000	362.000	361.000	361.000
5	+	Privatrechtliche Leistungsentgelte			431.650	411.230	431.610	411.180
6	+	Kostenerstattungen und Kostenumlagen			111.989	83.100	83.100	83.100
7	+	Sonstige ordentliche Erträge			29.810	29.810	29.810	29.810
8	+	Aktivierte Eigenleistungen						
9	+/-	Bestandsveränderungen						
10	=	**Ordentliche Erträge**			**2.864.822**	**2.758.619**	**2.775.450**	**2.740.970**
11	-	Personalaufwendungen			3.362.499	3.362.499	3.362.499	3.362.499
12	-	Versorgungsaufwendungen						
13	-	Aufwendungen für Sach- und Dienstleistungen			4.826.117	4.859.037	4.981.241	5.041.242
14	-	Bilanzielle Abschreibungen			2.573.134	2.498.428	2.534.967	2.541.789
15	-	Transferaufwendungen			1.616.485	1.565.535	1.586.835	1.616.835
16	-	Sonstige ordentliche Aufwendungen			1.450.255	1.534.721	1.521.957	1.505.936
17	=	**Ordentliche Aufwendungen**			**13.828.490**	**13.820.220**	**13.987.499**	**14.068.301**
18	=	**Ergebnis der laufenden Verwaltungstätigkeit**			**- 10.963.668**	**- 11.061.601**	**- 11.212.049**	**- 11.327.331**
		Zeilen 10 und 17						
19	+	Finanzerträge						
20	-	Zinsen und sonstige Finanzaufwendungen						
21	=	**Finanzergebnis**						
		Zeilen 19 und 20						
22	=	**Ordentliches Ergebnis**			**- 10.963.668**	**- 11.061.601**	**- 11.212.049**	**- 11.327.331**
		Zeilen 18 und 21						
23	+	Außerordentliche Erträge						
24	-	Außerordentliche Aufwendungen						

Budgetplan

Mandant: 21D 21D NKF Stadt Lippstadt
Haushalt: 100 Stadt Lippstadt

Datum: 16.04.2007

Budgetkreis E Ergebnisrechnung
Budget 004 FB Schule, Kultur und Sport

Nr.		Bezeichnung	Jahresergebnis 2005	Haushaltsansatz 2006	Haushaltsansatz 2007	Finanzplanungszeitraum 2008	Finanzplanungszeitraum 2009	Finanzplanungszeitraum 2010
25	=	Außerordentliches Ergebnis Zeilen 23 und 24						
26	=	Ergebnis - vor Berücksichtigung der internen Leistungsbeziehungen - (Zeilen 22 und 25)			- 10.963.668	- 11.061.601	- 11.212.049	- 11.327.331
27	+	Erträge aus internen Leistungsbeziehungen			316.417	319.183	318.651	319.180
28	-	Aufwendungen aus internen Leistungsbeziehungen						
29	=	Ergebnis (Zeilen 26, 27, 28)			- 11.280.085	- 11.380.784	- 11.530.700	- 11.646.511

Stadt Lippstadt

Produktbereich:	003 Schulträgeraufgaben
Produktgruppe:	004 Gymnasien
Produkt:	001 Gymnasien

STADTLIPPSTADT

- Bereitstellen von Schulanlagen, Gebäuden, Einrichtungen und Lehrmitteln
- Zuschüsse für Ersatzschulen

Budgetverantwortung	Produktverantwortung
Franz Josef Brenke	Franz Josef Brenke
Politisches Gremium	**Auftragsgrundlage**
Schul- und Kulturausschuss	Schulgesetz NRW, sonstiges Landesrecht, Ratsbeschlüsse
Ziele	**Zielgruppe**
1) Bedarfsgerechte und wirtschaftliche Versorgung mit Schulraum und Sachmitteln für einen ordnungsgemäßen Unterricht 2) Bedarfsgerechte Sicherstellung des Unterrichts an Privatschulen durch kommunale Zuschüsse	SchülerInnen, Erziehungsberechtigte, LehrerInnen, Sportvereine

Leistungsmengen		Ist 2005	Plan 2006	Plan 2007	Planung 2008	Planung 2009	Planung 2010
Lippstädter Schüler an Ersatzschulen	Anz.	0	0	1.800	1.800	1.800	1.800
Schulen	Anz.	0	0	4	4	4	4
Schüler Ostendorf-Gymnasium	Anz.	0	0	720	690	670	670

Teilergebnisplan Ertrags- und Aufwandsarten	Ergebnis 2005	Plan 2006	Ansatz 2007	Planung 2008	Planung 2009	Planung 2010
Zuwendungen und allgemeine Umlagen	0,00	0	117.327	118.717	119.442	120.587
Privatrechtliche Leistungsentgelte	0,00	0	3.780	3.780	3.780	3.780
Sonstige ordentliche Erträge	0,00	0	23.934	23.934	23.934	23.934
Ordentliche Erträge	0,00	0	145.041	146.431	147.156	148.301
Personalaufwendungen	0,00	0	105.732	105.732	105.732	105.732
Aufwendungen für Sach- und Dienstleistungen	0,00	0	255.813	260.638	265.670	270.661
Bilanzielle Abschreibungen	0,00	0	227.897	230.589	234.471	244.179
Transferaufwendungen	0,00	0	370.000	377.400	384.950	392.650
Sonstige ordentliche Aufwendungen	0,00	0	23.087	99.387	23.087	23.087
Ordentliche Aufwendungen	0,00	0	982.529	1.073.746	1.013.910	1.036.309
Ergebnis der lfd. Verwaltungstätigkeit	0,00	0	-837.488	-927.315	-866.754	-888.008
Finanzergebnis	0,00	0	0	0	0	0
Ordentliches Jahresergebnis	0,00	0	-837.488	-927.315	-866.754	-888.008
Außerordentliches Jahresergebnis	0,00	0	0	0	0	0
Jahresergebnis vor Berücksichtigung interner Leistungsbeziehungen	0,00	0	-837.488	-927.315	-866.754	-888.008
Aufwendungen aus internen Leistungsbeziehungen	0,00	0	40.808	41.165	41.096	41.164
Aufwendungen aus internen Leistungsbeziehungen	0,00	0	40.808	41.165	41.096	41.164
Saldo aus internen Leistungsbeziehungen	0,00	0	-40.808	-41.165	-41.096	-41.164
Jahresergebnis nach internen Leistungsbeziehungen	0,00	0	-878.296	-966.480	-907.850	-929.172

STADTLIPPSTADT

Produktbereich: 003 Schulträgeraufgaben
Produktgruppe: 004 Gymnasien
Produkt: 001 Gymnasien

Teilfinanzplan Einzahlungs- und Auszahlungsarten	Ergebnis 2005	Ansatz 2006	Plan2007 Ansatz2007	Plan2007 VE	Planung 2008	Planung 2009	Planung 2010
Privatrechtliche Leistungsentgelte	0,00	0	3.780	0	3.780	3.780	3.780
Sonstige Einzahlungen	0,00	0	2.500	0	2.500	2.500	2.500
Einzahlungen aus laufender Verwaltungstätigkeit	0,00	0	6.280	0	6.280	6.280	6.280
Auszahlungen für Sach- und Dienstleistungen	0,00	0	101.000	0	150.500	75.000	58.000
Transferauszahlungen	0,00	0	370.000	0	377.400	384.950	392.650
Sonstige Auszahlungen	0,00	0	6.560	0	82.860	6.560	6.560
Auszahlungen aus laufender Verwaltungstätigkeit	0,00	0	477.560	0	610.760	466.510	457.210
Saldo der laufenden Verwaltungstätigkeit	0,00	0	-471.280	0	-604.480	-460.230	-450.930
für Baumaßnahmen	0,00	0	15.000	0	0	200.000	600.000
Auszahlungen aus Investitionstätigkeit	0,00	0	15.000	0	0	200.000	600.000
Saldo der Investitionstätigkeit	0,00	0	-15.000	0	0	-200.000	-600.000
Finanzmittelüberschuß/-fehlbetrag	0,00	0	-486.280	0	-604.480	-660.230	-1.050.930

Investitionsmaßnahmen (in T€)	Gesamt- ausgabe Bedarf	bisher bereit gest.	RE 2005	Ansatz 2006	Ansatz 2007	VE 2007	Planung 2008	Planung 2009	Planung 2010	spätere Jahre
I 03041002 Baul.Erweiterung des Ostendorf-Gymnasium, Sanierung Westtrakt										
Investive Auszahlungen	800	0	0,0	0,0	0,0	0,0	0,0	200,0	600,0	0,0
Saldo Baul.Erweiterung des Ostendorf-Gymnasium,Sanierung Westtrakt	-800	0	0,0	0,0	0,0	0,0	0,0	-200,0	-600,0	0,0
Investitionstätigkeit unter der Wertgrenze										
Investive Auszahlungen	30	15	0,0	0,0	15,0	0,0	0,0	0,0	0,0	0,0
Saldo Weitere Investitionstätigkeit	-30	-15	0,0	0,0	-15,0	0,0	0,0	0,0	0,0	0,0
Saldo Investitionstätigkeit	-830	-15	0,0	0,0	-15,0	0,0	0,0	-200,0	-600,0	0,0

Erläuterungen

Die Stadt Lippstadt ist gem. § 81 Schulgesetz NRW verpflichtet, Gymnasien zu errichten und zu unterhalten. Dafür erhält der Schulträger im Rahmen des Finanzausgleichs einen sogenannten Schüleransatz und eine Schulpauschale für investive Maßnahmen.

Neben der Unterhaltung des städtischen Ostendorf-Gymnasiums bezuschusst die Stadt Lippstadt auch die privaten Gymnasien.

Im Jahr 2007 sind für das Gymnasium Schloß Overhagen 215.000 €, für die Marienschule 60.000 € und für das Ev. Gymnasium 95.000 € einkalkuliert. Dieses ergibt einen Gesamtzuschuss von 370.000 €.

Stellenplanauszug	Einh.	Ist 2005	Plan 2006	Plan 2007	Planung 2008	Planung 2009	Planung 2010
Stellen	Anz.	0,000	0,000	2,450	0,000	0,000	0,000

Das Beispiel des Produktes „Gymnasien" verdeutlicht, dass
- die Gymnasien insgesamt als Produkt verstanden werden
- nur ein städtisches Gymnasium existiert
- die übrigen Gymnasien unter anderer Trägerschaft aber auch bezuschusst werden
- als Kennzahlen immerhin die Leistungsmengen geplant werden
- die Investitionsmaßnahmen in Gymnasien schulbezogen gezeigt werden.

Auch für Lippstadt zeigen wir außerdem den **Bereich „Jugendhilfe"** in Auszügen:[133]

STADTLIPPSTADT

Produktbereich:	006 Kinder-, Jugend- und Familienhilfe
Produktgruppe:	005 Sonstige Leistungen zur Förderung junger Menschen und Familien
Produkt:	003 Heimerziehung

- Förderung der Entwicklung von Kindern, Jugendlichen, jungen Volljährigen in einer Einrichtung der Jugendhilfe im Rahmen der Heimerziehung
- Bedarfsgerechte, individuelle und flexible Förderung der Entwicklung von Jugendlichen und jungen Volljährigen außerhalb von Einrichtungen (z. B. in einer eigenen Wohnung)

Budgetverantwortung	Produktverantwortung
Wolfgang Roßbach	Helga Rolf
Politisches Gremium	**Auftragsgrundlage**
Jugendhilfeausschuss	§§ 34, 35a, 36, 41 SGB VIII
Ziele	**Zielgruppe**
Gewährung von individuellen, angemessenen Hilfen zum Wohl der Kinder und Jugendlichen	Kinder, Jugendliche und junge Volljährige, die nicht in ihrer Herkunftsfamilie leben können

Leistungsmengen		Ist 2005	Plan 2006	Plan 2007	Planung 2008	Planung 2009	Planung 2010
Zahl der Kinder und Jugendlichen in Heimerziehung	Anz.	0	0	75	75	75	75
Zahl der Kinder und Jugendlichen zwischen 0 - 21 Jahren in Lippstadt	Anz.	0	0	14.500	14.500	14.500	14.500

Kennzahlen		Ist 2005	Plan 2006	Plan 2007	Planung 2008	Planung 2009	Planung 2010
Anteil der Kinder und Jugendlichen in Heimerziehung am Gesamtanteil der Kinder und Jugendlichen zwischen 0-21 Jahren in Lippstadt	%	0,00	0,00	0,52	0,52	0,52	0,52
durchschnittliche Kosten je Platz in Heimerziehung (jährlich; Auszahlungen ./. Einzahlungen))	€	0	0	38.345	38.345	38.345	38.345

Teilergebnisplan Ertrags- und Aufwandsarten	Ergebnis 2005	Plan 2006	Ansatz 2007	Planung 2008	Planung 2009	Planung 2010
Sonstige Transfererträge	0,00	0	379.000	379.000	379.000	379.000
Sonstige ordentliche Erträge	0,00	0	3.062	2.091	150	150
Ordentliche Erträge	0,00	0	382.062	381.091	379.150	379.150
Personalaufwendungen	0,00	0	122.900	122.900	122.900	122.900
Aufwendungen für Sach- und Dienstleistungen	0,00	0	3.070	3.675	4.603	4.616
Transferaufwendungen	0,00	0	3.253.020	3.253.020	3.253.020	3.253.020
Sonstige ordentliche Aufwendungen	0,00	0	6.727	6.727	6.727	6.727
Ordentliche Aufwendungen	0,00	0	3.385.717	3.386.322	3.387.250	3.387.263
Ergebnis der lfd. Verwaltungstätigkeit	0,00	0	-3.003.655	-3.005.231	-3.008.100	-3.008.113
Finanzergebnis	0,00	0	0	0	0	0
Ordentliches Jahresergebnis	0,00	0	-3.003.655	-3.005.231	-3.008.100	-3.008.113
Außerordentliches Jahresergebnis	0,00	0	0	0	0	0
Jahresergebnis vor Berücksichtigung interner Leistungsbeziehungen	0,00	0	-3.003.655	-3.005.231	-3.008.100	-3.008.113
Saldo aus internen Leistungsbeziehungen	0,00	0	0	0	0	0
Jahresergebnis nach internen Leistungsbeziehungen	0,00	0	-3.003.655	-3.005.231	-3.008.100	-3.008.113

---

[133] Vgl. Stadt Lippstadt (2007) S. 280 f.

Produktbereich: 006 Kinder-, Jugend- und Familienhilfe
Produktgruppe: 005 Sonstige Leistungen zur Förderung junger Menschen und Familien
Produkt: 003 Heimerziehung

Teilfinanzplan Einzahlungs- und Auszahlungsarten	Ergebnis 2005	Ansatz 2006	Plan2007 Ansatz2007	Plan2007 VE	Planung 2008	Planung 2009	Planung 2010
Sonstige Transfereinzahlungen	0,00	0	379.000	0	379.000	379.000	379.000
Sonstige Einzahlungen	0,00	0	150	0	150	150	150
Einzahlungen aus laufender Verwaltungstätigkeit	0,00	0	379.150	0	379.150	379.150	379.150
Transferauszahlungen	0,00	0	3.253.020	0	3.253.020	3.253.020	3.253.020
Sonstige Auszahlungen	0,00	0	2.000	0	2.000	2.000	2.000
Auszahlungen aus laufender Verwaltungstätigkeit	0,00	0	3.255.020	0	3.255.020	3.255.020	3.255.020
Saldo der laufenden Verwaltungstätigkeit	0,00	0	-2.875.870	0	-2.875.870	-2.875.870	-2.875.870
Finanzmittelüberschuß/-fehlbetrag	0,00	0	-2.875.870	0	-2.875.870	-2.875.870	-2.875.870

Erläuterungen

Von den nach dem Sozialgesetzbuch VIII vorgesehenen Hilfen zur Erziehung verursacht die Heimerziehung in der Regel die höchsten Kosten. Pro Platz sind - in Abhängigkeit von den spezifischen Bedürfnissen des Kindes/Jugendlichen - Heimkosten zwischen 30.000 und 50.000 Euro jährlich zu entrichten.

Die Fallzahlen der Heimerziehung sind in den letzten Jahren weitestgehend konstant geblieben. Der dennoch insgesamt zu verzeichnende Anstieg des Zuschussbedarfes ist auf die jährliche Anpassung der Pflegesätze in den Einrichtungen bzw. auf die Zunahme besonders kostenintensiver Betreuungsfälle zurückzuführen.

Stellenplanauszug	Einh.	ist 2005	Plan 2006	Plan 2007	Planung 2008	Planung 2009	Planung 2010
Stellen	Anz.	0,000	0,000	2,145	0,000	0,000	0,000

Wie die Abbildungen im Bereich „Jugendhilfe" zum Produkt „Heimerziehung" zeigen, gelingt der Stadt Lippstadt eine **übersichtliche Zusammenfassung** der wichtigsten Leistungsmengen, Kennzahlen sowie den zugehörigen Erträgen und Aufwendungen. Die insgesamt als überdurchschnittlich einzuschätzende Darstellung wird durch aussagefähige Erläuterungen sowie durch den **zugehörigen Personaleinsatz** (Stellen in Vollzeitäquivalenten) abgerundet.

9.3.5 Stadt Brühl (2007)

Die nordrhein-westfälische Pilotstadt (46.000 Einwohner) gliedert ihren doppischen Haushalt auf insgesamt 372 Seiten folgendermaßen:

- Haushaltssatzung
- Statistische Angaben
- Erhebung der städtischen Steuern und Abgaben
- Vorbericht
- Gesamtergebnis- und Gesamtfinanzplan
- Teilplanübersicht
- Deckungsregeln
- Teilpläne
- Anlagen gemäß GemHVO.

Der Hauptteil entfällt auch in Brühl auf die Teilpläne, die alleine 286 Seiten umfassen. Anders als in den meisten anderen doppischen Haushalte in Nordrhein-Westfalen werden in Brühl bei den produktbezogenen Auswertungen **auch die Ertrags- und Aufwandskonten** dargestellt (Brühl setzt die Software DATEV sowie das Datenbankauswertungstool PROFIS ein).

Stadt Brühl

Als Beispiel zeigen wir zunächst die **Produktgruppe „weiterführende Schulen"**:[134]

Stadt:	P	Stadt Brühl
Produktbereich:	21	Schulträgeraufgaben
Produktgruppe:	02	Weiterführende Schulen

Teilergebnisplan Ertrags- und Aufwandsarten		Ergebnis 2005	Plan 2006	Ansatz 2007	Planung 2008	Planung 2009	Planung 2010
41410	Zuweisungen vom Land	0,00	0	19.920	39.840	39.840	39.840
41411	Landeszuweisung Betreuungszuschuss "13plus" EKR	10.815,00	8.200	0	0	0	0
41411	Landeszuweisung Betreuungszuschuss Gymnasium	0,00	4.100	8.200	8.200	8.200	8.200
41411	Landeszuweisung Betreuungszuschuss Hauptschule	35.332,50	30.000	30.000	30.000	30.000	30.000
41411	LZ Schule v. 8-13 Uhr Betreuungszuschuss Pestalozzischule	5.000,00	5.000	5.750	6.500	6.500	6.500
41414	Landeszuweisung Fortbildung Betreuungskräfte	6.412,00	7.910	7.910	7.910	7.910	7.910
41610	Aufl.SoPo Zuw Land	270.474,35	0	270.473	270.473	270.473	270.473
	Zuwendungen und Umlagen	328.033,85	55.210	342.253	362.923	362.923	362.923
43401	Essensgeld	0,00	17.416	56.434	94.801	133.168	171.535
	Öffentlich-rechtliche Leistungsentgelte (43)	0,00	17.416	56.434	94.801	133.168	171.535
44120	Mieten und Pachten	1.190,05	3.624	3.624	3.624	3.624	3.624
44190	Sonstige privatrechtl.Leistungsentgelte	11.433,02	0	0	0	0	0
44191	Versicherungsentschädigungen	18.953,96	0	0	0	0	0
	Privatrechtliche Leistungsentgelte (441)	31.577,03	3.624	3.624	3.624	3.624	3.624
44220	Erstattung Schulbetriebskosten	11.878,84	11.879	8.457	3.394	0	0
44270	Erstattungen von privaten Unternehmen	230,16	0	0	0	0	0
	Kostenerstattungen und Kostenumlagen (442)	12.109,00	11.879	8.457	3.394	0	0
45230	Erträge Bürgschaften,Gewährverträge usw.	67.833,26	0	0	0	0	0
45830	Aufl./Herabs. Rückst	19.493,76	0	0	0	0	0
45910	Vermischte Einnahmen	153,39	0	0	0	0	0
	Sonstige ordentliche Erträge (45)	87.480,41	0	0	0	0	0
Ordentliche Erträge		**459.200,29**	**88.129**	**410.768**	**464.742**	**499.715**	**538.082**
50120	Vergütungen der Beschäftigten (I. Angestellte)	361.503,75	346.925	420.693	420.693	420.693	420.693
50130	Vergütung der Beschäftigten (II. Arbeiter)	49.086,67	39.242	30.443	30.443	30.443	30.443
50190	Aufwendungen für sonstige Beschäftigte	8.676,69	0	8.000	8.000	8.000	8.000
50220	Beiträge Versorgungskasse Beschäftigte (I. Angestellte)	26.884,02	27.208	31.154	31.154	31.154	31.154
50230	Beiträge Versorgungskasse Beschäftigte (II. Arbeiter)	3.685,77	2.952	2.341	2.341	2.341	2.341
50290	Beitr VersKass so Be	2.088,44	0	150	150	150	150
50320	Beiträge gesetz.Sozialvers. Beschäftigte (I.Angestellte)	81.612,84	79.594	84.456	84.456	84.456	84.456
50330	Beiträge gesetz.Sozialvers. Beschäftigte (II. Arbeiter)	10.398,32	10.617	6.102	6.102	6.102	6.102
50390	Beitr ges SV so Besc	3,90	0	2.000	2.000	2.000	2.000
	Personalaufwendungen (50)	543.940,40	506.538	585.339	585.339	585.339	585.339
52190	Erhaltene Skonti	-229,05	0	0	0	0	0
52211	Stromkosten Gebäude	91.949,56	101.143	101.143	101.143	101.143	101.143
52220	Heizkosten	178.394,36	196.195	196.195	196.195	196.195	196.195
52240	Steuern, Abgaben	73.518,98	77.196	77.196	77.196	77.196	77.196
52250	Betriebsstoffe	1.127,29	1.426	1.450	1.450	1.450	1.450
52310	Unterhaltg. Grundst.und Gebäude usw.	14.899,23	9.000	9.000	9.000	9.000	9.000
52312	Unterhaltung Außenanlagen Schulen	2.299,03	7.100	9.100	9.100	9.100	9.100
52319	Unterhaltung Hochbauten (Gebausie)	138.983,91	300.000	353.000	240.000	240.000	240.000

---

[134] Vgl. Stadt Brühl (2007) S. 157 ff. (PDF).

Stadt: **P Stadt Brühl**
Produktbereich: **21 Schulträgeraufgaben**
Produktgruppe: **02 Weiterführende Schulen**

Teilergebnisplan Ertrags- und Aufwandsarten		Ergebnis 2005	Plan 2006	Ansatz 2007	Planung 2008	Planung 2009	Planung 2010
52320	Unterhaltung Infrastrukturvermögen	2.491,90	0	0	0	0	0
52330	Unterhaltg. Maschinen,technische Anlagen	0,00	2.350	1.700	1.700	1.700	1.700
52340	Unterhaltg. Fahrzeuge	0,00	2.050	4.150	4.150	4.150	4.150
52360	Unterhaltg. Betriebs-u.Geschäftsausstattung	8.039,99	4.734	4.734	4.734	4.734	4.734
52361	Beschaffung/Unterhaltung	9.190,17	6.561	4.530	4.530	4.530	4.530
52362	Unterhaltung Kopierer Schulen	11.744,07	5.901	4.201	4.201	4.201	4.201
52370	Bewirtschaftung Grundst.u.Gebäude usw.	56.718,51	59.554	59.554	59.554	59.554	59.554
52371	Reinigung	345.128,40	355.402	355.402	355.402	355.402	355.402
52410	Schülerbeförderungskosten	349.460,80	378.050	388.921	388.921	388.921	388.921
52420	Lernmittel	100.680,70	136.041	135.115	135.115	135.115	135.115
52421	Lernmittelunterst.sozialschw. Schüler	530,71	0	0	0	0	0
52580	Erstattungen an übrige Bereiche	0,00	0	27.592	66.220	66.220	66.220
52900	Sonst.Aufw.f.Dienstleistg(Schädlingsbek)	390,34	0	0	0	0	0
52910	Sonstg.Aufwendg. f. Dienstleistungen	500,56	13.090	47.677	80.090	112.504	144.917
Aufwendungen für Sach- und Dienstleistungen (52)		1.385.819,46	1.655.793	1.780.660	1.738.701	1.771.115	1.803.528
57210	Abschr immat V AV	64,01	0	64	1.128	1.128	1.128
57310	Abschreibungen auf "..."	719.665,22	0	719.665	719.665	719.665	719.665
57630	Abschreib.a.Betriebs-,Geschäftsausstatt.	663,26	0	663	663	663	663
57640	Abschreibungen auf GWG	181,83	0	0	0	0	0
Bilanzielle Abschreibungen (57)		720.574,32	0	720.392	721.456	721.456	721.456
53180	Betreuungszuschuss "13plus"	10.815,00	8.200	0	0	0	0
53180	Betreuungszuschuss Hauptschulen	35.332,50	30.000	30.000	30.000	30.000	30.000
53180	Schule v. 8-13Uhr Betreuungszuschuss	5.624,00	5.624	5.750	6.500	6.500	6.500
53180	Zuschuss Mittagessen	2.565,37	7.500	4.000	4.000	4.000	4.000
53180	Zuschüsse an übrige Bereiche	3.070,00	4.100	8.200	8.200	8.200	8.200
Transferaufwendungen (53)		57.406,87	55.424	47.950	48.700	48.700	48.700
54120	Fortbildung, Umschulung	6.903,84	7.910	7.910	7.910	7.910	7.910
54130	Reisekosten	105,10	900	900	900	720	720
54160	Dienst-/Schutzkleid.,pers.Ausrüstungsg.	134,23	0	700	700	700	700
54170	Personalnebenaufwendungen	9,00	1.098	1.098	1.098	1.098	1.098
54210	Mieten,Pachten,Erbbauzinsen	139,20	0	5.800	5.850	5.900	5.950
54220	Leasing	6.242,92	4.805	6.990	6.990	6.990	6.990
54270	Prüfung, Beratung Rechtschutz	0,00	8.000	8.000	8.000	8.000	8.000
54310	Büromaterial	19.115,23	22.260	16.300	16.300	16.300	16.300
54320	Druck und Vervielfältigung	263,14	270	0	0	0	0
54330	Fachliteratur (Stadt-/Verw. Bücherei / Archiv)	863,91	1.422	236	236	236	236
54331	Zeitungen und Fachliteratur	11.196,23	13.122	9.060	9.060	9.060	9.060
54340	Porto	2.109,78	2.110	3.160	3.160	3.160	3.160
54350	Telefon	11.933,00	11.110	8.430	8.430	8.430	8.430
54370	Bewirtung	75,63	0	0	0	0	0
54390	Schülervertretung	5.929,87	3.800	8.210	8.210	8.210	8.210
54391	Sonstige Geschäftsausgaben(Kopierkosten)	54.717,41	85.295	58.889	58.889	58.889	58.889
54410	Versicherungsbeiträge u.ä.	121.376,40	122.000	128.050	128.050	128.050	128.050
54415	Gebäudeversicherung	34.721,37	36.458	36.458	36.458	36.458	36.458
54420	KfZ-Versicherungsbeiträge	97,75	100	105	105	105	105
54530	Verlustübernahmen	0,33	0	0	0	0	0
54920	Aufw Schadensfälle	148,30	0	0	0	0	0
54930	Aufw Festw Schulen	7.148,88	0	0	0	0	0
54931	Aufw.f.Festw.Schulen (Schulb.) bis 410 €	32.563,22	26.246	18.119	18.119	18.119	18.119
54932	Festwertbeschaffung Schulen	14.194,98	87.990	98.690	96.290	96.290	96.290

Stadt Brühl

Stadt: P Stadt Brühl
Produktbereich: 21 Schulträgeraufgaben
Produktgruppe: 02 Weiterführende Schulen

Teilergebnisplan Ertrags- und Aufwandsarten	Ergebnis 2005	Plan 2006	Ansatz 2007	Planung 2008	Planung 2009	Planung 2010
54990 And sonst ord Aufwen	0,06	0	0	0	0	0
Sonstige ordentliche Aufwendungen (54)	329.989,78	434.896	417.105	414.755	414.625	414.675
Ordentliche Aufwendungen	3.037.730,83	2.652.651	3.551.446	3.508.951	3.541.235	3.573.698
Ergebnis der lfd. Verwaltungstätigkeit	-2.578.530,54	-2.564.522	-3.140.678	-3.044.209	-3.041.520	-3.035.616
58110 Ausgaben aus interner Verrechnung	150.421,00	150.421	150.421	150.421	150.421	150.421
Aufwendungen aus internen Leistungsbeziehungen (58)	150.421,00	150.421	150.421	150.421	150.421	150.421
Aufwendungen aus internen Leistungsbeziehungen	150.421,00	150.421	150.421	150.421	150.421	150.421
Saldo aus internen Leistungsbeziehungen	-150.421,00	-150.421	-150.421	-150.421	-150.421	-150.421
Jahresergebnis nach internen Leistungsbeziehungen	-2.728.951,54	-2.714.943	-3.291.099	-3.194.630	-3.191.941	-3.186.037

Teilfinanzplan Einzahlungs- und Auszahlungsarten	Ergebnis 2005	Ansatz 2006	Plan2007 Ansatz2007	Plan2007 VE	Planung 2008	Planung 2009	Planung 2010
68100 Investitionszuweisung v. Bund	0,00	1.200.000	0	0	1.200.000	0	0
aus Zuwendungen für Investitionsmaßnahmen (681)	0,00	1.200.000	0	0	1.200.000	0	0
Einzahlungen aus Investitionstätigkeit	0,00	1.200.000	0	0	1.200.000	0	0
78310 Auszahl.f.d.Abw.v.Baumaßnahmen Gebäude (Kassenwirksamkeit)	528,96	0	0	600.000	0 (0)	0 (0)	0 (0)
78310 Auszahl.f.d.Abw.v.Baumaßnahmen Gebäude (Kassenwirksamkeit)	50.000,00	0	0	600.000	0 (0)	0 (0)	0 (0)
78310 Verbesserung Realschule	0,00	3.000	0	0	20.000	0	0
78310 Verbesserung Hauptschulen	5.994,22	8.000	0	0	0	0	0
78310 Auszahl.f.d.Abw.v.Baumaßnahmen Gebäude	0,00	15.000	0	0	0	0	0
78310 Auszahl.f.d.Abw.v.Baumaßnahmen Gebäude	2.237,38	85.000	0	0	0	0	0
78310 Verbesserungen am Gymnasium	0,00	17.500	20.000	0	0	0	0
78310 Verbesserung Gesamtschule	0,00	0	29.000	0	0	0	0
78310 Auszahl.f.d.Abw.v.Baumaßnahmen Gebäude	0,00	2.000.000	1.730.000	0	0	0	0
78310 Verbesserung Sonderschule	0,00	35.000	0	0	0	0	0
78320 Auszahl.f.d.Abw.v.Baumaßnahmen Infrastr. (Kassenwirksamkeit)	24.850,18	0	0	300.000	0 (0)	0 (0)	0 (0)
78320 Auszahl.f.d.Abw.v.Baumaßnahmen Infrastr. (Kassenwirksamkeit)	5.000,00	0	0	300.000	0 (0)	0 (0)	0 (0)
78320 Auszahl.f.d.Abw.v.Baumaßnahmen Infrastr. (Kassenwirksamkeit)	4.169,79	0	0	300.000	0 (0)	0 (0)	0 (0)
78320 Auszahl.f.d.Abw.v.Baumaßnahmen Infrastr. (Kassenwirksamkeit)	71.435,64	0	0	300.000	0 (0)	0 (0)	0 (0)
für Baumaßnahmen (783) (Kassenwirksamkeit)	164.216,17	2.163.500	1.779.000	2.400.000	20.000 (0)	0 (0)	0 (0)
78250 Inventarbeschaffung	1.225,13	0	0	0	0	0	0

Stadt: P Stadt Brühl
Produktbereich: 21 Schulträgeraufgaben
Produktgruppe: 02 Weiterführende Schulen

Teilfinanzplan Einzahlungs- und Auszahlungsarten	Ergebnis 2005	Ansatz 2006	Plan2007 Ansatz2007	Plan2007 VE	Planung 2008	Planung 2009	Planung 2010
78250 Auszahl.a.Erw. v.bew. AV oberh. Wertgr.410 EUR	2.526,26	0	0	0	0	0	0
78250 Inventarbeschaffung	6.204,01	0					
78260 Auszahl.a.Erw. v. bew.AV unterh. Wertgr. 410 EUR	829,36	0	0	0	0	0	0
für den Erwerb von beweglichem Anlagevermögen (7825-7)	10.784,76	0	0	0	0	0	0
78180 Neubau Sporthalle	0,00	1.520.000	1.510.000	0	1.161.000	0	0
von aktivierbaren Zuwendungen (781)	0,00	1.520.000	1.510.000	0	1.161.000	0	0
Auszahlungen aus Investitionstätigkeit	175.000,93	3.683.500	3.289.000	2.400.000	1.181.000	0	0
Saldo der Investitionstätigkeit	-175.000,93	-2.483.500	-3.289.000	-2.400.000	19.000	0	0
Finanzmittelüberschuß/-fehlbetrag	-175.000,93	-2.483.500	-3.289.000	-2.400.000	19.000	0	0

Investitionsmaßnahmen (in T€)	Gesamt-ausgabe Bedarf	bisher bereit gest.	RE 2005	Ansatz 2006	Ansatz 2007	VE 2007	Planung 2008	Planung 2009	Planung 2010	spätere Jahre
Clemens-August-Hauptschule (65/1)										
Investitionszuweisung v. Bund	0	0	0,0	1.200,0	0,0	0,0	1.200,0	0,0	0,0	-1.200,0
Investive Einzahlungen	0	0	0,0	1.200,0	0,0	0,0	1.200,0	0,0	0,0	-1.200,0
Auszahl.f.d.Abw.v.Baumaßnahmen Gebäude	0	0	2,2	85,0	0,0	0,0	0,0	0,0	0,0	0,0
Investive Auszahlungen	0	0	2,2	85,0	0,0	0,0	0,0	0,0	0,0	0,0
Saldo Clemens-August-Hauptschule (65/1)	0	0	-2,2	1.115,0	0,0	0,0	1.200,0	0,0	0,0	-1.200,0
Erich-Kästner-Realschule (65/1)										
Auszahl.f.d.Abw.v.Baumaßnahmen Gebäude	0	0	0,0	15,0	0,0	0,0	0,0	0,0	0,0	0,0
Investive Auszahlungen	0	0	0,0	15,0	0,0	0,0	0,0	0,0	0,0	0,0
Saldo Erich-Kästner-Realschule (65/1)	0	0	0,0	-15,0	0,0	0,0	0,0	0,0	0,0	0,0
I: Inventar Realschule (40/2)										
Inventarbeschaffung	0	0	1,2	0,0	0,0	0,0	0,0	0,0	0,0	0,0
Investive Auszahlungen	0	0	1,2	0,0	0,0	0,0	0,0	0,0	0,0	0,0
Saldo I: Inventar Realschule (40/2)	0	0	-1,2	0,0	0,0	0,0	0,0	0,0	0,0	0,0
I: Inventar Sonderschule (40/2)										
Inventarbeschaffung	0	0	6,2	0,0	0,0	0,0	0,0	0,0	0,0	0,0
Investive Auszahlungen	0	0	6,2	0,0	0,0	0,0	0,0	0,0	0,0	0,0
Saldo I: Inventar Sonderschule (40/2)	0	0	-6,2	0,0	0,0	0,0	0,0	0,0	0,0	0,0
I: Neubau Ganztagsschulgebäude Hauptschule (65/1)										
Auszahl.f.d.Abw.v.Baumaßnahmen Gebäude	4.230	2.000	0,0	2.000,0	1.730,0	0,0	0,0	0,0	0,0	500,0
Investive Auszahlungen	4.230	2.000	0,0	2.000,0	1.730,0	0,0	0,0	0,0	0,0	500,0
Saldo I: Neubau Ganztagsschulgebäude Hauptschule (65/1)	-4.230	-2.000	0,0	-2.000,0	-1.730,0	0,0	0,0	0,0	0,0	-500,0

Stadt Brühl

Stadt: P Stadt Brühl
Produktbereich: 21 Schulträgeraufgaben
Produktgruppe: 02 Weiterführende Schulen

Investitionsmaßnahmen (in T€)	Gesamt-ausgabe Bedarf	bisher bereit gest.	RE 2005	Ansatz 2006	Ansatz 2007	VE 2007	Planung 2008	Planung 2009	Planung 2010	spätere Jahre
I: Neubau Sporthalle (65/1)										
Auszahl.f.d.Abw.v.Baumaßnahmen Gebäude (Kassenwirksamkeit)	42.842	25.027	50,0	0,0	0,0	600,0	0,0 (0,0)	0,0 (0,0)	0,0 (0,0)	17.814,5 (600.000)
Neubau Sporthalle	2.671	0	0,0	1.520,0	1.510,0	0,0	1.161,0	0,0	0,0	0,0
Investive Auszahlungen	45.513	25.027	50,0	1.520,0	1.510,0	600,0	1.161,0	0,0	0,0	17.814,5
Saldo I: Neubau Sporthalle (65/1)	-45.513	-25.027	-50,0	-1.520,0	-1.510,0	-600,0	-1.161,0	0,0	0,0	-17.814,5
I: Verbess. Ges.schule (65/1)										
Verbesserung Hauptschulen	8	8	6,0	8,0	0,0	0,0	0,0	0,0	0,0	0,0
Auszahl.f.d.Abw.v.Baumaßnahmen Infrastr. (Kassenwirksamkeit)	28.204	8.258	4,2	0,0	0,0	300,0	0,0 (0,0)	0,0 (0,0)	0,0 (0,0)	19.946,9 (300.000)
Investive Auszahlungen	28.212	8.266	10,2	8,0	0,0	300,0	0,0	0,0	0,0	19.946,9
Saldo I: Verbess. Ges.schule (65/1)	-28.212	-8.266	-10,2	-8,0	0,0	-300,0	0,0	0,0	0,0	-19.946,9
I: Verbess. Sonderschule (65/1)										
Verbesserung Sonderschule	21	0	0,0	35,0	0,0	0,0	0,0	0,0	0,0	20,5
Investive Auszahlungen	21	0	0,0	35,0	0,0	0,0	0,0	0,0	0,0	20,5
Saldo I: Verbess. Sonderschule (65/1)	-21	0	0,0	-35,0	0,0	0,0	0,0	0,0	0,0	-20,5
I: Verbesserung Gymnasium (65/1)										
Verbesserungen am Gymnasium	0	0	0,0	17,5	20,0	0,0	0,0	0,0	0,0	-20,0
Investive Auszahlungen	0	0	0,0	17,5	20,0	0,0	0,0	0,0	0,0	-20,0
Saldo I: Verbesserung Gymnasium (65/1)	0	0	0,0	-17,5	-20,0	0,0	0,0	0,0	0,0	20,0
I: Verbesserung Hauptschule (65/1)										
Verbesserung Gesamtschule	0	0	0,0	0,0	29,0	0,0	0,0	0,0	0,0	-29,0
Investive Auszahlungen	0	0	0,0	0,0	29,0	0,0	0,0	0,0	0,0	-29,0
Saldo I: Verbesserung Hauptschule (65/1)	0	0	0,0	0,0	-29,0	0,0	0,0	0,0	0,0	29,0
I: Verbesserung Realschule (65/1)										
Verbesserung Realschule	20	0	0,0	3,0	0,0	0,0	20,0	0,0	0,0	0,0
Investive Auszahlungen	20	0	0,0	3,0	0,0	0,0	20,0	0,0	0,0	0,0
Saldo I: Verbesserung Realschule (65/1)	-20	0	0,0	-3,0	0,0	0,0	-20,0	0,0	0,0	0,0
sonstige Investitionen										
Auszahl.f.d.Abw.v.Baumaßnahmen Gebäude (Kassenwirksamkeit)	42.842	25.027	0,5	0,0	0,0	600,0	0,0 (0,0)	0,0 (0,0)	0,0 (0,0)	17.814,5 (600.000)
Auszahl.f.d.Abw.v.Baumaßnahmen Infrastr. (Kassenwirksamkeit)	28.204	8.258	24,9	0,0	0,0	300,0	0,0 (0,0)	0,0 (0,0)	0,0 (0,0)	19.946,9 (300.000)
Auszahl.f.d.Abw.v.Baumaßnahmen Infrastr. (Kassenwirksamkeit)	28.204	8.258	5,0	0,0	0,0	300,0	0,0 (0,0)	0,0 (0,0)	0,0 (0,0)	19.946,9 (300.000)
Auszahl.f.d.Abw.v.Baumaßnahmen Infrastr. (Kassenwirksamkeit)	28.204	8.258	71,4	0,0	0,0	300,0	0,0 (0,0)	0,0 (0,0)	0,0 (0,0)	19.946,9 (300.000)
Auszahl.a.Erw. v. bew.AV unterh. Wertgr. 410 EUR	155	0	0,8	0,0	0,0	0,0	0,0	0,0	0,0	154,8
Auszahl.a.Erw. v.bew. AV oberh. Wertgr.410 EUR	7.447	2.813	2,5	0,0	0,0	0,0	0,0	0,0	0,0	4.633,7

Stadt: P Stadt Brühl
Produktbereich: 21 Schulträgeraufgaben
Produktgruppe: 02 Weiterführende Schulen

Investitionsmaßnahmen (in T€)	Gesamt- ausgabe Bedarf	bisher bereit gest.	RE 2005	Ansatz 2006	Ansatz 2007	VE 2007	Planung 2008	Planung 2009	Planung 2010	spätere Jahre
Investive Auszahlungen	135.056	52.613	105,2	0,0	0,0	1.500,0	0,0	0,0	0,0	82.443,7
Saldo sonstige Investitionen	-135.056	-52.613	-105,2	0,0	0,0	-1.500,0	0,0	0,0	0,0	-82.443,7
Saldo Investitionstätigkeit	-213.052	-87.905	-175,0	-2.483,5	-3.289,0	-2.400,0	19,0	0,0	0,0	21.876,6

Stadt Brühl 327

Anschließend folgen Erläuterungen zu einzelnen Sachkonten:[135]

> Stadt: P Stadt Brühl
> Produktbereich: 21 Schulträgeraufgaben
> Produktgruppe: 02 Weiterführende Schulen
>
> **Erläuterung**
>
> **Sachkonto: 41411 Landeszuw.Betreuungszuschuss Schulen**
> Die Landeszuweisung für die Betreuungsgruppen 8-1 und 13+ wird in 2 Raten ausgezahlt, die 1.Rate erfolgt im September, die 2.Rate im März des darauffolgenden Jahres.
>
> Übermittagbetreuung 8 – 1:
> Im Schuljahr 2006/2007 wurde eine Gruppe 8-1 (Pestalozzi-Schule) á 5.000 gefördert. Die 2.Rate (fällig März 2007) beläuft sich auf 2.500 . Im Schuljahr 2006/2007 ist wieder 1 Gruppe 8-1 für die Pestalozzi-Schule vorgesehen. Die Bezuschussung für Förderschulen beträgt nun im Schuljahr 07/08 6.500 , unabhängig von der Gruppenstärke. Die 1.Rate (fällig September 2007) beträgt 3.250 .
>
> Nachmittagbetreuung 13+:
> Im Schuljahr 2006/2007 wurden 6 Gruppen 13+ gefördert (Landeszuweisung an Hauptschulen 7.500 je Gruppe, an Gymnasien) . Die 2.Rate (fällig März 2007) beträgt 19.100 (4 Gruppen CAS, 2 Gruppen MEG).
>
> Es sind insgesamt 6 Gruppen 13+ für das Schuljahr 2007/2008 vorgesehen (4 Gruppen Clemens-August-Schule, 2 Gruppen Max-Ernst-Gymnasium). Die 1. Rate (fällig September 2007) beläuft sich auf 19.100 .
>
> **Sachkonto: 41414 Landesz. Fortbildg. Betreuungskräfte Schulen**
> Fortbildungsbudget für Lehrkräfte gem. Bescheid durch die Bezirksregierung
>
> **Sachkonto: 44220 Erstattungen von Gemeinden/GV**
> Erstattung Schulbetriebskosten durch RSK.
>
> **Kontengruppe: 50**
> Die Steigerung der Personalaufwendungen gründen sich insbesondere auf die Umsetzung eines Beschäftigten sowie auf Stundenerhöhungen im Sekretariat der Gebundenen Ganztagsschule.
>
> **Sachkonto: 52361 Unterhaltung Betriebs- u. Geschäftsausschattung (Schulbudget)**
> Schulbudget : Unterhaltung Schulinventar, u.a. Anschaffung v. Werkzeug. Dieser Ansatz ist budgetiert. Die Schulen können im Rahmen ihres Budgets in eigener Verantwortung über die Verwendung der Mittel entscheiden.
>
> **Sachkonto: 52362 Unterhaltung Kopierer Schulen**
> Aufwendungen für Wartung der Schulkopierer gem.Wartungsvertrag. Dieser Ansatz ist budgetiert.
>
> **Sachkonto: 52410 Schülerbeförderungskosten**
> Schülerbeförderungskosten, Kosten für SchTicket gem. Vertrag mit dem SW und SchZahl + Kosten f.Praktika + Sonderfahrten. Ansatz 2007: 388.921 , Verteilung Clemens-August-Schule 8.022 , Erich-Kästner-Schule 63.868, Max-Ernst-Gymnasium 160.709 , Gesamtschule 151.093 , Pestalozzi-Schule 5.229 .

---

[135] Vgl. Stadt Brühl (2007) S. 163 f.

Stadt:	P Stadt Brühl
Produktbereich:	21 Schulträgeraufgaben
Produktgruppe:	02 Weiterführende Schulen

Erläuterung

Sachkonto: 52420 Lernmittel n.d.Lernmittelfreiheitsges.
Lernmittel n.d. LFG Schülerzahlen x 51% der Durchschnittsbeträge gem. § 2 LFG Ansatz 2007: 135.115 . Verteilung: Pestalozzi-Schule 5.279 , Erich-Kästner-Schule 26.627 , Gesamtschule 37.002 , Max-Ernst-Gymnasium 44.403 , Clemens-August-Schule 21.804 . Dieser Ansatz ist budgetiert. Die Schulen können im Rahmen ihres Budgets in eigener Verantwortung über die Verwendung der Mittel entscheiden.

Sachkonto: 53180 Zuschüsse an übrige Bereiche
Erläuterung siehe hierzu Sachkonto 41411.

Sachkonto: 54120 Fortbildung, Umschulung
Fortbildungsbudget für Lehrkräfte (siehe hierzu auch Sachkonto 41414, durchlaufender Posten)

Sachkonto: 54160 Dienst-/Schutzkleid.,pers.Ausrüstungsg.
Dienst- u. Schutzkleidung pro Hausmeister 100

Sachkonto: 54220 Leasing
Leasingrate für die Schulkopierer gem. Leasingvertrag . Dieser Ansatz ist budgetiert.

Sachkonto: 54331 Zeitungen und Fachliteratur
Fachliteratur für Schulen gem. Erfahrungswerte aus den Vorjahren 10% v. jeweiligen Schulbudget. Dieser Ansatz ist budgetiert. Die Schulen können im Rahmen ihres Budgets in eigener Verantwortung über die Verwendung der Mittel entscheiden.

Sachkonto: 54391 sonstige Geschäftsaufwendungen (Kopierkosten Schulbudget)
Sonstige Geschäftsaufwendungen u.a. Abrechnung der Schulkopierer zum Jahresende. Dieser Ansatz ist budgetiert. Die Schulen können im Rahmen ihres Budgets in eigener Verantwortung über die Verwendung der Mittel entscheiden.

Sachkonto: 54932 Festwertbeschaffung Schulen
Aufwendungen für Festw. an weiterführenden Schule nach Prioritätenliste.
CAS: LEGO MINDSTORMS Robotersteuerung Schüler-Komplettsätze 4.500 , 8 Klassensätze 4.500 , Computer f.d. Ganztagsbetrieb 5 Stück 3.500 , Soft-u. Hardware 1.000
EKR: Teilw. Erneuerung Grundausstattung Physik (5. Rate) 28.100 ; Ersatzbeschaffung EDV 2 Rechner 1.000 , aus Budgetgutschrift: Laborspüle f.d. Chemieraum 2.850
MEG: 1 fahrbare Stahltafel f.d.Medienraum 1.500 , 1 PC Oberstufenteam 800 , experimentelle Ausstattung Franck-Hertz-Versuch 2.000 , 1 Klassensatz Tische/Stühle 4.000 , aus Budgetgutschrift: Beamer/Installation Physikraum 2.000 , Leinwand LopLop-Garten 1.200 , Beamer/Installation Chemie 3.000 , 1 PC Soundkarte + Drucker 1.600
Gesamtschule: Ersatzbeschaffung Möbel f. Chemie, Physik 8.000 , aus Budgetgutschrift: 17 LCD-Flachbildschirme 3.400 , 1 LCD Bildschirm 19 Zoll 270 , Ausstellungsvitrine f. Bibliothek 1.700 , Tresor 700 , 20 Drehstühle f.d. naturwissenschaftl. Bereich 1.300 , 10 Hocker Technikraum 550 , 2 Tische 380
Pestalozzischule: Neubeschaffung der gestohlenen naturwissenschaftl. Geräte 4.700 , Komplettausstattung des Schulverwaltungsbereiches mit PC 1.400 , Drucker 550 , Schreibtisch Schulleitung 950 , Bestuhlung Aula 6.000 , Telefonanlage 1.300 , aus Budgetgutschrift: Laserdrucker 2.600 , Schulmaterial 740

Durch die ausführlichen Erläuterungen der Investitionsmaßnahmen und der Kosten – die jeweils schulbezogene Informationen enthalten – ergibt sich eine hohe Transparenz.

So lassen sich beispielsweise aus dem Sachkonto „Lernmittel nach dem Lernmittelfreiheitsgesetz" präzise **Informationen über die entsprechenden Budgets der einzelnen Schulen** gewinnen. Das Brühler Beispiel zeigt damit – neben dem von Wiesloch – eine von mehreren Möglichkeiten, wie schulbezogene Informationen (trotz fehlender Definition der einzelnen Schulen als Produkt) in die Beschreibung der Produktgruppe „Weiterführende Schulen" integriert werden können.

Wie die Abbildungen zeigen, sind in dem Brühler Haushalt **noch nicht ausführliche Ziele und Kennzahlen** formuliert. Durch die große Anzahl der Konten ergibt sich eine differenzierte Aufgliederung **analog zu den bisherigen Haushaltstiteln**.

Auch in Brühl drucken wir als zweites Beispiel die Produktgruppe „Hilfen für junge Menschen und ihr Familien" ab:[136]

Stadt: P Stadt Brühl
Produktbereich: 36 Kinder-; Jugend- und Familienhilfe
Produktgruppe: 03 Hilfen für junge Menschen und ihre Familien

Teilergebnisplan Ertrags- und Aufwandsarten		Ergebnis 2005	Plan 2006	Ansatz 2007	Planung 2008	Planung 2009	Planung 2010
41430	Zuweisungen Amtsgericht	41,00	2.500	2.500	2.500	2.500	2.500
Zuwendungen und Umlagen		41,00	2.500	2.500	2.500	2.500	2.500
42130	Erstattung anderer Träger nach KJHG	0,00	100.000	100.000	100.000	100.000	100.000
42130	Leist.Sozialleistungstr.(ohne Pflegev.)	110.472,69	1.500	1.500	1.500	1.500	1.500
42150	Rückzahlung gewährte Hilfe	7.128,00	4.000	4.000	4.000	4.000	4.000
42220	Übergeleit.Unterhaltsanspr.bürgerl.rechtl. Verpfl.	488.646,20	185.000	245.000	245.000	245.000	245.000
Sonstige Transfererträge (42)		606.246,89	290.500	350.500	350.500	350.500	350.500
44110	Erträge aus Verkauf	0,00	0	1.500	0	0	0
44190	Sonstige privatrechtl.Leistungsentgelte	2,66	0	0	0	0	0
Privatrechtliche Leistungsentgelte (441)		2,66	0	1.500	0	0	0
44210	Erstattung UVG vom Land	154.890,03	165.000	165.000	165.000	165.000	165.000
Kostenerstattungen und Kostenumlagen (442)		154.890,03	165.000	165.000	165.000	165.000	165.000
Ordentliche Erträge		**761.180,58**	**458.000**	**519.500**	**518.000**	**518.000**	**518.000**
50110	Bezüge der Beamten	310.789,79	271.155	219.282	219.282	219.282	219.282
50120	Vergütungen der Beschäftigten (I. Angestellte)	459.416,86	269.645	265.536	265.536	265.536	265.536
50130	Vergütung der Beschäftigten (II. Arbeiter)	10.695,55	2.348	1.573	1.573	1.573	1.573
50190	Entgelte für begleitenden Umgang	7.445,63	4.527	10.000	10.000	10.000	10.000
50220	Beiträge Versorgungskasse Beschäftigte (I. Angestellte)	33.546,73	20.418	19.727	19.727	19.727	19.727
50230	Beiträge Versorgungskasse Beschäftigte (II. Arbeiter)	800,89	99	111	111	111	111
50290	Beitr VersKass so Be	0,00	0	1.000	1.000	1.000	1.000
50320	Beiträge gesetz.Sozialvers. Beschäftigte (I.Angestellte)	94.238,51	63.263	54.748	54.748	54.748	54.748
50330	Beiträge gesetz.Sozialvers. Beschäftigte (II. Arbeiter)	2.319,27	364	296	296	296	296
50390	Beitr ges SV so Besc	0,00	0	3.000	3.000	3.000	3.000
50510	Pensionsrückstellung Beamte	94.612,45	110.659	75.657	75.657	75.657	75.657
Personalaufwendungen (50)		1.013.865,68	742.478	650.930	650.930	650.930	650.930
51110	Versorgaufw Beamte	-21.692,71	0	0	0	0	0
- Versorgungsaufwendungen (51)		-21.692,71	0	0	0	0	0
52190	Erhaltene Skonti	-21,13	0	0	0	0	0
52360	Unterhaltg. Betriebs-u.Geschäftsausstattung	137,03	0	500	500	500	500
52510	Erstattung aus Unterhaltsansprüchen an Land	30.975,47	31.000	31.000	31.000	31.000	31.000
52520	Erstattung an andere Träger nach KJHG	99.078,48	90.000	90.000	90.000	90.000	90.000
Aufwendungen für Sach- und Dienstleistungen (52)		130.169,85	121.000	121.500	121.500	121.500	121.500
57630	Abschreib.a.Betriebs-,Geschäftsausstatt.	2.721,45	0	2.721	2.721	2.721	2.721
57640	Abschreibungen auf GWG	381,88	0	0	0	0	0
Bilanzielle Abschreibungen (57)		3.103,33	0	2.721	2.721	2.721	2.721
53180	Kostenerstattung Erziehungsberatungsstelle	168.897,14	185.000	185.000	185.000	185.000	185.000
53180	Zuschüsse an übrige Bereiche	8.000,00	0	5.000	5.000	5.000	5.000
53180	Zuschüsse für sozialpädagogische Familienhilfe	122.029,08	125.000	125.000	125.000	125.000	125.000
53340	Flexible Jugendhilfen	17.549,46	10.000	10.000	10.000	10.000	10.000
53340	Hilfe zur Erziehung	180.047,33	190.000	210.000	210.000	210.000	210.000
53340	Hilfen für seelisch Behinderte	10.979,87	12.000	10.000	10.000	10.000	10.000
53340	Jugendhilfe an nat.Pers.außerhalb Einr.	20.007,06	5.000	0	0	0	0

---

[136] Vgl. Stadt Brühl (2007) S. 227 f.

Stadt Brühl 331

Stadt: P Stadt Brühl
Produktbereich: 36 Kinder-; Jugend- und Familienhilfe
Produktgruppe: 03 Hilfen für junge Menschen und ihre Familien

Teilergebnisplan Ertrags- und Aufwandsarten		Ergebnis 2005	Plan 2006	Ansatz 2007	Planung 2008	Planung 2009	Planung 2010
53340	Jugendhilfen außerhalb des KJHG u.a.	1.679,41	250	250	250	250	250
53340	Maßn. i.R. der Jugendgerichtshilfe	1.041,00	3.500	3.500	3.500	3.500	3.500
53350	Hilfen (stationär) zur Erziehung für junge Volljährige	94.397,68	80.000	160.000	180.000	160.000	160.000
53350	Hilfen (stationär) zur Erziehung für Minderjährige	1.303.681,94	1.300.000	1.300.000	1.300.000	1.300.000	1.300.000
53350	Hilfen für seelisch Behinderte (§35a KJHG) in Einrichtungen	143.241,80	200.000	200.000	200.000	200.000	200.000
53350	Jugendhilfe an nat.Pers.innerhalb Einr.	571,72	0	0	0	0	0
53350	Kosten für Tagesgruppenunterbringung	151.601,54	150.000	150.000	150.000	150.000	150.000
53391	Vollzug des Unterhaltsvorschussgesetzes	336.433,86	340.000	340.000	340.000	340.000	340.000
Transferaufwendungen (53)		2.560.158,89	2.600.750	2.698.750	2.718.750	2.698.750	2.698.750
54110	Aufwendungen für Personaleinstellungen	25,00	0	0	0	0	0
54120	Kosten f. Supervisionen im Bereich d. allgem. sozialen Diens	7.279,42	7.200	7.550	7.550	7.550	7.550
54130	Reisekosten	3.276,20	0	0	0	0	0
54160	Dienst-/Schutzkleidung	22,50	0	0	0	0	0
54170	Personalnebenaufwendungen	590,03	1.353	1.353	1.353	1.353	1.353
54210	Mieten,Pachten,Erbbauzinsen	5.107,62	0	0	0	0	0
54220	Leasing	167,71	170	0	0	0	0
54260	Honorare	8.226,94	10.000	1.000	1.000	1.000	1.000
54270	Prüfung, Beratung Rechtschutz	358,81	1.000	1.000	1.000	1.000	1.000
54310	Büromaterial	1.191,77	330	1.600	1.600	1.600	1.600
54320	Druck und Vervielfältigung	698,32	700	1.500	0	0	0
54330	Fachliteratur (Stadt-/Verw. Bücherei / Archiv)	94,91	0	240	240	240	240
54340	Porto	2.702,28	2.650	2.910	2.910	2.910	2.910
54350	Telefon	11.781,10	12.290	1.770	1.770	1.770	1.770
54370	Bewirtung	967,09	1.000	1.000	1.000	1.000	1.000
54372	Ehrungen, Jubiläen	13,00	0	0	0	0	0
54390	Sonstige Geschäftsaufwendungen	289,62	0	0	0	0	0
54410	Versicherungsbeiträge u.ä.	0,00	0	340	340	340	340
54430	Mitgliedsbeiträge	75,80	1.100	1.100	1.116	1.116	1.116
54460	Verl Abgang ImmatVG	31,50	0	0	0	0	0
54490	Wertkorrekturen Fo	6.858,91	0	0	0	0	0
54990	And sonst ord Aufwen	0,10	0	0	0	0	0
Sonstige ordentliche Aufwendungen (54)		49.758,63	37.793	21.363	19.879	19.879	19.879
Ordentliche Aufwendungen		**3.735.363,67**	**3.502.022**	**3.495.264**	**3.513.780**	**3.493.780**	**3.493.780**
Ergebnis der lfd. Verwaltungstätigkeit		**-2.974.183,09**	**-3.044.022**	**-2.975.764**	**-2.995.780**	**-2.975.780**	**-2.975.780**
58110	Aufwendg.interne Leistungsbeziehungen	158,68	0	0	0	0	0
Aufwendungen aus internen Leistungsbeziehungen (58)		158,68	0	0	0	0	0
Aufwendungen aus internen Leistungsbeziehungen		**158,68**	**0**	**0**	**0**	**0**	**0**
Saldo aus internen Leistungsbeziehungen		**-158,68**	**0**	**0**	**0**	**0**	**0**
Jahresergebnis nach internen Leistungsbeziehungen		**-2.974.341,77**	**-3.044.022**	**-2.975.764**	**-2.995.780**	**-2.975.780**	**-2.975.780**

Als insgesamt positiv werten wir am Brühler Haushalt seine überdurchschnittliche redaktionelle Qualität, die differenzierten kontenbezogenen Informationen und die bereits durchgeführten internen Leistungsverrechnungen. Bislang fehlen allerdings jegliche produktbezogenen Zieldefinitionen und Kennzahlen. Außerdem sollte überlegt werden, durch geeignete Straffungsmaßnahmen das Volumen des Haushalts – trotz zusätzlicher Produktinformationen – nicht zu erhöhen. Als Instrumente bieten sich hierfür die Zusammenfassung von Konten sowie von Produkten in den Querschnittsbereichen an.

9.3.6 Stadt Hilden (2007)

Die Stadt Hilden (57.000 Einwohner) gliedert ihren ersten doppischen Haushalt wie folgt:

- statistische Angaben
- Abkürzungsverzeichnis
- Haushaltssatzung inklusive Budgetierungsregeln
- Allgemeines zur NKF Einführung
- Ergebnisplan
- Finanzplan
- Haushaltsrelevante Übersichten
- Bilanzkennzahlen
- Teilergebnis- und Teilfinanzpläne, Produktbeschreibungen, Kennzahlen inklusive Erläuterungen
- Investitionsplanung.

Der doppische Haushalt umfasst in Hilden insgesamt 486 Seiten. Davon entfallen rund 360 Seiten auf die Teilpläne, die in Hilden produktbereichsbezogen gegliedert sind.

Stadt Hilden

Der Produktplan weist lediglich etwa 90 Produkte – allerdings über 700 Kostenträger – aus. Die Produktbeschreibungen enthalten bereits besonders differenzierte Kennzahlen einschließlich der Personalbedarfszahlen. Das Vorgehen verdeutlichen wir zunächst an dem ersten abgebildeten **Produkt des Rates**:[137]

Stadt Hilden 2007-2010

Produkt 010101 Dienste für Rat, Ausschüsse und Fraktionen
Stadt Hilden

Produktinformation

Verantwortliche Organisationseinheit	Verantwortliche Person(en):
Team Bürgermeister	Lutz Wachsmann

Verantw. Person(en)	Lutz Wachsmann
Auftragsgrundlage	GemeindeOrdnung, EntschädigungsVO, BekanntmachungsVO, Ratsbeschlüsse
Beschreibung	- Verwaltung der Sitzungsdienste für Fachausschüsse und Rat, inkl. Anfragen und Anträge - Verwaltung und Auszahlung von Sitzungsgeldern - Aufwandsbearbeitung für Fraktionen
Allgemeine Ziele	Optimierung der Zusammenarbeit zwischen Verwaltung und den Zielgruppen. Sicherstellung der Rechtssicherheit für die Rats- und Ausschussarbeit
künftige Entwicklung	- Änderungen im Kommunalrecht und der begleitenden Vorschriften nachhalten und umsetzen - Rechtsprechung berücksichtigen
Zielgruppen	Rat, Ausschüsse, Gremien, Fraktionen, Mandatsträger, Bürger, Einwohner
Zugeordnete Kostenträger	0101011000 Dienste für Rat, Ausschüsse und Fraktionen 0101012000 Verwaltung und Auszahlung von Sitzungsgeldern 0101013000 Aufwandsbearbeitung für Fraktionen 0101019010 Vorkostentr. Dienste f. Rat, Ausschüsse u. Fraktionen

Schlüsselleistungen Kennzahlen	2007	2007
Aufwand je Einwohner	10,85 €	
Aufwand je Mandatsträger	4.351,69 €	

Leistungsumfang	2007	2007
Anzahl der Mandatsträger	141	
Personalbedarf (Soll)		
Vollzeitstellen Beamte	1,05	
Vollzeitstellen tariflich Beschäftigte	0,34	

---

[137] Vgl. Stadt Hilden (2007) S. 58 f.

Stadt Hilden 2007-2010

Teilergebnisplan Produkt 010101 Dienste für Rat, Ausschüsse und Fraktionen
Stadt Hilden

Produktbereich 01 Innere Verwaltung

Produktgruppe 0101 Politische Gremien

Produkt 010101 Dienste für Rat, Ausschüsse und Fraktionen

Nr.	Bezeichnung	Ansatz 2007	Plan 2008	Plan 2009	Plan 2010
07	+ Sonstige ordentliche Erträge	461	484	509	0
	davon Auflösung Rückstellung Altersteilzeit	461	484	509	0
10	= **Ordentliche Erträge**	461	484	509	0
11	- Personalaufwendungen	76.864	76.864	76.864	76.864
13	- Aufwendungen für Sach- und Dienstleistungen	6.000	6.000	7.000	6.000
14	- Bilanzielle Abschreibungen	129	129	129	129
16	- Sonstige ordentliche Aufwendungen	521.922	521.922	521.922	521.922
	davon für ehrenamtl. Tätigkeit	297.200	297.200	297.200	297.200
	davon Fraktionszuwendungen	218.000	218.000	218.000	218.000
17	= **Ordentliche Aufwendungen**	604.915	604.915	605.915	604.915
18	= **Ergebnis der lfd. Verwaltungstätigkeit**	-604.454	-604.431	-605.406	-604.915
21	= **Finanzergebnis**	0	0	0	0
22	= **Ordentliches Ergebnis**	-604.454	-604.431	-605.406	-604.915
25	= **Außerordentliches Ergebnis**	0	0	0	0
26	= **Jahresergebnis**	-604.454	-604.431	-605.406	-604.915
28	- Aufwendungen aus internen Leistungsbeziehungen	8.673	8.673	8.673	8.673
	davon für ILV - EDV	8.673	8.673	8.673	8.673
29	= **Ergebnis**	-613.127	-613.104	-614.079	-613.588
30	**Aufwandsdeckungsgrad in %**	0	0	0	0

Allerdings wird deutlich, dass es bei den knapp 90 Produkten nicht bleibt, sondern dass zu jedem Produkt noch mehrere Kostenträger nachgewiesen werden, die offensichtlich der Buchung zugrunde gelegt werden.

Als nächstes zeigen wir das Produkt im **Bereich der Jugendhilfe**:[138]

Stadt Hilden 2007-2010

Produkt 060301 Bereitstell. v. Hilfen inner.- u. außerh. v. Familien
Stadt Hilden

Produktinformation

Verantwortliche Organisationseinheit Amt für Jugend, Schule und Sport	Verantwortliche Person(en): Jutta Panke

Verantw. Person(en)	Dirk Schatte
Auftragsgrundlage	Sozialgesetzbuch VIII (Kinder- und Jugendhilfegesetz) und Bürgerliches Gesetzbuch (BGB)
Beschreibung	Beratung und Betreuung von Eltern, Personensorgeberechtigten sowie von Kindern, Jugendlichen und jungen Volljährigen bei Erziehungsproblemen, Schul- und Ausbildungsproblemen. Bereitstellung von ambulanten Maßnahmen zur Stabilisierung der Familienprobleme. Bereitstellung von teilstationären- und stationären Maßnahmen sowie Pflegefamilien, wenn ein Zusammenleben von Familie und jungen Menschen nicht (mehr) möglich ist. Herausnahme von Kindern und Jugendlichen aus dem Elternhaus zum Schutz vor Gefahren durch Misshandlung, Vernachlässigung, Missbrauch oder anderen Formen von Gewalt.
Allgemeine Ziele	Deeskalation von Krisen, Stabilisisierung der Familien, frühzeitige Annahme von niederschwelligen, kostengünstigen Leistungen im Sozialraum, Aufzeigen und Stärken von eigenen Ressourcen. Sicherstellung der Entwicklungsmöglichkeiten des jungen Menschen bei zerrütteten Familienverhältnissen oder Ausfall der Sorgeberechtigten und zum Schutz des Minderjährigen vor Kindeswohlgefährdung. Rückführung des jungen Menschen in den elterlichen Haushalt nach Stabilisierung der Familienverhältnisse, oder Verselbständigung des jungen Menschen durch Abschluss von Schule und Ausbildung bzw. Vermittlung in ein Arbeitsverhältnis. Abbau von Verhaltensauffälligkeiten und Entwicklungsdefiziten, Sicherstellung des Schulbesuches, Abbau von Delinquenz, Entwicklung und Unterstützung von präventiven Hilfen für das Kindeswohl.
Zielgruppen	Kinder, Jugendliche, junge Volljährige, Eltern und Sorgeberechtigte
Erläuterungen	Häufige gesetzliche Änderungen, ungeplante Zuzüge von Familien mit Kindern in Jugendhilfemaßnahmen und ungeplante Erhöhungen der Entgeltsätze der Jugendhilfeträger können die oben genannten Leistungen beeinflussen.
Zugeordnete Kostenträger	0603010020 Ambulante Hilfen außerhalb von Einrichtungen 0603010030 Eingliederungshilfe für seelisch behinderte Kinder 0603010040 Inobhutnahmen 0603010050 Tagesgruppen 0603010060 Tagespflegen 0603010070 Vollzeitpflegen 0603010080 Heimpflege 0603010090 Erziehungshilfe für junge Volljährige 0603010100 Projekte 0603019010 Vorkostentr. Bereitstellung von Hilfen innerhalb u. außerhalb von Familien

Schlüsselleistungen Kennzahlen	2007	2007
Aufwand je Kind Tagespflegestellen 0-6J.	5.109,66 €	
Erträge je Kind Tagespflegestellen 0-6J.	383,33 €	
Zuschussbedarf je Kind Tagespflegestellen 0-6J.	4.726,33 €	
Aufwand je Kind in Tagesgruppen	22.773,73 €	
Erträge je Kind in Tagesgruppen	115,31 €	
Zuschussbedarf je Kind in Tagesgruppen	22.658,42 €	
Aufwand je Kind in Vollzeitpflege	11.988,54 €	

---

[138] Vgl. Stadt Hilden (2007) S. 298 ff.

Stadt Hilden 2007-2010

Produkt 060301 Bereitstell. v. Hilfen inner.- u. außerh. v. Familien
Stadt Hilden

Schlüsselleistungen Kennzahlen	2007	2007
Erträge je Kind in Vollzeitpflege	4.691,88 €	
Zuschussbedarf je Kind in Vollzeitpflege	7.296,66 €	
Aufwand je Kind in Heimen*		
Erträge je Kind in Heimen*		
Zuschussbedarf je Kind in Heimen*		
Aufwand je Kind in flexibler Hilfe	5.632,83 €	
Erträge je Kind in flexibler Hilfe	-	
Zuschussbedarf je Kind in flexibler Hilfe	5.632,83 €	
Aufwand je jungem Volljährigem	15.773,71 €	
Erträge je jungem Volljährigem	4.388,41 €	
Zuschussbedarf je jungem Volljährigem	11.385,30 €	
Aufwand je Kind in Heimen § 35a*		
Erträge je Kind in Heimen § 35a*		
Aufwand je Kind in flexibler Hilfe § 35a*		
Erträge je Kind in flexibler Hilfe § 35a*		
Zuschussbedarf je Kind in flexibler Hilfe § 35a*		
Aufwand je Einwohner	81,02 €	
Transferaufwand je Einwohner	70,24 €	
*Zahlen liegen noch nicht vor und werden nachgereicht		

Leistungsumfang	2007	2007
Anzahl der Kinder in Tagespflegestellen 0-6 Jahre	30	
Anzahl der Kinder in Tagesgruppen	16	
Anzahl der Kinder in Vollzeitpflege	66	
Anzahl der Kinder in Heimen	39	
Anzahl der Kinder in Heimen (§ 35a)	2	
Anzahl der Kinder in flexibler Hilfe (§ 35a)	18	
Personalbedarf (Soll)		
Vollzeitstellen Beamte	2,02	
Vollzeitstellen tariflich Beschäftigte	8,27	

Stadt Hilden 2007-2010

Teilergebnisplan Produkt 060301 Bereitstell. v. Hilfen inner.- u. außerh. v. Familien

Stadt Hilden

Produktbereich	06	Kinder-, Jugend- und Familienhilfen
Produktgruppe	0603	Hilfen für junge Menschen und ihre Familien
Produkt	060301	Bereitstell. v. Hilfen inner.- u. außerh. v. Familien

Nr.	Bezeichnung	Ansatz 2007	Plan 2008	Plan 2009	Plan 2010
03	+ Sonstige Transfererträge	266.000	256.000	248.000	240.000
	davon Kostenbeiträge und Aufwendungsersatz (außerhalb v. Einrichtungen)	90.000	87.000	85.000	83.000
	davon Kostenbeiträge und Aufwendungsersatz in Einrichtungen	173.500	166.500	160.500	154.500
06	+ Kostenerstattungen und Kostenumlagen	301.500	301.500	301.500	301.500
	davon Erstattungen von Gemeinden (GV)	301.500	301.500	301.500	301.500
07	+ Sonstige ordentliche Erträge	27.108	4.812	200	200
	davon Auflösung Rückstellung Altersteilzeit	26.908	4.612	0	0
10	= Ordentliche Erträge	594.608	562.312	549.700	541.700
11	- Personalaufwendungen	539.141	539.141	539.141	539.141
14	- Bilanzielle Abschreibungen	4.055	4.115	4.176	4.239
15	- Transferaufwendungen	3.972.000	3.972.340	3.975.314	3.980.992
	davon Jugendhilfe an P. außerhalb v. E	1.486.000	1.513.720	1.541.995	1.570.834
	davon Jugendhilfe an P. innerhalb v. E.	2.313.000	2.282.160	2.253.330	2.226.569
	davon Zuschüsse an übrige Bereiche	173.000	176.460	179.989	183.589
16	- Sonstige ordentliche Aufwendungen	13.527	13.596	13.667	13.739
17	= Ordentliche Aufwendungen	4.528.723	4.529.192	4.532.298	4.538.111
18	= Ergebnis der lfd. Verwaltungstätigkeit	-3.934.115	-3.966.880	-3.982.598	-3.996.411
21	= Finanzergebnis	0	0	0	0
22	= Ordentliches Ergebnis	-3.934.115	-3.966.880	-3.982.598	-3.996.411
25	= Außerordentliches Ergebnis	0	0	0	0
26	= Jahresergebnis	-3.934.115	-3.966.880	-3.982.598	-3.996.411
28	- Aufwendungen aus internen Leistungsbeziehungen	52.720	52.720	52.720	52.720
	davon für ILV - EDV	52.720	52.720	52.720	52.720
29	= Ergebnis	-3.986.835	-4.019.600	-4.035.318	-4.049.131
30	Aufwandsdeckungsgrad in %	13	12	12	12

Erläuterungen

Zu Teilposition 15

Leistungen der Jugendhilfe an natürliche Personen außerhalb von Einrichtungen: Aufwendungen für Ambulante Hilfen, Eingliederungshilfen f. seelisch behinderte Kinder, Tagespflege, Vollzeitpflege, Erziehungshilfe für junge Volljährige, Projekte.

Zu Teilposition 15

Leistungen der Jugendhilfe an natürliche Personen in Einrichtungen: Aufwendungen für Eingliederungshilfen für seelisch behinderte Kinder, Inobhutnahmen, Tagesgruppen, Heimpflege, Erziehungshilfe für junge Volljähre.

Wie die Abbildungen zeigen, werden bereits **zahlreiche Kennzahlen** z. B. Transferaufwand je Einwohner bereitgestellt.

Am Hildener Haushalt werten wir vor allem die **überdurchschnittliche Durchdringung mit Kennzahlen** positiv. Offensichtlich hat sich die Kommune schon differenzierte analytische Gedanken gemacht, wie das auch im Vorbericht und in den Erläuterungen und Hinweisen deutlich wird. Auch der redaktionelle Fertigstellungsgrad des Haushaltes überzeugt. Allerdings sollte das Gesamtwerk mit 486 Seiten (für eine Stadt mit 57.000 Einwohnern) nach unserer Einschätzung daraufhin geprüft werden, welche Zusammenfassungs- und Vereinfachungsmöglichkeiten noch genutzt werden könnten, um einen handlicheren Haushalt zu schaffen, der zugleich die für die Steuerung der Stadt wichtigen Informationen transparent darstellt. Außerdem sollte die Stadtverwaltung überlegen, ob sie nicht mit den rund 90 Produkten als kostenrechnerisches Bezugsobjekt auskommen kann. In diesem Fall könnte man auf die derzeit über **700 Kostenträger** verzichten, was den laufenden Buchungsaufwand (Bürokratiefolgekosten) doch deutlich verringern würde.

9.3.7 Stadt Kaarst (2007)

Die Stadtverwaltung (rund 42.200 Einwohner) legt erstmals einen doppischen Haushalt mit insgesamt 344 Seiten vor, der folgendermaßen gegliedert ist:

- Haushaltssatzung
- Stellenplan und sonstige Anlagen
- Gesamtpläne/Teilpläne auf Ebene der Produktbereiche
- Budgetpläne – Teilpläne auf Ebene der Produkte, hier werden zunächst die fachbereichsunabhängigen Budgets und dann die einzelnen Fachbereiche mit den ihnen jeweils zugeordneten Produkten dargestellt.

Als Beispiel zeigen wir den Produktbereich „Schulträgeraufgaben":[139]

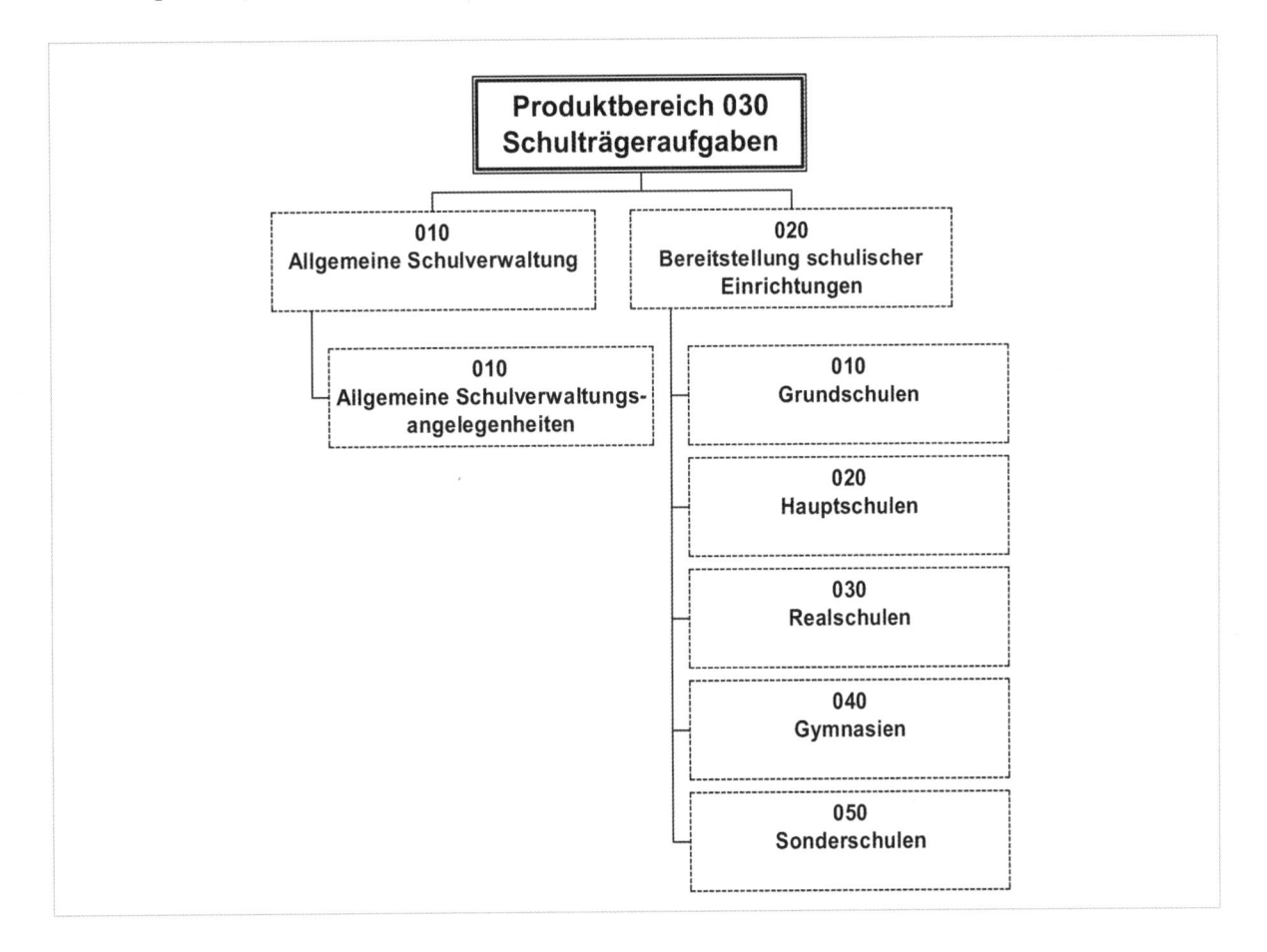

```
                    Produktbereich 030
                    Schulträgeraufgaben
                    ┌──────────┴──────────┐
                   010                   020
          Allgemeine Schulverwaltung    Bereitstellung schulischer
                                        Einrichtungen
                    │                           │
                   010                         010
          Allgemeine Schulverwaltungs-       Grundschulen
          angelegenheiten
                                              020
                                              Hauptschulen

                                              030
                                              Realschulen

                                              040
                                              Gymnasien

                                              050
                                              Sonderschulen
```

---

[139] Vgl. Stadt Kaarst (2008) S. 78 ff. (PDF).

kaarst*
* NEUER KOMMUNALER HAUSHALT

Haushalt 2008
Kaarst

Produktbereich: 030 Schulträgeraufgaben

Teilergebnisplan Ertrags- und Aufwandsarten	Ergebnis 2006	Plan 2007	Ansatz 2008	Planung 2009	Planung 2010	Planung 2011
+ Zuwendungen und allgemeine Umlagen	0,00	303.402	297.252	297.252	297.252	297.252
+ Kostenerstattungen und Kostenumlagen	0,00	431.352	416.175	416.175	416.175	416.175
Ordentliche Erträge	**0,00**	**734.754**	**713.427**	**713.427**	**713.427**	**713.427**
- Personalaufwendungen	0,00	1.065.070	1.044.767	1.055.215	1.065.928	1.076.425
- Aufwendungen für Sach- und Dienstleistungen	0,00	748.585	786.399	723.452	723.452	723.452
- Transferaufwendungen	0,00	985.369	1.096.076	1.082.076	1.082.076	1.082.076
- Sonstige ordentliche Aufwendungen	0,00	115.378	84.003	80.283	80.283	80.283
Ordentliche Aufwendungen	**0,00**	**2.914.402**	**3.011.245**	**2.941.026**	**2.951.739**	**2.962.236**
Ergebnis der lfd. Verwaltungstätigkeit	**0,00**	**-2.179.648**	**-2.297.818**	**-2.227.599**	**-2.238.312**	**-2.248.809**
Finanzergebnis	0,00	0	0	0	0	0
Ordentliches Jahresergebnis	**0,00**	**-2.179.648**	**-2.297.818**	**-2.227.599**	**-2.238.312**	**-2.248.809**
Außerordentliches Jahresergebnis	0,00	0	0	0	0	0
Jahresergebnis vor Berücksichtigung interner Leistungsbeziehungen	0,00	-2.179.648	-2.297.818	-2.227.599	-2.238.312	-2.248.809
Saldo aus internen Leistungsbeziehungen	0,00	0	0	0	0	0
Jahresergebnis nach internen Leistungsbeziehungen	0,00	-2.179.648	-2.297.818	-2.227.599	-2.238.312	-2.248.809

Stadt Kaarst

Haushalt 2008
Kaarst

Produktbereich: 030   Schulträgeraufgaben

kaarst*

*NEUER KOMMUNALER HAUSHALT

Teilfinanzplan Einzahlungs- und Auszahlungsarten	Ergebnis 2006	Ansatz 2007	Plan2008 Ansatz2008	Plan2008 VE	Planung 2009	Planung 2010	Planung 2011
+ Zuwendungen und allgemeine Umlagen	0,00	303.402	297.252	0	297.252	297.252	297.252
+ Kostenerstattungen, Kostenumlagen	0,00	431.352	416.175	0	416.175	416.175	416.175
Einzahlungen aus laufender Verwaltungstätigkeit	**0,00**	**734.754**	**713.427**	**0**	**713.427**	**713.427**	**713.427**
- Personalauszahlungen	0,00	980.804	961.754	0	971.373	981.247	990.898
- Auszahlungen für Sach- und Dienstleistungen	0,00	748.585	786.399	0	723.452	723.452	723.452
- Transferauszahlungen	0,00	985.369	1.096.076	0	1.082.076	1.082.076	1.082.076
- Sonstige Auszahlungen	0,00	115.378	84.003	0	80.283	80.283	80.283
Auszahlungen aus laufender Verwaltungstätigkeit	**0,00**	**2.830.136**	**2.928.232**	**0**	**2.857.184**	**2.867.058**	**2.876.709**
Saldo der laufenden Verwaltungstätigkeit	**0,00**	**-2.095.382**	**-2.214.805**	**0**	**-2.143.757**	**-2.153.631**	**-2.163.282**
aus Zuwendungen für Investitionsmaßnahmen	0,00	777.584	166.313	0	0	0	0
Einzahlungen aus Investitionstätigkeit	**0,00**	**777.584**	**166.313**	**0**	**0**	**0**	**0**
für Baumaßnahmen (Kassenwirksamkeit)	0,00	410.649	457.186	284.500	284.500 (219.500)	130.000 (0)	172.000 (0)
für den Erwerb von beweglichem Anlagevermögen	0,00	101.358	128.660	0	74.750	55.100	80.450
Auszahlungen aus Investitionstätigkeit	**0,00**	**512.007**	**585.846**	**284.500**	**359.250**	**185.100**	**252.450**
Saldo der Investitionstätigkeit	**0,00**	**265.577**	**-419.533**	**-284.500**	**-359.250**	**-185.100**	**-252.450**
Finanzmittelüberschuß/-fehlbetrag	**0,00**	**-1.829.805**	**-2.634.338**	**-284.500**	**-2.503.007**	**-2.338.731**	**-2.415.732**

Unter den fachbereichsbezogenen Teilplänen zeigen wir entsprechend das Bereichsbudget 40:[140]

kaarst* Haushalt 2008
Kaarst

*NEUER KOMMUNALER HAUSHALT

Fachbereich: 002　　　Fachbereichsbudget 2
Bereich: 002.040　　　Bereich 40

Teilergebnisplan Ertrags- und Aufwandsarten	Ergebnis 2006	Plan 2007	Ansatz 2008	Planung 2009	Planung 2010	Planung 2011
+ Zuwendungen und allgemeine Umlagen	0,00	303.402	297.252	297.252	297.252	297.252
+ Sonstige Transfererträge	0,00	3.500	2.500	2.500	2.500	2.500
+ Öffentlich-rechtliche Leistungsentgelte	0,00	145.000	145.000	145.000	145.000	145.000
+ Privatrechtliche Leistungsentgelte	0,00	2.000	500	500	500	500
+ Kostenerstattungen und Kostenumlagen	0,00	536.352	546.175	546.175	541.175	536.175
Ordentliche Erträge	**0,00**	**990.254**	**991.427**	**991.427**	**986.427**	**981.427**
- Aufwendungen für Sach- und Dienstleistungen	0,00	789.311	827.575	759.878	753.878	753.878
- Bilanzielle Abschreibungen	0,00	950	0	0	0	0
- Transferaufwendungen	0,00	2.069.280	2.223.161	2.192.761	2.192.761	2.182.761
- Sonstige ordentliche Aufwendungen	0,00	120.410	88.205	84.503	84.503	84.503
Ordentliche Aufwendungen	**0,00**	**2.979.951**	**3.138.941**	**3.037.142**	**3.031.142**	**3.021.142**
Ergebnis der lfd. Verwaltungstätigkeit	**0,00**	**-1.989.697**	**-2.147.514**	**-2.045.715**	**-2.044.715**	**-2.039.715**
Finanzergebnis	0,00	0	0	0	0	0
Ordentliches Jahresergebnis	**0,00**	**-1.989.697**	**-2.147.514**	**-2.045.715**	**-2.044.715**	**-2.039.715**
Außerordentliches Jahresergebnis	0,00	0	0	0	0	0
Jahresergebnis vor Berücksichtigung interner Leistungsbeziehungen	0,00	-1.989.697	-2.147.514	-2.045.715	-2.044.715	-2.039.715
Saldo aus internen Leistungsbeziehungen	0,00	0	0	0	0	0
Jahresergebnis nach internen Leistungsbeziehungen	0,00	-1.989.697	-2.147.514	-2.045.715	-2.044.715	-2.039.715

---

[140] Vgl. Stadt Kaarst (2008) S. 205 ff. und S. 217 ff. (PDF)

Stadt Kaarst

Haushalt 2008
Kaarst

Fachbereich: 002 Fachbereichsbudget 2
Bereich: 002.040 Bereich 40

kaarst*
*NEUER KOMMUNALER HAUSHALT

Teilfinanzplan Einzahlungs- und Auszahlungsarten	Ergebnis 2006	Ansatz 2007	Plan2008 Ansatz2008	Plan2008 VE	Planung 2009	Planung 2010	Planung 2011
+ Zuwendungen und allgemeine Umlagen	0,00	303.402	297.252	0	297.252	297.252	297.252
+ Sonstige Transfereinzahlungen	0,00	3.500	2.500	0	2.500	2.500	2.500
+ Öffentlich-rechtliche Leistungsentgelte	0,00	145.000	145.000	0	145.000	145.000	145.000
+ Privatrechtliche Leistungsentgelte	0,00	2.000	500	0	500	500	500
+ Kostenerstattungen, Kostenumlagen	0,00	536.352	546.175	0	546.175	541.175	536.175
Einzahlungen aus laufender Verwaltungstätigkeit	0,00	990.254	991.427	0	991.427	986.427	981.427
- Auszahlungen für Sach- und Dienstleistungen	0,00	789.311	827.575	0	759.878	753.878	753.878
- Transferauszahlungen	0,00	2.069.280	2.223.161	0	2.192.761	2.192.761	2.182.761
- Sonstige Auszahlungen	0,00	120.410	88.205	0	84.503	84.503	84.503
Auszahlungen aus laufender Verwaltungstätigkeit	0,00	2.979.001	3.138.941	0	3.037.142	3.031.142	3.021.142
Saldo der laufenden Verwaltungstätigkeit	0,00	-1.988.747	-2.147.514	0	-2.045.715	-2.044.715	-2.039.715
für Baumaßnahmen (Kassenwirksamkeit)	0,00	410.649	442.186	474.700	284.500 (219.500)	130.000 (0)	172.000 (0)
für den Erwerb von beweglichem Anlagevermögen	0,00	101.358	133.660	0	80.750	55.100	80.450
von aktivierbaren Zuwendungen	0,00	90.000	0	0	0	0	0
Auszahlungen aus Investitionstätigkeit	0,00	602.007	575.846	474.700	365.250	185.100	252.450
Saldo der Investitionstätigkeit	0,00	-602.007	-575.846	-474.700	-365.250	-185.100	-252.450
Finanzmittelüberschuß/-fehlbetrag	0,00	-2.590.754	-2.723.360	-474.700	-2.410.965	-2.229.815	-2.292.165

kaarst*

*NEUER
KOMMUNALER
HAUSHALT

Haushalt 2008
Kaarst

Produktbereich:	030	Schulträgeraufgaben
Produktgruppe:	030.010	Allgemeine Schulverwaltung
Produkt:	030.010.010	Allgemeine Schulverwaltungsangelegenheiten

☐ Externes Produkt	☐ Pflichtprodukt	☐ Auftragsangel.	☐ Fachbereich I	☐ Fachbereich III
✔ Internes Produkt	☐ Freiw. Produkt		✔ Fachbereich II	☐ Stabstelle

In dem Produkt "Allgemeine Schulverwaltungsangelegenheiten" werden schulformübergreifende Angelegenheiten abgewickelt. Ferner werden hier mittelbar dem originären Schulbetrieb zuzuordnende Angelegenheiten dargestellt.

Leistungen:
- Betrieb der Offenen Ganztagsschule (OGATA)
- Schulsozialarbeit an den weiterführenden Schulen
- sonstige schulformübergreifende Angelegenheiten

Auftragsgrundlage
Bundes- und Landesgesetze

Produktverantwortung

Michael Wilms

Telefon: (0 21 31) 987 - 360
Telefax: (0 21 31) 987 - 7360
e-Mail: michael.wilms@kaarst.de

politisches Gremium
Schulausschuss

Zielgruppe
Schülerinnen und Schüler an Kaarster Schulen sowie deren Erziehungsberechtigte;

Teilergebnisplan Ertrags- und Aufwandsarten	Ergebnis 2006	Plan 2007	Ansatz 2008	Planung 2009	Planung 2010	Planung 2011
+ Zuwendungen und allgemeine Umlagen	0,00	303.401	297.251	297.251	297.251	297.251
+ Kostenerstattungen und Kostenumlagen	0,00	314.352	255.175	255.175	255.175	255.175
Ordentliche Erträge	**0,00**	**617.753**	**552.426**	**552.426**	**552.426**	**552.426**
- Personalaufwendungen	0,00	264.203	259.167	261.759	264.377	267.020
- Aufwendungen für Sach- und Dienstleistungen	0,00	104.408	91.856	85.701	85.701	85.701
- Transferaufwendungen	0,00	757.500	837.500	823.500	823.500	823.500
- Sonstige ordentliche Aufwendungen	0,00	8.696	6.800	6.800	6.800	6.800
Ordentliche Aufwendungen	**0,00**	**1.134.807**	**1.195.323**	**1.177.760**	**1.180.378**	**1.183.021**
Ergebnis der lfd. Verwaltungstätigkeit	**0,00**	**-517.054**	**-642.897**	**-625.334**	**-627.952**	**-630.595**
Finanzergebnis	0,00	0	0	0	0	0
Ordentliches Jahresergebnis	**0,00**	**-517.054**	**-642.897**	**-625.334**	**-627.952**	**-630.595**
Außerordentliches Jahresergebnis	0,00	0	0	0	0	0
Jahresergebnis vor Berücksichtigung interner Leistungsbeziehungen	0,00	-517.054	-642.897	-625.334	-627.952	-630.595
Saldo aus internen Leistungsbeziehungen	0,00	0	0	0	0	0
Jahresergebnis nach internen Leistungsbeziehungen	0,00	-517.054	**-642.897**	-625.334	-627.952	-630.595

Stadt Kaarst   345

Haushalt 2008
Kaarst

Produktbereich: 030   Schulträgeraufgaben
Produktgruppe: 030.010   Allgemeine Schulverwaltung
Produkt: 030.010.010   Allgemeine Schulverwaltungsangelegenheiten

kaarst*
*NEUER
KOMMUNALER
HAUSHALT

Investitionsmaßnahmen (in T€)	Gesamt-ausgabe Bedarf	bisher bereit gest.	RE 2006	Ansatz 2007	Ansatz 2008	VE 2008	Planung 2009	Planung 2010	Planung 2011	spätere Jahre
M 40074006 Einrichtung - OGATA										
6811000 EZ Investitionszuw. v. Land	0	0	0,0	777,6	166,3	0,0	0,0	0,0	0,0	0,0
Investive Einzahlungen	0	0	0,0	777,6	166,3	0,0	0,0	0,0	0,0	0,0
7831000 AZ Erw. Vermggst. + 410 €	410	405	0,0	50,6	4,6	0,0	0,0	0,0	0,0	0,0
7832000 AZ Erw. Vmggst. - 410 €	20	15	0,0	20,0	4,8	0,0	0,0	0,0	0,0	0,0
7851000 AZ für Hochbaumaßnahmen	971	785	0,0	289,1	186,1	0,0	0,0	0,0	0,0	0,0
7852000 AZ für Tiefbaumaßnahmen	160	118	0,0	121,5	41,6	0,0	0,0	0,0	0,0	0,0
Investive Auszahlungen	1.561	1.324	0,0	481,2	237,1	0,0	0,0	0,0	0,0	0,0
Saldo M 40074006	-1.561	-1.324	0,0	296,4	-70,8	0,0	0,0	0,0	0,0	-166,3
Saldo Investitionstätigkeit	-1.561	-1.324	0,0	296,4	-70,8	0,0	0,0	0,0	0,0	-166,3

Kennzahlen	Einh.	Ist 2006	Plan 2007	Plan 2008	Planung 2009	Planung 2010	Planung 2011
Allgemeine Kennzahlen							
Aufwanddeckungsgrad	%	0,00	54,44	48,54	49,24	49,12	49,01
Zuschussbedarf je Einwohner	€	0,00	12,16	13,94	13,55	13,61	13,68

Stellenplanauszug	Einh.	Ist 2006	Plan 2007	Plan 2008	Planung 2009	Planung 2010	Planung 2011
tatsächlich besetzte Stellen	Stelle	0,00	6,65	2,70	2,70	2,70	2,70

Erläuterung

Zuwendungen und allgemeine Umlagen
Diese Kontengruppe enthält die Landeszuschüsse für den Betrieb der OGATA.

Kostenerstattungen und Kostenumlagen
Hier werden die Erträge aus den Elternbeiträgen für die OGATA verbucht.

Aufwendungen für Sach- und Dienstleistungen
In dieser Kontengruppe sind
- die Aufwendungen für die Unterhaltung des beweglichen Vermögens mit 61.955 Euro
  u. a. für die Beseitigung kleinerer sicherheitsrelevanter Mängel, sowie für die Aufstellung eines Konzeptes für die technische
  EDV-Aussstattung an allen Schulen und
- die Aufwendungen für Sach- und Dienstleistungen mit 29.900 Euro enthalten. Hierzu gehören z.B. auch die Lehr- und Lernmittel für die
  OGATA.

Transferaufwendungen
Diese Position enthält die Aufwendungen für die Schulsozialarbeit an weiterführenden Schulen und die Betriebskostenzuschüsse für die OGATA.

Einzelveranschlagte Investitionsmaßnahmen
Einrichtung OGATA
Mit den hier veranschlagten Mitteln sollen die in 2006 begonnenen Maßnahmen zur Errichtung der OGATA fortgesetzt werden.
In 2008 ist vorgesehen, zusätzlich noch eine weiter Gruppe in der Kath. Grundschule Kaarst einzurichten. Das Land gewährt für die Errichtung
dieser Gruppe eine Zuwendung von 65.331 Euro. Außerdem weden noch nicht abgerufene Zuschussmittel in Höhe von 100.982 Euro erwartet.

kaarst*

*NEUER KOMMUNALER HAUSHALT

Haushalt 2008
Kaarst

Produktbereich:	030	Schulträgeraufgaben
Produktgruppe:	030.020	Bereitstellung schulischer Einrichtungen
Produkt:	030.020.040	Gymnasien

✔ Externes Produkt ✔ Pflichtprodukt ☐ Auftragsangel. ☐ Fachbereich I ☐ Fachbereich III

☐ Internes Produkt ☐ Freiw. Produkt ✔ Fachbereich II ☐ Stabstelle

Gewährleistung eines bedarfsgerechten Schulangebotes an den städtischen Gymnasien als weiterführende Schule

Leistungen:
- Beschaffung von Lehr- und Lernmittel einschließlich Lernmittelfreiheit
- Schülerbeförderung
- Betreuungsangebote
- IT-Ausstattung und Betreuung

Auftragsgrundlage
Bundes- und Landesgesetze

Produktverantwortung

Vera Nießen

Telefon: (0 21 31) 987 - 310
Telefax: (0 21 31) 987 - 7310
e-Mail: vera.nießen@kaarst.de

politisches Gremium
Schulausschuss

Zielgruppe
Gymnasiastinnen und Gymnasiasten sowie deren Erziehungsberechtigte

Teilergebnisplan Ertrags- und Aufwandsarten	Ergebnis 2006	Plan 2007	Ansatz 2008	Planung 2009	Planung 2010	Planung 2011
- Personalaufwendungen	0,00	165.128	161.979	163.599	165.235	166.887
- Aufwendungen für Sach- und Dienstleistungen	0,00	131.275	163.589	133.854	133.854	133.854
- Sonstige ordentliche Aufwendungen	0,00	30.343	17.740	17.740	17.740	17.740
Ordentliche Aufwendungen	0,00	326.746	343.308	315.193	316.829	318.481
Ergebnis der lfd. Verwaltungstätigkeit	0,00	-326.746	-343.308	-315.193	-316.829	-318.481
Finanzergebnis	0,00	0	0	0	0	0
Ordentliches Jahresergebnis	0,00	-326.746	-343.308	-315.193	-316.829	-318.481
Außerordentliches Jahresergebnis	0,00	0	0	0	0	0
Jahresergebnis vor Berücksichtigung interner Leistungsbeziehungen	0,00	-326.746	-343.308	-315.193	-316.829	-318.481
Saldo aus internen Leistungsbeziehungen	0,00	0	0	0	0	0
Jahresergebnis nach internen Leistungsbeziehungen	0,00	-326.746	-343.308	-315.193	-316.829	-318.481

Stadt Kaarst 347

Haushalt 2008
Kaarst

Produktbereich: 030 Schulträgeraufgaben
Produktgruppe: 030.020 Bereitstellung schulischer Einrichtungen
Produkt: 030.020.040 Gymnasien

kaarst*
* NEUER KOMMUNALER HAUSHALT

Investitionsmaßnahmen (in T€)	Gesamtausgabe Bedarf	bisher bereit gest.	RE 2006	Ansatz 2007	Ansatz 2008	VE 2008	Planung 2009	Planung 2010	Planung 2011	spätere Jahre
M 40074003 Anschaffung von Schulmobiliar und Lehr-/ Lernmmittel an Gymnasien										
7831000 AZ Erw. Vermggst. + 410 €	0	0	0,0	9,2	16,0	0,0	7,8	36,0	27,0	0,0
7831001 AZ Erw. Vermggst. + 410 €	0	0	0,0	6,0	20,9	0,0	6,9	6,9	30,0	0,0
Investive Auszahlungen	0	0	0,0	15,2	36,9	0,0	14,7	42,9	57,0	0,0
Saldo M 40074003	0	0	0,0	-15,2	-36,9	0,0	-14,7	-42,9	-57,0	0,0
M 40084005 Erneuerung des Physikraumes im Georg-Büchner-Gymnasium										
7853000 AZ f. sons. Baumaßnahmen	65	0	0,0	0,0	0,0	65,0	65,0	0,0	0,0	0,0
(Kassenwirksamkeit)							(65,0)	(0,0)	(0,0)	(0,0)
Investive Auszahlungen	65	0	0,0	0,0	0,0	65,0	65,0	0,0	0,0	0,0
Saldo M 40084005	-65	0	0,0	0,0	0,0	-65,0	-65,0	0,0	0,0	0,0
M 40084008 Vernetzung der Gymnasien										
7853000 AZ f. sons. Baumaßnahmen	125	0	0,0	0,0	0,0	125,2	125,2	0,0	0,0	0,0
(Kassenwirksamkeit)							(125,2)	(0,0)	(0,0)	(0,0)
Investive Auszahlungen	125	0	0,0	0,0	0,0	125,2	125,2	0,0	0,0	0,0
Saldo M 40084008	-125	0	0,0	0,0	0,0	-125,2	-125,2	0,0	0,0	0,0
M 40084010 Erneuerung des Physikraumes im Albert-Einstein-Gymnasium										
7853000 AZ f. sons. Baumaßnahmen	65	0	0,0	0,0	0,0	65,0	65,0	0,0	0,0	0,0
(Kassenwirksamkeit)							(0,0)	(0,0)	(0,0)	(65,0)
Investive Auszahlungen	65	0	0,0	0,0	0,0	65,0	65,0	0,0	0,0	0,0
Saldo M 40084010	-65	0	0,0	0,0	0,0	-65,0	-65,0	0,0	0,0	0,0
M 40084012 Erneuerung des Chemieraumes im Georg-Büchner-Gymnasium										
7853000 AZ f. sons. Baumaßnahmen	65	0	0,0	0,0	65,0	0,0	0,0	0,0	0,0	0,0
Investive Auszahlungen	65	0	0,0	0,0	65,0	0,0	0,0	0,0	0,0	0,0
Saldo M 40084012	-65	0	0,0	0,0	-65,0	0,0	0,0	0,0	0,0	0,0
M 40084015 Erneuerung des Biologieraumes am Albert-Einstein-Gymnasium										
7853000 AZ f. sons. Baumaßnahmen	65	0	0,0	0,0	0,0	0,0	0,0	0,0	65,0	0,0
Investive Auszahlungen	65	0	0,0	0,0	0,0	0,0	0,0	0,0	65,0	0,0
Saldo M 40084015	-65	0	0,0	0,0	0,0	0,0	0,0	0,0	-65,0	0,0
M 40084016 Erneuerung des Biologieraumes am Georg-Büchner-Gymnasium										
7853000 AZ f. sons. Baumaßnahmen	65	0	0,0	0,0	0,0	0,0	0,0	0,0	65,0	0,0
Investive Auszahlungen	65	0	0,0	0,0	0,0	0,0	0,0	0,0	65,0	0,0
Saldo M 40084016	-65	0	0,0	0,0	0,0	0,0	0,0	0,0	-65,0	0,0
Saldo Investitionstätigkeit	-450	0	0,0	-15,2	-101,9	-255,2	-269,9	-42,9	-187,0	151,4

kaarst*
* NEUER KOMMUNALER HAUSHALT

Haushalt 2008
Kaarst

Produktbereich: 030 Schulträgeraufgaben
Produktgruppe: 030.020 Bereitstellung schulischer Einrichtungen
Produkt: 030.020.040 Gymnasien

Leistungen	Einh.	Ist 2006	Plan 2007	Plan 2008	Planung 2009	Planung 2010	Planung 2011
Leistungen							
Anzahl der Klassen (SEK I)	Anz.	0	37	40	39	39	39
Anzahl der Jahrgangsstufen (SEK II)	Anz.	0	23	25	27	27	27
Strukturinformation							
Anzahl der Schüler (SEK I)	Anz.	0	1.035	1.027	1.031	1.041	1.016
Anzahl der Schüler (SEK II)	Anz.	0	454	409	515	509	511

Kennzahlen	Einh.	Ist 2006	Plan 2007	Plan 2008	Planung 2009	Planung 2010	Planung 2011
Allgemeine Kennzahlen							
Aufwanddeckungsgrad	%	0,00	0,00	0,00	0,00	0,00	0,00
Zuschussbedarf je Einwohner	€	0,00	7,68	7,81	7,50	7,54	7,58
Spezifische Kennzahlen							
durchschn. Anzahl Schüler je Klasse (SEK I)		0,00	27,84	25,68	26,44	26,69	26,05
durchschn. Anzahl Schüler je Jahrgangsstufe (SEK II)		0,00	19,38	16,20	19,07	19,15	19,22

Stellenplanauszug	Einh.	Ist 2006	Plan 2007	Plan 2008	Planung 2009	Planung 2010	Planung 2011
tatsächlich besetzte Stellen	Stelle	0,00	4,00	5,05	5,05	5,05	5,05

Erläuterung

Aufwendungen für Sach- und Dienstleistungen
Diese Kontengruppe enthält die Aufwendungen für die Unterhaltung und Ergänzung der Einrichtung und Geräte mit 19.168 Euro, die Aufwendungen für Lernmittel nach dem Lernmittelfreiheitsgesetz in Höhe von 61.804 Euro und die Aufwendungen für sonstige Sach- und Dienstleistungen mit 82.617 Euro; hierzu gehören z.B. Schülerbeförderungskosten, Kosten für Schulfahrten und Lehr- und Lernmittel.

Sonstige ordentliche Aufwendungen
Hier sind die Aufwendungen für die Miete der Fotokopiergeräte mit 6.569 Euro und sonstige Geschäftsaufwendungen mit 11.171 Euro etatisiert. Hierzu gehören z.B. Aufwendungen für Telefongebühren, Rundfunk- und Fernsprechgebühren, Bürobedarf einschl. Bücher und Zeitschriften für die innere Verwaltung der Schule und Sanitätsmaterial.

einzelveranschlagte Investitionsmaßnahmen / Investitionsmaßnahmen unterhalb der Wertgrenze

Erneuerung des Pysikraumes im Georg-Büchner-Gymnasium
Erneuerung des Pysikraumes im Albert-Einstein-Gymnasium
Die Erneuerung der Pysikräume im Georg-Büchner Gymnasium und im Albert-Einstein-Gymnasium ist für 2009 vorgesehen. Um die Auftragsvergabe noch in 2008 vornehmen zu können sind Verpflichtungsermächtigungen in Höhe von jeweils 65.000 Euro veranschlagt.

Vernetzung der Gymnasien
Aufgrund der Kostenschätzung sind für die Vernetzung der Gymnasien 125.200 Euro erforderlich. Die Maßnahme soll in 2009 durchgeführt werden. Um die Auftragsvergabe bereits in 2008 vornehmen zu können, sind hier entsprechende Verpflichtungseremächtigungen eingeplant.

Anschaffung von Schulmobiliar und Lehr- / Lernmitteln an den Gymnasien

Stadt Kaarst

Haushalt 2008
Kaarst

Produktbereich: 030   **Schulträgeraufgaben**
Produktgruppe: 030.020   **Bereitstellung schulischer Einrichtungen**
Produkt: 030.020.040   **Gymnasien**

kaarst*
*NEUER KOMMUNALER HAUSHALT

Aufgrund der Anforderungslisten der Schulen sind neben der Fortführung der in 2007 noch nicht erledigten Aufträge folgende Maßnahmen vorgesehen:

Albert-Einstein-Gymnasium:

- Hier ist die Anschaffung von Mobiliar in Höhe von 5.000 Euro vorgesehen. Außerdem soll die Neuausstattung des Medienraumes für 3.000 Euro erfolgen. Desweiteren ist hier die Anschaffung von 5 Tageslichtprojektoren, 2 Whiteboards und 1 Beamer vorgesehen.

Georg-Büchner Gymnasium:

- Hier ist die Anschaffung von Mobiliar in Höhe von 2.000 Euro vorgesehen. Außerdem sollen eine Waage, ein Drehstuhl, ein Multifunktionsgerät, 2 Beamer, ein Notebook, ein Overheadprojektor und Funkmirophone angeschafft werden. Außerdem soll ein Beamer für die Aula angeschafft werden.

<u>Erneuerung des Chemieraumes im Georg-Büchner-Gymnasium</u>
Für die Erneuerung des Chemieraumes im Georg-Büchner-Gymnasium sind Mittel in Höhe von 65.000 Euro bereitgestellt.

Haushaltsbegleitbeschluss
Folgende Baumaßnahmen sollen in die Investitonsplanung aufgenommen werden:

2011   - Albert-Einstein-Gymnasium
           Fachraum Biologie   65.000 Euro
      - Georg-Büchner-Gymnasium
           Fachraum Biologie   65.000 Euro

Wie das Beispiel der Gymnasien zeigt, verzichtet die Stadt Kaarst auf eine Abbildung der einzelnen Schulen.

Als weiteres Beispiel wird das **Produkt „Hilfen zur Erziehung"** abgedruckt:[141]

kaarst*   Haushalt 2008
Kaarst

NEUER KOMMUNALER HAUSHALT

Produktbereich:	060	Kinder-, Jugend- und Familienhilfe
Produktgruppe:	060.030	Hilfen für junge Menschen und ihre Familien
Produkt:	060.030.010	Hilfe zur Erziehung

☑ Externes Produkt   ☑ Pflichtprodukt   ☐ Auftragsangel.   ☐ Fachbereich I   ☐ Fachbereich III

☐ Internes Produkt   ☐ Freiw. Produkt   ☑ Fachbereich II   ☐ Stabstelle

Sämtliche Leistungen im Rahmen der erzieherischen Hilfe für Kinder, Jugendliche und junge Erwachsene

Leistungen:
- Abwicklung der Kosten für erzieherische Hilfen
- Überprüfen der Unterhaltsfähigkeit der Eltern
- Kostenersatzansprüche gegenüber anderen Trägern geltend machen
- Beratung und Unterstützung von Familien in Problemsituationen
- Zuschüsse an freie Träger

Auftragsgrundlage
Achtes Buch Sozialgesetzbuch (SGB VIII) - Kinder- und Jugendhilfe

Produktverantwortung
Claudia Poetsch

Telefon: (0 21 31) 987 - 327
Telefax: (0 21 31) 987 - 7327
e-Mail: Claudia.Poetsch@kaarst.de

politisches Gremium
Jugendhilfeausschuss

Zielgruppe
Junge Menschen und deren Familien

Teilergebnisplan Ertrags- und Aufwandsarten	Ergebnis 2006	Plan 2007	Ansatz 2008	Planung 2009	Planung 2010	Planung 2011
+ Kostenerstattungen und Kostenumlagen	0,00	260.803	251.008	251.008	251.008	251.008
Ordentliche Erträge	**0,00**	**260.803**	**251.008**	**251.008**	**251.008**	**251.008**
- Personalaufwendungen	0,00	177.100	165.625	167.280	168.953	170.643
- Transferaufwendungen	0,00	2.160.003	2.248.104	2.160.003	2.160.003	2.160.003
- Sonstige ordentliche Aufwendungen	0,00	210.947	268.701	253.838	256.007	258.208
Ordentliche Aufwendungen	**0,00**	**2.548.050**	**2.682.430**	**2.581.121**	**2.584.963**	**2.588.854**
Ergebnis der lfd. Verwaltungstätigkeit	**0,00**	**-2.287.247**	**-2.431.422**	**-2.330.113**	**-2.333.955**	**-2.337.846**
+ Finanzerträge	0,00	0	1	1	1	1
Finanzergebnis	**0,00**	**0**	**1**	**1**	**1**	**1**
Ordentliches Jahresergebnis	**0,00**	**-2.287.247**	**-2.431.421**	**-2.330.112**	**-2.333.954**	**-2.337.845**
Außerordentliches Jahresergebnis	**0,00**	**0**	**0**	**0**	**0**	**0**
Jahresergebnis vor Berücksichtigung interner Leistungsbeziehungen	**0,00**	**-2.287.247**	**-2.431.421**	**-2.330.112**	**-2.333.954**	**-2.337.845**
Saldo aus internen Leistungsbeziehungen	0,00	0	0	0	0	0
Jahresergebnis nach internen Leistungsbeziehungen	**0,00**	**-2.287.247**	**-2.431.421**	**-2.330.112**	**-2.333.954**	**-2.337.845**

---

[141] Vgl. Stadt Kaarst (2008) S. 261 f. (PDF).

Stadt Kaarst

Haushalt 2008
Kaarst

Produktbereich: 060   Kinder-, Jugend- und Familienhilfe
Produktgruppe: 060.030   Hilfen für junge Menschen und ihre Familien
Produkt: 060.030.010   Hilfe zur Erziehung

kaarst*
NEUER KOMMUNALER HAUSHALT

Kennzahlen	Einh.	Ist 2006	Plan 2007	Plan 2008	Planung 2009	Planung 2010	Planung 2011
Allgemeine Kennzahlen							
Aufwanddeckungsgrad	%	0,00	10,24	9,50	9,88	9,87	9,85
Zuschussbedarf je Einwohner	€	0,00	53,77	57,86	55,45	55,54	55,63

Stellenplanauszug	Einh.	Ist 2006	Plan 2007	Plan 2008	Planung 2009	Planung 2010	Planung 2011
tatsächlich besetzte Stellen	Stelle	0,00	4,29	4,09	4,09	4,09	4,09

Erläuterung

Kostenerstattungen und Kostenumlagen
In dieser Kontengruppe ist die Erstattung von Sozialleistungen anderer Sozialleistungsträger und Kostenbeiträge Unterhaltsverpflichteter veranschlagt.

Transferaufwendungen
Hier sind Aufwendungen für Maßnahmen der Hilfe zur Erziehung außerhalb (mit 766.102 Euro) und innerhalb von Einrichtungen (1.482.002 Euro) veranschlagt.

Sonstige ordentliche Aufwendungen
Diese Kontengruppe enthält
- Zuschüsse an Beratungsstellen und Einrichtungen der Familienweiterbildung
- Aufwendungen für präventive Maßnahmen.

Das exemplarisch gezeigte Produkt aus der Jugendhilfe enthält bislang **nur drei Kennzahlen**:

- Aufwanddeckungsgrad
- Zuschussbedarf je Einwohner
- tatsächlich besetzte Stellen.

Der Gesamthaushalt überzeugt redaktionell durch seine Übersichtlichkeit (Seitenzahlen, übersichtliche Gliederung, wenig Nullsalden/Nullzeilen). Auch die **Anzahl der gebildeten Produkte** mit 79 Produkten unterhalb der 15 Produktbereiche kann als angemessen bezeichnet werden. Allerdings sind in wichtigen Bereichen – wie dem der Jugendhilfe – bislang noch kaum Ziele und mengen- und wirkungsorientierte Kennzahlen gebildet worden. Als positiv ist die flächendeckende Zuordnung der besetzten Stellen in Vollzeitäquivalenten als wichtigste Kennzahlen über den **Personaleinsatz** zu werten. Hierbei wird – anders als in vielen anderen Kommunen – nicht einfach ein Stellenauszug geliefert, sondern es werden **die tatsächlich besetzten Stellen** im Plan angegeben, was nach unserer Einschätzung vorbildlich ist.

9.3.8 Gemeinde Hiddenhausen (2006)

Die nordrhein-westfälische Pilotkommune (21.000 Einwohner) hat einen doppischen Produkthaushalt mit insgesamt 358 Seiten vorgelegt. Im Hiddenhausener Produkthaushalt wird zunächst immer die Produkthierarchie pro Produktbereich abgebildet (insgesamt 21 Produktbereiche mit 66 Produkten). Darunter folgen der Teilergebnisplan und der Teilfinanzplan sowie der Stellenplan in Vollzeitstellen. Wir stellen beispielhaft **den Produktbereich „innere Verwaltung"** dar:[142]

---

[142] Vgl. Gemeinde Hiddenhausen (2006) S. 34 f.

Gemeinde Hiddenhausen 353

Produktbereich: 010 Innere Verwaltung

Kurzbeschreibung
Steuerung, Steuerungsunterstützung, Zentrale Funktionen

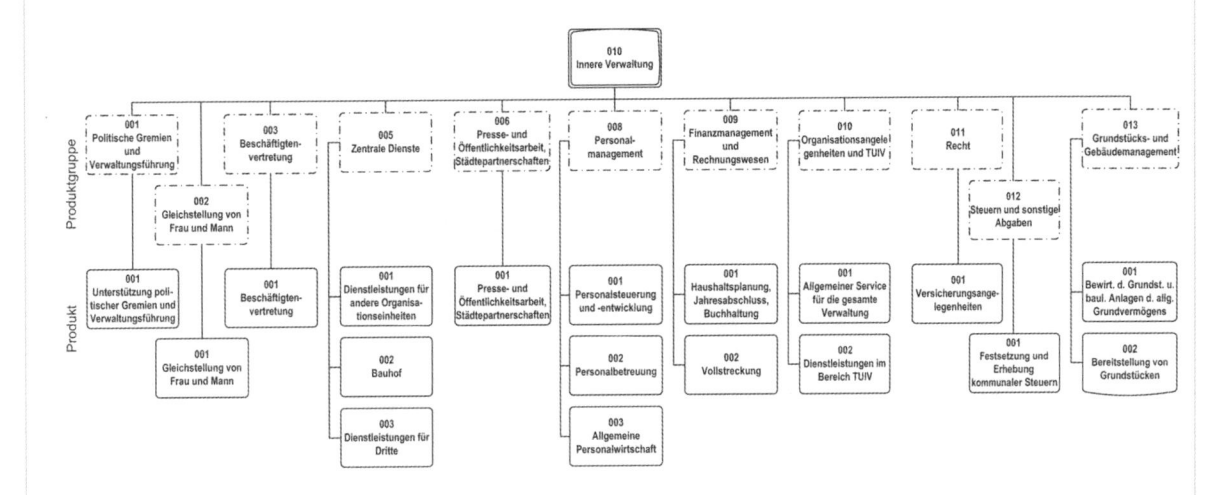

Teilergebnisplan Ertrags- und Aufwandsarten in €	Ergebnis 2004	Ansatz 2005	Ansatz 2006	Planung 2007	Planung 2008	Planung 2009
+ Zuwendungen und allgemeine Umlagen	211.525,00	197.000	194.900	94.900	94.900	94.900
+ Öffentlich-rechtliche Leistungsentgelte	19.652,40	7.700	7.700	7.700	7.800	7.800
+ Privatrechtliche Leistungsentgelte	193.763,17	191.500	187.600	187.500	187.400	187.300
+ Kostenerstattungen und Kostenumlagen	364.092,72	327.650	433.100	420.700	422.300	423.300
+ Sonstige ordentliche Erträge	97.892,78	516.670	278.000	18.000	18.000	18.000
= Ordentliche Erträge	886.926,07	1.240.520	1.101.300	728.800	730.400	731.300
- Personalaufwendungen	2.206.886,62	2.182.900	2.210.900	2.210.900	2.222.800	2.222.800
- Versorgungsaufwendungen	832.646,00	350.500	412.000	412.000	412.000	412.000
- Aufwendungen für Sach- und Dienstleistungen	399.092,37	311.900	452.000	390.700	393.700	396.700
- Bilanzielle Abschreibungen	110.159,00	112.600	105.800	106.800	106.800	105.800
- Transferaufwendungen	796,60	1.000	68.300	68.300	68.300	68.300
- Sonstige ordentliche Aufwendungen	773.427,35	723.700	823.100	820.600	818.500	817.500
= Ordentliche Aufwendungen	4.323.007,94	3.682.600	4.072.100	4.009.300	4.022.100	4.023.100
= Ergebnis der laufenden Verwaltungstätigkeit	-3.436.081,87	-2.442.080	-2.970.800	-3.280.500	-3.291.700	-3.291.800
+ Finanzerträge	1.131,64	0	0	0	0	0
- Zinsen und sonstige Finanzaufwendungen	66.413,01	36.600	29.600	20.500	15.800	13.000
= Finanzergebnis	-65.281,37	-36.600	-29.600	-20.500	-15.800	-13.000
= Ordentliches Ergebnis	-3.501.363,24	-2.478.680	-3.000.400	-3.301.000	-3.307.500	-3.304.800
+ Erträge aus internen Leistungsbeziehungen	897.900,52	958.000	930.200	928.800	928.600	927.600
- Aufwendungen aus internen Leistungsbeziehungen	84.918,49	83.300	87.200	87.200	87.000	87.000
= Saldo aus internen Leistungsbeziehungen	812.982,03	874.700	843.000	841.600	841.600	840.600
= Ergebnis	-2.688.381,21	-1.603.980	-2.157.400	-2.459.400	-2.465.900	-2.464.200

Teilfinanzplan Ein- und Auszahlungsarten in €	Ergebnis 2004	Ansatz 2005	Ansatz 2006 Ansatz	Ansatz 2006 Verpfl.	Planung 2007	Planung 2008	Planung 2009
+ Zuwendungen und allgemeine Umlagen	116.904,15	200.000	0	0	0	0	0
+ Öffentlich-rechtliche Leistungsentgelte	19.287,47	7.700	7.700	0	7.700	7.800	7.800
+ Privatrechtliche Leistungsentgelte	187.069,72	191.500	187.600	0	187.500	187.400	187.300
+ Kostenerstattungen, Kostenumlagen	266.851,29	327.650	585.900	0	576.700	581.600	582.600
+ Sonstige Einzahlungen	25.779,06	23.000	18.000	0	18.000	18.000	18.000
+ Zinsen und sonstige Finanzeinzahlungen	1.131,64	0	0	0	0	0	0
= Einzahlungen aus laufender Verwaltungstätigkeit	617.023,33	749.850	799.200	0	789.900	794.800	795.700
- Personalauszahlungen	2.076.329,46	1.994.800	2.057.600	0	2.057.600	2.066.900	2.066.900
- Versorgungsauszahlungen	492.057,12	518.400	603.000	0	603.000	603.000	603.000
- Auszahlungen für Sach- und Dienstleistungen	393.664,23	311.900	458.100	0	606.700	609.700	386.700
- Zinsen und sonstige Finanzauszahlungen	66.413,01	36.600	29.600	0	20.500	15.800	13.000
- Transferauszahlungen	916,60	1.000	68.300	0	68.300	68.300	68.300
- Sonstige Auszahlungen	869.578,68	823.700	864.300	0	806.700	834.600	803.600
= Auszahlungen aus laufender Verwaltungstätigkeit	3.898.959,10	3.686.400	4.080.900	0	4.162.800	4.198.300	3.941.500
= Saldo aus laufender Verwaltungstätigkeit	-3.281.935,77	-2.936.550	-3.281.700	0	-3.372.900	-3.403.500	-3.145.800
+ Einz. a. Zuwendungen f. Investitionsmaßnahmen	0,00	0	25.000	0	0	0	0
+ Einz. aus der Veräußerung von Sachanlagen	173.510,29	575.000	328.800	0	0	0	0
= Einzahlungen aus Investitionstätigkeit	173.510,29	575.000	353.800	0	0	0	0
- Auszahlungen für Baumaßnahmen	0,00	0	50.000	0	0	0	0
- Ausz. für den Erwerb von bewegl. Anlageverm.	6.960,00	6.000	16.900	0	12.000	12.000	12.000
= Auszahlungen aus Investitionstätigkeit	6.960,00	6.000	66.900	0	12.000	12.000	12.000
= Saldo aus Investitionstätigkeit	166.550,29	569.000	286.900	0	-12.000	-12.000	-12.000
+ Aufnahme und Rückflüsse von Darlehen	3.981,28	5.100	5.100	0	5.100	5.100	5.100
= Einzahlungen aus Finanzierungstätigkeit	3.981,28	5.100	5.100	0	5.100	5.100	5.100
- Tilgung und Gewährung von Darlehen	10.674,59	0	0	0	0	0	0
= Auszahlungen aus Finanzierungstätigkeit	10.674,59	0	0	0	0	0	0
= Saldo aus Finanzierungstätigkeit	-6.693,31	5.100	5.100	0	5.100	5.100	5.100
= Saldo des Teilfinanzplanes	-3.122.078,79	-2.362.450	-2.989.700	0	-3.379.800	-3.410.400	-3.152.700

Stellenplanübersicht

Vollzeitstellen Beamte	Anz.	10,75
Vollzeitstellen tariflich Beschäftigte	Anz.	40,79

Gemeinde Hiddenhausen 355

Anschließend erfolgt die Darstellung analog für jedes einzelne Produkt des jeweiligen Produktbereichs; hier wird exemplarisch **„Unterstützung politischer Gremien und Verwaltungsführung"** abgedruckt:[143]

Produktbereich:	010 Innere Verwaltung
Produktgruppe:	001 Politische Gremien und Verwaltungsführung
Produkt:	001 Unterstützung politischer Gremien und Verwaltungsführung

Kurzbeschreibung
- Verwaltungsleitung
- Unterstützung der politischen Gremien
- Beteiligungsmanagement
- Eigenbetriebe

Ziele	Zielgruppe/n
Optimierung der Verwaltungsabläufe	EinwohnerInnen, MitarbeiterInnen
Auftragsgrundlage	**Gremien**
Landesgesetze, Organisatorische Regelungen	Rat
Budgetverantwortliche/r	**Produktverantwortliche/r**
Regina Wachowiak	Jutta Schnitker

Teilergebnisplan Ertrags- und Aufwandsarten in €	Ergebnis 2004	Ansatz 2005	Ansatz 2006	Planung 2007	Planung 2008	Planung 2009
+ Öffentlich-rechtliche Leistungsentgelte	312,50	100	100	100	200	200
+ Privatrechtliche Leistungsentgelte	794,07	500	500	500	500	500
+ Kostenerstattungen und Kostenumlagen	18.540,69	26.000	26.500	27.100	27.700	27.700
= Ordentliche Erträge	**19.647,26**	**26.600**	**27.100**	**27.700**	**28.400**	**28.400**
- Personalaufwendungen	316.835,34	281.100	292.300	292.300	292.300	292.300
- Aufwendungen für Sach- und Dienstleistungen	2.117,58	1.700	2.300	2.300	2.300	2.300
- Transferaufwendungen	644,20	800	800	800	800	800
- Sonstige ordentliche Aufwendungen	187.710,00	181.000	189.300	189.400	189.300	189.300
= Ordentliche Aufwendungen	**507.307,12**	**464.600**	**484.700**	**484.800**	**484.700**	**484.700**
= Ergebnis der laufenden Verwaltungstätigkeit	**-487.659,86**	**-438.000**	**-457.600**	**-457.100**	**-456.300**	**-456.300**
- Zinsen und sonstige Finanzaufwendungen	10.223,86	10.100	7.400	7.300	7.100	7.000
= Finanzergebnis	**-10.223,86**	**-10.100**	**-7.400**	**-7.300**	**-7.100**	**-7.000**
= Ordentliches Ergebnis	**-497.883,72**	**-448.100**	**-465.000**	**-464.400**	**-463.400**	**-463.300**
- Aufwendungen aus internen Leistungsbeziehungen	18.866,61	19.000	16.600	16.600	16.600	16.600
= Saldo aus internen Leistungsbeziehungen	**-18.866,61**	**-19.000**	**-16.600**	**-16.600**	**-16.600**	**-16.600**
= Ergebnis	**-516.750,33**	**-467.100**	**-481.600**	**-481.000**	**-480.000**	**-479.900**

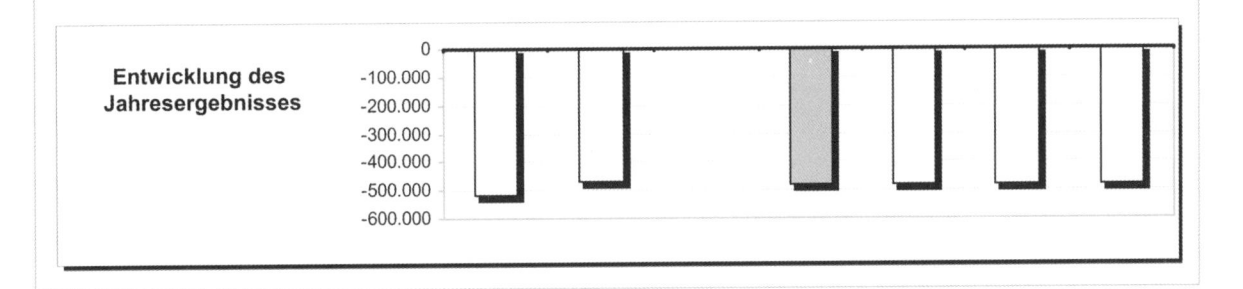

Entwicklung des Jahresergebnisses

---

[143] Vgl. Gemeinde Hiddenhausen (2006) S. 36 f.

Teilfinanzplan Ein- und Auszahlungsarten in €	Ergebnis 2004	Ansatz 2005	Ansatz 2006 Ansatz	Ansatz 2006 Verpfl.	Planung 2007	Planung 2008	Planung 2009
+ Öffentlich-rechtliche Leistungsentgelte	135,00	100	100	0	100	200	200
+ Privatrechtliche Leistungsentgelte	1.683,68	500	500	0	500	500	500
+ Kostenerstattungen, Kostenumlagen	22.498,35	26.000	26.500	0	27.100	27.700	27.700
= Einzahlungen aus laufender Verwaltungstätigkeit	24.317,03	26.600	27.100	0	27.700	28.400	28.400
- Personalauszahlungen	231.756,05	240.100	260.400	0	260.400	260.400	260.400
- Auszahlungen für Sach- und Dienstleistungen	2.767,05	1.700	2.100	0	2.100	2.100	2.100
- Zinsen und sonstige Finanzauszahlungen	10.223,86	10.100	7.400	0	7.300	7.100	7.000
- Transferauszahlungen	764,20	800	800	0	800	800	800
- Sonstige Auszahlungen	213.733,33	181.000	184.800	0	184.900	184.800	184.800
= Auszahlungen aus laufender Verwaltungstätigkeit	459.244,49	433.700	455.500	0	455.500	455.200	455.100
= Saldo aus laufender Verwaltungstätigkeit	-434.927,46	-407.100	-428.400	0	-427.800	-426.800	-426.700
+ Einz. aus der Veräußerung von Sachanlagen	5.000,00	0	0	0	0	0	0
= Einzahlungen aus Investitionstätigkeit	5.000,00	0	0	0	0	0	0
- Ausz. für den Erwerb von bewegl. Anlageverm.	0,00	0	200	0	200	200	200
= Auszahlungen aus Investitionstätigkeit	0,00	0	200	0	200	200	200
= Saldo aus Investitionstätigkeit	5.000,00	0	-200	0	-200	-200	-200
= Saldo des Teilfinanzplanes	-429.927,46	-407.100	-428.600	0	-428.000	-427.000	-426.900

Investitionsmaßnahmen (in T€)	Gesamtbedarf	bisher bereitgestellt	RE 2004	Plan 2005	Plan 2006	VE 2006	Plan 2007	Plan 2008	Plan 2009	spätere Jahre
Investitionstätigkeit unter der Wertgrenze										
7923000 Einzahl. Veräußer. bew. Vermö.	0,0	0,0	5,0	0,0	0,0	0,0	0,0	0,0	0,0	
Investive Einzahlungen	0,0	0,0	5,0	0,0	0,0	0,0	0,0	0,0	0,0	
8924200 Ausz. Erwerb bewegl. Vermögen	0,0	0,0	0,0	0,0	0,2	0,0	0,2	0,2	0,2	0,0
Investive Auszahlungen	0,0	0,0	0,0	0,0	0,2	0,0	0,2	0,2	0,2	0,0
Saldo Weitere Investitionstätigkeit	0,0	0,0	5,0	0,0	-0,2	0,0	-0,2	-0,2	-0,2	0,0
Saldo Investitionstätigkeit	0,0	0,0	5,0	0,0	-0,2	0,0	-0,2	-0,2	-0,2	0,0

Stellenplanübersicht		
Vollzeitstellen Beamte	Anz.	1,45
Vollzeitstellen tariflich Beschäftigte	Anz.	2,80

Erläuterungen

Dargestellt werden die Aufwendungen im Zusammenhang mit Rat, Ausschüssen und Verwaltungsleitung. Ein wesentlicher Bestandteil sind die Personalaufwendungen. Die sonstigen ordentlichen Aufwendungen enthalten mit 140.600 € auch Aufwandsentschädigungen und Sitzungsgelder für die Mitglieder des Rates.

Wie die Abbildungen zeigen, wird **für jedes Produkt das Gliederungsschema der §§ 2–3 GemHVO-NW angewendet**, insoweit keine Nullpositionen bestehen. In Hiddenhausen ist außerdem eine recht differenzierte interne Leistungsverrechnung bereits im Haushaltsplan umgesetzt, wie auch die Darstellung des **Produktbereichs „Schulen"** verdeutlicht:[144]

---

[144] Vgl. Gemeinde Hiddenhausen (2006) S. 122 ff.

Gemeinde Hiddenhausen 357

Produktbereich: 070 Schulen
Produktgruppe: 001 Bereitstellung schulischer Einrichtungen
Produkt: 001 Bereitstellung von Grundschulen incl. Integrationsklassen

Kurzbeschreibung
- Unterhaltung und Bewirtschaftung der Grundstücke und baulichen Anlagen der sechs Grundschulen
- Bereitstellung von Lehr- und Lernmitteln
- Vergabe schulischer Einrichtungen an Dritte

Ziele
- Sicherstellung und Weiterentwicklung eines bedarfsgerechten wohnungsnahen Grundschulangebotes
- Multifunktionale Nutzung der Gebäude

Zielgruppe/n
- SchülerInnen
- Vereine und Einrichtungen

Auftragsgrundlage
Landesgesetze, Daseinsvorsorge

Gremien
Ausschuss für Schule, Sport und Kultur

Budgetverantwortliche/r
Uwe Schröder

Produktverantwortliche/r
Sven Rabeneck, Nicole Adomeit

Teilergebnisplan Ertrags- und Aufwandsarten in €	Ergebnis 2004	Ansatz 2005	Ansatz 2006	Planung 2007	Planung 2008	Planung 2009
+ Zuwendungen und allgemeine Umlagen	213.496,08	209.500	213.000	229.700	238.000	244.800
+ Privatrechtliche Leistungsentgelte	66.833,72	71.000	72.000	72.000	72.000	72.000
+ Kostenerstattungen und Kostenumlagen	119.218,79	103.000	111.000	111.000	111.000	111.000
+ Sonstige ordentliche Erträge	199,00	0	0	0	0	0
= Ordentliche Erträge	399.747,59	383.500	396.000	412.700	421.000	427.800
- Personalaufwendungen	605.597,92	634.500	559.300	559.300	559.300	559.300
- Aufwendungen für Sach- und Dienstleistungen	415.228,38	412.250	657.400	578.800	407.000	376.500
- Bilanzielle Abschreibungen	253.453,00	253.500	255.200	256.900	256.900	255.300
- Sonstige ordentliche Aufwendungen	109.483,39	97.000	156.500	105.900	105.900	105.900
= Ordentliche Aufwendungen	1.383.762,69	1.397.250	1.628.400	1.500.900	1.329.100	1.297.000
= Ergebnis der laufenden Verwaltungstätigkeit	-984.015,10	-1.013.750	-1.232.400	-1.088.200	-908.100	-869.200
- Zinsen und sonstige Finanzaufwendungen	81.541,34	80.100	76.500	74.500	72.800	71.100
= Finanzergebnis	-81.541,34	-80.100	-76.500	-74.500	-72.800	-71.100
= Ordentliches Ergebnis	-1.065.556,44	-1.093.850	-1.308.900	-1.162.700	-980.900	-940.300
- Aufwendungen aus internen Leistungsbeziehungen	71.241,16	61.800	58.200	58.200	58.200	58.200
= Saldo aus internen Leistungsbeziehungen	-71.241,16	-61.800	-58.200	-58.200	-58.200	-58.200
= Ergebnis	-1.136.797,60	-1.155.650	-1.367.100	-1.220.900	-1.039.100	-998.500

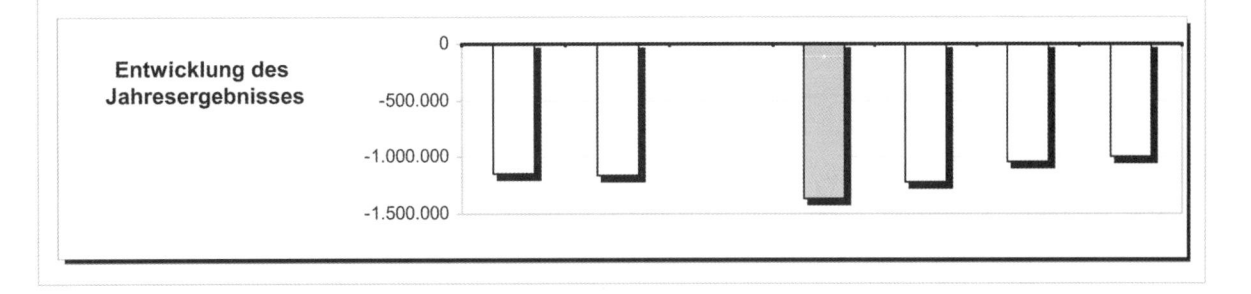

Entwicklung des Jahresergebnisses

Teilfinanzplan Ein- und Auszahlungsarten in €	Ergebnis 2004	Ansatz 2005	Ansatz 2006		Planung 2007	Planung 2008	Planung 2009
			Ansatz	Verpfl.			
+ Zuwendungen und allgemeine Umlagen	360.232,53	333.800	341.000	0	374.400	391.000	404.600
+ Privatrechtliche Leistungsentgelte	81.696,58	81.400	82.900	0	82.900	82.900	82.900
+ Kostenerstattungen, Kostenumlagen	207.434,68	128.600	181.600	0	181.600	181.600	181.600
= Einzahlungen aus laufender Verwaltungstätigkeit	649.363,79	543.800	605.500	0	638.900	655.500	669.100
- Personalauszahlungen	1.092.921,24	1.086.000	1.011.100	0	1.011.100	1.011.100	1.011.100
- Auszahlungen für Sach- und Dienstleistungen	1.421.713,45	1.899.950	1.386.000	0	1.863.400	1.163.000	1.063.600
- Zinsen und sonstige Finanzauszahlungen	225.853,10	213.900	204.100	0	198.400	192.700	187.000
- Transferauszahlungen	1.921,80	2.000	2.000	0	2.000	2.000	2.000
- Sonstige Auszahlungen	214.602,29	218.480	286.600	0	225.500	225.500	225.500
= Auszahlungen aus laufender Verwaltungstätigkeit	2.957.011,88	3.420.330	2.889.800	0	3.300.400	2.594.300	2.489.200
= Saldo aus laufender Verwaltungstätigkeit	-2.307.648,09	-2.876.530	-2.284.300	0	-2.661.500	-1.938.800	-1.820.100
+ Einz. aus der Veräußerung von Sachanlagen	200,00	0	0	0	0	0	0
= Einzahlungen aus Investitionstätigkeit	200,00	0	0	0	0	0	0
- Auszahlungen für Baumaßnahmen	0,00	72.700	140.000	0	0	0	0
- Ausz. für den Erwerb von bewegl. Anlageverm.	0,00	0	49.100	0	38.800	38.800	102.800
= Auszahlungen aus Investitionstätigkeit	0,00	72.700	189.100	0	38.800	38.800	102.800
= Saldo aus Investitionstätigkeit	200,00	-72.700	-189.100	0	-38.800	-38.800	-102.800
= Saldo des Teilfinanzplanes	-2.307.448,09	-2.949.230	-2.473.400	0	-2.700.300	-1.977.600	-1.922.900

Stellenplanübersicht		
Vollzeitstellen Beamte	Anz.	1,26
Vollzeitstellen tariflich Beschäftigte	Anz.	26,32

Gemeinde Hiddenhausen

Produktbereich:	070	Schulen
Produktgruppe:	001	Bereitstellung schulischer Einrichtungen
Produkt:	001	Bereitstellung von Grundschulen incl. Integrationsklassen

Kurzbeschreibung
- Unterhaltung und Bewirtschaftung der Grundstücke und baulichen Anlagen der sechs Grundschulen
- Bereitstellung von Lehr- und Lernmitteln
- Vergabe schulischer Einrichtungen an Dritte

Ziele	Zielgruppe/n
- Sicherstellung und Weiterentwicklung eines bedarfsgerechten wohnungsnahen Grundschulangebotes - Multifunktionale Nutzung der Gebäude	- SchülerInnen - Vereine und Einrichtungen

Auftragsgrundlage	Gremien
Landesgesetze, Daseinsvorsorge	Ausschuss für Schule, Sport und Kultur

Budgetverantwortliche/r	Produktverantwortliche/r
Uwe Schröder	Sven Rabeneck, Nicole Adomeit

Teilergebnisplan Ertrags- und Aufwandsarten in €	Ergebnis 2004	Ansatz 2005	Ansatz 2006	Planung 2007	Planung 2008	Planung 2009
+ Zuwendungen und allgemeine Umlagen	213.496,08	209.500	213.000	229.700	238.000	244.800
+ Privatrechtliche Leistungsentgelte	66.833,72	71.000	72.000	72.000	72.000	72.000
+ Kostenerstattungen und Kostenumlagen	119.218,79	103.000	111.000	111.000	111.000	111.000
+ Sonstige ordentliche Erträge	199,00	0	0	0	0	0
= Ordentliche Erträge	399.747,59	383.500	396.000	412.700	421.000	427.800
- Personalaufwendungen	605.597,92	634.500	559.300	559.300	559.300	559.300
- Aufwendungen für Sach- und Dienstleistungen	415.228,38	412.250	657.400	578.800	407.000	376.500
- Bilanzielle Abschreibungen	253.453,00	253.500	255.200	256.900	256.900	255.300
- Sonstige ordentliche Aufwendungen	109.483,39	97.000	156.500	105.900	105.900	105.900
= Ordentliche Aufwendungen	1.383.762,69	1.397.250	1.628.400	1.500.900	1.329.100	1.297.000
= Ergebnis der laufenden Verwaltungstätigkeit	-984.015,10	-1.013.750	-1.232.400	-1.088.200	-908.100	-869.200
- Zinsen und sonstige Finanzaufwendungen	81.541,34	80.100	76.500	74.500	72.800	71.100
= Finanzergebnis	-81.541,34	-80.100	-76.500	-74.500	-72.800	-71.100
= Ordentliches Ergebnis	-1.065.556,44	-1.093.850	-1.308.900	-1.162.700	-980.900	-940.300
- Aufwendungen aus internen Leistungsbeziehungen	71.241,16	61.800	58.200	58.200	58.200	58.200
= Saldo aus internen Leistungsbeziehungen	-71.241,16	-61.800	-58.200	-58.200	-58.200	-58.200
= Ergebnis	-1.136.797,60	-1.155.650	-1.367.100	-1.220.900	-1.039.100	-998.500

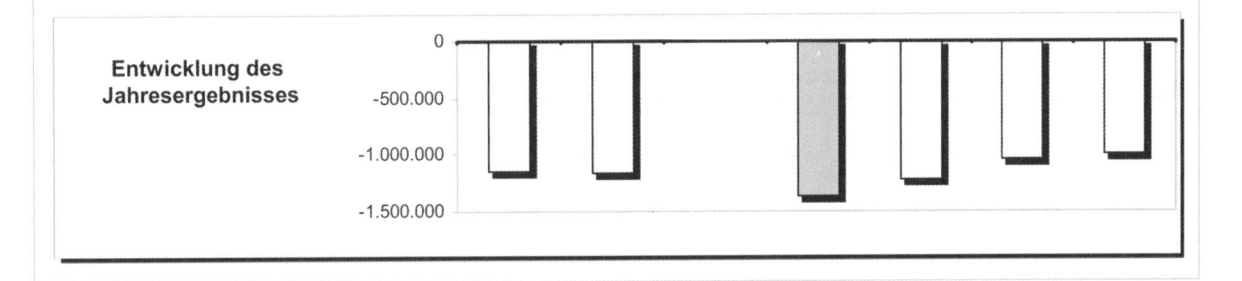

Entwicklung des Jahresergebnisses

Teilfinanzplan Ein- und Auszahlungsarten in €	Ergebnis 2004	Ansatz 2005	Ansatz 2006 Ansatz	Ansatz 2006 Verpfl.	Planung 2007	Planung 2008	Planung 2009
+ Zuwendungen und allgemeine Umlagen	163.040,08	166.900	170.500	0	187.200	195.500	202.300
+ Privatrechtliche Leistungsentgelte	66.601,55	71.000	72.000	0	72.000	72.000	72.000
+ Kostenerstattungen, Kostenumlagen	132.351,48	103.000	111.000	0	111.000	111.000	111.000
= Einzahlungen aus laufender Verwaltungstätigkeit	361.993,11	340.900	353.500	0	370.200	378.500	385.300
- Personalauszahlungen	631.497,39	631.800	556.100	0	556.100	556.100	556.100
- Auszahlungen für Sach- und Dienstleistungen	416.768,82	413.450	642.000	0	563.400	391.600	347.100
- Zinsen und sonstige Finanzauszahlungen	81.541,34	80.100	76.500	0	74.500	72.800	71.100
- Transferauszahlungen	526,00	0	0	0	0	0	0
- Sonstige Auszahlungen	109.470,80	97.000	156.500	0	105.900	105.900	105.900
= Auszahlungen aus laufender Verwaltungstätigkeit	1.239.804,35	1.222.350	1.431.100	0	1.299.900	1.126.400	1.080.200
= Saldo aus laufender Verwaltungstätigkeit	-877.811,24	-881.450	-1.077.600	0	-929.700	-747.900	-694.900
+ Einz. aus der Veräußerung von Sachanlagen	200,00	0	0	0	0	0	0
= Einzahlungen aus Investitionstätigkeit	200,00	0	0	0	0	0	0
- Auszahlungen für Baumaßnahmen	0,00	0	140.000	0	0	0	0
- Ausz. für den Erwerb von bewegl. Anlageverm.	0,00	0	25.700	0	15.400	15.400	29.400
= Auszahlungen aus Investitionstätigkeit	0,00	0	165.700	0	15.400	15.400	29.400
= Saldo aus Investitionstätigkeit	200,00	0	-165.700	0	-15.400	-15.400	-29.400
= Saldo des Teilfinanzplanes	-877.611,24	-881.450	-1.243.300	0	-945.100	-763.300	-724.300

Investitionsmaßnahmen (in T€)	Gesamt- bedarf	bisher bereit- gestellt	RE 2004	Plan 2005	Plan 2006	VE 2006	Plan 2007	Plan 2008	Plan 2009	spätere Jahre
N 06070001 Turnhallendach GS Hiddenhausen										
8926100 Abwicklung Baumaßnahme/Auftrag	140,0	0,0	0,0	0,0	140,0	0,0	0,0	0,0	0,0	0,0
Investive Auszahlungen	140,0	0,0	0,0	0,0	140,0	0,0	0,0	0,0	0,0	0,0
Saldo Abwicklung Baumaßnahme/Auftrag	-140,0	0,0	0,0	0,0	-140,0	0,0	0,0	0,0	0,0	0,0
Investitionstätigkeit unter der Wertgrenze										
7923000 Einzahl. Veräußer. bew. Vermö.	0,0	0,0	0,2	0,0	0,0	0,0	0,0	0,0	0,0	0,0
Investive Einzahlungen	0,0	0,0	0,2	0,0	0,0	0,0	0,0	0,0	0,0	0,0
8924200 Ausz. Erwerb bewegl. Vermögen	0,0	0,0	0,0	0,0	5,5	0,0	5,5	5,5	5,5	0,0
8924202 Ausz. Erwerb bew. Verm. (BGA)	0,0	0,0	0,0	0,0	1,6	0,0	1,6	1,6	15,6	0,0
8923000 Erwerb von Softwarelizenzen	0,0	0,0	0,0	0,0	10,3	0,0	0,0	0,0	0,0	0,0
8924201 Ausz. Erwerb bew. Verm. (BGA)	0,0	0,0	0,0	0,0	2,4	0,0	2,4	2,4	2,4	0,0
8924203 Ausz. Erwerb bew. Verm. (BGA)	0,0	0,0	0,0	0,0	1,7	0,0	1,7	1,7	1,7	0,0
8924206 Ausz. Erwerb bew. Verm. (BGA)	0,0	0,0	0,0	0,0	1,5	0,0	1,5	1,5	1,5	0,0
8924204 Ausz. Erwerb bew. Verm. (BGA)	0,0	0,0	0,0	0,0	1,5	0,0	1,5	1,5	1,5	0,0
8924205 Ausz. Erwerb bew. Verm. (BGA)	0,0	0,0	0,0	0,0	1,2	0,0	1,2	1,2	1,2	0,0
Investive Auszahlungen	0,0	0,0	0,0	0,0	25,7	0,0	15,4	15,4	29,4	0,0
Saldo Weitere Investitionstätigkeit	0,0	0,0	0,2	0,0	-25,7	0,0	-15,4	-15,4	-29,4	0,0
Saldo Investitionstätigkeit	-140,0	0,0	0,2	0,0	-165,7	0,0	-15,4	-15,4	-29,4	85,9

Stellenplanübersicht

Vollzeitstellen Beamte	Anz.	0,50
Vollzeitstellen tariflich Beschäftigte	Anz.	14,63

Erläuterungen

Nach den in 2003 und 2004 vorgenommenen Kürzungen stehen den Grundschulen insgesamt in diesem Jahr 72 € pro SchülerIn (58,50 € zzgl.

> 13,50 € Vermögen) als Budget zur Verfügung. Unter Einbeziehung eines Betrages von 4.320 € für die Integrationsklassen an der Grundschule Lippinghausen ergibt sich bei 946 Schülern ein Betrag von 72.470 €.
> Unterhaltungsmaßnahmen an den Schulgebäuden sind in 2006 auf ein Mindestmaß reduziert. Vorgesehen sind:
> Grundschule Oetinghausen - Blitzschutzanlage (20.000 €),
> Maurer-, Putz- und Isolierungsarbeiten Altbau Grundschule Schweicheln-Bermbeck (50.000 €),
> Verkabelung der Klassenräume in den Grundschulen (23.000 €),
> Erneuerung der Dacheindeckung und Renovierung des ehemaligen Schulkindergartens Sundern (36.000 €),
> Dachsanierung Fahrradunterstand Grundschule Hiddenhausen (5.500 €),
> Installation einer Brandmeldeanlage in der Grundschule Sundern (17.000 €),
> laufende Unterhaltung rd. 10.000 € je Grundschule.
> Für 2006 ist die Sanierung der WC-Anlagen an der Grundschule Eilshausen mit 138.000 € vorgesehen. Ferner ist das Dach der WC-Anlage zu erneuern (24.500 €). Auch die aufgrund witterungsbedingter Beschädigung notwendige Neueindeckung des Turnhallendaches der Grundschule Hiddenhausen ist mit 140.000 € berücksichtigt.
> Die Einrichtung von PC-Netzwerken in den Grundschulen erfordert:
> 14.300 € an Miete für die Hardware,
> 55.700 € für die Softwareinstallation und
> 23.000 € für Verkabelungsarbeiten.

Aus den gegebenen Erläuterungen lassen sich zwar nicht die budgetierten Aufwands- und Ertragspositionen (und auch nicht die Schülerzahlen) der einzelnen Grundschulen ablesen, allerdings werden die Investitionsmaßnahmen bezogen auf jede einzelne Schule erläutert. Als besonders aussagekräftig werten wir die **differenzierten Angaben über Vollzeitstellen pro Produkt**.

Insgesamt überzeugt die redaktionelle Qualität des Haushalts. Wenn man das beachtliche Haushaltsvolumen (358 Seiten für 21.000 Einwohner) berücksichtigt, sollte unseres Erachtens geprüft werden, welche Vereinfachungen und Straffungen vielleicht noch möglich sind.[145]

9.3.9 Stadt Fröndenberg (2006)

Der erste doppische Haushalt der Stadt Fröndenberg (22.000 Einwohner) mit insgesamt 497 Seiten enthält:

- Vorbericht
- Haushaltssatzung
- vorläufige Eröffnungsbilanz
- Gesamtergebnisplan
- Gesamtfinanzplan
- Gesamtergebnisplan mit internen Leistungsverrechnungen
- Teilergebnispläne für die vorgeschriebenen 17 Produktbereiche, die jeweils untergliedert werden in 80 Produkte
- Produktübergreifend: Personalausgaben
- (vorgeschriebene) Anlagen einschließlich Stellenplan.

---

[145] Vgl. hierzu unsere Vorschläge für eine Stadt der Größenordnung von Hiddenhausen.

Die Vorgehensweise auf Ebene der Produkte verdeutlichen wir zunächst anhand der Schulträgeraufgaben. Zunächst wird der Teilergebnisplan und Teilfinanzplan für den **Produktbereich „Schulträgeraufgaben"** dargestellt:[146]

Stadt Fröndenberg/Ruhr   10.07.2006

Produktplan 2006

Produktbereich 03   Schulträgeraufgaben

Teilergebnisplan Ertrags- und Aufwandsarten	Ansatz Haushaltsjahr 2006	Planung Haushaltsjahr 2007	Planung Haushaltsjahr 2008	Planung Haushaltsjahr + 3 2009
1 Steuern und ähnliche Abgaben	0	0	0	0
2 + Zuwendungen und allgemeine Umlagen	284.354	284.354	284.354	284.354
3 + Sonstige Transfererträge	118.600	117.000	117.000	72.000
4 + Öffentlich-rechtliche Leistungsentgelte	0	0	0	0
5 + Privatrechtliche Leistungsentgelte	110.000	140.000	140.000	140.000
6 + Kostenerstattungen und Kostenumlagen	8.963	8.960	8.960	8.960
7 + Sonstige ordentliche Erträge	0	0	0	0
8 + Aktivierte Eigenleistungen	0	0	0	0
9 +/- Bestandsveränderungen	0	0	0	0
10 = Ordentliche Erträge	521.917	550.314	550.314	505.314
11 - Personalaufwendungen	717.300	717.300	717.300	717.300
12 - Versorgungsaufwendungen	0	0	0	0
13 - Aufwendungen für Sach- und Dienstleistungen	1.923.604	1.982.400	1.860.700	1.893.400
14 - Bilanzielle Abschreibungen	461.150	461.150	461.150	461.150
15 - Transferaufwendungen	143.960	142.360	142.360	142.360
16 - Sonstige ordentliche Aufwendungen	225.576	234.990	240.990	241.990
17 = Ordentliche Aufwendungen	3.471.590	3.538.200	3.422.500	3.456.200
18 = Ergebnis der laufenden Verwaltungstätigkeit	-2.949.673	-2.987.886	-2.872.186	-2.950.886
19 + Finanzerträge	0	0	0	0
20 - Zinsen und ähnliche Aufwendungen	0	0	0	0
21 = Finanzergebnis	0	0	0	0
22 = Ordentliches Ergebnis	-2.949.673	-2.987.886	-2.872.186	-2.950.886
23 + Außerordentliche Erträge	0	0	0	0
24 - Außerordentliche Aufwendungen	0	0	0	0
25 = Außerordentliches Ergebnis	0	0	0	0
26 = Ergebnis - vor Berücksichtigung der internen Leistungsbeziehungen -	-2.949.673	-2.987.886	-2.872.186	-2.950.886
27 + Erträge aus internen Leistungsbeziehungen	0	0	0	0
28 - Aufwendungen aus internen Leistungsbeziehungen	0	0	0	0

Stadt Fröndenberg/Ruhr   10.07.2006

Produktplan 2006

Produktbereich 03   Schulträgeraufgaben

Teilergebnisplan Ertrags- und Aufwandsarten	Ansatz Haushaltsjahr 2006	Planung Haushaltsjahr 2007	Planung Haushaltsjahr 2008	Planung Haushaltsjahr + 3 2009
29 = Ergebnis	-2.949.673	-2.987.886	-2.872.186	-2.950.886

---

[146] Vgl. Stadt Fröndenberg (2006) S. 121 ff. Die Ausdrucke stammen offensichtlich aus der Standardsoftware MPS.

Stadt Fröndenberg

Stadt Fröndenberg/Ruhr
10.07.2006

Produktplan 2006

Produktbereich 03 Schulträgeraufgaben

Teilfinanzplan - Zahlungsübersicht Ein- und Auszahlungsarten	Ansatz Haushaltsjahr 2006	Verpf.erm. 2006	Planung Haushaltsjahr 2007	Planung Haushaltsjahr 2008	Planung Haushaltsjahr + 3 2009
A. Laufende Verwaltungstätigkeit					
Steuern und ähnliche Abgaben	0	0	0	0	0
+ Zuwendungen und allgemeine Umlagen	1.534	0	1.534	1.534	1.534
+ Sonstige Transfereinzahlungen	118.600	0	117.000	117.000	72.000
+ Öffentlich-rechtliche Leistungsentgelte	0	0	0	0	0
+ Privatrechtliche Leistungsentgelte	110.000	0	140.000	140.000	140.000
+ Kostenerstattungen und Kostenumlagen	8.963	0	8.960	8.960	8.960
+ Sonstige Einzahlungen	0	0	0	0	0
+ Zinsen und sonstige Finanzeinzahlungen	0	0	0	0	0
= Einzahlungen aus laufender Verwaltungstätigkeit	239.097	0	267.494	267.494	222.494
- Personalauszahlungen	717.300	0	717.300	717.300	724.700
- Versorgungsauszahlungen	0	0	0	0	0
- Auszahlungenn für Sach- und Dienstleistungen	1.923.604	0	1.982.400	1.860.700	1.893.400
- Zinsen und sonstige Finanzauszahlungen	0	0	0	0	0
- Transferauszahlungen	143.960	0	141.360	141.360	141.360
- Sonstige Auszahlungen	128.104	0	128.090	134.090	134.090
= Auszahlungen aus laufender Verwaltungstätigkeit	2.912.968	0	2.969.150	2.853.450	2.893.550
Saldo aus laufender Verwaltungstätigkeit	-2.673.871	0	-2.701.656	-2.585.956	-2.671.056
B. Investitionstätigkeit					
Einzahlungen					
aus Zuwendungen für Investitionsmaßnahmen	57.500	0	0	0	0
aus der Veräußerung von Sachanlagen	0	0	0	0	0
aus der Veräußerung von Finanzanlagen	0	0	0	0	0
aus Beiträgen u.ä. Entgelten	0	0	0	0	0
Sonstige Investitionseinzahlungen	0	0	0	0	0
= Summe der invest. Einzahlungen	57.500	0	0	0	0
Auszahlungen					
für den Erwerb von Grundstücken und Gebäuden	0	0	0	0	0
für Baumaßnahmen	89.100	0	517.000	75.000	75.000
für den Erwerb von beweglichem Anlagevermögen	6.476	0	0	0	0
für den Erwerb von Finanzanlagen	0	0	0	0	0
von aktivierbaren Zuwendungen	0	0	0	0	0
Sonstige Investitionsauszahlungen	0	0	0	0	0

Stadt Fröndenberg/Ruhr
10.07.2006

Produktplan 2006

Produktbereich 03 Schulträgeraufgaben

Teilfinanzplan - Zahlungsübersicht Ein- und Auszahlungsarten	Ansatz Haushaltsjahr 2006	Verpf.erm. 2006	Planung Haushaltsjahr 2007	Planung Haushaltsjahr 2008	Planung Haushaltsjahr + 3 2009
= Summe (invest. Auszahlungen)	95.576	0	517.000	75.000	75.000
= Saldo der Investitionstätigkeit (Einzahlungen ./. Auszahlungen)	-38.076	0	-517.000	-75.000	-75.000

Anschließend folgen für die **zugehörigen sieben Produkte im Schulträgerbereich** ausführliche Produktbeschreibungen:

- Gebäudebereitstellung Grundschulen
- Schulverwaltung Grundschulen
- Gebäudebereitstellung GSF
- Schulverwaltung GSF
- Gebäudebereitstellung Sodenkampschule
- Schulverwaltung Sodenkampschule
- Volkshochschule

Die Differenzierung in die sieben Produkte kann betriebswirtschaftlich als Differenzierung in sieben Kostenstellen interpretiert werden. Für jedes dieser Produkte (Kostenstellen) werden eine **Produkt-**

beschreibung (bislang noch ohne Kennzahlen) sowie ein Teilergebnisplan und ein Teilfinanzplan sowie eine Darstellung der geplanten Investitionsmaßnahmen abgedruckt. Beispielhaft zeigen wir die Gebäudebereitstellung für die Gesamtschule Fröndenberg:[147]

Stadt Fröndenberg/Ruhr 10.07.2006

Produktplan 2006

Produktbereich	03	Schulträgeraufgaben	verantwortlich:	Herr Geiseler
Produkt	03.02.01	Gebäudebereitstellung GSF	zuständig:	Herr Kollhorst extern

Beschreibung
Bereitstellung der Gesamtschule zur Aufgabenerfüllung des Schulträgers

Auftrag	Ziele
Beschlüsse der Gremien	Bedarfsgerechte Sicherstellung des Bildungsauftrages der Gesamtschule
Zielgruppe	**Zuständigkeit**
Schülerinnen und Schüler, Eltern, Lehrerinnen und Lehrer	Fachbereich 3, Team Immobilienmanagement, Hochbau, Sport und ÖPNV
Erläuterungen	Entwicklung des Jahresergebnisses

Kenn- und Messzahlen

	Einheit

Stadt Fröndenberg/Ruhr 10.07.2006

Produktplan 2006

Produktbereich	03	Schulträgeraufgaben	verantwortlich:	Herr Geiseler
Produkt	03.02.01	Gebäudebereitstellung GSF	zuständig:	Herr Kollhorst extern

Teilergebnisplan

Ertrags- und Aufwandsarten	Ansatz Haushaltsjahr 2006	Planung Haushaltsjahr 2007	Planung Haushaltsjahr 2008	Planung Haushaltsjahr + 3 2009
1 Steuern und ähnliche Abgaben	0	0	0	0
2 + Zuwendungen und allgemeine Umlagen	260.740	260.740	260.740	260.740
03.02.01.416100 Erträge a. SoPo-Auflösung	260.740	260.740	260.740	260.740
3 + Sonstige Transfererträge	0	0	0	0
4 + Öffentlich-rechtliche Leistungsentgelte	0	0	0	0
5 + Privatrechtliche Leistungsentgelte	0	0	0	0
6 + Kostenerstattungen und Kostenumlagen	1.800	1.800	1.800	1.800
03.02.01.448700 Erstatt. f.d.Benutzung der Schulen und Außenanlagen	1.300	1.300	1.300	1.300
03.02.01.448800 Erstatt.v.übrigen Bereichen	500	500	500	500
7 + Sonstige ordentliche Erträge	0	0	0	0
8 + Aktivierte Eigenleistungen	0	0	0	0
9 +/- Bestandsveränderungen	0	0	0	0
10 = Ordentliche Erträge	262.540	262.540	262.540	262.540
11 - Personalaufwendungen	114.100	114.100	114.100	114.100
03.02.01.501200 Tariflich Beschäftigte	87.500	87.500	87.500	87.500
03.02.01.502200 Beitr.VK Tariflich Beschäftigte	8.300	8.300	8.300	8.300
03.02.01.503200 SV-Beiträge Tariflich Beschäfte	18.300	18.300	18.300	18.300
12 - Versorgungsaufwendungen	0	0	0	0
13 - Aufwendungen für Sach- und Dienstleistungen	631.800	563.800	563.800	563.800
03.02.01.521110 Unterhaltung d. Gebäude+Grundstücke	200.000	130.000	130.000	130.000
03.02.01.524120 Grundsteuern	0	0	0	0
03.02.01.524130 Abwassergebühren	7.200	7.200	7.200	7.200
03.02.01.524140 Heizungsenergie	100.000	100.000	100.000	100.000
03.02.01.524150 Reinigungsaufwand	158.000	160.000	160.000	160.000
03.02.01.524152 Reinigungsmittel/Desinfekti	1.800	1.800	1.800	1.800
03.02.01.524162 Straßenreinigungsgebühren	0	0	0	0
03.02.01.524170 Wasserbezug	50.000	50.000	50.000	50.000
03.02.01.524176 Strombezug	50.000	50.000	50.000	50.000
03.02.01.524180 Entsorgungskosten	7.200	7.200	7.200	7.200
03.02.01.524190 Gebäudeversicherungen	57.600	57.600	57.600	57.600
14 - Bilanzielle Abschreibungen	339.550	339.550	339.550	339.550
03.02.01.571110 Abschreibung auf Gebäude	339.550	339.550	339.550	339.550
15 - Transferaufwendungen	2.560	2.560	2.560	2.560
03.02.01.531800 Zuw+Zus f.lfd.Zwecke an Übrige	2.560	2.560	2.560	2.560
16 - Sonstige ordentliche Aufwendungen	0	0	0	0

---

[147] Vgl. Stadt Fröndenberg (2006) S. 141 ff.

Stadt Fröndenberg/Ruhr
10.07.2006

Produktplan 2006

Produktbereich 03 Schulträgeraufgaben
Produkt 03.02.01 Gebäudebereitstellung GSF
verantwortlich: Herr Geiseler
zuständig: Herr Kollhorst extern

Teilergebnisplan
Ertrags- und Aufwandsarten

	Ansatz Haushaltsjahr 2006	Planung Haushaltsjahr 2007	Planung Haushaltsjahr 2008	Planung Haushaltsjahr + 3 2009
17 = Ordentliche Aufwendungen	1.088.010	1.020.010	1.020.010	1.020.010
18 = Ergebnis der laufenden Verwaltungstätigkeit	-825.470	-757.470	-757.470	-757.470
19 + Finanzerträge	0	0	0	0
20 - Zinsen und ähnliche Aufwendungen	0	0	0	0
21 = Finanzergebnis	0	0	0	0
22 = Ordentliches Ergebnis	-825.470	-757.470	-757.470	-757.470
23 + Außerordentliche Erträge	0	0	0	0
24 - Außerordentliche Aufwendungen	0	0	0	0
25 = Außerordentliches Ergebnis	0	0	0	0
26 = Ergebnis - vor Berücksichtigung der internen Leistungsbeziehungen -	-825.470	-757.470	-757.470	-757.470
27 + Erträge aus internen Leistungsbeziehungen	0	0	0	0
28 - Aufwendungen aus internen Leistungsbeziehungen	0	0	0	0
29 = Ergebnis	-825.470	-757.470	-757.470	-757.470

Stadt Fröndenberg/Ruhr
10.07.2006

Produktplan 2006

Produktbereich 03 Schulträgeraufgaben
Produkt 03.02.01 Gebäudebereitstellung GSF
verantwortlich: Herr Geiseler
zuständig: Herr Kollhorst extern

Teilfinanzplan - Zahlungsübersicht
Ein- und Auszahlungsarten

	Ansatz Haushaltsjahr 2006	Verpf.erm. 2006	Planung Haushaltsjahr 2007	Planung Haushaltsjahr 2008	Planung Haushaltsjahr + 3 2009
A. Laufende Verwaltungstätigkeit					
Steuern und ähnliche Abgaben	0	0	0	0	0
+ Zuwendungen und allgemeine Umlagen	0	0	0	0	0
+ Sonstige Transfereinzahlungen	0	0	0	0	0
+ Öffentlich-rechtliche Leistungsentgelte	0	0	0	0	0
+ Privatrechtliche Leistungsentgelte	0	0	0	0	0
+ Kostenerstattungen und Kostenumlagen	1.800	0	1.800	1.800	1.800
03.02.01.648700 E. aus K.erst, K.uml v p Unter	1.300	0	1.300	1.300	1.300
03.02.01.648800 E. aus K.erst, K.uml v üb Bere	500	0	500	500	500
+ Sonstige Einzahlungen	0	0	0	0	0
+ Zinsen und sonstige Finanzeinzahlungen	0	0	0	0	0
= Einzahlungen aus laufender Verwaltungstätigkeit	1.800	0	1.800	1.800	1.800
- Personalauszahlungen	114.100	0	114.100	114.100	114.100
03.02.01.701200 Tariflich Beschäftigte	87.500	0	87.500	87.500	87.500
03.02.01.702200 Tariflich Beschäftigte	8.300	0	8.300	8.300	8.300
03.02.01.703200 Tariflich Beschäftigte	18.300	0	18.300	18.300	18.300
- Versorgungsauszahlungen	0	0	0	0	0
- Auszahlungen für Sach- und Dienstleistungen	631.800	0	563.800	563.800	563.800
03.02.01.721100 Unterhal. Grundst. u baul. Anl	200.000	0	130.000	130.000	130.000
03.02.01.724100 Bewirtsch. Grundst./ baul. Anl	431.800	0	433.800	433.800	433.800
- Zinsen und sonstige Finanzauszahlungen	0	0	0	0	0
- Transferauszahlungen	2.560	0	2.560	2.560	2.560
03.02.01.731800 Z u Z f lfd Zw an übr. Bereich	2.560	0	2.560	2.560	2.560
- Sonstige Auszahlungen	0	0	0	0	0
= Auszahlungen aus laufender Verwaltungstätigkeit	748.460	0	680.460	680.460	680.460
Saldo aus laufender Verwaltungstätigkeit	-746.660	0	-678.660	-678.660	-678.660
B. Investitionstätigkeit					
Einzahlungen					
aus Zuwendungen für Investitionsmaßnahmen	0	0	0	0	0
aus der Veräußerung von Sachanlagen	0	0	0	0	0
aus der Veräußerung von Finanzanlagen	0	0	0	0	0
aus Beiträgen u.ä. Entgelten	0	0	0	0	0
Sonstige Investitionseinzahlungen	0	0	0	0	0

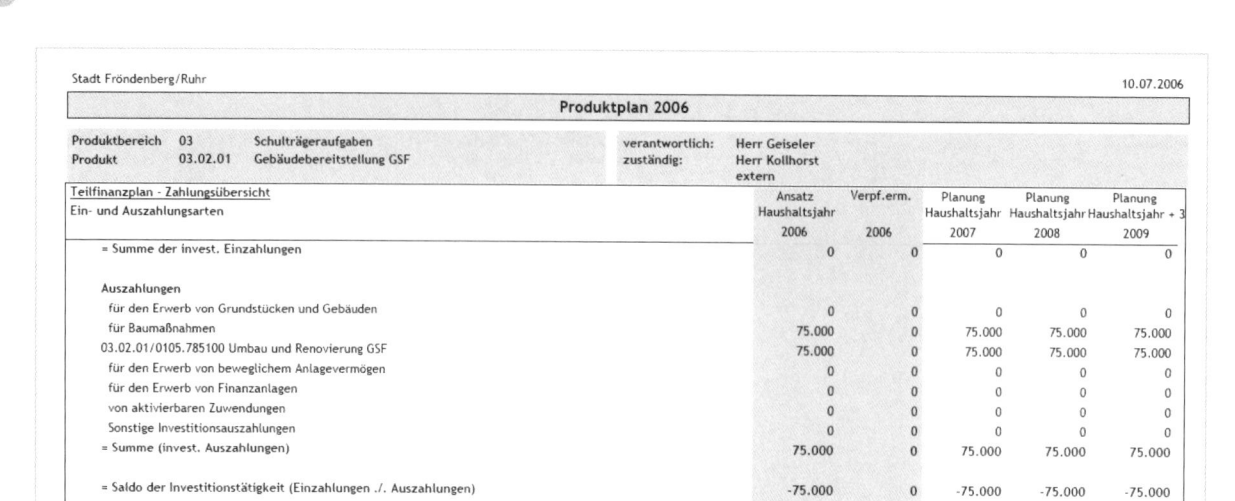

Stadt Fröndenberg/Ruhr						10.07.2006
Produktplan 2006						
Produktbereich 03 Schulträgeraufgaben		verantwortlich:	Herr Geiseler			
Produkt 03.02.01 Gebäudebereitstellung GSF		zuständig:	Herr Kollhorst extern			
Teilfinanzplan - Zahlungsübersicht Ein- und Auszahlungsarten	Ansatz Haushaltsjahr 2006	Verpf.erm. 2006	Planung Haushaltsjahr 2007	Planung Haushaltsjahr 2008	Planung Haushaltsjahr + 3 2009	
= Summe der invest. Einzahlungen	0	0	0	0	0	
Auszahlungen						
für den Erwerb von Grundstücken und Gebäuden	0	0	0	0	0	
für Baumaßnahmen	75.000	0	75.000	75.000	75.000	
03.02.01/0105.785100 Umbau und Renovierung GSF	75.000	0	75.000	75.000	75.000	
für den Erwerb von beweglichem Anlagevermögen	0	0	0	0	0	
für den Erwerb von Finanzanlagen	0	0	0	0	0	
von aktivierbaren Zuwendungen	0	0	0	0	0	
Sonstige Investitionsauszahlungen	0	0	0	0	0	
= Summe (invest. Auszahlungen)	75.000	0	75.000	75.000	75.000	
= Saldo der Investitionstätigkeit (Einzahlungen ./. Auszahlungen)	-75.000	0	-75.000	-75.000	-75.000	

Stadt Fröndenberg/Ruhr						10.07.2006
Produktplan 2006						
Produktbereich 03 Schulträgeraufgaben		verantwortlich:	Herr Geiseler			
Produkt 03.02.01 Gebäudebereitstellung GSF		zuständig:	Herr Kollhorst extern			
Teilfinanzplan - Planung einzelner Investitionsmaßnahmen Investitionsmaßnahmen oberhalb der Wertgrenze	Ansatz Haushaltsjahr 2006	Verpf.erm. 2006	Planung Haushaltsjahr 2007	Planung Haushaltsjahr 2008	Planung Haushaltsjahr + 3 2009	
105						
Maßnahme: ...						
- Auszahlungen für Baumaßnahmen	75.000	0	75.000	75.000	75.000	
03.02.01/0105.785100 Umbau und Renovierung GSF	75.000	0	75.000	75.000	75.000	
Saldo (Einzahlungen ./. Auszahlungen)	-75.000	0	-75.000	-75.000	-75.000	

Interessanterweise werden nicht nur die Ertrags- und Aufwandsarten, sondern auch die Konten produktbezogen abgedruckt.

Bei dem doppischen Haushalt überzeugt die übersichtliche Gesamtgliederung, die durchgängig auch Seitenzahlen enthält, so dass man sich schnell zurechtfindet. Die Anzahl der gebildeten „Produkte" (Kostenstellen bei betriebswirtschaftlicher Betrachtung) ist mit 80 Planungsobjekten noch als maßvoll einzuschätzen. Weniger positiv erscheint uns die große Anzahl von Nullsalden, die DV-technisch bedingt sein dürften, die aber die Gesamtdarstellung unnötig aufblähen. Hier sollte zusammen mit dem Softwareanbieter eine bessere Einstellung erarbeitet werden.

9.3.10 Märkischer Kreis (2007)

Die Kreisverwaltung (449.000 Einwohner) legt mit dem Haushalt 2007 bereits den zweiten doppischen Haushalt vor. Nach statistischen Daten und der Haushaltssatzung werden der Vorbericht, die Verpflichtungsermächtigungen, die Entwicklung des Eigenkapitals und der voraussichtliche Stand der Verbindlichkeiten abgedruckt. Danach folgen der (Gesamt-) Ergebnis- und Finanzplan:[148]

Märkischer Kreis – Gesamtergebnisplan

Ertrags- und Aufwandsarten in Euro	Ergebnis 2005	Ansatz 2006	Ansatz 2007	Planung 2008	Planung 2009	Planung 2010
Steuern und ähnliche Abgaben	0,00	5.435.000	5.435.000	5.435.000	5.435.000	5.435.000
Zuwendungen und allgemeine Umlagen	0,00	191.900.407	199.597.862	211.782.813	216.637.391	220.982.990
Sonstige Transfererträge	0,00	3.185.023	3.084.323	3.084.323	3.084.323	3.084.323
Öffentlich-rechtliche Leistungsentgelte	0,00	38.571.370	38.289.470	38.450.100	38.588.282	38.731.534
Privatrechtliche Leistungsentgelte	0,00	878.010	926.860	926.860	926.860	926.860
Kostenerstattungen und Kostenumlagen	0,00	68.490.820	73.605.340	73.582.520	73.625.520	73.623.520
Sonstige ordentliche Erträge	0,00	2.986.850	2.756.350	2.756.350	2.756.350	2.756.350
= Ordentliche Erträge	0,00	311.447.480	323.695.205	336.017.966	341.053.726	345.540.577
Personalaufwendungen	0,00	52.525.150	52.172.970	52.714.900	53.215.549	53.774.469
Versorgungsaufwendungen	0,00	895.000	990.000	1.020.000	1.055.000	1.085.000
Aufwendungen für Sach- und Dienstleistungen	0,00	104.574.966	39.256.886	39.629.455	40.025.950	40.426.409
Bilanzielle Abschreibungen	0,00	7.795.609	7.710.432	7.502.873	7.313.338	7.123.504
Transferaufwendungen	0,00	146.227.864	219.685.000	223.202.922	227.229.422	231.058.509
Sonstige ordentliche Aufwendungen	0,00	7.536.131	7.746.247	7.769.914	8.036.565	7.894.784
= Ordentliche Aufwendungen	0,00	319.554.720	327.561.535	331.840.064	336.875.824	341.362.675
= Ergebnis der laufenden Verwaltungstätigkeit	0,00	-8.107.240	-3.866.330	4.177.902	4.177.902	4.177.902
Finanzerträge	0,00	1.714.248	1.687.348	1.687.348	1.687.348	1.687.348
Zinsen und ähnliche Aufwendungen	0,00	3.980.250	5.865.250	5.865.250	5.865.250	5.865.250
= Finanzergebnis	0,00	-2.266.002	-4.177.902	-4.177.902	-4.177.902	-4.177.902
= Jahresergebnis	0,00	-10.373.242	-8.044.232	0	0	0
Außerordentliche Erträge	0,00	0	0	0	0	0
Außerordentliche Aufwendungen	0,00	0	0	0	0	0
= Außerordentliches Jahresergebnis	0,00	0	0	0	0	0
= Jahresergebnis	0,00	-10.373.242	-8.044.232	0	0	0

---

[148] Vgl. Märkischer-Kreis (2007) S. 42 f. (PDF).

Märkischer Kreis
Finanzplan

Ein- und Auszahlungsarten in Euro	Ergebnis 2005	Ansatz 2006	Ansatz 2007	Planung 2008	Planung 2009	Planung 2010
Steuern und ähnliche Abgaben	0,00	5.435.000	5.435.000	5.435.000	5.435.000	5.435.000
Zuwendungen und allgemeine Umlagen	0,00	187.508.985	195.191.903	207.468.679	212.323.257	216.668.856
Sonstige Transfereinzahlungen	0,00	3.185.023	3.084.323	3.084.323	3.084.323	3.084.323
Öffentlich-rechtliche Leistungsentgelte	0,00	37.499.370	37.217.470	37.378.100	37.516.282	37.659.534
Privatrechtliche Leistungsentgelte	0,00	878.010	926.860	926.860	926.860	926.860
Kostenerstattungen, Kostenumlagen	0,00	68.490.820	73.605.340	73.582.520	73.625.520	73.623.520
Sonstige Einzahlungen	0,00	2.783.230	2.780.730	2.780.730	2.780.730	2.780.730
Zinsen und ähnliche Einzahlungen	0,00	1.717.748	1.690.848	1.690.848	1.690.848	1.690.848
= Einzahlungen a. laufender Verwaltungstätigkeit	0,00	307.498.186	319.932.474	332.347.060	337.382.820	341.869.671
Personalauszahlungen	0,00	52.525.150	52.172.970	52.484.470	52.828.470	53.170.470
Versorgungsauszahlungen	0,00	895.000	990.000	1.020.000	1.055.000	1.085.000
Auszahlungen für Sach- und Dienstleistungen	0,00	104.652.966	41.836.886	42.209.455	42.605.950	43.006.409
Zinsen und ähnliche Auszahlungen	0,00	3.980.250	5.865.250	5.865.250	5.865.250	5.865.250
Transferauszahlungen	0,00	146.227.864	219.625.000	223.202.922	227.229.422	231.058.509
Sonstige Auszahlungen	0,00	6.609.131	6.833.247	6.856.914	7.123.565	6.981.784
= Auszahlungen a. laufender Verwaltungstätigkeit	0,00	314.890.361	327.323.353	331.639.011	336.707.657	341.167.422
= Saldo aus laufender Verwaltungstätigkeit	0,00	-7.392.175	-7.390.879	708.049	675.163	702.249
Investitionszuwendungen	0,00	3.580.000	5.539.000	6.971.500	6.596.500	7.346.500
Einzahlungen aus der Veräußerung von Vermögensgegenständen	0,00	229.000	43.000	28.000	28.000	28.000
= Einzahlungen aus Investitionstätigkeit	0,00	3.809.000	5.582.000	6.999.500	6.624.500	7.374.500
Auszahlungen für den Erwerb von Grundstücken und Gebäuden	0,00	800.000	250.000	0	0	0
Auszahlungen für Baumaßnahmen	0,00	4.518.000	3.895.000	4.500.000	5.495.000	3.595.000
Auszahlungen für den Erwerb von beweglichem Anlagevermögen	0,00	3.110.680	3.096.060	2.475.265	2.427.730	2.324.096
Auszahlungen von aktivierbaren Zuwendungen	0,00	980.000	1.035.000	975.000	975.000	975.000
= Auszahlungen aus Investitionstätigkeit	0,00	9.408.680	8.276.060	7.950.265	8.897.730	6.894.096
= Saldo aus Investitionstätigkeit	0,00	-5.599.680	-2.694.060	-950.765	-2.273.230	480.404
= Finanzüberschuß / -fehlbetrag	0,00	-12.991.855	-10.084.939	-242.716	-1.598.067	1.182.653
Aufnahme und Rückflüsse von Darlehen	0,00	9.940.480	5.194.060	3.450.765	4.773.230	2.019.596
Tilgung und Gewährung von Darlehen	0,00	5.712.000	5.515.000	4.677.087	4.426.927	4.150.470
= Saldo aus Finanzierungstätigkeit	0,00	4.228.480	-320.940	-1.226.322	346.303	-2.130.874
= Änderung des Bestandes an eigenen Finanzmitteln	0,00	-8.763.375	-10.405.879	-1.469.038	-1.251.764	-948.221
Anfangsbestand an Finanzmitteln	0,00	0	0	0	0	0
= Liquide Mittel	0,00	-8.763.375	-10.405.879	-1.469.038	-1.251.764	-948.221

Anschließend werden die Teilpläne nach Produktbereichen gezeigt. Dies verdeutlichen wir anhand des Haushalts „Kinder, Jugend und Familie":[149]

Märkischer Kreis
Haushalt 2007
Produktbereich: 060 Kinder-, Jugend- und Familienhilfe

Teilergebnisplan Ertrags- und Aufwandsarten	Ergebnis 2005	Ansatz 2006	Haushaltsansatz 2007	Planung 2008	Planung 2009	Planung 2010
Zuwendungen und allgemeine Umlagen	0,00	4.425.000	4.010.000	4.010.000	4.010.000	4.010.000
Sonstige Transfererträge	0,00	441.000	342.000	342.000	342.000	342.000
Öffentlich-rechtliche Leistungsentgelte	0,00	2.483.500	2.431.500	2.434.000	2.436.500	2.440.000
Kostenerstattungen und Kostenumlagen	0,00	1.312.000	1.293.000	1.293.000	1.293.000	1.293.000
Sonstige ordentliche Erträge	0,00	750	1.750	1.750	1.750	1.750
= Ordentliche Erträge	0,00	8.662.250	8.078.250	8.080.750	8.083.250	8.086.750
Personalaufwendungen	0,00	2.566.900	2.963.900	2.995.475	3.025.635	3.056.098
Aufwendungen für Sach- und Dienstleistungen	0,00	161.850	149.560	150.560	151.560	152.560
Bilanzielle Abschreibungen	0,00	396.374	87.861	85.369	83.819	82.269
Transferaufwendungen	0,00	19.922.615	20.232.040	20.312.040	20.391.240	20.470.440
Sonstige ordentliche Aufwendungen	0,00	54.250	66.500	64.100	64.100	64.100
= Ordentliche Aufwendungen	0,00	23.101.989	23.499.861	23.607.544	23.716.354	23.825.467
= Ergebnis der laufenden Verwaltungstätigkeit	0,00	-14.439.739	-15.421.611	-15.526.794	-15.633.104	-15.738.717
Finanzerträge	0,00	50	150	150	150	150
= Finanzergebnis	0,00	50	150	150	150	150
= Ordentliches Jahresergebnis	0,00	-14.439.689	-15.421.461	-15.526.644	-15.632.954	-15.738.567
= Außerordentliches Jahresergebnis	0,00	0	0	0	0	0
= Jahresergebnis vor Berücksichtigung interner Leistungsbeziehungen	0,00	-14.439.689	-15.421.461	-15.526.644	-15.632.954	-15.738.567
Erträge aus internen Leistungsbeziehungen	0,00	46.500	50.000	50.000	50.000	50.000
Aufwendungen aus internen Leistungsbeziehungen	0,00	239.000	53.800	53.500	53.500	53.500
= Saldo interner Leistungsbeziehungen	0,00	-192.500	-3.800	-3.500	-3.500	-3.500
= Jahresergebnis der Teilergebnisrechnung	0,00	-14.632.189	-15.425.261	-15.530.144	-15.636.454	-15.742.067

Teilfinanzplan Ein- und Auszahlungsarten	Ergebnis 2005	Ansatz 2006	Planung 2007 Ansatz	Verpfl.	Planung 2008	Planung 2009	Planung 2010
= Einzahlungen aus Investitionstätigkeit	0,00	0	0	0	0	0	0
für den Erwerb von beweglichem Anlagevermögen	0,00	0	16.010	0	5.500	5.450	5.400
= Auszahlungen aus Investitionstätigkeit	0,00	0	16.010	0	5.500	5.450	5.400
= Saldo aus Investitionstätigkeit	0,00	0	-16.010	0	-5.500	-5.450	-5.400
= Finanzüberschuß / -fehlbetrag	0,00	0	-16.010	0	-5.500	-5.450	-5.400

---

[149] Vgl. Märkischer-Kreis (2007) S. 50 (PDF).

Der Hauptteil des doppischen Haushalts entfällt auch beim Märkischen Kreis auf die Darstellung der Produkte (insgesamt 135); wir zeigen zunächst exemplarisch drei Produkte der Verwaltungsführung:[150]

Haushalt 2007

Märkischer Kreis

Produktbereich: 010 Innere Verwaltung
Produktgruppe: 001 Politische Gremien
Produkt: 001 Landrat, Dezernenten, Kreistag und Kreisausschuss

Organisationseinheit
Geschäftsstelle Kreisorgane

Übergeordnete Organisationseinheit
Landrat

Produktverantwortlicher
Herr Prokott

Beschreibung
Unterstützung der politischen Gremien des Märkischen Kreises nach Maßgabe der Hauptsatzung und Geschäftsordnung, im Wesentlichen:
- Vorbereitung, Durchführung und Nachbereitung von Sitzungen
- Zahlung der Sitzungsgelder an die Kreistagsabgeordneten und Ausschussmitglieder
- Zuweisungen an die Fraktionen

Auftragsgrundlage
KrO NRW und entsprechende Rechtsverordnung; Hauptsatzung MK; Geschäftsordnung Kreistag; Pflichtaufgabe

Zielgruppe
Kreistagsabgeordnete; Kreistagsfraktionen

Ziele
Qualitätsziele:
1. Form- und fristgerechte Einberufung von Kreistag und Kreisausschuss gem. Geschäftsordnung
2. Fristgerechter Versand der Beratungsdrucksachen spätestens 10 Tage vor Sitzungsbeginn
3. Erstellung der Sitzungsprotokolle und Niederschriften innerhalb von einem Monat nach der Sitzung gem. Geschäftsordnung

Benennung der Kennzahlen / Indikatoren
1. Quote der form- und fristgerecht erfolgten Einberufungen zu 100 %
2. Quote der fristgerecht übersandten Beratungsdrucksachen zu 100 %
3. Quote der Protokollerstellung innerhalb eines Monats zu 100 %

Teilergebnisplan Ertrags- und Aufwandsarten	Ergebnis 2005	Ansatz 2006	Haushaltsansatz 2007	Planung 2008	Planung 2009	Planung 2010
= Ordentliche Erträge	0,00	0	0	0	0	0
Personalaufwendungen	0,00	653.300	1.053.500	1.064.127	1.075.350	1.085.684
Bilanzielle Abschreibungen	0,00	96.339	22.007	22.007	22.007	22.007
Sonstige ordentliche Aufwendungen	0,00	794.666	828.612	831.112	834.112	834.112
= Ordentliche Aufwendungen	0,00	1.544.305	1.904.119	1.917.246	1.931.469	1.941.803
= Ergebnis der laufenden Verwaltungstätigkeit	0,00	-1.544.305	-1.904.119	-1.917.246	-1.931.469	-1.941.803
= Finanzergebnis	0,00	0	0	0	0	0
= Ordentliches Jahresergebnis	0,00	-1.544.305	-1.904.119	-1.917.246	-1.931.469	-1.941.803
= Außerordentliches Jahresergebnis	0,00	0	0	0	0	0
= Jahresergebnis vor Berücksichtigung interner Leistungsbeziehungen	0,00	-1.544.305	-1.904.119	-1.917.246	-1.931.469	-1.941.803
= Saldo interner Leistungsbeziehungen	0,00	0	0	0	0	0
= Jahresergebnis der Teilergebnisrechnung	0,00	-1.544.305	-1.904.119	-1.917.246	-1.931.469	-1.941.803

---

[150] Vgl. Märkischer-Kreis (2007) S. 61 ff. (PDF).

Märkischer Kreis

Haushalt 2007

Märkischer Kreis
Produktbereich: 010 Innere Verwaltung
Produktgruppe: 001 Politische Gremien
Produkt: 001 Landrat, Dezernenten, Kreistag und Kreisausschuss

Stellenplanauszug		Ist 2005	Plan 2006	Plan 2007		Planung 2008	Planung 2009	Planung 2010
Stellen	Anz.	0,00	11,74	11,98		11,98	11,98	11,98

Teilfinanzplan Ein- und Auszahlungsarten	Ergebnis 2005	Ansatz 2006	Planung 2007 Ansatz	Planung 2007 Verpfl.	Planung 2008	Planung 2009	Planung 2010
= Einzahlungen aus Investitionstätigkeit	0,00	0	0	0	0	0	0
= Auszahlungen aus Investitionstätigkeit	0,00	0	0	0	0	0	0
= Saldo aus Investitionstätigkeit	0,00	0	0	0	0	0	0
= Finanzüberschuß / -fehlbetrag	0,00	0	0	0	0	0	0

Märkischer Kreis

Haushalt 2007

Produktbereich: 010 Innere Verwaltung
Produktgruppe: 002 Verwaltungsführung
Produkt: 001 Ordensverleihungen, Ehrungen, Repräsentation

Organisationseinheit
Geschäftsstelle Kreisorgane

Übergeordnete Organisationseinheit
Landrat

Produktverantwortlicher
Herr Prokott

Beschreibung
- Repräsentation und Ehrungen durch den Landrat
- Ordensverleihungen
- Empfänge/Veranstaltungen

Auftragsgrundlage
Statut des "Verdienstordens der Bundesrepublik Deutschland"; Gesetz über den Verdienstorden des Landes Nordrhein-Westfalen; Organisationsentscheidung durch den Landrat

Zielgruppe
Bürgermeister, Kreistagsabgeordnete, Person des öffentlichen Lebens, Vereine, Verbände, sonstige Institutionen, Bürgerinnen und Bürger

Ziele
Termingerechte Abwicklung der einzelnen Aufgaben

Benennung der Kennzahlen / Indikatoren
Quote der termingerechten Aufgabenerfüllung

Teilergebnisplan Ertrags- und Aufwandsarten	Ergebnis 2005	Ansatz 2006	Haushaltsansatz 2007	Planung 2008	Planung 2009	Planung 2010
= Ordentliche Erträge	0,00	0	0	0	0	0
Personalaufwendungen	0,00	20.000	19.700	19.880	20.080	20.283
Bilanzielle Abschreibungen	0,00	2.954	411	411	411	411
Sonstige ordentliche Aufwendungen	0,00	16.100	16.520	16.520	16.520	16.520
= Ordentliche Aufwendungen	0,00	39.054	36.631	36.811	37.011	37.214
= Ergebnis der laufenden Verwaltungstätigkeit	0,00	-39.054	-36.631	-36.811	-37.011	-37.214
= Finanzergebnis	0,00	0	0	0	0	0
= Ordentliches Jahresergebnis	0,00	-39.054	-36.631	-36.811	-37.011	-37.214
= Außerordentliches Jahresergebnis	0,00	0	0	0	0	0
= Jahresergebnis vor Berücksichtigung interner Leistungsbeziehungen	0,00	-39.054	-36.631	-36.811	-37.011	-37.214
= Saldo interner Leistungsbeziehungen	0,00	0	0	0	0	0
= Jahresergebnis der Teilergebnisrechnung	0,00	-39.054	-36.631	-36.811	-37.011	-37.214

Märkischer Kreis 373

	Haushalt 2007
Märkischer Kreis	
Produktbereich:	010 Innere Verwaltung
Produktgruppe:	002 Verwaltungsführung
Produkt:	001 Ordensverleihungen, Ehrungen, Repräsentation

Stellenplanauszug		Ist 2005	Plan 2006	Plan 2007		Planung 2008	Planung 2009	Planung 2010
Stellen	Anz.	0,00	0,36	0,36		0,36	0,36	0,36

Teilfinanzplan Ein- und Auszahlungsarten	Ergebnis 2005	Ansatz 2006	Planung 2007 Ansatz	Verpfl.	Planung 2008	Planung 2009	Planung 2010
= Einzahlungen aus Investitionstätigkeit	0,00	0	0	0	0	0	0
= Auszahlungen aus Investitionstätigkeit	0,00	0	0	0	0	0	0
= Saldo aus Investitionstätigkeit	0,00	0	0	0	0	0	0
= Finanzüberschuß / -fehlbetrag	0,00	0	0	0	0	0	0

Wie die Beispiele verdeutlichen, hat die Kreisverwaltung bereits eine **hohe redaktionelle Qualität** sowie **differenzierte Zielformulierungen** erarbeitet. Positiv fällt auch auf, dass der Stellenplanauszug am Ende des produktbezogenen Teilergebnisplans in Vollzeitäquivalenten transparent dargestellt wird. Dies wird auch im Bereich der **Jugendhilfe** deutlich; wir zeigen die beiden Hauptprodukte der Jugendhilfe:[151]

---

[151] Vgl. Märkischer-Kreis (2007) S. 227 ff. (PDF).

	Haushalt 2007
Märkischer Kreis	
Produktbereich:	060 Kinder-, Jugend- und Familienhilfe
Produktgruppe:	363 Sonstige Leistungen zur Förderung junger Menschen und Familien
Produkt:	001 Wirtschaftliche Hilfen

Organisationseinheit	Übergeordnete Organisationseinheit	Produktverantwortlicher
Jugendamt	Dezernat III	Herr Wehn

Beschreibung
1. Kostenabwicklung für alle Maßnahmen (aus Produkt 060 363 002, L 002)
2. Heranziehung der Unterhalts- und Kostenbeitragspflichtigen
3. Geltendmachung von Ansprüchen gegenüber Dritten (Agentur für Arbeit, ARGE, Amt für Ausbildungsförderung, Rententräger)
4. Entscheidung über die örtliche und sachliche Zuständigkeit (für Produkt 060 363 002, L 002) sowie Kostenerstattungsverpflichtungen (Familienpflege)
5. Beratung der Abteilung Soziale Dienste und Kooperation mit der Abteilung Soziale Dienste hinsichtlich der Zuständigkeit und Kostenabwicklung
6. Einleitung und Abwicklung des Vorverfahrens zur Feststellung von Leistungen für seelisch behinderte Kinder und Jugendliche

Auftragsgrundlage
SGB VIII, SGB XII und SGB II, SGB I und SGB X, BGB, Richtlinien über die Gewährung von wirtschaftlicher Erziehungshilfe im Märkischen Kreis; Pflichtaufgabe

Zielgruppe
Kinder, Jugendliche und junge Volljährige, Unterhaltspflichtige, Pflegeeltern, Eltern, Träger von Einrichtungen und Maßnahmen, Tagesmütter und -väter

Ziele
1. zu L.1.: Bearbeitung der eingehenden Anträge auf Gewährung von Jugendhilfe (Anlegen von Akten, Kostenzusagen an Heimträger sowie Pflegegeldbescheide) innerhalb von 10 Arbeitstagen, Auszahlung der Pflegegelder innerhalb von 10 Arbeitstagen sowie Begleichung der Rechnungen innerhalb von 30 Arbeitstagen
2. zu L.2.: Information der Unterhalts- und Kostenbeitragspflichtigen im Rahmen der gesetzlichen Bestimmungen (Rechtswahrungsanzeigen, Anzeigen über den Übergang von Unterhaltsanzeigen) innerhalb von 10 bis maximal 20 Arbeitstagen und die sich anschließende Heranziehung
3. zu L.3.: schnelle, frühzeitige und vollständige Abzweigung von Leistungen Dritter (Kindergeld, Berufsausbildungsbeihilfe, BAföG, Waisenrenten, Grundrenten) zur teilweisen Deckung der Kosten
4. zu L.4.: vollständige und rechtssichere Entscheidung über die Zuständigkeit bzw. Kostenerstatungsverpflichtungen
5. zu L.6.: klare Behandlung der oft strittigen Frage der seelischen Behinderung durch Standardentwicklung bis Ende 1. Quartal 2007
6. zu L.1.: hohe Zufriedenheit bei den Trägern der Maßnahmen und Einrichtungen, der Pflegeeltern, Tagesmütter und -väter durch Erfassen und Anweisen der Rechnung innerhalb von 2 Wochen; schnelle Information der Abteilung Soziale Dienste, Information der Eltern über Beginn der Maßnahme innerhalb von 7 Tagen nach Bekanntwerden der Maßnahme in der Arbeitsgruppe Wirtschaftliche Hilfen

Benennung der Kennzahlen / Indikatoren
1. / 6. a) Anzahl der Arbeitstage bis zur Bearbeitung des Antrages
   b) Anzahl der Arbeitstage bis zur Erfassung und Anweisung der Rechnung
   c) Anzahl der Arbeitstage bis zur Auszahlung der Pflegegelder
2. Anzahl der Arbeitstage bis zur Information der Pflichtigen
4. Zahl der bekannten Fehlentscheidungen über die Zuständigkeit bzw. Kostenerstattungsverpflichtung
6. Quote der innerhalb von 7 Tagen informierten Eltern

Teilergebnisplan Ertrags- und Aufwandsarten	Ergebnis 2005	Ansatz 2006	Haushaltsansatz 2007	Planung 2008	Planung 2009	Planung 2010
Sonstige Transfererträge	0,00	196.000	127.000	127.000	127.000	127.000
Kostenerstattungen und Kostenumlagen	0,00	795.000	780.000	780.000	780.000	780.000
Sonstige ordentliche Erträge	0,00	750	750	750	750	750
= Ordentliche Erträge	**0,00**	**991.750**	**907.750**	**907.750**	**907.750**	**907.750**
Personalaufwendungen	0,00	136.900	142.900	144.391	145.846	147.316
Aufwendungen für Sach- und Dienstleistungen	0,00	0	3.000	3.000	3.000	3.000
Bilanzielle Abschreibungen	0,00	20.187	3.295	3.285	3.285	3.285
Transferaufwendungen	0,00	6.101.575	6.383.000	6.440.000	6.495.000	6.550.000
Sonstige ordentliche Aufwendungen	0,00	4.100	2.750	1.950	1.950	1.950
= Ordentliche Aufwendungen	**0,00**	**6.262.762**	**6.534.945**	**6.592.626**	**6.649.081**	**6.705.551**

Märkischer Kreis

Haushalt 2007

Märkischer Kreis
Produktbereich: 060 Kinder-, Jugend- und Familienhilfe
Produktgruppe: 363 Sonstige Leistungen zur Förderung junger Menschen und Familien
Produkt: 001 Wirtschaftliche Hilfen

= Ergebnis der laufenden Verwaltungstätigkeit	0,00	-5.271.012	-5.627.195	-5.684.876	-5.741.331	-5.797.801
= Finanzergebnis	0,00	0	0	0	0	0
= Ordentliches Jahresergebnis	0,00	-5.271.012	-5.627.195	-5.684.876	-5.741.331	-5.797.801
= Außerordentliches Jahresergebnis	0,00	0	0	0	0	0
= Jahresergebnis vor Berücksichtigung interner Leistungsbeziehungen	0,00	-5.271.012	-5.627.195	-5.684.876	-5.741.331	-5.797.801
= Saldo interner Leistungsbeziehungen	0,00	0	0	0	0	0
= Jahresergebnis der Teilergebnisrechnung	0,00	-5.271.012	-5.627.195	-5.684.876	-5.741.331	-5.797.801

Stellenplanauszug		Ist 2005	Plan 2006	Plan 2007	Planung 2008	Planung 2009	Planung 2010
Stellen	Anz.	0,00	2,46	2,25	2,25	2,25	2,25

Teilfinanzplan Ein- und Auszahlungsarten	Ergebnis 2005	Ansatz 2006	Planung 2007 Ansatz	Verpfl.	Planung 2008	Planung 2009	Planung 2010
= Einzahlungen aus Investitionstätigkeit	0,00	0	0	0	0	0	0
für den Erwerb von beweglichem Anlagevermögen	0,00	0	310	0	300	300	300
= Auszahlungen aus Investitionstätigkeit	0,00	0	310	0	300	300	300
= Saldo aus Investitionstätigkeit	0,00	0	-310	0	-300	-300	-300
= Finanzüberschuß / -fehlbetrag	0,00	0	-310	0	-300	-300	-300

Investitionsmaßnahmen (in T€)	Gesamt-bedarf	bisher bereit-gestellt	RE 2005	Plan 2006	Plan 2007	VE 2007	Plan 2008	Plan 2009	Plan 2010	spätere Jahre
7832000 Erwerb von VmGSt unter 410 €	0,0	0,0	0,0	0,0	0,3	0,0	0,3	0,3	0,3	-1,2
Saldo Investitionstätigkeit	0,0	0,0	0,0	0,0	-0,3	0,0	-0,3	-0,3	-0,3	1,2

Haushalt 2007

Märkischer Kreis

Produktbereich: 060 Kinder-, Jugend- und Familienhilfe
Produktgruppe: 363 Sonstige Leistungen zur Förderung junger Menschen und Familien
Produkt: 002 Familienunterstützende Hilfen zur Erziehung

Organisationseinheit	Übergeordnete Organisationseinheit	Produktverantwortlicher
Jugendamt	Dezernat III	Herr Kuhnke

Beschreibung
1. Sozialarbeiterische und Sozialpädagogische Beratung, Betreuung und persönliche Begleitung der Personensorgeberechtigten und der betroffenen Kinder und Jugendlichen mit erzieherischem Bedarf sowie von jungen Volljährigen (Allgemeiner Sozialer Dienst)
2. Einleitung, Entscheidung und Begleitung über Maßnahmen im Rahmen der Erzieherischen Hilfen und der Eingliederungshilfe für seelisch behinderte Kinder und Jugendliche
3. Wahrnehmung der Aufgaben im Rahmen der Jugendgerichtshilfe
4. Betreuung von Adoptionsverfahren sowie Beratung und Begleitung der Betroffenen vor, während und nach der Adoption
5. Einleitung von Maßnahmen zum Schutz von Kindern einschl. familiengerichtlicher Hilfen
6. Angebot einer Trennungs- und Scheidungsberatung zur Sicherstellung des Kindeswohls
7. Angebot einer speziellen Beratung und Hilfe im Rahmen der sozialpädagogischen Familienhilfe in ausgewählten Familien auf Basis eines handlungsorientierten Beratungskonzeptes
8. Vermittlung und Begleitung von Kinder-Tagespflegeverhältnissen

Auftragsgrundlage
SGB VIII, JGG, BGB, AdoptionsG, FGG; Pflichtaufgabe

Zielgruppe
Personensorgeberechtigte und deren Kinder im Zuständigkeitsbereich des Kreisjugendamtes, Jugendliche und junge Erwachsene mit psychosozialem Beratungs- und Hilfebedarf, Straftäter zwischen 14 und 21 Jahren, Adoptiv- und Pflegebewerber und Adoptiv- und Pflegeeltern

Ziele
1. zu L.1.: Sicherstellung eines inhaltlich und räumlich ausgewogenen sowie bürgernahen psychosozialen Betreuungs- und Hilfsangebotes unter Berücksichtigung eines ausgewogenen Verhältnisses von interner Steuerung und Bürgerfreundlichkeit an mindestens 1 bis maximal 2 Sprechtagen pro Woche und Mitarbeiter vor Ort
2. zu L.2.: Auswahl der notwendigen, geeigneten und erfolgversprechenden Hilfe basierend auf alle 12 Monate zu führenden Hilfeplangespräche in 100 % der Fälle. Auswahl geeigneter und qualitativ hochwertiger Hilfeanbieter mit denen einmal im Jahr ein Qualitätsdialog geführt wird; ortsnahe Unterbringung in 60 - 70 % der Fälle
3. zu L.3.: Reduzierung weitergehender Straffälligkeit durch mindestens 5 Sozialkompetenztrainings pro Jahr mit dem Ziel, dass 90 % der Teilnehmer die Trainings bestehen
4. zu L.4.: Durchführung von Hilfeplangesprächen in 100 % der Fälle innerhalb von 12 Monaten unter Berücksichtigung der Bedürfnisse der Betreuten
5. zu L.5.: Leistung von zeitnahen und geeigneten Hilfestellungen in Notfällen rund um die Uhr
6. zu L.6.: Leistung einer qualifizierten, punktuellen, psychosozialen Beratung der Parteien im Umfang von durchschnittlich maximal 6 Einheiten mit dem Ziel, ein gemeinsames Konzept zur Wahrnehmung der elterlichen Sorge zu erarbeiten
7. zu L.7.: Leistung einer intensiven, praxisorientierten Sozialpädagogischen Hilfestellung mit dem Ziel, die Familien zu befähigen, nach zwei Jahren von der Hilfe unabhängig leben zu können
8. zu L.8.: Vereinbarkeit von Beruf und Familie durch Schaffung eines entsprechenden Betreuungsangebotes; möglichst passende Vermittlung des Kinder-Tagespflegeverhältnisses

Benennung der Kennzahlen / Indikatoren
1. Zahl der abgehaltenen Sprechtage pro Monat
2. a) Quote der innerhalb von 12 Monaten geführten Hilfeplangespräche
   b) Quote der ortsnah untergebrachten Fälle
3. a) Zahl der Jugendgerichtshilfefälle
   b) Zahl der Trainings pro Jahr
   c) Zahl der vorzeitig beendeten Maßnahmen
4. a) Zahl der Adoptiv- und Pflegeelternbewerber
   b) Zahl der neuen Vermittlungen
   c) Quote der innerhalb von 12 Monaten geführten Hilfeplangesprächen
5. a) Zahl der Fälle insgesamt
   b) Zahl der Fälle in Bereitschaft
   c) Zahl der geleisteten Bereitschaftsstunden
6. a) Durchschnittliche Zahl der Einheiten
   b) Zahl der Fälle insgesamt
7. a) Zahl der betreuten Familien
   b) Zahl der Kinder in betreuter Familie
   c) Durchschnittliche Betreuungszeit der im Berichtsjahr beendeten Hilfen
   d) Anzahl der Hilfen, die nicht über eine dreimonatige Probezeit hinaus andauern
8. a) Zahl der Tagesmütter und -väter
   b) Zahl der Tagespflegekinder
   c) Statistische Erhebungen des Tages- und Pflegeeltern e. V. Lüdenscheid

Haushalt 2007

Märkischer Kreis

Produktbereich: 060 Kinder-, Jugend- und Familienhilfe
Produktgruppe: 363 Sonstige Leistungen zur Förderung junger Menschen und Familien
Produkt: 002 Familienunterstützende Hilfen zur Erziehung

Teilergebnisplan Ertrags- und Aufwandsarten	Ergebnis 2005	Ansatz 2006	Haushaltsansatz 2007	Planung 2008	Planung 2009	Planung 2010
Kostenerstattungen und Kostenumlagen	0,00	84.000	80.000	80.000	80.000	80.000
= Ordentliche Erträge	0,00	84.000	80.000	80.000	80.000	80.000
Personalaufwendungen	0,00	1.262.100	1.442.400	1.457.512	1.472.200	1.487.034
Aufwendungen für Sach- und Dienstleistungen	0,00	0	3.000	3.000	3.000	3.000
Bilanzielle Abschreibungen	0,00	186.113	30.589	30.529	30.529	30.529
Transferaufwendungen	0,00	519.400	535.900	534.400	534.600	534.800
Sonstige ordentliche Aufwendungen	0,00	15.750	29.400	29.400	29.400	29.400
= Ordentliche Aufwendungen	0,00	1.983.363	2.041.289	2.054.841	2.069.729	2.084.763
= Ergebnis der laufenden Verwaltungstätigkeit	0,00	-1.899.363	-1.961.289	-1.974.841	-1.989.729	-2.004.763
= Finanzergebnis	0,00	0	0	0	0	0
= Ordentliches Jahresergebnis	0,00	-1.899.363	-1.961.289	-1.974.841	-1.989.729	-2.004.763
= Außerordentliches Jahresergebnis	0,00	0	0	0	0	0
= Jahresergebnis vor Berücksichtigung interner Leistungsbeziehungen	0,00	-1.899.363	-1.961.289	-1.974.841	-1.989.729	-2.004.763
Aufwendungen aus internen Leistungsbeziehungen	0,00	190.000	200	200	200	200
= Saldo interner Leistungsbeziehungen	0,00	-190.000	-200	-200	-200	-200
= Jahresergebnis der Teilergebnisrechnung	0,00	-2.089.363	-1.961.489	-1.975.041	-1.989.929	-2.004.963

Stellenplanauszug	Ist 2005	Plan 2006	Plan 2007	Planung 2008	Planung 2009	Planung 2010
Stellen Anz.	0,00	22,68	22,73	22,73	22,73	22,73

Teilfinanzplan Ein- und Auszahlungsarten	Ergebnis 2005	Ansatz 2006	Planung 2007 Ansatz	Planung 2007 Verpfl.	Planung 2008	Planung 2009	Planung 2010
= Einzahlungen aus Investitionstätigkeit	0,00	0	0	0	0	0	0
für den Erwerb von beweglichem Anlagevermögen	0,00	0	460	0	400	400	400
= Auszahlungen aus Investitionstätigkeit	0,00	0	460	0	400	400	400
= Saldo aus Investitionstätigkeit	0,00	0	-460	0	-400	-400	-400
= Finanzüberschuß / -fehlbetrag	0,00	0	-460	0	-400	-400	-400

Investitionsmaßnahmen (in T€)	Gesamt-bedarf	bisher bereit-gestellt	RE 2005	Plan 2006	Plan 2007	VE 2007	Plan 2008	Plan 2009	Plan 2010	spätere Jahre
7832000 Erwerb von VmGSt unter 410 €	0,0	0,0	0,0	0,0	0,5	0,0	0,4	0,4	0,4	-1,7
Saldo Investitionstätigkeit	0,0	0,0	0,0	0,0	-0,5	0,0	-0,4	-0,4	-0,4	1,7

Positiv fällt außerdem auf, dass Zeilen mit Nullsalden vermieden werden, sowie, dass der Gesamthaushalt lediglich 406 Seiten umfasst und daher sogar in einem Band dargestellt werden kann.

10 Kommunale Doppik in Rheinland-Pfalz

10.1 Die Situation in Rheinland-Pfalz

Doppik spätestens ab 2009

In Rheinland-Pfalz existieren seit 18.05.2006 sowohl eine Gemeindeordnung als auch eine Gemeindehaushaltsverordnung, die mit einer Übergangszeit zwischen 2007 und 2009 zukünftig ausschließlich doppische Haushalte zulassen. Das Landesprojekt „Kommunale Doppik Rheinland-Pfalz" wurde zwischen 2005 und Ende 2007 durchgeführt und veröffentlichte die Ergebnisse unter www.rlp-doppik.de.

Umsetzungsstand in Rheinland-Pfalz

Nach den verfügbaren Informationen hatten etwa 20 Kommunalverwaltungen die Doppikumstellung bereits für 2007 in irgendeiner Form geplant; eine größere Anzahl wollte für 2008 folgen.[152] Zum Abschluss der Erhebungsphase (März 2008) lagen uns vier doppische Haushalte vor. Davon betraf nur ein Haushalt eine kreisfreie Stadt (Worms), der im Folgenden ausführlich dargestellt wird. Auf der CD werden noch die Haushalte des Landkreises Neuwied, des Rhein-Lahn-Kreises und des Rhein-Hunsrück-Kreises kommentiert.

Allgemeine Charakterisierung der doppischen Haushalte

Das rheinland-pfälzische Konzept zur kommunalen Doppik schließt kommunale Wahlrechte weitgehend aus. Vielmehr ist das rheinland-pfälzische Regelungswerk durch besonders zahlreiche und differenzierte Landesvorgaben in vielen Bereichen gekennzeichnet. So werden insbesondere – anders als in Hessen, Nordrhein-Westfalen und Saarland – auch die Produktgruppen und damit die Grobstruktur des doppischen Haushalts landeseinheitlich fest vorgeschrieben. Auch auf den Hierarchieebenen der Produkte und Leistungen sind die Kommunen in Rheinland-Pfalz nur begrenzt frei, Produkte und Leistungen zusammenzufassen. Sofern die Produkte und Leistungen jeweils erbracht werden, müssen sie auch zu derjenigen Produktgruppe zugeordnet werden, zu der sie gemäß Landesproduktplan gehören. Diese Anforderungen können zwar die Haushaltsstrukturen der Kommunen vereinheitlichen, allerdings steigt zwangsläufig die Anzahl der Produkte und der entsprechende Verrechnungs- und Abbildungsaufwand.

Bedingt durch dieselbe Beratungsgesellschaft (Mittelrheinische Treuhand) ähnelt das rheinland-pfälzische Konzept zur kommunalen Doppik den Konzepten der Länder Mecklenburg-Vorpommern und Thüringen.

---

[152] Vgl. AK III (2007) Teil V S. 4

10.2 Wichtigste Vorschriften zur Haushaltsgliederung in Rheinland-Pfalz

Anlagen zum Haushaltsplan

Dem Haushaltsplan sind gemäß § 1 GemHVO-RP als Anlagen beizufügen:

- der Vorbericht,
- die Bilanz des letzten Haushaltsjahres, für das ein Jahresabschluss vorliegt,
- der Gesamtabschluss des letzten Haushaltsjahres, für das ein Gesamtabschluss vorliegt, ohne Gesamtanhang und Anlagen,
- eine Übersicht über die Verpflichtungsermächtigungen,
- eine Übersicht über den voraussichtlichen Stand der Verbindlichkeiten zum Ende des Haushaltsjahres,
- die Wirtschaftspläne der Sondervermögen, für die Sonderrechnungen geführt werden,
- eine Übersicht über die Wirtschaftslage und die voraussichtliche Entwicklung der Unternehmen mit Mehrheitsbeteiligungen, Zweckverbände und rechtsfähigen Anstalten des öffentlichen Rechts, für die die Gemeinde Gewährträger ist,
- eine Übersicht über die Teilhaushalte gemäß § 4 Abs. 4 GemHVO-RP,
- eine Übersicht über die produktbezogenen Finanzdaten gemäß § 4 Abs. 5 GemHVO-RP.

Im Ergebnis- und Finanzhaushalt sowie in den Teilergebnis- und Teilfinanzhaushalten sind die Ergebnisse des Haushaltsvorvorjahres, die Ansätze des Haushaltsvorjahres, die Ansätze des Haushaltsjahres, und die Planungsdaten der folgenden drei Haushaltsjahre für jedes Haushaltsjahr getrennt gegenüberzustellen. Auch Rheinland-Pfalz hat hierzu verschiedene Formblätter herausgegeben.

Gliederung des Ergebnishaushalts

Die Ergebnishaushalte verdeutlichen wir anhand des (Gesamt-) Ergebnishaushalts der Stadt Worms

Stadtverwaltung Worms

Ergebnishaushalt 2007

	Bezeichnung	Ergebnis 2005	Ansatz 2006	Ansatz 2007	Planung 2008	Planung 2009	Planung 2010
01	Steuern und ähnliche Abgaben	60.369.353,81	63.907.600	69.003.000	71.015.000	74.441.000	78.441.000
02	Zuwendungen und allgemeine Umlagen	20.405.577,76	22.732.800	24.335.200	24.335.200	24.335.200	24.335.200
03	Sonstige Transfererträge	8.062.220,69	7.933.900	7.662.500	7.662.500	7.662.500	7.662.500
04	Öffentlich-Rechtliche Leistungsentgelte	6.141.822,29	6.310.000	5.043.300	5.089.473	5.137.118	5.185.239
05	Privatrechtliche Leistungsentgelte	2.402.608,79	1.911.000	1.919.000	1.937.972	1.957.134	1.976.487
06	Kostenerstattungen und Kostenumlagen	12.069.651,21	12.821.900	12.911.400	12.912.356	12.913.322	12.914.297
07	Erhöhung oder Verminderung des Bestands an fertigen und unfertigen Erzeugnissen	0,00	0	0	0	0	0
08	andere aktivierte Eigenleistungen	0,00	0	0	0	0	0
09	Sonstige laufende Erträge	6.585.555,62	6.938.900	5.846.600	5.847.686	5.848.783	5.849.891
10	**Summe der laufenden Erträge aus Verwaltungstätigkeit**	**116.036.790,17**	**122.556.100**	**126.721.000**	**128.800.187**	**132.295.056**	**136.364.613**
11	Personalaufwendungen	29.860.783,84	31.247.500	30.319.900	30.917.570	31.528.614	32.152.172
12	Versorgungsaufwendungen	3.986.602,13	3.984.700	4.301.000	4.387.020	4.474.760	4.564.256
13	Aufwendungen für Sach- und Dienstleistungen	28.250.220,07	30.293.600	30.549.300	30.634.327	30.725.153	30.816.788
14	Abschreibungen a) auf immaterielle Vermögensgegenstände, Sachanlagen, Ingangsetzungsaufwendungen und Erweiterung der Verwaltung	3.858.662,37	3.411.500	3.290.054	3.342.103	3.655.303	3.436.103
	b) auf Vermögensgegenstände des Umlaufvermögens, soweit diese die üblichen Abschreibungen überschreiten	0,00	0	0	0	0	0
15	Zuwendungen, Umlagen und sonstige Transferaufwendungen	16.395.691,15	15.122.600	16.907.800	17.029.800	17.384.800	17.817.800
16	Aufwendungen der sozialen Sicherung	47.439.103,40	52.191.300	51.777.500	51.777.500	51.777.500	51.777.500
17	sonstige laufende Aufwendungen	6.708.646,01	7.411.500	6.456.300	6.452.789	6.456.515	6.460.278
18	**Summe der laufenden Aufwendungen aus Verwaltungstätigkeit**	**136.499.708,97**	**143.662.700**	**143.601.854**	**144.541.109**	**146.002.646**	**147.024.896**
19	**laufendes Ergebnis aus Verwaltungstätigkeit**	**-20.462.918,80**	**-21.106.600**	**-16.880.854**	**-15.740.922**	**-13.707.590**	**-10.660.283**
20	Zins- und Finanzerträge	789.566,46	4.292.400	2.312.100	581.550	576.607	545.270
21	Zins- und Finanzaufwendungen	6.130.930,17	7.010.000	8.710.000	10.091.700	10.894.900	11.723.400
22	**Finanzergebnis**	**-5.341.363,71**	**-2.717.600**	**-6.397.900**	**-9.510.150**	**-10.318.294**	**-11.178.130**
23	**ordentliches Ergebnis**	**-25.804.282,51**	**-23.824.200**	**-23.278.754**	**-25.251.072**	**-24.025.883**	**-21.838.413**
24	außerordentliche Erträge	0,00	0	0	0	0	0
25	außerordentliche Aufwendungen	0,00	0	0	0	0	0
26	**außerordentliches Ergebnis**	**0,00**	**0**	**0**	**0**	**0**	**0**
27	**Jahresergebnis (Jahresüberschuss / Jahresfehlbetrag)**	**-25.804.282,51**	**-23.824.200**	**-23.278.754**	**-25.251.072**	**-24.025.883**	**-21.838.413**
28	Einstellung in den Sonderposten für Belastungen aus dem kommunalen Finanzausgleich	0,00	0	0	0	0	0
29	Entnahmen aus dem Sonderposten für Belastungen aus dem kommunalen Finanzausgleich	0,00	0	0	0	0	0
30	**Jahresergebnis nach Berücksichtigung der Veränderungen des Sonderpostens für Belastungen aus dem kommunalen Finanzausgleich**	**-25.804.282,51**	**-23.824.200**	**-23.278.754**	**-25.251.072**	**-24.025.883**	**-21.838.413**
31	Erträge aus internen Leistungsbeziehungen	536.785,14	543.300	31.500	31.500	31.500	31.500
32	Aufwendungen aus internen Leistungsbeziehungen	536.785,14	543.300	31.500	31.500	31.500	31.500
33	**Jahresergebnis nach Berücksichtigung der internen Leistungsbeziehungen**	**-25.804.282,51**	**-23.824.200**	**-23.278.754**	**-25.251.072**	**-24.025.883**	**-21.838.413**

Stadt Worms

Gliederung des Finanzhaushalts

Auch zur Gliederung des Finanzhaushalts zitieren wir das Beispiel aus Worms:

Stadtverwaltung Worms

Finanzplan 2007

	Bezeichnung	Ergebnis 2005	Ansatz 2006	Ansatz 2007	Planung 2008	Planung 2009	Planung 2010
1	Steuern und ähnliche Abgaben	60.147.754,49	63.907.600	69.003.000	71.015.000	74.441.000	78.441.000
2	Zuwendungen und allgemeine Umlagen	20.454.713,83	22.732.800	24.335.200	24.335.200	24.335.200	24.335.200
3	Sonstige Transfereinzahlungen	7.894.432,82	7.933.900	7.662.500	7.662.500	7.662.500	7.662.500
4	Öffentlich-rechtliche Leistungsentgelte	6.123.000,38	6.310.000	5.043.300	5.089.473	5.137.118	5.185.239
5	Privatrechtliche Leistungsentgelte	2.357.111,60	1.911.000	1.919.000	1.937.972	1.957.134	1.976.487
6	Kostenerstattungen und Kostenumlagen	12.094.689,21	12.821.900	12.911.400	12.912.356	12.913.322	12.914.297
7	Erhöhungen oder Verminderungen des Bestandes an fertigen und unfertigen Erzeugnissen	0,00	0	0	0	0	0
8	andere aktivierte Eigenleistungen	0,00	0	0	0	0	0
9	sonstige laufende Einzahlungen	5.741.150,09	5.977.600	5.846.600	5.847.686	5.848.783	5.849.891
10	*Summe der laufenden Einzahlungen aus Verwaltungstätigkeit*	*114.812.852,42*	*121.594.800*	*126.721.000*	*128.800.187*	*132.295.056*	*136.364.613*
11	Personalauszahlungen	29.860.783,84	31.247.500	30.319.900	30.917.570	31.528.614	32.152.172
12	Versorgungsauszahlungen	3.960.770,66	3.956.400	4.266.400	4.351.728	4.438.763	4.527.538
13	Auszahlungen für Sach- und Dienstleistungen	29.353.517,22	30.293.600	30.549.300	30.634.327	30.725.153	30.816.788
14	Zuwendungen, Umlagen und sonstige Transferauszahlungen	16.395.691,15	15.122.600	16.907.800	17.029.800	17.384.800	17.817.800
15	Auszahlungen der sozialen Sicherung	47.439.103,40	52.191.300	51.777.500	51.777.500	51.777.500	51.777.500
16	sonstige laufende Auszahlungen	6.729.122,36	7.411.500	6.456.300	6.452.789	6.456.515	6.460.278
17	*Summe der laufenden Auszahlungen aus*	*133.738.988,63*	*140.222.900*	*140.277.200*	*141.163.714*	*142.311.345*	*143.552.075*
18	Saldo der laufenden Ein- und Auszahlungen aus Verwaltungstätigkeit	-18.926.136,21	-18.628.100	-13.556.200	-12.363.527	-10.016.289	-7.187.462
19	Zins- und sonstige Finanzeinzahlungen	797.893,87	4.292.400	2.312.100	581.550	576.607	545.270
20	Zins- und sonstige Finanzauszahlungen	6.130.930,17	7.010.000	8.010.000	9.491.700	11.394.900	12.723.400
21	*Saldo der Zins- und sonstigen Finanzein- und -auszahlungen*	*-5.333.036,30*	*-2.717.600*	*-5.697.900*	*-8.910.150*	*-10.818.294*	*-12.178.130*
22	Saldo der ordentlichen Ein- und Auszahlungen	-24.259.172,51	-21.345.700	-19.254.100	-21.273.677	-20.834.583	-19.365.592
23	außerordentliche Einzahlungen	0,00	0	0	0	0	0
24	außerordentliche Auszahlungen	0,00	0	0	0	0	0
25	*Saldo der außerordentlichen Ein- und Auszahlungen*	*0,00*	*0*	*0*	*0*	*0*	*0*
26	Summe der ordentlichen und außerordentlichen Ein- und Auszahlungen	-24.259.172,51	-21.345.700	-19.254.100	-21.273.677	-20.834.583	-19.365.592
27	Einzahlungen aus Investitionszuwendungen	7.218.433,74	5.093.500	4.677.000	3.372.000	2.438.200	2.168.300
28	Einzahlungen aus Beiträgen und ähnlichen Entgelten	890.940,56	1.161.900	668.000	552.800	1.584.500	2.022.600
29	Einzahlungen für immaterielle Vermögensgegenstände	0,00	0	0	0	0	0
30	Einzahlungen für Sachanlagen	7.800.844,46	2.272.200	1.551.500	851.500	851.500	851.500
31	Einzahlungen für Finanzanlagen	0,00	10.000.000	0	0	0	0
32	Einzahlungen aus sonstigen Ausleihen und Kreditgewährungen	268.693,64	339.400	177.800	177.600	177.300	176.800
33	Einzahlungen aus der Veräußerung von Vorräten	0,00	0	0	0	0	0
34	sonstige Investitionseinzahlungen	0,00	0	0	0	0	0
35	*Summe der Einzahlungen aus Investitionstätigkeit*	*16.178.912,40*	*18.867.000*	*7.074.300*	*4.953.900*	*5.051.500*	*5.219.200*
36	Auszahlungen für immaterielle Vermögensgegenstände	33.644,14	42.600	32.800	31.000	0	0
37	Auszahlungen für Sachanlagen	12.799.426,86	13.352.200	12.818.000	17.642.500	17.292.500	12.399.600
38	Auszahlungen für Finanzanlagen	0,00	3.000	0	0	0	0
39	Auszahlungen für sonstige Ausleihen und Kreditgewährungen	3.931.108,28	10.000.000	0	0	0	0
40	Auszahlungen für den Erwerb von Vorräten	0,00	0	0	0	0	0
41	sonstige Investitionsauszahlungen	0,00	0	0	0	0	0
42	*Summe der Auszahlungen aus Investitionstätigkeit*	*16.764.179,28*	*23.397.800*	*12.850.800*	*17.673.500*	*17.292.500*	*12.399.600*
43	Saldo der Ein- uns Auszahlungen aus Investitionstätigkeit	-585.266,88	-4.530.800	-5.776.500	-12.719.600	-12.241.000	-7.180.400
44	Finanzmittelüberschuss / Finanzmittelfehlbetrag	-24.844.439,39	-25.876.500	-25.030.600	-33.993.277	-33.075.583	-26.545.992
45	Einzahlungen aus der Aufnahme von Investitionskrediten	5.503.510,12	4.530.800	5.776.500	12.719.600	12.241.000	7.180.400
46	Auszahlungen zur Tilgung von Investitionskrediten	7.502.288,30	3.411.500	3.290.000	3.342.100	3.475.300	3.436.100
47	*Saldo der Ein- und Auszahlungen aus Investitionskrediten*	*-1.998.778,18*	*1.119.300*	*2.486.500*	*9.377.500*	*8.765.700*	*3.744.300*
48	Einzahlungen aus der Aufnahme von Krediten zur Liquiditätssicherung			24.757.200	22.544.100	24.615.777	24.309.883	22.801.692
49	Auszahlungen zur Tilgung von Krediten zur Liquiditätssicherung		0	0	0	0	0
50	*Saldo der Ein- und Auszahlungen aus Krediten zur Liquiditätssicherung*			*24.757.200*	*22.544.100*	*24.615.777*	*24.309.883*	*22.801.692*

Bezeichnung	Ergebnis 2005	Ansatz 2006	Ansatz 2007	Planung 2008	Planung 2009	Planung 2010
51 Abnahme der liquiden Mittel		174.042.200	164.428.000	171.671.014	174.474.045	172.111.175
52 Zunahme der liquiden Mittel		174.042.200	164.428.000	171.671.014	174.474.045	172.111.175
53 *Veränderung der liquiden Mittel*		*0*	*0*	*0*	*0*	*0*
54 **Saldo der Ein- und Auszahlungen aus Finanzierungstätigkeit**		**25.876.500**	**25.030.600**	**33.993.277**	**33.075.583**	**26.545.992**
Stand Kassenkredite zum 01.01.		113.809.000	139.685.500	164.416.100	198.709.377	231.784.960
Stand Kassenkredite zum 31.12.	113.809.000	139.685.500	164.716.100	198.709.377	231.784.960	258.330.952

Die **sehr differenzierten Gliederungsvorgaben zum Finanzhaushalt** weichen von der einfacheren Gliederungssystematik des IMK-Leittexts und der meisten anderen Landesregelungen ab.

Sonderregelung für Ortsgemeinden als Teil einer Verbandsgemeinde

Ortsgemeinden haben anstelle der Finanzhaushaltspositionen Nr. 48 bis 53 folgende Posten auszuweisen:

- unter Nummer 48: Zunahme der Verbindlichkeiten gegenüber der Verbandsgemeinde aus der Aufnahme von Krediten zur Liquiditätssicherung,
- unter Nummer 49: Abnahme der Verbindlichkeiten gegenüber der Verbandsgemeinde aus der Aufnahme von Krediten zur Liquiditätssicherung,
- unter Nummer 50: Veränderung der Verbindlichkeiten gegenüber der Verbandsgemeinde aus Krediten zur Liquiditätssicherung (Saldo der Nummern 48 und 49),
- unter Nummer 51: Abnahme der Forderungen gegenüber der Verbandsgemeinde aus dem Zahlungsmittelbestand,
- unter Nummer 52: Zunahme der Forderungen gegenüber der Verbandsgemeinde aus dem Zahlungsmittelbestand,
- unter Nummer 53: Veränderung der Forderungen gegenüber der Verbandsgemeinde aus dem Zahlungsmittelbestand (Saldo der Nummern 51 und 52).

Sonderregelung für den Finanzhaushalt der Verbandsgemeinden

Verbandsgemeinden haben bei den Finanzhaushaltsposten Nr. 48 bis 53 nur den auf ihren Haushalt entfallenden Anteil an den Krediten zur Liquiditätssicherung und den liquiden Mitteln auszuweisen.

Teilhaushalte

Die Teilhaushalte sind gemäß § 4 GemHVO-RP produktorientiert auf der Grundlage des Produktrahmenplans des Landes **funktional oder nach der örtlichen Organisation institutionell zu gliedern**. Soweit nicht aus den Erläuterungen zu den Teilhaushalten ersichtlich, ist dem Haushaltsplan als Anlage eine Übersicht über die Teilhaushalte und **die den einzelnen Teilhaushalten zugeordneten Produkte** beizufügen.

Die Finanzdaten sind gemäß § 4 Abs. 5 GemHVO-RP in der **Zuordnung der einzelnen Produkte zu den Produktgruppen, der Produktgruppen zu den Produktbereichen** und der Produktbereiche zu den Haupt-Produktbereichen entsprechend dem vom fachlich zuständigen Ministerium bekannt gegebenen Produktrahmenplan in einer Anlage zum Haushaltsplan darzustellen.

In jedem **Teilergebnishaushalt** sind mindestens die Ergebnishaushaltsposten nach § 2 Abs. 1 Nr. 1 bis 27 GemHVO-RP auszuweisen, soweit ihm die Erträge und Aufwendungen zuzuordnen sind. Zusätzlich sind die Erträge und Aufwendungen aus internen Leistungsbeziehungen auszuweisen.

Stadt Worms 383

In jedem **Teilfinanzhaushalt** sind mindestens die folgenden Posten gesondert in der angegebenen Reihenfolge auszuweisen – auch diese **sehr ausführliche Darstellung der Teilfinanzhaushalte** findet sich in den meisten anderen Landesregelungen so nicht:

- Saldo der laufenden Ein- und Auszahlungen aus Verwaltungstätigkeit,
- Saldo der Zins- und sonstigen Finanzein- und -auszahlungen,
- Saldo der ordentlichen Ein- und Auszahlungen (Summe der Nummern 1 und 2),
- Saldo der außerordentlichen Ein- und Auszahlungen,
- Saldo der ordentlichen und außerordentlichen Ein- und Auszahlungen vor Verrechnung der internen Leistungsbeziehungen (Summe der Nummern 3 und 4),
- Saldo der Ein- und Auszahlungen aus internen Leistungsbeziehungen,
- Saldo der ordentlichen und außerordentlichen Ein- und Auszahlungen nach Verrechnung der internen Leistungsbeziehungen (Summe der Nummern 5 und 6),
- Einzahlungen aus Investitionszuwendungen; einzelne Investitionsmaßnahmen oberhalb der vom Gemeinderat festgelegten Wertgrenzen sind einzeln für jede Investition darzustellen,
- Einzahlungen aus Beiträgen und ähnlichen Entgelten,
- Einzahlungen für immaterielle Vermögensgegenstände,
- Einzahlungen für Sachanlagen,
- Einzahlungen für Finanzanlagen,
- Einzahlungen aus sonstigen Ausleihungen und Kreditgewährungen,
- Einzahlungen aus der Veräußerung von Vorräten,
- sonstige Investitionseinzahlungen,
- Summe der Einzahlungen aus Investitionstätigkeit (Summe der Nummern 8 bis 15),
- Auszahlungen für immaterielle Vermögensgegenstände,
- Auszahlungen für Sachanlagen,
- Auszahlungen für Finanzanlagen,
- Auszahlungen für sonstige Ausleihungen und Kreditgewährungen,
- Auszahlungen für den Erwerb von Vorräten,
- sonstige Investitionsauszahlungen,
- Summe der Auszahlungen aus Investitionstätigkeit (Summe der Nummern 17 bis 22),
- Saldo der Ein- und Auszahlungen aus Investitionstätigkeit (Saldo der Nummern 16 und 23),
- Finanzmittelüberschuss/Finanzmittelfehlbetrag des Teilhaushalts (Summe der Nummern 7 und 24).

10.3 Praxis der bislang vorliegenden doppischen Haushalte in Rheinland-Pfalz

Von den bereits vorliegenden doppischen Haushalten zeigen wir exemplarisch die Stadt Worms auf den folgenden Seiten; ergänzend finden sich Kommentierungen für mehrere Landkreise auf der beiliegenden CD.

10.3.1 Stadt Worms (2007)

Die Stadtverwaltung Worms (88.000 Einwohner) hat – als erste kreisfreie Stadt in Rheinland-Pfalz – den doppischen Haushalt in vier Bänden vorgelegt:

- Band eins umfasst Satzung, Vorbericht, Gesamtergebnishaushalt, Teilergebnishaushalt nach 4 Dezernaten, Teilergebnishaushalte der 55 Kostenstellen (Abteilungen), wobei neben den Gliederungspositionen des § 2 GemHVO-RP zusätzlich auch noch teilweise die Konten ausgedruckt sind. Band eins umfasst ca. 180 Seiten (überwiegend Auswertungen einer Standardsoftware).

- Band zwei enthält das sogenannte Produktbuch mit Produktbeschreibungen und produktbezogenen Haushaltsansätzen für die über 320 Produkte auf 587 Seiten (fast ausschließlich Auswertungen einer Standardsoftware).

- Band drei umfasst dann den Gesamtfinanzhaushalt, Teilfinanzhaushalte nach 4 Dezernaten, Teilfinanzhaushalte nach 55 Kostenstellen sowie die Planung der einzelnen Investitionsmaßnahmen auf insgesamt rund 200 Seiten (fast ausschließlich Auswertungen einer Standardsoftware).

- Band vier enthält dann die Wirtschaftspläne der städtischen Beteiligungen, den städtischen Forstwirtschaftsplan sowie die Haushaltspläne zweier Stiftungen.

Das Nebeneinander der in Worms definierten Produkte und Kostenstellen verdeutlicht folgende Abbildung (Auszug aus der Produktübersicht):[153]

---
[153] Stadt Worms (2007) Band 2. S. 26 ff. (PDF).

Produktübersicht (sortiert nach Produktnummer)

Produktnr	Produktbezeichnung	Kststelle	Kostenstellenbezeichnung
11111000	Verwaltungsführung und Unterstützung der Verwaltungsführung	11000000	Büro des Oberbürgermeisters
11130000	Öffentlichkeitsarbeit	10200000	1.02 Presse- und Öffentlichkeitsarbeit
11136000	Ehrungen, Jubiläen	11000000	Büro des Oberbürgermeisters
11140000	Stadtrat und Ausschüsse	10100000	1.01 Kommunalverf., Stadtrat, Ausschüsse
11140100	Ortsbeirat / Ortsvorsteher Abenheim	10100000	1.01 Kommunalverf., Stadtrat, Ausschüsse
11140200	Ortsbeirat / Ortsvorsteher Heppenheim	10100000	1.01 Kommunalverf., Stadtrat, Ausschüsse
11140300	Ortsbeirat / Ortsvorsteher Herrnsheim	10100000	1.01 Kommunalverf., Stadtrat, Ausschüsse
11140400	Ortsbeirat / Ortsvorsteher Hochheim	10100000	1.01 Kommunalverf., Stadtrat, Ausschüsse
11140500	Ortsbeirat / Ortsvorsteher Horchheim	10100000	1.01 Kommunalverf., Stadtrat, Ausschüsse
11140600	Ortsbeirat / Ortsvorsteher Ibersheim	10100000	1.01 Kommunalverf., Stadtrat, Ausschüsse
11140700	Ortsbeirat / Ortsvorsteher Leiselheim	10100000	1.01 Kommunalverf., Stadtrat, Ausschüsse
11140800	Ortsbeirat / Ortsvorsteher Neuhausen	10100000	1.01 Kommunalverf., Stadtrat, Ausschüsse
11140900	Ortsbeirat / Ortsvorsteher Pfeddersheim	10100000	1.01 Kommunalverf., Stadtrat, Ausschüsse
11141000	Ortsbeirat / Ortsvorsteher Pfiffligheim	10100000	1.01 Kommunalverf., Stadtrat, Ausschüsse
11141100	Ortsbeirat / Ortsvorsteher Rheindürkheim	10100000	1.01 Kommunalverf., Stadtrat, Ausschüsse
11141200	Ortsbeirat / Ortsvorsteher Weinsheim	10100000	1.01 Kommunalverf., Stadtrat, Ausschüsse
11141300	Ortsbeirat / Ortsvorsteher Wiesoppenheim	10100000	1.01 Kommunalverf., Stadtrat, Ausschüsse
11150000	Lokale Agenda 21	70100000	7.01 Grundstücksmanagement und Stadtentwicklung
11160000	Gleichstellung	70000000	Büroleitung 7 - Stadtentwicklung und Gleichstellung
11170000	Personalvertretung	13000000	Personalrat
11210000	Personalentwicklung	10300000	1.03 Personal- und Organisationsmanagement
11220000	Personaleinsatz	10300000	1.03 Personal- und Organisationsmanagement
11230000	Personalbetreuung	10300000	1.03 Personal- und Organisationsmanagement
11241000	Eigene Personalabrechnung	10400000	1.04 Personalabrechnung
11242000	Fremdabrechnung	10400000	1.04 Personalabrechnung
11250000	Aus- und Fortbildung	10300000	1.03 Personal- und Organisationsmanagement
11310000	Organisationsentwicklung	10300000	1.03 Personal- und Organisationsmanagement
11320000	Verwaltungsorganisation	10300000	1.03 Personal- und Organisationsmanagement
11410000	Zentrales Grundstücks- und Gebäudemanagement	69000000	Gebäudebewirtschaftungbetrieb
11420000	Liegenschaften	70100000	7.01 Grundstücksmanagement und Stadtentwicklung
11441000	Benutzerservice	10500000	1.05 Interner Service / Techn. Dienste
11442000	Betrieb von Technikunterstützter Informationsverarbeitung (TuI-Anwendungen)	10500000	1.05 Interner Service / Techn. Dienste
11443000	Technikunterstütze Informationsverarbeitung - Schulungen	10500000	1.05 Interner Service / Techn. Dienste
11444000	Entwicklung und Pflege von Online-Diensten	10500000	1.05 Interner Service / Techn. Dienste
11451000	Hausdruckerei	10500000	1.05 Interner Service / Techn. Dienste
11452000	Zustell-, Post- und Botendienst	10500000	1.05 Interner Service / Techn. Dienste
11456000	Fuhrpark Bereich 6	60400000	6.4 Bauverwaltung
11458000	Zentrale Beschaffung	10500000	1.05 Interner Service / Techn. Dienste
11459000	Ausschreibungen	60400000	6.4 Bauverwaltung
11460000	Architekturbüro	60500000	6.5 Hochbau
11601000	Haushalts- und Finanzplanung	20200000	2.02 Haushalt
11602000	Haushalts- und betriebswirtschaftliche Dienstleistungen	20200000	2.02 Haushalt
11603000	Schuldenverwaltung, Bürgschaftsverwaltung, Aufgaben der Stadt als Steuerschuldnerin	20200000	2.02 Haushalt
11604000	Festsetzung und Erhebung der Steuern (einschließlich Stundung, Niederschlagung und Erlass)	20100000	2.01 Kommunale Steuern
11606300	Beteiligungsmanagement	20300000	2.03 Beteiligungen - Finanzcontrolling
11607000	Einführung Doppik	20300000	2.03 Beteiligungen - Finanzcontrolling
11608000	Jahresabschluss	20200000	2.02 Haushalt
11610000	Versicherungen	10600000	1.06 Recht
11621000	Buchhaltung	21000000	2.10 Stadtkasse
11625000	Vollstreckung	21000000	2.10 Stadtkasse
11810000	Rechnungsprüfung	14000000	Rechnungsprüfungsamt
11910000	Prozessführung	10600000	1.06 Recht
11920000	Stadtrechtsausschuss	10600000	1.06 Recht
11930000	sonstige Rechtsangelegenheiten	10600000	1.06 Recht
11940000	Rechtsberatung und rechtliche Betreuung	10600000	1.06 Recht
12110000	Statistik	10100000	1.01 Kommunalverf., Stadtrat, Ausschüsse
12120000	Wahlen	10100000	1.01 Kommunalverf., Stadtrat, Ausschüsse
12210000	Ordnungsangelegenheiten	30100000	3.01 Allgemeines Ordnungsrecht
12213100	Schornsteinfegerwesen	30500000	3.05 Umweltschutz und Landwirtschaft
12214000	Kommunaler Vollzugsdienst	30800000	3.08 Kontroll- und Vollzugsdienste
12220000	Zentrale Bußgeldstelle	30100000	3.01 Allgemeines Ordnungsrecht
12222000	Sonstige Owi-Verfahren	30100000	3.01 Allgemeines Ordnungsrecht
12231000	Personenstandswesen	30400000	3.04 Standesamt
12231500	Öffentlich-rechtliche Namensänderungen	30400000	3.04 Standesamt
12232000	Staatsangehörigkeit und Einbürgerung	30400000	3.04 Standesamt
12233000	An-, Um- und Abmeldungen von Personen	30700000	3.07 Bürgerservicebüro
12234000	Pass- und Ausweisangelegenheiten	30700000	3.07 Bürgerservicebüro
12235000	Lohnsteuerkarten	30700000	3.07 Bürgerservicebüro
12236000	Bewohnerparken	30700000	3.07 Bürgerservicebüro

Als Beispiel für einen **Teilergebnishaushalt der Kostenstellen** (aus Band eins) zeigen wir zunächst den Bereich des Stadtrats:[154]

Stadtverwaltung Worms
Teilergebnishaushalt 2007

Kostenstelle: 10100
1.01 Kommunalverf., Stadtrat, Ausschüsse

	Bezeichnung	Ergebnis 2005	Ansatz 2006	Ansatz 2007	Planung 2008	Planung 2009	Planung 2010
01	Steuern und ähnliche Abgaben	0,00	0	0	0	0	0
02	Zuwendungen und allgemeine Umlagen	300,45	0	0	0	0	0
	414500 vom privaten Bereich	300,45	0	0	0	0	0
03	Sonstige Transfererträge	0,00	0	0	0	0	0
04	Öffentlich-Rechtliche Leistungsentgelte	0,00	0	0	0	0	0
05	Privatrechtliche Leistungsentgelte	0,00	0	0	0	0	0
06	Kostenerstattungen und Kostenumlagen	23.014,12	37.500	1.000	1.000	1.000	1.000
	442430 vom Land	23.014,12	37.500	1.000	1.000	1.000	1.000
07	Erhöhung oder Verminderung des Bestands an fertigen und unfertigen Erzeugnissen	0,00	0	0	0	0	0
08	andere aktivierte Eigenleistungen	0,00	0	0	0	0	0
09	Sonstige laufende Erträge	0,00	0	0	0	0	0
10	*Summe der laufenden Erträge aus Verwaltungstätigkeit*	23.314,57	37.500	1.000	1.000	1.000	1.000
11	Personalaufwendungen	1.066.411,10	1.167.800	1.219.900	1.240.360	1.261.229	1.282.516
	501400 Ratsmitglieder	171.272,41	192.900	196.900	196.900	196.900	196.900
	502100 Bezüge der Beamten	535.906,76	638.800	658.000	671.160	684.583	698.275
	502200 Vergütungen der Arbeitnehmer	266.399,82	246.700	271.300	276.726	282.261	287.906
	502900 Sonstige Aufwendungen für Beschäftigte	3.516,00	2.200	2.200	2.244	2.289	2.335
	503200 für Arbeitnehmer	19.815,71	17.900	19.400	19.788	20.184	20.587
	504200 für Arbeitnehmer	57.984,06	55.500	57.900	59.058	60.239	61.444
	505100 für Beamte	7.670,63	9.200	9.200	9.384	9.572	9.763
	505200 für Arbeitnehmer	208,65	600	700	714	728	743
	507100 für Beamte	3.637,06	4.000	4.300	4.386	4.474	4.563
12	Versorgungsaufwendungen	347.518,37	352.100	398.000	405.960	414.079	422.361
	511100 für Beamte	345.203,44	349.200	395.000	402.900	410.958	419.177
	515100 für Beamte	2.314,93	2.900	3.000	3.060	3.121	3.184
13	Aufwendungen für Sach- und Dienstleistungen	91.468,54	96.000	77.000	77.000	77.000	77.000
	523500 Aufwendungen für Unterhaltung der Maschinen und technischen Anlagen	0,00	0	3.000	3.000	3.000	3.000
	524900 Sonstige Aufwendungen für Sachleistungen	25.905,66	20.000	6.000	6.000	6.000	6.000
	525300 an Sondervermögen	65.562,88	76.000	68.000	68.000	68.000	68.000
14	Abschreibungen						
	a) auf immaterielle Vermögensgegenstände, Sachanlagen, Ingangsetzungsaufwendungen und Erweiterung der Verwaltung	0,00	0	1	0	0	0
	530000 Bilanzielle Abschreibung (Buchungskonto)	0,00	0	1	0	0	0
	b) auf Vermögensgegenstände des Umlaufvermögens, soweit diese die üblichen Abschreibungen überschreiten	0,00	0	0	0	0	0
	Zuwendungen, Umlagen und sonstige Transferaufwendungen						

Kostenstelle: 10100
1.01 Kommunalverf., Stadtrat, Ausschüsse

	Bezeichnung	Ergebnis 2005	Ansatz 2006	Ansatz 2007	Planung 2008	Planung 2009	Planung 2010
15		4.749,30	8.000	8.000	8.000	8.000	8.000
	541900 Sonstige	4.749,30	8.000	8.000	8.000	8.000	8.000
16	Aufwendungen der sozialen Sicherung	0,00	0	0	0	0	0
17	sonstige laufende Aufwendungen	37.647,13	43.400	49.900	49.900	49.900	49.900
	561200 Aufwendungen für Aus- und Fortbildung, Umschulung	1.192,02	4.000	4.650	4.650	4.650	4.650
	561300 Aufwendungen für übernommene Reisekosten für Dienstreisen und Dienstgänge	61,90	800	1.350	1.350	1.350	1.350
	561390 Sonstiges	0,00	0	5.000	5.000	5.000	5.000
	563100 Büromaterial	55,68	500	500	500	500	500
	563200 Fachliteratur, Zeitschriften	236,14	600	900	900	900	900
	569100 Zuwendungen an Fraktionen	30.890,00	32.300	32.300	32.300	32.300	32.300
	569300 Repräsentationen	5.211,39	5.200	5.200	5.200	5.200	5.200
18	*Summe der laufenden Aufwendungen aus Verwaltungstätigkeit*	1.547.794,44	1.667.300	1.752.801	1.781.220	1.810.208	1.839.777
19	laufendes Ergebnis aus Verwaltungstätigkeit	-1.524.479,87	-1.629.800	-1.751.801	-1.780.220	-1.809.208	-1.838.777
20	Zins- und Finanzerträge	0,00	0	0	0	0	0
21	Zins- und Finanzaufwendungen	0,00	0	0	0	0	0
22	*Finanzergebnis*	0,00	0	0	0	0	0
23	ordentliches Ergebnis	-1.524.479,87	-1.629.800	-1.751.801	-1.780.220	-1.809.208	-1.838.777
24	außerordentliche Erträge	0,00	0	0	0	0	0
25	außerordentliche Aufwendungen	0,00	0	0	0	0	0
26	*außerordentliches Ergebnis*	0,00	0	0	0	0	0
27	Jahresergebnis (Jahresüberschuss / Jahresfehlbetrag)	-1.524.479,87	-1.629.800	-1.751.801	-1.780.220	-1.809.208	-1.838.777
28	Einstellung in den Sonderposten für Belastungen aus dem kommunalen Finanzausgleich	0,00	0	0	0	0	0
29	Entnahmen aus dem Sonderposten für Belastungen aus dem kommunalen Finanzausgleich	0,00	0	0	0	0	0
30	Jahresergebnis nach Berücksichtigung der Veränderungen des Sonderpostens für Belastungen aus dem kommunalen Finanzausgleich	-1.524.479,87	-1.629.800	-1.751.801	-1.780.220	-1.809.208	-1.838.777
31	Erträge aus internen Leistungsbeziehungen	0,00	0	0	0	0	0
32	Aufwendungen aus internen Leistungsbeziehungen	0,00	0	0	0	0	0
33	Jahresergebnis nach Berücksichtigung der internen Leistungsbeziehungen	-1.524.479,87	-1.629.800	-1.751.801	-1.780.220	-1.809.208	-1.838.777

---

[154] Stadt Worms (2007) Band 1. S. 35 ff. (PDF).

Der Teilergebnishaushalt enthält sowohl die Ertrags- und Aufwandsarten als auch die dazugehörigen Konten. Am Ende des Teilprodukthaushalts (vgl. Abbildung) wird deutlich welche Produkte dieser Kostenstelle zugeordnet sind:

Kostenstelle: 10100
1.01 Kommunalverf., Stadtrat, Ausschüsse

Produkt	Bezeichnung	Ergebnis 2005	Ansatz 2006	Ansatz 2007	Planung 2008	Planung 2009	Planung 2010
11.1.400	Stadtrat und Ausschüsse	-161.598,00	-187.000	-200.500	-200.500	-200.500	-200.500
11.1.401	Ortsbeirat / Ortsvorsteher Abenheim	-3.761,00	-8.800	-8.800	-8.800	-8.800	-8.800
11.1.402	Ortsbeirat / Ortsvorsteher Heppenheim	-6.148,00	-6.800	-6.800	-6.800	-6.800	-6.800
11.1.403	Ortsbeirat / Ortsvorsteher Herrnsheim	-14.638,00	-10.100	-10.100	-10.100	-10.100	-10.100
11.1.404	Ortsbeirat / Ortsvorsteher Hochheim	-12.592,00	-8.100	-8.100	-8.100	-8.100	-8.100
11.1.405	Ortsbeirat / Ortsvorsteher Horchheim	-9.503,00	-11.100	-11.100	-11.100	-11.100	-11.100
11.1.406	Ortsbeirat / Ortsvorsteher Ibersheim	-2.720,00	-4.700	-4.700	-4.700	-4.700	-4.700
11.1.407	Ortsbeirat / Ortsvorsteher Leiselheim	-1.888,00	-6.000	-6.000	-6.000	-6.000	-6.000
11.1.408	Ortsbeirat / Ortsvorsteher Neuhausen	-4.827,00	-12.900	-12.900	-12.900	-12.900	-12.900
11.1.409	Ortsbeirat / Ortsvorsteher Pfeddersheim	-17.063,00	-15.400	-15.400	-15.400	-15.400	-15.400
11.1.410	Ortsbeirat / Ortsvorsteher Pfiffligheim	-7.670,00	-7.900	-7.900	-7.900	-7.900	-7.900
11.1.411	Ortsbeirat / Ortsvorsteher Rheindürkheim	-13.477,00	-14.600	-14.600	-14.644	-14.689	-14.735
11.1.412	Ortsbeirat / Ortsvorsteher Weinsheim	-8.979,00	-7.100	-7.100	-7.100	-7.100	-7.100
11.1.413	Ortsbeirat / Ortsvorsteher Wiesoppenheim	-5.269,00	-6.600	-6.600	-6.600	-6.600	-6.600
12.1.100	Statistik	-143,00	-2.800	-3.800	-3.800	-3.800	-3.800
12.1.200	Wahlen	-14.225,00	4.900	-8.600	-8.600	-8.600	-8.600

Als zweites Beispiel zeigen wir auch in Worms die Schulverwaltung:[155]

Stadtverwaltung Worms
Teilergebnishaushalt 2007

Kostenstelle: 40230
4.2.3 Schulverwaltung & Medienzentrum

	Bezeichnung	Ergebnis 2005	Ansatz 2006	Ansatz 2007	Planung 2008	Planung 2009	Planung 2010
01	Steuern und ähnliche Abgaben	0,00	0	0	0	0	0
02	Zuwendungen und allgemeine Umlagen	18.398,28	34.600	35.400	35.400	35.400	35.400
	414430 vom Land	18.348,28	34.600	35.400	35.400	35.400	35.400
	414500 vom privaten Bereich	50,00	0	0	0	0	0
03	Sonstige Transfererträge	0,00	0	0	0	0	0
04	Öffentlich-Rechtliche Leistungsentgelte	63.420,17	89.700	118.000	119.180	120.372	121.576
	431900 Sonstige	0,00	100	100	101	102	103
	432900 Sonstige	63.420,17	89.600	117.900	119.079	120.270	121.472
05	Privatrechtliche Leistungsentgelte	0,00	0	100	101	102	103
	441100 Erträge aus Verkäufen	0,00	0	100	101	102	103
06	Kostenerstattungen und Kostenumlagen	109.230,99	105.000	105.000	105.000	105.000	105.000
	442440 von Gemeinden und Gemeindeverbänden	109.226,82	105.000	105.000	105.000	105.000	105.000
	442900 von Sonstigen	4,17	0	0	0	0	0
07	Erhöhung oder Verminderung des Bestands an fertigen und unfertigen Erzeugnissen	0,00	0	0	0	0	0
08	andere aktivierte Eigenleistungen	0,00	0	0	0	0	0
09	Sonstige laufende Erträge	0,00	0	0	0	0	0
10	**Summe der laufenden Erträge aus Verwaltungstätigkeit**	**191.049,44**	**229.300**	**258.500**	**259.681**	**260.874**	**262.079**
11	Personalaufwendungen	927.862,49	948.600	895.600	913.512	931.782	950.418
	502100 Bezüge der Beamten	47.754,54	57.000	48.800	49.776	50.772	51.787
	502200 Vergütungen der Arbeitnehmer	673.926,21	680.700	642.100	654.942	668.041	681.402
	502900 Sonstige Aufwendungen für Beschäftigte	6.722,20	9.400	8.200	8.364	8.531	8.702
	503200 für Arbeitnehmer	49.724,51	48.500	48.200	49.164	50.147	51.150
	504200 für Arbeitnehmer	145.954,41	147.900	143.800	146.676	149.610	152.602
	505100 für Beamte	3.388,93	2.800	2.900	2.958	3.017	3.078
	505200 für Arbeitnehmer	25,71	1.900	1.200	1.224	1.248	1.273
	507100 für Beamte	365,98	400	400	408	416	424
12	Versorgungsaufwendungen	30.993,95	13.100	33.500	34.170	34.853	35.550
	511100 für Beamte	30.761,01	12.800	33.200	33.864	34.541	35.232
	515100 für Beamte	232,94	300	300	306	312	318
13	Aufwendungen für Sach- und Dienstleistungen	1.066.520,58	1.292.900	1.420.500	1.415.620	1.415.640	1.415.561
	523400 Aufwendungen für Fahrzeugunterhaltung	2.000,00	2.000	2.000	2.020	2.040	2.061
	523700 Geringwertige Geräte, Ausstattungs-, Ausrüstungs- und sonstige Gebrauchsgegenstände	9.246,50	10.000	10.000	10.000	10.000	10.000
	524100 Schülerbeförderungskosten	599.275,95	652.000	640.000	640.000	640.000	640.000
	524200 Essenskosten	87.029,73	151.000	150.400	150.400	150.400	150.400
	525300 an Sondervermögen	31.913,89	134.800	93.200	93.200	93.200	93.200
	529210 Schul-, Sachbedarf, Lehrmittel	337.054,51	343.100	524.900	520.000	520.000	519.900

---

[155] Stadt Worms (2007) Band 1. S. 108 ff. (PDF).

Stadtverwaltung Worms
Teilergebnishaushalt 2007

Kostenstelle: 40230
4.2.3 Schulverwaltung & Medienzentrum

	Bezeichnung		Ergebnis 2005	Ansatz 2006	Ansatz 2007	Planung 2008	Planung 2009	Planung 2010
14	Abschreibungen							
	a) auf immaterielle Vermögensgegenstände, Sachanlagen, Ingangsetzungsaufwendungen und Erweiterung der Verwaltung		0,00	0	1	0	0	0
	530000	Bilanzielle Abschreibung (Buchungskonto)	0,00	0	1	0	0	0
	b) auf Vermögensgegenstände des Umlaufvermögens, soweit diese die üblichen Abschreibungen überschreiten		0,00	0	0	0	0	0
15	Zuwendungen, Umlagen und sonstige Transferaufwendungen		269.201,91	290.100	295.000	295.000	295.000	295.000
	541420	an das Land	0,00	500	500	500	500	500
	541430	an Gemeinden und Gemeindeverbände	125.665,23	127.400	127.400	127.400	127.400	127.400
	541440	an Zweckverbände	95.042,61	110.000	110.000	110.000	110.000	110.000
	541500	an den privaten Bereich	19.200,00	19.000	19.000	19.000	19.000	19.000
	541900	Sonstige	29.294,07	33.200	38.100	38.100	38.100	38.100
16	Aufwendungen der sozialen Sicherung		0,00	0	0	0	0	0
17	sonstige laufende Aufwendungen		9.939,96	46.800	46.600	46.600	46.600	46.600
	561200	Aufwendungen für Aus- und Fortbildung, Umschulung	736,13	2.000	2.000	2.000	2.000	2.000
	561300	Aufwendungen für übernommene Reisekosten für Dienstreisen und Dienstgänge	297,29	300	300	300	300	300
	562100	Mieten, Pachten und Erbbauzinsen	2.473,36	2.900	2.600	2.600	2.600	2.600
	562500	Sachverständigen-, Gerichts- und ähnliche Aufwendungen	21.100,00	0	0	0	0	0
	563100	Büromaterial	880,43	1.600	1.500	1.500	1.500	1.500
	563200	Fachliteratur, Zeitschriften	1.973,37	2.200	2.200	2.200	2.200	2.200
	563400	Telefon, Datenübertragungskosten	806,88	700	800	800	800	800
	569900	Sonstige	23.872,50	37.100	37.200	37.200	37.200	37.200
18	Summe der laufenden Aufwendungen aus Verwaltungstätigkeit		2.304.518,89	2.591.500	2.691.201	2.704.902	2.723.876	2.743.129
19	laufendes Ergebnis aus Verwaltungstätigkeit		-2.113.469,45	-2.362.200	-2.432.701	-2.445.221	-2.463.002	-2.481.050
20	Zins- und Finanzerträge		0,00	0	0	0	0	0
21	Zins- und Finanzaufwendungen		0,00	0	0	0	0	0
22	Finanzergebnis		0,00	0	0	0	0	0
23	ordentliches Ergebnis		-2.113.469,45	-2.362.200	-2.432.701	-2.445.221	-2.463.002	-2.481.050
24	außerordentliche Erträge		0,00	0	0	0	0	0
25	außerordentliche Aufwendungen		0,00	0	0	0	0	0
26	außerordentliches Ergebnis		0,00	0	0	0	0	0
27	Jahresergebnis (Jahresüberschuss / Jahresfehlbetrag)		-2.113.469,45	-2.362.200	-2.432.701	-2.445.221	-2.463.002	-2.481.050
28	Einstellung in den Sonderposten für Belastungen aus dem kommunalen Finanzausgleich		0,00	0	0	0	0	0
29	Entnahmen aus dem Sonderposten für Belastungen aus dem kommunalen Finanzausgleich		0,00	0	0	0	0	0

Stadtverwaltung Worms
Teilergebnishaushalt 2007

Kostenstelle: 40230
4.2.3 Schulverwaltung & Medienzentrum

	Bezeichnung		Ergebnis 2005	Ansatz 2006	Ansatz 2007	Planung 2008	Planung 2009	Planung 2010
30	Jahresergebnis nach Berücksichtigung der Veränderungen des Sonderpostens für Belastungen aus dem kommunalen Finanzausgleich		-2.113.469,45	-2.362.200	-2.432.701	-2.445.221	-2.463.002	-2.481.050
31	Erträge aus internen Leistungsbeziehungen		0,00	0	200	200	200	200
	481000	Erträge aus internen Leistungsbeziehungen	0,00	0	200	200	200	200
32	Aufwendungen aus internen Leistungsbeziehungen		0,00	0	0	0	0	0
33	Jahresergebnis nach Berücksichtigung der internen Leistungsbeziehungen		-2.113.469,45	-2.362.200	-2.432.501	-2.445.021	-2.462.802	-2.480.850

Stadtverwaltung Worms

Teilergebnishaushalt 2007

Kostenstelle: 40230
4.2.3 Schulverwaltung & Medienzentrum

Produkt	Bezeichnung	Ergebnis 2005	Ansatz 2006	Ansatz 2007	Planung 2008	Planung 2009	Planung 2010
21.1.011	Ernst-Ludwig-GS	-9.518,00	-11.800	-13.300	-13.300	-13.300	-13.300
21.1.012	Karmeliter-GS	-6.477,00	-6.300	-8.900	-8.972	-9.045	-9.120
21.1.013	Westend-GS	-9.200,00	-10.400	-13.600	-13.600	-13.600	-13.600
21.1.014	Diesterweg-GS	-4.045,00	-4.200	-6.800	-6.800	-6.800	-6.800
21.1.015	Pestalozzi-GS (Grundschule mit Schulkiga)	-4.094,00	-8.100	-9.600	-9.600	-9.600	-9.600
21.1.016	Neusatz-GS	-5.699,00	-6.100	-7.600	-7.600	-7.600	-7.600
21.1.017	Dalberg-GS (Herrnsheim)	-5.947,00	-6.300	-8.200	-8.200	-8.200	-8.200
21.1.018	Kerschensteiner-GS (Horchheim)	-5.447,00	-6.400	-8.700	-8.700	-8.700	-8.700
21.1.019	GS Wiesoppenheim	-1.587,00	-1.700	-2.600	-2.600	-2.600	-2.600
21.1.020	Wiesengrund-GS (Heppenheim)	-1.837,00	-2.100	-2.700	-2.700	-2.700	-2.700
21.1.021	GS Abenheim	-3.385,00	-3.200	-4.000	-4.000	-4.000	-4.000
21.1.022	GS Rheindürkheim	-3.310,00	-3.500	-4.600	-4.600	-4.600	-4.600
21.2.001	Nibelungen-HS	-12.415,00	-12.300	-16.600	-16.600	-16.600	-16.600
21.2.002	Diesterweg-HS	-8.817,00	-8.800	-12.600	-12.600	-12.600	-12.600
21.2.003	Kerschensteiner-HS (Horchheim)	-16.742,00	-18.200	-18.600	-18.600	-18.600	-18.600
21.3.011	Staudinger-GHS (Neuhausen)	-19.409,00	-20.100	-26.000	-26.000	-26.000	-26.000
21.3.012	Paternus-GHS (Pfeddersheim)	-11.234,00	-11.500	-15.300	-15.300	-15.300	-15.300
21.5.011	Karmeliter-RS	-13.100,00	-15.400	-24.400	-24.400	-24.400	-24.400
21.5.012	Westend-RS	-18.302,00	-18.900	-27.300	-27.300	-27.300	-27.300
21.7.111	Rudi-Stephan-Gymnasium	-21.006,00	-24.100	-34.100	-34.100	-34.100	-34.100
21.7.112	Eleonoren-Gymnasium	-25.611,00	-26.700	-40.300	-40.300	-40.300	-40.300
21.7.113	Gauß-Gymnasium	-26.399,00	-29.400	-34.000	-34.000	-34.000	-34.000
22.1.010	Geschwister-Scholl-Schule, Förderzentrum	-15.813,00	-16.100	-33.800	-28.920	-28.940	-28.861
22.1.100	Gastschülerzuschüsse und -beiträge an kommunale Träger, Förderzentrum	-110.706,00	-125.000	-125.000	-125.000	-125.000	-125.000
23.1.001	Karl-Hofmann-Schule	-76.732,00	-79.500	-139.800	-139.800	-139.800	-139.800
23.1.002	BBS Wirtschaft	-20.284,00	-22.800	-40.700	-40.700	-40.700	-40.700
23.1.100	Gastschülerzuschüsse und -beiträge an kommunale Träger, BBS	21.793,00	22.600	22.600	22.600	22.600	22.600
24.1.100	Schülerbeförderung	-599.644,00	-652.500	-640.500	-640.495	-640.490	-640.485
24.3.100	Allgemeine Schulverwaltung	-60.482,00	-70.200	-69.901	-69.899	-69.898	-69.897
24.3.110	Schulentwicklungsplanung	21.100,00	0	0	0	0	0
24.3.131	Förderung des Schulsports	0,00	-81.000	-41.000	-41.000	-41.000	-41.000
24.3.132	Lernmittelfreiheit	0,00	0	0	0	0	0
24.3.241	Hausaufgabenbetreuung (Hausaufgabenhilfe für Migrantenkinder)	0,00	0	0	-36	-73	-110
24.3.242	Schülerverpflegung (Ganztagsschulen)	-43.065,00	-81.100	-52.200	-51.028	-49.845	-48.649
24.3.243	Betreuende Grundschulen	-31.516,00	-35.200	-38.100	-38.100	-38.100	-38.100
25.2.300	Medienzentrum	-11.851,00	-12.300	-12.300	-12.353	-12.407	-12.462

Stadtverwaltung Worms

Teilergebnishaushalt 2007

Kostenstelle: 40230
4.2.3 Schulverwaltung & Medienzentrum

35.1.420	Leistungen nach dem Bundesausbildungsförderungsgesetz (BAföG)	-413,00	-600	-600	-600	-600	-600
35.1.430	Leistungen nach dem Aufstiegsfortbildungsförderungsgesetz (AFBG)	-138,00	-200	-200	-200	-200	-200

Hier wird bereits deutlich, dass jede einzelne Schule als Produkt definiert ist.

Ergänzend zeigen wir aus dem sogenannten **Produktbuch** (Band zwei des Wormser Haushalts) die zugehörigen produktbezogenen Haushaltsansätze. Wir zeigen einen produktbezogenen Haushaltsplan **für ein Gymnasium**:[156]

Produktbereich		Produktgruppe	
21	Schulträgeraufgaben - allgemeinbildende Schulen	21.7	Gymnasien, Abendgymnasien, Kollegs (§ 9 Abs. 1 Num. 5, 8, 9 SchulG RP)
Produkt			
21.7.111	Rudi-Stephan-Gymnasium		

Kurzbeschreibung
Bereitstellung des Schulgebäudes (einschl. Ausstattung, Gebäudeunterhaltung, Bewirtschaftungskosten), des Verwaltungs- und Hilfspersonals und der Sachkosten

Auftragsgrundlage
Verpflichtung gem. § 74 Abs. 3 i.V.m. § 75 Abs. 2 SchulG

Zielgruppe
- Schüler(innen)

Ziele
Bereitstellung der Bildungseinrichtung

HHstelle	Bezeichnung	Ansatz 2007	Ansatz 2006	Ergebnis 2005	%	Anteil 2007
AUFWENDUNGEN						
23000.49000	Personalausgaben	50.800	63.400	62.976,43	99,00	50.292,00
23000.58100	Schul-, Sachbedarf, Lehrmittel	30.700	20.000	19.017,40	100,00	30.700,00
23000.58101	Lehr- und Lernmittel Ganztagsschule	1.500	2.200	1.650,00	100,00	1.500,00
23000.67555	Ersatz Entsorgungs- und Baubetrieb Worms (EBWO)	1.900	1.900	339,46	100,00	1.900,00
	Gesamtaufwendungen:					84.392,00
	Unterdeckung des Produktes:					-84.392,00
	Deckungsgrad des Produktes:					0,00 %

Die Produktbeschreibung enthält bislang (vgl. Abbildung) keine mengenmäßige Informationen oder weiterführende Kennzahlen der Zielerreichung. Die für das Gymnasium abgebildeten drei Aufwandskonten enthalten außerdem noch keine Abschreibungen. Vielmehr werden lediglich die bisher verwendeten kameralen Gruppierungen bzw. Haushaltstellen[157] fortgeschrieben.

---

[156] Stadt Worms (2007) Band 2. S. 276 f. (PDF).
[157] Selbst der Begriff der Haushaltsstellen befindet sich noch in der Auswertung der Software.

Diese Analyse bestätigt auch das dritte Beispiel aus dem **Jugendhilfebereich**. In den Teilergebnishaushalten des Bands eins ist der Jugendhilfebereich in der Kostenstelle „Soziales, Jugend und Wohnen" enthalten.[158]

Stadtverwaltung Worms
Teilergebnishaushalt 2007

Kostenstelle: 50000
Bereichsleitung 5 - Soziales, Jugend und Wohnen

	Bezeichnung	Ergebnis 2005	Ansatz 2006	Ansatz 2007	Planung 2008	Planung 2009	Planung 2010
01	Steuern und ähnliche Abgaben	0,00	0	0	0	0	0
02	Zuwendungen und allgemeine Umlagen	0,00	0	0	0	0	0
03	Sonstige Transfererträge	0,00	0	0	0	0	0
04	Öffentlich-Rechtliche Leistungsentgelte	0,00	0	0	0	0	0
05	Privatrechtliche Leistungsentgelte	0,00	0	0	0	0	0
06	Kostenerstattungen und Kostenumlagen	0,00	0	0	0	0	0
07	Erhöhung oder Verminderung des Bestands an fertigen und unfertigen Erzeugnissen	0,00	0	0	0	0	0
08	andere aktivierte Eigenleistungen	0,00	0	0	0	0	0
09	Sonstige laufende Erträge	0,00	0	0	0	0	0
10	**Summe der laufenden Erträge aus Verwaltungstätigkeit**	**0,00**	**0**	**0**	**0**	**0**	**0**
11	Personalaufwendungen	0,00	0	0	0	0	0
12	Versorgungsaufwendungen	0,00	0	0	0	0	0
13	Aufwendungen für Sach- und Dienstleistungen	3.131,80	5.100	5.100	5.135	5.170	5.206
	523400 Aufwendungen für Fahrzeugunterhaltung	1.555,62	3.500	3.500	3.535	3.570	3.606
	523700 Geringwertige Geräte, Ausstattungs-, Ausrüstungs- und sonstige Gebrauchsgegenstände	922,58	1.600	1.600	1.600	1.600	1.600
	525300 an Sondervermögen	217,57	0	0	0	0	0
	525500 an den privaten Bereich	436,03	0	0	0	0	0
14	Abschreibungen						
	a) auf immaterielle Vermögensgegenstände, Sachanlagen, Ingangsetzungsaufwendungen und Erweiterung der Verwaltung	0,00	0	0	0	0	0
	b) auf Vermögensgegenstände des Umlaufvermögens, soweit diese die üblichen Abschreibungen überschreiten	0,00	0	0	0	0	0
15	Zuwendungen, Umlagen und sonstige Transferaufwendungen	0,00	0	0	0	0	0
16	Aufwendungen der sozialen Sicherung	0,00	0	0	0	0	0
17	sonstige laufende Aufwendungen	26.371,80	31.000	31.000	31.000	31.000	31.000
	561200 Aufwendungen für Aus- und Fortbildung, Umschulung	4.277,28	9.100	9.100	9.100	9.100	9.100
	561300 Aufwendungen für übernommene Reisekosten für Dienstreisen und Dienstgänge	10.020,17	8.800	8.800	8.800	8.800	8.800
	562500 Sachverständigen-, Gerichts- und ähnliche Aufwendungen	56,25	100	100	100	100	100
	563100 Büromaterial	2.834,83	3.000	3.000	3.000	3.000	3.000
	563200 Fachliteratur, Zeitschriften	7.994,49	8.200	8.200	8.200	8.200	8.200
	563400 Telefon, Datenübertragungskosten	276,02	600	600	600	600	600
	564200 Beiträge zu Wirtschaftsverbänden, Berufsvertretungen und Vereinen	912,76	1.200	1.200	1.200	1.200	1.200
18	**Summe der laufenden Aufwendungen aus Verwaltungstätigkeit**	**29.503,60**	**36.100**	**36.100**	**36.135**	**36.170**	**36.206**
19	**laufendes Ergebnis aus Verwaltungstätigkeit**	**-29.503,60**	**-36.100**	**-36.100**	**-36.135**	**-36.170**	**-36.206**

Stadtverwaltung Worms
Teilergebnishaushalt 2007

Kostenstelle: 50000
Bereichsleitung 5 - Soziales, Jugend und Wohnen

	Bezeichnung	Ergebnis 2005	Ansatz 2006	Ansatz 2007	Planung 2008	Planung 2009	Planung 2010
20	Zins- und Finanzerträge	0,00	0	0	0	0	0
21	Zins- und Finanzaufwendungen	0,00	0	0	0	0	0
22	*Finanzergebnis*	*0,00*	*0*	*0*	*0*	*0*	*0*
23	ordentliches Ergebnis	-29.503,60	-36.100	-36.100	-36.135	-36.170	-36.206
24	außerordentliche Erträge	0,00	0	0	0	0	0
25	außerordentliche Aufwendungen	0,00	0	0	0	0	0
26	*außerordentliches Ergebnis*	*0,00*	*0*	*0*	*0*	*0*	*0*
27	Jahresergebnis (Jahresüberschuss / Jahresfehlbetrag)	-29.503,60	-36.100	-36.100	-36.135	-36.170	-36.206
28	Einstellung in den Sonderposten für Belastungen aus dem kommunalen Finanzausgleich	0,00	0	0	0	0	0
29	Entnahmen aus dem Sonderposten für Belastungen aus dem kommunalen Finanzausgleich	0,00	0	0	0	0	0
30	Jahresergebnis nach Berücksichtigung der Veränderungen des Sonderpostens für Belastungen aus dem kommunalen Finanzausgleich	-29.503,60	-36.100	-36.100	-36.135	-36.170	-36.206
31	Erträge aus internen Leistungsbeziehungen	0,00	0	0	0	0	0
32	Aufwendungen aus internen Leistungsbeziehungen	0,00	0	0	0	0	0
33	Jahresergebnis nach Berücksichtigung der internen Leistungsbeziehungen	-29.503,60	-36.100	-36.100	-36.135	-36.170	-36.206

Produktübersicht

Produkt	Bezeichnung	Ergebnis 2005	Ansatz 2006	Ansatz 2007	Planung 2008	Planung 2009	Planung 2010
31.1.100	Hilfe zum Lebensunterhalt (3. Kapitel SGB XII)	-373,00	-415	-415	-415	-415	-415
31.1.200	Grundsicherung im Alter und bei Erwerbsminderung (4. Kapitel SGB XII)	-1.465,00	-1.637	-1.637	-1.637	-1.637	-1.637
31.1.500	Eingliederungshilfe für behinderte Menschen (6. Kapitel SGB XII)	-4.530,00	-5.062	-5.062	-5.062	-5.062	-5.062
31.1.600	Hilfe zur Pflege (7. Kapitel SGB XII)	-1.144,00	-1.277	-1.277	-1.277	-1.277	-1.277
31.1.900	Leistungen für Obdachlose und von Obdachlosigkeit Bedrohte	-408,00	-458	-458	-458	-458	-458
31.3.100	Hilfen für Asylbewerber	-267,00	-296	-296	-296	-296	-296
35.1.200	Landespflege- und Landesblindengeld	-336,00	-375	-375	-375	-375	-375
35.2.100	Grundsicherung für Arbeitssuchende	-4.015,00	-4.481	-4.481	-4.481	-4.481	-4.481
36.3.300	Hilfe zur Erziehung	-15.892,00	-21.000	-21.000	-21.035	-21.071	-21.106
52.2.200	Sozialer Wohnungsbau	-1.080,00	-1.100	-1.100	-1.100	-1.100	-1.100

---

[158] Stadt Worms (2007) Band 1. S. 121 f. (PDF).

Kostenstelle: 50100
5.01 Allgemeine Aufgaben und Steuerung

	Bezeichnung		Ergebnis 2005	Ansatz 2006	Ansatz 2007	Planung 2008	Planung 2009	Planung 2010
01	Steuern und ähnliche Abgaben		0,00	0	0	0	0	0
02	Zuwendungen und allgemeine Umlagen		80.462,15	150.000	160.000	160.000	160.000	160.000
	414430	vom Land	80.462,15	150.000	160.000	160.000	160.000	160.000
03	Sonstige Transfererträge		3.683.345,30	4.553.000	4.403.000	4.403.000	4.403.000	4.403.000
	421100	Kostenbeiträge und Aufwendungsersatz, Kostenersatz	3.683.345,30	4.551.000	4.401.000	4.401.000	4.401.000	4.401.000
	421300	Leistungen von Sozialleistungsträgern	0,00	1.000	1.000	1.000	1.000	1.000
	421400	Rückzahlung gewährter Hilfe	0,00	1.000	1.000	1.000	1.000	1.000
04	Öffentlich-Rechtliche Leistungsentgelte		0,00	0	0	0	0	0
05	Privatrechtliche Leistungsentgelte		0,00	0	0	0	0	0
06	Kostenerstattungen und Kostenumlagen		4.284.063,23	5.225.100	5.225.100	5.225.100	5.225.100	5.225.100
	442430	vom Land	4.032.099,12	5.200.000	5.200.000	5.200.000	5.200.000	5.200.000
	442440	von Gemeinden und Gemeindeverbänden	38.463,03	25.000	25.000	25.000	25.000	25.000
	442500	vom privaten Bereich	213.434,38	0	0	0	0	0
	442900	von Sonstigen	66,70	100	100	100	100	100
07	Erhöhung oder Verminderung des Bestands an fertigen und unfertigen Erzeugnissen		0,00	0	0	0	0	0
08	andere aktivierte Eigenleistungen		0,00	0	0	0	0	0
09	Sonstige laufende Erträge		0,00	0	0	0	0	0
10	**Summe der laufenden Erträge aus Verwaltungstätigkeit**		**8.047.870,68**	**9.928.100**	**9.788.100**	**9.788.100**	**9.788.100**	**9.788.100**
11	Personalaufwendungen		1.810.951,65	1.865.200	1.832.900	1.869.558	1.906.949	1.945.088
	502100	Bezüge der Beamten	443.831,46	358.500	367.600	374.952	382.451	390.100
	502200	Vergütungen der Arbeitnehmer	975.216,14	1.101.100	1.041.600	1.062.432	1.083.681	1.105.354
	502900	Sonstige Aufwendungen für Beschäftigte	74.987,19	110.000	97.000	98.940	100.919	102.937
	503200	für Arbeitnehmer	73.475,82	79.800	78.900	80.478	82.088	83.729
	504200	für Arbeitnehmer	207.926,96	172.400	207.400	211.548	215.779	220.095
	505100	für Beamte	29.318,07	36.100	33.100	33.762	34.437	35.126
	505200	für Arbeitnehmer	434,42	600	400	408	416	424
	507100	für Beamte	5.761,59	6.700	6.900	7.038	7.179	7.322
12	Versorgungsaufwendungen		289.560,46	191.500	317.900	324.258	330.743	337.358
	511100	für Beamte	285.893,27	187.900	313.800	320.076	326.478	333.007
	515100	für Beamte	3.667,19	3.600	4.100	4.182	4.266	4.351
13	Aufwendungen für Sach- und Dienstleistungen		52.805,67	151.800	153.800	153.800	153.800	153.800
	525200	an Unternehmen, mit denen ein Beteiligungsverhältnis besteht	47.855,92	125.000	125.000	125.000	125.000	125.000
	525500	an den privaten Bereich	1.890,80	1.800	1.800	1.800	1.800	1.800
	529100	Sonstige Aufwendungen für Sach- und für Dienstleistungen	3.058,95	25.000	27.000	27.000	27.000	27.000
14	Abschreibungen							
	a) auf immaterielle Vermögensgegenstände, Sachanlagen, Ingangsetzungsaufwendungen und		0,00	0	1	0	0	0

Stadtverwaltung Worms

Teilergebnishaushalt 2007

Kostenstelle: 50100
5.01 Allgemeine Aufgaben und Steuerung

	Bezeichnung		Ergebnis 2005	Ansatz 2006	Ansatz 2007	Planung 2008	Planung 2009	Planung 2010
	Erweiterung der Verwaltung							
	530000	Bilanzielle Abschreibung (Buchungskonto)	0,00	0	1	0	0	0
	b) auf Vermögensgegenstände des Umlaufvermögens, soweit diese die üblichen Abschreibungen überschreiten		0,00	0	0	0	0	0
15	Zuwendungen, Umlagen und sonstige Transferaufwendungen		262.928,82	307.500	314.500	314.500	314.500	314.500
	541900	Sonstige	262.928,82	307.500	314.500	314.500	314.500	314.500
16	Aufwendungen der sozialen Sicherung		13.127.815,99	14.966.000	14.516.000	14.516.000	14.516.000	14.516.000
	551100	Kosten der Unterkunft und Heizkosten	11.885.749,36	13.450.000	13.000.000	13.000.000	13.000.000	13.000.000
	551200	einmalige Leistungen	187.970,57	416.000	416.000	416.000	416.000	416.000
	553100	Leistungen außerhalb von Einrichtungen	1.054.096,06	1.100.000	1.100.000	1.100.000	1.100.000	1.100.000
17	sonstige laufende Aufwendungen		10.286,98	22.500	9.000	9.000	9.000	9.000
	562100	Mieten, Pachten und Erbbauzinsen	10.286,98	10.000	9.000	9.000	9.000	9.000
	563100	Büromaterial	0,00	12.500	0	0	0	0
18	**Summe der laufenden Aufwendungen aus Verwaltungstätigkeit**		**15.554.349,57**	**17.504.500**	**17.144.101**	**17.187.116**	**17.230.992**	**17.275.746**
19	**laufendes Ergebnis aus Verwaltungstätigkeit**		**-7.506.478,89**	**-7.576.400**	**-7.356.001**	**-7.399.016**	**-7.442.892**	**-7.487.646**
20	Zins- und Finanzerträge		0,00	0	0	0	0	0
21	Zins- und Finanzaufwendungen		12.662,41	0	0	0	0	0
	574300	an das Land	12.662,41	0	0	0	0	0
22	**Finanzergebnis**		**-12.662,41**	**0**	**0**	**0**	**0**	**0**
23	**ordentliches Ergebnis**		**-7.519.141,30**	**-7.576.400**	**-7.356.001**	**-7.399.016**	**-7.442.892**	**-7.487.646**
24	außerordentliche Erträge		0,00	0	0	0	0	0
25	außerordentliche Aufwendungen		0,00	0	0	0	0	0
26	**außerordentliches Ergebnis**		**0,00**	**0**	**0**	**0**	**0**	**0**
27	**Jahresergebnis (Jahresüberschuss / Jahresfehlbetrag)**		**-7.519.141,30**	**-7.576.400**	**-7.356.001**	**-7.399.016**	**-7.442.892**	**-7.487.646**
28	Einstellung in den Sonderposten für Belastungen aus dem kommunalen Finanzausgleich		0,00	0	0	0	0	0
29	Entnahmen aus dem Sonderposten für Belastungen aus dem kommunalen Finanzausgleich		0,00	0	0	0	0	0
30	Jahresergebnis nach Berücksichtigung der Veränderungen des Sonderpostens für Belastungen aus dem kommunalen Finanzausgleich		-7.519.141,30	-7.576.400	-7.356.001	-7.399.016	-7.442.892	-7.487.646
31	Erträge aus internen Leistungsbeziehungen		0,00	0	0	0	0	0
32	Aufwendungen aus internen Leistungsbeziehungen		0,00	0	0	0	0	0
33	Jahresergebnis nach Berücksichtigung der internen Leistungsbeziehungen		-7.519.141,30	-7.576.400	-7.356.001	-7.399.016	-7.442.892	-7.487.646

Etwas ausführlichere Informationen zur Jugendhilfe geben die Produktblätter aus Band zwei. Wir wählen mit „Hilfen zur Erziehung" das bedeutendste Produkt aus:[159]

Stadtverwaltung Worms

Produkt 36.3.300
verantwortlich: Walter, Anette

Produktbereich		Produktgruppe	
36	Kinder-, Jugend- und Familienhilfe	36.3	Sonstige Leistungen der Kinder-, Jugend- und Familienhilfe

Produkt	
36.3.300	Hilfe zur Erziehung

Kurzbeschreibung
Gewährung von Leistungen nach den Vorschriften des SGB-VIII.

Folgende Leistungen werden von dem Produkt erfasst: s. Leistungsstammdatenblätter
1. ambulante Hilfe zur Erziehung
2. teilstationäre Hilfe zur Erziehung
3. vollstationäre Hilfe zur Erziehung

Auftragsgrundlage
gesetzliche Verpflichtung §§ 27 ff SGB-VIII

Zielgruppe
- Eltern
- Jugendliche
- junge Erwachsene
- Kinder

Ziele
Durch die Gewährung von Leistungen nach den Vorschriften des SGB-VIII sollen die Eltern in ihrer Erziehungsaufgabe unterstützt werden. Gleichzeitig wird der Schutz des Kindes und seine altersgemäße Entwicklung sichergestellt.

Leistung
36.3.300.10 ambulante Hilfe zur Erziehung
36.3.300.20 teilstationäre Hilfe zur Erziehung
36.3.300.30 vollstationäre Hilfe zur Erziehung

---

[159] Stadt Worms (2007) Band 2. S. 422 ff. (PDF).

Stadtverwaltung Worms

Produkt   36.3.300

HHstelle	Bezeichnung	Ansatz 2007	Ansatz 2006	Ergebnis 2005	%	Anteil 2007
ERTRÄGE						
40700.10000	Verwaltungsgebühren	4.800	2.400	0,00	100,00	4.800,00
45500.16100	Erstattung Land	1.450.000	1.440.000	1.387.788,98	91,00	1.319.500,00
45500.16200	Erstattung andere Träger öffentlicher Jugendhilfe	175.000	175.000	121.624,66	100,00	175.000,00
45500.24100	Kostenbeiträge, Aufwendungs-, Kostenersatz	25.000	25.000	7.942,06	100,00	25.000,00
45500.24300	Übergeleitete Unterhaltsansprüche gegen bürgerlich-rechtlich Unterhaltspflichtige	5.000	5.000	5.044,40	100,00	5.000,00
45500.24500	Leistungen von Sozialleistungsträgern	5.000	5.000	3.360,26	100,00	5.000,00
45500.24700	Sonstige Ersatzleistungen	100	100	0,00	100,00	100,00
45500.24900	Rückzahlung gewährter Hilfen (ambulant)	1.000	1.000	6.111,36	100,00	1.000,00
45500.25100	Kostenbeiträge, Aufwendungs-, Kostenersatz	50.000	50.000	26.171,43	100,00	50.000,00
45500.25300	Übergeleitete Unterhaltsansprüche gegen bürgerlich-rechtliche Unterhaltsverpflichtete	10.000	20.000	47.775,98	100,00	10.000,00
45500.25500	Leistungen von Sozialleistungsträgern	350.000	350.000	308.172,21	100,00	350.000,00
45500.25700	Sonstige Ersatzleistungen	1.500	1.500	1.490,27	100,00	1.500,00
45500.25900	Rückzahlung gewährter Hilfen	200.000	300.000	231.770,97	100,00	200.000,00
45660.16200	Erstattung andere Träger öffentlicher Jugendhilfe	1.000	1.000	0,00	100,00	1.000,00
45660.25100	Kostenbeiträge, Aufwendungs-, Kostenersatz	3.000	3.000	26.580,38	36,00	1.080,00
45660.25500	Leistungen von Sozialleistungsträgern	12.000	12.000	59.296,12	36,00	4.320,00
	Gesamterträge:					2.153.300,00
AUFWENDUNGEN						
11400.49000	Personalausgaben	121.100	43.000	150.124,49	1,33	1.610,63
40000.49000	Personalausgaben	2.053.800	1.946.700	1.982.617,18	6,86	140.890,68
40700.49000	Personalausgaben	2.138.800	2.149.200	2.135.024,90	34,97	747.938,36
40700.52100	Maschinen-, Geräteunterhaltung	1.000	1.000	0,00	100,00	1.000,00
40700.55000	Fahrzeugbetriebskosten	3.500	3.500	1.555,62	100,00	3.500,00
40700.56200	Fortbildung	5.600	5.600	2.727,62	100,00	5.600,00
40700.65010	Druck-, Buchbindearbeiten	1.000	1.000	668,05	100,00	1.000,00
40700.65110	Bücher	3.100	3.100	2.612,22	100,00	3.100,00
40700.65210	Fernmeldegebühren (Mobiltelefone)	600	600	276,02	100,00	600,00
40700.65400	Reisekosten	3.100	3.100	3.931,92	100,00	3.100,00
40700.65410	Fahrzeugbenutzungsvergütung	3.100	3.100	3.683,88	100,00	3.100,00
40700.65500	Gerichts-, Anwalts-, sonstige Kosten	1.000	1.000	19,20	100,00	1.000,00
40700.66100	Mitgliedsbeiträge	1.500	1.500	1.471,00	100,00	1.500,00
40700.66900	Vermischte Ausgaben	200	200	116,94	100,00	200,00
40700.67700	Kostenbeitrag Modellprojekt Berichtswesen im Bereich Hilfen zur Erziehung	2.000	2.000	2.018,60	75,00	1.500,00
43100.49000	Personalausgaben	184.400	137.000	223.874,44	1,28	2.360,32
45500.64500	Haftpflichtversicherung Pflegekinder	500	500	0,00	100,00	500,00
45500.65010	Druck-, Buchbindearbeiten	100	100	0,00	100,00	100,00
45500.65110	Bücher	300	300	0,00	100,00	300,00
45500.76000	Erstattung andere Träger öffentlicher Jugendhilfe	425.000	425.000	394.242,19	100,00	425.000,00
45500.76020	Soziale Gruppenarbeit	5.000	5.000	8.903,71	100,00	5.000,00
45500.76030	Erziehungsbeistand, Betreuungshelfer	600.000	560.000	455.606,81	100,00	600.000,00
45500.76031	Sozialpädagogische Familienhilfe	1.500.000	1.500.000	983.438,66	100,00	1.500.000,00
45500.76040	Sozialpädagogische Familienhilfe (Sachkosten)	1.000	1.000	1.131,11	100,00	1.000,00
45500.76050	Erziehung in einer Tagesgruppe	1.700.000	1.700.000	1.680.400,21	100,00	1.700.000,00
45500.76060	Vollzeitpflege	900.000	900.000	939.494,89	100,00	900.000,00
45500.76080	Intensive sozialpädagogische Einzelbetreuung	5.000	5.000	115,74	100,00	5.000,00
45500.76090	Pflegekinderdienst	5.100	5.100	4.756,19	100,00	5.100,00

Das Erstaunlichste an diesem Werk mit weit über 1.000 Seiten ist nach unserer Auffassung die Tatsache, dass das sogenannte Produktbuch im Grunde eine Fortführung der alten kameralen Haushaltsstellen nach Produkten (anstelle von Unterabschnitten) darstellt, die offenbar auch weiterhin als Basis der Planung dienten.

Alle anderen Bände stellen offenbar doppische Auswertungen dieses einen kameralen Haushalts nach den doppischen Kategorien der Kostenstellen und Dezernate (Kostenstellengruppen) dar. Dann wird auch verständlich, wenn die Stadtverwaltung davon spricht, dass „die Teilergebnishaushalte der 55 Kostenstellen (…) über eine Produktübersicht zum Produktbuch [überleiten], in dem die kommunalen Aufgaben dargestellt sind."[160]

An dem Gesamtwerk ist **positiv** zu werten, dass die Auswertung nach Kostenstellen und Konten grundsätzlich durchaus aussagefähige kostenstellenbezogene Informationen liefern können – allerdings wäre es u. E. wünschenswert, wenn z. B. nicht nur die Personalaufwendungen nach Kostenstellen abgebildet werden, sondern auch der mengenmäßige Personaleinsatz (in Vollzeitäquivalenten) angegeben werden würde. Wünschenswert wäre auch, wenn die Brücke zum entsprechenden Output und Outcome stärker und wesentlich übersichtlicher geschlagen werden würde, als es mit der Systematik der vier Bände möglich erscheint. Grundsätzlich steht – wie die Stadtverwaltung selbst ausführt – ein Ziel- und Kennzahlensystem auf der Ebene der Produkte, das steuerungsorientiert sein sollte, noch aus.[161] Kritisch ist auch die große Anzahl der Nullsalden in den Bänden 1–3, die die Übersichtlichkeit unnötig beeinträchtigen.

Vor allem aber ist die **zu hohe Anzahl von Produkten** zu kritisieren, die offenbar der Planung und der Bebuchung zugrunde gelegt werden. Nach unseren Erfahrungen (und den Erkenntnissen der Betriebswirtschaftslehre, welches Ausmaß an Kostenrechnung in Verwaltungen sinnvoll bzw. steuerungsrelevant ist) dürfte der in Worms – wie in verschiedenen anderen Kommunen – gewählte hohe Detaillierungsgrad nicht unbedingt angemessen sein, um die nötige Steuerungsorientierung und Transparenz zu erreichen. Das Wesentliche – z. B. der Personaleinsatz – wird durch die Zahlenflut eher verdeckt. Mit über 300 Produkten werden zudem auf Dauer zwangsläufig hohe laufende Buchhaltungs- und Verrechnungsaufwendungen verursacht, die mit dem entstehenden zusätzlichen Informationsnutzen in keinem sinnvollen Verhältnis mehr stehen.

---

[160] Stadt Worms (2007) Band 1, S. 6 (PDF).
[161] Vgl. Stadt Worms (2007) Band 1, S. 6 (PDF).

11 Kommunale Doppik im Saarland als Neues kommunales Rechnungswesen (NKR)

11.1 Die Situation im Saarland

Doppik spätestens ab 2010

Gemäß § 1 des Gesetzes zur Einführung des Neuen Kommunalen Rechnungswesens im Saarland vom 12.7.2006 haben die Gemeinden und Städte sowie Kreise in einem Übergangszeitraum von 2007 bis 2010 ihre Buchführung auf die kommunale Doppik umzustellen. Mittlerweile wurde die Umstellungsfrist auf 2010 verlängert. Das saarländische Innenministerium hatte zuvor in Zusammenarbeit mit dem Saarländischen Städte- und Gemeindetag und dem Landkreistag Saarland (und der Beratungsgesellschaft PricewaterhouseCoopers) das Projekt „Neues Kommunales Rechnungswesen" durchgeführt.[162] Mittlerweile wurde eine Arbeitsgruppe eingerichtet die laufende Praxisanfragen der Kommunen beantwortet und die Ergebnisse unter www.saarland-nkr.de veröffentlicht.

Umsetzungsstand im Saarland

Zum 1.1.2007 (frühestmöglicher Umstellungszeitpunkt) hatten zwei Gemeinden und ein Gemeindeverband auf das doppische Haushalts- und Rechnungswesen umgestellt. In etwa 10 weiteren Kommunen wird an der Umstellung zum 1.1.2008 gearbeitet. Im Folgenden wird der Haushalt des Landkreises St. Wendel kommentiert. Zwei weitere Haushalte werden auf der CD kommentiert.

Allgemeine Charakterisierung der doppischen Haushalte

Das saarländische Regelungswerk lehnt sich in großen Teilen an die Vorlagen aus Nordrhein-Westfalen an, in anderen Teilen sind Einflüsse aus Rheinland-Pfalz erkennbar. Ähnlich wie in Nordrhein-Westfalen (aber anders als in Rheinland-Pfalz) werden die Produktgruppen nicht landeseinheitlich fest vorgeschrieben.

11.2 Wichtigste Vorschriften zur Haushaltsgliederung im Saarland

Anlagen zum Haushaltsplan

Gemäß § 1 KommHVO-SL setzt sich der Haushaltsplan aus dem Ergebnishaushalt, dem Finanzhaushalt, den Teilhaushalten, dem Stellenplan und dem Haushaltssanierungsplan (sofern ein solcher erstellt werden muss) zusammen. Dem Haushaltsplan sind beizufügen:

- Vorbericht,
- Vermögensrechnung und Gesamtabschluss des dem Haushaltsjahr zweitvorangegangenen Jahres,
- Übersicht über die Verpflichtungsermächtigungen,
- Übersicht über den voraussichtlichen Stand der Verbindlichkeiten am Ende des Haushaltsjahres,
- Übersicht über die voraussichtliche Entwicklung des Eigenkapitals,
- Übersicht über die Zuwendungen an die Fraktionen,
- Investitionsprogramm, welches der mittelfristigen Ergebnis- und Finanzplanung zugrunde liegt,
- Wirtschaftspläne der Sondervermögen (sofern Sonderrechnungen geführt werden),

---

[162] Vgl. Saarländisches Gemeinschaftsprojekt (2006), Schlussbericht von Februar 2006, vgl. ergänzend www.saarland-nkr.de.

Stadtverband Saarbrücken 397

- Übersicht über die Wirtschaftlage und voraussichtliche Entwicklung der Unternehmen, an denen die Gemeinde mit mehr als 50 Prozent beteiligt ist sowie der Zweckverbände, in denen die Gemeinde Mitglied ist.
- Übersicht gemäß § 4 Abs. 7 KommHVO-SL, wenn von der Gliederung nach Produktbereichen abgewichen wird

Gliederung des Ergebnishaushalts

Auch das Saarland veröffentlichte zahlreiche Formblätter. Die Darstellung des Ergebnishaushaltes wird anhand des Ergebnishaushalts des Stadtverbandes Saarbrücken (jetzt Regionalverband Saarbrücken) verdeutlicht, der den ersten doppischen Haushalt einer saarländischen Kommune (für 2007) erstellt hat:[163]

Ergebnishaushalt des Stadtverbandes Saarbrücken	Ist 2005 €	Ansatz 2006 €	Ansatz 2007 €	Planung 2008 €	2009 €	2010 €
1. Steuern und ähnliche Abgaben	5.658.664,18	6.040.000	6.211.981	6.211.981	6.211.981	6.211.981
2a. Zuwendungen und allgemeine Umlagen (ohne SV-Umlage)	79.282.830,04	75.226.650	82.451.468	88.815.600	91.112.100	94.088.500
2b. Stadtverbandsumlage	145.946.460,00	157.678.386	157.678.386	155.559.008	156.574.725	156.859.524
3. sonstige Transfererträge	5.174.938,23	4.753.850	6.253.000	6.271.000	6.312.200	6.354.400
4. öffentlich-rechtliche Leistungsentgelte	974.194,48	1.120.400	890.700	880.700	880.700	880.700
5. privatrechtliche Leistungsentgelte	274.386,64	295.150	281.900	282.400	282.400	282.400
6. Kostenerstattungen und Kostenumlagen	28.577.314,02	21.322.225	20.120.225	19.544.825	19.547.725	19.548.725
7. sonstige ordentliche Erträge	491.712,16	446.200	477.200	477.200	477.200	476.300
8. aktivierte Eigenleistungen						
9. Bestandsveränderungen						
10. Summe der Erträge aus laufender Verwaltungstätigkeit	266.380.499,75	266.882.861	274.364.860	278.042.714	281.399.031	284.702.530
11. Personalaufwendungen	35.599.821,84	36.733.550	37.197.650	37.196.650	37.195.650	37.194.650
12. Versorgungsaufwendungen						
13. Aufwendungen für Sach- und Dienstleistungen	2.958.601,82	4.168.976	4.835.268	4.433.624	4.339.575	4.339.564
14. bilanzielle Abschreibungen	31.045,57	40.131	316.805	278.367	278.343	278.332
15. Zuwendungen, Umlagen und sonstige Transferaufwendungen	47.464.477,26	46.841.521	47.474.400	48.598.200	48.963.400	49.327.700
16. soziale Sicherung	175.281.288,07	166.809.300	181.155.800	184.586.000	187.642.400	190.713.000
17. sonstige ordentliche Aufwendungen	3.738.010,88	4.915.853	4.081.338	3.976.074	3.975.664	3.975.085
18. Summe der Aufwendungen aus laufender Verwaltungstätigkeit	265.073.245,44	259.509.331	275.061.261	279.068.915	282.395.032	285.828.331
19. Ergebnis der laufenden Verwaltungstätigkeit	1.307.254,31	7.373.530	-696.401	-1.026.201	-996.001	-1.125.801
20. Finanzerträge	3.723.468,19	3.852.400	4.411.400	4.340.900	4.360.400	4.439.900
21. Zinsen und sonstige Finanzaufwendungen	4.891.246,39	5.167.000	4.866.000	4.665.000	4.614.000	4.563.000
22. Finanzergebnis	-1.167.778,20	-1.314.600,00	-454.600,00	-324.100,00	-253.600,00	-123.100,00
23. ordentliches Jahresergebnis	139.476,11	6.058.930	-1.151.001	-1.350.301	-1.249.601	-1.248.901

---

[163] Stadtverband Saarbrücken (2007) S. 5 f. (PDF)

24. außerordentliche Erträge						
25. außerordentliche Aufwendungen						
26. außerordentliches Ergebnis	**0,00**	**0**	**0**	**0**	**0**	**0**
27. Jahresergebnis	**139.476,11**	**6.058.930**	**-1.151.001**	**-1.350.301**	**-1.249.601**	**-1.248.901**
nachrichtlich:						
Überleitung zum kameralen Haushalt						
Verlustabdeckung der Vorjahre	-6.923.295,91	-15.322.000				
Zuführung vom Vermögenshaushalt	8.072.829,96	8.497.750				
Zuführung zum Vermögenshaushalt	-1.289.584,46	-1.315.400				
Mehrwertsteuereinzahlungen	9.374,30	9.600				
Mehrwertsteuerauszahlungen	-8.800,00	-9.600				
Fehlbetrag/-bedarf (kameral)	**0,00**	**-2.080.720**				
davon aus abweisbaren Ausgaben	-2.118.375,21	-2.080.720				
Nebenrechnung im Zuge der Ermittlung der Stadtverbandsumlage nach doppischen Gesichtspunkten						
+ Aufwendungen für Abschreibungen des Anlagevermögens			244.200	244.200	244.200	244.200
- Auszahlungen für die Tilgung von Krediten für Investitionen (ehem. Pflichtzuführung zum Vermögenshaushalt)			-1.116.000	-916.700	-1.017.400	-1.018.100
Überschuss/Fehlbedarf (doppisch)			**-2.022.801**	**-2.022.801**	**-2.022.801**	**-2.022.801**
davon aus abweisbaren Ausgaben (werden bei der Berechnung der Stadtverbandsumlage nicht berücksichtigt)			-2.022.801	-2.022.801	-2.022.801	-2.022.801

Es ist zu beachten, dass in 2005 und 2006 KEINE doppisch ermittelten Zahlen vorliegen !

Gliederung des Finanzhaushalts

Die Gliederung des Finanzhaushalts wird ebenfalls anhand des Beispiels des Stadtverbands Saarbrücken aufgezeigt:[164]

Finanzhaushalt des Stadtverbandes Saarbrücken

	Ist 2005 €	Ansatz 2006 €	Ansatz 2007 €	Planung 2008 €	Planung 2009 €	Planung 2010 €
1. Steuern und ähnliche Abgaben	5.658.664,18	6.040.000	6.211.981	6.211.981	6.211.981	6.211.981
2a. Zuwendungen und allgemeine Umlagen (ohne SV-Umlage)	79.282.830,04	75.226.650	82.451.468	88.815.600	91.112.100	94.088.500
2b. Stadtverbandsumlage	145.946.460,00	157.678.386	157.678.386	155.559.008	156.574.725	156.859.524
3. sonstige Transfereinzahlungen	5.174.938,23	4.753.850	6.253.000	6.271.000	6.312.200	6.354.400
4. öffentlich-rechtliche Leistungsentgelte	974.194,48	1.120.400	890.700	880.700	880.700	880.700
5. privatrechtliche Leistungsentgelte	274.386,64	295.150	281.900	282.400	282.400	282.400
6. Kostenerstattungen und Kostenumlagen	28.577.314,02	21.322.225	20.120.225	19.544.825	19.547.725	19.548.725
7. sonstige Einzahlungen	501.086,46	455.800	488.600	488.600	488.600	487.700
8. Zinsen und sonstige Finanzzahlungen	3.723.468,19	3.852.400	4.411.400	4.340.900	4.360.400	4.439.900
9. Summe der Einzahlungen aus laufender Verwaltungstätigkeit	**270.113.342,24**	**270.744.861**	**278.787.660**	**282.395.014**	**285.770.831**	**289.153.830**
10. Personalauszahlungen	35.599.821,84	36.733.550	37.197.650	37.196.650	37.195.650	37.194.650
11. Versorgungsauszahlungen						
12. Auszahlungen für Sach- und Dienstleistungen	2.989.647,39	4.209.107	4.907.873	4.467.791	4.373.718	4.373.696
13. Zinsen und sonstige Finanzauszahlungen	4.891.246,39	5.167.000	4.866.000	4.665.000	4.614.000	4.563.000
14. Zuwendungen, Umlagen und sonstige Transferauszahlungen	47.464.477,26	46.841.521	47.474.400	48.598.200	48.963.400	49.327.700
15. soziale Sicherung	175.281.288,07	166.809.300	181.155.800	184.586.000	187.642.400	190.713.000
16. sonstige Auszahlungen	3.746.810,88	4.925.453	4.092.738	3.987.474	3.987.064	3.986.485
17. Summe der Auszahlungen aus laufender Verwaltungstätigkeit	**269.973.291,83**	**264.685.931**	**279.694.461**	**283.501.115**	**286.776.232**	**290.158.531**
18. Saldo aus Ein- und Auszahlungen aus laufender Verwaltungstätigkeit	**140.050,41**	**6.058.930**	**-906.801**	**-1.106.101**	**-1.005.401**	**-1.004.701**
19. Einzahlungen aus Zuwendungen für Investitionsmaßnahmen	688.608,71	861.500	794.000	794.000	794.000	794.000
20. Einzahlungen aus der Veräußerung von Sachanlagen	2.041.501,00	100.000	1.000	1.000	1.000	1.000
21. Einzahlungen aus der Veräußerung von Finanzanlagen	8.259.813,00	8.497.750	0	0	0	0
22. Einzahlungen aus Beiträgen u.ä. Entgelten						
23. sonstige Investitionseinzahlungen	2.852,80	600	600	550	550	550
24. Summe der Einzahlungen aus Investitionstätigkeit	**10.992.775,51**	**9.459.850**	**795.600**	**795.550**	**795.550**	**795.550**

---

[164] Stadtverband Saarbrücken (2007) S. 7 f. (PDF)

25. Auszahlungen für den Erwerb von Grundstücken und Gebäuden	1.389.685,41	1.000	1.000	1.000	1.000	1.000
26. Auszahlungen für Baumaßnahmen	600.000,00	0	0	0	0	0
27. Auszahlungen für den Erwerb von beweglichem Anlagevermögen	53.094,58	58.900	53.900	53.900	53.900	53.900
28. Auszahlungen für den Erwerb von Finanzanlagen	285.000,00	0	0	0	0	0
29. Auszahlungen von aktivierbaren Zuwendungen	1.106.796,26	1.363.900	1.153.500	1.153.500	1.153.500	1.153.500
30. sonstige Investitionsauszahlungen						
31. Summe der Auszahlungen aus Investitionstätigkeit	3.434.576,25	1.423.800	1.208.400	1.208.400	1.208.400	1.208.400
32. Saldo der Ein- und Auszahlungen aus Investitionstätigkeit	7.558.199,26	8.036.050	-412.800	-412.850	-412.850	-412.850
33. Finanzmittelüberschuss/ -fehlbetrag	7.698.249,67	14.094.980	-1.319.601	-1.518.951	-1.418.251	-1.417.551
34a. Einzahlungen aus der Aufnahme von Krediten für Investitionen	412.065,00	448.700	399.800	399.850	399.850	399.850
34b. Einzahlungen aus Rückflüssen von Krediten für Investitionen	2.608.597,71	2.821.600	2.822.000	2.922.300	3.122.600	3.422.900
35. Auszahlungen für die Tilgung und Gewährung von Krediten für Investitionen	3.893.633,43	4.124.000	3.925.000	3.826.000	4.127.000	4.428.000
36. Saldo aus Ein- und Auszahlungen aus Krediten für Investitionen	-872.970,72	-853.700	-703.200	-503.850	-604.550	-605.250
37. Saldo aus Ein- und Auszahlungen aus Krediten zur Liquiditätssicherung	-6.825.278,95	-13.241.280	2.022.801	2.022.801	2.022.801	2.022.801
38. Saldo aus Ein- und Auszahlungen aus Finanzierungstätigkeit	-7.698.249,67	-14.094.980	1.319.601	1.518.951	1.418.251	1.417.551
39. Veränderung der Finanzmittel	0,00	0	0	0	0	0
40. Bestand an Finanzmitteln am Anfang des Haushaltsjahres						
41. Bestand an Finanzmitteln am Ende des Haushaltsjahres						

nachrichtlich:

24. Summe der Einzahlungen aus Investitionstätigkeit	10.992.775,51	9.459.850	795.600	795.550	795.550	795.550
31. Summe der Auszahlungen aus Investitionstätigkeit	3.434.576,25	1.423.800	1.208.400	1.208.400	1.208.400	1.208.400
36. Saldo aus Ein- und Auszahlungen aus Krediten für Investitionen	-872.970,72	-853.700	-703.200	-503.850	-604.550	-605.250
= Saldo aus Ein- und Auszahlungen aus Investitions- und Finanzierungstätigkeit (Verprobung mit dem investiven Finanzhaushalt)	6.685.228,54	7.182.350	-1.116.000	-916.700	-1.017.400	-1.018.100
Herleitung des Saldos aus Ein- und Auszahlungen aus Krediten zur Liquiditätssicherung						
Verlustabdeckung der Vorjahre	-6.923.295,91	-15.322.000				
Entnahme aus der allgemeinen Rücklage	83.016,96					
Abgang auf Haushaltsreste bei der HHSt. Beteiligung an Wirtschaftsförderungsprojekten	15.000,00					
abweisbare Ausgaben [1]		2.080.720	2.022.801	2.022.801	2.022.801	2.022.801
= Saldo aus Ein- und Auszahlungen aus Krediten zur Liquiditätssicherung	-6.825.278,95	-13.241.280	2.022.801	2.022.801	2.022.801	2.022.801

1) sind mit 2.118.375,21 € in 2005 im Saldo aus Ein- und Auszahlungen aus laufender Verwaltungstätigkeit enthalten.

Teilhaushalte

Die Teilhaushalte sind gemäß § 4 Abs. 1 KommHVO-SL entweder nach vorgegebenen Produktbereichen oder nach der örtlichen Organisation produktorientiert zu gliedern. Jeder Teilhaushalt bildet eine Bewirtschaftungseinheit und ist in einen Ergebnishaushalt und einen Finanzhaushalt zu gliedern. Zusätzlich ist den Teilhaushalten eine Übersicht über die Produktgruppen, die Schlüsselprodukte, die Ziele und die Kennzahlen zur Zielereichung hinzuzufügen.

Die Aufstellung der Teilergebnishaushalte richtet sich nach den Gliederungsvorschriften des Ergebnishaushalts (§ 2 KommHVO-SL). Gemäß § 4 Abs. 4 sind Erträge und Aufwendungen aus internen Leistungsbeziehungen dann abzubilden, wenn es für die produktorientierte Steuerung oder die Kalkulation von Entgelten von Bedeutung ist.

Im Teilfinanzhaushalt ist gemäß § 4 Abs. 5 KommHVO-SL (anders als in Rheinland-Pfalz) nur die Angabe der Ein- und Auszahlungen aus dem investiven Bereich verpflichtend vorgeschrieben. Im Teilfinanzhaushalt sind folgende Einzahlungen

- Zuwendungen für Investitionsmaßnahmen,
- Einzahlungen aus der Veräußerung von Sachanlagen,
- Einzahlungen aus der Veräußerung von Finanzanlagen,
- Beiträge und ähnliche Entgelte,
- Sonstige Investitionseinzahlungen

und die folgenden Auszahlungen

- Erwerb von Grundstücken und Gebäuden,
- Baumaßnahmen,
- Erwerb von beweglichem Anlagevermögen,
- Erwerb von Finanzanlagen,
- Aktivierbare Zuwendungen sowie
- die sonstigen Investitionszahlungen

zusammen mit ihren Summen und dem Saldo daraus anzugeben. Zusätzlich dazu müssen auch Investitionen, die sich über mehrere Jahre erstrecken oder die die vom Gemeinderat festgelegte Wertgrenze überschreiten, zusammen mit den Verpflichtungsermächtigungen ausgewiesen werden.

Verpflichtungsermächtigungen sind laut § 4 Abs. 6 KommHVO-SL maßnahmenbezogen zu veranschlagen. Dabei ist die voraussichtliche Verteilung der Belastungen anzugeben und die Höhe und Notwendigkeit der Verpflichtungsermächtigung zu erläutern.

Wenn von der Gliederung nach Produktbereichen abgewichen wird, ist dem Haushaltsplan gemäß § 4 Abs. 6 KommHVO-SL eine Übersicht nach dem landeseinheitlichen Produktplan voranzustellen, in der die Erträge und Aufwendungen sowie alle Ein- und Auszahlungen getrennt als Summen für jeden Produktbereich auszuweisen sind (produktorientierter Haushaltsquerschnitt).

11.3 Praxis der bislang vorliegenden doppischen Haushalte im Saarland

Im Folgenden kommentieren wir als Beispiel aus dem Saarland den ersten Haushalt des Landkreises St Wendel; auf der beiliegenden CD finden sich ergänzende Kommentierungen für eine kleinere Kommune sowie einen Gemeindeverband.

11.3.1 Landkreis St. Wendel (2008)

Der Landkreis St. Wendel (94.000 Einwohner) legt im Jahr 2008 seinen ersten doppischen Haushalt (insgesamt 458 Seiten) vor. Dieser untergliedert sich in folgende Teile:

- Haushaltssatzung
- Vorbericht
- Deckungs- und Übertragungsvermerke
- Gesamtergebnishaushalt
- Gesamtfinanzhaushalt
- Teilhaushalte 1–7
- Investitionen
- Verpflichtungsermächtigungen
- Schulbudgets
- Berechnung der Kreisumlage
- Kreditübersicht
- Zuwendungen an die Fraktionen
- Übersicht Teilhaushalte Summen
- Stellenplan

Landkreis St. Wendel

- Produktorientierter Haushaltsquerschnitt (§ 4 Abs. 7 KommHVO)
- Anlagen

Die Gesamtgestaltung des Haushalts (mit Inhaltsverzeichnis, aussagefähigem Vorbericht, Seitenzahlen, Einsatz unterschiedlicher Farben usw.) kann durch die Übersichtlichkeit und die redaktionelle Qualität überzeugen.

Gegliedert hat die Kreisverwaltung ihren Haushalt in 7 Teilhaushalte, wobei diese, wie in allen von uns gezeigten saarländischen Haushalten, nach der örtlichen Organisation erfolgt. Darunter werden 85 Produkte gebildet, die den entsprechenden Teilhaushalten zugeordnet werden.[165]

Im Teilhaushalt **„Schule und Kultur"** werden die einzelnen Schulen (nicht nur Schularten) einzeln als Produkt definiert. Wir drucken im Folgenden das Produkt „Cusanus Gymnasium" ab (der Kreis verwendet Infoma als Standardsoftware):[166]

---

[165] Vgl. Landkreis St. Wendel (2008) S. 13 ff.
[166] Landkreis St. Wendel (2008) S. 128 f.

Produkt 210105: Cusanus-Gymnasium St. Wendel

Hauptproduktbereich	2	Schule und Kultur
Produktbereich	104	Teilhaushalt 4 - Schule und Kultur (Dezernat 4)

Verantw. Person	Herr Harry Hauch Herr Toni Mittermüller
Beschreibung	Die Gymnasien als allgemeinbildende Schulen führen zum - Erwerb des Hauptschulabschlusses, - Erwerb des Mittleren Bildungsabschlusses, - Erwerb des schulischen Teils der Fachhochschulreife, - Erwerb der allgemeinen Hochschulreife (Abitur). Beim Cusanus-Gymnasium ist die erste Fremdsprache Englisch, die zweite Fremdsprache Französisch. Ab Klassenstufe 8 können die SchülerInnen zwischen Latein oder Spanisch als dritter Fremdsprache wählen (sprachlicher Zweig). SchülerInnen des mathematisch-naturwissenschaftlichen Zweiges haben stattdessen verstärkten Unterricht in Mathematik, Physik, Chemie und Biologie. Über den Pflichtunterricht hinaus bietet das Cusanus-Gymnasium zusätzliche Angebote: - Seit 25 Jahren bildet die Musik mit Bigbands und Schülerorchester einen Schwerpunkt. - In vielen Sportarten wird am Wettbewerb „Jugend trainiert für Olympia" teilgenommen. - In verschiedenen Fächern, wie z. B. den Fremdsprachen, Mathematik, Physik, Chemie, Biologie, beteiligen sich die SchülerInnen an nationalen Wettbewerben. - Mit verschiedenen Partnerschulen in Frankreich findet ein Schüleraustausch statt. - In allen Klassenstufen werden Lehrfahrten durchgeführt. - In Kooperation mit dem Gymnasium Wendalinum bietet das Cusanus-Gymnasium die „Freiwillige Ganztagsschule" an. Die Angaben über das Budget des Cusanus-Gymnasium St. Wendel befinden sich auf Seite 243.
Ziele	- ordnungsgemäße Erfüllung der pflichtigen Selbstverwaltungsaufgabe
Auftragsgrundlage	- Schulordnungsgesetz, Schulpflichtgesetz, Schulmitbestimmungsgesetz - Beschlüsse der Kreisgremien
Kennzahlen	- Kosten pro Schülerarbeitsplatz - Anzahl der Schüler insgesamt und für die einzelnen Schulabschlüsse - Gebäudefläche bzw. Kubatur im Verhältnis zu Schülerzahl/Reinigungs-/Heizkosten
Stellenplanauszug	2 Stellen: 0 Beamte, 2 tariflich Beschäftigte

Sachkonten zu Produkt 210105

Nr.	Bezeichnung	Ergebnis 2006	Ansatz 2007	Ansatz 2008	Plan 2009	Plan 2010	Plan 2011
416110	Erträge a.d. Auflösg. von Sonderposten aus Zuwendungen			-18.600,00	-18.600,00	-18.600,00	-18.600,00
432000	Benutzungsgeb., wiederkehrende Beiträge u.Entgelte			-50,00	-50,00	-50,00	-50,00
441901	Leistungsentgelte private Nutzung Telefon			-50,00	-50,00	-50,00	-50,00
441903	Leistungsentgelte Kopien, Drucke, Lichtpausen			-9.000,00	-9.000,00	-9.000,00	-9.000,00
442200	Kostenerstattungen von Gemeinden/-verbänden			-5.000,00	-5.000,00	-5.000,00	-5.000,00
451100	Erträge aus Veräußerung von Gegenst. Anl.-Vermögen			-50,00	-50,00	-50,00	-50,00
452500	Konzessionsabgaben			-3.000,00	-3.000,00	-3.000,00	-3.000,00
	Summe Erträge:			**-35.750,00**	**-35.750,00**	**-35.750,00**	**-35.750,00**

Sachkonten zu Produkt 210105

Nr.	Bezeichnung	Ergebnis 2006	Ansatz 2007	Ansatz 2008	Plan 2009	Plan 2010	Plan 2011
502200	Entgelte der tariflich Beschäftigten			61.660,00	62.893,00	64.151,00	65.434,00
503200	Umlage zur ZVK - tariflich Beschäft.			4.110,00	4.192,00	4.276,00	4.362,00
503201	Sanierungsgeld - tariflich Beschäftigte			1.110,00	1.132,00	1.155,00	1.178,00
504200	AG-Anteil Sozialversich. - tariflich Beschäftigte			13.395,00	13.663,00	13.936,00	14.215,00
522000	Heizung			45.000,00	45.000,00	45.000,00	45.000,00
522002	Strom			17.000,00	17.000,00	17.000,00	17.000,00
522003	Wasser, Abwasser, Niederschlagswasser			8.500,00	8.500,00	8.500,00	8.500,00
523100	Unterhaltung Grundstücke und bauliche Anlagen			36.500,00	36.500,00	36.500,00	36.500,00
523110	(Fremd-) Reinigung			69.000,00	69.000,00	69.000,00	69.000,00
523111	Verbrauchs-, Reinigungsmittel u. a.			4.000,00	4.000,00	4.000,00	4.000,00
523113	Abfallgebühren (Müll)			3.800,00	3.800,00	3.800,00	3.800,00
523119	Sonstige Bewirtschaftungskosten			200,00	200,00	200,00	200,00
523600	Unterhaltung Betriebs- und Geschäftsausstattung			1.000,00	1.000,00	1.000,00	1.000,00
523601	Unterh. Betriebs- u. Geschäftsausstg. Schulbudget			2.500,00	2.500,00	2.500,00	2.500,00
523700	Ausstattung / Ausrüstung mit GWG (bis 410 EUR)			500,00	500,00	500,00	500,00
523701	Ausst./Ausrüstg. mit GWG (bis 410 EUR) Schulbudget			4.000,00	4.000,00	4.000,00	4.000,00
524301	Unterrichtsmittel, Arbeitsmaterial, Nähgeld			6.000,00	6.000,00	6.000,00	6.000,00
524303	Literatur für Lehrer und Schüler			1.800,00	1.800,00	1.800,00	1.800,00
524305	Lehrfahrten, Partnerschaften, Schulfeiern			1.400,00	1.400,00	1.400,00	1.400,00
524306	Schulsport			3.200,00	3.200,00	3.200,00	3.200,00
524307	Schülerprämien			300,00	300,00	300,00	300,00
531800	Zuschüsse an übrige Bereiche			300,00	300,00	300,00	300,00
551300	Aufwendungen für Dienstreisen			200,00	200,00	200,00	200,00
551500	Aufwendungen für Dienst- und Schutzkleidung			100,00	100,00	100,00	100,00
552103	Mieten Kopierer und Drucker			7.000,00	7.000,00	7.000,00	7.000,00
552900	Inanspruchnahme von Rechten und Diensten			200,00	200,00	200,00	200,00
553100	Büromaterial			2.500,00	2.500,00	2.500,00	2.500,00
553200	Fachliteratur, Zeitschriften			1.000,00	1.000,00	1.000,00	1.000,00
553300	Porto- und Versandkosten			700,00	700,00	700,00	700,00
553400	Fernmeldegebühren Festnetz / Standleitungen			1.200,00	1.200,00	1.200,00	1.200,00
553401	Fernmeldegebühren Handys			50,00	50,00	50,00	50,00
553402	Kosten der Internetnutzung			150,00	150,00	150,00	150,00
554110	Gebäudeversicherung			3.600,00	3.600,00	3.600,00	3.600,00
554130	Haftpflichtversicherung			100,00	100,00	100,00	100,00
554141	Schülerunfallversicherung			120,00	120,00	120,00	120,00
554191	Elektronikversicherung			200,00	200,00	200,00	200,00
558900	Straßenreinigung			400,00	400,00	400,00	400,00
574000	AfA auf beb. Grundstücke u. grundstücksgl. Rechte			107.499,00	107.499,00	107.499,00	107.499,00
578000	AfA auf Betriebs- u. Geschäftsausstatt., Fahrzeuge			66.600,00	66.600,00	66.600,00	66.600,00
	Summe Aufwendungen			489.375,50	478.499,00	480.137,00	481.808,00

Auch die Darstellung der Produkte erscheint durchaus übersichtlich. Es werden Ziele und Kennzahlen abgedruckt, welche allerdings in Folgehaushalten auch quantitativ bzw. qualitativ ausgefüllt werden sollten.

Als zweites Beispiel folgen dazu die Ausführungen zum Produkt **„Wirtschaftliche Jugendhilfe"**, welches dem Teilhaushalt „Jugend und Soziales" zugeordnet ist:[167]

Produkt 364000: Wirtschaftliche Jugendhilfe

Hauptproduktbereich	3	Soziales und Jugend
Produktbereich	105	Teilhaushalt 5 - Jugend und Soziales (Dezernat 5)
Verantw. Person	Frau Vera Meyer	
Beschreibung	Zu den vom Sozialen Dienst (Produkt 362000) und dem Pflegekinderdienst (Produkt 361000) eingeleiteten Hilfen übernimmt die Wirtschaftliche Jugendhilfe folgende Dienstleistungen: - Prüfung der örtlichen und sachlichen Zuständigkeit - Prüfung und Realisierung von Kostenbeiträgen, Kostenerstattungen und anderen Sozialleistungen - Bescheiderteilung und sonstiger allgemeiner Schriftverkehr - Finanzierung aller Einzelfallhilfen nach dem SGB VIII (Einzelfallhilfen des Produktes 362000 „Soziale Dienste") - Controlling zu den Einzelfallhilfen, insb. Überwachung der Träger-, Sozialraum- und Mitarbeiterbudgets Die Finanzierung der Übernahme von Elternbeiträgen für Kinderkrippen, Kindergärten, Kinderhorte und Kindertagespflege erfolgt über Produkt 361000 (Kindertagesstätten und Kindertagespflege).	
Ziele	- sachgerechte und gesetzeskonforme Umsetzung der Hilfen	
Auftragsgrundlage	- SGB VIII und ergänzende gesetzliche Vorschriften - Budgetierungsverträge mit den freien Trägern	
Kennzahlen	- Fallzahlen ambulante flexible Hilfen/Hilfen mit Nachmittagsbetreuung/stationäre Hilfen - Fallzahlen sonstige Einzelfallhilfen - Anzahl der Präventionsprojekte - Umfang Netzwerkarbeit	
Stellenplanauszug	5 Stellen: 1 Beamtin, 4 tariflich Beschäftigte	

Sachkonten zu Produkt 364000

Nr.	Bezeichnung	Ergebnis 2006	Ansatz 2007	Ansatz 2008	Plan 2009	Plan 2010	Plan 2011
421100	Kostenbeiträge u. Aufw.-Ersatz, Kostenersatz (avE)			-40.000,00	-40.000,00	-40.000,00	-40.000,00
421300	Leistungen von Sozialleistungsträgern a.v.E.			-90.000,00	-90.000,00	-90.000,00	-90.000,00
421400	Rückzahlung gewährter Hilfen (a.v.E.)			-10.000,00	-10.000,00	-10.000,00	-10.000,00
422100	Kostenbeiträge, Aufw.-Ersatz, Kostenersatz (i.E.)			-135.000,00	-135.000,00	-135.000,00	-135.000,00
422300	Leistungen von Sozialleistungsträgern (i.E.)			-50.000,00	-50.000,00	-50.000,00	-50.000,00
422400	Rückzahlung gewährter Hilfen (i.E.)			-10.000,00	-10.000,00	-10.000,00	-10.000,00
424211	Kostenerstattungen des Landes (wirtschaftliche Jug			-10.000,00	-10.000,00	-10.000,00	-10.000,00
424220	Kostenerstatt. Gemeinden/-verbände (Jugendhilfe)			-750.000,00	-750.000,00	-750.000,00	-750.000,00
	Summe Erträge:			**-1.095.000,00**	**-1.095.000,00**	**-1.095.000,00**	**-1.095.000,00**
502100	Bezüge der Beamten			13.375,00	13.643,00	13.916,00	14.194,00
502200	Entgelte der tariflich Beschäftigten			138.445,00	141.214,00	144.038,00	146.919,00
503100	Umlage zur Ruhegehaltskasse - Beamte			3.115,00	3.177,00	3.241,00	3.306,00
503200	Umlage zur ZVK - tariflich Beschäftig-			9.280,00	9.466,00	9.655,00	9.848,00

---

[167] Landkreis St. Wendel (2008) S. 200 f.

Positiv zeichnen sich die Produktbeschreibungen durch den Abdruck von Stellenplanauszügen aus. Allerdings erscheinen sie insgesamt vor allem in ihrer verbalen Ausführlichkeit doch etwas zu ausgedehnt.

12 Kommunale Doppik in Sachsen als Neues kommunales Haushalts- und Rechnungswesen (NKHR)

12.1 Die Situation in Sachsen

Doppik spätestens ab 2013

Vom sächsischen Landtag wurde am 7.11.2007 das Gesetz über das neue kommunale Haushalts- und Rechnungswesen beschlossen. Danach können die sächsischen Kommunen ab dem Jahr 2008 auf die kommunale Doppik umstellen. Die Sächsische Kommunalhaushaltsverordung-Doppik[168] ist am 1.3.2008 in Kraft getreten.

Der rechtliche und inhaltliche Rahmen wurde in einer vom Sächsischen Staatsministerium des Innern koordinierten Lenkungsgruppe und vier Arbeitsgruppen entwickelt, an denen Vertreter des Sächsischen Rechnungshofes, des Sächsischen Staatsministeriums der Finanzen und der kommunalen Landesverbände sowie kommunale Praktiker beteiligt waren. Die Festlegungen sind unter www.kommunale-verwaltung.sachsen.de, Rubrik „Kommunale Doppik", abrufbar.

Umsetzungsstand in Sachsen

Die Große Kreisstadt Pirna, die Stadt Grünhain-Beierfeld sowie die Gemeinden Zschorlau und Bockelwitz wenden die neuen Regelungen auskunftsgemäß als sog. Frühstarter auf der Grundlage einer Ausnahmegenehmigung bereits ab dem Haushaltsjahr 2007 an.

12.2 Wichtigste Vorschriften zur Haushaltsgliederung in Sachsen

Allgemeine Charakterisierung der doppischen Haushalte

Das sächsische Konzept zur kommunalen Doppik lässt die Gliederung nach § 4 Abs. 1 KomHVO-Doppik-SN **wahlweise** nach den vorgegebenen Produktbereichen bzw. Produktgruppen oder produktorientiert nach der örtlichen Organisationsstruktur zu. Jeder Teilhaushalt muss mindestens aus einer Bewirtschaftungseinheit (Budget) bestehen. Die Budgets sind jeweils einem Verantwortungsbereich zuzuordnen. In den Teilhaushalten sind die Produktgruppen darzustellen; zusätzlich sollen die **Schlüsselprodukte**, die Leistungsziele und die Kennzahlen zur Messung der Zielerreichung dargestellt werden (vgl. § 4 Abs. 2 KomHVO-Doppik-SN).

Hierzu wird im Doppikportal unter den konzeptionellen Festlegungen zur Haushaltsgliederung ausgeführt: „ ... weil hierdurch die Vergleichbarkeit der kommunalen Haushalte eingeschränkt ist, wird eine zusätzliche produktorientierte Darstellung wichtiger Finanzdaten in einer Anlage zum Haushaltsplan vorgeschrieben." (als sog. **Haushaltsquerschnitt** gemäß § 1 Abs. 2 Satz 1 Nr. 3 KomHVO-Doppik-SN).

Den zu veranschlagenden Erträgen und Aufwendungen sowie Einzahlungen und Auszahlungen sind nach § 1 Abs. 4 KomHVO-Doppik-SN die Ergebnisse des Jahresabschlusses des Vorvorjahres und die Haushaltspositionen des Vorjahres voranzustellen. Darüber hinaus sind die Positionen der Fi-

---

[168] Offizielle Abkürzung ist SächsKomHVO-Doppik; im Interesse einer einheitlichen Zitierung bei allen Bundesländern kürzen wir folgendermaßen ab: KomHVO-Doppik-SN.

nanzplanung für die dem Haushaltsjahr folgenden drei Jahre anzufügen (**integrierte mittelfristige Ergebnis- und Finanzplanung**).

Anlagen zum Haushaltsplan

Dem Haushaltsplan sind gemäß § 1 Abs. 3 KomHVO-Doppik-SN als Anlagen beizufügen:

- der Vorbericht,
- das Haushaltsstrukturkonzept, wenn ein solches erstellt werden muss,
- eine Übersicht über die aus Verpflichtungsermächtigungen in den einzelnen Jahren voraussichtlich fällig werdenden Auszahlungen; werden Auszahlungen in den Jahren fällig, auf die sich der Finanzplan noch nicht erstreckt, ist die voraussichtliche Deckung des Zahlungsmittelbedarfs dieser Jahre gesondert darzustellen,
- eine Übersicht über den voraussichtlichen Stand der Verbindlichkeiten ohne Kassenkredite und der Verpflichtungen aus Bürgschaften, Gewährverträgen und der ihnen wirtschaftlich gleichkommenden Rechtsgeschäfte sowie eine Übersicht über den voraussichtlichen Stand der Rückstellungen und Rücklagen, jeweils bezogen auf den Beginn des Vorjahres und auf den Beginn des Haushaltsjahres,
- die Wirtschaftspläne und neuesten Jahresabschlüsse der Sondervermögen, für die Sonderrechnungen geführt werden,
- die Wirtschaftspläne und neuesten Jahresabschlüsse der Unternehmen und Einrichtungen mit eigener Rechtspersönlichkeit, an denen die Gemeinde mit mehr als 20 Prozent beteiligt ist; an die Stelle der Wirtschaftspläne und Jahresabschlüsse kann eine kurz gefasste Übersicht über die Wirtschaftslage und die voraussichtliche Entwicklung der Unternehmen und Einrichtungen treten,
- die Übersichten nach § 4 Abs. 5 KomHVO-Doppik-SN (Übersicht über die Zuordnung der Produktbereiche und Produktgruppen zu den Teilhaushalten),
- eine Übersicht über die Fehlbeträge des Haushaltsjahres und der Vorjahre und ihre Deckung.

Dem Haushaltsplan sind nach § 4 Abs. 5 KomHVO-Doppik-SN als **Pflichtanlagen** je eine Übersicht über die Zuordnung der Produktbereiche und Produktgruppen zu den Teilhaushalten sowie Übersichten über die Zuordnung der Erträge und Aufwendungen des Ergebnishaushalts zu dem vorgegebenen Produktrahmen beizufügen. Das Haushaltsmuster zur Darstellung der produktbezogenen Finanzdaten des Ergebnishaushaltes hat auszugsweise folgende Form:

Gliederung des Ergebnishaushalts

In Sachsen ist folgendes Formblatt vorgegeben:

		Ertrags- und Aufwandsarten	Ergebnis des Vorvorjahres	Ansatz des Vorjahres (lfd. Haushaltsjahr)	Ansatz des Haushaltsjahres (Planjahr)	das	das 2.	das 3.
							auf das Haushaltsjahr folgende Jahr	
					TEUR			
			1	2	3	4	5	6
1		Steuern und ähnliche Abgaben nach Arten						
	darunter:	Grundsteuern A und B						
		Gewerbesteuer						
		Gemeindeanteil an der Einkommensteuer						
		Gemeindeanteil an der Umsatzsteuer						
2	+	Zuwendungen (Zuweisungen und Zuschüsse), Umlagen nach Arten und aufgelöste Sonderposten						
	darunter:	allgemeine Schlüsselzuweisungen						
		sonstige allgemeine Zuweisungen						
		allgemeine Umlagen						
		aufgelöste Sonderposten						
3	+	sonstige Transfererträge						
4	+	öffentlich-rechtliche Leistungsentgelte						
5	+	privatrechtliche Leistungsentgelte						
6	+	Kostenerstattungen und Kostenumlagen						
7	+	Finanzerträge (Zinsen, Erträge aus Beteiligungen und ähnliche Erträge)						
8	+/-	aktivierte Eigenleistungen und Bestandsveränderungen						
9	+	sonstige ordentliche Erträge						
10	=	ordentliche Erträge (Nr. 1 bis 9)						
11		Personalaufwendungen						
	darunter:	Zuführungen zu Pensionsrückstellungen für Beschäftigte						
		Zuführungen zu Rückstellungen für Entgeltzahlungen für Zeiten der Freistellung von der Arbeit im Rahmen der Altersteilzeit und ähnlichen Maßnahmen						
12	+	Versorgungsaufwendungen						
	darunter:	Zuführungen zu Pensionsrückstellungen für Versorgungsempfänger						
13	+	Aufwendungen für Sach- und Dienstleistungen						
14	+	planmäßige Abschreibungen						
15	+	Zinsen und ähnliche Aufwendungen						
16	+	Transferaufwendungen wie Abschreibungen auf Investitionsförderungsmaßnahmen						
17	+	sonstige ordentliche Aufwendungen						
18	=	ordentliche Aufwendungen (Nr. 11 bis 17)						
19	=	ordentliches Ergebnis (Nr. 10 ./. Nr. 18)						
20		Abdeckung von Fehlbeträgen aus Vorjahren nach § 25 Abs. 3						
21	=	veranschlagtes ordentliches Ergebnis (Nr. 19 + Nr. 20)						
22		realisierbare außerordentliche Erträge						
23		realisierbare außerordentliche Aufwendungen						
24	=	veranschlagtes Sonderergebnis (Nr. 22 ./. Nr. 23)						
25	=	veranschlagtes Gesamtergebnis (Nr. 21 + Nr. 24)						
		Ergebnisabdeckung						
26		Entnahmen aus Rücklagen aus Überschüssen des ordentlichen Ergebnisses gemäß § 24 Abs. 1 SächsKomHVO-Doppik						
27		Entnahme aus Rücklagen aus Überschüssen des Sonderergebnisses gemäß § 25 Abs. 2 SächsKomHVO-Doppik und gemäß § 24 Abs. 3 SächsKomHVO-Doppik						
28		Vortrag eines Haushaltsfehlbetrages auf das ordentliche Ergebnis der Folgejahre gemäß § 24 Abs. 4 bis 6 SächsKomHVO-Doppik						
29		Minderung des Basiskapitals gemäß § 25 Abs. 4 und 5 SächsKomHVO-Doppik						

Muster zu § 2 und § 9 Abs. 1 SächsKomHVO-Doppik
Ergebnishaushalt

Gliederung des Finanzhaushalts

Für den Finanzhaushalt ist folgendes Formblatt vorgegeben:

		Ergebnis des Vorvorjahres	Ansatz des Vorjahres (lfd. Haushalts-jahr)	Ansatz des Haushalts-jahres (Planjahr)	das	das 2.	das 3.
					\multicolumn{3}{c}{auf das Haushaltsjahr folgende Jahr}		
					\multicolumn{3}{c}{TEUR}		
		1	2	3	4	5	6
1		Saldo des Ergebnishaushalts (veranschlagtes Gesamtergebnis)					
2	+	Abdeckung von Fehlbeträgen aus Vorjahren					
3	-	außerordentliche Erträge aus der Veräußerung von Vermögen					
4	+	nicht zahlungswirksame Aufwendungen aus laufender Verwaltungstätigkeit					
5	-	nicht zahlungswirksame Erträge aus laufender Verwaltungstätigkeit					
6	+	nicht ergebniswirksame Einzahlungen aus laufender Verwaltungstätigkeit					
7	-	nicht ergebniswirksame Auszahlungen aus laufender Verwaltungstätigkeit					
8	=	Zahlungsmittelsaldo aus laufender Verwaltungstätigkeit als Zahlungsmittelüberschuss oder Zahlungsmittelbedarf des Ergebnishaushalts (Nr. 1 bis 7)					
9		Einzahlungen aus Investitionszuwendungen					
		darunter: investive Schlüsselzuweisungen					
10	+	Einzahlungen aus Investitionsbeiträgen und ähnlichen Entgelten für Investitionstätigkeit					
11	+	Einzahlungen aus der Veräußerung von Sachanlagevermögen					
12	+	Einzahlungen aus der Veräußerung von Finanzanlagevermögen und von Wertpapieren des Umlaufvermögens					
13	+	Einzahlungen für sonstige Investitionstätigkeit					
14	=	Einzahlungen für Investitionstätigkeit (Nr. 9 bis 13)					
15		Auszahlungen für den Erwerb von Grundstücken und Gebäuden					
16	+	Auszahlungen für Baumaßnahmen					
17	+	Auszahlungen für den Erwerb von beweglichen Sachanlagevermögen					
18	+	Auszahlungen für den Erwerb von Finanzanlagevermögen und von Wertpapieren des Umlaufvermögens					
19	+	Auszahlungen für Investitionsförderungsmaßnahmen					
20	+	Auszahlungen für sonstige Investitionen					
21	=	Auszahlungen für Investitionstätigkeit (Nr. 15 bis 20)					
22		Zahlungsmittelsaldo aus Investitionstätigkeit (Nr. 14 ./. Nr. 21)					
23	=	veranschlagter Finanzierungsmittelüberschuss/-mittelfehlbetrag (Nr. 8 + Nr. 22)					
24		Einzahlungen aus der Aufnahme von Krediten und wirtschaftlich gleichkommenden Rechtsgeschäften für Investitionen					
25		Auszahlungen für die Tilgung von Krediten und wirtschaftlich gleichkommenden Rechtsgeschäften für Investitionen					
26	=	Zahlungsmittelsaldo aus Finanzierungstätigkeit (Nr. 24 ./. Nr. 25)					
27	=	Änderung des Finanzmittelbestandes im Haushaltsjahr (Nr. 23 + Nr. 26)					
28	+	Hinzurechnung der Entnahme aus Liquiditätsreserve					
29	-	Verminderung um Zuführung an Liquiditätsreserve					
30	=	Überschuss oder Bedarf an Zahlungsmitteln im Haushaltsjahr (Nr. 27 + Nr. 28 + Nr. 29)					
nachrichtlich:		Einzahlungen und Auszahlungen aus Umschuldungen					

Muster zu § 3 SächsKomHVO-Doppik — **Finanzhaushalt**

Abgrenzung des außerordentlichen Ergebnisses

Unter das außerordentliche Ergebnis sind gemäß § 2 Abs. 2 SächsGemHVO-Doppik-E die nicht dem Haushaltsjahr zuzuordnenden, regelmäßig und unregelmäßig anfallenden Erträge und Aufwendungen, insbesondere Gewinne und Verluste aus Vermögensveräußerung, einzuordnen. Entsprechend den Ausführungen zu den konzeptionellen Festlegungen zur Ergebnisdarstellung zählen **auch periodenfremde Posten** zum außerordentlichen Ergebnis.

12.3 Praxis der bislang vorliegenden doppischen Haushalte in Sachsen

12.3.1 Gemeinde Zschorlau (2008)

Als eine der vier Vorreiterkommunen im Freistaat Sachsen hat die Gemeinde Zschorlau (rund 6.000 Einwohner) für das Haushaltsjahr 2008 einen ersten doppischen Produkthaushalt im Umfang von rund 150 Seiten (davon rund 70 Seiten für die Darstellung der investiven Maßnahmen) vorgelegt.

Die Gemeinde beschränkt sich bei der Haushaltsdarstellung neben den Teilergebnis- und Teilfinanzplänen zu den finanzstatistischen Produktbereichen auf die Darstellung von nur drei **Schlüsselprodukten**. Gemäß dem Vorbericht sollen in künftigen Haushalten alle 73 Produkte mit Beschreibung, Zielen und Kennzahlen unterlegt werden. Die Angaben zu den Schlüsselprodukten **Kita Burkhardtsgrün** und **Grundschule Zschorlau** werden nachstehend abgebildet:

Produktbereich 36: Kinder-, Jugend- und Familienhilfe
Pruduktgruppe 365: Tageseinrichtungen für Kinder
Produktuntergruppe 3651: Eigene Einrichtungen
Produkt 365100: Kita Burkhardtsgrün

Kurzbeschreibung
Bedarfsgerechte Bereitstellung von Kindertagesstättenplätzen
Leistungsspektrum
Bearbeitung und Auszahlung der Landeszuschüsse ggf. Kommunale Anteile / Fachberatung der Einrichtungen / Überprüfung der Leistungsfähigkeit freier Träger gemäß § 4 AzVO / Förderung von Trägern der freien Jugendhilfe / Dienst- und Fachaufsicht / Ermittlung der Elternbeiträge und Beteiligung bei der Festsetzung / Sachaufwand für die Unterhaltung und Betreibung von Einrichtungen
Grundlage
SächsKitaG, JuHG
Zielgruppe
Kinder im Alter von 0 bis zur Vollendung der Klasse 4, Eltern, Erzieher
Verantwortlich
Lars Georgi
Grunddaten

Einwohner (2009-2011 Prognose)	5.881	5.801	5.743	5.686	5.630
Kinder in der Einrichtung		20	21	21	22
Anzahl Plätze gem. Betriebserlaubnis		25	25	25	25
Fläche in m²		175,56	175,56	175,56	175,56

Kennzahlen

Auslastungsgrad		80,00%	84,00%	84,00%	88,00%
Betriebskosten je m² Fläche		66,39	66,39	66,39	66,39
Kosten je Kind		5.142	4.883	4.963	4.816
Zuschuss je Kind		2.955	2.800	2.880	2.827

Sachkonto	RE 2006	Ansatz 2007	Ansatz 2008 Soll	Ansatz 2008 Haben	FJ 2009 Soll	FJ 2009 Haben	FJ 2010 Soll	FJ 2010 Haben	FJ 2011 Soll	FJ 2011 Haben
Zuweisungen und Zuwendungen (nicht für Investitionen), Umlagen und aufgelöste Sonderposten(Investit		26.992		25.746		25.746		25.746		25.746
öffentlich-rechtliche Entgelte (ohne Investitionsbeiträge)		16.890		18.000		18.000		18.000		18.000
Kostenerstattungen und Kostenumlagen		0		35.000		35.000		35.000		35.000
Personalaufwendungen		82.948	81.609		84.255		85.941		87.660	
Aufwendungen für Sach- und Dienstleistungen		16.060	19.310		16.560		16.560		16.560	
planmäßige Abschreibungen		576	976		976		976		976	
sonstige ordentliche Aufwendungen		715	24.945		24.745		24.745		24.745	
Erträge aus interner Leistungsverrechnung		0		0		0		0		0
Aufwendungen für interne Leistungsverrechnung		0	0		0		0		0	
Summe Erträge		43.882		78.746		78.746		78.746		78.746
Summe Aufwendungen		100.299	126.840		126.536		128.222		129.941	

Produktbereich 21-24: Schulträgeraufgaben
Produktgruppe 211: Grundschulen
Produktuntergruppe 2111: Grundschulen in öffentlicher Trägerschaft
Produkt 211100: Grundschule Zschorlau

Kurzbeschreibung
Bereitstellung und Bewirtschaftung Grundschule
Leistungsspektrum
Unterhaltung und Bewirtschaftung von Gebäuden und baulichen Anlagen / Bereitstellung von Einrichtungen, Lehr- und Lernmitteln / Allgemeine Schulverwaltungsaufgaben
Grundlage
SächsSchulG
Zielgruppe
Grundschüler der Klassen 1 bis 4, Eltern, Lehrer
Verantwortlich
Lars Georgi
Grunddaten

Einwohner (2009-2011 Prognose)	5.881	5.801	5.743	5.686	5.630
Schüler		144	145	147	150
Klassen		8	8	8	8
Fläche in m²		1.057,10	1.057,10	1.057,10	1.057,10

Kennzahlen

Betriebskosten je m² Fläche		36,70	36,70	36,70	36,70
Kosten je Schüler		733,76	719,13	677,13	648,34

Sachkonto	RE 2006	Ansatz 2007	Ansatz 2008 Soll	Ansatz 2008 Haben	FJ 2009 Soll	FJ 2009 Haben	FJ 2010 Soll	FJ 2010 Haben	FJ 2011 Soll	FJ 2011 Haben
Zuweisungen und Zuwendungen (nicht für Investitionen), Umlagen und aufgelöste Sonderposten(Investit	0	6.186		16.986		16.986		16.986		16.986
öffentlich-rechtliche Entgelte (ohne Investitionsbeiträge)		2.550		3.000		3.000		3.000		3.000
privatrechtliche Leistungsentgelte		0		3.000		3.000		3.000		3.000
Kostenerstattungen und Kostenumlagen		32.097		0		0		0		0
Personalaufwendungen		50.512	23.264		24.079		24.561		25.051	
Aufwendungen für Sach- und Dienstleistungen		97.250	56.200		56.200		56.200		56.200	
planmäßige Abschreibungen		22.525	21.198		18.995		13.777		11.000	
sonstige ordentliche Aufwendungen		7.800	5.000		5.000		5.000		5.000	
Erträge aus interner Leistungsverrechnung		0		0		0		0		0
Aufwendungen für interne Leistungsverrechnung		20.000	0		0		0		0	
Summe Erträge		40.833		22.986		22.986		22.986		22.986
Summe Aufwendungen		198.087	105.662		104.274		99.538		97.251	

Bei den Produktbeschreibungen der (bislang drei) **Schlüsselprodukte** und der Ableitung von **Grund- und Kennzahlen** hat die Gemeinde bereits ein vergleichsweise hohes Niveau erreicht. Es wäre abzuwägen, ob tatsächlich alle gemeindlichen Produkte künftig im Haushalt in dieser Detailschärfe abgebildet werden sollen. Eine Fokussierung auf ausgewählte Schlüsselprodukte dürfte weiterhin sachgerecht sein.

Zum Ergebnis- und Finanzhaushalt druckt die Gemeinde auch die jeweiligen **Sachkonten** an. Dies nimmt lediglich sieben Haushaltsseiten in Anspruch, so dass diese Zusatzinformation (sofern sie nicht auf Teilhaushalte oder gar Produkte ausgedehnt wird) hinsichtlich des Raumbedarfs im Haushalt sachgerecht ist.

13 Kommunale Doppik in Sachsen-Anhalt als Neues Kommunales Haushalts- und Rechnungswesen (NKHR)

13.1 Die Situation in Sachsen-Anhalt

Doppik spätestens ab 2011

Am 22.3.2006 wurde das Gesetz zur Einführung des Neuen Kommunalen Haushalts- und Rechnungswesens für die Kommunen des Landes Sachsen-Anhalt als Artikel 1 des Gesetzes über ein Neues Kommunales Haushalts- und Rechnungswesen für die Kommunen im Land Sachsen-Anhalt verkündet. Danach war eine Umstellung auf die doppelte Buchführung zum Stichtag 1.1.2006 erstmals möglich und ist andererseits mit einem Übergangszeitraum von fünf Jahren spätestens bis zum Haushaltsjahr 2011 zu vollziehen. Ergänzend wurden die notwendigen Anpassungen der haushaltswirtschaftlichen Vorschriften in die Gemeindeordnung für das Land Sachsen-Anhalt (GO LSA) aufgenommen. Eine doppische Gemeindehaushaltsverordnung (GemHVO-Doppik-LSA) sowie eine Gemeindekassenverordnung (GemKVO-Doppik-LSA) wurden am 30.3.2006 in Kraft gesetzt.

Umsetzungsstand in Sachsen-Anhalt

Die Konzeptentwicklung für das doppische Landeskonzept wurde von den Städten Bitterfeld (jetzt: Bitterfeld-Wolfen) und Aken, dem Landkreis Mansfelder Land (jetzt: Mansfeld-Südharz) und der Gemeinde Mittelland als Vorreiter für Sachsen-Anhalt umgesetzt. Nachfolgend wird aus dem Kreis dieser Kommunen der Haushalt 2007 der Stadt Bitterfeld dargestellt. In die Analyse wurden außerdem der Haushalt 2006 des Landkreises Mansfelder Land und der Haushalt 2008 der Stadt Aken einbezogen.

Allgemeine Charakterisierung der doppischen Haushalte

Die Teilpläne können in Sachsen-Anhalt wie in fast allen anderen Bundesländern – gemäß § 4 Abs. 1 GemHVO-Doppik-LSA wahlweise nach den vorgegebenen Produktbereichen oder nach der örtlichen Organisation produktorientiert gegliedert werden. Mehrere Produkte oder Produktbereiche können zu Teilplänen zusammengefasst oder Produktbereiche nach Produktgruppen auf mehrere Teilpläne aufgeteilt werden. Die Teilpläne sind in einen Teilergebnisplan und einen Teilfinanzplan zu gliedern.

Den Teilplänen ist eine Übersicht über die Produkte oder Produktgruppen sowie deren **Ziele,** Leistungen und **Kennzahlen** zur Messung der Zielerreichung und eine **Übersicht der zur Aufgabenerfüllung der Teilpläne erforderlichen Stellen** beizufügen.

Erfolgt die Gliederung produktorientiert nach der örtlichen Organisation, ist dem Haushaltsplan eine Übersicht über die Budgets und die den einzelnen Budgets zugeordneten Produkte oder Produktgruppen als Anlage beizufügen (vgl. § 4 Abs. 5 GemHVO-Doppik-LSA).

13.2 Wichtigste Vorschriften zur Haushaltsgliederung in Sachsen-Anhalt

Anlagen zum Haushaltsplan

Dem Haushaltsplan sind gemäß § 1 Abs. 2 GemHVO-Doppik-LSA als Anlagen beizufügen:

- der Vorbericht,
- das der mittelfristigen Ergebnis – und Finanzplanung zugrunde liegende Investitionsprogramm,
- eine Übersicht über die aus Verpflichtungsermächtigungen in den einzelnen Jahren voraussichtlich fällig werdenden Auszahlungen; werden Auszahlungen in den Jahren fällig, auf die sich die Ergebnis – und Finanzplanung noch nicht erstreckt, so ist die voraussichtliche Deckung des Auszahlungsbedarfs dieser Jahre besonders darzustellen,
- eine Übersicht über den voraussichtlichen Stand der Verbindlichkeiten (ohne Kassenkredite) und der Rücklagen zu Beginn des Haushaltsjahres,
- eine Übersicht über die Zuwendungen an die Fraktionen,
- die Wirtschaftspläne und neuesten Jahresabschlüsse der Sondervermögen, für die Sonderrechnungen geführt werden. Das Gleiche gilt für die Unternehmen und Einrichtungen mit eigener Rechtspersönlichkeit, an denen die Gemeinde beteiligt ist; ausgenommen sind Beteiligungen gemäß § 108 Abs. 5 Satz 2 der GO-LSA[169],
- eine Übersicht über die Budgets nach § 4 Abs. 6 GemHVO-Doppik-LSA
- ein vom Gemeinderat beschlossenes Haushaltskonsolidierungskonzept, sofern der Haushaltsausgleich nicht erreicht wird.

Der Stellenplan ist neben dem Ergebnis- und Finanzhaushalt und den Teilhaushalten Bestandteil des Haushaltsplans. Die im Haushaltsplan zu veranschlagenden Erträge und Aufwendungen und die Einzahlungen und Auszahlungen sind gemäß § 8 Abs. 1 GemHVO-Doppik-LSA um die Ansätze des laufenden Haushaltsjahres und die Rechnungsergebnisse des Vorjahres sowie um die Planungsansätze des Jahres, für das der Plan aufgestellt wird, und die darauf folgenden drei Jahre zu ergänzen (integrierte mittelfristige Ergebnis- und Finanzplanung).

---

[169] Es handelt sich gemäß § 108 Abs. 5 Satz 2 GO-LSA um Beteiligungen, die wegen untergeordneter Bedeutung für die Haushaltswirtschaft der Gemeinde nicht in den Gesamtabschluss einbezogen werden müssen.

Gliederung des Ergebnisplans

In Sachsen-Anhalt ist folgendes Formblatt vorgeschrieben:

Anlage 3
(zu §§ 2 i. V. m. 8 Abs. 1 GemHVO Doppik)

Muster eines Ergebnisplans

	Ertrags- und Aufwandsarten	Ergebnis des Vorvor-jahres	Ansatz des Vorjahres (laufendes Haushalts-jahr)	Ansatz des Haus-halts-jahres (Planjahr)	das	das zweite	das dritte
					auf das Haushaltsjahr folgende Jahr		
		Euro					
		1	2	3	4	5	6
1	Steuern und ähnliche Abgaben						
2	+ Zuwendungen und allgemeine Umlagen						
3	+ sonstige Transfererträge						
4	+ öffentlich-rechtliche Leistungsentgelte						
5	+ privatrechtliche Leistungsentgelte						
6	+ Kostenerstattungen und Kostenumlagen						
7	+ sonstige ordentliche Erträge						
8	+ aktivierte Eigenleistungen						
9	+/- Bestandsveränderungen im Rahmen der gewöhnlichen Tätigkeit						
10	+ Finanzerträge						
	= Ordentliche Erträge						
11	Personalaufwendungen						
12	+ Versorgungsaufwendungen						
13	+ Aufwendungen für Sach- und Dienstleistungen						
14	+ bilanzielle Abschreibungen						
15	+ Transferaufwendungen, Umlagen						
16	+ Zinsen und sonstige Finanzaufwendungen						
17	+ sonstige ordentliche Aufwendungen						
	= Ordentliche Aufwendungen						
	= Ordentliches Ergebnis						
18	+ außerordentliche Erträge						
19	− außerordentliche Aufwendungen						
	= Außerordentliches Ergebnis						
	= Jahresergebnis						

Nachrichtlich:
  Jahresergebnis
  ./. Jahresfehlbeträge aus Vorjahren
  = bereinigtes Jahresergebnis

Gliederung des Finanzplans

Hierfür ist folgendes Formblatt vorgesehen:

Anlage 4
(zu §§ 3 i. V. m. 8 Abs. 1 GemHVO Doppik)

Muster eines Finanzplans

	Ein- und Auszahlungsarten	Ergebnis des Vorvorjahres	Ansatz des Vorjahres (laufendes Haushaltsjahr)	Ansatz des Haushaltsjahres (Planjahr)	das	das zweite	das dritte
					\multicolumn{3}{|c|}{auf das Haushaltsjahr folgende Jahr}		
		\multicolumn{6}{|c|}{Euro}					
		1	2	3	4	5	6
1	Steuern und ähnliche Abgaben						
2	+ Zuwendungen und allgemeine Umlagen						
3	+ sonstige Transfereinzahlungen						
4	+ öffentlich-rechtliche Leistungsentgelte						
5	+ privatrechtliche Leistungsentgelte						
6	+ Kostenerstattungen und Kostenumlagen						
7	+ sonstige Einzahlungen						
8	+ Zinsen, Rückflüsse von Darlehen und ähnlichen Einzahlungen						
	= Einzahlungen aus laufender Verwaltungstätigkeit						
9	Personalauszahlungen						
10	+ Versorgungsauszahlungen						
11	+ Auszahlungen für Sach- und Dienstleistungen						
12	+ Zinsen, Gewährung von Darlehen und ähnlichen Auszahlungen						
13	+ Transferauszahlungen, Umlagen						
14	+ Sonstige Auszahlungen						
	= Auszahlungen aus laufender Verwaltungstätigkeit						
	= Saldo aus laufender Verwaltungstätigkeit (§ 3 Abs. 2 Nr. 1)						
15	Einzahlungen aus Investitionszuwendungen und -beiträgen						
16	+ Einzahlungen aus der Veränderung des Anlagevermögens						
	= Einzahlungen aus Investitionstätigkeit						
17	Auszahlungen für eigene Investitionen						
18	+ Auszahlungen von Zuwendungen für Investitionen Dritter						
	= Auszahlungen aus Investitionstätigkeit						
	= Saldo aus Investitionstätigkeit (§ 3 Abs. 2 Nr. 2)						
	= Finanzmittelüberschuss/-fehlbetrag (§ 3 Abs. 2 Nr. 3)						
19	Einzahlungen aus der Aufnahme von Krediten für Investitionen						
20	− Auszahlungen für die Tilgung von Krediten für Investitionen						
	= Saldo aus Finanzierungstätigkeit (§ 3 Abs. 2 Nr. 4)						
21	+ Einzahlungen aus der Auflösung von Liquiditätsreserven						
22	− Auszahlungen an Liquiditätsreserven						
	= Saldo der Inanspruchnahme von Liquiditätsreserven						
	= Summe aus den Salden der Finanzierungstätigkeit und der Inspruchnahme von Liquiditätsreserven (§ 3 Abs. 2 Nr. 5)						
	= Änderung des Bestandes an eigenen Finanzmitteln (Summe aus Salden § 3 Abs. 2 Nrn. 3 und 5)						
	+ Anfangsbestand an Finanzmitteln						
	= Bestand an Finanzmitteln am Ende des Haushaltsjahres (§ 3 Abs. 2 Nr. 6)						

Stadt Bitterfeld 415

13.3 Praxis der kommunalen Doppik in Sachsen-Anhalt
13.3.1 Stadt Bitterfeld 2007

Der Haushalt der Stadt Bitterfeld (rund 16.000 Einwohner) wird seit dem Jahr 2005 doppisch aufgestellt und hat im Haushaltsjahr 2007 einen Umfang von rund 270 Seiten. Er gliedert sich in acht organisationsbezogene Budgets sowie je einem Budget für Finanzen und Projekte, die deckungsgleich mit den Teilhaushalten sind. Den nachfolgend dargestellten Budgets sind insgesamt 71 Produkte zugeordnet.

- Budget 10 Bürgermeister
- Budget 20 Finanzverwaltung
- Budget 30 Sicherheit und Ordnung
- Budget 40 Zentrale Verwaltung
- Budget 50 Schulen und Kindereinrichtungen
- Budget 55 Kultur und Sport
- Budget 70 Stadtplanung und Hochbau
- Budget 80 Bauverwaltung und Tiefbau
- Budget 90 Zentrale Finanzen
- Budget 99 Projekte

Erfreulich ist die budgetbezogene Abgrenzung von **Produkten mit Projektcharakter** (hier: Projekt Doppik sowie ABM- und BSI-Projekte). Ebenso positiv zu vermerken ist grafische Darstellung der Struktur des Produkthaushalts im Vorbericht:

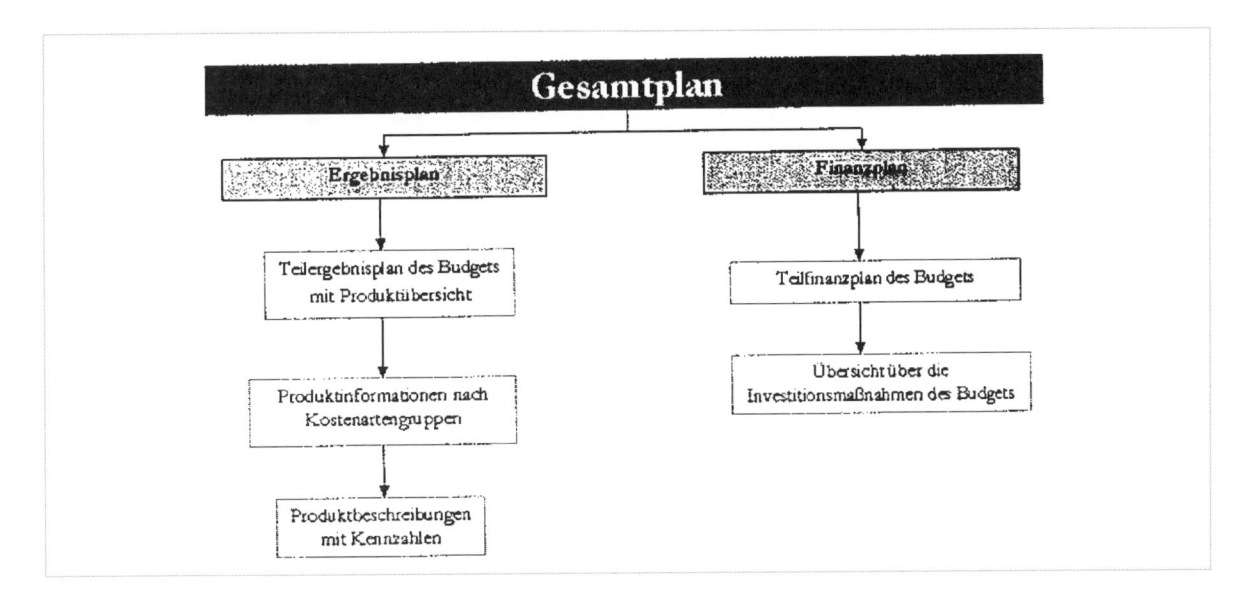

Im Vorbericht werden zu den vorgenannten Budgets bezogen auf den Ergebnishaushalt die Budgetentwicklung gegenüber dem Vorjahr und der Inhalt bzw. wesentliche Veränderungen von Produkten erläutert. Außerdem werden die abweichend von der dezentralen Budgetverantwortung vorab dotierten Aufwendungen (Personal-/Versorgungsaufwendungen, bestimmte Transferaufwendungen, Verfügungsmittel, bilanzielle Abschreibungen, interne Leistungsverrechnungen) in einer Gesamtübersicht zusammengefasst.

Als Beispiele werden der Teilergebnisplan des Budgets „Schulen und Kindertageseinrichtungen" und die in diesem Budget enthaltenen Produktbeschreibungen zum Produkt "Sicherung des

"Grundschulbetriebes" und zum Produkt „Gewährleistung der Kinderbetreuung in Kinderbetreuungseinrichtungen" nachfolgend wiedergegeben.

VG Bitterfeld
Stadt Bitterfeld

Teilergebnisplan 2007

Budget: 50
Schulen und Kindereinrichtungen

	Bezeichnung	Ergebnis 2005	Ansatz 2006	Ansatz 2007	Planung 2008	Planung 2009	Planung 2010
	I. Laufende Verwaltungstätigkeit						
01	Steuern und ähnliche Abgaben	0,00	0	0	0	0	0
02 +	Zuwendungen und allgemeine Umlagen	1.210.190,48	1.186.900	1.266.900	1.266.900	1.266.900	1.266.900
03 +	Sonstige Transfererträge	0,00	0	0	0	0	0
04 +	Öffentlich-Rechtliche Leistungsentgelte	399.335,26	415.000	423.000	423.000	423.000	423.000
05 +	Privatrechtliche Leistungsentgelte	230.882,60	236.800	232.000	232.000	232.000	232.000
06 +	Kostenerstattungen und Kostenumlagen	254.637,94	249.900	244.600	244.600	244.600	244.600
07 +	Sonstige ordentliche Erträge	0,00	0	0	0	0	0
08 +	Aktivierte Eigenleistungen	0,00	0	0	0	0	0
09 +/-	Bestandsveränderungen	0,00	0	0	0	0	0
10 +	Finanzerträge	0,00	0	0	0	0	0
11 =	**Ordentliche Erträge**	2.095.046,28	2.088.600	2.166.500	2.166.500	2.166.500	2.166.500
12 -	Personalaufwendungen	-1.762.517,30	-1.718.200	-1.810.200	-1.810.200	-1.810.200	-1.810.200
13 -	Versorgungsaufwendungen	-295,89	0	0	0	0	0
14 -	Aufwendungen für Sach- und Dienstleistungen	-1.351.477,92	-1.439.500	-1.657.000	-1.617.000	-1.629.000	-1.613.000
15 -	Bilanzielle Abschreibungen	-244.594,00	-32.700	-27.000	-16.400	-16.300	-13.100
16 -	Transferaufwendungen, Umlagen	-98.166,23	-98.900	-98.300	-98.300	-98.300	-98.300
17 -	Zinsen und ähnliche Aufwendungen	1.085,53	0	0	0	0	0
18 -	Sonstige ordentliche Aufwendungen	-28.578,66	-32.600	-34.700	-34.700	-34.700	-34.700
19 =	**Ordentliche Aufwendungen**	-3.486.715,53	-3.321.900	-3.627.200	-3.576.600	-3.588.500	-3.569.300
20 =	Ordentliches Ergebnis	-1.391.669,25	-1.233.300	-1.460.700	-1.410.100	-1.422.000	-1.402.800
	II. Außerordentliche Verwaltungstätigkeit						
21 +	Außerordentliche Erträge	7.196,46	5.200	4.200	4.200	4.200	4.200
22 -	Außerordentliche Aufwendungen	0,00	0	0	0	0	0
23 =	**Außerordentliches Ergebnis**	7.196,46	5.200	4.200	4.200	4.200	4.200
24 +	Erträge aus internen Leistungsbeziehungen	0,00	0	0	0	0	0
25 -	Aufwendungen aus internen Leistungsbeziehungen	-5.891,80	-4.000	-6.000	-6.000	-6.000	-6.000
26 =	**Jahresergebnis (Jahresüberschuss/ Jahresfehlbetrag)**	-1.390.364,59	-1.232.100	-1.462.500	-1.411.900	-1.423.800	-1.404.600

	Bezeichnung	Ergebnis 2005	Ansatz 2006	Ansatz 2007	Planung 2008	Planung 2009	Planung 2010
27	nicht zahlungswirksame Erträge	98.800,00	100.200	101.700	101.700	101.700	101.700
28	nicht zahlungswirksame Aufwendungen	-348.585,80	-134.800	-131.100	-120.500	-120.400	-117.200
29	um Jahresfehlbeträge der Vorjahre bereinigtes Jahresergebnis	0,00	0	0	0	0	0

Produktübersicht

Produkt	Bezeichnung	Ergebnis 2005	Ansatz 2006	Ansatz 2007	Planung 2008	Planung 2009	Planung 2010
21.10.01	Sicherung des Grundschulbetriebes	-583.066,45	-575.275	-729.575	-689.375	-701.375	-684.975
21.10.02	Sonstige Leistungen für Grundschulen	142.009,07	156.343	153.263	153.263	153.263	153.263
36.50.01	Gewährleistung der Kinderbetreuung in Kinderbetreuungseinrichtungen	-639.449,93	-725.975	-795.875	-785.475	-785.375	-782.575
36.50.02	Sonstige Aufgaben zur Kinderbetreuung	-102.054,72	-87.193	-90.313	-90.313	-90.313	-90.313

Interessant ist in dieser Teilergebnisdarstellung insbesondere die Verteilung des Jahresergebnisses auf die im Budget/Teilplan enthaltenen vier Verwaltungsprodukte. Auf eine vollständige Abbildung von Produktergebnissen wurde verzichtet. Demnach müssen für die Analyse der ergebnisrelevanten Einflussgrößen ggf. ergänzende Detailinformationen über den Produkthaushalt hinaus von der Verwaltung für die Planberatungen zur Verfügung gestellt werden. Im Gegenzug wird durch dieses Vorgehen der Gesamtumfang des Haushaltsplans stark begrenzt, weil nicht für die Gesamtheit bzw. Teile der Produkte Teilplanübersichten angedruckt werden.

Stadt Bitterfeld

VG Bitterfeld
Stadt Bitterfeld

Produkt 21.10.01

Produktbereich		Produktgruppe	
21	Schulträgeraufgaben (Allgemein bildende Schulen)	21.10	Grundschulen

Produkt	
21.10.01	Sicherung des Grundschulbetriebes

Kurzbeschreibung
- Sicherstellung des Schul- und Unterrichtsbetriebes durch Schaffung der sächlichen Voraussetzungen in Erfüllung der Aufgabe des örtlichen Schulträgers
- Bereitstellung von Lehr- und Lernmitteln
- Bereitstellung, Unterhaltung und Bewirtschaftung der Grundstücke und der baulichen Anlagen
- Bereitstellung des Hausmeisters sowie der Sekretariatsmitarbeiter
- Organisation und Durchführung der Schülerverpflegung
- Bereitstellung des Küchenpersonals

Auftragsgrundlage
Schulgesetz LSA

Zielgruppe
Grundschüler
Erziehungs- und Sorgeberechtigte

Ziele
- Sicherstellung und Weiterentwicklung eines bedarfsgerechten Grundschulangebots
- Schaffung und Sicherung der materiellen und sächlichen Grundlagen

Leistung
21.10.01.01 Schülerbetreuung
21.10.01.02 Bewirtschaftungsdienst
 - Hausmeistertätigkeiten
 - Reinigung
 - Gebäude- und Grundstücksunterhaltung (auch Leistungen des Stadthofs)
21.10.01.03 Schulspeisung
 - Durchführung der Schülerverpflegung
 - Bereitstellung des Küchenpersonals
 - Essengeldabrechnung
 - Reinigung der Essensräume und Abfallentsorgung
21.10.01.04 Sekretariatsdienst
 - Bestellung von Lern- und Lehrmaterial
 - allgemeine Sekretariatstätigkeiten
21.10.01.05 Turnhallennutzung

Kennzahl	Bezeichnung	2007	2006	2005
00021000	Anzahl Grundschulen	2	2	2
00021001	Anzahl Schüler	365	368	380
00021002	Anzahl Schüler in GS Anhaltsiedlung	166	172	171
00021003	Anzahl Schüler in GS Pestalozzi	166	196	209
00021004	Anzahl Einschulungen	110	117	107
00021005	Summe Bewirtschaftungskosten(€)	350.300	316.200	308.600
00021006	Summe Lehr- und Lernmittelkosten (€)	8.700	9.300	9.100
00021007	Anzahl Teilnehmer Schulspeisung	38.000	38.000	37.145

Wie in diesem Produktblatt sind im gesamten Haushalt **produktbezogene Grund- und Kennzahlen** abgeleitet. Die **Produktziele** sind allerdings weitgehend allgemein gehalten und sollten im Rahmen der Weiterentwicklung des Produkthaushalts noch im Sinne der Messbarkeit durch die Kennzahlen operationalisiert werden.

VG Bitterfeld
Stadt Bitterfeld

Produkt 36.50.01

Produktbereich	Produktgruppe
36 Kinder-, Jugend- und Familienhilfe	36.50 Tageseinrichtungen für Kinder

Produkt	
36.50.01	Gewährleistung der Kinderbetreuung in Kinderbetreuungseinrichtungen

Kurzbeschreibung
- Familienergänzende/ -unterstützende Betreuung, Pflege, Erziehung und Bildung von Kindern (0 bis 6 Jahre) sowie Schülern in Horten
- Sicherstellung des KiTa- und Hortbetriebes durch Schaffung der sächlichen Voraussetzungen
- Bereitstellung, Unterhaltung und Bewirtschaftung der Grundstücke und der baulichen Anlagen
- Bereitstellung des nichterziehenden Personals sowie des Betreuungspersonals
- Wahl und Beteiligung von Elternbeiräten
- Sicherstellung der Verpflegung sowie Essengeldbe- und abrechnung

- für freie Trägereinrichtungen: z.T. Bereitstellung und Bewirtschaftung der Grundstücke und Gebäude

Auftragsgrundlage
Gesetz zur Förderung und Betreuung von Kindern (KiBeG)
Kinder- und Jugendhilfegesetz (KJHG)

Zielgruppe
Kinder bis zum vollendeten 6. Lebensjahr
Grundschüler
Erziehungs- und Sorgeberechtigte

Ziele
- Sicherstellung und Weiterentwicklung eines bedarfsgerechten Betreuungsangebots
- kindorientierte Pädagogik und Weiterentwicklung der kindlichen Persönlichkeit
- Förderung der Vereinbarkeit von Familie und Beruf sowie Zusammenarbeit mit den Eltern

Leistung
36.50.01.01 Kinderbetreuung
- Bewirtschaftungs-, Personal- und Sachkosten
- Elternbeiträge
36.50.01.02 Verpflegung
- Aufwendungen für die Verpflegung in KiTas
- Erträge aus Essengeld

Kennzahl	Bezeichnung	2007	2006	2005
00036000	Kapazität der städt. Einrichtungen (Plätze)	493	493	493
00036001	Kinder in städtischen Einrichtungen (gesamt)	406	375	373
00036002	Kinder in KT Knirpsenland	75	75	72
00036003	Kinder in KT Traumzauberbaum	61	57	57
00036004	Kinder in KT Villa Sonnenkäfer	97	97	90
00036005	Kinder in Horten	100	185	158
00036006	Kinder in KT der freien Trägerschaft	300	296	284
00036007	Anzahl Betreuer (insgesamt)	76	75	76
00036008	Platzkosten je Kind/Monat (städt. Einr.)	110	110	111
00036009	Summe der Elternbeiträge (städt. Einr.)	425.290	380.000	383.500
00036010	Elternbeiträge je Kind/Monat (städt. Einr.)	86	86	104
00036011	Spiel-Beschäftigungsmaterial (städt. Einr.)	9.800	9.600	7.800
00036012	Anzahl Essenportionen	36.100	67.000	32.330

In Übereinstimmung mit den Regelungen des § 1 Abs. 2 GemHVO-Doppik-LSA werden die produktbezogenen **Stellenanteile** in einer separaten Übersicht (hier: beim Stellenplan) nach Besoldungs- bzw. Entgeltgruppen dargestellt. Trotzdem wäre es wünschenswert, wenn bei den einzelnen Produkten die Summe der Stellenanteile als Grundzahl wiedergegeben würde.

14 Kommunale Doppik in Schleswig-Holstein als Neues kommunales Rechnungswesen (NKR)

14.1 Die Situation in Schleswig-Holstein

Doppik oder erweiterte Kameralistik

In Schleswig-Holstein existiert seit 14.12.2006 das neue Gesetz zur Einführung der Doppik, sowie seit 15.8.2007 eine Landesverordnung über die Aufstellung und Ausführung eines doppischen Haushaltsplanes (GemHVO-Doppik-SH). Grundsätzlich gilt aber weiterhin, wie in Hessen, ein Wahlrecht zur Führung der Haushaltswirtschaft zwischen Doppik und erweiterter Kameralistik. Begründet wird dies unter anderem mit der Rücksichtnahme auf die bestehende Gebiets- und Verwaltungsstruktur.[170]

Es wurde der Innovationsring NKR-SH als Gemeinschaftsprojekt der kommunalen Landesverbände Schleswig-Holsteins gegründet, um den zahlreichen Umstellungsprojekten in den schleswig-holsteinischen Kommunen hinsichtlich des Neuen Kommunalen Rechnungswesens (NKR) Rechnung zu tragen. Die Ergebnisse sind abrufbar unter http://www.informdoku.de/nkr-sh/.

Umsetzungsstand in Schleswig-Holstein

Nach den vorliegenden Informationen haben zum 1 Januar 2007 etwa 10 Verwaltungen auf die doppische Haushaltsführung umgestellt. Zum Abschluss der Erhebungsphase (März 2008) lagen uns fünf Haushalte vor, die in die fachliche Analyse einbezogen. Davon werden im Folgenden kommentiert:

- Kreis Pinneberg, Haushalt 2007
- Gemeinde Altenholz, Haushalt 2007.

Nach Angaben des Innovationsrings NKR-SH stellen zudem alle schleswig-holsteinischen Kreise zum 1.1.2008 auf die Doppik um.[171]

Allgemeine Charakterisierung der doppischen Haushalte

Grundsätzlich lehnt sich die neue GemHVO-Doppik-SH in Schleswig-Holstein an den entsprechenden Gesetzesentwurf des Landes Nordrhein-Westfalen an, modifiziert die nordrhein-westfälischen Regelungen allerdings an zahlreichen Punkten. So ist im schleswig-holsteinischen Entwurf beispielsweise eine Übersicht über die **Haushaltskonsolidierungsmaßnahmen** im Vorbericht vorgesehen (anstelle eines verbindlichen Haushaltssicherungskonzepts wie in Nordrhein-Westfalen).

Bezüglich des **Produktrahmens** ist eine Mindestgliederung bis zur dreistelligen Ebene (Produktbereich) vorgegeben, wobei eine weitere Untergliederung von der jeweiligen Verwaltung nach örtlichen Gegebenheiten oder speziellen betriebswirtschaftlichen Steuerungserfordernissen vorgenommen werden kann

Was die **Bildung von Budgets** (§ 20) betrifft, können die Erträge und Aufwendungen sowie die Einzahlungen und Auszahlungen für Investitionen und Investitionsförderungsmaßnahmen eines Teilplans oder mehrerer Teilpläne zu einem Budget verbunden werden.

---

[170] Vgl. AK III (2007) Teil 5 Tab. 2 S. 4 f.
[171] Dieckmann (2007) S. 6 (PDF).

14.2 Wichtigste Vorschriften zur Haushaltsgliederung in Schleswig-Holstein

Anlagen zum Haushaltsplan

Der Haushaltsplan besteht gemäß § 1 GemHVO-Doppik-SH aus dem Ergebnisplan, dem Finanzplan, den Teilplänen und dem Stellenplan. Dem Haushaltsplan sind beizufügen:

- der Vorbericht,
- die Bilanz des Vorvorjahres,
- eine Übersicht über die Entwicklung des Eigenkapitals und des Anteils des Eigenkapitals an der Bilanzsumme,
- eine Übersicht über die aus Verpflichtungsermächtigungen in den einzelnen Jahren voraussichtlich fällig werdenden Auszahlungen,
- eine Übersicht über die nach § 20 gebildeten Budgets unter Angabe der den einzelnen Budgets zugeordneten Erträgen und Aufwendungen sowie Einzahlungen und Auszahlungen,
- die neuesten Jahresabschlüsse und Wirtschaftspläne sowohl der Sondervermögen, für die Sonderrechnungen geführt werden und in der Haushaltssatzung Festsetzungen erfolgen, als auch diejenigen der anderen Sondervermögen und Treuhandvermögen, sowie der Gesellschaften, Kommunalunternehmen und anderen Anstalten mit Ausnahme der öffentlich-rechtlichen Sparkassen.

Gliederung des Ergebnisplans

Die Gliederung des Ergebnisplans gemäß § 2 GemHVO-Doppik-SH verdeutlichen wir am Beispiel des Landkreises Pinneberg:[172]

Ergebnisplan

		Ertrags- und Aufwandsarten	Ergebnis 2005 €	Ansatz 2006 €	Ansatz 2007 €	Planung 2008 €	Planung 2009 €	Planung 2010 €
			1	2	3	4	5	6
40	1.	Steuern und ähnliche Abgaben	16.877.413,51	500.000	500.000	500.000	500.000	500.000
41	2.	+ Zuwendungen und allgemeine Umlagen	122.641.476,98	111.104.800	144.451.900	141.578.800	141.882.000	142.238.600
42	3.	+ Sonstige Transfererträge	55.358.578,85	10.254.600	11.398.100	10.808.100	10.808.100	10.808.100
43	4.	+ Öffentlich-rechtliche Leistungsentgelte	29.676.342,31	31.005.900	30.906.200	30.887.200	30.877.200	30.887.200
441 442 446	5.	+ Privatrechtliche Leistungsentgelte	333.265,60	362.900	350.400	350.400	350.400	350.400
448	6.	+ Kostenerstattungen und Kostenumlagen	70.593.548,16	77.146.400	70.996.000	70.874.600	70.910.700	70.921.700
45	7.	+ Sonstige ordentliche Erträge	1.878.329,79	1.728.500	1.114.900	1.108.300	1.110.000	1.101.800
471	8.	+ Aktivierte Eigenleistungen	248.815,15	105.800	125.800	40.000	40.000	40.000
472	9.	+/- Bestandsveränderungen	0,00	0	0	0	0	0
	10.	= Ordentliche Erträge	297.607.770,35	232.208.900	259.843.300	256.147.400	256.478.400	256.847.800
50	11.	- Personalaufwendungen	32.959.684,07	32.976.800	33.460.600	33.351.200	33.226.500	33.225.700
51	12.	- Versorgungsaufwendungen	381.706,30	402.000	334.800	334.800	334.800	334.800
52	13.	- Aufwendungen für Sach- und Dienstleistungen	6.455.040,26	7.488.900	7.513.500	7.345.100	7.033.800	7.073.500
57	14.	- bilanzielle Abschreibungen	375.163,39	311.700	9.331.700	8.613.107	8.723.982	8.589.842
53	15.	- Transferaufwendungen	139.493.571,29	149.360.800	138.727.300	134.305.600	134.401.500	134.518.800
54	16.	- Sonstige ordentliche Aufwendungen	113.708.408,93	81.923.400	86.205.100	86.573.900	86.938.600	87.220.900
	17.	= Ordentliche Aufwendungen	293.373.574,24	272.463.600	275.573.000	270.523.707	270.659.182	270.963.542
	18.	= Ergebnis der laufenden Verwaltungstätigkeit (10. + 17.)	4.234.196,11	-40.254.700	-15.729.700	-14.376.307	-14.180.782	-14.115.742
46	19.	+ Finanzerträge	3.925.698,90	2.920.200	3.212.400	3.640.100	3.990.600	2.851.700
55	20.	- Zinsen und sonstige Finanzaufwendungen	3.431.415,50	3.268.100	4.758.100	5.308.100	5.823.100	6.104.100
	21.	= Finanzergebnis	494.283,40	-347.900	-1.545.700	-1.668.000	-1.832.500	-3.252.400
	22.	= Ordentliches Ergebnis (18. + 21.)	4.728.479,51	-40.602.600	-17.275.400	-16.044.307	-16.013.282	-17.368.142

		Ertrags- und Aufwandsarten	Ergebnis 2005 €	Ansatz 2006 €	Ansatz 2007 €	Planung 2008 €	Planung 2009 €	Planung 2010 €
			1	2	3	4	5	6
49	23.	+ Außerordentliche Erträge	3.500,00	0	0	0	0	0
55	24.	- Außerordentliche Aufwendungen	0,00	0	1.500	1.500	1.500	1.500
	25.	= Außerordentliches Ergebnis	3.500,00	0	-1.500	-1.500	-1.500	-1.500
	26.	= Jahresergebnis (22. + 25.)	4.731.979,51	-40.602.600	-17.276.900	-16.045.807	-16.014.782	-17.369.642
48	27.	Erträge aus internen Leistungsbeziehungen	4.572.184,78	5.079.700	5.111.200	5.111.200	5.111.200	5.111.200
58	28.	- Aufwendungen aus internen Leistungsbeziehungen	4.572.184,78	5.079.700	5.111.200	5.111.200	5.111.200	5.111.200
		= Ergebnis aus internen Leistungsbeziehungen	0,00	0	5.111.200	0	0	0

---

[172] Landkreis Pinnberg (2007) Teil 3, S. 1 f. (PDF).

Gliederung des Finanzplans

Auch die Gliederungsvorschriften zum Finanzplan gemäß § 3 GemHVO-Doppik-SH machen wir anhand des Gesamtfinanzplans des Landkreises Pinneberg deutlich:[173]

Finanzplan

		Einzahlungs- und Auszahlungsarten	Ergebnis 2005 €	Ansatz 2006 €	Ansatz 2007 €	VE 2007 €	Planung 2008 €	Planung 2009 €	Planung 2010 €
			1	2	3	4	5	6	7
60	1.	Steuern und ähnliche Abgaben	16.877.413,51	500.000	500.000	0	500.000	500.000	500.000
61	2.	+ Zuwendungen und allgemeine Umlagen	122.460.705,13	111.002.400	144.427.400	0	141.554.300	141.857.500	142.214.100
62	3.	+ Sonstige Transfereinzahlungen	55.371.621,37	10.254.600	11.431.100	0	10.841.100	10.841.100	10.841.100
63	4.	+ Öffentlich-rechtliche Leistungsentgelte	29.757.923,22	30.904.700	30.906.200	0	30.887.200	30.877.200	30.887.200
641 642 646	5.	+ Privatrechtliche Leistungsentgelte	364.571,22	362.900	350.400	0	350.400	350.400	350.400
648	6.	+ Kostenerstattungen und Kostenumlagen	71.498.885,48	77.179.200	71.004.100	0	70.882.700	70.918.800	70.929.800
65	7.	+ Sonstige Einzahlungen	1.068.618,61	22.111.700	1.110.200	0	1.106.600	1.103.300	1.100.100
66	8.	+ Zinsen und sonstige Finanzeinzahlungen	3.959.075,01	4.462.400	3.863.000	0	4.637.100	4.800.500	3.358.300
	9.	= Einzahlungen aus laufender Verwaltungstätigkeit	301.358.813,55	256.777.900	263.592.400	0	260.759.400	261.248.800	260.181.000
70	10.	- Personalauszahlungen	33.827.233,91	32.936.500	32.628.500	0	32.646.900	32.661.000	32.679.300
71	11.	- Versorgungsauszahlungen	306.135,00	316.400	327.900	0	327.900	327.900	327.900
72	12.	- Auszahlungen für Sach- und Dienstleistungen	5.887.630,70	7.844.400	7.525.800	0	7.360.400	7.049.100	7.088.800
75	13.	- Zinsen und sonstige Finanzauszahlungen	2.770.109,79	3.318.100	4.783.100	0	5.308.100	5.823.100	6.104.100
73	14.	- Transferauszahlungen	139.051.335,24	150.377.900	132.891.700	0	128.352.800	128.437.500	128.549.800
74	15.	- Sonstige Auszahlungen	113.907.700,39	81.914.400	86.195.500	0	86.564.300	86.929.000	87.211.300
	16.	= Auszahlungen aus laufender Verwaltungstätigkeit	295.750.145,03	276.707.700	264.352.500	0	260.560.400	261.227.600	261.961.200
	17.	= **Saldo aus laufender Verwaltungstätigkeit (9. - 16.)**	**5.608.668,52**	**-19.929.800**	**-760.100**	**0**	**199.000**	**21.200**	**-1.780.200**
681	18.	+ Einzahlungen aus Zuweisungen und Zuschüssen für Investitionen und Investitionsförderungsmaßnahmen	2.506.616,00	3.170.000	4.993.200	0	5.645.600	8.904.100	6.804.100
682	19.	+ Einzahlungen aus der Veräußerung von Grundstücken und Gebäuden	154.402,71	5.400	490.500	0	500	500	500
683	20.	+ Einzahlungen aus der Veräußerung von beweglichem Anlagevermögen	23.250,00	534.800	4.200	0	1.200	6.200	1.200
684	21.	+ Einzahlungen aus der Veräußerung von Finanzanlagen	0,00	0	10.000	0	10.000	10.000	10.000
685	22.	+ Einzahlungen aus der Abwicklung von Baumaßnahmen	0,00	0	0	0	0	0	0
686	23.	+ Einzahlungen aus Rückflüssen (für Investitionen und Investitionsförderungsmaßnahmen Dritter)	0,00	0	0	0	0	0	0
688	24.	+ Einzahlungen aus Beiträgen u.ä. Entgelten	0,00	0	0	0	0	0	0
	25.	+ sonstige Investitionseinzahlungen	0,00	0	0	0	0	0	0

---

[173] Landkreis Pinnberg (2007) Teil 3, S. 3 f. (PDF).

Landkreis Pinneberg 423

		Einzahlungs- und Auszahlungsarten	Ergebnis 2005 €	Ansatz 2006 €	Ansatz 2007 €	VE 2007 €	Planung 2008 €	Planung 2009 €	Planung 2010 €
			1	2	3	4	5	6	7
	26.	= Einzahlungen aus Investitionstätigkeit	2.684.268,71	3.710.200	5.497.900	0	5.657.300	8.920.800	6.815.800
781	27.	- Auszahlungen von Zuweisungen und Zuschüssen für Investitionen und Investitionsförderungsmaßnahmen	5.466.075,14	7.374.700	7.754.100	678.000	7.793.200	7.711.100	4.897.800
782	28.	- Auszahlungen für den Erwerb von Grundstücken und Gebäuden	0,00	68.800	100.000	0	300.000	100.000	100.000
783	29.	- Auszahlungen für den Erwerb von beweglichem Anlagevermögen	0,00	3.618.400	2.706.700	0	2.467.100	2.308.300	1.853.600
784	30.	- Auszahlungen für den Erwerb von Finanzanlagen	0,00	0	5.000	0	5.000	5.000	5.000
785	31.	- Auszahlungen für Baumaßnahmen	0,00	3.154.200	6.109.400	4.333.500	7.913.300	9.170.700	5.986.700
786	32.	- Auszahlungen für die Gewährung von Ausleihungen (für Investitionen und Investitionsförderungsmaßnahmen Dritter)	0,00	0	0	0	0	0	0
	33.	- Sonstige Investitionsauszahlungen	0,00	0	0	0	0	0	0
	34.	= Auszahlungen aus Investitionstätigkeit	5.466.075,14	14.216.100	16.675.200	5.011.500	18.478.600	19.295.100	12.843.100
	35.	= Saldo aus Investitionstätigkeit (25. - 33.)	-2.781.806,43	-10.505.900	-11.177.300	-5.011.500	-12.821.300	-10.374.300	-6.027.300
	36.	= Finanzmittelüberschuß/-fehlbetrag (17. + 34.)	2.826.862,09	-30.435.700	-11.937.400	-5.011.500	-12.622.300	-10.353.100	-7.807.500
692	37.	+ Aufnahme von Krediten für Investitionen und Investitionsförderungsmaßnahmen	0,00	17.100.200	22.177.300	0	23.821.300	21.374.300	17.027.300
	38.	+ Einzahlungen aus Rückflüssen von Darlehen aus der Anlage liquider Mittel	0,00	0	0	0	0	0	0
792	39.	- Tilgung von Krediten für Investitionen und Investitionsförderungsmaßnahmen	0,00	30.743.200	15.280.900	0	14.209.900	14.259.900	14.309.900
	40.	- Auszahlungen aus der Gewährung von Darlehen zur Anlage liquider Mittel	0,00	0	0	0	0	0	0
	41.	= Saldo aus Finanzierungstätigkeit	0,00	-13.643.000	6.896.400	0	9.611.400	7.114.400	2.717.400
	42.	= Änderung des Bestandes an eigenen Finanzmitteln (36. + 41.)	2.826.862,09	-44.078.700	-5.041.000	-5.011.500	-3.010.900	-3.238.700	-5.090.100
	43.	+ Anfangsbestand an Finanzmitteln	0,00	0	0	0	0	0	0
	44.	= liquide Mittel (42. + 43.)	2.826.862,09	-44.078.700	-5.041.000	-5.011.500	-3.010.900	-3.238.700	-5.090.100

Nachrichtlich (in den oberen Zahlen **nicht** enthalten)

Außerordentliche Auszahlungen (Konto 791100)	0	0	1.500	0	1.500	1.500	1.500

Nachrichtlich: an das Land abzuführender Beitrag nach § 21 Abs. 2 des Gesetzes zur Ausführung des Krankenhausfinanzierungsgesetzes (AG-KHG) und Tilgung von Krediten für Investitionen und Investitionsförderungsmaßnahmen		Ergebnis 2005 €	Ansatz 2006 €	Ansatz 2007 €	Planung 2008 €	Planung 2009 €	Planung 2010 €
7311..	abzuführender Beitrag nach § 21 Abs. 2 AG-KHG	2.506.616	2.718.000	2.896.000	2.896.000	2.896.000	2.896.000
792..4	Umschuldung	-	11.554.000	11.000.000	11.000.000	11.000.000	11.000.000
792..5	Ordentliche Tilgung	3.871.000	19.139.200	4.280.900	3.209.900	3.259.900	3.309.900
792..6	Außerordentliche Tilgung	0	0	0	0	0	0

Teilhaushalte

Die Teilhaushalte, bestehend aus einem Teilergebnis- und einem Teilfinanzplan, sind gemäß § 4 GemHVO-Doppik-SH nach Produktgruppen und Unterproduktgruppen zu gliedern. Grundsätzlich lässt die Landesverordnung eine **Wahlfreiheit zwischen einer produktbezogenen und einer organisationsbezogenen Gliederung** der Teilpläne zu. Erfolgt die Bildung der Teilhaushalte nach dem von Innenministerium dargelegten Produktrahmen, müssen die Teilpläne in einer vorgegebenen

Reihenfolge abgebildet werden. Im Fall einer Gliederung nach Organisationsbereichen sind jeweils die Teilpläne, die von einer Organisationseinheit bewirtschaftet werden, nacheinander im Haushaltsplan aufzuführen. Allgemein gilt dabei, dass den Teilplänen jeweils in einer Übersicht die Summen der Erträge und der Aufwendungen und die Summen der Einzahlungen und Auszahlungen für Investitionen und Investitionsförderungsmaßnahmen für den Produktbereich voranzustellen sind.

Im Teilfinanzplan sind als einzelne Positionen die Einzahlungen und Auszahlungen für Investitionen und Investitionsförderungsmaßnahmen entsprechend § 3 Abs. 1 Nr. 15 bis 29 GemHVO-Doppik-SH sowie die Summe der Einzahlungen, die Summe der Auszahlungen und der Saldo daraus auszuweisen. Als Einzelmaßnahmen sind jeweils die erheblichen Investitionen und Investitionsförderungsmaßnahmen auszuweisen. Dazu sind zusätzlich zu den maßnahmebezogenen Beträgen die Investitionssumme und die bisher bereitgestellten Haushaltsmittel sowie die Verpflichtungsermächtigungen für die Folgejahre anzugeben.

Die zur Ausführung des Haushaltsplans getroffenen Bewirtschaftungsregelungen sind in den Teilplänen oder in der Haushaltssatzung auszuweisen.

Eine Position im Teilergebnisplan oder im Teilfinanzplan, die keinen Betrag ausweist, kann entfallen, es sei denn, im Vorjahr oder im Vorvorjahr wurde unter dieser Position ein Betrag ausgewiesen oder in der mittelfristigen Ergebnis- und Finanzplanung soll unter dieser Position ein Betrag ausgewiesen werden.

Die aus den Teilplänen abgeleiteten wesentlichen Ziele sollen beschrieben werden.

14.3 Praxis der bislang vorliegenden doppischen Haushalte in Schleswig-Holstein

14.3.1 Landkreis Pinneberg (2007)

Die Verwaltung des Landkreises Pinneberg (299.000 Einwohner) hat 2007 ihren ersten doppischen Haushalt auf 765 Seiten vorgelegt. Dieser gliedert sich folgendermaßen:

- Haushaltssatzung
- Vorbericht
- Allgemeine Hinweise zum Produkthaushaltsplan
- Grundsätze und Regelungen
- Übersichten zum Produkthaushaltsplan
- Gesamtpläne
- Darstellung der 12 Budgets (gebildet nach §20 GemHVO-Doppik-SH)
- Stellenplan
- Anlagen zum Haushaltsplan.

Die Kreisverwaltung hat die Erträge und Aufwendungen der Teilergebnispläne bzw. die Ein- und Auszahlungen der Teilfinanzpläne Budgets zugeordnet und den Haushalt dementsprechend nach Budgets gegliedert. Diesen Budgets sind dann jeweils Produktgruppen, Unterproduktgruppen sowie Produkte (insgesamt 135) zugeordnet.

In einer Übersicht stellt die Kreisverwaltung ihren produktorientierten Budgethaushalt nach der Gliederung des einheitlichen Produktrahmens dar. Dies soll der Vergleichbarkeit zwischen verschiedenen Verwaltungen dienen. Wir drucken im Folgenden einen Ausschnitt der Gliederung zur Darstellung des Produktbereichs „Schule und Kultur" ab:[174]

---
[174] Landkreis Pinneberg (2007) Teil 1, S. 64 f. (PDF).

Landkreis Pinneberg

Produkt-bereich	Produkt-gruppe	Bezeichnung der Aufgabenbereiche	Produktun-tergruppe	Bezeichnung	Bud-get	UA (alt)
2		Schule und Kultur				
	21-24	Schulträgeraufgaben			11	
	21	Schulträgeraufgaben			11	
		211	Grundschulen	21100	11	211
		212	Hauptschulen	21200	11	213
		213	Kombinierte Grund- und Hauptschulen	21300	11	215
		214	Schulformunabhängige Orientierungsstufe	21400	11	216
		215	Realschulen	21500	11	221
		216	Kombinierte Haupt- und Realschulen	21600	11	225
		217	Gymnasien, Kollegs			11	23
				21710	Ludwig-Meyn-Schule	11	
				21720	W-B-Gymnasium	11	
				21730	Förderung anderer Gymnasien	11	
		218	Gesamtschulen			11	28
	22		Sonderschulen				
		221	Sonderschulen			11	27
				22110	Heidewegschule	11	
				22120	Raboisenschule	11	
				22130	Sonderschulen anderer Träger	11	
	23		Berufsschulen				
		231	Berufsfach- und Fachschulen			11	245
				23110	BS Pinneberg	11	
				23120	BS Elmshorn	11	
		232	Fachgymnasien und Fachoberschulen				
				23210	BS Pinneberg	11	246
				23220	BS Elmshorn	11	246
		233	Berufsschulen und Berufsaufbauschulen				
				23310	BS Pinneberg	11	244
				23320	BS Elmshorn	11	244
				23330	Berufliche Schulen anderer Träger	11	244
		234	Sonstige berufliche Schulen	23400	Sonstige berufliche Schulen	11	
	24		Schülerbeförderung				
		241	Schülerbeförderung	23400		11	290
		242	Fördermaßnahmen für Schüler				
				24210	Ausbildungsförderung	11	205
				24220	Fördermaßnahmen für Schüler	11	293
		243	Sonstige schulische Aufgaben; darin enthalten auch schulpsychologischer Dienst				295
				24310	Bildstelle	11	2951
				24320	Pinnebergheim (ehemalige KoRe)	12	301
				24330	Schulpsychologischer Dienst	11	2952
				24390	Sonstige nicht aufgliederbare schulartenübergreifende Maßnahmen	11	200
	25-29	Kultur und Wissenschaft				
	25		Wissenschaft, Museen, Zoologische und botanische Gärten				
		251	Wissenschaft und Forschung	25100		11	31
		252	Nichtwissenschaftliche Museen, Sammlungen	25200		11	321
				25210	Kreisarchiv	2	
				25220	Landdrostei Pinneberg	11	
		253	Zoologische und Botanische Gärten	25300	Arboretum	11	323, 59
	26		Theater, Musikpflege, Musikschulen				
		261	Theater	26100		11	331
		262	Musikpflege	26200		11	332
		263	Musikschulen	26300		11	333
	27		Volkshochschulen				
		271	Volkshochschulen	27100		11	350
		272	Büchereien	27200		11	352
		273	Sonstige Volksbildung	27300		11	355
	28		Heimat- und sonstige Kulturpflege				
		281	Heimat- und sonstige Kulturpflege	28100		11	34
	29		Kirchen				

Wie sich aus der Übersicht erkennen lässt, wird im Landkreis Pinneberg nach den einzelnen Schulen differenziert. Als Beispiel zeigen wir die Budgetinformationen für das „Wolfgang-Borchert-Gymnasium":[175]

Budgetinformationen

Übergeordnetes Budget	3100 Fachdienst 31 -Schule, Kultur und Sport-
Budget / Teilbudget	**3113 Wolfgang-Borchert-Gymnasium**
Produktbereiche/ -gruppen	21
Zugehörige Produkte	21720

Aufgabe

Aufgabenbeschreibung	Als Schulträger Planung, Errichtung, Ausstattung, Unterhaltung und Bewirtschaftung von Schulgebäuden und -anlagen, Bereitstellung des Sachbedarfs für den Schulbetrieb, Stellen des Verwaltungs- und Hilfspersonals
Auftragsgrundlage	§§ 52, 53, 54 und 57 Schulgesetz
Ziele	Die Voraussetzungen schaffen, damit die Schulpflicht erfüllt werden kann.
Verantwortlich	Herr Kohn, Herr Schneegaß
Zielgruppe	Schüler/-innen
Beteiligte Stellen	Referat II
Zuständiger Ausschuss	Ausschuss für Schule, Kultur und Sport
Bemerkungen	1. Aufschlüsselung von Abweichungen: 2. Risikoanalyse und Folgen für die folgenden Jahre: 3. Bemerkungen und neue Zielvorgaben:
Weitere Erläuterungen	

Teilergebnisplan

		Ertrags- und Aufwandsarten	Ergebnis 2005 €	Ansatz 2006 €	Ansatz 2007 €	Planung 2008 €	Planung 2009 €	Planung 2010 €
1	2	3	4	5	6	7	8	9
41	2.	+ Zuwendungen und allgemeine Umlagen	2.842,50	0	0	0	0	0
43	4.	+ Öffentlich-rechtliche Leistungsentgelte	37.121,91	27.000	35.000	35.000	35.000	35.000
446, 44	5.	+ Privatrechtliche Leistungsentgelte	1.992,02	4.700	4.700	4.700	4.700	4.700
448	6.	+ Kostenerstattungen und Kostenumlagen	548.631,06	529.100	513.200	513.200	513.200	513.200
45	7.	+ Sonstige ordentliche Erträge	400,63	100	300	300	300	300
	10.	= Ordentliche Erträge	590.988,12	560.900	553.200	553.200	553.200	553.200
50	11.	- Personalaufwendungen *	105.508,35	87.200	76.900	76.900	76.900	76.900
52	13.	- Aufwendungen für Sach- und Dienstleistungen	380.821,33	376.000	379.400	379.400	379.400	379.400
57	14.	- bilanzielle Abschreibungen *	0,00	0	347.700	358.700	358.800	358.800
54	16.	- Sonstige ordentliche Aufwendungen	47.034,97	52.200	59.400	59.400	59.400	59.400
	18.	= Ordentliche Aufwendungen	533.364,65	515.400	863.400	874.400	874.500	874.500
	19.	= Ergebnis der laufenden Verwaltungstätigkeit (10. + 18.)	57.623,47	45.500	-310.200	-321.200	-321.300	-321.300
	23.	= Ordentliches Ergebnis (19.+ 22.)	57.623,47	45.500	-310.200	-321.200	-321.300	-321.300
	27.	= Ergebnis vor Berücksichtigung der internen Leistungsbeziehung (23. + 26.)	57.623,47	45.500	-310.200	-321.200	-321.300	-321.300
58	29.	- Aufwendungen aus internen Leistungsbeziehungen	7.316,85	5.800	5.800	5.800	5.800	5.800

---
[175] Landkreis Pinneberg (2007) Teil 6, S. 55 ff. (PDF).

Landkreis Pinneberg   427

		Ertrags- und Aufwandsarten	Ergebnis 2005 €	Ansatz 2006 €	Ansatz 2007 €	Planung 2008 €	Planung 2009 €	Planung 2010 €
1	2	3	4	5	6	7	8	9
	30.	= Ergebnis (27., 28. und 29.)	50.306,62	39.700	-316.000	-327.000	-327.100	-327.100

Erläuterungen zu 14. - bilanzielle Abschreibungen *

21720 573100 Abschreibungen auf das Umlaufvermögen
Die Abschreibungen werden flächendeckend erstmals ab 2007 ausgewiesen.

Weitere Erläuterungen zum Teil- /Ergebnisplan:

Teilfinanzplan

		Einzahlungs- und Auszahlungsarten	Ergebnis 2005 €	Ansatz 2006 €	Ansatz 2007 €	VE 2007 €	Planung 2008 €	Planung 2009 €	Planung 2010 €
1	2	3	4	5	6	7	8	9	10
61	2.	+ Zuwendungen und allgemeine Umlagen	2.741,52	0	0	0	0	0	0
63	4.	+ öffentlich-rechtliche Leistungsentgelte	36.907,16	27.000	35.000	0	35.000	35.000	35.000
64,6 46	5.	+ privatrechtliche Leistungsentgelte	1.992,02	4.700	4.700	0	4.700	4.700	4.700
648	6.	+ Kostenerstattungen und Kostenumlagen	548.631,06	529.100	513.200	0	513.200	513.200	513.200
65	7.	+ sonstige Einzahlungen	454,63	100	300	0	300	300	300
	9.	= Einzahlungen aus laufender Verwaltungstätigkeit	590.726,39	560.900	553.200	0	553.200	553.200	553.200
70	10.	- Personalauszahlungen	105.508,35	87.200	76.900	0	76.900	76.900	76.900
72	12.	- Auszahlungen für Sach- und Dienstleistungen	374.801,65	376.000	379.400	0	379.400	379.400	379.400
74	15.	- sonstige Auszahlungen	47.034,97	52.200	59.400	0	59.400	59.400	59.400
	16.	= Auszahlungen aus laufender Verwaltungstätigkeit	527.344,97	515.400	515.700	0	515.700	515.700	515.700
	17.	= Saldo aus laufender Verwaltungstätigkeit	63.381,42	45.500	37.500	0	37.500	37.500	37.500
783	29.	+ Auszahlungen für den Erwerb von beweglichem Anlagevermögen	0,00	15.000	17.000	0	17.000	15.200	17.000
785	31.	+ Auszahlungen für Baumaßnahmen *	0,00	634.000	643.000	0	0	0	0
	34.	= Summe der investiven Auszahlungen	0,00	649.000	660.000	0	17.000	15.200	17.000
	35.	= Saldo der Investitionstätigkeit (26. und 34.)	0,00	-649.000	-660.000	0	-17.000	-15.200	-17.000

Erläuterungen zu 31. + Auszahlungen für Baumaßnahmen

21720 785103 Sanierung Kleinspielfeld WBG
Sperrvermerk: Freigabe durch den Fachausschuss

Weitere Erläuterungen zum Teil- /Finanzplan:

Übersicht der Investitionsmaßnahmen

Investitionsmaßnahme	Ergebnis 2005 €	Ansatz 2006 €	Ansatz 2007 €	VE 2007 €	Planung 2008 €	Planung 2009 €	Planung 2010 €	Bisher bereit gestellt 2007 €	Gesamt Inv. 2007 €
	1	2	3	4	5	6	7	8	9
Investitionen oberhalb der festgesetzten Wertgrenze									
31130001 Brandschutzmaßnahmen WBG									
+ Einzahlungen aus Investitionszuwendungen	0,00	0	0	0	0	0	0	0	0
- Auszahlungen für den Erwerb von Grundstücken und Gebäuden	0,00	0	100.000	0	0	0	0	0	100.000
= Saldo (Brandschutzmaßnahmen WBG)	0,00	0	-100.000	0	0	0	0	0	-100.000
31130002 Grundsanierung Sporthalle WBG									
+ Einzahlungen aus Investitionszuwendungen	0,00	0	0	0	0	0	0	0	0
- Auszahlungen für den Erwerb von Grundstücken und Gebäuden	0,00	0	483.000	0	0	0	0	0	483.000
= Saldo (Grundsanierung Sporthalle WBG)	0,00	0	-483.000	0	0	0	0	0	-483.000
31130003 Sanierung Kleinspielfeld WBG									
+ Einzahlungen aus Investitionszuwendungen	0,00	0	0	0	0	0	0	0	0
- Auszahlungen für den Erwerb von Grundstücken und Gebäuden	0,00	0	60.000	0	0	0	0	0	60.000
= Saldo (Sanierung Kleinspielfeld WBG)	0,00	0	-60.000	0	0	0	0	0	-60.000

Weitere Erläuterungen zu den Investitionen:

Summen der Ansätze nach Disponibilität / Beeinflussbarkeit

		Ergebnisplan Ansatz	in %	Finanzplan Ansatz	in %
pflicht	Erträge	548.500	99,15	548.500	99,15
	Aufwendungen	345.700	39,77	15.000	1,28
		202.800	-64,18	533.500	-85,70
Prozess	Erträge	0	0,00	0	0,00
	Aufwendungen	503.100	57,88	497.000	42,27
		-503.100	159,21	-497.000	79,84
pflicht mit Ermessen	Erträge	0	0,00	0	0,00
	Aufwendungen	18.000	2,07	18.000	1,53

Summen der Ansätze nach Disponibilität / Beeinflussbarkeit

		Ergebnisplan Ansatz	in %	Finanzplan Ansatz	in %
pflichtige SV		-18.000	5,70	-18.000	2,89
	Erträge	0	0,00	0	0,00
	Aufwendungen	0	0,00	643.000	54,69
		0	0,00	-643.000	103,29
freiwillig m.V.	Erträge	4.700	0,85	4.700	0,85
	Aufwendungen	0	0,00	0	0,00
		4.700	-1,49	4.700	-0,76
freiwillig m.R.	Erträge	0	0,00	0	0,00
	Aufwendungen	0	0,00	300	0,03
		0	0,00	-300	0,05
freiwillig	Erträge	0	0,00	0	0,00
	Aufwendungen	2.400	0,28	2.400	0,20
		-2.400	0,76	-2.400	0,39

Umfassende Ressourcenverantwortung

	Ergebnisplan Ansatz	in %	Finanzplan Ansatz	in %
Erträge	553.200	100,00	553.200	100,00
Aufwendungen	869.200	100,00	1.175.700	100,00
	-316.000	100,00	-622.500	100,00

Übersicht der Produkte aus der Kosten- und Leistungsrechnung

Produkt	Bezeichnung	Art	Planwert der KLR	Abgrenzung (zeitlich)	Haushaltswirksam im Jahr 2007	Art
				Beträge in EUR		
Gesamtergebnis		Erlöse	553.200		1.106.400	Erträge
		Direkte Kosten	523.500		2.044.900	Aufwendungen
		Umlagen	6.580			
		Ergebnis	23.120		-938.500	Zuschuss
Sonstige Abgrenzung (sachlich)		Erlöse			553.200	Erträge
		Direkte Kosten			1.521.400	Aufwendungen
		Umlagen				
		Ergebnis			-968.200	Zuschuss
Gesamtergebnis der Produkte		Erlöse	553.200	0	553.200	Erträge
		Direkte Kosten	523.500	0	523.500	Aufwendungen
		Umlagen	6.580			
		Ergebnis	23.120	0	29.700	Zuschuss
3102010103	Wolfgang-Borchert-Gymnasium	Erlöse	553.200	0	553.200	Erträge
		Direkte Kosten	523.500	0	523.500	Aufwendungen
		Umlagen	6.580			
		Ergebnis	23.120		29.700	Zuschuss

Produktbeschreibungen zugehöriger Produkte

Produkt	3102010103	Wolfgang-Borchert-Gymnasium

Produktbeschreibung
Aufgaben als Schulträger:
Planung, Errichtung, Ausstattung, Unterhaltung u. Bewirtschaftung von Schulgebäuden und -anlagen.
Bereitstellung des Sachbedarfs für den Schulbetrieb sowie Stellen des Verwaltungs- u. Hilfspersonals.

Auftragsgrundlage
§§ 52, 53, 54 und 57 Schulgesetz
Dieses Produkt beinhaltet freiwillige Leistungen.

Globalziel
Die Voraussetzungen schaffen, damit die Schulpflicht erfüllt werden kann.

Operationale Ziele
Für die Ausgaben des Verwaltungs- und Vermögenshaushaltes (einschl. Schülerbeförderungskosten ohne bauliche Investitionen und ILV mit FD Innerer Service) der Schule werden Haushaltsmittel in Höhe der Einnahmen (Schulkostenbeiträge der Wohnsitzgemeinden, Erstattungen usw.) bereitgestellt (Kostendeckungsprinzip).
Der Schulkostenbeitrag ist ein Richtwert, der nach den laufenden Kosten (§ 53 Abs. 1 Schulgesetz) einer Schule im Landesdurchschnitt für eine Schülerin und einen Schüler der jeweiligen Schulart berechnet wird. Die Höhe wird jährlich vom Ministerium für Bildung, Wissenschaft, Forschung und Kultur festgesetzt.

Zielgruppen
Schüler/innen

Stellenplan

0.20000.0002.1	Amtsrat	A12 41,00	0,10 Stelle
0.20000.0008.1	Sachbearbeiter	9 38,50	0,25 Stelle
1.23100.0001.1	Hausmeister	6 38,50	1,00 Stelle
1.23100.0002.1	Schulsekretärin	6 23,00	0,60 Stelle
1.23100.0003.1	Schulsekretärin	6 20,00	0,52 Stelle
Vollzeitstellen:		2,47 Stelle	

Kosten- und Leistungsrechnung

Erlös- bzw. Kostenarten	Ergebnis 2005	Ergebnis 2006	Plan-Werte 2007
Erlöse aus Verwaltung und Betrieb	39.514,56	34.226,62	40.000,00
Erstattungen	554.294,68	532.875,52	513.200,00
Summe Einnahmen	593.809,24	567.102,14	553.200,00
Summe Erlöse	593.809,24	567.102,14	553.200,00
Personalkosten	147.624,94	152.882,71	77.000,00
Sachkosten	422.049,65	428.111,64	440.700,00
Interne Kosten (ILV)	7.316,85	6.155,64	5.800,00
Programmkosten	0,00	0,00	0,00
Summe Kosten	576.991,44	587.149,99	523.500,00
Zuschuss bzw. Überschuss	16.817,80	-20.047,85	29.700,00
in %	102,91	96,59	105,67
Belastung vom eigenen Fachdienst	0,00	0,00	0,00
Deckungsbeitrag I	16.817,80	-20.047,85	29.700,00
in %	102,91	96,59	105,67
Belastung vom eigenen Fachbereich	0,00	0,00	0,00
Deckungsbeitrag II	16.817,80	-20.047,85	29.700,00
in %	102,91	96,59	105,67
Deckungsbeitrag III	16.817,80	-20.047,85	29.700,00
in %	102,91	96,59	105,67
Summe Ausgabe	576.991,44	587.149,99	523.500,00

		16.817,80	-20.047,85	29.700,00
Zuschuss				
Quote		100,00	96,59	100,00
Leistungsumfang		Ergebnis 2005	Ergebnis 2006	Soll-Werte 2007
Schülerinnen/Schüler		776,00	0,00	818,00
Daten zur Zielerreichung		Ergebnis 2005	Ergebnis 2006	Soll-Werte 2007
Einnahmen		589.300,00	0,00	553.200,00
Ausgaben		589.300,00	0,00	553.200,00
Deckungsgrad		100,00	0,00	100,00

Bemerkungen:
Budgetberechnung für 2007 (siehe operationales Ziel):

Einnahmen: 553.200,- €
=========

Ausgaben : 524.100,- € Planansatz Verwaltungshaushalt
+ 15.000,- € bewegliches Vermögen Verm. HH
+ 45.000,- € bereinigte Schülerbeförderungskosten
- 5.800,- € ILV mit dem Referat II - Innerer Service
- 25.100,- € Einnahmeausfall für 38 Hamburger Schüler, die das WBG besuchen (Gastschulabkommen mit Hamburg)

553.200,- €
=========

Schulkostenbeitrag 2007: 658,- €

Obwohl es sich erst um den ersten doppischen Haushalt handelt, ist positiv anzumerken, dass bereits aussagefähige Ziele sowie Mengen und weiterführende Kennzahlen („Daten zur Zielerreichung") vorhanden sind.

14.3.2 Gemeinde Altenholz (2007)

Der Haushaltsplan der Gemeinde Altenholz (9.900 Einwohner) umfasst insgesamt lediglich 188 Seiten und enthält die folgenden Teile:

- Haushaltssatzung
- Vorbericht
- Gesamtergebnisplan
- Gesamtfinanzplan
- Teilergebnispläne und Teilfinanzpläne für fünf Ausschüsse
- Teilergebnispläne und Teilfinanzpläne nach Produktbereichen
- Teilergebnispläne und Teilfinanzpläne nach Produktgruppen und Produktuntergruppen
- Stellenplan

Zu den fünf Ausschüssen (Hauptausschuss; Finanz- und Wirtschaftsausschuss; Ausschuss für Soziales, Schule, Kultur, Sport und Jugend; Bau- und Verkehrsausschuss; Ausschuss für Umwelt und öffentliche Einrichtungen) werden jeweils Produktgruppen/Unterproduktgruppen unter den sechs vom Land Schleswig-Holstein vorgegebenen Produktbereichen zugeordnet. Wie aus der Inhaltsübersicht des Haushalts ersichtlich, werden für alle Ebenen Teilhaushalte abgebildet.

Für einen Teilhaushalt nach Produktbereichen stellen wir als erstes Beispiel den Produktbereich „Kinder-, Jugend- und Familienhilfe" dar:[176]

36 Kinder-, Jugend- und Familienhilfe

1	2		Teilergebnisplan Ertrags- und Aufwandsarten	Ergebnis 2005 EUR	Ansatz 2006 EUR	Ansatz 2007 EUR	Planung 2008 EUR	Planung 2009 EUR	Planung 2010 EUR
			3	4	5	6	7	8	9
41	2	+	Zuwendungen und allgemeine Umlagen	0	0	13.500	13.500	13.500	13.500
43	4	+	öffentlich-rechtliche Leistungsentgelte	0	0	5.000	5.000	5.000	5.000
441 442 446	5	+	privatrechtliche Leistungsentgelte	0	0	5.800	5.800	5.800	5.800
448	6	+	Kostenerstattungen und Kostenumlagen	0	0	300	300	300	300
	10	=	ordentliche Erträge	0	0	24.600	24.600	24.600	24.600
50	11	-	Personalaufwendungen	0	0	163.044-	164.257-	164.952-	165.767-
52	13	-	Aufwendungen für Sach- u. Dienstleistungen	0	0	31.800-	31.900-	32.100-	32.100-
57	14	-	bilanzielle Abschreibungen	0	0	11.397-	10.930-	10.930-	10.930-
53	15	-	Transferaufwendungen	0	0	634.600-	637.800-	640.900-	644.100-
54	16	-	sonstige ordentliche Aufwendungen	0	0	8.200-	8.300-	8.300-	8.400-
	18	=	ordentliche Aufwendungen (=Zeilen 11 bis 16)	0	0	849.041-	853.187-	857.182-	861.297-
	19	=	Ergebnis der laufenden Verwaltungstätigkeit (=Zeilen 10 / 18)	0	0	824.441-	828.587-	832.582-	836.697-
	23	=	ordentliches Ergebnis (=Zeilen 19 und 22)	0	0	824.441-	828.587-	832.582-	836.697-
	27	=	Ergebnis vor Berücksichtigung der internen Leistungsbeziehungen (=Zeilen 23 und 26)	0	0	824.441-	828.587-	832.582-	836.697-
	30	=	Ergebnis (=Zeilen 27, 28, 29)	0	0	824.441-	828.587-	832.582-	836.697-

---
[176] Gemeinde Altenholz (2007) S. 56 f. (PDF).

Gemeinde Altenholz

			Teilfinanzplan Ein- und Auszahlungsarten	Ergebnis 2005 EUR	Ansatz 2006 EUR	Ansatz 2007 EUR	Planung 2008 EUR	Planung 2009 EUR	Planung 2010 EUR
1	2		3	4	5	6	7	8	9
61	2	+	Zuwendungen und allgemeine Umlagen	0	0	13.500	13.500	13.500	13.500
63	4	+	öffentlich-rechtliche Leistungsentgelte	0	0	5.000	5.000	5.000	5.000
641 642 646	5	+	privatrechtliche Leistungsentgelte	0	0	5.800	5.800	5.800	5.800
648	6	+	Kostenerstattungen und Kostenumlagen	0	0	300	300	300	300
	9	=	**Einzahlungen aus laufender Verwaltungstätigkeit**	0	0	24.600	24.600	24.600	24.600
70	10	-	Personalauszahlungen	0	0	139.780-	140.900-	141.500-	142.200-
72	12	-	Auszahlungen für Sach- u. Dienstleistungen	0	0	31.800-	31.900-	32.100-	32.100-
73	14	-	Transferauszahlungen	0	0	634.600-	637.800-	640.900-	644.100-
74	15	-	sonstige Auszahlungen	0	0	8.100-	8.200-	8.200-	8.300-
	16	=	**Auszahlungen aus laufender Verwaltungstätigkeit (=Zeilen 10 bis 15)**	0	0	814.280-	818.800-	822.700-	826.700-
	17	=	**Saldo aus laufender Verwaltungstätigkeit (=Zeilen 9 /16)**	0	0	789.680-	794.200-	798.100-	802.100-
783	29	-	Auszahlungen für den Erwerb von beweglichem Anlagevermögen	0	0	800-	500-	500-	500-
	34	=	**Summe der investiven Auszahlungen (=Zeilen 27 bis 33)**	0	0	800-	500-	500-	500-
	35	=	**Saldo der Investitionstätigkeit (= Zeilen 26 / 34)**	0	0	800-	500-	500-	500-

Als zweites Beispiel drucken wir im Folgenden noch einen Teilhaushalt auf der Produktgruppen-Ebene inklusive der Produktbeschreibung für die „Kombinierten Grund- und Hauptschulen" ab:[177]

---

21   **Allgemeinbildende Schulen**
213000   **Kombinierte Grund- und Hauptschulen**

Produktbeschreibung

Diese Produktgruppe beinhaltet die Ausstattung der Claus-Rixen-Schule mit dem für die Lehrtätigkeit erforderlichen Verwaltungs- und Betriebsaufwand. Eine betreute Grundschule sowie eine Nachmittagsbetreuung sind hier angegliedert.

Ziele und Wirkungen

Wirtschaftlicher Betrieb der Schulgebäude.

			Teilergebnisplan Ertrags- und Aufwandsarten	Ergebnis 2005 EUR	Ansatz 2006 EUR	Ansatz 2007 EUR	Planung 2008 EUR	Planung 2009 EUR	Planung 2010 EUR
1	2		3	4	5	6	7	8	9
41	2	+	Zuwendungen und allgemeine Umlagen	0	0	6.200	6.960	7.760	7.760
43	4	+	öffentlich-rechtliche Leistungsentgelte	0	0	83.300	83.300	83.300	83.300
441	5	+	privatrechtliche Leistungsentgelte	0	0	6.100	6.100	6.100	6.100
442									
446									
448	6	+	Kostenerstattungen und Kostenumlagen	0	0	75.900	75.900	75.900	75.900
	10	=	ordentliche Erträge	0	0	171.500	172.260	173.060	173.060
50	11	-	Personalaufwendungen	0	0	302.197-	303.703-	305.174-	306.759-
52	13	-	Aufwendungen für Sach- u. Dienstleistungen	0	0	188.100-	188.960-	189.800-	190.660-
57	14	-	bilanzielle Abschreibungen	0	0	71.954-	76.320-	82.720-	79.920-
53	15	-	Transferaufwendungen	0	0	1.600-	1.600-	1.600-	1.600-
54	16	-	sonstige ordentliche Aufwendungen	0	0	26.737-	26.837-	26.937-	27.037-
	18	=	ordentliche Aufwendungen (=Zeilen 11 bis 16)	0	0	590.588-	597.420-	606.231-	605.976-
	19	=	Ergebnis der laufenden Verwaltungstätigkeit (=Zeilen 10 / 18)	0	0	419.088-	425.160-	433.171-	432.916-
	23	=	ordentliches Ergebnis (=Zeilen 19 und 22)	0	0	419.088-	425.160-	433.171-	432.916-
	27	=	Ergebnis vor Berücksichtigung der internen Leistungsbeziehungen (=Zeilen 23 und 26)	0	0	419.088-	425.160-	433.171-	432.916-
	30	=	Ergebnis (=Zeilen 27, 28, 29)	0	0	419.088-	425.160-	433.171-	432.916-

---

[177] Gemeinde Altenholz (2007) S. 93 ff. (PDF).

Gemeinde Altenholz 435

			Teilfinanzplan Ein- und Auszahlungsarten	Ergebnis 2005 EUR	Ansatz 2006 EUR	Ansatz 2007 EUR	Planung 2008 EUR	Planung 2009 EUR	Planung 2010 EUR
1	2		3	4	5	6	7	8	9
61	2	+	Zuwendungen und allgemeine Umlagen	0	0	6.200	6.200	6.200	6.200
63	4	+	öffentlich-rechtliche Leistungsentgelte	0	0	83.300	83.300	83.300	83.300
641 642 646	5	+	privatrechtliche Leistungsentgelte	0	0	6.100	6.100	6.100	6.100
648	6	+	Kostenerstattungen und Kostenumlagen	0	0	75.900	75.900	75.900	75.900
	9	=	**Einzahlungen aus laufender Verwaltungstätigkeit**	0	0	171.500	171.500	171.500	171.500
70	10	-	Personalauszahlungen	0	0	328.766-	330.500-	332.100-	333.900-
72	12	-	Auszahlungen für Sach- u. Dienstleistungen	0	0	237.300-	238.400-	239.400-	240.500-
73	14	-	Transferauszahlungen	0	0	1.600-	1.600-	1.600-	1.600-
74	15	-	sonstige Auszahlungen	0	0	26.700-	26.800-	26.900-	27.000-
	16	=	**Auszahlungen aus laufender Verwaltungstätigkeit (=Zeilen 10 bis 15)**	0	0	594.366-	597.300-	600.000-	603.000-
	17	=	**Saldo aus laufender Verwaltungstätigkeit (=Zeilen 9 /16)**	0	0	422.866-	425.800-	428.500-	431.500-
681	18	+	Einzahlungen aus Zuweisungen u. Zuschüssen für Investitionen u. -fördermaßnahmen	0	0	75.000	160.000	0	0
	26	=	**Summe der investiven Einzahlungen**	0	0	75.000	160.000	0	0
783	29	-	Auszahlungen für den Erwerb von beweglichem Anlagevermögen	0	0	8.300-	4.000-	7.000-	4.000-
785	31	-	Auszahlungen für Baumaßnahmen	0	0	488.000-	640.000-	0	0
	34	=	**Summe der investiven Auszahlungen (=Zeilen 27 bis 33)**	0	0	496.300-	644.000-	7.000-	4.000-
	35	=	**Saldo der Investitionstätigkeit (= Zeilen 26 / 34)**	0	0	421.300-	484.000-	7.000-	4.000-

			Investitionsmaßnahmen	Ergebnis 2005 in EUR	Ansatz 2006 in EUR	Ansatz 2007 in EUR	VE in EUR	Planung 2008 in EUR	Planung 2009 in EUR	Planung 2010 in EUR
1	2		3	4	5	6	7	8	9	10
			7.300005: Umbau Sportplatz zum Kunstrasenplatz							
681	1	+	Einzahlungen aus Zuweisungen u. Zuschüssen für Investitionen u. -fördermaßnahmen	0	0	75.000	0	0	0	0
	9	=	**Summe der investiven Einzahlungen**	0	0	75.000	0	0	0	0
785	14	-	Auszahlungen für Baumaßnahmen	0	0	480.000-	0	0	0	0
	17	=	**Summe der investiven Auszahlungen (=Zeilen 10 bis 16)**	0	0	480.000-	0	0	0	0
	18	=	**Saldo der Investitionstätigkeit (=Zeilen 9 / 17)**	0	0	405.000-	0	0	0	0
			7.300009: Fenster- und Fassadensanierung Turnh.CRS							
681	1	+	Einzahlungen aus Zuweisungen u.	0	0	0	0	160.000	0	0

			Investitionsmaßnahmen	Ergebnis 2005 in EUR	Ansatz 2006 in EUR	Ansatz 2007 in EUR	VE in EUR	Planung 2008 in EUR	Planung 2009 in EUR	Planung 2010 in EUR
1	2		3	4	5	6	7	8	9	10
			Zuschüssen für Investitionen u. -fördermaßnahmen							
	9	=	Summe der investiven Einzahlungen	0	0	0	0	160.000	0	0
785	14	-	Auszahlungen für Baumaßnahmen	0	0	0	0	640.000-	0	0
	17	=	Summe der investiven Auszahlungen (=Zeilen 10 bis 16)	0	0	0	0	640.000-	0	0
	18	=	Saldo der Investitionstätigkeit (=Zeilen 9 / 17)	0	0	0	0	480.000-	0	0

			unterhalb Wertgrenze:							
783	12	-	Auszahlungen für den Erwerb von beweglichem Anlagevermögen	0	0	8.300-	0	4.000-	7.000-	4.000-
785	14	-	Auszahlungen für Baumaßnahmen	0	0	8.000-	0	0	0	0
	17	=	Summe der investiven Auszahlungen (=Zeilen 10 bis 16)	0	0	16.300-	0	4.000-	7.000-	4.000-
	18	=	Saldo der Investitionstätigkeit (=Zeilen 9 / 17)	0	0	16.300-	0	4.000-	7.000-	4.000-

Für Folgehaushalte empfehlen wir, ausführlichere Ziele sowie mengen- und wirkungsorientierte Kennzahlen aufzunehmen. Als wichtigste Kennzahl über den Personaleinsatz wäre hier die flächendeckende Zuordnung der besetzten Stellen in Vollzeitäquivalenten wünschenswert.

15 Theorie zum Neuen Kommunalen Finanzwesen (NKF) in Thüringen

15.1 Die Situation in Thüringen

Doppik als Finanzwesenoption

Im Freistaat Thüringen ist am 28. November 2008 das Thüringer Gesetz über das Neue Kommunale Finanzwesen (ThürNKFG) in Kraft getreten. Auf dieser Grundlage können thüringische Kommunen frühestens ab dem 1.1.2009 auf Grundlage eines Optionsrechtes nach § 52a Satz 2 der Kommunalordnung (freiwillig) auf das doppische Finanzwesen umsteigen oder – wie in Bayern – die herkömmliche Verwaltungskameralistik bis auf weiteres fortführen.

Die konzeptionellen Vorarbeiten für das Neue Kommunale Finanzwesen (NKF) wurden bis September 2007 in einem Landesprojekt unter Einbindung der kommunalen Spitzenverbände, kommunal besetzter Arbeitsgruppen und eines externen Beratungshauses erarbeitet, **ohne eine parallele Umsetzung in Pilotkommunen vorzusehen**. Der Schlussbericht der Projektbeteiligten mit den vorgesehenen Konzeptfestlegungen steht unter www.thueringen.de/de/nkfthueringen zur Verfügung.

Umsetzungsstand in Thüringen

Vor dem ersten Umstellungstermin (1.1.2009) waren keine doppischen Haushalte verfügbar.

15.2 Wichtigste Vorschriften zur Haushaltsgliederung in Thüringen

Anlagen zum Haushaltsplan

Dem Haushaltsplan sind gemäß § 1 Abs. 2 GemHV-Doppik-TH[178] als Anlagen beizufügen:

- der Vorbericht,
- die Bilanz des letzten Haushaltsjahres, für das ein Jahresabschluss vorliegt,
- der Gesamtabschluss des letzten Haushaltsjahres, für das ein Gesamtabschluss vorliegt, ohne Gesamtanhang und Anlagen,
- eine Übersicht über die aus Verpflichtungsermächtigungen in den einzelnen Haushaltsjahren voraussichtlich fällig werdenden Auszahlungen,
- eine Übersicht über den voraussichtlichen Stand der Verbindlichkeiten aus Investitionskrediten, aus Krediten zur Liquiditätssicherung sowie aus kreditähnlichen Rechtsgeschäften zum Ende des Haushaltsjahres,
- das der Ergebnis- und Finanzplanung zugrunde liegende mittelfristige Investitionsprogramm,
- die Wirtschaftspläne der Sondervermögen, für die Sonderrechnungen geführt werden,
- die Wirtschaftspäne der Tochterorganisationen, an denen die Gemeinde mit beherrschendem Einfluss beteiligt ist,
- eine Übersicht über die Wirtschaftslage und die voraussichtliche Entwicklung der Tochterorganisationen, an denen die Gemeinde nicht mit beherrschendem Einfluss beteiligt ist,
- die Wirtschaftspläne/Haushaltspläne der Zweckverbände, bei denen die Gemeinde Mitglied mit beherrschendem oder maßgeblichem Einfluss ist,
- eine Übersicht über die Teilpläne gemäß § 4 Absatz 5 GemHV-Doppik-TH,
- eine Übersicht über die produktbezogenen Finanzdaten gemäß § 4 Absatz 6 GemHV-Doppik-TH,,
- eine Übersicht über die Beurteilung der dauernden Leistungsfähigkeit der Gemeinde.

Im Ergebnis- und Finanzplan sowie in den Teilergebnis- und Teilfinanzplänen sind gemäß § 1 Absatz 3 GemHV-Doppik-TH die Ergebnisse des Haushaltsvorvorjahres, die Ansätze des Haushaltsvorjahres, die Ansätze des Haushaltsjahres, und die Planungspositionen der folgenden drei Haushaltsjahre gegenüberzustellen (integrierte mittelfristige Finanz- und Ergebnisplanung).

---

[178] Die offizielle Abkürzung lautet: ThürGemHV-Doppik.

Gliederung des Ergebnisplans

Folgendes Formblatt ist vorgesehen:

		\multicolumn{6}{c}{Ergebnisplan}					

lfd. Nr.		Ertrags- und Aufwandsarten (gem. § 2 Abs. 1 ThürGemHV-Doppik)	Ergebnisse des Haushaltsvorvorjahres	Ansätze des Haushaltsvorjahres einschl. Nachträge	Ansatz des Haushaltsjahres	Planungsdaten des Haushaltsfolgejahres	Planungsdaten des zweiten Haushaltsfolgejahres	Planungsdaten des dritten Haushaltsfolgejahres
					in €[1]			
1.		laufende Erträge aus Verwaltungstätigkeit:						
	a)	+ Steuern und ähnliche Abgaben						
	b)	+ Zuwendungen, allgemeine Umlagen und sonstige Transfererträge						
	c)	+ Erträge der sozialen Sicherung						
	d)	+ öffentlich-rechtliche Leistungsentgelte						
	e)	+ privatrechtliche Leistungsentgelte						
	f)	+ Kostenerstattungen und Kostenumlagen						
	g)	± Erhöhung oder Verminderung des Bestands an fertigen und unfertigen Erzeugnissen und Leistungen						
	h)	+ andere aktivierte Eigenleistungen						
	i)	+ sonstige laufende Erträge						
	j)	**Summe der laufenden Erträge aus Verwaltungstätigkeit [Summe der Nummern 1 a) bis 1 i)]**						
2.		laufende Aufwendungen aus Verwaltungstätigkeit:						
	a)	- Personalaufwendungen						
	b)	- Versorgungsaufwendungen						
	c)	- Aufwendungen für Sach- und Dienstleistungen						
	d)	- Abschreibungen auf immaterielle Vermögensgegenstände des Anlagevermögens und auf Sachanlagen sowie auf aktivierte Aufwendungen für die Ingangsetzung und Erweiterung der Verwaltung						
	e)	- Abschreibungen auf Vermögensgegenstände des Umlaufvermögens, soweit diese die üblichen Abschreibungen überschreiten						
	f)	- Zuwendungen, allgemeine Umlagen und sonstige Transferaufwendungen						
	g)	- Aufwendungen der sozialen Sicherung						
	h)	- sonstige laufende Aufwendungen						
	i)	**Summe der laufenden Aufwendungen aus Verwaltungstätigkeit [Summe der Nummern 2 a) - 2 h)]**						
3.		**laufendes Ergebnis aus Verwaltungstätigkeit [Saldo der Nummern 1 j) bis 2 i)]**						
4.		+ Zins- und sonstige Finanzerträge						
5.		- Zins- und sonstige Finanzaufwendungen						
6.		**Finanzergebnis (Saldo der Nummern 4 und 5)**						
7.		**ordentliches Ergebnis (Summe der Nummern 3 und 6)**						
8.		+ außerordentliche Erträge						
9.		- außerordentliche Aufwendungen						
10.		**außerordentliches Ergebnis (Saldo der Nummern 8 und 9)**						
11.		**Jahresergebnis vor Berücksichtigung der Veränderung des Sonderpostens für Belastungen aus dem kommunalen Finanzausgleich und vor der Veränderung der Rücklagen (Summe der Nummern 7 und 10)**						
12.		- Einstellung in den Sonderposten für Belastungen aus dem kommunalen Finanzausgleich						
13.		+ Entnahme aus dem Sonderposten für Belastungen aus dem kommunalen Finanzausgleich						
14.		**Jahresergebnis vor Berücksichtigung der Veränderung der Rücklagen (Saldo der Nummern 11, 12 und 13)**						
15.		- Einstellung in die Kapitalrücklage						
16.		+ Entnahme aus der Kapitalrücklage						
17.		**Jahresergebnis vor Veränderung der zweckgebundenen Ergebnisrücklage (Saldo der Nummern 14, 15, und 16)**						
18.		- Einstellung in die zweckgebundene Ergebnisrücklage						
19.		+ Entnahme aus der zweckgebundenen Ergebnisrücklage						
20.		**Jahresergebnis (Saldo der Nummern 17, 18 und 19)**						

Gliederung des Finanzplans

lfd. Nr.	Einzahlungs- und Auszahlungsarten (gem. § 3 Abs. 1 ThürGemHV-Doppik)	Ergebnisse des Haushaltsvorvorjahres	Ansätze des Haushaltsvorjahres einschl. Nachträge	Ansatz des Haushaltsjahres	Planungsdaten des Haushaltsfolgejahres	Planungsdaten des zweiten Haushaltsfolgejahres	Planungsdaten des dritten Haushaltsfolgejahres
				in €[1]			
1.	laufende Einzahlungen aus Verwaltungstätigkeit						
a)	+ Steuern und ähnliche Abgaben						
b)	+ Zuwendungen, allgemeine Umlagen und sonstige Transfereinzahlungen						
c)	+ Einzahlungen aus Erträgen der sozialen Sicherung						
d)	+ öffentlich-rechtliche Leistungsentgelte						
e)	+ privatrechtliche Leistungsentgelte						
f)	+ Kostenerstattungen und Kostenumlagen						
g)	± Erhöhung oder Verminderung des Bestands an fertigen und unfertigen Erzeugnissen und Leistungen						
h)	+ andere aktivierte Eigenleistungen						
i)	+ sonstige laufende Einzahlungen						
j)	**Summe der laufenden Einzahlungen aus Verwaltungstätigkeit** [Summe der Nummern 1 a) bis 1 j)]						
2.	laufende Auszahlungen aus Verwaltungstätigkeit						
a)	- Personalauszahlungen						
b)	- Versorgungsauszahlungen						
c)	- Auszahlungen für Sach- und Dienstleistungen						
d)	- Zuwendungen, Umlagen und sonstige Transferauszahlungen						
e)	- Auszahlungen für Aufwendungen der sozialen Sicherung						
f)	- sonstige laufende Auszahlungen						
g)	**Summe der laufenden Auszahlungen aus Verwaltungstätigkeit** [Summe der Nummern 2 a) bis 2 f)]						
3.	**Saldo der laufenden Ein- und Auszahlungen aus Verwaltungstätigkeit** [Saldo der Nummern 1 j) und 2 g)]						
4.	+ Zins- und sonstige Finanzeinzahlungen						
5.	- Zins- und sonstige Finanzauszahlungen						
6.	**Saldo der Zins- und sonstigen Finanzein- und -auszahlungen** (Saldo der Nummern 4 und 5)						
7.	**Saldo der ordentlichen Ein- und Auszahlungen** (Saldo der Nummern 3 und 6)						
8.	+ außerordentliche Einzahlungen						
9.	- außerordentliche Auszahlungen						
10.	**Saldo der außerordentlichen Ein- und Auszahlungen** (Saldo der Nummern 8 und 9)						
11.	**Saldo der ordentlichen und außerordentlichen Ein- und Auszahlungen** (Summer der Nummern 7 und 10)						
12.	+ Einzahlungen aus Investitionstätigkeit						
a)	+ Einzahlungen aus Investitionszuwendungen						
b)	+ Einzahlungen aus Beiträgen und ähnlichen Entgelten						
c)	+ Einzahlungen aus der Veräußerung von immateriellen Vermögensgegenständen						
d)	+ Einzahlungen aus der Veräußerung von Sachanlagen						
e)	+ Einzahlungen aus der Veräußerung von Finanzanlagen						
f)	+ Einzahlungen aus sonstigen Ausleihungen und Kreditgewährungen						
g)	+ Einzahlungen aus der Veräußerung von Vorräten						
h)	+ sonstige Investitionseinzahlungen						
i)	**Summe der Einzahlungen aus Investitionstätigkeit** [Summe der Nummern 12 a) bis 12 h)]						
13.	- Auszahlungen aus Investitionstätigkeit						
a)	- Auszahlungen für den Erwerb von immateriellen Vermögensgegenständen						
b)	- Auszahlungen für den Erwerb von Sachanlagen						
c)	- Auszahlungen für den Erwerb von Finanzanlagen						
d)	- Auszahlungen für sonstige Ausleihungen und Kreditgewährungen						
e)	- Auszahlungen für den Erwerb von Vorräten						
f)	- Sonstige Investitionsauszahlungen						
g)	**Summe der Auszahlungen aus Investitionstätigkeit** [Summe der Nummern 13 a) bis 13 f)]						
14.	**Saldo der Ein- und Auszahlungen aus Investitionstätigkeit** [Saldo der Nummern 12 i) und 13 g)]						
15.	**Finanzmittelüberschuss/Finanzmittelfehlbetrag** (Summe der Nummern 11 und 14)						

16.	+ Einzahlungen aus der Aufnahme von Investitionskrediten						
17.	- Auszahlungen zur Tilgung von Investitionskrediten						
18.	**Veränderung der Investitionskredite** (Saldo der Nummern 16 und 17)						
19.	+ Einzahlungen aus der Aufnahme von Krediten zur Liquiditätssicherung						
20.	- Auszahlungen zur Tilgung von Krediten zur Liquiditätssicherung						
21.	**Veränderung der Kredite zur Liquiditätssicherung** (Saldo der Nummern 19 und 20)						
22.	- Zunahme der liquiden Mittel						
23.	+ Abnahme der liquiden Mittel						
24.	**Veränderung der liquiden Mittel** (Saldo der Nummern 22 und 23)						
25.	**Saldo der Ein- und Auszahlungen aus Finanzierungstätigkeit** (Saldo der Nummern 18, 21 und 24)						
26.	Einzahlungen aus durchlaufenden Geldern, fremden Finanzmitteln						
27.	Auszahlungen aus durchlaufenden Geldern, fremden Finanzmitteln						
28.	**Saldo der Ein- und Auszahlungen aus durchlaufenden Geldern, fremden Finanzmitteln** (Saldo der Nummern 26 und 27)						

Teilhaushalte

Die Teilpläne sind gemäß § 4 GemHV-Doppik-TH produktorientiert auf der Grundlage des vorgegebenen Produktrahmenplans **funktional oder nach der örtlichen Organisation institutionell** zu gliedern. Mehrere Haupt-Produktbereiche, Produktbereiche, Produktgruppen oder Produkte können zu einem Teilplan zusammengefasst werden. Haupt-Produktbereiche, Produktbereiche oder Produktgruppen können auf mehrere Teilpläne aufgeteilt werden.

Dem Haushaltsplan ist als Anlage eine Übersicht über die Finanzdaten der Teilergebnis- und der Teilfinanzpläne beizufügen. Ferner sind für jeden Teilplan die Finanzdaten des Haushaltsjahres für **die wesentlichen und die sonstigen Produkte** darzustellen. Die Finanzdaten sind in der Zuordnung der einzelnen Produkte zu den Produktgruppen, der Produktgruppen zu den Produktbereichen und der Produktbereiche zu den Haupt-Produktbereichen entsprechend dem vorgegebenen Produktrahmenplan in einer Anlage zum Haushaltsplan darzustellen.

In jedem Teilplan sind die wesentlichen Produkte und deren Auftragsgrundlage, Ziele und Leistungen zu beschreiben sowie Leistungsmengen und Kennzahlen zu Zielvorgaben anzugeben. Die **Ziele und Kennzahlen** sollen zur Grundlage der Gestaltung, der Planung, der Steuerung und der Erfolgskontrolle des jährlichen Haushalts gemacht werden.

C Vergleichende Analyse der unterschiedlichen Modelle nach kommunalen Größenklassen

1 Überblick über die analysierten Haushalte

1.1 Verhältnis von Haushaltsumfang zur Größe der Kommune

Um in der vergleichenden Analyse der vorliegenden doppischen Haushalte möglichst objektiv vorzugehen, interessiert zunächst einmal, wie umfangreich die doppischen Haushalte der einzelnen Kommunen im Vergleich zueinander sind. Da der Umfang der verschiedenen Haushalte natürlich stark von der Größe der Kommune abhängig ist, werden wir die Analyse anhand der KGSt-Größenklassen durchführen.

In folgender Abbildung werden zunächst die Volumina der im Kapitel B (und auf der CD) **kommentierten 55 Haushalte** zusammenfassend dargestellt (die 18 auf der CD kommentierten Haushalte sind kursiv gesetzt):

Kommune	Einwohner(E)	Seiten		Produkte		Kostenträger o.Ä.	
		Anzahl	je 100 E	Anzahl	je 100 E	Anzahl	je 100 E
Baden Württemberg							
Wiesloch	26.000	334	1,28	152	0,58	152	0,58
Bruchsal	43.229	711	1,64	96 Produktgruppen		200	0,46
Heidelberg	144.650	1117	0,77	442	0,31	442	0,31
Karlsruhe	285.538	913	0,32	420	0,15	n.a.	
Bayern							
Nürnberg	503.000	2095	0,42	305 "Profitcenter"		305	0,06
Königsbrunn	28.764	754	2,62	112	0,39	112	0,39
Landsberg am Lech	27.592	1100	3,99	229	0,83	229	0,83
Hallbergmoos	8.773	211	2,41	50	0,57	231	2,63
Lk Ebersberg	125.052	196	0,16	360	0,29	360	0,29
Lk Mühldorf am Inn	110.930	220	0,20	255	0,23	255	0,23
Lk Bamberg	144.863	202	0,14	n.a.		n.a.	
Brandenburg							
Potsdam	147.583	1142	0,77	139	0,09	215	0,15
Königs Wusterhausen	33.236	462	1,39	74	0,22	74	0,22
Nauen	16.735	384	2,29	58	0,35	58	0,35
Lk Oberhavel	201.289	449	0,22	114	0,06	114	0,06
Lk Ostprignitz-Ruppin	106.409	750	0,70	200	0,19	200	0,19
Hessen							
Frankfurt am Main	667.000	1796	0,27	106 Produktgruppen		416	0,06
Wiesbaden	303.339	475	0,16	433	0,14	433	0,14
Kassel	192.000	560	0,29	407 Kostenstellen		407	0,21
Dreieich	41.000	384	0,94	62	0,15	62	0,15
Maintal	38.000	505	1,33	67	0,18	86	0,23
Main-Kinzig-Kreis	409.568	1120	0,27	170	0,04	170	0,04
Lk Darmstadt-Dieburg	290.292	430	0,15	179	0,06	179	0,06
Lahn-Dill-Kreis	260.512	797	0,31	53	0,02	63	0,02
Mecklenburg-Vorpommern							
Neubrandenburg	66.894	284	0,42	100	0,15	100	0,15
Niedersachsen							
Lk Harburg	243.276	811	0,33	95	0,04	498	0,20
Achim	30.059	386	1,28	65	0,22	65	0,22
Göttingen	121.531	346	0,28	193	0,16	193	0,16
Lk Diepholz	217.963	594	0,27	102	0,05	102	0,05
Salzgitter	107.267	1000	0,93	124	0,12	131	0,12
Nordrhein-Westfalen							
Dortmund	588.168	1368	0,23	457	0,08	457	0,08
Essen	585.430	1827	0,31	264	0,05	264	0,05
Gelsenkirchen	267.167	917	0,34	306	0,11	306	0,11
Lippstadt	67.179	490	0,73	101	0,15	101	0,15
Hilden	56.545	486	0,86	93	0,16	703	1,24
Brühl	46.315	382	0,82	64	0,14	n.a.	
Kaarst	42.200	357	0,85	79	0,19	79	0,19
Bedburg	24.272	552	2,27	83	0,34	270	1,11
Fröndenberg	22.816	497	2,18	80	0,35	80	0,35
Hiddenhausen	21.203	358	1,69	66	0,31	66	0,31
Märkischer Kreis	448.800	406	0,09	135	0,03	135	0,03
Rhein-Kreis Neuss	445.000	665	0,15	116	0,03	116	0,03
Kreis Unna	421.464	1117	0,27	157	0,04	157	0,04
Kreis Borken	370.000	490	0,13	94	0,03	199	0,05
Rheinland-Pfalz							
Worms	82.631	1098	1,33	55 Kostenstellen		398	0,48
Lk Neuwied	185.253	529	0,29	120	0,06	347	0,19
Rhein-Lahn-Kreis	127.991	504	0,39	111	0,09	332	0,26
Rhein-Hunsrück-Kreis	106.202	601	0,57	123	0,12	123	0,12
Saarland							
Tholey	13.076	661	5,06	78	0,60	78	0,60
Stadtverband Saarbrücken	339.874	388	0,11	69	0,02	69	0,02
Lk St. Wendel	93.756	458	0,49	85	0,09	96	0,10
Sachsen							
Zschorlau	5.847	152	2,60	n.a.		n.a.	
Sachsen-Anhalt							
Bitterfeld	15.728	269	1,71	72	0,46	114	0,72
Schleswig-Holstein							
Altenholz	9.900	188	1,90	55	0,56	55	0,56
Lk Pinneberg	299.310	765	0,26	135	0,05	135	0,05

In der Abbildung „Vergleich der Haushaltsvolumina" lassen sich auch erste Rückschlüsse auf die Komplexität des zugrunde liegenden doppischen Rechnungswesens ziehen; dazu wurde in Spalte 7 auch, soweit möglich, die Anzahl der Kostenträger bzw. Kostenstellen ermittelt, soweit die Kommunen die Kostenstellen als kleinste Kategorie des Rechnungswesens gewählt haben.

Überblick über die analysierten Haushalte 445

1.2 Verteilung auf die Bundesländer

Wie weit sind die einzelnen Bundesländer in der Grundgesamtheit vertreten?

Die uns vorliegenden und in die Analyse einbezogenen 117 Haushalte verteilen sich folgendermaßen auf die einzelnen Bundesländer:

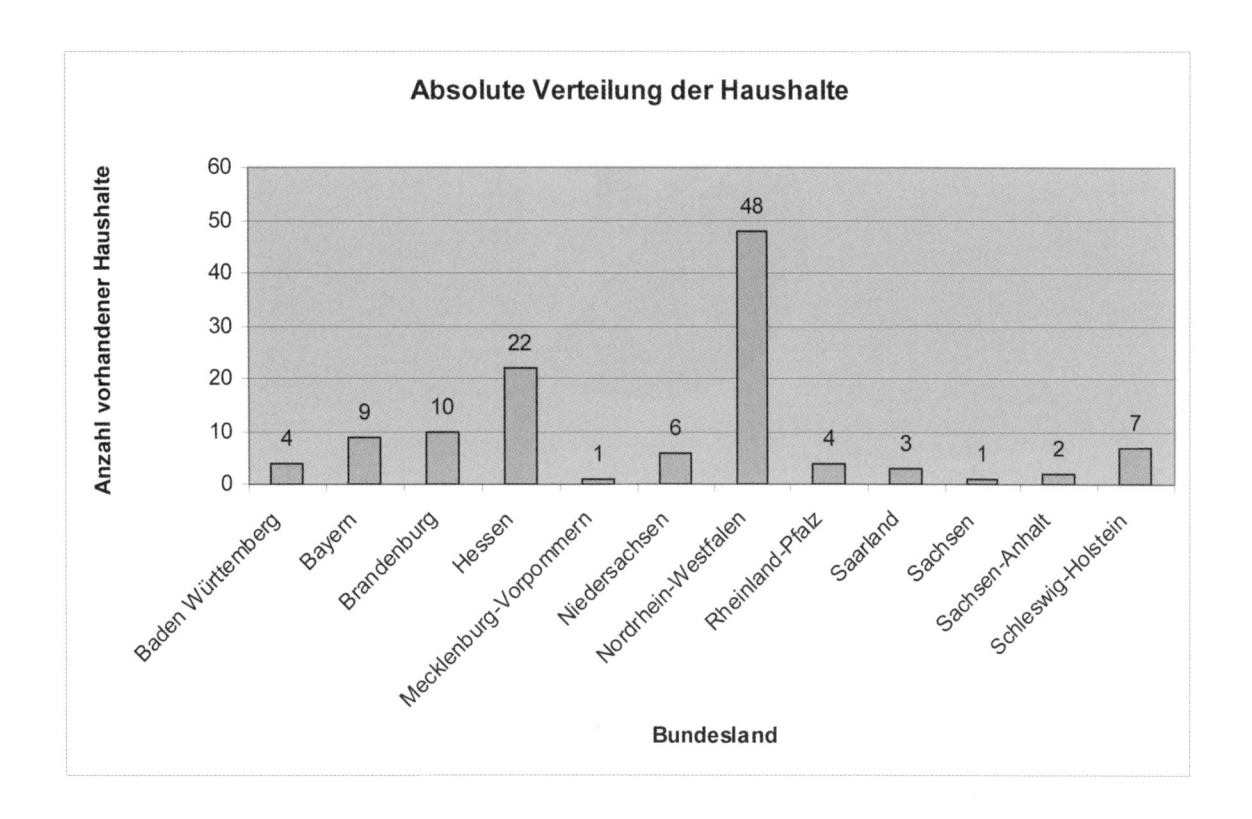

Absolute Verteilung der Haushalte

Bundesland	Anzahl vorhandener Haushalte
Baden Württemberg	4
Bayern	9
Brandenburg	10
Hessen	22
Mecklenburg-Vorpommern	1
Niedersachsen	6
Nordrhein-Westfalen	48
Rheinland-Pfalz	4
Saarland	3
Sachsen	1
Sachsen-Anhalt	2
Schleswig-Holstein	7

Dies ergibt folgende prozentuale Verteilung:

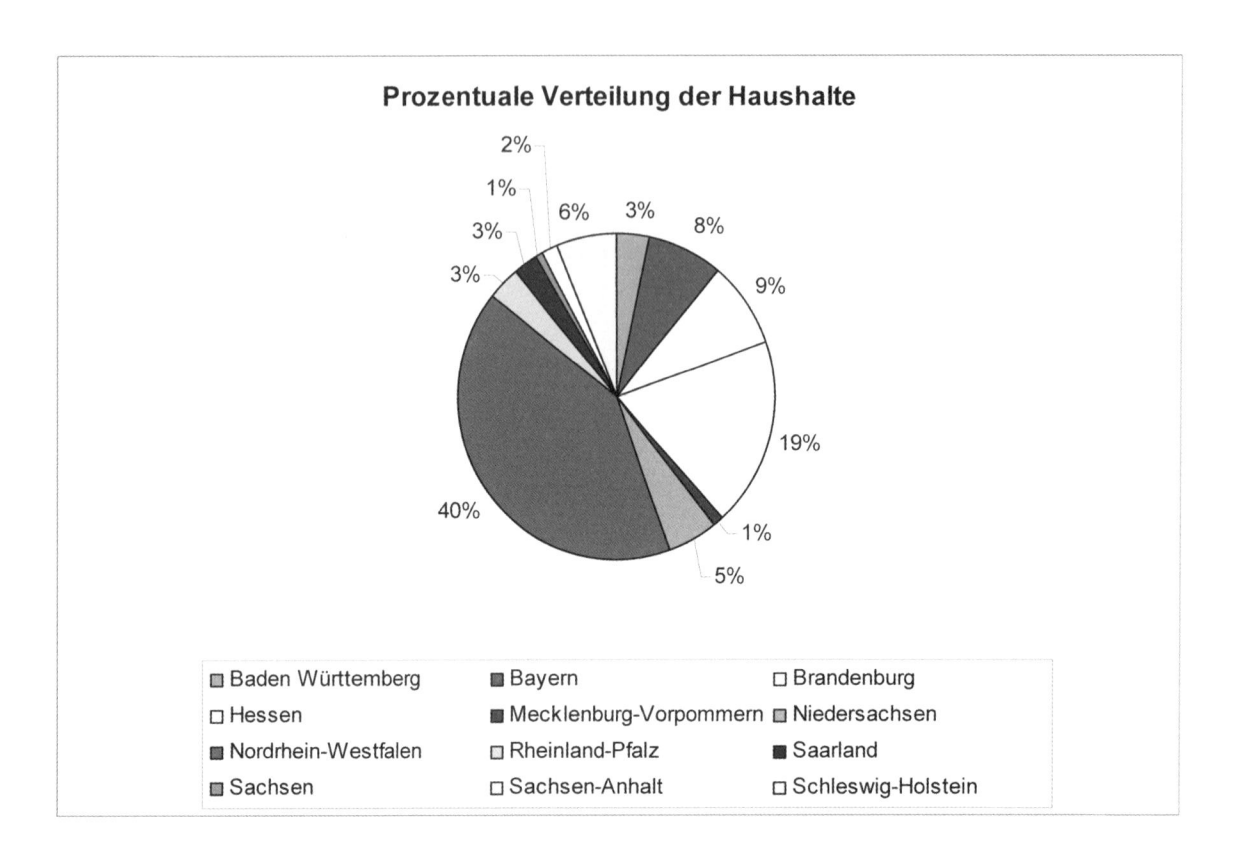

Prozentuale Verteilung der Haushalte

3%	Baden Württemberg
8%	Bayern
9%	Brandenburg
19%	Hessen
1%	Mecklenburg-Vorpommern
5%	Niedersachsen
40%	Nordrhein-Westfalen
3%	Rheinland-Pfalz
3%	Saarland
1%	Sachsen
2%	Sachsen-Anhalt
6%	Schleswig-Holstein

Zusätzliche Informationen auf CD

Die beiliegende CD-ROM enthält darüber hinaus in der Datei „Strukturtabellen" die entsprechenden Informationen für alle uns vorliegenden 117 Kommunen mit doppischen Haushalten (Grundgesamtheit der Analyse). In dem Tabellenblatt „Volumina nach Größenklassen" sind die bislang in Kapitel B nicht ausführlich dargestellten doppischen Haushalte, die uns aber vorliegen und auch in die Analyse eingingen, hellblau hinterlegt.

2 Strukturen der doppischen Haushalte

2.1 Unterschiedliche Gliederungsformen

Wie sind die Haushalte gegliedert?

Um sich weiter an die komplexe Materie der doppischen Haushalte anzunähern, die doch bundesweit höchst unterschiedlich umgesetzt wird, haben wir in der folgenden Tabelle versucht, die wichtigsten Strukturelemente der oben kommentierten Haushalte zusammenfassend gegenüber zu stellen:

Kommune	Einwohner(E)	Anzahl THH	Abbildung der Produkte (z.T. Produktgruppen) nach Konten (K) oder Ertrags-Aufwandsarten (EA-Art)	Schulen einzeln?	Ziele?	Mengen-angaben?	Kenn-zahlen?
Baden Württemberg							
Wiesloch	26.000	21 THH unter 8 FB	K	ja	ja	ja	ja
Bruchsal	43.229	9 THH, darunter 69 Prod.gr.	EA-Art	ja	ja	ja	ja
Heidelberg	144.650	34 THH nach Ämtern	EA-Art	nein	ja	ja	ja
Karlsruhe	285.538	30 THH nach Produktgruppen	EA-Art	nein	ja	ja	ja
Bayern							
Nürnberg	503.000	63 THH nach Dienststellen	K	nein	nein	nein	nein
Königsbrunn	28.764	112 THH nach Produkten	beides	ja	ja	nein	nein
Landsberg am Lech	27.592	56 THH nach Prod.gruppen	K	ja	nein	nein	nein
Hallbergmoos	8.773	19 THH nach Organisation	EA-Art	ja	ja	ja	ja
Lk Ebersberg	125.052	10 THH nach organ. wirtl. Einheiten	K	ja	ja	ja	ja
Lk Mühldorf am Inn	110.930	5 THH nach Gesch.bereich.	EA-Art	ja (Facility Manag.)	ja	ja	nein
Lk Bamberg	144.863	28 THH nach Orga Landratsamt	K	ja	ja	ja	nein
Brandenburg							
Potsdam	147.583	24 THH nach PB	beides	ja	ja	nein	nein
Königs Wusterhausen	33.236	17 THH nach PB	beides	ja	ja	ja	ja
Nauen	16.735	15 THH nach Prod.bereichen	EA-Art	ja	ja	ja	ja
Lk Oberhavel	201.289	26 THH nach Dezernaten	EA-Art	nein	ja	nein	nein
Lk Ostprignitz-Ruppin	106.409	6 THH nach PB	EA-Art	nein	ja	ja	nein
Hessen							
Frankfurt am Main	667.000	21 THH nach organ. ausgericht. PB	K	nein	ja	ja	ja
Wiesbaden	303.339	7 THH nach organ. Dezernaten	EA-Art	nein	nein	nein	nein
Kassel	192.000	71 organ. THH	K	nein	nein	nein	nein
Dreieich	41.000	62 THH nach Produkten	K	nein	ja	nein	nein
Maintal	38.000	67 THH nach Produkten	K	nein	ja	ja	nein
Main-Kinzig-Kreis	409.568	3 THH nach Dezernaten, darunter P	EA-Art	nein	ja	ja	ja
Lk Darmstadt-Dieburg	290.292	138 THH nach KS, darunter P	EA-Art	ja	ja	nein	nein
Lahn-Dill-Kreis	260.512	4 THH nach statist. PB	K	nein	ja	ja	ja
Mecklenburg-Vorpommern							
Neubrandenburg	66.894	7 organ. THH	EA-Art	nein	ja	ja	ja
Niedersachsen							
Lk Harburg	243.276	9 THH nach Orga	EA-Art	nein	ja	ja	ja
Achim	30.059	5 THH davon 4 FB und Grundstücks- und Gebäudeverwaltung	EA-Art	ja	ja	ja	nein
Göttingen	121.531	20+10 "Sonder-THH" nach PG, darunter P	beides	nein	ja	nein	nein
Lk Diepholz	217.963	5 THH nach FB, darunter 22 FD und 102 P	EA-Art	nein	ja	ja	ja
Salzgitter	107.267	27 THH	EA-Art	ja	ja	ja	ja
Nordrhein-Westfalen							
Dortmund	588.168	34 THH nach Ämter unter 7 Dezernaten	EA-Art	nein	ja	ja	ja
Essen	585.430	71 THH nach Ämter (55) bzw. Gesellschaften (16), unter 7 GB	EA-Art	nein	ja	ja	ja
Gelsenkirchen	267.167	22 THH nach landeseinh.PB (17) bzw. Stadtbezirken (5)	EA-Art	nein	ja	ja	ja
Lippstadt	67.179	8 THH für FB, darunter P	EA-Art	nein	ja	ja	ja
Hilden	56.545	17 THH nach PB	EA-Art	nein	ja	ja	ja
Brühl	46.315	16 THH nach PB	beides	ja	nein	nein	nein
Kaarst	42.200	15 THH nach PB, sowie für Stabsstellen und FB	EA-Art	nein	nein	ja	ja
Bedburg	24.272	4 THH nach FB, darunter P	EA-Art	ja	ja	ja	ja
Fröndenberg	22.816	17 THH nach PB	beides	nein	ja	nein	nein
Hiddenhausen	21.203	21 THH nach spezif. PB	EA-Art	nein	ja	ja	ja
Kreis Unna	421.464	11 THH nach FB, darunter P	EA-Art	ja	ja	nein	nein
Märkischer Kreis	448.800	17 THH nach PB	EA-Art	nein	ja	ja	ja
Rhein-Kreis Neuss	445.000	16 THH nach PB, darunter P	K	ja	ja	nein	nein
Kreis Borken	370.000	12 THH nach Budgets/ Verantwortungsb.	EA-Art	ja	ja	ja	ja
Rheinland-Pfalz							
Worms	82.631	4 THH nach Dezernaten, darunter KS	beides	ja	ja	nein	nein
Lk Neuwied	185.253	13 organ. THH	EA-Art	ja	ja	ja	nein
Rhein-Lahn-Kreis	127.991	12 organ. THH	EA-Art	ja	ja	ja	ja
Rhein-Hunsrück-Kreis	106.202	20 organ. THH	EA-Art	ja	ja	ja	ja
Saarland							
Tholey	13.076	7 organ. THH	Orga	ja	ja	nein	nein
Stadtverband Saarbrücken	339.874	19 THH nach Fachdiensten/Stäbe	EA-Art	n.a.	ja	ja	nein
Lk St. Wendel	93.756	7 THH nach Dezernaten	EA-Art	ja	ja	ja	nein
Sachsen							
Zschorlau	5.847	6 THH nach Orga darunter PB	EA-Art	ja	ja	ja	ja
Sachsen-Anhalt							
Bitterfeld	15.728	10 THH nach Budgets	EA-Art	nein	ja	ja	ja
Schleswig-Holstein							
Altenholz	9.900	5 THH nach Ausschüssen	EA-Art	ja (nur eins von jeder Schulart)	ja	nein	nein
Lk Pinneberg	299.310	12 THH nach Budgets	EA-Art	ja	ja	ja	ja

2.2 Ausrichtung der Teilhaushalte

Werden Teilhaushalte nach Produktbereichen oder nach organisatorischen Gesichtspunkten gebildet?

In Spalte 3 der Abbildung „Vergleich der Haushaltsstrukturen" wird versucht, in einer knappen Zusammenfassung darzustellen, nach welchen Kriterien die Teilhaushalte (THH) gebildet werden und wie diese weiter untergliedert werden. Die bundesweit diskutierte Alternative „Teilhaushalte nach Organisationseinheiten" oder „Teilhaushalte nach Produktbereichen", die die Paragrafen 4 der Gemeindehaushaltsordnungen prägen, kann insoweit zusammengefasst werden, dass

- entweder die finanzstatistisch geprägten Produktbereiche (PB) bzw. Haupt-Produktbereiche direkt als Teilhaushalte fungieren, welche dann unmittelbar in Produktgruppen (PG) bzw. Produkte (P) untergliedert werden,

- oder es werden primär Teilhaushalte nach organisatorischen Gesichtspunkten (z. B. Fachbereichen) gebildet; dann sind aber regelmäßig zusätzliche Auswertungen nach den finanzstatistisch geprägten Produktbereichen zu liefern, da diese „produktorientierten Haushaltsquerschnitte" (teilweise unter anderen Bezeichnungen) regelmäßig im Falle der organisatorischen Gliederung ergänzend vorgeschrieben sind.

Von den vorliegenden und analysierten 117 Haushalten sind die Teilhaushalte in 56 Kommunen (48 %) nach organisatorischen Gesichtspunkten und 61 Kommunen (52 %) nach Produktbereichen gegliedert. Dies bedeutet, dass (bundesweit) **kein eindeutiger Trend erkennbar** ist, welche der beiden Gliederungsprinzipien der Teilhaushalte durchsetzen könnte. Wir werden diese Frage unten näher kommentieren.

2.3 Aufgliederung der Produktblätter

Werden Produkte nach Ertrags- und Aufwandsarten oder nach Konten aufgegliedert?

In Spalte 4 der Abbildung „Vergleich der Haushaltsstrukturen" wird dargestellt, ob Kommunen ihre produktbezogenen Ergebnisdarstellungen (also die Produktblätter bzw. Produktgruppenblätter)

- nach Ertrags- und Aufwandsarten gemäß den Formblättern zum Teilergebnishaushalt aufgliedern („EA-Art") oder

- die Gliederung nach Konten erfolgt („K") oder

- ob eine Darstellung sowohl nach Ertrags- und Aufwandsarten als auch nach Konten erfolgt („beides").

In den Produktblättern dominiert die Darstellung der Ertrags- und Aufwandsarten, wie sie auch für Zwecke der Teilhaushalte vorgegeben sind: In 91 Haushalten (78 %) werden die produktbezogenen Zahlendarstellungen nach Ertrags- und Aufwandsarten aufgegliedert. Lediglich 11 Haushalte (9 %) unterteilen ihre Produktblättern bzw. Produktgruppenblättern nach Konten. 15 Haushalte (13 %) verwenden in ihren Produktblättern sowohl die Darstellung der Ertrags- und Aufwandsarten als auch die der (darunter existierenden) Konten.

3 Weitere empirische Ergebnisse

3.1 Einzelne Schulen als Produkte

Werden z. B. Schulen als einzelne Produkte definiert?

In Spalte 5 der Abbildung „Vergleich der Haushaltsstrukturen" wird die Verwendung des Produktbegriffs am Beispiel der Schulen exemplarisch dargestellt. Hierbei wird exemplarisch gezeigt, wie unterschiedlich – auch innerhalb desselben Bundeslandes – der Produktbegriff verwendet wird. Aus unserer Analyse geht hervor, dass 49 Haushalte (42 %) jede einzelne Schule als Produkt darstellen und 66 Haushalte (56 %) definieren lediglich die Schularten. Bei 2 Haushalten (2 %) konnte keine eindeutige Zuordnung erfolgen.

Über alle Kommunen ist kein eindeutiger Trend erkennbar. Allerdings ist bei den Großstädten und großen Kreisen ein starker Trend zur Zusammenfassung nach Schularten zu erkennen.

3.2 Ziele, Mengen und weiterführende Kennzahlen

Werden Ziele, Mengen und weiterführende Kennzahlen definiert?

In den Spalten 6–8 der Abbildung „Vergleich der Haushaltsstrukturen" zeigen wir schließlich ob die Kommunen in ihren Produktbeschreibungen bereits

- Ziele definiert haben
- Mengenangaben darstellen und/oder
- (weitergehende) Kennzahlen zeigen.

Die Auswertung ergab im Einzelnen folgende Ergebnisse:

Haushalte mit Zielen	Anzahl	Prozent
Ja	91	77,78%
Nein	26	22,22%
Gesamtanzahl Haushalte	117	100,00%

Haushalte mit Mengenangaben	Anzahl	Prozentangaben
Ja	72	61,54%
Nein	45	38,46%
Gesamtanzahl Haushalte	117	100,00%

Angabe weiterführender Kennzahlen	Anzahl	Prozentangaben
Ja	55	47,01%
Nein	62	52,99%
Gesamtanzahl Haushalte	117	100,00%

Hervorzuheben ist, dass insgesamt weniger als die Hälfte der von uns analysierten Haushalte (44 %) Ziele, Mengen und Kennzahlen in den jeweiligen Haushalt integriert haben.

Ziele, Mengen und Kennzahlen	Anzahl	Prozentangaben
Ja	51	43,59%
Nein	66	56,41%
Gesamtanzahl Haushalte	117	100,00%

Wenn wir im Folgenden besonders überzeugende Beispiele herausstellen, dann fließen in die Analyse natürlich auch vielfältige Diskussionen mit Verwaltungskräften und Ratsmitgliedern/Stadtverordneten zur Frage ein, wie ein Haushalt möglichst optimal gestaltet werden sollte.[179] Außerdem werden die betriebswirtschaftlichen Erkenntnisse berücksichtigt, wie mit modernen Instrumenten des strategischen Controllings eine sachgerechte Aufbereitung der betriebswirtschaftlich bedeutenden Sachverhalte erfolgen kann.

4 Vergleich der Städte und Gemeinden bis 10.000 Einwohner

Vergleichende Gegenüberstellung

Vor dem Hintergrund, dass die größeren Kommunen ab 25.000 Einwohner in den Mittelpunkt der Analyse (und auch der systematischen Erhebung) gestellt wurden, sind in der empirischen Grundgesamt nur relativ wenige Beispiele enthalten, die insoweit auch nicht als repräsentativ eingeschätzt werden können:

Gemeinden und Städte	Einwohner(E)	Seiten		Produkte		Kostenträger o.Ä.		Ziele, Mengen, KZ?
		Anzahl	je 100 E	Anzahl	je 100 E	Anzahl	je 100 E	
bis 10.000								
Hallbergmoos	8.773	211	2,41	50	0,57	231	2,63	Z, M, KZ
Zschorlau	5.847	152	2,60	73	1,25	73	1,25	Z, M, KZ
Altenholz	9.900	188	1,90	55	0,56	55	0,56	Z
Gemeinde Burghaun	7.319	197	2,69	50	0,68	50	0,68	Z, M
Heikendorf	8.300	238	2,87	65	0,78	65	0,78	-
Mönkeberg	3.718	173	4,65	34	0,91	34	0,91	-
Schönkirchen	6.442	225	3,49	47	0,73	47	0,73	-
Tönning	5.019	485	9,66	60	1,20	60	1,20	-

Zwangsläufig besteht bei den kleinen Kommunen mit unter 10.000 Einwohnern kein größerer Bedarf nach Informationsverdichtung. Der aussagekräftige Haushalt der bayrischen Pilotkommune Hallbergmoos ist der einzige Haushalt dieser Kategorie, der bereits Ziele, Mengen und Kennziffern enthält – und zugleich alle definierten Produkte im Haushalt abbildet (während der Haushalt von Zschorlau Schlüsselprodukte auswählt). Der Umfang des Haushalts von Hallbergmoos mit 211 Seiten kann aus Sicht eines Ratsmitglieds durchaus als unproblematisch bezeichnet werden; seine Detailliertheit können sich allerdings größere Kommunen nicht leisten, weil ansonsten extreme Haushaltsvolumina entstünden.

In der Tabelle sind diejenigen Haushalte, die nicht in Kapitel B oder auf der CD kommentiert wurden, grau bzw. hellblau markiert.

---

[179] der Autorenkreis repräsentiert die Erfahrungen aus etwa 50 kommunalen Doppikprojekten.

5 Vergleich der Städte und Gemeinden bis 25.000 Einwohner

Vergleichende Gegenüberstellung

Das Problem der angemessenen Informationsauswahl und -verdichtung beginnt im Grunde erst bei Städten mit etwa 20.000 Einwohnern. Hierzu liefert die folgende Tabelle interessante Hinweise, wir zeigen die Haushalte in der Tabelle zwar grundsätzlich alphabetisch, stellen aber diejenigen Haushalte an den Anfang, die bereits das gesamte Instrumentarium mit Zielen, Mengen und weiterführenden Kennzahlen enthalten:

Gemeinden und Städte	Einwohner(E)	Seiten		Produkte		Kostenträger o.Ä.		Ziele, Mengen, KZ?
		Anzahl	je 100 E	Anzahl	je 100 E	Anzahl	je 100 E	
über 10.000 bis 25.000								
Bedburg	24.272	552	2,27	83	0,34	270	1,11	Z, M, KZ
Bitterfeld	15.728	269	1,71	72	0,46	114	0,72	Z, M, KZ
Lindlar	22.608	656	2,90	79	0,35	79	0,35	Z, M, KZ
Nauen	16.735	384	2,29	58	0,35	58	0,35	Z, M, KZ
Reichshof	19.955	829	4,15	127	0,64	127	0,64	Z, M, KZ
Stadtallendorf	21.523	335	1,56	47	0,22	47	0,22	Z, M, KZ
Vlotho	20.035	460	2,30	81	0,40	93	0,46	Z, M, KZ
Wachtberg	20.033	467	2,33	94	0,47	94	0,47	Z, M, KZ
Wipperfürth	23.649	490	2,07	94	0,40	94	0,40	Z, M, KZ
Wittenberge	19.566	350	1,79	52	0,27	74	0,38	Z, M, KZ
Alfter	24.210	526	2,17	88	0,36	60	0,25	Z
Brunsbüttel	13.591	245	1,80	62	0,46	62	0,46	Z
Eschborn	20.663	641	3,10	77	0,37	77	0,37	Z
Eschwege	20.725	226	1,09	411 Kostenstellen		411	1,98	-
Fröndenberg	22.816	497	2,18	80	0,35	80	0,35	Z
Hiddenhausen	21.203	358	1,69	66	0,31	66	0,31	Z
Hünfeld	16.274	1516	9,32	65	0,40	222	1,36	-
Tholey	13.076	661	5,06	78	0,60	78	0,60	Z

In der Tabelle sind diejenigen Haushalte, die nicht in Kapitel B oder auf der CD kommentiert wurden, grau bzw. hellblau markiert.

Wie die Tabelle zeigt, haben zehn von den hier aufgeführten 18 Städten und Gemeinden (mit zwischen 10.000 und 25.000 Einwohnern) bereits **Ziele, Mengen und weiterführende Kennzahlen** in den Haushalt integriert (und damit das doppische Instrumentarium annähernd vollständig eingeführt).

Zum Problem der angemessenen Informationsauswahl und -verdichtung lassen sich erste Hinweise aus der Kennziffer „Seiten pro 100 Einwohner" gewinnen. Danach haben die niedrigsten Werte Stadtallendorf, Bitterfeld und Wittenberge (bezogen auf die zehn Kommunen, die Ziele, Mengen und Kennzahlen definieren).

Wie viele Produkte werden gebildet?

Häufig wird in der Praxis gefragt, wie viele Produkte sollten eigentlich gebildet werden. Die niedrigsten Produktzahlen (pro 100 Einwohner) finden sich – jetzt bezogen auf alle analysierten Haushalte – in Stadtallendorf (0,22), Wittenberge (0,27), Hiddenhausen (0,31), Bedburg (0,34), Nauen und Fröndenberg (je 0,35).

Zusammenfassend kann festgehalten werden, dass die angemessene Produktanzahl für Städte mit etwa 20.000 Einwohnern etwa 50-60 Produkte betragen dürfte.

Interessante Lösungen in der Größenklasse zwischen 10.000 und 25.000 Einwohner

Die vergleichsweise niedrige Produktanzahl in Stadtallendorf, das bei fast 22.000 Einwohnern mit nur 47 Produkten auskommt, beruht unter anderem darauf, dass außerhalb des Haushalts ein Eigenbetrieb „Dienstleistungen und Immobilien" existiert. Die nordhessische Stadt hat im Übrigen bereits eine mehrjährige Erfahrung in (zunächst kameralen) Produkthaushalten. Diese Praxiserfahrungen werden an verschiedenen Stellen deutlich (beim ersten doppischen Haushalt 2006 wurden übrigens mehrere Produkte zusammengefasst). Stadtallendorf verzichtet zwar auf eine Darstellung der Konten und zeigt im Produktblatt nur das hessische Formblatt für Teilergebnispläne, also Ertrags- und Aufwandsarten. Um einen Informationsverlust bei den Stadtverordneten zu vermeiden, wurden zu einzelnen Ertrags- und Aufwandsarten differenzierte Erläuterungen gegeben, wobei in den Produkterläuterungen auch Tabellen eingesetzt wurden, um beispielsweise die wichtigsten Konten(-gruppen) einer Aufwandsposition darzustellen.

Nach unserer Gesamtwürdigung besitzen die Kommunen mit den vollständigen Haushalten (also Bedburg, Bitterfeld, Fröndenberg, Lindlar, Nauen, Reichshof, Stadtallendorf, Vlotho, Wachtberg, Wipperfürth und Wittenberge) durchaus überdurchschnittliche Haushalte. Die Entwicklung ist aber noch keinesfalls abgeschlossen. Wie viel Optimierungspotential trotzdem im Einzelfall besteht, zeigen gerade die genannten überdurchschnittlichen Haushalte, bei denen noch nennenswerte Straffungen möglich erscheinen. Wir haben in den einzelnen Kommentierungen darauf hingewiesen, dass z. B. in Bedburg, Fröndenberg und Nauen (und dies gilt auch für Stadtallendorf) allein durch Weglassen von Nullsalden die Übersichtlichkeit und Handlichkeit des Haushalts deutlich erhöht werden könnten.[180] Hier sind unseres Erachtens gerade die Softwareanbieter gefragt, die mit flexibleren Tools den Kommunen noch mehr Unterstützung im Sinne einer optimierten Haushaltserstellung geben könnten.

---

[180] Vgl. ergänzend die ausführlichen Kommentierungen in Kap. B bzw. auf der CD.

6 Vergleich der Städte bis 50.000 Einwohner

Vergleichende Gegenüberstellung

In der kommunalen Größenklasse zwischen 25.000 und 50.000 Einwohner liegen uns die meisten Beispiele vor: immerhin 35 doppische Haushalte wurden in die Analyse einbezogen.

Gemeinden und Städte	Einwohner (E)	Seiten		Produkte		Kostenträger o.Ä.		Ziele, Mengen, KZ?
		Anzahl	je 100 E	Anzahl	je 100 E	Anzahl	je 100 E	
über 25.000 bis 50.000								
Bad Nauheim	31.350	722	2,30	67	0,21	67	0,21	Z, M, KZ
Bruchsal	43.229	711	1,64	96	0,22	200	0,46	Z, M, KZ
Emsdetten	35.529	566	1,59	74	0,21	74	0,21	Z, M, KZ
Fürstenwalde	32.858	560	1,70	58	0,18	190	0,58	Z, M, KZ
Greven	35.394	332	0,94	101	0,29	101	0,29	Z, M, KZ
Königs Wusterhausen	33.236	462	1,39	74	0,22	74	0,22	Z, M, KZ
Lohmar	31.235	778	2,49	107	0,34	107	0,34	Z, M, KZ
Soest	48.578	325	0,67	97	0,20	97	0,20	Z, M, KZ
Wiesloch	26.000	334	1,28	152	0,58	152	0,58	Z, M, KZ
Achim	30.059	386	1,28	65	0,22	65	0,22	Z, M
Bad Honnef	26.962	291	1,08	81	0,30	138	0,51	M
Baunatal	27.943	291	1,04	52	0,19	126	0,45	Z, M
Brühl	46.315	382	0,82	64	0,14	n.a.		-
Datteln	35.894	421	1,17	78	0,22	78	0,22	-
Dreieich	41.000	384	0,94	62	0,15	62	0,15	Z
Erkelenz	45.583	524	1,15	42	0,09	42	0,09	-
Griesheim	25.734	386	1,50	56	0,22	56	0,22	Z, M
Kaarst	42.200	357	0,85	79	0,19	79	0,19	M, KZ
Königsbrunn	28.764	754	2,62	112	0,39	112	0,39	Z
Königswinter	41.202	696	1,69	129	0,31	129	0,31	Z
Landsberg am Lech	27.592	1100	3,99	229	0,83	229	0,83	-
Lennestadt	27.645	436	1,58	70	0,25	70	0,25	Z, M
Maintal	38.000	505	1,33	67	0,18	86	0,23	Z, M
Mechernich	28.377	388	1,37	80	0,28	130	0,46	KZ
Oer-Erkenschwick	30.815	524	1,70	84	0,27	84	0,27	Z
Olpe	25.664	392	1,53	71	0,28	93	0,36	Z
Pfungstadt	25.552	396	1,55	115	0,45	115	0,45	-
Rheda-Wiedenbrück	46.622	568	1,22	80	0,17	80	0,17	Z
Rodgau	45.366	374	0,82	73	0,16	73	0,16	
Rödermark	26.246	598	2,28	119	0,45	119	0,45	Z, M
Schmallenberg	26.399	402	1,52	97	0,37	97	0,37	Z
Schwerte	49.790	340	0,68	81	0,16	111	0,22	-
Senftenberg	28.071	222	0,79	51	0,18	51	0,18	-
Taunusstein	30.709	494	1,61	62	0,20	62	0,20	Z
Wermelskirchen	36.588	627	1,71	100	0,27	100	0,27	Z

Wie die Tabelle zeigt, haben neun von den hier aufgeführten 35 Städten und Gemeinden (mit zwischen 25.000 und 50.000 Einwohnern) bereits Ziele, Mengen und weiterführende Kennzahlen in den Haushalt integriert (und damit das doppische Instrumentarium annähernd vollständig eingeführt).

Für die weitere Analyse beziehen wir uns auf diese, insoweit vollständigen Haushalte. Zum Problem der angemessenen Informationsauswahl und -verdichtung lassen sich erste Hinweise aus der Kennziffer „Seiten pro 100 Einwohner" gewinnen. Danach haben die niedrigsten Werte Soest (0,67) und Greven (0,94), bezogen auf die neun Kommunen, die Ziele, Mengen und Kennzahlen definieren.

Wie viele Produkte werden gebildet?

Die niedrigsten Produktzahlen (pro 100 Einwohner) finden sich – bezogen auf alle analysierten Haushalte – in der nordrhein-westfälischen Stadt Brühl (0,14) sowie in der hessischen Stadt Dreieich (0,15). Interessanterweise ergibt sich bereits ein recht homogenes Bild: 26 weitere Städte liegen noch unterhalb einer Produktzahl von 0,30 Produkten pro 100 Einwohner (von insgesamt 35 Städten dieser Größenordnung). Dabei haben wir Bruchsal mit einbezogen: Im Falle von Bruchsal stehen die kommentierten 96 „Produktgruppen" im Mittelpunkt des Haushalts und übernehmen damit die

Funktion, die in den anderen Städten die „Produkte" haben (wir werden unten näher auf die Relativität des Produktbegriffs und die unterschiedlichen Konzeptionen eingehen).[181]

Zusammenfassend kann festgehalten werden, dass die angemessene Anzahl von Produkten (bzw. Produktgruppen, über die in vergleichbarer Form berichtet wird) für Städte mit etwa 40.000 Einwohnern bei etwa 60-80 liegen dürfte.

Interessante Lösungen in der Größenklasse zwischen 25.000 und 50.000 Einwohner

Aus dem Haushalt von **Bruchsal**, der auf der CD näher erläutert wird, kann als interessante Lösung hervorgehoben werden, dass die produktbezogenen Erläuterungen zusätzliche Tabellen enthalten (zusätzlich zum Formblatt Teilergebnishaushalt). Dadurch wird insgesamt eine übersichtliche mehrstufige Aufbereitung der wichtigsten Informationen möglich.

Der Haushalt der nordrhein-westfälischen Stadt **Soest** überzeugt mit mehreren ungewöhnlichen Detaillösungen. Soest bringt besonders aussagekräftige Zielformulierungen, bei denen sogar zwischen „Mittelfristigen Zielen" (MZ) und „Jahresbezogenen Produktzielen" (JZ) unterschieden wird. Auch die sorgfältig ausgewählten Kennzahlen sowie die überdurchschnittliche redaktionelle Qualität sind nach unserer Auffassung hervorzuheben.

---

[181] Vgl. die Kommentierung zu Bruchsal auf der CD.

Vergleich der Städte bis 50.000 Einwohner 455

Zur Verdeutlichung zeigen wir die erste Seite aus dem Teilplan „Sicherheit und Ordnung":[182]

Haushalt 2007

Produktbereich: 002 Sicherheit und Ordnung

Teilplan	002 001 Sicherheit und Ordnung
Produkte:	002 010 001 Sicherheit und Ordnung
	002 020 001 Gewerbewesen
	002 020 002 Märkte
	002 060 001 Tierheim
	002 070 001 Verkehrsangelegenheiten
	017 030 002 Ingrid-Kipper-Stiftung und Nachbar in Not
Verantwortlich im Vorstand:	Herr Sander
Verantwortliche Abteilungsleitung:	Herr Jungbluth

Beschreibung des Teilplans:

Zu den Aufgaben gehören die Gewährleistung der Sicherheit und Ordnung durch präventive und repressive Maßnahmen sowie die Durchführung der Allerheiligenkirmes und der Wochenmärkte:

Die Gefahrenabwehr im Rahmen der öffentlichen Sicherheit oder Ordnung schützt Individual- und Gemeinschaftsgüter. Verkehrsangelegenheiten, die Führung des Gewerberegisters, Gaststättenangelegenheiten, die Einhaltung des Jugendschutzes, die ordnungsgerechte Haltung von Hunden sowie die Überwachung des ruhenden Verkehrs bilden Schwerpunkte der Aufgaben.

Die Allerheiligenkirmes ist unter Beachtung von Sicherheitsaspekten attraktiv für die Besucher und mit einem überzeugenden und ausgewogenen Angebot der Geschäftsbranchen gestaltet.

Mittelfristiges Ziel (MZ):

1. Bis 2008 ist das Netzwerk aus Verwaltung, Polizei und Bürgern weiter ausgebaut, so dass Sachbeschädigung, Lärmentwicklung und Alkoholmissbrauch auf öffentlichen Plätzen nachhaltig eingedämmt sind.

2. Das subjektive Sicherheitsempfinden der Bürger hat sich bis 2009 verbessert.

Jahresbezogene Produktziele (JZ):

1. Die konfliktträchtigen Standorte (Spielplätze, Schulhöfe und öffentliche Anlagen) sind bestimmt, Ursachen analysiert und zusätzliche Maßnahmen zur Konflikteindämmung sind in Zusammenarbeit mit der Polizei eingeleitet.

Zielkennzahlen (Zielperspektive Auftragserfüllung, Kundenzufriedenheit, Mitarbeiterzufriedenheit)					
Bezeichnung	Einheit	Bezugsziel / Bezugsprodukt	Wert 31.12.2005	Planwert 31.12.2006	Planwert 31.12.2007
Bürger, die sich sicher und sehr sicher fühlen	Anteil an allen Bürgern in Prozent	MZ 2		(Ist-Wert) 62	

Wie die Abbildung zeigt, hat die Stadt Soest einen Teilplan für eine Produktgruppe aus sechs Produkten erstellt und für diese Produktgruppe überzeugende, politisch relevante Ziele definiert (nach dieser einleitenden Zielformulierung folgt im Soester Haushalt der Teilergebnisplan gemäß Formblatt). Besonders gut gelingt in Soest u. E. die Konzentration auf das Wesentliche aus Sicht des

---
[182] Vgl. Soest (2007) S. B 55.

Stadtrats. Ergänzend ist anzumerken, dass eine derartige Zielhierarchie – bestehend aus politisch relevanten Zielen – nur gelingen kann, wenn zwischen Verwaltungsspitze und Rat Einigkeit über die mittel- und kurzfristigen Ziele der Stadt besteht. Aus Sicht des Praktikers ist hierfür ein anspruchsvoller Kommunikationsprozess erforderlich, der in den meisten Städten wohl noch ausstehen dürfte. Nach unserer Beobachtung ist in der Praxis der Zielbildungsprozess (vor allem bei Großstädten) noch unterentwickelt. Häufig tragen unklare Machtverhältnisse dazu bei, dass es nicht gelingt, eine mittelfristige Stadtentwicklungskonzeption zu erarbeiten.

Aus **Wiesloch**, der ältesten deutschen Doppikstadt, heben wir ergänzend (erneut) ein Instrument der Informationsverdichtung hervor, das zwar einige Anforderung an die DV-technische Umsetzung des Haushalts stellt, aber nach unserer Einschätzung dennoch in allen kommunalen Größenklassen angewendet werden sollte: Es geht um die – in Wiesloch häufig angewendeten – Haushaltsquerschnitte. Wir zeigen noch einmal das Beispiel der Schulen (in gestraffter Form, ohne Spalten und Zeilen mit Nullsalden):[183]

Budge/Fachgruppe/Kostenstelle		Ordentliche Erträge	Verwaltungs-aufwendungen	Transfer-aufwendungen	Veranschlagter Aufwands-/ Ertragsüber-schuss	Interne Erträge	Interne Aufwendungen	Veranschlagter Nettoressour-cenbedarf
		1	2	3	5=1+2+3+4	6	7	10=5+6+7+8+9
4.1.1	Städtische Schulen							
41110	Allgemeine Kostenstelle	0 €	-193.000 €	0 €	-193.000 €	0 €	-8.350 €	-201.350 €
41120	GS Schillerschule	0 €	-221.450 €	0 €	-221.450 €	100 €	-370.400 €	-591.750 €
41140	Maria-Sibylla-Merian-Grundschule	0 €	-196.400 €	0 €	-196.400 €	250 €	-342.800 €	-538.950 €
41150	GS Frauenweiler	0 €	-82.050 €	0 €	-82.050 €	300 €	-81.950 €	-163.700 €
41160	GS Schatthausen	0 €	-49.750 €	0 €	-49.750 €	1.550 €	-63.550 €	-111.750 €
41170	GHS Baiertal Pestalozzischule	108.500 €	-229.600 €	0 €	-121.100 €	0 €	-258.450 €	-379.550 €
41180	HS Gerbersruhschule	293.400 €	-327.800 €	0 €	-34.400 €	13.200 €	-185.900 €	-207.100 €
41190	Realschule	535.050 €	-512.200 €	0 €	22.850 €	28.200 €	-288.050 €	-237.000 €
41191	Ottheinrich-Gymnasium	690.550 €	-557.100 €	0 €	133.450 €	150 €	-400.300 €	-266.700 €
4.1.1	Summe	1.627.500 €	-2.369.350 €	0 €	-741.850 €	43.750 €	-1.999.750 €	-2.697.850 €
4.1.2	Schulische Leistungen							
41210	Allgemeine Kostenstelle	0 €	-25.600 €	0 €	-25.600 €	0 €	-350 €	-25.950 €
41220	Förderschule Albert-Schweitzer Schule	0 €	0 €	-70.000 €	-70.000 €	0 €	0 €	-70.000 €
41240	Betreuungszeiten Grundschulen	109.800 €	-228.000 €	0 €	-118.200 €	0 €	-4.750 €	-122.950 €
41260	Schülerhort Kinderschutzbund e.V.	0 €	0 €	-150.000 €	-150.000 €	0 €	0 €	-150.000 €
41270	Musikschule	3.200 €	-15.600 €	-190.000 €	-202.400 €	0 €	-48.050 €	-250.450 €
4.1.2	Summe	113.000 €	-269.200 €	-410.000 €	-566.200 €	0 €	-53.150 €	-619.350 €
4.1	**Summe**	1.740.500 €	-2.638.550 €	-410.000 €	-1.308.050 €	43.750 €	-2.052.900 €	-3.317.200 €

Durch das Instrument des kostenstellenbezogenen Haushaltsquerschnitts lassen sich – neben Schulen und Kindergärten – beispielsweise mehrere Hallen oder andere Gebäude einer Art übersichtlich in der Beschreibung des übergeordneten Produkts abbilden, um Informationsverluste gegenüber dem kameralen Haushalt zu vermeiden (wenn z. B. die einzelnen Hallen in der Vergangenheit als Unterabschnitt behandelt wurden).

---

[183] Vgl. oben ausführlich B.3.2.

7 Vergleich der Städte bis 100.000 Einwohner

Vergleichende Gegenüberstellung

Gemeinden und Städte	Einwohner(E)	Seiten		Produkte		Kostenträger o.Ä.		Ziele, Mengen, KZ?
		Anzahl	je 100 E	Anzahl	je 100 E	Anzahl	je 100 E	
über 50.000 bis 100.000								
Düren	90.467	634	0,70	156	0,17	156	0,17	Z, M, KZ
Fulda	63.886	576	0,90	109	0,17	109	0,17	Z, M, KZ
Hilden	56.545	486	0,86	93	0,16	703	1,24	Z, M, KZ
Lippstadt	67.179	490	0,73	101	0,15	101	0,15	Z, M, KZ
Minden	83.094	311	0,37	115	0,14	497	0,60	Z, M, KZ
Neubrandenburg	66.894	284	0,42	100	0,15	100	0,15	Z, M, KZ
Willich	52.765	551	1,04	59	0,11			Z, M, KZ
Bad Salzuflen	54.415	670	1,23	89	0,16	89	0,16	-
Wesel	61.409	242	0,39	92	0,15	92	0,15	Z, M
Worms	82.631	1098	1,33	55 Kostenstellen		398	0,48	Z

Wie die Tabelle zeigt, haben sieben von den hier aufgeführten 10 Städten und Gemeinden (mit zwischen 50.000 und 100.000 Einwohnern) bereits Ziele, Mengen und weiterführende Kennzahlen in den Haushalt integriert (und damit das doppische Instrumentarium annähernd vollständig eingeführt). Für die weitere Analyse beziehen wir uns auf diese, insoweit vollständigen Haushalte.

Zum Problem der angemessenen Informationsauswahl und -verdichtung lassen sich erste Hinweise aus der Kennziffer „Seiten pro 100 Einwohner" gewinnen. Danach haben die niedrigsten Werte Minden und Neubrandenburg (bezogen auf die sieben Kommunen, die Ziele, Mengen und Kennzahlen definieren).

Während in Neubrandenburg nur ein Teil der Produkte abgebildet wird, werden in Minden alle Produkte gezeigt, aber mit redaktionellen Mitteln eine Verdichtung erreicht (das Beispiel aus Minden wird im übernächsten Abschnitt noch etwas ausführlicher betrachtet).

Wie viele Produkte werden gebildet?

Die wenigsten Produkte bildet die Stadt Willich mit 59 Produkten, die zugleich die kleinste Stadt in dieser Stichprobe ist. Am anderen Ende liegt mit Düren die einwohnerstärkste Stadt mit 156 Produkten. Wenn man die Kennziffer „Produktanzahl pro 100 Einwohner" betrachtet – bezogen auf alle analysierten Haushalte – ergibt sich schon ein erstaunlich hoher Gleichklang der Beispielhaushalte: die Produktanzahl je 100 Einwohner differiert zwischen den Extremen Willich (0,11) einerseits und Düren und Fulda (je 0,17) andererseits nur leicht.

Die nordrhein-westfälische Stadt **Willich** ist übrigens ebenso wie Stadtallendorf (unter den kleineren Städten) eine der Städte in unserer Grundgesamtheit, die bereits über mehrjährige Erfahrungen bei der Aufstellung von Produktbudgets einschließlich eines budgetscharfen Stellenplans besitzen.[184] Die geringe Anzahl der Produktbudgets entsteht unter anderem dadurch, dass für den gesamten Bereich der „Wirtschaftlichen Jugendhilfe" (Summe ordentliche Aufwendungen 4,3 Mio. €) nur ein Produkt gebildet wird. Nach unserer Einschätzung dürfte eine entsprechende Vorgehensweise zwar praktikabel sein – aber nicht hinreichend informativ aus Sicht eines Ratsmitglieds.[185]

Zusammenfassend kann festgehalten werden, dass die angemessene Produktanzahl für Städte mit etwa 60.000 Einwohnern bei etwa 80–100 Produkten liegen dürfte.

---

[184] Vgl. Willich (2007) S. 18.
[185] Vgl. hierzu ausführlich. unten D.4.

458 Vergleichende Analyse der unterschiedlichen Modelle nach kommunalen Größenklassen

Interessante Lösungen in der Größenklasse zwischen 50.000 und 100.000 Einwohner

An dem doppischen Haushalt der Stadt **Minden** überzeugt besonders der bereits im ersten Jahr erreichte redaktioneller Feinschliff. Als Beispiel für die Qualität der Produktblätter zeigen wir auch aus Minden das Produkt „Kindertagestätte Hahlen".[186]

Stadt:	STADT MINDEN
Fachbereich:	400 FB 4 - Jugend
Budget:	410 Jugendhilfe und Kindertageseinrichtungen
Unterbudget:	000 -
Produkt:	006.001.004 Kindertagesstätte Hahlen

Kurzbeschreibung

Städtische Tageseinrichtung für Kinder im Alter von 3 Jahren bis zum Beginn der Schulpflicht.
Betrieb der Einrichtung mit Personalmanagement und Ressourcenverwaltung.

Zugehöriger Produktbereich	Produktverantworliche/r
006 Kinder-, Jugend- und Familienhilfe	4.1 / R. Mohnfeld
Zugehörige Produktgruppe	**Budgetverantwortliche/r**
001 Förderung von Kindern in Tagesbetreuung	4.1 / R. Mohnfeld

Politisches Gremium
Jugendhilfeausschuss

Leistungen des Produktes	Aufgabentyp	Ausrichtung	Auftragsgrundlage
001 Erziehung, Bildung, Betreuung Kindergartenkin	pflichtig	extern	Gesetz
002 Sprachförderprogramm	pflichtig	extern	Gesetz
003 Integration v. Kindern mit Behinderungen	pflichtig	extern	Gesetz
004 Unterstützung und Beratung von Eltern	pflichtig	extern	Gesetz
005 Erhebung von Elternbeiträgen	pflichtig	extern	Gesetz
006 Betrieb d. Einrichtung m. Personalmanagement	pflichtig	extern	Gesetz
007 Bedarfsplanung	pflichtig	extern	Gesetz

Teilergebnisplan Ertrags- und Aufwandsarten	Ergebnis 2005	Ansatz 2006	Planung 2007	Planung 2008	Planung 2009	Planung 2010
+ Zuwendungen und allgemeine Umlagen	0,00	0	432.069	427.026	432.825	438.848
+ Öffentlich-rechtliche Leistungsentgelte	0,00	0	6.400	6.560	6.724	6.892
+ Sonstige ordentliche Erträge	0,00	0	60	60	60	60
= Ordentliche Erträge	0,00	0	438.529	433.646	439.609	445.800
- Personalaufwendungen	0,00	0	485.244	471.172	457.680	457.680
- Versorgungsaufwendungen	0,00	0	1.126	1.126	1.126	1.126
- Aufwendungen für Sach- und Dienstleistungen	0,00	0	20.300	20.504	20.707	20.914
- Bilanzielle Abschreibungen	0,00	0	4.815	4.814	4.566	4.566
- Sonstige ordentliche Aufwendungen	0,00	0	75.728	75.766	75.804	75.842
= Ordentliche Aufwendungen	0,00	0	587.213	573.382	559.883	560.128
= Ergebnis der laufenden Verwaltungstätigkeit	0,00	0	-148.684	-139.736	-120.274	-114.328
- Aufwendungen aus internen Leistungsbeziehungen	0,00	0	5.528	5.583	5.639	5.696
= Saldo interner Leistungsbeziehungen	0,00	0	-5.528	-5.583	-5.639	-5.696
= Ergebnis	0,00	0	-154.212	-145.319	-125.913	-120.024

Erläuterungen Teilergebnisplan

Die Kita Hahlen steht seit dem 01.08.2006 in städtischer Trägerschaft. Es werden hier 120 Kinder in fünf Gruppen betreut. Schwerpunkte der Arbeit sind die Bewegungserziehung und themenorientierte Kleingruppenarbeiten.

---

[186] Vgl. Minden (2007) S. 176-177.

Stadt:		STADT MINDEN
Fachbereich:	400	FB 4 - Jugend
Budget:	410	Jugendhilfe und Kindertageseinrichtungen
Unterbudget:	000	-
Produkt:	006.001.004	Kindertagesstätte Hahlen

Ziele und Kennzahlen		Ergebnis 2005	Ansatz 2006	Planung 2007	Planung 2008	Planung 2009	Planung 2010
Ziel 01 zu den Leistungen 001, 003, 004 und 007							
Bereitstellung eines bedarfsgerechten Betreuungsangebotes für Kinder im Alter von 3 Jahren bis zum Beginn der Schulpflicht.							
Anzahl der Plätze	Anz.	0	0	120	120	120	120
Anzahl von Beschwerden	Anz.	0	0	3	3	3	3
Auslastung der Plätze für Kinder im Alter von 3 Jahren bis zum Beginn der Schulpflicht mit geteilter Öffnungszeit	%	0	0	100	100	100	100
Auslastung der Tagesstättenplätze für Kinder im Alter von 3 Jahren bis zum Beginn der Schulpflicht	%	0	0	100	100	100	100
Grad der Unzufriedenheit mit dem Angebot der Einrichtung in % (Beschwerden / Plätze)	.	0,00	0,00	2,50	2,50	2,50	2,50
Ziel 02 zu Leistung 002							
Ausreichende Deutschkenntnisse aller Kinder zum Zeitpunkt der Schulanmeldung.							
Schulanfänger mit ausreichenden Deutschkenntnissen in %	%	0	0	80	85	85	90
Ziel 03 zu den Leistungen 005-006							
Wirtschaftlichkeit des Betriebes.							
Kosten pro Platz	€	0,00	0,00	-4.939,50	-4.824,70	-4.712,68	-4.715,20

Wie die Abbildungen verdeutlichen, sind in dem ausgewählten Beispiel wirkungsorientierte Ziele der Kinderarbeit sowie die zugehörigen Kennzahlen in übersichtlicher Form dargestellt (vgl. Abschnitt Ziele und Kennzahlen). Der Leser des Mindener Haushalts erhält sowohl einen Überblick über die Anzahl der Plätze, die Ziel-Auslastung, die Beschwerden pro Platz, die wirkungsorientierte Kennzahl „Schulanfänger mit ausreichenden Deutschkenntnissen in %" und die Kosten pro Platz. Damit werden nach unserer Würdigung zahlreiche steuerungsrelevante Informationen in besonders übersichtlicher Form bereitgestellt (z. B. werden Leerzeilen unterdrückt und die Beschreibungen sind knapp und präzise). Es ist daher kein Zufall, dass wir uns bei dem unten entwickelten Musterhaushalt teilweise an dem Beispiel von Minden orientieren.

Aber auch der Haushalt von Minden enthält keine Kennzahlen für den Personaleinsatz pro Produkt, was nach unserer Empfehlung im Folgehaushalt nachgeholt werden sollte.

8 Vergleich der Städte bis 200.000 Einwohner

Vergleichende Gegenüberstellung

Wenn man die Großstädte zwischen 100.000 und 200.000 Einwohnern miteinander vergleicht, dann wird deutlich, dass mit Heidelberg und Salzgitter nur zwei Städte das Instrumentarium des doppischen Haushalts vollständig umgesetzt haben. Nur die baden-württembergische Pilotstadt Heidelberg und die niedersächsische Pilotstadt Salzgitter haben bereits flächendeckend Ziele, Mengen und weitergehende Kennzahlen definiert.

Gemeinden und Städte	Einwohner(E)	Seiten		Produkte		Kostenträger o.Ä.		Ziele, Mengen, KZ?
		Anzahl	je 100 E	Anzahl	je 100 E	Anzahl	je 100 E	
über 100.000 bis 200.000								
Heidelberg	144.650	1117	0,77	442	0,31	442	0,31	Z, M, KZ
Salzgitter	107.267	1000	0,93	124	0,12	131	0,12	Z, M, KZ
Göttingen	121.531	346	0,28	193	0,16	193	0,16	Z
Kassel	192.000	560	0,29	407 Kostenstellen		407	0,21	-
Neuss	152.450	377	0,25	131	0,09	131	0,09	-
Potsdam	147.583	1142	0,77	139	0,09	215	0,15	Z

Wie viele Produkte werden gebildet?

Die wenigsten Produkte bildet die Stadt Salzgitter mit 124 Produkten, die zugleich die kleinste Stadt in dieser Stichprobe ist. Am anderen Ende liegt Heidelberg mit 442 Produkten. Wenn man die Kennziffer „Produktanzahl pro 100 Einwohner" betrachtet – jetzt bezogen auf alle analysierten Haushalte – ergeben sich schon nennenswerte Differenzen: die Produktanzahl je 100 Einwohner differiert zwischen den Extremen Neuss und Potsdam (je 0,09) einerseits und Heidelberg (0,31) andererseits.

Bei der relativ hohen Produktanzahl in Heidelberg muss allerdings berücksichtigt werden, dass in Heidelberg auf der Ebene der Produktgruppen ausführliche produktorientierte Informationen geliefert werden und die einzelnen Produkte nicht mehr ausführlich gezeigt werden. Demgegenüber stellen die übrigen Haushalte in der Stichprobe die einzelnen Produkte in den Mittelpunkt der Darstellung.

Zusammenfassend können also zwei grundverschiedene Gliederungskonzeptionen identifiziert werden, die gerade bei Großstädten festgestellt werden können:

- Entweder stehen wie in Heidelberg die **Produktgruppen** im Mittelpunkt des doppischen Haushalts, die dann ausführlich mit Zielen, Mengen und Kennzahlen dargestellt werden.
- Oder die **Produkte** stehen im Mittelpunkt des doppischen Haushalts, wie in Salzgitter und den übrigen dargestellten Städten. Diese Produkte werden dann mit ausführlichen Informationen (Ziele, Mengen, Kennzahlen) im Haushalt abgebildet. In diesem Fall werden in etwa so viele Produkte gebildet, wie es in Heidelberg Produktgruppen gibt. Heidelberg kommt nach unserer Zählung mit knapp 90 Produktgruppen (in Anlehnung an den Baden-Württembergischen Produktplan) aus, während die übrigen aufgeführten Städte Produktzahlen zwischen 131 und 193 aufweisen (bis 407, wenn man die Kasseler Kostenstellen als Produkte interpretiert).

Die beiden Gliederungskonzeptionen stellen nach unserer Würdigung zwei alternative Methoden dar, wie die Informationsfülle – insbesondere bei Großstädten – sinnvoll verdichtet werden kann. Diese unterschiedlichen Methoden werden im Rahmen der weiteren Analyse noch näher betrachtet. In jedem Fall wird spätestens an dieser Stelle der Diskussion die Relativität des Produktbegriffs deutlich. In Abhängigkeit der beiden verschiedenen Gliederungskonzeptionen werden naturgemäß sehr unterschiedliche Produktmengen gebildet.

9 Vergleich der Städte bis 400.000 Einwohner

Vergleichende Gegenüberstellung

Wenn man die in die Analyse einbezogenen Großstädte zwischen 200.000 und 400.000 Einwohnern miteinander vergleicht, dann wird sichtbar, dass immerhin drei der fünf Städte das Instrumentarium des doppischen Haushalts vollständig umgesetzt haben. Gelsenkirchen, Karlsruhe und Münster haben auch Ziele, Mengen und weiterführende Kennzahlen definiert:

Gemeinden und Städte	Einwohner(E)	Seiten		Produkte		Kostenträger o.Ä.		Ziele, Mengen, KZ?
		Anzahl	je 100 E	Anzahl	je 100 E	Anzahl	je 100 E	
über 200.000 bis 400.000								
Gelsenkirchen	267.167	917	0,34	306	0,11	306	0,11	Z, M, KZ
Karlsruhe	285.538	913	0,32	420	0,15	n.a.		Z, M, KZ
Münster	272.106	1225	0,45	196	0,07	196	0,07	Z, M, KZ
Aachen	252.512	993	0,39	138	0,05	138	0,05	M, KZ
Wiesbaden	303.339	475	0,16	433	0,14	433	0,14	-

Wie viele Produkte werden gebildet?

Bei der Interpretation der Kennzahl „Produkte je 100 Einwohner" sind erneut die unterschiedlichen Gliederungskonzeptionen zu berücksichtigen, die die Städte anwenden. Im Hinblick auf die beiden, im vorherigen Abschnitt identifizierten, grundsätzlichen Gliederungskonzeptionen werden von den Großstädten überwiegend die Produktgruppen in den Mittelpunkt des Haushalts gestellt. Lediglich in Aachen stehen – ähnlich wie in Salzgitter – die 138 Produkte im Mittelpunkt des Haushalts.[187]

Bei näherer Betrachtung bestehen auch bei den anderen vier Haushalten durchaus nennenswerte Unterschiede in der Haushaltsgestaltung:

- Gelsenkirchen und Münster definieren Ziele, Mengen und Kennzahlen grundsätzlich für alle Produktgruppen, wobei **die zur Produktgruppe gehörenden Produkte in gestraffter Form ebenfalls dargestellt** werden (mit ausgewählten Zielen, Mengen und Kennzahlen; in Gelsenkirchen auch mit dem auf das Produkt entfallenden Ergebnis aus laufender Verwaltungstätigkeit).
- Auch Karlsruhe und Wiesbaden stellen Produktgruppen in den Mittelpunkt des Haushalts. Im Falle von Karlsruhe werden auf der Ebene der Produktgruppe allgemeine Ziele und Kennzahlen beschrieben und anschließend **nur ausgewählte Schlüsselprodukte** vorgestellt. Wiesbaden hat im Übergangshaushalt ganz auf die Darstellung von Produkten verzichtet und erwägt für das Folgejahr eine ähnliche Beschränkung auf Schlüsselprodukte wie Karlsruhe.

Interessante Lösungen in der Größenklasse zwischen 200.000 und 400.000 Einwohner

Im Hinblick auf die inhaltliche und redaktionelle Qualität der Haushalte überzeugen nach unserer Einschätzung besonders die Lösungen aus Gelsenkirchen und Münster. Auch diese beiden Haushalte lassen sich sicherlich noch weiterentwickeln (was kein Wunder ist), sie beinhalten jedoch bereits zahlreiche interessante Lösungen.[188]

Zur Verdeutlichung der besonders ausgefeilten Berichtstechnik in **Münster** zeigen wir aus dem Haushalt der Stadt das Beispiel der Produktgruppe „Bürgerangelegenheiten" (auszugsweise, nur die ersten beiden Produkte).[189]

---

[187] In Aachen werden nacheinander alle Produktbereiche und Produktgruppen in Form von Teilergebnishaushalten im Haushalt abgebildet, bevor dann alle Produkte nacheinander dargestellt werden, so dass sich insgesamt ein hohes Haushaltsvolumen ergibt. Eine berichtstechnische Integration der Produkte, die zu einer Produktgruppe gehören, erfolgt nicht.
[188] Zu Gelsenkirchen vgl. oben B.8.3.3.
[189] Stadt Münster (2008) S. 164 ff.

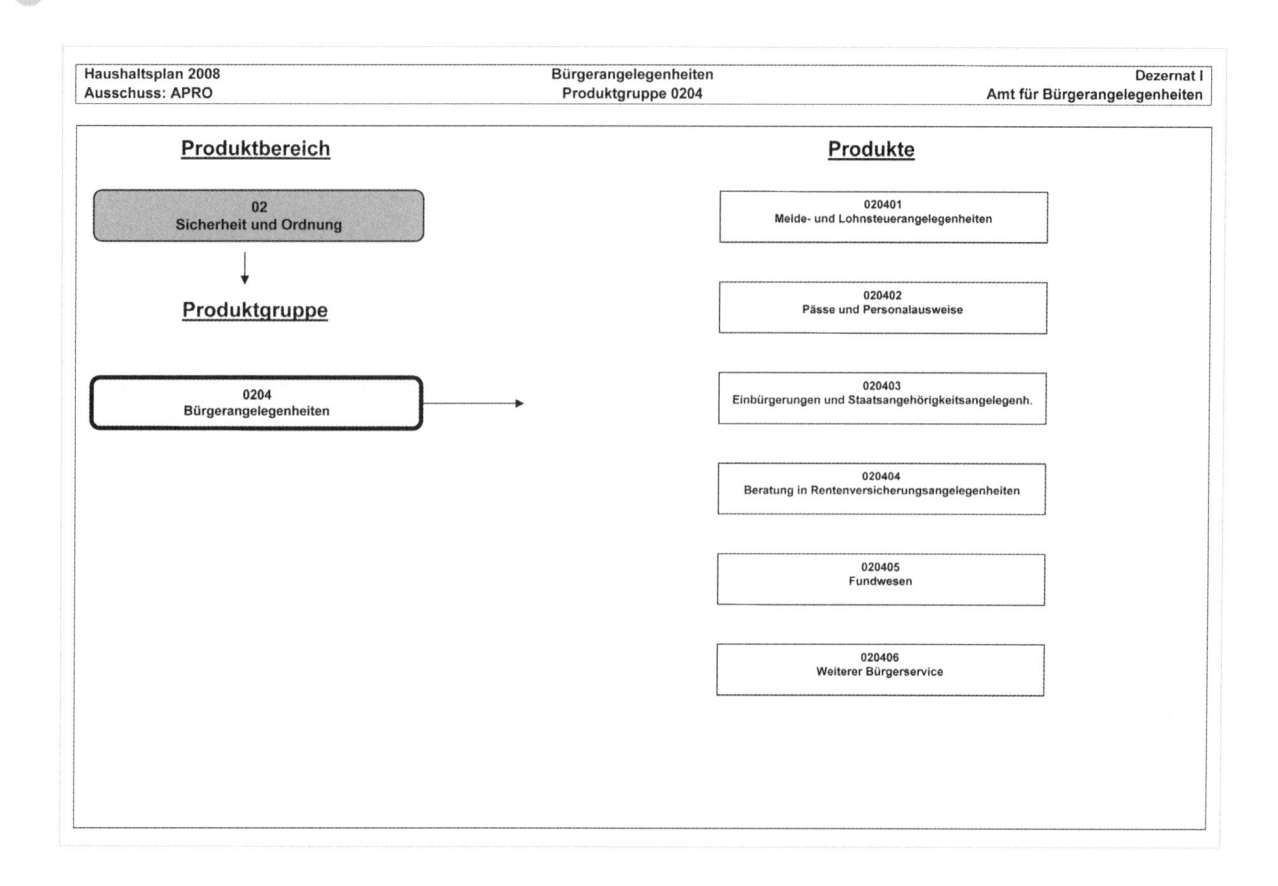

Haushaltsplan 2008	Bürgerangelegenheiten	Dezernat I
Ausschuss: APRO	Produktgruppe 0204	Amt für Bürgerangelegenheiten

Produktbereich

02 Sicherheit und Ordnung

↓

Produktgruppe

0204 Bürgerangelegenheiten →

Produkte

- 020401 Melde- und Lohnsteuerangelegenheiten
- 020402 Pässe und Personalausweise
- 020403 Einbürgerungen und Staatsangehörigkeitsangelegenh.
- 020404 Beratung in Rentenversicherungsangelegenheiten
- 020405 Fundwesen
- 020406 Weiterer Bürgerservice

Haushaltsplan 2008	Bürgerangelegenheiten	Dezernat I
Ausschuss: APRO	Produktgruppe 0204	Amt für Bürgerangelegenheiten

Beschreibung

Die Produktgruppe umfasst im Wesentlichen die von der Stadt Münster wahrzunehmenden Aufgaben aus den Bereichen des Melderechts, Pass- und Ausweisrechts, Einbürgerungs- und Staatsangehörigkeitsrechts, Sozialversicherungsrechts (insbesondere Rentenversicherungsrecht) sowie des Fundrechtes. Charakteristisch für die in dieser Produktgruppe zusammengefassten Leistungen sind persönliche Kurzkontakte und das wohnortnahe Angebot über die Bezirksverwaltungen. Die Leistungen werden in der Innenstadt und überwiegend auch in allen Bezirksverwaltungen angeboten. In dieser Produktgruppe wird auf eine hohe Bürger(Kunden)-orientierung abgestellt.

Besonderheiten im Planjahr
Keine

Ziele
1. Die Öffnungszeiten in den Bürgerbüros und in den Bezirksverwaltungen sollen nicht reduziert werden (Stand 2007).
2. Die durchschnittliche Wartezeit pro Besucher/in soll 15 Min. nicht überschreiten.
3. Die Anzahl der schriftlichen und bei Führungskräften vorgetragenen Beschwerden übersteigt nicht 50 Beschwerden jährlich (Der Wert ist zunächst geschätzt und wird in den kommenden Jahren präzisiert werden.).

	Ergebnis	Ansatz	Ansatz	Planung	Planung	Planung
	2006	2007	2008	2009	2010	2011
Zielkennzahlen						
- Zum 1. Ziel: Wöchentliche Öffnungszeiten Bürgerbüro Mitte (in Std.)			48	48	48	48
- Zum 1. Ziel: Wöchentliche Öffnungszeiten Bezirksverwaltung Hiltrup (in Std.)			28	28	28	28
- Zum 1. Ziel: Wöchentliche Öffnungszeiten Bezirksverwaltung West (in Std.)			36	36	36	36
- Zum 1. Ziel: Wöchentliche Öffnungszeiten Bezirksverwaltung Nord (in Std.)			28	28	28	28
- Zum 1. Ziel: Wöchentliche Öffnungszeiten Bezirksverwaltung Südost (in Std.)			32	32	32	32
- Zum 1. Ziel: Wöchentliche Öffnungszeiten Bezirksverwaltung Ost (in Std.)			20	20	20	20
- Zum 2. Ziel: Durchschnittliche Wartezeit pro Besucher/in (in Minuten)			15	15	15	15
- Zum 3. Ziel: Anzahl der schriftlichen und bei Führungskräften vorgetragenen Beschwerden			50	50	50	50
Standardkennzahlen						
- Teilergebnis (Zeile 29) pro Einwohner/in (in Euro)			-15,46	-15,22	-15,59	-15,72
- Aufwandsdeckungsgrad (in %)			27,3	28,0	27,6	27,4
Leistungsdaten						
- Einwohnerzahl			272.106	272.106	272.106	272.106

Haushaltsplan 2008	Bürgerangelegenheiten	Dezernat I
Ausschuss: APRO	Produktgruppe 0204	Amt für Bürgerangelegenheiten

Produkt 020401 - Melde- und Lohnsteuerangelegenheiten

Beschreibung
Dieses Produkt umfasst die Führung und Aktualisierung des Melderegisters, Ausstellung der Lohnsteuerkarten für unbeschränkt einkommensteuerpflichtigen Personen und Abwicklung der damit in Zusammenhang stehenden Aufgaben (z.B. Eintragen von Kinderfreibeträgen, Plausibilitätsprüfung der Lohnsteuerdaten) sowie die Erfassung von Wehrpflichtigen.

Besonderheiten im Planjahr
Keine

Ziele
1. Anträge werden im Sinne hoher Kundenfreundlichkeit schnell bearbeitet. Exemplarisch hierfür soll die Bearbeitung einer Änderung einer Lohnsteuerkarte durchschnittlich maximal 8 Minuten dauern (Der Wert ist zunächst geschätzt und wird in den kommenden Jahren präzisiert werden.).

	Ergebnis		Ansatz	Planung		
	2006	2007	2008	2009	2010	2011
Zielkennzahlen						
- Durchschnittliche Dauer der Bearbeitung einer Änderung einer Lohnsteuerkarte (in Minuten)			8	8	8	8
Leistungsdaten						
- Anzahl Ummeldungen (Melderegister)			26.000	26.000	26.000	26.000
- Anzahl Abmeldungen			15.000	15.000	15.000	15.000
- Anzahl Neuanmeldungen (Haupt- und Nebenwohnung)			17.000	17.000	17.000	17.000
- Anzahl Ausstellung einer Lohnsteuerkarte (Erst- und Ersatzausstellungen)			12.000	12.000	12.000	12.000
- Anzahl Veränderungen auf einer Lohnsteuerkarte			8.000	8.000	8.000	8.000

Haushaltsplan 2008	Bürgerangelegenheiten	Dezernat I
Ausschuss: APRO	Produktgruppe 0204	Amt für Bürgerangelegenheiten

Produkt 020402 - Pässe und Personalausweise

Beschreibung
Dieses Produkt umfasst die Ausstellung von Reisepässen und Personalausweisen. Rechtsgrundlagen sind das Passgesetz, das Gesetz über Personalausweise (Bund) und das Personalausweisgesetz NW (PauswG NW). Für die Beantragung von Personalausweis und Reisepass sieht der Gesetzgeber eine persönliche Vorsprache vor. Reisepässe und Personalausweise werden von der Bundesdruckerei erstellt.

Besonderheiten im Planjahr
Änderung des Passgesetzes

Ziele
1. Anträge werden im Sinne hohe Kundenfreundlichkeit schnell bearbeitet. Exemplarisch hierfür soll die Dauer der Bearbeitung eines Personalausweises durchschnittlich maximal 10 Minuten dauern (Der Wert ist zunächst geschätzt und wird in den kommenden Jahren präzisiert werden.).

	Ergebnis		Ansatz	Planung		
	2006	2007	2008	2009	2010	2011
Zielkennzahlen						
- Durchschnittliche Dauer der Bearbeitung eines Personalausweises (in Minuten)			10	10	10	10
Leistungsdaten						
- Anzahl ausgestellter Personalausweise (incl. vorläufige BPA)			24.000	24.000	24.000	24.000
- Anzahl ausgestellter Reisepässe (incl. vorläufige RP)			10.000	10.000	10.000	10.000

Produkt 020403 - Einbürgerungen und Staatsangehörigkeitsangelegenheiten

Beschreibung
Inhalt dieses Produktes ist die Verleihung der deutschen Staatsangehörigkeit an ausländische Mitbürger/Innen bzw. die Feststellung der deutschen Staatsangehörigkeit. Die Einbürgerungsbehörde ist Teil des Amtes für Bürgerangelegenheiten. In den Bezirksverwaltungen und Bürgerbüros werden diese Leistungen nicht angeboten.

Besonderheiten im Planjahr
Keine

Über die in Münster erreichte extreme Detailliertheit der Darstellung mag man sicherlich unterschiedlicher Meinung sein. Die Fachdiskussion, ob eine derart detaillierte Informationsbereitstellung über einzelne Produkte aus Sicht des Rats tatsächlich notwendig ist, sollte unseres Erachtens noch bundesweit vertiefend geführt werden.

Nach unserer Einschätzung sollte überlegt werden, ob im Hinblick auf den steuerungsorientierten Informationsbedarf nicht noch eine stärkere Informationsauswahl erfolgen könnte (Konzentration auf das Wesentliche). In jedem Fall können aber von der in Münster erreichten Umsetzung der Produktziele, -mengen und -kennzahlen wertvolle Hinweise für andere Städte ausgehen.

10 Vergleich der Städte mit über 400.000 Einwohnern

Vergleichende Gegenüberstellung

Von den vier Städten, die über 400.000 Einwohner haben, haben die Städte Dortmund, Essen und Frankfurt bereits Ziele, Mengen und weiterführende Kennzahlen formuliert, während dies in Nürnberg noch aussteht.

Gemeinden und Städte	Einwohner(E)	Seiten		Produkte		Kostenträger o.Ä.		Ziele, Mengen, KZ?
		Anzahl	je 100 E	Anzahl	je 100 E	Anzahl	je 100 E	
über 400.000								
Dortmund	588.168	1368	0,23	457	0,08	457	0,08	Z, M, KZ
Essen	585.430	1827	0,31	264	0,05	264	0,05	Z, M, KZ
Frankfurt am Main	667.000	1796	0,27	106	0,02	416	0,06	Z, M, KZ
Nürnberg	503.000	2095	0,42	305	0,06	305	0,06	-

Wie viele Produkte werden gebildet?

Auch in der Größenklasse der Halbmillionenstädte existieren durchaus unterschiedliche Gliederungskonzeptionen. Dortmund, Essen und Frankfurt am Main stellen grundsätzlich die Produktgruppen in den Mittelpunkt des Haushalts, während Nürnberg die 305 Profitcenter in den Mittelpunkt stellt, welche einzeln – und differenziert nach Konten – gezeigt werden. Während sich die Nürnberger Lösung noch stark an der Haushaltskultur der alten Kameralistik orientiert, bemühen sich die drei anderen Beispiele um eine sinnvolle Informationsauswahl und -verdichtung im Rahmen der Hierarchie von Produktbereichen, Produktgruppen und Produkten.

Auch zwischen den Lösungen von Dortmund, Essen und Frankfurt gibt es im Detail konzeptionelle Unterschiede. Allerdings haben alle drei Städte gemeinsam, dass im Rahmen einer amts- bzw. fachbereichsbezogenen Darstellung die jeweils definierten **Produktgruppen** (d. h. organisatorisch ausgerichtete Produktgruppen) im Mittelpunkt der Haushaltsdarstellung stehen (mit Zielen, Mengen und Kennzahlen).

Anders als in Frankfurt, wo die Beschreibung sich auf die Produktgruppen beschränkt, werden in Dortmund und Essen auch noch die zugehörigen Produkte des jeweiligen Amtes im Rahmen der Produktgruppen beschrieben.

11 Vergleich der Kreise bis 150.000 Einwohner

Gemeinden und Städte	Einwohner(E)	Seiten		Produkte		Kostenträger o.Ä.		Ziele, Mengen, KZ?
		Anzahl	je 100 E	Anzahl	je 100 E	Anzahl	je 100 E	
bis 150.000								
Lk Ebersberg	125.052	196	0,16	360	0,29	360	0,29	Z, M, KZ
Lk Mansfelder Land	100.191	381	0,38	96	0,10	96	0,10	Z, M, KZ
Rhein-Hunsrück-Kreis	106.202	601	0,57	123	0,12	123	0,12	Z, M, KZ
Lk Bamberg	144.863	202	0,14	n.a.		n.a.		Z, M
Lk Günzburg	121.640	207	0,17	73 Kostenstellen		73	0,06	M, KZ
Lk Mühldorf am Inn	110.930	220	0,20	255	0,23	255	0,23	Z, M
Lk Ostprignitz-Ruppin	106.409	750	0,70	200	0,19	200	0,19	Z, M
Lk Prignitz	85.863	456	0,53	104	0,12	104	0,12	-
Rhein-Lahn-Kreis	127.991	504	0,39	111	0,09	332	0,26	Z, M
Lk St. Wendel	93.756	458	0,49	85	0,09	96	0,10	Z, M

Bei den doppischen Haushalten der kleineren Kreise (bis 150.000 Einwohner) besteht – ähnlich wie bei den kleinen Gemeinden mit unter 10.000 Einwohnern – kein größerer Bedarf nach Informationsverdichtung. Dies bedeutet in der Praxis: wenn die gewohnte Detailliertheit (z. B. Einzeldarstellung aller Schulen mit einzelnen Gruppierungen bzw. Konten) aufrechterhalten werden soll, dann ist dies möglich, ohne dass unzumutbar dicke Haushalte entstünden. Allerdings ist zu berücksichtigen, dass bislang nur drei Kreise das vollständige Instrumentarium der kommunalen Doppik (einschließlich Ziele, Mengen und weiterführende Kennzahlen) umgesetzt haben.

Wenn man die analysierten Haushalte in ihren Volumina vergleicht, dann fällt auf, dass auch bei diesen Kreisen zwei grundverschiedene Strategien der Informationsverdichtung gewählt wurden:

- Entweder es werden – wie in den bayrischen Landkreisen Bamberg, Ebersberg und Mühldorf – nur wesentliche (Schlüssel-) Produkte ausführlich dargestellt
- oder es werden sowenig wie möglich Produkte gebildet – diesen Weg gehen die Kreise Mansfelder Land, Prignitz, Rhein-Hunsrück-Kreis, Rhein-Lahn-Kreis und St. Wendel.

12 Vergleich der Kreise mit über 150.000 Einwohnern

Wie viele Produkte sollten Kreise bilden?

Die vergleichende Analyse aller Kreise ergibt eine angemessene Produktanzahl für Kreise von etwa 80 bis 120 Produkte (in Abhängigkeit davon, ob die Zugehörigkeit zu bestimmten Produktgruppen landesrechtlich vorgeschrieben wird). Anders als bei den Städten steigt bei Kreisen im Regelfall nicht die Produktanzahl in Abhängigkeit der Einwohnerzahl, weil alle Kreise eines Bundeslandes – unabhängig von ihrer Größe – annähernd dieselben Produkte und Leistungen erbringen. Dies wird auch durch die vergleichende Gegenüberstellung der größeren Kreise deutlich:

Gemeinden und Städte	Einwohner(E)	Seiten		Produkte		Kostenträger o.Ä.		Ziele, Mengen, KZ?
		Anzahl	je 100 E	Anzahl	je 100 E	Anzahl	je 100 E	
über 150.000								
Kreis Borken	370.000	490	0,13	94	0,03	199	0,05	Z, M, KZ
LK Dahme-Spreewald	161.756	853	0,53	113	0,07	220	0,14	Z, M, KZ
Lk Diepholz	217.963	594	0,27	102	0,05	102	0,05	Z, M, KZ
Kreis Gütersloh	357.433	881	0,25	136	0,04	136	0,04	Z, M, KZ
Lk Harburg	243.276	811	0,33	95	0,04	498	0,20	Z, M, KZ
Kreis Herford	253.751	446	0,18	84	0,03	84	0,03	Z, M, KZ
Kreis Höxter	152.627	443	0,29	95	0,06	95	0,06	Z, M, KZ
Lahn-Dill-Kreis	260.512	797	0,31	53	0,02	63	0,02	Z, M, KZ
Main-Kinzig-Kreis	409.568	1120	0,27	170	0,04	170	0,04	Z, M, KZ
Märkischer Kreis	448.800	406	0,09	135	0,03	135	0,03	Z, M, KZ
Lk Osnabrück	359.340	463	0,13	124	0,03	131	0,04	Z, M, KZ
Lk Pinneberg	299.310	765	0,26	135	0,05	135	0,05	Z, M, KZ
Kreis Warendorf	282.721	444	0,16	95	0,03	95	0,03	Z, M, KZ
Lk Darmstadt-Dieburg	290.292	430	0,15	179	0,06	179	0,06	Z
Lk Neu-Ulm	163.837	194	0,12	141 Kostenstellen		141	0,09	-
Lk Neuwied	185.253	529	0,29	120	0,06	347	0,19	Z, M
Lk Oberhavel	201.289	449	0,22	114	0,06	114	0,06	Z
Rheingau-Taunus-Kreis	185.557	510	0,27	330	0,18	330	0,18	-
Rhein-Kreis Neuss	445.000	665	0,15	116	0,03	116	0,03	Z
Stadtverband Saarbrücken	339.874	388	0,11	69	0,02	69	0,02	Z, M
Kreis Unna	421.464	1117	0,27	157	0,04	157	0,04	Z

Anzahl der Kostenträger o. Ä.

Während die Produktanzahl bei den Kreisen also kaum differiert, sind Volumen der Haushalte genauso wie die Anzahl der von den Kreisen gebildeten Kostenträger o. Ä. sehr unterschiedlich. Dies gilt genauso bei den Städten und Gemeinden aller Größenordnungen. Auf eine Beschreibung dieser Unterschiede haben wir bislang verzichtet. Die Strukturen des Rechnungswesens werden im Kapitel D diskutiert, wo Grundsätze zur Steigerung der Effizienz des kommunalen Rechnungswesens erarbeitet werden sollen. Zuvor beschäftigen wir uns mit den Maßstäben, nach denen ein doppischer Haushalt beurteilt werden kann und entwickeln hierfür konkrete Gestaltungsvorschläge.

D Praktische Empfehlungen zum doppischen Haushalt

> **Auf einen Blick**
>
> Welche konkreten Empfehlungen lassen sich aus der Analyse der 117 doppischen Haushalte ableiten? Wegen der Komplexität und Heterogenität des Problemkomplexes werden zunächst die Maßstäbe formuliert, wie ein Haushalt überhaupt beurteilt werden kann. Die Frage, was ein guter doppischer Haushalt sei, wird am Beispiel des tatsächlichen Informationsbedarfs des Rats bzw. der Stadtverordnetenversammlung diskutiert. Ausgehend von den verschiedenen Informationsbedürfnissen werden fünf Falltypen identifiziert. Darauf aufbauend wird ein konkretes Gestaltungsmodell für einen doppischen Haushalt entwickelt.

1 Grundsätze für die Einstufung als „besonders überzeugend" (Best Practise-Lösungen)

1.1 Leitideen für eine Beurteilung konkreter Haushalte

Wie kann ein doppischer Haushalt überhaupt sinnvoll beurteilt werden?

Die Gestaltung eines doppischen Haushalts besitzt zwangsläufig zahlreiche Gestaltungselemente und Facetten. Es wird sicherlich nicht so ohne weiteres möglich sein, einen ganzen Haushalt als vorbildlich zu empfehlen (selbst wenn die Entwicklung schon weiter wäre als sie tatsächlich ist). Jedes einzelne Gestaltungselement muss im Grunde beurteilt werden – was auf den ersten Blick fast ein Ding der Unmöglichkeit zu sein scheint. Auf den zweiten Blick lassen sich jedoch wichtige **Gestaltungselemente** (z. B. die Ausrichtung der Teilhaushalte oder die Form der Produktblätter) identifizieren, die durchaus einer vergleichenden Analyse unterzogen werden können.

Auch wenn die vergleichende Analyse auf Gestaltungselemente des doppischen Haushalts bezogen wird, entsteht hierzu in der Fachdiskussion regelmäßig die Frage, nach welchen Maßstäben die vergleichende Analyse ausgerichtet werden sollte.

Der doppische Haushalt kann als eine Form eines Berichtes verstanden werden. Dieser Bericht wird jährlich im Zusammenhang mit einer Planung erstellt und ist an verschiedene Nutzergruppen gerichtet:

- die Mitglieder des politischen Aufsichtsorgans der kommunalen Selbstverwaltungskörperschaft – also die ehrenamtlichen Ratsmitglieder bzw. Stadtverordnete oder Kreistagsmitglieder – die den Haushalt in Abhängigkeit an ihre Zuständigkeiten, Interessen und Vorbildung sehr unterschiedlich nutzen
- die Verwaltungsspitze einschließlich der den Haushalt erstellenden Kämmerei, für die der Haushalt ein zentrales Steuerungs- und Kommunikationsinstrument darstellt
- die Führungskräfte und Haushaltssachbearbeiter der dezentralen Fachbereiche oder Ämter sowie
- die interessierten Bürger.

Da es also um einen Bericht an Adressatengruppen geht, stellt der tatsächliche **Informationsbedarf** dieser Personengruppen einen zentralen Orientierungspunkt dar. Man kann sicherlich formulieren:

ein doppischer Haushalt erfüllt seine Aufgaben effektiv, wenn die Informationsbedürfnisse der Adressatengruppen adäquat erfüllt werden.[190]

Allerdings ist dies nur die eine Seite der Medaille: Eine zweite Leitidee ist die (sicherlich verständliche) Forderung, dass mit dem doppischen Haushalt keine unnötigen Bürokratiefolgekosten entstehen sollten. Dies bedeutet, dass nicht nur der Informationsbedarf der Adressaten befriedigt wird, sondern dass dies auch auf effiziente Weise geschehen sollte. Diese Leitidee der wirtschaftlichen Informationsbereitstellung berührt unmittelbar das dem doppischen Haushalt zugrundeliegende Haushalts- und Rechnungswesen (das in möglichst effizienter Weise zu gestalten ist).

Fachliche Einordnung des doppischen Haushalts als Gestaltungsproblem

Die dargestellten Funktionen bzw. Leitideen hängen eng mit der Berichtsfunktion des Haushalts zusammen. Insoweit hat der Haushalt also Informations- bzw. Kommunikationsfunktionen zu erfüllen; die unter anderem (aber keinesfalls ausschließlich) für Steuerungszwecke genutzt werden können.

Die bestehenden Steuerungszwecke sowie der Charakter der Kommunalverwaltung als **Dienstleistungsbetrieb** deuten daraufhin, dass die Erkenntnisse der Betriebswirtschaftslehre (insbesondere das Fachgebiet Controlling/Kosten- und Leistungsrechnung, das sich insbesondere mit der steuerungsorientierten Gestaltung von Berichten beschäftigt) genutzt werden können. Die Betriebswirtschaftslehre verwendet hierzu entsprechende Ansätze der Informations- und Kommunikationslehre bzw. verschiedene praktische Techniken, wie Informationsauswahl und -aufbereitung in schriftgebundenen Medien möglichst optimal gestaltet werden können. Deshalb werden wir in der vergleichenden Analyse auch zahlreiche Praxiserfahrungen mit (Controlling-) Berichten und ähnlichen Instrumenten mit einfließen lassen.

Nach den Grundprinzipien der wirkungsorientierten Verwaltungssteuerung kann der doppische Haushalt als Ganzes als eine Art Kontrakt zwischen Verwaltung und Rat/Stadtverordnetenversammlung interpretiert werden. Da die Haushaltsansätze künftig jährlich mit Hilfe von Soll-Ist-Vergleichen (auf Basis der doppischen Jahresabschlüsse) überprüft werden sollen, kann der doppische Haushalt zudem noch als **Instrument eines strategischen Controllings** verstanden werden.

Die Einstufung einer konkreten Gestaltungsidee eines Haushalts als „Best Practise-Lösung" orientiert sich damit an den oben formulierten Leitideen:

- In welchem Umfang ist der jeweilige doppische Haushalt tatsächlich für die verschiedenen Adressaten hilfreich? Z. B. für ein Mitglied des politischen Aufsichtsorgans, um die politische Steuerung positiv zu unterstützen.
- Wie effizient setzt die jeweilige Kommune das mächtige doppische Instrumentarium ein, um unnötige Bürokratiefolgekosten zu vermeiden.

Die zweite Frage nach einem möglichst effizienten Rechnungswesen vertiefen wir in Kapitel E. Zunächst geht es um die inhaltliche und formale Qualität des Haushalts, der am Informationsbedarf der Adressaten ausgerichtet werden sollte.

---

[190] Vgl. ebenso Bals (2008) Rn. 33: "Im Haushalt müssen die Informationen dargeboten werden, die für die örtlichen Planungen, Entscheidungen und Kontrollen wichtig sind". Dazu müsse der Haushalt den Politikern und Managern ein möglichst transparentes Bild ihrer Verwaltung und ihrer Leistungen bieten. (vgl. ebenda Rn. 41).

1.2 Konsequente Orientierung am Informationsbedarf

Was brauchen die Ratsmitglieder/Stadtverordneten?

Für die hier interessierende Fachdiskussion beschränken wir uns in der Darstellung hauptsächlich auf die steuerungsorientierten Informationen (auch um die Darstellung nicht zu umfangreich zu machen).

Nach unserer Einschätzung ist diese Beschränkung auf steuerungsorientierte Informationen aber durchaus auch zulässig. Wir möchten diese Auffassung mit folgendem Gedanken plausibel machen: Immer dann, wenn die **betriebliche Verwaltungsrealität** in übersichtlicher Form so transparent gemacht wird, dass alle legitimen Steuerungsbedürfnisse des Rats befriedigt werden, dann ist dies auch ein Indiz für eine hohe Berichtsqualität aus Sicht des Verwaltungsmanagements. In der Praxis besteht allenfalls eine Tendenz in der Verwaltung, unangenehme Informationen zu verschleiern – insoweit ist die vom Verwaltungsmanagement angestrebte Informationsqualität also tendenziell niedriger als die optimale steuerungsorientierte Aufbereitung aller wesentlichen Informationen für den Rat.

Eine positive Unterstützung der politischen Steuerungsfunktion kann grundsätzlich dann angenommen werden, wenn das Ratsmitglied **die für die Steuerung wesentlichen Informationen zutreffend und übersichtlich** – d. h. in angemessener inhaltlicher und formaler Aufbereitung – erhält. An dieser Stelle ist nur eine Annäherung an die tatsächlichen Bedürfnisse der Ratsmitglieder möglich, da diese zwangsläufig unterschiedlich ausgeprägt sind.

Der tatsächlich bestehende Informationsbedarf des Rats sollte grundsätzlich Ausgangspunkt der Haushaltsgestaltung sein. Andererseits kennen die Ratsmitglieder häufig nicht die Möglichkeiten des doppischen Instrumentariums. Außerdem entspricht das tatsächliche Interesse vieler Ratsmitglieder nicht dem Ideal des neuen Steuerungsmodells, welches eine strategisch ausgerichtete wirkungsorientierte Verwaltungssteuerung anstrebt. Schließlich wirken sich in diesem Zusammenhang der Ausbildungsstand der Ratsmitglieder sowie die in der jeweiligen Kommune vorherrschende Politikkultur aus.

Auch wenn hier nicht der Platz ist, das neue Steuerungsmodell insgesamt zu beurteilen,[191] kann doch unseres Erachtens folgende Grundtatsache des demokratischen Gemeinwesens festgehalten werden: Ein Rat orientiert sich in seiner politisch geprägten Arbeit keinesfalls immer an rationalen Aspekten oder an strategisch ausgerichteten Zielen, wie das Gemeinwohl möglichst effektiv und effizient gefördert werden kann. Die politisch geprägte Praxis dürfte auch künftig durch zahlreiche Wahlkampfaktivitäten und Einzelinteressen beeinflusst werden.

Was bedeuten diese praktischen Rahmenbedingungen der politischen Realität für die hier interessierende Beurteilung von doppischen Haushalten?

- Durch die im Vergleich zur bisherigen Kameralistik **wesentlich höheren Freiräume bei der Haushaltsgestaltung** wird die konkrete Ausgestaltung des Haushalts in der Praxis häufig zu einem **Verhandlungsproblem** zwischen Rat und Verwaltung. In der Praxis dürfte die konkrete Gestaltung des doppischen Haushalts im Rahmen der Landesvorgaben – unter Umständen über Jahre – zwischen Verwaltung und Politik auszuhandeln sein.

- Die positive Unterstützung der politischen Steuerungsfunktion kann (genauso wie die Effizienz des Rechnungswesens) **grundsätzlich nur begrenzt objektiviert werden**. Andererseits dürfte jedem kommunalen Praktiker einleuchten, dass manche Haushalte eher überzeugen als andere. Für die Frage, ob die komplexe Realität einer Kommunalverwaltung durch einen Haushalt transparent und übersichtlich abgebildet wird, können durchaus zahlreiche (zwar graduelle, aber

---

[191] Vgl. hierzu vor allem Bogumil et al. (2007) sowie Alonso (2006), Finger (2007), Kegelmann (2007), Kuhlmann (2006), KGSt (2006), KGSt (2007a), Reichard (2002), Reichard (2007).

durchaus überzeugende) Argumente gefunden werden, so dass in begrenztem Umfang doch intersubjektiv nachvollziehbare Hinweise gegeben werden können.

Zur Verdeutlichung, was in der Praxis steuerungsrelevante Informationen sind – und wie ein doppischer Haushalt dabei helfen kann – entwickeln wir nacheinander vier Beispiele, für die anschließend auch Musterlösungen erarbeitet werden sollen. Diese Beispiele repräsentieren vier Falltypen, die in der Kommunalverwaltung aus betriebswirtschaftlicher Sicht identifiziert werden können.

2 Falltyp 1: Verwaltungsbereiche mit überschaubaren Input-Output-Verhältnissen

Wie viele Hilfspolizistinnen brauche ich?

Klaus Clever ist **Fraktionsvorsitzender** der Mehrheitsfraktion im Stadtrat einer Kreisstadt (50.000 Einwohner). Zwei Fraktionsmitglieder haben vorgeschlagen, eine zusätzliche Hilfspolizistin einzustellen, weil nach ihrer Meinung die Innenstadt immer mehr zugeparkt werde.

Der Oberbürgermeister ist anderer Meinung. Ihm geht es mehr um die Attraktivität der Stadt als Einkaufsstadt. Klaus Clever erinnert sich an den kürzlich eingeführten doppischen Haushalt und schlägt unter dem entsprechenden Produkt „Überwachung des ruhenden Verkehrs" nach. Er liest folgende, aus einem Landesprojekt stammende **Produktbeschreibung**:[192]

Teilhaushalt: Abteilung II				Art der Aufgabe	Verantwortlich
Haupt-Produktbereich	1	Zentrale Verwaltung		Pflichtaufgabe	Abteilungsleiter: Herr P
Produktbereich	12	Sicherheit und Ordnung			Sachbearbeiterin: Frau M
Produktgruppe	123	Verkehrsangelegenheiten		Auftraggeber	Auftragsgrundlage
Produkt	1235	Verkehrsüberwachung - ruhender Verkehr -		Land	Straßenverkehrsordnung Ordnungsrecht
Kurzbeschreibung				**Produktart**	
Tätigkeiten zur Kontrolle der Einhaltung von Ge- und Verboten im ruhenden Verkehr einschließlich Ahndung und Beseitigung der Verstößen.				extern	
Ziele				**Zielgruppe**	
- Erhöhung der Kontrollzeiten in x Prozent - Gewährleistung der Verkehrssicherheit und der Parkraumbewirtschaftung durch Senkung der Parkverstoßquote um x Prozent				Bürger, Verkehrsteilnehmer	

Leistungsumfang							
Kennziffer	Bezeichnung	Einheit	Ergebnisse Vorvorjahres	Ansätze des Vorjahres	Ansätze des Hhj.	Planung Hhj.+1	Planung Hhj.+2	Planung Hhj.+3
12351	Kontrollen	Stunden					
12352	Verwarnungen	Anzahl					

Grundzahlen	Finanzkennzahlen	Leistungskennzahlen
Einwohner	Erträge/ Aufwendungen je Einwohner/ bew. Parkplatz	Außendienstquote
Bewirtschaftete Parkplätze	Erträge/ Aufwendungen je Kontrollstunde/Verwarnung	Parkverstoßquote

Teilergebnishaushalt					
Erträge/Aufwendungen Interne Leistungsbeziehungen	Ergebnisse Vorvorjahres	Ansätze des Vorjahres	Ansätze des Hhj.	Planung Hhj.+1	Planung Hhj.+2	Planung Hhj.+3

Teilfinanzhaushalt							
Einzahlungen/Auszahlungen Einzelne Investitionsmaßnahmen	Ergebnisse Vorvorjahres	Ansätze Vorjahres	Ansätze des Hhj.	VE Hhj.	Plan Hhj.+1	Plan Hhj.+2	Plan Hhj.+3	Plan Hhj.+x	bisher	gesamt

Erläuterungen

Klaus Clever ist etwas irritiert und kann mit den dargestellten Kennziffern zunächst wenig anfangen. Beim Abendessen diskutiert er das Problem mit seiner Frau. Welche Informationen brauche ich, um zuverlässig sagen zu können, ob wir eine zusätzliche Hilfspolizistin benötigen?

Seine Frau erinnert sich daran, dass eine Freundin ihr gesagt habe, dass unter den Hilfspolizistinnen zurzeit mehrere Kolleginnen gleichzeitig im Mutterschutz sind. Dadurch wird Klaus Clever klar, dass die wichtigste Information die ist, wie viele Hilfspolizistinnen jetzt und im Folgejahr tatsächlich einsatzbereit sind. Er wundert sich, dass in dem abgebildeten Produktblatt zwar viele fachspezifische Kennziffern stehen, aber keine Informationen über den Ist-Personaleinsatz und den voraussichtlichen Ist-Personaleinsatz des Haushaltsjahres zu finden sind.

---
[192] Gemeinde- und Städtebund Rheinland-Pfalz (2006), S. 369.

Falltyp 1: Verwaltungsbereiche mit überschaubaren Input-Output-Verhältnissen

> Nachdem er diese Information vom Leiter des Ordnungsamtes bekommen hat, überlegt er weiter, dass ihn als wichtige weitere Information noch die Entwicklung der in einem Jahr festgestellten Parkverstöße im Mehrjahresvergleich interessiert.
>
> Schließlich stellt er fest, dass er außerdem wissen möchte, wie die beiden Kennzahlen „Personaleinsatz" und „Festgestellte Parkverstöße" in den benachbarten Städten (und bezogen auf 1.000 Einwohner) sich entwickelt haben. Clever ist sich sicher: wenn er die Entwicklung dieser zwei Kennzahlen und Anhaltspunkte für einen interkommunalen Vergleich (Benchmark) bekommt, kann er eine klare Entscheidung treffen, ob eine zusätzliche Kraft eingestellt werden soll.

Diese Erkenntnisse lassen sich verallgemeinern

Das Produkt „Überwachung des ruhenden Verkehrs" stellt nach unserer Analyse einen Falltyp dar, der in der kommunalen Wirklichkeit besonders weit verbreitet ist. Es handelt sich um diejenigen Aufgabenfelder, die eine bestimmte, noch überschaubare kommunale Aufgabe betreffen. Überschaubar heißt in diesem Zusammenhang, dass sowohl der mengenmäßige Input als auch der mengenmäßige Output relativ leicht festgestellt werden kann und aus betriebswirtschaftlicher Sicht noch nicht eine Komplexität erreicht wird, als dass man von einem Teilbetrieb sprechen könnte. Falltyp 1 bildet also einen Verwaltungsbereich mit überschaubaren Input-Output-Relationen ab.

Bei diesen noch überschaubaren Bereichen wie dem Produkt „Überwachung des ruhenden Verkehrs" lassen sich die Erkenntnisse des Fraktionsvorsitzenden aus dem Beispielfall folgendermaßen verallgemeinern:

Wenn man die wesentlichen steuerungsrelevanten Informationen identifizieren will, dann reichen bei diesem Falltyp Informationen über den Ist-Personaleinsatz (und seine Entwicklung im Planungszeitraum) und die wichtigsten Fallzahlen (und ihre Entwicklung) aus, um Steuerungsentscheidungen fundiert treffen zu können – vor allem dann, wenn in der Produktbeschreibung hierzu interkommunale Vergleichswerte bzw. Benchmarks angegeben werden.

Betriebswirtschaftlicher Hintergrund

Derartige kommunale Aufgabenfelder können betriebswirtschaftlich sowohl als Kostenstelle als auch als Kostenträgergruppe[193] interpretiert werden. Bei diesem Falltyp werden für Steuerungszwecke in der Praxis sogar eher kostenstellenbezogene Informationen (Wie entwickelt sich der Personaleinsatz?) als kostenträgerbezogene Informationen (Was kostet mich ein durchschnittlicher Parkverstoß?) benötigt.

Die Betriebswirtschaftslehre hat über Jahrzehnte gestritten, was entscheidungsorientierte bzw. steuerungsorientierte Kosteninformationen sind.[194] Ein Ergebnis der Fachdiskussion war die Erkenntnis, dass unter bestimmten Bedingungen vorrangig kostenstellenbezogene Informationen benötigt werden (und daher entscheidungsrelevant sind). Man kann bei diesem Falltyp durchaus verallgemeinern: Zur Wirtschaftlichkeitskontrolle des Aufgabenbereichs „Überwachung des ruhenden Verkehrs" müssen die eingesetzten Mittel (hauptsächlich Personaleinsatzmengen) dem Output gegenüber gestellt werden.

Gestaltungsvorschlag

Folgendes Produktblatt bildet nach unserer Einschätzung den im Stadtrat bestehenden Informationsbedarf so ab, dass die für die Steuerung wesentlichen Informationen übersichtlich bereitgestellt werden.

---

[193] Als Kostenträger kann z. B. der einzelne Parkverstoß interpretiert werden.
[194] Unter anderem entwickelten sich verschiedene „Kostenrechnungsschulen", vgl. hierzu ausführlich den Überblick bei Marettek (1995) S. 61 ff.

1235 Überwachung ruhender Verkehr

Verantwortung: Herr Mustermann
Fachbereich 2, Abteilung 27

Beschreibung

Kontrolle der Einhaltung von Ge- und Verboten im ruhenden Verkehr. Das Produkt betrifft ausschließlich die Tätigkeit der Hilfspolizisten (überwiegend Außendiensttätigkeit).

Ziele

Gewährleistung der Sicherheit und Leistungsfähigkeit des Verkehrs ohne negative Rückwirkungen auf die Attraktivität als Einkaufsstadt.

Mengen / weiterführende Kennzahlen	Ergebnis 2007	Ansatz 2008	Ansatz 2009
Anzahl Ordnungswidrigkeiten			
Anzahl Ordnungswidrigkeiten je 1.000 Einwohner			
Anzahl Ordnungswidrigkeiten je 1.000 Einwohner im Landesdurchschnitt			
Mitarbeiter/Innen (voraussichtliche Ist-Vollzeitkräfte)			
Mitarbeiter/Innen je 1.000 Einwohner			
Mitarbeiter/Innen je 1.000 Einwohner im Landesdurchschnitt (durchschnittl. Personaleinsatz der Städte im Vergleichsring ruhender Verkehr)			

	Ertrags- und Aufwandsart	Ergebnis 2007	Ansatz 2008	Ansatz 2009
05	+ Privatrechtliche Leistungsentgelte			
06	+ Kostenerstattung und Kostenumlagen			
09	+ sonstige laufende Erträge			
10	= Summe der laufenden Erträge			
11	− Personalaufwendungen			
12	− Versorgungsaufwendungen			
13	− Aufwendungen für Sach- und Dienstleistungen			
14	− Abschreibungen			
15	− Zuwendungen, Umlagen und sonstige Transferaufwendungen			
16	− Aufwendungen der sozialen Sicherung			
17	− sonstige laufende Aufwendungen			
18	= Summe der laufenden Aufwendungen			
19	= laufendes Ergebnis			
27	= Jahresergebnis			

Erläuterungen

In 2008 und 2009 ist wegen der Erziehungszeiten von zwei Mitarbeiterinnen mit einer deutlichen Abnahme der Kontrollzeiten zu rechnen. Die verbliebenen Mitarbeiterinnen sollen sich verstärkt auf die Problempunkte am Äußeren Ring und am Marktplatz konzentrieren.

Es geht um strategische Steuerung

Wenn man unseren Lösungsvorschlag mit dem aus dem rheinland-pfälzischen Landesprojekt vergleicht, dann repräsentiert der rheinland-pfälzische Vorschlag eher das operative Controlling durch eine Fachabteilung (hier: Ordnungsamt), während unser Vorschlag den Grundsätzen der strategischen Steuerung (durch Rat bzw. Stadtverordnetenversammlung) entspricht.

Überleitung zum Musterhaushalt auf CD

Der hier entwickelte Lösungsvorschlag für das Produktblatt „Überwachung ruhender Verkehr" findet sich auch in dem auf der CD veröffentlichen Musterhaushalt für eine Stadt mit etwa 50.000 Einwohnern. Ergänzend ist anzumerken, dass bei Städten das Produkt „Überwachung ruhender Verkehr" häufig mit dem verwandten Produkt „Überwachung fließender Verkehr" (Rotlichtverstöße sowie zu hohe Geschwindigkeit) zusammengefasst wird. In diesen Fällen umfasst das zusammengefasste Produkt „Verkehrsüberwachung" mehrere Kostenstellen – wobei wir bereits beim zweiten Falltyp wären. Im zweiten Falltyp wird im Haushalt über eine Kostenstellengruppe zusammenfassend berichtet.

3 Falltyp 2: Teilbetrieb Schulen

> **Werden unsere Schulen gleich behandelt?**
>
> Klaus Clever hat ein neues Problem. Diesmal geht es um einen Konflikt in seiner Fraktion während der Haushaltsberatungen. Parteifreunde haben Indizien zusammengetragen und behaupten, dass die Grundschule im Stadtteil Reichenbach über Jahre deutlich besser ausgestattet wurde, als die übrigen fünf Grundschulen der Stadt. Unangenehmerweise wohnen in Reichenbach sowohl der OB als auch der Schulamtsleiter. Nach einer nervenden Fraktionssitzung diskutiert Clever das Problem mit seiner Frau. Welche Informationen benötige ich, um eine annähernde Gleichbehandlung der Grundschulen darzustellen und um Vertrauen wieder herzustellen? Im doppischen Haushalt wird das Produkt „Grundschulen" als ein Produkt dargestellt. Clever kommt zu folgendem Ergebnis: Die Gesamtaufwendungen pro Grundschüler sollten differenziert für jede Schule ermittelt und verglichen werden. Um diese Kennzahl zu erarbeiten, sollten wenigstens die Gesamtaufwendungen pro Schule sowie die Fallzahlen (Anzahl der Schüler) pro Schule und ihre jeweilige Entwicklung angegeben werden. Im Idealfall sollten nicht nur die Gesamtaufwendungen, sondern auch die verschiedenen Ertrags- und Aufwandsarten schulbezogen dargestellt werden (besonders wichtig sind die jeweils vergebenen Schulbudgets sowie die Abschreibungen). Im Sinne der Vertrauensbildung sollten außerdem die schulübergreifenden Aufwendungen des Schulamts besonders sorgfältig erläutert werden.

Auch diese Erkenntnisse lassen sich verallgemeinern

Das Produkt „Grundschulen" repräsentiert einen zweiten Standard-Falltyp. Jede einzelne Grundschule ist noch ähnlich überschaubar wie das oben dargestellte Produkt „Überwachung des ruhenden Verkehrs"; d. h. der eingesetzte Input[195] und die damit erzielten Outputmengen (Schülerzahlen) lassen sich als entscheidungsrelevante Größen einfach ermitteln (und auch einander gegenüber stellen). Diese Informationen über den wertmäßigen Input an jeder Schule und die damit erzielte Outputmenge können als durchaus steuerungsrelevant eingeschätzt werden, so dass sie im doppischen Haushalt nach unserer Einschätzung auch ausgewiesen werden sollten.

Dass hierzu nicht unbedingt jede einzelne Schule als Produkt definiert werden muss, haben unsere kommentierten Praxisbeispiele gezeigt. Als Beispiele, wie die schulbezogenen Informationen in die Produktbeschreibung integriert werden können, verweisen wir insbesondere auf die Praxisbeispiele der Kommunen Brühl, Stadtallendorf und Wiesloch

---

[195] Allerdings dominiert hier der Sachaufwand – vor allem Schulbedarf und Bewirtschaftungskosten einschließlich baulicher Instandhaltungen.

Clever lässt sich von Schulamtsleiter eine differenzierte Aufstellung der Ertrags- und Aufwandsarten pro Schule (einschließlich Entwicklung der letzten zwei Jahre) einerseits und der Schülerzahlen (einschließlich Entwicklung der letzten zwei Jahre) geben. Es wird beschlossen, die Aufstellung als Tabelle in die Produktbeschreibung des Haushalts zu integrieren.

Gestaltungsvorschlag

Unter Verwendung des Wieslocher Lösungsvorschlags „Haushaltsquerschnitt" (zur Aufgliederung in die einzelnen Schulen) schlagen wir folgende Gestaltung des Produkts „Grundschulen" (für die Kreisstadt mit 50.000 Einwohnern) vor:

2110 Grundschulen

Verantwortung: Herr Mustermann
Fachbereich 3, Abteilung 32

Beschreibung
Bewirtschaftung der n Grundschulen unter Berücksichtigung der Schulentwicklungsplanung. Weiterentwicklung des Raumangebots.

Ziele
Weiterentwicklung der Stadt als Schulstandort. Intensivierung des Kontaktes zwischen der Stadt und den Schulen unter Berücksichtigung eines effizienten Mitteleinsatzes.

Mengen / weiterführende Kennzahlen	Ergebnis 2007	Ansatz 2008	Ansatz 2009
Anzahl der Schüler je Schule			
Grundschule 1			
Grundschule 2			
Grundschule n			
Durchschnittliche Klassenstärke			
Mitarbeiter/Innen (voraussichtliche Ist-Vollzeitkräfte)			

	Ertrags- und Aufwandsart	Ergebnis 2007	Ansatz 2008	Ansatz 2009
06	+ Kostenerstattung und Kostenumlagen			
09	+ sonstige laufende Erträge			
10	= Summe der laufenden Erträge			
11	- Personalaufwendungen			
13	- Aufwendungen für Sach- und Dienstleistungen			
14	- Abschreibungen			
17	- sonstige laufende Aufwendungen			
18	= Summe der laufenden Aufwendungen			
19	= laufendes Ergebnis			
27	= Jahresergebnis			

Erläuterungen
Die dargestellten Erträge und Aufwendungen betreffen nur den Schulbetrieb. Die Gebäudekosten sind dem städtischen Gebäudemanagement zugeordnet.

Falltyp 2: Teilbetrieb Schulen

Im Haushaltsjahr 2009 verteilen sich die Ertrags- und Aufwandsarten auf die **einzelnen Schulen**:

Schule \ Ertrags- und Aufwandsart	06 Kostenerstattung und Kostenumlagen	13 Aufwendungen für Sach- und Dienstleistungen	14 Abschreibungen	27 Jahresergebnis
Grundschule 1				
Grundschule 2				
Grundschule n				
Summe				

Im Rahmen der **Aufwendungen für Sach- und Dienstleistungen** wurden an den Schulen folgende Schulbudgets gebildet (50,00/Schüler):

Grundschule 1   Betrag €/n Schüler
Grundschule 2   Betrag €/n Schüler
Grundschule n   Betrag €/n Schüler

Die wichtigsten **Investitionsmaßnahmen** im Planungszeitraum 2009 sind die Erweiterung der Turnhalle an der Grundschule 1 (T€ 200), der Neubau des Pavillons an der Grundschule 2 (T€ 500) und die Wärmeverbundfassade an der Grundschule n (T€ 400).

Betriebswirtschaftliche Interpretation

Das Schulamt einschließlich der sechs Grundschulen erreicht schon eine gewisse Komplexität, so dass man betriebswirtschaftlich von (zumindest) einem Teilbetrieb sprechen kann. Desto größer und selbstständiger die Schulen sind, desto eher kann im Übrigen jede einzelne Schule als Teilbetrieb interpretiert werden.

4 Falltyp 3: Teilbetrieb Jugendhilfe

Wie steuere ich ein Jugendamt, das Probleme macht?

Dieses Mal hat Klaus Clever ein hochpolitisches Problem: Im Zuständigkeitsbereich des städtischen Jugendamts hat sich ein erschreckender Fall ergeben. Polizisten haben ein völlig verwahrlostes Kleinkind in der vom Jugendamt ausgesuchten Pflegefamilie gefunden. Nachdem das akute Medieninteresse abgeklungen ist, hat die Kämmerei zusammen mit dem Jugendamt eine Arbeitsgruppe gebildet, wie das Controlling im Jugendamt optimiert werden sollte. In diesem Zusammenhang kommt die Frage auf, welche Informationen künftig im Jugendhilfeausschuss und welche im Gesamthaushalt bereitgestellt werden sollten. Die Fraktionsvorsitzenden werden zur Arbeitsgruppe hinzugebeten, um den Informationsbedarf der Ratsmitglieder auszudrücken. Klaus Clever bespricht sich vor dem Termin mit seinen in der Jugendhilfe interessierten Fraktionskollegen. Die Fraktionsexperten für Jugendhilfe sind der Meinung, dass im Gesamthaushalt die wichtigsten Kennziffern der Jugendhilfe stehen müssen. Außerdem sollte erkennbar sein, wie die Jugendhilfe im Vergleich zu den Nachbarkommunen und zum Landesdurchschnitt arbeitet.

Wie kann die Jugendhilfearbeit im doppischen Haushalt mit ihren wichtigsten Kennzahlen übersichtlich dargestellt werden?

Der Bereich der Jugendhilfe beinhaltet zahlreiche, sehr **unterschiedliche und komplexe Teilleistungen**, die auf Basis verschiedener Rechtsgrundlagen gewährt werden. Dabei greifen die Kommunen mit ihrer Jugendhilfearbeit – wie in kaum einem anderen Aufgabenbereich – unmittelbar in die sozialen Strukturen von Familien und einzelnen Personen ein. Die Wirkung des kommunalen Handelns lässt sich teilweise durch Qualitäts- bzw. Wirkungskennziffern abbilden. Hierzu liegen verschiedene Veröffentlichungen – auch von der KGSt[196] – vor. Der Bereich der Jugendhilfe stellt ein selbstständiges, fachlich anspruchsvolles Fachgebiet dar.

Wie die vergleichende Analyse der 117 doppischen Haushalte gerade auch im Bereich der Jugendhilfe ergeben hat, gibt es noch kaum eine wirklich gelungene Problemlösung. Entweder die Darstellung im Haushalt ist sehr wenig jugendhilfespezifisch und enthält keine für die Steuerung der Jugendhilfe relevanten Kennzahlen. In diese Richtung tendieren die meisten der in Kapitel B und auf der CD kommentieren Haushalte.

Auf der anderen Seite existieren einige Praxisbeispiele doppischer Haushalte, die außerordentlich differenzierte Informationen zur Jugendhilfe präsentieren. Das Extrembeispiel – sowohl hinsichtlich der hohen Informationsqualität als auch der Detailliertheit – ist die Darstellung des Main-Kinzig-Kreises, der dem Leser eine außerordentliche, kaum zu überschauende Informationsfülle auf zahlreichen Seiten bereitstellt.[197]

Betriebswirtschaftliche Interpretation

Aus betriebswirtschaftlicher Sicht stellt das Jugendamt einen durchaus komplexen Teilbetrieb dar, welcher dementsprechend sorgfältig im Haushalt abgebildet werden sollte. Im Vergleich zum Falltyp 2 lässt sich der Falltyp 3 nicht so einfach in übersichtliche Verwaltungseinheiten vom Falltyp 1 aufteilen. Das Jugendamt hat zahlreiche sehr unterschiedliche Produkte bzw. Leistungen (Kostenträger), die jeweils auf unterschiedlicher Rechtsgrundlage basieren und differierende Teilleistungen beinhalten (z. B. die stationäre Unterbringung und Betreuung eines Jugendlichen).

---

[196] Vgl. KGSt (2004) S. 42 ff., KGSt (2004a) S. 39 ff.
[197] Vgl. oben B.6.3.5.

Was kann man den Kommunen in dieser Situation empfehlen?

Teilweise wird in der Praxis vorgeschlagen, zwar den Jugendhilfeausschuss mit differenzierten Kennziffern zu versorgen, aber im doppischen Haushalt darauf zu verzichten. Dies würde jedoch den Haushalt u. E. abwerten. Nach unserer Empfehlung sollte im doppischen Haushalt nicht völlig auf aussagekräftige und fachspezifische Kennziffern zur Jugendhilfe verzichtet werden. Die oben dargestellte Meinung der Fraktionsexperten für Jugendhilfe, dass im Gesamthaushalt die **wichtigsten Kennziffern der Jugendhilfe** einschließlich interkommunaler Vergleichszahlen stehen müssen, wird von uns geteilt. Auch ein Ratsmitglied, das nicht im Jugendhilfeausschuss ist, sollte in übersichtlicher Form erfahren, wie der Stand der Jugendhilfe im Vergleich zu den Nachbarkommunen und zum Landesdurchschnitt ist; dazu ist Jugendhilfe ein zu wichtiger Aufgabenbereich der Kommune.

Damit besteht im Bereich der Jugendhilfe – genauso wie im Bereich der Sozialhilfe (Optionskommunen) – ein besonders anspruchsvolles Problem, wie die Auswahl, Verdichtung und Aufbereitung der Informationen bedarfsgerecht gestaltet werden sollte.

Gestaltungsvorschlag

Unter Verwendung der wichtigsten der von der KGSt zur Jugendhilfe erarbeiteten Ziele und Kennzahlen schlagen wir für das Beispielprodukt „Hilfe zur Erziehung" folgende Darstellung im Haushalt der Stadt vor:

3633 Hilfe zur Erziehung (HzE)

Verantwortung: Herr Mustermann
Fachbereich 3, Abteilung 34

Beschreibung

Beratung, Betreuung, Begleitung und Finanzierung ambulanter, teilstationärer und stationäre Erziehungshilfen gem. §§ 27ff und §§ 41, 42 SGB VIII von Eltern, Personenberechtigten sowie von Kindern, Jugendlichen und jungen Volljährigen bei Erziehungsproblemen auf der Grundlage eines Hilfeplans.

Ziele

Möglichst viele Familien sollen eine angemessene Erziehung ihrer Kinder aus eigener Kraft gewährleisten können. Durch die Unterstützung der Herkunftsfamilien und durch die Zusammenarbeit zwischen Heim und Familie soll eine Rückkehr des jungen Menschen erreicht werden. Die Heimerziehung soll für den jungen Menschen die erforderliche Erziehung für befristete Zeit sicherstellen, soweit dies nicht durch andere Leistungen geschehen ist.

Mengen / weiterführende Kennzahlen	Ergebnis 2007	Ansatz 2008	Ansatz 2009
Ambulante HzE: Anzahl Fälle			
Ambulante HzE: Anzahl Betreute			
Teilstationäre HzE: Anzahl Fälle			
Teilstationäre HzE: Anzahl Betreute			
Stationäre HzE: Anzahl Fälle			
Stationäre HzE: Anzahl Betreute			
Stationäre Hilfen: Betreute je 1.000 Kinder und Jugendliche			
Anteil der Rückkehrer aus der Heimerziehung in die Herkunftsfamilien			
Durchschnittliche Laufzeit der Heimerziehung			
Mitarbeiter/Innen (voraussichtliche Ist-Vollzeitkräfte)			

	Ertrags- und Aufwandsart	Ergebnis 2007	Ansatz 2008	Ansatz 2009
06	+ Kostenerstattung und Kostenumlagen			
10	= Summe der laufenden Erträge			
11	- Personalaufwendungen			
15	- Zuwendungen, Umlagen und sonstige Transferaufwendungen			
17	- sonstige laufende Aufwendungen			
18	= Summe der laufenden Aufwendungen			
19	= laufendes Ergebnis			
27	= Jahresergebnis			

Erläuterungen

Zur Erarbeitung einer auf die Bedürfnisse vor Ort zugeschnittenen Lösung sollte nach unserer Empfehlung eine gemeinsame Arbeitsgruppe zwischen Kämmerei und Jugendamt eingerichtet werden. Die einfache Delegation der Jugendhilfeprodukte an das Jugendamt führt demgegenüber im Regelfall zu keiner sachgerechten Lösung.[198] Die auf die Bedürfnisse der jeweiligen Kommune zugeschnittene Lösung kann in der Praxis nur in gemeinsamer Projektarbeit sachgerecht gefunden werden.

---

[198] Vgl. oben S. 463 ff.

5 Falltyp 4: Sonderveranstaltungen

Wie stelle ich im doppischen Haushalt Sonderveranstaltungen dar, wie z. B. den Stadtmarathon?

Klaus Clever bekommt Besuch von dem für Wirtschaftsförderung zuständigen Fraktionskollegen. Dieser beklagt sich über die Auswirkungen des Stadtmarathons, das Lieblingskind des sportbegeisterten Oberbürgermeisters. „Jedes Jahr dasselbe: Ordnungsamt, Wirtschaftsförderung und Bauhof sind wochenlang durch den Stadtmarathon lahmgelegt." Keiner kennt bislang die Kosten, die jährlich für die Durchführung des Stadtmarathons auf Seiten der Kommune anfallen. Außerdem wissen wir eigentlich gar nicht wie weit die Sponsorengelder reichen. Die beiden Fraktionskollegen überlegen, ob im Zusammenhang mit der Einführung des doppischen Haushaltes ein Produkt „Stadtmarathon" gebildet werden sollte.

Betriebswirtschaftliche Interpretation

Der vierte Beispielfall der Sonderveranstaltungen kann aus betriebswirtschaftlicher Sicht als echter Kostenträger (bzw. als Kostenträgergruppe) interpretiert werden. Wenn man einzelne kulturelle oder sportliche Sonderveranstaltungen wie den Stadtmarathon als eigenständige Produkte einführt, entsteht ein entsprechender Informationszuwachs. Aus Sicht eines am Informationsbedarf des Rats orientierten Haushalts kann ein entsprechendes Vorgehen für die wichtigsten Sonderveranstaltungen nach unserer Einschätzung empfohlen werden. In der Praxis ist dieser Informationszuwachs jedoch häufig nicht gewollt. Das heißt, häufig wird von einzelnen Vertretern des Verwaltungsmanagements eine gewisse Intransparenz vorgezogen. Allerdings sollte für jede Sonderveranstaltung der Kosten-Nutzen-Aspekt berücksichtigt werden und nur für wirklich bedeutende Sonderveranstaltungen ein eigenes Produkt eingerichtet werden.

Nachdem jetzt die relevanten Falltypen der kommunalen Verwaltung mit dem jeweils charakteristischen Informationsbedarf identifiziert sind und auch konkrete Gestaltungsvorschläge erarbeitet wurden, werden wir anschließend diese Lösungsempfehlungen schrittweise zu einem Musterhaushalt zusammentragen.

6 Praktische Empfehlungen zur Ausgestaltung des doppischen Haushalts

6.1 Systematisierung der interessierenden Fragestellungen

Welche Fragen sind noch zu beantworten?

Als erstes interessiert natürlich die Frage nach welchen Gesichtspunkten Teilhaushalte gebildet werden sollten. Nach Klärung dieser Frage wird es darum gehen, wie unterhalb der Ebene der Teilhaushalte Produktinformationen systematisch aufbereitet werden können. Hierbei geht es beispielsweise um die Frage, ob im Haushalt auf Produktebene die einzelnen Konten abgedruckt werden sollten. Schließlich wird die Frage beleuchtet, wie in einzelnen Aufgabenbereichen (Produkten) besonders gelungene Lösungen aussehen könnten. Gerade auch bei diesem vielschichtigen Thema steht die Fachdiskussion bundesweit noch am Anfang – auch deshalb, weil sehr spezifische Fachkenntnisse der verschiedenen Aufgabenbereiche benötigt werden (von den verschiedenen Aufgaben eines Ordnungsamts bis hin zu den differenzierten Leistungen eines Jugendamts).

Wegen der hohen Komplexität der eng miteinander zusammenhängenden Fragestellungen werden wir zunächst für die grundsätzlichen Fragen der Haushaltsgestaltung Empfehlungen erarbeiten, um anschließend immer konkretere Hinweise zu geben. Am Ende der Analyse wird ein von uns vorgeschlagenes Modell eines optimierten doppischen Haushalts stehen, das zunächst für eine Stadt mit etwa 50.000 Einwohnern skizziert werden soll. Darauf aufbauend werden wir als weitere Gestaltungsempfehlung einen optimierten doppischen Haushalt für eine Stadt mit etwa 250.000 Einwohnern erarbeiten.

6.2 Nach welchen Gesichtspunkten sollten Teilhaushalte gebildet werden?

Unterschiedliche Landesregelungen mit großen Spielräumen

In den meisten Bundesländern besteht gemäß § 4 oder § 5 GemHVO/KomHV/KomHVO/KommHVO/KomHKV die Möglichkeit die Teilhaushalte entweder nach den vorgeschriebenen finanzstatistischen Produktbereichen oder nach der örtlichen Organisation produktorientiert zu gliedern. Nur in Niedersachsen ist die Bildung der Teilhaushalte ausschließlich an der örtlichen Verwaltungsgliederung auszurichten.[199] In Brandenburg besteht umgekehrt die Pflicht, die Teilhaushalte nach dem Landesproduktrahmen auszurichten.[200] Wie die Abbildung auf Seite 447 gezeigt hat, lässt sich in der empirischen Grundgesamtheit bislang kein eindeutiger Trend nachweisen.

Was spricht für die beiden Alternativen?

Als Argument für die Bildung der Teilhaushalte nach organisatorischen Gesichtspunkten wird regelmäßig der Gedanke genannt, dass die Teilhaushalte die Verantwortungsbereiche der Dezernenten, Fachbereichsleiter oder anderen Führungskräften zutreffend abbilden sollten. Dieser Gedanke entspricht sicherlich den Grundprinzipien des neuen Steuerungsmodells, Verantwortungsbereiche transparent zu machen.

Gegen die organisatorische Ausrichtung der Teilhaushalte wird häufig das Argument hervorgebracht, dass die Vergleichbarkeit der kommunalen Haushalte darunter leidet. Dementsprechend spricht für die Gliederung nach Produktbereichen die höhere interkommunale Vergleichbarkeit.

> **Praxistipp**
> Die Bildung von Teilhaushalten sollte in ihrer Bedeutung nicht überschätzt werden. In der Praxis kann ein formaler Teilhaushalt in den seltensten Fällen als Bewirtschaftungseinheit (im Sinne eines Budgets) „gelebt" werden. Dafür sorgen regelmäßig schon die Aufwandsarten Personalaufwand und Abschreibungen, die in den Teilhaushalten zwar abzubilden sind, aber aus der internen Budgetierung regelmäßig herausgenommen werden.

Vor diesem Hintergrund erscheint der niedersächsische Ansatz, die Begriffe Teilhaushalt und Budget konsequent zu trennen, durchaus folgerichtig.

In der Praxis sprechen unseres Erachtens vor allem folgende Argumente gegen die Bildung der Teilhaushalte nach Dezernaten/Fachbereichen:

- Die Zuordnung von Aufgaben bzw. Ämtern zu Dezernaten bzw. Fachbereichen wechselt in größeren Kommunen von Wahlperiode zu Wahlperiode. Je nach Interessen und Kompetenzprofil der politischen Wahlbeamten wechselt die Zuordnung verschiedener Produkte und Produktgruppen; dementsprechend wären bei einer organisatorische Ausrichtung der Teilhaushalte immer wieder erhebliche Anpassungsmaßnahmen im Haushalts- und Rechnungswesen notwendig. Diese Anpassungsarbeiten können vermieden werden bei einer Gliederung nach den finanzstatistisch geprägten Produktbereichen.

---
[199] Vgl. oben S. 228.
[200] Vgl. oben S. 108.

- Bei organisatorisch ausgerichteten Teilhaushalten muss regelmäßig noch eine Überleitung zu den finanzstatistisch geprägten Produktbereichen vorgenommen werden, was den Haushalt häufig aufbläht und in zahlreichen Fällen unübersichtlich gestaltet.

Gliederung nach Produktbereichen als ein den Haushalt vereinfachender Vorschlag

Wenn man das Für und Wieder abwägt, dann schlagen wir den Kommunen vor, die vorgeschriebene Darstellung von Teilhaushalten nach den jeweiligen Formblättern möglichst knapp nach Produktbereichen abzuhandeln.

Unterhalb der Ebene der Produktbereiche sollten allerdings die Produkte soweit wie möglich den organisatorischen Realitäten in den Abteilungen folgen. Eine derartige, von betriebswirtschaftlichen Aspekten geprägte Produktbildung – die sich auf möglichst wenige Kerntätigkeitsfelder als Produkte beschränkt – bildet sicherlich das Herzstück eines aussagekräftigen und übersichtlichen Haushalts.

Beschränkung auf Schlüsselprodukte als alternativer Weg

Der alternative Weg, nur Schlüsselprodukte im Haushalt ausführlich darzustellen, kann nach unserer Gesamtwertung unter bestimmten Bedingungen zu einer ähnlich aussagekräftigen und dennoch übersichtlichen Lösung führen, wie wir sie im Folgenden vorschlagen. In diesem Fall könnten nennenswerte Informationsverluste (gegenüber der Einzeldarstellung aller Produkte) jedoch nur dann vermieden werden, wenn auf einer Fachbereichs- oder Produktgruppenebene hinreichend differenzierte produktbezogene Informationen gegeben werden. Extrembeispiel, wo dies gelingt, ist sicherlich der oben erwähnte Haushalt aus Münster.

Als Zwischenergebnis wird deutlich, dass ein hinsichtlich Informationsverdichtung und -aufbereitung optimierter doppischer Haushalt mit Sicherheit auf verschiedene Wege erreicht werden kann. Wir schlagen im Folgenden nur eine von mehreren denkbaren Lösungen vor. Die Fachdiskussion ist sicherlich noch ziemlich am Anfang.

Zweistufiges Vorgehen

Unter Abwägung der verschiedenen Argumente schlagen wir folgendes Vorgehen vor – soweit es landesrechtlich zulässig ist (überall außer in Niedersachsen):

> **Praxistipp**
>
> Auf der oberen Ebene sollten die zu bildenden Teilhaushalte arbeitssparend an die Produktbereiche angelehnt werden (außer in Niedersachsen).
>
> Auf der darunter liegenden Ebene – bei der Bildung der einzelnen Produkte (Produktgruppen bei Großstädten) – sollten sich die Kommunen eng an der Organisation in der jeweiligen Verwaltung orientieren, soweit es landesrechtlich zulässig ist.

Wenn in der Produktstruktur eine möglichst weitgehende Abbildung der Verwaltungsrealität gelingt, ist dies nach unserer Wertung weitaus wichtiger für einen steuerungsorientierten Haushalt, als wenn auf der Ebene der Teilhaushalte eine organisatorische Ausrichtung erfolgt (als Aggregation zahlreicher Produkte zu fachbereichsbezogenen Teilhaushalten).

Organisatorisch ausgerichtete Produkte erhöhen sowohl Aussagekraft, Transparenz als auch Übersichtlichkeit des Haushalts, weil der Leser des Haushalts sich unter dem jeweiligen Produkt nicht nur ein Bündel bestimmter Leistungen, sondern auch die konkreten Menschen, die diese Leistungen erbringen, vorstellen kann – was für eine sachgerechte Steuerung einen erheblichen Vorteil darstellt.

Zugleich sinkt die Seitenzahl des Haushalts. Für die Ebenen der Produkte oder/und Produktgruppe (also unterhalb des produktbereichsbezogenen Teilhaushalts) sollten die Kommunen die bestehenden Freiräume konsequent nutzen, um unabhängig von den Formblättern und Vorgaben für Teilhaushalte eine möglichst sachgerechte Produktabbildung zu erreichen. Wenn so verfahren würde (zulässig nicht in Niedersachsen), könnten die Produktdarstellungen konsequent nach kostenrechnerischen Aspekten ausgerichtet werden und würden nicht mehr den Zwängen der Landesregelungen unterliegen.

Notwendigkeit der Vereinfachung der Haushalte

Bei Übernahme unseres grundsätzlichen Gliederungsvorschlags wird auch die Struktur der doppischen Haushalte wesentlich vereinfacht. Diese Vereinfachung ist unseres Erachtens dringend nötig. Damit würde einem der weitverbreiteten Kritikpunkte mancher Praktiker an der kommunalen Doppik begegnet, dass die „Zahlenberge" unüberschaubar seien, so dass sich ein „normaler Leser" sowieso nicht zu Recht finden könne. Leider hat die Analyse zahlreicher Haushalte durchaus ergeben, dass gerade das teilweise nicht überschaubare Nebeneinander von Produktbereichen, fachbereichsbezogenen Teilhaushalten, Produktgruppen, Produkten und Budgets zur Unübersichtlichkeit beiträgt.

6.3 Wie sollten Budgets im Rahmen der internen Budgetierung abgebildet werden?

Was sind Budgets im Verhältnis zu Teilhaushalten?

Die oben zitierte niedersächsische Lösung, die begrifflich grundsätzlich zwischen Teilhaushalten und Budgets trennt, gilt nur in Niedersachsen. In den übrigen Ländern werden die Begriffe „Teilhaushalte" und „Budgets" nicht eindeutig voneinander abgegrenzt.

Nach unseren Überlegungen sollten die Begriffe „Teilhaushalte" und „Budgets" – trotz ihrer engen praktischen Verwandtschaft – auch außerhalb von Niedersachsen sorgfältig getrennt werden.

Praktischer Lösungsvorschlag

Wir empfehlen den Kommunen folgende Vorgehensweise:
- Der Begriff „Teilhaushalte" sollte ausschließlich auf die nach den Vorschriften der Kommunalhaushaltsverordnungen zu bildenden Teile des Gesamthaushalts bezogen werden, welcher das Verhältnis zwischen der Verwaltung und dem Rat bzw. der Stadtverordnetenversammlung betrifft.
- Der Begriff „Budgets" sollte nur für die interne Budgetierung – also das Verhältnis zwischen Verwaltungsspitze und den dezentralen Ämtern und Fachbereichen bzw. Abteilungen – angewendet werden.

Für die interne Budgetierung, deren Grundsätze nach verschiedenen Landesvorschriften auch im Haushalt deutlich zu machen sind, schlagen wir folgendes Vorgehen vor:

> **Praxistipp**
>
> Die internen Budgets sollten sich eindeutig an den gebildeten einzelnen Produkten (Produktgruppen bei Großstädten) orientieren.
>
> Allerdings sollte im vorderen Teil des Haushalts klargestellt werden, dass bestimmte Ertrags- und Aufwandsarten (Personalaufwand, Abschreibungen, Erträge aus der Auflösung von Sonderposten usw.) von der gegenseitigen Deckungsfähigkeit ausgeschlossen werden.

Eine entsprechende Formulierung ist deshalb wünschenswert, weil gemäß den Kommunalhaushaltsordnungen der Länder im Regelfall eine gegenseitige Deckungsfähigkeit der Aufwendungen innerhalb eines Teilhaushaltes vorgesehen ist. Von einer quasi doppelten Darstellung sowohl der Teilhaushalte, als auch der Budgets – wie es u. a. in Nürnberg erfolgt ist – sollte unseres Erachtens unbedingt abgesehen werden.

Die tatsächlich bestehenden Budgets könnten damit – wie bislang auch – einerseits nach organisatorisch ausgerichteten Produkten (Produktgruppen bei Großstädten) und andererseits nach Aufwandsarten bzw. Kontengruppen definiert werden. Wir werden unten in Kapitel F 1 ausführliche Hinweise zu den Steuerungsfragen geben, die im Zusammenhang mit den kommunalrechtlichen Kategorien Deckungsfähigkeit und Übertragbarkeit entstehen.

6.4 Gestaltung der Produktinformationen

Grundsätzliche Gestaltung: Orientierung der Produktblätter an kostenrechnerischen und informationswissenschaftlichen Erkenntnissen

Unterhalb der Ebene der Teilhaushalte haben die Kommunen in allen Bundesländern einige Freiräume, ihre Produktinformationen nach Bedarf zu gestalten. Dies bedeutet, dass die Vorschriften über Teilhaushalte der verschiedenen GemHVO, KommHVO oder KommHV (und die zugehörigen Formblätter) für die Ebene der Teilhaushalt zwar sorgfältig einzuhalten sind, nicht aber in den darunterliegenden Produktdarstellungen. Nach dem von uns vertretenen Ansatz sollten die Kommunen diese Freiräume wesentlich stärker als bislang nutzen, um tatsächlich eine steuerungsorientierte Informationsverdichtung und -aufbereitung zu erreichen.

Wir orientieren uns sowohl an den Erkenntnissen der Informationswissenschaft als auch an den der Betriebswirtschaftslehre, wie aussagefähige und transparente Berichte – zugeschnitten auf den Informationsbedarf der Leser gestaltet werden sollten. In dem von uns entwickelten Modell eines doppischen Musterhaushalts wird folgendes grundsätzliches Vorgehen vorgeschlagen:

- Auf der Ebene der Produkte sollte grundsätzlich ein vom Formblatt des Teilhaushaltes abweichendes Formblatt entwickelt werden. Durch die abweichende redaktionelle Gestaltung, sollte ein Leser des Haushalts auf einen Blick wissen, dass er sich nicht mehr auf der Ebene der Teilhaushalte sondern auf der Ebene der Produkte befindet.

- Die Produktblätter sollten sich konsequent nach den strategischen Steuerungsbedürfnissen des Rats bzw. der Stadtverordnetenversammlung ausrichten. Das vorgeschlagene Haushaltsmodell orientiert sich damit an den Erkenntnissen eines leistungsfähigen Berichts des strategischen Controllings. Dabei werden die Erkenntnisse der Betriebswirtschaftslehre, wie kostenstellen- oder kostenträgerbezogene Informationen möglichst bedarfsgerecht aufbereitet werden können, in unserem Gestaltungsvorschlag unmittelbar umgesetzt.

- Auf der Ebene der Produkte sind nach unserer Einschätzung die in den Formblättern meist verlangten Fünfjahresvergleiche für alle Ertrags- und Aufwandsarten entbehrlich (und schaffen Raum für aussagefähige Produktinformationen). Im Musterhaushalt werden nur drei Jahre betrachtet.

- Auf Teilfinanzhaushalte mit ihren Formblättern sollte auf Produktebene vollständig verzichtet werden. Diese sollten nur auf Ebene der Teilhaushalte gemäß den Formblättern dargestellt werden. Auf Ebene der Teilhaushalte sollte auch das Investitionsprogramm bzw. die Investitionsplanung differenziert dargestellt werden. Auf der Produktebene empfehlen wir lediglich, die wichtigsten Investitionsmaßnahmen ergänzend im Rahmen der Produktbeschreibung zu erwähnen.

An dieser Stelle wird eine weitere Grundsatzfrage zu diskutieren sein, ob einzelne Konten im Rahmen der Produktblätter dargestellt werden sollten.

Darstellung einzelner Konten?

Wie die vergleichende Analyse der vorliegenden 117 Haushalte gezeigt hat, weisen 26 % aller Kommunen einzelne Konten auf Produktebene aus. Dies gilt sogar für einzelne Großstädte, wie beispielsweise Nürnberg. Was spricht für eine derartige Vorgehensweise?

Zwangsläufig liefern die einzelnen Konten wesentlich detailliertere Informationen als die zusammengefassten Ertrags- und Aufwandsarten der Formblätter. Andererseits entstehen so extrem voluminöse Haushalte wie oben das Nürnberger Beispiel gezeigt hat. Der größte Vorteil der Kontendarstellung dürfte sicherlich die unmittelbare Fortführung der gewohnten kameralen Gruppierungen darstellen. Hierdurch kann in der Umstellungsphase besonders einfach gewährleistet werden, dass sich die Ratsmitglieder im neuen doppischen Haushalt schnell zurechtfinden. Auf diese Weise kann auch die Vertrauensbeziehung zwischen Rat und Kämmerei gefördert werden.

Allerdings ist zu beachten, dass durch die Darstellung sämtlicher einzelner Konten bei größeren Kommunen soviel Platz verloren geht, dass fast zwangsläufig die Übersichtlichkeit und Handlichkeit des Haushalts stark darunter leidet. Nach dem Grundmodell der wirkungsorientierten Verwaltungssteuerung soll demgegenüber eine stärker an Zielen ausgerichtete Verwaltungssteuerung durch das politische Aufsichtsorgan angestrebt werden. Zu viele einzelne Konten mit den entsprechenden Beträgen können aus Sicht des Lesers als nicht zu durchdringende Zahlenfriedhöfe wahrgenommen werden, vor denen zahlreiche Leser kapitulieren dürften. Vom Ideal der wirkungsorientierten Verwaltungssteuerung ausgehend sollten die tatsächlich angestrebten Ziele der Entwicklung der Stadt bzw. des Kreises in übersichtlicher Form in die Produktbeschreibungen integriert werden. Eine zu große Detailliertheit einzelner Kontobeträge kann insoweit als tendenziell kontraproduktiv eingeschätzt werden. Um es vereinfachend zu sagen: die Ratsmitglieder bzw. Stadtverordneten oder Kreistagsmitglieder sollten sich künftig stärker auf die verfolgten Ziele, die Maßnahmen zur Zielerreichung sowie die die Zielerreichung messenden Mengen und Kennzahlen konzentrieren. Dieser vom neuen Steuerungsmodell angestrebte Politikwechsel zu einer stärker strategischen Steuerung ist nach unserer Auffassung zwar durchaus im Interesse des Gemeinwesens grundsätzlich wünschenswert, entspricht allerdings kaum der politischen Realität, wie sie durch die demokratische Rechtsordnung hervorgerufen wurde. Trotz dieser von uns angemerkten Realitätsdefizite möchten wir die grundsätzliche sinnvolle, stärker strategische Ausrichtung der Haushalte nicht unter den Tisch fallen lassen.

Insgesamt dürfte nach unserer Einschätzung eine Darstellung einzelner Konten bei Städten über 100.000 Einwohner kaum mehr mit den Grundsätzen der ziel- bzw. wirkungsorientierten Darstellung vereinbar sein. Aber auch bei den kleineren Kommunen schlagen wir einen grundsätzlichen **Verzicht auf die produktbezogene Darstellung sämtlicher Konten** vor. Stattdessen empfehlen wir bedeutende Ertrags- und Aufwandspositionen in der Produktbeschreibung nach Kontengruppen in Tabellenform aufzubereiten. Hierzu verweisen wir auf die unseres Erachtens vorbildlichen Lösungsansätze der Städte Nauen und Wiesloch.[201]

Wenn im Rahmen der Produktblätter lediglich Ertrags- und Aufwandsarten für maximal drei Jahre (ohne Leerzeilen) dargestellt werden und nur in ausgewählten Fällen Kontengruppen im Rahmen der Produktbeschreibung in Tabellenform aufbereitet werden, wird zum einen wesentlich weniger Platz in Anspruch genommen (im Vergleich zur Abbildung sämtlicher Konten). Zum anderen ermöglicht diese Darstellung eine höhere Übersichtlichkeit und Konzentration auf das Wesentliche. Nur die wirklich wichtigen Ertrags- und Aufwandsarten sollten nach unserer Empfehlung in Kontengruppen näher dargestellt werden. Spätestens an dieser Stelle der Diskussion wird deutlich, dass die idealtypischen Gestaltungsvorschläge höhere Ansprüche an die bei der Haushaltserstellung verwendete Software stellen.

---

[201] Vgl. oben die Abbildungen auf Seite 130 ff. und 27 f.

6.5 Fachspezifische Ausgestaltung der Produktblätter

Doppischer Haushalt als Kommunikationsproblem

Die Kommunen müssen sich erst daran gewöhnen, dass ihre zukünftigen doppischen Haushalte nicht mehr ganz allein von der Kämmerei erstellt werden können. Wie wir oben am Beispiel des Jugendamts dargestellt haben, ist eine **angemessene Einbeziehung der Fachämter** für einen aussagekräftigen doppischen Haushalt unverzichtbar. Andererseits darf die Ausgestaltung der Produktblätter im Haushalt nicht völlig den dezentralen Fachämtern überlassen bleiben. Ansonsten entstehen in der Praxis meist zu detaillierte, fachspezifische Produkthaushalte, die nicht ausreichend auf die Steuerungsbedürfnisse der Ratsmitglieder bzw. Stadtverordneten zugeschnitten sind und die außerdem redaktionell zumeist keine übersichtliche Einheit bilden.

Vor diesem Hintergrund ist es unverzichtbar, dass die für die Haushaltserstellung verantwortliche Institution – also regelmäßig die Kämmerei – die redaktionellen Gesamtleitung für den doppischen Haushalt übernimmt. Die Fachämter müssen im Rahmen der Projektarbeit in die Haushaltserstellung integriert werden. Inhaltlich geht es in diesem Kommunikationsprozess hauptsächlich um die Formulierung möglichst operationaler Ziele sowie von Mengeninformationen und erweiterten Kennzahlen, die im Idealfall zur Messung der Zielerreichung herangezogen werden können.

Einbeziehung der strategischen Entwicklungsziele

Der dargestellte Kommunikationsprozess darf sich nicht nur auf die operative Ebene beschränken. Um einen aussagekräftigen doppischen Haushalt zu erhalten, muss im Grunde eine Brücke zu den strategischen Entwicklungszielen der Kommune geschlagen werden. In der Praxis besteht aber häufig das Problem, dass die strategischen Entwicklungsziele der Stadt oder des Kreises bislang nicht oder nicht ausreichend formuliert wurden. Wenn keine strategischen Ziele für die verschiedenen Politikfelder formuliert worden sind, können sie natürlich auch nicht bei den Produktzielen im doppischen Haushalt berücksichtigt werden. In der Praxis stellt die fehlende Zielorientierung eines der größten Hindernisse dar, um doppische Produkthaushalte zu erhalten, die den Grundsätzen einer wirkungsorientierten Verwaltungssteuerung entsprechen.

Wie sollten Ziele formuliert werden?

Zunächst ist zwischen wirkungsorientierten und prozessorientierten Zielen zu differenzieren. In verschiedenen Bereichen lassen sich nicht so einfach – gerade auch bei kleineren Kommunen – Wirkungsziele definieren. Beispielsweise lassen sich für die interne Steuerung der Verwaltung und andere interne Aufgabenbereiche meist nur Prozessziele finden.[202]

Der KGSt ist zuzustimmen, dass für die strategische Zielformulierung die **Politik** einbezogen werden muss und auf der politischen Ebene mit der Formulierung der strategischen Ziele begonnen werden muss. Anschließend ist ein echtes Gegenstromverfahren (top down und bottom up) erforderlich, damit die strategischen Ziele der Politik und die operativen Ziele der Produktverantwortlichen zu einer Einheit zusammenwachsen können.[203]

Die KGSt hat wiederholt zur Methodik der Zielfindung und -formulierung Hinweise gegeben. Im Idealfall sollten Ziele „smart" formuliert werden, d. h. die Ziele sollten spezifisch sein, messbar, attraktiv, realistisch und terminiert.[204] Dieser Idealfall dürfte keinesfalls in allen kommunalen Aufgabenbereichen einfach realisierbar sein.

---

[202] Vgl. KGSt (2007) S. 13.
[203] Vgl. KGSt (2007) S. 14.
[204] Vgl. KGSt (2005) S. 31.

Musterhaushalte auf CD

Wir sind bei den Musterhaushalten, die auf der CD veröffentlicht werden, folgendermaßen vorgegangen:

Zunächst folgen die Produktblätter natürlich den oben erarbeiteten Grundsätzen, welcher Informationsbedarf durchschnittlich aus Sicht eines Ratmitglieds/Stadtverordneten zu befriedigen ist; die Produktblätter werden also entsprechend den betriebswirtschaftlichen Falltypen erstellt.

Die fachspezifischen Zielformulierungen, Mengen und Kennzahlen sowie der Gesamtkomplex der steuerungsorientierten Auswahl, Verdichtung und Aufbereitung der Informationen orientieren sich an den bislang bundesweit vorliegenden Haushalten. Vor dem Hintergrund, dass die gesamte Fachdiskussion noch tendenziell am Anfang sein dürfte, kann im Rahmen des vorstehenden Buchprojekts zwangsläufig nur ein erster Hinweis gegeben werden, wie die Produktblätter in den einzelnen Fachgebieten gestaltet werden sollten. Die beiden auf der CD beigefügten Musterhaushalte orientieren sich an besonders überzeugenden Praxisbeispielen. Es wird jedoch nicht der Anspruch erhoben, dass zu jedem Fachgebiet bereits eine uneingeschränkt vorbildliche Formulierung erreicht wurde.

E Praktische Ausgestaltung des doppischen Haushalts- und Rechnungswesens

> **Auf einen Blick**
>
> Dieses Kapitel beschäftigt sich mit der zweiten Leitidee des Buches, nämlich Bürokratiefolgekosten, die durch die Einführung des doppischen Haushalts- und Rechnungswesens entstehen, möglichst auf das Notwendige zu reduzieren. Dazu muss das doppische Haushalts- und Rechnungswesen möglichst effizient gestaltet werden. Um dieses Effizienzziel zu erreichen, muss das kommunale Haushalts- und Rechnungswesen sorgfältig betriebswirtschaftlich durchdacht werden. Vor allem sollten nur so wenig Produkte, Kostenträger, Kostenstellen und Konten gebildet werden, wie es gerade zur Informationsbereitstellung erforderlich ist und Redundanzen, wie z. B. die Abbildung *eines* Sachverhaltes als Kostenträger, als Kostenstelle und als Konto, vermieden werden.

1 Effizientes Haushalts- und Rechnungswesen als Ziel

Betriebswirtschaftliche Fundierung notwendig

Wir haben in den beiden letzten Kapiteln deutlich gemacht, welcher Informationsbedarf im Rat bzw. in der Stadtverordnetenversammlung besteht und wie der doppische Haushalt daher gestaltet werden sollte. Wie können diese Informationsbedürfnisse – sowohl im Haushalt als auch in der Ist-Rechnung – auf möglichst effiziente Weise befriedigt werden?

Es ist durchaus keine Utopie, dass in jeder Kommune die erforderliche Transparenz auch mit vergleichsweise einfachen und übersichtlichen (und daher arbeitssparenden bzw. bürokratiebegrenzenden) Verrechnungsstrukturen erreicht werden kann. Wie dies in den verschiedenen Problembereichen und kommunalen Größenklassen gelingen kann, wird im vorstehenden Kapitel näher dargestellt.

Bisherige Ausgangssituation in verschiedenen Kommunen

Wie die Auswertung der bundesweit bislang vorliegenden 117 doppischen Haushalte zeigt, dominieren bislang oft noch unausgewogene, zu stark detaillierte doppische Haushaltspläne bzw. entsprechende Teil-Ergebnisrechnungen, die trotz ihrer Zahlenflut häufig wesentliche Probleme gar nicht oder nur versteckt abbilden. Angesichts der teilweise extrem hohen Anzahl von laufend bebuchten Produkten, Konten, Kostenstellen und Kostenträgern kann leider angenommen werden, dass in den jeweiligen Kommunen nennenswerte Bürokratiefolgekosten entstehen werden – Kosten, die sich nach unserer Überzeugung bei betriebswirtschaftlich durchdachter Konzeption des Rechnungswesens begrenzen bzw. vermeiden lassen.

Ursächlich hierfür ist u. a. die Tatsache, dass die Kommunen häufig die Vorgaben der Softwareanbieter bzw. ihrer jeweiligen Modellprojekte übernehmen, ohne dass die betriebswirtschaftlichen Erfordernisse der jeweiligen Kommune ausreichend berücksichtigt werden. Das hat häufig zur Folge, dass die Probleme der jeweiligen Gemeinde, Stadt oder des jeweiligen Kreises aufgrund der schematischen Bildung von Produkten, Konten, Kostenstellen und Kostenträgern nicht erkennbar sind. Der aus betriebswirtschaftlicher Sicht angemessene Grad an Differenzierung und Vereinfachung wird nur selten erreicht. Das Haushalts- und Rechnungswesen produziert nur wenig steuerungsorientierte Informationen und zu viele „Zahlenfriedhöfe".

> **Praxistipp**
>
> Als Zwischenergebnis kann den Kommunen empfohlen werden, dass sie die Strukturen ihres neuen doppischen Rechnungswesens nicht zu stark von den Möglichkeiten der IT-Systeme bzw. durch schematische Übernahme vorliegender Produktrahmenpläne prägen lassen. Demgegenüber sollten in jeder Kommune individuelle betriebswirtschaftliche Überlegungen angestellt werden, um „Zahlenfriedhöfe" und zusätzliche Bürokratieeffekte zu vermeiden.

2 Kommunalverwaltung aus betriebswirtschaftlicher Sicht – ein Grundmodell zur Systematisierung

Vier identifizierte Falltypen

Aus betriebswirtschaftlicher Sicht stellt eine Kommunalverwaltung einen Dienstleistungsbetrieb dar, der über sehr unterschiedliche Teilbereiche verfügt, die außerordentlich differenzierte Leistungen erbringen. Wenn man versucht, Grundsätze für die jeweils angemessenen Verrechnungsstrukturen im kommunalen doppischen Rechnungswesen zu erarbeiten, dann ist es unumgänglich, die betrieblichen Realitäten der Kommunalverwaltungen sachgerecht einzuschätzen und zu systematisieren.

Mit der betriebswirtschaftlichen Systematisierung der verschiedenen Aufgabenfelder bzw. Verwaltungsbereiche haben wir bereits oben begonnen. Ausgehend vom Informationsbedarf eines Fraktionsvorsitzenden der Mehrheitsfraktion haben wir an vier Beispielfällen gezeigt, welcher steuerungsorientierte Informationsbedarf in den vier identifizierten Falltypen einer Kommunalverwaltung existiert.

Wie können die anderen Verwaltungsbereiche der Muster-Kreisstadt eingeordnet werden?

Für die Muster-Kreisstadt des Herrn Clever gehen wir von folgendem Organisations- und Produktplan aus.

Teilhaushalt 1.1: Innere Verwaltung

Produkt	Kostenstellen/ -träger	Bezeichnung	Organisationseinheit
1110	11100000	Verwaltungssteuerung	OB und FB 1, Abt. 11
1113	11130000	Öffentlichkeitsarbeit	FB 1, Abt. 14
1114	11140000	Gremien (Rat und Ausschüsse)	Stab 01
1116	11160000	Gleichstellung	Stab 02
1117	11170000	Personalvertretung	Stab 03
1120	11200000	Personal	FB 1, Abt. 12
1130	11300000	Organisation	FB 1, Abt. 11
1141		Zentrale Gebäude-/Facility Management	FB 4, Abt. 46
	11411000	kaufm. Gebäudemanagement	
	11412000	infrastrukturelles Gebäudemanagement	
	11413000	technische Dienste	
	11415...n	eine Kostenstelle pro Gebäude/ Objekt	
1142	11420000	Technikunterstützte Informationsverarbeitung (TUI)	FB 1, Abt. 13
1145		Sonstige Zentrale Dienste	FB 1, Abt. 19
	11450100	Druckerei	
	11450200	Zentrale Beschaffung	
	11450300	Infocenter	
	11450400	Versicherungen	
1160	11600000	Haushalts- und Rechnungswesen	FB 1, Abt. 15
1161	11610000	Beteiligungsmanagement/-controlling	FB 1, Abt. 15
1162	11620000	Zahlungsabwicklung	FB 1, Abt. 16
1164	11640000	Steuern	FB 1, Abt. 17
1181	11810000	Prüfung	Stab 04
1190	11900000	Rechtsangelegenheiten	FB 1, Abt. 18

Teilhaushalt 1.2: Sicherheit und Ordnung

Produkt	Kostenstellen/ -träger	Bezeichnung	Organisationseinheit
1210	12100000	Statistik und Wahlen	FB 1, Abt. 11
1221	12210000	Allgemeine Sicherheit und Ordnung	FB 2, Abt. 23
1222		Einwohnerwesen	FB 2, Abt. 21
	12220...n	je 1 Kostenstelle je Bürgerbüro	
1223	12230000	Personenstandswesen	FB 2, Abt. 22
1230	12300000	Verkehrsrechtliche Genehmigungen, Fahrerlaubnisse	FB 2, Abt. 27
1235	12350000	Überwachung ruhender Verkehr	FB 2, Abt. 27
1236	12360000	Überwachung fließender Verkehr	FB 2, Abt. 27
1260	12600000	Brandschutz	FB 2, Abt. 23
1270	12700000	Rettungsdienst	FB 2, Abt. 23
1280	12800000	Rettungsleitstelle	FB 2, Abt. 23

Teilhaushalt 2.1: Schulen			
Produkt	Kostenstellen/ -träger	Bezeichnung	Organisationseinheit
2110	21100...n	Grundschulen	FB 3, Abt. 32
2410	24100000	Schülerbeförderung	FB 3, Abt. 32
2430	24300000	Sonstige schulische Aufgaben	FB 3, Abt. 32

Teilhaushalt 2.2: Kultur und Kunst			
Produkt	Kostenstellen/ -träger	Bezeichnung	Organisationseinheit
2620	26200...n	Kulturelle Veranstaltungen	FB 2, Abt. 24
2630	26300...n	Musikschule	FB 2, Abt. 24
2710	27100...n	Volkshochschule	FB 2, Abt. 25
2720	27200...n	Stadtbücherei	FB 2, Abt. 26
2810	28100000	Heimat- und sonstige Kulturpflege	FB 2, Abt. 24

Teilhaushalt 4.1: Sportförderung			
Produkt	Kostenstellen/ -träger	Bezeichnung	Organisationseinheit
4210	42100...n	Allg. Sportförderung / Sportsonderveranstaltungen	FB 3, Abt. 31
4241	42410...n	Sportstätten	FB 3, Abt. 31
4242	42420...n	Bäder	FB 3, Abt. 31

Teilhaushalt 3.2: Kinder-, Jugend- und Familienhilfe			
Produkt	Kostenstellen/ -träger	Bezeichnung	Organisationseinheit
3612	36120000	Förderung von Kindern in Tageseinrichtungen	FB 3, Abt. 33
3625	36250000	Sonstige Kinder- und Jugendarbeit	FB 3, Abt. 33
3633	36330...n	Hilfe zur Erziehung	FB 3, Abt. 34
3635	36350...n	Inobhutnahme u. Eingliederungshilfe für seelisch behinderte junge Menschen	FB 3, Abt. 34
3636	36360000	Adoptionsvermittlung	FB 3, Abt. 34
3637	36370000	Amtsvormundschaft	FB 3, Abt. 34
3638	36380000	Familien- und Jugendgerichtshilfe	FB 3, Abt. 34
3651	36510...n	Tageseinrichtungen für Kinder (selbst betrieben)	FB 3, Abt. 33

Teilhaushalt 3.1: Soziale Hilfen			
Produkt	Kostenstellen/ -träger	Bezeichnung	Organisationseinheit
3112	31120000	Beratung zur Grundsicherung (SGB II und SGB XII)	FB 3, Abt. 35
3113	31130000	Seniorenarbeit	FB 3, Abt. 35
3117	31170000	Hilfen bei Krankheit, Behinderung, Pflegebedürftigkeit und sonstigen Lebenslagen	FB 3, Abt. 35
3130	31300000	Hilfen für Asylbewerber	FB 3, Abt. 35
3510	35100...n	Sonstige soziale Hilfen und Leistungen	FB 3, Abt. 35

Teilhaushalt 5.1: Räumliche Gestaltung			
Produkt	Kostenstellen/ -träger	Bezeichnung	Organisationseinheit
5110	51100000	Räumliche Planungs- und Entwicklungsmaßnahmen	FB 4, Abt. 41

Teilhaushalt 5.2: Bauen und Wohnen			
Produkt	Kostenstellen/ -träger	Bezeichnung	Organisationseinheit
5210	52100000	Bau- und Grundstücksordnung	FB 4, Abt. 47
5221	52210000	Wohnungsbauförderung / Sozialer Wohnungsbau	FB 4, Abt. 41
5230	52300000	Denkmalschutz und -pflege	FB 4, Abt. 41

Teilhaushalt 5.3: Ver- und Entsorgung			
Produkt	Kostenstellen/ -träger	Bezeichnung	Organisationseinheit
5370	53700000	Kommunale Abfallwirtschaft	FB 1, Abt. 15

Teilhaushalt 5.4: Infrastruktur			
Produkt	Kostenstellen/ -träger	Bezeichnung	Organisationseinheit
5410		Gemeindestraßen	FB 4, Abt. 42
	54100010	Planung, Überwachung Baumaßnahmen Straßen	
	54100050	Erhebung von Erschließungsbeiträgen	
5430	54300000	Landesstraßen	FB 4, Abt. 42
5440	54400000	Bundesstraßen	FB 4, Abt. 42
5460	54600000	Parkeinrichtungen	FB 2, Abt. 27
5470	54700000	Aufgabenträgerschaft im ÖPNV	FB 2, Abt. 27

Teilhaushalt 5.5: Natur- und Landschaftspflege			
Produkt	Kostenstellen/ -träger	Bezeichnung	Organisationseinheit
5510	55100000	Grün- und Freiflächen, Gewässer	FB 4, Abt. 44
5540	55400000	Naturschutz und Landschaftspflege	FB 4, Abt. 45
5550	55500000	Kommunale Forstwirtschaft	FB 4, Abt. 44

Teilhaushalt 5.6: Umweltschutz			
Produkt	Kostenstellen/ -träger	Bezeichnung	Organisationseinheit
5610	56100000	Umweltschutzmaßnahmen	FB 4, Abt. 45

Teilhaushalt 5.7: Wirtschaftsförderung			
Produkt	Kostenstellen/ -träger	Bezeichnung	Organisationseinheit
5711	57110000	Kommunale Wirtschaftsförderung	FB 1, Abt. 18
5730	57300000	Baubetriebshof	FB 4, Abt. 43
5731	57310000	Durchführung von Märkten	FB 2, Abt. 23
5752	57520000	Kommunale Tourismusförderung	FB 1, Abt. 18

Im Produktplan sind die einzelnen Falltypen farblich markiert:

Folgende Farben werden verwendet:

- Im weißen Falltyp 1 (vgl. das Beispiel mit den Politessen) geht es um die Verwaltungsstellen mit übersichtlichen Input-Output-Relationen. Diese Organisationseinheiten können ein oder wenige Produkte haben, wobei die Produkte jedoch jeweils nur **eine einzelne Kostenstelle** repräsentieren. Im Ergebnis wird im Haushalt über eine Kostenstelle mit übersichtlichen Input-Output-Relationen berichtet.

- Der hellgrauen Falltyp 2 (vgl. das Beispiel mit den sechs Grundschulen) repräsentiert einen Teilbetrieb, der aus mehreren einzelnen Typ 1-Verwaltungsstellen zusammengesetzt ist. Dies bedeutet: **mehrere Kostenstellen** werden im Haushalt in einem Produkt zusammengefasst.[205]

- Der graue Falltyp 3 (vgl. das Beispiel aus der Jugendhilfe) repräsentiert einen komplexeren Teilbetrieb, der eine **Kombination von Kostenstellen und** (häufig zahlreichen) **Kostenträgern** erfordert.

- Der Falltyp 4 (vgl. das Beispiel der Sonderveranstaltung „Stadtmarathon"), der aus betriebswirtschaftlicher Sicht einen einzelnen Kostenträger darstellt, wird im Organigramm nicht unmittelbar sichtbar. Mittelbar führt die Bildung von derartigen Kostenträgern, dass zum Beispiel die Abtei-

---

[205] Sofern jedoch jede einzelne Kostenstelle als eigenes Produkt im Haushalt gezeigt wird, sprechen wir noch vom Falltyp 1. Hintergrund dieser Terminologie ist die beabsichtigte konsequent betriebswirtschaftliche Interpretation von dem, was im Haushalt dargestellt wird.

lung „Kulturförderung" als Falltyp 3 eingestuft werden kann (Kombination von Kostenstellen und Kostenträgern, die im Regelfall auch nicht alle einzeln als Produkt abgebildet werden).

Mit der gewählten Systematisierung werden wir im Folgenden skizzieren, wie ein effizientes Rechnungswesen zur Abbildung der Falltypen gestaltet werden kann. Zugleich ist ein Beitrag zur Betriebswirtschaftslehre der Kommunalverwaltung beabsichtigt.

Fachbereiche der Muster-Kreisstadt

Wenn man die verschiedenen Falltypen auf die Fachbereichsgliederung der Muster-Kreisstadt bezieht, ergibt sich folgende grobe Einordnung:

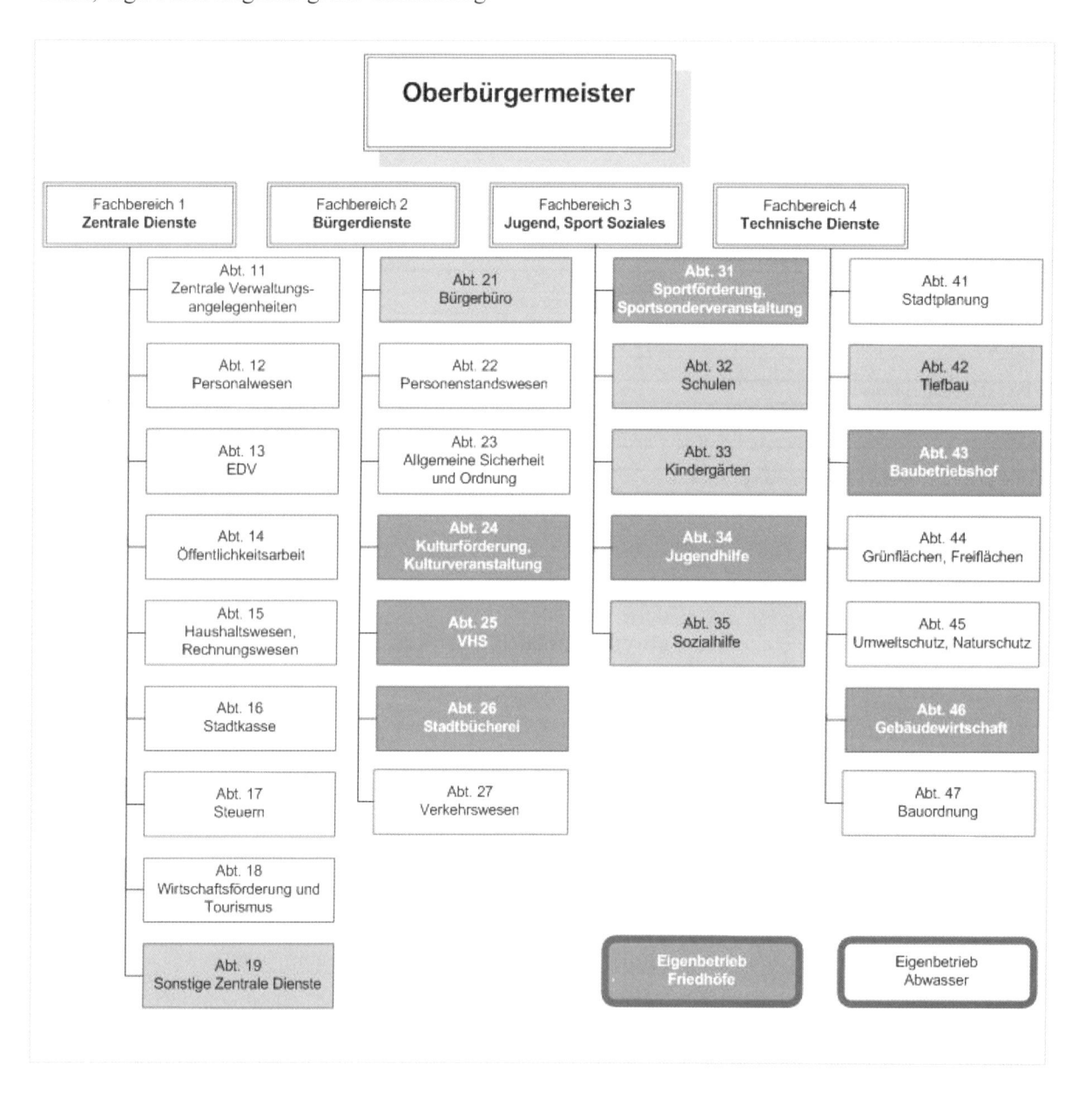

Oberbürgermeister

Fachbereich 1 – Zentrale Dienste
- Abt. 11 Zentrale Verwaltungsangelegenheiten
- Abt. 12 Personalwesen
- Abt. 13 EDV
- Abt. 14 Öffentlichkeitsarbeit
- Abt. 15 Haushaltswesen, Rechnungswesen
- Abt. 16 Stadtkasse
- Abt. 17 Steuern
- Abt. 18 Wirtschaftsförderung und Tourismus
- Abt. 19 Sonstige Zentrale Dienste

Fachbereich 2 – Bürgerdienste
- Abt. 21 Bürgerbüro
- Abt. 22 Personenstandswesen
- Abt. 23 Allgemeine Sicherheit und Ordnung
- Abt. 24 Kulturförderung, Kulturveranstaltung
- Abt. 25 VHS
- Abt. 26 Stadtbücherei
- Abt. 27 Verkehrswesen

Fachbereich 3 – Jugend, Sport Soziales
- Abt. 31 Sportförderung, Sportsonderveranstaltung
- Abt. 32 Schulen
- Abt. 33 Kindergärten
- Abt. 34 Jugendhilfe
- Abt. 35 Sozialhilfe

Fachbereich 4 – Technische Dienste
- Abt. 41 Stadtplanung
- Abt. 42 Tiefbau
- Abt. 43 Baubetriebshof
- Abt. 44 Grünflächen, Freiflächen
- Abt. 45 Umweltschutz, Naturschutz
- Abt. 46 Gebäudewirtschaft
- Abt. 47 Bauordnung

Eigenbetrieb Friedhöfe

Eigenbetrieb Abwasser

Kann man die Einordnung der Produkte in die Fall- bzw. Produkttypen verallgemeinern?

Die Falltypen sind **bei jeder konkreten Kommune** in Abhängigkeit von der Größe und der jeweils gewählten Organisationsform **neu zu bestimmen**. Allerdings ähneln sich die Kommunen einer Größenklasse – hier die Kreisstadt mit 50.000 Einwohnern – doch recht stark. Daher können wir (auf der Basis praktischer Erfahrungen mit zahlreichen Städten in der Größenordnung der Stadt von Herrn Clever) in begrenztem Umfang Tendenzaussagen zur Einordnung in die Falltypen vornehmen.

Warum ist dies so?

Aus betriebswirtschaftlicher Sicht repräsentieren die vier Falltypen **unterschiedliche Organisationsformen**, die **für die verschiedenen Aufgabenbereiche** (Produkte) in Abhängigkeit der Verwaltungsgröße von der Kommune regelmäßig gewählt werden. D.h. in Abhängigkeit von der Verwaltungsgröße lassen sich real in der Kommune bestehende Organisationseinheiten in die verschiedenen Falltypen aufteilen.

Diese Aufteilung ist deshalb möglich, weil das hier entwickelte Grundmodell die betriebswirtschaftlichen Begriffe „Kostenstelle" und „Kostenträger" zur Abgrenzung verwendet. Diese kostenrechnerischen Begriffe lassen sich grundsätzlich auf alle kommunalen Aktivitäten anwenden. Mit diesen Erläuterungen wird deutlich, dass

- das Grundmodell nichts anderes ist als eine kostenrechnerische Beurteilung der kommunalen Realität
- mit Hilfe der kostenrechnerischen Beurteilung ein bedeutender Teil der betriebswirtschaftlichen Erkenntnisse für Zwecke der Kommunen nutzbar gemacht werden kann
- diese Beurteilung in jeder Kommune etwas anders ausfallen dürfte und
- das Modell „Muster-Kreisstadt" auf unseren Projekterfahrungen mit zahlreichen Städten mit etwa 50.000 Einwohnern beruht.

3 Praktische Empfehlungen zum Rechnungswesen für Städte mit etwa 50.000 Einwohnern

3.1 Rechnungswesen bei Verwaltungsstellen des Falltyps 1

Beim Falltyp 1 wird über eine Kostenstelle berichtet

Die Verwaltungsstellen des Falltyps 1 sind durch **übersichtliche Input-Output-Relationen** geprägt. Hier interessiert vor allem, mit welchem Input (insbesondere Personaleinsatz) welche Outputmengen (Fallmengen) erreicht werden. Das Steuerungsinteresse (der Rat beabsichtigt eine strategische Verwaltungssteuerung) ist bei diesem Falltyp eher auf die Verwaltungsstelle selbst gerichtet – weniger auf die von dieser erstellten einzelnen Leistungen. Man kann also sagen, dass der Charakter der Kostenstellen (nicht der Kostenträgercharakter) das Steuerungsinteresse dominiert.

Bei den Verwaltungsstellen vom Typ 1 handelt es sich im Regelfall um Kostenstellen, die relativ wenig Mitarbeiter (meist deutlich unter zehn) besitzen, welche bestimmte Fallmengen als Output erbringen. Hierzu gehören bei der Muster-Kreisstadt die meisten Querschnittsbereiche (z. B. Verwaltungssteuerung, Personal, Organisation) genauso wie zahlreiche Aufgaben der Hoheitsverwaltung (z. B. Statistik und Wahlen, Allgemeine Sicherheit und Ordnung, Räumliche Planung und Entwicklung, Bau- und Grundstücksordnung).

Die Mitarbeiter in den Verwaltungsstellen von Falltyp 1 verwalten überwiegend bestimmte Sachgebiete im öffentlichen Interesse und erbringen nur nachrangig Leistungen mit unmittelbarem Außenkontakt.

Wie schon ausführlich erläutert, ist es bei Falltyp 1 häufig möglich, mit einem Produkt (einer Produktgruppe bei Großstädten) auszukommen. Die Produkte des Falltyps 1 besitzen dann eher Kostenstellen- als Kostenträgercharakter; aus Sicht des Rates bzw. der Stadtverordnetenversammlung interessieren hauptsächlich der tatsächliche Personaleinsatz sowie die erbrachten Fallmengen. Nach der gewählten Definition des Falltyps 1 wird für die Verwaltungsstellen von Typ 1 nur eine Kostenstelle pro Produkt benötigt. D. h. im Haushalt wird im Grunde über eine Kostenstelle berichtet. Eine laufende Bebuchung von Kostenträgern wird in den meisten Fällen nicht benötigt. Unsere Auffassung wollen wir noch an dem praktischen Beispiel der Öffentlichkeitsarbeit näher erläutern.

Welche Kosteninformationen werden zur Steuerung der Öffentlichkeitsarbeit benötigt?[206]

Klaus Clever findet im **Produktblatt Öffentlichkeitsarbeit** – neben den Ertrags- und Aufwandsarten – folgende Informationen:

Personaleinsatz insgesamt: 6,5 Vollzeitkräfte

In der Produktbeschreibung werden folgende ausführliche Informationen über die erbrachten einzelnen Leistungen geliefert: Die wöchentliche Redaktion des Stadtanzeigers bindet etwa 0,75 Vollzeitkräfte. Die „Stadtinformation", die neben der Tourismusförderung auch den Empfang im Rathaus leistet, hat 46 Wochenstunden geöffnet. Im Jahresmittel werden hierfür etwa 4,00 Vollzeitkräfte benötigt; im Jahr werden 12.000 Kundenkontakte erwartet (was im Interesse der Tourismusförderung ausgebaut werden soll). Die schriftliche Beantwortung von Anfragen bindet etwa 0,50 Vollzeitkräfte p. a. (Fallzahl 2006 = 116). Im Planjahr ist eine Aktualisierung der Internetpräsenz vorgesehen, die etwa 0,75 Vollzeitkräfte bindet. Außerdem soll der Werbeauftritt der Stadt in Zusammenarbeit mit einer Werbeagentur überarbeitet werden (bindet im Planjahr 0,50 Vollzeitkräfte). Unterhalb der Ertrags- und Aufwandsarten wird in den „Erläuterungen" vermerkt, dass für die Werbeagentur, die die vom Rat bereits beschlossene Werbekampagne planen und durchführen soll, ein zusätzliches Budget von T€ 30 vorgesehen ist und dass der Stadtanzeiger unverändert einen Zuschuss von T€ 20 für den Verlag verlangt. Herr Clever ist zufrieden, weil er sich die Kostenstelle Öffentlichkeitsarbeit und deren Outputmengen plastisch vorstellen kann. Er kann sogar überschlägig schätzen, was z. B. der „Stadtanzeiger" pro Jahr kostet – dazu addiert er die Personalkosten von 0,75 Vollzeitkräften (etwa T€ 60) und die Verlagskosten von T€ 20. Er überlegt, dass angesichts der zwei neuen Anzeigenblätter, die in der Stadt kostenlos verteilt werden und praktisch dieselben Lokalnachrichten bringen, der Vertrag mit dem Verlag des „Stadtanzeigers" neu verhandelt werden sollte (und ggf. darauf verzichtet werden könnte).

Transparenz ohne aufwändige Kostenträgerrechnung

Es kann also auch eine hohe Transparenz – wie im Beispiel geschildert – erreicht werden, ohne dass eine laufende Kostenträgerrechnung notwendig ist.

Die Personalkosten sind auch in diesem Fall der wichtigste Kosteneinflussfaktor; daher ist die entscheidende betriebswirtschaftliche Kennziffer der Personaleinsatz in Vollzeitäquivalenten. Dies bedeutet aus betriebswirtschaftlicher Sicht: die wichtigen steuerungsorientierten Kosteninformationen werden bereits durch die Kennziffer des Personaleinsatzes wiedergegeben – deren aktuelle Schätzung nach Leistungen ist in jedem Fall aus Steuerungssicht wichtig. Es entstünden aber in der Praxis kaum zusätzliche Detailinformationen, wenn die Gesamtkosten eines weißen Bereichs (im Sinne einer Kostenträgerrechnung) laufend auf einzelne Leistungen umgelegt werden würden.

Häufig ist in den Doppikprojekten jedoch das Gegenteil zu beobachten: Die Definition der Produkte und Leistungen wird in einer früher Projektphase an die dezentralen Ämter bzw. Stellen vergeben. Dort wird angenommen, dass es für die jeweilige Dienststelle wichtig ist, ihr Leistungsspektrum möglichst ausführlich darzustellen. Dementsprechend viele Leistungen werden dann definiert. Au-

---

[206] Vgl. Marettek (2007).

ßerdem wird in der dezentrale Stelle noch nicht durchschaut, welche Mehrarbeiten durch die Anlage der Leistungen als Kostenträger gerade auch auf sie selbst zukommen werden (insbesondere die laufende Aufteilung ihrer Arbeitszeiten).

Als Zwischenergebnis unserer empirischen Beobachtungen kann festgehalten werden, dass bundesweit gerade in den verwaltend tätigen Bereichen zu viele Leistungen, Produkte und Kostenstellen bzw. -träger definiert werden. Dadurch wird nach unserer Einschätzung die Kostenträgerrechnung unnötig aufgebläht sowie vielfältige Folgearbeiten (neue überflüssige Bürokratie) in verschiedenen Verwaltungsstellen (insbesondere in der Buchhaltung) ausgelöst.

Ziel der Effektivität und Effizienz im kommunalen Rechnungswesen

An dieser Stelle der Fachdiskussion muss das eigentliche Ziel der Effektivität und Effizienz (im Rechnungswesen selbst) noch ausführlicher erklärt werden: Die gewünschte und für die Steuerung der Kommune erforderliche **Transparenz** soll **auf möglichst einfache Art und Weise** erreicht werden!

Dies bedeutet einerseits, dass Differenzierungen im Rechnungswesen (also zusätzliche Produkte, Kostenstellen, Kostenträger, Konten, interne Verrechnungen usw.) nur dann vorgenommen werden sollten, wenn tatsächlich ein wesentlicher zusätzlicher Informationsgewinn erreicht wird.

Dementsprechend sollte jede Kommune den Informationsgewinn, der entsteht, wenn im Beispiel die Aufwendungen des Bereichs Öffentlichkeitsarbeit auf die zugehörigen Leistungen wie Stadtanzeiger, Bürgeranfragen, Stadtinformation in Form einer laufenden Kostenträgerrechnung verteilt werden, kritisch in Relation zu den dadurch verursachten Kosten setzen (derartige Abwägeprozesse sind zwangsläufig etwas völlig Neues für die Kommunen!).

Wir spielen das Beispiel einmal durch: Sofern dennoch eine laufende Kostenträgerrechnung gewollt wird, müssten

- die verschiedenen Leistungen als Kostenträger DV-technisch angelegt und verwaltet werden,
- die Personalkosten in jeder Periode sachgerecht zeitanteilig den Kostenträgern zugerechnet werden,
- die übrigen Erträge und Aufwendungen kontinuierlich präzise auf Kostenträger verbucht werden
- und die direkt auf die Kostenstelle Öffentlichkeitsarbeit verbuchten Aufwendungen per Umlagen auf die Kostenträger vorrechnet werden.

Dieser zusätzliche Verwaltungsaufwand bringt nach unseren Erfahrungen nur dann belastbare zusätzliche Erkenntnisse, wenn bei der laufenden Verbuchung und Verrechnung kontinuierlich ein sehr hoher analytischer Aufwand betrieben wird. Zur Klärung der Frage, für welche Leistung welcher Anteil des Aufwandes zugeordnet werden soll, müsste bei jeder eingehenden Rechnung ein Kommunikationsprozess zwischen den Verantwortlichen für Öffentlichkeitsarbeit, Controlling und der Finanzbuchhaltung erfolgen, um stets eine sachgerechte Zuordnung zu den Leistungen zu erreichen. In der Praxis lohnt sich dieser Aufwand bei Typ-1-Verwaltungsstellen nur selten. Es zeigt sich demgegenüber immer wieder, dass die eingehenden Rechnungen – genauso die Personalkosten – meist nicht auf Dauer zuverlässig den Kostenträgern zugerechnet werden können. Bei zu differenzierter Kostenträgerbildung schleichen sich schnell Buchungsfehler ein, durch die die kostenträgerbezogenen Auswertungen häufig unbrauchbar werden. Wir empfehlen demgegenüber in derartigen Bereichen, **nur nach Bedarf im mehrjährigen Turnus mit dem entsprechenden analytischen Aufwand** belastbare Kalkulationen (für Leistungen wie Stadtanzeiger, Internetauftritt usw.) zu erstellen.

> **Praxistipp**
>
> Entsprechend dieser grundsätzlichen kostenrechnerischen Erkenntnisse empfehlen wir, in den verwaltend tätigen Bereichen (weiß) möglichst wenige Produkte und damit auch möglichst wenige Kostenstellen zu bilden. Dies gilt natürlich nur insoweit die finanzstatistischen Landesvorgaben dies zulassen.

3.2 Rechnungswesen bei Teilbetrieben des Falltyps 2

Teilbetrieb aus mehreren Typ 1-Verwaltungsstellen

Der hellgraue Falltyp 2 (vgl. das Beispiel mit den sechs Grundschulen) repräsentiert einen Teilbetrieb, der aus mehreren einzelnen Typ 1-Verwaltungsstellen zusammengesetzt ist. Die Berichterstattung kann zusammengefasst über die gesamte **Kostenstellengruppe** erfolgen, benötigt aber vertiefende Erläuterungen.

Die hellgrauen Bereiche können betriebswirtschaftlich als eine Form von Teilbetrieben mit geringer Komplexität bezeichnet werden. Sie erbringen zwar unmittelbar nach außen kalkulationsfähige Einzelleistungen, deren laufende Kalkulation (Kostenträgerrechnung) aber vor allem aus Gründen der Wirtschaftlichkeit ebenfalls nicht sachgerecht erscheint. (In den hellgrauen bzw. grauen Bereichen der dargestellten Kommunalverwaltung dominieren meist die Außenkontakte mit dem Bürger.)

Auch hierzu ein Praxisbeispiel aus der Muster-Kreisstadt mit 50.000 Einwohnern, das den aus unserer Sicht notwendigen (steuerungsorientierten) Informationsbedarf umreißt.

> Das **Produkt „Einwohnerwesen"** umfasst die **drei Bürgerbüros** der Muster-Kreisstadt. Im Produktblatt werden dementsprechend eine Aufteilung der wichtigsten Fallmengen und des jeweiligen Personaleinsatzes nach den drei Bürgerbüros „Bürgerbüro Oststadt", „Bürgerbüro Stadtmitte" und „Bürgerbüro Reichenbach" bereitgestellt. Im Bereich „Erläuterungen" werden die Ertrags- und Aufwandsarten in die drei Bürgerbüros zerlegt.

Um ein derart aussagekräftiges Produktblatt mit belastbaren Zahlen zu füllen, müssen zwangsläufig im Rechnungswesen mindestens **drei Kostenstellen** für die drei Bürgerbüros gebildet werden.

Man kann auch dieses Beispiel verallgemeinern:

> **Praxistipp**
>
> Bilden Sie für jedes Produkt des Typs 2 (hellgraue Bereiche) **mehrere Kostenstellen** und achten Sie darauf, dass diese auch präzise bebucht werden. Auf der beiliegenden CD zeigen wir Ihnen in der Datei „Produktplan_KS-Plan" exemplarisch, welche Kostenstellen dazu eingerichtet werden können.

Abgrenzung zum Typ 3

Im Gegensatz zum Falltyp 3 werden für ein strategisches Controlling durch den Rat auch beim Typ 2 (der ja aus mehreren Typ-1-Verwaltungsstellen zusammengesetzt ist) vorrangig kostenstellenbezogene Informationen über Personaleinsatz und Fallmengen benötigt – nicht aber laufende Fallkalkulationen.

> Für eine sachgerechte Steuerung reicht es im Bürgerbüro aus, wenn den vorhandenen Vollzeitkräften für alle drei Bürgerbüros folgende Informationen gegenüber gestellt werden (mit den jeweiligen Veränderungen der Größen im Zeitablauf): Die erbrachten Leistungsmengen wie Ausweise, Pässe, Ummeldungen, Lohnsteuerkarten und die Informationen über Ziele, Öffnungszeiten usw.

Ergänzende Fallkalkulationen nach Bedarf

Differenzierte Fallkalkulationen (z. B. was kostet ein durchschnittlicher Ausweis) sollten nach Bedarf bzw. im etwa fünfjährigen Turnus gemacht werden. Hierzu müssen in der Praxis meist vertiefende Überlegungen bzw. Ermittlungen angestellt werden, die nach unserer Einschätzung am einfachsten außerhalb des Rechnungswesens z. B. auf Excel-Basis umgesetzt werden sollten.

Diese Praxisempfehlung lässt sich auch buchhalterisch begründen. Wenn – abweichend von unseren Empfehlungen – doch der einzelne Personalausweis als laufend bebuchbarer Kostenträger im Rechnungswesen eingerichtet wird (dies machen ja einige Städte durchaus), dann entsteht das Problem, dass eine fehlerfreie und einheitliche Bebuchung der zahlreichen Kostenstellen und Kostenträger in der Praxis kaum gewährleistet werden kann. Wenn ähnliche Rechnungen kommen, dann werden sie häufig uneinheitlich – mal auf einen Kostenträger, mal auf eine Kostenstelle – gebucht. Dies bedeutet dann, dass aus dem Rechnungswesen unmittelbar – trotz des bürokratischen Aufwands – meist keine aussagefähigen Kalkulationen abgeleitet werden können. In der Praxis müssen dann doch Einzelkalkulationen erstellt werden (was wiederum auf Excel-Basis schneller als durch umfassende Korrekturbuchungen geschieht). Die laufende Vollkostenträgerrechnung lohnt sich nur dann, wenn gewährleistet werden kann, dass auch eine korrekte Erstkontierung umgesetzt werden kann.

3.3 Rechnungswesen bei Teilbetrieben des Falltyps 3

3.3.1 Teilbetriebe mit höherer Komplexität

Muster-Kreisstadt mit 50.000 Einwohnern

Nach unserer Einstufung werden nur folgende Produkte als Falltyp 3 eingestuft:

- Gebäudemanagement
- Volkshochschule
- Stadtbücherei
- Hilfe zur Erziehung
- Inobhutnahme und Eingliederungshilfe für seelisch behinderte junge Menschen
- Baubetriebshof

Diese Produkte können jeweils als komplexerer Teilbetrieb im Vergleich zum Typ 2 eingeschätzt werden. Typ 3 beinhaltet im Vergleich zum Typ 2

- entweder zahlreiche einzelne (Objekt-) Kostenstellen, wie z. B. bei dem Gebäudemanagement und dem Baubetriebshof (so dass nicht mehr jede Kostenstelle einzeln im Produktblatt erkennbar gemacht werden kann)
- oder/und die Bedeutung der Einzelleistungen ist erheblich größer und die Einzelleistungen sind weniger standardisiert, wie z. B. die sehr unterschiedlichen Einzelleistungen des Produkts „Hilfe zur Erziehung", das betriebswirtschaftlich als Kostenträgergruppe eingestuft werden kann.

Abgrenzung von Typ 2

Anhand des von uns angeregten Muster-Haushalts kann man die Abgrenzung zum Typ 2 auch über die Struktur des Muster-Produktblatts vereinfachend nachvollziehen: Immer wenn das Instrument des Haushaltsquerschnitts als zusätzliche Tabelle unterhalb der Ertrags- und Aufwandsarten nicht mehr ausreicht, um aussagekräftige steuerungsorientierte Informationen bereit zu stellen, dürfte ein Falltyp 3 vorliegen.

> **Praxistipp**
>
> Prüfen Sie für den Falltyp 3 sehr genau, welche Informationen Sie auswählen wollen und wie Sie die Informationen verdichten. Auch für das Rechnungswesen müssen Sie jeweils individuell prüfen, ob zusätzliche Kostenstellen und zusätzliche Kostenträger eingerichtet werden sollten. Beachten Sie dabei: Ein angemessenes Rechnungswesen für das Gebäudemanagement sieht dabei ganz anders aus, als ein angemessenes Rechnungswesen für die Produkte der Jugendhilfe.

3.3.2 Gebäudemanagement

Wie sieht ein angemessenes Rechnungswesen für das Gebäudemanagement aus?

Weil die gesamte Analyse konsequent am Informationsbedarf des strategischen Controllings ausgerichtet ist, zeigen wir auch für das Gebäudemanagement ein zusätzliches Praxisbeispiel, das vom Informationsbedarf unseres Fraktionsvorsitzenden ausgeht.

> **Wie stelle ich im doppischen Haushalt die Gebäude dar?**
>
> Klaus Clever ärgert sich über einen Bericht des Landesrechnungshofs (der gerade veröffentlicht wurde). Die Prüfer haben als Beispiel für Verschwendung öffentlicher Mittel eine bauliche Instandhaltungsmaßnahme in einer Grundschule angeprangert. Es wurde u. a. festgestellt, dass in der Schule eine Toilettenanlage innerhalb von drei Jahren zweimal grunderneuert wurde. Zu allem Überfluss handelt es sich um die Grundschule Reichenbach, in die die Kinder des Schulamtsleiters gehen.
>
> Als weitere Beanstandung hat der Rechnungshof die Situation in der Stadthalle angeprangert. Es wurde u. a. festgestellt, dass in der Stadthalle über Jahre Heizungsenergie verschwendet wurde, weil mehrere Gebäudeteile mitgeheizt wurden, auch wenn sie leer standen – nur weil die Hausmeisterwohnung Wärme benötigte.
>
> Klaus Clever überlegt, wie derartige Fehlentwicklungen künftig vermieden werden können.
>
> Nach längerer Diskussion mit leitenden Verwaltungsmitarbeitern wird entschieden, ein zentrales Gebäudemanagement einzuführen. Damit soll u. a. bewirkt werden, dass für jedes Gebäude eine eindeutige Verantwortlichkeit bei einer Person liegt, eine effektive und effiziente Bewirtschaftung einschließlich Unterhaltung zu gewährleisten.
>
> Außerdem soll geprüft werden, inwieweit im doppischen Haushalt die Instandhaltungsaufwendungen künftig objektgenau gezeigt werden können.

Dieser Fall (im Grunde handelt es sich um zwei Teilfälle) berührt die Notwendigkeit, die Gebäude im Haushalts- und Rechnungswesen sachgerecht abzubilden. Während die Leistungserstellung in den anderen vier Beispielfällen hauptsächlich durch die menschliche Verwaltungstätigkeit geprägt ist, bestehen zur Abbildung der Gebäude ganz eigene gebäudewirtschaftliche Notwendigkeiten. Sind die Gebäude denn so wichtig in der Kommune, dass man sie einzeln zeigen soll?

Gebäudeaufwendungen als eine der bedeutendsten Aufwandsarten

An dieser Stelle der Fachdiskussion hilft ein Blick auf die wichtigsten Aufwandsarten des Dienstleistungsbetriebs Kommune: Neben den Personalaufwendungen und den im Rahmen der Jugend- und Sozialhilfe zu leistenden Transferaufwendungen stellen in jeder Kommune die Sachaufwendungen der bewirtschafteten Immobilien sowie des Bauhofs die bedeutendsten Aufwandsblöcke dar. Außerdem stehen bestimmte kommunale Gebäude – wie im Beispiel die Gebäude der Grundschule Reichenbach – häufig auch im politischen Interesse. Gebäude haben auch für die Stadtratsmitglieder bzw. Stadtverordneten ein hohes Identifikationspotential („unser Gebäude, für das wir verantwortlich sind"), so dass viele Argumente dafür sprechen, jedes einzelne Objekt – hier die verschiedenen Gebäudeteile der Grundschule Reichenbach – soweit wie möglich im doppischen Haushalt abzubilden. Dieser grundsätzlich bestehende Informationsbedarf steht auf der einen Seite der Fachdiskussion.

Wie kann dieser Informationsbedarf angesichts des Mengenproblems übersichtlich befriedigt werden?

Das Gebäudemanagement der Muster-Kreisstadt bewirtschaftet 92 bebaute Liegenschaften mit 310 selbstständig bewerteten Gebäuden bzw. Gebäudeteilen.

> **Praxistipp**
>
> Der Muster-Kreisstadt empfehlen wir, für jedes selbstständig bewertete Gebäude bzw. Gebäudeteil eine Kostenstelle einzurichten.

Diese Kostenstellen können als Objektkostenstellen bezeichnet werden, die sämtliche mit dem jeweiligen Gebäude zusammenhängenden Erträge und Aufwendungen sammeln.

Zusätzlich kann eine Betriebskostenstelle für den eigentlichen Schulbetrieb und das Schulbudget empfohlen werden. Für größere Turn- bzw. Mehrzweckhallen sollten separate Betriebskostenstellen gebildet werden, um den Veranstaltungsbetrieb zu erfassen.

> Die Arbeitsgruppe in der **Muster-Kreisstadt** kommt zu folgenden Ergebnissen:
>
> Bezogen auf die Grundschule Reichenbach wird für das Hauptgebäude von 1965, den Anbau von 1991, die Turnhalle sowie die Hausmeisterwohnung (Flügel des Hauptgebäudes) je eine Objektkostenstelle sowie eine Betriebskostenstelle eingerichtet. Im Haushalt werden demgegenüber – wegen der großen Anzahl der Gebäude/Liegenschaften – nur die wichtigsten Liegenschaften mit den entsprechenden Aufwendungen sichtbar gemacht. Als Instrument wird dafür eine zusätzliche Tabelle im zweiten Teil des Produktblatts „Gebäudemanagement" gewählt. Weniger bedeutende Liegenschaften werden dabei zusammengefasst.
>
> Clever stimmt dieser Entscheidung nach längerem Nachdenken zu, da ansonsten die Übersichtlichkeit des Haushalts unter der Darstellung der zahlreichen gebäudebezogenen bzw. liegenschaftsbezogen Angaben leiden würde.

In der Praxis werden die internen Verrechnungen zwischen den Objektkostenstellen des Gebäudemanagements und den betrieblichen Kostenstellen oder -trägern der dezentralen Fachbereiche (Nutzerämter der Gebäude) mittlerweile meist über eine fachspezifische Gebäudemanagement-Software gesteuert. Über diese fachspezifische Software wird in kleineren Städten und Kreisen meist ein Vermieter-Mieter-Modell innerhalb der Kernverwaltung umgesetzt. Bei größeren Städten wird das Gebäudemanagement eher als Eigenbetrieb bzw. eigenbetriebsähnliche Einrichtung geführt.[207]

---

[207] Vgl. die ausführlichen Analysen zum Stand des kommunalen Gebäudemanagement in den 83 deutschen Großstädten bei Detemple/Marettek (2004) S. 29 ff. und Detemple/Marettek (2005) S. 186 ff.

Wenn man hierzu die empirische Studie der 117 doppischen Haushalte auswertet, wird deutlich, dass gerade in kleineren Kommunen die Tendenz besteht, jedes bedeutende Gebäude und alle größeren Fahrzeuge und Gerätschaften separat als Produkt zu zeigen. Diese Praxis findet sich nicht nur in mittleren Städten wie Nauen und Königs Wusterhausen, sondern sogar in einzelnen Großstädten wie Potsdam. In Potsdam werden die Gebäudekosten des einzelnen Gymnasiums unter „Aufwendungen aus internen Leistungsbeziehungen" differenziert sichtbar gemacht, eine hochwertige Lösung, die wir in unserem Gestaltungsvorschlag für die Schulen übernehmen.[208]

Gestaltungsvorschlag

Auf Seiten des Gebäudemanagements schlagen wir für die Muster-Kreisstadt mit 50.000 Einwohnern folgendes Produktblatt vor.

1141 Zentrales Gebäudemanagement

Verantwortung: Herr Mustermann
Fachbereich 4, Abteilung 46 **Beschreibung**

Bereitstellung der für die Aufgabenerfüllung der Stadt erforderlichen Gebäude. Wirtschaftlicher Betrieb und Unterhaltung der Gebäude einschließlich der technischen Einrichtungen. Portfolio-Analyse der Objekte, die langfristig für die Aufgabenerfüllung vorgehalten werden.

Ziele

Im Planungsjahr sollte insbesondere die Abstimmung des Kontraktes mit den Nutzerabteilungen abgeschlossen werden. Sicherung der Reinigungs- und Hygienestandards. Optimierung der Flächeninanspruchnahme im Bereich der Büroimmobilien. Erhöhung der Wirtschaftlichkeit bei konstanter Kundenzufriedenheit im Rahmen des Vermieter-Mieter-Modells.

Mengen / weiterführende Kennzahlen	Ergebnis 2007	Ansatz 2008	Ansatz 2009
Hauptnutzfläche in m^2			
Büro- und Verwaltungsgebäude			
Schulen und Bildungsstätten			
Jugendeinrichtungen			
Kulturgebäude			
Sportstätten			
Einrichtungen der Feuerwehr			
Eigenbetriebe			
sonstige Bauten			
Bewirtschaftungskosten/m^2			
Büro- und Verwaltungsgebäude			
Schulen und Bildungsstätten			
Jugendeinrichtungen			
Kulturgebäude			
Sportstätten			
Einrichtungen der Feuerwehr			
Eigenbetriebe			
sonstige Bauten			
Mitarbeiter/Innen (voraussichtliche Ist-Vollzeitkräfte)			

---

[208] Vgl. oben B.5.3.1.

Ertrags- und Aufwandsart		Ergebnis 2007	Ansatz 2008	Ansatz 2009
02	+ Zuwendungen und allgemeine Umlagen			
03	+ sonstige Transfererträge			
04	+ Öffentlich-Rechtliche Leistungsentgelte			
05	+ Privatrechtliche Leistungsentgelte			
06	+ Kostenerstattung und Kostenumlagen			
09	+ sonstige laufende Erträge			
10	= Summe der laufenden Erträge			
11	- Personalaufwendungen			
13	- Aufwendungen für Sach- und Dienstleistungen			
14	- Abschreibungen			
17	- sonstige laufende Aufwendungen			
18	= Summe der laufenden Aufwendungen			
19	= laufendes Ergebnis			
27	= Jahresergebnis			

Erläuterungen

Darstellung der Erträge- und Aufwendungen, verteilt auf die **einzelnen Gebäude** im Haushaltsjahr 2009:

Ertrags- und Aufwandsart \ Gebäude	10 Summe der laufenden Erträge	18 Summe der laufenden Aufwendungen	14 Abschreibungen (= Teilbetrag aus 18)	27 Jahresergebnis	Kennzahl Bewirtschaftungskosten/m^2
Büro- und Verwaltungsgebäude 1					
Büro- und Verwaltungsgebäude n					
Schulen und Bildungsstätten 1					
Schulen und Bildungsstätten n					
Jugendeinrichtung 1					
Jugendeinrichtung n					
Kulturgebäude 1					
Kulturgebäude n					
Sportstätte 1					
Sportstätten n					
Einrichtung der Feuerwehr 1					

Gebäude \ Ertrags- und Aufwandsart	10	18	14	27	Kennzahl
Einrichtung der Feuerwehr n					
Eigenbetrieb 1					
Eigenbetrieb n					
sonstige Bauten 1					
sonstige Bauten n					
Summe					

Wenn auf Basis der dargestellten Musterlösung für das Gebäudemanagement zukünftig Soll-Ist-Vergleiche erstellt werden, würde auffallen, wenn die Grundschule Reichenbach mehr Instandhaltungsaufwand verursachen würde, als die anderen Schulen.

Beispiel Stadthalle

Wir kommen zum zweiten Teilproblem im Beispielsfall: der Stadthalle.

Das zweite Teilproblem, das im Beispielfall vom Rechnungshof festgestellt wurde – also die Energiekosten in der Stadthalle – kann auch mit der Musterlösung nicht transparent gemacht werden. Dies liegt daran, dass für die Hausmeisterwohnung zwar im Rechnungswesen eine separate Kostenstelle eingerichtet werden kann, die Hausmeisterwohnung jedoch ein zu unbedeutendes Gebäudeteil für den Haushalt darstellt, als dass eine separate Darstellung im Haushalt empfohlen werden kann.

Nach unserer Einschätzung wird unser Fraktionsvorsitzender dies hinnehmen müssen, wenn er nicht den Haushalt mit langen Listen über den Energieverbrauch jedes (Teil-)Objekts überfrachten will. Im Übrigen kann das Controlling des Energieverbrauchs eines Gebäudeteils eher als Problem des operativen Controllings eingeschätzt werden.

Begriff der Objektkostenstellen im Vergleich zu Betriebskostenstellen

Die Kostenstellen für einzelne Immobilien, größere Fahrzeuge und Gerätschaften können unter dem Begriff der Objektkostenstellen zusammengefasst werden. Bei diesem Falltyp besteht also hauptsächlich objektbezogener Informationsbedarf. Daneben besteht jedoch weiterer Informationsbedarf über den Betrieb in der Stadthalle, z. B. bestimmte Veranstaltungsarten.

Der Objektcharakter der Stadthalle ist ja nur ein Aspekt der Stadthalle. In den meisten Haushalten wird für eine Stadthalle regelmäßig ein Produkt gebildet. Dies bedeutet aus kostenrechnerischer Sicht, dass gebäudebezogene Erträge und Aufwendungen auf die Gebäudekostenstelle bzw. das Produkt „Gebäudemanagement" gebucht werden und dann im Rahmen der internen Leistungsverrechnung auf das Produkt „Stadthalle" umgelegt werden. Demgegenüber können die Erträge und Aufwendungen für den Betrieb der Stadthalle – also z. B. Aufwendungen für die Veranstaltungen und Einnahmen aus Sponsorengeldern – direkt dem Produkt „Stadthalle" zugeordnet werden; unterhalb der Produktebene kann eine entsprechende Betriebskostenstelle „Veranstaltungen Stadthalle" eingerichtet werden.

Kostenträger im Fall der Stadthalle?

Weder das Produkt „Grundschule Reichenbach"[209] noch das Produkt „Stadthalle" lassen sich betriebswirtschaftlich unmittelbar als Kostenträger verstehen (wie es aber der Produktbegriff annehmen lässt). In beiden Fällen dominiert vielmehr erneut der Kostenstellencharakter des Produkts. Allerdings werden – vor allem für das operative Controlling größerer Hallen – zusätzlich differenziertere, veranstaltungsartbezogene Informationen benötigt. Damit nähern wir uns dem Begriff des Kostenträgers.

Aus betriebswirtschaftlicher Sicht könnten als Kostenträger in der Stadthalle

- einzelne Veranstaltungen oder/und
- Veranstaltungsarten oder/und
- Veranstaltungen in einzelnen Räumlichkeiten (z. B. „Großer Saal")

definiert werden.[210]

In der Praxis sollte abgewogen werden, welche Informationen – zusätzlich zu der für das Hallenmanagement eingesetzten Fachsoftware – im Rechnungswesen laufend erfasst, vorgehalten, kalkuliert und ausgewertet werden. Nach unserer Empfehlung sollte gewährleistet werden, dass keine doppelte (redundante) Verarbeitung erfolgt.

Praxistipp

Berücksichtigen Sie bei der Ausgestaltung des Rechnungswesens für den Bereich Stadthalle diese beiden Gesichtspunkte: Die Leistungsfähigkeit der für das Hallenmanagement eingesetzten Fachsoftware und die Bedeutung einzelner Veranstaltungen. Für Großveranstaltungen empfehlen wir, separate Kostenträger anzulegen (insoweit handelt es sich dann um den Falltyp 4).

Nach längerer Diskussion wird in der Muster-Kreisstadt entschieden, dass für die jährliche Veranstaltungsreihe „Klassiksommer" ein eigenständiger Kostenträger angelegt wird und ansonsten zwei veranstaltungsbezogene Kostenstellen für den „Großen Saal" und den „Kammersaal" eingerichtet werden

Für die Kostenkontrolle der Stadthalle werden im Beispielfall folgende Kostenstellen bzw. -träger gebildet:

Gebäude Stadthalle
für alle gebäudebezogenen Ertrags- und Aufwandsarten; verantwortlich ist der Bereich Gebäudemanagement

Veranstaltungsreihe Klassik-Sommer
verantwortlich ist der Bereich Kultur- und Eventmanagement

sonstige Veranstaltungen Großer Saal
für alle veranstaltungsbezogenen Ertrags- und Aufwandsarten im Großen Saal; verantwortlich ist der Bereich Kultur- und Eventmanagement

sonstige Veranstaltungen Kammersaal
für alle veranstaltungsbezogenen Ertrags- und Aufwandsarten im Kammersaal; verantwortlich ist der Bereich Kultur- und Eventmanagement

Hausmeisterwohnung Stadthalle
für alle Ertrags- und Aufwandsarten; verantwortlich der ist Bereich Gebäudemanagement

---

[209] In der Schule kann als Kostenträger die „Bereitstellung eines Schülerlernplatzes einer bestimmten Art" definiert werden.
[210] Vgl. unsere detaillierten Darstellungen zum Kostenträger „Großer Saal" in: Bolsenkötter et al (2000) S. 173 f.

> Der dargestellte Kostenstellenplan verlangt implizit eine Aufteilung der Energiekosten zwischen dem Gebäude Stadthalle und der Hausmeisterwohnung. Clever veranlasst, dass kurzfristig auch die technischen Voraussetzungen geschaffen werden, um den Energieverbrauch der Stadthalle von der der Hausmeisterwohnung zu separieren.

3.3.3 Volkshochschule

Wie sieht das angemessene Rechnungswesen für eine Volkshochschule aus?

Ähnlich wie die Jugendhilfe und der Baubetriebshof wird auch das Rechnungswesen der Volkshochschule von der fachspezifischen Abrechnungs- und Controlling-Software dominiert, die praktisch alle größeren Volkshochschulen verwenden. Das Rechnungswesen der Volkshochschule ist darüber hinaus geprägt durch

- die Vielzahl der (betragsmäßig meist kleinen) Zahlungseingänge für in Anspruch genommene Kurse oder besuchte Veranstaltungen
- eine hierfür benötigte Forderungsverwaltung einschließlich Mahnwesen
- die auf Honorar-Basis bezahlten Lehrkräfte, deren Honorare meist schon innerhalb der fachspezifischen Abrechnungssoftware direkt den jeweiligen Kursen und Veranstaltungen zugerechnet werden können.

Dementsprechend sollten die Erträge und Aufwendungen der Volkshochschule über eine DV-technische Schnittstelle in die Finanzwesen-Software übertragen werden. Weiterführende Überlegungen hinsichtlich der VHS-Kostenrechnung sind für die festangestellten Mitarbeiter der VHS (z. B. für Fachbereichsleiter) erforderlich. Zur Klarstellung: sofern die Volkshochschule als Eigenbetrieb geführt wird, stellt das ergänzende Beteiligungscontrolling lediglich eine überschaubare Verwaltungsstelle vom Typ 1 dar.

3.3.4 Stadtbücherei

Wie sieht das angemessene Rechnungswesen für eine Stadtbücherei aus?

Auch das Rechnungswesen der Stadtbücherei wird regelmäßig durch eine fachspezifische Abrechnungs-Software dominiert. Hierzu stehen in der Praxis Bibliotheksverwaltungsprogramme zur Verfügung, die mit der städtischen Finanzwesen-Software per Schnittstelle verbunden werden sollten.

Das Rechnungswesen der Stadtbücherei ist darüber hinaus geprägt durch

- die Vielzahl der (betragsmäßig meist kleinen) Zahlungseingänge für Ausleihungen
- eine hierfür benötigte Forderungsverwaltung einschließlich Mahnwesen
- den umfangreichen Bestand an Medien
- die vergleichsweise übersichtliche Anzahl der in der Regel festangestellten Mitarbeiter.

Spezifische Anforderungen an das Rechnungswesen, die außerhalb des Bibliotheksverwaltungsprogramms liegen (mit dem insbesondere der Medienbestand verwaltet wird) sind nicht erkennbar. Wenn der umfangreiche Bestand an Medien nicht wäre, der einer größeren Nutzerzahl zur Verfügung gestellt wird, würde es sich um eine Verwaltungsstelle vom Typ 1 handeln.

3.3.5 Jugendhilfe

Wie sieht das angemessene Rechnungswesen für die Jugendhilfe aus?

Die meisten dieser Produkte – wie das Beispiel der Hilfe zur Erziehung – beinhalten ihrerseits verschiedene einzelne Leistungen, die als Kostenträger zu interpretieren sind. Daher kann z. B. das

Produkt „Hilfe zur Erziehung" betriebswirtschaftlich als Kostenträgergruppe eingeschätzt werden. Beispielhaft enthält die Hilfe zur Erziehung sowohl ambulante, teilstationäre als auch vollstationäre Hilfen unterschiedlicher Art. Für jede der Einzelleistungen ist nicht nur eine korrekte Abrechnung, sondern auch ein fachspezifisches Controlling von Fallzahlen, Kosten pro Fall, Verweildauern, Anteil der Rückkehrer in die Herkunftsfamilie u. Ä. zu gewährleisten. Dementsprechend arbeiten die kommunalen Jugendämter mit **fachspezifischer Abrechnungs- und Controlling-Software**. Diese (durchaus aufwändige) fachspezifische Jugendamts-Software – die hier nicht näher beschrieben werden soll – steht zwangsläufig im Mittelpunkt des angemessenen Rechnungswesens für ein Jugendamt. Wir beschränken uns auf die Erläuterungen zur kommunalen Finanzbuchhaltung, wie sie auf Basis eines handelsüblichen ERP-Systems umgesetzt wird.

Dies bedeutet im Regelfall, dass die Erträge und Aufwendungen des Jugendamts über eine Schnittstelle in das ERP-System übernommen werden. Für alle operativen Controlling-Probleme wird meist direkt auf die fachspezifische Jugendamts-Software zurückgegriffen. Für das strategische Controlling durch den Jugendhilfeausschuss wird meist ein Auszug aus den insgesamt vorhandenen zahlreichen Controllingdaten bereitgestellt. Für den doppischen Haushalt empfehlen wir eine nochmals gestraffte Darstellung im Sinne eines Extrakts aus dem Controllingbericht des Jugendhilfeausschusses.

Praxistipp

Die genaue Ausgestaltung des Rechnungswesens für den Bereich Jugendhilfe wird von der fachspezifischen Jugendamts-Software sowie den statistischen Anforderungen dominiert. Wir empfehlen, nur nach Bedarf weitergehende Kalkulationen auf Vollkosten-Basis – außerhalb des Rechnungswesens (z. B. auf Excel-Basis) zu erstellen.

Die hier am Beispiel des Produkts „Hilfe zur Erziehung" gemachten Empfehlungen gelten in gleichem Maße für das verwandte Produkt „Inobhutnahme und Eingliederungshilfe für seelisch behinderte junge Menschen". Dieses Produkt umfasst verschiedene ambulante, teilstationäre und vollstationäre Leistungen (Kostenträger) unterschiedlicher Art, die hauptsächlich mit Hilfe der fachspezifischen Jugendamts-Software verwaltet werden.

3.3.6 Baubetriebshof[211]

Wie sieht das angemessene Rechnungswesen für einen Baubetriebshof aus?

Was den kommunalen Praktiker nicht überraschen dürfte: Der Baubetriebshof stellt einen technisch ausgerichteten Teilbetrieb mit einem komplexen Leistungsgeschehen dar. Deshalb sind vertiefte kostenrechnerische Anstrengungen weiterhin erforderlich. Die Angabe des Personaleinsatzes in Vollzeitäquivalenten und eine lange Liste der durchgeführten Tätigkeiten reicht im Baubetriebshof offenkundig nicht aus, um das komplexe Betriebsgeschehen so abzubilden, dass betriebswirtschaftliche Schlussfolgerungen möglich sind bzw. steuernd eingegriffen werden kann (auch nicht im Sinne eines strategischen Controllings).

Dementsprechend haben die deutschen Kommunen auch in der kameralen Vergangenheit große Bemühungen angestellt, die „Blackbox" des Baubetriebshofs aufzuhellen und mit überwiegend sehr differenzierten einzelleistungsorientierten Abrechnungen in den Griff zu bekommen.

Praktische Umsetzung im integrierten System

Praktisch jede kommunale ERP-Finanzwesen-Software besitzt ein eigenständiges fachspezifisches Modul zur laufenden Abrechnung von Leistungen des Baubetriebshofs. Dieses Modul dominiert

---
[211] Vgl. Marettek (2007).

zwangsläufig das angemessene Rechnungswesen des Baubetriebshofs, so dass weiterführende, originäre Anstrengungen meist unterbleiben können.

Nach unserer Einschätzung wird auch im integrierten doppischen System der Baubetriebshof zwar ein wesentliches Objekt der kostenrechnerischen Anstrengungen bleiben, je nach der bisherigen örtlichen Ausgestaltung lassen sich jedoch unter Umständen Vereinfachungen realisieren. Dies kann beispielsweise dadurch erreicht werden, dass künftig die zentrale Controllingstelle die Verrechnungen der Bauhofleistungen auf die Nutzerämter auf Basis der Zeitaufschreibungen steuert; in diesem Fall könnte der Verwaltungsaufwand, der durch die bisherige einzelleistungsorientierte Rechnungsstellung verursacht wird, reduziert werden. Auch die Anzahl der verwendeten internen Preise kann begrenzt werden. Nach unserer Einschätzung dürften für den Baubetriebshof einer Stadt mit etwa 50.000 Einwohnern folgende Stundensätze ausreichen:

- zwei Stundensätze zur Abrechnung der Personalkosten, differenziert nach Facharbeiterstunde und Arbeiterstunde
- mindestens zwei Stundensätze zur Abrechnung des Fuhrparks, differenziert nach LKW/Unimog/Schneepflug und sonstige PKW/Anhänger/Geräte.

3.4 Rechnungswesen bei Sonderveranstaltungen des Falltyps 4

Abschließend kommen wir zum Falltyp 4 der kulturellen und sportlichen Sonderveranstaltungen. Nach unserer Einschätzung aus zahlreichen durchgeführten Doppikprojekten ist dies ein Bereich, wo durch verstärkte kostenrechnerische Anstrengungen in den meisten Kommunen wirklich neue steuerungsrelevante Informationen gewonnen werden können. Hier sind aus betriebswirtschaftlicher Sicht laufende Voll-Kostenträgerrechnungen sinnvoll – wenn auch politisch nicht immer willkommen.

Dazu müssen die tatsächlichen Zeiten, die alle Bediensteten – ebenso wie der Baubetriebshof – für jede der größeren, kulturellen und sportlichen Sonderveranstaltungen erbringen, laufend erhoben werden. Egal ob „Klassik-Sommer" oder „Stadtmarathon" – die städtischen Großprojekte binden in fast allen Kommunen (aller Größenklassen) viele Mitarbeiter aus sehr vielen Abteilungen, wobei die Bindung der Mitarbeiter durch die Großprojekte in jedem Jahr unterschiedlich ausfällt. Dieselben Kommunen, die sich zur Unterhaltung ihrer Bürger die Großprojekte leisten, sind teilweise hochverschuldet, so dass eine kritische Kosten-Nutzen-Betrachtung der Großveranstaltungen betriebswirtschaftlich durchaus sinnvoll ist. Hier wird nicht pauschal gegen Großveranstaltungen argumentiert. Es geht vielmehr darum zu zeigen, dass die derzeit nicht vorhandenen Informationen durchaus steuerungsrelevant sein können: wenn die Beispielstadt nach Vorliegen echter Vollkostenkalkulationen feststellt, wie teuer die einzelnen Großveranstaltungen sind, dann kann im Sinne guter Haushalterschaft offen überlegt werden, ob

- auf einzelne der kulturellen Veranstaltungen künftig vielleicht doch im Interesse der Haushaltssanierung verzichtet werden sollte (die entsprechenden Personalkosten könnten im Rahmen der natürlichen Fluktuation auch ohne Haushaltssanierungskonzept eingespart werden)
- andere der Großveranstaltungen vielleicht konsequenter auf das Oberziel der Tourismusförderung ausgerichtet werden sollten, um Arbeitsplätze zu schaffen (während bislang vielleicht häufig Vereinsaktivitäten, traditionelle Vorstellungen oder zufällige Angebote von überregionalen Veranstaltern zur Durchführung der unterschiedlichen kulturellen Veranstaltungen der Stadt führten).

Verwaltungen können derartige Überlegungen natürlich am ehesten zunächst intern anstellen – und sie im Rat erst dann präsentieren, wenn es politisch opportun erscheint – hier sollte nur deutlich gemacht werden, was aus betriebswirtschaftlicher Sicht sinnvoll sein kann.

3.5 Gestaltung der internen Verrechnungen

Rechtslage und Verwaltungspraxis

Zunächst ist festzuhalten, dass interne Verrechnungen in allen Landeskonzepten verpflichtend vorgeschrieben werden – dass aber kaum gesagt wird, in welchem Umfang sie tatsächlich erforderlich sind.[212]

Zunächst erläutern wir die bislang empirisch feststellbare Praxis. In den doppischen Haushalten sind interne Verrechnungen zwischen Produkten (und zwischen Teilhaushalten) in unterschiedlichem Ausmaß feststellbar. Der bundesweite Trend kann folgendermaßen zusammengefasst werden:

- Praktisch alle Kommunen kennen interne Verrechnungen für den Baubetriebshof und die meisten auch für die Gebäudekosten.
- Abgesehen von diesen technisch bedingten Teilbetrieben – bei denen interne Verrechnungen unstrittig sein dürften, sind die internen Verrechnungen zwischen Produkten jedoch bislang vergleichsweise wenig verbreitet.

Vor diesem Hintergrund formulieren wir erneut die Frage, welche interne Verrechnungen im Interesse der Adressaten des kommunalen Rechnungswesens steuerungsorientiert notwendig erscheinen.[213]

Merkmale interner Verrechnungen aus betriebswirtschaftlicher Sicht

Interne Verrechnungen werden allgemein im Rahmen der Kostenrechnung zur Abbildung des Leistungsaustauschs zwischen Kostenstellen sowie zur Verrechnung von Kostenstellen auf Kostenträger eingesetzt.[214]

Interne Verrechnungen besitzen fast ausschließlich den Fixkostencharakter (präziser kann von beschäftigungsfixen Kosten bzw. Netto-Aufwendungen gesprochen werden). Fixkosten sind Kosten, die nicht wegfallen, wenn weniger Leistungen gegenüber dem Bürger erbracht werden (z. B. weniger Ausweise erstellt werden). Wegen des Fixkostencharakters hat die Betriebswirtschaftslehre überwiegend eine sehr zurückhaltende Einstellung, inwieweit über interne Verrechnungen eine laufende Kalkulation von Vollkosten erfolgen sollte. Auf verschiedenen Ebenen werden Fixkostenbestandteile als nicht entscheidungsrelevant bzw. nicht steuerungsrelevant eingeschätzt.

Interne Verrechnungen besitzen zudem häufig einen Gemeinkostencharakter. Das bedeutet, dass die (Netto-)Aufwendungen nicht logisch eindeutig auf eine Einzelleistung verrechnet werden können. So lassen sich z. B. die Kosten des Produkts „Verwaltungssteuerung", das u. a. den Oberbürgermeister enthält, nicht logisch eindeutig nach dem Verursachungsprinzip auf die Ausstellung eines Ausweises umlegen. Dies liegt daran, dass sich kein sinnvoller Verrechnungsmaßstab finden lässt. Auch der sonst immer sinnvolle zeitorientierte Verrechnungsmaßstab scheitert beim Oberbürgermeister fast immer. Der Zeitanteil, der von der Gesamtarbeitszeit des OB auf die Erstellung des einzelnen Ausweises entfällt, ist nicht sinnvoll schätzbar.

Grenzen der Verrechnungslogik

Aber auch weniger extreme Beispiele zeigen die Grenzen der Verrechnungslogik. Kann das Produkt Verwaltungssteuerung wenigstens nach logisch sinnvollen Verrechnungsschlüsseln auf die übrigen (zu steuernden) Produkte verteilt werden, so dass eine stufenweise Verrechnungslogik entstünde?

---

[212] Vgl. auch Mehde (2008) Rn. 28.
[213] Vgl. Bals (2008) Rn. 69, der ebenfalls fordert, dass sich der Verrechnungsaufwand durch einen entsprechenden Steuerungsnutzen lohnen müsse. Bals formuliert zu den internen Verrechnungen zwei Steuerungsziele (Beeinflussung der Nachfrage nach internen Dienstleistungen, Steuerung der Anbieter dieser Dienstleistungen), deren praktische Beeinflussbarkeit u. E. jedoch nicht überschätzt werden sollte. Trotz dieser etwas abweichenden Akzentsetzung kommt Bals insgesamt zu ähnlichen praktischen Empfehlungen.
[214] Die hier verwendeten Terminologie wird vor dem Hintergrund gewählt, dass die kommunalen Produkte aus betriebswirtschaftlicher Sicht sowohl Kostenstellen- als auch Kostenträgercharakter besitzen.

Mit derartigen Gedanken hat sich in besonderem Maße die Prozesskostenrechnung beschäftigt.[215] Für die Verrechnung des Produkts „Verwaltungssteuerung" (bzw. der entsprechenden Kostenstellen) auf die übrigen Produkte (bzw. Kostenstellen und -träger) kommen beispielsweise folgende prozessorientierte Bezugsgrößen („Cost Driver") in Frage:

- tatsächliche zeitliche Inanspruchnahme des OB und seiner Stabstelle durch Produkte (bedeutet jährliche oder laufende Zeitaufschreibungen auch für die Führungskräfte; dürfte angesichts der Arbeitsbelastung des OB und der Führungskräfte in der Praxis nur schwierig umzusetzen sein)
- Anzahl der Mitarbeiter in Vollzeitäquivalenten, die dem jeweiligen Produkt zuzuordnen sind (nach dem Grundsatz, dass die Anzahl der Mitarbeiter eine Näherungsgröße für die Inanspruchnahme des OB und seiner Stabstelle sein könnte)
- Verteilung nach dem Aufwandsvolumen der nachgeordneten Produkte bzw. Kostenstellen und -träger (entspricht verschiedenen Empfehlungen der Vertreter der Deckungsbeitragsrechnung, die weitergehende Überlegungen als unwirtschaftlich weil zwangsläufig falsch eingeschätzt haben).

Wir haben die genannten Alternativen vergleichend gegenüber gestellt, um dem Leser die Problematik praxisnah zu verdeutlichen. Am genauesten wäre sicherlich die Aufteilung nach der zeitlichen Inanspruchnahme.

Wirtschaftlichkeit der internen Verrechnungen

Allerdings muss sich jede Kostenrechnung selbst die Frage nach ihrer Wirtschaftlichkeit stellen.[216] Man kommt schnell zur Frage: kann eine Zeitaufschreibung durch alle Führungskräfte als wirtschaftlich eingeschätzt werden, d. h. wird der erhebliche Zeitaufwand durch einen entsprechenden Erkenntnisgewinn mehr als gedeckt?

Nach unserer Einschätzung ist dies im Regelfall zu verneinen, weil in jedem Jahr unterschiedliche Produkte im Mittelpunkt der Führungsarbeit stehen werden und sich hieraus keine zusätzlichen, steuerungsrelevanten Erkenntnisse gewinnen lassen. Im Grunde wird die Tätigkeit des OB und seines Stabes u. a. durch zahlreiche Aktivitäten des Stadtrats beeinflusst – derselbe Stadtrat, der die Informationen benötigt, würde damit auch eine unterschiedliche Verteilung von Kostenbestandteilen der Verwaltungssteuerung auf andere Produkte auslösen. Damit würde mit viel Erhebungsaufwand eine politisch beeinflusste Umlagenrechnung vorgenommen, die keine nennenswerten Erkenntnisgewinne verursachen würde, sondern sogar willkürlich beeinflussbar wäre.

Die gleichen Probleme treten auch in zahlreichen anderen Produkten der Muster-Kreisstadt auf. Keine belastbaren und zugleich praktikablen Verrechnungsschlüssel existieren nach unserer Auffassung auch für die Produkte Gremien, Lokale Agenda, Gleichstellung, Personalvertretung, Organisation, sonstige zentrale Dienste, Beteiligungsmanagement, Haushalts- und Rechnungswesen, Zahlungsabwicklung, Rechnungsprüfung.[217]

Angesichts dieser Probleme haben einige Kommunen damit begonnen, dass Kostenstellen/Produkte sich gegenseitig Rechnungen zu schreiben. Dies bedeutet, dass z. B. das Rechnungsprüfungsamt für die durchgeführten Prüfungen Rechnungen an die geprüfte Einheit schreibt. Welcher Erkenntnisgewinn entsteht dadurch? Durch eine derartige Praxis werden fixe Gemeinkostenbestandteile ziemlich willkürlich und mit erheblichem Verwaltungsaufwand hin und her geschoben. Nach unserer Einschätzung entsteht auf diese Art und Weise kein nennenswerter Erkenntnisgewinn – es handelt sich im Grunde um die unwirtschaftlichste Form der internen Verrechnung. Die Verwaltung beschäftigt sich lediglich mit sich selbst.

---

[215] Vgl. ausführlich unser Überblick bei Bolsenkötter et al (2000) S. 158 ff. und Marettek (1995) S. 83 ff.
[216] Vgl. Marettek (1995) S. 60.
[217] In der Literatur herrscht "Einigkeit, dass es zur Aufteilung dieser Steuerungskosten keinen verursachungsgerechten Verteilungsschlüssel gibt", so z. B. Klee (2008) Rn 88. Dennoch plädieren dieselben Verfasser teilweise für umfangreiche Verteilungsrechnungen auch für Steuerungskosten, vgl. Klee (2008) Rn. 89 ff.

Es gibt aber auch einige logisch begründbare Verrechnungsschlüssel:
- Die Aufwendungen der Personalabteilung (Produkt „Personalwesen") lassen sich sicherlich mit einiger Berechtigung proportional zur Anzahl der Mitarbeiter auf die übrigen Produkte verteilen.
- Die Aufwendungen der EDV-Abteilung (Produkt „Technikunterstützte Informationsverarbeitung") können begründet zur Anzahl der PC-Arbeitsplätze auf die übrigen Produkte verteilt werden.

Die kommunale Praxis verwendet diese oder ähnliche begründbare Verrechnungsschlüssel durchaus. Wie unsere empirische Analyse der 117 doppischen Haushalte gezeigt hat, werden für die genannte Produkte „Personalwesen" und „EDV" öfter interne Verrechnungen vorgenommen als für Produkte, für die keine logisch begründbaren Verrechnungsschlüssel vorliegen.

Welche internen Verrechnungen werden benötigt?

Interne Verrechnungen werden unstrittig dort benötigt, wo einzelne Leistungen auf Vollkosten-Basis zu kalkulieren sind.[218] Für die zuschussfähigen, gebühren- und steuerrechtlichen Bereiche der Muster-Kreisstadt, wie z. B. Wochen- und Jahrmärkte, Museen, sollte nach unserem Empfehlungen auch zukünftig ein Verwaltungskostenbeitrag auf Basis der Erfahrungen der vergangenen Jahre geschätzt werden und den genannten Kostenstellen bzw. -trägern belastet werden. Ansonsten würden die Kommunen Geld verschenken. Insoweit kann von abrechnungsbedingten internen Verrechnungen gesprochen werden.

Dementsprechende Gutschriften sollten die die Leistung erbringenden Kostenstellen bzw. -träger erhalten. Nach den Grundsätzen einer bedarfgerechten Kostenrechnung wird damit – ausgehend von den Abrechnungserfordernissen der genannten empfangenden Kostenstellen bzw. -träger – nur eine begrenzte laufende Umlage durchgeführt. Ob weitere Umlagen durchgeführt werden, muss jede Kommune selbst entscheiden. Nach unserer Auffassung wird der Bürokratieaufwand für zusätzliche laufende interne Verrechnungen jedoch nur selten durch einen zusätzlichen Erkenntnisgewinn gedeckt.

Vollkostenkalkulationen nach Bedarf außerhalb des laufenden Rechnungswesens

Echte Vollkostenkalkulationen einzelner Leistungen sind nach Bedarf und auf besondere Veranlassung im mehrjährigen Turnus durchaus sinnvoll (z. B. wenn der Rat eine entsprechende Anfrage zu einer Leistung stellt). Diese Vollkostenkalkulationen einzelner Leistungen sollten unseres Erachtens aus Praktikabilitätsgründen außerhalb des laufenden Rechnungswesens (meist auf Excel-Basis) erstellt werden.

Ein derartiges Vorgehen entspricht auch den Grundsätzen einer entscheidungsorientierten Kostenrechnung bzw. Deckungsbeitragsrechnung: Nur insoweit laufende Kalkulationen auf Vollkostenbasis für Abrechnungszwecke erforderlich sind, werden diese durchgeführt. Die verbleibenden Erlös- und Kostenbestandteile werden entscheidungsorientiert für die einzelnen Verantwortungsbereiche ausgewertet.

Auf welche Kostenträger können die Gemeinkosten „endgültig" umgelegt werden?

Abschließend noch ein Diskussionsbeitrag zum Sinn einer Vollkostenkalkulation im Haushalt. Wenn man alle Gemeinkosten der Overhead-Produkte auf echte Kostenträger verrechnen wollte, dann müsste man diese Endkostenträger (die tatsächlich gegenüber dem Bürger erbracht werden) eindeutig definieren. Die Fachdiskussion sollte hierzu noch vertiefend geführt werden. Diesen Gedanke möchten wir an verschiedenen Praxisbeispielen verdeutlichen:

---
[218] Gleicher Ansicht Bals (2008) Rn. 84.

- Sollten etwa alle Produkte der finanzstatistischen Produktgruppe 111 „Verwaltungssteuerung und -service" auf alle übrigen Produkt verteilt werden?
- Wie ist es aber mit den Produkten „Wirtschaftsförderung", „Umweltschutz", „allgemeine Sicherheit und Ordnung"?
- Mit welchem Recht werden die Aufwendungen des Produkts „Lokale Agenda" auf die übrigen Produkte umgelegt – nur weil es zur Produktgruppe 111 gehört – während die Kosten des Produktes „Umweltschutz" nicht umgelegt werden?

Im kommunalen Bereich existieren bislang keine eindeutig definierten Endkostenträger, die die gesamte Geschäftstätigkeit (durch entsprechende Umsätze wie in der gewerblichen Wirtschaft) decken.

Bundesweit keine eindeutige Klärung

Diese einfachen Beispiele zeigen, dass das Ausmaß der internen Verrechnungen bundesweit bislang nicht eindeutig geklärt ist. Damit würden weitergehende Verrechnungen die Unterschiede zwischen den Haushalten weiter vertiefen. Auch deshalb sei den Kommunen empfohlen, zunächst mit weitergehenden Verrechnungen zu warten – bis sich wenigstens die Kommunalaufsichten festgelegt haben.

3.6 Zwischenergebnisse zur effizienten Gestaltung des Rechnungswesen[219]

Wie kann das Rechnungswesen effektiver und effizienter werden?
Anhand der vier Falltypen haben wir Empfehlungen für die möglichst effiziente Gestaltung des Rechnungswesens gegeben. Es geht darum, wie die verschiedenen Verwaltungsstellen und -aufgaben möglichst effizient in kostenrechnerischen Objekten abgebildet werden können. Dabei wurden Hinweise erarbeitet, wie man sachgerecht mit möglichst wenigen Kostenstellen und Kostenträgern auskommen kann und trotzdem eine hohe Transparenz erreichen kann.

Die folgenden **vier Falltypen** lassen sich unterscheiden:

- Bei den Typ 1-Verwaltungsstellen (mit übersichtlichen Input-Output-Relationen) entsprechen die Produkte jeweils **einer Kostenstelle**, über die auf einem Blatt zusammenfassend berichtet werden kann. Man könnte auch von einem aus einer Kostenstelle bestehenden Profitcenter pro Produkt (oder Produktgruppe) sprechen.

- Bei den Typ 2-Verwaltungsstellen sind die Produkte jeweils eine **Kostenstellengruppe** aus mehreren Typ 1-Verwaltungsstellen. Auch hier ist größtenteils noch eine zusammenfassende Berichterstattung möglich (in Form mehrstufiger Tabellen).

- Die Typ 3-Verwaltungsstellen stellen aus betriebswirtschaftlicher Sicht hinreichend komplexe Teilbetriebe dar, so dass eine **Kombination von Kostenstellen und Kostenträgern** zur sachgerechten Abbildung notwendig ist.

- Nur die Typ 4-Verwaltungsaufgaben der Sonderveranstaltungen sind echte **Kostenträger** (bzw. Kostenträgergruppen).

Im vorstehenden Abschnitt werden ergänzende Hinweise zur Umsetzung gegeben.

---
[219] Vgl. Marettek (2007).

Zusammenfassend und unter Berücksichtigung der Erfahrungen aus zahlreichen Doppikprojekten können dabei folgende Hinweise ergänzt werden:

- Vermeiden Sie zur Erleichterung der Kontierung Parallelstrukturen und Redundanzen.
- Entwickeln Sie möglichst übersichtliche Verrechnungsstrukturen, die eine fehlerfreie Bebuchung ermöglichen und zeitaufwändige Korrekturbuchungen (und unbereinigte „Zahlenfriedhöfe") vermeiden.
- Schaffen Sie möglichst wenig interne Verrechnungen.

Ungewohnte Aufgaben für eine Kommune

Normalerweise sind die Kommunen gewöhnt, dass sie im Rechnungswesen differenzierte Landesvorgaben (weitgehend unreflektiert) umzusetzen haben. Bei dem neuen kommunalen Haushalts- und Rechnungswesen ist es in weiten Bereichen erstmals grundsätzlich anders auch wenn im Vergleich der Bundesländer große Unterschiede im Hinblick auf die Gestaltungsräume bestehen.

Die Gesamtentwicklung zur kommunalen Doppik kann auch als Einführung betriebswirtschaftlicher Instrumente interpretiert werden. Das Praxisproblem der Kommune liegt jetzt darin, dass sie die erheblichen Gestaltungsräume des neuen Systems nicht so ohne weiteres durchschauen und sinnvoll füllen kann. Wie oben bereits ausgeführt sollten die Kommunen das für ihre jeweiligen Strukturen Passende erarbeiten, da sonst viel unnötige Verrechnungsarbeit mit entsprechenden Bürokratieeffekten bei trotzdem oft unbefriedigender Darstellung der wesentlichen Sachverhalte entsteht.

Doch haben diese Praxisprobleme der Kommunen neben den hinzugewonnen Gestaltungsräumen einen weiteren Bezugspunkt: Die betriebswirtschaftlichen Instrumente, wie sie sich in den modernen Softwaresystemen der verschiedenen Hersteller widerspiegeln, sind sehr mächtige Instrumente, die im Grunde nicht sinnvoll nach „Schema F" eingeführt werden können.

Während sich in der gewerblichen Wirtschaft die Zusammenhänge der hochkomplexen, mächtigen ERP-Softwaresystemen (z. B. mit externem und internem Rechnungs- und Berichtswesen) über Jahrzehnte herausgebildet haben, führen die deutschen Kommunen diese Systeme in einem Schritt ein. Die gewerbliche Wirtschaft hat Jahrzehnte gebraucht, um diese Systeme an ihre Bedürfnisse anzupassen (ein Prozess, der kontinuierlich weitergeht).

Außerdem ist zu berücksichtigen, dass

- das Gesamtsystem der kommunalen Doppik durch das differenzierte Haushaltsrecht und das Drei-Komponenten-Modell im Vergleich zur gewerblichen Wirtschaft noch verkompliziert wurde und
- die Umsetzung in den Kommunen häufig erschwert wird durch den noch schwach ausgeprägten Kontext, der durch dezentrale Verwaltungskulturen, vergleichsweise geringe Fachkenntnisse und unklare Machtverhältnisse gekennzeichnet ist.

Daher ist den Kommunen kein Vorwurf zu machen, dass noch einiger Optimierungsbedarf aus betriebswirtschaftlicher Sicht besteht (die entsprechenden mehrjährigen Lerneffekte sind vorhersehbar). Die Kommunen, die ihre Umstellung noch vor sich haben, können durch eine entsprechende Projektsteuerung ohne viel Zusatzaufwand betriebswirtschaftlich wesentlich sinnvollere Haushalte erreichen.

3.7 DV-technische Umsetzung des Rechnungswesens

3.7.1 Rolle der Kostenrechnung im neuen kommunalen Rechnungswesen[220]

Grundgerüst der kommunalen Doppik

Im Rahmen des neuen kommunalen Haushalts- und Rechnungswesen wird bundesweit ein doppisches Drei-Komponenten-Modell aus Vermögensrechnung, Ergebnisrechnung und Finanzrechnung eingeführt. Die neuen doppischen Haushalte bestehen aus einer Plan-Ergebnisrechnung (Ergebnishaushalt) und einer Plan-Finanzrechnung (Finanzhaushalt), die beide nach Teilhaushalten gegliedert sind. Allen landesspezifischen Regelungen zu den Teilhaushalten ist gemein, dass die Teilhaushalte in irgendeiner Weise produktorientiert aufzustellen sind. Dies bedeutet, dass die wesentlichen Strukturelemente des neuen doppischen Haushalts- und Rechnungswesens Produkte (anstelle von Unterabschnitten) und Konten (anstelle von Gruppierungen) sind.

Gesetzliche Grundlage der Kostenrechnung in der kommunalen Doppik

Eine Kostenrechnung wird in den jeweiligen Landesgesetzen regelmäßig als Soll-Vorschrift zur Unterstützung der Verwaltungssteuerung und für die Beurteilung der Wirtschaftlichkeit und Leistungsfähigkeit vorgeschrieben. So regelt beispielsweise die nordrhein-westfälische Gemeindehaushaltsverordnung in § 18 (§ 18 GemHVO NW):

"1. Nach den örtlichen Bedürfnissen der Gemeinde soll eine Kosten- und Leistungsrechnung zur Unterstützung der Verwaltungssteuerung und für die Beurteilung der Wirtschaftlichkeit und Leistungsfähigkeit bei der Aufgabenerfüllung geführt werden.

2. Die Bürgermeisterin oder der Bürgermeister regelt die Grundsätze über Art und Umfang der Kosten- und Leistungsrechnung und legt sie dem Rat zur Kenntnis vor."

Dies bedeutet, dass die Kostenrechnung grundsätzlich individuell für Steuerungszwecke eingerichtet werden soll. Der Gesetzestext ist offenbar stark von der Sicht geprägt, dass „Kosten- und Leistungsrechnung" ein internes Steuerungsinstrument darstellt – etwas Ergänzendes, das zusätzlich zum externen Rechnungswesen einzurichten ist. Vor diesem Hintergrund kann ein Leser der Gemeindehaushaltsverordnung durchaus die Meinung vertreten, dass die Kommune zunächst das Grundgerüst der kommunalen Doppik aufbauen sollte und erst später – sozusagen als „Kür" – eine Kosten- und Leistungsrechnung einführen sollte. Eine derartige Umstellungsstrategie widerspricht aber den praktischen Erfordernissen der integrierten doppischen Softwaresysteme, bei denen die Kostenrechnung zwangsläufig Basis für die produktorientierten Verrechnung (und damit auch Basis für den doppischen Haushalt) ist.

Anforderungen der doppischen Finanzwesensoftware

Um den ersten doppischen Haushalt nach Produkten aufstellen zu können, benötigt die jeweilige doppische Finanzwesensoftware regelmäßig eine Kostenstellen- oder/und Kostenträgerhierarchie (teilweise verwenden die Softwareanbieter abweichende Bezeichnungen). Hierfür sollte die Kommune hinreichend qualifizierte Überlegungen über die Kostenstellen und Kostenträger anstellen, wenn die oben mit den Stichworten „Zahlenfriedhöfe" und „zusätzliche Bürokratieeffekte" beschriebenen Fehlentwicklungen vermieden werden sollten.

> **Praxistipp**
>
> Bevor die Finanzwesensoftware eingeführt werden kann, sollten die Kommunen betriebswirtschaftlich durchdachte Kostenstellen- und Kostenträgerpläne erarbeiten, um mit möglichst einfachen Verrechnungsstrukturen die örtlichen Bedürfnisse zu erfüllen.

---

[220] Vgl. Marettek (2007).

Welche Rolle spielen die kostenrechnerischen Strukturen in der Praxis der kommunalen Doppik?

Das integrierte doppische Rechnungswesen verwendet die kostenrechnerischen Strukturen (Kostenstellen, Kostenträger) als Hilfsmittel, um die gewünschten produktbezogenen Darstellungen bzw. Auswertungen (einschließlich der doppischen Haushalte selbst) DV-technisch zu realisieren.

Dementsprechend erfordert die Planung und Bewirtschaftung nach Produkten regelmäßig eine vorhergehende Bildung von Kostenstellen bzw. Kostenträgern. Kostenstellen und Kostenträger sind im Grunde nichts Kompliziertes; die herkömmliche Struktur der Kostenrechnung kann folgendermaßen zusammengefasst werden:

- Kostenstellen sind dazu da, zu zeigen, *wo* die Kosten/Erlöse bzw. Aufwendungen/Erträge angefallen sind
- zwischen Kostenstellen werden die *Verrechnungen* für den internen Leistungsaustausch vorgenommen
- Kostenträger sollen abbilden, *für welche Leistungen* die Kosten/Erlöse bzw. Aufwendungen/Erträge angefallen sind
- dementsprechend werden am Ende einer herkömmlichen Verrechnungsstruktur die (Haupt-) Kostenstellen auf die Kostenträger abgerechnet.

Kostenrechnung als notwendiges Strukturelement

Die integrierten doppischen Softwareprodukte benutzen die Kostenrechnung durchweg als notwendiges Strukturelement. Entweder „Kostenstelle" oder „Kostenträger" – eine der beiden kostenrechnerischen Kategorien – oder beide – sind in den doppischen Softwaresystemen regelmäßig Pflichtfelder, die benötigt werden, um die Ertrags- und Aufwandskonten so zu strukturieren, dass produktbezogene Planungen und Rechnungen überhaupt möglich werden. Damit kann die Kommune auch den ersten doppischen Produkthaushalt erst nach Definition von Kostenstellen bzw. Kostenträgern DV-technisch realisieren.

Wie wird die Produkt-Konten-Struktur DV-technisch umgesetzt?

Die Produkt-Konten-Struktur wird je nach Anbieter unterschiedlich DV-technisch umgesetzt. Ursächlich für die unterschiedlichen DV-Strukturen ist die Herkunft der jeweiligen Finanzwesensoftware: Teilweise wurden bei der Programmierung – vereinfachend ausgedrückt – bestehende kamerale DV-Systeme um doppische Komponenten ergänzt. In anderen Fällen wurden bestehende doppische Systeme um kommunalspezifische Bedürfnisse (insbesondere die Produktsicht mit Budgetierungs- bzw. HÜL-Funktionalitäten) ergänzt. Allerdings benutzen praktisch alle doppikfähigen Softwareprodukte zur Umsetzung der kommunalen Doppik die kostenrechnerischen Kategorien „Kostenstelle" bzw. „Kostenträger". Dabei ist zumindest eine der beiden kostenrechnerischen Kategorien als Pflichtfeld zu definieren.

3.7.2 Begriffliche Klärungen: Konten, Ertrags- und Aufwandsarten, Erlös- und Kostenarten

Welche Rolle spielen die Konten?

Das doppische Strukturelement der Konten wird als Basis benötigt, um die einzelnen Posten der Vermögens-, Ergebnis- und Finanzrechnung differenzierter darzustellen. Die Konten der Ergebnisrechnung bilden also die Ertrags- und Aufwandsarten der Kommune ab. Jede Ertrags- und Aufwandsart wird im Regelfall in verschiedene Konten untergliedert, auf denen tatsächlich gebucht wird. Die Ertrags- und Aufwandsarten werden jeweils DV-technisch als Summe der entsprechenden Konten ermittelt.

Was sind eigentlich Kosten?

Eng verwandt mit dem Begriff der Ertrags- und Aufwandsarten sind die kostenrechnerischen Begriffe der Erlös- und Kostenarten.

Zum Kostenbegriff liegt eine umfangreiche Literatur vor, die aber aus Sicht der kommunalen Praxis u. E. keine nennenswerte Rolle spielt.[221] Vereinfachend kann gesagt werden, dass Kosten (Erlöse) dann deckungsgleich mit den Aufwendungen (Erträgen) der Ergebnisrechnung sind, sofern (wie im Regelfall) keine kalkulatorischen Kosten wie Eigenkapitalzinsen (Zusatzkosten) oder kalkulatorische Abschreibungen (Anderskosten, d. h. Abschreibungen, die abweichend von den Vorschriften der kommunalen Doppik berechnet werden) angesetzt werden. In der kommunalen Praxis ist es nach unserer Einschätzung nur selten erforderlich bzw. sinnvoll, zwischen Kosten (bewerteter Vermögensverzehr im Sinne des internen Rechnungswesens) und Aufwendungen (bewerteter Vermögensverzehr im Sinne des externen Rechnungswesens) bzw. zwischen Erlösen und Erträgen zu unterscheiden.

Vor diesem Hintergrund haben wir im vorliegenden Buch weitgehend auf den Kostenbegriff verzichtet – und hauptsächlich die Begriffe „Aufwendungen" und „Erträge" verwendet.

Externes oder internes Rechnungswesen bei Kommunen?

Hinsichtlich des Verhältnisses von externem Rechnungswesen zu internem Rechnungswesen (insbesondere Kostenrechnung) sei in Bezug auf den öffentlichen Bereich noch anzumerken, dass der im erwerbswirtschaftlichen Konkurrenzkampf erforderliche Geheimhaltungsbedarf realer Kosten- und Erlösdaten im öffentlichen Bereich nicht in diesem Umfang besteht. Deshalb wird im Regelfall empfohlen, jede grundlegende Abweichung im Vergleich zum externen Jahresabschluss auf die damit verbundenen Informationskosten besonders kritisch zu prüfen. Dies gilt insbesondere für die Definition von kalkulatorischen Kosten- und Erlösarten; eine entsprechende Abstimmung der beiden Rechenwerke (sofern es sich um zwei Rechenwerke handelt) sollte u. E. zumindest möglichst einfach gewährleistet werden. Damit fallen die Begriffe „Erträge" und „Erlöse" in der Praxis meist genauso zusammen, wie die Begriffe „Aufwendungen" und „Kosten".[222]

Interessanterweise entspricht eine derartige kommunale Praxis durchaus der weltweit zu beobachtenden Annäherung von internem und externem Rechnungswesen bzw. der entsprechenden Forderungen in Praxis und Wissenschaft.

Was ist mit „Leistung" gemeint?

In den meisten kommunalen Produktplänen taucht unterhalb der Hierarchieebene „Produkte" der Begriff „Leistungen" auf. Kaum ein Begriff wird in Wissenschaft und Praxis über Jahrzehnte so uneinheitlich gebraucht.[223] Nicht nur in den kommunalen Produktplänen, sondern auch zunehmend in der betriebswirtschaftlichen Wissenschaft (mittlerweile mehrheitlich) wird der Begriff der „Leistung" im Sinne des mengenmäßigen Ergebnisses des Leistungserstellungsprozesses definiert – Leistung ist also das, was die Kommune gegenüber Dritten erbringt (der Output).[224] Dementsprechend fallen die Begriffe „Leistungen" und „Kostenträger" weitgehend zusammen. Man kann damit sagen: Leistungen können im Sinne eines Kostenträgers kalkuliert werden. Im vorliegenden Buch wurde ausführlich dargestellt, wie im doppischen Haushalt über die Leistungen mengenmäßig, qualitativ und wirkungsorientiert berichtet werden kann.

---

[221] Vgl. ausführlich Marettek (1995) S. 1 Fußnote 1 m. w. N.

[222] Vgl. abweichend Bals (2008) Rn. 62, der u. a. die Bedeutung der kalkulatorischen Zinsen betont.

[223] In diese Begriffsverwirrung gehört auch die weitverbreitete Verwendung des Doppelbegriffs „Kosten- und Leistungsrechnung". Zur Klarstellung wird im vorstehenden Aufsatz lediglich von „Kostenrechnung" gesprochen.

[224] Vgl. z. B. Hessisches Ministerium der Finanzen (1999) S. 64 f.; Weber (1990) S. 42, m. w. N. Demgegenüber verwenden z. B. Kloock/Sieben/Schildbach (1990) noch den älteren Begriff der „Leistung" als Gegenbegriff zum (wertmäßigen) Kostenbegriff; hierfür setzt sich zunehmend der Begriff „Erlös" (engl. revenue) durch. Dementsprechend wird auch immer öfter von „Kosten- und Erlösrechnung" gesprochen.

3.7.3 Weitere Vereinfachungsmöglichkeiten durch Definition nur eines kostenrechnerischen Nummernkreises

Müssen die Kommunen tatsächlich sowohl Kostenstellen als auch Kostenträger definieren?

In der doppischen Finanzwesensoftware wird das herkömmliche kostenrechnerische Abrechnungsmodell vorausgesetzt, das ursprünglich für Industriebetriebe entwickelt wurde und bei dem sowohl Kostenstellen als auch Kostenträger gebildet werden. Wie oben dargestellt, werden im herkömmlichen Modell die Kostenstellen nach Durchführung der internen Verrechnungen (zur Abbildung des internen Leistungsaustauschs) auf die Kostenträger abgerechnet. Die Kostenträger werden dann zu Produkten aggregiert.

Dieses System der herkömmlichen Betriebsabrechnung stammt aus der gewerblichen Industrie, wo insbesondere in den sechziger Jahren des vergangenen Jahrhunderts zur Abbildung der komplexen Produktionsprozesse (insbesondere Montage- bzw. Serienfertigungen) entsprechende Betriebsabrechnungsbögen (BAB) geschaffen wurden. Das klassische BAB-System verlangt also die parallele Verwaltung sowohl von Kostenstellen als auch von Kostenträgern – meist in zwei kostenrechnerischen Nummernkreisen – sowie die Verrechnungen von den Kostenstellen auf die Kostenträger.

Nur ein kostenrechnerischer Nummernkreis als sinnvolle Vereinfachung

Demgegenüber wird gerade in vielen gewerblichen Dienstleistungsbetrieben, die ähnlich überschaubar wie die kleineren Kommunen sind, häufig nur ein einfacheres Abrechnungssystem praktiziert, bei dem alle Kostenstellen und Kostenträger in einem einzigen kostenrechnerischen Nummernkreis integriert sind. Nach unseren Erfahrungen kann ein derart vereinfachtes System problemlos auch in den Kommunen eingeführt werden. Hierdurch wird das zu verwaltende und zu bebuchende Gesamtsystem erheblich übersichtlicher. Entsprechende positive Erfahrungen liegen mit mittlerweile etwa 20 Gemeinden und Städten bis 50.000 Einwohner und für Kreise in allen Größenordnungen sowie mit fast allen DV-Herstellern vor. Die bundesweit erste Kommune dürfte nach unseren Feststellungen der Kreis Mansfelder Land, der als Pilotkommune aus Sachsen-Anhalt bereits 2005 einen doppischen Haushalt mit dieser übersichtlichen Verrechnungslogik erstellt hatte. Die größte kreisähnliche Körperschaft dürfte der Stadtverband Saarbrücken (jetzt Regionalverband Saarbrücken) sein, der für 2007 seinen ersten doppischen Haushalt mit dieser vereinfachten Verrechnungslogik erstellt hat. Nach unserer Einschätzung sollten aber auch entsprechende Strukturen selbst für Städte mit bis etwa 200.000 Einwohnern Arbeitserleichterungen mit sich bringen.

DV-technische Umsetzung

Für die DV-technische Umsetzung gibt es bei den meisten Softwareherstellern unterschiedliche Optionen. Sie ist im Grunde sehr einfach realisierbar. Wir stellen hier eine Möglichkeit vor:

- Grundsätzlich werden sämtliche Kostenstellen, Kostenträger sowie alle benötigten internen Verrechnungen über die Kategorie „Kostenträger" der Software abgebildet (das Kostenstellenmodul erhält – wenn es nicht abgeschaltet werden kann – eine Einheitskontierung, beispielsweise 9999).
- Die Gebäude und Fahrzeuge werden ebenfalls in diese Struktur integriert – und damit DV-technisch als „Kostenträger" (unabhängig davon, dass es betriebswirtschaftlich um Kostenstellen handelt) abgebildet.
- Dabei werden sprechende Schlüssel verwendet, d. h. die Nummer des „Kostenträgers" beginnt mit der zugehörigen Nummer des Landesproduktplans, so dass eine besonders einfache Auswertung aller zu einem Produkt gehörenden „Kostenträger" möglich ist.

Im Interesse der Minimierung des Buchhaltungs- und Verrechnungsaufwands bedeutet dies, dass einschließlich der Finanzbuchhaltungskonten nur zwei Buchungskreise (Fibu-Konten und „Kostenträger") gepflegt und einheitlich bebucht werden müssten, was auch eine Annäherung an die Praxis vieler gewerblicher Dienstleistungsunternehmen bedeuten würde, die neben den Fibu-Konten im Regelfall nur noch eine Kostenstelle bebuchen.

Buchhalterisch bedeutet diese Überlegung im Einzelnen, dass

- im ersten Nummernkreis der Finanzbuchhaltung die übliche doppische Buchung – z. B. Aufwand an Verbindlichkeiten aus Lieferungen und Leistungen (kreditorisches Personenkonto)
- im zweiten Nummernkreis (dem der Kostenrechnung) eine kostenrechnerische Zusatzkontierung (meist DV-technisch als „Kostenträger" bezeichnet) erfolgt,
- und diese „Kostenträger" problemlos elektronisch zu den Produkten des doppischen Haushalts (mit entsprechender HÜL-Funktionalität) aggregiert werden.

Daher müssen in diesem Konzept keine Umlagen von Kostenstellen auf Kostenträger angelegt und verwaltet werden. Außerdem ist auch kein weiterer Nummernkreis (Kostenstelle oder Kostenträger) zu bedienen.

Auf der CD zeigen wir am Beispiel des Produkt- und Kostenstellenplans der Muster-Kreisstadt, wie dieser sinnvoll mit „Kostenträger" (= überwiegend Kostenstellen aus betriebswirtschaftlicher Sicht) untergliedert werden kann.

4 Praktische Empfehlungen zum Rechnungswesen einer Großstadt mit etwa 250.000 Einwohnern

Anspruchsvolle betriebswirtschaftliche Aufgabe

Zunächst muss unseres Erachtens ganz klar festgehalten werden, dass eine Stadt mit 200.000 oder 300.000 Einwohnern aus betriebswirtschaftlicher Sicht bereits derart komplexe Strukturen beinhaltet, dass es sich um eine so anspruchsvolle Gestaltungsaufgabe handelt, die kaum bereits im ersten Jahr optimal realisiert werden kann – bei der also in jedem Fall einige **Lerneffekte über mehrere Jahre** einzukalkulieren sind. Ziel sollte aber auch hier sein, auch schon im ersten Jahr des doppischen Rechnungswesens wenigstens eine einigermaßen transparente und zugleich arbeitssparende Verrechnungsstruktur zu erreichen (die in den Folgejahren optimiert werden kann).

Wenn man das vorgestellte Grundmodell mit den vier Falltypen, mit dem die kommunalen Verwaltungsstellen betriebswirtschaftlich eingeordnet werden können, auf die Großstadt mit 250.000 Einwohnern anwendet, dann können folgende charakteristische Feststellungen getroffen werden:

- Die Anzahl der Typ 1-Verwaltungsstellen, deren Produkte jeweils eine Kostenstelle repräsentieren, reduziert sich im Vergleich zur Muster-Kreisstadt mit 50.000 Einwohnern zwangsläufig erheblich. In diese Kategorie können meist noch die Wirtschaftsförderung, das Beteiligungsmanagement oder die Kämmerei eingeordnet werden.
- Der Anteil der Typ 2-Verwaltungseinheiten, deren Produkte jeweils eine Kostenstellengruppe repräsentieren (mehrere Typ 1-Verwaltungsstellen, zusammengefasst in einer Organisationseinheit) steigt demgegenüber stark an. So dürften in der 250.000 Einwohnerstadt beispielsweise die Öffentlichkeitsarbeit/Tourismus oder das Personalwesen schon so große Organisationseinheiten darstellen, dass es nicht ausreichen dürfte, nur eine Kostenstelle pro Produkt zu bilden (wie in der Stadt mit 50.000 Einwohnern).
- Der Anteil der Typ 3-Verwaltungseinheiten (komplexe Teilbetriebe aus Kostenstellen und Kostenträgern) sowie der Typ 4-Sonderveranstaltungen (Kostenträger bzw. Kostenträgergruppen) erhöht sich infolge der Größe der Stadt ebenfalls.

Praktische Empfehlungen zum Rechnungswesen einer Großstadt mit etwa 250.000 Einwohnern 517

Für die Muster-Großstadt nehmen wir folgende exemplarische Organisationsstruktur an:

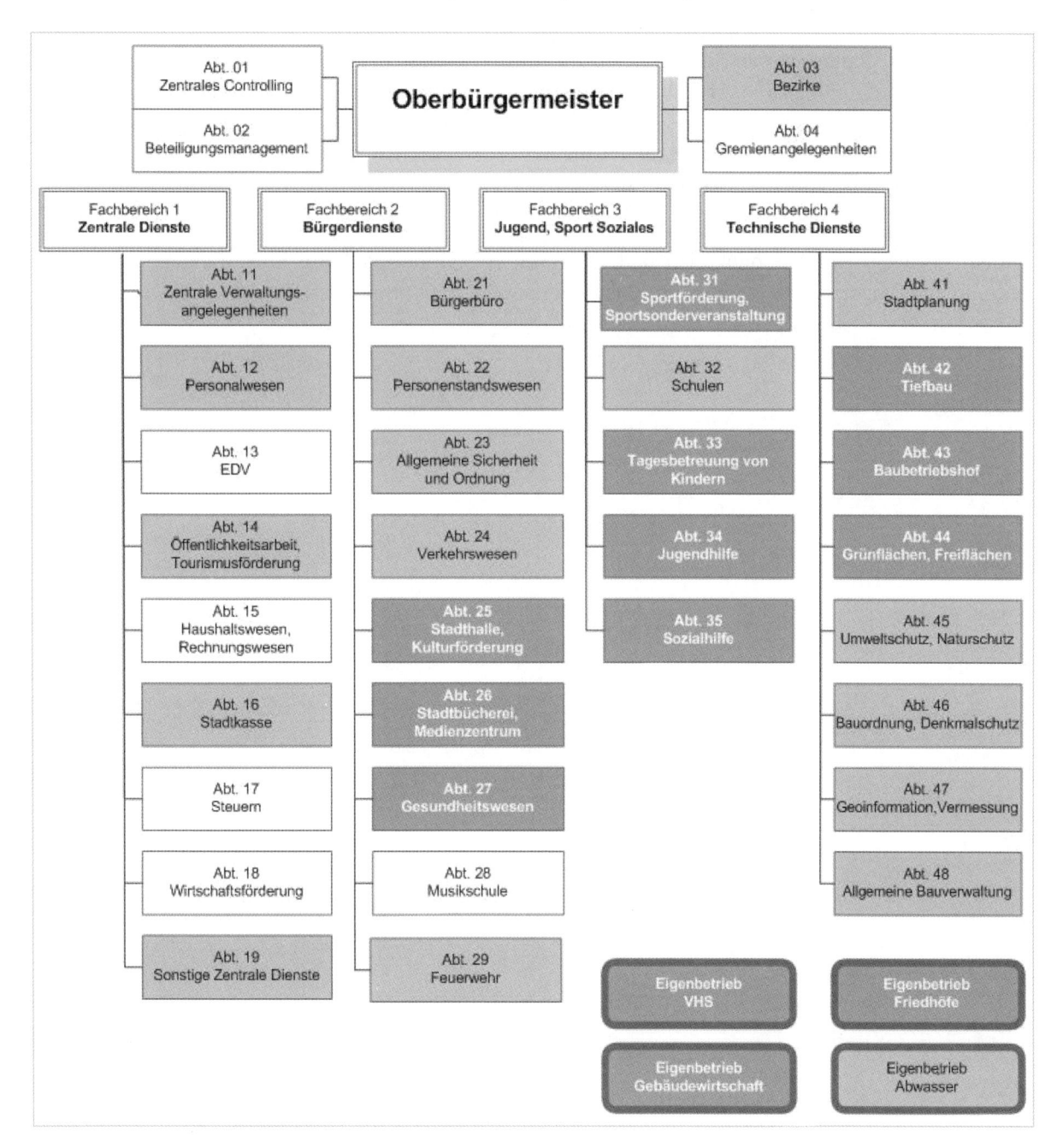

Im Einzelnen zeigen wir für die Muster-Großstadt auf der CD ergänzend den entsprechenden Produkt- und Kostenstellenplan sowie den hieraus abgeleiteten Muster-Haushalt.

Zusammenfassende Beurteilung

Durch die erheblich größeren Abteilungen steigt die Anzahl der benötigten Kostenstellen bzw. Kostenträgern im Rechnungswesen (im Vergleich zur Muster-Kreisstadt) zwangsläufig deutlich an. Eine ganze Reihe von kommunalen Aufgaben, für die bei der Muster-Kreisstadt mit 50.000 Einwohnern nur eine Kostenstelle benötigt wurde (so dass man von Verwaltungsstellen vom Typ 1 sprechen konnte), werden in der Muster-Großstadt auf mehrere Kostenstellen aufgeteilt (Typ 2) bzw. arbeitsteilig (im Sinne von Teilbetrieben) organisiert.

Wie oben dargestellt, muss das Grundmodell auf jede reale Kommune individuell neu angewendet werden; insoweit zeigen Produktplan und Organisation nur beispielhafte Einstufungen, die nach unseren Erfahrungen bei Städten dieser Größenordnung häufig vorkommen.

F   Ergänzende Hinweise zur Binnensteuerung der Kommunalverwaltung in der Praxis

1   Übertragbarkeit und Deckungsfähigkeit

Zwei haushaltswirtschaftliche Steuerungsprinzipien haben im doppischen Produkthaushalt – analog zu den bislang kameralen Haushalten – eine wichtige Funktion inne: Die Deckungsfähigkeit von Planansätzen innerhalb eines Haushaltsjahres und die Übertragbarkeit von Haushaltsresten zwischen Haushaltsjahren. In der Doppik ergeben sich Überlappungen zwischen den teilweise konkurrierenden haushaltswirtschaftlichen, ergebnisbezogenen und bilanzorientierten Steuerungsprinzipien. Diese stellen in der kommunalen Umsetzungspraxis eine konzeptionell anspruchsvolle Aufgabe dar, die angemessen zu lösen ist, damit eine effiziente und aufwandsoptimale Binnensteuerung gewährleistet werden kann.

Auch zu diesem Themenkomplex sind die landesrechtlichen Vorschriften uneinheitlich.

1.1   Übertragbarkeit im doppischen Produkthaushalt

Allgemeine Regelungen zur Übertragbarkeit

In der Kameralistik konnten im Zuge des Haushaltsabschlusses aus den Ansätzen des Verwaltungs- und Vermögenshaushaltes sog. Haushaltsausgabe- und -einnahmereste gebildet werden. Die Übertragung dieser Haushaltsreste wurde in der Jahresrechnung dokumentiert und unterlag der Rechnungsprüfung. Gemäß den kameralen Übertragungsregeln konnte dann in nachfolgenden Haushaltsjahren eine Ausgabe- oder Einnahmeanordnung auf Haushaltsreste vorgenommen werden. Auswirkungen auf das kamerale Ergebnis hatte ein übertragener Haushaltsrest allerdings nur im Jahr der Übertragung (in welchem die haushalterische Ermächtigung für den übertragenen Ausgabe- oder Einnahmeansatz erteilt wurde).

In den gemeindehaushaltsrechtlichen Regelungen der Bundesländer zur kommunalen Doppik wird das Übertragungsprinzip aufgegriffen und für den doppischen Produkthaushalt verankert. Eine vergleichende Betrachtung der Länderkonzepte (vgl. beiliegende CD) dokumentiert eine Vielzahl von Unterschieden bei den Formulierungen und Regelungsinhalten zur Übertragbarkeit. Als wichtigste Konzeptunterschiede sind festzustellen:

- In den Landeskonzepten werden unterschiedliche Rahmenvorgaben für die Übertragung formuliert. In Bayern ist beispielsweise die Einschränkung gegeben, dass die Übertragbarkeit eine wirtschaftliche Aufgabenerfüllung fördern muss. Bei unausgeglichenem Haushalt kann in Brandenburg und Rheinland-Pfalz nur ein der Haushaltssituation angemessener Teilbetrag der Aufwendungen und der Auszahlungen übertragen werden. Andere Bundesländer fordern, dass der Haushaltsausgleich im Folgejahr gewährleistet sein muss bzw. das geplante Gesamtergebnis nicht gefährdet werden darf.

- Unterschiede finden sich auch bei den Regelungen über den Zeitrahmen für die zulässige Inanspruchnahme von übertragenen Ansätzen bzw. Ermächtigungen. Im Regelfall ist eine Übertragung von Aufwendungen und Auszahlungen längstens bis zum Ende des folgenden Haushaltsjahres zulässig. Demgegenüber können Aufwendungen in Hessen bis zum Ende des zweiten auf die Veranschlagung folgenden Jahres übertragen werden.

- Außerdem ist nicht durchgängig die Regelung übernommen worden, dass Ermächtigungen für Investitionen, die im Haushaltsjahr nicht begonnen wurden, bis zum Ende des zweiten dem

Haushaltsjahr folgenden Jahr verfügbar bleiben. Mecklenburg-Vorpommern verkürzt den Zeitrahmen, so dass investive Ermächtigungen nur bis zum Ende des Haushaltsfolgejahres zur Verfügung stehen. Niedersachsen hebt hingegen bei den Investitionen die zeitliche Begrenzung vollends auf und macht übertragene Haushaltsreste bis zur Abwicklung der letzten Zahlung verfügbar.

- Die Übertragbarkeit wird teilweise auf bestimmte Arten von Aufwendungen und Auszahlungen beschränkt, beispielsweise auf Aufwendungen und Auszahlungen aus laufender Verwaltungstätigkeit und Finanzierungstätigkeit in Brandenburg oder ordentliche Aufwendungen und Auszahlungen in Mecklenburg-Vorpommern, Rheinland-Pfalz und Thüringen.

- Regelungen zur Übertragung über- und außerplanmäßiger Aufwendungen und Auszahlungen bzw. zweckgebundener Erträge und Einzahlungen sind nicht in allen Konzepten enthalten.

- Zum Nachweis übertragener Aufwendungen, Auszahlungen und Investitionen sind stark länderindividuelle Regelungen entstanden, welche wahlweise die Erstellung von Übersichten in den Anhang oder Rechenschaftsbericht, die Ergebnis- und Finanzrechnung, Anlagen zum Haushalt bzw. Jahresabschluss verlegen oder als Angabe beim Jahresergebnis bzw. unter dem Bilanzstrich vorschreiben.

- Teilweise wird der klarstellende Hinweis formuliert, dass sich durch die Übertragung der Ermächtigungen die Ermächtigungen der betreffenden Posten des Haushaltsfolgejahres bzw. der Haushaltsfolgejahre erhöhen.

Allen Länderkonzepten zur Übertragbarkeit ist jedoch gemeinsam, dass nur noch Aufwendungen und Auszahlungen für nachfolgende Haushaltsjahre verfügbar gemacht werden können. Eine Übertragung von Erträgen und Einzahlungen als Haushaltseinnahmereste ist – mit Ausnahme von Sonderregelungen für zweckgebundene Mittel – nicht mehr vorgesehen.

Sonderregelungen für das erste Haushaltsjahr

In mehreren Ländern wurden umfangreiche Ausführungen zur Handhabung der übertragenen kameralen Haushaltsreste erarbeitet[225], die grundsätzlich auch einen Überblick zu der auch aus bilanziellem Blickwinkel vorzunehmenden Systematisierung gibt. Diese verdeutlichen darüber hinaus das Zusammenspiel von Haushaltsresten, Rückstellungen und Verbindlichkeiten. Es wird deutlich, dass eine mehrfache Berücksichtigung desselben Sachverhaltes unbedingt auszuschließen ist (z. B. Haushaltsreste trotz Rückstellungsbildung).

Hessen und Niedersachsen

Ist bei investiven Haushaltsausgaberesten die Leistung bereits erbracht, aber noch keine Rechnungsstellung erfolgt, ist beispielsweise in Hessen und Niedersachsen eine Rückstellung für ungewisse Verbindlichkeiten (ausstehende Rechnungen) vorgesehen. Eine solche, eventuell als Entwicklungsansatz von kommunalspezifischen Grundsätzen ordnungsmäßiger Buchführung anzusehende Regelung ist hilfreich, da sie der Tatsache Rechnung trägt, dass oftmals eine lange Zeit zwischen der Aktivierung (mit Abnahme oder Inbetriebnahme) und der endgültigen Schlussabrechnung von Investitionsmaßnahmen vergeht.

Für Haushaltsausgabereste des Verwaltungshaushaltes, bei denen die rechtliche Verpflichtung eingegangen aber noch keine Leistung in Anspruch genommen wurde, ist zudem für Niedersachsen einmalig im Rahmen der Überleitung des kameralen Haushaltes auf die Eröffnungsbilanz die Bildung einer Rückstellung vorgesehen. In den Folgejahren wird für solche Reste nur eine Angabe beim Jahresergebnis bzw. unter dem Bilanzstrich vorgeschrieben. Eine solche Rückstellungsbildung

---

[225] Vgl. z. B. die hessische "Arbeitshilfe für die Aufsichtsbehörden für die Überleitung von kameralen Haushaltsdaten in die Haushaltswirtschaft nach den Grundsätzen der doppelten Buchführung (Doppik)", Stand September 2006, www.hmdi.hessen.de, sowie die niedersächsische "Verfahrensbeschreibung und Hinweise für die Überleitung der kameralen Haushaltsdaten auf das doppische Buchungsgeschäft", Stand Juni 2006, www.mi.niedersachsen.de

für Haushaltsreste ist beispielsweise in der "fortgeführten Pilot-Eröffnungsbilanz" der Stadt Salzgitter zum 1. Januar 2006 erfolgt (vgl. Anhangangabe).

Nordrhein-Westfalen

Im NKF-Konzept für Nordrhein-Westfalen wird der Gedanke einer bilanziellen Abbildung der übertragenen Haushaltsreste in § 43 Abs. 3 GemHVO-NW aufgegriffen. Darin wird eine spezifische Vorschrift verankert, dass in Höhe der Übertragung von Aufwendungen im Eigenkapital eine zweckgebundene Deckungsrücklage anzusetzen ist, die bei Inanspruchnahme aufzulösen oder bei Nichtinanspruchnahme in die allgemeine Rücklage umzuschichten ist.

Hierzu wird in den sog. Handreichungen zum NKF ausgeführt: "Anders als in der Kameralistik führt die Übertragung von Ermächtigungen im NKF dazu, dass dies zu Lasten des Haushalts des Folgejahres erfolgt, d. h. die Ermächtigungsübertragung führt zu einer unmittelbaren Veränderung der beschlossenen Haushaltspositionen im Ergebnisplan bzw. im Finanzplan und zur wirtschaftlichen Belastung des dem Haushaltsjahr folgenden Jahres. Dies erfordert wegen des gesetzlich bestimmten Haushaltsausgleichs nach § 75 Abs. 2 GO-NW, dass bei der Übertragung eine entsprechende „Deckung" der künftigen die Haushaltspositionen erhöhenden Aufwendungen geschaffen wird. Diesem Zweck dient die für diesen Fall vorgesehene Deckungsrücklage nach § 43 Abs. 3 GemHVO-NW: "... Die Ausrichtung auf die Zukunft bedingt zudem, für solche Sachverhalte nicht mehr den Terminus 'Haushaltsreste' zu verwenden. Der Haushalt des abgelaufenen Jahres wird vollständig abgeschlossen und im Folgejahr findet durch die Übertragbarkeit keine Abwicklung von Vorgängen mehr statt, die das vergangene Jahr belasten".

Auch wird in diesen Handreichungen auf die erforderliche Abgrenzung zwischen Haushaltsresten (hier: Ermächtigungsübertragung), Rückstellungen und Verbindlichkeiten hingewiesen. Eine Übersichtsdarstellung visualisiert die erforderlichen Prüfschritte im Zuge der Übertragung von Haushaltsermächtigungen.

Eine Deckungsrücklage für übertragene Ermächtigungen für Aufwendungen nach § 22 GemHVO-NW ist beispielsweise von der Stadt Essen in der Eröffnungsbilanz zum 1. Januar 2007 gebildet worden (vgl. Erläuterungsteil).

Mecklenburg-Vorpommern, Rheinland-Pfalz und Thüringen

In den jeweiligen Einführungsgesetzen werden als Sondervorschriften für die letzte kamerale Rechnungslegung die folgenden Festlegungen getroffen:

- Eine Bildung von Haushaltsausgaberesten ist sowohl im Verwaltungshaushalt als auch im Vermögenshaushalt nicht zulässig.
- Haushaltseinnahmereste sind in Mecklenburg-Vorpommern und Rheinland-Pfalz insoweit zulässig, als sie aus der Aufnahme von Krediten für den Haushaltsausgleich im Vermögenshaushalt erforderlich sind. In Thüringen sind Haushaltseinnahmereste jedoch nicht zu bilden.

Saarland

Gemäß den Sondervorschriften für die letzte kamerale Rechnungslegung in § 5 des Gesetzes zur Einführung des Neuen Kommunalen Rechnungswesens im Saarland können Ausgabeermächtigungen in das erste doppische Haushaltsjahr übertragen werden. Sie werden im letzten kameralen Haushaltsjahr abweichend von den Regelungen der kameralen Gemeindehaushaltsverordnung allerdings nicht den Soll-Ausgaben hinzugerechnet.

Technische und organisatorische Herausforderungen

Mit Ausnahme der niedersächsischen Rückstellungen für Haushaltsreste in der ersten Eröffnungsbilanz und der nordrhein-westfälischen Deckungsrücklage fehlt in den Landeskonzepten eine Verankerung der Haushaltsreste in den doppischen Elementen des Drei-Komponenten-Modells. Zwar wird teilweise ausgeführt, dass die übertragenen Haushaltsreste die Ansätze im nachfolgenden Haushaltsjahr erhöhen, allerdings werden keine Festlegungen zur späteren Bewirtschaftung solcher Überträge gemacht. Dem steht im Drei-Komponenten-Modell die Periodenabgrenzung aus doppischer Sicht gegenüber, die allerdings keine Verbindung zu den Haushaltsresten hat. Dadurch entsteht der Eindruck, dass mit der Übertragung ein haushaltswirtschaftlich notwendiges Konzept übernommen wurde, ohne dieses angemessen in das doppische Gemeindehaushaltsrecht zu integrieren.

Im Gegensatz zu den kameralen Haushaltsresten, auf die in der Buchungsmethodik des Haus-halts-, Kassen- und Rechnungswesens eine explizite Anordnung auf Reste möglich war, stehen im doppischen Finanzwesen keine expliziten Buchungsobjekte zur Verfügung. Deshalb sind seitens der Softwarehersteller verschiedene Hilfslösungen entwickelt worden, um im Rahmen der Mittelprüfung bei der Verbuchung die übertragenen Haushaltsreste sachgerecht mit einzubeziehen. Zwei Lösungsansätze sind aus unserer Sicht am weitesten verbreitet:

- Die Haushaltsreste werden nach beschlossener Übertragung den relevanten Ansätzen im Haushaltsplan zugeschlagen und die Gesamtsumme aus neuem Planansatz und übertragenem Rest als Gesamtansatz für die Mittelprüfung hinterlegt.
- Für Haushaltsreste wird neben den Planansätzen für das Haushaltsjahr eine zweite Tabelle angelegt, in der die übertragenen Reste eingetragen werden. Bei der Mittelprüfung wird systemseitig die Summe aus Planansatz und Haushaltsrest zu Grunde gelegt.

Diese systemtechnischen Hilfslösungen bergen das Problem, dass keine direkte Zuordnung der Inanspruchnahme von Haushaltsresten zum übertragenen Ansatz für den Haushaltsrest stattfindet. Deshalb ist im Regelfall keine Auswertung aus dem System verfügbar, in welcher der nach den erfolgten Anordnungen verbliebene Haushaltsrest dargestellt werden kann.

Dies ist aus organisatorischem und prüferischem Blickwinkel deshalb problematisch, weil die Haushaltsreste nur für einen fest umrissenen Zeitraum nach Übertragung verfügbar bleiben. In der Praxis bedeutet dies, dass ein "Haushaltsreste-Controlling" von den übertragenden Dezernaten bzw. Fachbereichen auf manuellem Weg nachgehalten und prüfungsfähig dokumentiert werden muss.

Eine besondere Herausforderung stellen die übertragenen Haushaltsreste im ersten doppischen Haushaltsjahr dar. Wie bereits ausgeführt, muss hier eine Überleitung der kameralen Reste auf doppische Haushaltsreste, Rückstellungen und Verbindlichkeiten erfolgen. Im Zusammenhang mit den ersten Schritten in die neue doppische Finanzwesenwelt birgt der Restebereich hierbei ein maßgebliches Fehlerpotenzial. Deshalb gehen manche Kommunen den Weg, im letzten kameralen Haushaltsjahr auf die Übertragung von Haushaltsresten zu verzichten und die erforderlichen Haushaltsmittel im ersten doppischen Produkthaushalt neu zu veranschlagen.

In der kommunalen Praxis ist insbesondere der Bereich der investiven Mittelübertragungen für Maßnahmen im Hoch- und Tiefbau weit verbreitet. Es kommt häufig vor, dass die in einem Haushaltsjahr veranschlagten Investitionsmaßnahmen zu einem großen Teil erst im nachfolgenden Jahr durchgeführt werden. Diese "Bugwelle" an noch nicht begonnenen Maßnahmen ist insbesondere im Falle des bereits angesprochenen manuellen "Haushaltsreste-Controlling" aufwendig. Deshalb sollte künftig auf eine zeitnahe Maßnahmenumsetzung geachtet und die Übertragung von investiven Haushaltsresten nur in angemessenem Umfang veranlasst werden. Hier sollte das erste doppische Haushaltsjahr ggf. genutzt werden, um die Zeitnähe zwischen Planung und Durchführung der Maßnahmen wieder herzustellen (beispielsweise durch eine neue Mittelveranschlagung und den Verzicht auf eine Übertragung kameraler Haushaltsreste).

1.2 Deckungsfähigkeit im doppischen Produkthaushalt

Regelungen zur Deckungsfähigkeit

Die Struktur des bisherigen kameralen Haushalts mit seinen zahlreichen Haushaltsstellen war äußerst feingliedrig und bedurfte aus diesem Grund umfangreicher Deckungsvermerke, um die einzelnen haushalterischen Ansätze bei Bedarf zu Bewirtschaftungseinheiten zu verbinden. Im Zuge der Umsetzung des Neuen Steuerungsmodells wurde jedoch die Möglichkeit eingeräumt, die Haushaltsansätze in funktional begrenzten Aufgabenbereichen zu Budgets zu verbinden und diese kommunalen Organisationseinheiten zur eigenverantwortlichen Bewirtschaftung zu übertragen.[226] Mit den so geschaffenen Bewirtschaftungseinheiten sollte mittels Budgetierung den Aspekten der strategischen Haushaltssteuerung und dezentralen Ressourcenverantwortung im Neuen Steuerungsmodell Rechnung getragen werden.[227]

Das neue doppische Haushaltswesen erhebt das Konzept der Bewirtschaftungseinheiten zum Regelfall, indem die haushaltswirtschaftlichen Deckungsregeln auf die Teilhaushalte bzw. die Budgets bezogen werden. Jeder Teilergebnis- und Teilfinanzhaushalt bildet eine Bewirtschaftungseinheit. Die Veränderungen beim Deckungsprinzip verdeutlicht zusammenfassend die nachstehende Grafik:

Veränderungen in der Deckungssystematik

Kameraler Haushalt:

Grundsatz: keine Deckungsfähigkeit

Haushaltsstelle ←— außer durch Vermerk —→ Haushaltsstelle

Produkthaushalt:

Teilhaushalt A — Teilhaushalt B

Grundsatz: Deckungsfähigkeit innerhalb eines Teilhaushalts

Produkt 1 ←→ Produkt 2 ←→ Produkt 3

ggf. Deckungsfähigkeit **sachlich zusammenhängender** Aufwendungen durch Vermerk

Eine Übersicht über die Deckungsregelungen der einzelnen Landeskonzepte (vgl. beiliegende CD) verdeutlicht, dass auch hier eine große Heterogenität herrscht. Die in der Kameralistik geltenden Deckungsvorgaben wurden nicht lediglich mit den neuen Begrifflichkeiten aus dem doppischen Produkthaushalt untersetzt. Für den Bereich der haushalterischen Deckung ist vielmehr ein erweiterter Handlungsspielraum umgesetzt worden, der allerdings in einzelnen Landeskonzepten in einer sehr ausdifferenzierten Deckungssystematik gipfelt, wie sie auch bei den Regelungen zum Haushaltsausgleich im neuen Gemeindehaushaltsrecht zu beobachten ist.

---
[226] Vgl. beispielsweise § 16 Abs. 2 der kameralen GemHVO-NW.
[227] Zur konzeptionellen und praktischen Ausprägung der Budgetierung wird auf die KGSt-Berichte 6/1993 „Budgetierung: Ein neues Verfahren der Steuerung kommunaler Haushalte" und 10/2000 „Strategisches Management III: Zielbezogene Budgetierung" verwiesen.

Gegenüber den kameralen Deckungsregeln gelten die folgenden wesentlichen Veränderungen (wenn auch nicht durchgängig in allen Landeskonzepten):

- Der Grundsatz der Gesamtdeckung bezieht sich sowohl auf die Erträge und Aufwendungen des Ergebnishaushalts als auch auf die Einzahlungen und Auszahlungen des Finanzhaushalts.
- Wenn im Haushaltsplan nichts anderes bestimmt wird, sind innerhalb eines Teilhaushalts bzw. Budgets alle Aufwendungen, Investitionsauszahlungen und Verpflichtungsermächtigungen gegenseitig deckungsfähig. Gleiches gilt für die einseitige Deckungsfähigkeit von zahlungswirksamen Aufwendungen zu Gunsten von Investitionsauszahlungen desselben Teilhaushalts bzw. Budgets.

Darüber hinaus werden in einzelnen Landeskonzepten spezielle Regelungen zur Deckung formuliert, wovon nachfolgend einige wesentliche Gestaltungsaspekte wiedergegeben werden:

- Teilweise wird festgelegt, dass zahlungsunwirksame Aufwendungen nicht zu Gunsten von zahlungswirksamen Aufwendungen für deckungsfähig erklärt werden dürfen (Bayern, Hessen und Sachsen).
- Unterscheidung beim Gesamtdeckungsgrundsatz in ordentliche und außerordentliche Posten (Brandenburg, Mecklenburg-Vorpommern, Niedersachsen, Rheinland-Pfalz und Thüringen). Diese Trennlinie ist dann von besonderer Bedeutung, wenn der Bereich des außerordentlichen Ergebnisses neben außergewöhnlichen Sachverhalten auch periodenfremde Posten, Aufwendungen/Erträge aus der Veräußerung von Anlagevermögen etc. umfasst.
- Limitierungen der Deckung zwischen den Haushaltsebenen der laufenden Verwaltungstätigkeit, Investitionstätigkeit und Finanzierungstätigkeit sowie bei der Verwendung von Finanzierungsmitteln. Hierbei haben allerdings die Einschränkungen zur Verwendung von Kreditmitteln für laufende Aufwendungen zum Teil nur erläuternden Charakter, da diese bereits im Grundgesetz geregelt sind.
- Einbeziehung der Haushaltsreste in die Deckungssystematik (Niedersachsen).
- Die Forderung, dass die gegenseitige Deckungsfähigkeit nicht zur Minderung des Saldos aus laufender Verwaltungstätigkeit führen darf, wird nicht in allen Länderkonzepten übernommen. Stattdessen wird teilweise in den Deckungsregelungen verankert, dass das Gesamt- oder Jahresergebnis durch die Inanspruchnahme gegenseitiger Deckungsfähigkeit nicht zu gefährden ist.

Technische und organisatorische Herausforderungen

Aufgrund der dargestellten Konzeptvielfalt kann davon ausgegangen werden, dass der Aufwand zur technischen und organisatorischen Umsetzung der Deckungsregelungen in den verschiedenen Bundesländern sehr unterschiedlich sein wird.

Das Anbringen von Deckungsvermerken im Haushalt wird aus technischer Sicht im doppischen Produkthaushalt keine großen Unterschiede zur bisherigen kameralen Handhabung aufweisen, auch wenn sich die Vermerke nun an den doppischen Sachkonten statt an den kameralen Haushaltsstellen orientieren. Insgesamt bleibt zu hoffen, dass die grundsätzlich erweiterte Rahmensetzung in Form des Budgets bzw. Teilhaushalts als Bewirtschaftungseinheit zur Verminderung der Deckungsvermerke in den Haushalten führen wird. Bei den Vorabdotierungen, die das Budget bzw. den Teilhaushalt übergreifend (z. B. für Personalaufwendungen) ein-gerichtet werden, wird es unverändert notwendig sein, in allen Bewirtschaftungseinheiten entsprechende Deckungsvermerke zu führen.

In Mecklenburg-Vorpommern, Rheinland-Pfalz und Thüringen wird gefordert, dass die Bewirtschaftungsregelungen im Haushaltsplan oder im Teilergebnishaushalt anzugeben sind. Die bundesweite Analyse von Produkthaushalten hat gezeigt, dass zum Verständnis des Haushalts – insbesondere beim Vergleich von Haushalten unterschiedlicher Kommunen – eine Erläuterung zur Haushaltsstruktur mit ihren Budgets, Teilhaushalten und Produkten sowie zu den Regeln für die Bewirtschaf-

Übertragbarkeit und Deckungsfähigkeit   525

tung hilfreich sind. Deshalb wird empfohlen, zumindest für die ersten doppischen Produkthaushalte eine solche Beschreibung zur Haushaltsstruktur bei allen Kommunen aufzunehmen (z. B. im Vorbericht zum Haushalt).

Vor dem Hintergrund des bundesweit uneinheitlich verwendeten Budgetbegriffs empfehlen wir dem kommunalen Praktiker folgende grundsätzliche pragmatische Sichtweise.

Das was im Haushalt als Teilhaushalt oder Budget abgebildet wird, betrifft die Ermächtigung durch die Politik, die künftig in produktorientierten Bewirtschaftungseinheiten aufgefächert dargestellt wird. Für verwaltungsinterne Steuerungsbedürfnisse im Rahmen der internen Budgetierung werden regelmäßig darüber hinausgehende Umsetzungsrichtlinien benötigt.

Die internen Budgetierungsrichtlinien sollten nach unserer Einschätzung folgende Festlegungen beinhalten:

- Herunterbrechen der Budgets (im Verantwortungsbereich von Dezernaten bzw. Fachbereichen) auf die Produktsteuerungsebene, für die eindeutige Verantwortlichkeiten definiert sind. In der Budgetierungsrichtlinie werden die Festlegungen für gegenseitige oder einseitige Deckungsfähigkeit getroffen. Die Inanspruchnahme der zwischen den Produkten möglichen Deckungen sowie regelmäßig auch die Inanspruchnahme zahlungswirksamer Aufwendungen zur Deckung von Investitionen können als übergreifende Deckungsregelung dem Verantwortlichen für das haushalterische Budget eingeräumt werden.

- Im Sinne der in etlichen Kommunen bereits bestehenden Budgetierungskonzepte bis weit in die Verwaltungsorganisation hinein (z. B. auf Amts- bzw. Fachdienstebene) werden in der Budgetierungsrichtlinie die Bewirtschaftungskompetenzen für vorab dotierte oder als budgetierungsrelevant festgelegten Aufwandsbereiche konkretisiert. Dabei können sich die Festlegungen üblicherweise entweder auf Produkte oder auf Sachkontengruppen beziehen. Als Sachkontengruppe gelten hierbei alle Sachkonten eines Aufwandsbereiches (z. B. für Instandhaltung, Mieten und Pachten, Büroausstattung) anhand der gemeinsamen ersten zwei oder drei Stellen in der Kontennummerierung.

- Die Budgetierungsrichtlinie enthält außerdem die Festlegungen zur Verfügbarkeit z. B. von managementbedingten Mehrerträgen oder Minderaufwendungen über das Haushaltsjahr hinaus sowie zu den mit der Bewirtschaftung verbundenen Berichts- und Nachweispflichten.

Die Zusammenhänge zwischen haushalterischem Budget und verwaltungsinterner Budgetierung sind unter anderem in der Abschlussdokumentation des Landesprojektes zur brandenburgischen Doppik erläutert, die als Anlagen die Budgetierungsrichtlinien der Stadt Nauen und des Landkreises Ostprignitz-Ruppin enthält.[228]

---

[228] Vgl. www.doppik-kom.brandenburg.de, Rubrik Modellprojekt/Abschlussdokumentation (Stand September 2007).

2 Grundsätze eines angemessenen Verwaltungscontrollings

2.1 Operatives Controlling durch Führungskräfte

Welche Informationen werden hauptsächlich benötigt, um die Stadt sachgerecht zu steuern?

Während die Sicht des Fraktionsvorsitzenden im Rat bzw. der Stadtverordnetenversammlung charakteristisch für das strategische, zielorientierte Controlling ist, geht es jetzt hauptsächlich um das operative Controlling durch die Führungskräfte der Verwaltung. Das operative Controlling ist durch wesentlich detailliertere Daten und zeitnahe unterjährige Berichterstattung geprägt, um ein Gegensteuern zu ermöglichen. Der Praktiker wird erkennen, dass dieser Gedanke vielen Kommunen noch fremd ist.

Ein leistungsfähiges zentrales Controlling, das kontinuierlich alle dezentralen Bereiche planend und kontrollierend begleitet, ist das unstrittig notwendige Gegengewicht zum Grundsatz der dezentralen Ressourcenverantwortung. Damit soll gewährleistet werden, dass die Freiräume der nachgeordneten Bereiche nicht zu ungewünschten Fehlsteuerungen aus Sicht der Gesamtverwaltung führen. In der Praxis ist die Verwaltungskultur demgegenüber häufig noch stark dezentral geprägt. Jeder dezentraler Fachdienst ist tendenziell für seine Haushaltsstellen verantwortlich. Eine zentrale Koordinationsfunktion – wie das zentrale Controlling sie beabsichtigt – findet bislang kaum statt.

Koordinations- und Berichtsfunktion

Controlling bedeutet in diesem Sinne eine laufende planungs- und kontrollorientierte Koordinations- und Berichtsarbeit, die dazu dienen soll, dass die politisch vorgegebenen Ziele in allen Bereichen der Verwaltung kontinuierlich erreicht werden. Der hier verwendete Controlling-Begriff ist zwar wissenschaftlich teilweise umstritten,[229] aber dennoch unseres Erachtens in einer vereinfachten Form auch für die kommunale Praxis nutzbar (und wird auch in der gewerblichen Wirtschaft meist ähnlich verstanden). Im Hinblick auf die kommunale Praxis umfasst das operative Controlling vereinfachend alle den Bürgermeister bzw. Landrat sowie die übrigen Führungskräfte wie Fachbereichsleiter unterstützende Koordinations- und Berichtstätigkeiten, die ein Controlling-Beauftragter für die Führungskräfte durchführt.[230] Grundlage ist jeweils, dass Ziele geplant und ihre Erreichung anschließend kontrolliert werden.

Wichtigstes Instrument des Controllings ist ein Berichtswesen, das auf die Bedürfnisse der Führungskräfte – vor allem des Bürgermeisters/OB und der Fachbereichsleiter – ausgerichtet sein muss. Die Entwicklung und kontinuierliche Weiterentwicklung des Berichtswesens, die nur in enger Zusammenarbeit mit den Führungskräften erfolgen kann, um deren tatsächliche Informationsbedürfnisse zu befriedigen, gehört ebenfalls zu den Hauptaufgaben des Controlling-Beauftragten.

Organisatorisch ist der Controlling-Beauftragte meist entweder als Stabstelle beim Bürgermeister oder als Teil der Kämmerei angesiedelt. Beide Varianten haben Vor- und Nachteile; die sachgerechte Entscheidung hängt erfahrungsgemäß von den Kompetenzprofilen der betroffenen Menschen (Bürgermeister, Kämmerer, Controlling-Beauftragter usw.) ab.

Hauptinstrumente des Controllings sind – neben der Erfassung von Leistungsmengen, Wirkungskennziffern u. Ä. – die sachgerechte Umsetzung der Kostenrechnung als dem internen Rechnungs-

---

[229] Vgl. ausführlich Bolsenkötter et al. (2000) S. 148.
[230] Controlling kann also als Koordinationsfunktion definiert werden, die die Führungskräfte mit planungs- und kontrollorientierten Informationen versorgt (herrschende wissenschaftliche Definition). Vgl. z. B. Horvath (1998) S. 141, Haiber (1997) S. 13, Weber/Schäffer (2000) S. 109 ff. Kritisch zu diesem Controlling-Verständnis Schneider (1991) S. 765. Für den kommunalen Bereich vgl. zuletzt von Massow (2008) Rn. 3 ff.

wesen. Es versteht sich von selbst, dass die genannten Controllinginstrumente differenziert an die Situation der verschiedenen Bereiche der Kommunalverwaltungen angepasst werden müssen.

Schließlich sollte auch jede Kommunalverwaltung überlegen, ob sie nicht auch die flächendeckende Rapportierung (konsequent produktorientierte Stundenaufschreibungen) einführen sollte. Nach unserer Einschätzung dürfte sich dieses Abrechnungsinstrument mittelfristig in vielen kommunalen Verwaltungsbereichen auch außerhalb der Baubetriebshöfe durchsetzen.

Gemäß der mit dem Doppik-Konzept verfolgten konzernweiten Sicht der Gebietskörperschaft muss für das Controlling schließlich ein Ansatz geschaffen werden, mit dem sowohl einzelne (Verwaltungs-)Einheiten individuell als auch der Konzern integriert gesteuert werden können. Dies wird erfahrungsgemäß aufgrund der unterschiedlichen Informationsbedürfnisse zu einer differenzierten Ausgestaltungsbreite und -tiefe führen.

Controlling ist so auszugestalten, dass ...

- sowohl die „Konzernspitze" der Gebietskörperschaft einschließlich der politischen Aufsichtsorgane zeitgerecht und in adäquater Weise mit relevanten Informationen versorgt werden können (hierfür sind für jede Gebietskörperschaft einheitliche Standards insbesondere für die Kostenrechnung und das Berichtswesen zu setzen)
- als auch die Informationsbedürfnisse jeder Organisationseinheit – d. h. auch jedes Fachbereichs, jedes Abteilungsleiters und jedes Kostenstellenverantwortlichen – entsprechend erfüllt werden können.

2.2 Förderung der Teambildung

Leistungsorientierte Führung der Teams im neuen Steuerungsmodell

Wie oben bereits erläutert, spielt der Grundsatz der dezentralen Ressourcenverantwortung eine große Rolle für die mit dem neuen Steuerungsmodell beabsichtigten positiven Impulse für die Leistungsfähigkeit der Verwaltungen. Hintergrund ist die Erkenntnis, dass bei klaren produktorientierten Verantwortlichkeiten Effektivität und Effizienz der Leistungserbringung steigen, aber auch die Mitarbeiterzufriedenheit positiv beeinflusst werden kann. Dies liegt u. a. daran, dass durch die produktorientierte Delegation von Verantwortung sowohl die Identifikation mit der zu erbringenden Leistung als auch die Mitgestaltungsmöglichkeiten der Mitarbeiter gestärkt werden.

Formal entstehen derartige Freiräume im neuen Haushalts- und Rechnungswesen vor allem durch die Budgetbildung, bei der die verschiedenen Aufwands- und Ertragspositionen eines Teilhaushalts oder Budgets regelmäßig gegenseitig deckungsfähig sind (abgesehen von den allgemeinen Finanzmitteln wie Steuern). Die Bildung von Teilhaushalten und Budgets verdeutlicht folgende Abbildung:[231]

---

[231] Vgl. Neues Kommunales Rechnungs- und Steuerungswesen (2005) S. 288.

Diagramm

Politisches Management
- Gemeinderat
- Gesamthaushalt mit Ergebnis-, Vermögens-, Finanzrechnung

Zentrales Controlling
- Bürgermeister

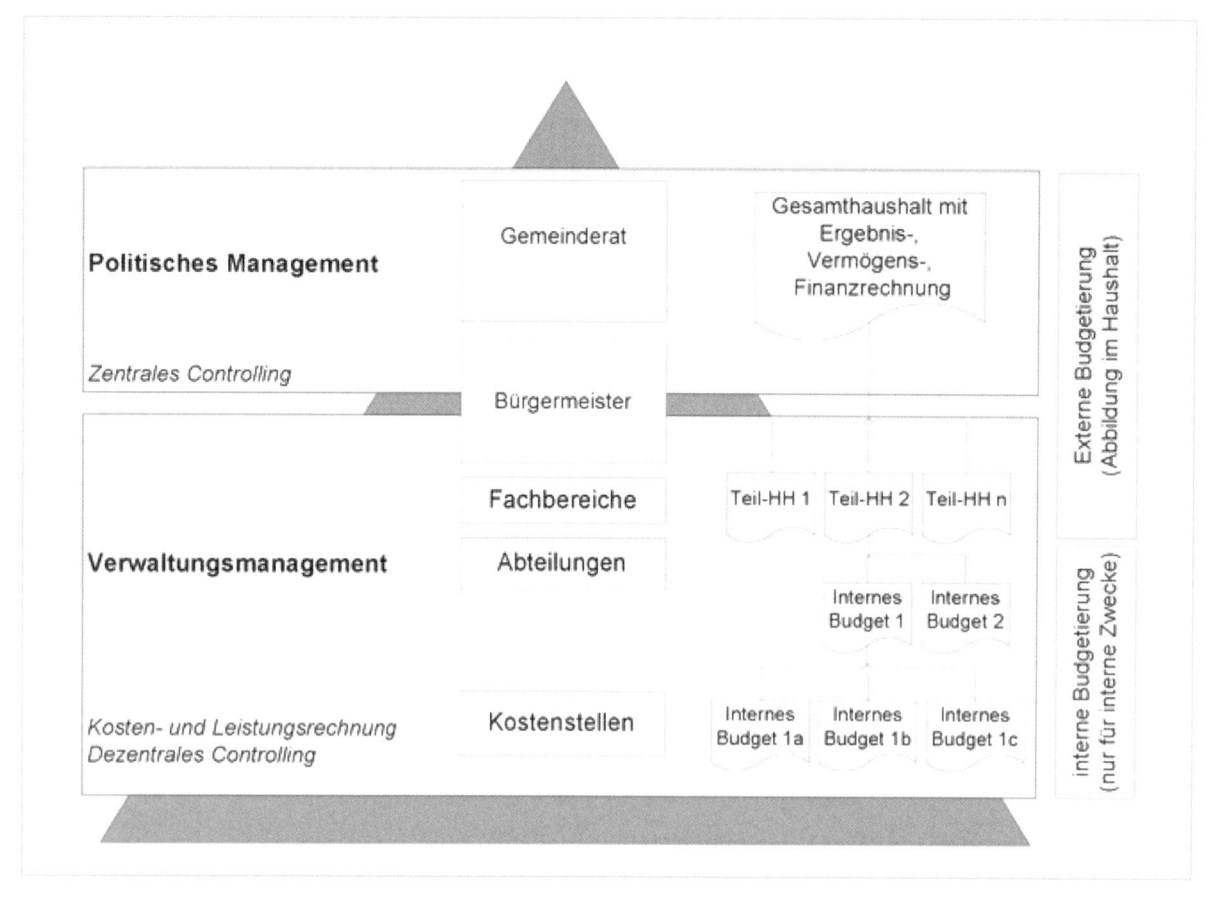

Verwaltungsmanagement
- Fachbereiche — Teil-HH 1, Teil-HH 2, Teil-HH n
- Abteilungen — Internes Budget 1, Internes Budget 2

Kosten- und Leistungsrechnung
Dezentrales Controlling
- Kostenstellen — Internes Budget 1a, Internes Budget 1b, Internes Budget 1c

Externe Budgetierung (Abbildung im Haushalt)
interne Budgetierung (nur für interne Zwecke)

Teambildung und Teamführung

Eine weitere organisatorische Grunderkenntnis hängt eng mit dem Grundsatz der dezentralen Ressourcenverantwortung zusammen: Grundsätzlich sind komplexe Organisationseinheiten dann besonders leistungsfähig, wenn auf sämtlichen Ebenen eine Teambildung und -führung in der Weise gelingt, dass die Teammitglieder (ideale Größe etwa 8–10 Mitglieder) in einer leistungsorientierten, von gegenseitiger Wertschätzung geprägten Arbeitsatmosphäre zusammen arbeiten. Die sogenannten weichen Faktoren wie Teambildung und Führungskultur sind entscheidend dafür, dass ein Dienstleistungsbetrieb dauerhaft überdurchschnittliche Leistungen erbringt – dies ist viel wichtiger, als die unterschiedlich systematisierten „Kästchen". Entsprechend ausführlich gehen wir an dieser Stelle darauf ein.

Sachgerechte Teambildung und -führung bedeutet bei einer Verwaltung der Muster-Kreisstadt mit etwa 50.000 Einwohnern, dass

- auf der Führungsebene der Stadt der Bürgermeister mit seinen Beigeordneten, den etwa drei Fachbereichsleitern und den Vertretern der Stabstellen genauso ein derartig leistungsfähiges Team bilden sollte,
- wie jeder Fachbereichsleiter mit seinen 4–8 Abteilungsleitern (bezogen auf die Führung der Fachbereiche) und
- jeder Abteilungsleiter mit seinen etwa 6–15 Mitarbeitern (bezogen auf die Führung der Abteilungen).

Führungskultur

Hierzu bedarf es auf Seiten der Führungskräfte einer entsprechenden Führungskultur.[232] Eine motivierende Menschenführung gelingt insbesondere dann, wenn die Führungskraft

- das von den Mitarbeitern Geforderte zunächst glaubwürdig selbst erbringt,
- klare Entscheidungen trifft und diese auch in der Lage ist, auf konstruktive Weise durchzusetzen,
- für einen fairen Interessenausgleich unter den Mitarbeitern sorgt,
- die Mitarbeiter entsprechend ihrer Kompetenzen einsetzt und
- sich – wenn notwendig – auch in angemessener Form vor seine Mitarbeiter stellt.

Zwangsläufig gelingt das nur, wenn die Führungskraft selbst weder in ihren fachlichen noch den sozialen Kompetenzen überfordert ist und auch die nötige Entscheidungsfreude beim Anpacken neuer Herausforderungen mitbringt. Erlebte Führungskompetenz kann von den Mitarbeitern (und den Ratsmitgliedern) anhand von Entscheidungen, die sich im Nachhinein als richtig im Interesse des Ganzen erweisen, nachvollzogen werden. Derart erlebte Führungskompetenz lässt erst die Autorität entstehen, die erforderlich ist, um im komplexen Machtgefüge demokratischer Verwaltungen bzw. der Räte konstruktive Veränderungen durchzusetzen.

Führungstechniken

Hinsichtlich Teambildung und Führungskultur ist ergänzend auf die modernen Instrumente der Personalführung (z. B. regelmäßige Zielvereinbarungen mit jährlichen Beurteilungen) hinzuweisen. Durch die Führungskultur sollte die Bereitschaft, Verantwortung z. B. für eine Produktgruppe/einen Budgetbereich zu übernehmen (was nicht selbstverständlich ist) systematisch gefördert bzw. belohnt werden; hierbei können auch die erweiterten Möglichkeiten des neuen TVöD genutzt werden.

3 Nutzung des doppischen Instrumentariums für Zwecke der Haushaltskonsolidierung

Haushaltskonsolidierung als komplexes gesellschaftliches Problem

Immer mehr Städte und Gemeinden unterschiedlicher Größenordnung haben Probleme, den Haushaltsausgleich auf absehbare Zeit zu schaffen. Diese Probleme bestehen bekanntlich regional unterschiedlich. In Nordrhein-Westfalen[233] wiesen immerhin 198 Kommunen Ende 2006 ein Haushaltssicherungskonzept auf. Davon waren immerhin 19 kreisfreie Städte betroffen. Als Ursachen hierfür können allgemein folgende Faktoren genannt werden:

- Anstieg der sozialpolitisch bedingten Lasten
- unsichere Einnahmen aus der Gewerbesteuer
- bislang keine nennenswerte Reform zur Stabilisierung der kommunalen Finanzen
- trotz Haushaltsnotlage werden die notwendigen Einsparungen vom Rat nicht beschlossen.

Mit dem Übergang zum doppischen Rechnungswesen verbinden viele Kommunen die Hoffnung, Einsparpotenziale besser erkennen und realisieren zu können. Vor allem in Großstädten, die sich in einer Haushaltsnotlage befinden, wie etwa Essen oder Duisburg, könnte die Doppik eine wichtige Stütze für den eingeschlagenen Konsolidierungskurs sein.

---

[232] Die Literatur zu angemessenem Führungsverhalten hat gerade in den letzten Jahren wichtige Beiträge geliefert, die bislang u. E. noch kaum von den Kommunen wahrgenommen wurden. Einen Überblick über angemessene, situative Führungstechniken geben insbesondere Baldegger (2005), Blanchard et al. (2008), Vroom (2003).

[233] Vgl. Innenministerium NRW (2007) S. 11.

Grundsätzliches Potential wird noch nicht ausgeschöpft

Tatsächlich bietet das doppische Rechnungswesen das entsprechende Instrumentarium, um die kommunale Verwaltungs- und Wirtschaftstätigkeit grundsätzlich effizienter gestalten zu können. Produkthaushalt, Jahresabschluss, Kostenstellen- und Kostenträgerrechung sowie kennzahlengestütztes Controlling sind theoretisch hervorragende Werkzeuge, um die kommunale Verwaltung zu optimieren. Zur Verdeutlichung dieser grundsätzlich bestehenden Möglichkeiten hier noch praktisches Beispiel, welche Transparenz grundsätzlich möglich erscheint, wir bemühen ein letztes Mal unseren Fraktionsvorsitzenden.

> Eines Abends diskutiert Klaus Clever das Potential des doppischen Instrumentariums zusammen mit einem Vertreter der Kommunalaufsicht und einem Berater. Wie könnte sowohl die Haushaltskonsolidierung als auch die Kommunalaufsicht gefördert werden?
>
> Nach längerer Fachdiskussion sind sich die Anwesenden einig. Wenn alle deutschen Kommunen dazu verpflichtet würden, den voraussichtlichen Ist-Personaleinsatz und die relevanten Fallmengen für ihre Produkte anzugeben, wäre schon viel gewonnen. Für den interkommunalen Vergleich wäre es zudem zweckmäßig, zusätzliche Angaben über den Personaleinsatz für noch zu definierende Einheitsprodukte vorzuschreiben. Für diese Einheitsprodukte wäre es sinnvoll, bestimmte Mengen und weiterführende Kennzahlen verpflichtend vorzuschreiben. Die Rechnungsprüfungsämter sowie die Kommunalaufsicht könnten dann die methodische Richtigkeit der Angaben überprüfen.
>
> Nach diesen Überlegungen fragt sich Klaus Clever doch etwas beunruhigt, ob eine derartige Entwicklung nicht schon ein Zuviel an Transparenz bedeute. Die kommunale Selbstverwaltung dürfe schließlich nicht gefährdet werden.

Im Vergleich zu diesen grundsätzlichen Möglichkeiten ist die Ist-Situation des kommunalen Rechnungswesens, wie sie sich aus der Analyse der doppischen Haushalte ergibt, noch recht ernüchternd. Wie die Analyse der bundesweit ersten 117 doppischen Haushalte gezeigt hat, wird das doppische Rechnungswesen bislang oft so ausgestaltet, dass die kommunalen Entscheidungsträger sein volles Potential noch nicht nutzen können.

Solange die doppischen Rechenwerke noch nicht ausreichend auf die betriebswirtschaftlichen Probleme der jeweiligen Kommune zugeschnitten sind, lassen sich mit Hilfe dieses Rechnungswesens natürlich noch keine belastbaren Hinweise zur Haushaltskonsolidierung erarbeiten. Die Aussagekraft der ausgewiesenen Zahlen sowie der daraus abgeleiteten Kennziffern ist deshalb erheblich eingeschränkt.

Hohe Komplexität

Ein Blick auf die Zahl der kommunal Beschäftigten macht deutlich, weshalb es den Städten so schwer fällt, ein betriebswirtschaftlich durchdachtes Rechnungswesen aufzubauen. Der Grund ist die hohe Komplexität schon mittelgroßer Stadtverwaltungen. Diese Komplexität steigt mit der Größe der Kommune überproportional an. Während Städte bis etwa 20.000 Einwohner eher als mittelständige Betriebe eingeschätzt werden können, bei denen sich ein passendes Rechnungswesen noch recht einfach einrichten lässt, stellt sich die Situation bei größeren Städten schon ganz anders dar.

Nach unseren Erfahrungen wird es in Großstädten mit mehr als 200.000 Einwohnern, selbst mit erheblichem betriebswirtschaftlicher Einsatz etwa zwei bis drei Jahre dauern, bis ein Rechnungswesen existiert, das einerseits für die wesentlichen Sachverhalte belastbare Zahlen liefert und andererseits bei unwesentlichen Sachverhalten möglichst wenige Kostenstellen und Produkte definiert und damit den zusätzlichen Bürokratieaufwand begrenzt. Das doppische Haushalts- und Rechnungswesen liefert nur dann belastbare Daten, wenn es **in vielen kleinen Schritten über Jahre** an die individuellen Gegebenheiten und Bedürfnisse vor Ort angepasst wird.

Nutzung des doppischen Instrumentariums für Zwecke der Haushaltskonsolidierung

Dieser Prozess ist vor allem dann eine betriebswirtschaftliche Herausforderung ersten Ranges, wenn es sich um Städte mit über 500.000 Einwohnern handelt. Die beiden einleitend genannten Ruhrmetropolen Essen und Duisburg zählen zu dieser Kategorie. Sie gehören zu den größten deutschen Städten und stellen außerordentlich große und komplexe Dienstleistungskonzerne dar. Dementsprechend schwierig ist dort der Aufbau eines leistungsfähigen Systems des Rechnungswesens.

Hierzu ein Größenvergleich: Die Kernverwaltung von Essen hat rund 8.000 Planstellen und damit die Größenordnung eines großen gewerblichen Beratungskonzerns.

Wenn man sich fiktiv vorstellt, dass ein großer gewerblicher Konzern mit 8.000 Beschäftigten in einem Schritt von einer Einnahmen-Ausgabenrechnung wie der herkömmlichen Kameralistik auf ein komplexes integriertes Rechnungswesen mit Finanzbuchhaltung, Kostenstellen- und Kostenträgerrechung sowie umfangreichen Kennzahlensystemen umstellen müsste, dann wird vielleicht verständlich, dass es einfach nicht möglich ist, alle wesentlichen Prozesse in einem Schritt betriebswirtschaftlich zu durchdringen. Mehrjährige Lernprozesse erscheinen vor diesem Hintergrund unvermeidbar, bis wirklich zuverlässige Informationen zu erhalten sind.

Stärkung des zentralen Controllings notwendig

Trotz aller Mühen sollten aber gerade diejenigen Städte, die unter einer Haushaltsnotlage leiden, keine Zeit verlieren, und zügig daran gehen, alle Verwaltungsprozesse betriebswirtschaftlich zu durchdringen. Es nutzt nichts, das doppische Rechnungswesen nur oberflächlich einzuführen. Dies liefert keine Erkenntnisse, die der Haushaltskonsolidierung zuträglich wären.

Vor allem empfehlen wir, möglichst schnell eine zentrale Controllingstelle einzurichten und hochrangig zu besetzen. Diese zentrale Controllingstelle sollte die gesamte kommunale Verwaltungstätigkeit gründlich analysieren und die Prozesse anschließend differenziert und zuverlässig im System der Rechnungsführung abbilden. In der Praxis wird dies nur dann gelingen, wenn die Analysearbeit in engster Zusammenarbeit mit der Kämmerei und zusammen mit der Finanzbuchhaltung erfolgt. Damit die genannten Stellen möglichst konfliktfrei zusammenarbeiten können, empfehlen wir – zumindest für die mehrjährige Aufbauphase des neuen Rechnungswesens – eine **organisatorische Zuordnung von Controlling, Kämmerei und Finanzbuchhaltung zu einem Dezernat**.

Bei enger Rückendeckung durch OB und Verwaltungsvorstand kann dann die erforderliche Analysearbeit in kontinuierlicher sachorientierter Kommunikation mit den dezentralen Diensten gelingen. Wenn überdies auch noch eine stabile politische Mehrheit existiert und auch die Ratsfraktionen in einer sachorientierten Atmosphäre mitarbeiten (z. B. in einem Konsolidierungsausschuss), ist es wahrscheinlich, dass tatsächlich wertvolle Hinweise zur Haushaltskonsolidierung gewonnen werden können. Sofern dann auch noch für bestimmte Verwaltungsbereiche belastbare Benchmarks aus dem Vergleich mit anderen Kommunen erarbeitet werden, können auch Widerstände dezentraler Dienste überwunden und konstruktive Lösungen im Rahmen der städtischen Gesamtstrategie gefunden werden. Abschließend wäre noch zu ergänzen, dass belastbare bundesweite Benchmarks natürlich grundsätzlich wünschenswert sind - diese aber durch die Unterschiedlichkeit der Landesregelungen wesentlich erschwert werden. Vielleicht könnte es ja der Innenministerkonferenz im Zusammenhang mit den (wohl erforderlichen) Anstrengungen zur kommunalen Haushaltskonsolidierung gelingen, sich – wie oben vorgeschlagen – auf **standardisierte Berichterstattungspflichten** (z. B. zum voraussichtlichen Ist-Personaleinsatz für bestimmte Einheitsprodukte) zu einigen.

Literaturverzeichnis

Adler/Düring/Schmaltz (o.J.): Adler/Düring/Schmalz, Rechnungslegung und Prüfung der Unternehmen. Kommentar zum HGB, AktG, GmbHG, PublG nach den Vorschriften des Bilanzrichtlinien-Gesetzes. 6. Aufl., Stuttgart 1995–2001.

Alonso (2006): Angel Iglesias Alonso, Die Umstrukturierung der Verwaltung und das New Public Management, in: Verwaltung & Management 2006, S. 14–23.

Arbeitskreis III (2007): Arbeitskreis 3: „Kommunale Angelegenheiten" der ständigen Konferenz der Innenminister und –senatoren der Länder, Bericht über den Stand der Umsetzung der Reform des Gemeindehaushaltsrechts, Evaluierungsbericht, September 2007.

Bals (2008): Hansjürgen Bals, Grundzüge des Neuen Steuerungsmodells, in: Hennecke/Strobl/Diemert, Recht der kommunalen Haushaltswirtschaft, § 2, München 2008.

Baldegger (2005): Urs Baldegger, Personalführung, in: Hugentobler/Schaufelbühl/Blattner (Hrsg.), Integrale Betriebswirtschaftslehre, Zürich 2005, vgl. auch www.bwl-online.ch.

Blanchard et al. (2008): Ken Blanchard, Marjorie Blanchard, Scott Blanchard, Don Carew, Eunice Parisi-Carew, Fred Finch, Susan Fowler, Lawrence Hawkins, Judd Hoekstra, Fay Kandarian, Alan Randolph, Jesse Stoner, Drea Zigarmi, Pat Zigarmi, Führung, München 2008.

Bogumil/Grohs/Kuhlmann/Ohm (2007): Jörg Bogumil, Stephan Grohs, Sabine Kuhlmann, Anna K. Ohm, Zehn Jahre Neues Steuerungsmodell, Eine Bilanz kommunaler Verwaltungsmoderisierung, Berlin 2007.

Bolsenkötter (1993): Heinz Bolsenkötter, Die kurzfristigen Forderungen, in: v.Wysocki, Schulze-Osterloh (Hrsg.), Handbuch des Jahresabschlusses in Einzeldarstellungen (HdJ), Köln 1993, Abt. II/6.

Bolsenkötter (2001): Heinz Bolsenkötter, Integrierte Rechnungslegung für öffentliche Verwaltungen und Unternehmen, in: Edeling/Jann/Wagner/Reichard (Hrsg.): Öffentliche Unternehmen – Entstaatlichung und Privatisierung?, Schriftenreihe interdisziplinäre Organisations- und Verwaltungsforschung 6, Opladen 2001, S. 228–238

Bolsenkötter et al. (2000): Heinz Bolsenkötter unter Mitwirkung von Holger Boehnert, Peter Detemple, Christoph Heck, Christian Marettek, Michael Pittelkow, Martin Schmidt: Integriertes öffentliches Rechnungswesen – Konzeption einer Neugestaltung der Rechnungslegung und des Rechnungswesens öffentlicher Gebietskörperschaften, Frankfurt am Main 2000.

Bolsenkötter/Detemple/Marettek (2002a): Heinz Bolsenkötter, Peter Detemple, Christian Marettek, Die Eröffnungsbilanz der Gebietskörperschaft, Frankfurt 2002.

Bolsenkötter/Detemple/Marettek (2002b): Heinz Bolsenkötter, Peter Detemple, Christian Marettek: Bewertung des Vermögens in der kommunalen Eröffnungsbilanz in: der gemeindehaushalt 2002, S. 154–164.

Detemple/Heck/Marettek (2002): Peter Detemple, Christoph Heck, Christian Marettek, Kommunales Immobilienmanagement, Herausforderungen und Chancen, in: Verwaltung & Management 2002, S. 279–285.

Detemple/Marettek (2000): Peter Detemple, Christian Marettek, Konzernabschlüsse für Gebietskörperschaften, Konzeptionelle Grundlagen, in: Zeitschrift für öffentliche und gemeinwirtschaftliche Unternehmen (ZögU) 3/2000, S. 277–288.

Detemple/Marettek (2000a): Peter Detemple, Christian Marettek, Bewertung öffentlicher Unternehmen, Bericht über die am 13. April 2000 in Solingen durchgeführte Fachtagung (Tagungsband).

Detemple/Marettek (2004): Peter Detemple, Christian Marettek, Status Quo des Immobilienmanagements in den 83 deutschen Großstädten, Erste Ergebnisse des PwC-Forschungsprojekts, in: Verwaltung & Management 2004, S. 29–38.

Detemple/Marettek (2005): Peter Detemple, Christian Marettek, Praxisprobleme des kommunalen Immobilienmanagements, CAFM, Bestandsreduktion und Benchmarks, in: Verwaltung & Management 2005, S. 186–193.

Detemple/Schneider (2000): Peter Detemple, Ernst Schneider, Konzernbilanz statt eines lückenhaften Haushalts, in: VOP 4/2000, S. 30 f.

Detemple/Thiedemann (2002): Peter Detemple, Harry Thiedemann, Informationssystem für die optimale Entscheidungsfindung – Software unterstützt die Stadt Saarlouis beim Risikomanagement, in: Innovative Verwaltung 7-8/2002, S. 33 ff.

Dieckmann (2006): Frank Dieckmann: Bericht zur Veranstaltung des Innovationsrings NKR-SH: „Doppik in Schleswig-Hostein" am 26. Juni 2006 in den Holstenhallen in Neumünster, in: der Gemeindehaushalt 8/2008, S. 183.

Gemeinde- und Städtebund Rheinland-Pfalz (2006): Doppisches Kommunalbrevier Rheinland-Pfalz, Bodenheim.

Finger (2007): Stephanie Finger, Das neue öffentliche Haushalts- und Rechnungswesen als Chance für Ansätze zur Ziel- und Wirkungsorientierung, in: Brüggemeier/Schauer/Schedler (Hrsg.), Controlling und Performance Management im Öffentlichen Sektor, Festschrift für Prof. Dr. Dr. h.c. Dietrich Budäus, S. 93–100, Bern/Stuttgart/Wien 2007.

Fischer (2008): Edmund Fischer, Neues Haushalts- und Rechnungswesen in der Diskussion, Stand und Perspektiven, in: Zeitschrift für Kommunalfinanzen 2008, S. 1–8.

Haiber (1997): Thomas Haiber, Controlling für öffentliche Unternehmen, München 1997.

Hellenbrand (2007): Andreas Hellenbrand, Neues kommunales Finanzwesen, Gemeinsamer Lernprozess, in: der gemeinderat 2007, S. 26 – 28.

Hessisches Ministerium der Finanzen (1999): Hessisches Ministerium der Finanzen (Hrsg.), Methodenkonzept – Budgetierung und betriebswirtschaftliche Steuerungselemente für die Landesverwaltung Hessen, Wiesbaden 1999.

Horváth (1998): Péter Horváth, Controlling, 7. Aufl., München 1998.

Innenministerium Baden-Württemberg (2006): Kommunaler Produktplan Baden-Württemberg, Überarbeitete Veröffentlichung im Rahmen der Reform des kommunalen Haushaltsrechts, Stuttgart 2006.

Innenministerium Nordrhein-Westfalen (2006): Neues kommunales Finanzmanagement in Nordrhein-Westfalen: Handreichung für Kommunen, 2. Auflage, IM NRW, Düsseldorf 2006.

Innenministerium Nordrhein-Westfalen (2008): Neues kommunales Finanzmanagement in Nordrhein-Westfalen: Handreichung für Kommunen, 3. Auflage, IM NRW, Düsseldorf 2008.

Kegelmann (2007): Jürgen Kegelmann, New Public Management, Möglichkeiten und Grenzen des Neuen Steuerungsmodells, Wiesbaden 2007.

Keller (2005): Brigitte Keller, Neben dem Buchungsstil auch die Kultur verändern – Erfolgreiche Doppik-Einführung beim bayerischen Landkreis Ebersberg, in: Innovative Verwaltung 11/2005, S. 29–31.

KGSt (2004): Kommunale Gemeinschaftsstelle für Verwaltungsvereinfachung, Kommunale Managementberichte I: Grundlagen und Nutzen, Bericht Nr. 7/2004, Köln 2004

KGSt (2004a): Kommunale Gemeinschaftsstelle für Verwaltungsvereinfachung, Kommunale Managementberichte II: Einführungsschritte und Umsetzungsempfehlungen, Bericht Nr. 8/2004, Köln 2004.

KGSt (2006): Kommunale Gemeinschaftsstelle für Verwaltungsmanagement, Das Verhältnis von zentralen und dezentralen Einheiten in der Kommunalverwaltung, Zwischenbilanz und Anregungen zur Umsetzung eines Kernelements des Neuen Steuerungsmodells, Bericht Nr. 5/2006, Köln 2006.

KGSt (2007): Kommunale Gemeinschaftsstelle für Verwaltungsmanagement, Wirkungsziele, Materialen Nr. 1/2007, Köln 2007.

KGSt (2007a): Kommunale Gemeinschaftsstelle für Verwaltungsmanagement, Das Neue Steuerungsmodell, Bilanz einer Umsetzung, Bericht Nr. 2/2007, Köln 2007.

KGSt (2008): Kommunale Gemeinschaftsstelle für Verwaltungsmanagement, Stand der Einführung des neuen Haushalts- und Rechnungswesens, Ergebnisse einer bundesweiten Umfrage, Materialien 4/2008, Köln 2008.

Klee (2008): Bernd Klee, Kosten- und Leistungsrechnung, in: Hennecke/Strobl/Diemert, Recht der kommunalen Haushaltswirtschaft, § 18, München 2008.

Kloock/Sieben/Schildbach (1990): Josef Kloock, Günter Sieben, Thomas Schildbach, Kosten- und Leistungsrechnung, 5. Aufl., Düsseldorf 1990.

Krengel (2008): Felix Krengel, Zwischenstand beim neuen kommunalen Haushaltsrecht, Eine Betrachtung des Reformstandes und der aktuellen Rechtslage in den Bundesländern, in: Verwaltung & Management 2008, S. 213–219.

Kuhlmann (2006): Sabine Kuhlmann, Hat das "Neue Steuerungsmodell" versagt?, Lehren aus der "Ökonomisierung" von Politik und Verwaltung, in: Verwaltung & Management 2006, S. 149–152.

Marettek (1995): Plankostenrechnung im Krankenhaus unter Berücksichtigung der BPflV 1995, München 1995.

Marettek (2003): Christian Marettek, Konzept eines integrierten Rechnungswesens, in: Finanzwirtschaft 2003, S. 32–36.

Marettek (2007): Christian Marettek, Kostenrechnung und Controlling im Rahmen der kommunalen Doppik, Konzentration auf das Wesentliche, in: Haufe Doppik Office für Kommunen, Update 2007 und in Meurer/Stephan (Hrsg.), Rechnungswesen und Controlling in der öffentlichen Verwaltung (CöV), S. 3/603–3/630, Stand Dezember 2007.

Marettek/Bickelmann (2006): Christian Marettek, Dietrich Bickelmann, Prozesse in der kommunalen Finanzbuchhaltung, in: Haufe Doppik Office für Kommunen, Update 2007, und in Meurer/Stephan (Hrsg.), Rechnungswesen und Controlling in der öffentlichen Verwaltung (CöV), S. 2/41–2/56, Stand Dezember 2007.

Marettek/Detemple (2008): Christian Marettek, Peter Detemple, Konsolidierter Gesamtabschluss, in: Hennecke/Strobl/ Diemert, Recht der kommunalen Haushaltswirtschaft, § 23, München 2008.

Marettek/Dörschell/Hellenbrand (2006): Christian Marettek, Andreas Dörschell, Andreas Hellenbrand, Kommunales Vermögen richtig bewerten, Haufe Praxisratgeber zur Erstellung der Eröffnungsbilanz und als Grundlage der erweiterten Kameralistik, Freiburg u. a., 2. Aufl. 2006.

Marettek/Heck (2005): Christian Marettek, Christoph Heck, Organisation der kommunalen Finanzbuchhaltung, in: Haufe Doppik Office für Kommunen, Update Juli 2005 sowie in Meurer/Stephan (Hrsg.), Rechnungswesen und Controlling in der öffentlichen Verwaltung (CöV), S. 2/223–2/254.

Marettek/Schulz/Schmid (2005): Ausgangssituation der baden-württembergischen Städte am Vorabend der kommunalen Doppik, Ergebnisse einer von WIBERA und PricewaterhouseCoopers durchgeführten Studie mit Hinweisen auf die von den Städten zweckm (äßigerweise zu wählenden Strategien, PwC-Studie, Frankfurt 2005.

Märkischer-Kreis (2007): Haushaltsplan 2007, Lüdenscheid 2007.

Mehde (2008): Veith Mehde, Haushaltssatzung und Haushaltsplan, in: Hennecke/Strobl/Diemert, Recht der kommunalen Haushaltswirtschaft, § 5, München 2008.

Modellprojekt „Doppischer Kommunalhaushalt in NRW": Neues Kommunales Finanzmanagement – Betriebswirtschaftliche Grundlagen für das doppische Haushaltsrecht, Rudolf Haufe Verlag & Co. KG, Freiburg 2003.

Neues Kommunales Rechnungs- und Steuerungssystem (2005): Abschlussdokumentation der Projektkommunen der Transferebene Hessen in Zusammenarbeit mit dem Hessischen Ministerium des Innern und für Sport, Doppik Hessen, Freiburg u. a. 2005.

Perlick (2007): Jörn Perlick, Erfolgreicher Start in die kommunale Doppik, in: Innovative Verwaltung 6/2007 S. 33–35.

Reichard (2002): Christoph Reichard, Institutionenökonomische Ansätze und New Public Management, in: König, K. (Hrs.): Deutsche Verwaltung an der Wende zum 21. Jahrhundert, S. 585–603, Baden-Baden 2002.

Reichard (2007): Christoph Reichard, Wirkungsorientiertes Verwaltungsmanagement, in: Brüggemeier/Schauer/Schedler (Hrsg.), Controlling und Performance Management im Öffentlichen Sektor, Festschrift für Prof. Dr. Dr. h. c. Dietrich Budäus, S. 3–12, Bern/Stuttgart/Wien 2007.

Rose (2008): Joachim Rose: Budgets und Teilhaushalte in kommunalen Haushalten Niedersachsens, in: ZKF 2008, Nr. 7, S. 145–152. u. Nr. 8, S. 172–175.

Neues kommunales Haushalts- und Rechnungswesen für das Saarland (2006), Schlussbericht des Gemeinschaftsprojektes der Partner [Ministerium für Inneres, Familie, Frauen und Sport, Saarländischer Städte- und Gemeindetag, Landeskreistag Saarland, Pricewaterhouse Coopers Saarbrücken (Projektsteuerung)],Saarbrücken.

Schedler/Proeller (2006): Kuno Schedler, Isabella Proeller, New Public Management, 3. Auflage, Bern, Stuttgart, Wien 2006.

Schneider (1991): Dieter Schneider, Versagen des Controllings durch eine überholte Kostenrechnung, in: Der Betrieb, 15/1991, S. 765–772.

Stadt Heidelberg (2007): Ausführungsbestimmungen zum Haushaltsplan 2007/2008 der Stadt Heidelberg, Heidelberg.

Statistisches Bundesamt (2007): Beitrag des Statistischen Bundesamtes zur Berichterstattung an den Arbeitskreis III der Innenministerkonferenz zum Stand der Reform des Gemeindehaushaltsrechts in den Ländern, Wiesbaden 2007.

Thom/Ritz (2004): Norbert Thom, Adrian Ritz, Public Management, Innovative Konzepte zur Führung im öffentlichen Sektor, 2. Auflage, Wiesbaden 2004.

Vogelpoth/Poullie (2007): Norbert Vogelpoth, Michael Poullie, Einführung der Doppik im Gemeindehaushaltsrecht der Bundesländer, in: Die Wirtschaftsprüfung 2007, S. 517–525.

von Massow (2008): Ute von Massow, Controlling und Berichtswesen, in: Hennecke/Strobl/Diemert, Recht der kommunalen Haushaltswirtschaft, § 19, München 2008.

Vroom (2003): Victor Harold Vroom, Situational factors in leadership, in: Chowdhury (Ed.), Organizations 21C, someday all organizations will lead this way, S. 69 - 77.

Weber (1990): Jürgen Weber, Einführung in das Rechnungswesen, 2. Kostenrechnung, Stuttgart 1990.

Weber/Schäfer (2000): Jürgen Weber, Utz Schäfer, Controlling als Koordinationsfunktion, in: KRP-Kostenrechnungspraxis, 2000, Jg.44, H.2, Seite 109-107.

Zitierte Haushalte

Gemeinde Altenholz (2007): Doppik, Haushaltssatzung, Haushaltsplan 2007, Altenholz.

Gemeinde Halbergmoos (2008): Haushalt 2008, Halbergmoos.

Gemeinde Hiddenhausen (2006): Neuer Kommunaler Haushalt 2006, Produktbuch, Hiddenhausen.

Kreis Pinneberg (2007): Haushaltssatzung und Haushaltsplan des Kreises Pinneberg für das Haushaltsjahr 2007, Pinneberg.

Lahn-Dill-Kreis (2007): Haushaltsplan 2007, Wetzler.

Landeshauptstadt Wiesbaden (2007): Haushaltsplan 2007 (Doppik), Wiesbaden.

Landkreis Bamberg (2007): 1. doppischer Haushaltsplan Haushaltsjahr 2007, Bamberg.

Landkreis Diepholz (2007): Haushaltsplan 2007, Diepholz.

Landkreis Ostprignitz-Ruppin (2008): Haushaltsplan 2008 des Landkreises Ostprignitz-Ruppin, Neuruppin.

Landkreis St. Wendel (2008): Erster doppischer Haushaltsplan 2008, St. Wendel.

Landratsamt Ebersberg (2007): Doppischer Haushalt Landkreis Ebersberg 2007, Ebersberg.

Main-Kinzig-Kreis (2006): Haushaltsplan 2005/2006, Gelnhausen.

Stadt Aachen (2008): Haushaltsplan 2008, Aachen.

Stadt Bruchsal (2008): Haushaltsplan 2008, Bruchsal.

Stadt Brühl (2007): Haushaltssatzung 2007, Entwurf, Brühl.

Stadt Dortmund (2007): Haushaltsplan für das Haushaltsjahr 2007, Dortmund.

Stadt Dreieich (2007): Wirtschaftsplan 2007, Dreieich.

Stadt Essen (2007): Haushaltsplan für das Haushaltsjahr 2007, Essen.

Stadt Frankfurt am Main (2007): Produkt Haushaltsentwurf 2007, Band 1, Band 2, Frankfurt am Main.

Stadt Fröndenberg/Ruhr (2006): Produkthaushalt 2006, Fröndenberg/Ruhr.

Stadt Gelsenkirchen (2006): Haushaltsplan 2006, Gelsenkirchen.

Stadt Heidelberg (2007): Haushaltsplan 2007/2008, Heidelberg.

Stadt Hilden (2007): Haushalt 2007, Hilden.

Stadt Kaarst (2008): Neuer Kommunaler Haushalt, Produktbuch 2008, Kaarst.

Stadt Karlsruhe (2007): Haushaltsplan 2007/2008, Karlsruhe.

Stadt Kassel (2006): Haushaltsplan 2007, Kassel.

Stadt Königsbrunn (2007): Gesamthaushalt 2007, Königsbrunn.

Stadt Lippstadt (2007): Haushaltsplan 2007, Lippstadt.

Stadt Minden (2007): Entwurf des Haushaltsplanes 2007, Minden.

Stadt Münster (2008): Haushaltsplan 2008, Haushaltssatzung, Vorbericht und übrige Anlagen, Band 1, Münster.

Stadt Neubrandenburg (2008): Haushaltsplan der Stadt Neubrandenburg 2008, Band 2, Ergebnishauhalt/Finanzhaushalt, Neubrandenburg.

Stadt Nürnberg (2007): Haushaltsplan 2007, Nürnberg.

Stadt Soest (2007): Haushaltsentwurf 2007, Soest.

Stadt Wiesloch (2004): Haushaltsplan 2004, Wiesloch.

Stadt Willich (2007): Haushaltsplan 2007, Erster NKF, Produkthaushalt, Willich.

Stadtverband Saarbrücken (2007): Erster doppischer Haushalt des Stadtverbandes Saarbrücken 2007, Saarbrücken 2007.

Internet

http://www.doppik-kom.brandenburg.de

http://www.mi.niedersachsen.de

http://www.saarland-nkr.de

Landesrecht

Baden-Württemberg:

Gesetzentwurf zur Reform des Gemeindehaushaltsrechts (E-GO-BW),(Stand: 15.11.2007).

Entwurf einer Gemeindehaushaltsverordnung (GemHVO-BW), Stand 21.12.2007).

Bayern:

Landkreisordnung (LKrO-BY) i. d. F. der Bekanntmachung vom 22. August 1998, zuletzt geändert durch §2 des Gesetzes vom 22. Juli 2008.

Bezirksordnung (BezO-BY) i. d. F. der Bekanntmachung vom 22. August 1998, zuletzt geändert durch §3 des Gesetzes vom 22. Juli 2008.

Verordnung über das Haushalts-, Kassen- und Rechnungswesen der Gemeinden, der Landkreise und der Bezirke nach den Grundsätzen der doppelten kommunalen Buchführung (KommHV-Doppik-BY), (Stand: 5.10.2007).

Gemeindeordnung (GO-BY) i. d. F. der Bekanntmachung vom 22. August, zuletzt geändert durch §5 des Gesetzes vom 20. Dezember 2007.

Brandenburg:

Gesetz zur Reform der Kommunalverfassung und zur Einführung der Direktwahl der Landräte sowie zur Änderung sonstiger kommunalrechtlicher Vorschriften (Kommunalrechtsreformgesetz – KommRRefG-BB),(Stand: 18.12.2007).

Kommunalverfassung des Landes Brandenburg (BbgKVerf-BB), (Stand: 18.12.2007).

Hessen:

Hessische Gemeindeordnung (GO-HE) i. d. F. der Bekanntmachung vom 7. März 2005, zuletzt geändert durch Gesetz vom 15.11.2007.

Verordnung über die Aufstellung und Ausführung des Haushaltsplans der Gemeinde mit doppelter Buchführung (Gemeindehaushaltsverordnung – GemHVO-Doppik-HE), (Stand: 02.04.2006).

Mecklenburg-Vorpommern:

Gesetz zur Einführung der Doppik im kommunalen Haushalts- und Rechnungswesen (Kommunal-Doppik-Einführungsgesetz – KomDoppikEG MV) (Stand: 01.01.2008).

Gesetz zur Reform des Gemeindehaushaltsrechts vom 14.12.2007.

Gemeindekassenverordnung – Doppik (GemKVO-Doppik-MV) (Stand: 25.02.2008).

Gemeindehaushaltsverordnung – Doppik (GemHVO-Doppik-MV) (Stand: 25.02.2008).

Niedersachsen:

Gemeindeordnung (GO-NI) vom 28.10.2006, zuletzt geändert durch Artikel 3 des Gesetzes vom 07.12.2006.

Verordnung über die Aufstellung und Ausführung des Haushaltsplans sowie die Abwicklung der Kassengeschäfte der Gemeinden auf der Grundlage der kommunalen Doppik (Gemeindehaushalts- und -kassenverordnung – GemHKVO-NI) vom 22.Dezember 2005, zuletzt geändert durch Gesetz vom 27.11.2007.

Gesetz zur Neuordnung des Gemeindehaushaltsrechts und zur Änderung gemeindewirtschaftlicher Vorschriften (NeuOGemHR-NI) vom 15. November 2005, zuletzt geändert durch § 6 des Gesetzes vom 18.05.2006.

Nordrhein-Westfalen:

Gemeindeordnung für das Land Nordrhein-Westfalen (GO-NW) i. d. F. der Bekanntmachung vom 14.07.1994, zuletzt geändert durch § 2 des Gesetzes vom 24.06.2008.

Verordnung über das Haushaltswesen der Gemeinden im Land Nordrhein-Westfalen (Gemeindehaushaltsverordnung GemHVO-NW) vom 16.11.2004, in Kraft getreten am 01.01.2005.

Gesetz zur Einführung des Neuen Kommunalen Finanzmanagements für Gemeinden im Land Nordrhein-Westfalen (NKF Einführungsgesetz NRW) vom 16.11.2004, in Kraft getreten am 01.01.2005.

Rheinland-Pfalz:

Gemeindeordnung (GO-RP) i. d. F. der Bekanntmachung vom 31.01.1994, zuletzt geändert durch § 2 des Gesetzes vom 28.05.2008.

Gemeindehaushaltsverordnung (GemHVO-RP) vom 18.05.2006 geändert durch § 15 der Verordnung vom 28.12.2007.

Saarland:

Kommunalhaushaltsverordnung (KommHVO-SL) vom 10.10.2006, zuletzt geändert durch § 5 Abs.24 des Gesetzes vom 21.112007.

Gesetz zur Einführung des Neuen Kommunalen Rechnungswesens im Saarland ii. d. F. der Bekanntmachung vom 12.07.2006.

Sachsen:

Verordnung des Sächsischen Staatsministeriums des Innern über die kommunale Haushaltswirtschaft nach den Regeln der Doppik (Sächsische Kommunalhaushaltsverordnung-Doppik – KomHVO-Doppik-SN) i. d. F. der Bekanntmachung vom 08.02.2008.

Sachsen-Anhalt:

Gemeindeordnung für das Land Sachsen-Anhalt (GO LSA)Vom 05.10.1993, zuletzt geändert durch § 3 des Gesetzes vom 14.02.2008.

Verordnung über die Aufstellung und Ausführung des Haushaltsplanes der Gemeinden im Land Sachsen-Anhalt nach den Grundsätzen der Doppik (GemHVO-Doppik-LSA) vom 30.03.2006

Gesetz zur Einführung des Neuen Kommunalen Haushalts- und Rechnungswesens für die Kommunen des Landes Sachsen-Anhalt, vom 22. März 2006.

Schleswig-Holstein:

Gemeindeordnung (GO-SH) i. d. F. vom 28.02.2003, zuletzt geändert durch Gesetz vom 19.06.2007.

Gemeindehaushaltsverordnung-Doppik (GemHVO-Doppik-SH) – Landesverordnung über die Aufstellung und Ausführung eines doppischen Haushaltsplanes der Gemeinden i. d. F. der Bekanntmachung vom 15.08.2007.

Thüringen:

Entwurf-Gesetz für die Gemeindewirtschaft nach den Grundsätzen der doppelten Buchführung (E-KommDoppikG-TH) i. d. F. der Bekanntmachung vom 10.10.2007:

Entwurf einer Gemeindehaushaltsverordnung (E-GemHVO-TH) i. d. F. der Bekanntmachung vom 19.06.2007.

Entwurf Thüringer Gemeindehaushaltsverordnung-Doppik (E-GemHV-Doppik-TH) i. d. F. der Bekanntmachung vom 01.07.2008.

Stichwortverzeichnis

Aachen 461
Achim *siehe CD-ROM*
Allgemeinbildende Schulen 38, 56
Altenholz 432

Baden-Württemberg 17
Bamberg 100
Bamberg (Landkreis) 100
Bamberg Landkreis 465
Baubetriebshof 497, 505
Bauliche Maßnahmen 43
Bayern 63, 524
Bedburg 451, 452, *siehe CD-ROM*
Berichterstattungspflichten, standardisierte 531
Betriebskostenstelle 499, 502
Beurteilung 467
Bitterfeld 415, 451
Borken (Kreis) *siehe CD-ROM*
Brandenburg 108, 524
Bruchsal 35, 453 f., *siehe CD-ROM*
Brühl 320, 453, 473
Budget 482
Budgetierungskonzept 210
Budgetierungsrichtlinien 525
Bürger und Ordnung 188
Bürgerbüro 497
Bürgerdienste 24
Bürgermeisteramt 69
Bürokratieeffekte 511
Bürokratiefolgekosten 468

Controlling 526, 531
    operatives 526
    strategisches 450, 468
    Verwaltung 526

Dannenberg 228
Darmstadt-Dieburg (Lk) *siehe CD-ROM*
Deckungsfähigkeit 523
Deckungsregelungen 523
Diepholz 231
Diepholz (Lk) *siehe CD-ROM*
Dortmund 259, 261, 464
Dortmund Agentur 264
Dreieich 183, 453
Duisburg 531
Düren 457

Ebersberg 63, 93
Ebersberg Landkreis 465
Effektivität 495
Effizienz 495
Einführung betriebswirtschaftlicher Instrumente 511
Einwohnerwesen 496
Erlös- und Kostenarten 513

Ertrags- und Aufwandsarten 448, 513
Essen 276, 464, 531

Fachämter 485
Fachbereiche 492
Falltypen 493, 510
Familienhilfe 227, 250, 369
Finanzwesensoftware 512
Fixkosten 507
Frankfurt am Main 141, 464
Freiräume 469
Fröndenberg 361, 451 f.
Führungskultur 529
Führungstechniken 529
Fulda 457

Gebäude 456
Gebäudemanagement 294, 497 f., 500
Gelsenkirchen 291, 461
Gemeinkosten 509
Gesamtschulen 211, 364
Gestaltung der Produktinformationen 483
Gestaltungselemente 467
Gestaltungsvorschlag
    Gebäudemanagement 500
    Grundschulen 474
    Jugendhilfe 477
    Überwachung des ruhenden Verkehrs 471
Göttingen 233
Gremien 355, 370
Greven 453
Großstadt 516
Grundmodell 488
Grundschule 119, 409, 499
Gymnasien 55, 71, 114, 130, 167, 175, 226, 234, 272, 390, 401

Hallbergmoos 63, 87
Hallen 456
Harburg 244
Hauptschule 79
Hauptschulen 434
Haushaltquerschnitt 30
Haushaltskonsolidierung 529
Haushaltsquerschnitt 26, 456
Haushaltsreste 522
Heidelberg 37, 460
Hessen 136, 520, 524
Hiddenhausen 352, 451
Hilden 332
Hilfspolizistinnen 470

Informationsbedarf 467, 469
Innere Verwaltung 352
Interne Leistungsverrechnungen 118

Stichwortverzeichnis

Interne Verrechnungen 507
Internes Rechnungswesen 514
Investitionsmaßnahmen
    Schulen 45, 168, 209, 261, 263, 271, 280 f., 293, 300, 317, 329, 361, 364, 383 f., 399, 475, 483, 520, 522

Jugend 96
Jugend- und Sozialamt 156
Jugendamt 71, 178, 190, 273, 287
Jugendhilfe 17, 60, 117, 124, 169, 199, 212, 218, 227, 250, 306, 318, 335, 369, 373, 391, 405, 457, 476, 504

Kaarst 339
Kalkulationen 495
Kameralistik 63
    erweiterte 63
Karlsruhe 54, 461
Kassel 170, 460
Kennzahl 459
    Personaleinsatz 494
Kennzahlen 449
    Kosten pro Schüler 209
Kinder- und Jugendamt 45
Kindergärten 456
Kindertageseinrichtungen 237
Kindertagesstätte 129, 133, 458
Kommentierung 16
Kommunale Gebäude 31
Königs Wusterhausen 118, 500
Königsbrunn 63, 79
Konnexitätsprinzip 63
Konten 182, 448, 484, 513
Kosten 514
Kostenrechnung 37, 512
Kostenrechnungen 11
Kostenstelle 491, 493
Kostenstellen 87, 175
Kostenstellengruppe 496
Kostenträger 479, 491, 503, 509
Kostenträgerrechnung 494
Kreise 465

Lahn-Dill-Kreis 203
Landesproduktplan 37
Landesregelungen 480
Landrat 370
Landsberg am Lech *siehe CD-ROM*
Leistung 514
Leitfragen 16
Lindlar 452
Lippstadt 310

Main-Kinzig-Kreis 189, 476
Maintal *siehe CD-ROM*
Mansfelder Land 465, 515
Märkischer Kreis 367
Mecklenburg-Vorpommern 220, 521, 524

Mehrzweckhallen 499
Mengen 449
Minden 457 f.
Mühldorf am Inn (Lk) 465, *siehe* CD-ROM
Münster 461, 463
Muster-Großstadt 517
Musterhaushalt 473, 486
Muster-Kreisstadt 488

Nauen 129, 451 f., 484, 500, 525
Neubrandenburg 222, 224, 457
Neuss 460
Neuwied (Lk) *siehe CD-ROM*
Niedersachsen 228, 520, 524
Nordrhein-Westfalen 257, 521
Nürnberg 68, 464

Oberhavel (Lk) 108, *siehe* CD-ROM
Objektkostenstelle 499, 502
Öffentlichkeitsarbeit 494
Operatives Controlling 526
Organisation 288
Organisations- und Produktplan 488
Ostprignitz-Ruppin 465
Ostprignitz-Ruppin (Lk) 108, 110, 525,
    siehe CD-ROM

Personaleinsatz 99, 319, 351, 470
Personalwirtschaft 288
Pilotprojekt 18
Pinneberg (Lk) 424
Politische Gremien 291
Politische Steuerung 16
Potsdam 113, 460, 500
Praktische Empfehlungen 516
    Ausgestaltung des doppischen Haushalts 479
    doppischer Haushalt 467
    Rechnungswesen für Städte mit etwa 50.000 Einwohnern 493
Produktbereiche 481
Produktblätter 448, 485
Produkte 451
Produktgruppe 54, 156, 166, 464
Produktinformationen, Gestaltung der 483
Produktorientierte Zielvereinbarungen 37
Produktplan 37, 491
Profitcenter 69

Rat 333
Realisierbares Vermögen 18
Rechnungswesen 17, 487, 493, 495
Regionalverband Saarbrücken 397
Reichshof 452
Repräsentation 372
Ressourcenverbrauchskonzept 63
Rhein-Hunsrück-Kreis 465, *siehe CD-ROM*
Rhein-Kreis Neuss *siehe CD-ROM*
Rhein-Lahn-Kreis 465, *siehe CD-ROM*
Rheinland-Pfalz 378, 521, 524

Saarbrücken 515, *siehe CD-ROM*
Saarland 396, 521
Sachsen 406, 524
Sachsen-Anhalt 411
Salzgitter 239, 460 f.
Schleswig-Holstein 419
Schlüsselprodukte 57, 94, 104, 190, 256, 409, 450, 461, 481
Schulbereich 202
Schulen 28, 88, 95, 101, 168, 209, 219, 266, 312, 321, 356, 415, 449, 456, 473
Schulträgeraufgaben 278, 302, 339, 362
Schulverwaltung 245, 387
Service Gesamtverwaltung 170
Sicherheit und Ordnung 455
Soest 453 f.
Softwareanbieter 452
Sonderveranstaltungen 479, 506
St. Wendel 400, 465
Stadtallendorf 451 f. 457, 473
Stadtbücherei 504
Stadthalle 502
Stadtverband Saarbrücken 397
Steuerung 469
Steuerungsmodell 469
Steuerungsorientierte Kosteninformationen 471
Strategisches Controlling 450, 468

Tageseinrichtungen 243
Teambildung 527
Teilbetriebe 497
Teilhaushalte 448
Tholey *siehe CD-ROM*
Thüringen 437, 521, 524
Transparenz 494

Übertragbarkeit 519
Uelzen 228
Umsetzung 515

Unna (Kreis) *siehe CD-ROM*
Untersuchungsmethodik 16

Vereinfachung der Haushalte 482
Vereinfachungsmöglichkeiten 515
Vergleichende Gegenüberstellung 450
Vergleichswerte 99
Verhandlungsproblem 469
Vermieter-Mieter-Modell 499
Verwaltungscontrolling 526
Verwaltungsführung 355
Verwaltungsrealität 469
Verwaltungsreform 11
Verwaltungssteuerung 507
  wirkungsorientierte 11
Verwaltungsvermögen 18
Vlotho 452
Volkshochschule 504
Vollkostenkalkulationen 509
Vollzeitstellen 361
Vorgehensweise 13

Wachtberg 452
Wahlen 187, 261
Weiterführende Schulen 17
Wiesbaden 163, 461
Wiesloch 17, 18, 228, 329, 456, 473 f., 484
Willich 457
Wipperfürth 452
Wirkungsorientierte Kennzahl 459
Wirkungsorientierte Verwaltungssteuerung 11
Wittenberge 451
Worms 380, 384

Zeitliche Umstellungspflichten 15
Ziele 449, 454, 485
Zielhierarchie 456
Zielvereinbarungen 37
Zschorlau 409

Unverzichtbares Wissen zum reformierten Gemeindehaushaltsrecht

Haufe Praxisratgeber

Philipp Häfner

Doppelte Buchführung für Kommunen

- Grundlagen des doppischen Haushaltswesens
- Überblick über Ergebnisrechnung, Finanzrechnung und Bilanz
- Mit vielen Beispielen und Übungsaufgaben

4. Auflage

Haufe

Dieser Ratgeber bietet Ihnen eine systematische Einführung in die doppelte Buchführung und Bilanzierung für Kommunen und vermittelt Ihnen die Grundlagen zu Bilanz, Ergebnisrechnung, Jahresabschlussarbeiten und Konzernrechnungslegung.

€ 39,80
Buch, 304 Seiten
Bestell-Nr. E01244
978-3-448-09319-3

Jetzt bestellen! ✆ 0180 - 50 50 440

0,14 €/Min. aus dem deutschen Festnetz, abweichende Mobilfunkpreise. Ein Service von dtms.

www.haufe.de/bestellung

Haufe